2026

에듀윌
컴퓨터활용능력
1급 실기 기본서

1권 | 출제유형 연습(엑셀)

문혜영 편저

2023 대한민국 브랜드만족도
IT자격증 교육 1위 (한경비즈니스)

유형 연습부터 기출변형문제까지
출제패턴 완벽 분석으로 초고속 합격!

- 저자에게 바로 묻는 실시간 질문답변
- 합격/불합격을 바로 확인하는 자동 채점 프로그램
- 기출변형문제 5회분(PDF) 추가 제공

eduwill

에듀윌과 함께 시작하면,
당신도 합격할 수 있습니다!

에듀윌 IT자격증은 학문을 연구하지 않습니다.
가장 효율적이고 빠른 합격의 길을 연구합니다.

IT자격증은 '사회에 내딛을 첫발'을 준비하는 사회 초년생을 포함하여
새로운 준비를 하는 모든 분들의
'시작'을 위한 도구일 것입니다.

에듀윌은
IT자격증이 여러분의 최종 목표를 앞당기는 도구가 될 수 있도록
빠른 합격을 지원하겠습니다.

누구나 합격할 수 있습니다.
시작하겠다는 '다짐', 이루겠다는 '목표'면 충분합니다.

마지막 페이지를 덮으면,

**에듀윌과 함께
IT자격증 합격이 시작됩니다.**

IT자격증 1위

매달 선물이 팡팡!
독자참여 이벤트

교재 후기 이벤트
나만 알고 있기 아까운!
에듀윌 교재의 장단점, 더 필요한 서비스 등을 자유롭게 제안해주세요.

이벤트 참여

오타 제보 이벤트
더 나은 콘텐츠 제작을 돕는 일등 공신!
사소한 오타, 오류도 제보만 하면 매월 사은품이 팡팡 터집니다.

이벤트 참여

IT자격증 A~Z 이벤트
모르고 지나치기엔 아쉬운!
에듀윌 IT자격증에서 제공 중인 무료 이벤트를 확인해보세요.

이벤트 참여

참여 방법 | 각 이벤트의 QR 코드 스캔
당첨자 발표 | 매월 5일, EXIT 합격 서비스(exit.eduwill.net) 공지사항
사은품 | 매월 상이하며, 당첨자 발표 후 순차 발송

※ 이벤트는 공지 없이 변경되거나 종료될 수 있습니다.

스터디 플래너 사용법 (스프레드시트 실무)

- 단기간 집중으로 합격을 노린다면?!
  ▶ 2주 완성 플래너

- 업무, 다른 자격증 병행 등으로 충분히 공부할 시간이 필요하다면?!
  ▶ 4주 완성 플래너

- 공부를 완료하면 동그라미 표시를 하세요!

단기 합격 지원
스터디 플래너(스프레드시트 실무)

차례			2주 완성		4주 완성	
출제유형 연습(스프레드시트 실무)						
기본 작업	01	셀 서식	1일	6일 (복습)	1일	10일 (복습)
	02	조건부 서식				
	03	자동 필터				
	04	고급 필터				
	05	페이지 레이아웃			2일	11일 (복습)
	06	시트 보호				
계산 작업	01	계산식	2일	7일 (복습)		
	02	수학/삼각 함수				
	03	통계 함수			3일	12일 (복습)
	04	논리 함수				
	05	문자열 함수				
	06	날짜/시간 함수				
	07	데이터베이스 함수	3일	8일 (복습)	4일	13일 (복습)
	08	찾기/참조 함수				
	09	정보 함수				
	10	재무 함수				
	11	배열 수식			5일	14일 (복습)
	12	사용자 정의 함수				
분석 작업	01	피벗 테이블	4일	9일 (복습)	6일	15일 (복습)
	02	데이터 유효성 검사				
	03	중복된 항목 제거				
	04	정렬과 부분합				
	05	데이터 표				
	06	통합과 텍스트 나누기			7일	16일 (복습)
	07	목표값 찾기				
	08	시나리오				
기타 작업	01	차트	5일	10일 (복습)	8일	17일 (복습)
	02	매크로				
	03	프로시저			9일	18일(복습)
기출변형문제(스프레드시트 실무)						
제1회 기출변형문제			11일		19일	25일 (복습)
제2회 기출변형문제						
제3회 기출변형문제					20일	
제4회 기출변형문제			12일			26일 (복습)
제5회 기출변형문제					21일	
제6회 기출변형문제						
제7회 기출변형문제						
제8회 기출변형문제			13일		22일	27일 (복습)
제9회 기출변형문제						
제10회 기출변형문제						
제11회 기출변형문제 (PDF)					23일	
제12회 기출변형문제 (PDF)			14일			28일 (복습)
제13회 기출변형문제 (PDF)					24일	
제14회 기출변형문제 (PDF)						
제15회 기출변형문제 (PDF)						

가장 빠른 합격출구 EXIT

가위로 잘라서 책갈피로 사용하세요.

단기 합격 지원
스터디 플래너 (데이터베이스 실무)

출제유형 연습(데이터베이스 실무)

차례			2주 완성	4주 완성	
DB 구축	01	테이블	1일	1일	8일 (복습)
	02	조회 속성			
	03	관계 설정		6일 (복습)	
	04	외부 데이터			2일	9일 (복습)
입력 및 수정 기능 구현	01	폼과 컨트롤	2일	3일	10일 (복습)
	02	조건부 서식			
	03	콤보 상자 컨트롤		7일 (복습)	4일	11일 (복습)
	04	하위 폼				
조회 및 출력 기능 구현	01	보고서	3일	5일	12일 (복습)
	02	조회		8일 (복습)		
처리 기능 구현	01	쿼리	4일	6일	13일 (복습)
				9일 (복습)		
	02	처리	5일	10일 (복습)	7일	14일 (복습)

기출변형문제(데이터베이스 실무)

차례	2주 완성	4주 완성	
제1회 기출변형문제	11일	15일	22일 (복습)
제2회 기출변형문제			
제3회 기출변형문제		16일	23일 (복습)
제4회 기출변형문제	12일		
제5회 기출변형문제		17일	24일 (복습)
제6회 기출변형문제			
제7회 기출변형문제		18일	25일 (복습)
제8회 기출변형문제			
제9회 기출변형문제	13일	19일	26일 (복습)
제10회 기출변형문제			
제11회 기출변형문제 (PDF)		20일	27일 (복습)
제12회 기출변형문제 (PDF)			
제13회 기출변형문제 (PDF)	14일		
제14회 기출변형문제 (PDF)		21일	28일 (복습)
제15회 기출변형문제 (PDF)			

스터디 플래너 사용법 (데이터베이스 실무)

- 단기간 집중으로 합격을 노린다면?!
  ▶ 2주 완성 플래너

- 업무, 다른 자격증 병행 등으로 충분히 공부할 시간이 필요하다면?!
  ▶ 4주 완성 플래너

- 공부를 완료하면 동그라미 표시를 하세요!

가위로 잘라서 책갈피로 사용하세요.

에듀윌이
너를
지지할게
ENERGY

시작하라. 그 자체가 천재성이고,
힘이며, 마력이다.

– 요한 볼프강 폰 괴테(Johann Wolfgang von Goethe)

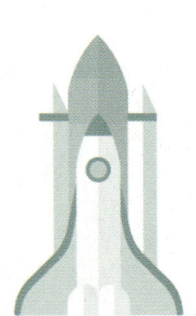

에듀윌
컴퓨터활용능력
1급 실기 기본서

1권 | 출제유형 연습
(스프레드시트 일반)

EVERYTHING
합격을 위한 모든 것! EXIT 합격 서비스

EXIT 합격 서비스에서 드려요!

exit.eduwill.net

1. 저자에게 묻는 **실시간 질문답변**
① 로그인
② 교재 구매 인증
③ 실시간 질문답변 게시판
④ 질문하기

2. 핵심만 모은 **무료강의**
① 로그인
② 무료강의 게시판
③ 수강하기

3. 더 공부하고 싶다면 **PDF 학습자료**
① 로그인
② 자료실 게시판
③ 다운로드
※ PDF에 설정된 암호는 교재별 차례에서 확인

4. 직접 따라해 볼 수 있는 **실습파일**
① 로그인
② 자료실 게시판
③ 다운로드

5. 합/불합을 바로 확인하는 **실기 채점 프로그램**
① 로그인
② 자료실 게시판
③ 다운로드

6. 바로 확인하는 **정오표**

교재 구매 인증 방법

EXIT 합격 서비스의 [실시간 질문답변 게시판]을 이용하기 위해서는 교재 구매 인증이 필요합니다.
❶ EXIT 합격 서비스(exit.eduwill.net) 접속 → ❷ 로그인 → ❸ 우측 구매도서 인증 아이콘 클릭 → ❹ 정답은 교재 내에서 확인

1* 혼자 고민하지 마세요. 바로 질문하세요.
저자가 직접 답변하는 **실시간 질문답변 서비스**

용어가 너무 생소한가요? 문제에 대한 해설이 이해가 잘 안되시나요?
공부하다 모르는 내용을 혼자 고민하지 마세요.
교재를 집필한 저자가 직접! 자세하게! 설명해 드립니다.

4* 책에 있는 내용을 따라해 볼 수 있어요.
실습파일/정답파일

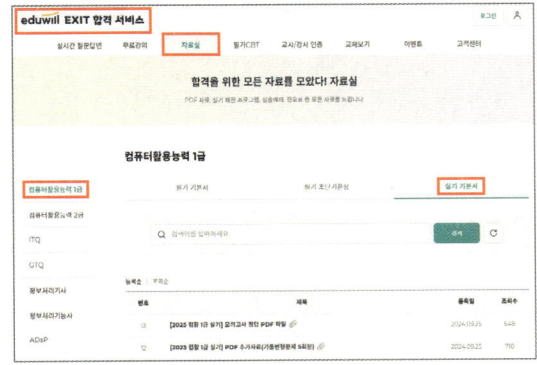
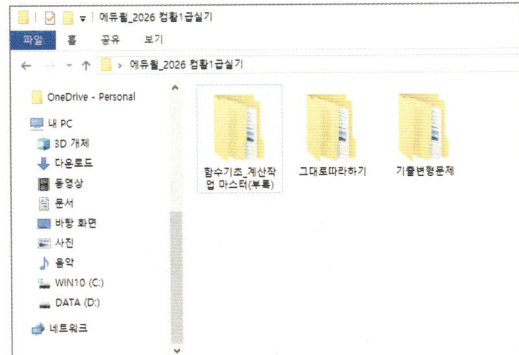

컴퓨터활용능력 1급 실기 시험의 출제 범위인 기본작업부터 기타작업까지 모든 영역을 유형별로 실습하고 기출변형 문제를 실전처럼 연습해 볼 수 있는 실습파일을 제공합니다. 답안을 작성하신 후 정답파일과 직접 작성한 파일을 비교해 보세요.

METHOD   채점 프로그램

좀 더 빠른 학습을 원하시나요?
합격 여부를 미리 확인하는 **채점 프로그램**

컴퓨터활용능력 1급 실기 시험은 사무자동화의 필수 프로그램인 스프레드시트와 데이터베이스 활용 능력을 평가하는 시험으로, 지시사항에 따라 제대로 데이터를 편집할 수 있어야 합니다. 실기 시험은 영역별로 100점 만점 중 문제마다 제시된 점수를 합산하여 70점 이상이어야 합격할 수 있습니다. 직접 작성한 파일과 정답파일 간에 지정 형식 등은 육안으로는 구분하기 어려우므로, 채점 프로그램을 통해 자신의 실력을 가늠해 보세요.

경로보기

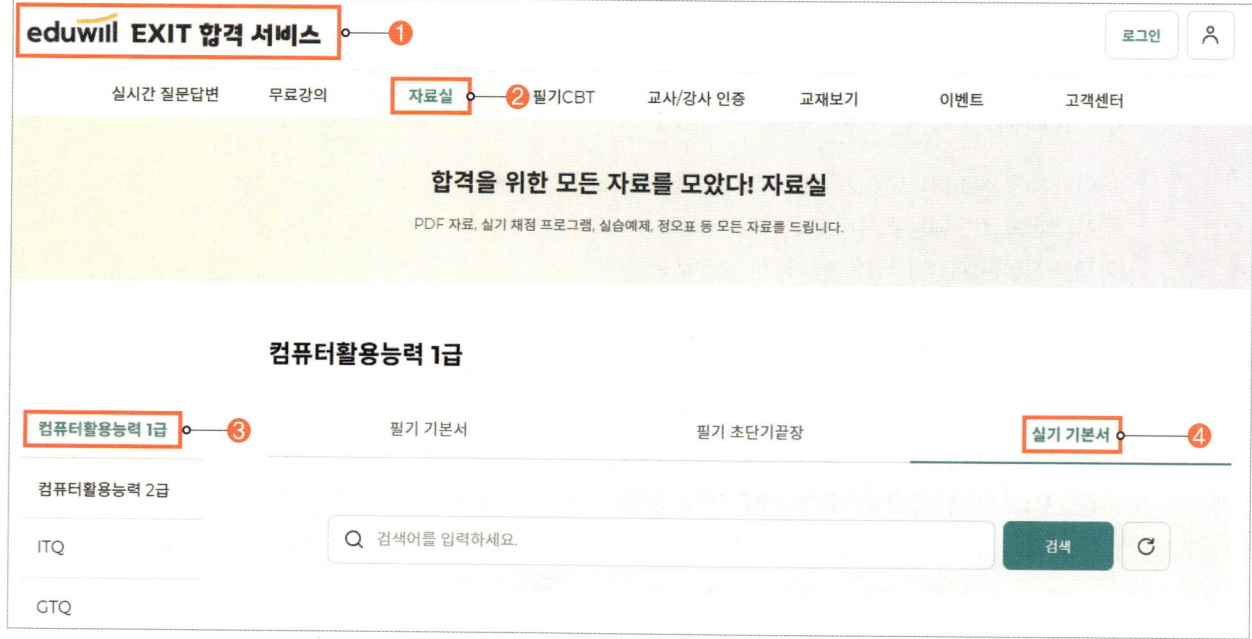

❶ EXIT 합격 서비스(exit.eduwill.net) 접속
❷~❹ [자료실] – [컴퓨터활용능력 1급] – [실기 기본서] 클릭
* 설치 완료 후 바탕화면의 바로 가기로 실행하여 사용

사용방법

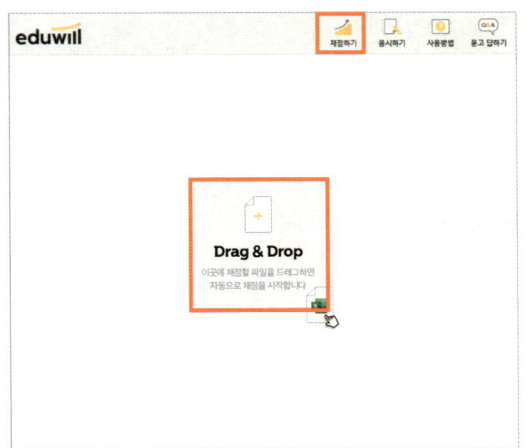

❶ 바탕화면의 [채점 프로그램]을 더블클릭하여 실행
❷ 작성한 파일을 상단의 [채점하기] 단추를 눌러 불러오거나 드래그 앤 드롭

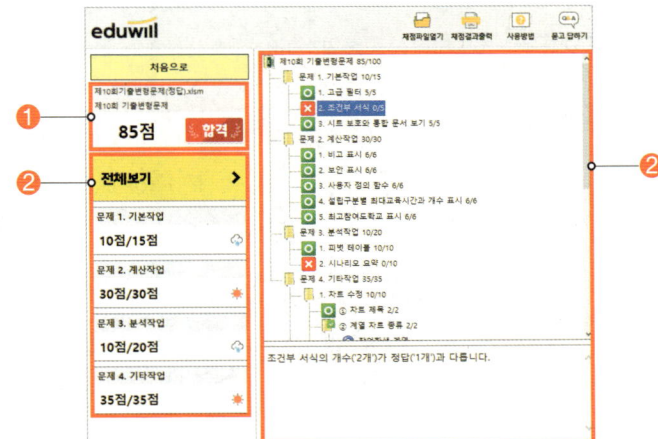

❶ 점수와 합격/불합격 여부 확인
❷ 감점 사항과 감점된 점수 확인

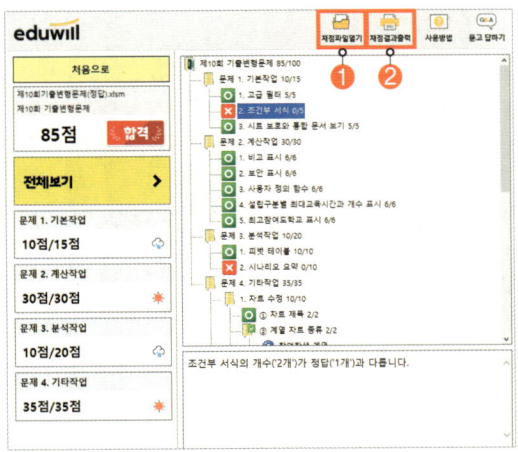

❶ 채점을 진행한 파일 열기
❷ 감점 사항이 정리된 파일을 인쇄

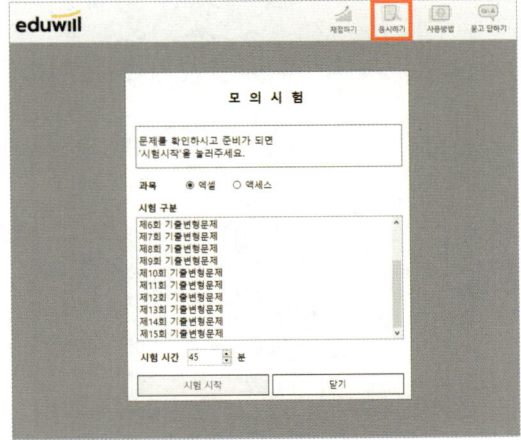

❶ 기출변형문제를 시험장과 동일한 환경에서 응시
❷ 데이터 입력 및 편집 완료 후 채점까지 한번에 가능

주의사항
- 채점 프로그램을 사용하기 위해서는 EXCEL 2021 + Access 2021과 Windows 7 sp 1 이상이 설치되어 있어야 합니다.
- 채점 기준 변화 반영과 기능 업데이트를 위해 채점 프로그램 실행 시 자동 업데이트됩니다.
- 본 교재의 채점 프로그램 사용기한은 2027년 12월 31일입니다.

INFORMATION 시험의 모든 것!

시험 절차

시행 기관   대한상공회의소(https://license.korcham.net/)

시험 절차

필기 원서접수
- 상시시험: 매주 시행(시험 개설 여부는 시험장 상황에 따라 다름)
- 원서접수: 대한상공회의소 자격평가사업단
- 검정 수수료: 20,500원(인터넷 접수 시 대행 수수료 1,200원 별도)

필기 시험
- 시험시간: 1급은 60분, 2급은 40분
- 합격선: 100점 만점에 과목당 40점 이상, 평균 60점 이상
- 준비물: 신분증, 수험표

필기 합격 발표
- 필기 유효기간
  필기 합격 발표일로부터 만 2년/1급 합격 시 1급, 2급 실기 시험에 모두 응시 가능

실기 원서접수
- 상시시험: 매주 시행(시험 개설 여부는 시험장 상황에 따라 다름)
- 원서접수: 대한상공회의소 자격평가사업단
- 검정 수수료: 25,000원(인터넷 접수 시 대행 수수료 1,200원 별도)

실기 시험
- 시험시간: 90분(과목별 45분)
- 합격선: 100점 만점에 70점 이상(1급은 두 과목 모두 70점 이상)
- 프로그램: MS Office LTSC professional Plus 2021
- 준비물: 신분증, 수험표

실기 합격 발표
최종 합격자 발표

자격증 발급
- 자격증 신청: 대한상공회의소 자격평가사업단 홈페이지를 통한 인터넷 신청만 가능
- 자격증 수령: 등기우편으로만 수령 가능

가장 궁금해하는 BEST Q&A

컴퓨터활용능력 실기 시험은 어떤 **프로그램 버전**을 사용해야 하나요?

2025년 기준으로 시험장에서 사용하고 있는 프로그램은 Microsoft Office 2021입니다. 따라서 실습을 할 때에도 동일한 프로그램의 버전으로 연습하는 것을 권장합니다.

합격자 발표일은 언제인가요?

필기 시험의 합격자 발표일은 응시일 다음날 오전 10시, 실기 시험(최종)의 합격자 발표일은 응시일 2주 후 금요일 오전 10시입니다.

필기 시험에 합격했는데, **실기 시험을 언제까지 합격해야 인정**이 되나요?

필기 시험의 유효기간은 필기 합격 발표일부터 만 2년입니다. 만 2년 동안은 실기 시험에 불합격하여 재응시할 때 필기 시험은 재응시하지 않아도 됩니다. 단, 필기 시험 유효기간을 변경하거나 연장할 수는 없습니다.

자격증을 빨리 취득해야 하는데 이번에 응시한 실기 시험 결과가 불안해요.
합격자 발표 전인데 **실기 시험을 재응시**할 수 있나요?

합격자 발표 전에도 실기 시험 재응시는 얼마든지 가능합니다. 다만, 합격자 발표 후에는 실기 시험에 합격하여 미리 신청한 시험을 취소해도 반환규정에 따라 수험료를 환불받지 못할 수도 있습니다.

컴퓨터활용능력 1급 필기 시험에 합격했는데, **2급 자격증을 우선 취득하여** 실력을 다진 후 1급 자격증을 취득하고 싶어요. 2급 실기 시험으로 응시할 수 있나요?

1급 필기 시험에 합격한 경우 필기 시험 유효기간 동안에는 2급 실기 시험에도 응시할 수 있으며, 2급 실기 시험과 1급 실기 시험을 함께 응시하여 두 가지 자격증을 모두 취득할 수 있습니다. 다만, 2급 필기 시험에 합격한 경우에는 1급 실기 시험을 응시할 수 없습니다.

ANALYSIS   기출 분석의 모든 것!

1 스프레드시트 실무

Chapter 1   기본작업

Ⅰ 출제 경향 분석

기본작업은 **1**번 문제에서 조건부 서식, **2**번 문제에서 고급 필터가 고정적으로 출제되고, **3**번 문제에서 페이지 레이아웃, 시트 보호 중 하나가 출제되어 총 3문제 출제된다. 셀 서식과 자동 필터는 주로 4. 기타작업의 매크로 문제에 함께 출제된다.

Ⅰ 한번에 합격하려면?

기본작업의 문제는 다른 작업의 문제와 비교하여 비교적 쉽게 출제된다. **1**~**3**번 문제 모두 각각 5점씩으로 총 15점이다. 기본작업에서는 반드시 만점을 확보할 수 있도록 반복학습을 통해 실수를 하지 않도록 한다.

Chapter 2   계산작업

Ⅰ 출제 경향 분석

계산작업은 함수식을 입력하는 문제가 총 5문제 출제되고, 학습해야 할 범위가 가장 넓다. 일반 함수식 2~3문제, 배열 함수식 1~2문제, 사용자 정의 함수 1문제가 반드시 출제되며, 주로 다른 영역의 함수를 중첩하여 사용하는 문제로 출제된다.

Ⅰ 한번에 합격하려면?

계산작업은 수험생들이 어려워하는 영역이다. 학습해야 할 범위가 넓어 많은 시간이 투자되어야 하지만, 한 문제당 배점이 높으므로 반드시 점수를 확보해야 한다. 다양한 함수에 대한 이해와 배열 수식, 사용자 정의 함수를 중점적으로 학습하도록 한다. 함수식은 무조건 암기해서는 절대로 풀이를 할 수 없으니 함수 하나하나에 대한 이해를 바탕으로 여러 함수를 중첩적으로 응용하는 다양한 문제들을 계속 접하면서 연습하도록 한다.

Chapter 3 　분석작업

I 출제 경향 분석

분석작업은 **1**번 문제에서 외부 데이터를 이용한 피벗 테이블이 고정적으로 출제되고, **2**번 문제에서 데이터 유효성 검사, 중복된 항목 제거, 정렬과 부분합, 데이터 표, 통합과 텍스트 나누기, 목표값 찾기, 시나리오 중 2~3가지 영역이 선택적으로 출제된다.

I 한번에 합격하려면?

분석작업에서는 특히 피벗 테이블의 세부적인 내용까지 꼼꼼하게 학습해야 한다. 그 외 나머지 영역도 정확하게 이해하고 있어야 하지만 다양한 문제를 여러 번 연습해보면 쉽게 이해할 수 있어 충분히 만점을 받을 수 있는 작업이다.

Chapter 4 　기타작업

I 출제 경향 분석

기타작업은 **1**번 문제가 차트, **2**번 문제가 매크로, **3**번 문제가 프로시저로 총 3문제가 고정적으로 출제된다. 매크로 문제는 사용자 지정 표시 형식, 조건부 서식 등을 지정하거나 정렬과 부분합 등 분석작업의 내용이 혼합되어 출제되며 프로시저는 [Visual Basic Editor]에서 코드를 작성하는 문제가 출제된다.

I 한번에 합격하려면?

기타작업에서 차트와 매크로 문제는 어렵게 느껴질 수 있지만, 지시사항대로 여러 번 연습하여 풀이 방법을 정확히 숙지하면 풀이법이 유사할 정도로 반복된다. 실수하지 않고 만점을 기대해야 하는 부분이다. 프로시저는 생소한 코드를 작성해야 하여 많은 수험생들이 어려워하고 완벽한 이해를 하기 위해서는 매우 많은 시간을 투자해야 하므로 계획성 있게 접근하도록 한다.

ANALYSIS 기출 분석의 모든 것!

2 데이터베이스 실무

Chapter 1 | DB 구축

| 출제 경향 분석

DB 구축은 **1**번 문제에서 테이블, **2**~**3**번 문제에서 관계 설정, 조회 속성, 외부 데이터(연결하기, 내보내기, 가져오기) 중 각 한 문제가 출제되어 총 3문제 출제된다. 테이블과 관계 설정 문제는 고정적으로 출제되고, 조회 속성과 외부 데이터 문제 중 1문제가 선택적으로 출제된다. **1**번 문제에서 3점짜리 5개의 지시사항으로 구성된 1문제와 **2**~**3**번 문제에서 5점짜리 1문제씩 출제된다.

| 한번에 합격하려면?

DB 구축은 데이터베이스 시스템을 구축하기 위한 기본적인 기능에 대한 내용이 출제되며 데이터베이스에 대한 기본적인 이해가 있으면 해결할 수 있는 내용으로, 다른 문제와 비교하여 비교적 쉽게 출제된다. DB 구축에서는 반드시 만점을 확보할 수 있도록 반복학습을 통해 실수를 하지 않도록 해야 한다.

Chapter 2 | 입력 및 수정 기능 구현

| 출제 경향 분석

입력 및 수정 기능 구현은 **1**번 문제에서 폼과 컨트롤, **2**~**3**번 문제에서 조건부 서식, 콤보 상자 컨트롤, 하위 폼 중 각 1문제가 출제되어 총 3문제 출제된다. 폼과 컨트롤 문제는 고정적으로 출제되고, 조건부 서식, 콤보 상자 컨트롤, 하위 폼 문제 중 2문제가 선택적으로 출제된다. **1**번 문제에서 3점짜리 3개의 지시사항으로 구성된 1문제와 **2**번 문제에서 6점짜리 1문제, **3**번 문제에서 5점짜리 1문제씩 출제된다.

| 한번에 합격하려면?

입력 및 수정 기능 구현에서 폼에 관련된 여러 속성 등을 지정하는 '폼과 컨트롤' 부분은 유사하게 출제되므로 실수하지 않도록 한다. 조건부 서식, 콤보 상자 컨트롤, 하위 폼에 대한 내용은 반복 연습이 필요하며, 매크로를 이용한 조회 문제는 고난도 이므로 어느 정도 액세스에 익숙하고 나서 학습할 수 있는 전략으로 '03. 조회 및 출력 기능 구현' 작업의 '02. 조회'에서 다루고 있다.

Chapter 3 　 조회 및 출력 기능 구현

l 출제 경향 분석
조회 및 출력 기능 구현은 **1**번 문제에서 보고서, **2**번 문제에서 이벤트 프로시저를 이용한 조회 문제가 출제된다. **1**번 문제에서 3점짜리 5개의 지시사항으로 구성된 1문제와 **2**번 문제에서 5점짜리 1문제가 출제된다.

l 한번에 합격하려면?
조회 및 출력 기능 구현은 테이블에 있는 데이터를 폼에서 조회하고, 결과를 보고서에 출력하는 방법을 숙지해야 한다. 특히, 조회 부분은 여러 명령어들을 이용하여 검색식을 완성할 수 있어야 하며, 이벤트 프로시저를 작성하는 등 깊은 학습이 필요하다. 수험생들이 매우 어려워 하는 부분으로 프로그램에 대한 지식이 부족하다면 이 부분에서는 15점을 목표로 하는 것이 합격의 전략이 될 수 있다.

Chapter 4 　 처리 기능 구현

l 출제 경향 분석
처리 기능 구현은 쿼리를 작성하는 문제로, 2024 출제기준 변경으로 배점이 커졌으며, 총 4문제가 출제된다. 7점짜리 5문제가 고정적으로 출제되는데, 개념만 이해했다고 해서 합격 점수가 바로 나오지는 않는다. 다양한 문제와 고난도 유형의 문제를 풀어보면서 최대한 빠르고 정확하게 푸는 연습을 하도록 한다.

l 한번에 합격하려면?
처리 기능 구현은 쿼리 마법사나 쿼리 작성기를 이용한 기본 개념만 이해하면 충분히 해결할 수 있는 내용으로 출제된다. 실수하지 않으면 점수를 끌어올릴 수 있는 부분이다. 시간을 체크하면서 문제를 풀고 시간 배정을 효율적으로 하도록 한다.

WHY 왜 에듀윌 교재인가?

1 시험에 나오는 출제유형만 모았다! **출제유형 연습**

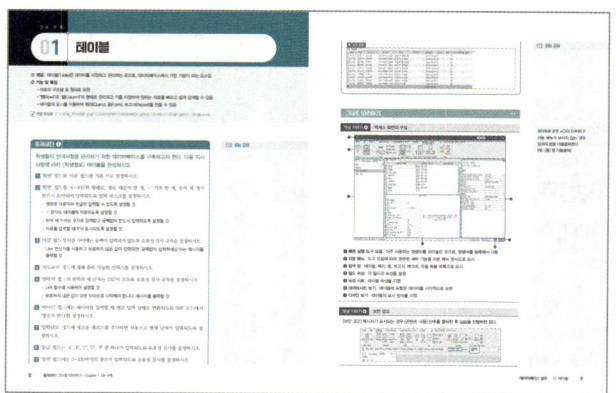

기출문제를 철저히 분석하여 실제 시험에 자주 출제되는 유형만을 선별하여 구성하였습니다. 이를 통해 출제 경향을 파악하고 실전을 위한 연습을 체계적으로 할 수 있으며, 강의와 다양한 추가 설명을 통해 노베이스 독학러도 쉽게 학습할 수 있습니다.

2 실전 완벽 대비! **기출변형문제 10회분**

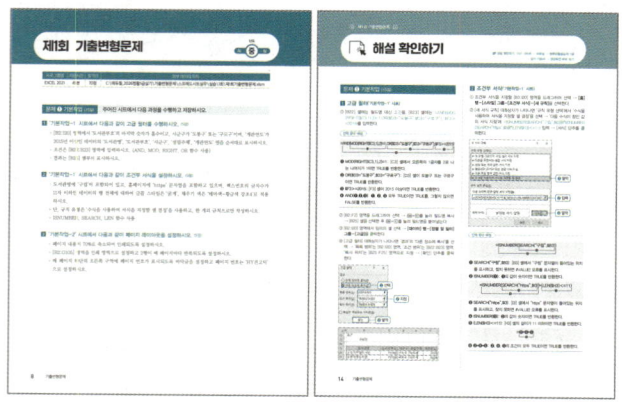

최근 시험과 유사한 형식과 난이도로 구성된 기출변형문제 10회분을 교재에 수록하였습니다. 문제를 푼 다음에는 채점 프로그램을 통해 쉽게 점수를 확인하고 취약 영역을 체크해 볼 수 있으며, 친절한 해설을 통해 틀린 부분을 효과적으로 복습할 수 있습니다.

3. 기출은 아무리 풀어도 부족하다! 추가 학습을 위한 **기출변형문제 5회분(PDF)**

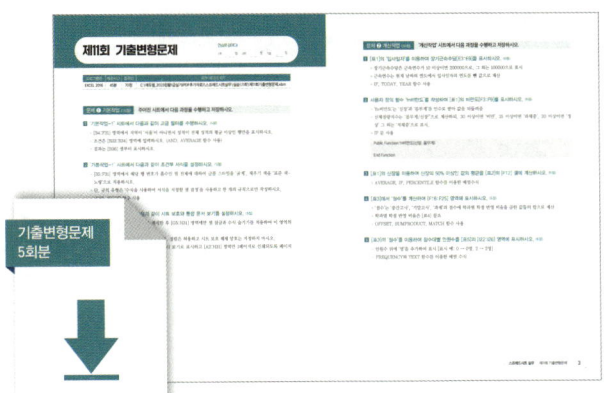

더 많은 연습을 할 수 있도록 기출변형문제 5회분을 PDF 파일로 추가 제공합니다. 다양한 문제를 반복 학습하여 실전 감각을 더욱 탄탄하게 다질 수 있습니다.

더 드립니다!

계획적인 학습을 위해!
스터디 플래너

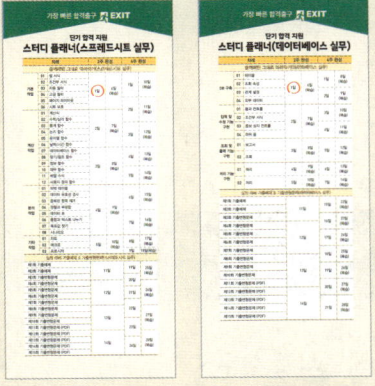

가장 효율적으로 교재를 회독 학습하고, 시험장에 들어갈 수 있도록 스터디 플래너를 제공합니다. 본인의 학습 패턴에 맞게 활용해서 계획적으로 공부하세요.

어려운 함수, 계산작업 총정리를 위해!
부록 함수기초/계산작업 마스터

함수는 컴퓨터활용능력 1급 시험의 합격을 좌우하는 합격의 열쇠이지만, 함수식을 무조건 암기하기에는 양도 많고 실제 시험에도 적용하기 어렵습니다. 이에 효과적으로 대비할 수 있도록 실제 출제된 함수식 중에서 자주 출제되는 함수를 한 권에 담아 정리하였습니다. 수시로 들고 다니면서 반복 연습하며 학습 효과를 더욱 높여 보세요.

CONTENTS 차례

단기 합격 지원 스터디 플래너
[부록] 엑셀/액세스 함수기초 마스터

합격을 위한 모든 것! EXIT 합격 서비스
체점 프로그램
시험의 모든 것!
가장 궁금해하는 BEST Q&A
기출 분석의 모든 것!
왜 에듀윌 교재인가?

1권

※실습/정답파일 다운로드
EXIT 합격 서비스(exit.eduwill.net) ▶ 로그인 ▶
자료실 게시판 ▶ 컴퓨터활용능력 1급 ▶ 실기 기본서 ▶다운로드

출제유형 연습(스프레드시트 실무)

Chapter 1 기본작업
- 01 셀 서식 … 20
- 02 조건부 서식 … 35
- 03 자동 필터 … 47
- 04 고급 필터 … 54
- 05 페이지 레이아웃 … 62
- 06 시트 보호 … 71

Chapter 2 계산작업
- 01 계산식 … 76
- 02 수학/삼각 함수 … 80
- 03 통계 함수 … 91
- 04 논리 함수 … 103
- 05 문자열 함수 … 114
- 06 날짜/시간 함수 … 126
- 07 데이터베이스 함수 … 136
- 08 찾기/참조 함수 … 147
- 09 정보 함수 … 163
- 10 재무 함수 … 170
- 11 배열 수식 … 181
- 12 사용자 정의 함수 … 200

Chapter 3 분석작업
- 01 피벗 테이블 … 222
- 02 데이터 유효성 검사 … 250
- 03 중복된 항목 제거 … 260
- 04 정렬과 부분합 … 262
- 05 데이터 표 … 276
- 06 통합과 텍스트 나누기 … 280
- 07 목표값 찾기 … 291
- 08 시나리오 … 295

Chapter 4 기타작업
- 01 차트 … 310
- 02 매크로 … 332
- 03 프로시저 … 351

2권

※채점 프로그램 다운로드
EXIT 합격 서비스(exit.eduwill.net) ▶ 로그인 ▶
자료실 게시판 ▶ 컴퓨터활용능력 1급 ▶ 실기 기본서 ▶다운로드

기출변형문제(스프레드시트 실무)

- 제1회 기출변형문제 … 8
- 제2회 기출변형문제 … 28
- 제3회 기출변형문제 … 46
- 제4회 기출변형문제 … 63
- 제5회 기출변형문제 … 80
- 제6회 기출변형문제 … 90
- 제7회 기출변형문제 … 101
- 제8회 기출변형문제 … 116
- 제9회 기출변형문제 … 133
- 제10회 기출변형문제 … 146

[PDF] 기출변형문제 5회분
※ EXIT 합격 서비스(exit.eduwill.net)의 [자료실 게시판]에서 다운로드

스프레드시트 실무
- 제11회 기출변형문제   암호 eduex11
- 제12회 기출변형문제   암호 eduex12
- 제13회 기출변형문제   암호 eduex13
- 제14회 기출변형문제   암호 eduex14
- 제15회 기출변형문제   암호 eduex15

3권

※실습/정답파일 다운로드
EXIT 합격 서비스(exit.eduwill.net) ▶ 로그인 ▶
자료실 게시판 ▶ 컴퓨터활용능력 1급 ▶ 실기 기본서 ▶다운로드

출제유형 연습(데이터베이스 실무)

Chapter 1 DB 구축
01 테이블 — 8
02 조회 속성 — 27
03 관계 설정 — 35
04 외부 데이터 — 44

Chapter 2 입력 및 수정 기능 구현
01 폼과 컨트롤 — 70
02 조건부 서식 — 103
03 콤보 상자 컨트롤 — 109
04 하위 폼 — 118

Chapter 3 조회 및 출력 기능 구현
01 보고서 — 126
02 조회 — 142

Chapter 4 처리 기능 구현
01 쿼리 — 158
02 처리 — 185

4권

※채점 프로그램 다운로드
EXIT 합격 서비스(exit.eduwill.net) ▶ 로그인 ▶
자료실 게시판 ▶ 컴퓨터활용능력 1급 ▶ 실기 기본서 ▶다운로드

기출변형문제(데이터베이스 실무)

제1회 기출변형문제 — 8
제2회 기출변형문제 — 24
제3회 기출변형문제 — 39
제4회 기출변형문제 — 53
제5회 기출변형문제 — 62
제6회 기출변형문제 — 76
제7회 기출변형문제 — 85
제8회 기출변형문제 — 98
제9회 기출변형문제 — 111
제10회 기출변형문제 — 123

[PDF] 기출변형문제 5회분
※ EXIT 합격 서비스(exit.eduwill.net)의 [자료실 게시판]에서 다운로드

데이터베이스 실무

제11회 기출변형문제 🔒 암호 eduac11
제12회 기출변형문제 🔒 암호 eduac12
제13회 기출변형문제 🔒 암호 eduac13
제14회 기출변형문제 🔒 암호 eduac14
제15회 기출변형문제 🔒 암호 eduac15

Chapter 01 기본작업

배점 15점
목표점수 15점

출제유형 분석

기본작업은 1번 문제에서 조건부 서식, 2번 문제에서 고급 필터가 고정적으로 출제되고, 3번 문제에서 페이지 레이아웃, 시트 보호 중 하나가 출제되어 총 3문제 출제된다. 셀 서식과 자동 필터는 주로 4. 기타작업의 매크로 문제에 함께 출제된다.

합격 전략

기본작업의 문제는 다른 작업의 문제와 비교하여 비교적 쉽게 출제된다. 1~3번 문제 모두 각각 5점씩으로 총 15점이다. 기본작업에서는 반드시 만점을 확보해야 하므로 반복학습을 통해 실수를 하지 않도록 하자.

세부 출제패턴

	출제유형	난이도	세부 출제패턴
1	셀 서식	상 중 하	입력된 데이터를 강조하거나 다양하게 나타내는 작업으로, 사용자 지정 형식을 중점적으로 학습한다.
2	조건부 서식	상 중 하	선택한 영역에서 특정 조건을 만족하는 셀에만 서식을 적용하는 문제이다. 수식을 사용하거나 혼합 참조를 지정하는 문제가 자주 출제되므로 '계산작업'을 먼저 학습하는 것도 하나의 방법이다.
3	자동 필터	상 중 하	많은 양의 데이터에서 특정 조건을 만족하는 데이터만 추출하는 문제이다. 자동 필터는 고급 필터보다 단순하며 주로 매크로 문제와 함께 출제되고 있다.
4	고급 필터	상 중 하	특정 조건을 만족하는 데이터만 추출하여 다른 위치 또는 원본 데이터의 위치에 표시하는 문제이다. 고급 필터는 조건을 식으로 나타내는 방법에 대해 학습하고 주로 등장하는 함수의 형식을 통해 익히도록 한다.
5	페이지 레이아웃	상 중 하	인쇄할 문서의 페이지, 여백, 머리글/바닥글, 시트 등에 관한 사항을 설정하는 기능으로 어렵지 않게 출제된다. 실수하지 않도록 다양한 설정을 학습한다.
6	시트 보호	상 중 하	데이터를 입력하거나 입력된 데이터를 수정하지 못하도록 설정하는 문제이다. 매우 쉽게 출제되기 때문에 점수를 확보할 수 있는 유형이다.

무료 동영상 강의

기본 작업

01 셀 서식

① **개념**: 셀의 데이터 형식, 글꼴, 색상, 테두리 등을 설정하여 셀의 모양과 스타일을 지정하는 기능
② **지정 방법**
  • [홈] 탭-[글꼴] 그룹, [맞춤] 그룹, [표시 형식] 그룹에서 지정
  • [셀 서식] 대화상자(Ctrl+1)의 [표시 형식], [맞춤], [글꼴], [테두리], [채우기], [보호] 탭에서 지정

⬇ **작업 파일명** C:\에듀윌_2026컴활1급실기\그대로따라하기\스프레드시트실무\01.기본작업\실습\01_셀서식.xlsx

출제패턴 ❶

'셀서식-1' 시트에 대하여 다음의 지시사항을 처리하시오.

1 [G1] 셀을 [셀 서식] 대화상자에서 '셀에 맞춤'으로 지정하고, '사용자 지정 표시 형식'을 이용하여 날짜를 '06월 02일 화요일'과 같이 표시하시오.

2 [B4:B19] 영역은 [셀 서식] 대화상자에서 '사용자 지정 표시 형식'을 이용하여 문자의 뒤에 '지부'를 [표시 예]와 같이 표시하시오.
  ▶ [표시 예: 광주 → 광주지부]

3 [G4:G19] 영역은 [셀 서식] 대화상자에서 '사용자 지정 표시 형식'을 이용하여 값이 30,000,000 이상이면 '빨강'을, 10,000,000 이하이면 '파랑'으로 표시하고, 모든 값에 천 단위 구분 기호(,)와 값 뒤에 '원'을 [표시 예]와 같이 표시하시오.
  ▶ [표시 예: 20000000 → 20,000,000원, 0 → 0원]

4 [F4:F19] 영역은 [셀 서식] 대화상자에서 '사용자 지정 표시 형식'을 이용하여 값이 60 이상이면 값 뒤에 '우수'를, 그 외에는 값만 [표시 예]와 같이 표시하시오.
  ▶ [표시 예: 70 → 70우수, 0 → 0]

읽는 강의

출제패턴을 알면 시험이 쉬워진다!
셀 서식에 관련된 내용은 사용자 지정 표시 형식을 중점적으로 살펴보도록 한다. 셀 서식을 지정하는 문제는 기본적인 내용이므로 맨 앞에 수록하였지만, 분석작업과 기타작업에서 주로 출제된다. 사용자 지정 표시 형식을 미리 학습해보고 다른 작업에 연계 학습하는 것을 권장한다.

5 [E4:E19] 영역은 [셀 서식] 대화상자에서 기호 없는 회계 형식으로 지정하시오.

▼ 결과 화면

	A	B	C	D	E	F	G
1		과일 판매 현황					06월 02일 화요일
2							
3	지부장	지부	과일	지부위치	단가	수량	판매금액
4	정해용	서울지부	딸기	노원구	250,000	80우수	20,000,000원
5	김남규	서울지부	무화과	서초구	300,000	45	13,500,000원
6	이동훈	서울지부	오렌지	마포구	700,000	34	23,800,000원
7	유은지	서울지부	사과	성동구	500,000	65우수	32,500,000원
8	윤병훈	부산지부	배	부산진구	250,000	29	7,250,000원
9	문혜영	부산지부	바나나	동래구	300,000	50	15,000,000원
10	김지은	부산지부	참외	사하구	700,000	75우수	52,500,000원
11	부현경	부산지부	파인애플	수영구	500,000	47	23,500,000원
12	현윤진	광주지부	딸기	광산구	250,000	26	6,500,000원
13	윌리엄	광주지부	무화과	서구	300,000	69우수	20,700,000원
14	정수현	광주지부	오렌지	동구	700,000	40	28,000,000원
15	이나라	광주지부	사과	북구	500,000	52	26,000,000원
16	정민기	대전지부	배	대덕구	250,000	70우수	17,500,000원
17	홍길동	대전지부	바나나	유성구	300,000	40	12,000,000원
18	최은진	대전지부	참외	중구	700,000	65우수	45,500,000원
19	김주리	대전지부	파인애플	서구	500,000	25	12,500,000원

📖 읽는 강의

그대로 따라하기

1 '셀에 맞춤' 지정하고 날짜를 '06월 02일 화요일'로 표시하기

① [G1] 셀 선택 → 마우스 오른쪽 단추를 클릭하고 바로 가기 메뉴에서 [셀 서식](Ctrl+1)을 선택한다.

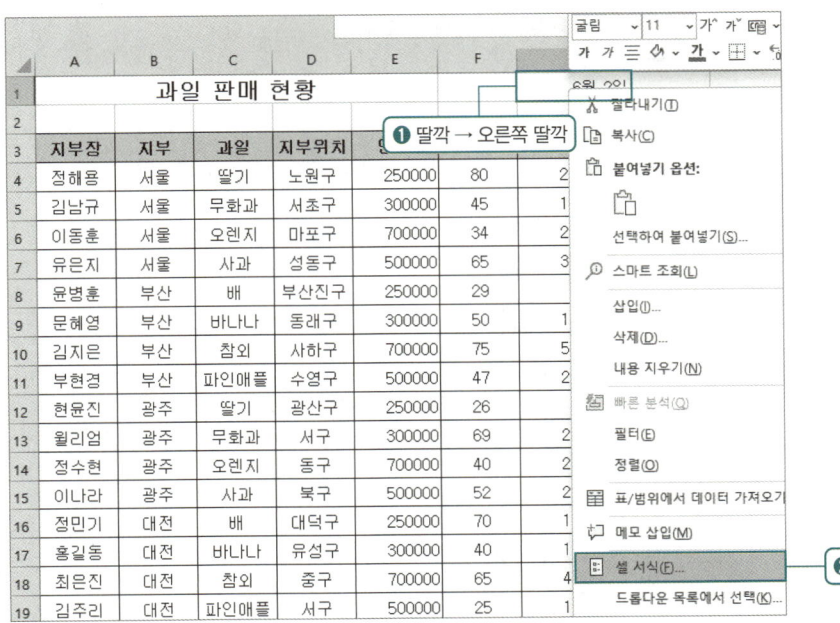

풀이법을 알면 시간이 단축된다!
[셀 서식] 대화상자는 자주 사용하므로 바로 가기 키 Ctrl+1을 기억하는 것이 좋다.

스프레드시트 실무 01. 셀 서식 **21**

② [셀 서식] 대화상자가 나타나면 [맞춤] 탭 선택 → '텍스트 조정'의 '셀에 맞춤'에 체크한다.

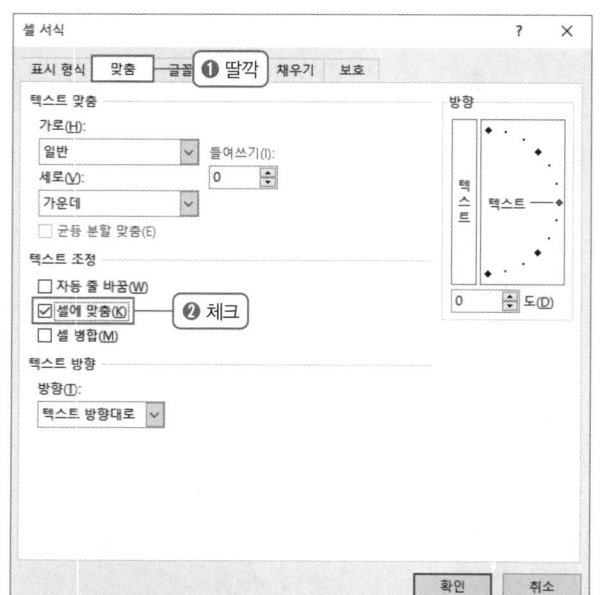

> **읽는 강의**
>
> **풀이법을 알면 시간이 단축된다!**
> '셀에 맞춤'은 셀의 너비와 관계없이 입력된 내용을 셀 너비에 맞게 모두 표시하는 기능으로, 입력된 내용의 길이보다 셀의 너비가 좁으면 글자 크기를 줄여서 표시한다.

③ [표시 형식] 탭에서 '사용자 지정' 범주를 선택 → '형식'에 mm"월" dd"일" aaaa 입력 → [확인] 단추를 클릭한다.

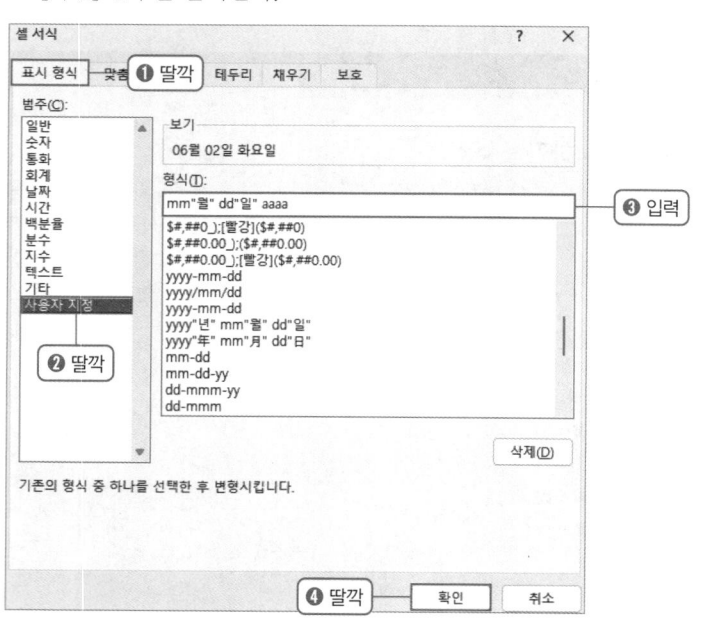

> **풀이법을 알면 시간이 단축된다!**
> 형식을 입력할 경우 먼저 형식 목록에서 찾아보는 것이 좋다. 예를 들어 mm"월" dd"일" aaaa를 입력하는 것보다 목록에서 찾으면 더 빠르게 작업할 수 있다.

④ [G1] 셀의 결과를 확인한다.

	A	B	C	D	E	F	G
1	과일 판매 현황						06월 02일 화요일
2							
3	지부장	지부	과일	지부위치	단가	수량	판매금액
4	정해용	서울	딸기	노원구	250000	80	20000000
5	김남규	서울	무화과	서초구	300000	45	13500000
6	이동훈	서울	오렌지	마포구	700000	34	23800000
7	유은지	서울	사과	성동구	500000	65	32500000

개념 더하기 ➕ [셀 서식] 대화상자

- [표시 형식] 탭

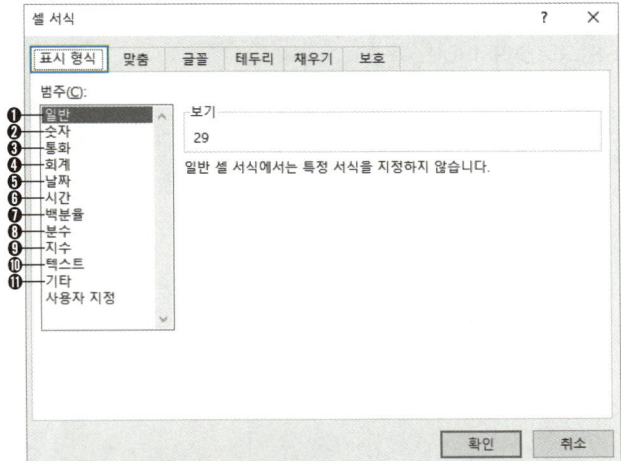

❶ **일반**: 특별한 서식을 지정하지 않은 형식
❷ **숫자**: 숫자를 표시하는 형식으로, 소수점 이하 자릿수, 천 단위 구분 기호, 음수 표시 형식을 지정
❸ **통화**: 금액을 표시하는 형식으로, 천 단위마다 쉼표를 표시하고 숫자의 앞에 통화 기호를 표시
❹ **회계**: 통화 형식은 숫자의 바로 앞에 통화 기호가 표시(₩30)되지만, 회계 형식은 해당 셀의 왼쪽 끝에 통화 기호가 표시(₩ 30)
❺ **날짜**: 날짜의 표시 형식을 지정
❻ **시간**: 시간의 표시 형식을 지정
❼ **백분율**: 셀에 입력된 값에 100을 곱하고 % 기호와 함께 표시
❽ **분수**: 분수로 표시
❾ **지수**: 지수 형식으로 표시
❿ **텍스트**: 문자 데이터로 취급하여 표시
⓫ **기타**: 우편번호, 전화번호, 주민등록번호 등의 표시 형식을 지정

- [맞춤] 탭

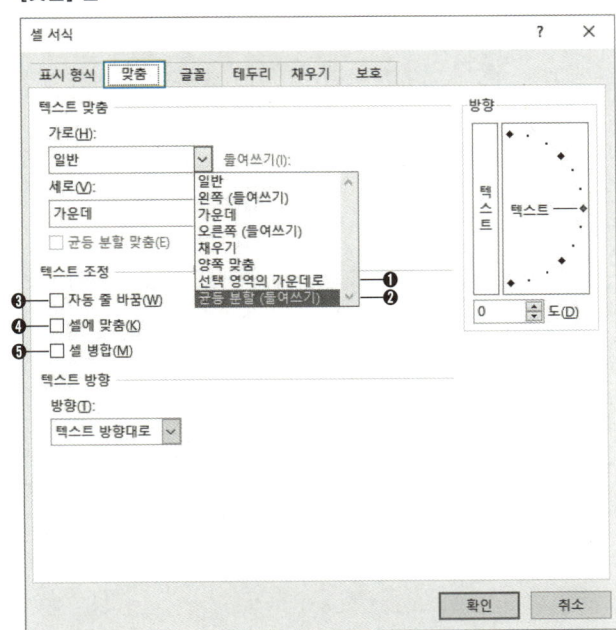

❶ **선택 영역의 가운데로**: 지정된 영역에 있는 글자를 영역의 가운데에 표시
❷ **균등 분할 (들여쓰기)**: 셀에 입력된 내용의 글자 간격을 동일하게 띄어서 표시
❸ **자동 줄 바꿈**: 긴 데이터의 경우 열의 너비에 맞게 줄을 나누어서 표시
❹ **셀에 맞춤**: 긴 데이터의 경우 셀의 크기에 맞게 글자 크기를 자동으로 줄여서 표시
❺ **셀 병합**: 여러 개의 셀을 하나의 셀로 병합

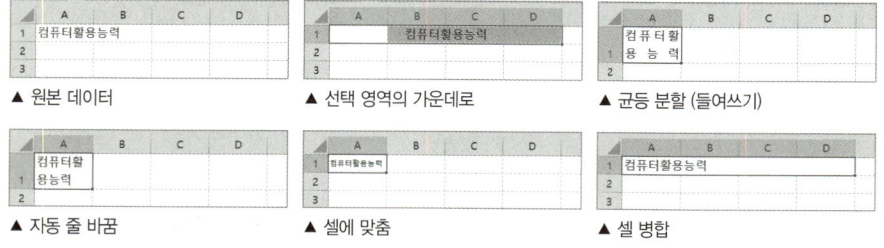

2 문자 뒤에 '지부' 표시하기

① [B4:B19] 영역을 드래그하여 선택 → 마우스 오른쪽 단추를 클릭하고 바로 가기 메뉴에서 [**셀 서식**]([Ctrl]+[1])을 선택한다.

② [셀 서식] 대화상자가 나타나면 [표시 형식] 탭에서 '사용자 지정' 범주를 선택 → '형식'에 @"지부" 입력 → [확인] 단추를 클릭한다.

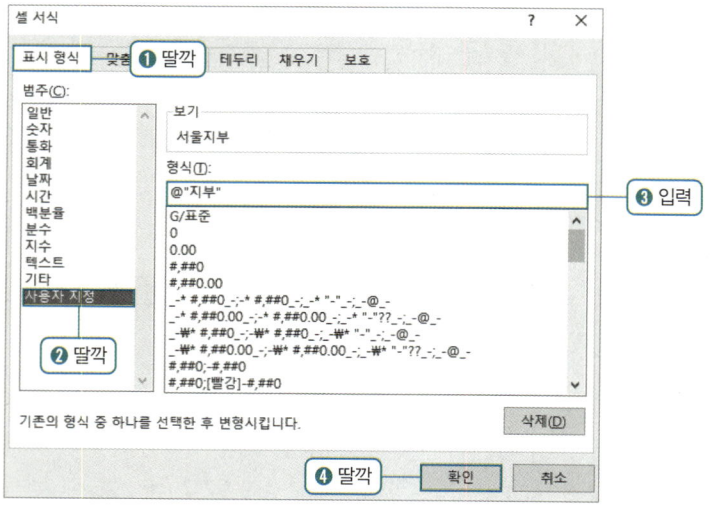

풀이법을 알면 시간이 단축된다!
[B4] 셀을 선택하고 [Ctrl]+[Shift]+[↓]를 누르면 [B19] 셀까지 한 번에 선택할 수 있다.

풀이법을 알면 시간이 단축된다!
'형식'에 @를 입력하면 문자 데이터의 표시 위치를 지정할 수 있다. 따라서 '형식'에 @"지부"를 입력하면 현재 셀 값 뒤에 '지부'가 연결되어 표시되는데, 결괏값은 '형식'의 바로 위에 있는 '보기'에서 미리 확인할 수 있다.

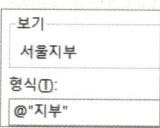

③ '지부' 필드[B4:B19]의 결과를 확인한다.

	A	B	C	D	E	F	G
1			과일 판매 현황				06월 02일 화요일
2							
3	지부장	지부	과일	지부위치	단가	수량	판매금액
4	정해용	서울지부	딸기	노원구	250000	80	20000000
5	김남규	서울지부	무화과	서초구	300000	45	13500000
6	이동훈	서울지부	오렌지	마포구	700000	34	23800000
7	유은지	서울지부	사과	성동구	500000	65	32500000
8	윤병훈	부산지부	배	부산진구	250000	29	7250000
9	문혜영	부산지부	바나나	동래구	300000	50	15000000
10	김지은	부산지부	참외	사하구	700000	75	52500000
11	부현경	부산지부	파인애플	수영구	500000	47	23500000
12	현윤진	광주지부	딸기	광산구	250000	26	6500000
13	윌리엄	광주지부	무화과	서구	300000	69	20700000
14	정수현	광주지부	오렌지	동구	700000	40	28000000
15	이나라	광주지부	사과	북구	500000	52	26000000
16	정민기	대전지부	배	대덕구	250000	70	17500000
17	홍길동	대전지부	바나나	유성구	300000	40	12000000
18	최은진	대전지부	참외	중구	700000	65	45500000
19	김주리	대전지부	파인애플	서구	500000	25	12500000

3 값에 색과 천 단위 쉼표, '원' 표시하기

① [G4:G19] 영역을 드래그하여 선택 → 마우스 오른쪽 단추를 클릭하고 바로 가기 메뉴에서 [셀 서식]([Ctrl]+[1])을 선택한다.

② [셀 서식] 대화상자가 나타나면 [표시 형식] 탭에서 '사용자 지정' 범주를 선택 → '형식'에 [빨강][>=30000000]#,##0"원";[파랑][<=10000000]#,##0"원";#,##0"원" 입력 → [확인] 단추를 클릭한다.

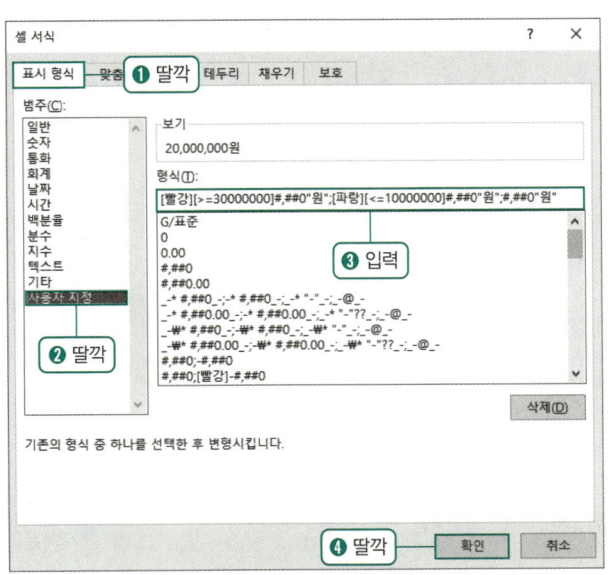

풀이법을 알면 시간이 단축된다!

- #: 유효한 자릿수만 표시하고 유효하지 않은 0은 표시하지 않는다.
- 0: 유효하지 않은 자릿수는 0으로 표시한다.

(예시)
- ### 입력
  001 → 1
- 000 입력
  001 → 001

풀이법을 알면 시간이 단축된다!

각 구역은 세미콜론(;)으로 구분하고 '양수;음수;0;텍스트'의 표시 형식을 순서대로 지정하여 한 번에 네 가지에 대한 표시 형식을 지정할 수 있다. 단, 조건을 지정하면 '양수;음수;0;텍스트'가 아닌 조건에 해당하는 값에 대한 표시 형식이 지정된다.

풀이법을 알면 시간이 단축된다!

조건이나 글꼴 색을 지정할 때는 대괄호([ ]) 안에 입력한다.

[빨강][>=30000000]#,##0"원";[파랑][<=10000000]#,##0"원";#,##0"원"
   ❶   ❷   ❸

❶ **[빨강][>=30000000]#,##0"원"**: 값이 30,000,000 이상이면 빨간색으로 천 단위 구분 기호(,)와 값 뒤에 '원'을 포함하여 표시한다.

❷ **[파랑][<=10000000]#,##0"원"**: 0을 포함하여 값이 10,000,000 이하이면 파란색으로 천 단위 구분 기호(,)와 값 뒤에 '원'을 포함하여 표시한다.

❸ **#,##0"원"**: ❶, ❷ 외의 값은 기본 글꼴 색으로 천 단위 구분 기호(,)와 값 뒤에 '원'을 포함하여 표시한다.

읽는 강의

풀이법을 알면 시간이 단축된다!
'형식'에 조건을 설정하는 것이 어려우면 ②의 해설을 참고하면서 작성해 본다. 이 과정을 통해 빨간색 텍스트를 표현하기 위한 방법([빨강])이나 천 단위 기호를 넣는 방법(#,##0) 등을 파악할 수 있다.

풀이법을 알면 시간이 단축된다!
세 번째 조건 이후에는 비교 연산자를 사용할 수 없다.

③ '판매금액' 필드[G4:G19]의 결과를 확인한다.

	A	B	C	D	E	F	G
1		과일 판매 현황					06월 02일 화요일
2							
3	지부장	지부	과일	지부위치	단가	수량	판매금액
4	정해용	서울지부	딸기	노원구	250000	80	20,000,000원
5	김남규	서울지부	무화과	서초구	300000	45	13,500,000원
6	이동훈	서울지부	오렌지	마포구	700000	34	23,800,000원
7	유은지	서울지부	사과	성동구	500000	65	32,500,000원
8	윤병훈	부산지부	배	부산진구	250000	29	7,250,000원
9	문혜영	부산지부	바나나	동래구	300000	50	15,000,000원
10	김지은	부산지부	참외	사하구	700000	75	52,500,000원
11	부현경	부산지부	파인애플	수영구	500000	47	23,500,000원
12	현윤진	광주지부	딸기	광산구	250000	26	6,500,000원
13	윌리엄	광주지부	무화과	서구	300000	69	20,700,000원
14	정수현	광주지부	오렌지	동구	700000	40	28,000,000원
15	이나라	광주지부	사과	북구	500000	52	26,000,000원
16	정민기	대전지부	배	대덕구	250000	70	17,500,000원
17	홍길동	대전지부	바나나	유성구	300000	40	12,000,000원
18	최은진	대전지부	참외	중구	700000	65	45,500,000원
19	김주리	대전지부	파인애플	서구	500000	25	12,500,000원

개념 더하기 ➕ 표시 형식별 결괏값

- **숫자/문자 서식**

  [셀 서식] 대화상자의 [표시 형식] 탭에 있는 '사용자 지정' 범주에서는 서식 코드(#, 0, [], >=, <, "", @ 등)를 조합하여 원하는 서식을 지정할 수 있다.

표시 형식	기능	표시 형식의 예	입력값	결괏값
#	유효한 자릿수만 표시하고 유효하지 않은 0은 표시하지 않는다.	#####	1234	1234
0	유효하지 않은 자릿수는 0으로 표시한다.	00000	1234	01234
#,###	• 천 단위에 쉼표(,)를 붙여주는 서식 코드 • 0을 입력하면 0은 표시되지 않는다.	#,###.#	1234.0	1,234.
#,##0	• 천 단위에 쉼표(,)를 붙여주는 서식 코드 • 0을 입력하면 0을 표시한다.	#,##0.0	1234.0	1,234.0
@	문자 데이터를 그대로 표시한다.	@"님"	홍길동	홍길동님
,	• 천 단위 구분 기호를 표시한다. • 서식의 마지막에 쉼표(,)를 지정하면 오른쪽부터 세 자리를 생략하고 반올림한다.	#,###,	1234567	1,235

- 날짜 서식

표시 형식	기능	표시 형식의 예	입력값	결괏값
yy	연도 중 뒤의 두 자리만 표시한다.	yy	2026-06-01	26
yyyy	연도를 네 자리로 표시한다.	yyyy		2026
m	월을 '1'~'12'로 표시한다.	m		6
mm	월을 '01'~'12'로 표시한다.	mm		06
mmm	월을 'Jan'~'Dec'로 표시한다.	mmm		Jun
mmmm	월을 'January'~'December'로 표시한다.	mmmm		June
d	일을 '1'~'31'로 표시한다.	d		1
dd	일을 '01'~'31'로 표시한다.	dd		01
ddd	요일을 'Sun'~'Sat'로 표시한다.	ddd		Mon
dddd	요일을 'Sunday'~'Saturday'로 표시한다.	dddd		Monday
aaa	요일을 '월'~'일'로 표시한다.	aaa		월
aaaa	요일을 '월요일'~'일요일'로 표시한다.	aaaa		월요일

- 시간 서식

표시 형식	기능	표시 형식의 예	입력값	결괏값
h	시간을 '0'~'23'으로 표시한다.	h	9:05:06	9
hh	시간을 '00'~'23'으로 표시한다.	hh		09
m	분을 '0'~'59'로 표시한다.	m		5
mm	분을 '00'~'59'로 표시한다.	mm		05
s	초를 '0'~'59'로 표시한다.	s		6
ss	초를 '00'~'59'로 표시한다.	ss		06

- 사용자 지정 표시 형식

'양수, 음수, 0, 텍스트' 순으로 네 가지의 표시 형식을 한꺼번에 지정할 수 있다. 셀에 입력한 자료를 숨기려면 표시 형식은 지정하지 않고 ';;;'과 같이 각 구역을 구분하는 세미콜론(;)만 지정하면 된다.

양수;음수;0;텍스트

단, 조건을 지정하면 양수;음수;0;텍스트가 아닌 조건에 해당하는 값에 대한 표시 형식이 지정된다.

조건이나 글꼴 색을 지정할 때는 대괄호([ ]) 안에 입력한다.

형식 #,##0; [빨강](#,##0); 0.00; @"님"
      ❶양수 ❷음수   ❸0   ❹텍스트

❶ #,##0; : 0보다 크면 '#,##0' 형식으로 표시
❷ [빨강](#,##0); : 음수이면 빨간색에 '(#,##0)' 형식으로 표시
❸ 0.00; : 0이면 '0.00' 형식으로 표시
❹ @"님" : 텍스트이면 문자 뒤에 '님'을 표시

사용 예

조건	표시 형식의 예	입력값	결괏값
숫자 뒤에 '초' 표시하기	#"초"	13	13초
숫자를 1000의 배수로 표시하고 숫자 뒤에 '천원' 추가하기	#,##0,"천원"	1234000	1,234천원
30 이상의 셀의 숫자 앞에 '00-' 표시하기	[>=30]"00-"##	35	00-35
천 단위 구분 기호와 소수점 이하 첫째 자리까지 표시하기	#,##0.0	12345.69	12,345.7
문자 뒤에 '점' 표시하기	@"점"	문제	문제점
날짜를 '2026년 06월 02일 화' 형식으로 표시하기	yyyy"년" mm"월" dd"일" aaa	2026-06-02	2026년 06월 02일 화

> 읽는 강의
>
> **출제패턴을 알면 시험이 쉬워진다!**
> '빨강', '파랑', '녹색', '노랑'은 조건 설정 시 자주 사용되는 색상이다.
>
> **풀이법을 알면 시간이 단축된다!**
> 사용자 지정서식에 [빨강][>=90]"◆"*-0을 지정하면, 값이 90 이상일 때 글자는 빨간색으로 표시되고 ◆ 기호 뒤를 하이픈(-)으로 채운 후 숫자가 오른쪽에 정렬된다. *-은 남은 공간을 해당 기호로 반복 채우라는 의미로, ◆-----90과 같은 형태로 출력된다.

4 수량이 60 이상이면 '우수' 표시하기

① [F4:F19] 영역을 드래그하여 선택 → 마우스 오른쪽 단추를 클릭하고 바로 가기 메뉴에서 [셀 서식](Ctrl+1)을 선택한다.

② [셀 서식] 대화상자가 나타나면 [표시 형식] 탭에서 '사용자 지정' 범주를 선택 → '형식'에 [>=60]0"우수";0 입력 → [확인] 단추를 클릭한다.

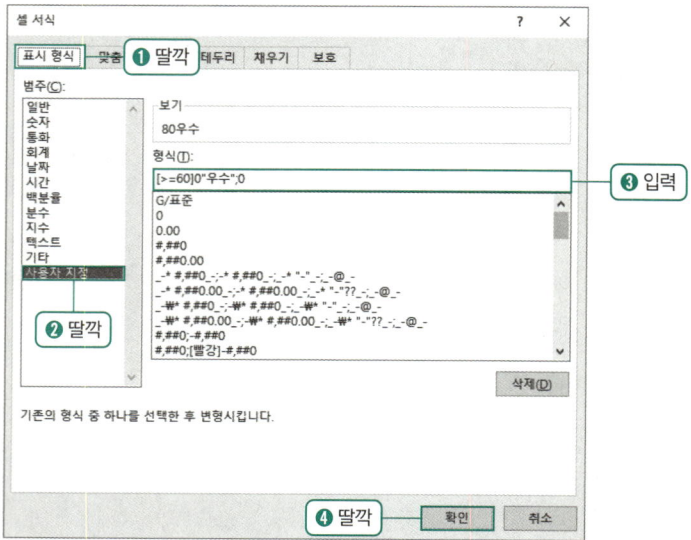

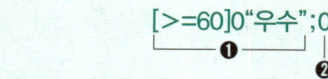

❶ [>=60]0"우수": 값이 60 이상이면 값 뒤에 '우수'를 포함하여 표시한다.
❷ 0: ❶ 외의 값은 값만 표시한다.

③ '수량' 필드[F4:F19]의 결과를 확인한다.

	A	B	C	D	E	F	G
1		과일 판매 현황					06월 02일 화요일
2							
3	지부장	지부	과일	지부위치	단가	수량	판매금액
4	정해용	서울지부	딸기	노원구	250000	80우수	20,000,000원
5	김남규	서울지부	무화과	서초구	300000	45	13,500,000원
6	이동훈	서울지부	오렌지	마포구	700000	34	23,800,000원
7	유은지	서울지부	사과	성동구	500000	65우수	32,500,000원
8	윤병훈	부산지부	배	부산진구	250000	29	7,250,000원
9	문혜영	부산지부	바나나	동래구	300000	50	15,000,000원
10	김지은	부산지부	참외	사하구	700000	75우수	52,500,000원
11	부현경	부산지부	파인애플	수영구	500000	47	23,500,000원
12	현윤진	광주지부	딸기	광산구	250000	26	6,500,000원
13	윌리엄	광주지부	무화과	서구	300000	69우수	20,700,000원
14	정수현	광주지부	오렌지	동구	700000	40	28,000,000원
15	이나라	광주지부	사과	북구	500000	52	26,000,000원
16	정민기	대전지부	배	대덕구	250000	70우수	17,500,000원
17	홍길동	대전지부	바나나	유성구	300000	40	12,000,000원
18	최은진	대전지부	참외	중구	700000	65우수	45,500,000원
19	김주리	대전지부	파인애플	서구	500000	25	12,500,000원

5 기호 없는 회계 표시 형식 지정하기

① [E4:E19] 영역을 드래그하여 선택 → 마우스 오른쪽 단추를 클릭하고 바로 가기 메뉴에서 [셀 서식](Ctrl+1)을 선택한다.

② [셀 서식] 대화상자가 나타나면 [표시 형식] 탭에서 '회계' 범주를 선택 → '기호'에서 '없음' 선택 → [확인] 단추를 클릭한다.

> **풀이법을 알면 시간이 단축된다!**
> 통화 형식은 숫자의 바로 앞에 통화 기호가 표시되지만(₩30), 회계 형식은 해당 셀의 왼쪽 끝에 통화 기호가 표시된다(₩ 30).

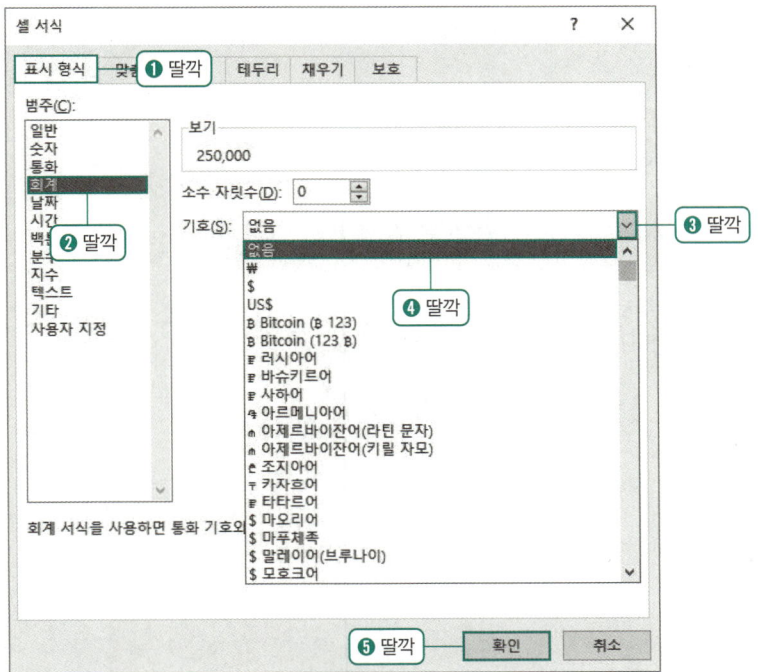

③ '단가' 필드[E4:E19]의 결과를 확인한다.

	A	B	C	D	E	F	G
1		과일 판매 현황					06월 02일 화요일
2							
3	지부장	지부	과일	지부위치	단가	수량	판매금액
4	정해용	서울지부	딸기	노원구	250,000	80우수	20,000,000원
5	김남규	서울지부	무화과	서초구	300,000	45	13,500,000원
6	이동훈	서울지부	오렌지	마포구	700,000	34	23,800,000원
7	유은지	서울지부	사과	성동구	500,000	65우수	32,500,000원
8	윤병훈	부산지부	배	부산진구	250,000	29	7,250,000원
9	문혜영	부산지부	바나나	동래구	300,000	50	15,000,000원
10	김지은	부산지부	참외	사하구	700,000	75우수	52,500,000원
11	부현경	부산지부	파인애플	수영구	500,000	26	23,500,000원
12	현윤진	광주지부	딸기	광산구	250,000	26	6,500,000원
13	윌리엄	광주지부	무화과	서구	300,000	69우수	20,700,000원
14	정수현	광주지부	오렌지	동구	700,000	40	28,000,000원
15	이나라	광주지부	사과	북구	500,000	52	26,000,000원
16	정민기	대전지부	배	대덕구	250,000	70우수	17,500,000원
17	홍길동	대전지부	바나나	유성구	300,000	40	12,000,000원
18	최은진	대전지부	참외	중구	700,000	65우수	45,500,000원
19	김주리	대전지부	파인애플	서구	500,000	25	12,500,000원

출제패턴 ❷

'셀서식-2' 시트에 대하여 다음의 지시사항을 처리하시오.

1 [F4:F28] 영역은 [셀 서식] 대화상자에서 '사용자 지정 표시 형식'을 이용하여 총점이 320 이상이면 '우수', 270 이상이면 '보통', 그 외에는 '노력'으로 [표시 예]와 같이 표시하시오.

▶ [표시 예: 340인 경우 → 우수, 230인 경우 → 노력]

2 [G4:G28] 영역은 [셀 서식] 대화상자의 '숫자' 범주를 이용하여 천 단위 구분 기호 (,)와 소수점 이하 첫째 자리까지 표시하시오.

3 [H4:H28] 영역은 [셀 서식] 대화상자에서 '사용자 지정 표시 형식'을 이용하여 표시하시오.

▶ 값이 양수이면 파란색으로 'A-' 뒤에 소수점 이하 첫째 자리까지 표시하고, 음수이면 빨간색으로 'B-' 뒤에 음수 기호 없이 소수점 이하 첫째 자리까지 표시하고, 0이면 검은색으로 'C-' 뒤에 소수점 이하 첫째 자리까지 표시

▶ [표시 예: 1 → A-1.0, -1 → B-1.0]

▼ 결과 화면

	A	B	C	D	E	F	G	H
1				기말고사 평가				
2								
3	성명	텍스트	인공지능	딥러닝	파이썬	총점	평균	반배정
4	연진욱	74	76	99	77	우수	81.5	A-1.0
5	윤서빈	77	60	57	65	노력	64.8	B-1.0
6	김나현	88	77	92	76	우수	83.3	A-1.0
7	이동훈	62	92	72	55	보통	70.3	C-0.0
8	김태진	55	72	78	92	보통	74.3	C-0.0
9	박준용	75	30	62	52	노력	54.8	B-1.0
10	윤여일	72	74	55	46	노력	61.8	B-1.0
11	박종인	78	77	92	76	우수	80.8	A-1.0
12	이광호	62	55	52	62	노력	57.8	B-1.0
13	최병설	55	62	78	89	보통	71.0	C-0.0
14	김병태	92	85	76	87	우수	85.0	A-1.0
15	임승혁	72	92	62	88	보통	78.5	C-0.0
16	현윤진	78	72	50	90	보통	72.5	C-0.0
17	윌리엄	80	78	95	78	우수	82.8	A-1.0
18	유은지	92	62	65	55	보통	68.5	C-0.0
19	김지은	72	55	62	92	보통	70.3	C-0.0
20	부현경	45	55	62	52	노력	53.5	B-1.0
21	윤병호	62	88	75	46	보통	67.8	B-1.0
22	윤보열	55	78	92	76	보통	75.3	C-0.0
23	장재원	92	76	72	62	보통	75.5	C-0.0
24	서석	52	62	78	89	보통	70.3	C-0.0
25	이철환	46	50	62	53	노력	52.8	B-1.0
26	지서현	76	92	55	70	보통	73.3	C-0.0
27	고은정	62	72	92	80	보통	76.5	C-0.0
28	정해강	89	78	82	85	우수	83.5	A-1.0
29								

그대로 따라하기

1 총점이 320점 이상이면 '우수', 270점 이상이면 '보통', 그 외에는 '노력'으로 표시하기

① [F4:F28] 영역을 드래그하여 선택 → 마우스 오른쪽 단추를 클릭하고 바로 가기 메뉴에서 [셀 서식](Ctrl+1)을 선택한다.

② [셀 서식] 대화상자가 나타나면 [표시 형식] 탭에서 '사용자 지정' 범주를 선택 → '형식'에 [>=320]"우수";[>=270]"보통";"노력" 입력 → [확인] 단추를 클릭한다.

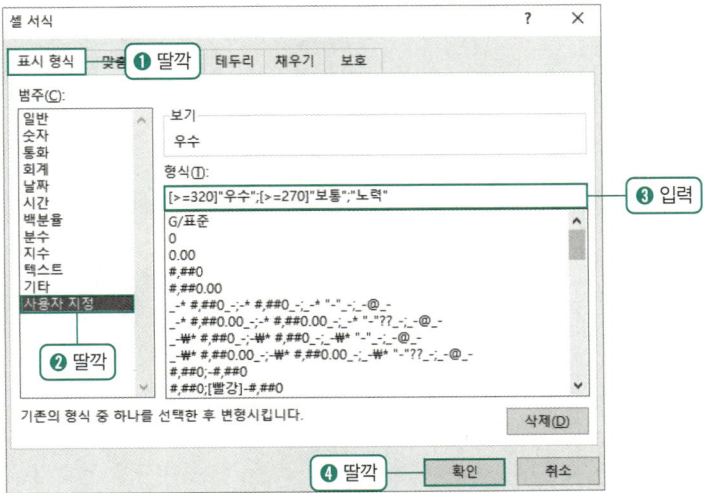

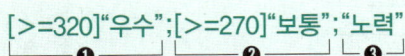

❶ [>=320]"우수": 값이 320 이상이면 값을 '우수'로 표시한다.
❷ [>=270]"보통": 값이 270 이상이면 값을 '보통'으로 표시한다.
❸ "노력": ❶, ❷ 외의 값은 '노력'으로 표시한다.

읽는 강의

실수가 줄어들면 합격은 빨라진다!
형식을 정확히 작성했는지는 '보기'에서 확인할 수 있다. 형식을 입력하면 즉시 보기의 형식이 변경되므로 이 부분을 확인하면서 입력해야 한다.

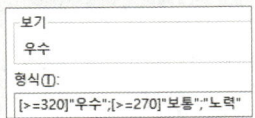

③ '총점' 필드[F4:F28]의 결과를 확인한다.

	A	B	C	D	E	F	G	H
1					기말고사 평가			
2								
3	성명	텍스트	인공지능	딥러닝	파이썬	총점	평균	반배정
4	연진욱	74	76	99	77	우수	81.5	1
5	윤서빈	77	60	57	65	노력	64.75	-1
6	김나현	88	77	92	76	우수	83.25	1
7	이동훈	62	92	72	55	보통	70.25	0
8	김태진	55	72	78	92	보통	74.25	0
9	박준용	75	30	62	52	노력	54.75	-1
10	윤여일	72	74	55	46	노력	61.75	-1
11	박종인	78	77	92	76	우수	80.75	1
12	이광호	62	55	52	62	노력	57.75	-1
13	최병설	55	62	78	89	보통	71	0
14	김병태	92	85	76	87	우수	85	1
15	임승혁	72	92	62	88	보통	78.5	0
16	현윤진	78	72	50	90	보통	확인	0
17	윌리엄	80	78	95	78	우수	82.75	1
18	유은지	92	62	65	55	보통	68.5	-1
19	김지은	72	55	62	92	보통	70.25	0
20	부현경	45	55	62	52	노력	53.5	-1
21	윤병호	62	88	75	46	보통	67.75	-1
22	윤보열	55	78	92	76	보통	75.25	0
23	장재원	92	76	72	62	보통	75.5	0
24	서석	52	62	78	89	보통	70.25	0
25	이청환	46	50	62	53	노력	52.75	-1
26	지서현	76	92	55	70	보통	73.25	0
27	고은정	62	72	92	80	보통	76.5	0
28	정해강	89	78	82	85	우수	83.5	1
29								

2 천 단위 구분 기호와 소수점 이하 첫째 자리까지 표시하기

① [G4:G28] 영역을 드래그하여 선택 → 마우스 오른쪽 단추를 클릭하고 바로 가기 메뉴에서 [**셀 서식**]([Ctrl]+[1])을 선택한다.

② [셀 서식] 대화상자가 나타나면 [표시 형식] 탭에서 '숫자' 범주를 선택 → '소수 자릿수'를 '1'로 지정 → '1000 단위 구분 기호(,) 사용'에 체크 → [확인] 단추를 클릭한다.

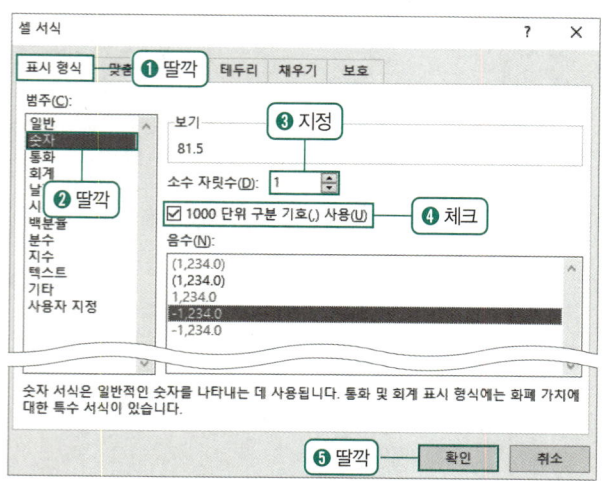

> **실수가 줄어들면 합격은 빨라진다!**
> 천 단위 구분 기호와 소수점 이하의 숫자를 표시하는 방법은 다양하지만, 문제에서 [셀 서식] 대화상자의 '숫자' 범주를 이용하여 표시하라고 제시했으므로 반드시 [셀 서식] 대화상자의 [표시 형식] 탭에서 '숫자' 범주를 선택하여 설정해야 한다. 즉 다른 범주를 사용하거나 리본 메뉴에서 설정하지 않도록 주의한다.

③ '평균' 필드[G4:G28]의 결과를 확인한다.

	A	B	C	D	E	F	G	H
1				기말고사 평가				
2								
3	성명	텍스트	인공지능	딥러닝	파이썬	총점	평균	반배정
4	연진욱	74	76	99	77	우수	81.5	1
5	윤서빈	77	60	57	65	노력	64.8	-1
6	김나현	88	77	92	76	우수	83.3	1
7	이동훈	62	92	72	55	보통	70.3	0
8	김태진	55	72	78	92	보통	74.3	0
9	박준용	75	30	62	52	노력	54.8	-1
10	윤여일	72	74	55	46	노력	61.8	-1
11	박종인	78	77	92	76	우수	80.8	1
12	이광호	62	55	52	62	노력	57.8	-1
13	최병설	55	62	78	89	보통	71.0	0
14	김병태	92	85	76	87	우수	85.0	1
15	임승혁	72	92	62	88	보통	78.5	0
16	현윤진	78	72	50	90	보통	72.5	확인
17	윌리엄	80	78	95	78	우수	82.8	1
18	유은지	92	62	65	55	보통	68.5	-1
19	김지은	72	55	62	92	보통	70.3	0
20	부현경	45	55	62	52	노력	53.5	-1
21	윤병호	62	88	75	46	보통	67.8	-1
22	윤보열	55	78	92	76	보통	75.3	0
23	장재원	92	76	72	62	보통	75.5	0
24	서석	52	62	78	89	보통	70.3	0
25	이청환	46	50	62	53	노력	52.8	-1
26	지서현	76	92	55	70	보통	73.3	0
27	고은정	62	72	92	80	보통	76.5	0
28	정해강	89	78	82	85	우수	83.5	1
29								

3 양수이면 파란색, 음수이면 빨간색, 0이면 검은색으로 소수점 이하 첫째 자리까지 표시하기

① [H4:H28] 영역을 드래그하여 선택 → 마우스 오른쪽 단추를 클릭하고 바로 가기 메뉴에서 [셀 서식](Ctrl+1)을 선택한다.

② [셀 서식] 대화상자가 나타나면 [표시 형식] 탭에서 '사용자 지정' 범주를 선택 → '형식'에 [파랑]"A-"0.0;[빨강]"B-"0.0;[검정]"C-"0.0 입력 → [확인] 단추를 클릭한다.

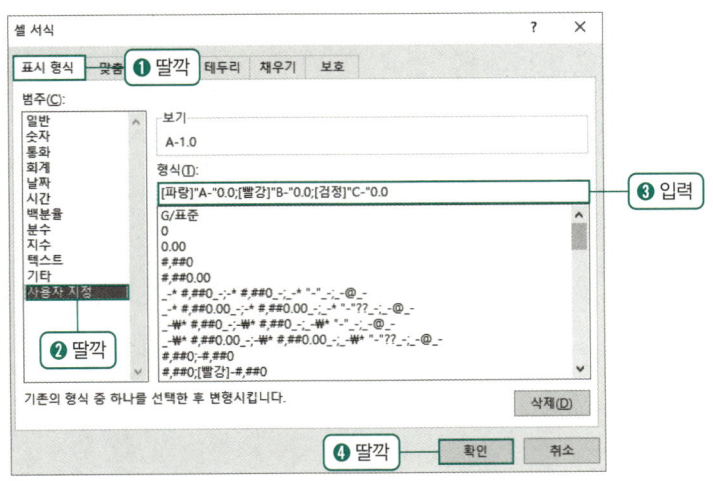

풀이법을 알면 시간이 단축된다!
'사용자 지정' 범주의 표시 형식에서 각 구역은 세미콜론(;)으로 구분하고 '양수;음수;0;텍스트'의 표시 형식은 순서대로 지정하여 한 번에 네 가지에 대한 표시 형식을 지정할 수 있다.

[파랑]"A-"0.0;[빨강]"B-"0.0;[검정]"C-"0.0
　　　❶　　　　　❷　　　　　❸

❶ **[파랑]"A-"0.0**: 양수는 파란색으로 값 앞에 'A-'를 포함하여 소수점 이하 첫째 자리까지 표시한다.
❷ **[빨강]"B-"0.0**: 음수는 빨간색으로 값 앞에 'B-'를 포함하여 음수 기호 없이 소수점 이하 첫째 자리까지 표시한다.
❸ **[검정]"C-"0.0**: 0은 검은색으로 값 앞에 'C-'를 포함하여 소수점 이하 첫째 자리까지 표시한다.

③ '반배정' 필드[H4:H28]의 결과를 확인한다.

	A	B	C	D	E	F	G	H
1				기말고사 평가				
2								
3	성명	텍스트	인공지능	딥러닝	파이썬	총점	평균	반배정
4	연진욱	74	76	99	77	우수	81.5	A-1.0
5	윤서빈	77	60	57	65	노력	64.8	B-1.0
6	김나현	88	77	92	76	우수	83.3	A-1.0
7	이동훈	62	92	72	55	보통	70.3	C-0.0
8	김태진	55	72	78	92	보통	74.3	C-0.0
9	박준용	75	30	62	52	노력	54.8	B-1.0
10	윤여일	72	74	55	46	노력	61.8	B-1.0
11	박종인	78	77	92	76	우수	80.8	A-1.0
12	이광호	62	55	52	62	노력	57.8	B-1.0
13	최병설	55	62	78	89	보통	71.0	C-0.0
14	김병태	92	85	76	87	우수	85.0	A-1.0
15	임승혁	72	92	62	88	보통	78.5	C-0.0
16	현윤진	78	72	50	90	보통	72.5	C-0.0
17	윌리엄	80	78	95	78	우수	82.8	A-1.0
18	유은지	92	62	65	55	보통	68.5	B-1.0
19	김지은	72	55	62	92	보통	70.3	C-0.0
20	부현경	45	55	62	52	노력	53.5	B-1.0
21	윤병호	62	88	75	46	보통	67.8	B-1.0
22	윤보열	55	78	92	76	보통	75.3	C-0.0
23	장재원	92	76	72	62	보통	75.5	C-0.0
24	서석	52	62	78	89	보통	70.3	C-0.0
25	이청환	46	50	62	53	노력	52.8	B-1.0
26	지서현	76	92	55	70	보통	73.3	C-0.0
27	고은정	62	72	92	80	보통	76.5	C-0.0
28	정해강	89	78	82	85	우수	83.5	A-1.0

확인

> **읽는 강의**
>
> **풀이법을 알면 시간이 단축된다!**
> • 음수의 표시 형식을 지정할 때 음수 기호를 유지하려면 [빨강]"B-"-0.0으로 지정하면 된다.
> • '검정'은 기본 설정 색이므로 생략하고 "C-"0.0으로 입력해도 된다.

기본 작업

02 조건부 서식

① **개념**: 셀의 값이나 상태에 따라 서식을 자동으로 적용하는 기능으로, 특정 조건을 만족하는 셀의 배경색을 변경하거나 글꼴을 굵게 표시할 수 있음
② **지정 방법**: [홈] 탭-[스타일] 그룹-[조건부 서식]

📥 **작업 파일명** C:\에듀윌_2026컴활1급실기\그대로따라하기\스프레드시트실무\01.기본작업\실습\02_조건부서식.xlsx

출제패턴 ❶

'조건부서식-1' 시트에서 다음과 같이 조건부 서식을 설정하시오.

▶ [B5:G14] 영역에서 '차량(평일)'이 6,000 이상이고 '차량(평균)'이 5,000 이상인 행 전체에 대해서 글꼴 색을 '표준 색-빨강'으로 적용하시오.
▶ 단, 규칙 유형은 '수식을 사용하여 서식을 지정할 셀 결정'을 사용하고, 한 개의 규칙으로만 작성하시오.
▶ AND 함수 사용

▼ 결과 화면

	B	C	D	E	F	G
1						
2			주차장 이용 차량 분석			
3						
4	지역	관리주무처	급지	차량(주말)	차량(평일)	차량(평균)
5	마장동	마을캠프	1급지	6,202	6,665	6,434
6	가양동	가나센터	1급지	6,965	22,654	14,810
7	탑골	탑지공원	3급지	4,626	4,566	4,596
8	한남	한울나루	2급지	3,466	6,469	4,968
9	소파로	소율광장	3급지	5,465	4,532	4,999
10	종묘	종종관	3급지	22,345	26,664	24,505
11	복정	복이마을	1급지	3,654	6,656	5,155
12	번동	번꿈관	2급지	4,563	5,666	5,115
13	월계동	월이광장	3급지	2,500	3,500	3,000
14	장안1동	장아루	3급지	3,265	2,356	2,811

📖 읽는 강의

그대로 따라하기

1 새 서식 규칙 지정하기

① 조건부 서식을 지정할 영역[B5:G14]을 드래그하여 선택 → [홈] 탭-[스타일] 그룹-[조건부 서식]-[새 규칙]을 선택한다.

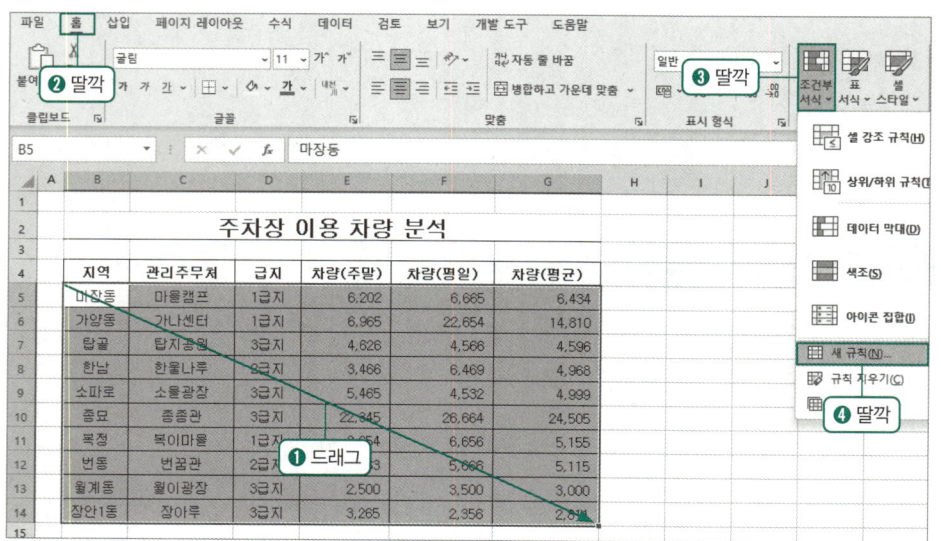

② [새 서식 규칙] 대화상자가 나타나면 '규칙 유형 선택'에서 '수식을 사용하여 서식을 지정할 셀 결정'을 선택 → '다음 수식이 참인 값의 서식 지정'에 =AND($F5>=6000,$G5>=5000) 입력 → [서식] 단추를 클릭한다.

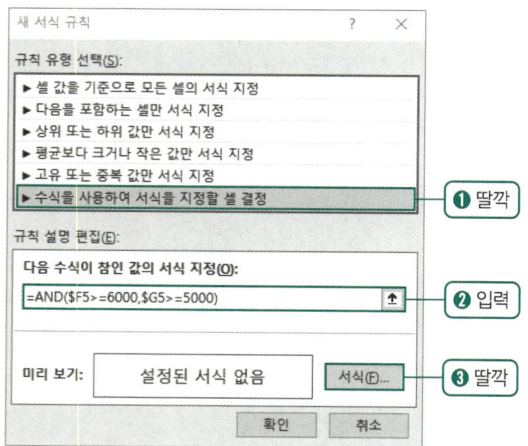

=AND($F5>=6000,$G5>=5000)

[F5] 셀 값(차량(평일))이 6,000 이상이고 [G5] 셀 값(차량(평균))이 5,000 이상이면 TRUE를, 그렇지 않으면 FALSE를 반환한다.
(행 전체에 조건부 서식을 지정하기 위해서는 '$F5'와 같이 열을 고정해야 함)

읽는 강의

실수가 줄어들면 합격은 빨라진다!
조건부 서식을 적용할 범위를 지정할 때 필드명을 포함하면 안 된다. 그 이유는 수식을 작성할 때 필드명이 아닌 값 부분을 이용하여 작성해야 하기 때문이다. 만약 필드명을 포함한 영역에 서식을 지정하면 서식이 한 줄씩 위로 밀려 잘못 지정된다.

풀이법을 알면 시간이 단축된다!
문제에서 주어진 규칙 유형을 확인하여 지정한다. AND(조건1, 조건2)는 조건이 모두 만족하면 결괏값이 'TRUE'이다.

개념 더하기 ⊕ [새 서식 규칙] 대화상자

📖 읽는 강의

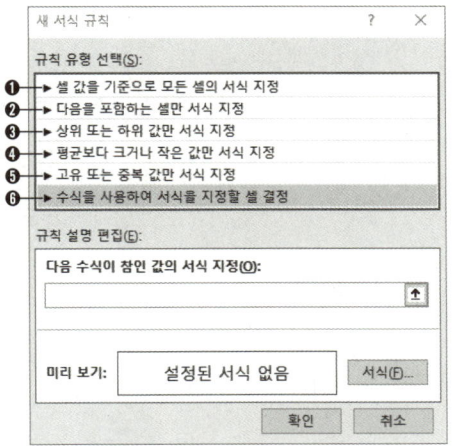

❶ 셀 값을 기준으로 서식 스타일과 막대 모양을 지정
❷ 셀 값, 해당 범위, 서식 등을 지정
❸ 상위와 하위의 값 또는 % 이내를 지정
❹ 평균이나 표준 편차보다 크거나 작은 값에 대한 서식을 지정
❺ 중복되는 값이나 고유한 값에 대한 서식을 지정
❻ 수식과 함수를 이용하여 조건에 대한 서식을 지정

2 셀 서식 지정하기

① [셀 서식] 대화상자가 나타나면 [글꼴] 탭의 '색'에서 '표준 색'의 '빨강'을 선택 → [확인] 단추를 클릭한다.

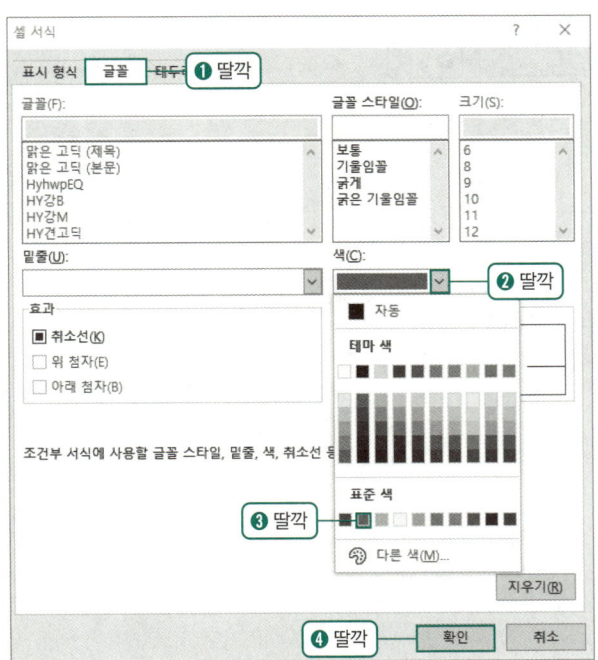

풀이법을 알면 시간이 단축된다!
'색'의 목록 단추(▼)를 클릭하면 색상 목록이 나타나는데, 색상 위에 마우스 포인터를 올려놓으면 풍선 도움말이 나타나면서 색상명을 확인할 수 있다.

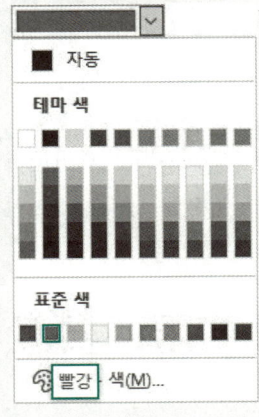

② [새 서식 규칙] 대화상자로 되돌아오면 '미리 보기'에서 지정한 서식을 확인 → [확인] 단추를 클릭 → 결과를 확인한다.

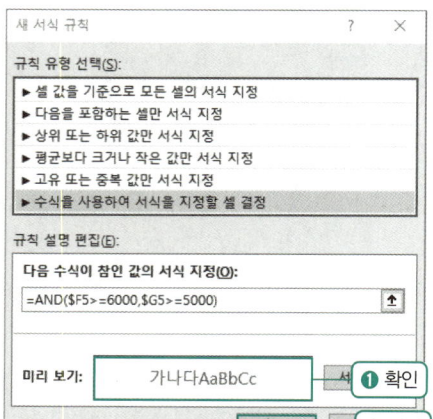

개념 더하기⊕ 조건부 서식 지우기

• 조건부 서식 하나씩 지우기
  ① 조건부 서식이 지정된 영역에서 임의의 셀 선택 → [홈] 탭-[스타일] 그룹-[조건부 서식]-[규칙 관리]를 선택한다.
  ② [조건부 서식 규칙 관리자] 대화상자가 나타나면 삭제할 서식을 선택 → [규칙 삭제] 단추를 클릭 → [확인] 단추를 클릭한다. ([규칙 편집] 단추를 클릭하면 조건부 서식을 편집할 수 있음)

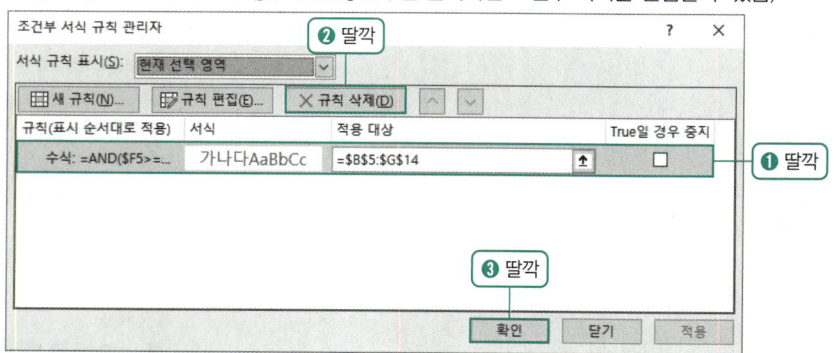

• 모든 조건부 서식 지우기
  [홈] 탭-[스타일] 그룹-[조건부 서식]-[규칙 지우기]-[시트 전체에서 규칙 지우기]를 선택한다.

> 📖 읽는 강의
>
> **실수가 줄어들면 합격은 빨라진다!**
> [조건부 서식 규칙 관리자] 대화상자에서 서식 규칙 표시를 '현재 워크시트'로 지정하면 설정된 모든 조건부 서식 목록을 표시할 수 있다.

출제패턴 ❷

'조건부서식-2' 시트에서 다음과 같이 조건부 서식을 설정하시오.

▸ [I4:I15] 영역에 조건부 서식의 규칙 유형을 '셀 값을 기준으로 모든 셀의 서식 지정'을 선택하고 서식 스타일은 '데이터 막대', 최소값은 백분위수 20, 최대값은 백분위수 90으로 설정하시오.

▸ 막대 모양은 채우기를 '그라데이션 채우기', 채우기 색은 '표준 색-녹색'으로 설정하시오.

▼ 결과 화면

	A	B	C	D	E	F	G	H	I
1		성실 하반기 분석자료								
2									
3		제품명	7월	8월	9월	10월	11월	12월	평균
4		BM	84	65	78	76	67	87	76
5		BW	51	31	31	83	84	92	62
6		SM	98	18	92	25	51	46	55
7		SW	21	76	21	20	35	46	37
8		AM	18	83	84	55	21	31	49
9		AM	89	25	51	90	18	18	49
10		DW	40	20	29	23	89	76	46
11		DM	10	59	21	54	40	83	45
12		EW	21	84	18	20	10	25	30
13		EM	88	52	89	44	21	20	52
14		FW	34	34	40	87	67	67	55
15		FM	40	20	29	23	89	76	46
16									

그대로 따라하기

1 새 서식 규칙 지정하기

조건부 서식을 지정할 영역[I4:I15]을 드래그하여 선택 → [홈] 탭-[스타일] 그룹-[조건부 서식]-[새 규칙]을 선택한다.

2 최소값, 최대값, 막대 모양 지정하기

[새 서식 규칙] 대화상자가 나타나면 '규칙 유형 선택'에서 '셀 값을 기준으로 모든 셀의 서식 지정'을 선택 → '서식 스타일'은 '데이터 막대'를 선택하고 '최소값'은 '백분위수'와 '20', '최대값'은 '백분위수'와 '90' 지정 → '막대 모양'에서 '채우기'는 '그라데이션 채우기', '색'은 '표준 색'의 '녹색'을 선택 → [확인] 단추를 클릭 → 결과를 확인한다.

읽는 강의

실수가 줄어들면 합격은 빨라진다!
행 전체에 대한 조건이 아니므로 주어진 영역만 지정한다.

풀이법을 알면 시간이 단축된다!
백분위수(Percentile, 百分位數)는 크기가 있는 값으로 이루어진 자료를 순서대로 나열했을 때 백분율로 나타낸 특정 위치의 값을 이르는 용어이다. 일반적으로 크기가 작은 것부터 나열하여 가장 작은 것은 0으로, 가장 큰 것은 100으로 한다.

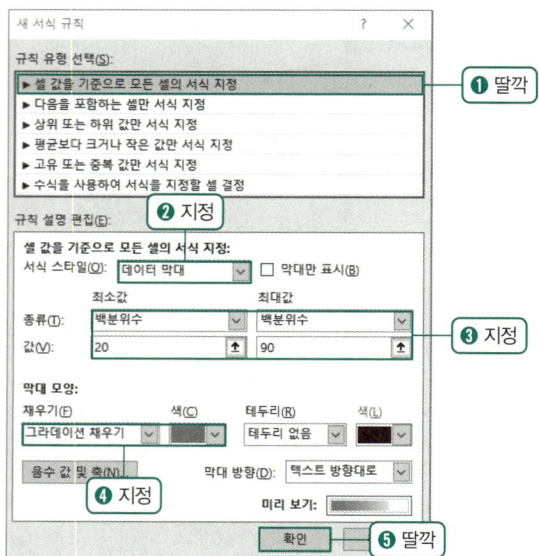

개념 더하기 ⊕ 아이콘, 숫자 범위 지정하기

숫자 값이 400,000 이상이면 '녹색 원', 300,000 이상 400,000 미만이면 '노란색 원', 300,000 미만이면 '빨간색 원'으로 자동 표시하기

① '조건부 서식'에서 규칙 유형을 '셀 값을 기준으로 모든 셀의 서식 지정'을 선택한다.
② 서식 스타일은 '아이콘 집합', 아이콘 스타일은 '3색 신호등(테두리 없음)'을 선택한다.
③ '다음 규칙에 따라 각 아이콘 표시' 옵션에서 종류는 모두 '숫자'로 설정한 뒤, '녹색 원'의 값에 400000 '노란색 원'의 값에 300000을 입력한다.
④ 설정이 완료되면 [확인] 단추를 클릭한다.

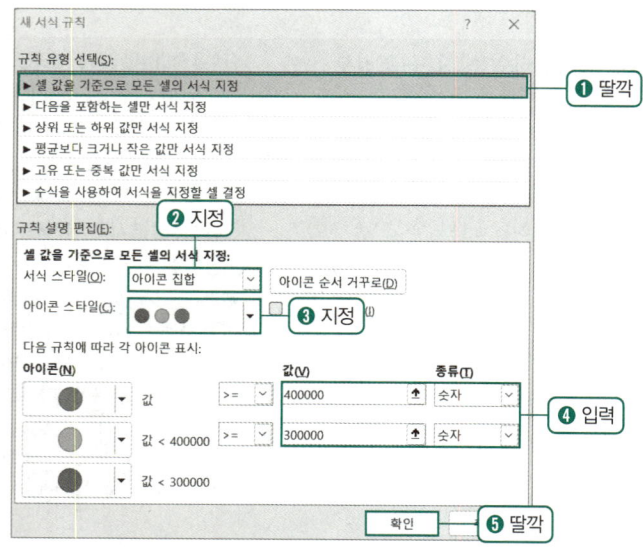

출제패턴 ❸

'조건부서식-3' 시트에서 다음과 같이 조건부 서식을 설정하시오.

▶ [B3:K32] 영역에서 '합계'가 2의 배수이고 '학번'의 왼쪽 네 글자가 '2020'인 행 전체에 대해서 글꼴 스타일은 '굵은 기울임꼴', 글꼴 색은 '표준 색-파랑'으로 적용하시오.
▶ 단, 규칙 유형은 '수식을 사용하여 서식을 지정할 셀 결정'을 사용하고, 한 개의 규칙으로만 작성하시오.
▶ AND, MOD, LEFT 함수 사용

▼ 결과 화면

	A	B	C	D	E	F	G	H	I	J	K
1											
2		학번	성명	학년	IT	CRM	SQL	DB	AI	합계	평균
3		2021001	정수현	1	97	99	91	95	72	454	91
4		2021002	서민준	1	62	91	65	81	61	360	72
5		2020003	박문수	2	60	54	95	100	64	373	75
6		2019004	서유림	2	45	53	89	52	81	320	64
7		2021005	정유지	1	73	54	81	46	100	354	71
8		2021006	정혜빈	1	88	64	100	97	91	440	88
9		2019007	황인진	2	56	70	64	38	54	282	56
10		*2020008*	*양나람*	*2*	*79*	*79*	*81*	*58*	*53*	*350*	*70*
11		2021009	김기영	1	54	42	100	36	54	286	57
12		2021010	김혜성	1	87	37	52	54	99	329	66
13		2020011	김유환	2	89	76	46	97	57	365	73
14		2019012	유승우	2	99	72	97	62	42	372	74
15		2021013	오지수	1	78	61	38	60	98	335	67
16		2020014	장혜미	1	44	64	58	45	96	307	61
17		2019015	이승원	2	82	81	36	73	56	328	66
18		*2020016*	*이찬율*	*2*	*48*	*100*	*92*	*88*	*72*	*400*	*80*
19		2021017	이동원	1	64	72	88	56	61	341	68
20		2020018	김도영	1	68	61	69	79	64	341	68
21		2020019	황소영	2	80	75	77	90	81	403	81
22		2019020	장예린	2	57	85	57	87	100	386	77
23		2021021	박종범	1	42	92	42	89	52	317	63
24		2021022	이상대	1	98	79	98	64	46	385	77
25		*2020023*	*이해룡*	*2*	*96*	*100*	*96*	*81*	*97*	*470*	*94*
26		2019024	손순철	2	56	41	56	100	38	291	58
27		2021025	성중안	1	72	83	72	52	79	358	72
28		2021026	김영일	1	72	72	61	46	54	305	61
29		2019027	김성진	2	61	61	95	97	87	401	80
30		*2020028*	*최성은*	*2*	*64*	*64*	*85*	*38*	*89*	*340*	*68*
31		2021029	홍바다	1	81	81	92	58	99	411	82
32		2021030	노석환	1	100	100	79	36	78	393	79

그대로 따라하기

1 새 서식 규칙 지정하기

① 조건부 서식을 지정할 영역[B3:K32]을 드래그하여 선택 → [홈] 탭-[스타일] 그룹-[조건부 서식]-[새 규칙]을 선택한다.

② [새 서식 규칙] 대화상자가 나타나면 '규칙 유형 선택'에서 '수식을 사용하여 서식을 지정할 셀 결정'을 선택 → '다음 수식이 참인 값의 서식 지정'에 =AND(MOD($J3,2)=0,LEFT($B3,4)="2020") 입력 → [서식] 단추를 클릭한다.

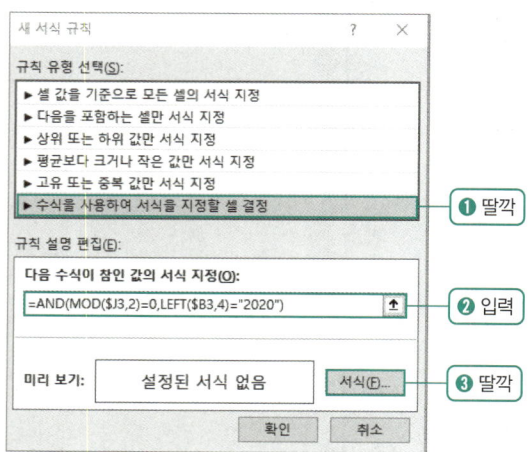

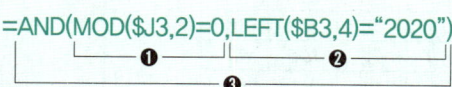

❶ MOD($J3,2)=0: [J3] 셀의 값(합계)을 2로 나눈 나머지가 0이면 TRUE를, 그렇지 않으면 FALSE를 반환한다. 즉, 2의 배수인지 확인한다.

❷ LEFT($B3,4)="2020": [B3] 셀 문자열(학번)의 왼쪽에서 네 글자를 추출하여 '2020'이면 TRUE를, 그렇지 않으면 FALSE를 반환한다.

❸ AND(❶,❷): ❶(합계가 2의 배수)과 ❷(학번의 왼쪽 네 글자가 2020)를 모두 만족하면 TRUE를, 그렇지 않으면 FALSE를 반환한다.

읽는 강의

풀이법을 알면 시간이 단축된다!
주어진 함수를 모두 사용해야 합니다.

풀이법을 알면 시간이 단축된다!
MOD 함수의 형식

MOD(수1,수2)

'수1'을 '수2'로 나눈 나머지를 반환한다. 즉, MOD($J3,2)=0은 [J3] 셀의 값을 2로 나누어서 나머지가 0이라는 의미이다.

풀이법을 알면 시간이 단축된다!
LEFT 함수의 결과가 문자열이므로 "2020"과 같이 큰따옴표로 묶어주어야 한다.

2 셀 서식 지정하기

① [셀 서식] 대화상자가 나타나면 [글꼴] 탭에서 '글꼴 스타일'은 '굵은 기울임꼴', 글꼴 '색'은 '표준 색'의 '파랑'으로 선택 → [확인] 단추를 클릭한다.

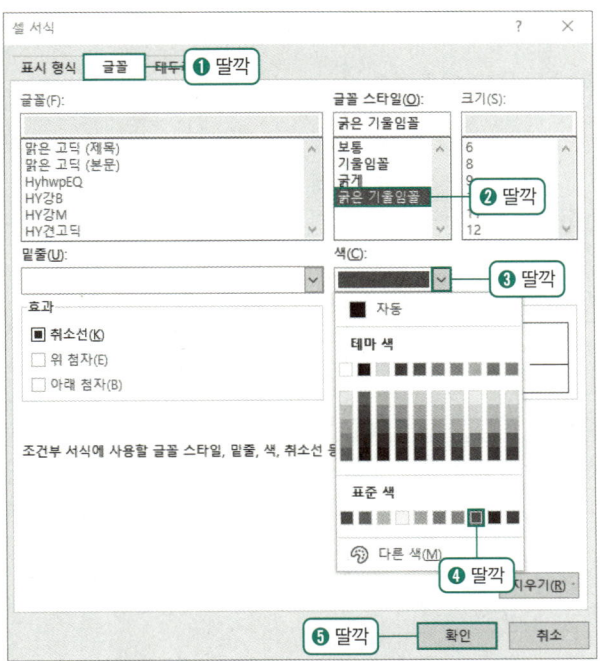

② [새 서식 규칙] 대화상자로 되돌아오면 '미리 보기'에서 지정한 서식을 확인 → [확인] 단추를 클릭 → 결과를 확인한다.

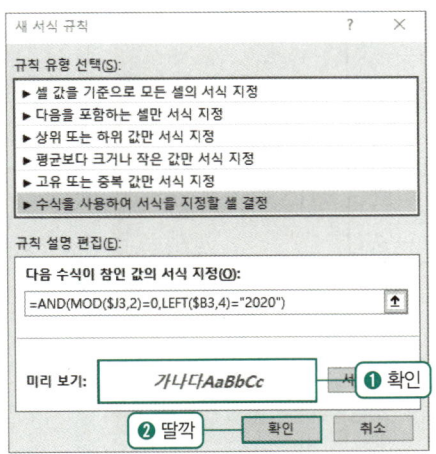

> **읽는 강의**
>
> **실수가 줄어들면 합격은 빨라진다!**
> 색에 마우스 포인터를 올려놓으면 정확한 색상명을 알 수 있다. 이때 '테마 색'에서 색을 선택하지 않도록 주의해야 한다.

출제패턴 ❹

'조건부서식-4' 시트에서 다음과 같이 조건부 서식을 설정하시오.

- [D3:L31] 영역에 대해 해당 열 번호가 짝수이면서 [D3:L3] 영역의 일이 짝수인 열 전체에 대하여 글꼴 스타일은 '굵게', 글꼴 색은 '표준 색-빨강'으로 적용하시오.
- 단, 규칙 유형은 '수식을 사용하여 서식을 지정할 셀 결정'을 사용하고, 한 개의 규칙으로만 작성하시오.
- AND, COLUMN, ISEVEN, DAY 함수 사용

▼ 결과 화면

	A	B	C	D	E	F	G	H	I	J	K	L	M
1													
2													
3		부서	직원명	10/10	10/11	10/12	11/14	11/15	11/16	12/12	12/13	12/14	판매실적
4		영업1팀	이아영	V	V	V	V	V	V	V	V	V	9
5		영업2팀	전민규	V	V		V	V	V	V	V	V	9
6		영업2팀	한민아			V	V	V	V	V	V	V	7
7		영업3팀	유예린	V	V	V	V			V	V	V	7
8		영업4팀	김윤하	V	V	V	V	V	V	V	V	V	9
9		영업1팀	김나현	V	V	V				V	V	V	6
10		영업4팀	김준우		V	V	V	V	V		V	V	7
11		영업3팀	김지은	V	V	V	V	V	V	V	V	V	9
12		영업2팀	부현경	V	V	V	V	V	V	V	V	V	9
13		영업2팀	홍주영	V		V	V	V	V	V	V	V	8
14		영업2팀	윤병호		V	V	V	V	V		V	V	8
15		영업3팀	연진욱		V	V	V	V	V		V	V	7
16		영업1팀	윤서빈	V	V	V	V	V	V	V	V	V	9
17		영업2팀	이동훈	V	V	V	V	V	V	V	V	V	9
18		영업1팀	안지예	V	V	V		V	V	V	V	V	8
19		영업3팀	신지섭	V	V	V	V	V	V	V	V	V	9
20		영업3팀	원가온		V	V	V	V	V	V	V	V	8
21		영업1팀	윤지강	V	V	V	V	V	V		V	V	8
22		영업2팀	이선녕		V	V		V	V		V	V	6
23		영업2팀	이승아	V	V	V		V	V	V	V	V	9
24		영업2팀	이지훈	V	V			V	V	V	V	V	7
25		영업2팀	이창재	V	V	V		V	V	V	V	V	8
26		영업4팀	이환	V	V		V	V	V	V	V	V	8
27		영업1팀	전준호	V	V	V	V	V	V	V	V	V	9
28		영업3팀	정승우	V	V		V	V	V	V	V	V	8
29		영업2팀	최경주	V	V	V		V	V	V	V	V	8
30		영업1팀	최예진	V	V	V	V	V	V	V	V	V	9
31		영업2팀	한정우	V	V	V	V	V	V	V	V	V	9
32													

그대로 따라하기

1 새 서식 규칙 지정하기

① 조건부 서식을 지정할 영역[D3:L31]을 드래그하여 선택 → **[홈] 탭-[스타일] 그룹-[조건부 서식]-[새 규칙]**을 선택한다.

② [새 서식 규칙] 대화상자가 나타나면 '규칙 유형 선택'에서 '수식을 사용하여 서식을 지정할 셀 결정'을 선택 → '다음 수식이 참인 값의 서식 지정'에 =AND(ISEVEN(COLUMN(D$3)),ISEVEN(DAY(D$3))) 입력 → [서식] 단추를 클릭한다.

> **읽는 강의**
>
> **풀이법을 알면 시간이 단축된다!**
> 열 번호를 확인할 셀은 E3, F3, G3, … 셀로, 3행을 고정하여 E$3으로 지정해야 한다.

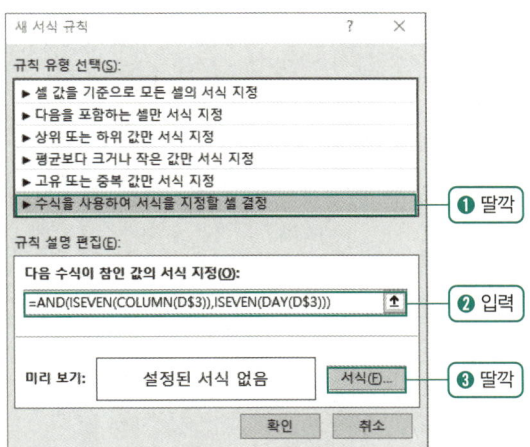

❶ COLUMN(D$3): [D3] 셀의 열 번호를 반환한다.
❷ ISEVEN(❶): ❶(열 번호)이 짝수이면 TRUE를, 그렇지 않으면 FALSE를 반환한다.
❸ DAY(D$3): [D3] 셀 날짜(10/10)의 일을 반환한다.
❹ ISEVEN(❸): ❸(10/10의 일)이 짝수이면 TRUE를, 그렇지 않으면 FALSE를 반환한다.
❺ AND(❷,❹): ❷(열 번호가 짝수)가 TRUE이면서 ❹(10/10의 일이 짝수)가 TRUE이면 TRUE를, 그렇지 않으면 FALSE를 반환한다.

2 셀 서식 지정하기

① [셀 서식] 대화상자가 나타나면 [글꼴] 탭에서 '글꼴 스타일'은 '굵게', 글꼴 '색'은 '표준 색'의 '빨강'으로 선택 → [확인] 단추를 클릭한다.

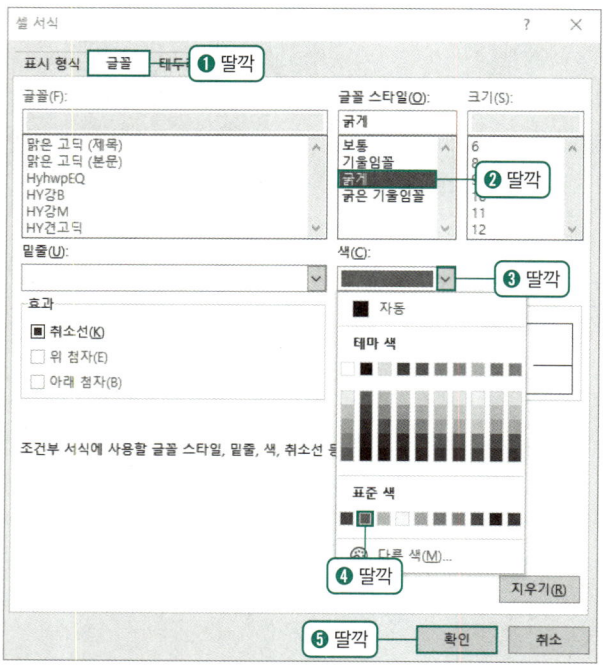

② [새 서식 규칙] 대화상자로 되돌아오면 '미리 보기'에서 지정한 서식을 확인 → [확인] 단추를 클릭 → 결과를 확인한다.

풀이법을 알면 시간이 단축된다!
- **COLUMN(셀이나 범위)**: 셀이나 범위의 열 번호를 반환한다.
- **ISEVEN(인수)**: 인수가 짝수이면 'TRUE', 홀수이면 'FALSE'를 반환한다.

기본 작업

03 자동 필터

① **개념**: 데이터를 쉽게 검색하고 특정 조건에 맞는 데이터만 표시하도록 필터를 적용하는 기능으로, 각 열에 필터 버튼이 추가되어 조건을 설정할 수 있음

② **특징**
- 하나 이상의 데이터 열에서 값을 찾고 표시하거나 숨길 수 있음
- 목록에서 선택한 항목에 따라 필터링하거나 검색하여 원하는 데이터를 찾을 수 있음
- 데이터를 필터링하면 하나 이상의 열 값이 필터링 조건을 충족하지 않는 경우 전체 행이 숨겨짐
- 두 개 이상의 필드에 조건이 설정된 경우에는 AND 조건으로 결합됨

③ **지정 방법**: [데이터] 탭-[정렬 및 필터] 그룹-[필터]

📥 작업 파일명 C:\에듀윌_2026컴활1급실기\그대로따라하기\스프레드시트실무\01.기본작업\실습\03_자동필터.xlsx

출제패턴 ❶

'자동필터-1' 시트에서 다음과 같이 자동 필터를 수행하시오.

[자동 필터] 기능을 이용하여 '주차장 이용 차량 분석' 표에서 '지역'이 '번동'인 데이터를 제외하고, '차량(평균)'이 5,000 이상인 데이터만 검색하시오.

▶ 자동 필터의 결과는 [B4:G14] 영역의 데이터를 이용하여 추출하시오.

▼ 결과 화면

	A	B	C	D	E	F	G
1							
2				주차장 이용 차량 분석			
3							
4		지역	관리주무처	급지	차량(주말)	차량(평일)	차량(평균)
5		마장동	마을캠프	1급지	6,202	6,665	6,434
6		가양동	가나센터	1급지	6,965	22,654	14,810
10		종묘	종종관	3급지	22,345	26,664	24,505
11		복정	복이마을	1급지	3,654	6,656	5,155
15							

그대로 따라하기

1 지역이 '번동'인 데이터 제외하기

① [B4:G14] 영역에서 임의의 셀 선택 → [데이터] 탭-[정렬 및 필터] 그룹-[필터]를 클릭한다.

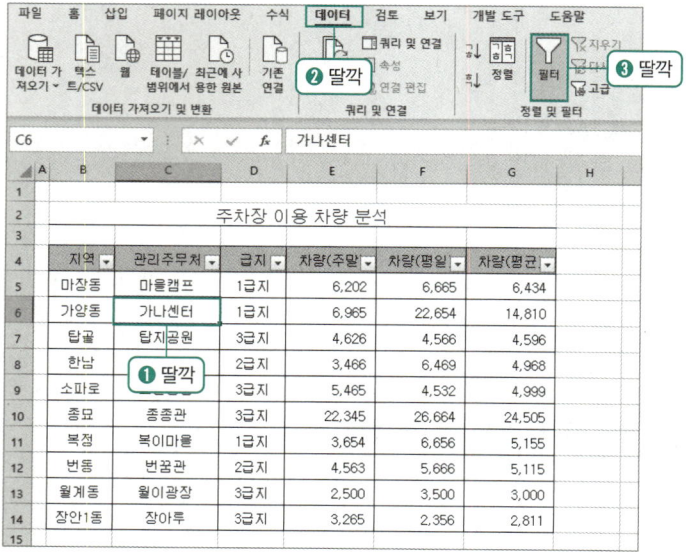

② 각 필드에 필터 단추(▼)가 표시되면 '지역' 필드의 필터 단추(▼)를 클릭 → '번동'을 체크 해제 → [확인] 단추를 클릭한다.

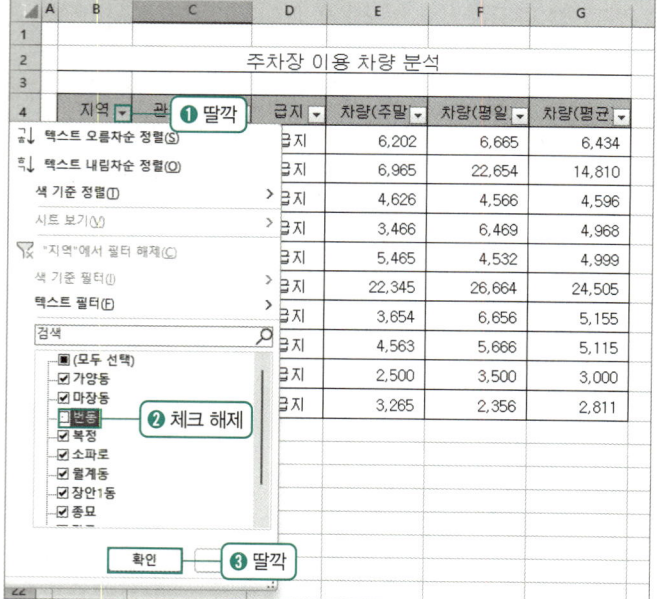

> **읽는 강의**
>
> **실수가 줄어들면 합격은 빨라진다!**
> 자동 필터를 설정하려는 영역을 모두 선택해도 된다. 단, 필드명을 선택하지 않고 데이터만 선택한 상태에서 설정하지 않도록 주의한다.

2 '차량(평균)' 값이 5,000 이상인 데이터만 추출하기

① '차량(평균)' 필드의 필터 단추(▼)를 클릭 → [숫자 필터]-[크거나 같음]을 선택한다.

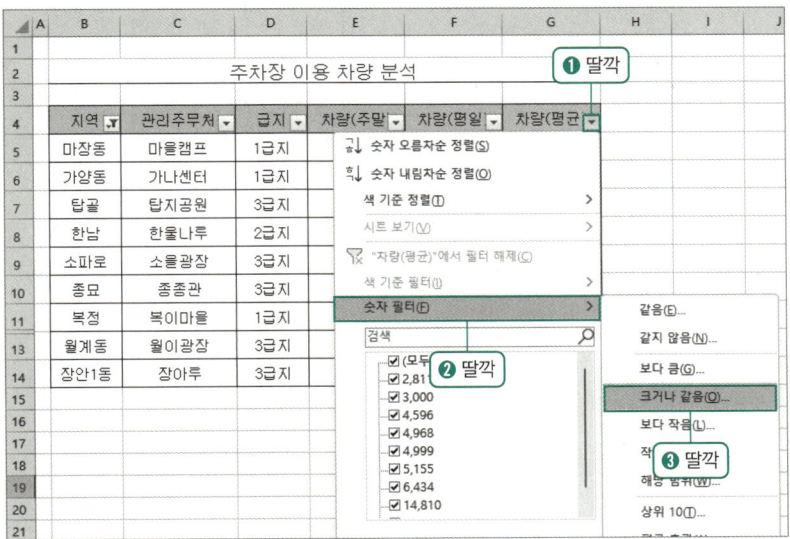

② [사용자 지정 자동 필터] 대화상자가 나타나면 다음과 같이 조건 '>=', '5000' 지정 → [확인] 단추를 클릭 → 결과를 확인한다.

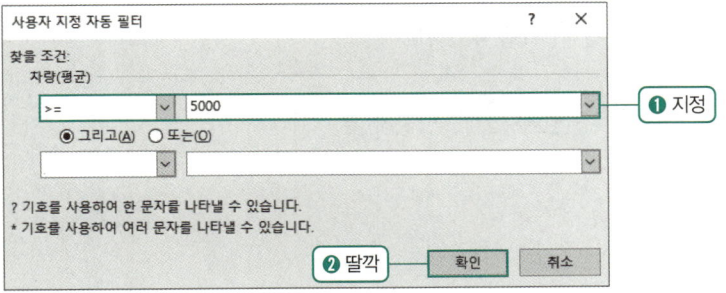

읽는 강의

풀이법을 알면 시간이 단축된다!
- 셀의 데이터 내용에 따라 숫자 필터, 텍스트 필터가 자동으로 지정된다.
- 자동 필터 조건을 설정한 필드의 필터 단추(▼)와 그렇지 않은 필드의 필터 단추(▼)는 모양이 다르다.

풀이법을 알면 시간이 단축된다!
비교 연산자의 결과는 항상 TRUE 또는 FALSE이다.

<=	작거나 같다(이하)
>=	크거나 같다(이상)
=	같다
<	작다(미만)
>	크다(초과)
<>	같지 않다

개념 더하기⊕ 자동 필터 해제하기

- 모든 필드의 필터 해제하기

  [데이터] 탭-[정렬 및 필터] 그룹-[지우기]를 클릭한다.

- 한 필드의 필터 해제하기

  방법1 해당 필드에서 필터 단추(▼)를 클릭 → [~에서 필터 해제]를 선택한다.

  방법2 해당 필드에서 필터 단추(▼)를 클릭 → '(모두 선택)'에 체크 → [확인] 단추를 클릭한다.

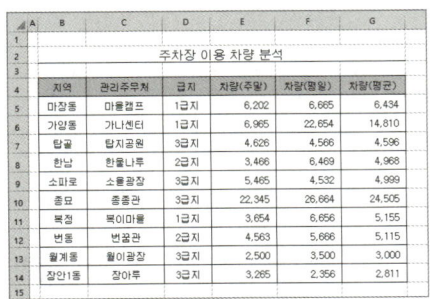

▲ 필드 데이터가 모두 표시된 화면   ▲ 자동 필터가 적용된 화면

출제패턴 ❷

'자동필터-2' 시트에서 다음과 같이 자동 필터를 수행하시오.

[자동 필터] 기능을 이용하여 '관리인원'이 6 이상이고 8 이하인 데이터만 검색하시오.
▶ 자동 필터의 결과는 [B2:F12] 영역의 데이터를 이용하여 추출하시오.

▼ 결과 화면

	지역	관리주무처	급지	관리인원	관리코드
	가양동	가나센터	1급지	8	BW
	탑골	탑지공원	3급지	6	SM
	한남	한울나루	2급지	7	SW
	소파로	소울광장	3급지	7	AM
	종묘	종종관	3급지	6	AM
	번동	번꿈관	2급지	8	DM

그대로 따라하기

1 숫자 필터 선택하기

① [B2:F12] 영역에서 임의의 셀 선택 → [데이터] 탭-[정렬 및 필터] 그룹-[필터]를 클릭한다.

② 각 필드에 필터 단추(▼)가 표시되면 '관리인원' 필드의 필터 단추(▼)를 클릭 → [숫자 필터]-[해당 범위]를 선택한다.

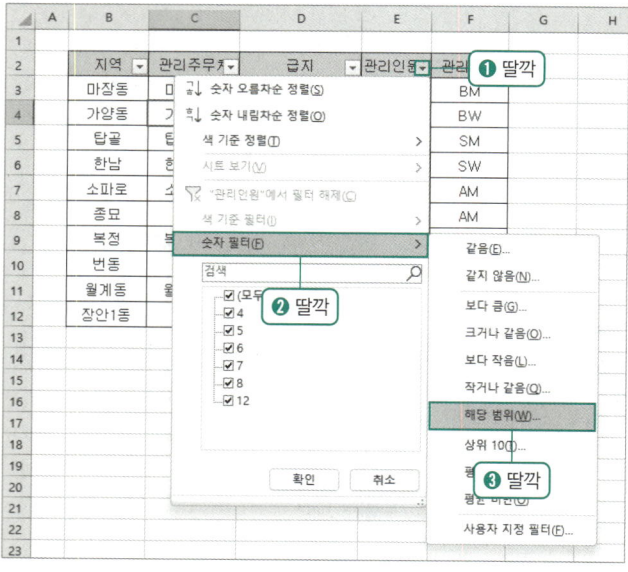

2 찾을 조건 지정하기

[사용자 지정 자동 필터] 대화상자가 나타나면 다음과 같이 조건에 '>=', '6'과 '그리고'와 '<=', '8'을 지정 → [확인] 단추를 클릭 → 결과를 확인한다.

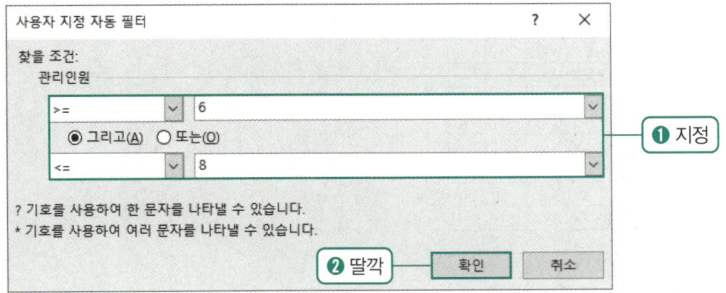

> **읽는 강의**
>
> **실수가 줄어들면 합격은 빨라진다!**
> 자동 필터의 결과는 항상 원본 데이터가 있는 곳에 표시된다. 단, 자동 필터가 설정된 경우에는 행 번호가 파란색 글자로 변경되는데, 이 상태를 그대로 유지해야 한다.

출제패턴 ❸

'자동필터-3' 시트에서 다음과 같이 자동 필터를 수행하시오.

[자동 필터] 기능을 이용하여 '지점'이 '서울'이면서 '담당자'가 '정'으로 시작하는 데이터만 검색하시오.

▶ 자동 필터의 결과는 [B2:I18] 영역의 데이터를 이용하여 추출하시오.

▼ 결과 화면

A	B	C	D	E	F	G	H	I
1								
2	품목명	담당자	지점	판매일	판매단가	판매수	판매금액	분석
3	BM	정민기	서울	2022-06-01	400,000	20	8,000,000	
15	AM	정장미	서울	2022-09-30	450,000	50	22,500,000	인기
20								

그대로 따라하기

1 지점이 '서울'인 데이터만 추출하기

① [B2:I18] 영역에서 임의의 셀 선택 → [데이터] 탭-[정렬 및 필터] 그룹-[필터]를 클릭한다.

② 각 필드에 필터 단추(▼)가 표시되면 '지점' 필드의 필터 단추(▼)를 클릭 → '(모두 선택)'의 체크를 해제한 후 '서울'에만 체크 → [확인] 단추를 클릭한다.

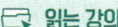

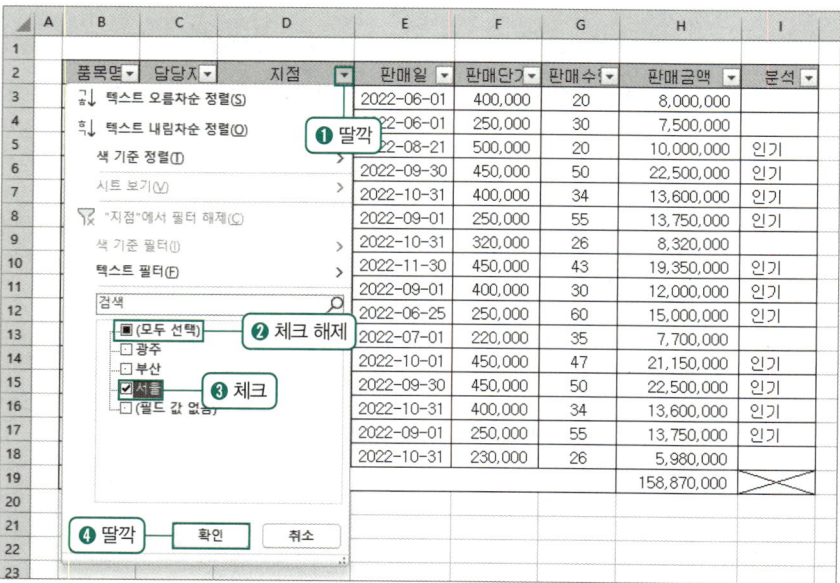

2 담당자가 '정'으로 시작하는 데이터만 추출하기

① '담당자' 필드의 필터 단추(▼)를 클릭 → [텍스트 필터]-[시작 문자]를 선택한다.

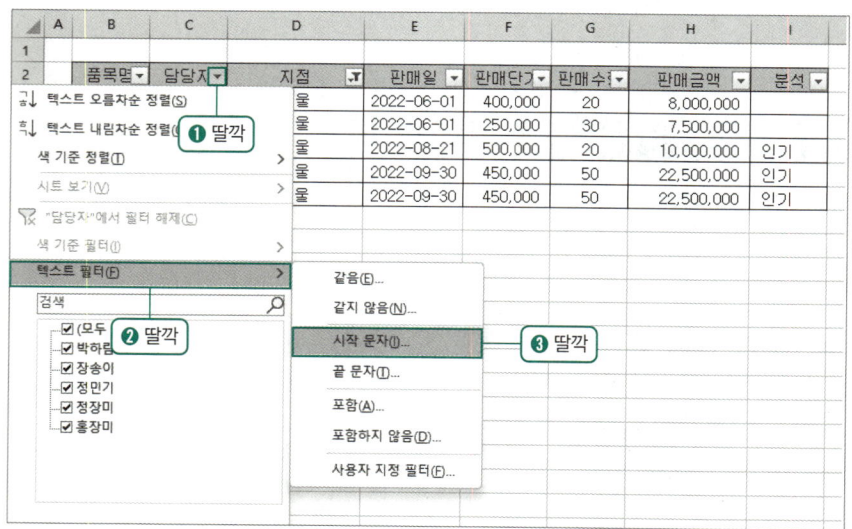

② [사용자 지정 자동 필터] 대화상자가 나타나면 다음과 같이 조건에 정 입력 → [확인] 단추를 클릭 → 결과를 확인한다.

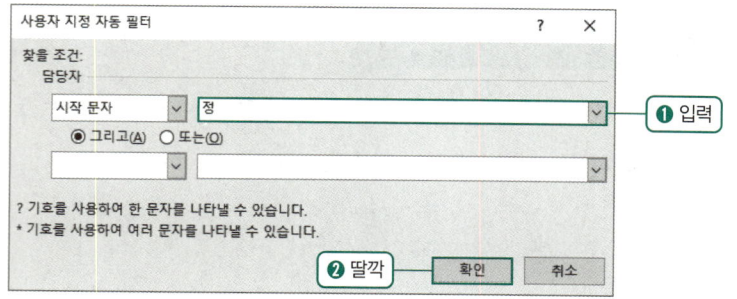

실수가 줄어들면 합격은 빨라진다!
텍스트 필터에는 '같음', '같지 않음', '시작 문자', '끝 문자', '포함', '포함하지 않음'과 같이 다양한 필터가 있으므로 문제에서 제시하는 요구 사항을 파악하고 적절하게 응용할 수 있어야 한다.

| 개념 더하기 ⊕ | 원하는 데이터만 자동 필터링하기

- **'상위 10%' 차량(주말) 데이터만 추출하기**
  ① '자동필터-1' 시트에서 '차량(주말)' 필드의 필터 단추(▼)를 클릭 → **[숫자 필터]-[상위 10]**을 선택한다.
  ② [상위 10 자동 필터] 대화상자가 나타나면 '상위', '10', '%'를 지정 → [확인] 단추를 클릭한다.

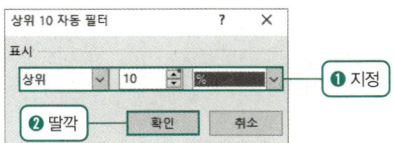

- **'장'으로 시작하는 지역만 추출하기**
  ① '자동필터-1' 시트에서 '지역' 필드의 필터 단추(▼)를 클릭 → **[텍스트 필터]-[시작 문자]**를 선택한다.
  ② [사용자 지정 자동 필터] 대화상자가 나타나면 장을 입력 → [확인] 단추를 클릭한다.

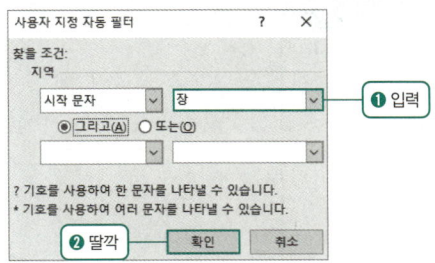

- **'하위 30%' 관리인원만 추출하기**
  ① '자동필터-2' 시트에서 '관리인원' 필드의 필터 단추(▼)를 클릭 → **[숫자 필터]-[상위 10]**을 선택한다.
  ② [상위 10 자동 필터] 대화상자가 나타나면 '하위', '30', '%'를 지정 → [확인] 단추를 클릭한다.

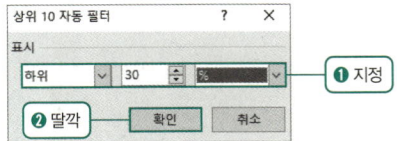

- **관리인원이 적은 하위 다섯 개의 데이터만 추출하기**
  ① '자동필터-2' 시트에서 '관리인원' 필드의 필터 단추(▼)를 클릭 → **[숫자 필터]-[상위 10]**을 선택한다.
  ② [상위 10 자동 필터] 대화상자가 나타나면 '하위', '5', '항목'을 지정 → [확인] 단추를 클릭한다.

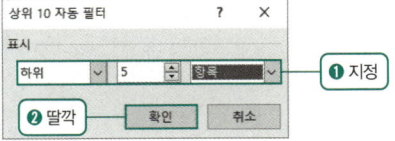

기 본 작 업

04 고급 필터

① **개념**: 자동 필터보다 더 복잡한 조건을 사용하여 데이터를 필터링하는 기능으로 여러 조건을 조합하거나 복잡한 필터링을 수행함
② **특징**
- 고급 필터는 필터링한 결과를 원하는 위치에 별도의 표로 생성할 수 있음
- 함수나 식을 사용하여 조건을 입력하면 셀에 비교되는 현재 대상의 값에 따라 'TRUE'나 'FALSE'가 표시됨

③ **지정 방법**: [데이터] 탭-[정렬 및 필터] 그룹-[고급]

작업 파일명 C:\에듀윌_2026컴활1급실기\그대로따라하기\스프레드시트실무\01.기본작업\실습\04_고급필터.xlsx

출제패턴 ❶

'고급필터-1' 시트에서 다음과 같이 고급 필터를 수행하시오.

▶ [B2:H14] 영역에서 '지역'이 두 글자이거나 '차량(평일)'이 8,000 이상인 데이터를 표시하시오.
▶ 조건은 [B16:C18] 영역에 입력하시오.
▶ 결과는 [B20] 셀부터 표시하시오.

▼ 결과 화면

지역	관리주무처	급지	차량(주말)	차량(평일)	차량(평균)	관리코드
노원구	가나센터	1급지	6,965	22,654	14,810	a-1235
중구	소을광장	3급지	5,465	4,532	4,999	a-1238
성북구	종종관	3급지	22,345	26,664	24,505	a-1239

읽는 강의

그대로 따라하기

1 고급 필터의 조건 입력하기

[B2] 셀 선택 → Ctrl을 누른 상태에서 [F2] 셀을 선택한 후 Ctrl+C를 눌러 필드명 복사 → [B16] 셀을 선택한 후 Ctrl+V를 눌러 필드명 붙여넣기 → 조건으로 [B17] 셀에 ="=??", [C18] 셀에 >=8000을 입력한다.

	A	B	C	D	E	F	G	H
1								
2		지역	❶ 딸깍	급지	차량(주말)	차량(평일)	차량 ❷ Ctrl+딸깍→ Ctrl+C	
3		서초구	마을캠프	1급지	6,202	6,665	6,434	a-1234
4		노원구	가나센터	1급지	6,965	22,654	14,810	a-1235
5		성북구	탑지공원	3급지	4,626	4,566	4,596	a-1236
6		강북구	한울나루	2급지	3,466	6,469	4,968	a-1237
7		중구	소을광장	3급지	5,465	4,532	4,999	a-1238
8		성북구	종종관	3급지	22,345	26,664	24,505	a-1239
9		종로구	복이마을	1급지	3,654	6,656	5,155	a-1240
10		강북구	변꿈관	2급지	4,563	5,666	5,115	a-1241
11		노원구	월이광장	3급지	2,500	3,500	3,000	a-1242
12		강남구	복이마을	1급지	3,654	6,656	5,155	a-1243
13		서초구 ❸ 딸깍→ Ctrl+V	변꿈관	2급지	4,563	5,666	5,115	a-1244
14			월계센터	3급지	2,450	3,500	2,975	a-1245
15								
16		지역	차량(평일)					
17		=??		❹ 입력				
18			>=8000					

> **실수가 줄어들면 합격은 빨라진다!**
> 조건을 입력할 때 필드명은 원본 데이터에서 복사 후 붙여넣기해도 되고, 직접 입력해도 된다. 단, 원본 데이터의 필드명과 다르게 입력(띄어쓰기나 오타 등)하면 정확한 결과를 추출할 수 없으므로 복사 후 붙여넣는 것을 권장한다.

> **실수가 줄어들면 합격은 빨라진다!**
> 고급 필터는 반드시 조건을 먼저 입력해야 한다. 문제에서 제시한 조건이 OR(이거나) 조건이므로, 각 조건을 다른 줄에 입력해야 한다.

개념 더하기 ⊕ 고급 필터 사용 조건

- 고급 필터를 사용하려면 가장 먼저 워크시트에 조건을 입력해야 함
  - AND 조건: 조건을 모두 같은 행에 입력해야 함
  - OR 조건: 조건을 서로 다른 행에 입력해야 함
- 특정한 필드명을 추출할 경우: 사용하는 필드명은 원본 데이터의 필드명과 동일해야 함
- 계산값을 고급 필터의 찾을 조건으로 지정할 경우: [고급 필터] 대화상자의 '조건 범위'에서 첫 행의 필드명은 데이터의 필드명과 다른 필드명으로 입력해야 함

사용 예

- '국어' 점수가 70 이상이고 90 미만인 데이터

국어	국어
>=70	<90

- '평균' 필드의 값이 80 이상이고 90 이하인 데이터

평균	평균
>=80	<=90

- '부서'가 '기획부'이고 '나이'가 40 이상인 데이터

부서	나이
기획부	>=40

- '성명'이 '정'으로 시작하거나 '출신지역'이 '서울'인 데이터(이때 와일드카드 문자(만능 문자)*는 여러 개의 문자를, ?는 한 개의 문자를 대신함)

성명	출신지역
정*	
	서울

- '부서'가 '기획부'이거나 '나이'가 40 이상인 데이터

부서	나이
기획부	
	>=40

- '상품코드'가 'A'로 시작하면서 네 번째 글자가 '2'로 끝나거나 '회사명'이 '대'로 시작하는 데이터

상품코드	회사명
A??2	
	대*

- '관리코드'가 '2'로 끝나지 않고 '증가율'이 20% 이상인 데이터

관리코드	증가율
<>*2	>=20%

- 고급 필터에서 식의 계산값을 조건으로 지정하는 경우 원본 데이터의 필드명과 다른 필드명으로 입력해야 함

조건
=$B2>AVERAGE($B$2:$B$9)

2 '지역'이 두 글자이거나 '차량(평일)'이 8,000 이상인 데이터만 추출하기

① [B2:H14] 영역에서 임의의 셀 선택 → [데이터] 탭-[정렬 및 필터] 그룹-[고급]을 클릭한다.

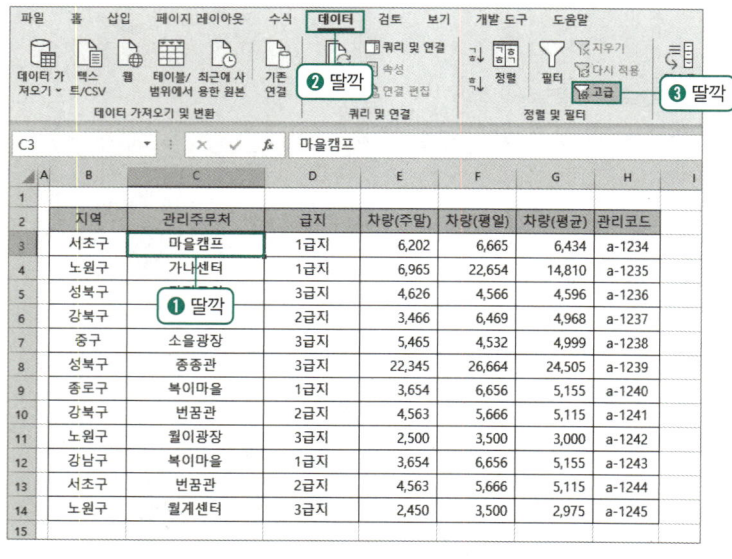

> **읽는 강의**

> **실수가 줄어들면 합격은 빨라진다!**
> 두 글자를 표현하려면 ="=??"를 입력해야 한다.

> **실수가 줄어들면 합격은 빨라진다!**
> 고급 필터 조건에 ??만 입력하면 엑셀은 이것을 문자 그대로 "??"라는 문자열과 정확히 일치하는 값으로 인식한다. 즉, 실제 데이터에 ??라는 문자열이 존재하는 것을 필터한다. 조건 ="=??"은 처음의 "="에 의해 수식으로 인식되어 와일드카드 패턴 검색이 가능하다.

② [고급 필터] 대화상자가 나타나면 '결과'의 '다른 장소에 복사'를 선택 → '목록 범위'는 [B2:H14] 영역, '조건 범위'는 [B16:C18] 영역, '복사 위치'는 [B20] 셀로 지정 → [확인] 단추를 클릭 → 결과를 확인한다.

> **읽는 강의**
>
> **실수가 줄어들면 합격은 빨라진다!**
> [고급 필터] 대화상자에서 '목록 범위'와 '조건 범위', '복사 위치'를 지정할 때는 해당 셀 주소나 셀 영역을 직접 입력하는 것보다 워크시트에서 클릭하여 선택하거나 드래그하여 지정하는 방법이 더 정확하다.

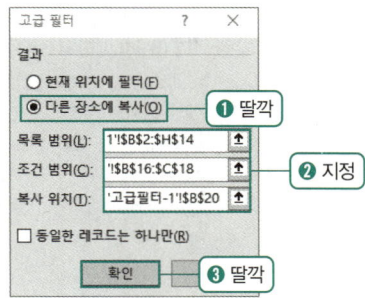

개념 더하기 ⊕ [고급 필터] 대화상자

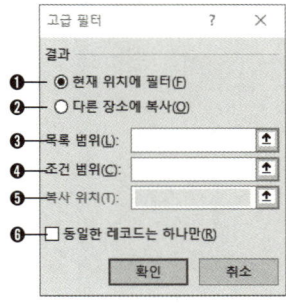

❶ **현재 위치에 필터**: 복사 위치를 지정하지 않고 현재 위치에 필터링 결과 표시
❷ **다른 장소에 복사**: 복사 위치를 미리 지정하고 복사 위치에 필터링 결과 표시
❸ **목록 범위**: 원본 데이터 목록에서 필터링을 적용할 범위 지정 (필드명 행 반드시 포함)
❹ **조건 범위**: 조건이 입력된 범위 지정
❺ **복사 위치**: '다른 장소에 복사'를 선택한 경우 필터링 결과를 표시할 위치 지정
❻ **동일한 레코드는 하나만**: 조건을 만족하는 행 중 같은 내용의 행은 한 행만 표시

출제패턴 ❷

'고급필터-2' 시트에서 다음과 같이 고급 필터를 수행하시오.

▶ [B2:G10] 영역에서 '성명'이 '문'으로 시작하고 '1차시험'이 80 이상 90 이하인 데이터를 표시하되 '성명', '1차시험' 필드만 표시하시오.
▶ 조건은 [B13:D14] 영역에 입력하시오.
▶ 결과는 [B17] 셀부터 표시하시오.

▼ 결과 화면

	A	B	C
16			
17		성명	1차시험
18		문재철	90
19		문정덕	80
20			

그대로 따라하기

1 고급 필터의 조건 입력하기

① [B2] 셀을 선택한 후 Ctrl+C를 눌러 필드명 복사 → [B13] 셀을 선택한 후 Ctrl+V를 눌러 필드명 붙여넣기 → [E2] 셀을 선택한 후 Ctrl+C를 눌러 필드명 복사 → [C13] 셀과 [D13]을 각각 선택한 후 Ctrl+V를 눌러 필드명 붙여넣기 → [B14] 셀에 문*, [C14] 셀에 >=80, [D14] 셀에 <=90을 조건으로 입력한다.

② [B2] 셀 선택 → Ctrl을 누른 상태에서 [E2] 셀을 선택한 후 Ctrl+C를 눌러 필드명 복사 → [B17] 셀을 선택한 후 Ctrl+V를 눌러 필드명을 붙여넣는다.

	A	B	C	D	E	F	G
1							
2		성명	부서	❶ 딸깍 코드	1차시험	2차 ❷ Ctrl+딸깍 → Ctrl+C	
3		문재철	영업부	01-0056	90	95	92.5
4		이향엽	기획부	02-0026	70	50	60
5		정광채	경리부	02-0044	95	95	95
6		문정덕	경리부	14-5001	80	90	85
7		문관성	기획부	14-0832	95	90	92.5
8		송혜원	영업부	14-2040	90	60	75
9		박충현	영업부	02-1138	60	95	77.5
10		문지영	기획부	01-2069	100	70	85
11							
12							
13		성명	1차시험	1차시험			
14		문*	>=80	<=90			
15							
16							
17		성명	1차시험	❸ 딸깍 → Ctrl+V			
18							

2 '문'씨이고 '1차시험'이 80 이상 90 이하인 데이터의 특정 필드만 추출하기

① [B2:G10] 영역에서 임의의 셀 선택 → [데이터] 탭-[정렬 및 필터] 그룹-[고급]을 클릭한다.

② [고급 필터] 대화상자가 나타나면 '결과'의 '다른 장소에 복사'를 선택 → '목록 범위'는 [B2:G10] 영역, '조건 범위'는 [B13:D14] 영역, '복사 위치'는 [B17:C17] 영역으로 지정 → [확인] 단추를 클릭 → 결과를 확인한다.

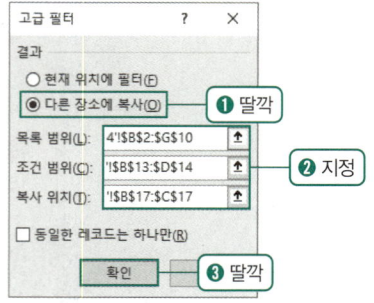

읽는 강의

풀이법을 알면 시간이 단축된다!
와일드카드(Wildcard)의 종류
- ?: 한 개의 문자를 의미한다.
  사용예 '김?아' → '김'으로 시작하고 세 번째 글자가 '아'인 문자열 검색
- *: 여러 개의 문자를 의미한다.
  사용예 '김*' → '김'으로 시작하는 문자열 검색

출제패턴 ❸

'고급필터-3' 시트에서 다음과 같이 고급 필터를 수행하시오.

▶ [B2:G10] 영역에서 '평균'이 세 번째로 높거나 세 번째로 낮은 데이터만 표시하시오.
▶ 조건은 [B13:B14] 영역에 입력하시오. (OR, LARGE, SMALL 함수 사용)
▶ 결과는 [B17] 셀부터 표시하시오.

▼ 결과 화면

	A	B	C	D	E	F	G
16							
17		성명	부서명	관리코드	1차시험	2차시험	평균
18		문관성	기획부	14-0832	90	90	90
19		박충현	영업부	02-1138	60	95	77.5
20							

그대로 따라하기

1 고급 필터의 조건 입력하기

[B13] 셀에는 필드명 대신 조건을, [B14] 셀에는 =OR(G3=LARGE($G$3:$G$10,3),G3=SMALL($G$3:$G$10,3))을 조건으로 입력한다.

B14			fx	=OR(G3=LARGE($G$3:$G$10,3),G3=SMALL($G$3:$G$10,3))					
	A	B	C	D	E	F	G	H	I	J
1								❸ 입력 → Enter		
2		성명	부서명	관리코드	1차시험	2차시험	평균			
3		문재철	영업부	01-0056	90	95	92.5			
4		이향엽	기획부	02-0026	70	50	60			
5		정광채	경리부	02-0044	95	95	95			
6		문정덕	경리부	14-5001	80	90	85			
7		문관성	기획부	14-0832	90	90	90			
8		송혜원	영업부	14-2040	90	60	75			
9		박충현	영업부	02-1138	60	95	77.5			
10		문지영	기획부	01-2069	100	70	85			
11										
12			❶ 입력							
13		조건								
14		FALSE	❷ 딸깍							
15										

❶ LARGE($G$3:$G$10,3): [G3:G10] 영역(평균)에서 세 번째로 큰 값을 반환한다.
  ([G3:G10] 영역은 함수식을 복사해도 수식의 주소가 변경되지 않도록 절대 참조로 지정)
❷ SMALL($G$3:$G$10,3): [G3:G10] 영역(평균)에서 세 번째로 작은 값을 반환한다.
❸ OR(G3=❶,G3=❷): [G3] 셀의 값(평균)이 ❶(세 번째로 높은 평균)과 같거나 ❷(세 번째로 낮은 평균)와 같으면 TRUE를, 그렇지 않으면 FALSE를 반환한다.

2 '평균'이 세 번째로 높거나 세 번째로 낮은 데이터만 추출하기

① [B2:G10] 영역에서 임의의 셀 선택 → [데이터] 탭-[정렬 및 필터] 그룹-[고급]을 클릭한다.
② [고급 필터] 대화상자가 나타나면 '결과'의 '다른 장소에 복사'를 선택 → '목록 범위'는 [B2:G10] 영역, '조건 범위'는 [B13:B14] 영역, '복사 위치'는 [B17] 셀로 지정 → [확인] 단추를 클릭 → 결과를 확인한다.

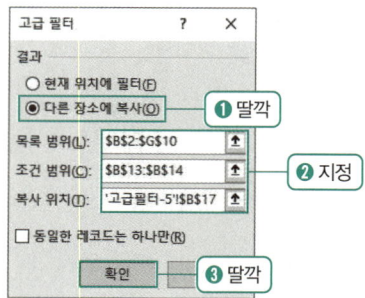

출제패턴 ❹

'고급필터-4' 시트에서 다음과 같이 고급 필터를 수행하시오.

▶ [B2:G43] 영역에서 '작업사항'이 공백이 아니면서 '출판년'이 '2016'이 아닌 행에 대하여 '서명', '저자', '신청자이름' 열을 순서대로 표시하시오.
▶ '조건'은 [I2:I3] 영역에 입력하시오. (AND, ISBLANK, NOT 함수 사용)
▶ 결과는 [I7] 셀부터 표시하시오.

▼ 결과 화면

	H	I	J	K
2		조건		
3		FALSE		
4				
5				
6				
7		서명	저자	신청자이름
8		값싼 음식의 실제 가격	마이클 캐롤런	조*현
9		새 하늘과 새 땅	리처드 미들턴	정*식
10		라플라스의 마녀	히가시노게이고	김*연
11		나는 단순하게 살기로 했다	사사키 후미오	김*선
12		Duck and Goose, Goose Needs a Hug	Tad Hills	김*레
13		Duck & Goose : Find a Pumpkin	Tad Hills	김*레
14		당나귀와 다이아몬드	D&B	오*진
15		Extra Yarn	Mac Barnett	이*숙
16		The Unfinished Angel	Creech, Sharon	서*원

그대로 따라하기

1 고급 필터의 조건 입력하기

[I2] 셀에는 필드명 대신 조건을, [I3] 셀에는 =AND(NOT(ISBLANK($G3)),D3<>"2016")
을 입력한다.

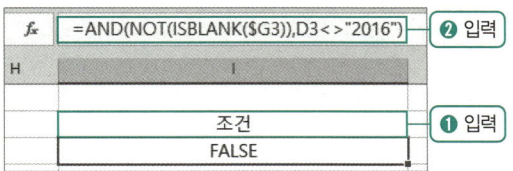

❶ NOT(ISBLANK($G3)): [G3] 셀이 공백이 아니면 TRUE를 반환한다.
❷ $D3<>"2016": [D3] 셀이 2016이 아니면 TRUE를 반환한다.
❸ AND(❶,❷): ❶과 ❷과 모두 TRUE이면 결과 TRUE를 반환한다.

2 '작업사항'이 공백이 아니면서 '출판년'이 '2016'이 아닌 데이터 추출하기

① [B2] 셀을 선택하고 Ctrl을 누르면서 [C2], [F2]를 각각 선택 → Ctrl+C를 눌러 필드명을 복사 → [I7] 셀을 선택하고 Ctrl+V를 눌러 필드명을 붙여넣기한다.

② [B2:G43] 영역에서 임의의 셀 선택 → **[데이터] 탭-[정렬 및 필터] 그룹-[고급]**을 클릭한다.

③ [고급 필터] 대화상자가 나타나면 '결과'의 '다른 장소에 복사'를 선택 → '목록 범위'는 [B2:G43] 영역, '조건 범위'는 [I2:I3] 영역, '복사 위치'는 [I7:K7] 영역으로 지정 → [확인] 단추를 클릭한다.

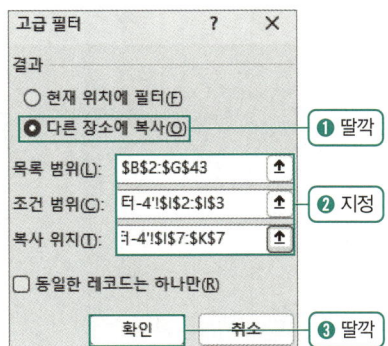

기본작업

05 페이지 레이아웃

① **개념**: 워크시트의 페이지 설정, 인쇄 영역, 여백, 머리글 및 바닥글 등을 설정하여 인쇄할 때의 모양을 지정하는 기능으로, 인쇄 용지에 맞게 시트 배치가 가능함
② **지정 방법**: [페이지 레이아웃] 탭–[페이지 설정] 그룹–[페이지 설정](🗔)

⬇ 작업 파일명 C:\에듀윌_2026컴활1급실기\그대로따라하기\스프레드시트실무\01.기본작업\실습\05_페이지레이아웃.xlsx

출제패턴 ❶

'페이지레이아웃-1' 시트에서 다음과 같이 페이지 레이아웃을 설정하시오.

▶ 기존 인쇄 영역에 [A25:H76] 영역을 인쇄 영역으로 추가하고, 2행이 매 페이지마다 반복하여 인쇄되도록 인쇄 제목을 설정하시오.
▶ 매 페이지 상단의 오른쪽 구역에는 페이지 번호가 [표시 예]와 같이 표시되도록 머리글을 설정하시오.
  [표시 예: 현재 페이지 번호가 1이고 전체 페이지 번호가 2인 경우 → 1/2]

▼ 결과 화면

※ 결과 화면은 일부에 해당하는 결과만 제시함(2페이지 중 두 번째 페이지)

읽는 강의

출제패턴을 알면 시험이 쉬워진다!
'페이지 레이아웃' 부분은 어렵지 않은 내용이므로 쉽게 따라 할 수 있다. 특히 페이지 번호 표시에 익숙해지도록 연습해야 한다.

그대로 따라하기

1 인쇄 영역[A25:H76] 추가하기

① [페이지 레이아웃] 탭-[페이지 설정] 그룹-[페이지 설정](□)을 클릭한다.

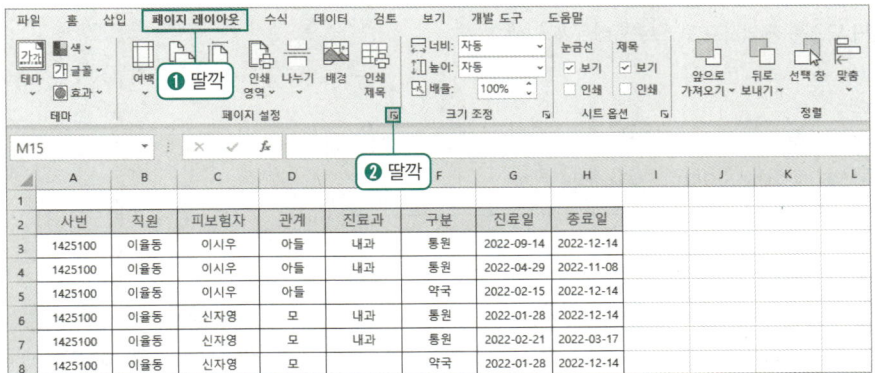

② [페이지 설정] 대화상자가 나타나면 [시트] 탭의 '인쇄 영역'에서 지정된 범위 뒤에 **,(쉼표)** 를 입력 → [A25:H76] 영역을 드래그하여 인쇄 영역을 추가한다.

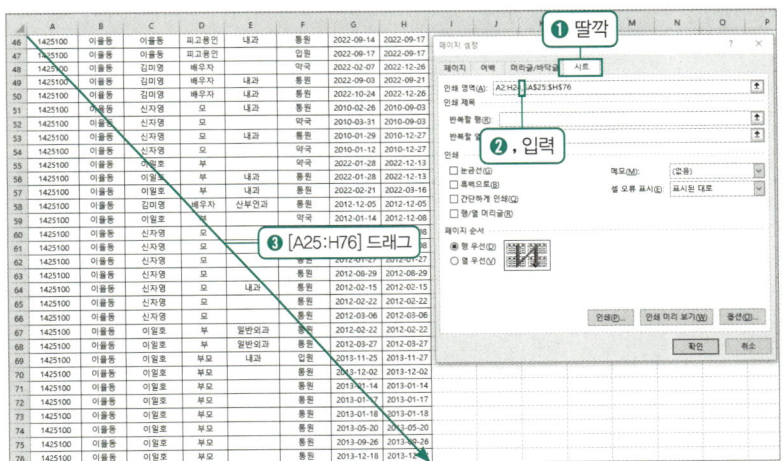

풀이법을 알면 시간이 단축된다!
②를 실행하기 전에 인쇄하면 24행까지 한 페이지에 출력되지만, ②를 실행하면 영역으로 추가한 영역의 일부까지 한 페이지에 출력된다.

풀이법을 알면 시간이 단축된다!
'인쇄 영역'에 범위를 지정할 때는 지정할 범위를 마우스로 드래그하여 선택해도 되고 A25:H76과 같이 범위를 직접 입력해도 된다.

개념 더하기 ⊕   [페이지 설정] 대화상자의 [시트] 탭

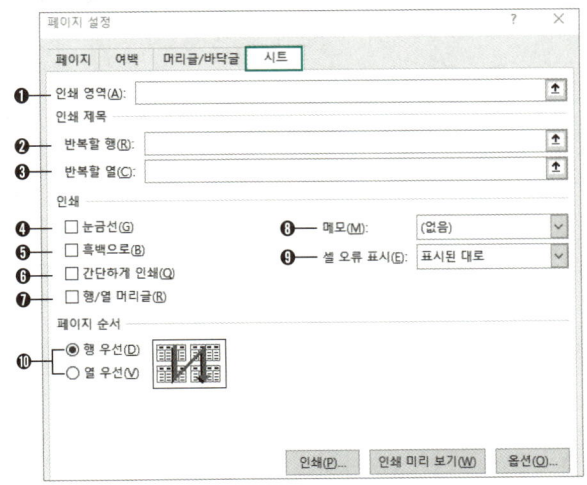

스프레드시트 실무   05. 페이지 레이아웃   **63**

❶ **인쇄 영역**: 인쇄할 워크시트 영역을 드래그하여 인쇄 영역을 지정
❷ **반복할 행**: 모든 페이지에 특정한 행을 반복하여 인쇄
❸ **반복할 열**: 모든 페이지에 특정한 열을 반복하여 인쇄
❹ **눈금선**: 워크시트의 눈금선을 인쇄
❺ **흑백으로**: 인쇄할 때만 흑백으로 인쇄
❻ **간단하게 인쇄**: 워크시트에 입력된 그래픽 요소를 제외하고 텍스트만 빠르게 인쇄
❼ **행/열 머리글**: 행/열 머리글을 인쇄
❽ **메모**: 워크시트에 포함된 메모를 인쇄
❾ **셀 오류 표시**: 셀 오류를 지정한 표시 방법대로 인쇄
❿ **행 우선, 열 우선**: 한 페이지에 인쇄할 수 없을 때 인쇄할 방향의 우선순위를 지정

2 반복할 행 지정하기

[시트] 탭에서 '반복할 행'에 커서를 올려놓고 2행 머리글을 클릭한다.

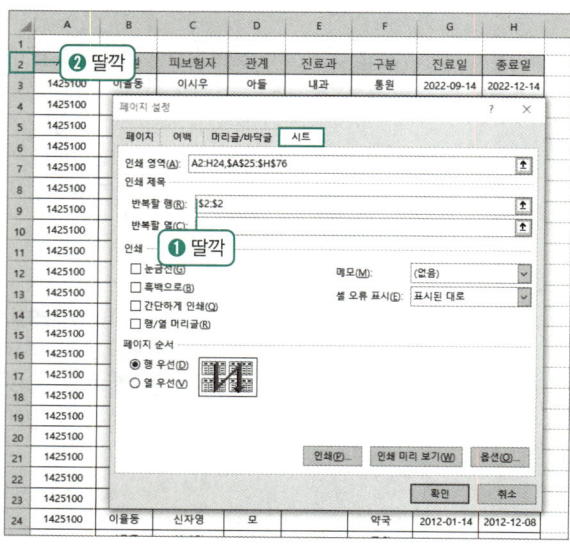

> **풀이법을 알면 시간이 단축된다!**
> 반복할 행은 매 페이지마다 반복되어 인쇄되는 부분으로, 두 번째 행의 어느 곳이나 선택해도 $2:$2로 설정된다.

3 매 페이지 상단 오른쪽에 페이지 번호 표시하기

① [머리글/바닥글] 탭에서 [머리글 편집] 단추를 클릭한다.

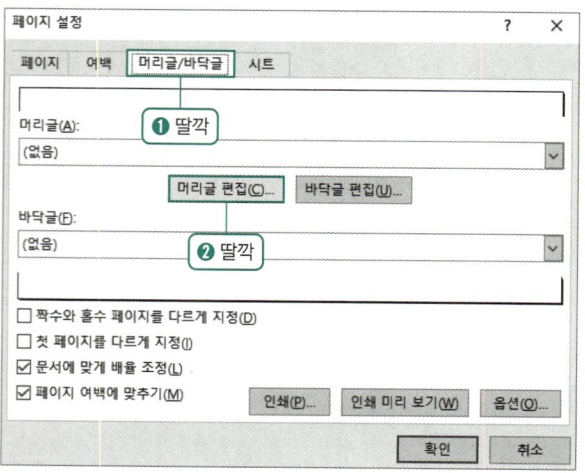

② [머리글] 대화상자가 나타나면 '오른쪽 구역'에 커서를 올려놓고 '페이지 번호 삽입' 아이콘(📄)을 클릭 → / 입력 → '전체 페이지 수 삽입' 아이콘(📄)을 클릭 → [확인] 단추를 클릭한다.

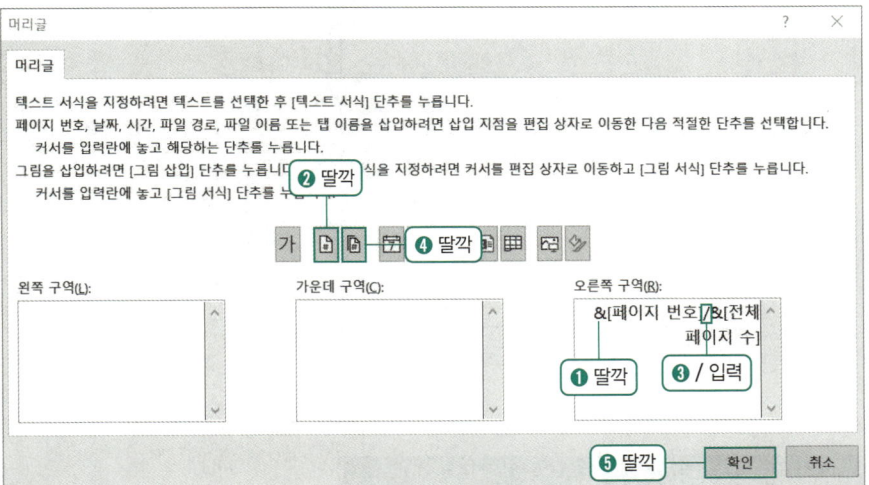

개념 더하기 ➕ 머리글/바닥글 구성 요소

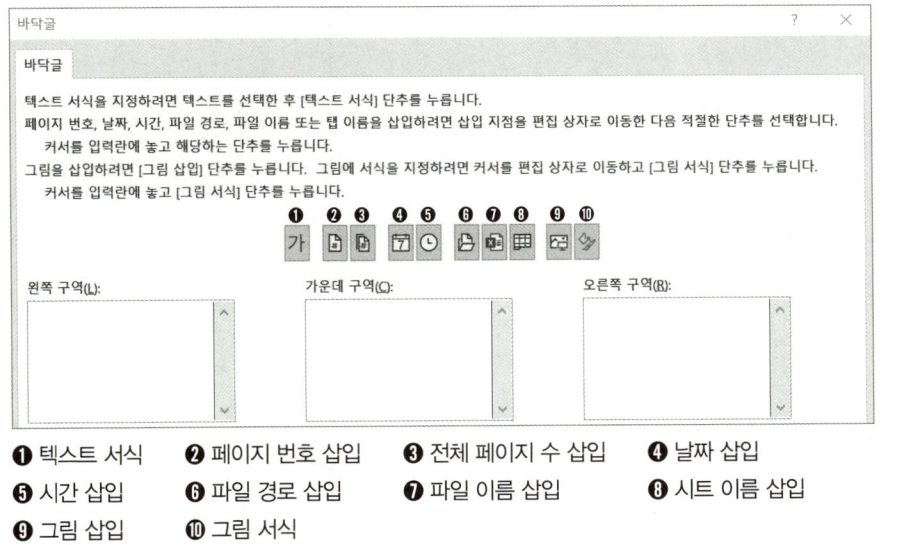

❶ 텍스트 서식   ❷ 페이지 번호 삽입   ❸ 전체 페이지 수 삽입   ❹ 날짜 삽입
❺ 시간 삽입   ❻ 파일 경로 삽입   ❼ 파일 이름 삽입   ❽ 시트 이름 삽입
❾ 그림 삽입   ❿ 그림 서식

③ [페이지 설정] 대화상자로 되돌아오면 [확인] 단추를 클릭한다.
④ [파일] 메뉴–인쇄를 선택 → 결과를 확인한다.

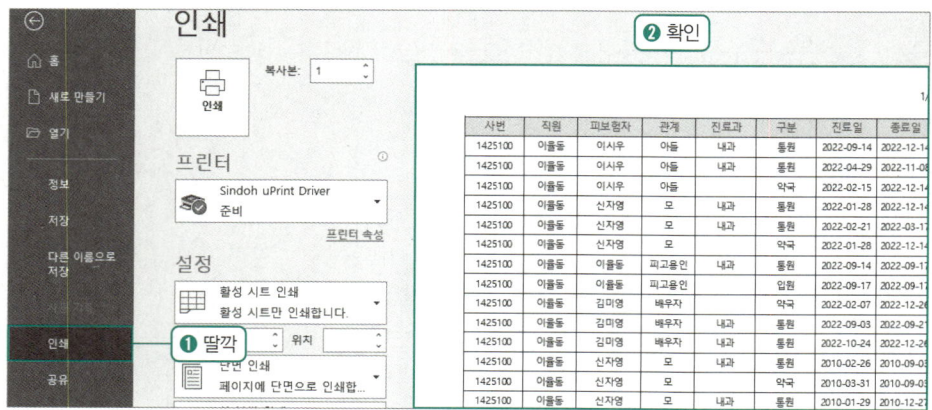

출제패턴 ❷

'페이지레이아웃–2' 시트에서 다음과 같이 페이지 레이아웃을 설정하시오.

▶ '페이지 나누기 미리 보기'로 표시하고, [A1:H38] 영역만 1페이지로 인쇄되도록 페이지 나누기 구분선을 조정하시오.

▼ 결과 화면

	A	B	C	D	E	F	G	H
1								
2								
3	이름	번호	텍스트마이닝	인공지능	딥러닝	시각화	평균	장학금
4	김도영	kor001	2.32	3.93	1.08	2.61	2.49	무
5	정수현	kor002	4.50	4.32	4.50	3.96	4.32	유
6	서민준	kor003	1.07	3.18	1.16	4.00	2.35	무
7	박문수	kor004	3.90	4.13	4.25	1.47	3.44	무
8	서유림	kor005	3.99	4.20	4.35	2.30	3.71	무
9	정유지	kor006	3.25	3.48	2.06	4.10	3.22	무
10	정혜빈	kor007	3.98	4.20	3.96	2.62	3.69	무
11	황인진	kor008	1.36	2.65	3.88	3.16	2.76	무
12	양나람	kor009	3.92	4.00	1.98	4.12	3.51	무
13	김기영	kor010	3.50	3.99	3.97	3.96	3.86	무
14	김혜성	kor011	3.92	3.86	1.61	4.00	3.35	무
15	김유환	kor012	3.61	2.05	4.23	1.47	2.84	무
16	유승우	kor013	1.38	1.11	3.97	2.30	2.19	무
17	오지수	kor014	4.36	4.50	4.20	4.30	4.34	유
18	장혜미	kor015	1.71	2.66	1.55	2.62	2.14	무
19	이승원	kor016	1.08	2.18	3.33	3.16	2.44	무
20	이찬율	kor017	3.78	4.50	3.09	4.12	3.87	무
21	이동원	kor018	4.39	4.21	4.07	2.61	3.82	무
22	김도영	kor019	3.01	2.69	2.99	3.96	3.16	무
23	황소영	kor020	4.16	4.09	4.15	4.00	4.10	유
24	장예린	kor021	4.23	2.38	4.20	1.47	3.07	무
25	박종범	kor022	2.27	4.30	3.35	2.30	3.06	무
26	이상대	kor023	3.07	1.64	1.28	4.10	2.52	무
27	이해룡	kor024	3.57	3.95	3.78	2.62	3.48	무
28	손순철	kor025	4.11	2.63	3.19	3.16	3.27	무
29	성중안	kor026	2.80	4.06	3.34	4.12	3.58	무
30	김영일	kor027	1.43	2.97	3.07	3.96	2.86	무
31	김성진	kor028	4.16	4.09	3.95	4.00	4.05	유
32	최성은	kor029	2.97	2.38	3.95	1.47	2.69	무
33	홀바다	kor030	4.09	2.12	3.35	2.30	2.97	무
34	노석환	kor031	3.07	3.96	1.28	4.30	3.15	무
35	박종범	kor032	3.95	3.95	3.78	2.62	3.58	무
36	이상대	kor033	4.11	2.63	4.23	3.16	3.53	무
37	이해룡	kor034	1.28	4.06	2.27	4.12	2.93	무
38	손순철	kor035	3.78	2.63	4.30	2.62	3.33	무

※ 결과 화면은 일부에 해당하는 결과만 제시함(2페이지 중 첫 번째 페이지)

그대로 따라하기

1 페이지 나누기 미리 보기 표시하기

[보기] 탭-[통합 문서 보기] 그룹-[페이지 나누기 미리 보기]를 클릭한다.

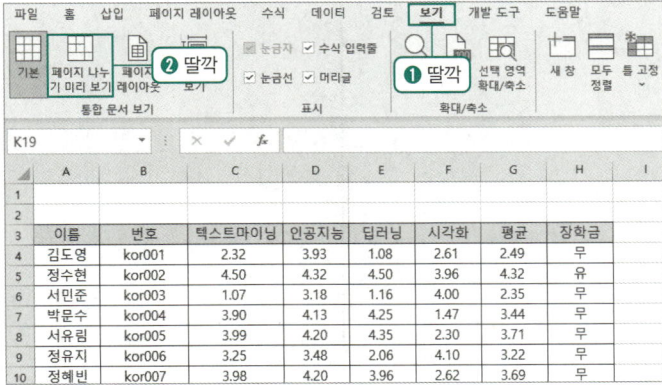

2 [A1:H38] 영역만 1페이지에 나누기

페이지 나누기 미리 보기 화면이 표시되면 43행 아래에 표시된 파란색 점선 위에 마우스 포인터를 올려놓기 → 마우스 포인터가 ↕ 모양으로 변경되면 38행 아래까지 드래그하여 페이지 구분선을 조정 → 결과를 확인한다.

풀이법을 알면 시간이 단축된다!
해당 작업은 한 페이지에 출력하는 데이터를 드래그&드롭을 사용하여 결정하는 방법이다.

풀이법을 알면 시간이 단축된다!
- [보기] 탭-[통합 문서 보기] 그룹-[페이지 나누기 미리 보기]를 클릭하면 화면이 축소되어 표시된다.
- Ctrl을 누른 상태에서 마우스 휠을 위쪽/아래쪽으로 돌리면 화면을 확대/축소할 수 있다.

출제패턴 ❸

'페이지레이아웃-3' 시트에서 다음과 같이 페이지 레이아웃을 설정하시오.

▶ 인쇄될 내용이 페이지의 정 가운데에 인쇄되도록 페이지 가운데 맞춤을 설정하시오.
▶ 홀수 페이지 상단의 왼쪽 구역과 짝수 페이지 상단의 오른쪽 구역에는 시트이름이 표시되도록 머리글을 설정하시오.
▶ 행 머리글(1, 2, 3)과 열 머리글(A, B, C)이 인쇄되도록 설정하시오.

▼ 결과 화면

그대로 따라하기

1 페이지 정 가운데 맞춤 지정하기
① [페이지 레이아웃] 탭-[페이지 설정] 그룹-[페이지 설정]( )을 클릭한다.
② [페이지 설정] 대화상자가 나타나면 [여백] 탭에서 '페이지 가운데 맞춤'의 '가로'와 '세로'에 체크한다.

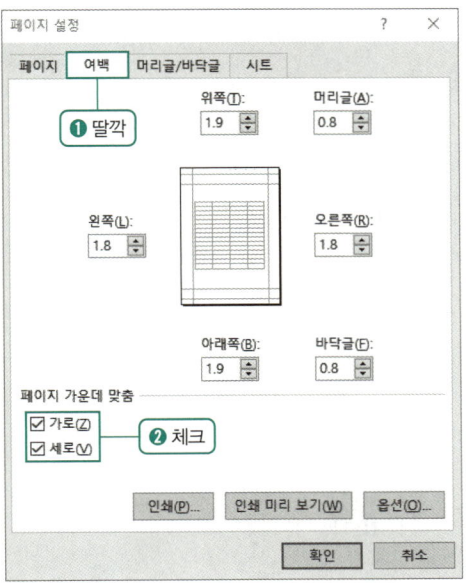

2 홀수 페이지 상단의 왼쪽 구역과 짝수 페이지 상단의 오른쪽 구역에는 시트이름 삽입하기
① [머리글/바닥글] 탭에서 [짝수와 홀수 페이지를 다르게 지정]에 체크한 후 [머리글 편집] 단추를 클릭한다.

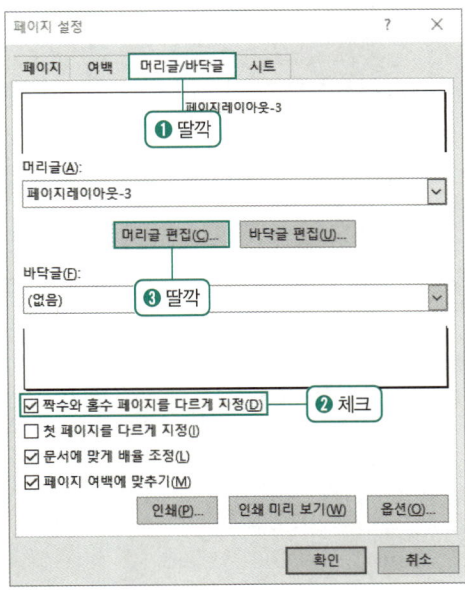

② [머리글] 대화상자가 나타나면 [홀수 페이지 머리글] 탭-[왼쪽 구역]에 커서를 올려놓고 '시트 이름 삽입' 아이콘(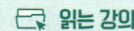)을 클릭한다.

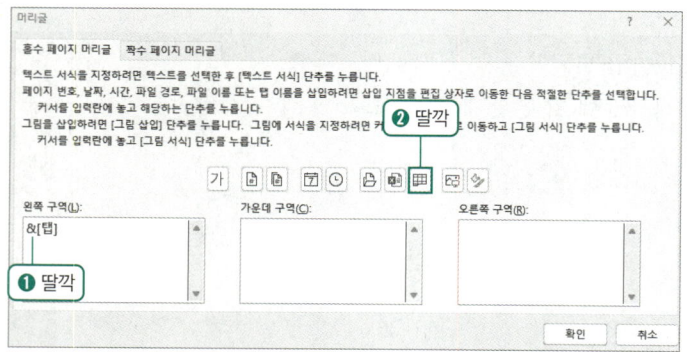

③ [짝수 페이지 머리글] 탭 - [오른쪽 구역]에 커서를 올려놓고 '시트 이름 삽입' 아이콘(▦)을 클릭하고 [확인] 단추를 클릭한다.

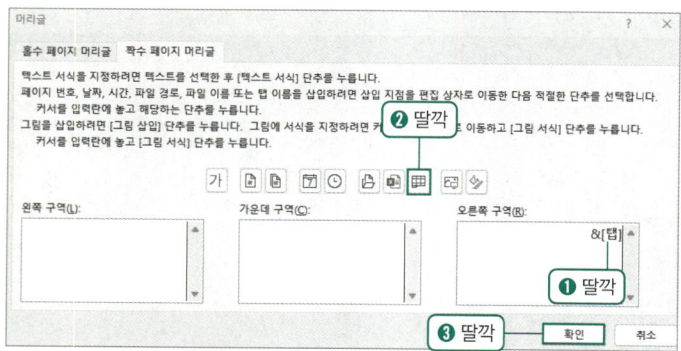

3 행 머리글 열 머리글 표시하기

① [페이지 설정] 대화상자의 [시트]탭에서 [행/열 머리글]에 체크하고 [확인]을 클릭한다.

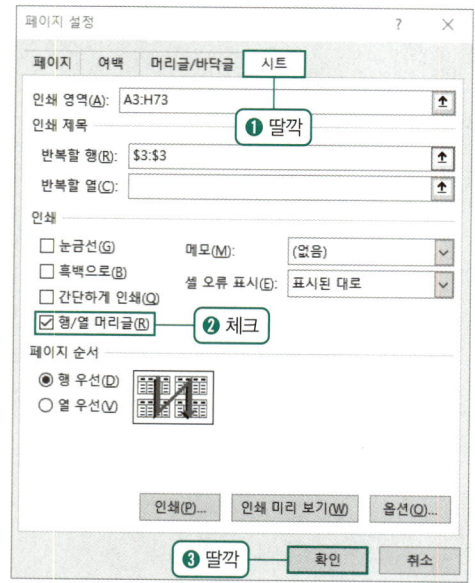

② [파일] 메뉴-인쇄를 선택 → 결과를 확인한다.

기본 작업

06 시트 보호

① **개념**: 워크시트의 특정 셀 또는 전체 시트의 편집을 제한하여 데이터의 무단 변경을 방지하는 기능이므로 보호된 시트에서는 설정된 제한사항 외의 작업을 수행할 수 없음
② **지정 방법**: [검토] 탭–[보호] 그룹–[시트 보호]

작업 파일명 C:\에듀윌_2026컴활1급실기\그대로따라하기\스프레드시트실무\01.기본작업\실습\06_시트보호.xlsx

출제패턴

'시트보호-1' 시트에서 다음과 같이 시트 보호를 설정하시오.

▶ [F4:F12] 영역에 셀 잠금과 수식 숨기기를 적용하고 잠긴 셀의 내용과 워크시트를 보호하시오.
▶ 차트를 편집할 수 없도록 잠금을 적용하시오.
▶ 잠긴 셀 선택, 잠금 해제된 셀 선택, 셀 서식, 행 삽입, 열 삽입은 허용하시오.
▶ 단, 시트 보호 해제 암호는 지정하지 마시오.

그대로 따라하기

1 셀 잠그고 수식 숨기기

① [F4:F12] 영역을 드래그하여 선택 → 마우스 오른쪽 단추를 클릭하고 바로 가기 메뉴에서 [셀 서식]([Ctrl]+[1])을 선택한다.

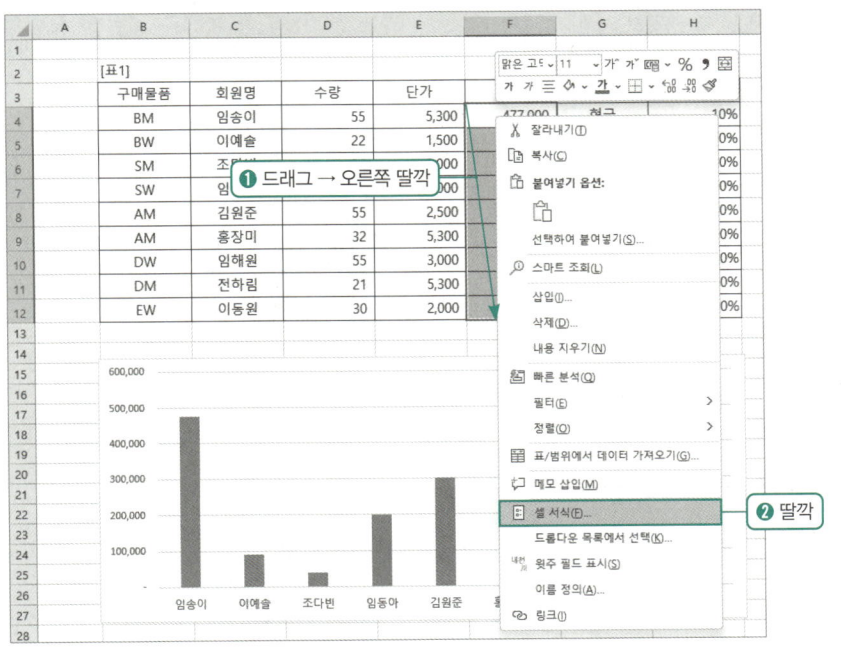

풀이법을 알면 시간이 단축된다!

- 기본적으로 엑셀의 모든 셀은 '잠금' 설정되어 있다.
- '시트 보호'는 '잠금' 설정되어 있는 셀들을 보호하는 것이 목적이다. 만약 데이터를 입력할 특정 영역을 제외한 나머지 영역만 보호할 때는 데이터를 입력할 영역의 '잠금' 설정을 해제하고 '시트 보호'를 설정하면 된다.

② [셀 서식] 대화상자가 나타나면 [보호] 탭에서 '잠금'과 '숨김'에 체크 → [확인] 단추를 클릭한다.

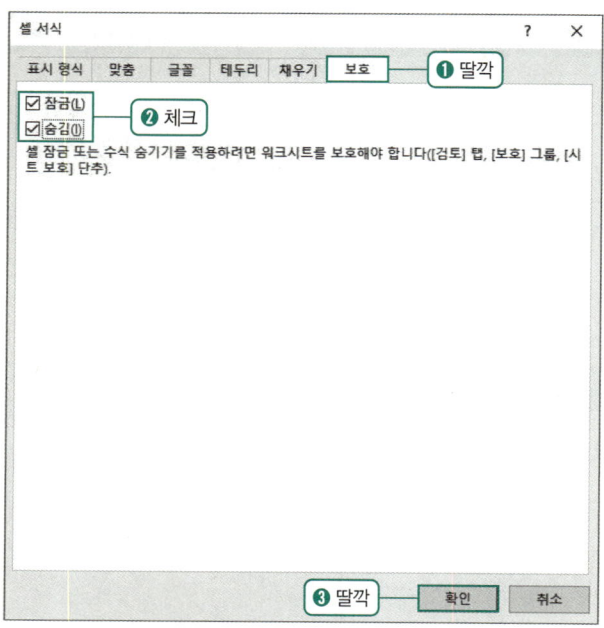

③ 차트 영역에서 마우스 오른쪽 단추를 클릭하고 바로 가기 메뉴에서 **[차트 영역 서식]**을 선택한다.

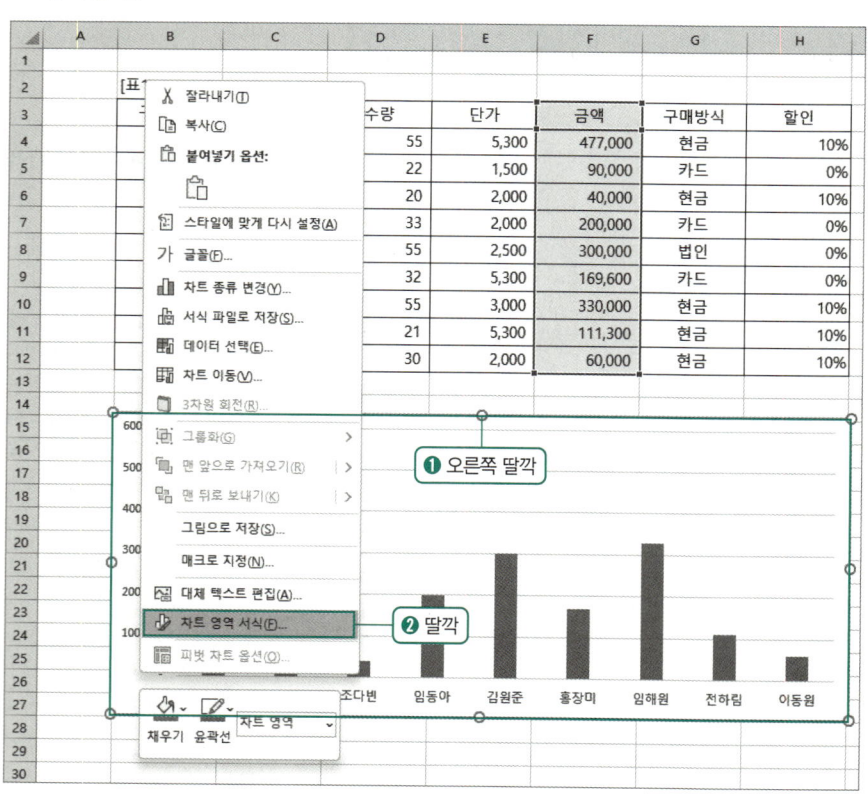

> 📖 **읽는 강의**
>
> **풀이법을 알면 시간이 단축된다!**
> '숨김'에 체크하고 '시트 보호'를 하면 해당 영역을 클릭했을 때 수식 입력줄에 아무것도 나타나지 않는다. 이 기능은 수식을 숨기기 위한 기능이다.
>
> **풀이법을 알면 시간이 단축된다!**
> **[셀 서식] 대화상자의 [보호] 탭**
> • 잠금: 시트 보호를 적용했을 때 해당 셀의 수식 내용은 보이지만 수정하지 못하게 한다.
> • 숨김: 시트 보호를 적용했을 때 해당 셀의 수식 내용이 보이지 않게 한다.
>
> **풀이법을 알면 시간이 단축된다!**
> 차트 영역을 더블클릭해도 [차트 영역 서식] 창이 나타난다. 이와 마찬가지로 각 요소나 계열 등에 서식을 지정하기 위해 더블클릭하면 관련 서식을 지정할 수 있는 창이 나타난다.

④ [차트 영역 서식] 창이 나타나면 '차트 옵션'의 '크기 및 속성'()에서 '속성'의 '잠금'에 체크 → [닫기] 단추(☒)를 클릭한다.

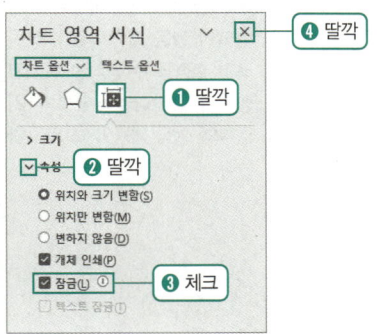

2 잠긴 셀의 내용과 워크시트 보호하기

① 영역 선택을 해제하기 위해 임의의 셀 선택 → **[검토] 탭-[보호] 그룹-[시트 보호]**를 클릭한다.

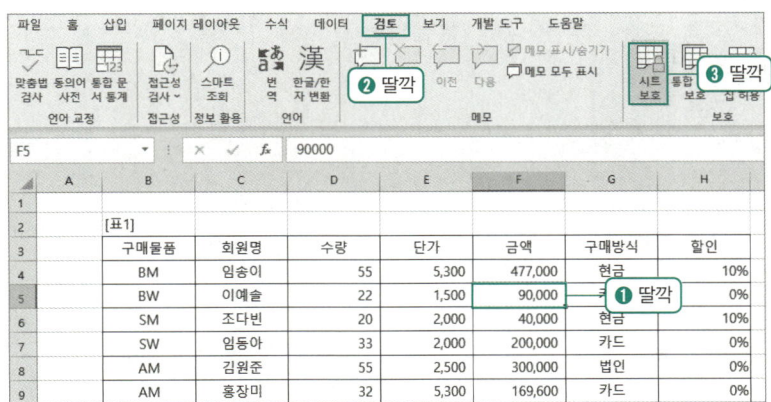

② [시트 보호] 대화상자가 나타나면 '워크시트에서 허용할 내용'의 '잠긴 셀 선택', '잠기지 않은 셀 선택', '셀 서식', '행 삽입', '열 삽입'에 체크 → [확인] 단추를 클릭한다.

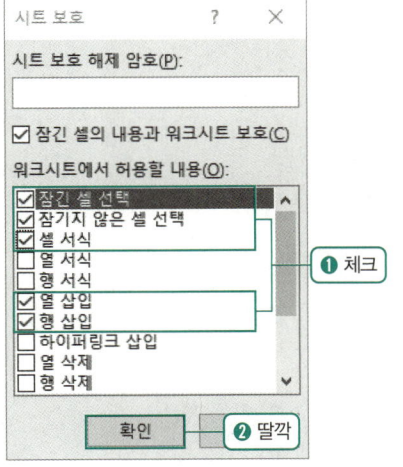

풀이법을 알면 시간이 단축된다!

• [시트 보호] 대화상자의 '워크시트에서 허용할 내용'에서 해당 항목에 체크하면 시트가 보호된 상태에서도 선택할 수 있다. 즉 '잠긴 셀 선택', '잠기지 않은 셀 선택'을 체크하면 워크시트에서 셀을 선택하는 것은 허용하겠다는 의미이다.

• 시트 보호는 [셀 서식] 대화상자의 [보호] 탭에서 '잠금'에 체크하여 잠금 기능을 설정한 셀에만 적용된다.

• 데이터를 수정하려면 '잠금'의 체크를 해제해야 한다.

3 시트 보호와 차트 보호 확인하기

① [F4:F12] 영역에서 임의의 셀 선택 → 수식 입력줄에 셀 값이 숨겨져서 표시되지 않는 것을 확인한 후 Delete 를 누름 → 셀이 보호되어 있으므로 시트 보호를 해제하라는 메시지 상자가 나타나면 [확인] 단추를 클릭한다.

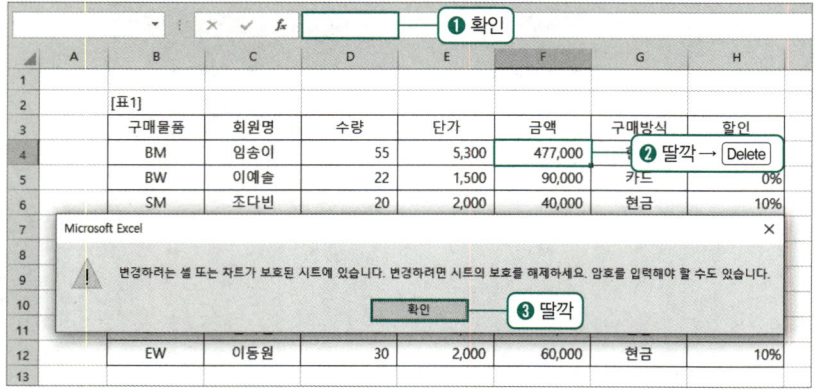

② 이와 같은 방법으로 나머지 셀과 차트도 편집할 수 없도록 보호되었는지 확인한다.

> **읽는 강의**
>
> **풀이법을 알면 시간이 단축된다!**
> 임의의 셀을 클릭하여 수정하려면 수정할 수 없다는 메시지 상자가 나타나면서 [F4:F12] 영역의 수식 내용이 보이지 않는다.

Chapter 02 계산작업

배점 30점
목표점수 18점

무료 동영상 강의

출제유형 분석
계산작업은 함수식을 입력하는 문제가 총 5문제 출제되고, 학습해야 할 범위가 가장 넓다. 일반 함수식 2~3문제, 배열 함수식 1~2문제, 사용자 정의 함수 1문제가 반드시 출제되며, 주로 다른 영역의 함수를 중첩하여 사용하는 문제로 출제된다.

합격 전략
계산작업은 수험생들이 어려워하는 영역이다. 학습해야 할 범위가 넓어 많은 시간이 투자되어야 하고, 한 문제당 배점이 높으므로 반드시 점수를 확보해야 한다. 다양한 함수에 대한 이해와 배열 수식, 사용자 정의 함수를 중점적으로 학습하도록 한다. 함수식은 단순히 암기해서는 절대로 풀이를 할 수 없으니 함수 하나하나에 대한 이해를 바탕으로 여러 함수를 중첩적으로 응용하는 다양한 문제들을 계속 접하면서 연습하도록 한다.

세부 출제패턴

	출제유형	난이도	세부 출제패턴
1	계산식	상 중 **하**	연산 기호를 이용하여 수식을 작성하는 부분으로 산술, 비교, 결합, 참조 연산에 대해 살펴보고 상대 참조, 절대 참조, 혼합 참조에 대한 개념을 확실히 이해해야 한다.
2	수학/삼각 함수	상 중 **하**	절대값, 거듭제곱, 행렬, 나머지와 몫, 반올림, 합계 등을 나타내는 함수로, 비교적 이해하기 쉬운 함수이다. 단독으로 출제되기보다는 다른 함수와 중첩해서 응용 출제된다.
3	통계 함수	상 중 **하**	통계에서 사용되는 평균, 개수, 백분위수, 순위, 표준 편차, 분산 등을 계산하는 함수이다. 특히 여러 개의 조건을 지정하는 함수를 중점적으로 학습하도록 한다.
4	논리 함수	상 **중** 하	조건, 값 등을 판단하여 참(TRUE) 또는 거짓(FALSE)을 반환하는 함수이다. 중첩 IF 함수의 사용에 대해 완벽하게 이해하도록 한다.
5	문자열 함수	상 **중** 하	문자열을 비교, 연결, 제거하거나 형식, 대·소문자 변환 등을 처리하는 함수이다. 유사한 함수들 간의 차이점을 이해하도록 한다. 개별적인 함수의 이해는 쉬우나 여러 개의 함수를 중첩으로 사용하는 경우는 이해가 필요하다.
6	날짜/시간 함수	상 중 **하**	날짜, 시간을 반환하거나 해당 날짜, 요일의 일련번호 등을 반환하는 함수이다. 함수의 형식과 특징을 이해하도록 한다.
7	데이터베이스 함수	상 중 **하**	데이터베이스 목록에서 조건에 맞는 값의 합계, 평균, 개수, 최대값, 최소값 등을 계산하는 함수로, 출제빈도가 높은 함수이다.
8	찾기/참조 함수	상 중 **하**	지정된 영역에서 특정 값을 찾거나 필요한 정보를 반환하는 함수로, 출제빈도가 높은 함수이다. 특히 HLOOKUP, VLOOKUP, INDEX, MATCH 함수는 개별로 사용하는 방법과 중첩하여 사용하는 방법까지 완벽하게 이해하도록 한다.
9	정보 함수	상 중 **하**	셀 내용을 판단하여 정보, 참(TRUE) 또는 거짓(FALSE)을 반환하는 함수이다. 주로 IF 함수와 중첩으로 사용된다.
10	재무 함수	상 중 **하**	이자율이나 정기적으로 지불하는 금액 등을 계산하는 함수이다. 계산식이 복잡하게 보이지만 함수의 형식에 맞게 지정하면 어렵지 않다. 따라서 함수의 형식을 반드시 익혀야 한다.
11	배열 수식	**상** 중 하	배열 범위에서 계산을 한 번에 수행하여 하나의 결과 또는 다양한 결과를 반환하는 함수로, 반드시 출제되는 영역이다. 배열 수식의 원리를 이해하고 다양한 응용 문제를 학습하여 익숙해지도록 해야 한다.
12	사용자 정의 함수	상 중 **하**	사용자가 직접 수식을 만들어 사용하는 함수이다. FOR, IF, SELECT 문 각각의 사용 방법을 반드시 익혀야 한다.

계 산 작 업

01 계산식

① **개념**: 셀에 수학적 연산을 수행하기 위해 사용하는 식으로 수식을 통해 덧셈, 뺄셈, 곱셈, 나눗셈 등의 연산을 수행함

② **연산자의 종류**

산술 연산자	+(더하기), -(빼기), *(곱하기), /(나누기), %(백분율), ^(거듭제곱)
비교 연산자	• >(초과, 크다), <(미만, 작다), >=(이상, 크거나 같다), <=(이하, 작거나 같다), < >(같지 않다), =(같다) • 값을 비교하여 '참(TRUE)', '거짓(FALSE)'으로 결과를 반환
문자열 결합 연산자	&(텍스트, 숫자, 수식 등 여러 개체를 연결하여 표시)

참조 연산자	• :(콜론): 연속적인 셀 범위 지정
	  [예시] A1:A4 → [A1] 셀부터 [A4] 셀까지 범위 지정
	• ,(쉼표): 비연속적인 셀 범위 지정
	  [예시] A1:A4, C1:C4 → [A1] 셀부터 [A4] 셀까지와 [C1] 셀부터 [C4] 셀까지 범위 지정
	• 공백: 서로 다른 영역에서 공통 셀 범위 지정
	  [예시] A1:B3 A2:C4 → [A2] 셀부터 [B3] 셀까지 공통 범위 지정

③ **셀 참조 종류**

상대 참조	셀의 위치가 변경되면 수식의 주소가 자동으로 변경됨 [예시] A1, B2
절대 참조	• 셀의 위치가 변경되어도 수식의 주소가 변경되지 않음 [예시] $A$1, $B$2 • 상대 참조에서 F4 를 누르면 절대 참조로 지정됨
혼합 참조	• 행이나 열 중에서 하나만 절대 참조로 지정됨 [예시] $A1(열 고정), B$2(행 고정) • 상대 참조에서 F4 를 두 번 누르면 행 고정(혼합 참조), 세 번 누르면 열 고정(혼합 참조)으로 지정됨

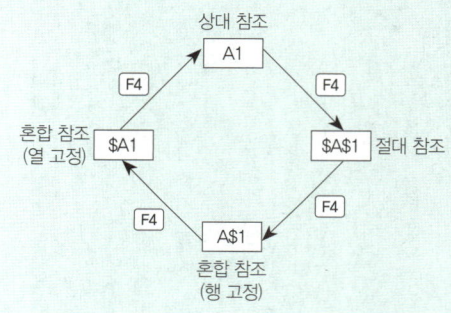

📥 **작업 파일명** C:\에듀윌_2026컴활1급실기\그대로따라하기\스프레드시트실무\02.계산작업\실습\01_계산식.xlsx

---

출제패턴

'계산식' 시트에서 다음 과정을 수행하시오.

1 [표1]에서 '소비자가격'을 계산하여 [F2:F11] 영역에 표시하시오.
  ▶ 소비자가격 = 판매가*(1-할인율)*(1+부가세율)

2 [표2]에서 '판매비율'을 계산하여 [F14:F22] 영역에 표시하시오.
  ▶ 판매비율 = 판매금액/판매금액 합계×100

📖 읽는 강의

출제패턴을 알면 시험이 쉬워진다!
계산식에서는 연산의 우선순위와 절대 참조, 혼합 참조에 주의하여 수식을 작성해야 한다.

▼ 결과 화면

	A	B	C	D	E	F
1	[표1]	제품명	판매가	할인율	부가세율	소비자가격
2		Alpha	25,000	15%	10%	23,375
3		Beta	48,000	5%	10%	50,160
4		Gamma	12,300	25%	8%	9,963
5		Delta	39,950	0%	10%	43,945
6		Epsilon	55,400	20%	10%	48,752
7		Zeta	21,000	12%	10%	20,328
8		Eta	46,000	10%	10%	45,540
9		Theta	33,500	18%	8%	29,668
10		Iota	28,900	7%	10%	29,565
11		Kappa	62,000	15%	10%	57,970
12						
13	[표2]	과일명	판매단가	판매수량	판매금액	판매비율
14		딸기	7,000	30	210,000	16.8
15		수박	12,000	25	300,000	24.0
16		멜론	6,000	15	90,000	7.2
17		사과	1,200	60	72,000	5.8
18		배	4,000	50	200,000	16.0
19		바나나	2,500	70	175,000	14.0
20		참외	3,500	45	157,500	12.6
21		오렌지	720	65	46,800	3.7
22		합계	36,920	360	1,251,300	100.0

3 [표3]에서 '할인판매금액'을 계산하여 [M2:M10] 영역에 표시하시오.
  ▶ 할인판매금액 = 금액 - 금액 × 할인율

4 [표4]에서 [L14:L22] 영역에 '주소'를 표시하시오.
  ▶ 주소는 시, 구, 세부주소를 연결하여 표시 [표시 예: 서울시 노원구 노원로 22길]
  ▶ & 연산자 사용

▼ 결과 화면

	H	I	J	K	L	M	N
1	[표3]	가전제품명	단가	수량	금액	할인판매금액	
2		밥솥	340,000	30	10,200,000	8,160,000	
3		전자레인지	63,000	25	1,575,000	1,260,000	
4		에어플레이어	55,000	20	1,100,000	880,000	
5		커피포트	33,000	15	495,000	396,000	
6		텔레비전	860,000	50	43,000,000	34,400,000	
7		컴퓨터	1,100,000	30	33,000,000	26,400,000	
8		휴대폰	800,000	50	40,000,000	32,000,000	
9		식탁	200,000	25	5,000,000	4,000,000	할인율
10		침대	700,000	20	14,000,000	11,200,000	20%
11							
12							
13	[표4]	시	구	세부주소	주소		
14		서울시	노원구	노원로22길	서울시 노원구 노원로22길		
15		대전시	중구	송리로	대전시 중구 송리로		
16		서울시	동대문구	전농로10길	서울시 동대문구 전농로10길		
17		부산시	부산진구	가야대로	부산시 부산진구 가야대로		
18		부산시	사상구	백양대로	부산시 사상구 백양대로		
19		울산시	남구	중앙로	울산시 남구 중앙로		
20		광주시	서구	치평로	광주시 서구 치평로		
21		인천시	남구	인하로	인천시 남구 인하로		
22		대구시	달서구	장기로10길	대구시 달서구 장기로10길		

그대로 따라하기

1 소비자가격[F2:F11] 표시하기

[F2] 셀 선택 → 수식 입력줄에 =C2*(1−D2)*(1+E2)를 입력한 후 Enter 를 누름 → [F2] 셀의 자동 채우기 핸들(✚)을 [F11] 셀까지 드래그하여 수식을 복사한다.

	A	B	C	D	E	F
1	[표1]	제품명	판매가	할인율	부가세율	소비자가격
2		Alpha	25,000	15%	10%	23,375
3		Beta	48,000	5%	10%	50,160
4		Gamma	12,300	25%	8%	9,963
5		Delta	39,950	0%	10%	43,945
6		Epsilon	55,400	20%	10%	48,752
7		Zeta	21,000	12%	10%	20,328
8		Eta	46,000	10%	10%	45,540
9		Theta	33,500	18%	8%	29,668
10		Iota	28,900	7%	10%	29,565
11		Kappa	62,000	15%	10%	57,970

2 판매비율[F14:F22] 표시하기

[F14] 셀 선택 → 수식 입력줄에 =E14/E22*100 입력 → 수식의 'E22'에 커서를 올려놓고 F4 를 눌러 수식을 =E14/$E$22*100으로 변경한 후 Enter 를 누름 → [F14] 셀의 자동 채우기 핸들(✚)을 [F22] 셀까지 드래그하여 수식을 복사한다.

	A	B	C	D	E	F
13	[표2]	과일명	판매단가	판매수량	판매금액	판매비율
14		딸기	7,000	30	210,000	16.8
15		수박	12,000	25	300,000	24.0
16		멜론	6,000	15	90,000	7.2
17		사과	1,200	60	72,000	5.8
18		배	4,000	50	200,000	16.0
19		바나나	2,500	70	175,000	14.0
20		참외	3,500	45	157,500	12.6
21		오렌지	720	65	46,800	3.7
22		합계	36,920	360	1,251,300	100.0

읽는 강의

풀이법을 알면 시간이 단축된다!
[F2] 셀의 자동 채우기 핸들을 더블클릭해도 [F11] 셀까지 결괏값을 구할 수 있다. 즉, 자동 채우기 핸들을 드래그하거나 더블클릭하여 수식을 복사할 수 있다.
(단, 수식을 복사할 열의 왼쪽이나 오른쪽 열에 값이 채워져 있어야 함)

실수가 줄어들면 합격은 빨라진다!
• 자동 채우기 핸들(✚)을 사용하여 수식을 복사하면 복사하는 위치에 따라 수식이 자동으로 변환된다. 이때 변경하지 않아야 하는 주소를 절대 참조로 설정한다.
• 수식을 입력할 때 F4 를 눌러 절대 참조로 변경할 수도 있고, F4 를 누르지 않고 $ 기호를 직접 입력해도 된다.
• [E22] 셀의 '판매금액' 합계는 고정이므로 절대 참조($E$22)로 지정해야 한다.

3 할인판매금액[M2:M10] 표시하기

[M2] 셀 선택 → 수식 입력줄에 =L2-L2*N10 입력 → F4를 눌러 수식을 =L2-L2*$N$10으로 변경한 후 Enter를 누름 → [M2] 셀의 자동 채우기 핸들(+)을 [M10] 셀까지 드래그하여 수식을 복사한다.

> **읽는 강의**
>
> **실수가 줄어들면 합격은 빨라진다!**
> [N10] 셀의 '할인율'은 고정이므로 절대 참조($N$10)로 지정한다.

	H	I	J	K	L	M	N
1	[표3]	가전제품명	단가	수량	금액	할인판매금액	
2		밥솥	340,000	30	10,200,000	8,160,000	
3		전자레인지	63,000	25	1,575,000	1,260,000	
4		에어플레이어	55,000	20	1,100,000	880,000	
5		커피포트	33,000	15	495,000	396,000	
6		텔레비전	860,000	50	43,000,000	34,400,000	
7		컴퓨터	1,100,000	30	33,000,000	26,400,000	
8		휴대폰	800,000	50	40,000,000	32,000,000	
9		식탁	200,000	25	5,000,000	4,000,000	할인율
10		침대	700,000	20	14,000,000	11,200,000	20%

4 주소[L14:L22] 표시하기

[L14] 셀 선택 → 수식 입력줄에 =I14&" "&J14&" "&K14를 입력한 후 Enter를 누름 → [L14] 셀의 자동 채우기 핸들(+)을 [L22] 셀까지 드래그하여 수식을 복사한다.

> **실수가 줄어들면 합격은 빨라진다!**
> '&'는 텍스트, 숫자, 수식 등 여러 개체를 결합해 주는 연결 연산자이며, 띄어쓰기는 큰따옴표(" ") 사이에 한 칸의 공백으로 표시한다.

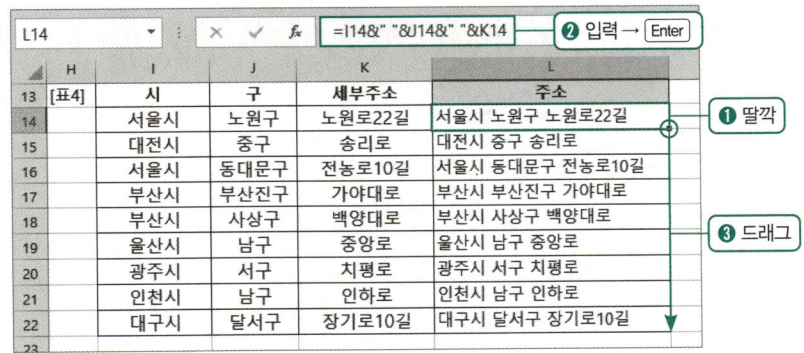

	H	I	J	K	L
13	[표4]	시	구	세부주소	주소
14		서울시	노원구	노원로22길	서울시 노원구 노원로22길
15		대전시	중구	송리로	대전시 중구 송리로
16		서울시	동대문구	전농로10길	서울시 동대문구 전농로10길
17		부산시	부산진구	가야대로	부산시 부산진구 가야대로
18		부산시	사상구	백양대로	부산시 사상구 백양대로
19		울산시	남구	중앙로	울산시 남구 중앙로
20		광주시	서구	치평로	광주시 서구 치평로
21		인천시	남구	인하로	인천시 남구 인하로
22		대구시	달서구	장기로10길	대구시 달서구 장기로10길

계산 작업

02 수학/삼각 함수

① **개념**: 수학적 연산과 삼각 함수를 수행하는 함수들로서 절대값, 거듭제곱, 나머지, 몫 등을 계산하는 함수
② **종류**

함수	설명
ABS(인수)	인수의 절대값을 구함
EXP(인수)	e를 인수만큼 거듭제곱한 값을 구함
FACT(인수)	인수의 계승값(팩토리얼)을 구함
INT(인수)	인수를 가장 가까운 정수로 내림함
MDETERM(배열)	배열의 행렬식을 계산하여 구함
MMULT(배열1,배열2)	배열1과 배열2의 행렬 곱을 계산하여 구함
MINVERSE(배열)	배열의 역행렬을 계산하여 구함
MOD(인수1,인수2)	인수1을 인수2로 나눈 나머지를 구함
PI( )	원주율(π) 값을 15자리까지 구함(3.14159265358979)
POWER(인수1,인수2)	인수1을 인수2만큼 거듭제곱한 값을 구함
PRODUCT(인수1,인수2,…)	인수들을 모두 곱한 값을 구함
QUOTIENT(인수1,인수2)	인수1을 인수2로 나눈 몫의 정수 부분을 구함
RAND( )	0 이상 1 미만의 실수인 난수를 구함
RANDBETWEEN(인수1,인수2)	인수1과 인수2 사이의 정수인 난수를 구함
ROUND(인수,자릿수)	인수를 지정한 자릿수까지 반올림하여 구함
ROUNDDOWN(인수,자릿수)	인수를 지정한 자릿수까지 내림하여 구함
ROUNDUP(인수,자릿수)	인수를 지정한 자릿수까지 올림하여 구함
SIGN(인수)	인수의 부호 값을 구함(양수: 1, 음수: −1, 0: 0)
SQRT(인수)	인수의 양의 제곱근을 구함(인수가 음수이면 오류 메시지 발생)
SUM(인수1,인수2,…)	인수들의 합계를 구함
SUMIF(조건 범위,조건,합계 범위)	지정한 조건을 충족하는 조건 범위 값의 합계를 구함
SUMIFS(합계 범위,범위1,조건1,범위2,조건2,…)	여러 조건을 충족하는 인수를 찾아 합계 범위 값들의 합계를 구함
SUMPRODUCT(배열1,배열2,…)	해당 배열의 대응하는 요소끼리 곱한 값의 합계를 구함
TRUNC(인수,자릿수)	인수의 자릿수 미만 숫자를 버린 정수를 구함

작업 파일명 C:\에듀윌_2026컴활1급실기\그대로따라하기\스프레드시트실무\02.계산작업\실습\02_수학삼각함수.xlsx

출제패턴 ❶

'수학삼각함수-1' 시트에서 다음 과정을 수행하시오.

1 [표1]의 '최저숫자'와 '최고숫자'를 이용하여 두 수 사이의 난수의 제곱[D2:D9]을 표시하시오.
  ▶ RAND, RANDBETWEEN 함수 중 알맞은 함수를 선택하여 사용

2 [표2]의 '숫자'와 '지수'를 이용하여 숫자의 지수 승을 구한 뒤 제곱근으로 변환하시오.
  ▶ POWER, SQRT 함수 사용

3 [표3]에서 '예상수령액'과 '실환급액'의 차이를 절대값으로 계산한 후 1000 미만은 버린 오차금액[D24:D32]을 표시하시오.
  ▶ ABS, INT 함수 사용

읽는 강의

풀이법을 알면 시간이 단축된다!
[표1] 난수제곱의 결과는 매번 다르게 표시된다.

▼ 결과 화면

	A	B	C	D
1	[표1]	최저숫자	최고숫자	난수제곱
2		1	5	1
3		1	5	25
4		6	10	64
5		6	10	64
6		11	15	196
7		11	15	121
8		15	20	361
9		15	20	225
10				
11				
12	[표2]	숫자	지수	값
13		2	3	3
14		3	2	3
15		5	3	11
16		10	4	100
17		12	2	12
18		4	6	64
19		8	3	23
20		20	3	89
21		30	4	900
22				
23	[표3]	예상수령액	실환급액	오차금액
24		783,575	656,362	127,000
25		487,341	737,310	249,000
26		599,949	452,336	147,000
27		450,599	704,067	253,000
28		648,450	620,512	27,000
29		440,602	415,944	24,000
30		496,021	612,669	116,000
31		679,035	648,066	30,000
32		539,314	470,970	68,000

4 [표4]의 '중간고사'와 '기말고사'를 이용하여 점수[J2:J10]를 계산하시오.
  ▶ 점수는 '중간고사'와 '기말고사'에 각각 가중치를 적용해서 가중합계를 구한 뒤 정수로만 표시하시오.
  ▶ SUMPRODUCT, TRUNC 함수 사용

5 [표5]에서 판매자가 '정수현'인 실적의 합계를 계산하여 [M21] 셀에 표시하시오.
  ▶ 조건은 [표5]의 [L20:L21] 영역 참조
  ▶ 실적 합계는 백의 자리에서 내림하여 천의 자리로 표시 [표시 예: 1,231,600 → 1,231,000]
  ▶ ROUNDDOWN, SUMIF 함수 사용

▼ 결과 화면

	F	G	H	I	J	K	L	M
1	[표4]	성명	중간고사	기말고사	점수			
2		이동훈	75	100	92			
3		유은지	83	86	85			
4		윤병훈	82	83	82			
5		문혜영	87	95	92			
6		김지은	78	75	75			
7		부현경	88	83	84			
8		현윤진	77	82	80		가중치	
9		윌리엄	99	87	90		중간고사	기말고사
10		김남규	90	100	97		30%	70%
11								
12	[표5]	판매일자	판매자	판매제품	실적			
13		1/27	정민기	컴퓨터	1,524,400			
14		1/28	정수현	컴퓨터	1,347,700			
15		1/29	차진솔	문구	71,300			
16		1/30	문형찬	도서	18,800			
17		2/1	정수현	도서	29,400			
18		2/2	문형찬	문구	22,700			
19		2/3	정수현	도서	55,500			
20		2/4	차진솔	컴퓨터	528,200		판매자	실적 합계
21		2/5	정수현	문구	35,400		정수현	1,468,000

그대로 따라하기

1 최저숫자와 최고숫자 사이의 난수의 제곱[D2:D9] 표시하기

[D2] 셀 선택 → 수식 입력줄에 =RANDBETWEEN(B2,C2)^2를 입력한 후 Enter 를 누름 → [D2] 셀의 자동 채우기 핸들을 [D9] 셀까지 드래그하여 함수식을 복사한다.

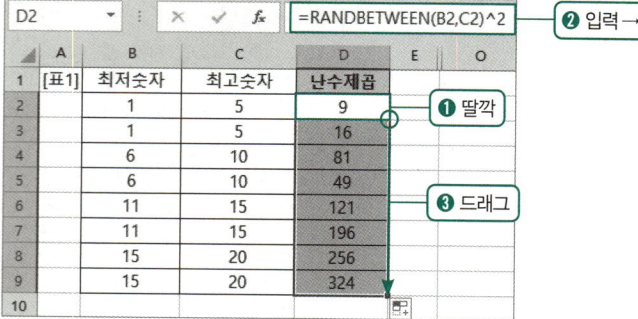

❶ RANDBETWEEN(B2,C2): [B2] 셀 값과 [C2] 셀 값 사이의 임의의 수를 반환한다.
❷ ❶^2: ❶의 거듭제곱을 반환한다.

> **읽는 강의**
>
> **풀이법을 알면 시간이 단축된다!**
> ^는 거듭제곱을 나타내는 연산자이다.

개념 더하기 ⊕ [함수 마법사] 대화상자에서 함수식 입력하기

① 함수식을 입력할 셀을 선택 → [함수 삽입](f_x)을 클릭한다.

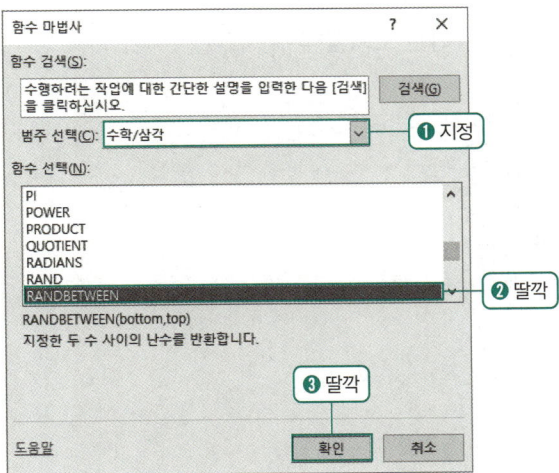

② [함수 마법사] 대화상자가 나타나면 '범주 선택'에서 사용할 함수의 범주를 선택 → '함수 선택'에서 사용할 함수 선택 → [확인] 단추를 클릭한다.

③ [함수 인수] 대화상자가 나타나면 각 인수에 해당하는 셀 또는 영역, 값, 조건 등을 지정 → [확인] 단추를 클릭한다.

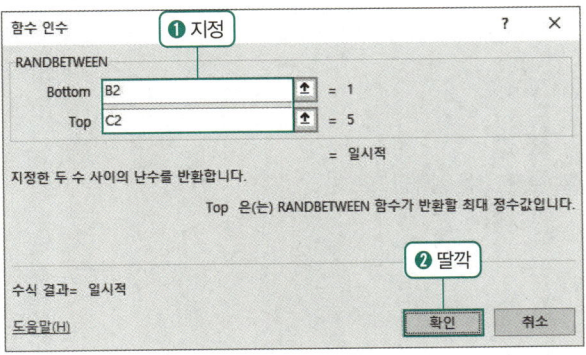

2 값[D13:D21]에 숫자의 지수 승을 구한 뒤 제곱근 표시하기

[D13] 셀 선택 → 수식 입력줄에 =SQRT(POWER(B13,C13))을 입력한 후 Enter를 누름 → [D13] 셀의 자동 채우기 핸들을 [D21] 셀까지 드래그하여 함수식을 복사한다.

> **읽는 강의**
>
> **풀이법을 알면 시간이 단축된다!**
> =POWER(2,3)은 2^3이므로 '8'을 반환한다.

```
=SQRT(POWER(B13,C13))
         ①
    ②
```

❶ POWER(B13,C13): [B13] 셀의 값(숫자)을 [C13] 셀 값(지수)만큼 거듭제곱한 값을 반환한다.
❷ SQRT(❶): ❶의 제곱근을 구한다.

3 예상수령액과 실환급액의 차이를 절대값으로 구한 후 1000 미만은 버린 오차금액 [D24:D32] 표시하기

[D24] 셀 선택 → 수식 입력줄에 =INT(ABS(B24-C24)/1000)*1000을 입력한 후 Enter를 누름 → [D24] 셀의 자동 채우기 핸들을 [D32] 셀까지 드래그하여 함수식을 복사한다.

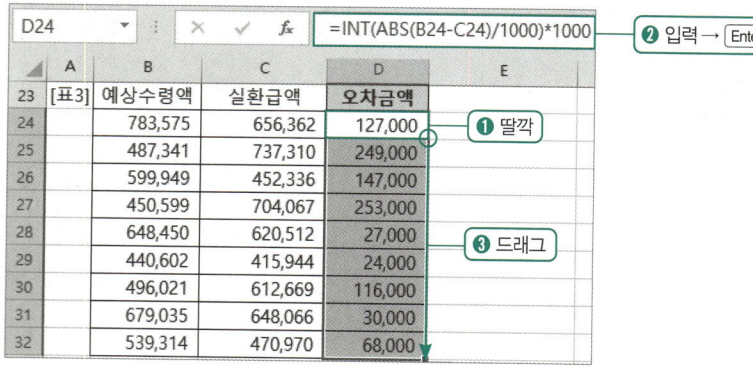

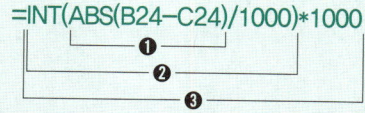

❶ ABS(B24-C24): [B24] 셀의 값(예상수령액)에서 [C24] 셀 값(실환급액)을 뺀 값을 절대값으로 반환한다.
❷ INT(❶/1000): ❶의 값을 1000으로 나눈 후 정수를 만든다.
❸ ❷*1000: ❷에 1000을 곱하면 원래값의 1000 미만은 버리기가 된다.

4 점수[J2:J10]에 중간고사와 기말고사별 가중치 합을 정수로 표시하기

[J2] 셀 선택 → 수식 입력줄에 =TRUNC(SUMPRODUCT($L$10:$M$10,H2:I2))를 입력한 후 Enter 를 누름 → [J2] 셀의 자동 채우기 핸들을 [J10] 셀까지 드래그하여 함수식을 복사한다.

> **읽는 강의**

=TRUNC(SUMPRODUCT($L$10:$M$10,H2:I2))
                    ❶
              ❷

❶ SUMPRODUCT($L$10:$M$10,H2:I2): [L10:M10] 영역(가중치)과 [H2:I2] 영역(중간고사와 기말고사)에서 대응하는 요소끼리 곱하고 그 곱의 합계를 반환한다. 즉, (L10*H2+M10*I2), (L10*H3+M10*I3), (L10*H4+M10*I4),…가 된다.

❷ TRUNC(❶): 정수를 반환한다.

> **실수가 줄어들면 합격은 빨라진다!**
> [L10:M10] 영역은 함수식을 복사해도 주소가 변경되지 않도록 절대 참조로 지정한다.

5 '정수현' 판매자의 실적합계[M21] 표시하기

[M21] 셀 선택 → 수식 입력줄에 =ROUNDDOWN(SUMIF(H13:H21,L21,J13:J21),-3)을 입력한 후 Enter 를 누른다.

=ROUNDDOWN(SUMIF(H13:H21,L21,J13:J21),-3)
                    ❶
              ❷

❶ SUMIF(H13:H21,L21,J13:J21): [H13:H21] 영역(판매자)에서 [L21] 셀(정수현)에 해당하는 [J13:J21] 영역(실적)의 합계를 반환한다.

❷ ROUNDDOWN(❶,-3): ❶(정수현의 실적 합계)을 백의 자리에서 내림하여 천의 자리로 반환한다.

> **실수가 줄어들면 합격은 빨라진다!**
> SUMIF 함수의 조건으로 설정한 [L21] 셀의 값은 '정수현'이다. 만약 별도의 조건을 제시하지 않았다면 함수식에 L21 대신 **"정수현"**을 입력해야 한다.

개념 더하기 ⊕ ROUND/ROUNDDOWN/ROUNDUP 함수

ROUND/ROUNDDOWN/ROUNDUP 함수는 '숫자'를 두 번째 인수에서 지정한 '자릿수'로 반올림/내림/올림하여 반환한다.

- **자릿수가 음수**

두 번째 인수	결과
-1	'숫자'를 일의 자리에서 반올림/내림/올림하여 십의 자리로 반환
-2	'숫자'를 십의 자리에서 반올림/내림/올림하여 백의 자리로 반환
⋮	⋮

[예시] =ROUNDUP(123.67,-1) → 130(일의 자리에서 올림하여 십의 자리로 반환)

- **자릿수가 0**

두 번째 인수	결과
0	'숫자'를 소수점 이하의 숫자를 반올림/내림/올림하여 정수로 반환

[예시] =ROUNDDOWN(123.67,0) → 123(소수점 이하의 숫자를 내림하여 정수로 반환)

- **자릿수가 양수**

두 번째 인수	결과
1	'숫자'를 소수점 이하 둘째 자리에서 반올림/내림/올림하여 소수점 첫째 자리까지 반환
2	'숫자'를 소수점 이하 셋째 자리에서 반올림/내림/올림하여 소수점 둘째 자리까지 반환
⋮	⋮

[예시] =ROUND(123.67,1) → 123.7(소수점 이하 둘째 자리에서 반올림하여 소수점 첫째 자리까지 반환)

출제패턴 ❷

'수학삼각함수-2' 시트에서 다음 과정을 수행하시오.

1 [표1]에서 '총납부액'을 '월납부액'으로 나눠 납부기간과 잔여금을 구하여 납부기간(잔여금)[G2:G11]에 표시하시오.
- ▶ 납부기간과 잔여금 표시 방법: 납부기간이 17, 잔여금이 40000 → 17개월(40000원)
- ▶ INT, MOD 함수와 & 연산자 사용

2 [표2]에서 '연차'와 '월지급액'을 이용하여 보너스[F15:F21]를 계산하시오.
- ▶ 보너스=√연차 × 월지급액
- ▶ 보너스는 소수점 이하는 버리고 정수로 표시
- ▶ TRUNC, SQRT 함수 사용

> **읽는 강의**
>
> **출제패턴을 알면 시험이 쉬워진다!**
> 실제 시험장에서는 여러 개의 함수를 중첩하여 사용해야 하는 문제가 출제되는데, 이와 같은 함수의 형태를 한 번에 작성하는 것은 쉬운 일이 아니다. 따라서 각 입력 함수 해설의 ❶, ❷, …의 순서대로 학습하면서 이해하는 것이 학습 노하우이다.

▼ 결과 화면

	A	B	C	D	E	F	G	H
1	[표1]	고객명	제품	판매지점	월납부액	총납부액	납부기간(잔여금)	
2		서유림	노트북	서울	60,000	1,240,000	20개월(40000원)	
3		정유지	스마트폰	부산	50,000	870,000	17개월(20000원)	
4		정혜빈	세탁기	대구	80,000	1,810,000	22개월(50000원)	
5		황인진	냉장고	광주	90,000	2,490,000	27개월(60000원)	
6		양나람	노트북	서울	50,000	1,440,000	28개월(40000원)	
7		김기영	냉장고	부산	130,000	3,560,000	27개월(50000원)	
8		김혜성	세탁기	대구	70,000	1,520,000	21개월(50000원)	
9		김유환	스마트폰	광주	80,000	940,000	11개월(60000원)	
10		유승우	냉장고	인천	110,000	2,780,000	25개월(30000원)	
11		이승원	세탁기	대전	90,000	1,840,000	20개월(40000원)	
12								
13								
14	[표2]	사원명	연차	부서	월지급액	보너스		
15		배율이	7	총무팀	5,400,000	14,287,057		
16		이하린	6	인사팀	4,700,000	11,512,601		
17		최민용	2	총무팀	2,400,000	3,394,112		
18		박상현	5	회계팀	3,800,000	8,497,058		
19		조영재	3	인사팀	2,800,000	4,849,742		
20		강호영	8	회계팀	6,100,000	17,253,405		
21		배하준	4	총무팀	3,200,000	6,400,000		
22								

3 [표3]의 '입학일자'와 '졸업일자'를 이용하여 재학기간[O2:O11]을 계산하시오.
  ▶ 1년은 365일, 한 달은 30일을 기준으로 하여 계산
  ▶ [표시 예: 입학일자가 '2020-03-02'이고 졸업일자가 '2024-02-10'인 경우 '3년 11개월'로 표시]
  ▶ QUOTIENT, MOD 함수와 & 연산자 사용

4 [표4]에서 '구분'이 '경영학'이면서 '판매권수'가 15,000 이상인 '정가'의 합계를 계산하여 [N23] 셀에 표시하시오.
  ▶ 숫자 뒤에 '원'을 표시 [표시 예: 24000원]
  ▶ SUMIF, SUMIFS 함수 중 알맞은 함수와 & 연산자 사용

▼ 결과 화면

	I	J	K	L	M	N	O
1	[표3]	학과명	성명	학번	입학일자	졸업일자	재학기간
2		빅데이터분석과	김진영	kor-01050	2020-03-02	2024-02-10	3년 11개월
3		SNS분석과	육진수	kor-13251	2018-09-01	2023-08-10	4년 11개월
4		로봇공학과	박소희	kor-12104	2020-03-02	2024-02-10	3년 11개월
5		스마트IT과	이재찬	kor-12754	2017-03-02	2023-08-10	6년 5개월
6		경영학과	김선미	kor-01842	2020-03-02	2024-02-10	3년 11개월
7		비서경영과	이성진	kor-13651	2018-09-01	2024-02-10	5년 5개월
8		게임학과	최진원	kor-17830	2017-03-02	2023-08-10	6년 5개월
9		소프트웨어	정호상	kor-13759	2020-03-02	2024-02-10	3년 11개월
10		전자공학과	이원기	kor-12635	2018-09-01	2024-02-10	5년 5개월
11		경영정보학과	장민수	kor-14320	2020-03-02	2024-02-10	3년 11개월
12							
13							
14	[표4]	도서명	구분	출판사	판매권수	정가	
15		컴퓨터활용능력	수험서	에듀윌	32,500	18,000	
16		한국인이 말한다	인문학	에듀윌	24,600	15,700	
17		마음을 다스리는법	인문학	에듀윌	14,700	16,200	
18		DIY 경영	경영학	에듀윌	21,300	15,300	
19		일하는 즐거움	경영학	에듀윌	12,600	14,400	
20		워드프로세서	수험서	에듀윌	25,700	15,000	
21		메타버스	경영학	에듀윌	23,400	15,300	
22		권력의 의미	경영학	에듀윌	13,700	16,900	
23		경영학이면서 판매권수가 15000 이상인 정가의 합계				30600원	
24							

그대로 따라하기

1 총납부액을 월납부액으로 나눠 납부기간(잔여금)[G2:G11] 표시하기

[G2] 셀 선택 → 수식 입력줄에 =INT(F2/E2)&"개월("&MOD(F2,E2)&"원")을 입력한 후 Enter를 누름 → [G2] 셀의 자동 채우기 핸들을 [G11] 셀까지 드래그하여 함수식을 복사한다.

	A	B	C	D	E	F	G	H
1	[표1]	고객명	제품	판매지점	월납부액	총납부액	납부기간(잔여금)	
2		서유림	노트북	서울	60,000	1,240,000	20개월(40000원)	
3		정유지	스마트폰	부산	50,000	870,000	17개월(20000원)	
4		정혜빈	세탁기	대구	80,000	1,810,000	22개월(50000원)	
5		황인진	냉장고	광주	90,000	2,490,000	27개월(60000원)	
6		양나람	노트북	서울	50,000	1,440,000	28개월(40000원)	
7		김기영	냉장고	부산	130,000	3,560,000	27개월(20000원)	
8		김혜성	세탁기	대구	70,000	1,520,000	21개월(50000원)	
9		김유환	스마트폰	광주	80,000	940,000	11개월(60000원)	
10		유승우	냉장고	인천	110,000	2,780,000	25개월(30000원)	
11		이승원	세탁기	대전	90,000	1,840,000	20개월(40000원)	

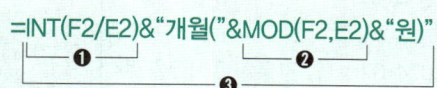
=INT(F2/E2)&"개월("&MOD(F2,E2)&"원")
❶ ❷ ❸

❶ INT(F2/E2): [F2] 셀 값(총납부액)을 [E2] 셀 값(월납부액)으로 나눈 값보다 크지 않은 가장 가까운 정수(납부기간)를 반환한다.
❷ MOD(F2,E2): [F2] 셀 값(총납부액)을 [E2] 셀 값(월납부액)으로 나눈 나머지(잔여금)를 반환한다.
❸ ❶&"개월("&❷&"원": 문자열 결합 연산자(&)에 의해 ❶(납부기간), '개월(', ❷(잔여금), '원')을 모두 연결하여 표시한다.

2 연차와 월지급액을 이용하여 보너스[F15:F21] 계산하기

[F15] 셀 선택 → 수식 입력줄에 =TRUNC(SQRT(C15)*E15)를 입력한 후 Enter를 누름 → [F15] 셀의 자동 채우기 핸들을 [F21] 셀까지 드래그하여 함수식을 복사한다.

	A	B	C	D	E	F
14	[표2]	사원명	연차	부서	월지급액	보너스
15		배율이	7	총무팀	5,400,000	14,287,057
16		이하린	6	인사팀	4,700,000	11,512,601
17		최민용	2	총무팀	2,400,000	3,394,112
18		박상현	5	회계팀	3,800,000	8,497,058
19		조영재	3	인사팀	2,800,000	4,849,742
20		강호영	8	회계팀	6,100,000	17,253,405
21		배하준	4	총무팀	3,200,000	6,400,000

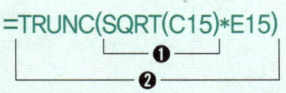

❶ SQRT(C15): [C15] 셀 값(연차)의 양의 제곱근을 반환한다.
❷ TRUNC(❶*E15): ❶($\sqrt{연차}$)과 [E15] 셀 값(월지급액)을 곱한 값(보너스)에서 지정한 자릿수를 버려야 하는데, 지정한 자릿수가 없으므로 소수점 이하의 숫자를 버리고 정수로 반환한다.

3 입학일자와 졸업일자를 이용하여 재학기간[O2:O11] 계산하기

[O2] 셀 선택 → 수식 입력줄에 =QUOTIENT(N2−M2,365)&"년 "&QUOTIENT(MOD(N2−M2,365),30)&"개월"을 입력한 후 Enter 를 누름 → [O2] 셀의 자동 채우기 핸들을 [O11] 셀까지 드래그하여 함수식을 복사한다.

❶ QUOTIENT(N2-M2,365): [N2] 셀 날짜(졸업일자)에서 [M2] 셀 날짜(입학일자)를 뺀 값을 365로 나눈 몫(재학기간의 연수)으로 반환한다.
❷ MOD(N2-M2,365): [N2] 셀 날짜(졸업일자)에서 [M2] 셀 날짜(입학일자)를 뺀 값을 365로 나눈 나머지(재학기간에서 연수를 뺀 기간)로 반환한다.
❸ QUOTIENT(❷,30): ❷(재학기간에서 연수를 뺀 기간)를 30으로 나눈 몫(재학기간의 개월 수)으로 반환한다.
❹ ❶&"년 "&❸&"개월": 문자열 결합 연산자(&)에 의해 ❶(재학기간의 연수), '년', ❸(재학기간의 개월 수), '개월'을 모두 연결하여 표시한다.

> **읽는 강의**
>
> **실수가 줄어들면 합격은 빨라진다!**
> '년' 뒤에 띄어쓰기가 되어있으므로 함수식을 입력할 때 공백을 주의하여 입력해야 한다.

4 경영학이면서 판매권수가 15,000 이상인 정가의 합계[N23] 표시하기

[N23] 셀 선택 → 수식 입력줄에 =SUMIFS(N15:N22,K15:K22,"경영학",M15:M22,">=15000")&"원"을 입력한 후 Enter를 누른다.

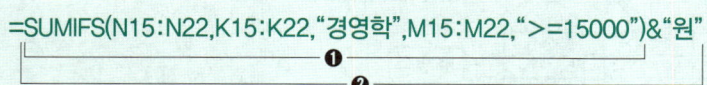

	I	J	K	L	M	N	O	P
14	[표4]	도서명	구분	출판사	판매권수	정가	❷ 입력 → Enter	
15		컴퓨터활용능력	수험서	에듀윌	32,500	18,000		
16		한국인이 말한다	인문학	에듀윌	24,600	15,700		
17		마음을 다스리는법	인문학	에듀윌	14,700	16,200		
18		DIY 경영	경영학	에듀윌	21,300	15,300		
19		일하는 즐거움	경영학	에듀윌	12,600	14,400		
20		워드프로세서	수험서	에듀윌	25,700	15,000		
21		메타버스	경영학	에듀윌	23,400	15,300		
22		권력의 의미	경영학	에듀윌	13,700	16,900		
23		경영학이면서 판매권수가 15000 이상인 정가의 합계				30600원	❶ 딸깍	
24								

=SUMIFS(N15:N22,K15:K22,"경영학",M15:M22,">=15000")&"원"
　　　　　　　　　　❶
　　　　　　　❷

❶ SUMIFS(N15:N22,K15:K22,"경영학",M15:M22,">=15000"): [K15:K22] 영역(구분)에서 '경영학'이고 [M15:M22] 영역(판매권수)에서 15,000 이상에 해당하는 [N15:N22] 영역(정가)의 합계를 반환한다.

❷ ❶&"원": 문자열 결합 연산자(&)에 의해 ❶(경영학이면서 판매권수가 15000 이상인 정가의 합계)과 '원'을 연결하여 표시한다.

읽는 강의

풀이법을 알면 시간이 단축된다!
SUMIF 함수는 한 개의 조건에 만족하는 셀의 합계를 구하고, SUMIFS 함수는 여러 개의 조건에 만족하는 셀의 합계를 구한다. 이들 두 함수는 인수의 순서에도 차이가 있다. SUMIF 함수는 조건이 한 개로 고정되어 있으므로 합계 범위(범위,조건,합계 범위)가 가장 마지막에 위치하지만, SUMIFS 함수는 여러 개의 조건을 설정해야 하므로 합계 범위(합계 범위,범위1,조건1,범위2,조건2,…)가 가장 먼저 위치한다. 이는 AVERAGEIF 함수와 AVERAGEIFS 함수에도 동일하게 적용된다.

실수가 줄어들면 합격은 빨라진다!
문자열 외에 조건식도 큰따옴표로 작성해야 한다.

계산 작업

03 통계 함수

① **개념**: 통계적 계산을 수행하는 함수들로서 평균, 개수, 표준편차, 중앙값 등을 계산하는 함수
② **종류**

함수	설명
AVERAGE(인수1,인수2,…)	인수들의 평균을 구함
AVERAGEA(인수1,인수2,…)	인수 목록에 있는 값의 평균을 구함(숫자가 아닌 셀도 인수로 사용)
AVERAGEIF(조건 범위,조건,평균 범위)	조건 범위에서 조건을 만족하는 모든 셀의 평균을 구함
AVERAGEIFS(평균 범위,범위1,조건1,범위2,조건2,…)	여러 범위에서 해당 조건을 충족하는 모든 셀의 평균을 구함
COUNT(인수1,인수2,…)	인수 중에서 숫자 셀의 개수를 구함
COUNTA(인수1,인수2,…)	인수 중에서 비어 있지 않은 셀의 개수를 구함
COUNTBLANK(범위)	범위에서 공백 셀의 개수를 구함
COUNTIF(범위,조건)	범위에서 조건을 충족하는 셀의 개수를 구함
COUNTIFS(범위1,조건1,범위2,조건2,…)	여러 범위에서 해당 조건이 충족되는 셀의 개수를 구함
FREQUENCY(배열1,배열2)	배열2 범위에 대한 배열1 인수의 빈도수를 구함
GEOMEAN(인수1,인수2,…)	인수들의 기하평균을 구함
HARMEAN(인수1,인수2,…)	인수들의 조화평균을 구함
LARGE(범위,n)	범위에서 n번째로 큰 값을 구함
SMALL(범위,n)	범위에서 n번째로 작은 값을 구함
MAX(인수1,인수2,…)	인수 중에서 최대값을 구함
MAXA(인수1,인수2,…)	인수 중에서 최대값을 구함(논리값, 텍스트 등도 포함)
MEDIAN(인수1,인수2,…)	인수들의 중간값을 구함
MIN(인수1,인수2,…)	인수 중에서 최소값을 구함
MINA(인수1,인수2,…)	인수 중에서 최소값을 구함(논리값, 텍스트 등도 포함)
MODE.SNGL(인수1,인수2,…)	인수 중 빈도가 가장 높은 값을 구함
PERCENTILE.INC(범위,인수)	범위에서 인수 번째의 백분위수를 구함

RANK.EQ(인수,범위,옵션)	• 범위에서 인수의 순위를 구함
	• 옵션
	  − 0 또는 생략: 내림차순
	  − 0 이외의 값: 오름차순

STDEV.S(인수1,인수2,…)	인수들의 표준편차를 구함
VAR.S(인수1,인수2,…)	인수들의 분산을 구함

▶ **작업 파일명** C:\에듀윌_2026컴활1급실기\그대로따라하기\스프레드시트실무\02.계산작업\실습\03_통계함수.xlsx

출제패턴 ❶

'통계함수-1' 시트에서 다음 과정을 수행하시오.

1 [표1]에서 '부서명'이 '영업1부'이면서 '담당지역'이 '서울'인 직원수를 계산하여 [E11] 셀에 표시하시오.
- 숫자 뒤에 '명'을 표시 [표시 예: 2명]
- COUNT, COUNTIF, COUNTIFS 함수 중 알맞은 함수와 & 연산자 사용

2 [표2]의 '구매자수' 중 두 번째로 많은 구매자수와 두 번째로 적은 구매자수의 차이를 [E21] 셀에 표시하시오.
- 차이 = 두 번째로 많은 구매자수 - 두 번째로 적은 구매자수
- LARGE, MAX, SMALL, MIN 함수 중 알맞은 함수를 선택하여 사용

3 [표3]에서 '렌트비'를 기준으로 순위를 구하여 비용순위[E24:E33]에 표시하시오.
- 순위는 렌트비가 가장 높은 차량이 1위
- RANK.EQ 함수 사용

▼ 결과 화면

	A	B	C	D	E
1	[표1]	성명	부서명	직위	담당지역
2		이해룡	영업1부	부장	대구
3		손순철	영업1부	사장	서울
4		성중안	영업2부	과장	광주
5		김영일	영업3부	부장	부산
6		김성진	영업1부	대리	서울
7		최성은	영업1부	과장	부산
8		홍바다	영업2부	부사장	대구
9		노석환	영업1부	대리	서울
10		이상대	영업3부	과장	광주
11		영업1부의 서울 지역 직원수			3명
12					
13	[표2]	지점	코드명	화장품명	구매자수
14		강남	P-1	스킨케어	169
15		은평	P-2	썬크림	229
16		성북	P-3	수분크림	273
17		서초	P-4	스킨로션	206
18		노원	P-5	만능크림	164
19		성북	P-6	포밍워시	205
20		은평	P-7	클렌징폼	162
21		두 번째로 많은 구매자수와 적은 구매자수 차이			65
22					
23	[표3]	코드명	차량명	렌트비	비용순위
24		P-1	엑센트	50,000	10
25		P-2	소나타	85,000	8
26		P-3	K7	130,000	5
27		P-4	그랜저	135,000	4
28		P-5	아반떼	60,000	9
29		P-6	벤츠220	140,000	3
30		P-7	K5	90,000	7
31		P-8	튜싼	100,000	6
32		P-9	BMW	250,000	1
33		P-10	제네시스	230,000	2

4 [표4]에서 '제조사'가 '광명'인 제품의 판매가격 평균을 계산하여 [L10] 셀에 표시하시오.
- SUMIF, COUNTIF 함수 사용

5 [표5]에서 '매장'이 '강남점'이면서 '의류명'이 '스포츠의류'인 판매량의 평균을 계산하여 [L21] 셀에 표시하시오.
- AVERAGE, AVERAGEIF, AVERAGEIFS 함수 중 알맞은 함수를 선택하여 사용

6 [표6]에서 '제품'별로 1차~4차 판매(○) 횟수를 계산하여 판매횟수[M24:M33] 영역에 표시하시오.
- 숫자 뒤에 '회판매'를 표시 [표시 예: 2회판매]
- COUNT, COUNTA 함수 중 알맞은 함수와 & 연산자 사용

▼ 결과 화면

	G	H	I	J	K	L	M	N
1	[표4]	가전제품명	제조국가	제조사	생산량	판매가격		
2		의류건조기	베트남	엘리사	300	2,800,000		
3		냉장고	한국	광명	600	1,575,000		
4		텔레비전	한국	광명	200	1,250,000		
5		전자레인지	중국	판사이	700	270,000		
6		컴퓨터	필리핀	비룡	400	1,700,000		
7		김치냉장고	중국	판사이	900	2,300,000		
8		식기세척기	한국	광명	800	1,200,000		
9		인덕션	필리핀	비룡	700	260,000		
10		광명 제품의 판매가격 평균				1,341,667		
11								
12								
13	[표5]	코드명	매장	의류명	판매량			
14		P-1	강남점	남성정장	80			
15		P-2	강북점	여성정장	90			
16		P-3	강남점	스포츠의류	60			
17		P-4	강북점	남성정장	120			
18		P-5	강서점	여성정장	100			
19		P-6	강북점	스포츠의류	80			
20		P-7	강남점	스포츠의류	90	강남점 스포츠의류 판매량 평균		
21		P-8	강서점	남성정장	140	75		
22								
23	[표6]	제품	1차판매	2차판매	3차판매	4차판매	판매횟수	
24		셔츠	○		○	○	3회판매	
25		청바지	○	○	○	○	4회판매	
26		원피스	○	○		○	3회판매	
27		가디건		○			1회판매	
28		코트			○	○	2회판매	
29		패딩	○	○		○	3회판매	
30		반팔티		○		○	2회판매	
31		후드티	○		○		2회판매	
32		맨투맨	○	○	○		3회판매	
33		청자켓		○	○	○	3회판매	

그대로 따라하기

1 영업1부이면서 서울 지역 직원수[E11] 표시하기

[E11] 셀 선택 → 수식 입력줄에 =COUNTIFS(C2:C10,"영업1부",E2:E10,"서울")&"명"을 입력한 후 Enter를 누른다.

	A	B	C	D	E	F	O
1	[표1]	성명	부서명	직위	담당지역		
2		이해룡	영업1부	부장	대구		
3		손순철	영업1부	사장	서울		
4		성중안	영업2부	과장	광주		
5		김영일	영업3부	부장	부산		
6		김성진	영업1부	대리	서울		
7		최성은	영업1부	과장	부산		
8		홍바다	영업2부	부사장	대구		
9		노석환	영업1부	대리	서울		
10		이상대	영업3부	과장	광주		
11		영업1부의 서울 지역 직원수			3명		

=COUNTIFS(C2:C10,"영업1부",E2:E10,"서울")&"명"

❶ COUNTIFS(C2:C10,"영업1부",E2:E10,"서울"): [C2:C10] 영역(부서명)에서 '영업1부'이고 [E2:E10] 영역(담당지역)에서 '서울'에 해당하는 셀의 개수(직원수)를 반환한다. 즉, 조건을 만족하는 경우의 개수(영업1부이면서 서울 지역 직원수)를 반환한다.

❷ ❶&"명": 문자열 결합 연산자(&)에 의해 ❶(영업1부이면서 서울 지역 직원수)과 '명'을 연결하여 표시한다.

2 두 번째로 많은 구매자수와 두 번째로 적은 구매자수 차이[E21] 표시하기

[E21] 셀 선택 → 수식 입력줄에 =LARGE(E14:E20,2)-SMALL(E14:E20,2)를 입력한 후 Enter를 누른다.

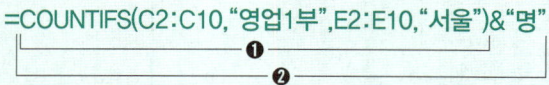

	A	B	C	D	E	F
13	[표2]	지점	코드명	화장품명	구매자수	
14		강남	P-1	스킨케어	169	
15		은평	P-2	썬크림	229	
16		성북	P-3	수분크림	273	
17		서초	P-4	스킨로션	206	
18		노원	P-5	만능크림	164	
19		성북	P-6	포밍워시	205	
20		은평	P-7	클렌징품	162	
21		두 번째로 많은 구매자수와 적은 구매자수 차이			65	

=LARGE(E14:E20,2)-SMALL(E14:E20,2)

❶ LARGE(E14:E20,2): [E14:E20] 영역(구매자수)에서 두 번째로 큰 값(229)을 반환한다.
❷ SMALL(E14:E20,2): [E14:E20] 영역(구매자수)에서 두 번째로 작은 값(164)을 반환한다.
❸ ❶-❷: ❶(두 번째로 많은 구매자수)에서 ❷(두 번째로 적은 구매자수)를 뺀 값(차이)을 표시한다.

실수가 줄어들면 합격은 빨라진다!

LARGE 함수와 MAX 함수는 혼동하기 쉬운데, LARGE는 '크다'로, MAX는 '최대'로 기억하는 것이 좋다. 이와 마찬가지로 SMALL 함수는 '작다'로, MIN 함수는 '최소'로 기억한다.

3 렌트비 비용순위[E24:E33] 표시하기

[E24] 셀 선택 → 수식 입력줄에 =RANK.EQ(D24,$D$24:$D$33)을 입력한 후 Enter 를 누름
→ [E24] 셀의 자동 채우기 핸들을 [E33] 셀까지 드래그하여 함수식을 복사한다.

	A	B	C	D	E
23	[표3]	코드명	차량명	렌트비	비용순위
24		P-1	엑센트	50,000	10
25		P-2	소나타	85,000	8
26		P-3	K7	130,000	5
27		P-4	그랜저	135,000	4
28		P-5	아반떼	60,000	9
29		P-6	벤츠220	140,000	3
30		P-7	K5	90,000	7
31		P-8	튜싼	100,000	6
32		P-9	BMW	250,000	1
33		P-10	제네시스	230,000	2

=RANK.EQ(D24,$D$24:$D$33)

[D24:D33] 영역(렌트비)에서 [D24] 셀(렌트비)의 순위(순위가 같으면 가장 높은 순위)를 내림차순(세 번째 인수를 생략)으로 반환한다.
([D24:D33] 영역은 함수식을 복사해도 주소가 변경되지 않도록 절대 참조로 지정)

읽는 강의

실수가 줄어들면 합격은 빨라진다!
- RANK.EQ 함수는 대부분 자동 채우기 핸들(+)을 사용하기 때문에 두 번째 인수에 해당하는 범위는 항상 절대 참조로 지정해야 한다.
- RANK.EQ 함수의 세 번째 인수는 순위를 정할 방법을 지정하는 수이다. 0이나 생략하면 내림차순으로, 0이 아닌 값을 지정하면 오름차순으로 순위가 정해진다.

4 광명 제품의 판매가격 평균[L10] 표시하기

[L10] 셀 선택 → 수식 입력줄에 =SUMIF(J2:J9,"광명",L2:L9)/COUNTIF(J2:J9,"광명")을 입력한 후 Enter 를 누른다.

	G	H	I	J	K	L	M
1	[표4]	가전제품명	제조국가	제조사	생산량	판매가격	
2		의류건조기	베트남	엘리사	300	2,800,000	
3		냉장고	한국	광명	600	1,575,000	
4		텔레비전	한국	광명	200	1,250,000	
5		전자레인지	중국	판사이	700	270,000	
6		컴퓨터	필리핀	비룡	400	1,700,000	
7		김치냉장고	중국	판사이	900	2,300,000	
8		식기세척기	한국	광명	800	1,200,000	
9		인덕션	필리핀	비룡	700	260,000	
10		광명 제품의 판매가격 평균				1,341,667	

=SUMIF(J2:J9,"광명",L2:L9)/COUNTIF(J2:J9,"광명")
❶ ❷ ❸

❶ SUMIF(J2:J9,"광명",L2:L9): [J2:J9] 영역(제조사)에서 '광명'에 해당하는 [L2:L9] 영역(판매가격)의 합계를 반환한다.
❷ COUNTIF(J2:J9,"광명"): [J2:J9] 영역(제조사)에서 '광명'인 셀의 개수를 반환한다.
❸ ❶/❷: ❶('광명' 판매가격의 합계)을 ❷('광명'인 셀의 개수)로 나눈 값('광명' 판매가격의 평균)을 표시한다.

실수가 줄어들면 합격은 빨라진다!
판매가격의 평균은 AVERAGEIF 함수를 사용하여 계산할 수 있지만, 문제에서 SUMIF 함수와 COUNTIF 함수를 사용하라는 지시사항이 제시되었으므로 SUMIF(합계)/COUNTIF(개수)를 사용하여 계산해야 한다.

실수가 줄어들면 합격은 빨라진다!
SUMIF 함수와 AVERAGEIF 함수는 지정 범위에서 조건에 만족하는 합계/평균을 반환하는 함수이므로 세 개의 인수(범위, 조건, 합계/평균 범위)가 필요하다. 하지만 COUNTIF 함수는 지정 범위에서 조건을 만족하는 셀의 개수를 반환하므로 두 개의 인수(범위, 조건)만 필요하다.

5 강남점 스포츠의류의 판매량 평균[L21] 표시하기

[L21] 셀 선택 → 수식 입력줄에 =AVERAGEIFS(K14:K21,I14:I21,"강남점",J14:J21,"스포츠의류")를 입력한 후 Enter를 누른다.

	G	H	I	J	K	L	M	N
13	[표5]	코드명	매장	의류명	판매량			
14		P-1	강남점	남성정장	80			
15		P-2	강북점	여성정장	90			
16		P-3	강남점	스포츠의류	60			
17		P-4	강북점	남성정장	120			
18		P-5	강서점	여성정장	100			
19		P-6	강북점	스포츠의류	80			
20		P-7	강남점	스포츠의류	90	강남점 스포츠의류 판매량 평균		
21		P-8	강서점	남성정장	140	75		

=AVERAGEIFS(K14:K21,I14:I21,"강남점",J14:J21,"스포츠의류")

[I14:I21] 영역(매장)에서 '강남점'이고 [J14:J21] 영역(의류명)에서 '스포츠의류'에 해당하는 [K14:K21] 영역(판매량)의 평균을 반환한다.

읽는 강의

실수가 줄어들면 합격은 빨라진다!
AVERAGEIF 함수는 한 개의 조건에 만족하는 셀의 평균을, AVERAGEIFS 함수는 여러 개의 조건에 만족하는 셀의 평균을 구하는데, 이들 두 함수는 인수의 순서에 차이가 있다. 즉 AVERAGEIF 함수는 조건이 한 개로 고정되어 있으므로 평균 범위(범위,조건,평균 범위)가 가장 마지막에 위치한다. 하지만 AVERAGEIFS 함수는 여러 개의 조건을 설정해야 하므로 평균 범위(평균 범위,범위1,조건1,범위2,조건2,…)가 가장 먼저 위치한다.

6 1~4차 판매횟수[M24:M33] 표시하기

[M24] 셀 선택 → 수식 입력줄에 =COUNTA(I24:L24)&"회판매"를 입력한 후 Enter를 누름 → [M24] 셀의 자동 채우기 핸들을 [M33] 셀까지 드래그하여 함수식을 복사한다.

	G	H	I	J	K	L	M
23	[표6]	제품	1차판매	2차판매	3차판매	4차판매	판매횟수
24		셔츠	O		O	O	3회판매
25		청바지	O	O	O	O	4회판매
26		원피스	O		O	O	3회판매
27		가디건			O		1회판매
28		코트			O	O	2회판매
29		패딩	O	O		O	3회판매
30		반팔티		O		O	2회판매
31		후드티	O		O		2회판매
32		맨투맨	O		O	O	3회판매
33		청자켓		O	O	O	3회판매

=COUNTA(I24:L24)&"회판매"

❶ COUNTA(I24:L24): [I24:L24] 영역(1~4차판매)에서 공백이 아닌 셀의 개수(판매횟수)를 반환한다.
❷ ❶&"회판매": 문자열 결합 연산자(&)에 의해 ❶(1~4차 판매횟수)과 '회판매'를 연결하여 표시한다.

실수가 줄어들면 합격은 빨라진다!
COUNT 함수는 숫자인 셀의 개수를, COUNTA 함수는 공백을 제외한 셀의 개수를 반환한다. 즉, 'O'는 문자이므로 COUNTA 함수를 사용해야 한다.

출제패턴 ❷

'통계함수-2' 시트에서 다음 과정을 수행하시오.

1 [표1]의 '업체'와 '제품사양'을 이용하여 업체별, 제품사양별 수량을 [표2]의 [C24:G26] 영역에 표시하시오.
- ▶ [B23:G26] 영역을 참조하여 계산
- ▶ COUNTIF, COUNTIFS 함수 중 알맞은 함수를 선택하여 사용

2 [표1]의 '업체'와 '판매량'을 이용하여 'AA전자' 판매량의 평균과 'BB전자' 판매량 평균의 차이를 [표3]의 [B29] 영역에 표시하시오.
- ▶ 차이 = AA전자 판매량 평균 - BB전자 판매량 평균
- ▶ AVERAGEIF, AVERAGEIFS 함수 중 알맞은 함수를 선택하여 사용

▼ 결과 화면

	A	B	C	D	E	F	G	H
1	[표1]	업체	제품사양	제품코드	제품가격	판매량		
2		AA전자	8GB	PR-01	250,000	80		
3		BB전자	64GB	LW-02	1,450,000	56		
4		AA전자	16GB	LW-02	550,000	50		
5		AA전자	32GB	PQ-01	870,000	45		
6		CC전자	64GB	AA-04	1,450,000	67		
7		AA전자	16GB	PR-01	390,000	30		
8		CC전자	64GB	LS-02	2,350,000	25		
9		BB전자	32GB	PQ-01	880,000	56		
10		BB전자	16GB	NS-03	450,000	46		
11		CC전자	4GB	LW-02	150,000	125		
12		CC전자	16GB	PR-01	450,000	38		
13		BB전자	8GB	LW-02	380,000	33		
14		CC전자	4GB	PR-01	150,000	68		
15		BB전자	8GB	NA-03	650,000	36		
16		CC전자	32GB	LS-02	925,000	78		
17		AA전자	16GB	AA-04	650,000	34		
18		AA전자	64GB	PR-01	1,610,000	50		
19		BB전자	4GB	AA-04	165,000	38		
20		CC전자	16GB	LW-02	480,000	78		
21								
22		업체/제품사양 수량						
23	[표2]	업체	4GB	8GB	16GB	32GB	64GB	
24		AA전자	0	1	3	1	1	
25		BB전자	1	2	1	1	1	
26		CC전자	2	0	2	1	2	
27								
28	[표3]	AA전자의 판매량 평균 - BB전자의 판매량 평균						
29		4						

3 [표4]의 '중간'과 '기말'을 이용하여 평균[N2:N9]을 계산하시오.
- ▶ 평균은 소수점 이하 둘째 자리에서 반올림하여 첫째 자리까지 표시 [표시 예: 84.75 → 84.8]
- ▶ ROUND, AVERAGE 함수 사용

4 [표4]의 '중간'과 '기말'을 이용하여 표준편차[O2:O9]를 계산하시오.
- ▶ 표준편차는 소수점 이하 첫째 자리에서 올림하여 정수로 표시 [표시 예: 3.2 → 4]
- ▶ ROUNDUP, STDEV.S 함수 사용

5 [표5]의 '수강인원'에서 가장 높은 빈도를 가진 강의들의 수강료 합계를 계산하여 [N21] 셀에 표시하시오.
- ▶ SUMIF, MODE.SNGL 함수 사용

▼ 결과 화면

	I	J	K	L	M	N	O
1	[표4]	이름	학과	중간	기말	평균	표준편차
2		유은지	빅데이터과	85.7	82.4	84.1	3
3		김지은	경영학과	95.6	73.1	84.4	16
4		부현경	게임학과	93.2	93.5	93.4	1
5		윤병호	빅데이터과	88.5	69.3	78.9	14
6		윤보열	경영학과	65.1	93.2	79.2	20
7		장재원	게임학과	95.8	60.4	78.1	26
8		서석	빅데이터과	91.5	91.7	91.6	1
9		이청환	경영학과	90.7	64.6	77.7	19
10							
11							
12	[표5]	강의	강사	개정판	수강인원	수강료	
13		컴퓨터활용능력1급	문혜영	2	30	340,000	
14		컴퓨터활용능력2급	박승민	1	20	300,000	
15		워드프로세서	최원우	3	30	270,000	
16		정보처리기사	이진규	1	25	450,000	
17		ITQ	송예은	2	25	250,000	
18		정보보안기사	진미영	3	30	450,000	
19		빅데이터분석기사	김성현	2	20	400,000	
20		정보통신기사	한주연	2	30	400,000	
21		빈도가 가장 높은 수강인원의 수강료 합계				1,460,000	

그대로 따라하기

1 업체별, 제품사양별 수량[C24:G26] 표시하기

[C24] 셀 선택 → 수식 입력줄에 =COUNTIFS($B$2:$B$20,$B24,$C$2:$C$20,C$23)을 입력한 후 Enter를 누름 → [C24] 셀의 자동 채우기 핸들을 [C26] 셀까지 드래그하여 함수식을 복사 → [C26] 셀의 자동 채우기 핸들을 [G26] 셀까지 드래그하여 함수식을 복사한다.

> **읽는 강의**
>
> **풀이법을 알면 시간이 단축된다!**
> COUNTIFS($C$2:$C$20,C$23, $B$2:$B$20,$B24)로 입력해도 된다. 각 범위에 해당하는 조건만 정확하게 지정하면 된다.

	A	B	C	D	E	F	G
1	[표1]	업체	제품사양	제품코드	제품가격	판매량	
2		AA전자	8GB	PR-01	250,000	80	
3		BB전자	64GB	LW-02	1,450,000	56	
4		AA전자	16GB	LW-02	550,000	50	
5		AA전자	32GB	PQ-01	870,000	45	
6		CC전자	64GB	AA-04	1,450,000	67	
7		AA전자	16GB	PR-01	390,000	30	
8		CC전자	64GB	LS-02	2,350,000	25	
9		BB전자	32GB	PQ-01	880,000	56	
10		BB전자	16GB	NS-03	450,000	46	
11		CC전자	4GB	LW-02	150,000	125	
12		CC전자	16GB	PR-01	450,000	38	
13		BB전자	8GB	LW-02	380,000	33	
14		CC전자	4GB	PR-01	150,000	68	
15		BB전자	8GB	NA-03	650,000	36	
16		CC전자	32GB	LS-02	925,000	78	
17		AA전자	16GB	AA-04	650,000	34	
18		AA전자	64GB	PR-01	1,610,000	50	
19		BB전자	4GB	AA-04	165,000	38	
20		CC전자	16GB	LW-02	480,000	78	
21							
22		업체/제품사양					
23	[표2]	업체	4GB	8GB	16GB	32GB	64GB
24		AA전자	0	1	3	1	1
25		BB전자	1				1
26		CC전자	2			1	2

=COUNTIFS($B$2:$B$20,$B24,$C$2:$C$20,C$23)

[B2:B20] 영역(업체)에서 [B24] 셀 문자열(AA전자)이고 [C2:C20] 영역(제품사양)에서 [C23] 셀 문자열(4GB)에 해당하는 셀의 개수(수량)를 반환한다. 즉, 조건을 만족하는 경우의 개수(AA전자이면서 4GB인 제품의 수량)를 반환한다.
([B2:B20], [C2:C20] 영역은 함수식을 복사해도 주소가 변경되지 않도록 절대 참조로 지정하고, [B24] 셀은 업체가 행에 따라 구분되므로 열 고정, [C23] 셀은 제품사양이 열에 따라 구분되므로 행 고정으로 지정)

업체	4GB	8GB	16GB	32GB	64GB
AA전자	=COUNTIFS ($B$2:$B$20,$B24, $C$2:$C$20,C$23)	=COUNTIFS ($B$2:$B$20,$B24, $C$2:$C$20,D$23)	=COUNTIFS ($B$2:$B$20,$B24, $C$2:$C$20,E$23)	=COUNTIFS ($B$2:$B$20,$B24, $C$2:$C$20,F$23)	=COUNTIFS ($B$2:$B$20,$B24, $C$2:$C$20,G$23)
BB전자	=COUNTIFS ($B$2:$B$20,$B25, $C$2:$C$20,C$23)	=COUNTIFS ($B$2:$B$20,$B25, $C$2:$C$20,D$23)	=COUNTIFS ($B$2:$B$20,$B25, $C$2:$C$20,E$23)	=COUNTIFS ($B$2:$B$20,$B25, $C$2:$C$20,F$23)	=COUNTIFS ($B$2:$B$20,$B25, $C$2:$C$20,G$23)
CC전자	=COUNTIFS ($B$2:$B$20,$B26, $C$2:$C$20,C$23)	=COUNTIFS ($B$2:$B$20,$B26, $C$2:$C$20,D$23)	=COUNTIFS ($B$2:$B$20,$B26, $C$2:$C$20,E$23)	=COUNTIFS ($B$2:$B$20,$B26, $C$2:$C$20,F$23)	=COUNTIFS ($B$2:$B$20,$B26, $C$2:$C$20,G$23)

2 AA전자 판매량 평균과 BB전자 판매량 평균 차이[B29] 표시하기

[B29] 셀 선택 → 수식 입력줄에 =AVERAGEIF(B2:B20,B2,F2:F20)-AVERAGEIF(B2:B20, B3,F2:F20)을 입력한 후 Enter 를 누른다.

> **읽는 강의**
>
> **풀이법을 알면 시간이 단축된다!**
> =AVERAGEIF(B2:B20,"AA전자",F2:F20)-AVERAGEIF(B2:B20,"BB전자",F2:F20)로 입력해도 된다.

	A	B	C	D	E	F	G	H	P	Q
1	[표1]	업체	제품사양	제품코드	제품가격	판매량	❷ 입력 → Enter			
2		AA전자	8GB	PR-01	250,000	80				
3		BB전자	64GB	LW-02	1,450,000	56				
4		AA전자	16GB	LW-02	550,000	50				
5		AA전자	32GB	PQ-01	870,000	45				
6		CC전자	64GB	AA-04	1,450,000	67				
7		AA전자	16GB	PR-01	390,000	30				
8		CC전자	64GB	LS-02	2,350,000	25				
9		BB전자	32GB	PQ-01	880,000	56				
10		BB전자	16GB	NS-03	450,000	46				
11		CC전자	4GB	LW-02	150,000	125				
12		CC전자	16GB	PR-01	450,000	38				
13		BB전자	8GB	LW-02	380,000	33				
14		CC전자	4GB	PR-01	150,000	68				
15		BB전자	8GB	NA-03	650,000	36				
16		CC전자	32GB	LS-02	925,000	78				
17		AA전자	16GB	AA-04	650,000	34				
18		AA전자	64GB	PR-01	1,610,000	50				
19		BB전자	4GB	AA-04	165,000	38				
20		CC전자	16GB	LW-02	480,000	78				
21										
28	[표3]	AA전자의 판매량 평균 - BB전자의 판매량 평균								
29		4				❶ 딸깍				
30										

=AVERAGEIF(B2:B20,B2,F2:F20)-AVERAGEIF(B2:B20,B3,F2:F20)
  └──────────❶──────────┘ └──────────❷──────────┘
  └──────────────────────❸──────────────────────┘

❶ AVERAGEIF(B2:B20,B2,F2:F20): [B2:B20] 영역(업체)에서 [B2] 셀 문자열(AA전자)에 해당하는 [F2:F20] 영역(판매량)의 평균을 반환한다.
❷ AVERAGEIF(B2:B20,B3,F2:F20): [B2:B20] 영역(업체)에서 [B3] 셀 문자열(BB전자)에 해당하는 [F2:F20] 영역(판매량)의 평균을 반환한다.
❸ ❶-❷: ❶(AA전자의 판매량 평균)에서 ❷(BB전자의 판매량 평균)를 뺀 값(차이)을 표시한다.

3 중간과 기말의 평균[N2:N9] 계산하기

[N2] 셀 선택 → 수식 입력줄에 =ROUND(AVERAGE(L2:M2),1)을 입력한 후 Enter 를 누름
→ [N2] 셀의 자동 채우기 핸들을 [N9] 셀까지 드래그하여 함수식을 복사한다.

	I	J	K	L	M	N	O
1	[표4]	이름	학과	중간	기말	평균	표준편차
2		유은지	빅데이터과	85.7	82.4	84.1	
3		김지은	경영학과	95.6	73.1	84.4	
4		부현경	게임학과	93.2	93.5	93.4	
5		윤병호	빅데이터과	88.5	69.3	78.9	
6		윤보열	경영학과	65.1	93.2	79.2	
7		장재원	게임학과	95.8	60.4	78.1	
8		서석	빅데이터과	91.5	91.7	91.6	
9		이청환	경영학과	90.7	64.6	77.7	

=ROUND(AVERAGE(L2:M2),1)

❶ AVERAGE(L2:M2): [L2:M2] 영역(중간과 기말)의 평균을 반환한다.
❷ ROUND(❶,1): ❶(중간과 기말의 평균)을 소수점 이하 둘째 자리에서 반올림하여 소수점 이하 첫째 자리까지 반환한다.

4 중간과 기말의 표준편차[O2:O9] 계산하기

[O2] 셀 선택 → 수식 입력줄에 =ROUNDUP(STDEV.S(L2:M2),0)을 입력한 후 Enter 를 누름 → [O2] 셀의 자동 채우기 핸들을 [O9] 셀까지 드래그하여 함수식을 복사한다.

	I	J	K	L	M	N	O
1	[표4]	이름	학과	중간	기말	평균	표준편차
2		유은지	빅데이터과	85.7	82.4	84.1	3
3		김지은	경영학과	95.6	73.1	84.4	16
4		부현경	게임학과	93.2	93.5	93.4	1
5		윤병호	빅데이터과	88.5	69.3	78.9	14
6		윤보열	경영학과	65.1	93.2	79.2	20
7		장재원	게임학과	95.8	60.4	78.1	26
8		서석	빅데이터과	91.5	91.7	91.6	1
9		이청환	경영학과	90.7	64.6	77.7	19

=ROUNDUP(STDEV.S(L2:M2),0)

❶ STDEV.S(L2:M2): [L2:M2] 영역(중간과 기말)의 표준편차를 반환한다.
❷ ROUNDUP(❶,0): ❶(중간과 기말의 표준 편차)을 소수점 이하 첫째 자리에서 올림하여 정수로 반환한다.

읽는 강의

출제패턴을 알면 시험이 쉬워진다!
'반올림하여 소수점 이하 첫째 자리까지 나타내시오.'와 '소수점 둘째 자리에서 반올림하시오.'는 같은 의미로, 이들 두 가지 문장 모두 시험에 출제될 수 있다.

5 수강인원에서 가장 높은 빈도를 가진 강의들의 수강료 합계[N21] 표시하기

[N21] 셀 선택 → 수식 입력줄에 =SUMIF(M13:M20,MODE.SNGL(M13:M20),N13:N20)을 입력한 후 Enter를 누른다.

=SUMIF(M13:M20,MODE.SNGL(M13:M20),N13:N20)

❶ MODE.SNGL(M13:M20): [M13:M20] 영역(수강인원)에서 빈도가 가장 높은 값(30)을 반환한다.
❷ SUMIF(M13:M20,❶,N13:N20): [M13:M20] 영역(수강인원)에서 ❶(빈도가 가장 높은 수강인원)에 해당하는 [N13:N20] 영역(수강료)의 합계를 반환한다.

계산 작업

04 논리 함수

① **개념**: 논리적 테스트를 수행하는 함수들로서 IF(조건문), AND, OR, NOT 등이 있음
② **종류**

함수	설명
AND(인수1,인수2,…)	모든 인수가 참이면 TRUE, 그 외에는 FALSE를 나타냄
OR(인수1,인수2,…)	하나의 인수라도 참이면 TRUE, 그 외에는 FALSE를 나타냄
IF(조건,인수1,인수2)	조건이 참이면 인수1, 그 외에는 인수2를 구함
IFS(조건1,인수1,조건2,인수2,…,TRUE, 마지막에 구할 값)	조건1이 참이면 인수1, 조건2가 참이면 인수2,…를 구함 마지막 조건에는 조건 대신 TRUE를 입력해도 됨
IFERROR(인수,오류 대체 값)	인수(수식 또는 셀)가 오류이면 오류대체값을 구함, 그 외에는 인수의 결과를 구함
NOT(인수)	인수의 반대 논리값을 구함
SWITCH(표현식,인수1,결과1,인수2, 결과2,…,[기본값])	• 표현식이 인수1이면 결과1, 인수2이면 결과2,…를 구함 • 일치하는 인수가 없는 경우 기본값을 구함
TRUE( )	논리값 TRUE를 나타냄
FALSE( )	논리값 FALSE를 나타냄

📥 **작업 파일명** C:\에듀윌_2026컴활1급실기\그대로따라하기\스프레드시트실무\02.계산작업\실습\04_논리함수.xlsx

---

출제패턴 ❶

'논리함수-1' 시트에서 다음 과정을 수행하시오.

1 [표1]의 '취업여부'를 이용하여 비고[F2:F10]를 표시하시오.
- ▶ '취업여부'가 '취업'이면 '♥', 그 외는 '♡'로 표시
- ▶ IF 함수 사용

2 [표2]의 '재고량'을 이용하여 관리여부[F13:F21]를 표시하시오.
- ▶ '재고량'이 세 번째로 많은 재고량보다 많거나 같으면 '관리필요', 그 외는 공백으로 표시
- ▶ IF, LARGE 함수 사용

3 [표3]의 '판매정가', '수량', '할인율'을 이용하여 판매이익[F24:F32]을 표시하시오.
- ▶ 판매이익=판매정가×수량×(1-할인율)
- ▶ 단, 오류 발생 시 판매이익에 '파악불가'로 표시
- ▶ IFERROR 함수 사용

📖 읽는 강의

▼ 결과 화면

	A	B	C	D	E	F	G
1	[표1]	성명	학과	학번	취업여부	비고	
2		유은지	빅데이터분석과	16-017	취업	♥	
3		김지은	SNS분석과	15-018	대학원	♡	
4		부현경	게임학과	14-019	휴학	♡	
5		윤병호	스마트IT과	15-020	취업	♥	
6		윤보열	시스템분석학과	16-021	휴학	♡	
7		장재원	전산통계학과	14-022	대학원	♡	
8		서석	로봇공학과	15-023	취업	♥	
9		이청환	소프트웨어학과	14-024	대학원	♡	
10		민두석	전자공학과	16-025	취업	♥	
11							
12	[표2]	제품코드	입고량	판매량	재고량	관리여부	
13		ASF-013	403	351	52	관리필요	
14		AKP-018	383	365	18		
15		AAP-027	443	416	27		
16		AJJ-032	352	317	35		
17		AAF-040	351	312	39		
18		ACP-045	380	364	16		
19		ABP-052	449	421	28		
20		AAJ-056	483	438	45	관리필요	
21		AGZ-063	505	463	42	관리필요	
22							
23	[표3]	과자명	판매정가	수량	할인율	판매이익	
24		빵빠이	1,300	30	0.1	35,100	
25		문어콩	3,100	50	미정	파악불가	
26		생멸치깡	1,500	20	0.07	27,900	
27		빅사탕	1,200	30	미정	파악불가	
28		생크림칩	1,700	25	0.1	38,250	
29		왕파이	4,000	50	0.15	170,000	
30		소프트스	2,400	45	0.08	99,360	
31		콘매콤	2,200	30	미정	파악불가	
32		초코볼	1,500	45	0.1	60,750	

4 [표4]의 '학과'를 이용하여 계열[M2:M10]을 표시하시오.
- ▶ '학과'가 '게임학과'이면 '공학', '국어국문학과'이면 '인문', 그 외는 '상경'으로 표시
- ▶ IF 함수 사용

5 [표5]의 '중간고사', '기말고사', '출석'을 이용하여 수료여부[M13:M21]를 표시하시오.
- ▶ '중간고사'와 '기말고사'의 합이 50 이상이면서 출석이 10 초과이면 '수료', 그 외는 '재수강'으로 표시
- ▶ IF, AND 함수 사용

6 [표6]의 '1차납부금', '2차납부금', '총납부금'을 이용하여 결과[M24:M32]를 표시하시오.
- ▶ '1차납부금'과 '2차납부금'의 합이 '총납부금'과 같지 않으면 '미납', 그 외는 '완납'으로 표시
- ▶ IF, NOT 함수 사용

▼ 결과 화면

	H	I	J	K	L	M
1	[표4]	성명	학과	학년	성별	계열
2		조다빈	국어국문학과	4	여	인문
3		임동아	게임학과	3	남	공학
4		최 원	경영학과	1	남	상경
5		김원준	국어국문학과	2	남	인문
6		강예림	경영학과	3	여	상경
7		권서영	게임학과	4	여	공학
8		박준혁	회계학과	2	남	상경
9		정서율	국어국문학과	2	여	인문
10		김다영	회계학과	3	여	상경
11						
12	[표5]	성명	중간고사	기말고사	출석	수료여부
13		강지민	32	25	11	수료
14		고예지	33	24	7	재수강
15		유슬기	29	28	14	수료
16		정지수	28	26	15	수료
17		송현아	25	33	10	재수강
18		박정환	24	26	14	수료
19		서건수	26	20	10	재수강
20		최디노	29	29	8	재수강
21		정보미	27	26	13	수료
22						
23	[표6]	고객명	1차납부금	2차납부금	총납부금	결과
24		김지훈	50,000	120,000	170,000	완납
25		이성민	70,000	140,000	220,000	미납
26		정지원	40,000	110,000	150,000	완납
27		박현준	70,000	150,000	240,000	미납
28		정찬우	60,000	100,000	180,000	미납
29		임재훈	50,000	110,000	160,000	완납
30		이경엽	40,000	80,000	120,000	완납
31		권수지	60,000	130,000	190,000	완납
32		강민혁	50,000	110,000	170,000	미납

📖 읽는 강의

그대로 따라하기

1 비고[F2:F10]에 '♥', '♡' 표시하기

[F2] 셀 선택 → 수식 입력줄에 =IF(E2="취업","♥","♡")를 입력한 후 Enter 를 누름 → [F2] 셀의 자동 채우기 핸들을 [F10] 셀까지 드래그하여 함수식을 복사한다.

	A	B	C	D	E	F	G
1	[표1]	성명	학과	학번	취업여부	비고	
2		유은지	빅데이터분석과	16-0 ❶딸깍 업		♥	
3		김지은	SNS분석과	15-018	대학원	♡	
4		부현경	게임학과	14-019	휴학	♡	
5		윤병호	스마트IT과	15-020	취업	♥	
6		윤보열	시스템분석학과	16-021	휴학	♡	
7		장재원	전산통계학과	14-022	대학원	♡	
8		서석	로봇공학과	15-023	취업	♥	
9		이청환	소프트웨어학과	14-024	대학원	♡	
10		민두석	전자공학과	16-025	취업	♥	

풀이법을 알면 시간이 단축된다!
'♥'과 '♡'은 한글 ㅁ(미음)을 입력하고 [한자]를 누른 후 특수 문자 목록에서 선택한다.

=IF(E2="취업","♥","♡")

[E2] 셀 문자열(취업여부)이 '취업'이면 '♥', 그렇지 않으면 '♡'로 반환한다.

2 관리여부[F13:F21]에 '관리필요', 공백 표시하기

[F13] 셀 선택 → 수식 입력줄에 =IF(E13>=LARGE($E$13:$E$21,3),"관리필요","")을 입력한 후 Enter 를 누름 → [F13] 셀의 자동 채우기 핸들을 [F21] 셀까지 드래그하여 함수식을 복사한다.

❶ LARGE($E$13:$E$21,3): [E13:E21] 영역(재고량)에서 세 번째로 큰 값(42)을 반환한다.
([E13:E21] 영역은 함수식을 복사해도 주소가 변경되지 않도록 절대 참조로 지정)

❷ IF(E13>=❶,"관리필요",""): [E13] 셀의 값(재고량)이 ❶(세 번째로 큰 재고량) 이상이면 '관리필요', 그렇지 않으면 공백으로 반환한다.

3 판매이익[F24:F32]에 값, 오류이면 '파악불가' 표시하기

[F24] 셀 선택 → 수식 입력줄에 =IFERROR(C24*D24*(1-E24),"파악불가")를 입력한 후 Enter 를 누름 → [F24] 셀의 자동 채우기 핸들을 [F32] 셀까지 드래그하여 함수식을 복사한다.

풀이법을 알면 시간이 단축된다!
산술연산(+, -, *, /)에서 숫자가 아닌 문자가 입력된 셀이 지정되면 #VALUE 오류가 발생한다. IFERROR 함수는 수식에서 오류가 발생했을 때 오류 메시지 대신 다른 값을 반환할 수 있다.

=IFERROR(C24*D24*(1-E24),"파악불가")

[C24] 셀 값(판매정가)과 [D24] 셀 값(수량)을 곱한 값에서 (1-[E24] 셀 값(할인율))을 곱한 값을 반환하지만, 이 값이 오류('할인율'이 '미정')이면 '파악불가'로 반환한다.

4 계열[M2:M10]에 '공학', '인문', '상경' 표시하기

[M2] 셀 선택 → 수식 입력줄에 =IF(J2="게임학과","공학",IF(J2="국어국문학과","인문","상경"))을 입력한 후 Enter를 누름 → [M2] 셀의 자동 채우기 핸들을 [M10] 셀까지 드래그하여 함수식을 복사한다.

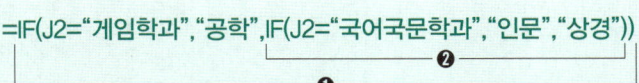

=IF(J2="게임학과","공학",IF(J2="국어국문학과","인문","상경"))

❶ IF(J2="게임학과","공학",❷): [J2] 셀 문자열(학과)이 '게임학과'이면 '공학', 그렇지 않으면 ❷의 결과를 반환한다.

❷ IF(J2="국어국문학과","인문","상경"): [J2] 셀 문자열(학과)이 '국어국문학과'이면 '인문', 그렇지 않으면 '상경'으로 반환한다.

5 수료여부[M13:M21]에 '수료', '재수강' 표시하기

[M13] 셀 선택 → 수식 입력줄에 =IF(AND(J13+K13>=50,L13>10),"수료","재수강")을 입력한 후 Enter를 누름 → [M13] 셀의 자동 채우기 핸들을 [M21] 셀까지 드래그하여 함수식을 복사한다.

=IF(AND(J13+K13>=50,L13>10),"수료","재수강")

❶ AND(J13+K13>=50,L13>10): [J13] 셀 값(중간고사)과 [K13] 셀 값(기말고사)의 합이 50 이상이고 [L13] 셀 값(출석)이 10 초과이면 'TRUE', 그렇지 않으면 'FALSE'를 반환한다.
❷ IF(❶,"수료","재수강"): ❶(중간고사와 기말고사의 합이 50 이상이고 출석이 10 초과)이 TRUE이면 '수료', FALSE이면 '재수강'으로 반환한다.

6 결과[M24:M32]에 '미납', '완납' 표시하기

[M24] 셀 선택 → 수식 입력줄에 =IF(NOT(J24+K24<>L24),"완납","미납")을 입력한 후 Enter를 누름 → [M24] 셀의 자동 채우기 핸들을 [M32] 셀까지 드래그하여 함수식을 복사한다.

[표6]	고객명	1차납부금	2차납부금	총납부금	결과
	김지훈	50,000	120,000	170,000	완납
	이성민	70,000	140,000	220,000	미납
	정지원	40,000	110,000	150,000	완납
	박현준	70,000	150,000	240,000	미납
	정찬우	60,000	100,000	180,000	미납
	임재훈	50,000	110,000	160,000	완납
	이경엽	40,000	80,000	120,000	완납
	권수지	60,000	130,000	190,000	완납
	강민혁	50,000	110,000	170,000	미납

=IF(NOT(J24+K24<>L24),"완납","미납")

❶ NOT(J24+K24<>L24): [J24] 셀 값(1차납부금)과 [K24] 셀 값(2차납부금)의 합이 [L24] 셀 값(총납부금)과 같지 않으면 FALSE, 그렇지 않으면 TRUE를 반환한다.
❷ IF(❶,"완납","미납"): ❶(1차납부금과 2차납부금의 합이 총납부금과 같지 않음)이 FALSE이면 '미납', TRUE이면 '완납'으로 반환한다.

풀이법을 알면 시간이 단축된다!
NOT 함수는 결괏값을 반대로 반환하는 함수로, 결괏값이 TRUE이면 FALSE를 반환하고, FALSE이면 TRUE이다. 그러므로 J24+K24<>L24가 TRUE이면 NOT 함수에 의해 FALSE를 반환한다.

출제패턴 ❷

'논리함수-2' 시트에서 다음 과정을 수행하시오.

1 [표1]의 '상반기수출량', '상반기수입량', '하반기수출량', '하반기수입량'을 이용하여 목표달성[G2:G10]을 표시하시오.
- ▶ '상반기수출량'이 '상반기수입량' 이상이면서 '하반기수출량'이 '하반기수입량' 이상이면 '우수', '상반기수출량'이 '상반기수입량' 이상이거나 '하반기수출량'이 '하반기수입량' 이상이면 '양호, 그 외는 '미달'로 표시
- ▶ IF, AND, OR 함수 사용

2 [표2]의 '교육점수', '성과건수'를 이용하여 비고[G13:G21]를 표시하시오.
- ▶ '교육점수'가 '교육점수' 전체의 평균 이상이면서 '성과건수'가 2 이상이면 '연봉인상', 그 외는 공백으로 표시
- ▶ IF, AND, AVERAGE 함수 사용

▼ 결과 화면

	A	B	C	D	E	F	G
1	[표1]	제품명	상반기수출량	상반기수입량	하반기수출량	하반기수입량	목표달성
2		복사기	4,702	3,820	3,117	3,810	양호
3		문서세단기	2,715	2,834	3,169	3,241	미달
4		공기청정기	4,358	4,136	2,793	2,578	우수
5		이동식의자	3,625	3,914	3,982	3,479	양호
6		테이블	3,546	3,546	4,258	2,547	우수
7		고정식의자	4,265	4,646	5,024	4,226	양호
8		빔프로젝터	2,473	3,465	2,860	3,742	미달
9		문서보관함	2,639	2,492	3,855	3,654	우수
10		옷걸이	4,210	3,562	3,636	3,415	우수
11							
12	[표2]	직원명	직급	경력	교육점수	성과건수	비고
13		이하린	대리	3년	89	2	연봉인상
14		서수민	사원	2년	87	3	연봉인상
15		남건민	과장	6년	85	1	
16		김연호	대리	4년	65	2	
17		이나라	대리	3년	80	3	연봉인상
18		최무성	부장	10년	71	4	
19		가진욱	사원	1년	72	2	
20		이서빈	과장	7년	83	3	연봉인상
21		한정서	부장	9년	86	1	

3 [표3]의 '총점'을 이용하여 결과[O2:O10]를 표시하시오.
- ▶ '총점'을 기준으로 순위를 구하여 1위는 '최우수장학생', 2위는 '우수장학생', 3위는 '장려장학생', 그 외는 공백으로 표시
- ▶ 순위는 총점이 높은 학생이 1위임
- ▶ IF, RANK.EQ 함수 사용

4 [표4]의 '합격인원', '모집정원', '인당지원금'을 이용하여 총지원금[O13:O24]을 표시하시오.
- ▶ '합격인원'이 '모집정원' 미만이면 '합격인원×인당지원금'으로 계산하고, 그 외는 '모집정원×인당지원금'으로 계산하여 표시
- ▶ 단, 오류 발생 시 총지원금에 '예산부족'으로 표시
- ▶ IFERROR, IF함수 사용

▼ 결과 화면

	I	J	K	L	M	N	O
1	[표3]	학생명	국어	수학	영어	총점	결과
2		가우정	90	95	87	272	우수장학생
3		이향엽	66	62	91	219	
4		서수민	87	88	73	248	
5		김건민	78	94	83	255	
6		이연호	88	95	98	281	최우수장학생
7		방의석	94	66	62	222	
8		박준우	95	88	75	258	장려장학생
9		최진욱	66	94	91	251	
10		가서빈	87	95	63	245	
11							
12	[표4]	동아리명	지원인원	합격인원	모집정원	인당지원금	총지원금
13		홈런왕	20	18	20	50,000	900,000
14		풋살러닝	25	15	15	없음	예산부족
15		드럼더비트	15	13	15	80,000	1,040,000
16		보컬가왕	20	15	15	60,000	900,000
17		영어로말해요	20	15	25	40,000	600,000
18		화이트해커	18	12	20	없음	예산부족
19		독서토론	30	20	20	80,000	1,600,000
20		암벽클라이밍	40	30	30	70,000	2,100,000
21		키크는농구	20	15	15	없음	예산부족
22		여행가자	40	30	30	60,000	1,800,000
23		참신한연기	15	10	15	없음	예산부족
24		산과함께	50	40	40	50,000	2,000,000
25							

그대로 따라하기

1 목표달성[G2:G10]에 '우수', '양호', '미달' 표시하기

[G2] 셀 선택 → 수식 입력줄에 =IF(AND(C2>=D2,E2>=F2),"우수",IF(OR(C2>=D2, E2>=F2),"양호","미달"))을 입력한 후 Enter를 누름 → [G2] 셀의 자동 채우기 핸들을 [G10] 셀까지 드래그하여 함수식을 복사한다.

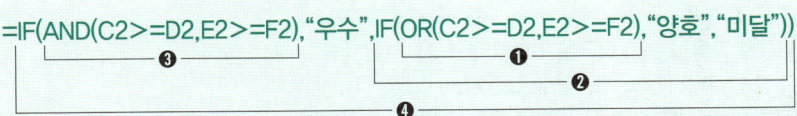

	A	B	C	D	E	F	G
1	[표1]	제품명	상반기수출량	상반기수입량	하반기수출량	하반기수입량	목표달성
2		복사기	4,702	3,820	3,117	3,810	양호
3		문서세단기	2,715	2,834	3,169	3,241	미달
4		공기청정기	4,358	4,136	2,793	2,578	우수
5		이동식의자	3,625	3,914	3,982	3,479	양호
6		테이블	3,546	3,546	4,258	2,547	우수
7		고정식의자	4,265	4,646	5,024	4,226	양호
8		빔프로젝터	2,473	3,465	2,860	3,742	미달
9		문서보관함	2,639	2,492	3,855	3,654	우수
10		옷걸이	4,210	3,562	3,636	3,415	우수

❶ 딸깍
❸ 드래그

=IF(AND(C2>=D2,E2>=F2),"우수",IF(OR(C2>=D2,E2>=F2),"양호","미달"))
　　　❸　　　　　　　　　　　❶
　　　　　　　　　　　　　　❷
　　　　　　　　❹

❶ OR(C2>=D2,E2>=F2): [C2] 셀 값(상반기수출량)이 [D2] 셀 값(상반기수입량) 이상이거나 [E2] 셀 값(하반기수출량)이 [F2] 셀 값(하반기수입량) 이상이면 TRUE, 그렇지 않으면 FALSE를 반환한다.

❷ IF(❶,"양호","미달"): ❶(상반기수출량이 상반기수입량 이상이거나 하반기수출량이 하반기수입량 이상)이 TRUE이면 '양호', FALSE이면 '미달'로 반환한다.

❸ AND(C2>=D2,E2>=F2): [C2] 셀 값(상반기수출량)이 [D2] 셀 값(상반기수입량) 이상이면서 [E2] 셀 값(하반기수출량)이 [F2] 셀 값(하반기수입량) 이상이면 TRUE, 그렇지 않으면 FALSE를 반환한다.

❹ IF(❸,"우수",❷): ❸(상반기수출량이 상반기수입량 이상이면서 하반기수출량이 하반기수입량 이상)이 TRUE이면 '우수', FALSE이면 ❷의 결과를 반환한다.

2 비고[G13:G21]에 '연봉인상', 공백 표시하기

[G13] 셀 선택 → 수식 입력줄에 =IF(AND(E13>=AVERAGE($E$13:$E$21),F13>=2),"연봉인상","")을 입력한 후 Enter를 누름 → [G13] 셀의 자동 채우기 핸들을 [G21] 셀까지 드래그하여 함수식을 복사한다.

=IF(AND(E13>=AVERAGE($E$13:$E$21),F13>=2),"연봉인상","")

❶ AVERAGE($E$13:$E$21): [E13:E21] 영역(전체 교육점수)의 평균을 반환한다.
  ([E13:E21] 영역은 함수식을 복사해도 주소가 변경되지 않도록 절대 참조로 지정)
❷ AND(E13>=❶,F13>=2): [E13] 셀의 값(교육점수)이 ❶(전체 교육점수의 평균) 이상이고, [F13] 셀의 값(성과건수)이 2 이상이면 'TRUE', 그렇지 않으면 'FALSE'를 반환한다.
❸ IF(❷,"연봉인상",""): ❷(교육점수가 전체 교육점수의 평균 이상이면서 성과건수가 2 이상)가 TRUE이면 '연봉인상', FALSE이면 공백으로 반환한다.

3 결과[O2:O10]에 '최우수장학생', '우수장학생', '장려장학생' 표시하기

[O2] 셀 선택 → 수식 입력줄에 =IF(RANK.EQ(N2,$N$2:$N$10)=1,"최우수장학생",IF(RANK.EQ(N2,$N$2:$N$10)=2,"우수장학생",IF(RANK.EQ(N2,$N$2:$N$10)=3,"장려장학생","")))을 입력한 후 Enter를 누름 → [O2] 셀의 자동 채우기 핸들을 [O10] 셀까지 드래그하여 함수식을 복사한다.

=IF(RANK.EQ(N2,$N$2:$N$10)=1,"최우수장학생",IF(RANK.EQ(N2,$N$2:$N$10)=2,
❶   ❶
"우수장학생",IF(RANK.EQ(N2,$N$2:$N$10)=3,"장려장학생","")))
              ❶
              ❷

❶ RANK.EQ(N2,$N$2:$N$10): [N2:N10] 영역(전체 총점)에서 [N2] 셀(총점)의 순위를 내림차순(세 번째 인수 생략)으로 반환한다.
 ([N2:N10] 영역은 함수식을 복사해도 주소가 변경되지 않도록 절대 참조로 지정)
❷ IF(❶=1,"최우수장학생",IF(❶=2,"우수장학생",IF(❶=3,"장려장학생",""))): ❶(총점 순위)이 '1'이면 '최우수장학생', '2'이면 '우수장학생', '3'이면 '장려장학생', 그렇지 않으면 공백으로 반환한다.

4 총지원금[O13:O24]에 값, 오류이면 '예산부족' 표시하기

[O13] 셀 선택 → 수식 입력줄에 =IFERROR(IF(L13<M13,L13*N13,M13*N13),"예산부족")을 입력한 후 Enter를 누름 → [O13] 셀의 자동 채우기 핸들을 [O24] 셀까지 드래그하여 함수식을 복사한다.

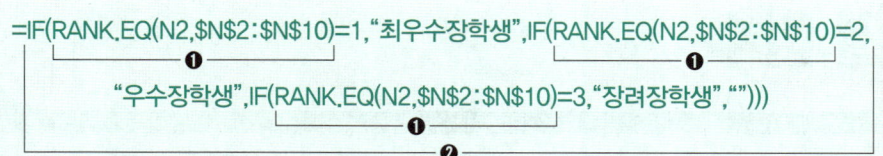

	I	J	K	L	M	N	O
12	[표4]	동아리명	지원인원	합격인원	모집정원	인당지원금	총지원금
13		홈런왕	20	18	20	50,000	900,000
14		풋살러닝	25	15	15	없음	예산부족
15		드럼더비트	15	13	15	80,000	1,040,000
16		보컬가왕	20	15	15	60,000	900,000
17		영어로말해요	20	15	25	40,000	600,000
18		화이트해커	18	12	20	없음	예산부족
19		독서토론	30	20	20	80,000	1,600,000
20		암벽클라이밍	40	30	30	70,000	2,100,000
21		키크는농구	20	15	15	없음	예산부족
22		여행가자	40	30	30	60,000	1,800,000
23		참신한연기	15	10	15	없음	예산부족
24		산과함께	50	40	40	50,000	2,000,000

=IFERROR(IF(L13<M13,L13*N13,M13*N13),"예산부족")
             ❶
             ❷

❶ IF(L13<M13,L13*N13,M13*N13): [L13] 셀 값(합격인원)이 [M13] 셀 값(모집정원) 미만이면 [L13] 셀 값(합격인원)에 [N13] 셀 값(인당지원금)을 곱한 값(총지원금), 그렇지 않으면 [M13] 셀 값(모집정원)에 [N13] 셀 값(인당지원금)을 곱한 값(총지원금)으로 반환한다.
❷ IFERROR(❶,"예산부족"): ❶(총지원금)을 반환하지만, 이 값이 오류('인당지원금'이 '없음')이면 '예산부족'으로 반환한다.

05 문자열 함수

① **개념**: 텍스트를 처리하고 조작하는 함수들로서 문자열 연결, 대소문자 변환 등이 가능함

② **종류**

함수	설명
LEFT(텍스트,[인수])	텍스트의 왼쪽부터 인수만큼의 문자를 포함해 구함(개수 생략 시 1)
RIGHT(텍스트,[인수])	텍스트의 오른쪽부터 인수만큼의 문자를 포함해 구함(개수 생략 시 1)
MID(텍스트, 시작 위치, 인수)	텍스트의 시작 위치부터 인수만큼의 문자를 포함해 구함
LOWER(텍스트)	텍스트의 모든 대문자를 소문자로 구함
UPPER(텍스트)	텍스트를 모든 소문자를 대문자로 구함
PROPER(텍스트)	단어의 첫 글자만 대문자, 나머지는 소문자로 구함
CONCAT(텍스트1,텍스트2,…)	텍스트1과 텍스트2를 연결하여 구함
LEN(텍스트)	텍스트의 문자 수를 구함
TRIM(텍스트)	단어 사이에 있는 하나의 공백을 제외하고 텍스트의 모든 공백을 제거함
FIND(찾을 텍스트,문자열,시작 위치)	문자열의 시작 위치부터 찾을 텍스트를 찾아 위치값을 구함 (대·소문자를 구분하며, 와일드카드(?, *)를 사용할 수 없음)
SEARCH(찾을 텍스트,문자열,시작 위치)	문자열의 시작 위치부터 찾을 텍스트를 찾아 위치값을 구함 (대·소문자를 구분하지 않으며, 와일드카드(?, *)를 사용할 수 있음)
REPLACE(텍스트1,시작 위치,인수,텍스트2)	텍스트1의 시작 위치에서 인수만큼 텍스트2로 대체하여 구함
SUBSTITUTE(텍스트,인수1,인수2,변환할 문자 위치)	텍스트에서 인수1을 인수2로 교체하여 구함
TEXT(인수,형식)	인수에 지정한 형식을 적용하여 구함
FIXED(인수,[자릿수],[논리값])	인수를 자릿수에서 반올림하여 텍스트로 구함 (자리수의 기본값은 2, 논리값이 TRUE이면 쉼표 포함 안 함, FALSE 또는 생략 시 쉼표 포함)
VALUE(텍스트)	숫자를 나타내는 텍스트를 숫자로 변환
EXACT(텍스트1,텍스트2)	텍스트1과 텍스트2를 비교하여 같으면 TRUE, 다르면 FALSE를 나타냄
REPT(텍스트,인수)	텍스트를 인수만큼 반복하여 구함

📥 **작업 파일명** C:\에듀윌_2026컴활1급실기\그대로따라하기\스프레드시트실무\02.계산작업\실습\05_문자열함수.xlsx

출제패턴 ❶

'문자열함수-1' 시트에서 다음 과정을 수행하시오.

1 [표1]의 '사원번호'를 이용하여 입사일자[E2:E11]를 표시하시오.
- ▶ [표시 예: 사원번호가 'enw-120501-B'인 경우 → 12년 05월 01일]
- ▶ LEFT, RIGHT, MID 함수 중 알맞은 함수와 & 연산자 사용

2 [표2]의 '생산지역', '생산공장', '생산라인'을 이용하여 제품코드[E14:E21]를 표시하시오.
- ▶ '제품코드'는 '생산지역'의 앞에서 2자리, '생산공장'의 앞에서 1자리, '생산라인'의 앞뒤에 있는 공백을 제거한 후 '-'으로 연결하여 전체 문자를 대문자로 표시
  [표시 예: 생산지역(seoul), 생산공장(2공장), 생산라인(b15) → SE-2-B15]
- ▶ UPPER, LEFT, TRIM 함수와 & 연산자 사용

3 [표3]의 '경기종목', '본선점수'를 이용하여 '본선점수'를 10으로 나눈 몫만큼 등급 [E24:E31]에 표시하시오.
- ▶ [표시 예: '경기종목'이 '육상'이고 '본선점수'가 50인 경우 → ◆◆◆◆◆, '경기종목'이 '수상'이고 '본선점수'가 60인 경우 → ◇◇◇◇◇◇]
- ▶ IF, LEFT, REPT 함수 사용

▼ 결과 화면

	A	B	C	D	E
1	[표1]	사원명	직책	사원번호	입사일자
2		정찬웅	부장	jcw-040612-B	04년 06월 12일
3		정영실	과장	jys-071007-G	07년 10월 07일
4		문형찬	과장	mhc-081214-G	08년 12월 14일
5		박재은	대리	pje-180622-D	18년 06월 22일
6		박형준	대리	phj-190218-D	19년 02월 18일
7		정수현	부장	jsh-050412-B	05년 04월 12일
8		정민기	대리	jmk-171121-D	17년 11월 21일
9		정해용	과장	jhy-080928-G	08년 09월 28일
10		박소희	대리	psh-170705-D	17년 07월 05일
11		오재원	부장	ojw-040815-B	04년 08월 15일
12					
13	[표2]	생산지역	생산공장	생산라인	제품코드
14		seoul	1공장	a11	SE-1-A11
15		pusan	2공장	b21	PU-2-B21
16		ulsan	3공장	c14	UL-3-C14
17		kwangju	4공장	d31	KW-4-D31
18		daejeon	5공장	e21	DA-5-E21
19		incheon	6공장	f17	IN-6-F17
20		jeju	7공장	g15	JE-7-G15
21		seoul	8공장	h19	SE-8-H19
22					
23	[표3]	선수명	경기종목	본선점수	등급
24		강유정	육상	80	◆◆◆◆◆◆◆◆
25		경륜화	수상	80	◇◇◇◇◇◇◇◇
26		권수명	육상	70	◆◆◆◆◆◆◆
27		김기연	육상	60	◆◆◆◆◆◆
28		김현영	수상	90	◇◇◇◇◇◇◇◇◇
29		나하윤	육상	80	◆◆◆◆◆◆◆◆
30		박서정	수상	70	◇◇◇◇◇◇◇
31		박선우	육상	60	◆◆◆◆◆◆

4 [표4]의 '회원명', '거주지역'을 이용하여 배송지[K2:K11]를 표시하시오.
- '거주지역'에서 '시'를 '광역시'로 교체한 후 '회원명' 뒤에 '님'을 연결하여 표시
  [표시 예: 대구광역시 동구 이지원님]
- CONCAT, SUBSTITUTE 함수 사용

5 [표5]의 '아이디', '도메인'을 이용하여 이메일주소[K14:K21]를 표시하시오.
- '아이디'와 '도메인'에서 '에듀윌.com'을 '@eduwill.com'으로 교체한 후 연결하여 표시
- CONCAT, REPLACE 함수 사용

6 [표6]의 '옵션번호'를 이용하여 비고[K24:K31]를 표시하시오.
- '옵션번호'에서 '/'를 '-'로 교체한 후 전체 문자를 소문자로 표시
- LOWER, SUBSTITUTE 함수 사용

▼ 결과 화면

	G	H	I	J	K	L
1	[표4]	회원명	거주지역	배송물품	배송지	
2		신미래	인천시 계양구	책	인천광역시 계양구 신미래님	
3		원은지	대전시 중구	영양제	대전광역시 중구 원은지님	
4		이서진	광주시 북구	화장품	광주광역시 북구 이서진님	
5		이세빈	부산시 기장군	가전제품	부산광역시 기장군 이세빈님	
6		이지원	대구시 동구	식품	대구광역시 동구 이지원님	
7		하이안	인천시 남동구	사무용품	인천광역시 남동구 하이안님	
8		한오지	대전시 동구	옷	대전광역시 동구 한오지님	
9		함예진	광주시 광산구	신발	광주광역시 광산구 함예진님	
10		홍승의	대구시 수성구	공구	대구광역시 수성구 홍승의님	
11		박정환	부산시 해운대구	가방	부산광역시 해운대구 박정환님	
12						
13	[표5]	성명	아이디	도메인	이메일주소	
14		임수영	syere4	에듀윌.com	syere4@eduwill.com	
15		노은하	ehrer7	에듀윌.com	ehrer7@eduwill.com	
16		박덕환	dhbuj9	에듀윌.com	dhbuj9@eduwill.com	
17		오연정	yjorw7	에듀윌.com	yjorw7@eduwill.com	
18		김일온	iokwe8	에듀윌.com	iokwe8@eduwill.com	
19		민규찬	gcmnq4	에듀윌.com	gcmnq4@eduwill.com	
20		나예련	ylnve5	에듀윌.com	ylnve5@eduwill.com	
21		라온주	ejruo7	에듀윌.com	ejruo7@eduwill.com	
22						
23	[표6]	옵션명	옵션번호	브랜드	비고	
24		네비게이션	BM/114K	수성	bm-114k	
25		블랙박스	SK/010M	YK	sk-010m	
26		썬루프	SM/777S	금산	sm-777s	
27		후방카메라	QM/111H	수성	qm-111h	
28		통풍시트	HA/198A	YK	ha-198a	
29		열선시트	AA/001M	금산	aa-001m	
30		차선유지보조	YS/192H	수성	ys-192h	
31		열선휠	WE/511N	YK	we-511n	

그대로 따라하기

1 입사일자[E2:E11]에 '년 월 일' 표시하기

[E2] 셀 선택 → 수식 입력줄에 =MID(D2,5,2)&"년 "&MID(D2,7,2)&"월 "&MID(D2,9,2)&"일"을 입력한 후 Enter를 누름 → [E2] 셀의 자동 채우기 핸들을 [E11] 셀까지 드래그하여 함수식을 복사한다.

> **읽는 강의**
>
> **실수가 줄어들면 합격은 빨라진다!**
> 띄어쓰기에 주의하여 함수식을 입력해야 한다.

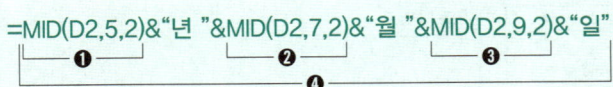

=MID(D2,5,2)&"년 "&MID(D2,7,2)&"월 "&MID(D2,9,2)&"일"

- ❶ MID(D2,5,2): [D2] 셀 문자열(사원번호)의 다섯 번째부터 두 글자(년)를 추출하여 반환한다.
- ❷ MID(D2,7,2): [D2] 셀 문자열(사원번호)의 일곱 번째부터 두 글자(월)를 추출하여 반환한다.
- ❸ MID(D2,9,2): [D2] 셀 문자열(사원번호)의 아홉 번째부터 두 글자(일)를 추출하여 반환한다.
- ❹ ❶&"년 "&❷&"월 "&❸&"일": 문자열 결합 연산자(&)에 의해 ❶, '년 ', ❷, '월 ', ❸, '일'을 연결하여 표시한다.

2 제품코드[E14:E21]에 공백 제거, 대문자 변환하여 표시하기

[E14] 셀 선택 → 수식 입력줄에 =UPPER(LEFT(B14,2)&"-"&LEFT(C14,1)&"-"&TRIM(D14))를 입력한 후 Enter를 누름 → [E14] 셀의 자동 채우기 핸들을 [E21] 셀까지 드래그하여 함수식을 복사한다.

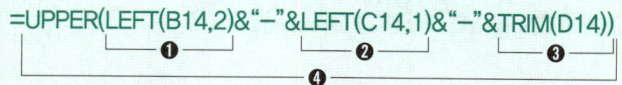

❶ LEFT(B14,2): [B14] 셀 문자열(생산지역)의 왼쪽에서 두 글자를 추출하여 반환한다.
❷ LEFT(C14,1): [C14] 셀 문자열(생산공장)의 왼쪽에서 한 글자를 추출하여 반환한다.
❸ TRIM(D14): [D14] 셀 문자열(생산라인)에서 단어 사이의 한 칸의 공백을 제외하고 문자열 앞과 뒤를 포함한 나머지 모든 공백을 제거하여 반환한다.
❹ UPPER(❶&"-"&❷&"-"&❸): 문자열 결합 연산자(&)에 의해 ❶, '-', ❷, '-', ❸을 연결하고 모든 문자를 영문자의 대문자로 반환한다.

3 등급[E24:E31]에 본선점수를 10으로 나눈 몫만큼 '◆', '◇' 표시하기

[E24] 셀 선택 → 수식 입력줄에 =IF(LEFT(C24,1)="육",REPT("◆",D24/10),REPT("◇", D24/10))을 입력한 후 Enter를 누름 → [E24] 셀의 자동 채우기 핸들을 [E31] 셀까지 드래그하여 함수식을 복사한다.

❶ LEFT(C24,1)="육": [C24] 셀 문자열(경기종목)의 왼쪽에서 한 글자를 추출하여 '육'과 같은지 비교하고 같으면 TRUE, 다르면 FALSE를 반환한다.
❷ REPT("◆",D24/10): '◆'를 [D24] 셀 값(본선점수)을 10으로 나눈 값(몫)만큼 반복하여 반환한다.
❸ REPT("◇",D24/10): '◇'를 [D24] 셀 값(본선점수)을 10으로 나눈 값(몫)만큼 반복하여 반환한다.
❹ IF(❶,❷,❸): ❶(경기종목의 첫 글자가 '육')이 TRUE이면 ❷(◆ 반복), FALSE이면 ❸(◇ 반복)을 반환한다.

4 배송지[K2:K11]에 '광역시', '님' 표시하기

[K2] 셀 선택 → 수식 입력줄에 =CONCAT(SUBSTITUTE(I2,"시","광역시")," ",H2,"님")을 입력한 후 Enter를 누름 → [K2] 셀의 자동 채우기 핸들을 [K11] 셀까지 드래그하여 함수식을 복사한다.

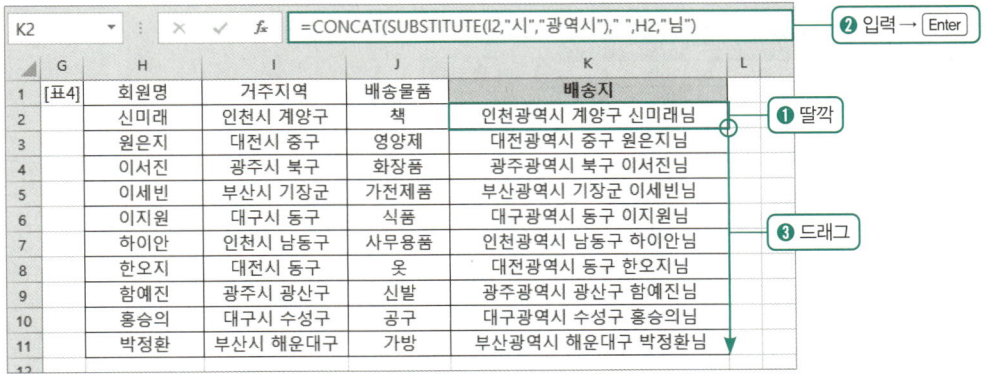

> **풀이법을 알면 시간이 단축된다!**
> CONCAT 함수는 인수들을 하나의 문자열로 연결하여 출력하는 함수로, 인수는 숫자, 문자, 셀 주소가 될 수 있다.

> **풀이법을 알면 시간이 단축된다!**
> SUBSTITUTE 함수의 기능은 '찾아 바꾸기'와 동일하게 문자열을 찾아 다른 문자열로 변경하는 함수로, 네 번째 인수인 '변환할 문자 위치'를 입력하지 않으면 모든 찾을 문자를 새로운 문자로 변경한다.

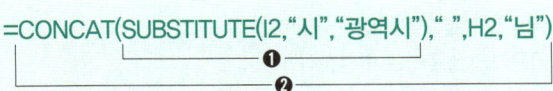

❶ SUBSTITUTE(I2,"시","광역시"): [I2] 셀 문자열(거주지역)에서 '시'를 '광역시'로 교체하여 반환한다.
❷ CONCAT(❶," ",H2,"님"): ❶(광역시로 교체한 거주지역), ' '(띄어쓰기), [H2] 셀 문자열(회원명), '님'을 연결하여 반환한다.

5 이메일주소[K14:K21]에 아이디와 '@eduwill.com' 연결하여 표시하기

[K14] 셀 선택 → 수식 입력줄에 =CONCAT(I14,REPLACE(J14,1,3,"@eduwill"))을 입력한 후 Enter를 누름 → [K14] 셀의 자동 채우기 핸들을 [K21] 셀까지 드래그하여 함수식을 복사한다.

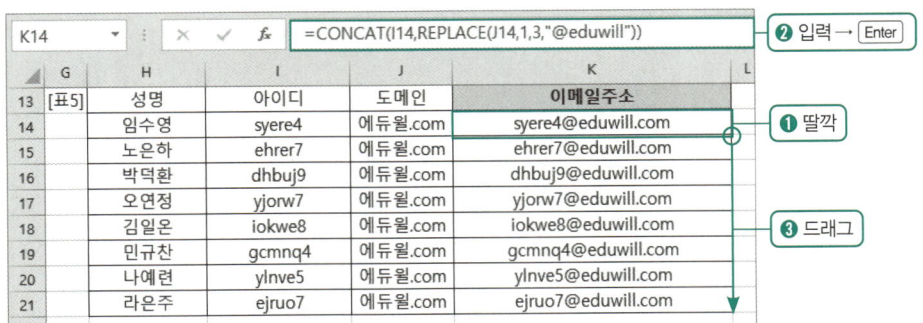

> **풀이법을 알면 시간이 단축된다!**
> REPLACE 함수는 문자열의 시작 위치부터 새로운 텍스트로 변환하는 함수이다. 하지만 개수(세 번째 인수)가 0일 경우에는 기존 문자열 사이에 새로운 문자열이 삽입된다.

❶ REPLACE(J14,1,3,"@eduwill"): [J14] 셀 문자열(도메인)의 첫 번째부터 세 글자를 '@eduwill'로 교체하여 반환한다.
❷ CONCAT(I14,❶): [I14] 셀 문자열(아이디)과 ❶(@eduwill.com)을 연결하여 반환한다.

6 비고[K24:K31]에 '-', 소문자 변환하여 표시하기

[K24] 셀 선택 → 수식 입력줄에 =LOWER(SUBSTITUTE(I24,"/","-"))를 입력한 후 Enter 를 누름 → [K24] 셀의 자동 채우기 핸들을 [K31] 셀까지 드래그하여 함수식을 복사한다.

	G	H	I	J	K	L
23	[표6]	옵션명	옵션번호	브랜드	비고	
24		네비게이션	BM/114K	수성	bm-114k	
25		블랙박스	SK/010M	YK	sk-010m	
26		썬루프	SM/777S	금산	sm-777s	
27		후방카메라	QM/111H	수성	qm-111h	
28		통풍시트	HA/198A	YK	ha-198a	
29		열선시트	AA/001M	금산	aa-001m	
30		차선유지보조	YS/192H	수성	ys-192h	
31		열선힐	WE/511N	YK	we-511n	

=LOWER(SUBSTITUTE(I24,"/","-"))
　　　　　❶
❷

❶ SUBSTITUTE(I24,"/","-"): [I24] 셀 문자열(옵션번호)에서 '/'를 '-'로 교체하여 반환한다.
❷ LOWER(❶): ❶('-'로 교체한 옵션번호)의 모든 문자를 영문자의 소문자로 반환한다.

출제패턴 ❷

'문자열함수-2' 시트에서 다음 과정을 수행하시오.

1 [표1]의 '학과명', '학과이메일주소'를 이용하여 별칭(학과)[F2:F11]을 표시하시오.
- ▶ [표시 예: '학과명'이 '빅데이터분석과'이고 '학과이메일주소'가 'bigd@eduwill.co.kr'인 경우 → Bigd(빅데이터분석)]
- ▶ PROPER, MID, SEARCH 함수와 & 연산자 사용

2 [표2]의 '출장지역', '숙박기간'을 이용하여 출장기간[F14:F23]을 표시하시오.
- ▶ '출장지역'이 '해외'이면 '숙박기간'에 이틀을 더하고, 그 외는 하루를 더하여 표시
  [표시 예: '출장지역'이 '해외', '숙박기간'이 '3박'인 경우 → 5일]
- ▶ IF, CONCAT, LEFT 함수 사용

▼ 결과 화면

	A	B	C	D	E	F
1	[표1]	학과명	학과이메일주소	교수진	학생수	별칭(학과)
2		빅데이터분석과	bigd@eduwill.co.kr	8	120	Bigd(빅데이터분석)
3		SNS분석과	snsb@eduwill.co.kr	6	80	Snsb(SNS분석)
4		로봇공학과	robot@eduwill.co.kr	7	100	Robot(로봇공학)
5		스마트IT과	smart@eduwill.co.kr	9	110	Smart(스마트IT)
6		경영학과	admin@eduwill.co.kr	11	130	Admin(경영학)
7		비서경영과	secre@eduwill.co.kr	5	60	Secre(비서경영)
8		게임학과	game@eduwill.co.kr	7	80	Game(게임학)
9		소프트웨어과	soft@eduwill.co.kr	8	100	Soft(소프트웨어)
10		전자공학과	elect@eduwill.co.kr	10	120	Elect(전자공학)
11		경영정보학과	adinf@eduwill.co.kr	9	100	Adinf(경영정보학)
12						
13	[표2]	직원명	출장지역	숙박기간	숙박비용	출장기간
14		김남규	해외	3박	320,000	5일
15		정영실	국내	2박	440,000	3일
16		문형찬	해외	4박	170,000	6일
17		박재은	국내	3박	490,000	4일
18		박형준	해외	5박	180,000	7일
19		정수현	해외	4박	320,000	6일
20		정민기	국내	3박	160,000	4일
21		정해용	해외	4박	240,000	6일
22		오재원	국내	1박	150,000	2일
23		박소희	해외	5박	360,000	7일

3 [표3]의 '신청인원', '모집인원'을 이용하여 신청률[N2:N11]을 표시하시오.
- ▶ [표시 예: '신청인원/모집인원'의 값이 0.85인 경우 → ★★★★★★★★★85.0%]
- ▶ 단, 오류 발생 시 신청률에 '신청인원없음'으로 표시
- ▶ IFERROR, REPT, TEXT 함수와 & 연산자 사용

4 [표4]의 '판매량'과 '판매이익'을 이용하여 전체 판매이익의 평균 이상의 용품명 개수와 판매량의 합계를 계산하여 [M24] 셀에 표시하시오.
- ▶ [표시 예: 3종(426개)]
- ▶ CONCAT, AVERAGE, SUMIF, COUNTIF 함수와 & 연산자 사용

▼ 결과 화면

H	I	J	K	L	M	N
[표3]	구분	강의명	강사명	신청인원	모집인원	신청률
	특강	시스템분석	이기자	35	40	★★★★★★★★87.5%
	학과	전산통계	김선웅	25	30	★★★★★★★★83.3%
	특강	로봇설계	안현철	25	35	★★★★★★★71.4%
	학과	소프트웨어	박도형	35	40	★★★★★★★★87.5%
	학과	전자계산	정승렬	없음	40	신청인원없음
	학과	경영마케팅	최재석	20	30	★★★★★★66.7%
	학과	빅데이터분석	곽기영	15	25	★★★★★★60.0%
	세미나	SNS분석	박형준	20	30	★★★★★★66.7%
	세미나	게임개발	이향엽	25	35	★★★★★★★71.4%
	특강	인공지능개발	이기자	없음	30	신청인원없음
[표4]	용품명	구분	단가	판매량	판매이익	
	스테이플러	33호	3,800	108	410,400	
	볼펜	검정	2,100	109	228,900	
	가위	중형	4,200	108	453,600	
	풀	중형	1,300	93	120,900	
	테이프	박스용	1,800	88	158,400	
	연필깎이	2홀	8,200	116	951,200	
	노트	A5	2,700	93	251,100	
	파일홀더	A4	1,200	107	128,400	
	봉투	50EA	2,600	90	234,000	
	색연필	12색	13,500	86	1,161,000	
	전체 판매이익의 평균 이상의 용품명 개수와 판매량의 합계				4종(418개)	

그대로 따라하기

1 별칭(학과)[F2:F11]에 첫 글자만 대문자로 변환하여 표시하기

[F2] 셀 선택 → 수식 입력줄에 =PROPER(MID(C2,1,SEARCH("@",C2)−1))&"("&MID(B2, 1,SEARCH("과",B2)−1)&")"를 입력한 후 Enter를 누름 → [F2] 셀의 자동 채우기 핸들을 [F11] 셀까지 드래그하여 함수식을 복사한다.

	A	B	C	D	E	F	G	O
1	[표1]	학과명	학과이메일주소	교수진	학생수	별칭(학과)		
2		빅데이터분석과	bigd@eduwill.co.kr	8	120	Bigd(빅데이터분석)		
3		SNS분석과	snsb@eduwill.co.kr	6	80	Snsb(SNS분석)		
4		로봇공학과	robot@eduwill.co.kr	7	100	Robot(로봇공학)		
5		스마트IT과	smart@eduwill.co.kr	9	110	Smart(스마트IT)		
6		경영학과	admin@eduwill.co.kr	11	130	Admin(경영학)		
7		비서경영과	secre@eduwill.co.kr	5	60	Secre(비서경영)		
8		게임학과	game@eduwill.co.kr	7	80	Game(게임학)		
9		소프트웨어과	soft@eduwill.co.kr	8	100	Soft(소프트웨어)		
10		전자공학과	elect@eduwill.co.kr	10	120	Elect(전자공학)		
11		경영정보학과	adinf@eduwill.co.kr	9	100	Adinf(경영정보학)		

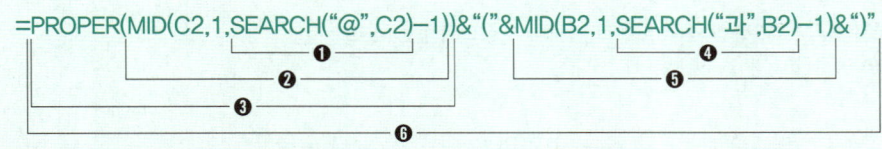

❶ SEARCH("@",C2): [C2] 셀 문자열(학과이메일주소)에서 '@'를 찾아 시작 위치를 반환한다.
❷ MID(C2,1,❶-1): [C2] 셀 문자열(학과이메일주소)의 첫 번째부터 ❶-1개의 글자('@' 앞 부분까지)를 추출하여 반환한다.
❸ PROPER(❷): ❷(학과이메일주소에서 '@' 앞까지 문자열)의 첫 글자만 대문자로, 나머지는 소문자로 반환한다.
❹ SEARCH("과",B2): [B2] 셀 문자열(학과명)에서 '과'를 찾아 시작 위치를 반환한다.
❺ MID(B2,1,❹-1): [B2] 셀 문자열(학과명)의 첫 번째부터 ❹-1개의 글자('과' 앞 부분까지)를 추출하여 반환한다.
❻ ❸&"("&❺&")": 문자열 결합 연산자(&)에 의해 ❸(학과이메일주소에서 첫 글자만 대문자인 '@' 앞 부분까지 문자열), '(', ❺(학과명에서 '과' 앞 부분까지), ')'를 연결하여 표시한다.

2 출장기간[F14:F23]에 '일' 표시하기

[F14] 셀 선택 → 수식 입력줄에 =IF(C14="해외",CONCAT(LEFT(D14,1)+2,"일"),CONCAT (LEFT(D14,1)+1,"일"))을 입력한 후 Enter를 누름 → [F14] 셀의 자동 채우기 핸들을 [F23] 셀까지 드래그하여 함수식을 복사한다.

읽는 강의

풀이법을 알면 시간이 단축된다!
찾기 함수의 종류와 차이점
- FIND, SEARCH 함수는 특정 문자열의 시작 위치를 반환하는 함수이다.
- FIND 함수는 영문자의 대·소문자를 구분한다.
- SEARCH 함수는 영문자의 대·소문자를 구분하지 않는다.
- FIND, SEARCH 함수는 글자수(모두 1)를 기준으로 계산한다.

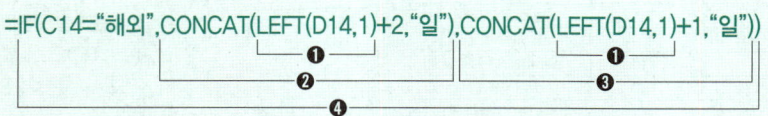

	A	B	C	D	E	F	G
13	[표2]	직원명	출장지역	숙박기간	숙박비용	출장기간	
14		김남규	해외	3박	320,000	5일	
15		정영실	국내	2박	440,000	3일	
16		문형찬	해외	4박	170,000	6일	
17		박재은	국내	3박	490,000	4일	
18		박형준	해외	5박	180,000	7일	
19		정수현	해외	4박	320,000	6일	
20		정민기	국내	3박	160,000	4일	
21		정해용	해외	4박	240,000	6일	
22		오재원	국내	1박	150,000	2일	
23		박소희	해외	5박	360,000	7일	

=IF(C14="해외",CONCAT(LEFT(D14,1)+2,"일"),CONCAT(LEFT(D14,1)+1,"일"))

❶ **LEFT(D14,1)**: [D14] 셀 문자열(숙박기간)의 왼쪽에서 한 글자를 추출하여 반환한다.
❷ **CONCAT(❶+2,"일")**: ❶(숙박기간의 왼쪽에서 한 글자)에 2를 더한 값과 '일'을 연결하여 반환한다.
❸ **CONCAT(❶+1,"일")**: ❶(숙박기간의 왼쪽에서 한 글자)에 1을 더한 값과 '일'을 연결하여 반환한다.
❹ **IF(C14="해외",❷,❸)**: [C14] 셀 문자열(출장지역)이 '해외'와 같은지 비교하여 같으면(TRUE) ❷ (숙박기간+2'일'), 다르면(FALSE) ❸(숙박기간+1'일')을 반환한다.

3 신청률[N2:N11]에 '★'과 '백분율', 오류이면 '신청인원없음' 표시하기

[N2] 셀 선택 → 수식 입력줄에 =IFERROR(REPT("★",(L2/M2)*10)&TEXT(L2/M2, "0.0%"),"신청인원없음")을 입력한 후 Enter 를 누름 → [N2] 셀의 자동 채우기 핸들을 [N11] 셀까지 드래그하여 함수식을 복사한다.

	H	I	J	K	L	M	N
1	[표3]	구분	강의명	강사명	신청인원	모집인원	신청률
2		특강	시스템분석	이기자	35	40	★★★★★★★★87.5%
3		학과	전산통계	김선웅	25	30	★★★★★★★★83.3%
4		특강	로봇설계	안현철	25	35	★★★★★★★71.4%
5		학과	소프트웨어	박도형	35	40	★★★★★★★★87.5%
6		학과	전자계산	정승렬	없음	40	신청인원없음
7		학과	경영마케팅	최재석	20	30	★★★★★★66.7%
8		학과	빅데이터분석	곽기영	15	25	★★★★★★60.0%
9		세미나	SNS분석	박형준	20	30	★★★★★★66.7%
10		세미나	게임개발	이향엽	25	35	★★★★★★★71.4%
11		특강	인공지능개발	이기자	없음	30	신청인원없음

풀이법을 알면 시간이 단축된다!
'★'는 한글 ㅁ을 입력하고 [한자]를 눌러 특수문자 목록을 나타낸 후 선택하면 된다.

=IFERROR(REPT("★",(L2/M2)*10)&TEXT(L2/M2,"0.0%"),"신청인원없음")
　　　　　❶　　　　　　　　　❷　　　　　　
　　　　　　　　❸

❶ REPT("★",(L2/M2)*10): '★'를 [L2] 셀 값(신청인원)을 [M2] 셀 값(모집인원)으로 나눈 값에서 10을 곱한 값만큼 반복하여 반환한다.
❷ TEXT(L2/M2,"0.0%"): [L2] 셀 값(신청인원)을 [M2] 셀 값(모집인원)으로 나눈 값을 '소수점 이하 첫째 자리까지 표시한 백분율' 형식의 문자열로 변경하여 반환한다.
❸ IFERROR(❶&❷,"신청인원없음"): ❶(★ 반복)과 ❷(소수점 이하 첫째 자리까지 표시한 백분율 값)를 연결하여 반환하지만, 이 값이 오류('신청인원'이 '없음')이면 '신청인원없음'으로 반환한다.

> 읽는 강의

4 전체 판매이익의 평균 이상의 용품명 개수와 판매량의 합계[M24] 표시하기

[M24] 셀 선택 → 수식 입력줄에 =CONCAT(COUNTIF(M14:M23,">="&AVERAGE(M14:M23)),"종(",SUMIF(M14:M23,">="&AVERAGE(M14:M23),L14:L23),"개)")를 입력한 후 Enter 를 누른다.

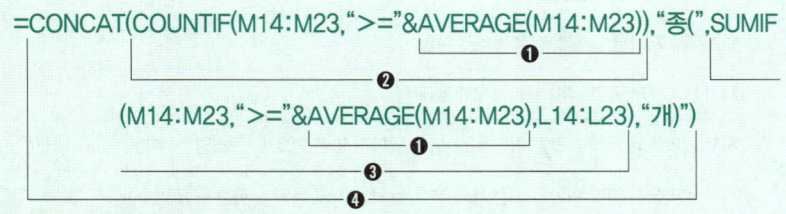

실수가 줄어들면 합격은 빨라진다!
함수식과 비교 연산자를 이용하여 조건을 지정할 때는 비교 연산자를 큰따옴표로 묶어주고 문자열 결합 연산자(&)로 연결하여 지정해주어야 한다.

=CONCAT(COUNTIF(M14:M23,">="&AVERAGE(M14:M23)),"종(",SUMIF
　　　　　　　　　　　　　❶
　　　　　　　　❷
(M14:M23,">="&AVERAGE(M14:M23),L14:L23),"개)")
　　　　　❶
　　　❸
❹

❶ AVERAGE(M14:M23): [M14:M23] 영역(판매이익)의 평균을 반환한다.
❷ COUNTIF(M14:M23,">="&❶): [M14:M23] 영역(판매이익)에서 ❶(전체 판매이익의 평균) 이상인 셀의 개수(용품수)를 반환한다.
❸ SUMIF(M14:M23,">="&❶,L14:L23): [M14:M23] 영역(판매이익)에서 ❶(전체 판매이익의 평균) 이상에 해당하는 [L14:L23] 영역(판매량)의 합계를 반환한다.
❹ CONCAT(❷,"종(",❸,"개)"): ❷(용품수), '종(', ❸(판매량 합계), '개)'를 연결하여 반환한다.

계산 작업

06 날짜/시간 함수

① **개념**: 날짜와 시간을 처리하는 함수들로서 날짜와 시간을 반환하거나 요일의 일련번호 반환 등을 처리함
② **종류**

함수	설명
NOW( )	현재 날짜와 시간의 일련번호를 구함
TODAY( )	현재 날짜의 일련번호를 구함
DATE(연,월,일)	특정 날짜를 나타내는 순차적인 일련번호를 구함
YEAR(날짜)	날짜에 해당하는 연도를 구함
MONTH(날짜)	날짜에 해당하는 월을 구함
DAY(날짜)	날짜에 해당하는 일을 구함
TIME(시,분,초)	특정 시간에 대한 실수를 구함
HOUR(시간)	시간 값의 시를 구함
MINUTE(시간)	시간 값의 분을 구함
SECOND(시간)	시간 값의 초를 구함
WEEKDAY(날짜, 옵션)	• 날짜에 해당하는 요일 번호를 구함 • 옵션 　– 1 또는 생략: 1(일요일)~7(토요일) 　– 2: 1(월요일)~7(일요일) 　– 3: 0(월요일)~6(일요일)
DATEVALUE(날짜)	텍스트로 저장된 날짜를 일련 번호로 구함
DAYS(종료 날짜,시작 날짜)	시작 날짜부터 종료 날짜 사이의 일수를 구함
EDATE(시작 날짜,개월 수)	시작 날짜에서 개월 수만큼 이전 또는 이후 날짜의 일련 번호를 구함(양수: 이후, 음수 :이전)
EOMONTH(시작 날짜,개월 수)	시작 날짜에서 개월 수만큼 이전 또는 이후 달의 마지막 날의 날짜를 구함(양수: 이후, 음수 :이전)
WORKDAY(시작 날짜,일수,[휴일])	시작 날짜에서 일수만큼 이전 또는 이후 날짜를 구함(주말과 휴일을 제외)
NETWORKDAYS(시작 날짜,종료 날짜,[휴일])	시작 날짜와 종료 날짜 사이의 작업일 수를 계산하여 구함(주말과 휴일을 제외한 일수)
WEEKNUM(날짜,옵션)	• 특정 날짜의 주 번호를 구함 • 옵션 　– 1 또는 생략: 주가 일요일부터 시작 　– 2: 주가 월요일부터 시작

작업 파일명 C:\에듀윌_2026컴활1급실기\그대로따라하기\스프레드시트실무\02.계산작업\실습\06_날짜시간함수.xlsx

출제패턴 ❶

'날짜시간함수-1' 시트에서 다음 과정을 수행하시오.

1 [표1]의 '구매일자', '수명연한', '기준일'을 이용하여 수리여부[F2:F9]를 표시하시오.
- ▶ '기준일'은 [C11] 셀 참고
- ▶ '기준일'의 연도와 '구매일자' 연도의 차이가 '수명연한'보다 크면 '유상수리', 그 외에는 공백으로 표시
- ▶ IF, YEAR 함수 사용

2 [표2]의 '주민등록번호'를 이용하여 나이[F14:F22]를 표시하시오.
- ▶ 나이=현재 연도-(주민등록번호 앞 2자리+1900)
- ▶ LEFT, YEAR, TODAY 함수 사용

3 [표3]의 '입사일'을 이용하여 채용기간[F25:F33]을 표시하시오.
- ▶ '입사일'에 해당하는 주 차가 일 년 중 26주 차 이하이면 '상반기', 그 외에는 '하반기'로 표시
- ▶ IF, WEEKNUM 함수 사용

▼ 결과 화면

	A	B	C	D	E	F
1	[표1]	고객명	의뢰제품	구매일자	수명연한	수리여부
2		성지은	세탁기	2022-06-28	2	
3		임유정	노트북	2023-03-25	1	
4		김민호	냉장고	2021-10-17	3	
5		장재원	안마기	2020-12-21	1	유상수리
6		백수영	청소기	2021-04-08	3	
7		김지현	식기세척기	2020-08-23	1	유상수리
8		유혜주	건조기	2022-01-06	2	
9		권민석	정수기	2021-02-11	2	유상수리
10						
11		기준일	2024-10-09			
12						
13	[표2]	종목	강사명	경력	주민등록번호	나이
14		필라테스	임지윤	6년	980921-12*****	26
15		복싱	박성순	2년	920201-23*****	32
16		배드민턴	이민혁	4년	960308-24*****	28
17		테니스	허태민	6년	890325-14*****	35
18		요가	강민호	9년	870923-12*****	37
19		스쿼시	이준영	12년	801130-24*****	44
20		풋살	최민지	8년	860704-28*****	38
21		농구	김소정	2년	940628-13*****	30
22		골프	한민호	10년	900423-13*****	34
23						
24	[표3]	성명	입사일	사원번호	부서	채용기간
25		김성수	2023-08-15	K-220815	전산팀	하반기
26		조성현	2024-04-11	C-220411	마케팅팀	상반기
27		이창원	2024-02-09	L-220209	영업팀	상반기
28		홍우석	2023-11-14	H-221114	전산팀	하반기
29		차준표	2024-01-18	C-220118	전산팀	상반기
30		김인나	2024-02-03	K-220203	마케팅팀	상반기
31		최민호	2023-09-06	C-220906	영업팀	하반기
32		나성환	2023-10-21	N-221021	마케팅팀	하반기
33		이혜은	2024-05-18	L-220518	영업팀	상반기

4 [표4]의 '연수시작일', '연수개월수'를 이용하여 연수일수[M2:M10]를 표시하시오.
- ▶ '연수일수'는 '연수시작일'로부터 '연수개월수' 뒤 사이의 일수를 표시
  [표시 예: '연수시작일'이 2021-04-15이고 '연수개월수'가 2인 경우 → 61일]
- ▶ DAYS, EDATE 함수와 & 연산자 사용

5 [표5]의 '편집시작일', '편집일수', '출판사휴일'을 이용하여 출간일[M14:M22]을 표시하시오.
- ▶ '출간일'은 '편집시작일'에서 주말과 '출판사휴일'을 제외한 '편집일수' 후의 날짜를 표시
  [표시 예: 22년 07월 09일]
- ▶ TEXT, WORKDAY 함수 사용

▼ 결과 화면

H	I	J	K	L	M
[표4]	직원명	부서명	연수시작일	연수개월수	연수일수
	임수빈	회계팀	2023-02-05	3	89일
	최동진	총무팀	2024-03-25	4	122일
	김수원	총무팀	2023-06-17	2	61일
	이상준	인사팀	2024-10-21	1	31일
	성주석	회계팀	2023-04-08	2	61일
	강정훈	인사팀	2023-10-23	1	31일
	박서연	총무팀	2024-01-06	4	121일
	최유진	회계팀	2023-09-11	3	91일
	김미영	인사팀	2023-06-28	2	61일
[표5]	교재명	편집시작일	편집일수	출판사휴일	출간일
	컴퓨터활용능력	2024-02-05	90	5월 7일	24년 06월 11일
	워드프로세서	2024-03-25	50	5월 10일	24년 06월 03일
	정보처리기사	2024-06-17	70	8월 13일	24년 09월 24일
	산업안전기사	2024-10-21	70	11월 20일	25년 01월 27일
	토익RC	2024-04-08	100	6월 15일	24년 08월 26일
	토익LC	2024-10-23	80	12월 21일	25년 02월 12일
	공인중개사	2024-01-06	120	3월 3일	24년 06월 21일
	주택관리사	2024-09-11	120	1월 15일	25년 02월 26일
	ITQ	2024-06-28	60	8월 10일	24년 09월 20일

그대로 따라하기

1 수리여부[F2:F9]에 '유상수리', 공백 표시하기

[F2] 셀 선택 → 수식 입력줄에 =IF(YEAR($C$11)-YEAR(D2)>E2,"유상수리"," ")을 입력한 후 Enter 를 누름 → [F2] 셀의 자동 채우기 핸들을 [F9] 셀까지 드래그하여 함수식을 복사한다.

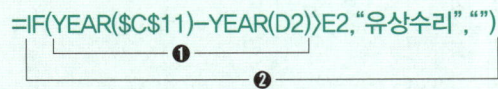

=IF(YEAR($C$11)−YEAR(D2))E2,"유상수리","")
① YEAR($C$11)-YEAR(D2): [C11] 셀 날짜(기준일)의 연도에서 [D2] 셀 날짜(구매일자)의 연도를 뺀 값(연도의 차이)을 반환한다.
([C11] 셀은 함수식을 복사해도 주소가 변경되지 않도록 절대 참조로 지정)
② IF(①>E2,"유상수리"," "): ①(연도 차이)이 [E2] 셀 값(수명연한)보다 크면 '유상수리', 그렇지 않으면 공백을 반환한다.

2 나이[F14:F22]에 값 표시하기

[F14] 셀 선택 → 수식 입력줄에 =YEAR(TODAY( ))−(LEFT(E14,2)+1900)을 입력한 후 Enter 를 누름 → [F14] 셀의 자동 채우기 핸들을 [F22] 셀까지 드래그하여 함수식을 복사한다.

풀이법을 알면 시간이 단축된다!
TODAY 함수는 시스템에 설정된 현재 날짜에 따라 변경되므로 실습 결과가 달라질 수 있다.

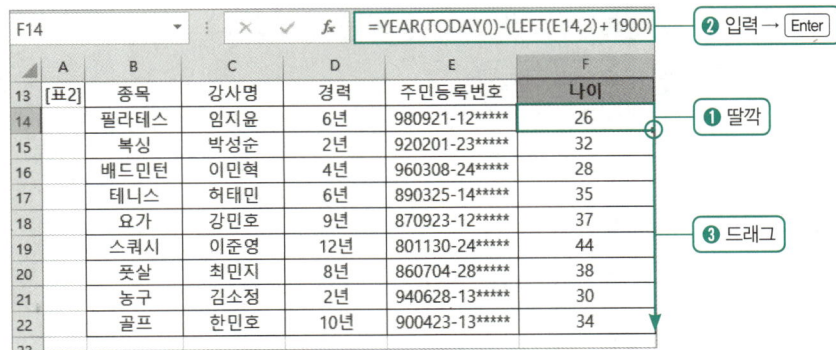

=YEAR(TODAY( ))−(LEFT(E14,2)+1900)

① TODAY( ): 현재 날짜를 반환한다.
② YEAR(①): ①(현재 날짜)의 연도를 반환한다.
③ LEFT(E14,2): [E14] 셀 문자열(주민등록번호)의 왼쪽에서 두 글자를 추출하여 반환한다.
④ ②−(③+1900): ②(현재 연도)에서 ③(출생연도의 뒤 두 자리)과 1900을 더한 값을 뺀 값(나이)을 반환한다.

3 채용기간[F25:F33]에 '상반기', '하반기' 표시하기

[F25] 셀 선택 → 수식 입력줄에 =IF(WEEKNUM(C25)<=26,"상반기","하반기")를 입력한 후 Enter를 누름 → [F25] 셀의 자동 채우기 핸들을 [F33] 셀까지 드래그하여 함수식을 복사한다.

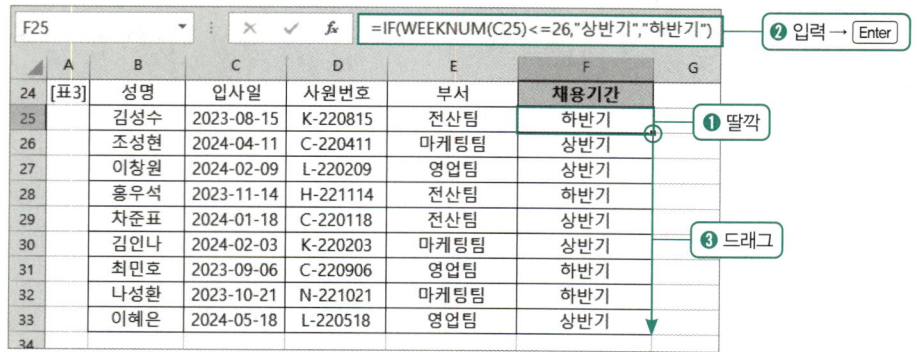

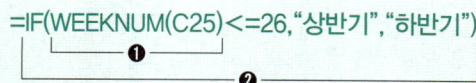

❶ WEEKNUM(C25): [C25] 셀의 날짜(입사일)가 일 년 중 몇 번째 주인지 반환한다.
❷ IF(❶<=26,"상반기","하반기"): ❶(입사일이 일 년 중 해당하는 주 차)이 26 이하이면 '상반기', 그렇지 않으면 '하반기'를 반환한다.

4 연수일수[M2:M10]에 '일' 표시하기

[M2] 셀 선택 → 수식 입력줄에 =DAYS(EDATE(K2,L2),K2)&"일"을 입력한 후 Enter를 누름 → [M2] 셀의 자동 채우기 핸들을 [M10] 셀까지 드래그하여 함수식을 복사한다.

	H	I	J	K	L	M
1	[표4]	직원명	부서명	연수시작일	연수개월수	연수일수
2		임수빈	회계팀	2023-02-05	3	89일
3		최동진	총무팀	2024-03-25	4	122일
4		김수원	총무팀	2023-06-17	2	61일
5		이상준	인사팀	2024-10-21	1	31일
6		성주석	회계팀	2023-04-08	2	61일
7		강정훈	인사팀	2023-10-23	1	31일
8		박서연	총무팀	2024-01-06	4	121일
9		최유진	회계팀	2023-09-11	3	91일
10		김미영	인사팀	2023-06-28	2	61일

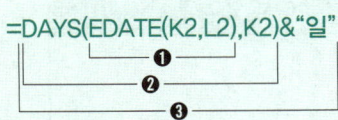

- ❶ EDATE(K2,L2): [K2] 셀의 날짜(연수시작일)를 기준으로 [L2] 셀 값(연수개월수) 이후 날짜의 일련번호를 반환한다.
- ❷ DAYS(❶,K2): [K2] 셀의 날짜(연수시작일)부터 ❶(연수시작일 기준으로 연수개월수 이후 날짜) 사이의 일수를 계산하여 반환한다.
- ❸ ❷&"일": 문자열 결합 연산자(&)에 의해 ❷(연수시작일과 연수개월수 이후 날짜 사이의 일수)와 '일'을 연결하여 표시한다.

5 출간일[M14:M22]에 '00년 00월 00일' 표시하기

[M14] 셀 선택 → 수식 입력줄에 =TEXT(WORKDAY(J14,K14,L14),"yy년 mm월 dd일")을 입력한 후 Enter를 누름 → [M14] 셀의 자동 채우기 핸들을 [M22] 셀까지 드래그하여 함수식을 복사한다.

	H	I	J	K	L	M	N
13	[표5]	교재명	편집시작일	편집일수	출판사휴일	출간일	
14		컴퓨터활용능력	2024-02-05	90	5월 7일	24년 06월 11일	
15		워드프로세서	2024-03-25	50	5월 10일	24년 06월 03일	
16		정보처리기사	2024-06-17	70	8월 13일	24년 09월 24일	
17		산업안전기사	2024-10-21	70	11월 20일	25년 01월 27일	
18		토익RC	2024-04-08	100	6월 15일	24년 08월 26일	
19		토익LC	2024-10-23	80	12월 21일	25년 02월 12일	
20		공인중개사	2024-01-06	120	3월 3일	24년 06월 21일	
21		주택관리사	2024-09-11	120	1월 15일	25년 02월 26일	
22		ITQ	2024-06-28	60	8월 10일	24년 09월 20일	

- ❶ WORKDAY(J14,K14,L14): [J14] 셀의 날짜(편집시작일)에서 토요일, 일요일, [L14] 셀의 날짜(출판사휴일)를 제외하고 [K14] 셀의 값(편집일수)만큼 경과한 날짜(출간일)를 반환한다.
- ❷ TEXT(❶,"yy년 mm월 dd일"): ❶(출간일)을 '두 자리의 연, 월, 일' 형식의 문자열로 변경하여 반환한다.

출제패턴 ❷

'날짜시간함수-2' 시트에서 다음 과정을 수행하시오.

1 [표1]의 '강의일자', '시급', '강의시간'을 이용하여 일지급액[G2:G10]을 표시하시오.
- '일지급액'은 '강의일자'가 월요일부터 금요일이면 '시급×강의시간', 그 외에는 '시급×강의시간×1.2'로 계산하여 표시
- 단, 요일 계산 시 월요일이 1인 유형으로 지정
- IF, WEEKDAY 함수 사용

2 [표2]의 '구매일', '폐기일'을 이용하여 사용기간[G13:G21]을 표시하시오.
- '사용기간'은 연 단위로 표시하되, 개월 수가 부족한 해는 연수에 포함하지 않음
  [표시 예: '구매일'이 '2018-06-07'이고 '폐기일'이 '2021-01-03'인 경우 → 약 2년]
- 1년은 365일로 계산
- DAYS, TEXT, QUOTIENT 함수 사용

▼ 결과 화면

	A	B	C	D	E	F	G
1	[표1]	강사명	강의명	강의일자	시급	강의시간	일지급액
2		이영지	엑셀	2024-03-17	30,000	3	108,000
3		곽성민	액세스	2024-06-04	60,000	2	120,000
4		남지현	한글	2024-07-21	50,000	4	240,000
5		오현호	파워포인트	2024-12-02	40,000	4	160,000
6		임지만	파이썬	2024-02-13	20,000	5	100,000
7		고상민	C언어	2024-10-17	30,000	2	60,000
8		안주혁	자바	2024-03-12	40,000	4	160,000
9		함서일	정보처리기사	2024-04-09	50,000	6	300,000
10		권민규	사무자동화	2024-08-16	30,000	2	60,000
11							
12	[표2]	비품	관리코드	구매비	구매일	폐기일	사용기간
13		노트북	N-031	1,200,000	2020-02-05	2024-01-14	약 3년
14		대형모니터	D-017	2,300,000	2017-03-25	2024-05-07	약 7년
15		공기청정기	G-024	850,000	2016-09-17	2024-08-15	약 7년
16		이동식의자	E-041	160,000	2018-10-21	2024-11-14	약 6년
17		테이블	T-015	270,000	2019-04-08	2024-03-23	약 4년
18		고정식의자	J-036	130,000	2020-10-23	2024-12-30	약 4년
19		빔프로젝터	B-002	430,000	2017-01-06	2024-04-21	약 7년
20		문서보관함	M-016	380,000	2019-12-11	2024-10-21	약 4년
21		팩스	F-003	920,000	2018-06-28	2024-07-13	약 6년

3 [표3]의 '입장시간', '퇴장시간', '인원수'를 이용하여 총요금[O2:O10]을 표시하시오.
- 총요금=(퇴장시간-입장시간)×요금×인원수
- 요금은 20분당 800원임
- HOUR, MINUTE 함수 사용

4 [표4]의 '휴가시작일', '휴가종료일', '공휴일'을 이용하여 휴가기간[O13:O21]을 표시하시오.
- '공휴일'을 포함하지 않은 휴가기간에는 '공휴일포함' 그 외에는 공백으로 표시
- 공휴일은 [Q13:Q18] 영역 참조
- IF, NETWORKDAYS 함수 사용

▼ 결과 화면

	I	J	K	L	M	N	O	P	Q	R
1	[표3]	입장순서	입장시간	퇴장시간	인원수	재입장	총요금			
2		1	8:15	12:15	3	가능	28,800			
3		2	9:30	11:10	2	불가	8,000			
4		3	10:20	12:00	4	불가	16,000			
5		4	10:55	13:15	5	가능	28,000			
6		5	11:00	14:40	3	가능	26,400			
7		6	11:25	15:45	2	가능	20,800			
8		7	12:00	13:40	1	불가	4,000			
9		8	12:45	15:25	4	가능	25,600			
10		9	12:50	16:10	5	가능	40,000			
11										
12	[표4]	직원명	휴가시작일	사용일	휴가종료일	잔여일	휴가기간		<공휴일>	
13		송지영	2024-01-07	2	2024-01-10	8			1월 1일	신정
14		김우민	2024-01-17	3	2024-01-19	9			2월 25일	창립기념일
15		강희철	2024-02-25	1	2024-02-28	10			3월 1일	삼일절
16		이슬기	2024-02-28	2	2024-03-02	6	공휴일포함		3월 9일	선거
17		임승훈	2024-03-08	2	2024-03-10	8			5월 5일	어린이날
18		서민호	2024-03-17	2	2024-03-20	7			6월 6일	현충일
19		황희정	2024-04-22	1	2024-04-24	9				
20		신영민	2024-05-04	2	2024-05-08	8				
21		박건우	2024-06-03	1	2024-06-06	6	공휴일포함			
22										

그대로 따라하기

1 일지급액[G2:G10]에 값 표시하기

[G2] 셀 선택 → 수식 입력줄에 =IF(WEEKDAY(D2,2)<=5,E2*F2,E2*F2*1.2)를 입력한 후 Enter 를 누름 → [G2] 셀의 자동 채우기 핸들을 [G10] 셀까지 드래그하여 함수식을 복사한다.

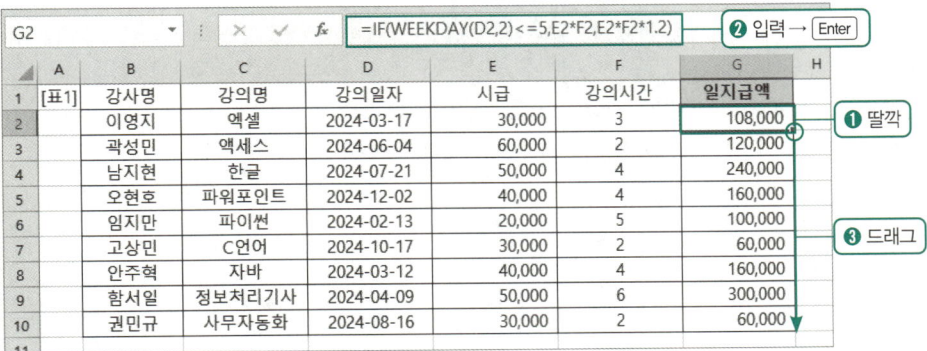

스프레드시트 실무 06. 날짜/시간 함수 133

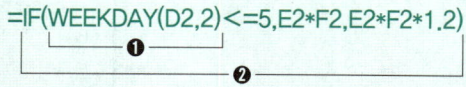

❶ **WEEKDAY(D2,2)**: [D2] 셀 날짜(강의일자)에 해당하는 요일 번호(두 번째 인수를 2로 지정하면 월요일(1)~일요일(7))를 반환한다.
❷ **IF(❶<=5,E2*F2,E2*F2*1.2)**: ❶(요일 번호)이 5 이하이면 [E2] 셀 값(시급)과 [F2] 셀 값(강의시간)을 곱한 값(일지급액), 그렇지 않으면 [E2] 셀 값(시급)과 [F2] 셀 값(강의시간)을 곱한 값에 1.2를 곱한 값(일지급액)을 반환한다.

2 사용기간[G13:G21]에 '약 0년' 표시하기

[G13] 셀 선택 → 수식 입력줄에 =TEXT(QUOTIENT(DAYS(F13,E13),365),"약 0년")을 입력한 후 Enter를 누름 → [G13] 셀의 자동 채우기 핸들을 [G21] 셀까지 드래그하여 함수식을 복사한다.

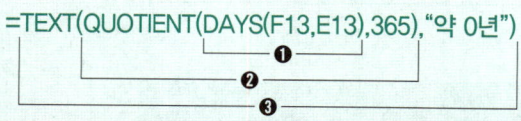

❶ **DAYS(F13,E13)**: [E13] 셀 날짜(구매일)부터 [F13] 셀 날짜(폐기일) 사이의 일수를 계산하여 반환한다.
❷ **QUOTIENT(❶,365)**: ❶(구매일과 폐기일 사이의 일수)을 365로 나눈 몫(연수)을 반환한다.
❸ **TEXT(❷,"약 0년")**: ❷(연수)를 유효하지 않은 자릿수를 0으로 표시하여 '약 0년' 형식의 문자열로 변경하여 반환한다.

3 총요금[O2:O10]에 값 표시하기

[O2] 셀 선택 → 수식 입력줄에 =(HOUR(L2-K2)*60+MINUTE(L2-K2))/20*800*M2를 입력한 후 Enter를 누름 → [O2] 셀의 자동 채우기 핸들을 [O10] 셀까지 드래그하여 함수식을 복사한다.

| O2 | | | fx | =(HOUR(L2-K2)*60+MINUTE(L2-K2))/20*800*M2 | | | ❷ 입력 → Enter |

	I	J	K	L	M	N	O
1	[표3]	입장순서	입장시간	퇴장시간	인원수	재입장	총요금
2		1	8:15	12:15	3	가능	28,800
3		2	9:30	11:10	2	불가	8,000
4		3	10:20	12:00	4	불가	16,000
5		4	10:55	13:15	5	가능	28,000
6		5	11:00	14:40	3	가능	26,400
7		6	11:25	15:45	2	가능	20,800
8		7	12:00	13:40	1	불가	4,000
9		8	12:45	15:25	4	가능	25,600
10		9	12:50	16:10	5	가능	40,000

❶ 딸깍
❸ 드래그

=(HOUR(L2-K2)*60+MINUTE(L2-K2))/20*800*M2
　　　　❶　　　　　　❷
　　　　　　　　❸

❶ **HOUR(L2-K2)*60**: [L2] 셀 시간(퇴장시간)에서 [K2] 셀 시간(입장시간)을 뺀 값의 시에 60을 곱한 값(시를 분으로 환산)을 반환한다.

❷ **MINUTE(L2-K2)**: [L2] 셀 시간(퇴장시간)에서 [K2] 셀 시간(입장시간)을 뺀 값의 분을 반환한다.

❸ **(❶+❷)/20*800*M2**: ❶(시를 분으로 환산)과 ❷(나머지 분)를 합한 값을 20으로 나눈 값(20분 단위)에서 800(20분당 요금)과 [M2] 셀 값(인원수)을 곱한 값(총요금)을 표시한다.

　㉠ 입장시간이 8:15, 퇴장시간이 12:15인 경우. 두 시간의 차이는 240분(=4시간)이고 20분당 요금은 800원씩 인원수는 3명이므로 (240/20)×800×3=28,800원임

4 휴가기간[O13:O21]에 '공휴일포함', 공백 표시하기

[O13] 셀 선택 → 수식 입력줄에 =IF(NETWORKDAYS(K13,M13,$Q$13:$Q$18)<NETWORKDAYS(K13,M13),"공휴일포함"," ")을 입력한 후 Enter 를 누름 → [O13] 셀의 자동 채우기 핸들을 [O21] 셀까지 드래그하여 함수식을 복사한다.

| O13 | | ❷ 입력 → Enter | fx | =IF(NETWORKDAYS(K13,M13,$Q$13:$Q$18)<NETWORKDAYS(K13,M13),"공휴일포함"," ") |

	I	J	K	L	M	N	O	P	Q	R
12	[표4]	직원명	휴가시작일	사용일	휴가종료일	잔여일	휴가기간		<공휴일>	
13		송지영	2024-01-07	2	2024-01-1				1월 1일	신정
14		김우민	2024-01-17	3	2024-01-19	9			2월 25일	창립기념일
15		강희철	2024-02-25	1	2024-02-28	10			3월 1일	삼일절
16		이슬기	2024-02-28	2	2024-03-02	6	공휴일포함		3월 9일	선거
17		임승훈	2024-03-08	2	2024-03-10	8			5일	어린이날
18		서민호	2024-03-17	2	2024-03-20	7			5일	현충일
19		황희정	2024-04-22	1	2024-04-24	9				
20		신영민	2024-05-04	2	2024-05-08	8				
21		박건우	2024-06-03	1	2024-06-06	6	공휴일포함			
22										

❶ 딸깍
❸ 드래그

=IF(NETWORKDAYS(K13,M13,$Q$13:$Q$18)<NETWORKDAYS(K13,M13),"공휴일포함"," ")
　　　　　　❶　　　　　　　　　　　　　　❷
　　　　　　　　　　　　❸

❶ **NETWORKDAYS(K13,M13,$Q$13:$Q$18)**: 토요일, 일요일, [Q13:Q18] 영역(공휴일)을 제외하고 [K13] 셀 날짜(휴가시작일)와 [M13] 셀 날짜(휴가종료일) 사이의 작업일수를 계산하여 반환한다. ([Q13:Q18] 영역은 함수식을 복사해도 주소가 변경되지 않도록 절대 참조로 지정)

❷ **NETWORKDAYS(K13,M13)**: 토요일, 일요일을 제외하고 [K13] 셀 날짜(휴가시작일)와 [M13] 셀 날짜(휴가종료일) 사이의 작업일수를 계산하여 반환한다.

❸ **IF(❶<❷,"공휴일포함"," ")**: ❶(공휴일을 포함한 휴가기간)이 ❷(공휴일을 포함하지 않은 휴가기간) 미만이면 '공휴일포함', 그렇지 않으면 공백을 반환한다.

계산 작업

07 데이터베이스 함수

① **개념**: 데이터베이스처럼 구조화된 데이터를 처리하는 함수들로서 데이터베이스 합계, 데이터베이스 평균 등을 처리할 수 있음

② **형식**

> = 함수명(데이터베이스, 필드, 조건 범위)
>   ❶   ❷   ❸

❶ **데이터베이스**: 데이터베이스 범위로서 첫 행에는 반드시 열 머리글이 있는 레이블을 포함해야 한다.
❷ **필드**: 함수에 사용되는 열 번호로서 필드 번호나 열 이름표로 지정할 수 있다.
❸ **조건 범위**: 조건을 지정하는 범위로서 반드시 열 이름표를 포함해야 한다.
   예) DSUM(A1:F10, 2, H2:H3)

③ **종류**

DSUM(데이터베이스, 필드, 조건 범위)	데이터베이스에서 조건에 맞는 값의 합계를 구함
DAVERAGE(데이터베이스, 필드, 조건 범위)	데이터베이스에서 조건에 맞는 값의 평균을 구함
DCOUNT(데이터베이스, 필드, 조건 범위)	데이터베이스에서 조건에 맞는 값이 있는 셀의 개수를 구함
DCOUNTA(데이터베이스, 필드, 조건 범위)	데이터베이스에서 조건에 맞는 셀 중 비어 있지 않은 셀의 개수를 구함
DMAX(데이터베이스, 필드, 조건 범위)	데이터베이스에서 조건에 맞는 최대값을 구함
DMIN(데이터베이스, 필드, 조건 범위)	데이터베이스에서 조건에 맞는 최소값을 구함
DVAR(데이터베이스, 필드, 조건 범위)	데이터베이스에서 조건에 맞는 값을 사용하여 분산을 구함
DSTDEV(데이터베이스, 필드, 조건 범위)	데이터베이스에서 조건에 맞는 값을 사용하여 표준편차를 구함
DGET(데이터베이스, 필드, 조건 범위)	데이터베이스에서 조건에 맞는 단일값을 구함 (조건을 만족하는 필드 값이 없으면 #VALUE!, 조건을 만족하는 필드 값이 여러 개이면 #NUM! 오류값을 구함)
DPRODUCT(데이터베이스, 필드, 조건 범위)	데이터베이스에서 조건에 맞는 값들의 곱을 구함

⬇ **작업 파일명** C:\에듀윌_2026컴활1급실기\그대로따라하기\스프레드시트실무\02.계산작업\실습\07_데이터베이스함수.xlsx

출제패턴 ❶

📖 읽는 강의

'데이터베이스함수-1' 시트에서 다음 과정을 수행하시오.

1 [표1]에서 여직원의 급여 평균을 계산하여 [E11] 셀에 표시하시오.
  ▶ 평균 뒤에 '원'을 포함하여 표시 [표시 예: 2456000 → 2456000원]
  ▶ 조건은 [G10:G11] 영역에 입력
  ▶ DAVERAGE 함수와 & 연산자 사용

2 [표2]에서 금석 제조사의 평균 제조비용을 계산하여 [E21] 셀에 표시하시오.
  ▶ 조건은 [G20:G21] 영역에 입력
  ▶ DSUM, DCOUNT 함수 사용

3 [표3]에서 매매 거래금액의 최고가와 최저가의 차이를 계산하여 [E33] 셀에 표시하시오.
- ▶ 차이 = 최고가 - 최저가
- ▶ 조건은 [G32:G33] 영역에 입력
- ▶ DMAX, DMIN 함수 사용

▼ 결과 화면

	A	B	C	D	E	F	G	H
1	[표1]	직원명	직책	성별	급여			
2		조다현	과장	남	3,300,000			
3		임송이	대리	여	2,900,000			
4		이재솔	과장	남	3,650,000			
5		문상민	부장	남	4,200,000			
6		안미경	부장	여	4,700,000			
7		정민기	부장	남	5,100,000			
8		홍장미	과장	여	3,900,000			
9		전하림	과장	여	4,000,000			
10		임동아	대리	남	3,900,000		성별	
11		여직원의 급여 평균			3875000원		여	
12								
13	[표2]	메모리코드	제조국가	제조사	제조비용			
14		BCN-16G	중국	비원	30,000			
15		BKR-32G	한국	금석	50,000			
16		BTW-64G	대만	테이원	72,000			
17		BKR-64G	한국	금석	80,000			
18		BKR-16G	한국	금석	35,000			
19		BTW-32G	대만	테이원	58,000			
20		BCN-32G	중국	비원	47,000		제조사	
21		금석 제조사의 평균 제조비용			55,000		금석	
22								
23	[표3]	아파트명	거래내용	거래금액	전용면적			
24		잠실삼성	매매	893,000,000	59.0			
25		서초현대	매매	930,000,000	84.0			
26		상계주공	전세	470,000,000	59.0			
27		마포엘지	매매	760,000,000	114.0			
28		양재한화	전세	220,000,000	59.0			
29		강남중흥	매매	510,000,000	74.0			
30		월계미성	전세	610,000,000	84.0			
31		종로롯데	전세	560,000,000	104.0			
32		사당코오롱	전세	490,000,000	59.0		거래내용	
33		매매의 최고가, 최저가 차이			420,000,000		매매	
34								

4 [표4]에서 총 광고방영시간이 500 이상인 광고지출비의 합계를 계산하여 [J11] 셀에 표시하시오.
- ▶ 총 광고방영시간=광고방영시간×광고횟수
- ▶ 광고지출비 합계는 백의 자리에서 올림하여 천의 자리로 표시
- ▶ 조건은 [O7:O8] 영역에 입력
- ▶ ROUND, ROUNDUP, ROUNDDOWN, DSUM, DCOUNT 함수 중 알맞은 함수를 선택하여 사용

5 [표5]에서 중간고사 상위 3명의 총점 분산을 계산하여 [M22] 셀에 표시하시오.
- ▶ 총점 분산은 소수점 이하 둘째 자리에서 내림하여 소수점 첫째 자리까지 표시
  [표시 예: 64.76 → 64.7]
- ▶ 조건은 [O21:O22] 영역에 LARGE 함수를 사용하여 입력
- ▶ ROUND, ROUNDUP, ROUNDDOWN, DVAR, DSTDEV 함수 중 알맞은 함수를 선택하여 사용

▼ 결과 화면

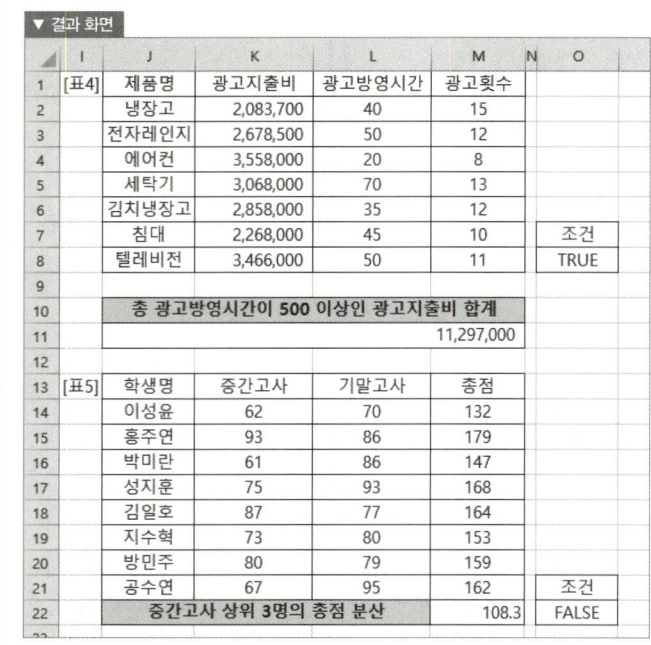

그대로 따라하기

1 여직원의 급여 평균[E11] 표시하기

[D1] 셀을 선택하고 Ctrl+C를 눌러 필드명 복사 → [G10] 셀을 선택하고 Ctrl+V를 눌러 필드명 붙여넣기 → [G11] 셀을 선택하고 조건인 여 입력 → [E11] 셀 선택 → 수식 입력줄에 =DAVERAGE(B1:E10,E1,G10:G11)&"원"을 입력한 후 Enter를 누른다.

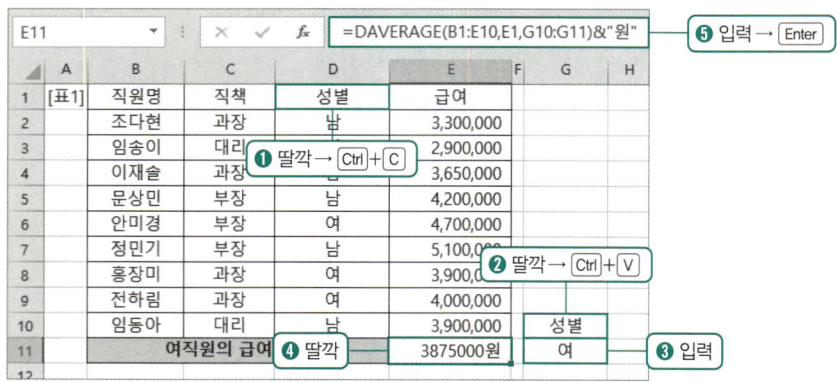

=DAVERAGE(B1:E10,E1,G10:G11)&"원"

❶ DAVERAGE(B1:E10,E1,G10:G11): [B1:E10] 영역에서 조건이 [G10:G11] 영역('성별'이 '여')인 [E1] 필드(급여)의 평균을 반환한다.
❷ ❶&"원": 문자열 결합연산자(&)에 의해 ❶(여직원의 급여 평균)과 '원'을 연결하여 표시한다.

읽는 강의

실수가 줄어들면 합격은 빨라진다!
조건에 필드명을 사용할 때는 '성별'을 입력해도 되지만 되도록 필드명을 복사해서 붙여넣는 것을 권장한다. 간혹 필드명 앞, 뒤에 공백이 들어간 경우도 있으므로 이 경우에는 함수식을 정확하게 입력해도 원하는 결괏값을 얻지 못할 수도 있기 때문이다.

풀이법을 알면 시간이 단축된다!
DAVERAGE 함수에서 두 번째 인수인 '필드'는 '급여' 필드명에 해당하는 [E1] 셀인 E1으로 입력해도 되고, 데이터베이스 영역에서 네 번째 열에 위치하므로 4로 입력해도 된다. 즉, =DAVERAGE(B1:E10,4,G10:G11)&"원"으로 입력해도 된다.

2 금석 제조사의 평균 제조비용[E21] 표시하기

[D13] 셀을 선택하고 Ctrl+C를 눌러 필드명 복사 → [G20] 셀을 선택하고 Ctrl+V를 눌러 필드명 붙여넣기 → [G21] 셀을 선택하고 조건인 금석 입력 → [E21] 셀 선택 → 수식 입력줄에 =DSUM(B13:E20,E13,G20:G21)/DCOUNT(B13:E20,E13,G20:G21)을 입력한 후 Enter 를 누른다.

> **읽는 강의**
>
> **풀이법을 알면 시간이 단축된다!**
> =DSUM(B13:E20,4,G20:G21)/DCOUNT(B13:E20,4,G20:G21)로 입력해도 된다.

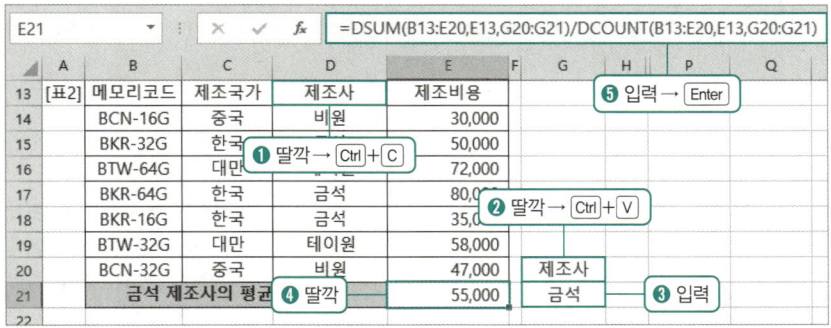

> **출제패턴을 알면 시험이 쉬워진다!**
> 금석 제조사의 평균 제조비용은 =DAVERAGE(B13:E20,E13,G20:G21)나 =DAVERAGE(B13:E20,4, G20:G21)로 동일한 결괏값을 얻을 수 있다. 즉, DAVERAGE 함수를 사용해서 동일한 결괏값을 얻을 수 있지만 문제의 지시사항에서는 DSUM과 DCOUNT 함수를 사용하라고 제시되었으므로 DAVERAGE 함수를 사용하면 결괏값이 동일해도 오답 처리된다.

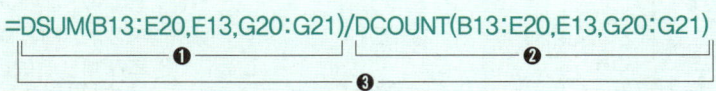

❶ **DSUM(B13:E20,E13,G20:G21)**: [B13:E20] 영역에서 조건이 [G20:G21] 영역('제조사'가 '금석')인 [E13] 필드(제조비용)의 합계를 반환한다.
❷ **DCOUNT(B13:E20,E13,G20:G21)**: [B13:E20] 영역에서 조건이 [G20:G21] 영역('제조사'가 '금석')인 [E13] 필드(제조비용)에서 숫자인 셀의 개수를 반환한다.
❸ **❶/❷**: ❶(금석 제조사의 제조비용 합계)을 ❷(금석 제조사인 셀 개수)로 나눈 값(금석 제조사의 평균 제조비용)을 표시한다.

3 매매의 최고가와 최저가의 차이[E33] 표시하기

[C23] 셀을 선택하고 Ctrl+C를 눌러 필드명 복사 → [G32] 셀을 선택하고 Ctrl+V를 눌러 필드명 붙여넣기 → [G33] 셀을 선택하고 조건인 매매 입력 → [E33] 셀 선택 → 수식 입력줄에 =DMAX(B23:E32,D23,G32:G33)-DMIN(B23:E32,D23,G32:G33)을 입력한 후 Enter 를 누른다.

> **풀이법을 알면 시간이 단축된다!**
> =DMAX(B23:E32,3,G32:G33)-DMIN(B23:E32,3,G32:G33)으로 입력해도 된다.

> **풀이법을 알면 시간이 단축된다!**
> DMAX 함수 부분을 복사하여 붙여넣기 한 다음 DMIN으로 수정하면 빠르게 함수식을 입력할 수 있다.

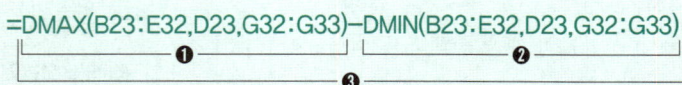

❶ **DMAX(B23:E32,D23,G32:G33)**: [B23:E32] 영역에서 조건이 [G32:G33] 영역('거래내용'이 '매매')인 [D23] 필드(거래금액)의 최대값을 반환한다.
❷ **DMIN(B23:E32,D23,G32:G33)**: [B23:E32] 영역에서 조건이 [G32:G33] 영역('거래내용'이 '매매')인 [D23] 필드(거래금액)의 최소값을 반환한다.
❸ ❶-❷: ❶(매매 최고가)에서 ❷(매매 최저가)를 뺀 값(매매 최고가와 최저가의 차이)을 표시한다.

4 총 광고방영시간이 500 이상인 광고지출비의 합계[J11] 표시하기

① [O7] 셀을 선택하고 필드명 대신 조건 입력 → [O8] 셀 선택 → 수식 입력줄에 =L2*M2>=500을 입력한 후 Enter 를 누른다.

=L2*M2>=500

[L2] 셀 값(광고방영시간)과 [M2] 셀 값(광고횟수)을 곱한 값(총 광고방영시간)이 500 이상이면 TRUE, 그렇지 않으면 FALSE를 반환한다.

② [J11] 셀 선택 → 수식 입력줄에 =ROUNDUP(DSUM(J1:M8,K1,O7:O8),-3)을 입력한 후 Enter 를 누른다.

> **읽는 강의**
>
> **풀이법을 알면 시간이 단축된다!**
> 함수식을 조건으로 입력할 때는 사용할 필드명이 지시사항에 따로 제시되지 않으므로 데이터베이스 영역의 필드명과 동일하지 않은 이름을 임의로 지정하면 된다. 즉, [O7] 셀에 조건 대신 필드명과 동일하지 않은 임의의 이름을 입력해도 무방하다.
>
> **풀이법을 알면 시간이 단축된다!**
> =ROUNDUP(DSUM(J1:M8, 2,O7:O8),-3)으로 입력해도 된다.

- ❶ DSUM(J1:M8,K1,O7:O8): [J1:M8] 영역에서 조건이 [O7:O8] 영역('총 광고방영시간'이 500 이상(TRUE))인 [K1] 필드(광고지출비)의 합계를 반환한다.
- ❷ ROUNDUP(❶,-3): ❶(총 광고방영시간이 500 이상인 광고지출비의 합계)을 백의 자리에서 올림하여 천의 자리로 반환한다.

5 중간고사 상위 3명의 총점 분산[M22] 표시하기

① [O21] 셀을 선택하고 필드명 대신 조건 입력 → [O22] 셀 선택 → 수식 입력줄에 =K14>=LARGE($K$14:$K$21,3)을 입력한 후 Enter 를 누른다.

	I	J	K	L	M	N	O
			fx	=K14>=LARGE($K$14:$K$21,3)			
13	[표5]	학생명	중간고사	기말고사	총점		
14		이성윤	62	70	132		
15		홍주연	93	86	179		
16		박미란	61	86	147		
17		성지훈	75	93	168		
18		김일호	87	77	164		
19		지수혁	73	80	153		
20		방민주	80	79	159		
21		공수연	67	95	162		조건
22		중간고사 상위 3명의 총점 분산					FALSE

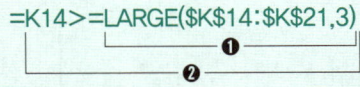

- ❶ LARGE($K$14:$K$21,3): [K14:K21] 영역(전체 학생의 중간고사)에서 세 번째로 큰 값(80)을 반환한다.
  ([K14:K21] 영역은 함수식을 복사해도 주소가 변경되지 않도록 절대 참조로 지정)
- ❷ K14>=❶: [K14] 셀 값(학생별 중간고사)이 ❶(전체 학생 중 세 번째로 높은 중간고사) 이상이면 TRUE, 그렇지 않으면 FALSE를 반환한다.

② [M22] 셀 선택 → 수식 입력줄에 =ROUNDDOWN(DVAR(J13:M21,M13,O21:O22),1)을 입력한 후 Enter 를 누른다.

	I	J	K	L	M	N	O	P
			fx	=ROUNDDOWN(DVAR(J13:M21,M13,O21:O22),1)				
13	[표5]	학생명	중간고사	기말고사	총점			
14		이성윤	62	70	132			
15		홍주연	93	86	179			
16		박미란	61	86	147			
17		성지훈	75	93	168			
18		김일호	87	77	164			
19		지수혁	73	80	153			
20		방민주	80	79	159			
21		공수연	67	95	162		조건	
22		중간고사 상위 3명의 총점 분산			108.3		FALSE	

풀이법을 알면 시간이 단축된다!
=ROUNDDOWN(DVAR(J13:M21,4,O21:O22),1)로 입력해도 된다.

=ROUNDDOWN(DVAR(J13:M21,M13,O21:O22),1)
                    ❶
           ❷

❶ DVAR(J13:M21,M13,O21:O22): [J13:M21] 영역에서 조건이 [O21:O22] 영역(중간고사 상위 3명 (TRUE))인 [M13] 필드(총점)의 분산을 반환한다.

❷ ROUNDDOWN(❶,1): ❶(중간고사 상위 3명의 총점 분산)을 소수점 이하 둘째 자리에서 내림하여 소수점 첫째 자리까지 반환한다.

출제패턴 ❷

'데이터베이스함수-2' 시트에서 다음 과정을 수행하시오.

1 [표1]에서 판매량 1순위의 과일명, 판매량, 재고량을 계산하여 [I7:I9] 영역에 표시하시오.
- 판매량이 가장 많은 과일이 1위임
- 조건은 [H2:H3] 영역에 MIN 함수를 사용하여 입력
- DGET 함수 사용

2 [표2]에서 '기본급'의 50%가 2000000 이상인 직원의 비율을 계산하여 [D29] 셀에 표시하시오.
- 조건은 [B28:B29] 영역에 입력
- DCOUNTA, COUNTA 함수 사용

▼ 결과 화면

	A	B	C	D	E	F	G	H	I	J
1	[표1]	과일명	수확량	판매량	재고량	판매량순위				
2		수박	440	400	40	2		조건		
3		참외	450	415	35	1		FALSE		
4		배	350	320	30	5				
5		딸기	390	343	47	3				
6		멜론	260	185	75	8		판매량 1순위		
7		감	350	340	10	4		과일명	참외	
8		사과	300	260	40	6		판매량	415	
9		복숭아	260	224	36	7		재고량	35	
10										
11	[표2]	직원명	근무지	부서명	성과금	기본급				
12		김혜성	서울	경리부	1,170,000	3,500,000				
13		김유환	부산	기획부	1,160,000	3,210,000				
14		유승우	대구	영업부	1,190,000	3,700,000				
15		오지수	대전	영업부	890,000	2,560,000				
16		장혜미	광주	영업부	1,030,000	3,440,000				
17		이승원	세종	경리부	1,190,000	3,030,000				
18		이찬율	용인	기획부	620,000	4,350,000				
19		이동원	부천	영업부	540,000	3,260,000				
20		김도영	인천	영업부	910,000	4,340,000				
21		황소영	판교	기획부	1,010,000	4,460,000				
22		정해강	제주	영업부	570,000	2,790,000				
23		정찬웅	천안	경리부	1,120,000	3,940,000				
24		정영실	부산	기획부	590,000	3,460,000				
25		문형찬	광주	영업부	880,000	3,950,000				
26		김다솜	대구	영업부	770,000	4,090,000				
27										
28		조건		기본급의 50%가 2000000 이상인 직원 비율						
29		FALSE		27%						

3 [표3]에서 회계팀과 총무팀의 평균 급여 차이를 계산하여 [P10] 셀에 표시하시오.
- ▶ 급여 차이는 항상 양수로 표시
- ▶ 조건은 [O12:P13] 영역에 입력
- ▶ ABS, DAVERAGE 함수 사용

▼ 결과 화면

	K	L	M	N	O	P
1	[표3]	성명	부서	직급	근무년수	급여
2		이기자	인사팀	사원	2	2,700,000
3		정영실	총무팀	팀장	7	5,800,000
4		문형찬	회계팀	대리	3	3,400,000
5		박재은	인사팀	팀장	6	4,900,000
6		이은지	회계팀	팀장	7	6,300,000
7		정수현	인사팀	팀장	7	6,400,000
8		박민기	총무팀	대리	2	2,900,000
9		최해용	회계팀	사원	1	2,300,000
10		회계팀과 총무팀의 평균 급여 차이				350,000
11						
12					부서	부서
13					회계팀	총무팀

그대로 따라하기

1 판매량 1순위의 과일명, 판매량, 재고량[I7:I9] 표시하기

① [H2] 셀을 선택하고 필드명 대신 조건 입력 → [H3] 셀 선택 → 수식 입력줄에 =F2=MIN($F$2:$F$9)을 입력한 후 Enter를 누른다.

	A	B	C	D	E	F	G	H	I	J
1	[표1]	과일명	수확량	판매량	재고량	판매량순위		조건		
2		수박	440	400	40	2		FALSE		
3		참외	450	415	35	1				
4		배	350	320	30	5				
5		딸기	390	343	47	3		판매량 1순위		
6		멜론	260	185	75	8		과일명		
7		감	350	340	10	4		판매량		
8		사과	300	260	40	6		재고량		
9		복숭아	260	224	36	7				

=F2=MIN($F$2:$F$9)

❶ MIN($F$2:$F$9): [F2:F9] 영역(과일별 판매량순위)에서 최소값(1)을 반환한다.
([F2:F9] 영역은 함수식을 복사해도 주소가 변경되지 않도록 절대 참조로 지정)
❷ F2=❶: [F2] 셀 값(판매량순위)이 ❶(판매량 1순위)와 같으면 TRUE, 그렇지 않으면 FALSE를 반환한다.

실수가 줄어들면 합격은 빨라진다!
판매량이 가장 많은 경우가 1순위이지만 1 자체는 순위 중 가장 작은 값이므로 MIN 함수를 사용하는 것임을 이해해야 한다.

② [I7] 셀 선택 → 수식 입력줄에 =DGET($B$1:$F$9,H7,$H$2:$H$3)을 입력한 후 Enter 를 누름 → [I7] 셀의 자동 채우기 핸들을 [I9] 셀까지 드래그하여 함수식을 복사한다.

> **읽는 강의**
>
> **풀이법을 알면 시간이 단축된다!**
> 과일명 필드[B1]인 B1을 입력(=DGET($B$1:$F$9,B1,$H$2:$H$3))하거나 열 번호인 1을 입력(=DGET($B$1:$F$9,1,$H$2:$H$3))해도 되지만, 함수식을 드래그하여 복사하기 위해 H7을 입력하는 것이 편리하다.

=DGET($B$1:$F$9,H7,$H$2:$H$3)

[B1:F9] 영역에서 조건이 [H2:H3] 영역(판매량 1순위 과일(TRUE))인 하나의 [H7] 필드값(과일명)을 반환한다.
([B1:F9], [H2:H3] 영역은 함수식을 복사해도 주소가 변경되지 않도록 절대 참조로 지정)

2 기본급의 50%가 2000000 이상인 직원 비율[D29] 표시하기

① [B28] 셀을 선택하고 필드명 대신 조건 입력 → [B29] 셀 선택 → 수식 입력줄에 =F12*50%>=2000000를 입력한 후 Enter 를 누른다.

=F12*50%>=2000000

[F12] 셀 값(기본급)에서 50%를 곱한 값이 2000000 이상이면 TRUE, 그렇지 않으면 FALSE를 반환한다.

② [D29] 셀 선택 → 수식 입력줄에 =DCOUNTA(B11:F26,B11,B28:B29)/COUNTA(B12:B26)을 입력한 후 Enter를 누른다.

	A	B	C	D	E	F
11	[표2]	직원명	근무지	부서명	성과금	기본급
12		김혜성	서울	경리부	1,170,000	3,500,000
13		김유환	부산	기획부	1,160,000	3,210,000
14		유승우	대구	영업부	1,190,000	3,700,000
15		오지수	대전	영업부	890,000	2,560,000
16		장혜미	광주	영업부	1,030,000	3,440,000
17		이승원	세종	경리부	1,190,000	3,030,000
18		이찬율	용인	기획부	620,000	4,350,000
19		이동원	부천	영업부	540,000	3,260,000
20		김도영	인천	영업부	910,000	4,340,000
21		황소영	판교	기획부	1,010,000	4,460,000
22		정해강	제주	영업부	570,000	2,790,000
23		정찬웅	천안	경리부	1,120,000	3,940,000
24		정영실	부산	기획부	590,000	3,460,000
25		문형찬	광주	영업부	880,000	3,950,000
26		김다솜	대구	영업부	770,000	4,090,000
27						
28		조건		기본급의 50%가 2000000 이상인 직원 비율		
29		FALSE		27%		

> **읽는 강의**
>
> **풀이법을 알면 시간이 단축된다!**
> =DCOUNTA(B11:F26,1,B28:B29)/COUNTA(B12:B26)으로 입력해도 된다.

=DCOUNTA(B11:F26,B11,B28:B29)/COUNTA(B12:B26)

❶ DCOUNTA(B11:F26,B11,B28:B29): [B11:F26] 영역에서 조건이 [B28:B29] 영역('기본급'의 50%가 2000000 이상(TRUE))인 [B11] 필드(직원명)의 비어있지 않은 셀의 개수(직원수)를 반환한다.

❷ COUNTA(B12:B26): [B12:B26] 영역에서 비어있지 않은 셀의 개수(전체 직원수)를 반환한다.

❸ ❶/❷: ❶('기본급'의 50%가 2000000 이상인 직원수)을 ❷(전체 직원수)로 나눈 값(직원 비율)을 표시한다.

3 회계팀과 총무팀의 평균 급여 차이[P10] 표시하기

[M1] 셀을 선택하고 Ctrl+C를 눌러 필드명 복사 → [O12] 셀과 [P12] 셀을 선택하고 Ctrl+V를 눌러 각각 필드명 붙여넣기 → [O13] 셀과 [P13] 셀을 선택하고 조건인 회계팀과 총무팀을 각각 입력 → [P10] 셀 선택 → 수식 입력줄에 =ABS(DAVERAGE(L1:P9,P1,O12:O13)-DAVERAGE(L1:P9,P1,P12:P13))을 입력한 후 Enter를 누른다.

> **읽는 강의**
>
> **풀이법을 알면 시간이 단축된다!**
> =ABS(DAVERAGE(L1:P9,5,O12:O13)-DAVERAGE(L1:P9,5,P12:P13))으로 입력해도 된다.

- **① DAVERAGE(L1:P9,P1,O12:O13)**: [L1:P9] 영역에서 조건이 [O12:O13] 영역('부서'가 '회계팀')인 [P1] 필드(급여)의 평균을 반환한다.
- **② DAVERAGE(L1:P9,P1,P12:P13)**: [L1:P9] 영역에서 조건이 [P12:P13] 영역('부서'가 '총무팀')인 [P1] 필드(급여)의 평균을 반환한다.
- **③ ABS(①-②)**: ①(회계팀 평균 급여)에서 ②(총무팀 평균 급여)를 뺀 값(두 부서 간 평균 급여 차이)을 절대값으로 반환한다.

08 찾기/참조 함수

① **개념**: 데이터를 찾고 참조하는 함수들로서 대표적으로 VLOOKUP, HLOOKUP, MATCH, INDEX 등이 있음
② **종류**

함수	설명
CHOOSE(인수, 값1, 값2,…)	인수가 1이면 값1, 2이면 값2… 를 구함
HLOOKUP(찾을 값,범위,행 번호,옵션)	범위의 맨 위 행에서 값을 검색한 다음, 지정한 행에서 같은 열에 있는 값을 구함 - 0 또는 FALSE: 정확히 일치 - 1 또는 TRUE 또는 생략: 유사 일치
VLOOKUP(찾을 값,범위,열 번호,옵션)	범위의 맨 왼쪽 열에서 값을 검색한 다음, 지정한 열에서 같은 행에 있는 값을 구함 - 0 또는 FALSE: 정확히 일치 - 1 또는 TRUE 또는 생략: 유사 일치
LOOKUP(찾을 값,검색 범위,결과 범위)	단일 행이나 열에서 값을 찾고, 두 번째 행이나 열에서 동일한 위치에 있는 값을 구함
INDEX(범위,행 번호,[열 번호])	범위에서 지정한 행 번호와 열 번호의 위치에 있는 값을 구함
MATCH(찾을 값,범위,[옵션])	범위에서 찾을 값의 위치를 구함 - 1 또는 생략: 찾을 값보다 작거나 같은 값 중에서 가장 큰 값의 위치(오름차순 정렬되어 있어야 함) - 0: 정확히 일치하는 첫 번째 값의 위치(정렬 필요 없음) - -1: 찾을 값보다 크거나 같은 값 중 가장 작은 값의 위치(내림차순 정렬되어 있어야 함)
COLUMN(셀)	셀의 열 번호를 구함
COLUMNS(범위)	범위에 들어있는 열 수를 구함
ROW(셀)	셀의 행 번호를 구함
ROWS(범위)	범위에 들어있는 행 수를 구함
OFFSET(범위,행,열,높이,너비)	범위에서 지정된 행과 열만큼 떨어진 위치의 영역을 구함
TRANSPOSE(범위)	세로 셀 범위를 가로 범위로, 가로 셀 범위를 세로 범위로 바꾸어 구함
ADDRESS(행 번호,열 번호,참조 유형)	행 및 열 번호가 지정되었을 때 워크시트에서 셀의 주소를 구함 • 참조 유형 - 1: 절대 행, 절대 열 - 2: 절대 행, 상대 열 - 3: 상대 행, 절대 열 - 4: 상대 행, 상대 열
AREAS(범위)	범위에서 영역의 수를 구함
INDIRECT(텍스트)	텍스트 형식의 참조를 계산해 값을 구함
XLOOKUP(검색값,검색 범위,구할 범위,[검색값이 없을 때 구할 값],[옵션1],[옵션2])	검색값이 검색 범위에서 발견되면 찾은 첫 번째 일치 항목에 해당하는 항목을 구함 - 옵션1: 일치 방법, 0(정확히 일치) - 옵션2: 검색 방법, 기본값은 1(첫 번째 항목부터 검색) 또는 -1(마지막 항목부터 검색)
XMATCH(검색값,검색 범위,[옵션1],[옵션2])	검색값을 검색 범위에서 찾고 상대 위치를 구함 - 옵션1: 검색 방법, 0(정확히 일치) - 옵션2: 검색 방향, 기본값은 1(첫 번째 항목부터 검색) 또는 -1(마지막 항목부터 검색)

📥 **작업 파일명** C:\에듀윌_2026컴활1급실기\그대로따라하기\스프레드시트실무\02.계산작업\실습\08_찾기참조함수.xlsx

출제패턴 ❶

'찾기참조함수-1' 시트에서 다음 과정을 수행하시오.

1 [표1]의 '평균'을 이용하여 평가[G2:G8]에 개인별 등수를 표시하시오.
- 순위는 평균이 가장 높은 사람이 1등
- 1등부터 5등까지는 개인별 등수, 그 외는 공백으로 표시 [표시 예: 1등]
- CHOOSE, RANK.EQ 함수 사용

2 [표2]의 '수강과목'을 이용하여 과목코드[C13:C20]를 표시하시오.
- 수강과목별 과목코드는 [G18:H20] 영역 참조
- 단, 오류 발생 시 과목코드에 '코드없음'으로 표시
- IFERROR, VLOOKUP 함수 사용

3 [표3]에서 환급액을 계산하여 [F24:F29] 영역에 표시하시오.
- 환급액 = (수강료 + 교재비) × 환급율
- 이수율에 대한 환급율은 [C32:G33] 영역 참조
- 환급액은 반올림 없이 백의 자리로 표시
- TRUNC, HLOOKUP 함수 사용

▼ 결과 화면

	A	B	C	D	E	F	G	H
1	[표1]	이름	학과	중간	기말	평균	평가	
2		유은지	빅데이터과	85	85	85.0	3등	
3		김지은	경영학과	93	74	83.5	4등	
4		부현경	게임학과	95	90	92.5	2등	
5		윤병호	빅데이터과	95	69	82.0	5등	
6		윤보열	경영학과	65	93	79.0		
7		장재원	게임학과	95	60	77.5		
8		서석	빅데이터과	100	91	95.5	1등	
9								
10								
11								
12	[표2]	수강과목	과목코드	강사	수강료			
13		빅데이터	1	박재은	150,000			
14		파이썬	2	오은주	70,000			
15		C언어	코드없음	오상철	150,000			
16		인공지능	3	고은정	100,000		수강과목코드	
17		인공지능	3	정해강	100,000		수강과목	과목코드
18		자바	코드없음	정찬웅	70,000		빅데이터	1
19		빅데이터	1	정영실	150,000		파이썬	2
20		파이썬	2	정민기	70,000		인공지능	3
21								
22								
23	[표3]	이름	수강료	교재비	이수율	환급액		
24		가우정	350,000	29,800	57%	151,900		
25		이향엽	250,000	28,100	35%	55,600		
26		서수민	200,000	14,500	86%	150,100		
27		김건민	240,000	18,200	98%	258,200		
28		이연호	300,000	19,200	28%	31,900		
29		방의석	250,000	30,100	70%	196,000		
30								
31		환급규정표						
32		이수율	10%	30%	50%	70%	90%	
33		환급율	10%	20%	40%	70%	100%	

4 [표4]의 '등록번호'의 마지막 두 글자를 이용하여 코드를 계산하고 뮤지컬제목 [L2:L6]을 표시하시오.
- 뮤지컬제목에 대한 코드는 [L9:P10] 영역 참조
- LOOKUP, VLOOKUP, HLOOKUP, RIGHT, LEFT 함수 중 알맞은 함수를 선택하여 사용

5 [표5]에서 참가코드를 계산하여 [K13:K21] 영역에 표시하시오.
- [표시 예: '대회분야'가 '텍스트분석', '생년월일'이 '1972-04-15', 현재 셀의 행 번호가 16행인 경우 → T-1972-16]
- 대회분야에 대한 대회코드는 [R14:S19] 영역 참조
- CONCAT, VLOOKUP, YEAR, ROW 함수 사용

6 [표6]에서 등급을 계산하여 [P24:P31] 영역에 표시하시오.
- 총점 = 인공지능 + 빅데이터 + 파이썬 + 컴활1급
- 총점에 대한 등급은 [R25:U29] 영역 참조 [표시 예: 나등급]
- SUM, INDEX, MATCH 함수와 & 연산자 사용

▼ 결과 화면

	J	K	L	M	N	O	P	Q	R	S	T	U
1	[표4]	등록번호	뮤지컬제목	공연날짜								
2		MOO-11	멋진엄마	4/13								
3		MOO-55	바보온달	3/12								
4		MOO-33	날아라참새	5/9								
5		MOO-22	웃기는왕	4/18								
6		MOO-44	굴러온황금	5/8								
7												
8		등록표										
9		뮤지컬제목	멋진엄마	웃기는왕	날아라참새	굴러온황금	바보온달					
10		코드	11	22	33	44	55					
11												
12	[표5]	참가코드	대회분야	성명	성별	생년월일	출신학과		대회코드표			
13		T-2000-13	텍스트분석	최재철	여	2000-05-07	컴퓨터공학		대회분야	대회코드		
14		I-2001-14	인공지능	이향엽	남	2001-04-25	전자공학		텍스트분석	T		
15		B-2002-15	빅데이터분석	정광채	남	2002-08-08	빅데이터학과		인공지능	I		
16		C-2000-16	블록체인	문정덕	여	2000-05-07	주식학과		빅데이터분석	B		
17		D-2001-17	딥러닝	하관성	남	2001-04-25	게임학과		블록체인	C		
18		M-2002-18	이미지	송혜원	여	2002-08-08	그래픽학과		딥러닝	D		
19		T-2000-19	텍스트분석	박충현	여	2000-05-07	컴퓨터공학		이미지	M		
20		I-2001-20	인공지능	문지영	남	2001-04-25	컴퓨터공학					
21		B-2002-21	빅데이터분석	김해용	여	2002-08-08	게임학과					
22												
23	[표6]	이름	인공지능	빅데이터	파이썬	컴활1급	등급		등급표			
24		박재은	16	19	25	25	나등급		총점		등급	학점
25		오온주	18	17	26	30	가등급		90 이상	100 이하	가	A
26		하상철	15	11	15	25	라등급		80 이상	89 이하	나	B
27		고은정	20	15	21	15	다등급		70 이상	79 이하	다	C
28		정해감	15	16	22	27	나등급		60 이상	69 이하	라	D
29		최찬웅	17	20	27	28	가등급		1 이상	60 이하	마	E
30		박영실	16	19	25	23	나등급					
31		문형찬	18	13	16	23	다등급					

그대로 따라하기

1 평가[G2:G8]에 개인별 등수 표시하기

[G2] 셀 선택 → 수식 입력줄에 =CHOOSE(RANK.EQ(F2,$F$2:$F$8),"1등","2등","3등","4등","5등","","")을 입력한 후 Enter를 누름 → [G2] 셀의 자동 채우기 핸들을 [G8] 셀까지 드래그하여 함수식을 복사한다.

> **읽는 강의**
>
> **실수가 줄어들면 합격은 빨라진다!**
> CHOOSE 함수는 데이터 개수와 동일하게 각 인수의 반환값을 지정해주어야 한다. 6등, 7등과 같이 공백으로 반환하는 인수에도 반드시 큰따옴표("")로 지정해주어야 한다. 반환값을 지정해주지 않으면 #VALUE! 오류가 발생한다.

	A	B	C	D	E	F	G	H	I	V
1	[표1]	이름	학과	중간	기말	평균	평가			
2		유은지	빅데이터과	85	85	85.0	3등			
3		김지은	경영학과	93	74	83.5	4등			
4		부현경	게임학과	95	90	92.5	2등			
5		윤병호	빅데이터과	95	69	82.0	5등			
6		윤보열	경영학과	65	93	79.0				
7		장재원	게임학과	95	60	77.5				
8		서석	빅데이터과	100	91	95.5	1등			

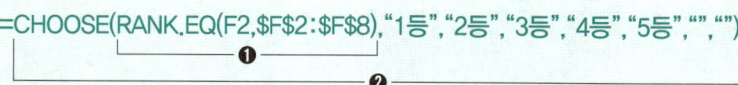

❶ RANK.EQ(F2,$F$2:$F$8): [F2:F8] 영역(전체 평균)에서 [F2] 셀(평균)의 순위(순위가 같으면 가장 높은 순위)를 반환한다.
([F2:F8] 영역은 함수식을 복사해도 주소가 변경되지 않도록 절대 참조로 지정)
❷ CHOOSE(❶,"1등","2등","3등","4등","5등","",""): ❶(평균 순위)가 1이면 '1등', 2이면 '2등', 3이면 '3등', 4이면 '4등', 5이면 '5등', 6 또는 7이면 공백으로 반환한다.

2 과목코드[C13:C20]에 값, 오류이면 '코드없음' 표시하기

[C13] 셀 선택 → 수식 입력줄에 =IFERROR(VLOOKUP(B13,$G$18:$H$20,2,0),"코드없음")을 입력한 후 Enter를 누름 → [C13] 셀의 자동 채우기 핸들을 [C20] 셀까지 드래그하여 함수식을 복사한다.

> **실수가 줄어들면 합격은 빨라진다!**
> 참조할 '수강과목코드' 영역에서 '수강과목'과 '과목코드'가 열에 따라 구분되므로 VLOOKUP 함수를 사용해야 한다.
>
> **풀이법을 알면 시간이 단축된다!**
> =IFERROR(VLOOKUP(B13,$G$18:$H$20,2,FALSE),"코드없음")로 입력해도 된다. 즉, VLOOKUP 함수의 마지막 인수에 '0' 대신 'FALSE'를 입력해도 결과는 동일하다.

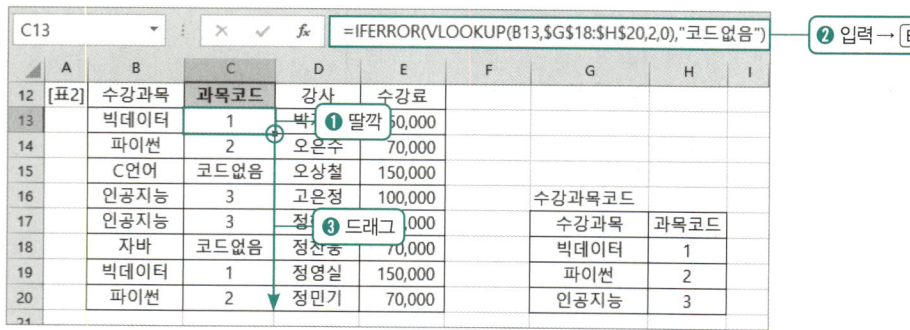

=IFERROR(VLOOKUP(B13,$G$18:$H$20,2,0),"코드없음")
　　　　　　　　❶
　　　　　　❷

❶ **VLOOKUP(B13,$G$18:$H$20,2,0)**: [G18:H20] 영역(수강과목코드)의 첫 번째 열(수강과목코드의 수강과목)에서 [B13] 셀 문자열(수강과목)과 정확하게 일치(0)하는 값을 찾아 해당 값이 있는 행에서 두 번째 열(수강과목코드의 과목코드)에 대응하는 값을 반환한다.
　([G18:H20] 영역은 함수식을 복사해도 주소가 변경되지 않도록 절대 참조로 지정)
❷ **IFERROR(❶,"코드없음")**: ❶(수강과목에 해당하는 과목코드)을 반환하지만, 이 값이 오류('수강과목'에 해당하는 '과목코드'가 없는 경우)이면 '코드없음'을 반환한다.

3 환급액[F24:F29]에 값을 반올림 없이 백의 자리로 표시하기

[F24] 셀 선택 → 수식 입력줄에 =TRUNC((C24+D24)*HLOOKUP(E24,$C$32:$G$33,2,TRUE),-2)을 입력한 후 Enter 를 누름 → [F24] 셀의 자동 채우기 핸들을 [F29] 셀까지 드래그하여 함수식을 복사한다.

> **읽는 강의**
>
> **실수가 줄어들면 합격은 빨라진다!**
> 참조할 '환급규정표' 영역에서 '이수율'과 '환급율'이 행에 따라 구분되므로 HLOOKUP 함수를 사용해야 한다.

	A	B	C	D	E	F	G	H
23	[표3]	이름	수강료	교재비	이수율	환급액		
24		가우정	350,000	29,800	57%	151,900		
25		이향엽	250,000	28,100	35%	55,600		
26		서수민	200,000	14,500	86%	150,100		
27		김건민	240,000	18,200	98%	258,200		
28		이연호	300,000	19,200	28%	31,900		
29		방의석	250,000	30,100	70%	196,000		
30								
31		환급규정표						
32		이수율	10%	30%	50%	70%	90%	
33		환급율	10%	20%	40%	70%	100%	

❶ 딸깍　❷ 입력 → Enter　❸ 드래그

=TRUNC((C24+D24)*HLOOKUP(E24,$C$32:$G$33,2,TRUE),-2)
　　　　　　　　　　　　　　❶
　　　❷

❶ **HLOOKUP(E24,$C$32:$G$33,2,TRUE))**: [C32:G33] 영역(환급규정표)의 첫 번째 행(환급규정표의 이수율)에서 [E24] 셀 값(이수율)과 유사 일치(TRUE)하는 값, 즉 같거나 작은 값 중 가장 큰 값을 찾아 해당 값이 있는 열에서 두 번째 행(환급규정표의 환급율)에 대응하는 값을 반환한다.
　([C32:G33] 영역은 함수식을 복사해도 주소가 변경되지 않도록 절대 참조로 지정)
❷ **TRUNC((C24+D24)*❶,-2)**: [C24] 셀의 값(수강료)과 [D24] 셀의 값(교재비)을 더한 값에 ❶(이수율에 해당하는 환급율)을 곱한 값(환급액)에서 십의 자리 이하의 숫자를 버리고 백의 자리로 반환한다.

4 등록번호 오른쪽 두 글자로 뮤지컬제목[L2:L6] 표시하기

[L2] 셀 선택 → 수식 입력줄에 =LOOKUP(RIGHT(K2,2)*1,$L$10:$P$10,$L$9:$P$9)를 입력한 후 Enter를 누름 → [L2] 셀의 자동 채우기 핸들을 [L6] 셀까지 드래그하여 함수식을 복사한다.

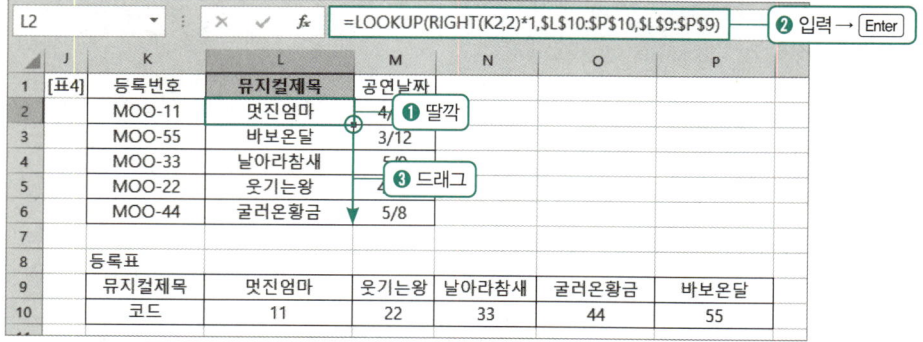

> **읽는 강의**
>
> **풀이법을 알면 시간이 단축된다!**
> **LOOKUP(값,범위,결과 범위)의 특징**
> - 두 번째 인수(범위)는 반드시 오름차순으로 정렬되어 있어야 함
> - 세 번째 인수(결과 범위)를 생략하면 두 번째 인수(범위)에서 찾은 '값'을 반환함
> - 두 번째 인수(범위)와 세 번째 인수(결과 범위)의 시작 위치(행 또는 열)는 같아야 함

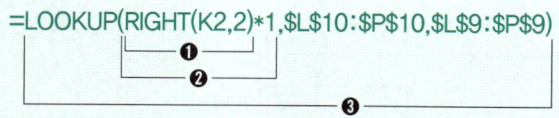

❶ RIGHT(K2,2): [K2] 셀 문자열(등록번호)의 오른쪽에서 두 글자를 추출하여 반환한다.
❷ ❶*1: ❶(등록번호 오른쪽 두 글자)의 문자형 데이터를 숫자형 데이터로 변환하여 반환한다.
❸ LOOKUP(❷,$L$10:$P$10,$L$9:$P$9): [L10:P10] 영역(등록표의 코드)에서 ❷(등록번호 오른쪽 두 숫자)를 찾아 [L9:P9] 영역(등록표의 뮤지컬제목)에서 같은 위치에 있는 값(해당 값이 있는 행의 열 값)을 반환한다.
([L9:P9], [L10:P10] 영역은 함수식을 복사해도 주소가 변경되지 않도록 절대 참조로 지정)

> **풀이법을 알면 시간이 단축된다!**
> LOOKUP 함수를 사용하는 이유는 '범위'에서 찾을 '값'이 첫 번째 행이 아닌 두 번째 행에 위치하기 때문이다. HLOOKUP 함수는 첫 번째 행에서, VLOOKUP 함수는 첫 번째 열에서 '값'을 찾아야 하는데, 등록표[L9:P10] 영역에서는 일치하는 코드의 일부가 두 번째 행에 위치하므로 HLOOKUP 함수가 아닌 LOOKUP 함수를 사용해야 한다.

5 참가코드[K13:K21]에 '대회코드-연도-행 번호' 표시하기

[K13] 셀 선택 → 수식 입력줄에 =CONCAT(VLOOKUP(L13,$R$14:$S$19,2,FALSE),"-",YEAR(O13),"-",ROW( ))를 입력한 후 Enter를 누름 → [K13] 셀의 자동 채우기 핸들을 [K21] 셀까지 드래그하여 함수식을 복사한다.

J	K	L	M	N	O	P	Q	R	S
12 [표5]	참가코드	대회분야	성명	성별	생년월일	출신학과		대회코드표	
13	T-2000-13	텍스트분석		여	2000-05-07	컴퓨터공학		대회분야	대회코드
14	I-2001-14	인공지능	이양엽	남	2001-04-25	전자공학		텍스트분석	T
15	B-2002-15	빅데이터분석	정광채	남	2002-08-08	빅데이터학과		인공지능	I
16	C-2000-16	블록체인	문정덕	여	2000-05-07	주식학과		빅데이터분석	B
17	D-2001-17	딥러닝		남	2001-04-25	게임학과		블록체인	C
18	M-2002-18	이미지		여	2002-08-08	그래픽학과		딥러닝	D
19	T-2000-19	텍스트분석	박중현	여	2000-05-07	컴퓨터공학		이미지	M
20	I-2001-20	인공지능	문지영	남	2001-04-25	컴퓨터공학			
21	B-2002-21	빅데이터분석	김해용	여	2002-08-08	게임학과			

> **풀이법을 알면 시간이 단축된다!**
> **문자형 데이터를 숫자형 데이터로 변환하는 방법**
> - 문자형 데이터*1
> - 문자형 데이터+0
> - =VALUE(문자형 데이터)

=CONCAT(VLOOKUP(L13,$R$14:$S$19,2,FALSE),"-",YEAR(O13),"-",ROW( ))
① ④ ② ③

❶ **VLOOKUP(L13,$R$14:$S$19,2,FALSE)**: [R14:S19] 영역(대회코드표)의 첫 번째 열(대회코드표의 대회분야)에서 [L13] 셀 문자열(대회분야)과 정확하게 일치(FALSE)하는 값을 찾아 해당 값이 있는 행에서 두 번째 열(대회코드표의 대회코드)에 대응하는 값을 반환한다.
 ([R14:S19] 영역은 함수식을 복사해도 주소가 변경되지 않도록 절대 참조로 지정)
❷ **YEAR(O13)**: [O13] 셀 날짜(생년월일)에서 연도를 반환한다.
❸ **ROW( )**: 현재 셀의 행 번호를 반환한다.
❹ **CONCAT(❶,"-",❷,"-",❸)**: ❶(대회분야에 해당하는 대회코드), '-', ❷(생년월일의 연도), '-', ❸(행 번호)을 연결하여 반환한다.

6 등급[P24:P31]에 총점의 등급 표시하기

[P24] 셀 선택 → 수식 입력줄에 =INDEX($T$25:$U$29,MATCH(SUM(L24:O24),$S$25:$S$29,-1),1)&"등급"을 입력한 후 Enter를 누름 → [P24] 셀의 자동 채우기 핸들을 [P31] 셀까지 드래그하여 함수식을 복사한다.

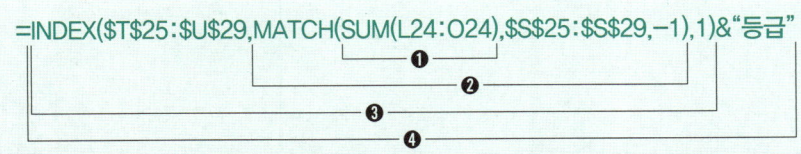

=INDEX($T$25:$U$29,MATCH(SUM(L24:O24),$S$25:$S$29,-1),1)&"등급"
① ② ③ ④

❶ **SUM(L24:O24)**: [L24:O24] 영역(인공지능, 빅데이터, 파이썬, 컴활1급)의 합계(총점)를 반환한다.
❷ **MATCH(❶,$S$25:$S$29,-1)**: [S25:S29] 영역(등급표의 총점)에서 ❶(총점)보다 크거나 같은 값 중 가장 작은 값(-1)을 찾아 상대 위치를 반환한다. 즉, 총점이 85이고 [S25:S29] 영역에서 85보다 크거나 같은 값 중 가장 작은 값인 89 이하는 두 번째 행에 위치하므로 상대 위치는 '2'를 반환한다.
 ([S25:S29] 영역은 함수식을 복사해도 주소가 변경되지 않도록 절대 참조로 지정)
❸ **INDEX($T$25:$U$29,❷,1)**: [T25:U29] 영역(등급표의 등급과 학점)에서 ❷(등급표의 총점 상대 위치인 '2')행과 첫 번째 열(등급표의 등급)의 교차값(나)을 반환한다.
 ([T25:U29] 영역은 함수식을 복사해도 주소가 변경되지 않도록 절대 참조로 지정)
❹ **❸&"등급"**: 문자열 결합 연산자(&)에 의해 ❸(총점에 해당하는 등급인 '나')과 '등급'을 연결하여 표시한다.

📖 **읽는 강의**

풀이법을 알면 시간이 단축된다!

MATCH 함수의 검색 유형
- 1: 검색값보다 작거나 같은 값 중 가장 큰 값(오름차순으로 정렬되어 있어야 함)
- 0: 검색값과 같은 첫 번째 값
- -1: 검색값보다 크거나 같은 값 중 가장 작은 값(내림차순으로 정렬되어 있어야 함)

풀이법을 알면 시간이 단축된다!

- INDEX 함수의 두 번째 인수(행)와 세 번째 인수(열)는 자주 혼동되기 때문에 'row_num'에서 ROW는 행, 'column_num'에서 COLUMN은 열로 기억하면 편리하다. 이 외에도 다양한 함수에서 이와 같이 구분할 수 있다.
- INDEX 함수의 첫 번째 인수(범위)를 [T25:T29]로 지정하면 세 번째 인수(열)를 생략해도 된다. 즉, =INDEX($T$25:$T$29,MATCH(SUM(L24:O24),$S$25:$S$29,-1))&"등급"으로 입력해도 된다.

출제패턴 ❷

'찾기참조함수-2' 시트에서 다음 과정을 수행하시오.

1 [표1]에서 '보험금환급액'을 계산하여 [H2:H9] 영역에 표시하시오.
- 보험금환급액 = (입원일 - 3) × 입원료특약 + 금액
- '보험유형'의 앞 두 글자가 '실손'인 경우 금액은 병원비-의료기관별 금액, 그 외는 금액을 25000으로 계산
- 의료기관별 금액은 [B13:C16] 영역 참조
- IF, LEFT, VLOOKUP 함수 사용

2 [표2]에서 '할인판매금액'을 계산하여 [G20:G27] 영역에 표시하시오.
- 할인판매금액 = 판매가격 × (1 - 할인율)
- 할인율은 [B31:C34] 영역 참조
- 남은개월은 (유통기한 - 기준일)/30으로 계산
- 유통기한은 제조일자로부터 보유개월만큼 지난 날로 계산
- EDATE, VLOOKUP, QUOTIENT 함수 사용

▼ 결과 화면

	A	B	C	D	E	F	G	H
1	[표1]	보험가입자	보험유형	의료기관	병원비	입원일	입원료특약	보험금환급액
2		이도원	실손보험	병원	178,000	4	20,000	168,000
3		이주아	실손보험	종합병원	710,000	3	20,000	670,000
4		전정아	정액보험	요양기관	155,000	5	40,000	105,000
5		김한성	저축보험	요양기관	289,000	8	20,000	125,000
6		최윤서	저축보험	의원	1,980,000	20	30,000	535,000
7		황재현	정액보험	병원	2,540,000	25	20,000	465,000
8		이성근	저축보험	요양기관	985,700	10	30,000	235,000
9		김예나	실손보험	요양기관	165,000	2	40,000	75,000
10								
11		옵션						
12		의료기관	금액					
13		요양기관	50,000					
14		종합병원	40,000					
15		병원	30,000					
16		의원	20,000					
17								
18						기준일	2024-12-30	
19	[표2]	제품코드	제품명	판매가격	제조일자	보유개월	할인판매금액	
20		MOO-11	산지오베제	33,000	2024-07-21	24	26,400	
21		MOO-55	삐노느와	40,000	2024-06-19	18	24,000	
22		MOO-33	리슬링	80,000	2024-10-09	26	64,000	
23		MOO-22	시라즈	200,000	2024-06-01	14	100,000	
24		MOO-44	메를로	50,600	2024-07-06	15	30,360	
25		MOO-33	리슬링	75,000	2024-12-10	17	60,000	
26		MOO-88	쉬라	120,000	2024-07-21	12	60,000	
27		MOO-77	블랑	70,000	2024-07-06	12	35,000	
28								
29		할인율표						
30		남은개월	할인율					
31		1	50%					
32		8	40%					
33		15	20%					
34		24	10%					

3 [표3]에서 '월급'을 계산하여 [Q2:Q9] 영역에 표시하시오.
- 월급 = 기본급 + 상여금
- 상여금 = 기본급 × 상여금율
- 총점수는 근무점수와 고객점수의 합으로 계산하되, 근무점수가 70 이상이고 고객점수가 10 이상인 직원에게만 상여금을 지급하고, 그 외는 상여금을 0으로 계산
- 총점수에 대한 상여금율은 [K13:L16] 영역 참조
- IF, AND, OR, SUM, HLOOKUP, VLOOKUP 함수 중 알맞은 함수를 선택하여 사용

4 [표4]에서 '중개수수료'를 계산하여 [P20:P26] 영역에 표시하시오.
- 중개수수료는 '거래금액 × 수수료율'과 '최고수수료' 중 작은 값을 표시
- 거래내용에 따른 거래가, 수수료율, 최고수수료는 [K29:P34] 영역 참조
- HLOOKUP, MATCH, MIN 함수 사용

▼ 결과 화면

	J	K	L	M	N	O	P	Q
1	[표3]	직원명	부서명	기본급	경력	근무점수	고객점수	월급
2		이하린	총무부	3,500,000	10	71	15	4,025,000
3		서수민	인사부	2,800,000	4	70	5	2,800,000
4		남건민	영업부	2,180,000	2	75	17	2,616,000
5		김연호	관리부	4,570,000	11	50	13	4,570,000
6		이나라	경영관리부	2,750,000	9	72	12	3,025,000
7		최무성	인사부	3,500,000	12	59	13	3,500,000
8		가진욱	총무부	2,700,000	8	73	10	2,970,000
9		이서빈	관리부	3,150,000	11	78	5	3,150,000
10								
11		상여금표						
12		총점수	상여금율					
13		80	10%					
14		85	15%					
15		90	20%					
16		100	30%					
17								
19	[표4]	아파트명	거래내용	전용면적	거래금액	중개사	중개수수료	
20		잠실삼성	매매	108	786,000,000	정해용	3,930,000	
21		서초현대	매매	83	852,000,000	서경석	4,260,000	
22		상계주공	전세	76	470,000,000	피어나	800,000	
23		마포엘지	매매	59	660,000,000	이루리	3,300,000	
24		양재한화	전세	60	330,000,000	보아라	800,000	
25		강남중흥	매매	84	529,000,000	미드니	2,116,000	
26		월계미성	전세	154	720,000,000	다스리	2,400,000	
27								
28		중개보수 요율표						
29			거래가	0	50,000,000	100,000,000	600,000,000	
30		전세	수수료율	0.5%	0.4%	0.3%	0.4%	
31			최고수수료	200,000	300,000	800,000	2,400,000	
32			거래가	0	50,000,000	100,000,000	600,000,000	
33		매매	수수료율	0.6%	0.5%	0.4%	0.5%	
34			최고수수료	250,000	800,000	2,400,000	4,500,000	

그대로 따라하기

1 보험금환급액[H2:H9]에 값 표시하기

[H2] 셀 선택 → 수식 입력줄에 =(F2-3)*G2+IF(LEFT(C2,2)="실손",E2-VLOOKUP(D2, $B$13:$C$16,2,FALSE),25000)을 입력한 후 Enter를 누름 → [H2] 셀의 자동 채우기 핸들을 [H9] 셀까지 드래그하여 함수식을 복사한다.

	A	B	C	D	E	F	G	H
1	[표1]	보험가입자	보험유형	의료기관	병원비	입원일	입원료특약	보험금환급액
2		이도원	실손보험	병원	178,000	4	20,000	168,000
3		이주아	실손보험	종합병원	710,000	3	20,000	670,000
4		전정아	정액보험	요양기관	155,000	5	40,000	105,000
5		김한성	저축보험	요양기관	289,000	8	20,000	125,000
6		최윤서	저축보험	의원	1,980,000	20	30,000	535,000
7		황재현	정액보험	병원	2,540,000	25	20,000	465,000
8		이성근	저축보험	요양기관	985,700	10	30,000	235,000
9		김예나	실손보험	요양기관	165,000	2	40,000	75,000
10								
11		옵션						
12		의료기관	금액					
13		요양기관	50,000					
14		종합병원	40,000					
15		병원	30,000					
16		의원	20,000					

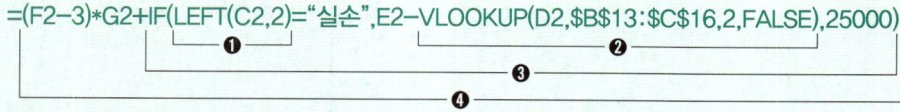

=(F2-3)*G2+IF(LEFT(C2,2)="실손",E2-VLOOKUP(D2,$B$13:$C$16,2,FALSE),25000)

❶ **LEFT(C2,2)**: [C2] 셀 문자열(보험유형)의 왼쪽에서 두 글자를 추출하여 반환한다.

❷ **VLOOKUP(D2,$B$13:$C$16,2,FALSE)**: [B13:C16] 영역(옵션)의 첫 번째 열(옵션의 의료기관)에서 [D2] 셀 문자열(의료기관)과 정확하게 일치(FALSE)하는 값을 찾아 해당 값이 있는 행에서 두 번째 열(옵션의 금액)에 대응하는 값을 반환한다.
([B13:C16] 영역은 함수식을 복사해도 주소가 변경되지 않도록 절대 참조로 지정)

❸ **IF(❶="실손",E2-❷,25000)**: ❶(보험유형의 왼쪽에서 두 글자)이 '실손'이면 [E2] 셀 값(병원비)에서 ❷(의료기관에 해당하는 금액)를 뺀 값, 그렇지 않으면 25000을 반환한다.

❹ **(F2-3)*G2+❸**: [F2] 셀 값(입원일)에서 3을 뺀 값에 [G2] 셀 값(입원료특약)을 곱한 값에서 ❸(의료기관별 금액 또는 25000)을 더한 값(보험금환급액)을 표시한다.

2 할인판매금액[G20:G27]에 값 표시하기

[G20] 셀 선택 → 수식 입력줄에 =D20*(1−VLOOKUP(QUOTIENT(EDATE(E20,F20)−$G$18,30),$B$31:$C$34,2))를 입력한 후 Enter를 누름 → [G20] 셀의 자동 채우기 핸들을 [G27] 셀까지 드래그하여 함수식을 복사한다.

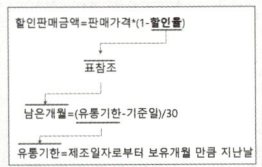

읽는 강의

풀이법을 알면 시간이 단축된다!
날짜 데이터의 연산(+, −)이 가능한 이유

날짜 데이터는 일련번호를 기반으로 동작한다. 일련번호(Serial Number)는 1900년 1월 1일을 1로 하여 하루에 하나씩 증가하는 형식으로 되어 있다. 2024−07−21의 일련번호는 45494이고, 2022−12−30의 일련번호는 45656이므로 이 두 개의 날짜의 경우 뺄셈 연산은 45656−45494와 동일하다.

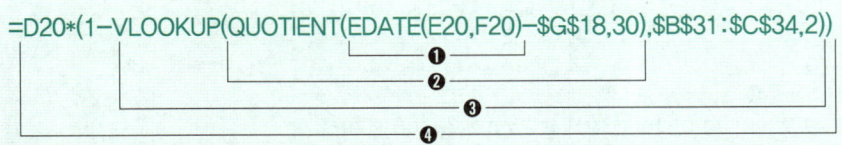

❶ **EDATE(E20,F20)**: [E20] 셀의 날짜(제조일자)를 기준으로 [F20] 셀 값(보유개월) 이후 날짜(유통기한)의 일련번호를 반환한다.

❷ **QUOTIENT(❶−$G$18,30)**: ❶(유통기한)에서 [G18] 셀 날짜(기준일)를 뺀 값을 30으로 나눈 몫(남은개월)을 반환한다.
([G18] 셀은 함수식을 복사해도 주소가 변경되지 않도록 절대 참조로 지정)

❸ **VLOOKUP(❷,$B$31:$C$34,2)**: [B31:C34] 영역(할인율표)의 첫 번째 열(할인율표의 남은개월)에서 ❷(남은개월)와 유사 일치(생략)하는 값을 찾아 해당 값이 있는 행에서 두 번째 열(할인율표의 할인율)에 대응하는 값을 반환한다.
([B31:C34] 영역은 함수식을 복사해도 주소가 변경되지 않도록 절대 참조로 지정)

❹ **D20*(1−❸)**: [D20] 셀 값(판매가격)과 1에서 ❸(할인율)을 뺀 값을 곱한 값(할인판매금액)을 표시한다.

3 월급[Q2:Q9]에 값 표시하기

[Q2] 셀 선택 → 수식 입력줄에 =M2+IF(AND(O2>=70,P2>=10),M2*VLOOKUP(SUM(O2:P2),$K$13:$L$16,2,TRUE),0)을 입력한 후 Enter를 누름 → [Q2] 셀의 자동 채우기 핸들을 [Q9] 셀까지 드래그하여 함수식을 복사한다.

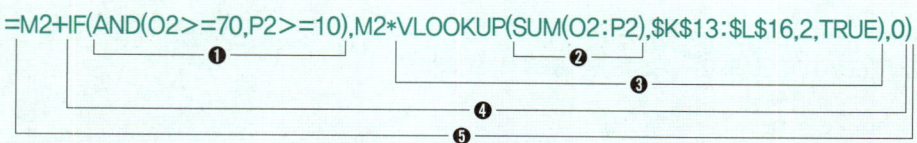

=M2+IF(AND(O2>=70,P2>=10),M2*VLOOKUP(SUM(O2:P2),$K$13:$L$16,2,TRUE),0)

❶ **AND(O2>=70,P2>=10)**: [O2] 셀 값(근무점수)이 70 이상이고 [P2] 셀 값(고객점수)이 10 이상이면 TRUE, 그렇지 않으면 FALSE를 반환한다.

❷ **SUM(O2:P2)**: [O2:P2] 영역의 합계(근무점수와 고객점수)를 반환한다.

❸ **VLOOKUP(❷,$K$13:$L$16,2,TRUE)**: [K13:L16] 영역(상여금표)의 첫 번째 열(상여금표의 총점수)에서 ❷(근무점수와 고객점수)와 유사 일치(TRUE)하는 값을 찾아 해당 값이 있는 행에서 두 번째 열(상여금표의 상여금율)에 대응하는 값을 반환한다.
([K13:L16] 영역은 함수식을 복사해도 주소가 변경되지 않도록 절대 참조로 지정)

❹ **IF(❶,M2*❸,0)**: ❶(근무점수가 70 이상이고 고객점수가 10 이상)이 TRUE이면 [M2] 셀 값(기본급)에 ❸(총점수에 해당하는 상여금율)을 곱한 값(상여금), FALSE이면 0을 반환한다.

❺ **M2+❹**: [M2] 셀 값(기본급)에 ❹(상여금 또는 0)을 더한 값을 표시한다.

4 중개수수료[P20:P26]에 값 표시하기

[P20] 셀 선택 → 수식 입력줄에 =MIN(N20*HLOOKUP(N20,$M$29:$P$34,MATCH(L20, $K$29:$K$34,0)+1),HLOOKUP(N20,$M$29:$P$34,MATCH(L20,$K$29:$K$34,0)+2)) 을 입력한 후 Enter를 누름 → [P20] 셀의 자동 채우기 핸들을 [P26] 셀까지 드래그하여 함수식을 복사한다.

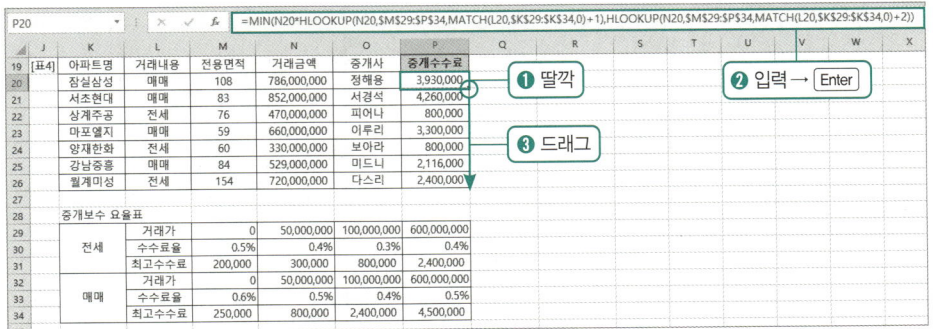

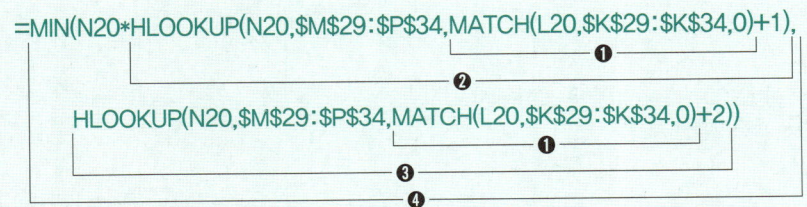

- ❶ MATCH(L20,$K$29:$K$34,0): [K29:K34] 영역(중개보수 요율표의 전세와 매매 구분)에서 [L20] 셀 문자열(거래내용)과 같은 첫 번째 값(0)을 찾아 상대 위치를 반환한다. 즉, 거래내용이 매매이고 [K29:K34] 영역에서 전세는 1~3행, 매매는 4행부터 위치하므로 상대 위치는 '4'를 반환한다.
([K29:K34] 영역은 함수식을 복사해도 주소가 변경되지 않도록 절대 참조로 지정)
- ❷ HLOOKUP(N20,$M$29:$P$34,❶+1): [M29:P34] 영역(중개보수 요율표)의 첫 번째 행(중개보수 요율표의 거래가)에서 [N20] 셀 값(거래금액)과 유사 일치(생략)하는 값을 찾아 해당 값이 있는 열에서 ❶(중개보수 요율표의 거래내용 상대 위치)+1 번째 행(중개보수 요율표의 수수료율)에 대응하는 값을 반환한다.
([M29:P34] 영역은 함수식을 복사해도 주소가 변경되지 않도록 절대 참조로 지정)
- ❸ HLOOKUP(N20,$M$29:$P$34,❶+2): [M29:P34] 영역(중개보수 요율표)의 첫 번째 행(중개보수 요율표의 거래가)에서 [N20] 셀 값(거래금액)과 유사 일치(생략)하는 값을 찾아 해당 값이 있는 열에서 ❶(중개보수 요율표의 거래내용 상대 위치)+2 번째 행(중개보수 요율표의 최고수수료)에 대응하는 값을 반환한다.
- ❹ MIN(N20*❷,❸): [N20] 셀 값(거래금액)에 ❷(수수료율)를 곱한 값(중개수수료)과 ❸(최고수수료) 중 작은 값을 반환한다.

풀이법을 알면 시간이 단축된다!
MATCH 함수 형식은 MATCH(찾을 값,범위,[옵션])이고, HLOOKUP 함수 형식은 HLOOKUP(찾을 값,범위,행 번호,[옵션])이다.

출제패턴 ❸

'찾기참조함수-3' 시트에서 다음 과정을 수행하시오.

1 [표1]에서 '금액'을 계산하여 [F2:F9] 영역에 표시하시오.
- 금액은 [C13:C17] 영역을 참조하시오.
- 단가는 단가표[B12:C17]를 참조하여 표시하고 일치하는 제품코드가 없으면 '제품없음'을 반환하시오.
- XLOOKUP 함수 사용

2 [표2]에서 '제품번호표'를 참조하여 제품번호에 맞는 제품명을 [F20:F27] 영역에 표시하시오.
- 제품번호표는 [B30:C33] 영역을 참조하시오.
- 해당되는 제품번호가 없는 경우 '확인필요'를 표시하시오.
- XLOOKUP 함수 사용

3 [표3]에서 '판매액표'를 참조하여 '김수민'의 '2월' 판매액을 계산하여 [L2]에 표시하시오.
- XMATCH, INDEX 함수 사용

4 [표4]에서 '등급표'를 참조하여 '학점'을 [N20:N27] 영역에 표시하시오.
- 등급표의 점수구간을 참조하시오. [표시 예: 92점은 A0]
- XMATCH, INDEX 함수 사용

▼ 결과 화면

	A	B	C	D	E	F	G	H	I	J	K	L	M	N
1	[표1]	담당자	지역	제품코드	재고	금액			[표3]	판매담당자	월	판매액		
2		이도원	서울	A101	10	₩ 25.99				김수민	2월	1,200,000		
3		이주아	부산	A102	12	₩ 15.49								
4		전정아	대구	A103	13	₩ 32.99				판매액표				
5		김한성	대전	A104	10	₩ 12.99				판매담당자	1월	2월	3월	
6		최윤서	광주	A105	9	₩ 19.99				이하린	1,000,000	1,100,000	2,150,000	
7		황재현	인천	A106	5	제품없음				김수민	1,500,000	1,200,000	1,800,000	
8		이성근	세종	A101	10	₩ 25.99				나건민	1,700,000	1,180,000	1,180,000	
9		김예나	제주	A102	12	₩ 15.49				최연호	2,100,000	1,570,000	1,170,000	
10										이나라	1,650,000	1,320,000	1,502,000	
11														
12		제품 코드	금액											
13		A101	₩ 25.99											
14		A102	₩ 15.49											
15		A103	₩ 32.99											
16		A104	₩ 12.99											
17		A105	₩ 19.99											
18														
19	[표2]	제품번호	제조회사	판매가격	판매처	제품명			[표4]	학생명	학과	학번	점수	학점
20		MOO-11	나나	33,000	서울	햇살라면				한가람	비즈니스IT	A1010	92	A0
21		MOO-55	고나	40,000	부산	매운라면				한누리	데이터사이언스	A1011	83	B0
22		MOO-33	다이	80,000	대구	나나라면				진달래	경영정보과	A1012	76	C+
23		MOO-11	나나	20,000	대전	햇살라면				파랑새	비즈니스IT	A1013	65	D+
24		MOO-55	고나	50,600	인천	매운라면				푸르나	데이터사이언스	A1014	50	F
25		MOO-33	다이	75,000	광주	나나라면				피어나	경영정보과	A1015	88	B+
26		MOO-11	나나	120,000	세종	햇살라면				타고나	비즈니스IT	A1016	77	C+
27		MOO-66	고나	70,000	제주	확인필요				은송이	데이터사이언스	A1017	66	D+
28														
29		제품번호표								등급표				
30		제품명	제품번호							점수	성적등급	점수구간		
31		햇살라면	MOO-11							0	F	0-59		
32		나나라면	MOO-33							60	D0	60-64		
33		매운라면	MOO-55							65	D+	65-69		
34										70	C0	70-74		
35										75	C+	75-79		
36										80	B0	80-84		
37										85	B+	85-89		
38										90	A0	90-94		
39										95	A+	95-99		

그대로 따라하기

1 [F2:F9] 영역에 '금액' 표시하기

[F2] 셀 선택 → 수식 입력줄에 =XLOOKUP(D2,$B$13:$B$17,$C$13:$C$17,"제품없음")을 입력한 후 Enter를 누름 → [F2] 셀의 자동 채우기 핸들을 [F9] 셀까지 드래그하여 함수식을 복사한다.

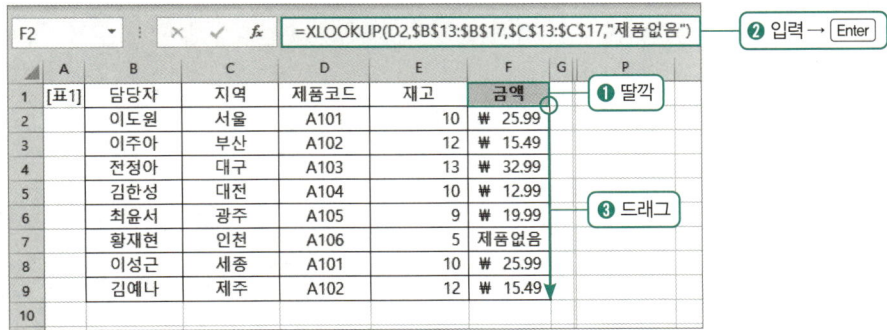

=XLOOKUP(D2,$B$13:$B$17,$C$13:$C$17,"제품없음")

[B13:B17] 영역에서 [D2] 셀의 값과 일치하는 값을 찾아서 [C13:C17] 범위의 값을 반환한다. 이때 일치하는 값이 없으면 "제품없음"을 반환한다.

2 [F20:F27] 영역에 '제품명' 표시하기

[F20] 셀 선택 → 수식 입력줄에 =XLOOKUP(B20,$C$31:$C$33,$B$31:$B$33,"확인필요") 을 입력한 후 Enter를 누름 → [F20] 셀의 자동 채우기 핸들을 [F27] 셀까지 드래그하여 함수식을 복사한다.

	A	B	C	D	E	F	G	O	P
19	[표2]	제품번호	제조회사	판매가격	판매처	제품명			
20		MOO-11	나나	33,000	서울	햇살라면			
21		MOO-55	고나	40,000	부산	매운라면			
22		MOO-33	다이	80,000	대구	나나라면			
23		MOO-11	나나	20,000	대전	햇살라면			
24		MOO-55	고나	50,600	인천	매운라면			
25		MOO-33	다이	75,000	광주	나나라면			
26		MOO-11	나나	120,000	세종	햇살라면			
27		MOO-66	고나	70,000	제주	확인필요			
28									

=XLOOKUP(B20,$C$31:$C$33,$B$31:$B$33,"확인필요")

[C31:C33] 영역에서 [B20] 셀의 값과 일치하는 값을 찾아서 [B31:B33] 영역 범위의 값을 반환한다. 일치하는 값이 없으면 "확인필요"를 반환한다.

읽는 강의

출제패턴을 알면 시험이 쉬워진다!
XLOOKUP 함수는 VLOOKUP 함수와 달리 왼쪽부터도 찾을 수 있다.

3 [L2] 영역에 '판매액' 표시하기

[L2] 셀 선택 → 수식 입력줄에 =INDEX(K6:M10,XMATCH(J2,J6:J10),XMATCH(K2,K5:M5))을 입력한 후 Enter를 누른다.

	I	J	K	L	M	N	O
1	[표3]	판매담당자	월	판매액			
2		김수민	2월	1,200,000			
3							
4		판매액표					
5		판매담당자	1월	2월	3월		
6		이하린	1,000,000	1,100,000	2,150,000		
7		김수민	1,500,000	1,200,000	1,800,000		
8		나건민	1,700,000	1,180,000	1,180,000		
9		최연호	2,100,000	1,570,000	1,170,000		
10		이나라	1,650,000	1,320,000	1,502,000		
11							

=INDEX(K6:M10,XMATCH(J2,J6:J10),XMATCH(K2,K5:M5))

❶ XMATCH(J2,J6:J10): [J6:J10] 영역에서 [J2] 셀과 같은 값의 위치를 반환한다.
❷ XMATCH(K2,K5:M5): [K5:M5] 영역에서 [K2] 셀과 같은 값의 위치를 반환한다.
❸ INDEX(K6:M10,❶,❷): [K6:M10] 영역에서 ❶의 행, ❷의 열 값을 표시한다.

4 [N20:N27] 영역에 '학점' 표시하기

[N20] 셀 선택 → 수식 입력줄에 =INDEX($J$31:$L$39,XMATCH(M20,$J$31:$J$39,-1),2)을 입력한 후 Enter를 누름 → [N20] 셀의 자동 채우기 핸들을 [N27] 셀까지 드래그하여 함수식을 복사한다.

	I	J	K	L	M	N	O
19	[표4]	학생명	학과	학번	점수	학점	
20		한가람	비즈니스IT	A1010	92	A0	
21		한누리	데이터사이언스	A1011	83	B0	
22		진달래	경영정보과	A1012	76	C+	
23		파랑새	비즈니스IT	A1013	65	D+	
24		푸르나	데이터사이언스	A1014	50	F	
25		피어나	경영정보과	A1015	88	B+	
26		타고나	비즈니스IT	A1016	77	C+	
27		은송이	데이터사이언스	A1017	66	D+	

=INDEX($J$31:$L$39,XMATCH(M20,$J$31:$J$39,-1),2)

❶ XMATCH(M20,$J$31:$J$39,-1): [J31:J39] 영역에서 [M20] 셀보다 작거나 같은 값의 위치를 반환한다.
❷ INDEX($J$31:$L$39,❶,2): [J31:L39] 영역에서 ❶의 행과 2열의 값을 반환한다.

계산 작업

09 정보 함수

① **개념**: 셀이나 워크시트에 대한 정보, 참(TRUE), 거짓(FALSE) 등을 반환함
② **종류**

ISBLANK(인수)	인수가 비어 있으면 TRUE, 그렇지 않으면 FALSE를 나타냄
ISERROR(인수)	인수가 오류를 나타내면 TRUE, 그렇지 않으면 FALSE를 나타냄
ISERR(인수)	인수가 #N/A를 제외한 오류 값이면 TRUE, 그렇지 않으면 FALSE를 나타냄
ISEVEN(인수)	인수가 짝수이면 TRUE, 홀수이면 FALSE를 나타냄
ISODD(인수)	인수가 홀수이면 TRUE, 짝수이면 FALSE를 나타냄
ISLOGICAL(인수)	인수가 논리값이면 TRUE, 그렇지 않으면 FALSE를 나타냄
ISNUMBER(인수)	인수가 숫자이면 TRUE, 그렇지 않으면 FALSE를 나타냄
ISTEXT(인수)	인수가 텍스트면 TRUE, 그렇지 않으면 FALSE를 나타냄
ISNONTEXT(인수)	인수가 텍스트가 아니면 TRUE, 그렇지 않으면 FALSE를 나타냄 (값이 빈 셀이면 TRUE)
TYPE(인수)	인수의 유형을 숫자로 나타냄 (1: 숫자, 2: 텍스트, 4: 논리값, 16: 오류값)
CELL(정보 유형,셀)	셀의 서식 지정이나 위치, 내용 등에 대한 정보를 구함 • 정보 유형 　- address: 첫째 셀의 주소를 텍스트로 구함 　- col: 셀의 열 번호를 구함 　- color: 음수에 대해 색으로 서식을 지정한 셀에 대해서는 1, 그렇지 않은 셀에 대해서는 0을 나타냄 　- contents: 왼쪽 위 셀의 수식이 아닌 값을 구함 　- filename: 파일의 전체 경로를 포함한 파일 이름을 구함 　- format: 셀의 숫자 서식에 해당하는 텍스트 값을 구함 　- parentheses: 양수 또는 모든 값에 괄호로 서식을 지정한 셀에 대해서는 1, 그렇지 않은 셀에 대해서는 0을 나타냄 　- prefix: 셀에 왼쪽 맞춤 텍스트가 포함된 경우는 작은따옴표('), 오른쪽 맞춤이면 큰따옴표("), 가운데 맞춤이면 caret(^), 채우기 정렬 텍스트가 포함된 경우 백슬래시(\), 셀에 다른 텍스트가 포함된 경우 빈 텍스트("")를 나타냄 　- protect: 셀이 잠겨 있지 않으면 0을, 잠겨 있으면 1을 나타냄 　- row: 셀의 행 번호를 구함 　- type: 셀이 비어 있으면 "b", 텍스트 상수가 포함된 경우 "l", 다른 항목이 포함된 경우 "v"를 나타냄 　- width: 열 너비를 정수로 반올림하여 구함 　(열 너비가 기본값이면 TRUE, 사용자가 너비를 명시적으로 설정한 경우 FALSE)

📁 **작업 파일명** C:\에듀윌_2026컴활1급실기\그대로따라하기\스프레드시트실무\02.계산작업\실습\09_정보함수.xlsx

출제패턴

'정보함수' 시트에서 다음 과정을 수행하시오.

1 [표1]에서 '관리번호'를 '관리코드-행 번호'로 [E2:E11] 영역에 표시하시오.
- [표시 예: EDU123-2]
- &를 제외한 사칙연산은 사용하면 안 됨
- CELL 함수 사용

2 [표2]의 '단가', '재고량'을 이용하여 구매비용[E14:E22]을 표시하시오.
- 구매비용 = 단가 × 재고량
- 단, 오류 발생 시 구매비용에 '구매불가'로 표시
- IF, ISERROR 함수 사용

3 [표3]의 '생산구역'을 이용하여 조립여부판별[E25:E32]을 표시하시오.
- '생산구역'의 마지막 자리가 숫자이면 '완제', 그 외는 '조립'으로 표시
- IF, VALUE, RIGHT, ISNUMBER 함수 사용

▼ 결과 화면

	A	B	C	D	E	F	G
1	[표1]	성명	직책	입사연도	관리번호		
2		정민기	대리	2020	EDU123-2		
3		정찬웅	부장	1999	EDU123-3		
4		정영실	과장	2015	EDU123-4		
5		문형찬	과장	2010	EDU123-5		
6		박재은	부장	2008	EDU123-6		
7		박형준	차장	2007	EDU123-7		
8		정수현	대리	2018	EDU123-8		
9		오재원	차장	1997	EDU123-9		
10		차진솔	대리	2005	EDU123-10		관리코드
11		정해용	사원	2013	EDU123-11		EDU123
12							
13	[표2]	용품명	단가	재고량	구매비용		
14		지우개	700	15	10,500		
15		연필	1,500	7	10,500		
16		볼펜	3,200	품절	구매불가		
17		형광펜	2,500	13	32,500		
18		가위	5,900	6	35,400		
19		색연필	4,700	품절	구매불가		
20		풀	1,100	2	2,200		
21		테이프	1,800	12	21,600		
22		샤프	2,800	8	22,400		
23							
24	[표3]	제품명	생산연도	생산구역	조립여부판별		
25		철봉	2021	M-008	완제		
26		자전거	2022	M-00D	조립		
27		컴퓨터	2021	M-00A	조립		
28		서랍장	2020	M-004	완제		
29		책상	2021	M-00B	조립		
30		선반	2022	M-003	완제		
31		의자	2020	M-00C	조립		
32		행거	2021	M-006	완제		

4 [표4]의 '사원번호'를 이용하여 입사연도판별[N2:N11]을 표시하시오.
- '사원번호'의 3~4번째 글자가 짝수이면 '짝수해', 그 외는 '홀수해'로 표시
- IF, ISEVEN, MID 함수 사용

5 [표5]의 '1~2학기 논문제출여부'를 이용하여 결과판별[N15:N22]을 표시하시오.
- 1학기와 2학기 모두 '제출'이면 '이수', 1학기와 2학기 중 하나만 '제출'이면 '유예', 그 외는 '과락'으로 표시
- IF, AND, OR, ISBLANK 함수 사용

6 [표6]의 '대여료'를 이용하여 대여료판별[N25:N32]을 표시하시오.
- '대여료'가 숫자이면 '유료', 그 외는 '무료'로 표시
- IF, TYPE 함수 사용

▼ 결과 화면

	I	J	K	L	M	N
1	[표4]	성명	부서명	사원번호	성별	입사연도판별
2		강지민	총무부	K-20CM	여	짝수해
3		고예지	영업부	K-99YU	여	홀수해
4		유승민	관리부	Y-15KR	남	홀수해
5		정지수	개발부	J-10KB	여	짝수해
6		송현기	오락부	S-08OL	남	짝수해
7		박정환	인사부	P-07IS	남	홀수해
8		서영주	총무부	S-18CM	여	짝수해
9		최디노	개발부	C-97KB	남	홀수해
10		김주형	영업부	K-05YU	남	홀수해
11		정보미	경영부	J-13KY	여	홀수해
12						
13	[표5]	학생명	학과	논문제출여부		결과판별
14				1학기	2학기	
15		이동훈	빅데이터학과			과락
16		유은지	소프트웨어공학과	제출		유예
17		윤병훈	컴퓨터정보과		제출	유예
18		문혜영	정보보안과	제출	제출	이수
19		김지은	인공지능과	제출	제출	이수
20		부현경	컴퓨터공학과			과락
21		현윤진	전자공학과	제출		유예
22		김남규	로봇공학과	제출	제출	이수
23						
24	[표6]	책명	출판사	대여일	대여료	대여료판별
25		빅데이터	에듀윌	3	1,000	유료
26		컴퓨터활용능력	에듀윌	2	1,500	유료
27		워드프로세서	에듀윌	5	무료	무료
28		정보처리	에듀윌	4	무료	무료
29		비주얼 C++	에듀윌	3	1,000	유료
30		인공지능	에듀윌	2	500	유료
31		비트코인투자	에듀윌	2	무료	무료
32		엑셀	에듀윌	4	700	유료

그대로 따라하기

1 관리번호[E2:E11]에 '관리코드-행 번호' 표시하기

[E2] 셀 선택 → 수식 입력줄에 =CELL("contents",$G$11)&"-"&CELL("row",E2)를 입력한 후 Enter를 누름 → [E2] 셀의 자동 채우기 핸들을 [E11] 셀까지 드래그하여 함수식을 복사한다.

=CELL("contents",$G$11)&"-"&CELL("row",E2)
  └──────── ❶ ────────┘   └───── ❷ ─────┘
  └──────────────── ❸ ────────────────┘

❶ CELL("contents",$G$11): [G11] 셀 문자열(관리코드)의 내용을 반환한다.
   ([G11] 셀은 함수식을 복사해도 주소가 변경되지 않도록 절대 참조로 지정)
❷ CELL("row",E2): [E2] 셀의 행 번호(2)를 반환한다.
❸ ❶&"-"&❷: 문자열 결합 연산자(&)에 의해 ❶(관리코드), '-', ❷(행 번호)를 연결하여 표시한다.

개념 더하기 ⊕ CELL 함수의 정보 유형

"address"	'셀'의 주소를 텍스트로 반환. 즉, 절대 참조로 반환
"col"	'셀'의 열 번호를 반환
"color"	'셀'의 값이 음수인 경우 표시 형식이 '-' 기호 대신 '색'으로 지정되어 있으면 '1', 그렇지 않으면 '0'을 반환
"contents"	'셀'의 내용을 반환
"filename"	'셀'이 해당하는 파일의 전체 경로 반환. 즉, 현재 작업 중인 파일의 전체 경로 반환
"format"	'셀'의 숫자 서식을 텍스트로 반환
"parentheses"	'셀'의 값에 괄호 서식이 지정되어 있으면 '1', 그렇지 않으면 '0'을 반환
"prefix"	'셀' 내용이 왼쪽 맞춤인 경우 작은따옴표('), 가운데 정렬인 경우 캐럿(^), 오른쪽 정렬인 경우 큰따옴표("), 양쪽 정렬인 경우 백슬래시(\), 그 외에는 공백을 반환
"protect"	'셀'이 잠겨 있으면 '1', 그렇지 않으면 '0'을 반환
"row"	'셀'의 행 번호를 반환
"type"	셀이 비어있으면 'b', 텍스트 상수를 포함하면 'l', 그 외에는 'v'를 반환
"width"	'셀'의 너비를 정수로 반올림하여 반환

2 구매비용[E14:E22]에 값, 오류이면 '구매불가' 표시하기

[E14] 셀 선택 → 수식 입력줄에 =IF(ISERROR(C14*D14),"구매불가",C14*D14)를 입력한 후 Enter 를 누름 → [E14] 셀의 자동 채우기 핸들을 [E22] 셀까지 드래그하여 함수식을 복사한다.

> **읽는 강의**
>
> **실수가 줄어들면 합격은 빨라진다!**
> ISERROR 함수는 오류인 경우 TRUE를 반환한다.

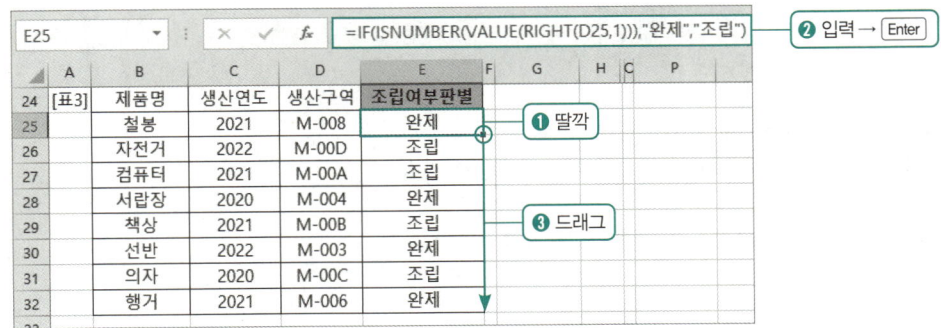

❶ ISERROR(C14*D14): [C14] 셀 값(단가)과 [D14] 셀 값(재고량)을 곱한 값(구매비용)이 오류값('재고량'이 품절)이면 TRUE, 그렇지 않으면 FALSE를 반환한다.
❷ IF(❶,"구매불가",C14*D14): ❶('재고량'이 품절이면 '구매비용'이 오류)이 TRUE이면 '구매불가', FALSE이면 [C14] 셀 값(단가)과 [D14] 셀 값(재고량)을 곱한 값(구매비용)을 반환한다.

3 조립여부판별[E25:E32]에 '완제', '조립' 표시하기

[E25] 셀 선택 → 수식 입력줄에 =IF(ISNUMBER(VALUE(RIGHT(D25,1))),"완제","조립")을 입력한 후 Enter 를 누름 → [E25] 셀의 자동 채우기 핸들을 [E32] 셀까지 드래그하여 함수식을 복사한다.

> **실수가 줄어들면 합격은 빨라진다!**
> 생산구역은 문자열이기 때문에 생산구역의 마지막 글자는 숫자 형태로 보이더라도 문자로 인식된다. 따라서 숫자인지 판별할 때는 반드시 숫자로 변환해주어야 한다.

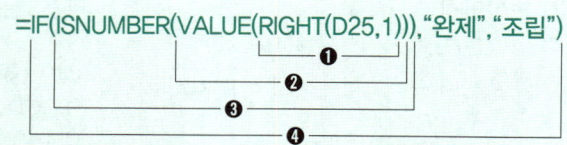

① **RIGHT(D25,1)**: [D25] 셀 문자열(생산구역)의 오른쪽에서 한 글자를 추출하여 반환한다.
② **VALUE(①)**: 숫자 형태의 ①(생산구역의 마지막 글자)을 숫자로 변경하여 반환한다.
③ **ISNUMBER(②)**: ②(생산구역 마지막 숫자 또는 글자)가 숫자이면 TRUE, 그렇지 않으면 FALSE를 반환한다.
④ **IF(③,"완제","조립")**: ③(생산구역 마지막 숫자 또는 글자가 숫자)이 TRUE이면 '완제', FALSE이면 '조립'을 반환한다.

4 입사연도판별[N2:N11]에 '짝수해', '홀수해' 표시하기

[N2] 셀 선택 → 수식 입력줄에 =IF(ISEVEN(MID(L2,3,2)),"짝수해","홀수해")를 입력한 후 Enter 를 누름 → [N2] 셀의 자동 채우기 핸들을 [N11] 셀까지 드래그하여 함수식을 복사한다.

> **풀이법을 알면 시간이 단축된다!**
> 사원번호는 문자열이기 때문에 사원번호의 세 번째부터 두 글자는 숫자 형태로 보이더라도 문자로 인식된다. 하지만 ISEVEN, ISODD 함수에서는 숫자 형태의 문자는 숫자로 자동 인식하므로 숫자로 변환해주지 않아도 올바른 결괏값이 나온다.

① **MID(L2,3,2)**: [L2] 셀 문자열(사원번호)의 세 번째부터 두 글자를 추출하여 반환한다.
② **ISEVEN(①)**: ①(사원번호의 세 번째부터 두 글자)이 짝수이면 TRUE, 그렇지 않으면 FALSE를 반환한다.
③ **IF(②,"짝수해","홀수해")**: ②(사원번호의 세 번째부터 두 글자가 짝수)가 TRUE이면 '짝수해', FALSE이면 '홀수해'를 반환한다.

5 결과판별[N15:N22]에 '이수', '유예', '과락' 표시하기

[N15] 셀 선택 → 수식 입력줄에 =IF(AND(ISBLANK(L15),ISBLANK(M15)),"과락",IF(OR(ISBLANK(L15),ISBLANK(M15)),"유예","이수"))를 입력한 후 Enter 를 누름 → [N15] 셀의 자동 채우기 핸들을 [N22] 셀까지 드래그하여 함수식을 복사한다.

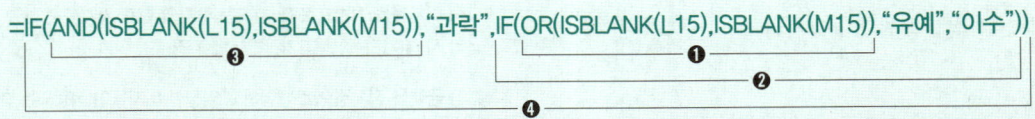

=IF(AND(ISBLANK(L15),ISBLANK(M15)),"과락",IF(OR(ISBLANK(L15),ISBLANK(M15)),"유예","이수"))
       ③   ①
                                                ②
                        ④

❶ OR(ISBLANK(L15),ISBLANK(M15)): [L15] 셀(1학기 논문제출여부)이 빈 셀이거나 [M15] 셀(2학기 논문제출여부)이 빈 셀이면 TRUE, 그렇지 않으면 FALSE를 반환한다.
❷ IF(❶,"유예","이수"): ❶(1~2학기 논문제출여부 중 하나라도 빈 셀)이 TRUE이면 '유예', FALSE이면 '이수'를 반환한다.
❸ AND(ISBLANK(L15),ISBLANK(M15)): [L15] 셀(1학기 논문제출여부)이 빈 셀이고 [M15] 셀(2학기 논문제출여부)이 빈 셀이면 TRUE, 그렇지 않으면 FALSE를 반환한다.
❹ IF(❸,"과락",❷): ❸(1~2학기 논문제출여부가 모두 빈 셀)이 TRUE이면 '과락', FALSE이면 ❷의 결과를 반환한다.

6 대여료판별[N25:N32]에 '유료', '무료' 표시하기

[N25] 셀 선택 → 수식 입력줄에 **=IF(TYPE(M25)=1,"유료","무료")**를 입력한 후 Enter 를 누름 → [N25] 셀의 자동 채우기 핸들을 [N32] 셀까지 드래그하여 함수식을 복사한다.

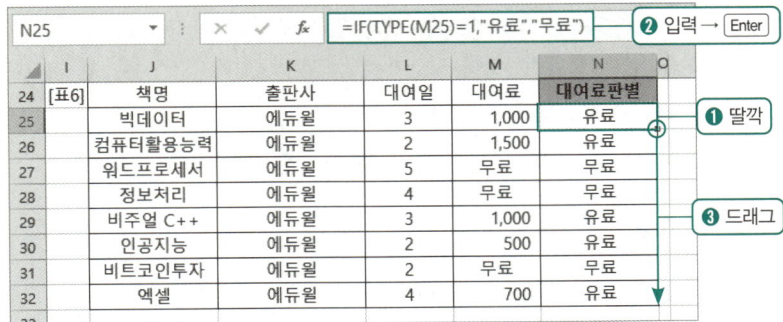

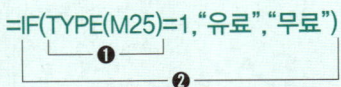

❶ TYPE(M25): [M25] 셀(대여료)의 데이터 형식이 숫자이면 '1', 문자열이면 '2', 논리값이면 '4', 오류값이면 '16'과 같이 숫자로 반환한다.
❷ IF(❶=1,"유료","무료"): ❶(대여료의 데이터 형식)이 '1'과 같으면(숫자 형식) '유료', 그렇지 않으면 '무료'를 반환한다.

계 산 작 업

10 재무 함수

① **개념**: 금융 계산을 수행하는 함수들로서 대표적으로 PV(현재 가치), FV(미래 가치), PMT(지급액) 등이 있음
② **종류**

함수	설명
FV(이자율,기간,납입액,[현재 가치],[납입 시점])	• 고정 이자율을 기반으로 투자의 미래 가치를 계산함 • 납입 시점(0 또는 생략: 기간 말, 1: 기간 초)
PV(이자율,기간,납입액,[미래 가치],[납입 시점])	• 고정 이자율을 기반으로 대출 또는 투자의 현재 가치를 계산함 • 납입 시점(0 또는 생략: 기간 말, 1: 기간 초)
PMT(이자율,기간,현재 가치,[미래 가치],[납입 시점])	• 일정 금액을 정기적으로 납입하고 일정한 이자율이 적용되는 대출 상환금을 계산함 • 납입 시점(0 또는 생략: 기간 말, 1: 기간 초)
NPV(할인율,금액1,금액2,…)	할인율, 앞으로의 지급액(음수 값) 및 수입(양수 값)을 사용하여 투자의 현재 가치를 계산함
SLN(취득가액,잔존가치,총 감가 상각 기간 수)	단위 기간 동안 정액법에 의한 자산의 감가 상각액을 구함
SYD(취득가액,잔존 가치,총 감가상각 기간 수,감가상각 기간)	지정 기간 동안 연수 합계법에 의한 자산의 감가 상각액을 구함

⬇ 작업 파일명 C:\에듀윌_2026컴활1급실기\그대로따라하기\스프레드시트실무\02.계산작업\실습\10_재무함수.xlsx

출제패턴 ❶

'재무함수-1' 시트에서 다음 과정을 수행하시오.

1 [표1]의 '연이율', '가입기간(년)', '매월가입액'을 이용하여 '만기지급액'을 양수로 계산하여 [E2:E11] 영역에 표시하시오.
- ▶ 매월 말 납입
- ▶ FV 함수 사용

2 [표2]의 '연이율', '대출기간(월)', '대출금액'을 이용하여 '월상환금액'을 양수로 계산하여 [E14:E21] 영역에 표시하시오.
- ▶ 매월 초 납입
- ▶ PMT 함수 사용

3 [표3]의 '연이율', '기간(년)', '월납입액'을 이용하여 '현재가치'를 양수로 계산하여 [E24:E33] 영역에 표시하시오.
- ▶ 매월 초 납입
- ▶ PV 함수 사용

▼ 결과 화면

	A	B	C	D	E
1	[표1]	연이율	가입기간(년)	매월가입액	만기지급액
2		2.0%	2	200,000	₩4,893,134
3		2.5%	3	200,000	₩7,468,806
4		2.8%	4	100,000	₩5,072,869
5		3.0%	2	300,000	₩7,410,845
6		3.5%	3	300,000	₩11,369,919
7		5.0%	5	300,000	₩20,401,825
8		5.5%	5	500,000	₩34,440,412
9		8.0%	10	500,000	₩91,473,018
10		9.0%	10	100,000	₩19,351,428
11		10.0%	10	100,000	₩20,484,498
12					
13	[표2]	연이율	대출기간(월)	대출금액	월상환금액
14		3.0%	6	10,000,000	₩1,677,088
15		3.5%	12	10,000,000	₩846,747
16		4.0%	18	10,000,000	₩571,409
17		5.0%	24	20,000,000	₩873,787
18		5.5%	30	20,000,000	₩711,812
19		6.0%	36	20,000,000	₩605,412
20		10.0%	48	50,000,000	₩1,257,649
21		12.0%	60	50,000,000	₩1,101,210
22					
23	[표3]	연이율	기간(년)	월납입액	현재가치
24		3%	2	100,000	₩2,332,414
25		4%	3	300,000	₩10,195,101
26		5%	5	500,000	₩26,605,750
27		3%	3	100,000	₩3,447,243
28		4%	3	200,000	₩6,796,734
29		5%	3	300,000	₩10,051,418
30		9%	5	100,000	₩4,853,467
31		10%	5	200,000	₩9,491,516
32		11%	5	400,000	₩18,565,855
33		12%	5	600,000	₩27,242,753

4 [표4]에서 '할인율'을 이용하여 1년 후에 '투자비용'만큼 투자했을 때 앞으로 2년 동안 '수익1'과 '수익2'의 연간 수입을 얻었다면 2년 후의 '현재가치'를 계산하여 [K2:K11] 영역에 표시하시오.

- ▶ 투자비용과 할인율은 [M11:N11] 영역 참조
- ▶ NPV 함수 사용

5 [표5]의 '구입금액', '잔존가치', '수명연한'을 이용하여 정액법에 따른 '감가상각액'을 계산하여 [K14:K21] 영역에 표시하시오.

- ▶ '구입금액'이 1,000,000, '잔존가치'가 100,000, '수명연한'이 10인 경우 '감가상각액'은 90,000임
- ▶ 수명연한은 [M21] 셀 참조
- ▶ SLN 함수 사용

▼ 결과 화면

	G	H	I	J	K	L	M	N
1	[표4]	과일명	수익1	수익2	현재가치			
2		파인애플	850,000	700,000	-₩589,782			
3		딸기	1,000,000	800,000	-₩390,684			
4		오렌지	1,600,000	1,555,550	₩672,840			
5		바나나	920,000	1,220,000	-₩141,247			
6		수박	950,000	1,850,000	₩356,875			
7		복숭아	1,666,600	825,000	₩179,008			
8		포도	780,000	870,000	-₩519,910			
9		귤	1,600,000	1,200,000	₩405,710			
10		토마토	1,220,000	1,335,000	₩193,088		투자비용	할인율
11		대추	755,000	862,000	-₩546,582		2,000,000	10%
12								
13	[표5]	가전제품	구입금액	잔존가치	감가상각액			
14		에어드레서	1,000,000	100,000	₩90,000			
15		냉장고	3,000,000	150,000	₩285,000			
16		텔레비전	900,000	100,000	₩80,000			
17		전자레인지	400,000	30,000	₩37,000			
18		컴퓨터	1,520,000	100,000	₩142,000			
19		김치냉장고	3,500,000	300,000	₩320,000			
20		에어프라이어	200,000	20,000	₩18,000		수명연한	
21		인덕션	80,000	50,000	₩3,000		10	

그대로 따라하기

1 만기지급액[E2:E11]에 양수로 계산하여 표시하기

[E2] 셀 선택 → 수식 입력줄에 =FV(B2/12,C2*12,-D2,,0)을 입력한 후 Enter 를 누름 → [E2] 셀의 자동 채우기 핸들을 [E11] 셀까지 드래그하여 함수식을 복사한다.

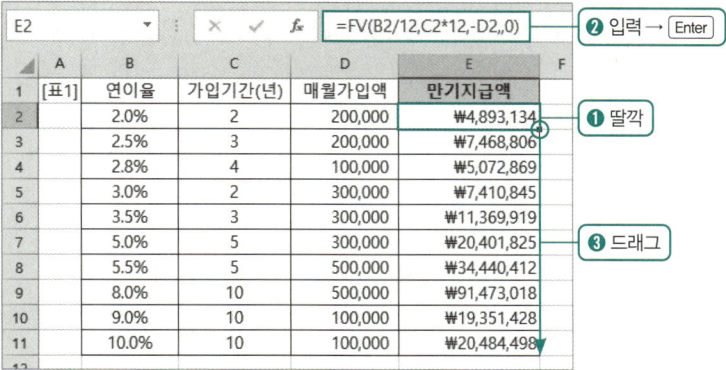

=FV(B2/12,C2*12,-D2,,0)

- **이율(B2/12)**: [B2] 셀 값(연이율)을 12로 나누어 월이율로 계산한다.
- **납입 횟수(C2*12)**: [C2] 셀 값(가입기간(년))에 12를 곱하여 개월 수로 계산한다.
- **납입금(-D2)**: [D2] 셀 값(매월가입액)을 음수로 변환하여 계산한다.
  (결괏값이 양수가 되기 위해서는 인수를 음수로 변환해야 함)
- **현재 가치(생략)**: 0으로 계산한다.
- **납입 시점(0)**: 기간 말로 계산한다.

> **개념 더하기 ⊕** FV(이율,납입 횟수,납입금,[현재 가치],[납입 시점])
>
> - **이율**: 월마다의 이율
> - **납입 횟수**: 기간 동안 월마다 납입할 횟수
> - **납입금**: 정기적으로 납입할 금액
> - **현재 가치**: 납입할 금액의 합계로, 생략하면 0
> - **납입 시점**
>   - 0 또는 생략: 기간 말
>   - 1: 기간 초

2 월상환금액[E14:E21]에 양수로 계산하여 표시하기

[E14] 셀 선택 → 수식 입력줄에 =PMT(B14/12,C14,-D14,,1)을 입력한 후 Enter 를 누름 → [E14] 셀의 자동 채우기 핸들을 [E21] 셀까지 드래그하여 함수식을 복사한다.

읽는 강의

풀이법을 알면 시간이 단축된다!
FV 함수, PV 함수, PMT 함수에서 인수는 모두 개월로 입력해야 한다. 문제에서 지시사항을 연 단위로 제시하면 개월 수로 변환하여 입력한다.

풀이법을 알면 시간이 단축된다!
FV 함수의 결괏값이 양수가 되게 하기 위해 매월 가입액의 [D2] 셀을 음수로 설정한다. PV 함수와 PMT 함수의 결과도 양수가 되게 하려면 '납입금' 인수를 음수로 설정해야 한다.

풀이법을 알면 시간이 단축된다!
=FV(B2/12,C2*12,-D2)로 입력해도 된다.

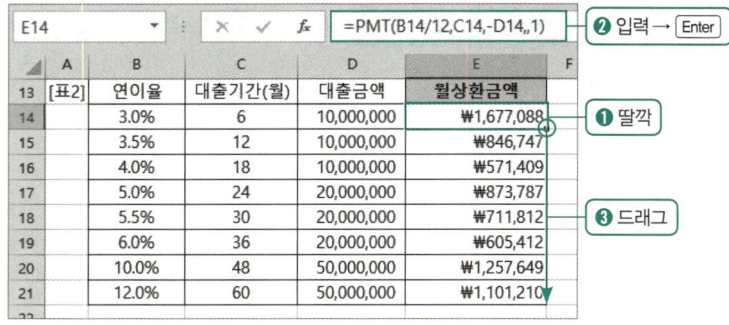

=PMT(B14/12,C14,−D14,,1)

- 이율(B14/12): [B14] 셀 값(연이율)을 12로 나누어 월이율로 계산한다.
- 납입 횟수(C14): [C14] 셀 값(대출기간(월))의 개월 수로 계산한다.
- 현재 가치(−D14): [D14] 셀 값(대출금액)을 음수로 변환하여 계산한다.
  (결괏값이 양수가 되기 위해서는 인수를 음수로 변환해야 함)
- 미래 가치(생략): 0으로 계산한다.
- 납입 시점(1): 기간 초로 계산한다.

> **개념 더하기** PMT(이율,납입 횟수,현재 가치,[미래 가치],[납입 시점])
>
> - 이율: 월마다의 이율
> - 납입 횟수: 기간 동안 월마다 납입할 횟수
> - 현재 가치: 납입할 금액의 합계
> - 미래 가치: 납입 후 잔고로, 생략하면 0
> - 납입 시점
>   − 0 또는 생략: 기간 말
>   − 1: 기간 초

3 현재가치[E24:E33]에 양수로 계산하여 표시하기

[E24] 셀 선택 → 수식 입력줄에 =PV(B24/12,C24*12,−D24,,1)을 입력한 후 Enter 를 누름 → [E24] 셀의 자동 채우기 핸들을 [E33] 셀까지 드래그하여 함수식을 복사한다.

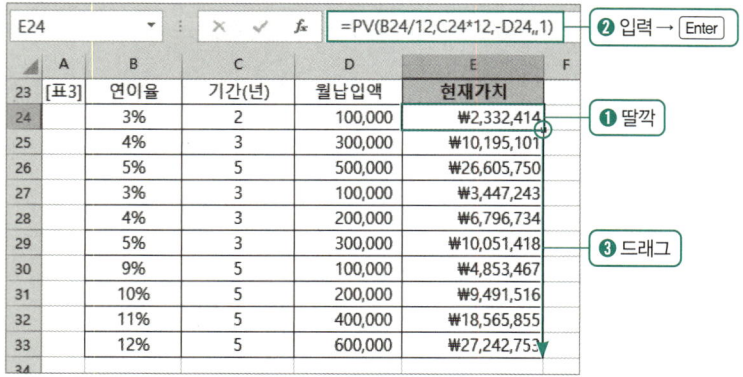

풀이법을 알면 시간이 단축된다!

재무 함수의 비교
- FV 함수: 투자액의 미래 가치를 반환한다.
- PV 함수: 투자액의 현재 가치를 반환한다.
- PMT 함수: 정기 상환 원리금을 반환한다.

=PV(B24/12,C24*12,−D24,,1)

- **이율(B24/12)**: [B24] 셀 값(연이율)을 12로 나누어 월이율로 계산한다.
- **납입 횟수(C24*12)**: [C24] 셀 값(기간(년))에 12를 곱하여 개월 수로 계산한다.
- **납입금(−D24)**: [D24] 셀 값(월납입액)을 음수로 변환하여 계산한다.
  (결괏값이 양수가 되기 위해서는 인수를 음수로 변환해야 함)
- **미래 가치(생략)**: 0으로 계산한다.
- **납입 시점(1)**: 기간 초로 계산한다.

개념 더하기 ➕ PV(이율,납입 횟수,납입금,[미래 가치],[납입 시점])

- **이율**: 월마다의 이율
- **납입 횟수**: 기간 동안 월마다 납입할 횟수
- **납입금**: 정기적으로 납입할 금액
- **미래 가치**: 납입 후 잔고로, 생략하면 0
- **납입 시점**
  - 0 또는 생략: 기간 말
  - 1: 기간 초

4 2년 후의 현재가치[K2:K11] 계산하여 표시하기

[K2] 셀 선택 → 수식 입력줄에 =NPV($N$11,−$M$11,I2,J2)를 입력한 후 Enter 를 누름 → [K2] 셀의 자동 채우기 핸들을 [K11] 셀까지 드래그하여 함수식을 복사한다.

	G	H	I	J	K	L	M	N
1	[표4]	과일명	수익1	수익2	현재가치			
2		파인애플	850,000	700,000	-₩589,782			
3		딸기	1,000,000	800,000	-₩390,684			
4		오렌지	1,600,000	1,555,550	₩672,840			
5		바나나	920,000	1,220,000	-₩141,247			
6		수박	950,000	1,850,000	₩356,875			
7		복숭아	1,666,600	825,000	₩179,008			
8		포도	780,000	870,000	-₩519,910			
9		귤	1,600,000	1,200,000	₩405,710			
10		토마토	1,220,000	1,335,000	₩193,088		투자비용	할인율
11		대추	755,000	862,000	-₩546,582		2,000,000	10%

=NPV($N$11,−$M$11,I2,J2)

- **할인율($N$11)**: [N11] 셀 값(할인율)을 할인율로 계산한다.
- **금액1(-$M$11)**: [M11] 셀 값(투자비용)을 음수로 변환하여 지출금액으로 계산한다.
  (지출금액이므로 음수로 변환해야 함)
- **금액2(I2)**: [I2] 셀 값(수익1)을 수입금액으로 계산한다.
  (수입금액이므로 양수로 설정해야 함)
- **금액3(J2)**: [J2] 셀 값(수익2)을 수입금액으로 계산한다.
  (수입금액이므로 양수로 설정해야 함)

| 개념 더하기 ⊕ | NPV(할인율,금액1,금액2,…) |

- **할인율**: 할인율
- **금액**: 지출금액은 음수, 수입금액은 양수

5 감가상각액[K14:K21]을 정액법으로 계산하여 표시하기

[K14] 셀 선택 → 수식 입력줄에 =SLN(I14,J14,$M$21)을 입력한 후 Enter 를 누름 → [K14] 셀의 자동 채우기 핸들을 [K21] 셀까지 드래그하여 함수식을 복사한다.

	G	H	I	J	K	L	M
13	[표5]	가전제품	구입금액	잔존가치	감가상각액		
14		에어드레서	1,000,000	100,000	₩90,000		
15		냉장고	3,000,000	150,000	₩285,000		
16		텔레비전	900,000	100,000	₩80,000		
17		전자레인지	400,000	30,000	₩37,000		
18		컴퓨터	1,520,000	100,000	₩142,000		
19		김치냉장고	3,500,000	300,000	₩320,000		
20		에어플라이어	200,000	20,000	₩18,000		수명연한
21		인덕션	80,000	50,000	₩3,000		10

=SLN(I14,J14,$M$21)

- **자산 취득가액(I14)**: [I14] 셀 값(구입금액)의 금액으로 계산한다.
- **잔존 가치(J14)**: [J14] 셀 값(잔존가치)의 금액으로 계산한다.
- **총 감가상각 기간($M$21)**: [M21] 셀 값(수명연한)의 연수로 계산한다.

| 개념 더하기 ⊕ | SLN(자산 취득가액,잔존 가치,총 감가상각 기간) |

- **자산 취득가액**: 자산의 초기 취득 금액
- **잔존 가치**: 감가상각 완료 시의 자산 가치
- **총 감가상각 기간**: 자산의 수명연한

읽는 강의

풀이법을 알면 시간이 단축된다!
SLN 함수는 정액법으로 특정 기간 동안 감가상각액을 계산하는 함수이다. 정액법은 감가상각 기간에 따라 균등하게 감가상각비를 배분하는 방법이다.

출제패턴 ❷

'재무함수-2' 시트에서 다음 과정을 수행하시오.

1 [표1]에서 '월급', '이자(년)', '기간(년)'을 이용하여 '투자가치'를 계산하여 [G2:G10] 영역에 표시하시오.
- ▶ '월급'의 30%를 매월 말 납입
- ▶ '투자가치'는 백의 자리에서 반올림하여 천의 자리로 표시
- ▶ FV, ROUND, ROUNDUP, ROUNDDOWN 함수 중 알맞은 함수를 선택하여 사용

2 [표2]의 '대출기간', '대출원금', '이자'를 이용하여 '월상환액'을 계산하여 [E14:E20] 영역에 표시하시오.
- ▶ 대출기간에 따른 이자는 [C23:G24] 영역을 이용하여 계산
- ▶ 대출기간은 월 단위이며, 이자는 연 단위임
- ▶ PMT, HLOOKUP 함수 사용

▼ 결과 화면

⏷	A	B	C	D	E	F	G
1	[표1]	은행	성명	월급	이자(년)	기간(년)	투자가치
2		국민	기민기	3,650,000	5%	2	₩27,579,000
3		신한	가수현	3,250,000	5%	1	₩11,972,000
4		우리	오은주	2,330,000	5%	4	₩37,057,000
5		국민	이상철	3,560,000	5%	2	₩26,899,000
6		신한	고은정	2,300,000	5%	4	₩36,580,000
7		우리	정해강	3,230,000	5%	1	₩11,898,000
8		국민	박찬웅	2,350,000	5%	3	₩27,321,000
9		신한	정영실	3,970,000	5%	7	₩119,491,000
10		우리	최형찬	2,750,000	5%	5	₩56,105,000
11							
12							
13	[표2]	성명	대출기간	대출원금	월상환액		
14		김다솜	18	₩5,000,000	₩286,657		
15		고은정	12	₩7,000,000	₩599,252		
16		정해강	12	₩10,000,000	₩856,075		
17		최호창	36	₩20,000,000	₩572,852		
18		백민지	30	₩15,000,000	₩516,308		
19		변성호	12	₩10,000,000	₩856,075		
20		홍진성	24	₩5,000,000	₩216,014		
21							
22		대출이자					
23		대출기간	12	18	24	30	36
24		이자	5.0%	4.0%	3.5%	2.5%	2.0%

3 [표3]의 '대출종류', '대출원금', '대출기간', '이자'를 이용하여 '월상환액'을 계산하여 [N2:N15] 영역에 표시하시오.

- 이자는 금리 이자와 가산금리 이자를 합하여 계산
- 대출종류에 따른 이자는 [J19:K22] 영역, 대출기간에 따른 이자는 [K25:P26] 영역을 이용하여 계산
- 대출기간과 이자는 연 단위임
- 단, 오류 발생 시 월상환액에 '미대출'로 표시
- IFERROR, PMT, VLOOKUP, HLOOKUP 함수 사용

▼ 결과 화면

	I	J	K	L	M	N	O	P
1	[표3]	대출종류	성명	대출원금	대출기간	월상환액		
2		찬스	김철수	3,000,000	1	₩254,081		
3		보통	문재만	5,000,000	2	₩217,570		
4		보통	홍진표	10,000,000	3	₩297,469		
5		우대	구준호	6,000,000	2	₩259,749		
6		찬스	이우명	없음		미대출		
7		억울	이우제	20,000,000	5	₩382,023		
8		찬스	박지은	20,000,000	5	₩368,330		
9		억울	윤기훈	5,000,000	2	₩218,686		
10		우대	윤정은	없음		미대출		
11		보통	김주리	12,000,000	4	₩275,266		
12		우대	나혜옥	9,000,000	3	₩265,716		
13		찬스	김영규	없음		미대출		
14		우대	문승호	30,000,000	6	₩478,984		
15		억울	신정식	12,000,000	4	₩277,985		
16								
17		금리						
18		대출종류	이자					
19		찬스	2.0%					
20		우대	2.5%					
21		보통	3.0%					
22		억울	3.5%					
23								
24		가산금리						
25		대출기간	1	2	3	4	5	6
26		이자	1.0%	1.2%	1.5%	1.8%	2.0%	2.2%

그대로 따라하기

1 투자가치[G2:G10]에 값 표시하기

[G2] 셀 선택 → 수식 입력줄에 =ROUND(FV(E2/12,F2*12,-D2*0.3),-3)을 입력한 후 Enter 를 누름 → [G2] 셀의 자동 채우기 핸들을 [G10] 셀까지 드래그하여 함수식을 복사한다.

	A	B	C	D	E	F	G
1	[표1]	은행	성명	월급	이자(년)	기간(년)	투자가치
2		국민	기민기	3,650,000	5%	2	₩27,579,000
3		신한	가수현	3,250,000	5%	1	₩11,972,000
4		우리	오은주	2,330,000	5%	4	₩37,057,000
5		국민	이상철	3,560,000	5%	2	₩26,899,000
6		신한	고은정	2,300,000	5%	4	₩36,580,000
7		우리	정해강	3,230,000	5%	1	₩11,898,000
8		국민	박찬웅	2,350,000	5%	3	₩27,321,000
9		신한	정영실	3,970,000	5%	7	₩119,491,000
10		우리	최형찬	2,750,000	5%	5	₩56,105,000

❶ 딸깍
❷ 입력 → Enter
❸ 드래그

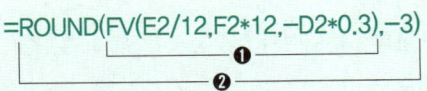

❶ FV(E2/12,F2*12,-D2*0.3)
- 이율(E2/12): [E2] 셀 값(이자(년))을 12로 나누어 월이율로 계산한다.
- 납입 횟수(F2*12): [F2] 셀 값(기간(년))에 12를 곱하여 개월 수로 계산한다.
- 납입금(-D2*0.3): [D2] 셀 값(월급)에 0.3을 곱하여 30% 금액을 음수로 변환하여 계산한다.
  (결괏값이 양수가 되기 위해서는 인수를 음수로 변환해야 함)
- 현재 가치(생략): 0으로 계산한다.
- 납입 시점(생략): 기간 말로 계산한다.

❷ ROUND(❶,-3): ❶(투자가치)을 백의 자리에서 반올림하여 천의 자리로 반환한다.

2 월상환액[E14:E20]에 값 표시하기

[E14] 셀 선택 → 수식 입력줄에 =PMT(HLOOKUP(C14,$C$23:$G$24,2,FALSE)/12,C14,-D14)를 입력한 후 Enter 를 누름 → [E14] 셀의 자동 채우기 핸들을 [E20] 셀까지 드래그하여 함수식을 복사한다.

> **풀이법을 알면 시간이 단축된다!**
> 납입 시점(매월 말, 매월 초)에 대한 특별한 지시사항이 없으면 인수를 생략하면 된다.

	A	B	C	D	E	F	G	H
13	[표2]	성명	대출기간	대출원금	월상환액			
14		김다솜	18	₩5,000,000	₩286,657			
15		고은정	12	₩7,000,000	₩599,252			
16		정해강	12	₩10,000,000	₩856,075			
17		최호창	36	₩20,000,000	₩572,852			
18		백민지	30	₩15,000,000	₩516,308			
19		변성호	12	₩10,000,000	₩856,075			
20		홍진성	24	₩5,000,000	₩216,014			
21								
22		대출이자						
23		대출기간	12	18	24	30	36	
24		이자	5.0%	4.0%	3.5%	2.5%	2.0%	

=PMT(HLOOKUP(C14,$C$23:$G$24,2,FALSE)/12,C14,-D14)
           ❶
     ❷

❶ HLOOKUP(C14,$C$23:$G$24,2,FALSE): [C23:G24] 영역(대출이자)의 첫 번째 행(대출이자의 대출기간)에서 [C14] 셀 값(대출기간)과 정확하게 일치(FALSE)하는 값을 찾아 해당 값이 있는 열에서 두 번째 행(대출이자의 이자)에 대응하는 값을 반환한다.
 ([C23:G24] 영역은 함수식을 복사해도 주소가 변경되지 않도록 절대 참조로 지정)

❷ PMT(❶/12,C14,-D14)
- 이율(❶/12): ❶(대출기간에 해당하는 이자)을 12로 나누어 월이율로 계산한다.
- 납입 횟수(C14): [C14] 셀 값(대출기간)의 개월 수로 계산한다.
- 현재 가치(-D14): [D14] 셀 값(대출원금)을 음수로 변환하여 계산한다.
  (결괏값이 양수가 되기 위해서는 인수를 음수로 변환해야 함)
- 미래 가치(생략): 0으로 계산한다.

3 월상환액[N2:N15]에 값, 오류이면 '미대출' 표시하기

[N2] 셀 선택 → 수식 입력줄에 =IFERROR(PMT((VLOOKUP(J2,$J$19:$K$22,2,FALSE)+HLOOKUP(M2,$K$25:$P$26,2,FALSE))/12,M2*12,-L2),"미대출")을 입력한 후 Enter 를 누름 → [N2] 셀의 자동 채우기 핸들을 [N15] 셀까지 드래그하여 함수식을 복사한다.

	I	J	K	L	M	N	O	P	Q	R	S	T
1	[표3]	대출종류	성명	대출원금	대출기간	월상환액						
2		찬스	김철수	3,000,000	1	₩254,081						
3		보통	문재만	5,000,000	2	₩217,570						
4		보통	홍진표	10,000,000	3	₩297,469						
5		우대	구준호	6,000,000	2	₩259,749						
6		찬스	이우명	없음		미대출						
7		억울	이우제	20,000,000	5	₩382,023						
8		찬스	박지은	20,000,000	5	₩368,330						
9		억울	윤기훈	5,000,000	2	₩218,686						
10		우대	윤정은	없음		미대출						
11		보통	김주리	12,000,000	4	₩275,266						
12		우대	나혜옥	9,000,000	3	₩265,716						
13		찬스	김영규	없음		미대출						
14		우대	문승호	30,000,000	6	₩478,984						
15		억울	신정식	12,000,000	4	₩277,985						
16												
17		금리										
18		대출종류	이자									
19		찬스	2.0%									
20		우대	2.5%									
21		보통	3.0%									
22		억울	3.5%									
23												
24		가산금리										
25		대출기간	1	2	3	4	5	6				
26		이자	1.0%	1.2%	1.5%	1.8%	2.0%	2.2%				

=IFERROR(PMT((VLOOKUP(J2,$J$19:$K$22,2,FALSE)+HLOOKUP(M2,$K$25:$P$26,2,FALSE))/12,M2*12,-L2),"미대출")

❶ **VLOOKUP(J2,$J$19:$K$22,2,FALSE)**: [J19:K22] 영역(금리)의 첫 번째 열(금리의 대출종류)에서 [J2] 셀 문자열(대출종류)과 정확하게 일치(FALSE)하는 값을 찾아 해당 값이 있는 행에서 두 번째 열(금리의 이자)에 대응하는 값을 반환한다.
  ([J19:K22] 영역은 함수식을 복사해도 주소가 변경되지 않도록 절대 참조로 지정)
❷ **HLOOKUP(M2,$K$25:$P$26,2,FALSE)**: [K25:P26] 영역(가산금리)의 첫 번째 행(가산금리의 대출기간)에서 [M2] 셀 값(대출기간)과 정확하게 일치(FALSE)하는 값을 찾아 해당 값이 있는 열에서 두 번째 행(가산금리의 이자)에 대응하는 값을 반환한다.
  ([K25:P26] 영역은 함수식을 복사해도 주소가 변경되지 않도록 절대 참조로 지정)
❸ **PMT((❶+❷)/12,M2*12,-L2)**
  - 이율((❶+❷)/12): ❶(대출종류에 해당하는 이자)과 ❷(대출기간에 해당하는 이자)를 더한 후 12로 나누어 월이율로 계산한다.
  - 납입 횟수(M2*12): [M2] 셀 값(대출기간)에 12를 곱하여 개월 수로 계산한다.
  - 현재 가치(-L2): [L2] 셀 값(대출원금)을 음수로 변환하여 계산한다.
    (결괏값이 양수가 되기 위해서는 인수를 음수로 변환해야 함)
  - 미래 가치(생략): 0으로 계산한다.
  - 납입 시점(생략): 기간 말로 계산한다.
❹ **IFERROR(❸,"미대출")**: ❸(월상환액)을 반환하지만, 이 값이 오류('대출원금'이 없음)이면 '미대출'을 반환한다.

계산 작업

11 배열 수식

① **개념**: 다수의 값을 반환하거나 여러 값을 입력으로 받아들일 수 있는 수식으로 중괄호({ })로 묶여 있음
② **입력 방법**: 함수식 작성 후 Ctrl + Shift + Enter
  • 함수식 작성 후 Ctrl + Shift + Enter 를 누르면 함수식의 앞, 뒤에 중괄호({ })가 표시됨
  • 조건을 지정할 때 AND 조건은 '*', OR 조건은 '+' 사용
③ **종류**

구분	조건이 한 개인 경우	조건이 여러 개인 경우
개수	{=SUM((조건)*1)}	{=SUM((조건1)*(조건2))}
	{=SUM(IF(조건,1))}	{=SUM(IF((조건1)*(조건2),1))}
	{=COUNT(IF(조건,1))}	{=COUNT(IF((조건1)*(조건2),1))}
합계	{=SUM((조건)*합계를 구할 범위)}	{=SUM((조건1)*(조건2)*합계를 구할 범위)}
	{=SUM(IF(조건,합계를 구할범위))}	{=SUM(IF((조건1)*(조건2),합계를 구할 범위))}
평균	{=AVERAGE(IF(조건,평균을 구할 범위))}	{=AVERAGE(IF((조건1)*(조건2),평균을 구할 범위))}
최대값	{=MAX((조건)*최대값을 구할 범위)}	{=MAX((조건1)*(조건2)*최대값을 구할 범위)}
	{=MAX(IF(조건,최대값을 구할 범위))}	{=MAX(IF((조건1)*(조건2),최대값을 구할 범위))}
최소값	{=MIN(IF(조건,최소값을 구할 범위))}	{=MIN(IF((조건1)*(조건2),최소값을 구할 범위))}
n번째로 큰값	{=LARGE((조건)*n번째로 큰 값을 구할 범위,n)}	{=LARGE((조건1)*(조건2)*n번째로 큰 값을 구할 범위,n)}
	{=LARGE(IF(조건,n번째로 큰 값을 구할 범위),n)}	{=LARGE(IF((조건1)*(조건2),n번째로 큰 값을 구할 범위),n)}
n번째로 작은 값	{=SMALL(IF(조건,n번째로 작은 값을 구할 범위),n)}	{=SMALL(IF((조건1)*(조건2),n번째로 작은 값을 구할 범위),n)}

작업 파일명 C:\에듀윌_2026컴활1급실기\그대로따라하기\스프레드시트실무\02.계산작업\실습\11_배열수식.xlsx

출제패턴 ❶

'배열수식-1' 시트에서 다음 과정을 수행하시오.

1 [표1]의 '직책', '성별'을 이용하여 직책별 성별 인원수를 [C14:D16] 영역에 표시하시오.
▶ COUNT, IF 함수를 이용한 배열 수식

▼ 결과 화면

	A	B	C	D	E	F	G	H
1	[표1]	사원명	직책	부서명	성별	사원코드	지점	
2		박준용	부장	영업부	여	kor-05-07	서울	
3		윤여일	과장	총무부	여	kor-04-25	부산	
4		박종인	부장	관리부	남	kor-08-08	대구	
5		이광호	대리	경영부	여	kor-07-21	대전	
6		최병설	과장	총무부	여	kor-09-01	광주	
7		김병태	과장	연구부	여	kor-09-01	세종	
8		김지은	부장	개발부	남	kor-09-02	용인	
9		현윤진	부장	영업부	여	kor-03-02	서울	
10		윌리엄	과장	관리부	남	kor-02-10	부산	
11								
12		직책별 성별 인원수						
13		구분	남	여				
14		부장	2	2				
15		과장	1	3				
16		대리	0	1				

2 [표2]의 '구입일자', '구입금액'을 이용하여 요일번호별 구입금액의 합계를 [D34:D40] 영역에 표시하시오.
▶ 단, 요일번호 계산 시 월요일이 1인 유형으로 계산
▶ SUM, WEEKDAY 함수를 이용한 배열 수식

▼ 결과 화면

	A	B	C	D	E	F
19	[표2]	구입일자	과일명	구입금액	결제방법	판매처
20		2024-03-24	수박	230,000	현금	서울
21		2024-01-03	포도	100,000	카드	부산
22		2024-01-27	참외	150,000	카드	대구
23		2024-02-12	딸기	250,000	현금	대전
24		2024-03-04	멜론	55,000	현금	광주
25		2024-02-16	오렌지	20,000	카드	세종
26		2024-02-20	사과	100,000	현금	용인
27		2024-02-17	수박	150,000	카드	서울
28		2024-03-01	건포도	50,000	카드	부산
29		2024-02-03	딸기	250,000	카드	대구
30		2024-01-24	배	70,000	현금	서울
31						
32		요일번호별 구입금액의 합계				
33		요일번호	요일	구입금액		
34		1	월요일	305,000		
35		2	화요일	100,000		
36		3	수요일	170,000		
37		4	목요일	-		
38		5	금요일	70,000		
39		6	토요일	550,000		
40		7	일요일	230,000		

> 📖 읽는 강의
>
> **출제패턴을 알면 시험이 쉬워진다!**
> 배열 수식은 수험자들이 많이 어려워하는 부분이지만, 기본 형식을 익히면 혼동하지 않고 문제에 적용할 수 있다.

3 [표3]의 '강의과목', '수강료', '강의시간'을 이용하여 강의시간이 20 이상인 과목별 최소수강료를 [K14:K16] 영역에 표시하시오.

▶ MIN, IF 함수를 이용한 배열 수식

▼ 결과 화면

	I	J	K	L	M	N	O	P
1	[표3]	강의사이트	강의과목	담당교수	강의실	수강료	강의시간	
2		아이티	데이터	해찬솔	edu-301	40,000	20	
3		캠퍼스	가상화폐	한길찬	edu-302	35,000	15	
4		날개	데이터	하련솔	edu-303	50,000	25	
5		국민	인공지능	푸른들	edu-304	35,000	15	
6		퍼스트	가상화폐	큰라라	edu-305	60,000	20	
7		에듀윌	데이터	차오름	edu-306	35,000	30	
8		사이버한국	인공지능	알찬해	edu-307	50,000	25	
9		사이버국민	가상화폐	은소라	edu-308	20,000	20	
10		아이티	인공지능	슬아라	edu-309	30,000	30	
11								
12		강의시간이 20 이상인 과목별 최소수강료						
13		강의과목	최소수강료					
14		데이터	35,000					
15		인공지능	30,000					
16		가상화폐	20,000					

4 [표4]의 '제조국', '제품명'을 이용하여 제조국별 제품명별 개발건수를 [K39:M42] 영역에 표시하시오.

▶ SUM, TEXT 함수를 이용한 배열 수식

▼ 결과 화면

	I	J	K	L	M
19	[표4]	제조회사	개발담당	제조국	제품명
20		SK	에이든	한국	반도체6G
21		덴저우	클로이	중국	반도체16G
22		삼성	제이든	한국	반도체32G
23		덴저우	앤드류	중국	반도체64G
24		삼성	아리아	한국	반도체64G
25		SK	다니엘	한국	반도체64G
26		썬드래곤	에스터	대만	반도체32G
27		알리지	사무엘	대만	반도체64G
28		삼성	아이린	한국	반도체6G
29		덴저우	소피아	중국	반도체6G
30		LG	제레미	한국	반도체6G
31		덴저우	해오름	중국	반도체16G
32		삼성	리브가	한국	반도체32G
33		삼성	헤이든	한국	반도체64G
34		썬드래곤	이송이	대만	반도체64G
35		알프지	조라니	대만	반도체64G
36					
37		제조국별 제품명별 개발건수			
38		구분	한국	중국	대만
39		반도체6G	3건	1건	0건
40		반도체16G	0건	2건	0건
41		반도체32G	2건	0건	1건
42		반도체64G	3건	1건	3건

5 [표5]의 '학과', '장학금코드', '금액'을 이용하여 코드별 학과별 평균금액을 [S14:T15] 영역에 표시하시오.
▶ 코드는 장학금코드의 앞 두 글자를 이용하여 계산
▶ AVERAGE, IF, LEFT 함수를 이용한 배열 수식

▼ 결과 화면

	Q	R	S	T	U	V
1	[표5]	담당교수	지도학생	학과	장학금코드	금액
2		정여진	이영실	컴퓨터공학	AA-1	1,600,000
3		고현숙	가형찬	정보보안	BB-3	500,000
4		권순범	박재은	컴퓨터공학	AA-3	800,000
5		김경애	이호민	정보보안	BB-1	1,500,000
6		김도현	최민기	컴퓨터공학	BB-3	500,000
7		김보영	방수현	정보보안	AA-1	1,600,000
8		김용민	차소영	컴퓨터공학	BB-2	1,000,000
9		김종대	이기만	정보보안	AA-2	1,200,000
10		정재권	정주리	정보보안	BB-2	1,000,000
11						
12		코드별 학과별 평균금액				
13		코드	정보보안	컴퓨터공학		
14		AA	1,400,000	1,200,000		
15		BB	1,000,000	750,000		

그대로 따라하기

1 직책별 성별 인원수[C14:D16] 표시하기

[C14] 셀 선택 → 수식 입력줄에 =COUNT(IF(($C$2:$C$10=$B14)*($E$2:$E$10=C$13),1))을 입력한 후 Ctrl+Shift+Enter를 누름 → [C14] 셀의 자동 채우기 핸들을 [C16] 셀까지 드래그하여 함수식을 복사 → [C16] 셀의 자동 채우기 핸들을 [D16] 셀까지 드래그하여 함수식을 복사한다.

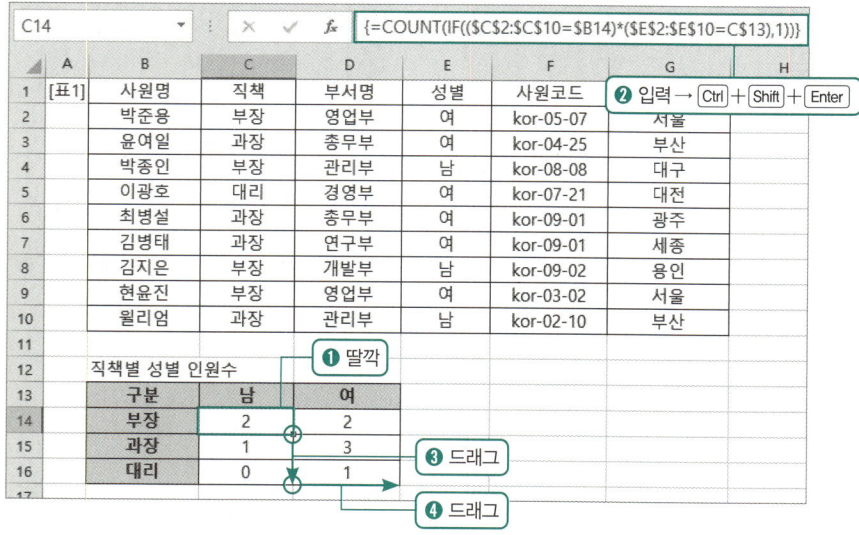

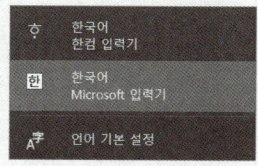

실수가 줄어들면 합격은 빨라진다!
함수식을 입력한 후 Ctrl+Shift+Enter를 눌렀을 때 배열 수식이 적용되지 않는 경우 작업 표시줄에서 입력 모드가 'Microsoft 입력기'로 지정되어 있는지 확인한다. '한컴 입력기'로 지정되어 있으면 배열 수식 적용이 되지 않음을 주의해야 한다.

$$\{=COUNT(IF((\$C\$2:\$C\$10=\$B14)*(\$E\$2:\$E\$10=C\$13),1))\}$$

❶ ($C$2:$C$10=$B14)
❷ IF(❶,1)
❸ COUNT

❶ ($C$2:$C$10=$B14)*($E$2:$E$10=C$13)
- [C2:C10] 영역(직책)에서 각 셀이 [B14] 셀 문자열(부장)과 같은지(조건1) 비교한다.
- [E2:E10] 영역(성별)에서 각 셀이 [C13] 셀 문자(남)와 같은지(조건2) 비교한다.
- 조건1과 조건2를 모두 만족(*)하면 TRUE, 그렇지 않으면 FALSE를 반환한다.
- 주의사항
  - [C2:C10], [E2:E10] 영역은 함수식을 복사해도 주소가 변경되지 않도록 절대 참조로 지정한다.
  - [B14] 셀은 직책이 행에 따라 구분되므로 열 고정으로 지정한다.
  - [C13] 셀은 성별이 열에 따라 구분되므로 행 고정으로 지정한다.

$C$2:$C$10=$B14 ('직책'이 '부장')	반환값		$E$2:$E$10=C$13 ('성별'이 '남')	반환값		❶
C2=B14	TRUE	*	E2=C13	FALSE	→	FALSE
C3=B14	FALSE	*	E3=C13	FALSE	→	FALSE
C4=B14	TRUE	*	E4=C13	TRUE	→	TRUE
C5=B14	FALSE	*	E5=C13	FALSE	→	FALSE
C6=B14	FALSE	*	E6=C13	FALSE	→	FALSE
C7=B14	FALSE	*	E7=C13	FALSE	→	FALSE
C8=B14	TRUE	*	E8=C13	TRUE	→	TRUE
C9=B14	TRUE	*	E9=C13	FALSE	→	FALSE
C10=B14	FALSE	*	E10=C13	TRUE	→	FALSE

❷ IF(❶,1): ❶('직책'이 '부장'이면서 '성별'이 '남')이 TRUE인 경우에만 해당하는 행에 '1'을 반환한다.

❶		❷
FALSE	→	FALSE
FALSE	→	FALSE
TRUE	→	1
FALSE	→	FALSE
FALSE	→	FALSE
FALSE	→	FALSE
TRUE	→	1
FALSE	→	FALSE
FALSE	→	FALSE

❸ {=COUNT(❷)}: ❷('1'을 반환하는 경우)의 개수(2)를 반환한다.

📖 **읽는 강의**

풀이법을 알면 시간이 단축된다!

조건이 여러 개일 때 개수를 구하는 배열 수식

방법1 {=SUM((조건1)*(조건2))}

방법2 {=SUM(IF(조건1)*(조건2),1))}

방법3 {=COUNT(IF((조건1)*(조건2),1))}

2 요일번호별 구입금액의 합계[D34:D40] 표시하기

[D34] 셀 선택 → 수식 입력줄에 =SUM((WEEKDAY($B$20:$B$30,2)=B34)*$D$20:$D$30)을 입력한 후 Ctrl+Shift+Enter를 누름 → [D34] 셀의 자동 채우기 핸들을 [D40] 셀까지 드래그하여 함수식을 복사한다.

> **읽는 강의**
>
> 풀이법을 알면 시간이 단축된다!
> 조건이 한 개일 때 합계를 구하는 배열 수식
> 방법 1 {=SUM((조건)*합계 구할 범위)}
> 방법 2 {=SUM(IF(조건,합계 구할 범위))}

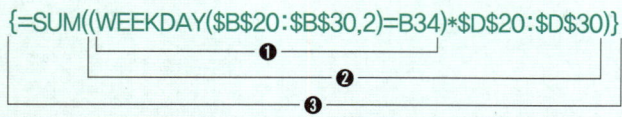

	A	B	C	D	E	F	G	H
19	[표2]	구입일자	과일명	구입금액	결제방법			
20		2024-03-24	수박	230,000	현금	서울		
21		2024-01-03	포도	100,000	카드	부산		
22		2024-01-27	참외	150,000	카드	대구		
23		2024-02-12	딸기	250,000	현금	대전		
24		2024-03-04	멜론	55,000	현금	광주		
25		2024-02-16	오렌지	20,000	카드	세종		
26		2024-02-20	사과	100,000	현금	용인		
27		2024-02-17	수박	150,000	카드	서울		
28		2024-03-01	건포도	50,000	카드	부산		
29		2024-02-03	딸기	250,000	카드	대구		
30		2024-01-24	배	70,000	현금	서울		
31								
32		요일번호별 구입금액의 합계						
33		요일번호	요일	구입금액				
34		1	월요일	305,000				
35		2	화요일	100,000				
36		3	수요일	170,000				
37		4	목요일	-				
38		5	금요일	70,000				
39		6	토요일	550,000				
40		7	일요일	230,000				

{=SUM((WEEKDAY($B$20:$B$30,2)=B34)*$D$20:$D$30)}

❶ WEEKDAY($B$20:$B$30,2)=B34: [B20:B30] 영역(구입일자)에서 각 셀이 해당하는 요일 번호(두 번째 인수를 2로 지정하면 월요일(1)~일요일(7))가 [B34] 셀의 값(요일번호)과 같은지 비교하여 같으면 TRUE, 그렇지 않으면 FALSE를 반환한다.
([B20:B30] 영역은 함수식을 복사해도 주소가 변경되지 않도록 절대 참조로 지정)

WEEKDAY($B$20:$B$30,2)=B34 ('요일번호'가 '1')	❶
B20=B34	FALSE
B21=B34	FALSE
B22=B34	FALSE
B23=B34	TRUE
B24=B34	TRUE
B25=B34	FALSE
B26=B34	FALSE
B27=B34	FALSE
B28=B34	FALSE
B29=B34	FALSE
B30=B34	FALSE

❷ (❶)*$D$20:$D$30: ❶('요일번호'가 같음)이 TRUE이면 '1', FALSE이면 '0'으로 하여, [D20:D30] 영역(구입금액)에서 해당하는 행의 값과 곱한 값('요일번호'가 같은 '구입금액')을 반환한다.

❶		$D$20:$D$30	❷
FALSE(0)	*	D20(230,000)	0
FALSE(0)	*	D21(100,000)	0
FALSE(0)	*	D22(150,000)	0
TRUE(1)	*	D23(250,000)	250,000
TRUE(1)	*	D24(55,000)	55,000
FALSE(0)	*	D25(20,000)	0
FALSE(0)	*	D26(100,000)	0
FALSE(0)	*	D27(150,000)	0
FALSE(0)	*	D28(50,000)	0
FALSE(0)	*	D29(250,000)	0
FALSE(0)	*	D30(70,000)	0

❸ {=SUM(❷)}: ❷('요일번호'가 같은 '구입금액')의 합계(305,000)를 반환한다.

3 강의시간이 20 이상인 과목별 최소수강료[K14:K16] 표시하기

[K14] 셀 선택 → 수식 입력줄에 =MIN(IF(($O$2:$O$10>=20)*($K$2:$K$10=$J14),$N$2:$N$10))을 입력한 후 [Ctrl]+[Shift]+[Enter]를 누름 → [K14] 셀의 자동 채우기 핸들을 [K16] 셀까지 드래그하여 함수식을 복사한다.

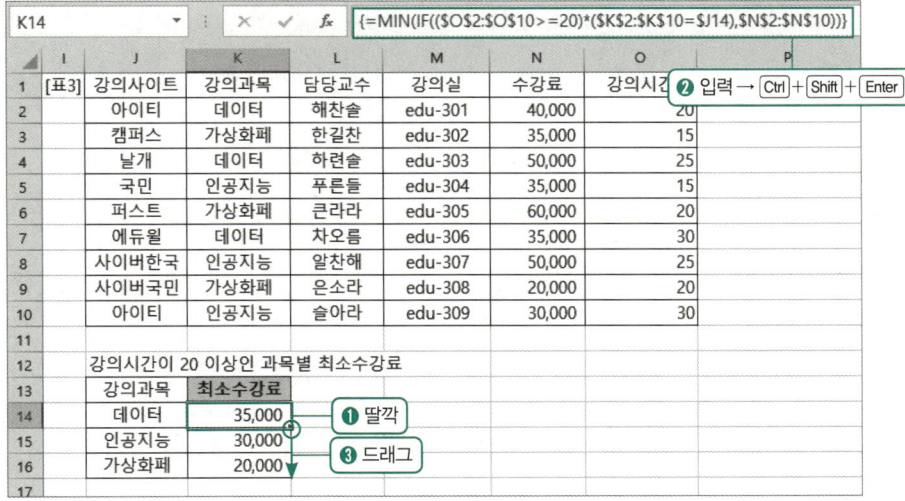

풀이법을 알면 시간이 단축된다!

• 조건이 여러 개일 때 최소값을 구하는 배열 수식

{=MIN(IF((조건1)*(조건2),최소값을 구할 범위))}
(MIN 함수를 IF와 함께 사용하지 않는 경우 결과는 무조건 0을 반환함)

• 조건이 여러 개일 때 최대값을 구하는 배열 수식

방법1 {=MAX((조건1)*(조건2)*최대값을 구할 범위)}
방법2 {=MAX(IF((조건1)*(조건2),최대값을 구할 범위))}

❶ ($O$2:$O$10 > =20)*($K$2:$K$10=$J14)
- [O2:O10] 영역(강의시간)에서 각 셀이 20 이상인지(조건1) 비교한다.
- [K2:K10] 영역(강의과목)에서 각 셀이 [J14] 셀 문자열(데이터)과 같은지(조건2) 비교한다.
- 조건1과 조건2를 모두 만족(*)하면 TRUE, 그렇지 않으면 FALSE를 반환한다.
- 주의사항
  - [O2:O10], [K2:K10] 영역은 함수식을 복사해도 주소가 변경되지 않도록 절대 참조로 지정한다.
  - [J14] 셀은 강의과목이 행에 따라 구분되므로 열 고정으로 지정한다.

$O$2:$O$10>=20 ('강의시간'이 20 이상)	반환값		$K$2:$K$10=$J14 ('강의과목'이 '데이터')	반환값		❶
O2>=20	TRUE	*	K2=J14	TRUE	→	TRUE
O3>=20	FALSE	*	K3=J14	FALSE	→	FALSE
O4>=20	TRUE	*	K4=J14	TRUE	→	TRUE
O5>=20	FALSE	*	K5=J14	FALSE	→	FALSE
O6>=20	TRUE	*	K6=J14	FALSE	→	FALSE
O7>=20	TRUE	*	K7=J14	TRUE	→	TRUE
O8>=20	TRUE	*	K8=J14	FALSE	→	FALSE
O9>=20	TRUE	*	K9=J14	FALSE	→	FALSE
O10>=20	TRUE	*	K10=J14	FALSE	→	FALSE

❷ IF(❶,$N$2:$N$10): ❶('강의시간'이 20 이상이면서 '강의과목'이 '데이터')이 TRUE인 경우에만 [N2:N10] 영역(수강료)에서 해당하는 행의 값을 반환한다.

❶		❷
TRUE	→	40,000
FALSE	→	FALSE
TRUE	→	50,000
FALSE	→	FALSE
FALSE	→	FALSE
TRUE	→	35,000
FALSE	→	FALSE
FALSE	→	FALSE
FALSE	→	FALSE

❸ {=MIN(❷)}: ❷('수강료'를 반환하는 경우)에서 최소값(35,000)을 반환한다.

4 제조국별 제품명별 개발건수[K39:M42] 표시하기

[K39] 셀 선택 → 수식 입력줄에 =TEXT(SUM(($L$20:$L$35=K$38)*($M$20:$M$35=$J39)),"0건")을 입력한 후 Ctrl+Shift+Enter를 누름 → [K39] 셀의 자동 채우기 핸들을 [K42] 셀까지 드래그하여 함수식을 복사 → [K42] 셀의 자동 채우기 핸들을 [M42] 셀까지 드래그하여 함수식을 복사한다.

	I	J	K	L	M
19	[표4]	제조회사	개발담당	제조국	제품명
20		SK	에이든	한국	반도체6G
21		덴저우	클로이	중국	반도체16G
22		삼성	제이든	한국	반도체32G
23		덴저우	앤드류	중국	반도체64G
24		삼성	아리아	한국	반도체64G
25		SK	다니엘	한국	반도체64G
26		썬드래곤	에스터	대만	반도체32G
27		알리지	사무엘	대만	반도체64G
28		삼성	아이린	한국	반도체6G
29		덴저우	소피아	중국	반도체6G
30		LG	제레미	한국	반도체6G
31		덴저우	해오름	중국	반도체16G
32		삼성	리브가	한국	반도체32G
33		삼성	헤이든	한국	반도체64G
34		썬드래곤	이송이	대만	반도체64G
35		알프지	조라니	대만	반도체64G
36					
37		제조국별 제품명별 개발건수			
38		구분	한국	중국	대만
39		반도체6G	3건	1건	0건
40		반도체16G	0건	2건	0건
41		반도체32G	2건	0건	1건
42		반도체64G	3건	1건	3건

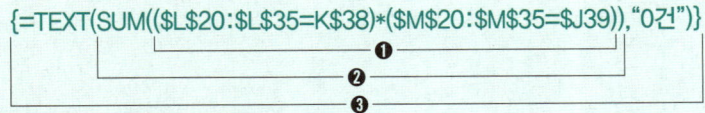

{=TEXT(SUM(($L$20:$L$35=K$38)*($M$20:$M$35=$J39)),"0건")}

❶ ($L$20:$L$35=K$38)*($M$20:$M$35=$J39)
- [L20:L35] 영역(제조국)에서 각 셀이 [K38] 셀 문자열(한국)과 같은지(조건1) 비교한다.
- [M20:M35] 영역(제품명)에서 각 셀이 [J39] 셀 문자열(반도체6G)과 같은지(조건2) 비교한다.
- 조건1과 조건2를 모두 만족(*)하면 TRUE, 그렇지 않으면 FALSE를 반환한다.
- 주의사항
  - [L20:L35], [M20:M35] 영역은 함수식을 복사해도 주소가 변경되지 않도록 절대 참조로 지정한다.
  - [J39] 셀은 제품명이 행에 따라 구분되므로 열 고정으로 지정한다.
  - [K38] 셀은 제조국이 열에 따라 구분되므로 행 고정으로 지정한다.

$L$20:$L$35=K$38 ('제조국'이 '한국')	반환값		$M$20:$M$35=$J39 ('제품명'이 '반도체6G')	반환값		❶
L20=K38	TRUE	*	M20=J39	TRUE	→	TRUE
L21=K38	FALSE	*	M21=J39	FALSE	→	FALSE
L22=K38	TRUE	*	M22=J39	FALSE	→	FALSE
L23=K38	FALSE	*	M23=J39	FALSE	→	FALSE
L24=K38	TRUE	*	M24=J39	FALSE	→	FALSE
L25=K38	TRUE	*	M25=J39	FALSE	→	FALSE
L26=K38	FALSE	*	M26=J39	FALSE	→	FALSE
L27=K38	FALSE	*	M27=J39	FALSE	→	FALSE
L28=K38	TRUE	*	M28=J39	TRUE	→	TRUE
L29=K38	FALSE	*	M29=J39	TRUE	→	FALSE
L30=K38	TRUE	*	M30=J39	TRUE	→	TRUE
L31=K38	FALSE	*	M31=J39	FALSE	→	FALSE
L32=K38	TRUE	*	M32=J39	FALSE	→	FALSE
L33=K38	TRUE	*	M33=J39	FALSE	→	FALSE
L34=K38	FALSE	*	M34=J39	FALSE	→	FALSE
L35=K38	FALSE	*	M35=J39	FALSE	→	FALSE

❷ SUM(❶): ❶('제조국'이 '한국'이면서 '제품명'이 '반도체6G')이 TRUE이면 '1', FALSE이면 '0'으로 하여 합계(3)를 반환한다.

❶		❷
TRUE	→	1
FALSE	→	0
FALSE	→	0
FALSE	→	0
FALSE	→	0
FALSE	→	0
FALSE	→	0
FALSE	→	0
TRUE	→	1
FALSE	→	0
TRUE	→	1
FALSE	→	0
FALSE	→	0
FALSE	→	0
FALSE	→	0
FALSE	→	0

❸ {=TEXT(❷,"0건")}: ❷('건수'인 3)를 '유효하지 않은 자릿수를 0으로 표시하여 0건' 형식의 문자열로 변경(3건)하여 반환한다.

5 코드별 학과별 평균금액[S14:T15] 표시하기

[S14] 셀 선택 → 수식 입력줄에 =AVERAGE(IF((LEFT($U$2:$U$10,2)=$R14)*($T$2:$T$10=S$13),$V$2:$V$10))을 입력한 후 Ctrl + Shift + Enter 를 누름 → [S14] 셀의 자동 채우기 핸들을 [S15] 셀까지 드래그하여 함수식을 복사 → [S15] 셀의 자동 채우기 핸들을 [T15] 셀까지 드래그하여 함수식을 복사한다.

> **읽는 강의**
>
> **풀이법을 알면 시간이 단축된다!**
> **조건이 여러 개일 때 평균을 구하는 배열 수식**
> { =AVERAGE(IF((조건1)*(조건2),평균을 구할 범위))}

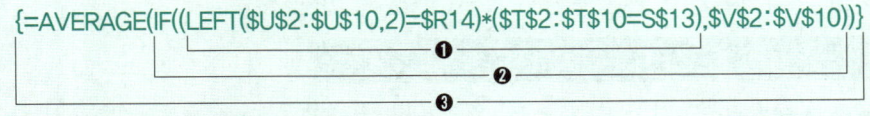

{=AVERAGE(IF((LEFT($U$2:$U$10,2)=$R14)*($T$2:$T$10=S$13),$V$2:$V$10))}
　　　　　　　　❶　　　　　　　❷
　　　　　　　　　　　❸

❶ (LEFT($U$2:$U$10,2)=$R14)*($T$2:$T$10=S$13)
- [U2:U10] 영역(장학금코드)에서 각 셀의 왼쪽에서 두 글자가 [R14] 셀 문자열(AA)과 같은지(조건1) 비교한다.
- [T2:T10] 영역(학과)에서 각 셀이 [S13] 셀 문자열(정보보안)과 같은지(조건2) 비교한다.
- 조건1과 조건2를 모두 만족(*)하면 TRUE, 그렇지 않으면 FALSE를 반환한다.
- 주의사항
  - [U2:U10], [T2:T10] 영역은 함수식을 복사해도 주소가 변경되지 않도록 절대 참조로 지정한다.
  - [R14] 셀은 코드가 행에 따라 구분되므로 열 고정으로 지정한다.
  - [S13] 셀은 학과가 열에 따라 구분되므로 행 고정으로 지정한다.

LEFT($U$2:$U$10,2)=$R14 ('장학금코드'의 왼쪽 두 글자가 'AA')	반환값		$T$2:$T$10=S$13 ('학과'가 '정보보안')	반환값		❶
U2=R14	TRUE	*	T2=S13	FALSE	→	FALSE
U3=R14	FALSE	*	T3=S13	TRUE	→	FALSE
U4=R14	TRUE	*	T4=S13	FALSE	→	FALSE
U5=R14	FALSE	*	T5=S13	TRUE	→	FALSE
U6=R14	FALSE	*	T6=S13	FALSE	→	FALSE
U7=R14	TRUE	*	T7=S13	TRUE	→	TRUE
U8=R14	FALSE	*	T8=S13	FALSE	→	FALSE
U9=R14	TRUE	*	T9=S13	TRUE	→	TRUE
U10=R14	FALSE	*	T10=S13	TRUE	→	FALSE

❷ IF(❶,$V$2:$V$10): ❶('장학금코드'의 왼쪽 두 글자가 'AA'이면서 '학과'가 '정보보안')이 TRUE인 경우에만 [V2:V10] 영역(금액)에서 해당하는 행의 값을 반환한다.

❶		❷
FALSE	→	FALSE
FALSE	→	FALSE
FALSE	→	FALSE
FALSE	→	FALSE
FALSE	→	FALSE
TRUE	→	1,600,000
FALSE	→	FALSE
TRUE	→	1,200,000
FALSE	→	FALSE

❸ {=AVERAGE(❷)}: ❷('금액'을 반환하는 경우)의 평균(1,400,000)을 반환한다.

출제패턴 ❷

'배열수식-2' 시트에서 다음 과정을 수행하시오.

1 [표1]의 '성별', '결제방법', '결제금액'을 이용하여 여성 회원의 결제방법별 최고 결제 금액과 최저 결제금액의 차이를 [C20:C21] 영역에 표시하시오.
▶ MAX, MIN, IF 함수를 이용한 배열 수식

▼ 결과 화면

	A	B	C	D	E	F
1	[표1]	성별	회원명	결제방법	결제금액	
2		여	김기연	카드	800,000	
3		여	김현영	현금	200,000	
4		남	나윤석	현금	46,000	
5		여	박서정	카드	100,000	
6		여	박선우	현금	500,000	
7		남	박지영	현금	700,000	
8		여	신혁민	현금	50,000	
9		여	원은지	카드	200,000	
10		여	이서진	카드	300,000	
11		여	이세빈	현금	220,000	
12		남	최민기	카드	640,000	
13		남	고동훈	카드	120,000	
14		여	양세윤	현금	60,000	
15		남	홍찬수	현금	30,000	
16		여	강희정	카드	150,000	
17						
18		여성 회원 결제방법별 최고/최저금액 차이				
19		결제방법	여			
20		카드	700,000			
21		현금	450,000			

2 [표2]의 '합격인원', '전형'을 이용하여 전형별 합격인원별 학과수를 [D40:E43] 영역에 표시하시오.
  ▶ 합격인원별 구간은 [B40:C43] 영역을 참조하여 계산
  ▶ TEXT, FREQUENCY, IF 함수를 이용한 배열 수식

▼ 결과 화면

	A	B	C	D	E	F
24	[표2]	학과명	모집인원	합격인원	전형	
25		빅데이터분석과	30	25	수시	
26		SNS분석과	20	8	정시	
27		로봇공학과	20	18	수시	
28		스마트IT과	30	22	수시	
29		경영학과	40	32	수시	
30		비서경영과	15	12	정시	
31		게임학과	30	22	정시	
32		소프트웨어	30	16	수시	
33		전자공학과	40	32	정시	
34		경영정보학과	30	20	수시	
35		신소재공학과	30	27	정시	
36		회계학과	40	32	수시	
37						
38		전형별 합격인원별 학과수				
39		합격인원		수시	정시	
40		1명 ~	10명	0개 학과	1개 학과	
41		11명 ~	20명	3개 학과	1개 학과	
42		21명 ~	30명	2개 학과	2개 학과	
43		31명 ~	40명	2개 학과	1개 학과	

3 [표3]의 '가입나이', '신용', '가입기간'을 이용하여 신용별, 나이별 평균 가입기간을 [P4:S7] 영역에 표시하시오.
  ▶ 단, 오류 발생 시 공백으로 표시
  ▶ AVERAGE, IF, IFERROR 함수를 이용한 배열 수식

4 [표3]을 이용하여 결제방법별로 가입금액, 가입나이가 가장 많은 회원의 성명을 [P11:Q13] 영역에 표시하시오.
  ▶ INDEX, MATCH, MAX 함수를 이용한 배열 수식

▼ 결과 화면

	G	H	I	J	K	L	M	N	O	P	Q	R	S
1	[표3]	성명	가입기간	신용	결제방법	가입금액	가입나이		신용/나이별 평균 가입기간				
2		김기연	20	골드	현금	500,000	30		구분	10세 이상 20세 미만	20세 이상 40세 미만	40세 이상 60세 미만	60세 이상 80세 미만
3		김현영	13	골드	현금	400,000	19		골드	10.0	20.0		
4		나윤석	15	우수	일시불	460,000	63		우수		15.0	13.0	15.0
5		박서정	10	프리미엄	현금	300,000	22		프리미엄		11.5		9.0
6		박선우	7	골드	일시불	550,000	12		일반	8.5		10.0	
7		박지영	10	일반	할부	500,000	44						
8		신혁민	14	프리미엄	현금	200,000	35						
9		원은지	9	프리미엄	현금	280,000	72		결제방법별 최대 가입금액/나이 명단				
10		이서진	13	일반	현금	117,000	16		구분	가입금액	가입나이		
11		이세빈	12	우수	일시불	220,000	51		현금	김기연	원은지		
12		최민기	15	우수	할부	700,000	35		일시불	박선우	나윤석		
13		고동훈	7	프리미엄	일시불	130,000	28		할부	최민기	박지영		
14		양세윤	4	일반	현금	460,000	15						
15		홍찬수	15	프리미엄	할부	300,000	25						
16		강희정	14	우수	일시불	530,000	42						

그대로 따라하기

1 여성 회원의 결제방법별 최고/최저 결제금액의 차이[C20:C21] 표시하기

[C20] 셀 선택 → 수식 입력줄에 =MAX(IF(($B$2:$B$16=$C$19)*($D$2:$D$16=$B20),$E$2:$E$16))−MIN(IF(($B$2:$B$16=$C$19)*($D$2:$D$16=$B20),$E$2:$E$16))을 입력한 후 Ctrl + Shift + Enter 를 누름 → [C20] 셀의 자동 채우기 핸들을 [C21] 셀까지 드래그하여 함수식을 복사한다.

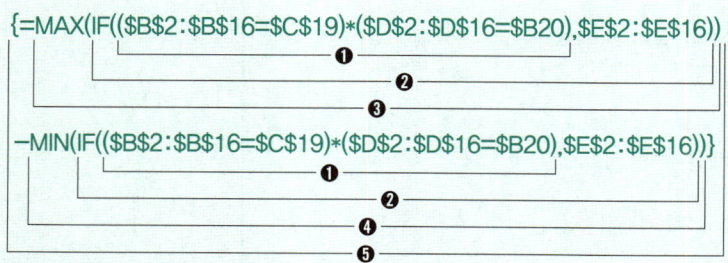

{=MAX(IF(($B$2:$B$16=$C$19)*($D$2:$D$16=$B20),$E$2:$E$16))
−MIN(IF(($B$2:$B$16=$C$19)*($D$2:$D$16=$B20),$E$2:$E$16))}

❶ ($B$2:$B$16=$C$19)*($D$2:$D$16=$B20)
- [B2:B16] 영역(성별)에서 각 셀이 [C19] 셀 문자(여)와 같은지(조건1) 비교한다.
- [D2:D16] 영역(결제방법)에서 각 셀이 [B20] 셀 문자열(카드)과 같은지(조건2) 비교한다.
- 조건1과 조건2를 모두 만족(*)하면 TRUE, 다르면 FALSE를 반환한다.
- 주의사항
  - [B2:B16], [D2:D16] 영역과 [C19] 셀은 함수식을 복사해도 주소가 변경되지 않도록 절대 참조로 지정한다.
  - [B20] 셀은 결제방법이 행에 따라 구분되므로 열 고정으로 지정한다.

$B$2:$B$16=$C$19 ('성별'이 '여')	반환값		$D$2:$D$16=$B20 ('결제방법'이 '카드')	반환값		❶
B2=C19	TRUE	*	D2=B20	TRUE	→	TRUE
B3=C19	TRUE	*	D3=B20	FALSE	→	FALSE
B4=C19	FALSE	*	D4=B20	FALSE	→	FALSE
B5=C19	TRUE	*	D5=B20	TRUE	→	TRUE
B6=C19	TRUE	*	D6=B20	FALSE	→	FALSE
B7=C19	FALSE	*	D7=B20	FALSE	→	FALSE
B8=C19	TRUE	*	D8=B20	FALSE	→	FALSE
B9=C19	TRUE	*	D9=B20	TRUE	→	TRUE
B10=C19	TRUE	*	D10=B20	TRUE	→	TRUE
B11=C19	TRUE	*	D11=B20	FALSE	→	FALSE
B12=C19	FALSE	*	D12=B20	TRUE	→	FALSE
B13=C19	FALSE	*	D13=B20	TRUE	→	FALSE
B14=C19	TRUE	*	D14=B20	FALSE	→	FALSE
B15=C19	FALSE	*	D15=B20	FALSE	→	FALSE
B16=C19	TRUE	*	D16=B20	TRUE	→	TRUE

❷ IF(❶,$E$2:$E$16): ❶('성별'이 '여'이면서 '결제방법'이 '카드')이 TRUE인 경우에만 [E2:E16] 영역(결제금액)에서 해당하는 행의 값을 반환한다.

❶		❷
TRUE	→	800,000
FALSE	→	FALSE
FALSE	→	FALSE
TRUE	→	100,000
FALSE	→	FALSE
FALSE	→	FALSE
FALSE	→	FALSE
TRUE	→	200,000
TRUE	→	300,000
FALSE	→	FALSE
FALSE	→	FALSE
FALSE	→	FALSE
FALSE	→	FALSE
FALSE	→	FALSE
TRUE	→	150,000

❸ MAX(❷): ❷('금액'을 반환하는 경우)의 최대값(800,000)을 반환한다.
❹ MIN(❷): ❷('금액'을 반환하는 경우)의 최소값(100,000)을 반환한다.
❺ {=❸-❹}: ❸(800,000)에서 ❹(100,000)를 뺀 값(차이인 700,000)을 반환한다.

2 전형별 합격인원별 학과수[D40:E43] 표시하기

[D40:D43] 영역을 드래그하여 선택 → 수식 입력줄에 =TEXT(FREQUENCY(IF($E$25:$E$36=D$39,$D$25:$D$36),$C$40:$C$43),"0개 학과")를 입력한 후 Ctrl+Shift+Enter를 누름 → [D43] 셀의 자동 채우기 핸들을 [E43] 셀까지 드래그하여 함수식을 복사한다.

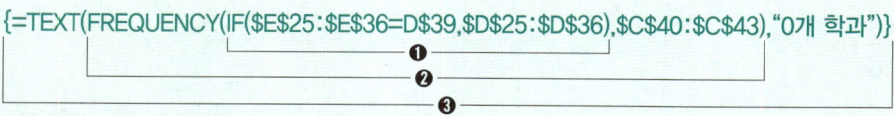

> **읽는 강의**
>
> **실수가 줄어들면 합격은 빨라진다!**
> **FREQUENCY 함수로 배열 수식 작성하기**
> FREQUENCY 함수(=FREQUENCY(배열1,배열2))는 '배열2'의 범위에 대한 '배열1' 요소의 빈도수를 반환하는 함수로, 함수식을 작성한 후 전체 영역에 함수식을 복사하는 다른 함수들과 달리 함수식을 작성할 영역을 미리 선택한 후 배열 수식을 작성해야 한다. 즉, '합격인원별' 구간에 대한 '수시' 전형의 '합격인원별' 빈도수를 한 번에 반환하므로 [D40:D43] 영역을 미리 선택한 후 배열 수식을 작성해야 한다.

{=TEXT(FREQUENCY(IF($E$25:$E$36=D$39,$D$25:$D$36),$C$40:$C$43),"0개 학과")}
　　　　　　　　　　　　❶
　　　　　　　　　　　❷
　　　　　　　　　❸

❶ IF($E$25:$E$36=D$39,$D$25:$D$36)
- [E25:E36] 영역(전형)에서 각 셀이 [D39] 셀 문자열(수시)과 같은지(조건) 비교한다.
- 조건을 만족하면 TRUE, 그렇지 않으면 FALSE를 반환한다.
- 반환값이 TRUE인 경우에만 [D25:D36] 영역(합격인원)에서 해당하는 행의 값을 반환한다.
- 주의사항
  - [D25:D36], [E25:E36] 영역은 함수식을 복사해도 주소가 변경되지 않도록 절대 참조로 지정한다.
  - [D39] 셀은 전형이 열에 따라 구분되므로 행 고정으로 지정한다.

$E$25:$E$36=D$39 ('전형'이 '수시')	반환값		$D$25:$D$36 (합격인원)
E25=D39	TRUE	→	[D25]=25
E26=D39	FALSE		[D26]=FALSE
E27=D39	TRUE	→	[D27]=18
E28=D39	TRUE	→	[D28]=22
E29=D39	TRUE	→	[D29]=32
E30=D39	FALSE		[D30]=FALSE
E31=D39	FALSE		[D31]=FALSE
E32=D39	TRUE	→	[D32]=16
E33=D39	FALSE		[D33]=FALSE
E34=D39	TRUE	→	[D34]=20
E35=D39	FALSE		[D35]=FALSE
E36=D39	TRUE	→	[D36]=32

❷ FREQUENCY(❶,$C$40:$C$43): ❶('합격인원'을 반환하는 경우)에 대한 [C40:C43] 영역(합격인원 구간)에서 해당하는 행의 빈도수(합격인원별 학과수)를 반환한다.

❶		❷
[D25]=25	→	21명~30명
[D26]=FALSE	→	FALSE
[D27]=18	→	11명~20명
[D28]=22	→	21명~30명
[D29]=32	→	31명~40명
[D30]=FALSE	→	FALSE
[D31]=FALSE	→	FALSE
[D32]=16	→	11명~20명
[D33]=FALSE	→	FALSE
[D34]=20	→	11명~20명
[D35]=FALSE	→	FALSE
[D36]=32	→	31명~40명

> **읽는 강의**
>
> **실수가 줄어들면 합격은 빨라진다!**
> FREQUENCY 함수는 작성할 영역을 미리 선택한 후 배열 수식을 작성해야 한다.

❸ {=TEXT(❷,"0개 학과")}: ❷(합격인원별 학과수)를 '유효하지 않은 자릿수를 0으로 표시하여 0개 학과' 형식의 문자열로 변환하여 반환한다.

3 신용별 나이별 평균 가입기간[P4:S7] 표시하기

[P4] 셀 선택 → 수식 입력줄에 =IFERROR(AVERAGE(IF(($J$2:$J$16=$O4)*($M$2:$M$16>=P$2)*($M$2:$M$16<P$3),$I$2:$I$16)),"")을 입력한 후 Ctrl + Shift + Enter 를 누름 → [P4] 셀의 자동 채우기 핸들을 [P7] 셀까지 드래그하여 함수식을 복사 → [P7] 셀의 자동 채우기 핸들을 [S7] 셀까지 드래그하여 함수식을 복사한다.

	G	H	I	J	K	L	M	N	O	P	Q	R	S
1	[표3]	성명	가입기간	신용	결제방법	가입금액	가입나이		신용/나이별 평균 가입기간				
2		김기연	20	골드	현금	500,000	30		구분	10세 이상 20세 미만	20세 이상 40세 미만	40세 이상 60세 미만	60세 이상 80세 미만
3		김현영	13	골드	현금	400,000	19						
4		나윤석	15	우수	일시불	460,000	63		골드	10.0	20.0		
5		박서정	10	프리미엄	현금	300,000	22		우수		15.0	13.0	15.0
6		박선우	7	골드	일시불	550,000	12		프리미엄		11.5		9.0
7		박지영	10	일반	할부	500,000	44		일반	8.5		10.0	
8		신혁민	14	프리미엄	현금	200,000	35						
9		원은지	9	프리미엄	현금	280,000	72		결제방법별 최대가입금액/나이 영역				
10		이서진	13	일반	현금	117,000	16		구분		가입나		
11		이세빈	12	우수	일시불	220,000	51		현금				
12		최민기	15	우수	할부	700,000	35		일시불				
13		고동훈	7	프리미엄	일시불	130,000	28		할부				
14		양세윤	4	일반	현금	460,000	15						
15		홍찬수	15	프리미엄	할부	300,000	25						
16		강희정	14	우수	일시불	530,000	42						

❷ 입력 → Ctrl + Shift + Enter {=IFERROR(AVERAGE(IF(($J$2:$J$16=$O4)*($M$2:$M$16>=P$2)*($M$2:$M$16<P$3),$I$2:$I$16)),"")}

❶ 딸깍 ❸ 드래그 ❹ 드래그

{=IFERROR(AVERAGE(IF(($J$2:$J$16=$O4)*($M$2:$M$16>=P$2)*($M$2:$M$16<P$3),$I$2:$I$16)),"")}

- ❶
- ❷
- ❸
- ❹

❶ ($J$2:$J$16=$O4)*($M$2:$M$16 > =P$2)*($M$2:$M$16 < P$3)
- [J2:J16] 영역(신용)에서 각 셀이 [O4] 셀 문자열(골드)과 같은지(조건1) 비교한다.
- [M2:M16] 영역(가입나이)에서 각 셀이 [P2] 셀 값(10세 이상)인지(조건2) 비교한다.
- [M2:M16] 영역(가입나이)에서 각 셀이 [P3] 셀 값(20세 미만)인지(조건3) 비교한다.
- 조건1, 조건2, 조건3을 모두 만족(*)하면 TRUE, 그렇지 않으면 FALSE를 반환한다.
- 주의사항
  - [J2:J16], [M2:M16] 영역은 함수식을 복사해도 주소가 변경되지 않도록 절대 참조로 지정한다.
  - [O4] 셀은 신용이 행에 따라 구분되므로 열 고정으로 지정한다.
  - [P2] 셀과 [P3] 셀은 나이 구간이 열에 따라 구분되므로 행 고정으로 지정한다.

$J$2:$J$16=$O4 ('신용'이 '골드')	반환값		$M$2:$M$16>=P$2 ('가입나이'가 '10세 이상')	반환값		$M$2:$M$16<P$3 ('가입나이'가 '20세 미만')	반환값		❶
J2=O4	TRUE	*	M2>=P2	TRUE	*	M2<P3	FALSE	→	FALSE
J3=O4	TRUE	*	M3>=P2	TRUE	*	M3<P3	TRUE	→	TRUE
J4=O4	FALSE	*	M4>=P2	TRUE	*	M4<P3	FALSE	→	FALSE
J5=O4	FALSE	*	M5>=P2	TRUE	*	M5<P3	FALSE	→	FALSE
J6=O4	TRUE	*	M6>=P2	TRUE	*	M6<P3	TRUE	→	TRUE
J7=O4	FALSE	*	M7>=P2	TRUE	*	M7<P3	FALSE	→	FALSE
J8=O4	FALSE	*	M8>=P2	TRUE	*	M8<P3	FALSE	→	FALSE
J9=O4	FALSE	*	M9>=P2	TRUE	*	M9<P3	FALSE	→	FALSE
J10=O4	FALSE	*	M10>=P2	TRUE	*	M10<P3	TRUE	→	FALSE
J11=O4	FALSE	*	M11>=P2	TRUE	*	M11<P3	FALSE	→	FALSE
J12=O4	FALSE	*	M12>=P2	TRUE	*	M12<P3	FALSE	→	FALSE
J13=O4	FALSE	*	M13>=P2	TRUE	*	M13<P3	FALSE	→	FALSE
J14=O4	FALSE	*	M14>=P2	TRUE	*	M14<P3	TRUE	→	FALSE
J15=O4	FALSE	*	M15>=P2	TRUE	*	M15<P3	FALSE	→	FALSE
J16=O4	FALSE	*	M16>=P2	TRUE	*	M16<P3	FALSE	→	FALSE

❷ IF(❶,$I$2:$I$16): ❶('신용'이 '골드'이면서 '가입나이'가 '10세 이상'이고 '20세 미만')이 TRUE인 경우에만 [I2:I16] 영역(가입기간)에서 해당하는 행의 값을 반환한다.

❶		❷
FALSE	→	FALSE
TRUE	→	13
FALSE	→	FALSE
FALSE	→	FALSE
TRUE	→	7
FALSE	→	FALSE
FALSE	→	FALSE
FALSE	→	FALSE
FALSE	→	FALSE
FALSE	→	FALSE
FALSE	→	FALSE
FALSE	→	FALSE
FALSE	→	FALSE
FALSE	→	FALSE
FALSE	→	FALSE

❸ AVERAGE(❷): ❷('가입기간'을 반환하는 경우)의 평균(10.0)을 반환한다.
❹ {=IFERROR(❸,"")}: ❸(10.0)을 반환하지만, 이 값이 오류(해당하는 평균 가입기간이 없는 경우)이면 공백으로 반환한다.

4 결제방법별로 가입금액, 가입나이가 가장 많은 회원의 성명[P11:Q13] 표시하기

[P11] 셀 선택 → 수식 입력줄에 =INDEX($H$2:$M$16,MATCH((MAX(($K$2:$K$16=$O11)*L$2:L$16)),($K$2:$K$16=$O11)*L$2:L$16,0),1)을 입력한 후 Ctrl + Shift + Enter 를 누름 → [P11] 셀의 자동 채우기 핸들을 [P13] 셀까지 드래그하여 함수식을 복사 → [P13] 셀의 자동 채우기 핸들을 [Q13] 셀까지 드래그하여 함수식을 복사한다.

> **읽는 강의**
>
> **풀이법을 알면 시간이 단축된다!!**
> INDEX, MATCH, MAX 함수를 중첩하여 사용하는 문제는 배열 수식에 자주 출제되는 함수식이다. 세 함수를 중첩한 형식을 하나의 형식으로 학습해두는 것이 좋다.
>
> **풀이법을 알면 시간이 단축된다!**
> INDEX 함수의 첫 번째 인수(범위)를 [H2:H16]으로 지정하면 세 번째 인수(열)을 생략해도 된다. 즉, =INDEX($H$2:$H$16,MATCH((MAX(($K$2:$K$16=$O11)*L$2:L$16)),($K$2:$K$16=$O11)*L$2:L$16,0))으로 입력해도 된다.

{=INDEX($H$2:$M$16,MATCH((MAX(($K$2:$K$16=$O11)*L$2:L$16)),($K$2:$K$16=$O11)*L$2:L$16,0),1)}

❶ ($K$2:$K$16=$O11)*L$2:L$16
- [K2:K16] 영역(결제방법)에서 각 셀이 [O11] 셀 문자열(현금)과 같은지(조건) 비교한다.
- 조건을 만족하면 TRUE, 그렇지 않으면 FALSE를 반환한다.
- 반환값이 TRUE인 경우에 [L2:L16] 영역(가입금액)에서 해당하는 행의 값을 반환한다.
- 주의사항
  - [K2:K16] 영역은 함수식을 복사해도 주소가 변경되지 않도록 절대 참조로 지정한다.
  - [L2:L16] 영역은 가입나이와 구분되므로 행 고정으로 지정한다.
  - [O11] 셀은 결제방법이 행에 따라 구분되므로 열 고정으로 지정한다.

$K$2:$K$16=$O11 ('결제방법'이 '현금')	반환값		❷
K2=O11	TRUE	→	500,000
K3=O11	TRUE	→	400,000
K4=O11	FALSE	→	FALSE
K5=O11	TRUE	→	300,000
K6=O11	FALSE	→	FALSE
K7=O11	FALSE	→	FALSE
K8=O11	TRUE	→	200,000
K9=O11	TRUE	→	280,000
K10=O11	TRUE	→	117,000
K11=O11	FALSE	→	FALSE
K12=O11	FALSE	→	FALSE
K13=O11	FALSE	→	FALSE
K14=O11	TRUE	→	460,000
K15=O11	FALSE	→	FALSE
K16=O11	FALSE	→	FALSE

❷ MAX(❶): ❶('가입금액'을 반환하는 경우)의 최대값(500,000)을 반환한다.
❸ MATCH((❷),❶,0): ❶('가입금액'을 반환하는 경우)에서 ❷(500,000)와 같은 첫 번째 값(0)을 찾아 상대 위치를 반환한다. 즉, '결제방법'이 '현금'인 경우 '가입금액'의 최대값인 '500,000'과 같은 첫 번째 값은 첫 번째 행에 위치하므로 상대 위치는 '1'을 반환한다.
❹ {=INDEX($H$2:$M$16,❸,1)}: [H2:M16] 영역(표3)에서 ❸(1)행과 첫 번째 열(성명)의 교차값(김기연)을 반환한다.

계산 작업

12 사용자 정의 함수

① **개념**: 사용자가 직접 수식을 만들어서 사용하는 함수로서 표준 함수로 제공되지 않는 특정 작업을 수행하기 위해 사용함

② **지정 방법**:

    방법1 [개발 도구] 탭-[코드] 그룹-[Visual Basic]을 클릭한 후 [삽입] 메뉴-[모듈] 선택

    방법2 Alt + F11 을 누른 후 [삽입] 메뉴-[모듈] 선택

③ **종류**

- FOR문
  - 개념: for 문은 반복적으로 작업을 수행할 때 유용하게 사용되며, 변수가 시작 값부터 종료값이 될 때까지 해당 명령문을 반복 수행함
  - 형식과 예시

형식	예시

For 변수 = 초기값 To 종료값 [Step 증가값]
    실행할 명령문
Next 변수
	For i = 1 To 10
	    total = total + i
	Next i

– 초기값: 변수의 시작값 – 종료값: 반복을 종료할 조건 – 증가값: 기본값은 1	변수 i가 1부터 시작하여 10까지 1씩 증가하면서 total 변수에 값을 누적하여 합계를 계산

- IF문
  - 개념: 조건에 따라 프로그램이 다르게 동작하도록 하는 제어문
  - 형식과 예시

형식	예시

If 조건1 Then
    명령문1
Elself 조건2 Then
    명령문2
Else
    명령문3
End If
	score = 85
	If score >= 90 Then
	    MsgBox "A 학점"
	Elself score >= 80 Then
	    MsgBox "B 학점"
	Elself score >= 70 Then
	    MsgBox "C 학점"
	Elself score >= 60 Then
	    MsgBox "D 학점"
	Else
	    MsgBox "F 학점"
	End If

조건1이 참이면 명령문1을 실행하며, 조건1이 거짓이면 조건2를 평가하여 참이면 명령문2를 실행하고, 모두 거짓이면 명령문3을 실행	score가 90 이상이면 'A 학점'을 출력하고, 그렇지 않고 80 이상이면 'B 학점'을, 70 이상이면 'C 학점', 60 이상이면 'D 학점'을 출력하며, 모든 조건에 해당하지 않으면 'F 학점'을 출력

- SELECT문
  - 개념: 여러 선택 사항 중 하나를 실행할 때 사용
  - 형식과 예시

형식	예시 1

Select Case 식(변수)
    Case Is 값1
        명령문1
    Case Is 값2
        명령문2
        :
    Case Else
        명령문n
End Select
	score = 85
	Select Case score
	    Case Is >= 90
	        MsgBox "A 학점"
	    Case Is >= 80
	        MsgBox "B 학점"
	    Case Is >= 70
	        MsgBox "C 학점"
	    Case Is >= 60
	        MsgBox "D 학점"
	    Case Else
	        MsgBox "F 학점"
	End Select

식(변수)의 결과가 값1이면 명령문1을, 값2이면 명령문2를,… 그 외는 명령문n을 수행함	score가 90 이상이면 'A 학점'을 출력하고, 그렇지 않고 80 이상이면 'B 학점'을, 70 이상이면 'C 학점', 60 이상이면 'D 학점'을 출력하며, 모든 조건에 해당하지 않으면 'F 학점'을 출력

예시 2	예시 3

Select Case 관계
  Case "부"
      fn지급금액 = 수납금액 * 0.4
  Case "모"
      fn지급금액 = 수납금액 * 0.5
  Case Else
      fn지급금액 = 수납금액 * 0.9
End Select
	Select Case dayNum
	    Case 1: KorDay = "월"
	    Case 2: KorDay = "화"
	    Case 3: KorDay = "수"
	    Case 4: KorDay = "목"
	    Case 5: KorDay = "금"
	    Case 6: KorDay = "토"
	    Case 7: KorDay = "일"
	    Case Else: KorDay = "?"
	End Select

'관계'가 '부'이면 '수납금액*0.4' 값을 반환하고, '관계'가 '모'이면 '수납금액*0.5' 값을 반환하며, 그 외에는 '수납금액*0.9' 값을 반환함	dayNum의 값에 따라 요일을 반환하고 모든 조건에 해당하지 않으면 "?"을 반환함

📥 **작업 파일명** C:\에듀윌_2026컴활1급실기\그대로따라하기\스프레드시트실무\02.계산작업\실습\12_사용자정의함수.xlsm

출제패턴 ❶

'사용자정의함수-1' 시트에서 다음 과정을 수행하시오.

1 사용자 정의 함수 'fn등급'을 작성하여 [표1]의 등급[E2:E9]을 표시하시오.
- ▶ 'fn등급'은 '사용금액', '이용빈도'를 인수로 받아 값을 되돌려줌
- ▶ 사용금액이 200000 이상이고 이용빈도가 20 이상이면 '골드'를, 사용금액이 100000 이상이고 이용빈도가 10 이상이면 '우수'를, 그 외는 공백으로 표시
- ▶ IF문 사용

```
Public Function fn등급(사용금액, 이용빈도)

End Function
```

2 사용자 정의 함수 'fn급여'를 작성하여 [표2]의 급여[F14:F21]를 표시하시오.
- ▶ 'fn급여'는 '입사연도', '근무년수', '상여금'을 인수로 받아 값을 되돌려줌
- ▶ 급여=기본급+(근무년수×상여금)
- ▶ '기본급'은 '입사연도'가 2016 이하이면 2,000,000으로, 그 외는 1,500,000으로 계산
- ▶ '상여금'은 [F12] 셀을 참조하여 계산
- ▶ SELECT CASE문 사용

```
Public Function fn급여(입사연도, 근무년수, 상여금)

End Function
```

▼ 결과 화면

▲	A	B	C	D	E	F
1	[표1]	회원명	사용금액	이용빈도	등급	
2		정찬웅	₩ 170,000	15	우수	
3		이실영	₩ 260,000	22	골드	
4		최찬형	₩ 60,000	8		
5		박은재	₩ 220,000	18	우수	
6		김준형	₩ 50,000	3		
7		최수현	₩ 350,000	25	골드	
8		방민기	₩ 180,000	7		
9		이희소	₩ 300,000	17	우수	
10						
11						
12					상여금	200,000
13	[표2]	사원명	직책	입사연도	근무년수	급여
14		정웅찬	부장	2013	11	4,200,000
15		이실영	대리	2019	5	2,500,000
16		최찬형	팀장	2018	6	2,700,000
17		박은재	과장	2015	9	3,800,000
18		김준형	사원	2021	3	2,100,000
19		최수현	과장	2016	8	3,600,000
20		방민기	대리	2018	6	2,700,000
21		이희소	사원	2020	4	2,300,000

읽는 강의

출제패턴을 알면 시험이 쉬워진다!
사용자 정의 함수는 매번 한 문제씩 출제되고 있는데, 난도는 높지 않지만 생소할 수 있으므로 정확하게 익히도록 한다.

3 사용자 정의 함수 'fn판매수익'을 작성하여 [표3]의 판매수익[N2:N9]을 표시하시오.

- ▶ 'fn판매수익'은 '판매량', '금액', '재고량'을 인수로 받아 값을 되돌려줌
- ▶ 판매수익 = 금액 - (금액×할인율)
- ▶ '할인율'은 '판매량'이 200 이상이거나 '재고량'이 20 이하이면 30%로, 그 외는 20%로 계산
- ▶ IF~ELSE문 사용

```
Public Function fn판매수익(판매량, 금액, 재고량)

End Function
```

4 사용자 정의 함수 'fn통계'를 작성하여 [표4]의 통계[N13:N28]를 표시하시오.

- ▶ 'fn통계'는 '판매가격', '구입가격'을 인수로 받아 값을 되돌려줌
- ▶ '통계'는 '판매가격 / 구입가격'의 값만큼 '◆'를 반복하여 표시
- ▶ [표시 예: 판매가격이 50,000, 구입가격이 10,000인 경우 → ◆◆◆◆◆]
- ▶ FOR문, & 연산자 사용

```
Public Function fn통계(판매가격, 구입가격)

End Function
```

▼ 결과 화면

	H	I	J	K	L	M	N
1	[표3]	과일명	가격	판매량	금액	재고량	판매수익
2		수박	20,000	50	1,000,000	5	700,000
3		참외	2,000	250	500,000	15	350,000
4		체리	10,000	220	2,200,000	25	1,540,000
5		멜론	5,000	100	500,000	23	400,000
6		포도	3,000	50	150,000	7	105,000
7		단감	1,000	190	190,000	30	152,000
8		사과	2,000	100	200,000	21	160,000
9		딸기	8,000	250	2,000,000	23	1,400,000
10							
11							
12	[표4]	제품명	공장위치	판매가격	제조회사	구입가격	통계
13		AA-001	수원	50,000	삼성	10,000	◆◆◆◆◆
14		BB-002	부산	60,000	LG	20,000	◆◆◆
15		AA-002	구미	150,000	SK	30,000	◆◆◆◆◆
16		BB-003	부산	120,000	LG	40,000	◆◆◆
17		AA-003	수원	100,000	삼성	50,000	◆◆
18		BB-004	울산	60,000	삼성	10,000	◆◆◆◆◆◆
19		AA-004	구미	120,000	SK	30,000	◆◆◆◆
20		BB-005	평택	60,000	LG	10,000	◆◆◆◆◆◆
21		AA-005	수원	80,000	삼성	20,000	◆◆◆◆
22		BB-006	광주	150,000	삼성	50,000	◆◆◆
23		AA-006	수원	100,000	삼성	20,000	◆◆◆◆◆
24		BB-007	부산	90,000	LG	30,000	◆◆◆
25		AA-007	삼성	40,000	삼성	10,000	◆◆◆◆
26		BB-008	구미	80,000	SK	40,000	◆◆
27		AA-008	평택	120,000	LG	20,000	◆◆◆◆◆◆
28		BB-009	울산	100,000	삼성	50,000	◆◆

개념 더하기 ⊕ [개발 도구] 탭이 표시되지 않는 경우

① [파일] 메뉴-[옵션]을 선택한다.

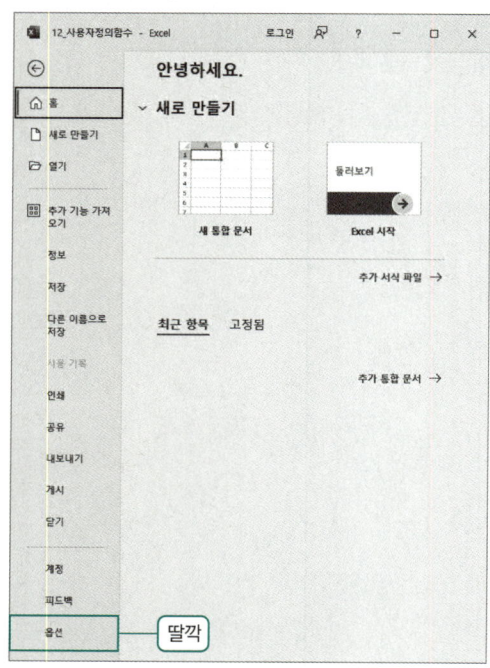

② [Excel 옵션] 대화상자가 나타나면 '리본 사용자 지정' 범주를 선택 → '리본 메뉴 사용자 지정'의 '기본 탭'을 선택하고 '개발 도구'에 체크 → [확인] 단추를 클릭한다.

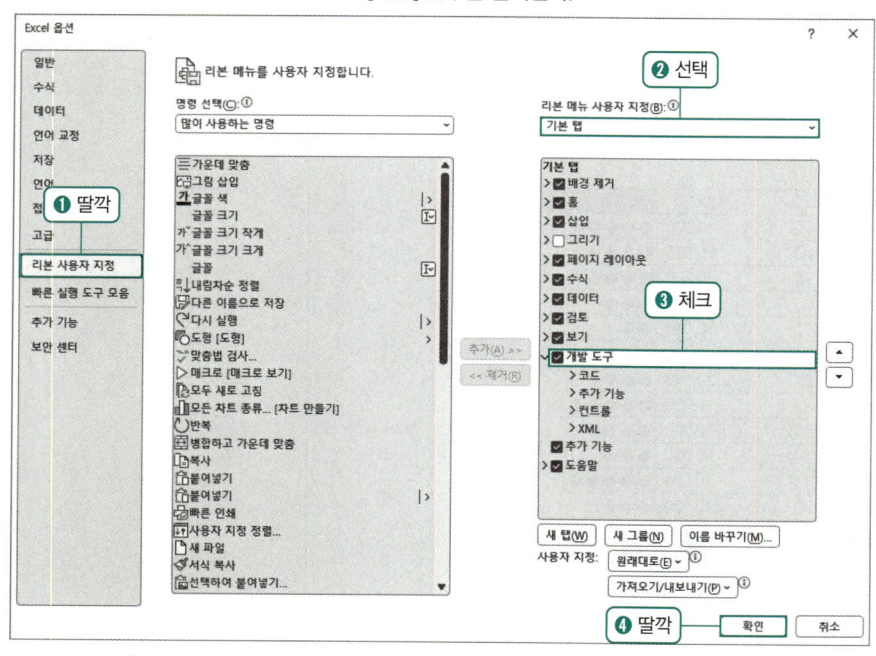

그대로 따라하기

1 'fn등급' 작성하여 등급[E2:E9]에 '골드', '우수', 공백 표시하기

① [개발 도구] 탭-[코드] 그룹-[Visual Basic]을 클릭한다.

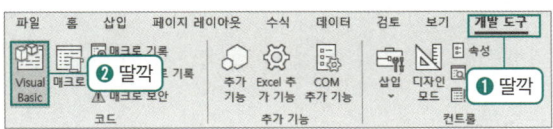

② [Visual Basic Editor] 창이 나타나면 [삽입] 메뉴-[모듈]을 선택 → [프로젝트 탐색기] 창에 'Module1'이 생성되었는지 확인한다.

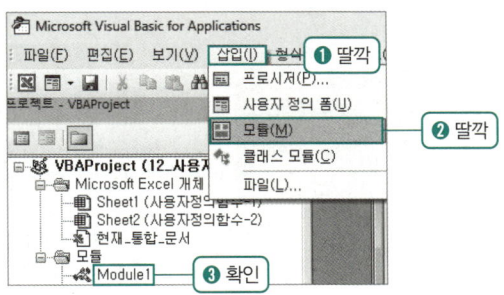

③ 'Module1' [코드] 창에 다음과 같이 코드를 입력 → [닫기] 단추(X)를 클릭한다.

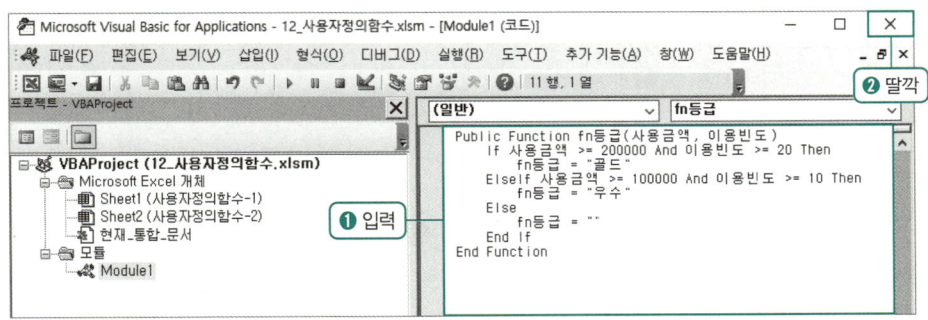

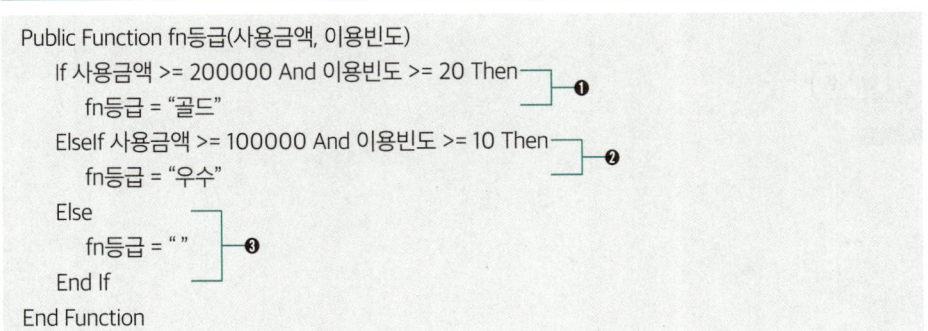

❶ If 사용금액 >= 200000 And 이용빈도 >= 20 Then fn등급 = "골드": '사용금액'이 '200,000' 이상이면서 '이용빈도'가 20 이상이면 '골드'를 'fn등급' 사용자 정의 함수에서 반환한다.

❷ ElseIf 사용금액 >= 100000 And 이용빈도 >= 10 Then fn등급 = "우수": '사용금액'이 '100,000' 이상이면서 '이용빈도'가 10 이상이면 '우수'를 'fn등급' 사용자 정의 함수에서 반환한다.

❸ Else fn등급 = " " End If: ❶, ❷ 외에는 공백을 'fn등급' 사용자 정의 함수에서 반환한다.

읽는 강의

풀이법을 알면 시간이 단축된다!
Alt + F11을 눌러도 VBA 창이 나타난다.

풀이법을 알면 시간이 단축된다!
모듈(Module)은 독립적으로 하나의 기능을 수행할 수 있는 프로그램을 의미한다.

풀이법을 알면 시간이 단축된다!
IF문을 해석하면 다음과 같다.
- If: 만약 ~이라면
- ElseIf: 아니면 만약 ~이라면
- Else: 아니면

개념 더하기 ⊕ 사용자 정의 함수를 입력하는 또 다른 방법

① [삽입] 메뉴-[프로시저]를 선택한다.
② [프로시저 추가] 대화상자가 나타나면 '이름'에 **fn등급**을 입력 → '형식'에서 'Function'을 선택 → [확인] 단추를 클릭한다.

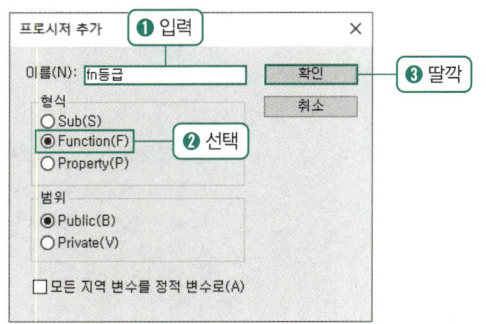

④ [E2] 셀 선택 → [함수 삽입] 단추(𝑓ₓ)를 클릭한다.

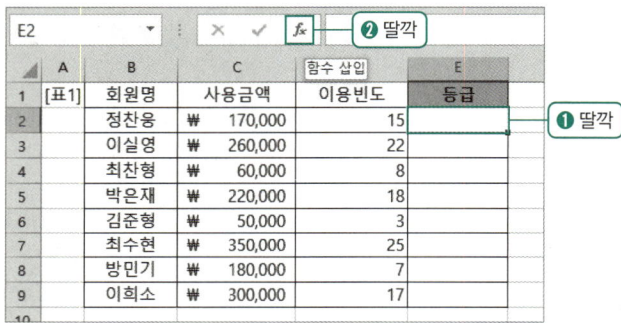

⑤ [함수 마법사] 대화상자가 나타나면 '범주 선택'에서 '사용자 정의'를, '함수 선택'에서 'fn등급'을 선택 → [확인] 단추를 클릭한다.

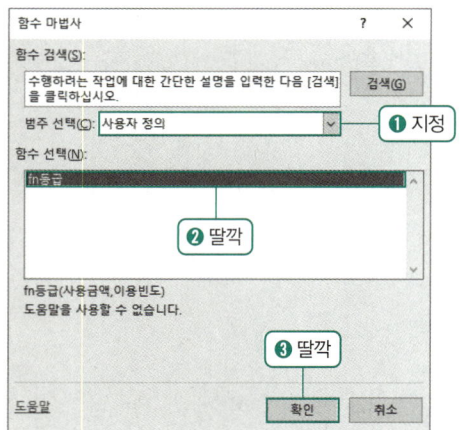

> **📖 읽는 강의**
>
> **풀이법을 알면 시간이 단축된다!**
> [함수 마법사] 대화상자에서 지정하지 않고 [E2] 셀을 선택한 후 수식 입력줄에 =fn등급(C2, D2)를 직접 입력해도 된다.

⑥ [함수 인수] 대화상자가 나타나면 '사용금액'은 [C2] 셀, '이용빈도'는 [D2] 셀을 지정 → [확인] 단추를 클릭한다.

📖 읽는 강의

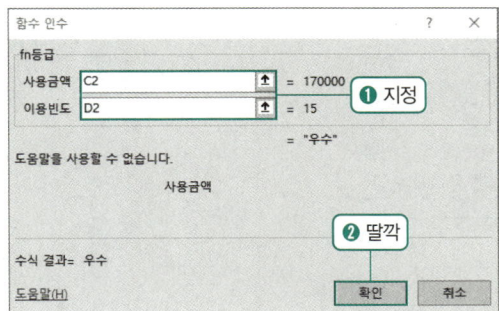

⑦ [E2] 셀의 자동 채우기 핸들을 [E9] 셀까지 드래그하여 함수식을 복사한다.

	A	B	C	D	E
1	[표1]	회원명	사용금액	이용빈도	등급
2		정찬웅	₩ 170,000	15	우수
3		이실영	₩ 260,000	22	골드
4		최찬형	₩ 60,000	8	
5		박은재	₩ 220,000	18	우수
6		김준형	₩ 50,000	3	
7		최수현	₩ 350,000	25	골드
8		방민기	₩ 180,000	7	
9		이희소	₩ 300,000	17	우수

2 'fn급여' 작성하여 급여[F14:F21]에 값 표시하기

① [개발 도구] 탭-[코드] 그룹-[Visual Basic]을 클릭한다.
② [Visual Basic Editor] 창이 나타나면 [삽입] 메뉴-[모듈]을 선택 → [프로젝트 탐색기] 창에 'Module2'가 생성되었는지 확인한다.
③ 'Module2' [코드] 창에 다음과 같이 코드를 입력 → [닫기] 단추(X)를 클릭한다.

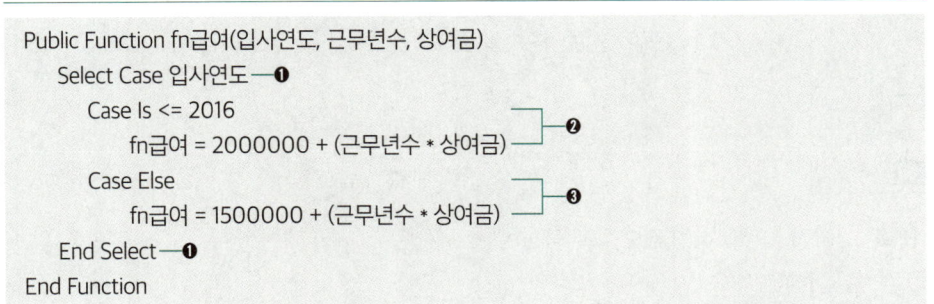

❶ Select Case 입사연도 ❷~❸ End Select: '입사연도'에 따라 ❷~❸ 중 해당하는 결과를 반환한다.
❷ Case Is <= 2016 fn급여 = 2000000 + (근무년수 * 상여금): '입사연도'가 '2016' 이전이면 '2,000,000+근무년수*상여금' 값을 'fn급여' 사용자 정의 함수에서 반환한다.
❸ Case Else fn급여 = 1500000 + (근무년수*상여금): ❷ 외에는 '1,500,000+근무년수*상여금' 값을 'fn급여' 사용자 정의 함수에서 반환한다.

풀이법을 알면 시간이 단축된다!
SELECT문과 IF문은 조건에 따라 명령어를 처리하는 제어문이다.
• Public: 다른 모듈에서도 참조할 수 있는 함수를 의미
• Function: 함수의 시작
• End Function: 함수의 끝

개념 더하기 ➕   CASE문의 형태

형태	사용 예	기능
Case 값	Case "마우스"	'마우스'인 경우에 수행
Case 값1, 값2, …	Case "키보드", "마우스"	'키보드' 또는 '마우스'인 경우에 수행
Case 초기값 To 종료값	Case 1 To 10	1부터 10까지인 경우에 수행
Case Is 조건식	Case Is >= 10	10 이상인 경우에 수행
Case Else	Case Else	가장 마지막에 사용하고, 위의 모든 조건을 만족하지 않는 경우에 수행

④ [F14] 셀 선택 → [함수 삽입] 단추(𝑓𝑥)를 클릭한다.

⑤ [함수 마법사] 대화상자가 나타나면 '범주 선택'에서 '사용자 정의'를, '함수 선택'에서 'fn급여'를 선택 → [확인] 단추를 클릭한다.

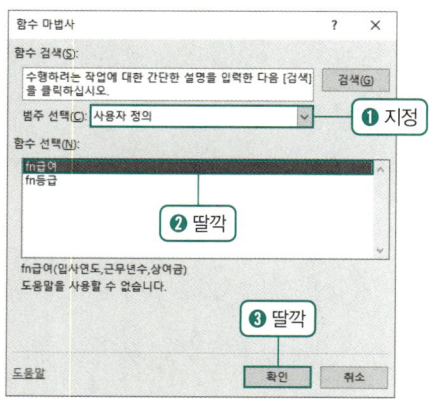

⑥ [함수 인수] 대화상자가 나타나면 '입사연도'는 [D14] 셀, '근무년수'는 [E14] 셀, '상여금'은 [F12] 셀을 지정 → [확인] 단추를 클릭한다.

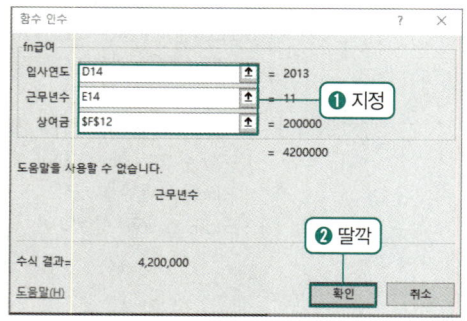

> **실수가 줄어들면 합격은 빨라진다!**
> '상여금'에 해당하는 [F12] 셀은 함수식을 복사해도 주소가 변경되지 않도록 절대 참조로 지정해야 한다.

⑦ [F14] 셀의 자동 채우기 핸들을 [F21] 셀까지 드래그하여 함수식을 복사한다.

	A	B	C	D	E	F
12					상여금	200,000
13	[표2]	사원명	직책	입사연도	근무년수	급여
14		정웅찬	부장	2013	11	4,200,000
15		이실영	대리	2019	5	2,500,000
16		최찬형	팀장	2018	6	2,700,000
17		박은재	과장	2015	9	3,800,000
18		김준형	사원	2021	3	2,100,000
19		최수현	과장	2016	8	3,600,000
20		방민기	대리	2018	6	2,700,000
21		이희소	사원	2020	4	2,300,000

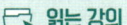

3 'fn판매수익' 작성하여 판매수익[N2:N9]에 값 표시하기

① [개발 도구] 탭-[코드] 그룹-[Visual Basic]을 클릭한다.
② [Visual Basic Editor] 창이 나타나면 [삽입] 메뉴-[모듈]을 선택 → [프로젝트 탐색기] 창에 'Module3'이 생성되었는지 확인한다.
③ 'Module3' [코드] 창에 다음과 같이 코드를 입력 → [닫기] 단추(X)를 클릭한다.

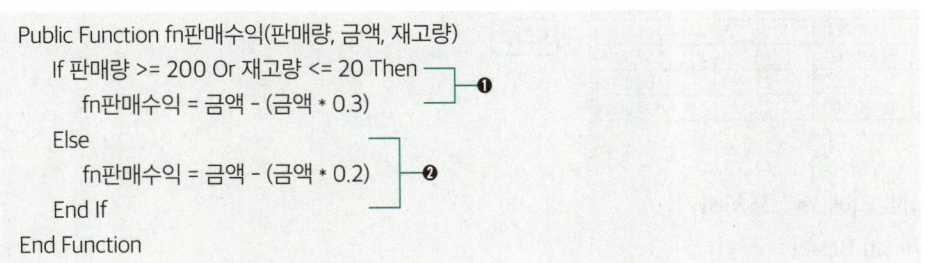

❶ If 판매량 >= 200 Or 재고량 <= 20 Then fn판매수익 = 금액 - (금액*0.3): '판매량'이 '200' 이상이거나 '재고량'이 20 이하이면 '금액-(금액*0.3)' 값을 'fn판매수익' 사용자 정의 함수에서 반환한다.
❷ Else fn판매수익 = 금액 - (금액*0.2) End If: ❶ 외에는 '금액-(금액*0.2)' 값을 'fn판매수익' 사용자 정의 함수에서 반환한다.

④ [N2] 셀 선택 → [함수 삽입] 단추(fx)를 클릭한다.
⑤ [함수 마법사] 대화상자가 나타나면 '범주 선택'에서 '사용자 정의'를, '함수 선택'에서 'fn판매수익'을 선택 → [확인] 단추를 클릭한다.

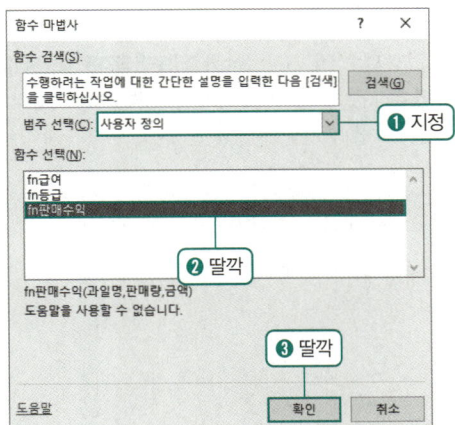

⑥ [함수 인수] 대화상자가 나타나면 '판매량'은 [K2] 셀, '금액'은 [L2] 셀, '재고량'은 [M2] 셀을 지정 → [확인] 단추를 클릭한다.

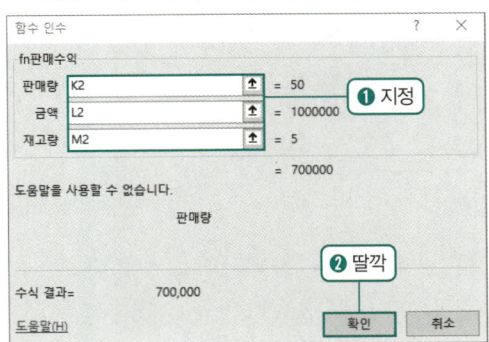

⑦ [N2] 셀의 자동 채우기 핸들을 [N9] 셀까지 드래그하여 함수식을 복사한다.

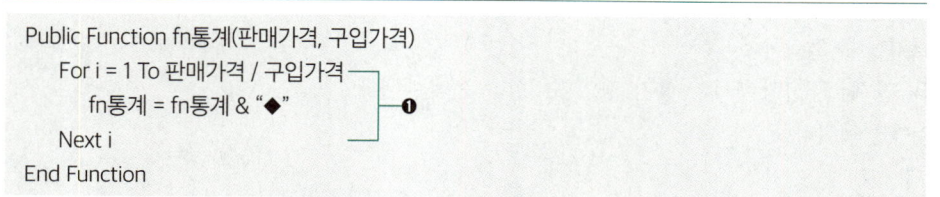

4 'fn통계' 작성하여 통계[N13:N28]에 '◆' 표시하기

① [개발 도구] 탭-[코드] 그룹-[Visual Basic]을 클릭한다.
② [Visual Basic Editor] 창이 나타나면 [삽입] 메뉴-[모듈]을 선택 → [프로젝트 탐색기] 창에 'Module4'가 생성되었는지 확인한다.
③ 'Module4' [코드] 창에 다음과 같이 코드를 입력 → [닫기] 단추(☒)를 클릭한다.

```
Public Function fn통계(판매가격, 구입가격)
    For i = 1 To 판매가격 / 구입가격  ─┐
        fn통계 = fn통계 & "◆"          ├ ❶
    Next i                              ┘
End Function
```

❶ For i = 1 To 판매가격 / 구입가격 fn통계 = fn통계 & "◆" Next i: '1'부터 '판매가격/구입가격' 값까지 'i' 변수의 값에 지정한 횟수(증가값을 생략하면 1씩 증가)만큼 반복하여 '◆'을 누적한다. 즉, 'i' 변수의 값이 '1'인 경우에는 '◆'을, '2'인 경우에는 '◆◆'을, '3'인 경우에는 '◆◆◆'을, …와 같이 누적하여 'fn통계' 사용자 정의 함수에서 반환한다.

④ [N13] 셀 선택 → [함수 삽입] 단추(𝑓ₓ)를 클릭한다.
⑤ [함수 마법사] 대화상자가 나타나면 '범주 선택'에서 '사용자 정의'를, '함수 선택'에서 'fn통계'를 선택 → [확인] 단추를 클릭한다.

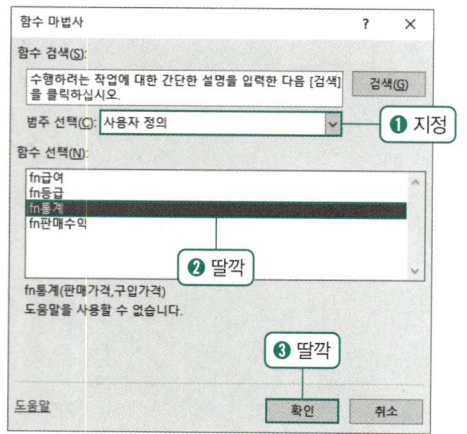

풀이법을 알면 시간이 단축된다!
'i'로 입력한 변수는 정해진 것이 아니므로 변형하여 입력 가능하다.

실수가 줄어들면 합격은 빨라진다!
& 양쪽에는 공백이 있어야 한다.

⑥ [함수 인수] 대화상자가 나타나면 '판매가격'은 [K13] 셀, '구입가격'은 [M13] 셀을 지정 →
 [확인] 단추를 클릭한다.

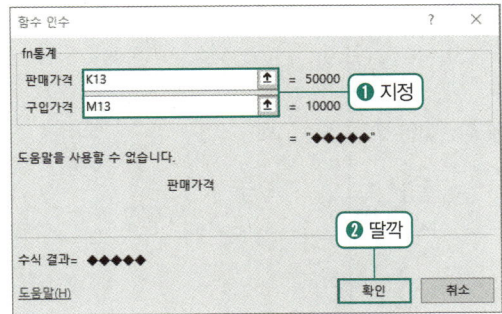

⑦ [N13] 셀의 자동 채우기 핸들을 [N28] 셀까지 드래그하여 함수식을 복사한다.

	H	I	J	K	L	M	N
12	[표4]	제품명	공장위치	판매가격	제조회사	구입가격	통계
13		AA-001	수원	50,000	삼성	10,000	◆◆◆◆◆
14		BB-002	부산	60,000	LG	20,000	◆◆◆
15		AA-002	구미	150,000	SK	30,000	◆◆◆◆◆
16		BB-003	부산	120,000	LG	40,000	◆◆◆
17		AA-003	수원	100,000	삼성	50,000	◆◆
18		BB-004	울산	60,000	삼성	10,000	◆◆◆◆◆◆
19		AA-004	구미	120,000	SK	30,000	◆◆◆◆
20		BB-005	평택	60,000	LG	10,000	◆◆◆◆◆◆
21		AA-005	수원	80,000	삼성	20,000	◆◆◆◆
22		BB-006	광주	150,000	삼성	50,000	◆◆◆
23		AA-006	수원	100,000	삼성	20,000	◆◆◆◆◆
24		BB-007	부산	90,000	LG	30,000	◆◆◆
25		AA-007	삼성	40,000	삼성	10,000	◆◆◆◆
26		BB-008	구미	80,000	SK	40,000	◆◆
27		AA-008	평택	120,000	LG	20,000	◆◆◆◆◆◆
28		BB-009	울산	100,000	삼성	50,000	◆◆

출제패턴 ❷

'사용자정의함수-2' 시트에서 다음 과정을 수행하시오.

1 사용자 정의 함수 'fn분기'를 작성하여 [표1]의 분기[H2:H10]를 표시하시오.
- ▶ 'fn분기'는 '임대종료일'을 인수로 받아 값을 되돌려줌
- ▶ '분기'는 '임대종료일'이 2024년 4월 1일 이전이면 '1사분기'로, 2024년 7월 1일 이전이면 '2사분기'로, 2024년 10월 1일 이전이면 '3사분기'로, 그 외는 '4사분기'로 표시
- ▶ SELECT CASE문 사용

```
Public Function fn분기(임대종료일 As Date)

End Function
```

2 사용자 정의 함수 'fn환급'을 작성하여 [표2]의 환급[G14:G21]을 표시하시오.
- ▶ 'fn환급'은 '수강료', '부가세', '이수율', '합격여부'를 인수로 받아 값을 되돌려줌
- ▶ 환급 = (수강료 - 부가세) × 환급률
- ▶ '합격여부'의 앞 한 글자가 '합'인 경우 중 '이수율'이 80% 이상이면 '환급률'을 90%, 그 외는 '환급률'을 70%로 계산하고, '합격여부'의 앞 한 글자가 '합'인 경우를 제외한 나머지 중 '이수율'이 80% 이상이면 '6개월연장'을, '이수율'이 50% 이상이면 '3개월연장'을, 그 외는 '연장불가'로 표시
- ▶ IF문, LEFT 함수 사용

```
Public Function fn환급(수강료, 부가세, 이수율, 합격여부)

End Function
```

▼ 결과 화면

	A	B	C	D	E	F	G	H
1	[표1]	아파트명	전용면적(㎡)	임대인	보증금	월세(원)	임대종료일	분기
2		잠실삼성	59.0	김태진	1억5천만원	1,000,000	2024-10-23	4사분기
3		서초현대	84.0	박준용	2억원	1,200,000	2024-08-21	3사분기
4		상계주공	59.0	윤여일	1억원	800,000	2024-12-01	4사분기
5		마포엘지	114.0	박종인	5억원	1,500,000	2024-04-24	2사분기
6		양재한화	59.0	이광호	2억원	900,000	2024-03-26	1사분기
7		강남중흥	74.0	최병설	3억원	2,000,000	2024-06-22	2사분기
8		월계미성	84.0	정민기	1억원	1,200,000	2024-07-22	3사분기
9		종로롯데	104.0	정해용	3억5천만원	1,700,000	2024-04-22	2사분기
10		사당삼성	59.0	오은주	4억원	1,400,000	2024-09-23	3사분기
11								
12								
13	[표2]	강사명	수강료		부가세	이수율	합격여부	환급
14		정영실	240,000		24,000	80%	합격	194,400
15		문형찬	180,000		18,000	70%	합격	113,400
16		박재은	300,000		30,000	70%	불합격	3개월연장
17		박형준	280,000		28,000	60%	합격	176,400
18		정수현	340,000		34,000	95%	불합격	6개월연장
19		정민기	170,000		17,000	90%	합격	137,700
20		정해용	210,000		21,000	100%	합격	170,100
21		오은주	250,000		25,000	40%	불합격	연장불가

3 사용자 정의 함수 'fn분류'를 작성하여 [표3]의 분류[I25:I36]를 표시하시오.

▶ 'fn분류'는 '제품코드', '생산연도', '판매수량', '총판매금액'을 인수로 받아 값을 되돌려줌
▶ 단가 = 총판매금액/판매수량
▶ '제품코드'가 'G'로 시작하고, 생산연도가 '2021', '2022'이면 '신상가전-'과 단가를 연결하여 표시, '제품코드'가 'G'로 시작하고, 생산연도가 '2019', '2020'이면 '구형가전-'과 단가를 연결하여 표시, '제품코드'가 'E'로 시작하고, 생산연도가 '2021', '2022'이면 '신상의류-'와 단가를 연결하여 표시, 그 외는 '이월의류-'와 단가를 연결하여 표시
▶ IF문, & 연산자 사용

```
Public Function fn분류(제품코드, 생산연도, 판매수량, 총판매금액)

End Function
```

▼ 결과 화면

	A	B	C	D	E	F	G	H	I
24	[표3]	제품코드	생산연도	영업담당	영업지역	재고수량	판매수량	총판매금액	분류
25		EA-792	2022	박지만	강서	20	40	2,880,000	신상의류-72000
26		GB-210	2021	이형우	강동	120	100	9,300,000	신상가전-93000
27		EB-236	2019	김정우	강남	110	100	9,500,000	이월의류-95000
28		GC-228	2021	홍성현	강동	160	150	21,900,000	신상가전-146000
29		GA-247	2020	배유민	강남	120	100	8,700,000	구형가전-87000
30		EC-230	2022	김석우	강북	510	500	87,000,000	신상의류-174000
31		EA-251	2019	박서연	강북	70	60	7,500,000	이월의류-125000
32		GB-249	2021	임재호	강서	140	120	21,840,000	신상가전-182000
33		EC-267	2022	장수연	강동	200	200	21,600,000	신상의류-108000
34		GB-253	2020	손미정	강북	80	60	7,980,000	구형가전-133000
35		EA-272	2019	최수연	강남	230	200	15,200,000	이월의류-76000
36		GC-266	2022	이종욱	강서	100	100	18,500,000	신상가전-185000

그대로 따라하기

1 'fn분기' 작성하여 분기[H2:H10]에 '1사분기'~'4사분기' 표시하기

① [개발 도구] 탭-[코드] 그룹-[Visual Basic]을 클릭한다.
② [Visual Basic Editor] 창이 나타나면 [삽입] 메뉴-[모듈]을 선택 → [프로젝트 탐색기] 창에 'Module5'가 생성되었는지 확인한다.
③ 'Module5' [코드] 창에 다음과 같이 코드를 입력 → [닫기] 단추(☒)를 클릭한다.

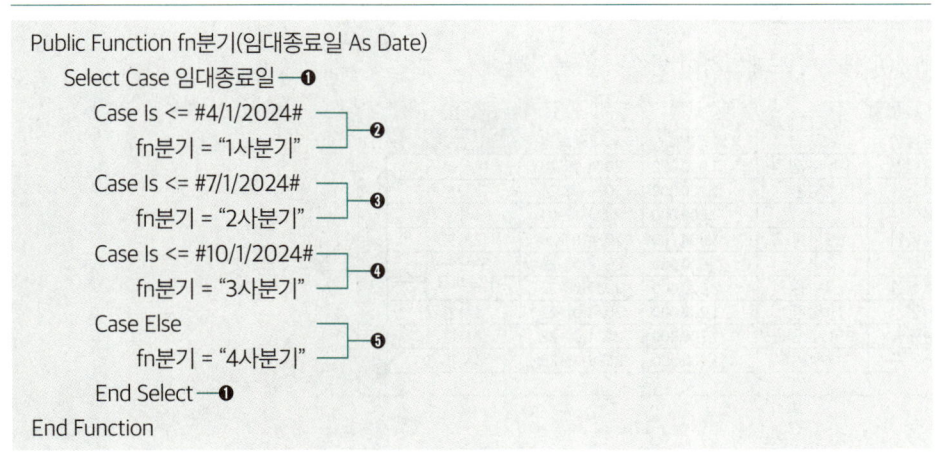

```
Public Function fn분기(임대종료일 As Date)
    Select Case 임대종료일 ──❶
        Case Is <= #4/1/2024#      ┐
            fn분기 = "1사분기"      ┘ ❷
        Case Is <= #7/1/2024#      ┐
            fn분기 = "2사분기"      ┘ ❸
        Case Is <= #10/1/2024#     ┐
            fn분기 = "3사분기"      ┘ ❹
        Case Else                  ┐
            fn분기 = "4사분기"      ┘ ❺
    End Select ──❶
End Function
```

풀이법을 알면 시간이 단축된다!

날짜를 인수로 받을 때는 As Date로 지정하여 해당 값을 Date 형식으로 변환해야 한다. 그리고 날짜를 비교할 때는 '#' 기호로 묶어주고 '#월/일/연도#' 형식으로 입력해야 한다. 이 경우 '#년-월-일#'을 입력해도 자동으로 '#월/일/년#' 형식으로 변환된다.

❶ Select Case 임대종료일 ❷~❺ End Select: '임대종료일'에 따라 ❷~❺ 중 해당하는 결과를 반환한다.

❷ Case Is <= #4/1/2024# fn분기 = "1사분기": '2024년 4월 1일' 이전이면 '1사분기'를 'fn분기' 사용자 정의 함수에서 반환한다.
❸ Case Is <= #7/1/2024# fn분기 = "2사분기": ❷가 아니면서 '2024년 7월 1일' 이전이면 '2사분기'를 'fn분기' 사용자 정의 함수에서 반환한다.
❹ Case Is <= #10/1/2024# fn분기 = "3사분기": ❷, ❸이 아니면서 '2024년 10월 1일' 이전이면 '3사분기'를 'fn분기' 사용자 정의 함수에서 반환한다.
❺ Case Else fn분기 = "4사분기": ❷, ❸, ❹ 외에는 '4사분기'를 'fn분기' 사용자 정의 함수에서 반환한다.

④ [H2] 셀 선택 → [함수 삽입] 단추(fx)를 클릭한다.
⑤ [함수 마법사] 대화상자가 나타나면 '범주 선택'에서 '사용자 정의'를, '함수 선택'에서 'fn분기'를 선택 → [확인] 단추를 클릭한다.

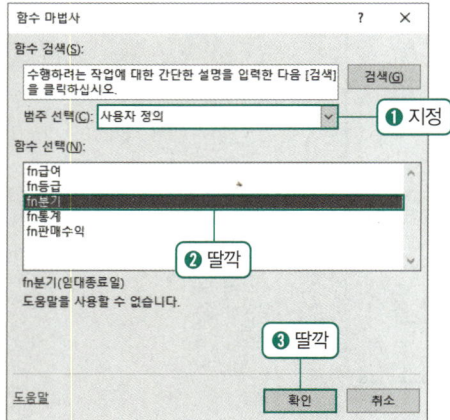

⑥ [함수 인수] 대화상자가 나타나면 '임대종료일'은 [G2] 셀을 지정 → [확인] 단추를 클릭한다.

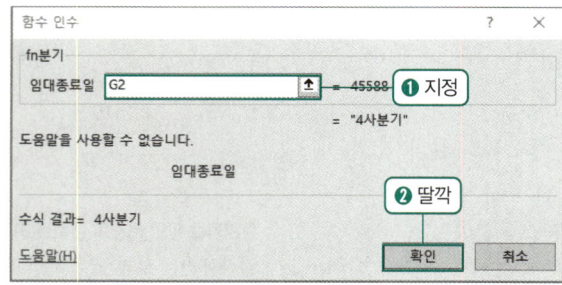

⑦ [H2] 셀의 자동 채우기 핸들을 [H10] 셀까지 드래그하여 함수식을 복사한다.

	A	B	C	D	E	F	G	H
1	[표1]	아파트명	전용면적(㎡)	임대인	보증금	월세(원)	임대종료일	분기
2		잠실삼성	59.0	김태진	1억5천만원	1,000,000	2024-10-23	4사분기
3		서초현대	84.0	박준용	2억원	1,200,000	2024-08-21	3사분기
4		상계주공	59.0	윤여일	1억원	800,000	2024-12-01	4사분기
5		마포엘지	114.0	박종인	5억원	1,500,000	2024-04-24	2사분기
6		양재한화	59.0	이광호	2억원	900,000	2024-03-26	1사분기
7		강남중흥	74.0	최병설	3억원	2,000,000	2024-06-22	2사분기
8		월계미성	84.0	정민기	1억원	1,200,000	2024-07-22	3사분기
9		종로롯데	104.0	정해용	3억5천만원	1,700,000	2024-04-22	2사분기
10		사당삼성	59.0	오온주	4억원	1,400,000	2024-09-23	3사분기
11								

2 'fn환급' 작성하여 환급[G14:G21]에 값, '6개월연장', '3개월연장', '연장불가' 표시하기

① [개발 도구] 탭-[코드] 그룹-[Visual Basic]을 클릭한다.
② [Visual Basic Editor] 창이 나타나면 [삽입] 메뉴-[모듈]을 선택 → [프로젝트 탐색기] 창에 'Module6'이 생성되었는지 확인한다.
③ 'Module6' [코드] 창에 다음과 같이 코드를 입력 → [닫기] 단추()를 클릭한다.

> 읽는 강의

풀이법을 알면 시간이 단축된다!
[Visual Basic Editor]에서 [코드] 창에 코드를 입력할 때 백분율 기호(%)는 입력할 수 없으므로, '80%'를 '0.8'과 같이 소수점으로 입력해야 한다.

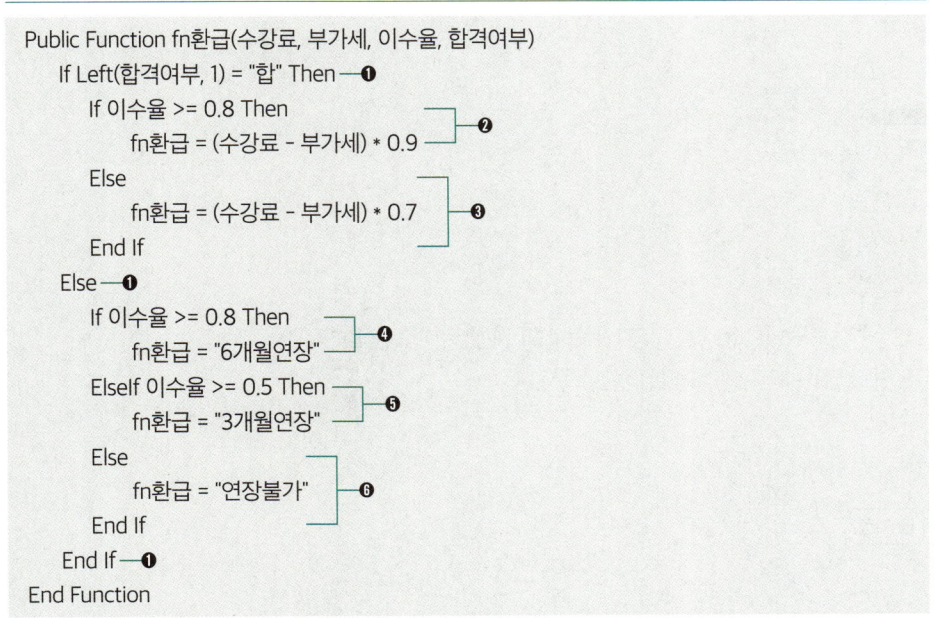

❶ **If Left(합격여부, 1) = "합" Then ❷~❸ Else ❹~❻ End If**: '합격여부'의 왼쪽에서 한 글자가 '합'이면 ❷~❸ 중 해당하는 결과를, 그렇지 않으면 ❹~❻ 중 해당하는 결과를 반환한다.
❷ **If 이수율 >= 0.8 Then fn환급 = (수강료 - 부가세) * 0.9**: '이수율'이 0.8 이상이면 '(수강료-부가세)*0.9' 값을 'fn환급' 사용자 정의 함수에서 반환한다. ('합격여부'의 왼쪽에서 한 글자가 '합'인 경우)
❸ **Else fn환급 = (수강료 - 부가세) * 0.7 End If**: ❷ 외에는 '(수강료-부가세)*0.7' 값을 'fn환급' 사용자 정의 함수에서 반환한다. ('합격여부'의 왼쪽에서 한 글자가 '합'인 경우)
❹ **If 이수율 >= 0.8 Then fn환급 = "6개월연장"**: '이수율'이 0.8 이상이면 '6개월연장'을 'fn환급' 사용자 정의 함수에서 반환한다. ('합격여부'의 왼쪽에서 한 글자가 '합'이 아닌 경우)
❺ **ElseIf 이수율 >= 0.5 Then fn환급 = "3개월연장"**: ❹가 아니면서 '이수율'이 0.5 이상이면 '3개월연장'을 'fn환급' 사용자 정의 함수에서 반환한다. ('합격여부'의 왼쪽에서 한 글자가 '합'이 아닌 경우)
❻ **Else fn환급 = "연장불가" End If**: ❹, ❺ 외에는 '연장불가'를 'fn환급' 사용자 정의 함수에서 반환한다. ('합격여부'의 왼쪽에서 한 글자가 '합'이 아닌 경우)

④ [G14] 셀 선택 → [함수 삽입] 단추(f*)를 클릭한다.

⑤ [함수 마법사] 대화상자가 나타나면 '범주 선택'에서 '사용자 정의'를, '함수 선택'에서 'fn환급'을 선택 → [확인] 단추를 클릭한다.

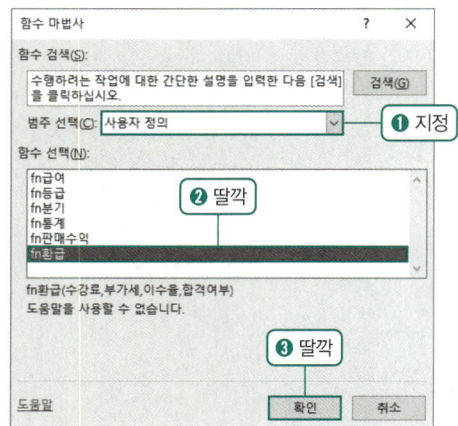

⑥ [함수 인수] 대화상자가 나타나면 '수강료'는 [C14] 셀, '부가세'는 [D14] 셀, '이수율'은 [E14] 셀, '합격여부'는 [F14] 셀을 지정 → [확인] 단추를 클릭한다.

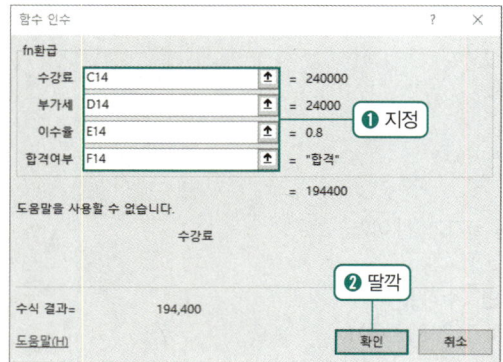

⑦ [G14] 셀의 자동 채우기 핸들을 [G21] 셀까지 드래그하여 함수식을 복사한다.

	A	B	C	D	E	F	G
13	[표2]	강사명	수강료	부가세	이수율	합격여부	환급
14		정영실	240,000	24,000	80%	합격	194,400
15		문형찬	180,000	18,000	70%	합격	113,400
16		박재은	300,000	30,000	70%	불합격	3개월연장
17		박형준	280,000	28,000	60%	합격	176,400
18		정수현	340,000	34,000	95%	불합격	6개월연장
19		정민기	170,000	17,000	90%	합격	137,700
20		정해용	210,000	21,000	100%	합격	170,100
21		오은주	250,000	25,000	40%	불합격	연장불가

3 'fn분류' 작성하여 분류[I25:I36]에 '제품-단가(값)' 표시하기

① [개발 도구] 탭-[코드] 그룹-[Visual Basic]을 클릭한다.
② [Visual Basic Editor] 창이 나타나면 **[삽입] 메뉴-[모듈]**을 선택 → [프로젝트 탐색기] 창에 'Module7'이 생성되었는지 확인한다.
③ 'Module7' [코드] 창에 다음과 같이 코드를 입력 → [닫기] 단추(☒)를 클릭한다.

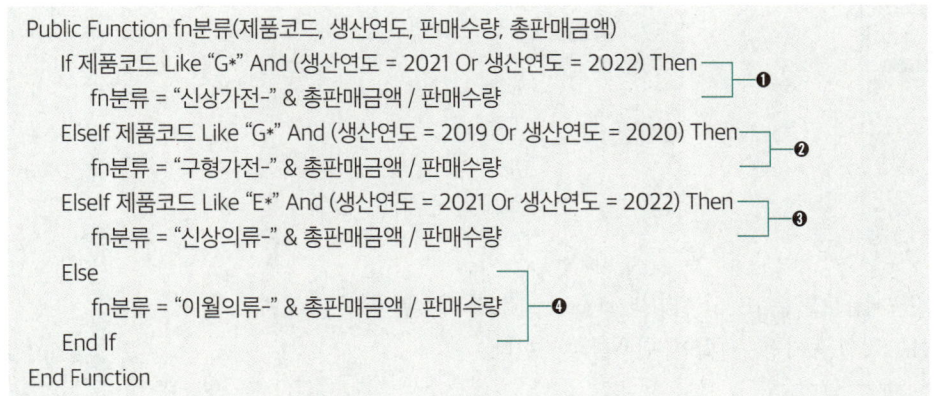

> **읽는 강의**
>
> **실수가 줄어들면 합격은 빨라진다!**
> [Visual Basic Editor]에서 [코드] 창에 와일드 카드를 이용하여 코드를 입력할 때는 '=' 대신 'Like'를 사용하여 입력해야 한다. 또한, 생산연도가 '2021' 이거나 '2022'인 경우는 하나의 조건에 해당하므로 괄호로 묶어서 입력해야 한다.
>
> **풀이법을 알면 시간이 단축된다!**
> **와일드 카드(*) 의미**
> • G*: 'G'로 시작하는 문자열
> • *G: 'G'로 끝나는 문자열
> • *G*: 'G'를 포함하는 문자열

❶ If 제품코드 Like "G*" And (생산연도 = 2021 Or 생산연도 = 2022) Then fn분류 = "신상가전-" & 총판매금액 / 판매수량: '제품코드'가 'G'로 시작하면서 '생산연도'가 '2021' 또는 '2022'이면 문자열 결합 연산자(&)에 의해 '신상가전-'과 '총판매금액 / 판매수량' 값을 연결하여 'fn분류' 사용자 정의 함수에서 반환한다.

❷ ElseIf 제품코드 Like "G*" And (생산연도 = 2019 Or 생산연도 = 2020) Then fn분류 = "구형가전-" & 총판매금액 / 판매수량: '제품코드'가 'G'로 시작하면서 '생산연도'가 '2019' 또는 '2020'이면 문자열 결합 연산자(&)에 의해 '구형가전-'과 '총판매금액 / 판매수량' 값을 연결하여 'fn분류' 사용자 정의 함수에서 반환한다.

❸ ElseIf 제품코드 Like "E*" And (생산연도 = 2021 Or 생산연도 = 2022) Then fn분류 = "신상의류-" & 총판매금액 / 판매수량: '제품코드'가 'E'로 시작하면서 '생산연도'가 '2021' 또는 '2022'이면 문자열 결합 연산자(&)에 의해 '신상의류-'와 '총판매금액 / 판매수량' 값을 연결하여 'fn분류' 사용자 정의 함수에서 반환한다.

❹ Else fn분류 = "이월의류-" & 총판매금액 / 판매수량 End If: ❷, ❸, ❹ 외에는 문자열 결합 연산자(&)에 의해 '이월의류-'와 '총판매금액 / 판매수량' 값을 연결하여 'fn분류' 사용자 정의 함수에서 반환한다.

④ [I25] 셀 선택 → [함수 삽입] 단추(ƒx)를 클릭한다.

⑤ [함수 마법사] 대화상자가 나타나면 '범주 선택'에서 '사용자 정의'를, '함수 선택'에서 'fn분류'를 선택 → [확인] 단추를 클릭한다.

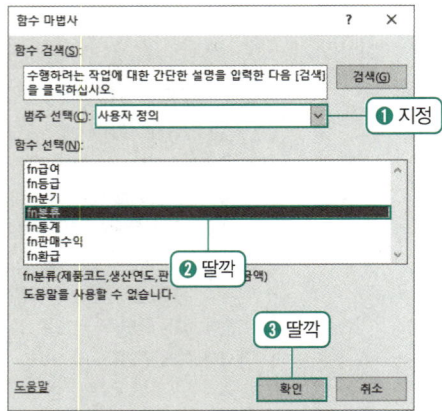

⑥ [함수 인수] 대화상자가 나타나면 '제품코드'는 [B25] 셀, '생산연도'는 [C25] 셀, '판매수량'은 [G25] 셀, '총판매금액'은 [H25] 셀을 지정 → [확인] 단추를 클릭한다.

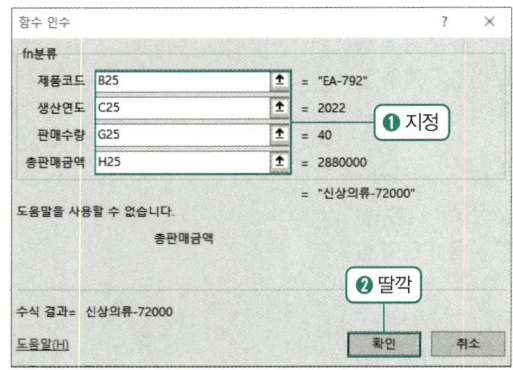

⑦ [I25] 셀의 자동 채우기 핸들을 [I36] 셀까지 드래그하여 함수식을 복사한다.

A	B	C	D	E	F	G	H	I
24 [표3]	제품코드	생산연도	영업담당	영업지역	재고수량	판매수량	총판매금액	분류
25	EA-792	2022	박지만	강서	20	40	2,880,000	신상의류-72000
26	GB-210	2021	이형우	강동	120	100	9,300,000	신상가전-93000
27	EB-236	2019	김정우	강남	110	100	9,500,000	이월의류-95000
28	GC-228	2021	홍성현	강동	160	150	21,900,000	신상가전-146000
29	GA-247	2020	배유민	강남	120	100	8,700,000	구형가전-87000
30	EC-230	2022	김석우	강북	510	500	87,000,000	신상의류-174000
31	EA-251	2019	박서연	강북	70	60	7,500,000	이월의류-108000
32	GB-249	2021	임재호	강서	140	120	21,840,000	신상가전-182000
33	EC-267	2022	장수연	강동	200	200	21,600,000	신상의류-108000
34	GB-253	2020	손미정	강북	80	60	7,980,000	구형가전-133000
35	EA-272	2019	최수연	강남	230	200	15,200,000	이월의류-76000
36	GC-266	2022	이종욱	강서	100	100	18,500,000	신상가전-185000

에듀윌이
너를
지지할게

ENERGY

코이라는 물고기는
어항에서 5센티,
연못에서 20센티,
강물에서는 1미터까지 자랍니다.

코이는 어떤 물에서 살지 선택할 수 없지만
사람은 선택할 수 있습니다.

꿈은 사람이 선택하는 환경입니다.

– 조정민, 『사람이 선물이다』, 두란노

Chapter

03

분석작업

배점 20점
목표점수 20점

무료 동영상 강의

출제유형 분석

분석작업은 **1**번 문제에서 외부 데이터를 이용한 피벗 테이블이 고정적으로 출제되고, **2**번 문제에서 데이터 유효성 검사, 중복된 항목 제거, 정렬과 부분합, 데이터 표, 통합과 텍스트 나누기, 목표값 찾기, 시나리오 중 2~3가지 영역이 선택적으로 출제된다.

합격 전략

분석작업에서는 특히 피벗 테이블의 세부적인 내용까지 꼼꼼하게 학습해야 한다. 그 외 나머지 영역도 정확하게 이해하고 있어야 하지만 다양한 문제를 여러 번 연습해보면 쉽게 이해할 수 있어 충분히 만점을 받을 수 있는 유형이다.

세부 출제패턴

	출제유형	난이도	세부 출제패턴
1	피벗 테이블	상 중 하	데이터를 요약하고 분석한 후 테이블로 표시하여 전체 데이터에 대한 통계를 한눈에 파악하는 데 유용한 기능으로, 외부 데이터를 이용한 피벗 테이블 기능을 반드시 학습하도록 한다. 과정이 매우 길지만 반드시 출제되는 문제이니 아낌없이 투자해야 한다.
2	데이터 유효성 검사	상 중 하	데이터의 목록이나 형식을 지정하여 데이터 입력을 제한하는 기능인 데이터 유효성 검사는 어렵지 않은 영역이다. 오류 메시지의 스타일도 꼼꼼하게 챙기면서 절대 실수하지 않도록 한다.
3	중복된 항목 제거	상 중 하	중복된 항목 제거는 매우 쉬운 영역으로, 유사한 패턴이 출제되므로 쉽고 빠르게 숙지할 수 있다.
4	정렬과 부분합	상 중 하	정렬을 하고 부분합을 진행해야 한다는 것을 반드시 숙지해야 한다. 여러 개의 부분합을 진행할 경우 '새로운 값 대치'에 체크 해제한다는 것을 반드시 기억하도록 한다.
5	데이터 표	상 중 하	특정 값의 변화에 따른 결괏값의 변화 과정을 계산하는 문제로, 행 입력 셀에 지정할 변수와 열 입력 셀에 지정할 변수를 정확하게 구분해야 한다.
6	통합과 텍스트 나누기	상 중 하	하나 이상의 원본 영역을 지정하여 표로 데이터를 요약하는 기능으로, 기본 기능만 정확히 이해하면 쉽게 점수를 취득할 수 있다.
7	목표값 찾기	상 중 하	수식에서 원하는 결과를 얻는 데 필요한 입력값을 구하는 경우에 사용하는 기능으로, [목표값 찾기] 대화상자에서 각 구성 요소만 정확히 이해하면 아주 쉽게 해결할 수 있다.
8	시나리오	상 중 하	다양한 상황과 변수에 따른 여러 가지 결괏값의 변화를 가상의 상황을 통해 예측하여 분석할 수 있는 기능으로, 셀 이름을 정의할 때 오타를 내거나 변수를 잘못 입력하지 않도록 주의한다.

분석작업

01 피벗 테이블

① **개념**: 대량의 데이터를 요약, 분석, 탐색 및 보고할 수 있는 강력한 도구로서 피벗 테이블을 사용하면 데이터를 다양한 방식으로 쉽게 요약 가능함
② **지정 방법**: [삽입] 탭-[표] 그룹-[피벗 테이블]

📥 **작업 파일명** C:\에듀윌_2026컴활1급실기\그대로따라하기\스프레드시트실무\03.분석작업\실습\01_피벗테이블.xlsx

출제패턴 ❶

'피벗테이블-1' 시트에서 다음의 지시사항에 따라 피벗 테이블 보고서를 작성하시오.

▶ [외부 데이터 가져오기] 기능을 이용하여 <학생출석부.accdb>에서 <출석부관리> 테이블의 '학년', '반', '이름', '성별', '출석수' 열을 이용하시오.
▶ 피벗 테이블 보고서의 레이아웃과 위치는 <그림>을 참조하여 설정하시오.
▶ '출석수' 필드의 표시 형식은 '값 필드 설정'의 셀 서식에서 '숫자' 범주를 이용하여 소수 자릿수를 0으로 설정하시오.
▶ '이름' 필드의 사용자 지정 이름을 '학생수'로 변경하시오.
▶ 빈 셀은 '**'로 표시하고 레이블이 있는 셀은 '병합하고 가운데 맞춤'이 되도록 설정하시오.
▶ 피벗 테이블 스타일은 '연한 파랑, 피벗 스타일 보통 6'으로 설정하고, 피벗 테이블 옵션은 '행 머리글', '열 머리글', '줄무늬 행'으로 설정하시오.
▶ '출석수×2'를 계산하는 '출석점수' 계산 필드를 추가하시오.
▶ 행의 총합계는 표시되지 않도록 설정하시오.

📖 읽는 강의

출제패턴을 알면 시험이 쉬워진다!
외부 데이터를 이용한 피벗 테이블 기능은 1급에만 출제되는 부분으로 개념을 정확하게 이해해야 한다.

▼ 결과 화면

	A	B	C	D	E	F	G
1							
2							
3			열 레이블				
4			남			여		
5		행 레이블	평균 : 출석수	학생수	평균 : 출석점수	평균 : 출석수	학생수	평균 : 출석점수
6	⊟1		10	10	206	6	8	88
7		사랑반	8	3	50	4	4	34
8		화평반	11	5	106	**	**	0
9		희락반	13	2	50	7	4	54
10	⊟2		10	17	330	7	12	164
11		양선반	7	4	58	1	3	8
12		오래참음반	7	4	58	9	3	54
13		자비반	13	3	80	6	4	50
14		충성반	11	6	134	13	2	52
15	⊟3		10	18	354	9	15	268
16		믿음반	8	5	80	14	2	56
17		소망반	10	4	82	10	6	114
18		온유반	10	4	82	9	4	72
19		절제반	11	5	110	4	3	26
20	총합계		10	45	890	7	35	520
21								

※ 작업이 완성된 그림이며 부분 점수 없음

그대로 따라하기

1 〈출석부관리〉 테이블에서 '학년', '반', '이름', '성별', '출석수' 열 가져오기

① 피벗 테이블을 삽입할 [A3] 셀 선택 → [데이터] 탭-[데이터 가져오기 및 변환] 그룹-[데이터 가져오기]-[기타 원본에서]-[MicroSoft Query에서]를 선택한다.

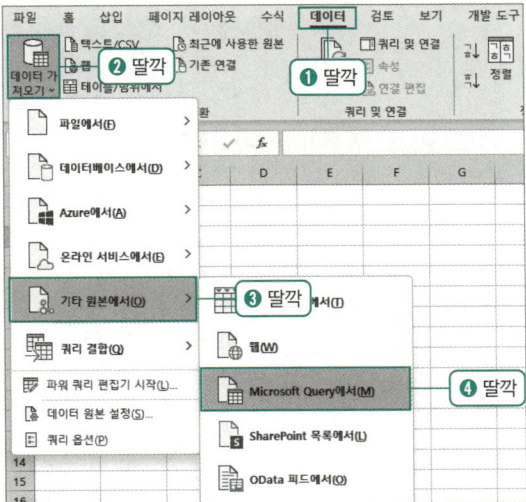

개념 더하기 ⊕ [Microsoft Query에서] 메뉴가 없는 경우 대처 방법

[Microsoft Query에서] 메뉴가 없는 경우 아래와 같이 '업데이트 사용안함'으로 설정하기
① 엑셀에서 [파일]-[계정]-[업데이트 옵션]-'업데이트 사용안함'을 클릭한다.
② 윈도우에서 [시작]-[검색]-cmd를 입력-[명령 프롬프트]에서 마우스 우측을 클릭 후 '관리자 권한으로 실행' 클릭한다.
③ cd %programfiles% ₩Common Files₩microsoft shared₩ClickToRun 입력 후 Enter 를 누른다.
④ Officec2rclient.exe /update user updatetoversion=16.0.14332.20624 입력 후 Enter 를 누른다.
⑤ 업데이트 진행이 완료되면 [Microsoft Query에서] 메뉴가 생성된다.

② [데이터 원본 선택] 대화상자가 나타나면 [데이터베이스] 탭에서 'MS Access Database*'를 선택 → [확인] 단추를 클릭한다.

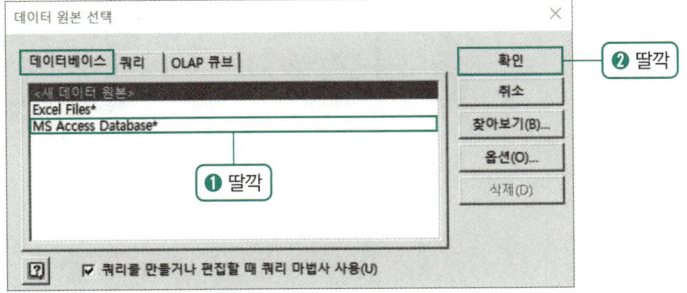

③ [데이터베이스 선택] 대화상자가 나타나면 'C:\에듀윌_2026컴활1급실기\그대로따라하기\스프레드시트실무\03.분석작업\실습' 경로에서 '학생출석부.accdb' 파일 선택 → [확인] 단추를 클릭한다.

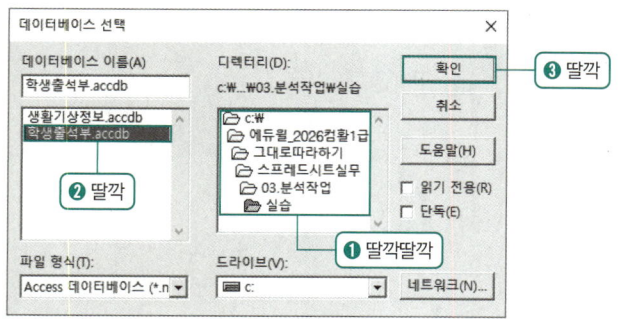

④ [쿼리 마법사 – 열 선택] 대화상자가 나타나면 '사용할 수 있는 테이블과 열'에서 〈출석부관리〉 테이블을 더블클릭 → 〈출석부관리〉 테이블에 포함된 열 목록이 나타나면 '학년'을 선택하고 > 단추를 클릭하여 '쿼리에 포함된 열'로 이동시킨다.

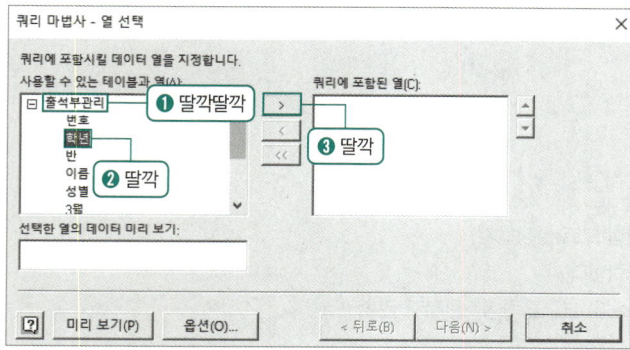

⑤ 이와 같은 방법으로 '반', '이름', '성별', '출석수' 열을 각각 '쿼리에 포함된 열'로 이동 → [다음] 단추를 클릭한다.

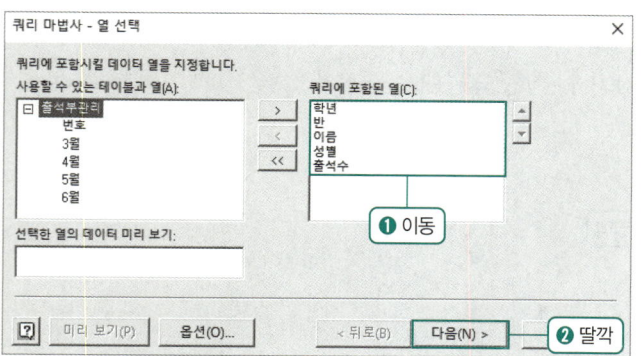

> **읽는 강의**
>
> **풀이법을 알면 시간이 단축된다!**
> - '학생출석부.accdb'는 실습 파일로 제공되므로 [데이터베이스 선택] 대화상자의 '디렉터리'에서 실습 파일이 저장된 위치로 이동하여 선택하면 된다.
> - 액세스 파일의 확장자는 'accdb'이다.
> - 실제 시험에서 외부 데이터의 경로는 'C:\OA\파일명'이다.
>
> **풀이법을 알면 시간이 단축된다!**
> - 쿼리(Query)는 데이터베이스에 질의를 통해 정보를 요청하는 것이다.
> - '열'을 더블클릭하여 '쿼리에 포함된 열'로 이동시킬 수 있다.
>
> **풀이법을 알면 시간이 단축된다!**
> '쿼리에 포함된 열'로 잘못 이동했으면 잘못 이동한 열을 선택하고 < 단추를 클릭하여 다시 '사용할 수 있는 테이블과 열'로 보낼 수 있다.

⑥ [쿼리 마법사 – 데이터 필터] 대화상자에서 필터할 열이 없으므로 [다음] 단추를 클릭한다.

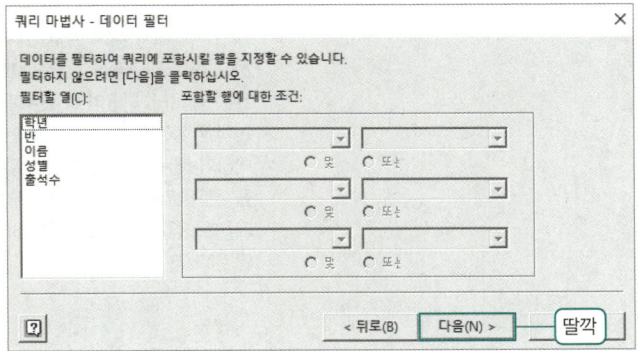

⑦ [쿼리 마법사 – 정렬 순서] 대화상자에서 지정할 정렬 기준이 없으므로 [다음] 단추를 클릭한다.

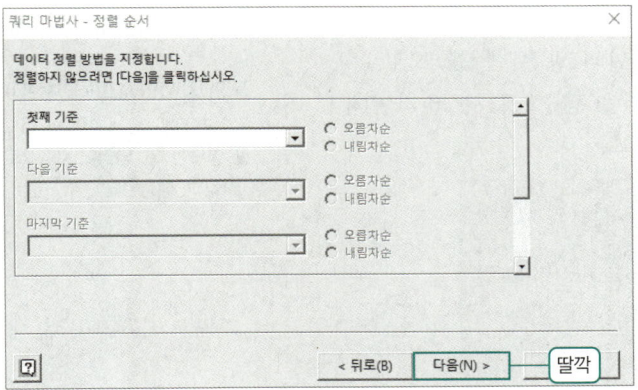

⑧ [쿼리 마법사 – 마침] 대화상자에서 'Microsoft Excel(으)로 데이터 되돌리기'가 선택되었는지 확인 → [마침] 단추를 클릭한다.

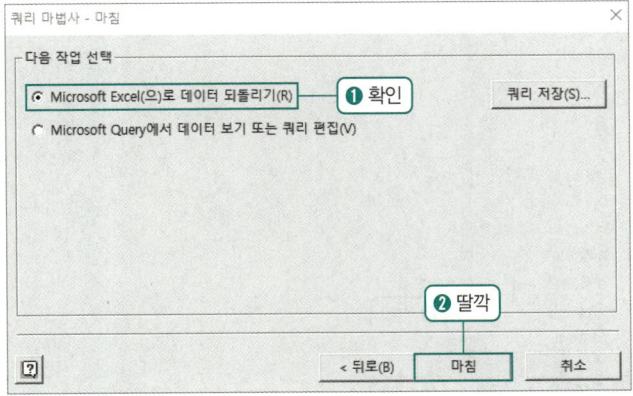

⑨ [데이터 가져오기] 대화상자가 나타나면 데이터를 표시할 방법은 '피벗 테이블 보고서'를 선택 → 데이터가 들어갈 위치는 '기존 워크시트'의 [A3] 셀이 지정되었는지 확인 → [확인] 단추를 클릭한다.

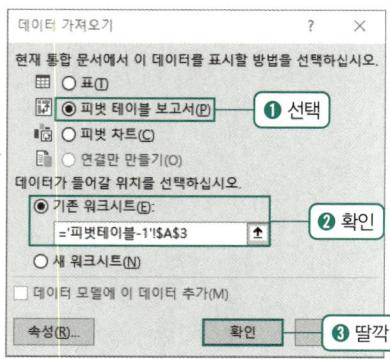

> **읽는 강의**
>
> **풀이법을 알면 시간이 단축된다!**
> ①번 작업에서 [A3] 셀을 선택하고 피벗 테이블을 삽입한 이유는 데이터가 들어갈 위치에 선택한 셀이 자동 지정되어 편리하기 때문이다. 만약 다른 셀을 선택했다면 [데이터 가져오기] 대화상자에서 다시 지정하면 된다.
>
> **풀이법을 알면 시간이 단축된다!**
> '기존 워크시트'는 현재 작업중인 워크시트에 삽입되고 '새 워크시트'는 새로운 워크시트가 추가되어 작성된다.
>
> **풀이법을 알면 시간이 단축된다!**
> '값' 영역에 두 개 이상의 필드를 넣으면 '열' 영역에 자동으로 'Σ 값'이 생성된다.

2 보고서 레이아웃 표시하기

① [피벗 테이블 필드] 창이 나타나면 '성별'은 '열' 영역으로, '학년'과 '반'은 '행' 영역으로, '출석수'와 '이름'은 '값' 영역으로 드래그 → '출석수' 필드의 값을 평균으로 지정하기 위해 '값' 영역에서 '합계 : 출석수' 클릭 → [값 필드 설정]을 선택한다.

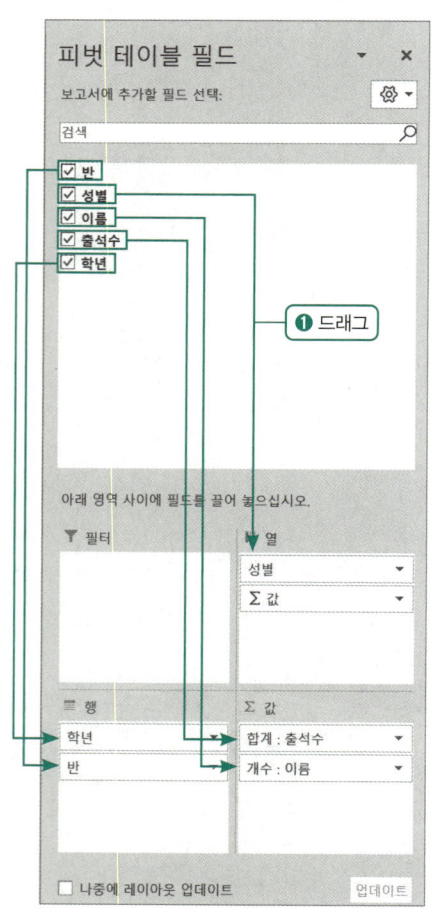
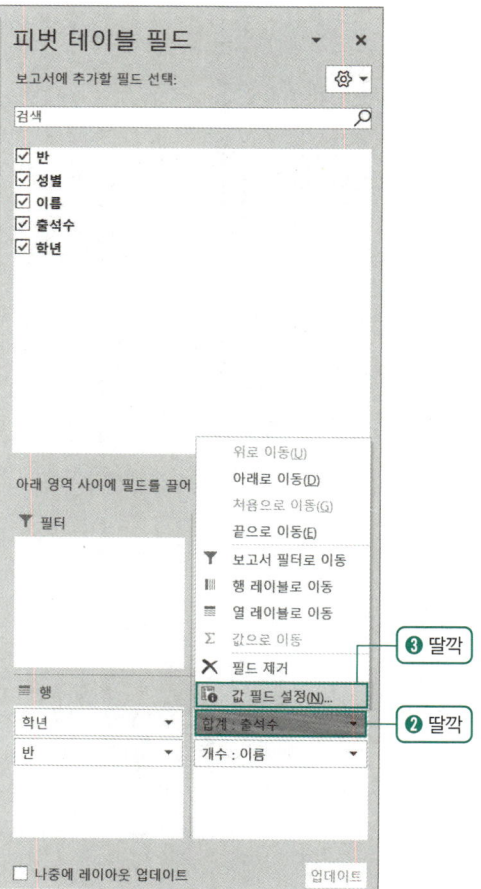

② [값 필드 설정] 대화상자가 나타나면 [값 요약 기준] 탭의 '선택한 필드의 데이터'에서 '평균'을 선택한다.

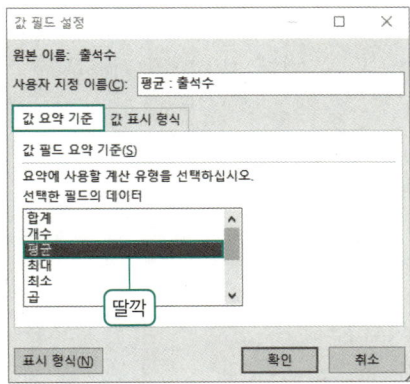

> **읽는 강의**
>
> **풀이법을 알면 시간이 단축된다!**
> 변경할 부분에서 마우스 오른쪽 단추를 클릭하고 바로 가기 메뉴에서 **[값 요약 기준]**을 선택하면 빠르게 변경할 수 있다.

3 '출석수' 필드에 표시 형식 지정하기

① '출석수' 필드의 표시 형식을 지정하기 위해 [표시 형식] 단추를 클릭한다.

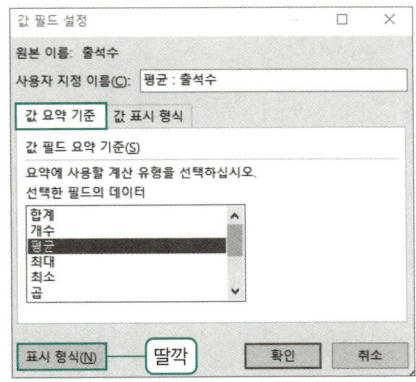

② [셀 서식] 대화상자가 나타나면 [표시 형식] 탭에서 '숫자' 범주를 선택하고 '소수 자릿수'에 '0'을 지정 → [확인] 단추를 클릭한다.

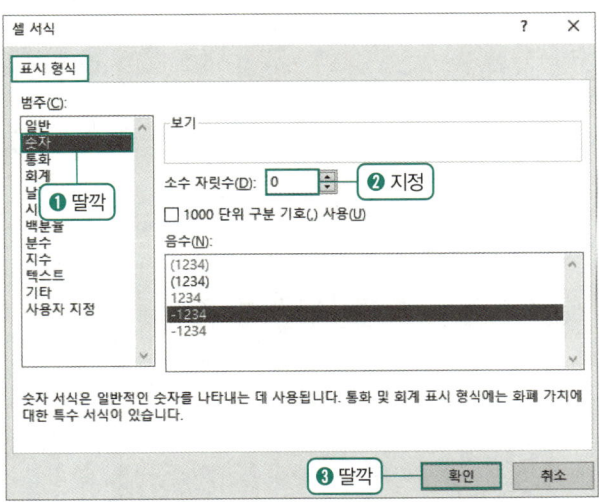

③ [값 필드 설정] 대화상자로 되돌아오면 [확인] 단추를 클릭한다.

4 '이름' 필드를 개수로 계산하고 '학생수'로 이름 변경하기

① '이름' 필드의 값을 개수로 지정하고 '사용자 지정 이름'을 변경하기 위해 [피벗 테이블 필드] 창의 '값' 영역에서 '개수 : 이름' 클릭 → [값 필드 설정]을 선택한다.

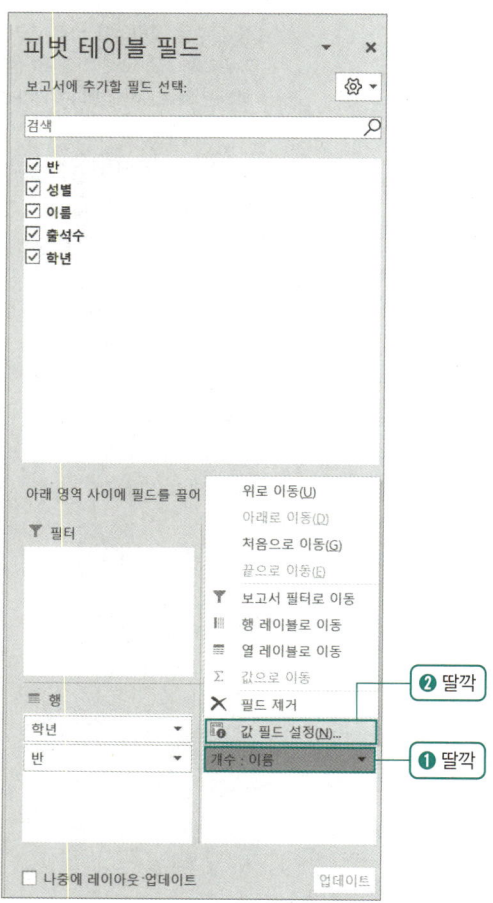

② [값 필드 설정] 대화상자가 나타나면 '사용자 지정 이름'에 학생수를 입력 → [값 요약 기준] 탭의 '선택한 필드의 데이터'에서 '개수'로 지정되었는지 확인 → [확인] 단추를 클릭한다.

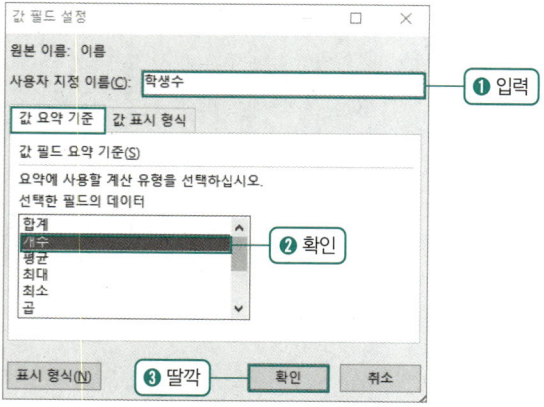

5 빈 셀을 표시하고 레이블이 있는 셀 병합 및 가운데 맞춤하기

① 피벗 테이블에서 임의의 셀 선택 → 마우스 오른쪽 단추를 클릭하고 바로 가기 메뉴에서 [피벗 테이블 옵션]을 선택한다.

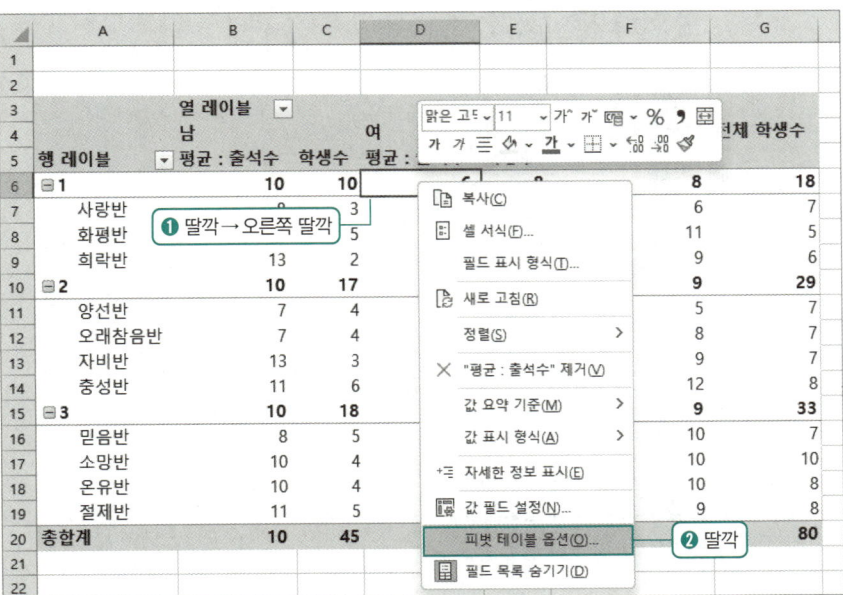

② [피벗 테이블 옵션] 대화상자가 나타나면 '레이블이 있는 셀 병합 및 가운데 맞춤'에 체크 → '빈 셀 표시'에 체크하고 **를 입력 → [확인] 단추를 클릭한다.

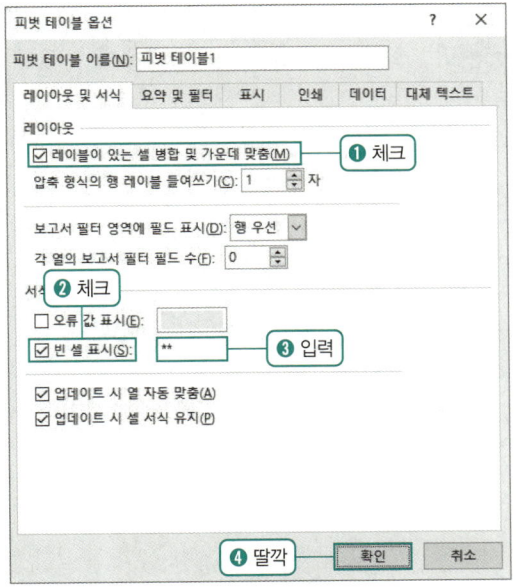

6 피벗 테이블 스타일 지정하기

① 피벗 테이블에서 임의의 셀을 선택한 상태에서 [디자인] 탭-[피벗 테이블 스타일] 그룹-[자세히] 단추(▼)를 클릭 → '중간'의 '연한 파랑, 피벗 스타일 보통 6'을 선택한다.

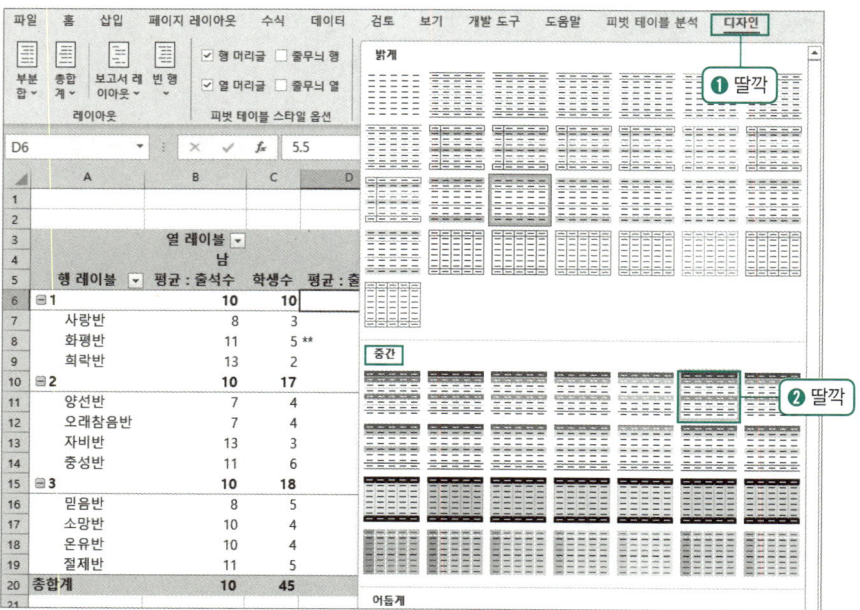

② [디자인] 탭-[피벗 테이블 스타일 옵션] 그룹에서 '행 머리글', '열 머리글', '줄무늬 행'을 체크한다.

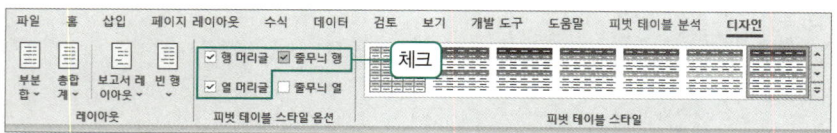

7 '출석수×2'를 계산하는 '출석점수' 계산 필드 추가하기

① [피벗 테이블 분석] 탭-[계산] 그룹-[필드, 항목 및 집합]-[계산 필드]를 선택한다.

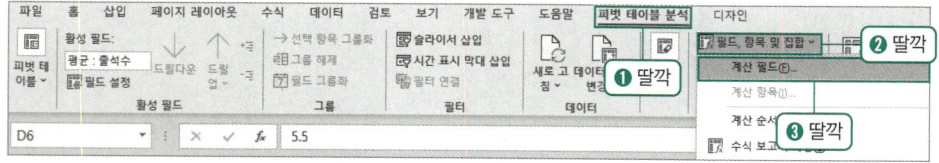

② [계산 필드 삽입] 대화상자가 나타나면 '이름'에 출석점수, '수식'에 =출석수*2 입력 →
[추가] 단추를 클릭 → [확인] 단추를 클릭한다.

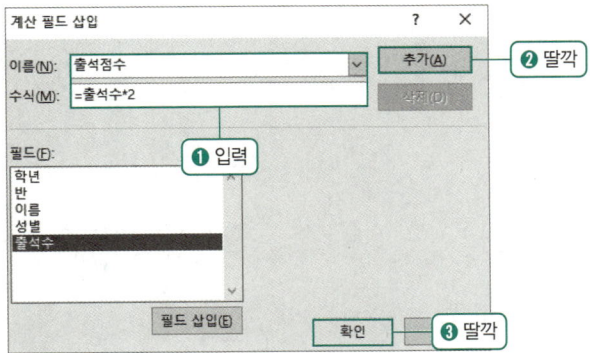

③ [피벗 테이블 필드] 창에서 '값' 영역에 '출석점수' 필드가 추가되었는지 확인하고 '합계 : 출석점수' 클릭 → [값 필드 설정]을 선택한다.

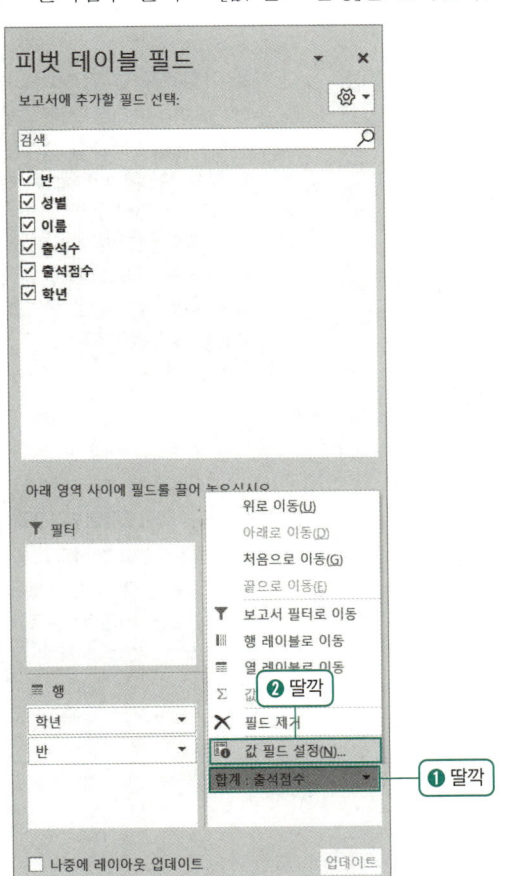

읽는 강의

풀이법을 알면 시간이 단축된다!
'수식'의 내용을 모두 삭제하고 마우스 커서를 올려놓은 상태에서 '필드'의 '출석수'를 더블클릭한 후 *2를 입력해도 된다.

풀이법을 알면 시간이 단축된다!
'값' 영역에 '출석점수' 필드가 없으면 '출석점수' 필드를 '값'으로 드래그한다.

④ [값 필드 설정] 대화상자가 나타나면 [값 요약 기준] 탭의 '선택한 필드의 데이터'에서 '평균'을 선택→ [확인] 단추를 클릭한다.

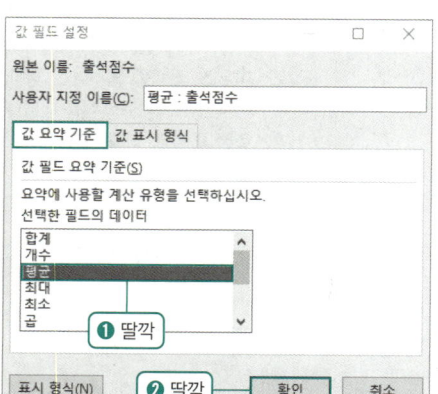

> 📖 읽는 강의

8 행 총합계가 표시되지 않도록 설정하기

① 피벗 테이블에서 임의의 셀을 선택한 상태에서 [**디자인**] 탭-[**레이아웃**] 그룹-[**총합계**]-[**열의 총합계만 설정**]을 선택한다.

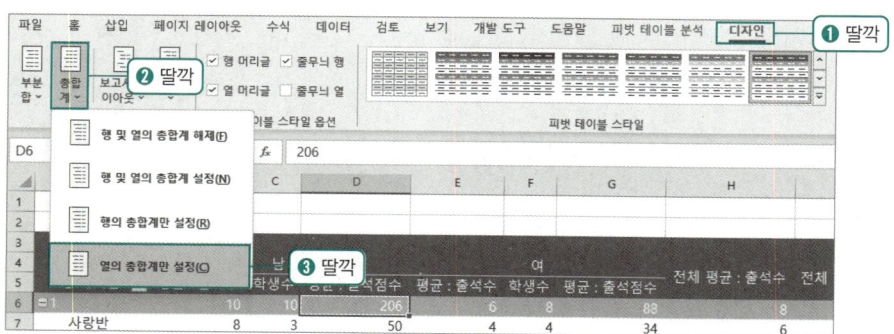

실수가 줄어들면 합격은 빨라진다!
피벗 테이블을 잘못 작성한 경우에는 피벗 테이블을 삭제하고 다시 작성해야 한다. 피벗 테이블에서 임의의 셀을 선택한 상태에서 [**피벗 테이블 분석**] 탭-[**동작**] 그룹-[**선택**]-[**전체 피벗 테이블**]을 선택한 후 Delete 를 누르면 삭제된다.

② 결과를 확인한다.

	A	B	C	D	E	F	G
1							
2							
3			열 레이블				
4			남			여	
5	행 레이블	평균: 출석수	학생수	평균: 출석점수	평균: 출석수	학생수	평균: 출석점수
6	⊟1	10	10	206	6	8	88
7	사랑반	8	3	50	4	4	34
8	화평반	11	5	106	**	**	0
9	희락반	13	2	50	7	4	54
10	⊟2	10	17	330	7	12	164
11	양선반	7	4	58	1	3	8
12	오래참음반	7	4	58	9	3	54
13	자비반	13	3	80	6	4	50
14	충성반	11	6	134	13	2	52
15	⊟3	10	18	354	9	15	268
16	믿음반	8	5	80	14	2	56
17	소망반	10	4	82	10	6	114
18	온유반	10	4	82	9	4	72
19	절제반	11	5	110	4	3	26
20	총합계	10	45	890	7	35	520
21							

실수가 줄어들면 합격은 빨라진다!
학년별 통계값이 표시되어 있지 않으면 [**디자인**] 탭-[**레이아웃**] 그룹-[**부분합**]-[**그룹 상단에 모든 부분합 표시**]를 선택한다.

출제패턴 ❷

'피벗테이블-2' 시트에서 다음의 지시사항에 따라 피벗 테이블 보고서를 작성하시오.

- ▶ 데이터 원본으로 <B2B납품.csv>의 데이터를 사용하시오.
  - 원본 데이터는 구분 기호 쉼표(,)로 분리되어 있으며, 내 데이터에 머리글을 표시하시오.
  - '납품일자', '납품처', '납품량', '반품량' 열만 가져와서 데이터 모델에 이 데이터를 추가하시오.
- ▶ 피벗 테이블 보고서의 레이아웃과 위치는 <그림>을 참조하여 설정하고, 보고서 레이아웃을 개요 형식으로 표시하시오.
- ▶ '납품일자' 필드는 '월' 단위로 그룹을 설정하고, '납품처' 필드의 순서를 <그림>과 같이 변경하시오.
- ▶ 피벗 테이블 스타일은 '연한 주황, 피벗 스타일 밝게 17'로 설정하시오.
- ▶ 값 영역의 표시 형식은 '값 필드 설정'의 셀 서식에서 '사용자 지정' 범주를 이용하여 지정하시오.

▼ 결과 화면

	A	B	C	D	E	F	G	H
1								
2								
3			납품처 ↓					
4	납품일자(월) ▼	값	하늘산업	서울산업	미래산업	기강산업	총합계	
5	01월							
6		합계: 납품량	1,461개	3,191개	1,391개	1,242개	7,285개	
7		합계: 반품량	32개	0개	0개	0개	32개	
8	02월							
9		합계: 납품량	1,265개	1,245개	2,585개	1,387개	6,482개	
10		합계: 반품량	150개	0개	180개	23개	353개	
11	03월							
12		합계: 납품량	1,354개	3,016개	1,260개	3,035개	8,665개	
13		합계: 반품량	0개	44개	40개	0개	84개	
14	07월							
15		합계: 납품량	1,596개	1,350개	2,704개	1,461개	7,111개	
16		합계: 반품량	35개	0개	0개	0개	35개	
17	08월							
18		합계: 납품량	1,790개	1,251개	1,390개	2,947개	7,378개	
19		합계: 반품량	0개	0개	0개	25개	25개	
20	09월							
21		합계: 납품량	2,929개	1,287개	1,263개	1,254개	6,733개	
22		합계: 반품량	23개	11개	0개	0개	34개	
23	전체 합계: 납품량		10,395개	11,340개	10,593개	11,326개	43,654개	
24	전체 합계: 반품량		240개	55개	220개	48개	563개	
25								

※ 작업이 완성된 그림이며 부분 점수 없음

그대로 따라하기

1 데이터 모델에 특정 열만 가져와서 추가하기

① 피벗 테이블을 삽입할 [A3] 셀 선택 → [삽입] 탭-[표] 그룹-[피벗 테이블]을 선택한다.

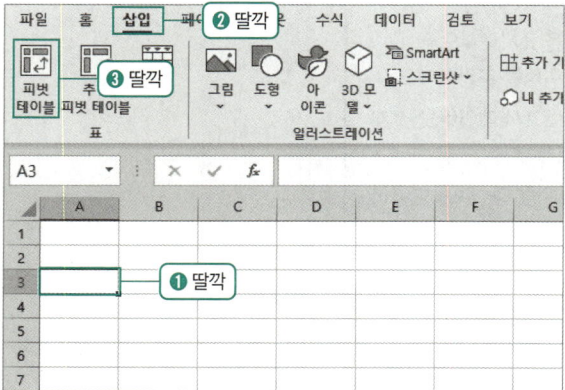

② [피벗 테이블 만들기] 대화상자가 나타나면 '외부 데이터 원본 사용'에서 [연결 선택] 단추를 클릭한다.

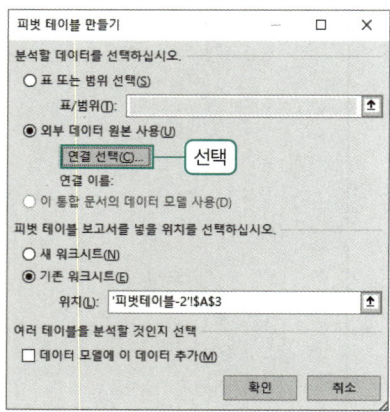

③ [기존 연결] 대화상자가 나타나면 [연결] 탭에서 [더 찾아보기] 단추를 클릭한다.

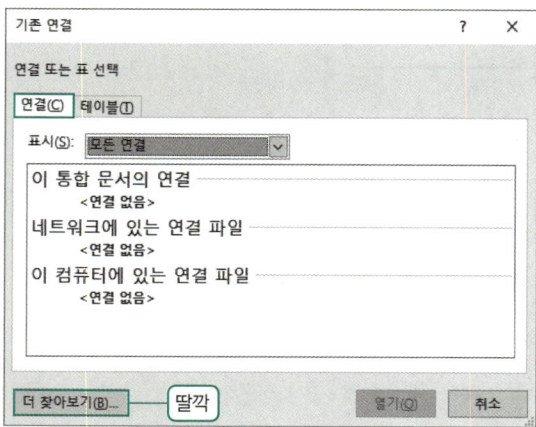

④ [데이터 원본 선택] 대화상자가 나타나면 'C:\에듀윌_2026컴활1급실기\그대로따라하기\스프레드시트실무\03.분석작업\실습' 경로에서 'B2B납품.csv' 파일 선택 → [열기] 단추를 클릭한다.

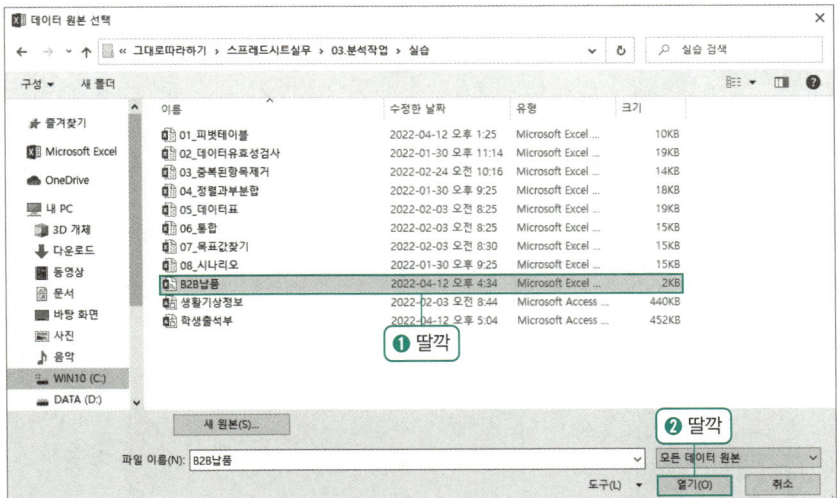

⑤ [텍스트 마법사 – 3단계 중 1단계] 대화상자가 나타나면 원본 데이터의 파일 유형이 '구분 기호로 분리됨'으로 선택되었는지 확인 → '내 데이터에 머리글 표시'에 체크 → [다음] 단추를 클릭한다.

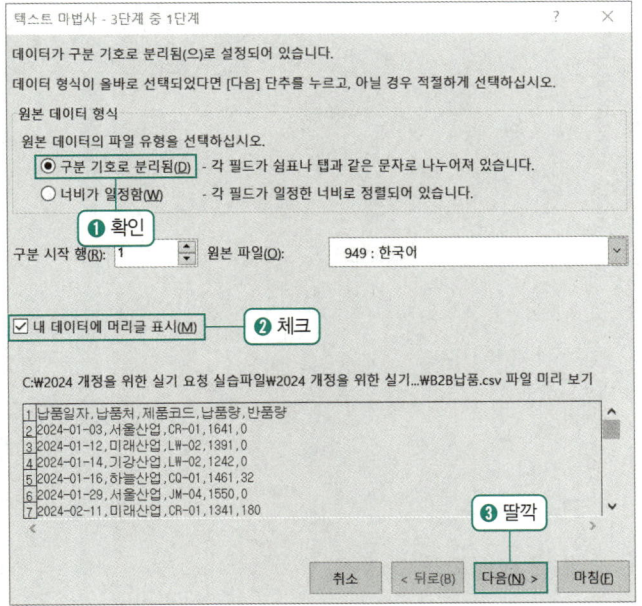

⑥ [텍스트 마법사 – 3단계 중 2단계] 대화상자에서 '구분 기호'는 '탭'을 체크 해제하고 '쉼표' 체크 → [다음] 단추를 클릭한다.

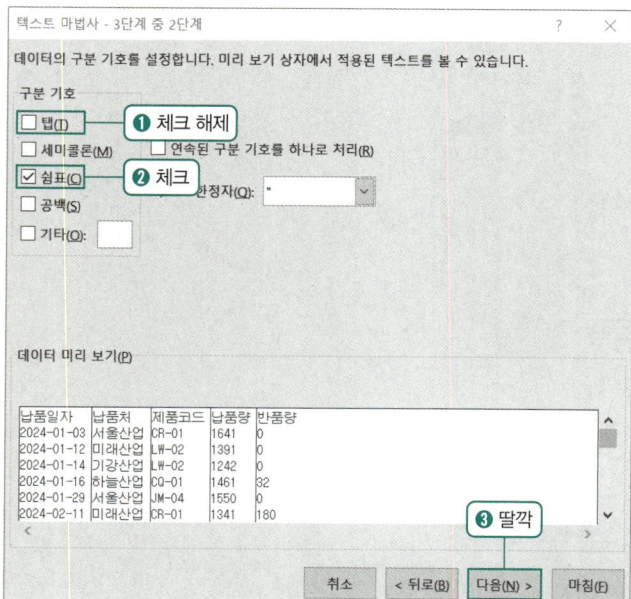

⑦ [텍스트 마법사 – 3단계 중 3단계] 대화상자의 '데이터 미리 보기'에서 3열(제품코드)을 선택하고 '열 데이터 서식'에서 '열 가져오지 않음(건너뜀)'을 선택 → [마침] 단추를 클릭한다.

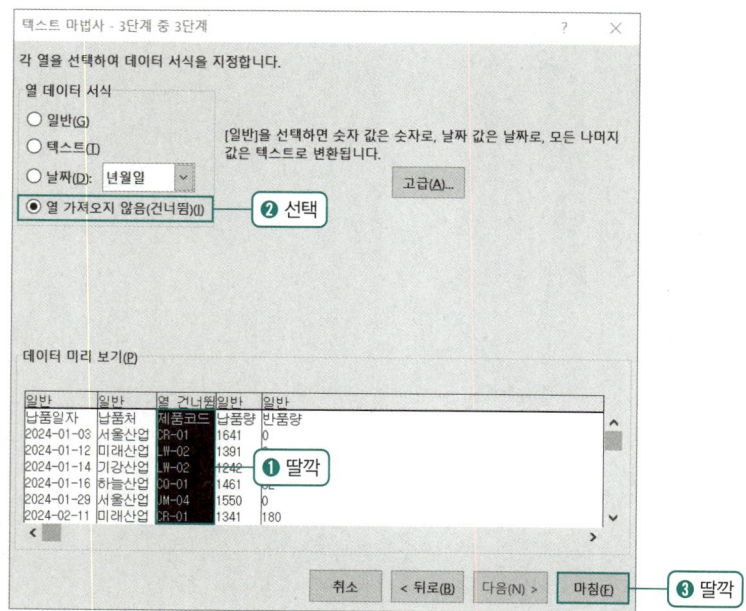

> **풀이법을 알면 시간이 단축된다!**
> '납품일자', '납품처', '납품량', '반품량' 열을 제외한 나머지 필드는 '열 가져오지 않음(건너뜀)'을 선택한다.

⑧ [피벗 테이블 만들기] 대화상자로 되돌아오면 피벗 테이블을 배치할 위치에서 '기존 워크시트'의 [A3] 셀이 지정되었는지 확인 → '데이터 모델에 이 데이터 추가'에 체크 → [확인] 단추를 클릭한다.

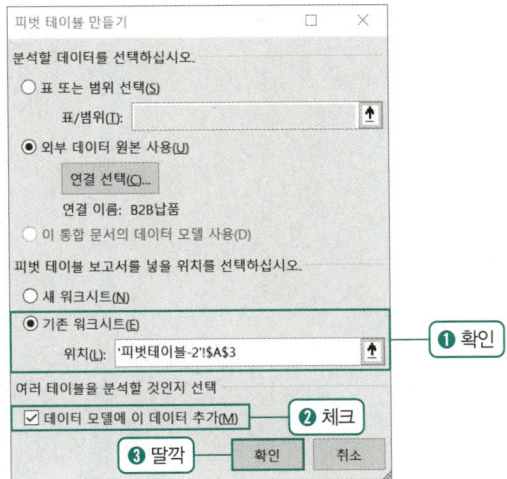

2 개요 형식으로 보고서 레이아웃 표시하기

① [피벗 테이블 필드] 창이 나타나면 '납품일자'는 '행' 영역으로, '납품처'는 '열' 영역으로, '납품량'과 '반품량'은 '값' 영역으로 드래그 → '열' 영역에서 'Σ 값'이 나타나면 'Σ 값'을 '행' 영역으로 드래그한다.

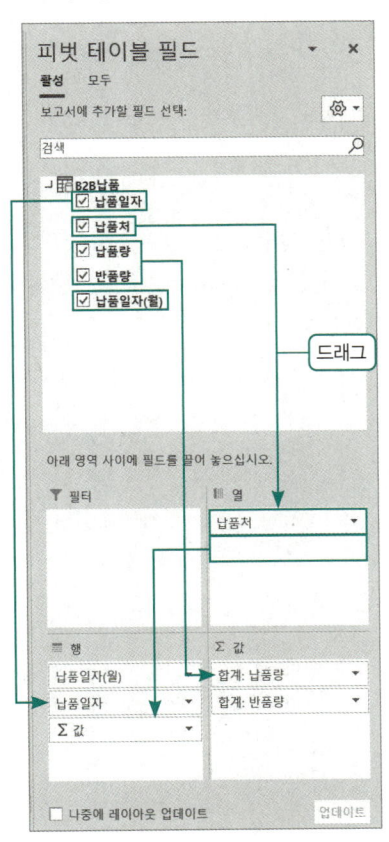

> 📖 **읽는 강의**
>
> **풀이법을 알면 시간이 단축된다!**
> '행' 영역에 '납품일자'를 드래그하면 '납품일자(월)'도 함께 추가된다. Excel 2021에서는 날짜 필드를 테이블에 추가하면 연도/분기/월 등 자동으로 그룹화되는 기능이 추가된다. 사용하는 엑셀버전은 파일-계정에서 확인할 수 있다.

② 보고서 레이아웃을 개요 형식으로 표시하기 위해 [디자인] 탭-[레이아웃] 그룹-[보고서 레이아웃]-[개요 형식으로 표시]를 선택한다.

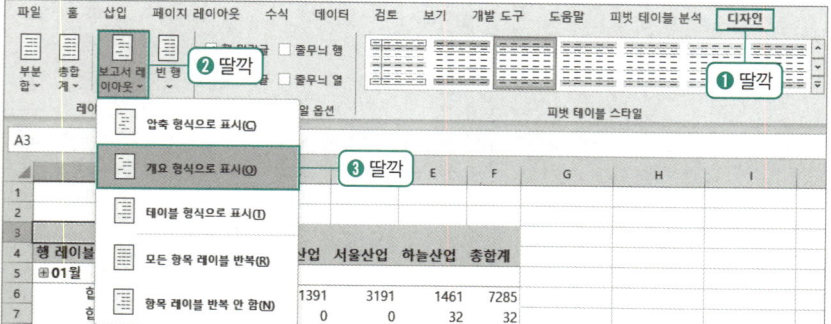

개념 더하기 ⊕   보고서 레이아웃

- **압축 형식으로 표시**: 하나의 열에 '학년'과 '반'을 표시하고 들여쓰기로 항목을 구분

- **개요 형식으로 표시**: 하나의 필드에 하나의 열을 표시하는 형식으로, 그룹의 부분합이 그룹 위에 표시

- **테이블 형식으로 표시**: 개요 형식과 비슷하지만 그룹의 부분합이 그룹 아래에 표시

3 '월' 단위로 그룹을 설정하고 필드 순서 변경하기

① '납품일자' 필드를 '월' 단위로 그룹을 지정하기 위해 '납품일자' 필드에서 임의의 셀 선택 → 마우스 오른쪽 단추를 클릭하고 바로 가기 메뉴에서 [그룹]을 선택한다.

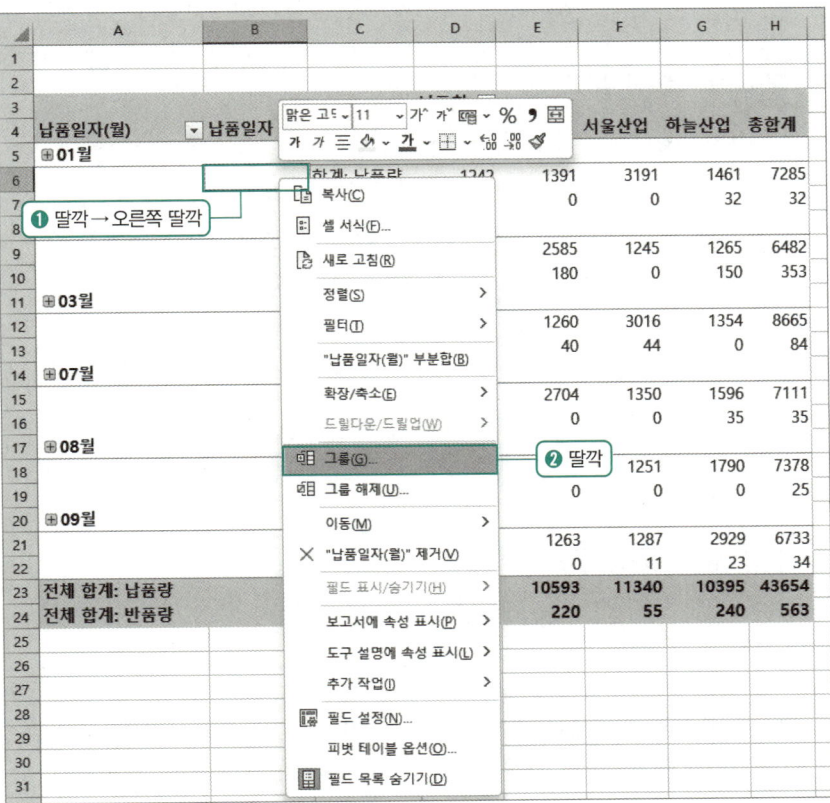

② [그룹화] 대화상자가 나타나면 '월'이 선택되었는지 확인하고 [확인] 단추를 클릭한다.

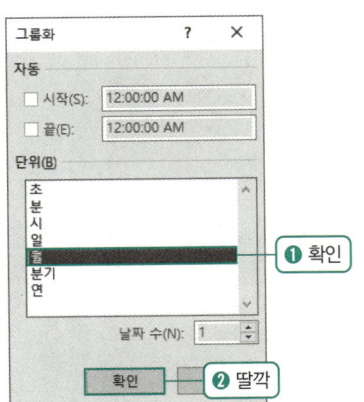

③ '납품처' 필드의 순서를 변경하기 위해 '납품처' 필드의 목록 단추(▼)를 클릭 → [텍스트 내림차순 정렬]을 선택한다.

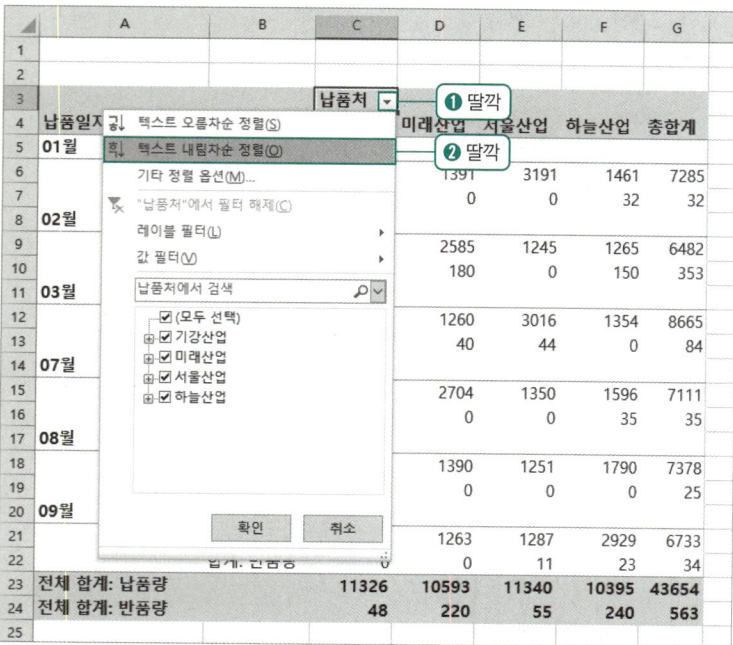

> **읽는 강의**
>
> **풀이법을 알면 시간이 단축된다!**
> 만약에 오름차순이나 내림차순이 아닐 경우 해당 항목을 마우스로 드래그하여 정렬할 수 있다.

4 피벗 테이블 스타일 지정하기

피벗 테이블에서 임의의 셀을 선택한 상태에서 [디자인] 탭-[피벗 테이블 스타일] 그룹-[자세히] 단추(▼)를 클릭 → '밝게'의 '연한 주황, 피벗 스타일 밝게 17'을 선택한다.

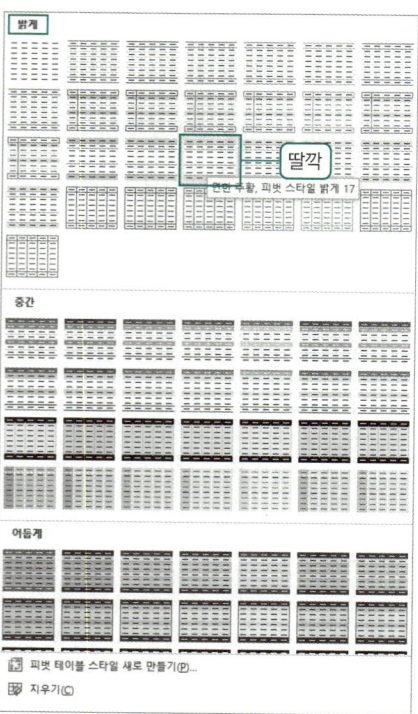

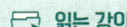

5 값 영역에 표시 형식 지정하기

① '납품량' 필드에 표시 형식을 지정하기 위해 '값' 영역에서 '합계: 납품량' 클릭 → [값 필드 설정]을 선택한다.

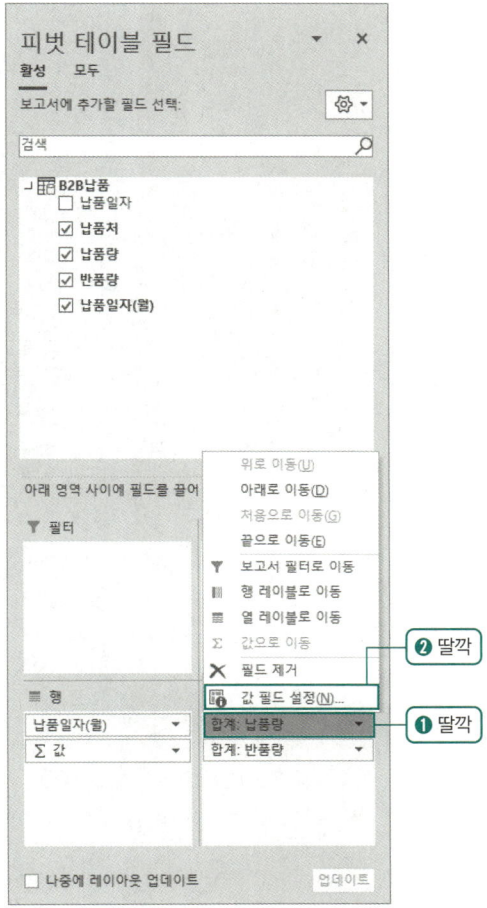

② [값 필드 설정] 대화상자가 나타나면 [표시 형식] 단추를 클릭한다.

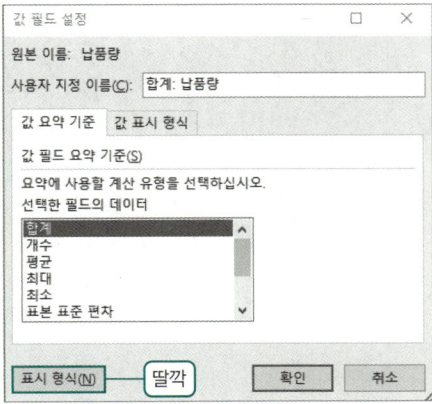

③ [셀 서식] 대화상자가 나타나면 [표시 형식] 탭에서 '범주'는 '사용자 지정'을 선택하고 '형식'에 #,##0"개" 입력 → [확인] 단추를 클릭한다.

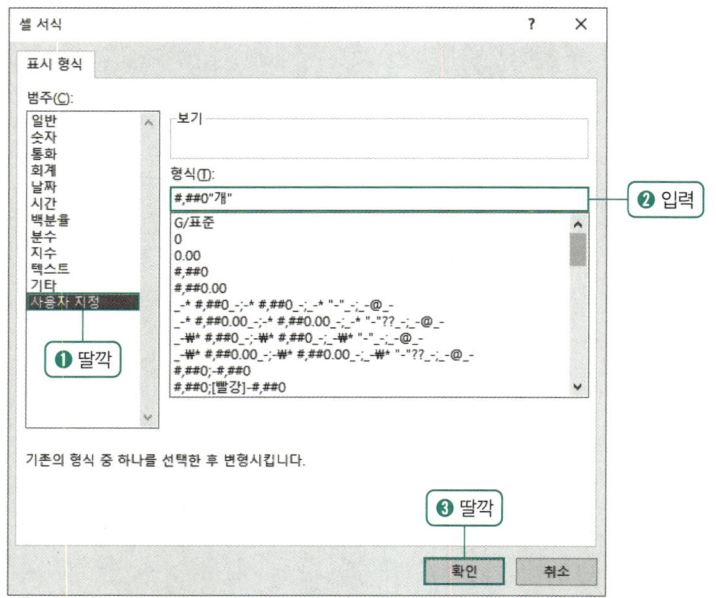

④ [값 필드 설정] 대화상자로 되돌아오면 [확인] 단추를 클릭 → 이와 같은 방법으로 '반품량' 필드의 사용자 지정 표시 형식에 #,##0"개" 입력 → [확인] 단추를 클릭한 후 결과를 확인한다.

	A	B	C	D	E	F	G	H
1								
2				납품처				
3	납품일자(월)	값	하늘산업	서울산업	미래산업	기강산업	총합계	
4	01월							
5		합계: 납품량	1,461개	3,191개	1,391개	1,242개	7,285개	
6		합계: 반품량	32개	0개	0개	0개	32개	
7	02월							
8		합계: 납품량	1,265개	1,245개	2,585개	1,387개	6,482개	
9		합계: 반품량	150개	0개	180개	23개	353개	
10								
11	03월							
12		합계: 납품량	1,354개	3,016개	1,260개	3,035개	8,665개	
13		합계: 반품량	0개	44개	40개	0개	84개	
14	07월							
15		합계: 납품량	1,596개	1,350개	2,704개	1,461개	7,111개	
16		합계: 반품량	35개	0개	0개	0개	35개	
17	08월							
18		합계: 납품량	1,790개	1,251개	1,390개	2,947개	7,378개	
19		합계: 반품량	0개	0개	0개	25개	25개	
20	09월							
21		합계: 납품량	2,929개	1,287개	1,263개	1,254개	6,733개	
22		합계: 반품량	23개	11개	0개	0개	34개	
23	전체 합계: 납품량		10,395개	11,340개	10,593개	11,326개	43,654개	
24	전체 합계: 반품량		240개	55개	220개	48개	563개	
25								

출제패턴 ❸

'피벗테이블-3' 시트에서 다음의 지시사항에 따라 피벗 테이블 보고서를 작성하시오.

- [외부 데이터 가져오기] 기능을 이용하여 <생활기상정보.accdb>에서 <기상자료> 테이블의 '기상', '지역', '1월', '2월', '3월', '4월', '5월', '6월' 열만 이용하시오.
- 피벗 테이블 보고서의 레이아웃과 위치는 <그림>을 참조하여 설정하고, 보고서 레이아웃을 개요 형식으로 표시하시오.
- 각 그룹의 하단에 요약이 표시되도록 설정하시오.
- '확장(+)/축소(-)' 단추가 표시되지 않도록 설정하시오.
- '강원' 지역의 '강수량'인 데이터만 자동 생성한 후 시트명은 '강원강수량'으로 지정하고, '피벗테이블-3' 시트 바로 앞에 위치시키시오.

▼ 결과 화면

	A	B	C	D	E	F	G	H
1								
2								
3	기상	지역	합계 : 1월	합계 : 2월	합계 : 3월	합계 : 4월	합계 : 5월	합계 : 6월
4	강수량							
5		강원	158	149.3	241.3	301.7	418.7	568.1
6		경기	54.2	74.9	124.3	195.6	322.3	380.4
7		경상	153.5	174	306.9	427.6	572.4	766.2
8		전라	138.9	192	286.9	401.1	494.1	821.1
9		제주	72.5	55.2	94.4	88.3	104.7	170.9
10		충청	97.5	123.7	194.8	295	400.8	631.3
11	강수량 요약		674.6	769.1	1248.6	1709.3	2313	3338
12	습도							
13		강원	252	243	245	231	260	291
14		경기	182	178	181	179	196	212
15		경상	279	276	290	299	334	370
16		전라	330	324	322	323	349	381
17		제주	64	63	63	64	68	76
18		충청	262	247	240	231	256	281
19	습도 요약		1369	1331	1341	1327	1463	1611
20	최고기온							
21		강원	7.6	19	38.9	68.9	87.8	101.5
22		경기	7.3	15.8	31.6	52.3	68	79.8
23		경상	33.5	44.5	65	94	114.4	129.6
24		전라	29.4	39.7	61.4	91.6	114.2	131.2
25		제주	8.6	9.8	13.1	17.7	21.7	24.9
26		충청	14.1	25.3	46.7	75.2	94.1	108.4
27	최고기온 요약		100.5	154.1	256.7	399.7	500.2	575.4
28	평균온도							
29		강원	-13.4	-3.5	16.5	43.8	64.2	80.8
30		경기	-5.3	1.9	16.8	36	52	65.3
31		경상	11.2	20.5	40.2	67.7	89.1	107.6
32		전라	6.9	14.4	34.1	62	86.7	107.5
33		제주	6.1	6.8	9.6	14	17.9	21.6
34		충청	-5.9	2.7	22.5	48.8	69.6	87
35	평균온도 요약		-0.4	42.8	139.7	272.3	379.5	469.8
36	총합계		2143.7	2297	2986	3708.3	4655.7	5994.2
37								

그대로 따라하기

1 〈기상자료〉 테이블에서 '기상', '지역', '1월'~'6월' 열 가져오기

① 피벗 테이블을 삽입할 [A3] 셀 선택 → [데이터] 탭-[데이터 가져오기 및 변환] 그룹-[데이터 가져오기]-[기타 원본에서]-[MicroSoft Query에서]를 선택한다.

개념 더하기 ⊕ [Microsoft Query에서] 메뉴가 없는 경우 대처 방법

[Microsoft Query에서] 메뉴가 없는 경우 아래와 같이 '업데이트 사용안함'으로 설정하기
① 엑셀에서 [파일]-[계정]-[업데이트 옵션]-'업데이트 사용안함'을 클릭한다.
② 윈도우에서 [시작]-[검색]-cmd를 입력-[명령 프롬프트]에서 마우스 우측을 클릭 후 '관리자 권한으로 실행' 클릭한다.
③ cd %programfiles% ₩Common Files₩microsoft shared₩ClickToRun 입력 후 [Enter]를 누른다.
④ Officec2rclient.exe /update user updatetoversion=16.0.14332.20624 입력 후 [Enter]를 누른다.
⑤ 업데이트 진행이 완료되면 [Microsoft Query에서] 메뉴가 생성된다.

② [데이터 원본 선택] 대화상자가 나타나면 [데이터베이스] 탭에서 'MS Access Database*'를 선택 → [확인] 단추를 클릭한다.

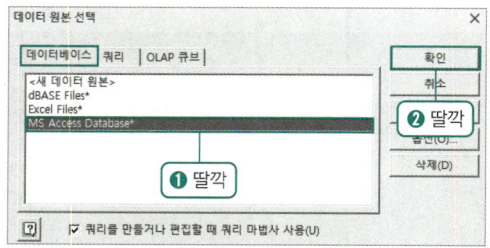

③ [데이터베이스 선택] 대화상자가 나타나면 'C:\에듀윌_2026컴활1급실기\그대로따라하기\스프레드시트실무\03.분석작업\실습' 경로에서 '생활기상정보.accdb' 파일 선택 → [확인] 단추를 클릭한다.

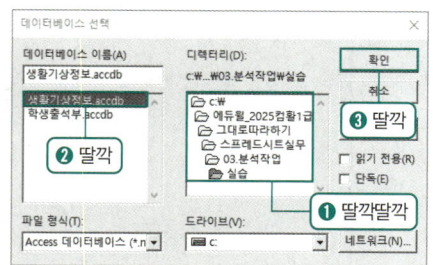

읽는 강의

출제패턴을 알면 시험이 쉬워진다!
실기 시험에서는 외부 데이터 파일의 위치가 시험지에 기록되어 있으므로 정확한 폴더의 위치를 파악하고 지정하는 연습을 해야 한다.

④ [쿼리 마법사 – 열 선택] 대화상자가 나타나면 '사용할 수 있는 테이블과 열'에서 〈기상자료〉 테이블을 더블클릭 → 〈기상자료〉 테이블에 포함된 열 목록이 나타나면 '기상'을 선택하고 > 단추를 클릭하여 '쿼리에 포함된 열'로 이동시킨다.

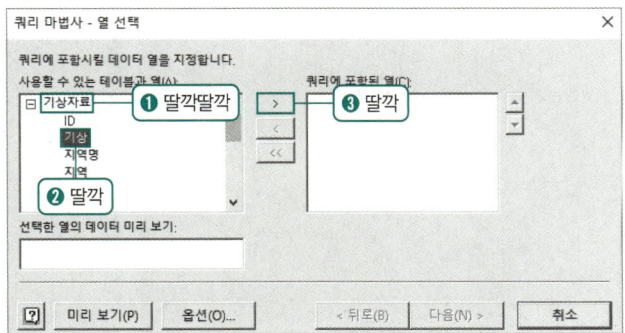

⑤ 이와 같은 방법으로 '지역', '1월', '2월', '3월', '4월', '5월', '6월' 열을 각각 '쿼리에 포함된 열'로 이동 → [다음] 단추를 클릭한다.

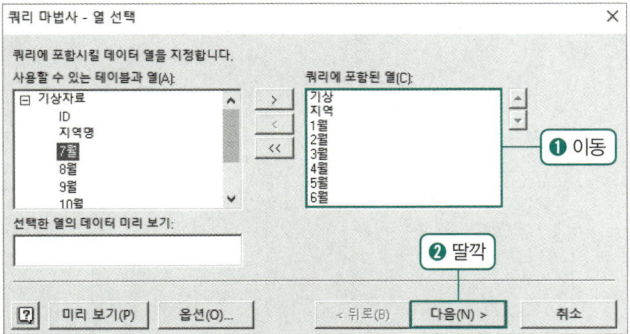

⑥ [쿼리 마법사 – 데이터 필터] 대화상자에서 필터할 열이 없으므로 [다음] 단추를 클릭한다.
⑦ [쿼리 마법사 – 정렬 순서] 대화상자에서 지정할 정렬 기준이 없으므로 [다음] 단추를 클릭한다.
⑧ [쿼리 마법사 – 마침] 대화상자에서 'Microsoft Excel(으)로 데이터 되돌리기'가 선택되었는지 확인 → [마침] 단추를 클릭한다.

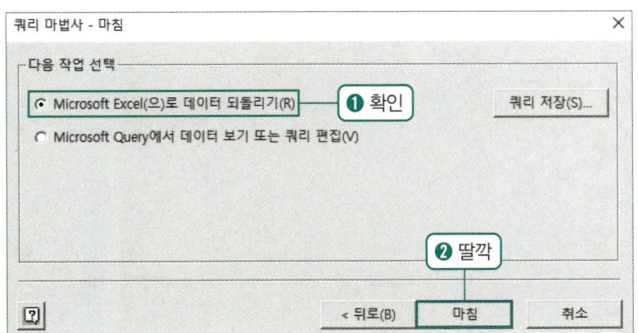

⑨ [데이터 가져오기] 대화상자가 나타나면 데이터를 표시할 방법은 '피벗 테이블 보고서'를 선택 → 데이터가 들어갈 위치는 '기존 워크시트'의 [A3] 셀이 지정되었는지 확인 → [확인] 단추를 클릭한다.

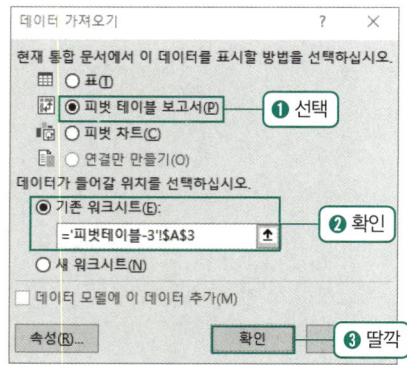

2 개요 형식으로 보고서 레이아웃 표시하기

① [피벗 테이블 필드] 창이 나타나면 '기상'과 '지역'은 '행' 영역으로, '1월', '2월', '3월', '4월', '5월', '6월'은 '값' 영역으로 드래그한다.

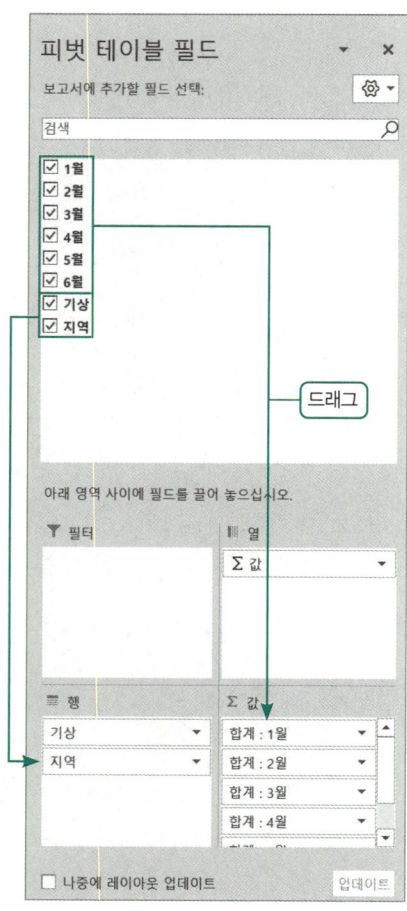

② 보고서 레이아웃을 개요 형식으로 표시하기 위해 [디자인] 탭-[레이아웃] 그룹-[보고서 레이아웃]-[개요 형식으로 표시]를 선택한다.

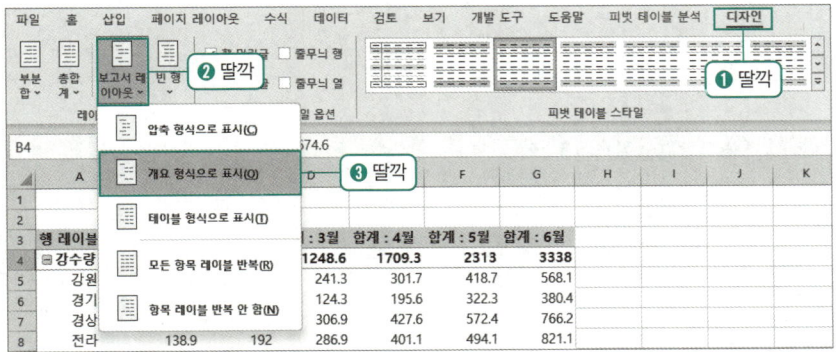

3 각 그룹의 하단에 요약이 표시되도록 설정하기

[디자인] 탭-[레이아웃] 그룹-[부분합]-[그룹 하단에 모든 부분합 표시]를 선택한다.

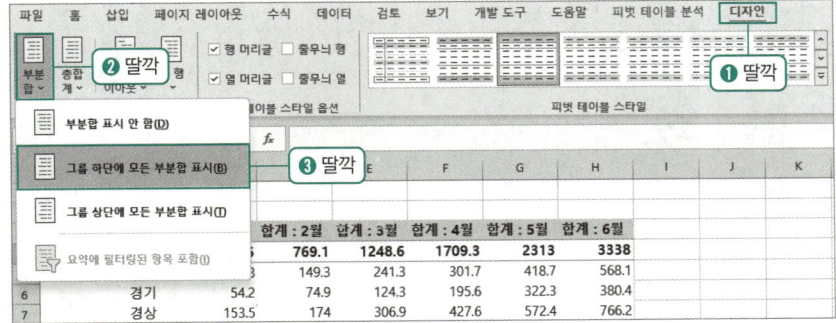

4 확장(+)/축소(-) 단추가 표시되지 않도록 설정하기

[피벗 테이블 분석] 탭-[표시] 그룹-[+/- 단추]를 클릭한다.

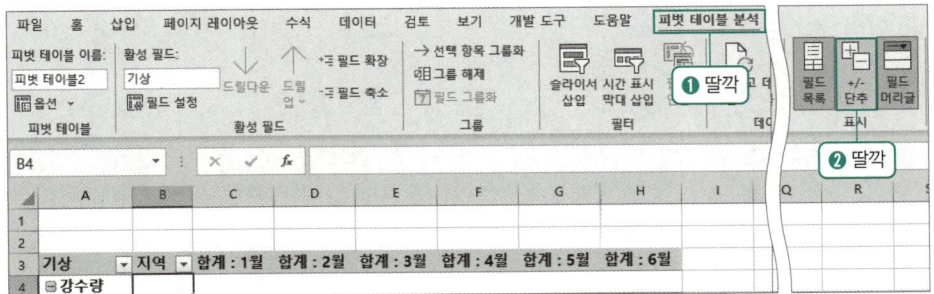

5 '강원' 지역의 '강수량'만 자동 생성하고 시트명을 '강원강수량'으로 지정하기

① '강원' 지역의 '강수량'인 데이터만 자동 생성하기 위해 강원의 데이터가 있는 5행의 [C5] 셀부터 [H5] 셀 중 임의의 셀을 더블클릭한다.

	A	B	C	D	E	F	G	H
1								
2			딸깍딸깍					
3	기상	지역		합계:2월	합계:3월	합계:4월	합계:5월	합계:6월
4	강수량							
5		강원	158	149.3	241.3	301.7	418.7	568.1
6		경기	54.2	74.9	124.3	195.6	322.3	380.4
7		경상	153.5	174	306.9	427.6	572.4	766.2
8		전라	138.9	192	286.9	401.1	494.1	821.1
9		제주	72.5	55.2	94.4	88.3	104.7	170.9
10		충청	97.5	123.7	194.8	295	400.8	631.3
11	강수량 요약		674.6	769.1	1248.6	1709.3	2313	3338
12	습도							

② '피벗테이블-3' 시트의 앞에 새로운 'Sheet1' 시트가 추가되면 'Sheet1' 시트 탭을 더블클릭 → 'Sheet1' 시트 탭에 강원강수량을 입력한 후 Enter 를 누른다.

	A	B	C	D	E	F	G	H	I
1	기상	지역	1월	2월	3월	4월	5월	6월	
2	강수량	강원	53.1	43.9	68.6	72.9	91	120.4	
3	강수량	강원	19.1	24.7	37.3	66	106.5	124.5	
4	강수량	강원	19.2	26.9	47.9	69.1	93.9	144.5	
5	강수량	강원	66.6	53.8	87.5	93.7	127.3	178.7	
6									

딸깍딸깍 → 입력 → Enter | 강원강수량 | 피벗테이블-3

개념 더하기 ⊕ '사용자 지정 목록'에서 항목 삭제하기

작업을 진행한 후 지역이 '강원-경기-경상-전라-제주-충청' 순으로 정렬되지 않았다면 '사용자 지정 목록'에 다른 지역 순으로 정렬된 항목이 없는지 확인해야 한다.

예를 들어 '사용자 지정 목록'에 '제주-경기-강원' 순으로 사용자가 지정한 항목이 있다면 실제 결과값이 다르게 나타날 수 있으므로 해당 항목을 삭제한 후 다시 작업을 진행해야 한다.

① [파일] 메뉴-[옵션]을 선택 → [Excel 옵션] 대화상자가 나타나면 [고급] 탭의 [일반]에서 [사용자 지정 목록 편집] 단추를 클릭한다.

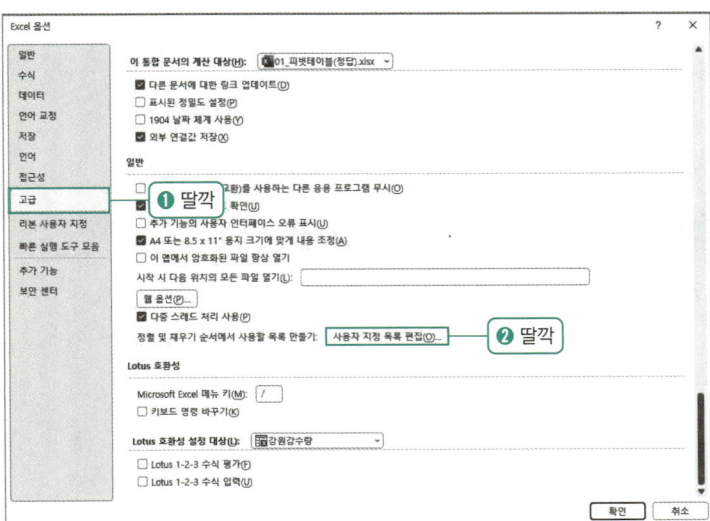

② [사용자 지정 목록] 대화상자가 나타나면 '사용자 지정 목록'에서 이미 지정된 관련 항목을 선택 → [삭제] 단추를 클릭 → [확인] 단추를 클릭한다(특히, '지역'이나 '직급'을 '사용자 지정 목록'에 지정하는 경우가 많으므로 주의해야 한다).

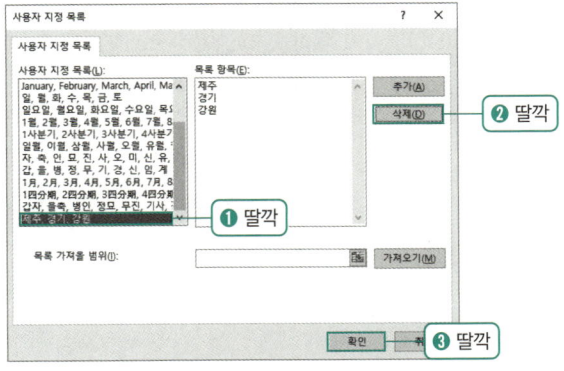

분 석 작 업

02 데이터 유효성 검사

① **개념**: 셀에 입력될 수 있는 데이터의 형식과 값을 제한하는 기능으로 특정 범위 내의 숫자만 입력되도록 하거나, 드롭다운 목록을 통해 선택 하도록 설정할 수 있음
② **특징**: 조건에 만족하는 데이터만 입력되고, 조건에 만족하지 않은 데이터는 입력되지 않으면서 오류 메시지가 표시됨
③ **지정 방법**: [데이터] 탭-[데이터 도구] 그룹-[데이터 유효성 검사]

📥 **작업 파일명** C:\에듀윌_2026컴활1급실기\그대로따라하기\스프레드시트실무\03.분석작업\실습\02_데이터유효성검사.xlsx

출제패턴 ❶

'유효성검사-1' 시트에서 다음의 지시사항을 처리하시오.

▶ [데이터 유효성 검사] 기능을 이용하여 [C3:C12] 영역에 '사장', '부장', '대리', '사원' 중에서 하나를 선택할 수 있도록 제한 대상을 목록으로 설정하시오.

▼ 결과 화면

	A	B	C	D	E	F	G	H
1								
2		담당자	직급	품목명	판매량	단가	판매금액	
3		고은정		BM	9	9,500	85,500	
4		정해강	사장	BW	7	5,000	35,000	
5		최호창	부장 대리	SM	8	9,500	76,000	
6		백민지	사원	SW	9	9,000	81,000	
7		변성호		AM	7	9,000	63,000	
8		김다솜		AM	8	6,000	48,000	
9		류신		DW	5	9,500	47,500	
10		임명수		DM	2	7,000	14,000	
11		최성이		AM	8	6,000	48,000	
12		김민규		AM	5	9,500	47,500	
13								

📖 읽는 강의

그대로 따라하기

1 데이터 유효성 검사 영역 선택하기

[C3:C12] 영역을 드래그하여 선택 → [데이터] 탭-[데이터 도구] 그룹-[데이터 유효성 검사]를 클릭한다.

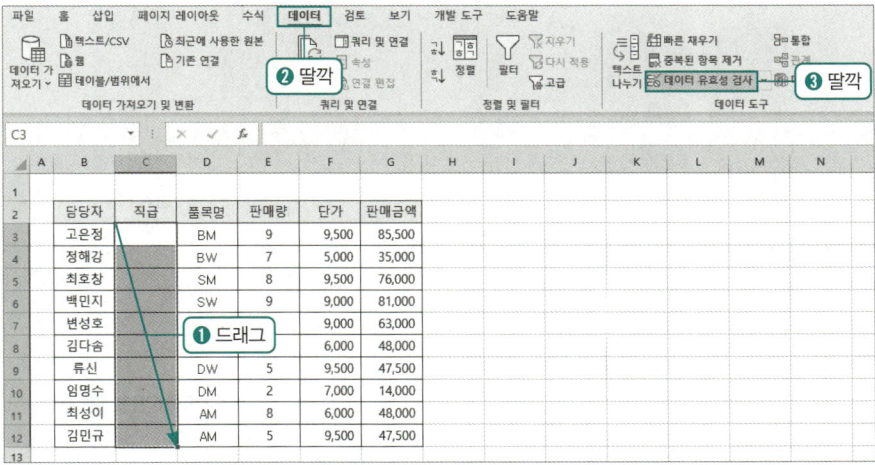

2 제한 대상 설정하기

① [데이터 유효성] 대화상자가 나타나면 [설정] 탭의 '제한 대상'에서 '목록'을 선택 → '원본'에 사장,부장,대리,사원을 입력 → [확인] 단추를 클릭한다.

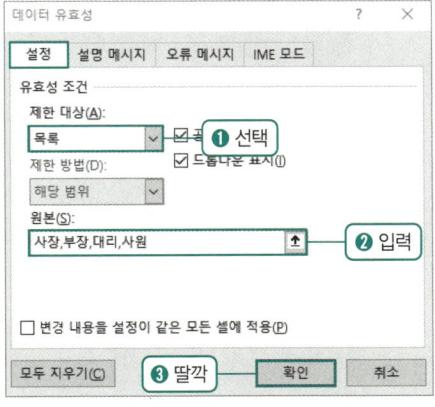

개념 더하기 ⊕ [데이터 유효성] 대화상자

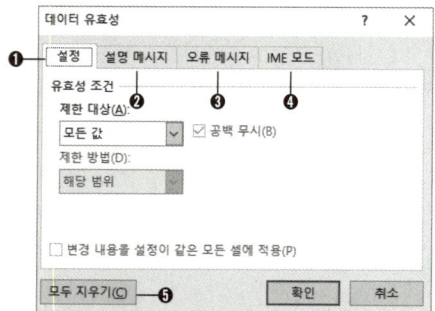

❶ [설정] 탭: 제한 대상, 제한 방법 등 유효성 조건을 지정
❷ [설명 메시지] 탭: 유효성 검사가 지정된 셀을 선택하면 나타나는 메시지를 지정
❸ [오류 메시지] 탭: 유효성 검사 조건에 맞지 않는 데이터를 입력하면 나타나는 오류 메시지를 지정
❹ [IME 모드] 탭: 유효성 검사가 지정된 셀의 기본 입력 모드를 한글, 영문 등으로 지정
❺ [모두 지우기] 단추: 유효성 검사를 해제

② [C3:C12] 영역에서 임의의 셀 선택 → 목록 단추(▼)가 나타나면 클릭하고 '사장', '부장', '대리', '사원' 중에서 선택한다.

	A	B	C	D	E	F	G
1			❷ 딸깍				
2		담당자	직급	품목명	판매량	단가	판매금액
3	❶ 딸깍	오정		BM	9	9,500	85,500
4		정해강	사장	BW	❸ 선택	5,000	35,000
5		최호창	부장 대리	SM		9,500	76,000
6		백민지	사원	SW	9	9,000	81,000
7		변성호		AM	7	9,000	63,000
8		김다솜		AM	8	6,000	48,000
9		류신		DW	5	9,500	47,500
10		임명수		DM	2	7,000	14,000
11		최성이		AM	8	6,000	48,000
12		김민규		AM	5	9,500	47,500
13							

실수가 줄어들면 합격은 빨라진다!
데이터 유효성을 잘못 작성했으면 [데이터 유효성] 대화상자에서 [모두 지우기] 단추를 클릭하여 작성한 모든 데이터 유효성을 삭제한 후 다시 작업한다.

출제패턴 ❷

'유효성검사-2' 시트에서 다음의 지시사항을 처리하시오.

▶ [데이터 유효성 검사] 기능을 이용하여 [B3:B25] 영역에 2026-01-01부터 2026-12-31까지의 날짜만 입력되도록 제한 대상을 설정하시오.
- [B3:B25] 영역에서 셀을 선택한 경우 <그림>과 같은 설명 메시지를 표시하고, 유효하지 않은 데이터를 입력한 경우 <그림>과 같은 오류 메시지가 표시되도록 설정하시오.

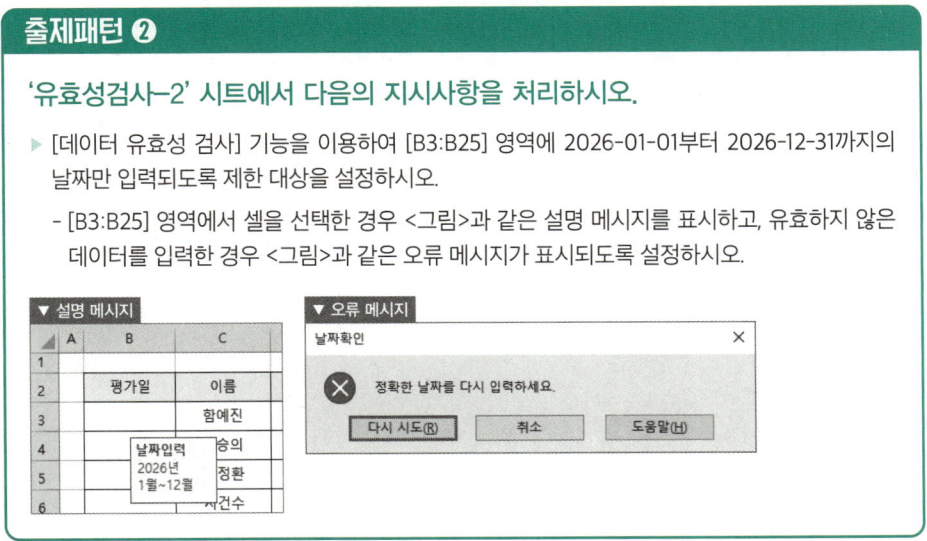

그대로 따라하기

1 데이터 유효성 검사 영역 선택하기

[B3:B25] 영역을 드래그하여 선택 → [데이터] 탭-[데이터 도구] 그룹-[데이터 유효성 검사]를 선택한다.

2 제한 대상 설정하기

[데이터 유효성] 대화상자가 나타나면 [설정] 탭의 '제한 대상'에서 '날짜'를 선택 → '시작 날짜'에 2026-01-01을, '끝 날짜'에 2026-12-31을 입력한다.

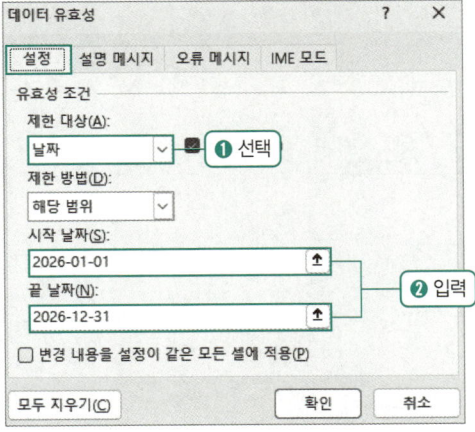

3 설명 메시지 입력하기

[설명 메시지] 탭에서 '제목'에 날짜입력을, '설명 메시지'에 2026년 1월~12월을 입력한다.

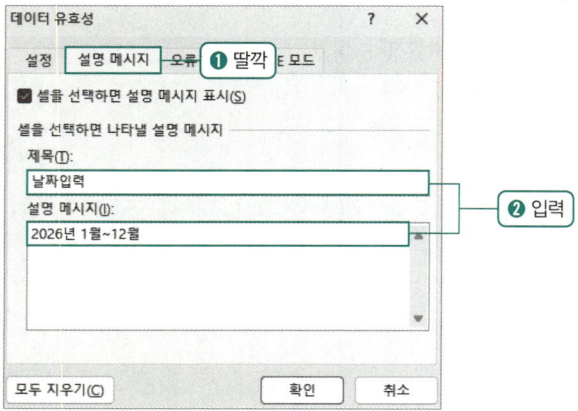

4 오류 메시지 입력하기

① [오류 메시지] 탭에서 '스타일'은 '중지' 선택 → '제목'에 날짜확인을, '오류 메시지'에 정확한 날짜를 다시 입력하세요.를 입력 → [확인] 단추를 클릭한다.

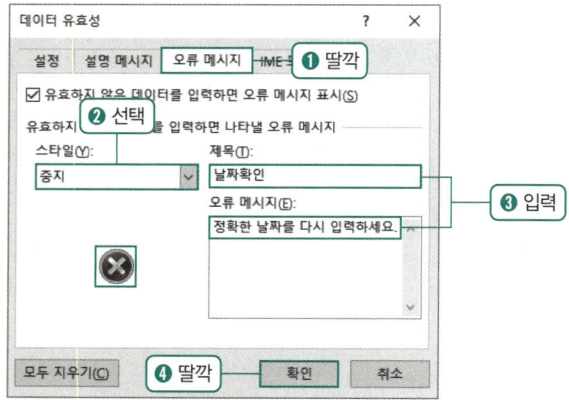

개념 더하기 ⊕ 오류 스타일

스타일	아이콘 모양
중지	⊗
경고	⚠
정보	ⓘ

② [B3:B25] 영역에서 임의의 셀에 조건을 만족하지 않는 날짜를 입력하여 결과를 확인한다.

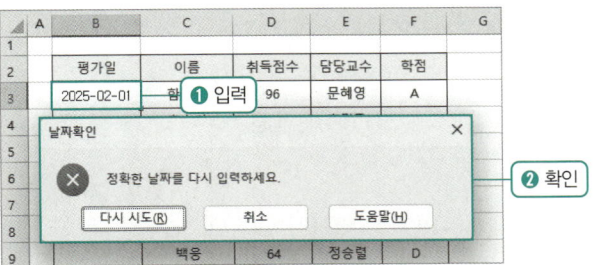

출제패턴 ❸

'유효성검사-3' 시트에서 다음의 지시사항을 처리하시오.

▶ [데이터 유효성 검사] 기능을 이용하여 [D3:D25] 영역에 50~100 사이의 정수만 입력되도록 제한 대상을 설정하시오.
  - [D3:D25] 영역에서 셀을 선택한 경우 <그림>과 같은 설명 메시지를 표시하고, 유효하지 않은 데이터를 입력한 경우 <그림>과 같은 오류 메시지가 표시되도록 설정하시오.

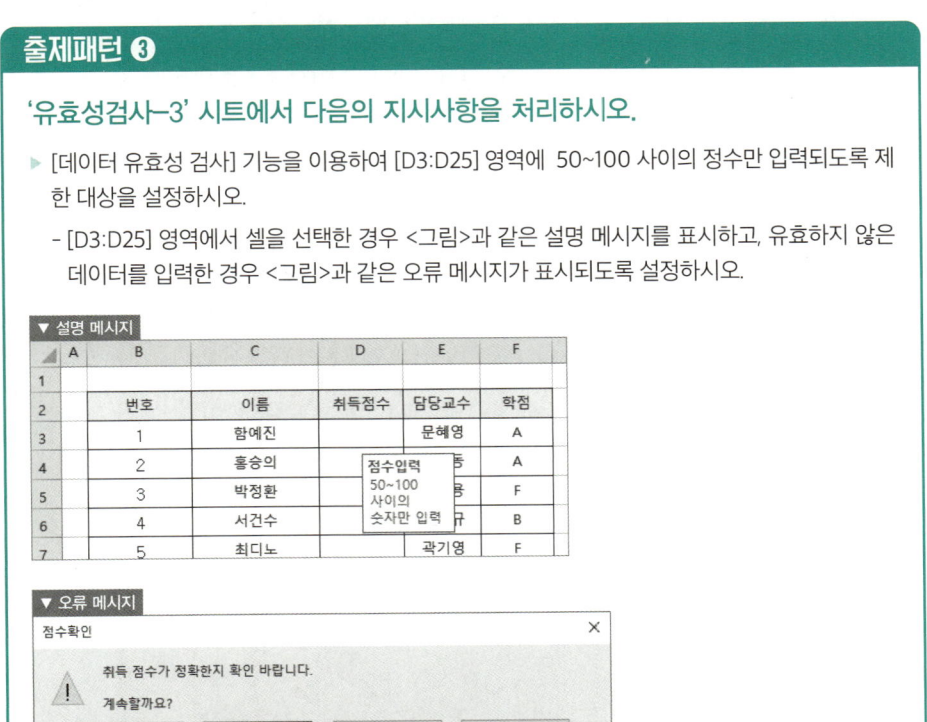

그대로 따라하기

1 데이터 유효성 검사 영역 선택하기

[D3:D25] 영역을 드래그하여 선택 → [데이터] 탭-[데이터 도구] 그룹-[데이터 유효성 검사]를 선택한다.

2 제한 대상 설정하기

[데이터 유효성] 대화상자가 나타나면 [설정] 탭의 '제한 대상'에서 '정수'를 선택 → '최소값'에는 50을, '최대값'에는 100을 입력한다.

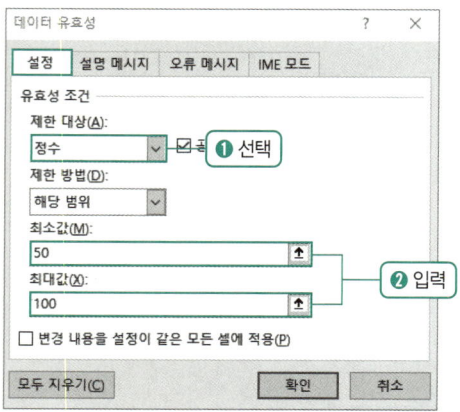

3 설명 메시지 입력하기

[설명 메시지] 탭에서 '제목'에는 점수입력을, '설명 메시지'에는 50~100 사이의 숫자만 입력을 입력한다.

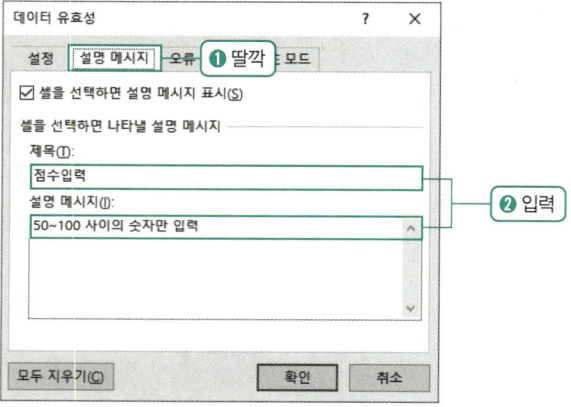

4 오류 메시지 입력하기

① [오류 메시지] 탭에서 '스타일'은 '경고' 선택 → '제목'에는 점수확인을, '오류 메시지'에는 취득 점수가 정확한지 확인 바랍니다.를 입력 → [확인] 단추를 클릭한다.

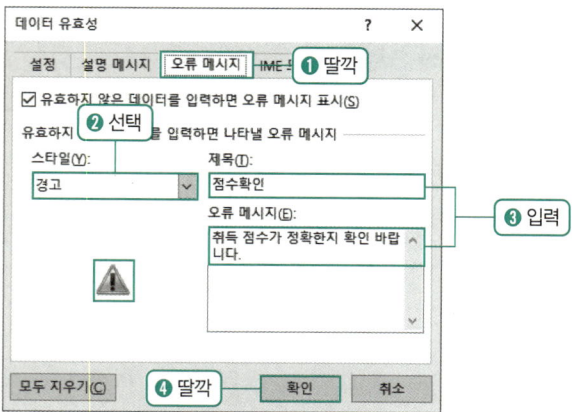

② [D3:D25] 영역에서 임의의 셀에 조건을 만족하지 않는 숫자를 입력하여 결과를 확인한다.

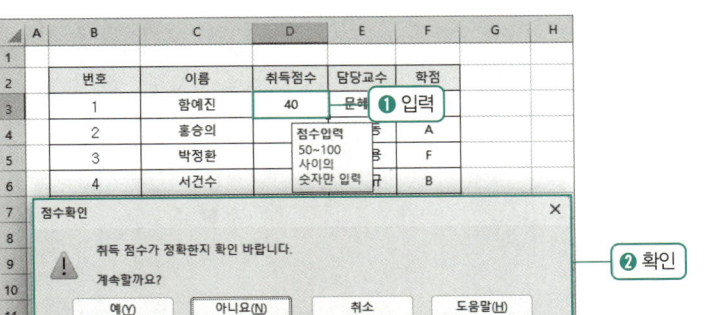

출제패턴 ❹

'유효성검사-4' 시트에서 다음의 지시사항을 처리하시오.

▶ [데이터 유효성 검사] 기능을 이용하여 [C3:C18] 영역에 첫 번째 글자로 '#'을 포함하여 입력되도록 제한 대상을 설정하시오.
- [C3:C18] 영역에서 셀을 선택한 경우 <그림>과 같은 설명 메시지를 표시하고, 유효하지 않은 데이터를 입력한 경우 <그림>과 같은 오류 메시지가 표시되도록 설정하시오.
- 기본 입력 모드가 '영문'이 되도록 설정하시오.
- SEARCH 함수 사용

▼ 설명 메시지

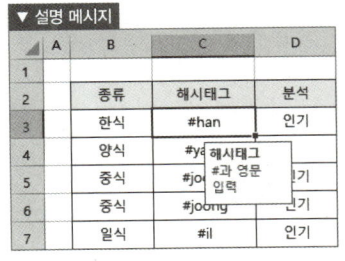

▼ 오류 메시지

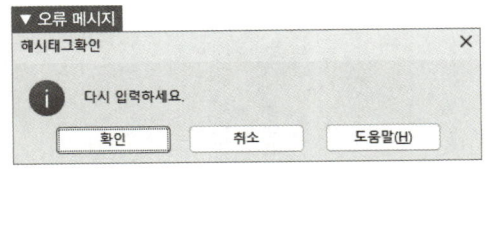

그대로 따라하기

1 데이터 유효성 검사 영역 선택하기
[C3:C18] 영역을 드래그하여 선택 → [데이터] 탭-[데이터 도구] 그룹-[데이터 유효성 검사]를 선택한다.

2 제한 대상 설정하기
[데이터 유효성] 대화상자가 나타나면 [설정] 탭의 '제한 대상'에서 '사용자 지정'을 선택 → '수식'에 =SEARCH("#",C3)=1을 입력한다.

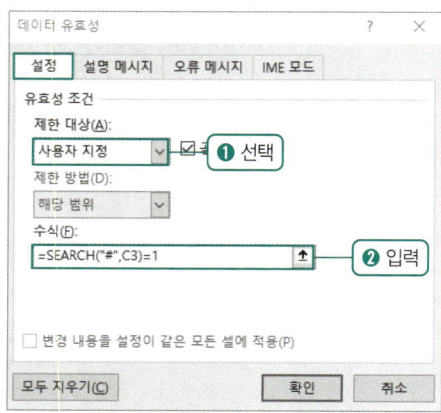

> **읽는 강의**
>
> **풀이법을 알면 시간이 단축된다!**
> SEARCH("#",C3)=1은 [C3] 셀 문자열(해시태그)에서 '#'을 찾아 시작 위치를 반환하고 해당 위치가 첫 번째(1)에 위치하는지 확인한다.

3 설명 메시지 입력하기

[설명 메시지] 탭에서 '제목'에 해시태그를, '설명 메시지'에 #과 영문 입력을 입력한다.

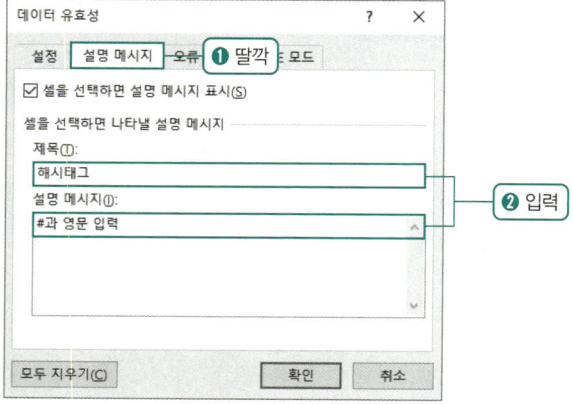

4 오류 메시지 입력하기

[오류 메시지] 탭에서 '스타일'은 '정보' 선택 → '제목'에 해시태그확인을, '오류 메시지'에 다시 입력하세요.를 입력한다.

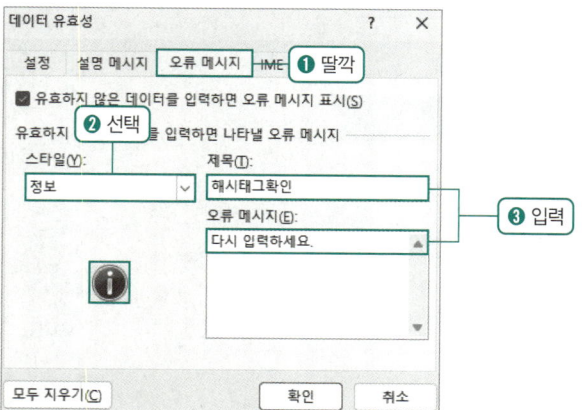

5 기본 입력 모드 설정하기

① [IME 모드] 탭에서 '모드'를 '영문'으로 선택 → [확인] 단추를 클릭한다.

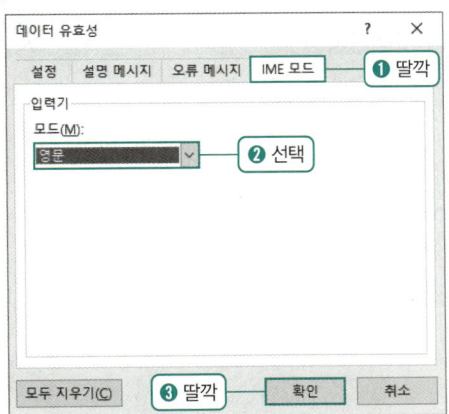

② [C3:C18] 영역에서 임의의 셀에 기본 입력 모드가 '영문'인지 확인 → 조건을 만족하지 않는 글자를 입력하여 결과를 확인한다.

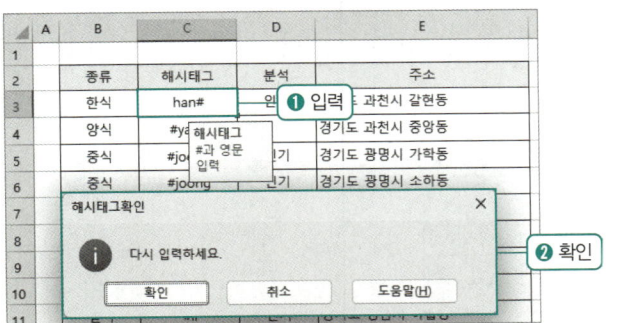

분석작업

03 중복된 항목 제거

① **개념**: 데이터 범위 내에서 중복된 값을 찾아 제거하는 기능으로 중복 데이터를 제거하여 고유한 값만 남길 수 있음
② **특징**
- '중복된 항목 제거'를 실행하면 동일한 데이터의 첫 번째 레코드를 제외한 나머지 레코드가 삭제됨
- [중복 값 제거] 대화상자에서 '내 데이터에 머리글 표시'에 체크하면 열 문자 대신 '필드명'이 표시됨

③ **지정 방법**: [데이터] 탭-[데이터 도구] 그룹-[중복된 항목 제거]

📥 작업 파일명 C:\에듀윌_2026컴활1급실기\그대로따라하기\스프레드시트실무\03.분석작업\실습\03_중복된항목제거.xlsx

출제패턴

📖 읽는 강의

'중복항목제거-1' 시트에 대하여 다음의 지시사항을 처리하시오.

▶ 데이터 도구 [중복된 항목 제거] 기능을 이용하여 [표1]에서 '학과', '학번', '이름', '분반'을 기준으로 중복된 값이 입력된 셀을 포함하는 행을 삭제하시오.

▼ 결과 화면

A	B	C	D	E	F	G	H
	[표1]						
	학과	학번	이름	분반	데이터분석	딥러닝	데이터과학
	비즈니스 애널리틱스	2022001	윤서빈	A	100	72	99
	고객 경험	2022002	윤병호	A	85	72	80
	디지털 세일즈 테크놀로지	2022003	이동훈	A	100	64	72
	융복합 데이터 사이언스	2022004	홍길동	A	88	68	80
	증권트레이딩시스템	2022005	김준우	A	100	72	48
	비즈니스 애널리틱스	2022006	박라레	B	99	76	76
	고객 경험	2022008	유은지	B	88	68	80
	디지털 세일즈 테크놀로지	2022009	박마리	B	100	72	48
	융복합 데이터 사이언스	2022010	부현경	B	85	72	80
	증권트레이딩시스템	2022012	김병태	B	99	76	76
	비즈니스 애널리틱스	2022013	서수민	A	100	64	72
	고객 경험	2022014	김준우	A	100	68	72
	디지털 세일즈 테크놀로지	2022016	김연호	A	100	68	72
	융복합 데이터 사이언스	2022017	남건민	A	99	76	76
	증권트레이딩시스템	2022018	이가나	A	85	72	80
	융복합 데이터 사이언스	2022019	남건민	A	99	76	76
	트레이딩시스템	2022020	나호리	A	85	72	80

그대로 따라하기

1 중복된 항목 제거하기

① [B3:H35] 영역에서 임의의 셀 선택 → [데이터] 탭-[데이터 도구] 그룹-[중복된 항목 제거]를 클릭한다.

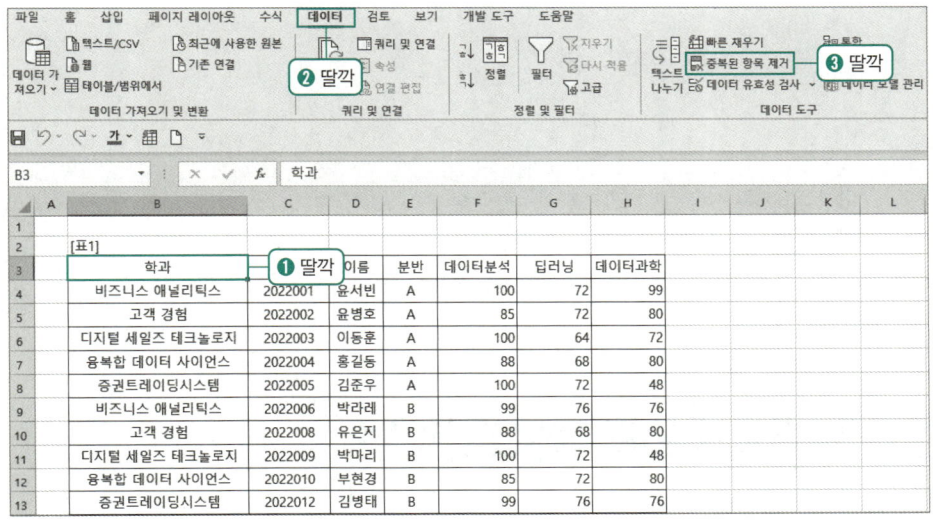

② [중복 값 제거] 대화상자가 나타나면 [모두 선택 취소] 단추를 클릭 → '학과', '학번', '이름', '분반'에만 체크 → [확인] 단추를 클릭한다.

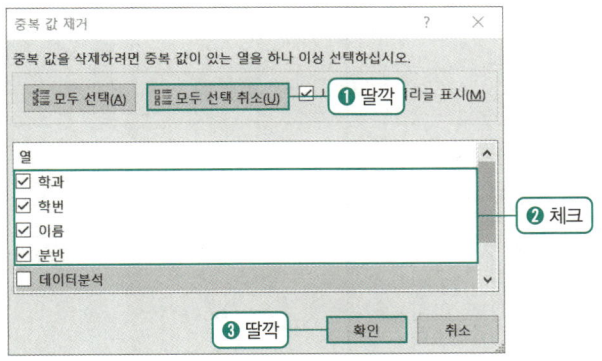

③ 중복된 값이 제거되었다는 메시지 창이 나타나면 [확인] 단추를 클릭 → 고유한 값만 유지되었는지 확인한다.

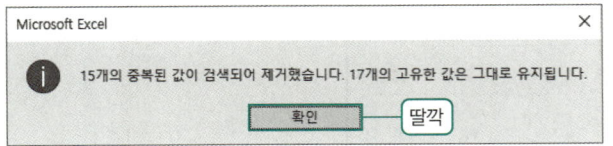

읽는 강의

풀이법을 알면 시간이 단축된다!
[모두 선택 취소] 단추를 클릭하면 현재 선택된 모든 열의 체크 표시를 한꺼번에 해제할 수 있다.

풀이법을 알면 시간이 단축된다!
학과, 학번, 이름, 분반에서 모두 동일한 행이 제거된다.

실수가 줄어들면 합격은 빨라진다!
실제 시험장에서 '중복된 항목 제거'를 수행하면 비교해 볼 수 있는 대상이 없어서 정확히 설정했는지 파악하는 것이 쉽지 않다. 따라서 간단하게 중복된 데이터가 있는지 확인하는 것이 좋다.

분 석 작 업

04 정렬과 부분합

① **개념**: 정렬은 데이터를 오름차순이나 내림차순으로 정렬하는 기능이고, 부분합은 그룹별로 데이터의 합계, 평균 등의 요약 통계를 계산하여 표시하는 기능

② **지정 방법**
- 정렬: [데이터] 탭–[정렬 및 필터] 그룹–[정렬]
- 부분합: [데이터] 탭–[개요] 그룹–[부분합]

③ **부분합 작성 시 주의 사항**
- 부분합을 계산하기 전에 먼저 부분합을 구하려는 항목을 기준으로 데이터를 정렬해야 함
- 이미 작성한 부분합을 유지하면서 부분합 계산 항목을 추가하려면 [부분합] 대화상자에서 '새로운 값으로 대치'의 체크를 해제해야 함

작업 파일명 C:\에듀윌_2026컴활1급실기\그대로따라하기\스프레드시트실무\03.분석작업\실습\04_정렬과부분합.xlsx

출제패턴 ❶

'정렬부분합-1' 시트에 대하여 다음의 지시사항을 처리하시오.

▶ [부분합] 기능을 이용하여 [표1]에서 '제품종류'별 '회사'의 개수와 '판매수량'의 평균을 계산하시오.
  - '제품종류'를 기준으로 내림차순 정렬하고, '제품종류'가 동일한 경우 '회사'를 기준으로 오름차순 정렬하시오.
  - 개수와 평균은 위에 명시된 순서대로 처리하시오.

▼ 결과 화면

	A	B	C	D	E	F	G
1	[표1]						
2	코드	매입일자	제품종류	회사	소비자가	회원가	판매수량
3	S137-CT	2022-02-10	장마부츠	IT숲	39,000	34,500	398개
4	K111-DR	2022-02-08	장마부츠	오렌지	24,000	20,000	215개
5			장마부츠 평균				306.5개
6			장마부츠 개수	2			
7	L422-AP	2022-02-16	모니터	낭만출력소	21,700	18,600	201개
8	R106-DG	2022-03-20	모니터	해룡상사	59,000	52,000	84개
9			모니터 평균				142.5개
10			모니터 개수	2			
11	F119-DR	2022-02-12	독서대	루비숲	18,000	13,500	305개
12	C204-DG	2022-03-21	독서대	루비숲	13,000	11,000	97개
13			독서대 평균				201개
14			독서대 개수	2			
15	C124-AP	2022-02-16	가습기	소나무	28,700	26,500	45개
16	C127-AT	2022-01-22	가습기	영스토어	24,500	20,000	415개
17			가습기 평균				230개
18			가습기 개수	2			
19			전체 평균				220개
20			전체 개수	8			
21							

읽는 강의

그대로 따라하기

1 정렬하기

① 부분합을 계산하기 전 '제품종류'를 기준으로 내림차순, '회사'를 기준으로 오름차순 정렬하기 위해 [A2:G10] 영역에서 임의의 셀 선택 → [데이터] 탭-[정렬 및 필터] 그룹-[정렬]을 클릭한다.

> **실수가 줄어들면 합격은 빨라진다!**
> 데이터가 정렬되어 있지 않으면 부분합을 올바르게 수행할 수 없으므로 부분합은 반드시 데이터를 정렬하고 실행해야 한다.

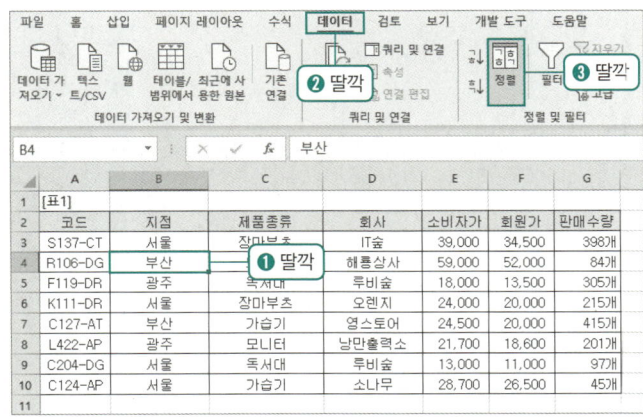

② [정렬] 대화상자가 나타나면 정렬 기준에서 '세로 막대형'은 '제품종류', '정렬 기준'은 '셀 값', '정렬'은 '내림차순'으로 지정 → [기준 추가] 단추 클릭 → 다음 기준에서 '세로 막대형'은 '회사', '정렬 기준'은 '셀 값', '정렬'은 '오름차순'으로 지정 → [확인] 단추를 클릭한다.

> **풀이법을 알면 시간이 단축된다!**
> 오름차순 정렬은 작은 것부터, 내림차순 정렬은 큰 것부터 나열하는 방법이다.

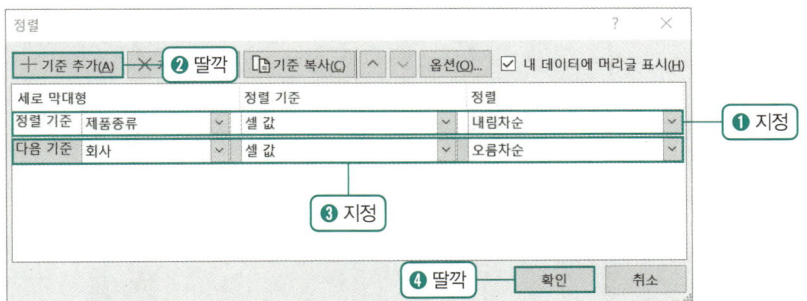

2 첫 번째 부분합 지정하기

① 제품종류별 '회사'의 개수를 계산하기 위해 임의의 셀을 선택한 상태에서 [데이터] 탭-[개요] 그룹-[부분합]을 클릭한다.

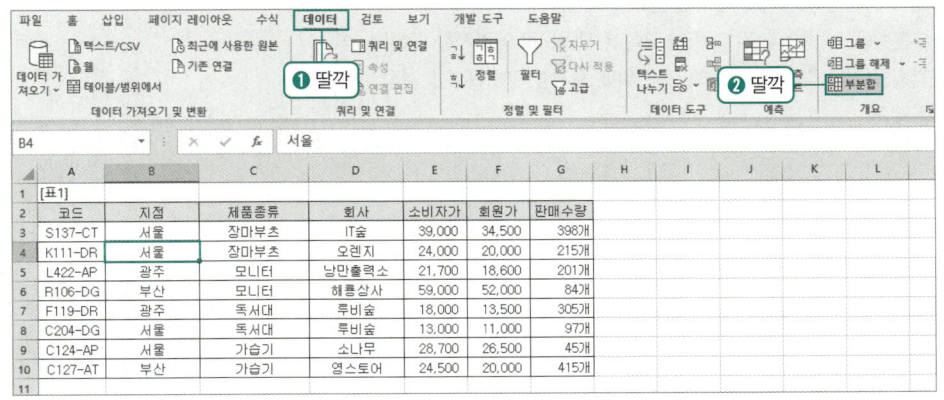

② [부분합] 대화상자가 나타나면 '그룹화할 항목'에서는 '제품종류'를, '사용할 함수'에서는 '개수'를 선택 → '부분합 계산 항목'에서 '회사'에 체크하고 '판매수량' 체크 해제 → [확인] 단추를 클릭한다.

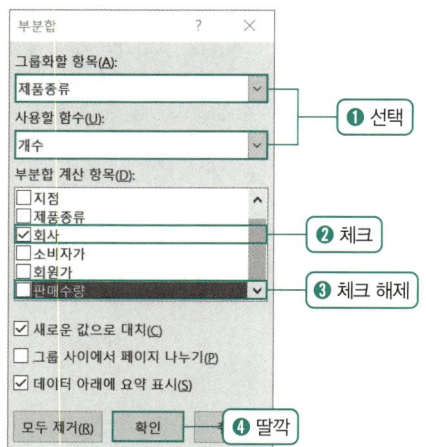

개념 더하기 ⊕ [부분합] 대화상자

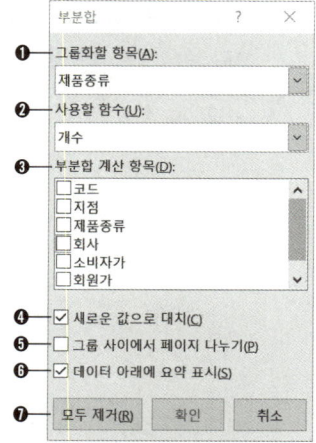

❶ **그룹화할 항목**: 부분합을 계산할 기준 필드를 선택
❷ **사용할 함수**: 계산할 함수를 선택(합계, 개수, 평균, 최대, 최소, 곱, 숫자 개수, 표본 표준 편차, 표준 편차, 표본 분산, 분산이 있음)
❸ **부분합 계산 항목**: 함수를 적용할 필드를 선택
❹ **새로운 값으로 대치**: 이미 작성한 부분합을 제거하고 새 부분합으로 계산
❺ **그룹 사이에서 페이지 나누기**: 부분합을 계산한 후 각 그룹의 사이에 자동으로 페이지를 구분
❻ **데이터 아래에 요약 표시**: 부분합의 결과를 각 그룹의 아래 또는 위에 표시할지의 여부를 결정
❼ **[모두 제거] 단추**: 모든 부분합을 제거

3 두 번째 부분합 지정하기

① 제품종류별 '판매수량'의 평균을 계산하는 부분합을 추가하기 위해 [데이터] 탭-[개요] 그룹-[부분합]을 클릭한다.

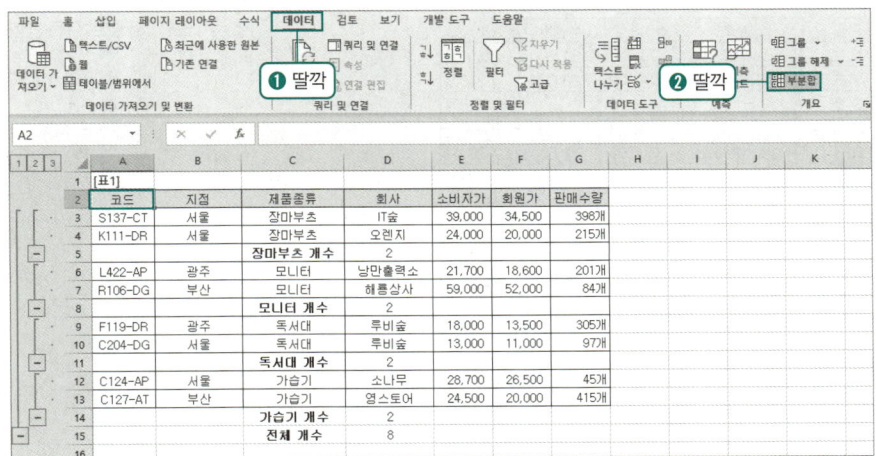

② [부분합] 대화상자가 나타나면 '그룹화할 항목'에서는 '제품종류'를, '사용할 함수'에서는 '평균'을 선택 → '부분합 계산 항목'에서 '회사'를 체크 해제하고 '판매수량' 체크 → '새로운 값으로 대치'의 체크를 해제 → [확인] 단추를 클릭한다.

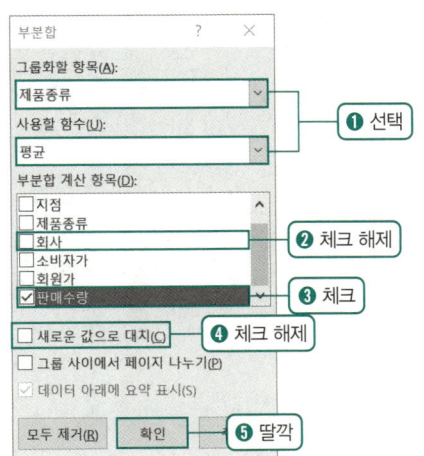

> **읽는 강의**
>
> **실수가 줄어들면 합격은 빨라진다!**
> - 부분합을 제거하려면 [부분합] 대화상자에서 [모두 제거] 단추를 클릭한다.
> - 부분합에서 두 번 이상 계산을 진행할 경우 반드시 '새로운 값으로 대치'의 체크를 해제한다.

③ 결과를 확인한다.

	A	B	C	D	E	F	G
1	[표1]						
2	코드	지점	제품종류	회사	소비자가	회원가	판매수량
3	S137-CT	서울	장마부츠	IT숲	39,000	34,500	398개
4	K111-DR	서울	장마부츠	오렌지	24,000	20,000	215개
5			장마부츠 평균				306.5개
6			장마부츠 개수	2			
7	L422-AP	광주	모니터	낭만출력소	21,700	18,600	201개
8	R106-DG	부산	모니터	해룡상사	59,000	52,000	84개
9			모니터 평균				142.5개
10			모니터 개수	2			
11	F119-DR	광주	독서대	루비숲	18,000	13,500	305개
12	C204-DG	서울	독서대	루비숲	13,000	11,000	97개
13			독서대 평균				201개
14			독서대 개수	2			
15	C124-AP	서울	가습기	소나무	28,700	26,500	45개
16	C127-AT	부산	가습기	영스토어	24,500	20,000	415개
17			가습기 평균				230개
18			가습기 개수	2			
19			전체 평균				220개
20			전체 개수	8			

> **읽는 강의**
>
> **풀이법을 알면 시간이 단축된다!**
> 첫 번째 지정한 부분합이 아래에, 두 번째 지정한 부분합이 위에 표시된다.

개념 더하기 ⊕ 윤곽 기호(⊟, ⊞)

- 윤곽 기호를 사용하면 요약 행이나 열을 빠르게 표시하거나 각 그룹의 정보 데이터를 간략하게 보여줄 수 있다.
- 행, 열 또는 행과 열에 모두 윤곽을 설정할 수 있다.
- 부분합을 작성하면 부분합을 계산한 하위 그룹 단위로 윤곽이 설정되어 나타난다.
- 윤곽을 제거하려면 [데이터] 탭 – [개요] 그룹 – [그룹 해제] – [개요 지우기]를 선택한다.
- 한 수준의 행을 표시하려면 적절한 윤곽 기호(1, 2, 3, 4)를 클릭한다.
- 그룹의 정보 데이터를 표시하려면 해당 그룹의 ⊞ 단추를 클릭한다.
- 그룹의 정보 데이터를 숨기려면 해당 그룹의 ⊟ 단추를 클릭한다.

	A	B	C	D	E	F	G	H
1			급여 분석 현황					
2								
3	사원번호	성명	직위	기본급	상여금	급여계	공제계	실수령액
6			부장 평균			4,365,000	523,800	3,841,200
7			부장 요약			8,730,000	1,047,600	7,682,400
10			과장 평균			3,204,000	384,480	2,819,520
11			과장 요약			6,408,000	768,960	5,639,040
15			대리 평균			2,250,000	270,000	1,980,000
16			대리 요약			6,750,000	810,000	5,940,000
21			사원 평균			5,512,500	661,500	4,851,000
22			사원 요약			22,050,000	2,646,000	19,404,000
23			전체 평균			3,994,364	479,324	3,515,040
24			총합계			43,938,000	5,272,560	38,665,440

▲ 윤곽 기호 ③을 클릭하여 '직위'별 사원 목록 숨기기

출제패턴 ❷

'정렬부분합-2' 시트에 대하여 다음의 지시사항을 처리하시오.

▶ [부분합] 기능을 이용하여 [표2]에서 '부서'별 '교통비'의 '최소값'을 계산한 후 '식비'의 최대값을 계산하시오.
  - '부서'를 기준으로 오름차순 정렬하고, '부서'가 동일한 경우 '출장기간'을 '당일-2일-3일' 순으로 정렬하시오.
  - 최소와 최대는 위에 명시된 순서대로 처리하시오.

▼ 결과 화면

	B	C	D	E	F
1	[표2]				
2	부서	직원명	출장기간	교통비	식비
3	관리부	안지예	당일	51,000	930,000
4	관리부	김지수	2일	24,000	680,000
5	관리부	강지민	3일	45,000	710,600
6	관리부 최대				930,000
7	관리부 최소			24,000	
8	기획실	정보미	당일	47,000	640,000
9	기획실	강예림	당일	52,000	560,000
10	기획실	정서율	2일	38,000	660,000
11	기획실 최대				660,000
12	기획실 최소			38,000	
13	영업부	김다영	당일	49,000	400,400
14	영업부	박정환	당일	59,000	456,000
15	영업부	최디노	당일	72,000	535,000
16	영업부	박준혁	2일	94,000	550,500
17	영업부	송현아	2일	87,000	400,000
18	영업부	정지수	2일	36,000	630,000
19	영업부	권서영	3일	81,000	600,000
20	영업부	서건수	3일	21,000	540,000
21	영업부 최대				630,000
22	영업부 최소			21,000	
23	총무부	유슬기	당일	19,000	585,000
24	총무부	고예지	2일	34,000	435,000
25	총무부 최대				585,000
26	총무부 최소			19,000	
27	전체 최대값				930,000
28	전체 최소값			19,000	

그대로 따라하기

1 정렬하기

① 부분합을 계산하기 전 '부서'를 기준으로 오름차순, '출장기간'을 기준으로 '당일-1일-2일' 순으로 정렬하기 위해 [B2:F18] 영역에서 임의의 셀 선택 → **[데이터] 탭-[정렬 및 필터] 그룹-[정렬]**을 클릭한다.

② [정렬] 대화상자가 나타나면 정렬 기준에서 '세로 막대형'은 '부서', '정렬 기준'은 '셀 값', '정렬'은 '오름차순'으로 지정 → [기준 추가] 단추 클릭 → 다음 기준에서 '세로 막대형'은 '출장기간', '정렬 기준'은 '셀 값', '정렬'은 '사용자 지정 목록'으로 지정한다.

> **풀이법을 알면 시간이 단축된다!**
> '사용자 지정 목록'을 이용하여 정렬 기준을 직접 지정할 수 있다.

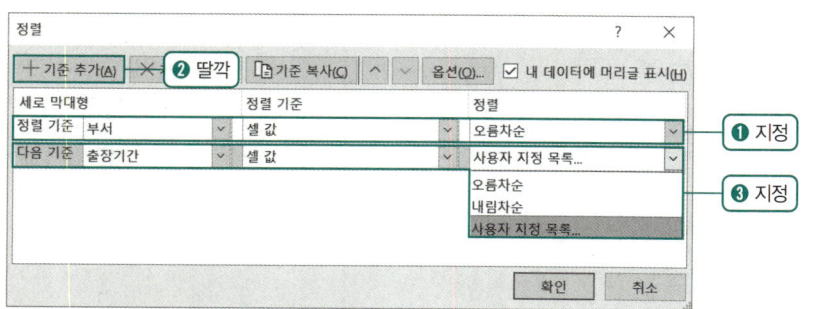

③ [사용자 지정 목록] 대화상자가 나타나면 '목록 항목'에 당일을 입력한 후 Enter 를 누름 → 이와 같은 방법으로 1일, 2일을 차례로 입력한 후 [추가] 단추 클릭 → 사용자 지정 목록에서 '당일, 1일, 2일'이 선택되었는지 확인하고 [확인] 단추를 클릭한다.

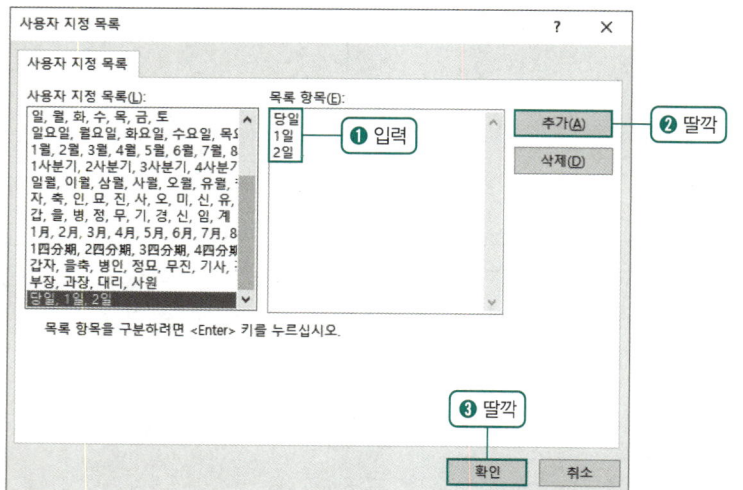

④ [정렬] 대화상자로 되돌아오면 지정한 순으로 정렬되었는지 확인 → [확인] 단추를 클릭한다.

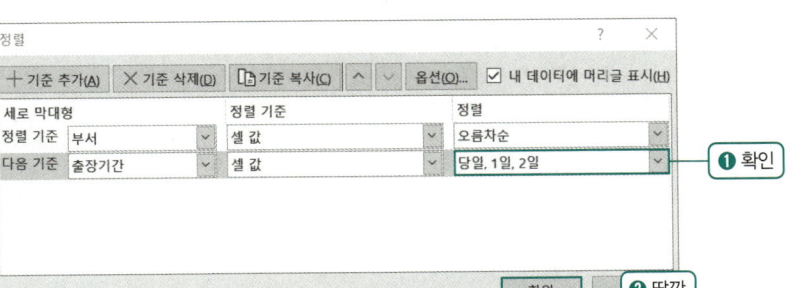

2 첫 번째 부분합 지정하기
① 부서별 '교통비'의 최소값을 계산하기 위해 [데이터] 탭-[개요] 그룹-[부분합]을 클릭한다.
② [부분합] 대화상자가 나타나면 '그룹화할 항목'에서는 '부서'를, '사용할 함수'에서는 '최소'를 선택 → '부분합 계산 항목'에서 '교통비'를 체크하고 '식비' 체크 해제 → [확인] 단추를 클릭한다.

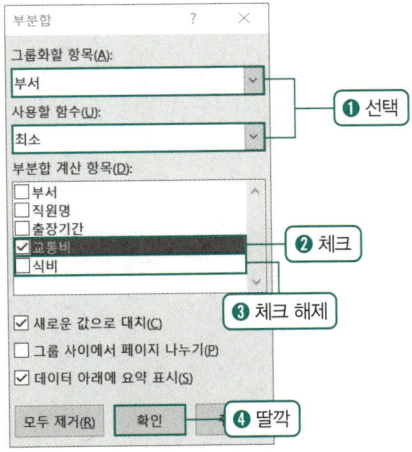

3 두 번째 부분합 지정하기
① 부서별 '식비'의 최대값을 계산하는 부분합을 추가하기 위해 임의의 셀을 선택한 상태에서 [데이터] 탭-[개요] 그룹-[부분합]을 클릭한다.

② [부분합] 대화상자가 나타나면 '그룹화할 항목'에서는 '부서'를, '사용할 함수'에서는 '최대'를 선택 → '부분합 계산 항목'에서 '교통비'를 체크 해제하고 '식비' 체크 → '새로운 값으로 대치' 체크 해제 → [확인] 단추를 클릭한다.

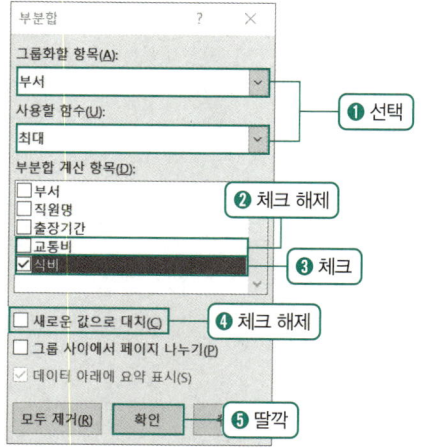

③ 결과를 확인한다.

	A	B	C	D	E	F
1		[표2]				
2		부서	직원명	출장기간	교통비	식비
3		관리부	안지예	당일	51,000	930,000
4		관리부	김지수	2일	24,000	680,000
5		관리부	강지민	3일	45,000	710,600
6		관리부 최대				930,000
7		관리부 최소			24,000	
8		기획실	정보미	당일	47,000	640,000
9		기획실	강예림	당일	52,000	560,000
10		기획실	정서율	2일	38,000	660,000
11		기획실 최대				660,000
12		기획실 최소			38,000	
13		영업부	김다영	당일	49,000	400,400
14		영업부	박정환	당일	59,000	456,000
15		영업부	최디노	당일	72,000	535,000
16		영업부	박준혁	2일	94,000	550,500
17		영업부	송현아	2일	87,000	400,000
18		영업부	정지수	2일	36,000	630,000
19		영업부	권서영	3일	81,000	600,000
20		영업부	서건수	3일	21,000	540,000
21		영업부 최대				630,000
22		영업부 최소			21,000	
23		총무부	유슬기	당일	19,000	585,000
24		총무부	고예지	2일	34,000	435,000
25		총무부 최대				585,000
26		총무부 최소			19,000	
27		전체 최대값				930,000
28		전체 최소값			19,000	
29						

출제패턴 ❸

'정렬부분합-3' 시트에 대하여 다음의 지시사항을 처리하시오.

▶ [부분합] 기능을 이용하여 '급여 분석 현황' 표에서 '직위'별 '기본급'과 '상여금'의 합계를 계산한 후 '실수령액'의 평균을 계산하시오.
  - '직위'를 기준으로 '부장-과장-대리-사원' 순으로 정렬하고, '직위'가 동일한 경우 '성명'을 기준으로 오름차순 정렬하시오.
  - 부분합 실행 결과에서 나타나는 '○○ 요약'의 형태를 '○○ 총액'의 형태로 표시하시오.
  - 합계와 평균은 위에 명시된 순서대로 처리하시오.
  - 평균의 소수점 자릿수는 '1'로 지정하시오.

▼ 결과 화면

	A	B	C	D	E	F	G	H
1				급여 분석 현황				
2								
3	사원번호	성명	직위	기본급	상여금	급여계	공제계	실수령액
4	22022	김지은	부장	2,350,000	1,880,000	4,230,000	507,600	3,722,400
5	22031	서수민	부장	2,500,000	2,000,000	4,500,000	540,000	3,960,000
6			부장 평균					3,841,200.0
7			부장 총액	4,850,000	3,880,000			
8	22017	유은지	과장	1,700,000	1,360,000	3,060,000	367,200	2,692,800
9	22011	현윤진	과장	1,860,000	1,488,000	3,348,000	401,760	2,946,240
10			과장 평균					2,819,520.0
11			과장 총액	3,560,000	2,848,000			
12	22037	김연호	대리	1,200,000	960,000	2,160,000	259,200	1,900,800
13	22036	남건민	대리	1,200,000	960,000	2,160,000	259,200	1,900,800
14	22024	윤병호	대리	1,350,000	1,080,000	2,430,000	291,600	2,138,400
15			대리 평균					1,980,000.0
16			대리 총액	3,750,000	3,000,000			
17	22027	김병수	사원	9,500,000	7,600,000	17,100,000	2,052,000	15,048,000
18	22023	부현경	사원	900,000	720,000	1,620,000	194,400	1,425,600
19	22038	송의석	사원	1,000,000	800,000	1,800,000	216,000	1,584,000
20	22016	윌리엄	사원	850,000	680,000	1,530,000	183,600	1,346,400
21			사원 평균					4,851,000.0
22			사원 총액	12,250,000	9,800,000			
23			전체 평균					3,515,040.0
24			총합계	24,410,000	19,528,000			
25								

그대로 따라하기

1 정렬하기

① 부분합을 계산하기 전 '직위'를 기준으로 '부장-과장-대리-사원' 순으로, '성명'을 기준으로 오름차순 정렬하기 위해 [A3:H14] 영역에서 임의의 셀 선택 → **[데이터] 탭-[정렬 및 필터] 그룹-[정렬]**을 클릭한다.

② [정렬] 대화상자가 나타나면 정렬 기준에서 '세로 막대형'은 '직위', '정렬 기준'은 '셀 값', '정렬'은 '사용자 지정 목록'으로 선택한다.

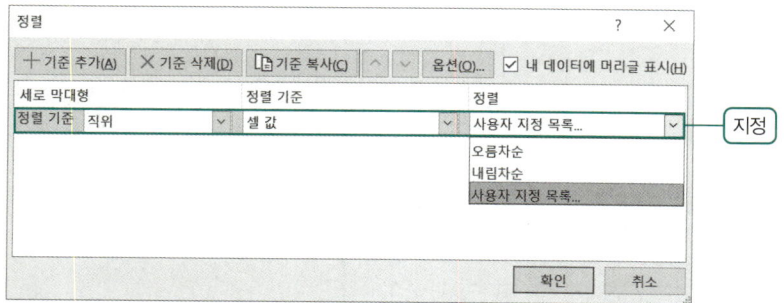

③ [사용자 지정 목록] 대화상자가 나타나면 '목록 항목'에 부장을 입력한 후 Enter 를 누름 → 이와 같은 방법으로 과장, 대리, 사원을 차례로 입력한 후 [추가] 단추 클릭 → '사용자 지정 목록'에서 부장, 과장, 대리, 사원이 선택되었는지 확인한 후 [확인] 단추를 클릭한다.

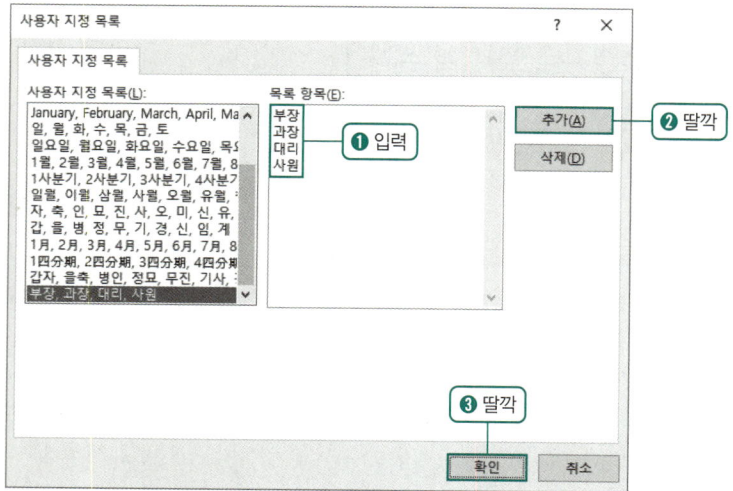

④ [정렬] 대화상자로 되돌아오면 [기준 추가] 단추 클릭 → 다음 기준에서 '세로 막대형'은 '성명', '정렬 기준'은 '셀 값', '정렬'은 '오름차순'으로 지정 → [확인] 단추를 클릭한다.

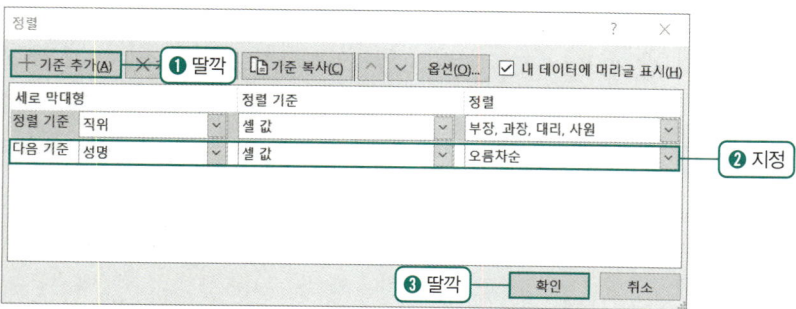

2 첫 번째 부분합 지정하기

① 직위별 '기본급'과 '상여금'의 합계를 계산하기 위해 [데이터] 탭-[개요] 그룹-[부분합]을 클릭한다.

② [부분합] 대화상자가 나타나면 '그룹화할 항목'에서는 '직위'를, '사용할 함수'에서는 '합계'를 선택 → '부분합 계산 항목'에서 '기본급'과 '상여금'을 체크하고 '실수령액' 체크 해제 → [확인] 단추를 클릭한다.

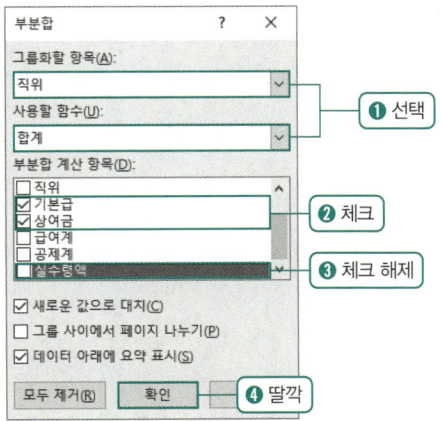

3 두 번째 부분합 지정하기

① 직위별 '실수령액'의 평균을 계산하는 부분합을 추가하기 위해 [데이터] 탭-[개요] 그룹-[부분합]을 클릭한다.

② [부분합] 대화상자가 나타나면 '그룹화할 항목'에서는 '직위'를, '사용할 함수'에서는 '평균'을 선택 → '부분합 계산 항목'에서 '기본급'과 '상여금'을 체크 해제하고 '실수령액' 체크 → '새로운 값으로 대치' 체크 해제 → [확인] 단추를 클릭한다.

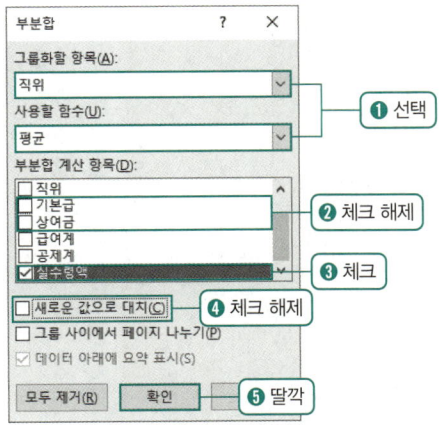

4 부분합 실행 결과의 표시 형태 수정하기

① 임의의 셀을 선택한 상태에서 [홈] 탭-[편집] 그룹-[찾기 및 선택]-[바꾸기]를 선택한다.

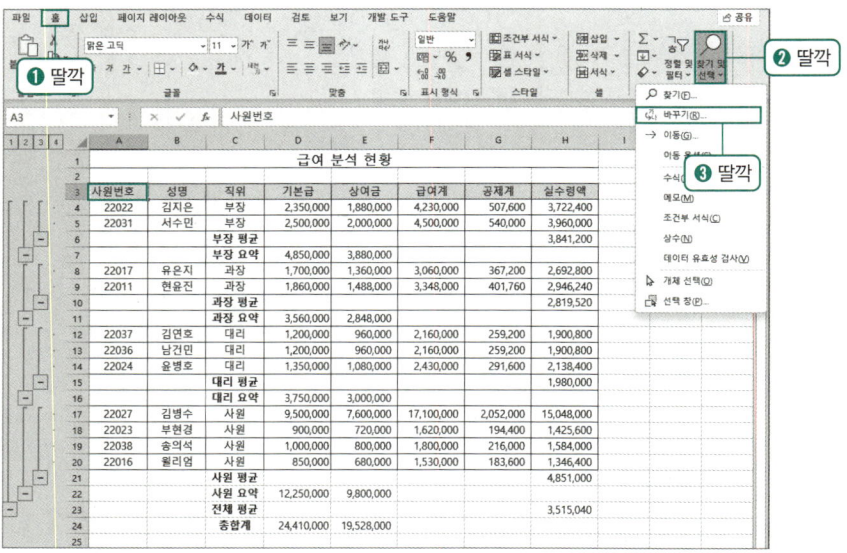

② [찾기 및 바꾸기] 대화상자가 나타나면 [바꾸기] 탭에서 '찾을 내용'에 요약을, '바꿀 내용'에 총액을 입력 → [모두 바꾸기] 단추 클릭 → 항목을 바꾸었다는 메시지 상자가 나타나면 [확인] 단추 클릭 → [찾기 및 바꾸기] 대화상자에서 [닫기] 단추를 클릭한다.

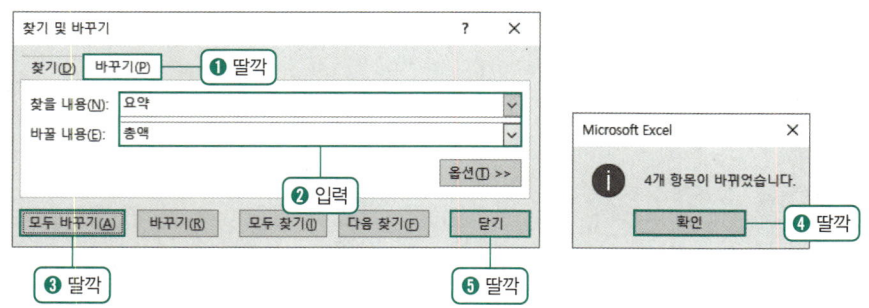

> 읽는 강의
>
> **풀이법을 알면 시간이 단축된다!**
> [찾기 및 바꾸기] 대화상자 바로 가기 키: Ctrl + F

③ Ctrl을 활용하여 평균을 나타내는 [H6], [H10], [H15], [H21], [H23] 셀을 선택 → 마우스 우측 클릭 후 [셀 서식] 단추 클릭 → [표시 형식] 단추 클릭 후 범주의 [숫자] 클릭 → 소수 자릿수 1 지정 → [확인] 단추를 클릭한다.

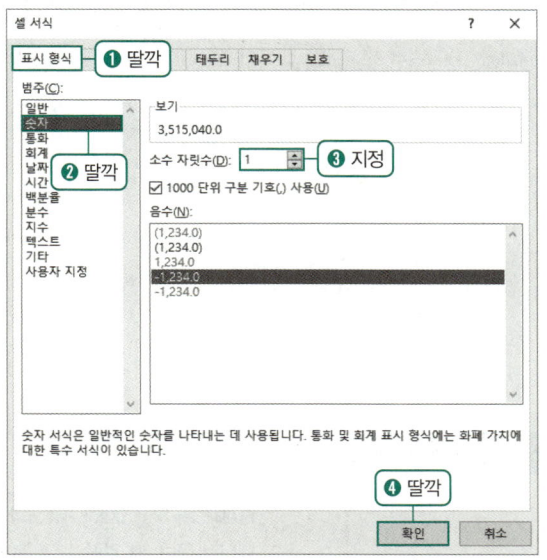

④ 결과를 확인한다.

	A	B	C	D	E	F	G	H
1				급여 분석 현황				
2								
3	사원번호	성명	직위	기본급	상여금	급여계	공제계	실수령액
4	22022	김지은	부장	2,350,000	1,880,000	4,230,000	507,600	3,722,400
5	22031	서수민	부장	2,500,000	2,000,000	4,500,000	540,000	3,960,000
6			부장 평균					3,841,200.0
7			부장 총액	4,850,000	3,880,000			
8	22017	유은지	과장	1,700,000	1,360,000	3,060,000	367,200	2,692,800
9	22011	현윤진	과장	1,860,000	1,488,000	3,348,000	401,760	2,946,240
10			과장 평균					2,819,520.0
11			과장 총액	3,560,000	2,848,000			
12	22037	김연호	대리	1,200,000	960,000	2,160,000	259,200	1,900,800
13	22036	남건민	대리	1,200,000	960,000	2,160,000	259,200	1,900,800
14	22024	윤병호	대리	1,350,000	1,080,000	2,430,000	291,600	2,138,400
15			대리 평균					1,980,000.0
16			대리 총액	3,750,000	3,000,000			
17	22027	김병수	사원	9,500,000	7,600,000	17,100,000	2,052,000	15,048,000
18	22023	부현경	사원	900,000	720,000	1,620,000	194,400	1,425,600
19	22038	송의석	사원	1,000,000	800,000	1,800,000	216,000	1,584,000
20	22016	윌리엄	사원	850,000	680,000	1,530,000	183,600	1,346,400
21			사원 평균					4,851,000.0
22			사원 총액	12,250,000	9,800,000			
23			전체 평균					3,515,040.0
24			총합계	24,410,000	19,528,000			

분석작업

05 데이터 표

① **개념**: 특정 입력값의 변화에 따른 여러 결괏값을 한 번에 계산하고 표 형식으로 결과를 표시하는 기능으로, 데이터 표는 가상 분석 도구로 사용함
② **특징**
- 데이터 표를 사용하면 여러 개의 변경값을 한 번의 연산으로 빠르게 계산할 수 있음
- 데이터 표의 결괏값은 변화하는 변수를 포함한 수식으로 작성해야 함
③ **지정 방법**: [데이터] 탭–[예측] 그룹–[가상 분석]–[데이터 표]

작업 파일명 C:\에듀윌_2026컴활1급실기\그대로따라하기\스프레드시트실무\03.분석작업\실습\05_데이터표.xlsx

출제패턴 ❶

'데이터표-1' 시트에 대하여 다음의 지시사항을 처리하시오.

▶ '으뜸은행 대출금 상환' 표의 상환금액(월)[B9]은 대출금[B6], 연이율[B7], 상환기간(년)[B8]을 이용하여 계산한 것이다. [데이터 표] 기능을 이용하여 연이율과 상환기간(년)의 변동에 따른 상환금액(월)의 변화를 [F4:K9] 영역에 계산하시오.

▼ 결과 화면

	A	B	C	D	E	F	G	H	I	J	K
1											
2	으뜸은행 대출금 상환					상환기간(년)					
3					₩1,443,069	2	3	4	5	6	7
4	기관	으뜸은행			1.50%	2,116,041	1,421,241	1,073,880	865,494	726,597	627,406
5	대출담당	홍길동		연이율	2.00%	2,127,013	1,432,129	1,084,756	876,388	737,522	638,372
6	대출금	50,000,000			2.50%	2,138,020	1,443,069	1,095,702	887,368	748,551	649,458
7	연이율	2.50%			3.00%	2,149,061	1,454,060	1,106,716	898,435	759,684	660,665
8	상환기간(년)	3			3.50%	2,160,136	1,465,104	1,117,800	909,587	770,920	671,993
9	상환금액(월)	₩ 1,443,069			4.00%	2,171,246	1,476,199	1,128,953	920,826	782,259	683,440
10											

읽는 강의

출제패턴을 알면 시험이 쉬워진다!
데이터 표는 '행 입력 셀'과 '열 입력 셀'의 의미만 정확히 이해하면 어렵지 않다.

그대로 따라하기

1 데이터 표의 지정 영역 선택하기

① '상환금액(월)'인 [B9] 셀 선택 → 수식 입력줄의 함수식을 드래그하여 선택한 후 Ctrl+C를 눌러 복사하고 Enter를 누름 → [E3] 셀을 선택한 후 Ctrl+V를 눌러 함수식을 붙여넣는다.

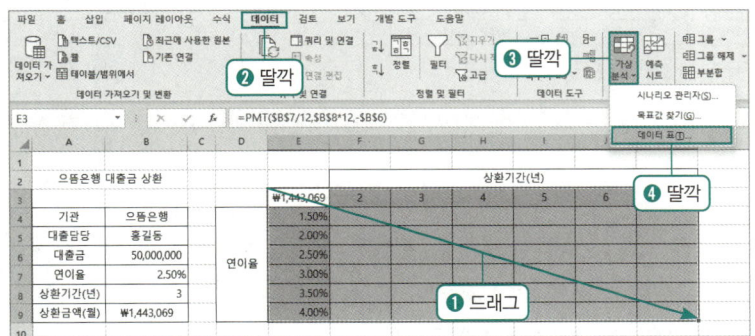

② [E3:K9] 영역을 드래그하여 선택 → [데이터] 탭-[예측] 그룹-[가상 분석]-[데이터 표]를 선택한다.

③ [데이터 테이블] 대화상자가 나타나면 '행 입력 셀'은 '상환기간(년)'인 [B8] 셀, '열 입력 셀'은 '연이율'인 [B7] 셀 지정 → [확인] 단추를 클릭한다.

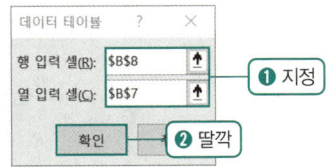

읽는 강의

풀이법을 알면 시간이 단축된다!
[B9] 셀을 Ctrl+C를 눌러 복사하고 [E3] 셀에서 Ctrl+V를 눌러 셀 값을 바로 붙여넣는 방법도 가능하나, 이 경우 [B9] 셀에 입력된 함수식이 모두 절대 참조로 지정되어 있어야 한다. 절대 참조로 지정되어 있지 않은 경우에 복사하면 수식의 주소가 변경될 수 있으므로 셀에 입력된 수식을 복사하는 방법으로 연습하는 것이 좋다.

풀이법을 알면 시간이 단축된다!
[데이터 테이블] 대화상자에서 '행 입력 셀'과 '열 입력 셀'에 셀 주소를 직접 입력해도 되고, 시트에서 해당 셀을 선택해도 동일하게 지정할 수 있다.

개념 더하기 ⊕ [데이터 테이블] 대화상자

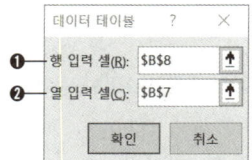

❶ **행 입력 셀**: 수식에서 변화되는 값이 행으로 나열된 셀의 실제 주소
 (3행에 나열된 '상환기간(년)'의 실제 주소인 [B8] 셀)
❷ **열 입력 셀**: 수식에서 변화되는 값이 열로 나열된 셀의 실제 주소
 (E열에 나열된 '연이율'의 실제 주소인 [B7] 셀)

④ 결과를 확인한다.

	A	B	C	D	E	F	G	H	I	J	K
1											
2	으뜸은행 대출금 상환						상환기간(년)				
3					₩1,443,069	2	3	4	5	6	7
4	기관	으뜸은행			1.50%	2,116,041	1,421,241	1,073,880	865,494	726,597	627,406
5	대출담당	홍길동			2.00%	2,127,013	1,432,129	1,084,756	876,388	737,522	638,372
6	대출금	50,000,000		연이율	2.50%	2,138,020	1,443,069	1,095,702	887,368	748,551	649,458
7	연이율	2.50%			3.00%	2,149,061	1,454,060	1,106,716	898,435	759,684	660,665
8	상환기간(년)	3			3.50%	2,160,136	1,465,104	1,117,800	909,587	770,920	671,993
9	상환금액(월)	₩ 1,443,069			4.00%	2,171,246	1,476,199	1,128,953	920,826	782,259	683,440
10											

> **읽는 강의**
>
> **풀이법을 알면 시간이 단축된다!**
> [데이터 표] 기능을 수행한 결괏값은 배열 수식으로 작성되므로 일부만 수정할 수 없다. 즉, 데이터 테이블 전체 값을 삭제하고 다시 수행해야 한다.

출제패턴 ❷

'데이터표-2' 시트에 대하여 다음의 지시사항을 처리하시오.

▶ '으뜸회사 판매현황' 표의 실적률[B10]은 목표수량[B6]과 판매수량[B7]을 이용하여 계산한 것이다. [데이터 표] 기능을 이용하여 판매수량의 변동에 따른 실적률의 변화를 [F5:F11] 영역에 계산하시오.

▼ 결과 화면

	A	B	C	D	E	F
1						
2	으뜸회사 판매현황					
3						실적률
4	회사명	으뜸				81.63%
5	물품코드	JK-8980			1,000	40.82%
6	목표수량	2,450			1,500	61.22%
7	판매수량	2,000			2,000	81.63%
8	단가	20,000		판매수량	2,500	102.04%
9	판매금액	40,000,000			3,500	142.86%
10	실적률	81.63%			4,000	163.27%
11	판매처	강남			4,500	183.67%
12						

그대로 따라하기

1 데이터 표의 지정 영역 선택하기

① '실적률'인 [B10] 셀 선택 → 수식 입력줄의 함수식을 드래그하여 선택한 후 Ctrl+C를 눌러 복사하고 Enter를 누름 → [F4] 셀을 선택한 후 Ctrl+V를 눌러 함수식을 붙여넣는다.

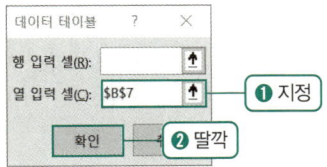

② [E4:F11] 영역을 드래그하여 선택 → [데이터] 탭-[예측] 그룹-[가상 분석]-[데이터 표]를 선택한다.

③ [데이터 테이블] 대화상자가 나타나면 '열 입력 셀'은 '판매수량'인 [B7] 셀 지정 → [확인] 단추를 클릭한다.

④ 결과를 확인한다.

> **읽는 강의**
>
> **풀이법을 알면 시간이 단축된다!**
> 단일 데이터 표에서는 '행 입력 셀'이나 '열 입력 셀' 중 하나만 지정한다.
>
> **풀이법을 알면 시간이 단축된다!**
> 변화되는 '판매수량'이 열에 있으므로 '열 입력 셀'에 '판매수량'의 셀인 [B7] 셀을 지정한다. 행의 변화는 없으므로 '행 입력 셀'은 비워둔다.

06 통합과 텍스트 나누기

분석 작업

① **개념**: 통합은 여러 시트나 통합 문서의 데이터를 합쳐서 요약하는 기능이고, 텍스트 나누기는 하나의 셀에 있는 텍스트를 여러 셀로 나누는 기능으로 쉼표나 공백 등을 기준으로 텍스트를 분리할 수 있음

② **지정 방법**
- 통합: [데이터] 탭–[데이터 도구] 그룹–[통합]
- 텍스트 나누기: [데이터] 탭–[데이터 도구] 그룹–[텍스트 나누기]

작업 파일명 C:\에듀윌_2026컴활1급실기\그대로따라하기\스프레드시트실무\03.분석작업\실습\06_통합과텍스트나누기.xlsx

출제패턴 ❶

'통합텍스트나누기-1' 시트에 대하여 다음의 지시사항을 처리하시오.

▶ 데이터 도구 [통합] 기능을 이용하여 [표1], [표2]에 대한 이름별 '중간'과 '기말'의 평균을 [표3]의 [I3:J8] 영역에 계산하시오.

▼ 결과 화면

	A	B	C	D	E	F	G	H	I	J
1	[표1]						[표3] 최종성적			
2	과목	이름	학번	중간	기말		이름	학번	중간	기말
3	데이터과학	박라레	202623024	67	76		박라레	202623024	73.5	75.5
4		정민기	202623029	98	95		정민기	202623029	93	97.5
5		홍길동	202623030	88	56		홍길동	202623030	81.5	60.5
6		이마리	202631010	83	78		이마리	202631010	80	73
7		김모찌	202631013	65	77		김모찌	202631013	76.5	77
8		하달콤	202631028	85	92		하달콤	202631028	80	86
9										
10	[표2]									
11	과목	이름	학번	중간	기말					
12	텍스트마이닝	박라레	202623024	80	75					
13		정민기	202623029	88	100					
14		홍길동	202623030	75	65					
15		이마리	202631010	77	68					
16		김모찌	202631013	88	77					
17		하달콤	202631028	75	80					

📖 **읽는 강의**

출제패턴을 알면 시험이 쉬워진다!
데이터 통합은 어렵지 않은 부분으로, 기본 기능만 정확히 이해하면 쉽게 점수를 취득할 수 있다.

그대로 따라하기

1 통합하기

① [G2:J8] 영역을 드래그하여 선택 → [데이터] 탭-[데이터 도구] 그룹-[통합]을 클릭한다.

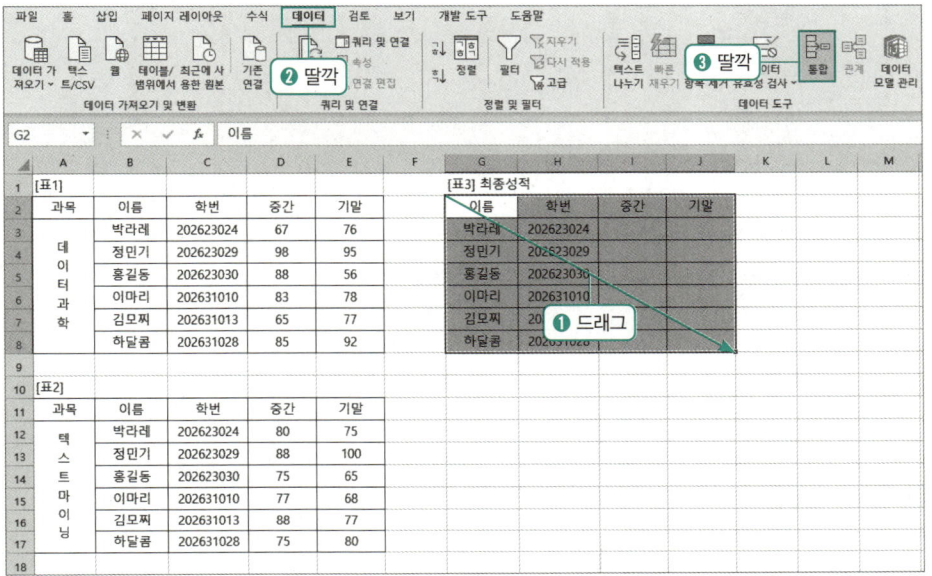

② [통합] 대화상자가 나타나면 '함수'는 '평균'을 선택 → '참조'는 [B2:B8] 영역을 드래그하여 선택한 후 [추가] 단추 클릭 → 이와 같은 방법으로 [B11:E17] 영역을 드래그하여 선택한 후 [추가] 단추 클릭 → '사용할 레이블'에서 '첫 행'과 '왼쪽 열' 체크 → [확인] 단추를 클릭한다.

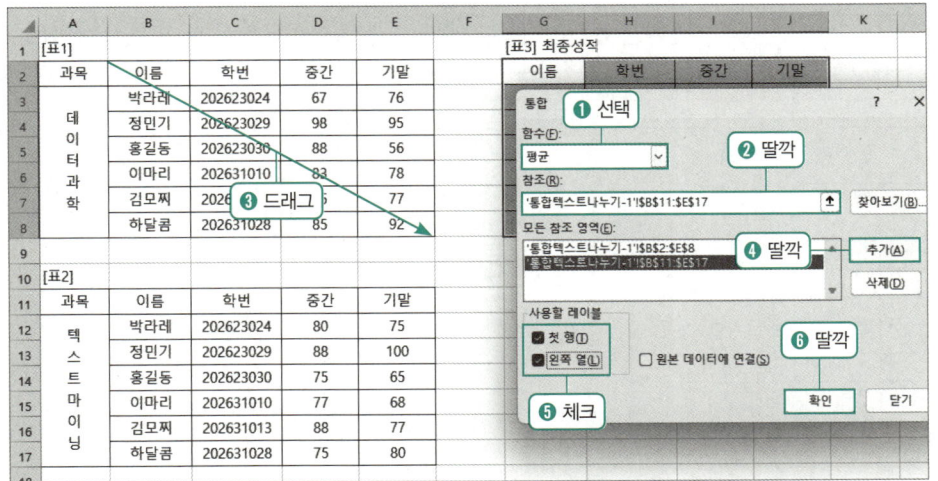

읽는 강의

풀이법을 알면 시간이 단축된다!
데이터 통합을 진행할 경우 결과를 표시할 영역을 먼저 드래그하여 지정한다.

출제패턴을 알면 시험이 쉬워진다!
합계, 개수, 평균, 최대값, 최소값 함수가 시험에 자주 출제된다.

실수가 줄어들면 합격은 빨라진다!
사용할 레이블에서 '첫 행'과 '왼쪽 열'을 체크하면 결과 영역의 제목 행과 제목 열을 기준으로 통합한다. 만약 참조 영역과 결과 영역의 레이블 순서가 다른 경우 '첫 행'과 '왼쪽 열'을 체크하지 않으면 통합 결과가 정확하지 않거나 결과 영역의 제목 행과 제목 열이 삭제될 수 있으므로 반드시 체크해야 한다.

개념 더하기 [통합] 대화상자

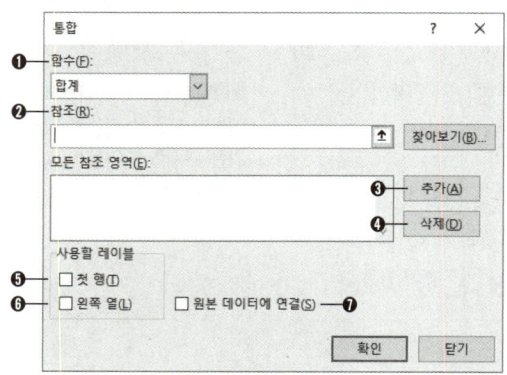

❶ **함수**: 통합에 사용할 함수를 선택(합계, 개수, 평균, 최대, 최소, 곱, 숫자 개수, 표본 표준 편차, 표준 편차, 표본 분산, 분산)
❷ **참조**: 통합할 데이터 영역을 지정
❸ **[추가] 단추**: 참조에서 지정한 데이터 영역을 추가
❹ **[삭제] 단추**: '모든 참조 영역'에 추가된 영역 중에서 선택하여 삭제
❺ **첫 행**: 참조된 데이터 범위의 첫 행을 통합된 데이터의 첫 행(행 이름)으로 사용
❻ **왼쪽 열**: 참조된 데이터 범위의 왼쪽 열을 통합된 데이터의 첫 열(열 이름)로 사용
❼ **원본 데이터에 연결**: 원본 데이터가 변경될 경우 통합된 데이터에도 자동으로 반영

③ 결과를 확인한다.

	A	B	C	D	E	F	G	H	I	J
1	[표1]						[표3] 최종성적			
2	과목	이름	학번	중간	기말		이름	학번	중간	기말
3	데이터과학	박라레	202623024	67	76		박라레	202623024	73.5	75.5
4		정민기	202623029	98	95		정민기	202623029	93	97.5
5		홍길동	202623030	88	56		홍길동	202623030	81.5	60.5
6		이마리	202631010	83	78		이마리	202631010	80	73
7		김모찌	202631013	65	77		김모찌	202631013	76.5	77
8		하달콤	202631028	85	92		하달콤	202631028	80	86
9										
10	[표2]									
11	과목	이름	학번	중간	기말					
12	텍스트마이닝	박라레	202623024	80	75					
13		정민기	202623029	88	100					
14		홍길동	202623030	75	65					
15		이마리	202631010	77	68					
16		김모찌	202631013	88	77					
17		하달콤	202631028	75	80					

출제패턴 ❷

'통합텍스트나누기-2' 시트에 대하여 다음의 지시사항을 처리하시오.

▶ 데이터 도구 [통합] 기능을 이용하여 [표1], [표2], [표3]에 대한 사원명이 '김', '이', '박'으로 시작하는 성씨별 '목표'와 '실적'의 합계를 [표4]의 [F11:G13] 영역에 계산하시오.

▼ 결과 화면

	A	B	C	D	E	F	G
1	[표1] 서울본점				[표2] 세종점		
2	사원명	목표	실적		사원명	목표	실적
3	최미남	150,000	123,400		박준용	180,000	178,000
4	박기호	256,000	234,500		김남규	198,000	194,500
5	이광호	378,000	398,000		정해용	263,000	267,800
6	이동훈	178,500	178,900		이광호	335,900	345,000
7					이동훈	200,400	198,500
8	[표3] 경기점						
9	사원명	목표	실적		[표4] 지점별 합계		
10	김연호	194,500	187,600		성씨	목표	실적
11	박준용	146,000	146,700		김*	1,116,100	1,116,100
12	김남규	345,600	345,000		이*	1,593,800	1,621,400
13	정해용	194,500	187,600		박*	582,000	559,200
14	이광호	234,000	245,000				
15	이동훈	267,000	256,000				
16	김준우	378,000	389,000				
17							

📖 **읽는 강의**

그대로 따라하기

1 성씨 입력하기

[E11] 셀에 김* 입력 → [E12] 셀에 이* 입력 → [E13] 셀에 박*을 입력한다.

	A	B	C	D	E	F	G
1	[표1] 서울본점				[표2] 세종점		
2	사원명	목표	실적		사원명	목표	실적
3	최미남	150,000	123,400		박준용	180,000	178,000
4	박기호	256,000	234,500		김남규	198,000	194,500
5	이광호	378,000	398,000		정해용	263,000	267,800
6	이동훈	178,500	178,900		이광호	335,900	345,000
7					이동훈	200,400	198,500
8	[표3] 경기점						
9	사원명	목표	실적		[표4] 지점별 합계		
10	김연호	194,500	187,600		성씨	목표	실적
11	박준용	146,000	146,700		김*		
12	김남규	345,600	345,000		이*	입력	
13	정해용	194,500	187,600		박*		
14	이광호	234,000	245,000				
15	이동훈	267,000	256,000				
16	김준우	378,000	389,000				
17							

풀이법을 알면 시간이 단축된다!
'김씨'는 '김'으로 시작하는 것을 의미하므로 '김*'로 표시한다.

2 통합하기

① [E10:G13] 영역을 드래그하여 선택 → [데이터] 탭-[데이터 도구] 그룹-[통합]을 클릭한다.

② [통합] 대화상자가 나타나면 '함수'는 '합계'를 선택 → '참조'는 [A2:C6] 영역을 드래그하여 선택한 후 [추가] 단추 클릭 → 이와 같은 방법으로 [E2:G7] 영역을 드래그하여 선택한 후 [추가] 단추 클릭 → [A9:C16] 영역을 드래그하여 선택한 후 [추가] 단추 클릭 → '사용할 레이블'에서 '첫 행'과 '왼쪽 열' 체크 → [확인] 단추를 클릭한다.

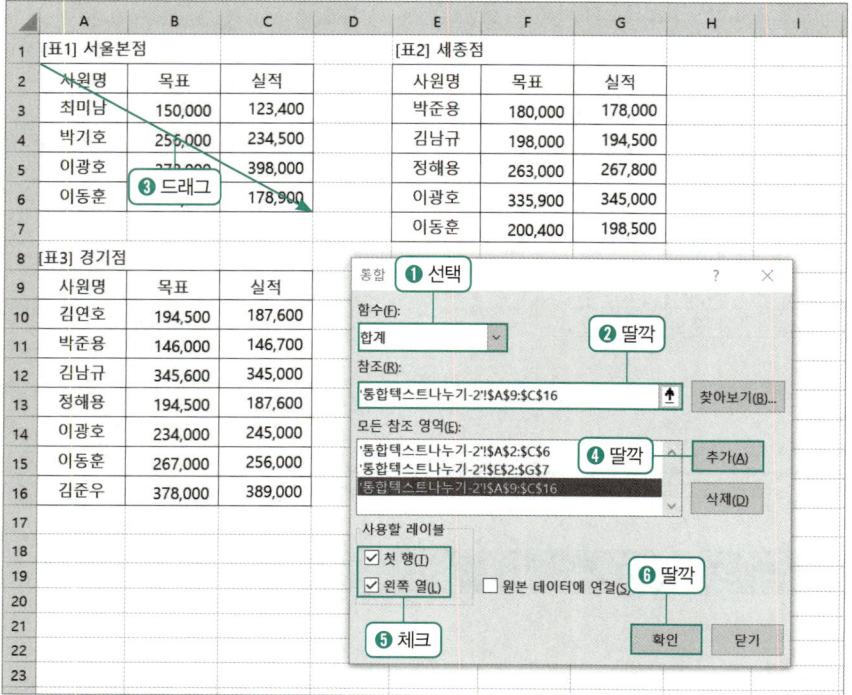

③ 결과를 확인한다.

출제패턴 ❸

'인원수' 시트와 '통합텍스트나누기-3' 시트에 대하여 다음의 지시사항을 처리하시오.

▶ '인원수' 시트에서 [A2:A10] 영역의 데이터를 텍스트 나누기를 실행하여 나타내시오.
 - 데이터는 쉼표(,)로 구분되어 있음

▶ '인원수' 시트에서 [A13:A21] 영역의 데이터를 텍스트 나누기를 실행하여 나타내시오.
 - 데이터는 공백으로 구분되어 있으며, 연속된 구분 기호를 하나로 처리하지 않음

▼ 결과 화면

	A	B	C	D	E	F
1	[표1] 스마트IT과					
2	과목	월	화	수	목	금
3	엑셀	홍길동		홍길동	홍길동	
4	파이썬		한민아			한민아
5	한글	전민아	전민아	전민아	전민아	
6	액세스			안지예	안지예	안지예
7	C언어	정수현		정수현		정수현
8	JAVA		이상조	이상조		
9	인공지능		이아영		이아영	이아영
10	파워포인트	김지수		김지수	김지수	
11						
12	[표2] 빅데이터과					
13	과목	월	화	수	목	금
14	엑셀	이미연	이미연	이미연		이미연
15	파이썬			오영민	오영민	
16	한글	김우연	김우연			김우연
17	액세스	송미리	송미리		송미리	
18	C언어	민지애	민지애	민지애		민지애
19	JAVA		최민식		최민식	
20	인공지능	이다정		이다정		이다정
21	파워포인트	배소정	배소정		배소정	
22						

▶ 데이터 도구 [통합] 기능을 이용하여 '인원수' 시트의 [표1], [표2]에 대해 '엑셀', '파이썬', '한글', '액세스', '파워포인트' 과목의 요일별 인원수를 '통합텍스트나누기-3' 시트에서 [표1]의 [B2:F17] 영역에 계산하시오.
 - 참조 영역의 원본 데이터가 변경되면 통합 결과의 데이터도 자동으로 변경되도록 설정하시오.

▼ 결과 화면

	A	B	C	D	E	F
1	[표1] 요일별 인원수					
2	과목	월	화	수	목	금
5	엑셀	2	1	2	1	1
8	파이썬		1	1	1	1
11	한글	2	2	1	1	1
14	액세스	1	1	1	2	1
17	파워포인트	2	1	1	2	
18						

그대로 따라하기

1 구분 기호 쉼표로 텍스트 나누기

① '인원수' 시트에서 [A2:A10] 영역을 드래그하여 선택 → [데이터] 탭-[데이터 도구] 그룹-[텍스트 나누기]를 클릭한다.

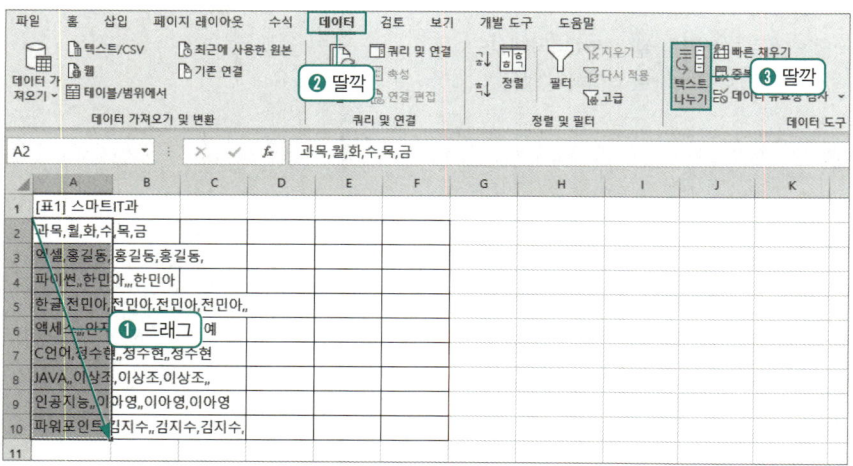

② [텍스트 마법사 – 3단계 중 1단계] 대화상자가 나타나면 '원본 데이터 형식'에 '구분 기호로 분리됨'으로 선택되었는지 확인 → [다음] 단추를 클릭한다.

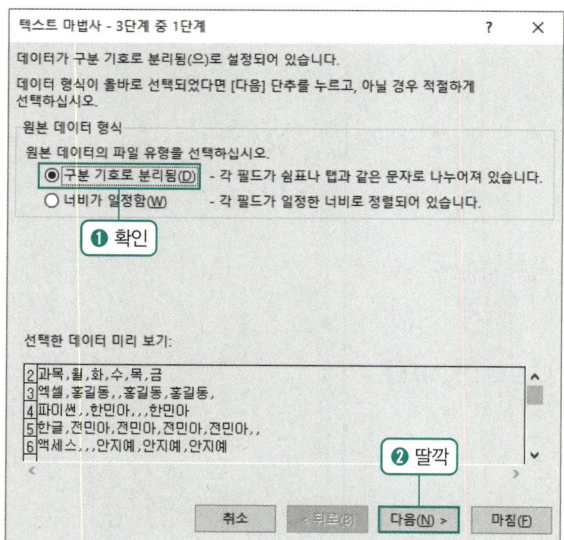

③ [텍스트 마법사 – 3단계 중 2단계] 대화상자에서 '구분 기호'는 '탭'을 체크 해제하고 '쉼표'를 체크 → [다음] 단추를 클릭한다.

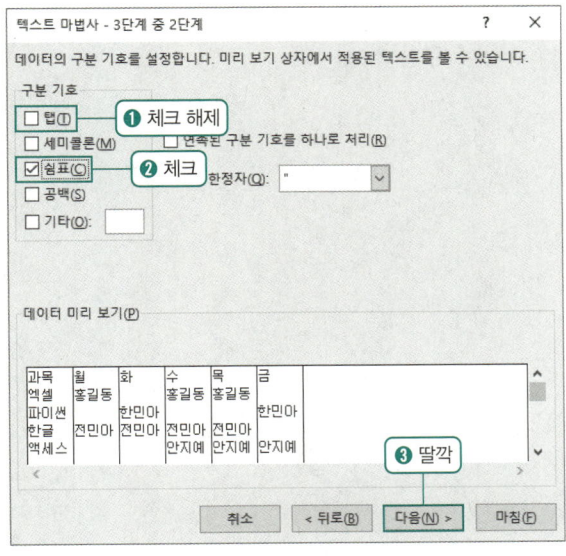

④ [텍스트 마법사 – 3단계 중 3단계] 대화상자에서 '열 데이터 서식'은 '일반'으로 선택되었는지 확인 → [마침] 단추를 클릭한다.

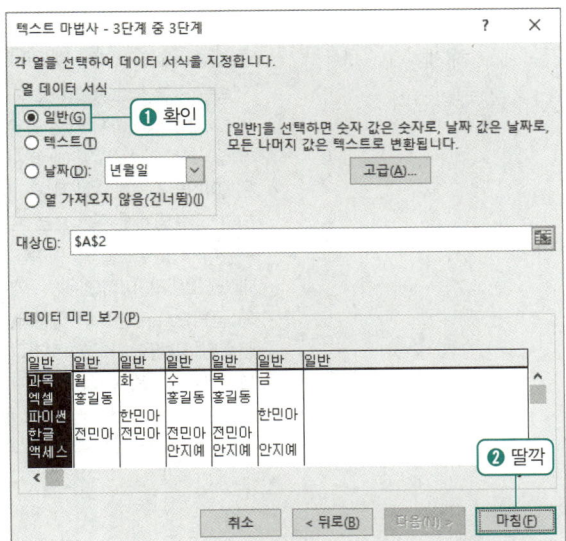

⑤ 기존 데이터를 바꾸는지 묻는 메시지 상자가 나타나면 [확인] 단추를 클릭한다.

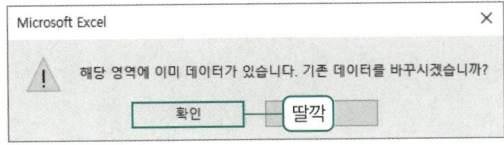

2 구분 기호 공백으로 연속된 구분 기호를 하나로 처리하지 않고 텍스트 나누기

① '인원수' 시트에서 [A13:A21] 영역을 드래그하여 선택 → **[데이터] 탭-[데이터 도구] 그룹-[텍스트 나누기]**를 클릭한다.

② [텍스트 마법사 – 3단계 중 1단계] 대화상자가 나타나면 '원본 데이터 형식'에 '구분 기호로 분리됨'으로 선택되었는지 확인 → [다음] 단추를 클릭한다.

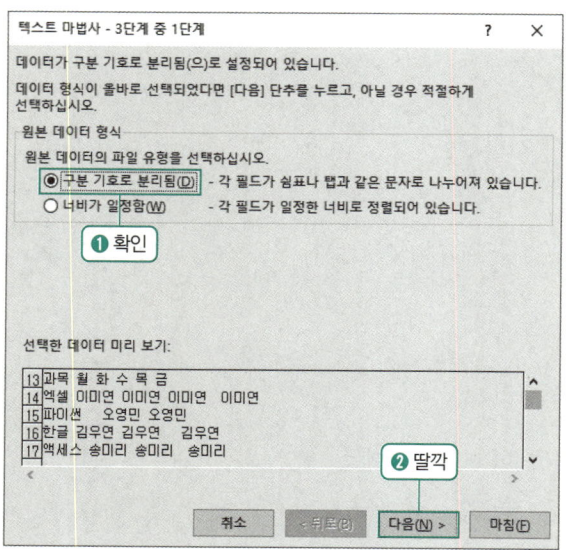

③ [텍스트 마법사 – 3단계 중 2단계] 대화상자에서 '구분 기호'는 '쉼표'를 체크 해제하고 '공백'을 체크 → '연속된 구분 기호를 하나로 처리' 체크 해제 → [다음] 단추를 클릭한다.

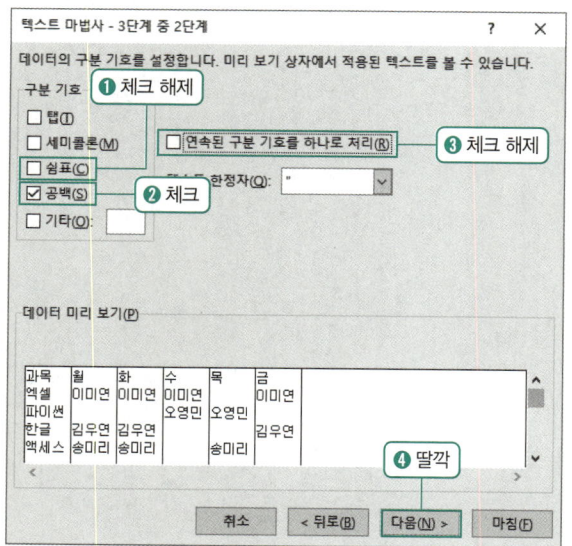

풀이법을 알면 시간이 단축된다!
'연속된 구분 기호를 하나로 처리'를 체크 해제하지 않는 경우 '엑셀' 과목의 '금요일'에 표시된 '이미연'이 '목요일'에 표시되고 '금요일'에는 공백으로 표시된다. 즉, '수요일'의 '이미연'과 '금요일'의 '이미연'은 두 개의 공백으로 구분되어 있는데, 연속된 공백을 하나로 처리하므로 두 개의 공백이 하나로 구분된다.

④ [텍스트 마법사 – 3단계 중 3단계] 대화상자에서 '열 데이터 서식'은 '일반'으로 선택되었는지 확인 → [마침] 단추를 클릭한다.

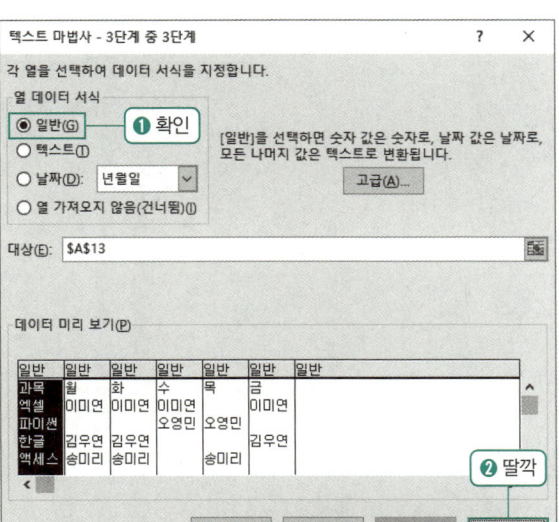

⑤ 기존 데이터를 바꾸는지 묻는 메시지 상자가 나타나면 [확인] 단추를 클릭한다.
⑥ 결과를 확인한다.

	A	B	C	D	E	F
1	[표1] 스마트IT과					
2	과목	월	화	수	목	금
3	엑셀	홍길동		홍길동	홍길동	
4	파이썬		한민아			한민아
5	한글	전민아	전민아	전민아	전민아	
6	액세스			안지예	안지예	안지예
7	C언어	정수현		정수현		정수현
8	JAVA		이상조	이상조	이상조	
9	인공지능		이아영		이아영	이아영
10	파워포인트	김지수		김지수	김지수	
11						
12	[표2] 빅데이터과					
13	과목	월	화	수	목	금
14	엑셀	이미연	이미연	이미연		이미연
15	파이썬			오영민	오영민	
16	한글	김우연	김우연			김우연
17	액세스	송미리	송미리		송미리	
18	C언어	민지애	민지애	민지애		민지애
19	JAVA		최민식		최민식	
20	인공지능	이다정		이다정		이다정
21	파워포인트	배소정	배소정		배소정	
22						

3 원본 데이터에 연결로 통합하기

① '통합텍스트나누기-3' 시트에서 [A2:F7] 영역을 드래그하여 선택 → [데이터] 탭-[데이터 도구] 그룹-[통합]을 클릭한다.

② [통합] 대화상자가 나타나면 '함수'는 '개수'를 선택 → '참조'는 '인원수' 시트에서 [A2:F10] 영역을 드래그하여 선택한 후 [추가] 단추 클릭 → 이와 같은 방법으로 '인원수' 시트에서 [A13:F21] 영역을 드래그하여 선택한 후 [추가] 단추 클릭 → '사용할 레이블'에서 '첫 행'과 '왼쪽 열' 체크 → '원본 데이터에 연결' 체크 → [확인] 단추를 클릭한다.

> **읽는 강의**
>
> **풀이법을 알면 시간이 단축된다!**
> '원본 데이터에 연결'을 체크하려면 참조할 데이터와 통합한 데이터가 서로 다른 워크시트에 있는 경우에만 가능하다.

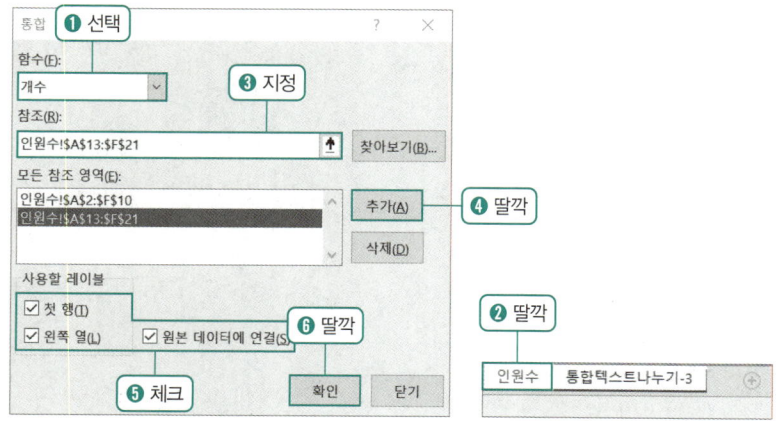

③ '통합텍스트나누기-3' 시트의 B열에서 마우스 오른쪽 단추를 클릭하고 바로 가기 메뉴에서 [삭제] 선택 → A열과 B열 사이의 경계선을 오른쪽으로 드래그하거나 더블클릭하여 열 너비를 조정한다.

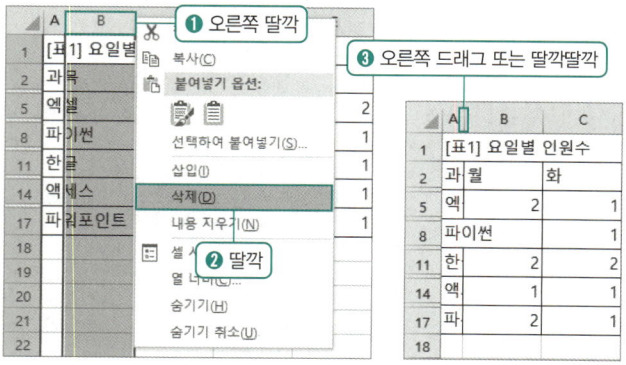

④ 결과를 확인한다.

		A	B	C	D	E	F
	1	[표1] 요일별 인원수					
	2	과목	월	화	수	목	금
+	5	엑셀	2	1	2	1	1
+	8	파이썬		1	1	1	1
+	11	한글	2	2	1	1	1
+	14	액세스	1	1	1	2	1
+	17	파워포인트	2	1	1	2	
	18						

분석작업

07 목표값 찾기

① **개념**: 원하는 결과를 얻기 위해 입력값을 조정하는 기능으로, 특정 수식을 만족하도록 입력값을 자동으로 찾음
② **특징**: 목표값 찾기에서 입력값은 하나만 지정할 수 있음
③ **지정 방법**: [데이터] 탭-[예측] 그룹-[가상 분석]-[목표값 찾기]

작업 파일명 C:\에듀윌_2026컴활1급실기\그대로따라하기\스프레드시트실무\03.분석작업\실습\07_목표값찾기.xlsx

출제패턴 ❶

'목표값찾기-1' 시트에 대하여 다음의 지시사항을 처리하시오.

▶ [목표값 찾기] 기능을 이용하여 '컴퓨터 능력시험 점수' 표에서 과목 평균[F14]이 85가 되려면 '윤서빈'의 엑셀[B8]이 얼마가 되어야 하는지 계산하시오.

▼ 결과 화면

	A	B	C	D	E	F
1	컴퓨터 능력시험 점수					
2						
3	성명	엑셀	파이썬	액세스	합계	평균
4	김립	80	99	75	254	85
5	주성민	70	99	89	258	86
6	정진명	75	85	99	259	86
7	김대건	70	75	84	229	76
8	윤서빈	82	50	78	210	70
9	이송이	86	99	92	277	92
10	보아라	86	85	88	259	86
11	무지개	85	93	99	277	92
12	다스리	99	84	89	272	91
13	과목 합계	733	769	793	2295	
14	과목 평균	81	85	88		85
15						

읽는 강의

그대로 따라하기

1 목표값 입력하기

① 과목 평균이 있는 [F14] 셀 선택 → [데이터] 탭-[예측] 그룹-[가상 분석]-[목표값 찾기]를 선택한다.

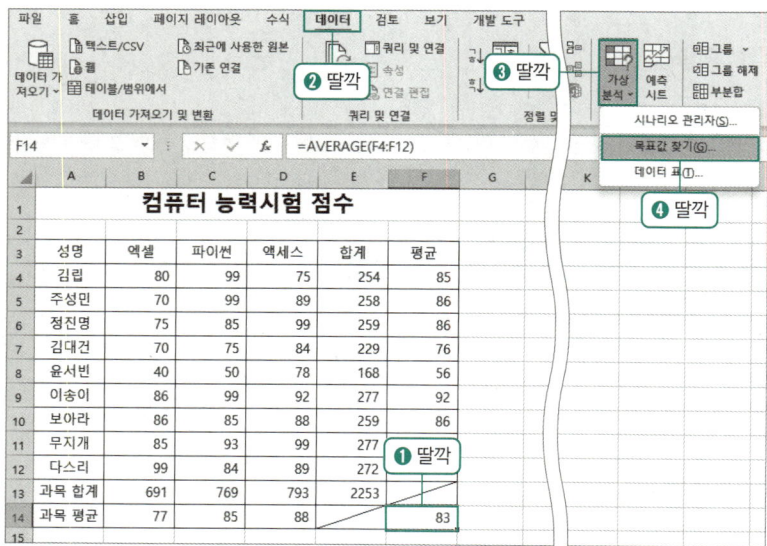

② [목표값 찾기] 대화상자가 나타나면 '수식 셀'은 [F14] 셀로 지정되었는지 확인 → '찾는 값'에는 85 입력 → '값을 바꿀 셀'에는 윤서빈의 엑셀이 있는 [B8] 셀 지정 → [확인] 단추를 클릭한다.

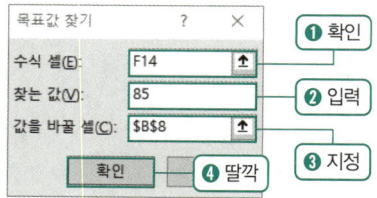

풀이법을 알면 시간이 단축된다!
① 과정에서 [F14] 셀을 선택하고 목표값 찾기를 실행했기 때문에 '수식 셀'에 자동으로 F14가 지정되어 있다.

개념 더하기 ⊕ [목표값 찾기] 대화상자

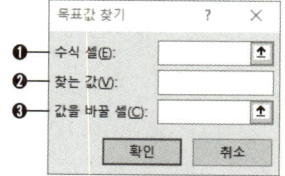

❶ **수식 셀**: 결괏값이 출력되는 셀로, 해당 셀에는 반드시 수식이 있어야 함
❷ **찾는 값**: 원하는 특정값을 숫자로 직접 입력
❸ **값을 바꿀 셀**: 목표값을 얻기 위해 데이터를 조절할 셀로, 반드시 수식에서 이 셀을 참조하고 있어야 함

2 목표값 확인하기

[목표값 찾기 상태] 대화상자가 나타나면 [확인] 단추 클릭 → 결과를 확인한다.

	A	B	C	D	E	F	G	H	I	J
1			컴퓨터 능력시험 점수							
2										
3	성명	엑셀	파이썬	액세스	합계	평균				
4	김립	80	99	75	254	85				
5	주성민	70	99	89	258	86				
6	정진명	75	85	99	259	86				
7	김대건	70	75	84	229	76				
8	윤서빈	82	50	78	210	70				
9	이송이	86	99	92	277	92				
10	보아라	86	85	88	259	86				
11	무지개	85	93	99	277	92				
12	다스리	99	84	89	272	91				
13	과목 합계	733	769	793	2295					
14	과목 평균	81	85	88		85				
15										

> **읽는 강의**
>
> **풀이법을 알면 시간이 단축된다!**
> [목표값 찾기 상태] 대화상자에서 [확인] 단추를 클릭하면 계산된 결괏값이 적용되고, [취소] 단추를 클릭하면 계산된 값이 적용되지 않는다.

출제패턴 ❷

'목표값찾기-2' 시트에 대하여 다음의 지시사항을 처리하시오.

▶ [목표값 찾기] 기능을 이용하여 '예선전 경기 결과' 표에서 '김태진'의 합계[G10]가 400이 되려면 높이뛰기[E10]가 얼마가 되어야 하는지 계산하시오.

▼ 결과 화면

	A	B	C	D	E	F	G
1			예선전 경기 결과				
2							
3	선수명	소속	100m	200m	높이뛰기	장애물	합계
4	김철수	서울	72	84	94	86	336
5	서수민	서울	84	96	84	77	341
6	남건민	서울	99	77	69	91	336
7	김연호	서울	99	78	71	82	330
8	송의석	부산	75	86	73	86	320
9	박진영	부산	72	90	88	93	343
10	김태진	부산	77	92	138	93	400
11	윤여일	부산	69	84	96	84	333
12	박종인	광주	71	87	98	99	355
13	이광호	광주	73	88	99	77	337
14	김지은	광주	70	88	55	66	279
15	부현경	광주	65	86	94	84	329
16	윤병호	서울	72	84	92	88	336
17							

그대로 따라하기

1 목표값 입력하기

① 김태진의 합계가 있는 [G10] 셀 선택 → **[데이터] 탭-[예측] 그룹-[가상 분석]-[목표값 찾기]**를 선택한다.

② [목표값 찾기] 대화상자가 나타나면 '수식 셀'은 [G10] 셀로 지정되었는지 확인 → '찾는 값'에는 400 입력 → '값을 바꿀 셀'에는 김태진의 높이뛰기가 있는 [E10] 셀 지정 → [확인] 단추를 클릭한다.

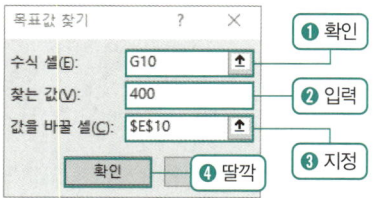

2 목표값 확인하기

[목표값 찾기 상태] 대화상자가 나타나면 [확인] 단추 클릭 → 결과를 확인한다.

분석작업

08 시나리오

① **개념**: 여러 가지 상황에 대한 입력값 집합을 미리 설정하여 분석하는 도구로서 시나리오를 통해 여러 상황을 적용하여 결과를 비교·분석할 수 있음
② **특징**: 결과 셀은 반드시 변경 셀을 참조하는 수식으로 되어 있어야 함
③ **지정 방법**: [데이터] 탭-[예측] 그룹-[가상 분석]-[시나리오 관리자]

📥 **작업 파일명** C:\에듀윌_2026컴활1급실기\그대로따라하기\스프레드시트실무\03.분석작업\실습\08_시나리오.xlsx

출제패턴 ❶

'시나리오-1' 시트에 대하여 다음의 지시사항을 처리하시오.

[시나리오 관리자] 기능을 이용하여 단가책정[I17]이 다음과 같이 변동하는 경우 판매금액합계 [H16]의 변동 시나리오를 작성하시오.

▶ [H16] 셀의 이름은 '판매금액합계', [I17] 셀의 이름은 '단가책정'으로 정의하시오.
▶ 시나리오1: 시나리오 이름은 '단가인상', 단가책정을 25%로 설정하시오.
▶ 시나리오2: 시나리오 이름은 '단가인하', 단가책정을 15%로 설정하시오.
▶ '시나리오 요약' 시트는 '시나리오-1' 시트의 바로 왼쪽에 위치해야 함
※ 시나리오 요약 보고서 작성 시 정답과 일치하여야 하며, 오자로 인한 부분 점수는 인정하지 않음

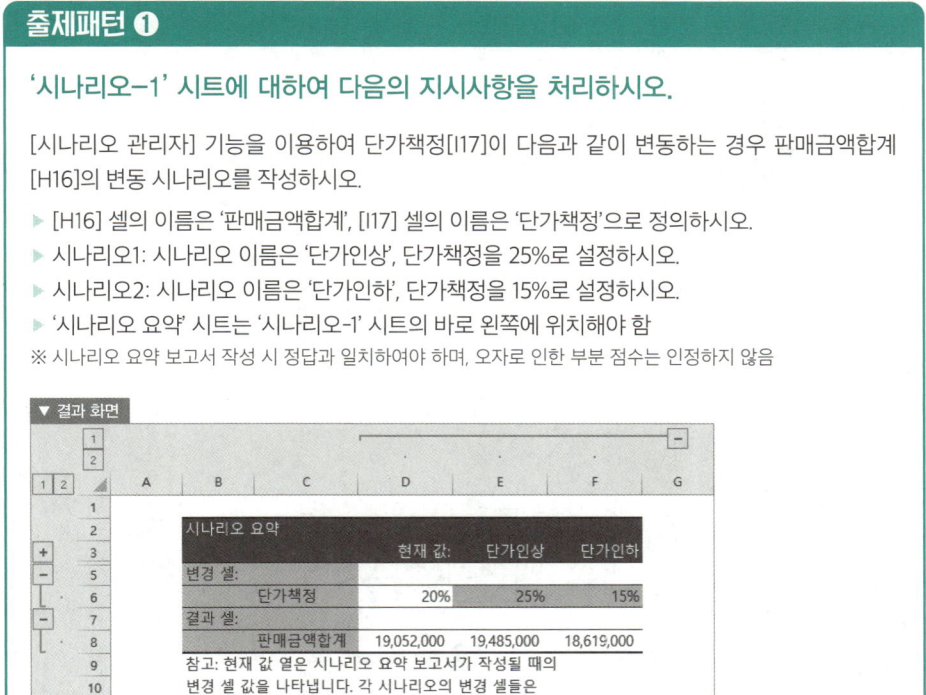

▼ 결과 화면

📖 읽는 강의

그대로 따라하기

1 셀 이름 정의하기

① [H16] 셀 선택 → [이름 상자]에 판매금액합계를 입력한 후 Enter 를 누른다.

② [I17] 셀 선택 → [이름 상자]에 단가책정을 입력한 후 Enter 를 누른다.

2 '단가인상' 시나리오 작성하기

① [I17] 셀을 선택한 상태에서 [데이터] 탭-[예측] 그룹-[가상 분석]-[시나리오 관리자]를 선택한다.

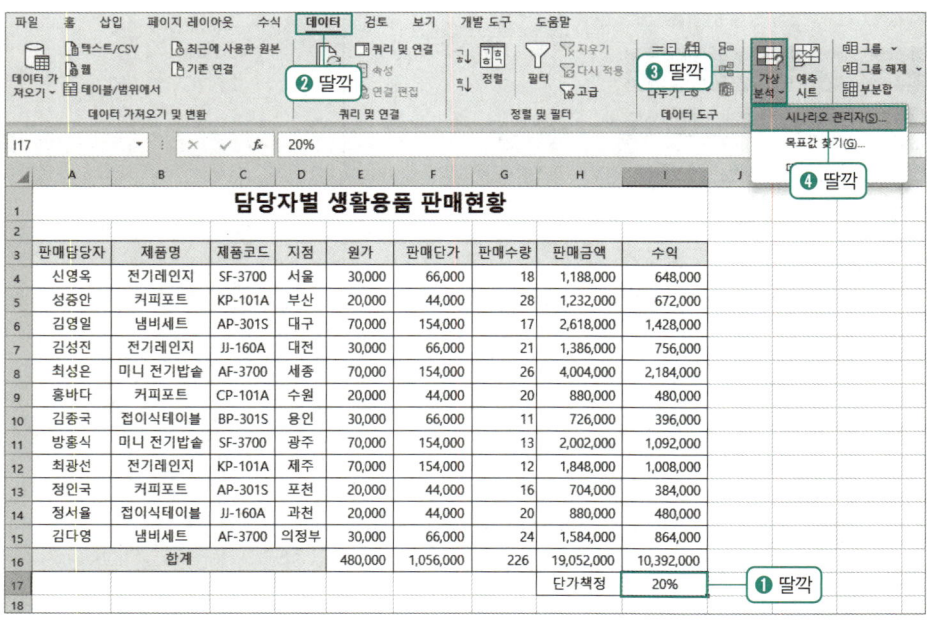

> **읽는 강의**
>
> **풀이법을 알면 시간이 단축된다!**
>
> 셀이나 영역의 이름을 정의한 후 이름을 변경하거나 삭제할 때는 [수식] 탭-[정의된 이름] 그룹-[이름 관리자]를 클릭하고 [이름 관리자] 대화상자에서 [편집] 단추를 누르고 이름을 변경하거나 [삭제] 단추를 누르고 삭제하면 된다.

② [시나리오 관리자] 대화상자가 나타나면 [추가] 단추를 클릭한다.

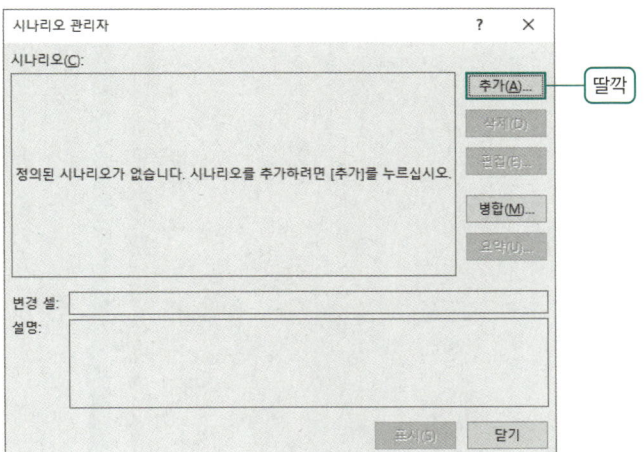

개념 더하기 ⊕ [시나리오 관리자] 대화상자

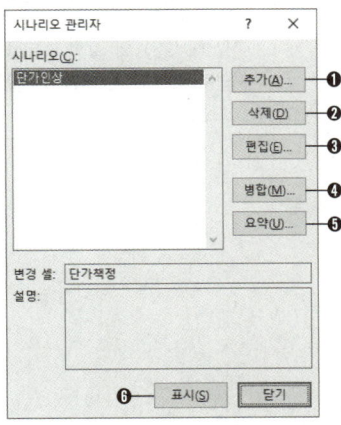

❶ **[추가] 단추**: '시나리오 이름'과 '변경 셀'을 지정할 수 있는 대화상자 표시
❷ **[삭제] 단추**: 선택한 시나리오를 삭제하는 기능으로, 시나리오를 삭제해도 시나리오 요약 보고서의 시나리오는 삭제되지 않음
❸ **[편집] 단추**: 선택한 시나리오를 편집할 수 있는 대화상자 표시
❹ **[병합] 단추**: 다른 통합 문서나 다른 시트에 저장된 시나리오를 병합
❺ **[요약] 단추**: 시나리오에 대한 요약 보고서나 피벗 테이블 작성
❻ **[표시] 단추**: 선택한 시나리오에 대한 결괏값 표시

③ [시나리오 추가] 대화상자가 나타나면 '시나리오 이름'에 단가인상을 입력하고 '변경 셀'이 [I17] 셀로 지정되었는지 확인 → [확인] 단추를 클릭한다.

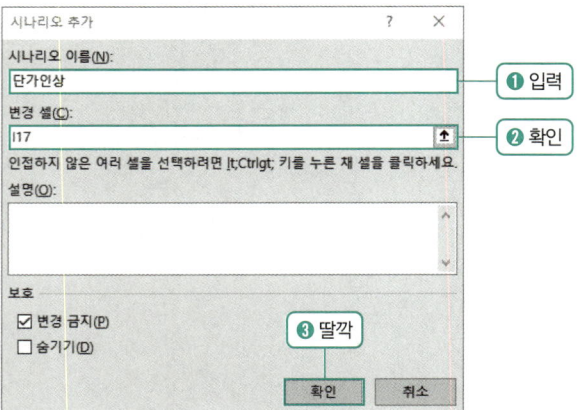

④ [시나리오 값] 대화상자가 나타나면 '단가책정'에 0.25를 입력 → [추가] 단추를 클릭한다.

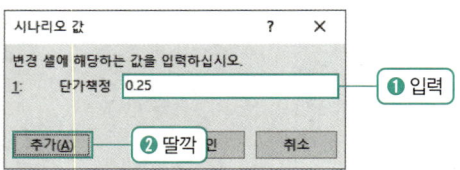

> 읽는 강의

> **풀이법을 알면 시간이 단축된다!**
> [시나리오 값] 대화상자에서 '단가책정'에 백분율 값을 입력할 때 '25%'와 같이 백분율로 입력해도 되고, '0.25'와 같이 소수점으로 입력해도 된다.

3 '단가인하' 시나리오 작성하기

① [시나리오 추가] 대화상자가 나타나면 '시나리오 이름'에 단가인하를 입력하고 '변경 셀'이 [I17] 셀로 지정되었는지 확인 → [확인] 단추를 클릭한다.

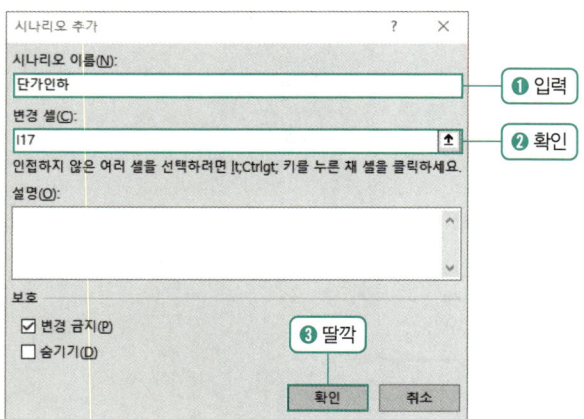

② [시나리오 값] 대화상자가 나타나면 '단가책정'에 0.15를 입력 → [확인] 단추를 클릭한다.

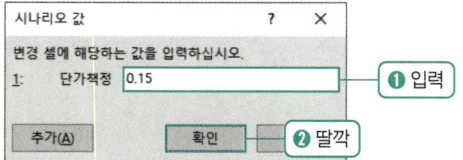

③ [시나리오 관리자] 대화상자로 되돌아오면 '단가인상'과 '단가인하' 시나리오가 추가되었는지 확인 → [요약] 단추를 클릭한다.

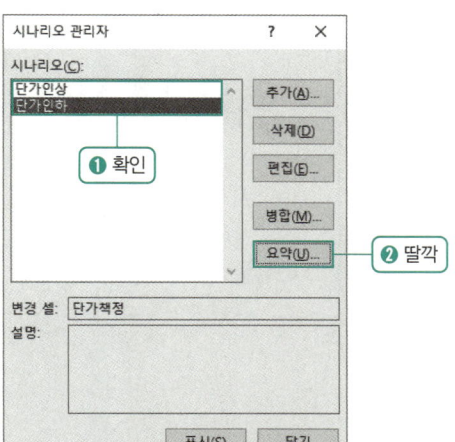

④ [시나리오 요약] 대화상자가 나타나면 '보고서 종류'는 '시나리오 요약'으로 지정되었는지 확인 → '결과 셀'은 [H16] 셀 지정 → [확인] 단추를 클릭한다.

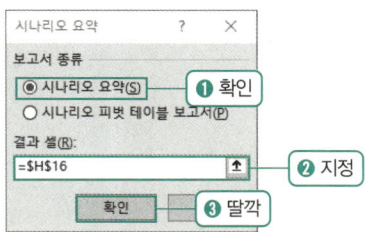

⑤ '시나리오 요약' 시트가 '시나리오-1' 시트 바로 왼쪽에 위치되었는지 확인한 후 결과를 확인한다.

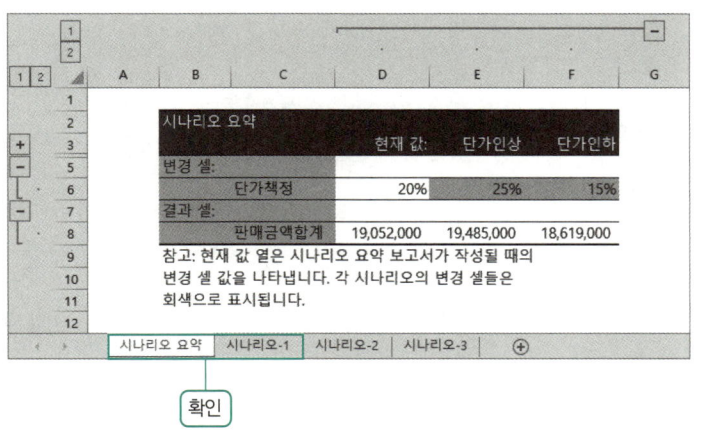

실수가 줄어들면 합격은 빨라진다!
시나리오를 잘못 작성한 경우에는 일부 과정을 수정할 수 없으므로 처음부터 다시 작성해야 한다. '시나리오 요약' 시트를 삭제한 후 새로 작성하면 된다.

출제패턴 ❷

'시나리오-2' 시트에 대하여 다음의 지시사항을 처리하시오.

[시나리오 관리자] 기능을 이용하여 고객등급별 포인트 적립율[A24:C24]이 다음과 같이 변동하는 경우 총적립포인트[H21]의 변동 시나리오를 작성하시오.

▶ [H21] 셀의 이름은 '총적립포인트', [A24] 셀의 이름은 '실버적립율', [B24] 셀의 이름은 '골드적립율', [C24] 셀의 이름은 '프리미엄적립율'로 정의하시오.
▶ **시나리오1**: 시나리오 이름은 '적립율상향', 실버적립율은 5%, 골드적립율은 10%, 프리미엄적립율은 15%로 설정하시오.
▶ **시나리오2**: 시나리오 이름은 '적립율하향', 실버적립율은 1%, 골드적립율은 3%, 프리미엄적립율은 5%로 설정하시오.
▶ '시나리오 요약 2' 시트는 '시나리오-2' 시트의 바로 왼쪽에 위치해야 함
※ 시나리오 요약 보고서 작성 시 정답과 일치하여야 하며, 오자로 인한 부분 점수는 인정하지 않음

▼ 결과 화면

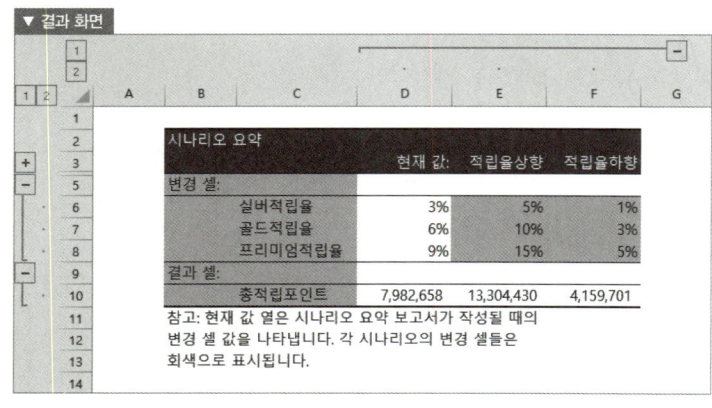

그대로 따라하기

1 셀 이름 정의하기

① [H21] 셀 선택 → [이름 상자]에 **총적립포인트**를 입력한 후 Enter 를 누른다.
② [A23:C24] 영역을 드래그하여 선택 → [수식] 탭-[정의된 이름] 그룹-[선택 영역에서 만들기]를 클릭한다.

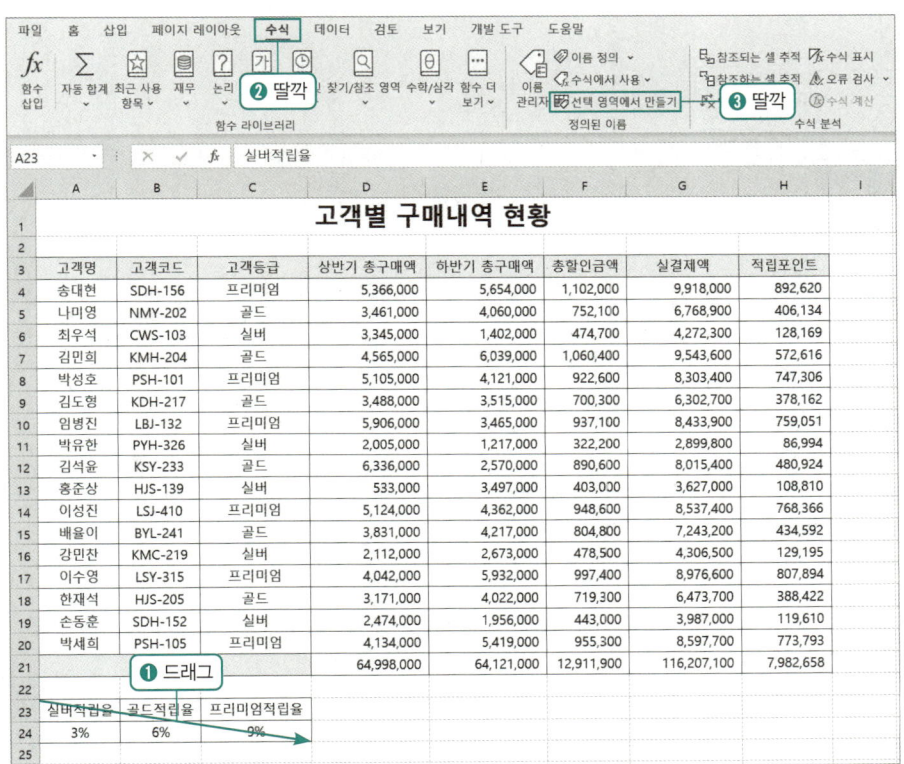

③ [선택 영역에서 이름 만들기] 대화상자가 나타나면 '첫 행'에 체크되었는지 확인 → [확인] 단추를 클릭한다.

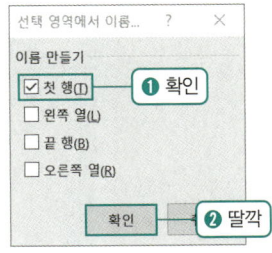

> **읽는 강의**
>
> **실수가 줄어들면 합격은 빨라진다!**
> 셀 또는 영역에 이름을 정의할 때 [이름 상자]에 직접 입력해도 되지만 [선택 영역에서 이름 만들기] 대화상자에서 정의하면 오타를 방지할 수 있다.

2 '적립율상향' 시나리오 작성하기

① [A24:C24] 영역을 드래그하여 선택 → [데이터] 탭-[예측] 그룹-[가상 분석]-[시나리오 관리자]를 선택한다.

② [시나리오 관리자] 대화상자가 나타나면 [추가] 단추를 클릭한다.

③ [시나리오 추가] 대화상자가 나타나면 '시나리오 이름'에 적립율상향을 입력하고 '변경 셀'이 [A24:C24] 영역으로 지정되었는지 확인 → [확인] 단추를 클릭한다.

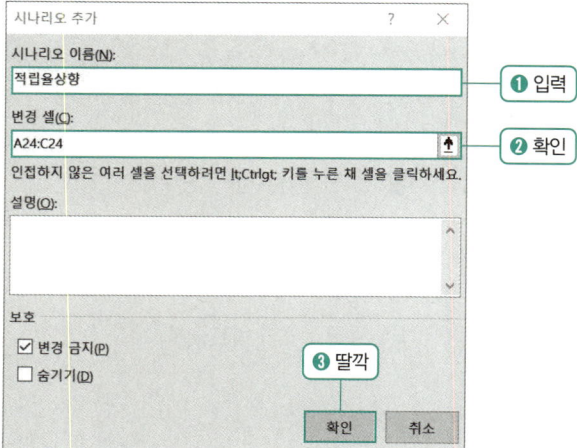

④ [시나리오 값] 대화상자가 나타나면 '실버적립율'에 0.05, '골드적립율'에 0.1, '프리미엄적립율'에 0.15를 입력 → [추가] 단추를 클릭한다.

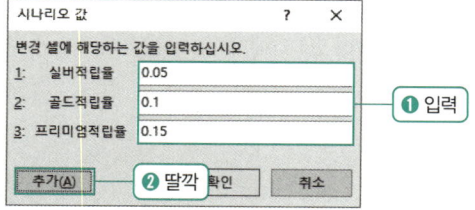

3 '적립율하향' 시나리오 작성하기

① [시나리오 추가] 대화상자가 나타나면 '시나리오 이름'에 적립율하향을 입력하고 '변경 셀'이 [A24:C24] 영역으로 지정되었는지 확인 → [확인] 단추를 클릭한다.

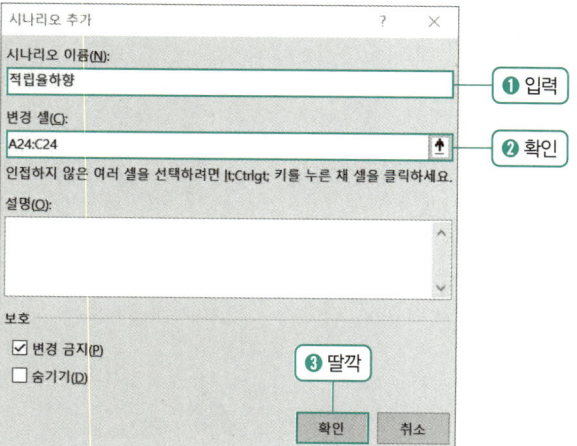

② [시나리오 값] 대화상자가 나타나면 '실버적립율'에 0.01, '골드적립율'에 0.03, '프리미엄 적립율'에 0.05를 입력 → [확인] 단추를 클릭한다.

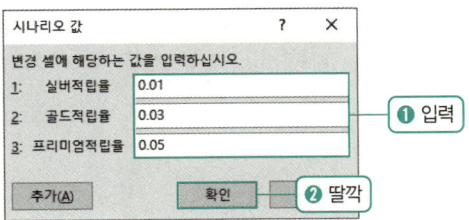

③ [시나리오 관리자] 대화상자로 되돌아오면 '적립율상향'과 '적립율하향' 시나리오가 추가되었는지 확인 → [요약] 단추를 클릭한다.

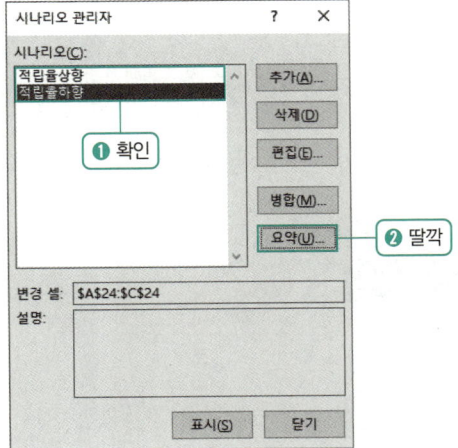

④ [시나리오 요약] 대화상자가 나타나면 '보고서 종류'는 '시나리오 요약'으로 지정되었는지 확인 → '결과 셀'은 [H21] 셀 지정 → [확인] 단추를 클릭한다.

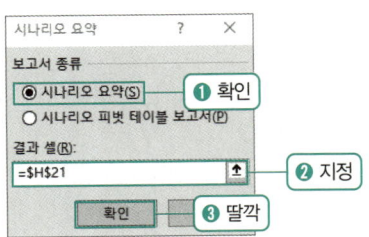

⑤ '시나리오 요약 2' 시트가 '시나리오-2' 시트 바로 왼쪽에 위치되었는지 확인한 후 결과를 확인한다.

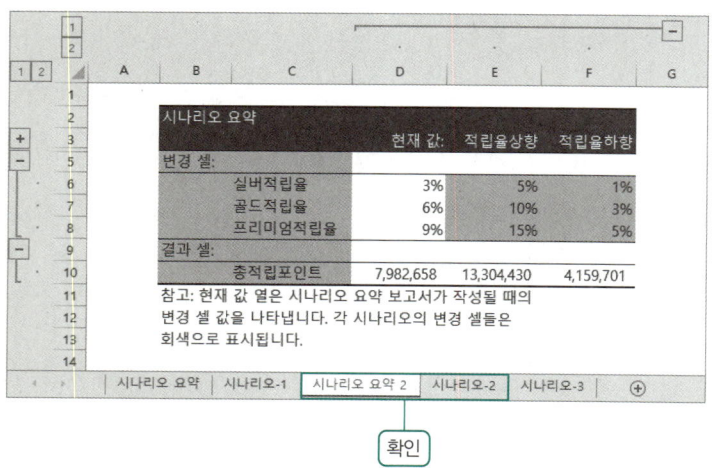

출제패턴 ❸

'시나리오-3' 시트에 대하여 다음의 지시사항을 처리하시오.

[시나리오 관리자] 기능을 이용하여 부대시설이용료[B23], 가격비율[B24], 환급금[B25]이 다음과 같이 변동하는 경우 환급금합계[G21]와 순매출합계[H21]의 변동 시나리오를 작성하시오.

- [G21] 셀의 이름은 '환급금계', [H21] 셀의 이름은 '순매출계', [B23] 셀의 이름은 '부대시설이용료', [B24] 셀의 이름은 '가격비율', [B25] 셀의 이름은 '환급금'으로 정의하시오.
- **시나리오1**: 시나리오 이름은 '시즌기', 부대시설이용료는 40,000원, 가격비율은 130%로 설정하고, 환급금은 50% 인상된 값으로 설정하시오.
- **시나리오2**: 시나리오 이름은 '비시즌기', 부대시설이용료는 20,000원, 가격비율은 70%로 설정하고, 환급금은 50% 인하된 값으로 설정하시오.
- '시나리오 요약 3' 시트는 '시나리오-3' 시트의 바로 왼쪽에 위치해야 함

※ 시나리오 요약 보고서 작성 시 정답과 일치하여야 하며, 오자로 인한 부분 점수는 인정하지 않음

▼ 결과 화면

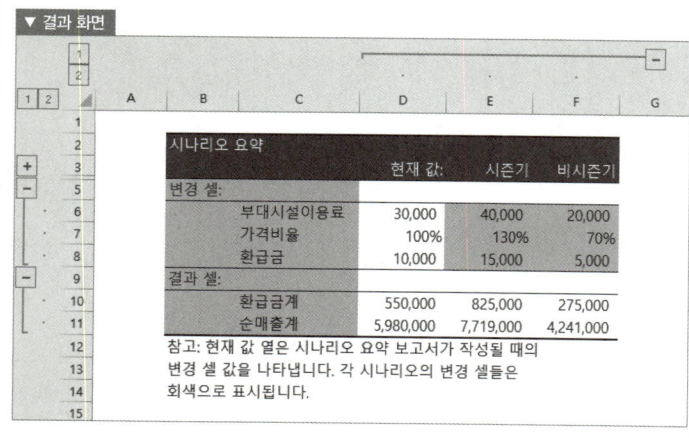

그대로 따라하기

1 셀 이름 정의하기

① [G21] 셀 선택 → [이름 상자]에 환급금계를 입력한 후 Enter를 누름 → [H21] 셀 선택 → [이름 상자]에 순매출계를 입력한 후 Enter를 누른다.
② [A23:B25] 영역을 드래그하여 선택 → **[수식] 탭-[정의된 이름] 그룹-[선택 영역에서 만들기]**를 클릭한다.
③ [선택 영역에서 이름 만들기] 대화상자가 나타나면 '왼쪽 열'에 체크되었는지 확인 → [확인] 단추를 클릭한다.

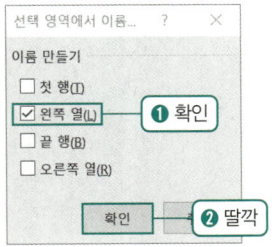

2 '시즌기' 시나리오 작성하기

① [B23:B25] 영역을 드래그하여 선택 → **[데이터] 탭-[예측] 그룹-[가상 분석]-[시나리오 관리자]**를 선택한다.
② [시나리오 관리자] 대화상자가 나타나면 [추가] 단추를 클릭한다.
③ [시나리오 추가] 대화상자가 나타나면 '시나리오 이름'에 시즌기를 입력하고 '변경 셀'이 [B23:B25] 영역으로 지정되었는지 확인 → [확인] 단추를 클릭한다.

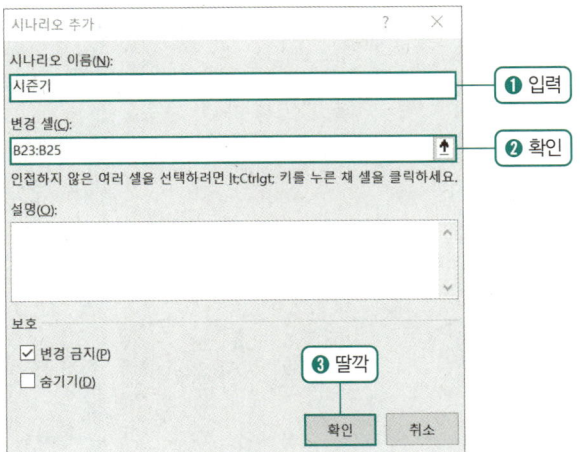

④ [시나리오 값] 대화상자가 나타나면 '부대시설이용료'에 40000, '가격비율'에 130%, '환급금'에 15000을 입력 → [추가] 단추를 클릭한다.

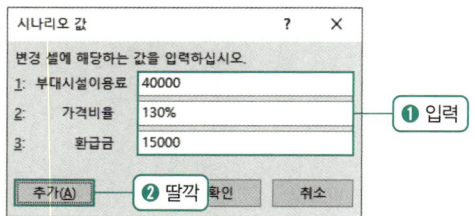

> **읽는 강의**
>
> **풀이법을 알면 시간이 단축된다!**
> [시나리오 값] 대화상자에서 '환급금'에 50% 증가한 값을 입력할 때 계산한 값을 입력해도 되고 '=10000*1.5'와 같이 수식으로 입력해도 된다.

3 '비시즌기' 시나리오 작성하기

① [시나리오 추가] 대화상자가 나타나면 '시나리오 이름'에 비시즌기를 입력하고 '변경 셀'이 [B23:B25] 영역으로 지정되었는지 확인 → [확인] 단추를 클릭한다.

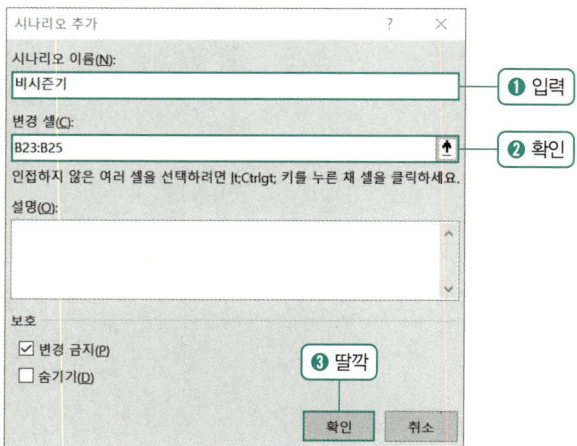

② [시나리오 값] 대화상자가 나타나면 '부대시설이용료'에 20000, '가격비율'에 70%, '환급금'에 5000을 입력 → [확인] 단추를 클릭한다.

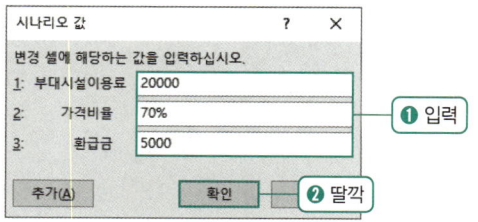

③ [시나리오 관리자] 대화상자로 되돌아오면 '시즌기'와 '비시즌기' 시나리오가 추가되었는지 확인 → [요약] 단추를 클릭한다.

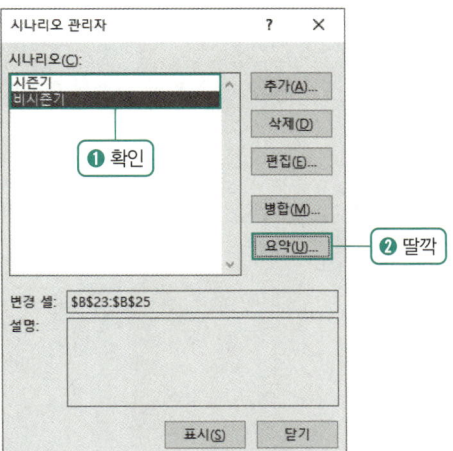

④ [시나리오 요약] 대화상자가 나타나면 '보고서 종류'는 '시나리오 요약'으로 지정되었는지 확인 → '결과 셀'은 [G21:H21] 영역 지정 → [확인] 단추를 클릭한다.

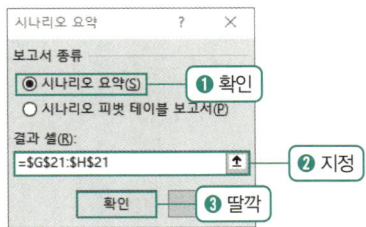

⑤ '시나리오 요약 3' 시트가 '시나리오-3' 시트 바로 왼쪽에 위치되었는지 확인한 후 결과를 확인한다.

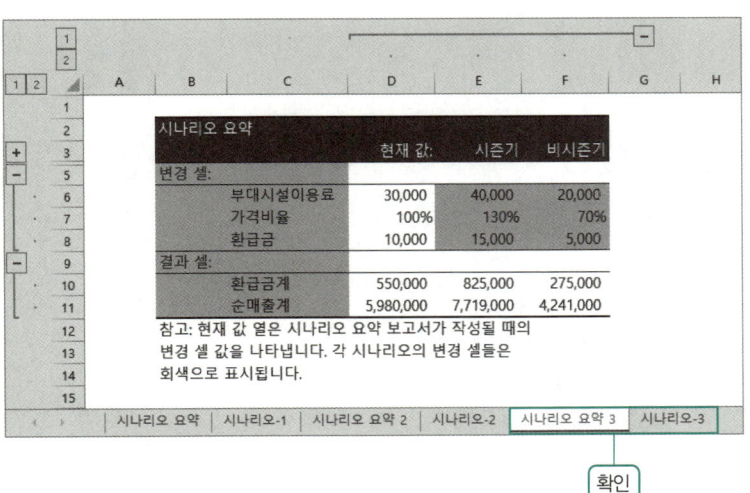

Chapter 04

기타작업

배점 35점
목표점수 25점

무료 동영상 강의

출제유형 분석

기타작업은 **1**번 문제가 차트, **2**번 문제가 매크로, **3**번 문제가 프로시저로 총 3문제가 고정적으로 출제된다. 매크로 문제는 사용자 지정 표시 형식, 조건부 서식 등을 지정하거나 정렬과 부분합 등 분석작업의 내용이 혼합되어 출제되며 프로시저는 [Visual Basic Editor]에서 코드를 작성하는 문제가 출제된다.

합격 전략

기타작업에서 차트와 매크로 문제는 어렵게 느껴질 수 있지만, 지시사항대로 여러 번 연습하여 풀이 방법을 정확히 숙지하면 풀이법이 유사할 정도로 반복된다. 실수하지 않고 만점을 기대해야 하는 부분이다. 프로시저는 생소한 코드를 작성해야 하여 많은 수험생들이 어려워한다. 완벽한 이해를 하기 위해서는 매우 많은 시간을 투자해야 하므로 계획성 있게 접근하도록 한다.

세부 출제패턴

	출제유형	난이도	세부 출제패턴
1	차트	상 중 하	워크시트의 데이터를 막대, 선, 원 등의 시각적인 요소로 데이터의 경향과 흐름을 알아보기 쉽게 표현하는 기능으로서 출제 패턴에서 크게 벗어나지 않으므로 유형별 풀이법을 통해 쉽게 접근할 수 있다.
2	매크로	상 중 하	반복적인 작업을 자동화하기 위해 여러 명령을 하나의 단추에 기록한 기능으로 셀 서식, 분석작업의 기능도 함께 학습한다.
3	프로시저	상 중 하	여러 개의 기능을 수행하기 위한 명령문의 집합으로, 프로시저에서는 보통 3문제가 출제되고 있다. 유형별 풀이법을 통해 쉽게 출제되는 1~2문제는 해결할 수 있도록 반복학습한다.

기 타 작 업

01 차트

① **개념**: 데이터를 시각적으로 표현하는 도구로서 다양한 종류의 차트를 사용하여 데이터를 그래프 형태로 표시할 수 있으며, 이를 통해 데이터를 쉽게 비교하고 분석할 수 있음
② **특징**
  - 많은 양의 데이터를 간결하게 요약할 수 있음
  - 차트를 이용하면 데이터의 상호 관계나 데이터의 추세, 유형 등을 쉽고 직관적으로 이해할 수 있음
③ **지정 방법**: [삽입] 탭-[차트] 그룹, [차트 디자인] 탭/[서식] 탭
④ **차트의 구성 요소**

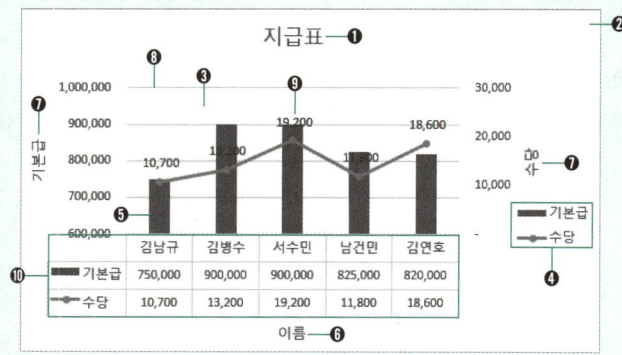

❶ 차트 제목	차트의 제목 표시
❷ 차트 영역	차트의 모든 구성 요소를 포함하는 영역
❸ 그림 영역	가로 축과 세로 축으로 구성된 영역
❹ 범례	데이터 계열의 항목별 이름으로, 색이나 무늬로 데이터 계열을 구분
❺ 데이터 계열	차트로 나타낼 값을 가진 항목
❻ 가로 축 제목	가로 축 항목의 전체 의미를 나타내는 제목
❼ 세로 축 제목	세로 축에 표현되는 숫자의 전체 의미를 나타내는 제목
❽ 눈금선	그림 영역에 표시된 눈금
❾ 데이터 레이블	데이터 계열의 값, 항목 등을 표시
❿ 데이터 테이블	차트의 데이터를 표로 표시(범례 표시/범례 제외)

📥 **작업 파일명** C:\에듀윌_2026컴활1급실기\그대로따라하기\스프레드시트실무\04.기타작업\실습\01_차트.xlsx

출제패턴 ❶

'차트-1' 시트에서 다음의 지시사항에 따라 차트를 수정하시오.

※ 차트는 반드시 문제에서 제공한 차트를 사용하여야 하며, 신규로 차트 작성 시 0점 처리됨

1. 가전제품이 'TV', '전기밥솥', '세탁기', '냉장고', '전자레인지'인 정보만 '수입량'과 '수입액'이 차트에 표시되도록 데이터 범위를 수정하시오.
2. 차트 제목을 '차트 위'로 추가하여 [A1] 셀과 연결하여 표시하고, 글꼴 '굴림체', 글꼴 크기 '16'pt, 글꼴 색 '표준 색 – 빨강', '밑줄'을 지정하시오.
3. 가로 (항목) 축 제목을 추가하여 '가전제품'으로 입력하시오.
4. '수입액' 계열의 차트 종류를 '표식이 있는 꺾은선형'으로 변경한 후 보조 축을 지정하시오.
5. 보조 세로 (값) 축의 최소값은 '0', 최대값은 '180000', 기본 단위는 '30000'으로 지정하시오.
6. 범례 위치를 아래쪽으로 지정한 후 '미세 효과 – 주황, 강조 2' 도형 스타일을 적용하시오.
7. '수입량' 계열의 '전자레인지' 요소에만 데이터 레이블 '값'을 표시하고, 레이블의 위치를 '안쪽 끝에'로 지정하시오.
8. 차트 영역의 테두리 스타일은 '둥근 모서리', 그림자는 '오프셋: 오른쪽 아래'로 표시하시오.

▼ 결과 화면

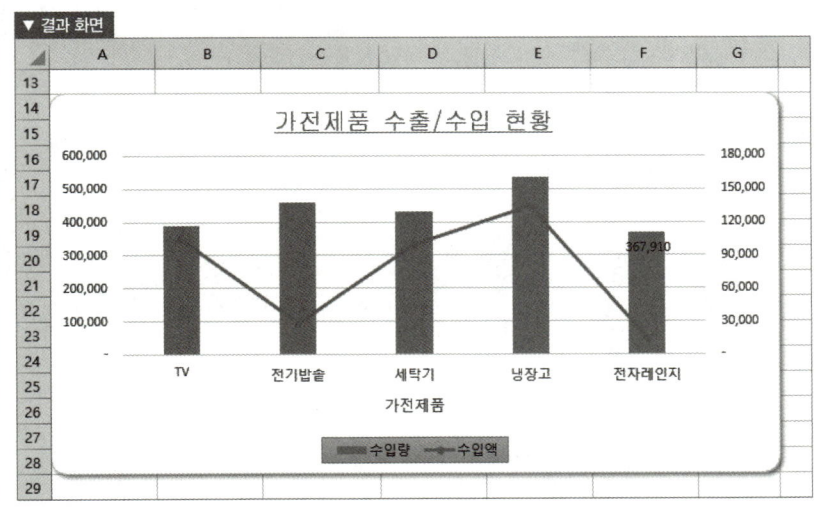

> **읽는 강의**
>
> **출제패턴을 알면 시험이 쉬워진다!**
> 차트는 매 시험마다 반드시 출제되므로 차트의 구성 요소를 이해하고 지시사항을 정확하게 이행해야 한다.

그대로 따라하기

1 데이터 범위 수정하기

① 차트 영역 선택 → [차트 디자인] 탭-[데이터] 그룹-[데이터 선택]을 클릭한다.

풀이법을 알면 시간이 단축된다!
차트 영역에서 마우스 오른쪽 단추를 클릭하고 바로 가기 메뉴에서 [데이터 선택]을 선택해도 된다.

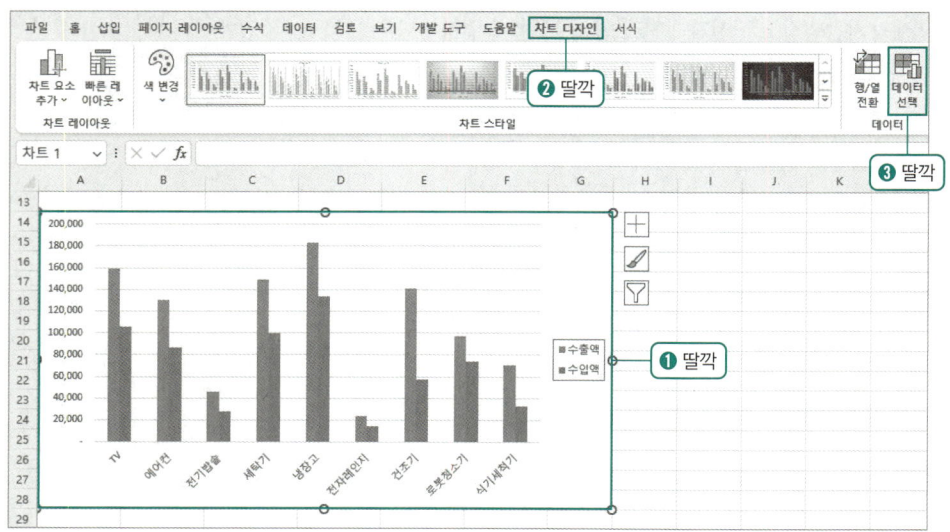

② [데이터 원본 선택] 대화상자가 나타나면 '차트 데이터 범위'에 지정되어 있는 영역을 모두 삭제 → Ctrl을 누른 상태에서 [A3:A4], [D3:E4], [A6:A9], [D6:E9] 영역을 차례대로 드래그하여 선택 → [확인] 단추를 클릭한다.

실수가 줄어들면 합격은 빨라진다!
셀 또는 영역을 범위로 지정할 때 반드시 순서대로 지정해야 한다. 순서 없이 지정하면 차트가 생성되지 않을 수 있다.

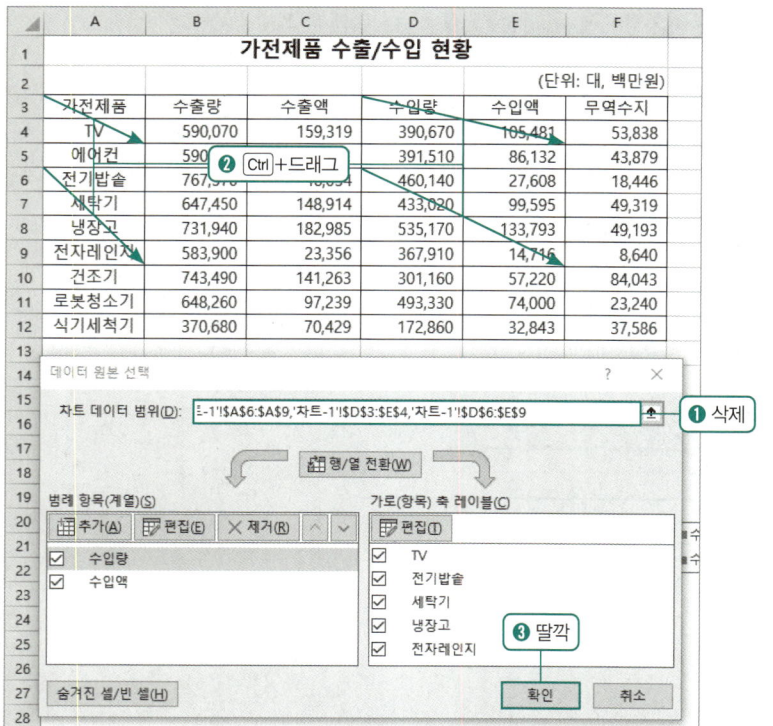

2 차트 제목 및 서식 지정하기

① 차트를 선택한 상태에서 [차트 디자인] 탭-[차트 레이아웃] 그룹-[차트 요소 추가]-[차트 제목]-[차트 위]를 선택하여 차트 제목을 추가한다.

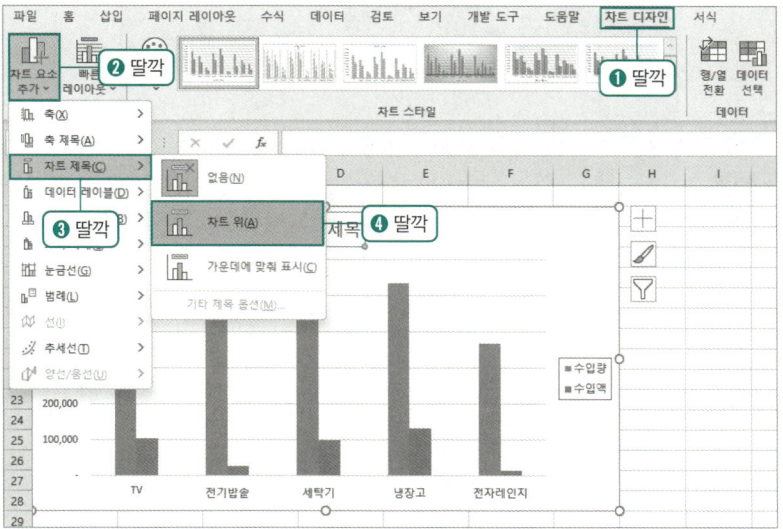

② 차트 제목을 선택한 상태에서 수식 입력줄에 = 입력 → [A1] 셀을 선택하고 Enter 를 누른다.

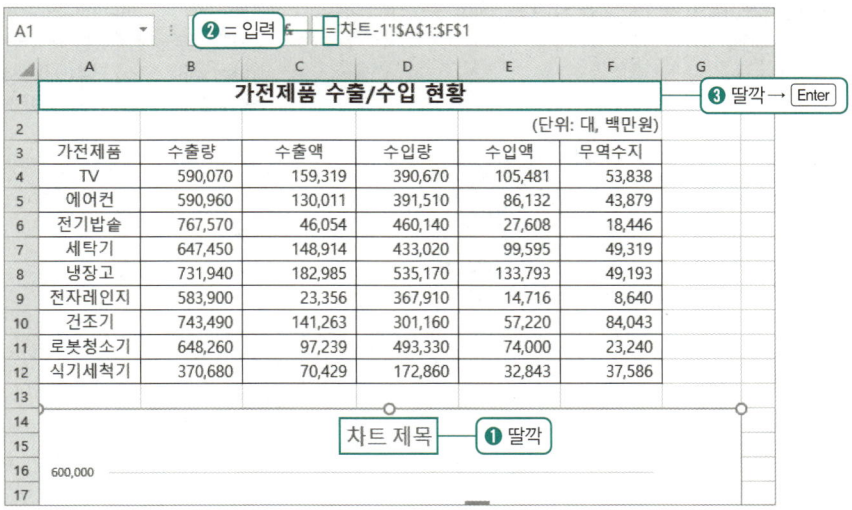

③ [홈] 탭-[글꼴] 그룹에서 글꼴은 '굴림체', 글꼴 크기는 '16'pt, '밑줄'을 지정하고, 글꼴 색은 '표준 색'의 '빨강'을 선택한다.

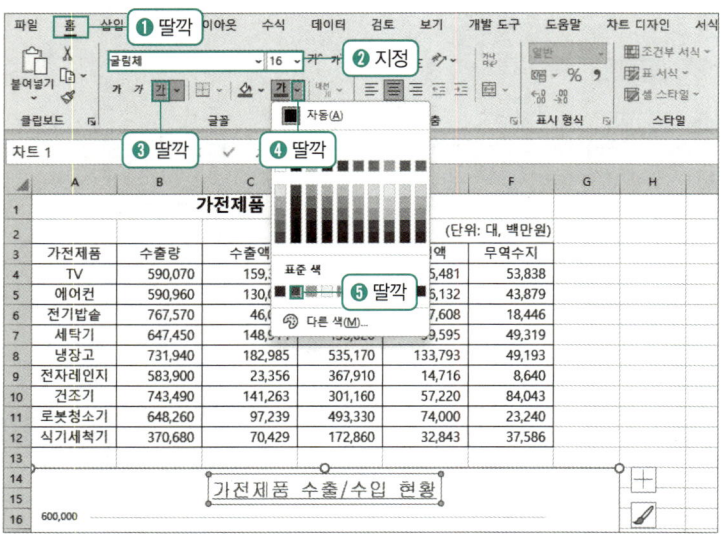

3 가로 (항목) 축 제목 추가하기

① 차트를 선택한 상태에서 [차트 디자인] 탭-[차트 레이아웃] 그룹-[차트 요소 추가]-[축 제목]-[기본 가로]를 선택하여 축 제목을 추가한다.

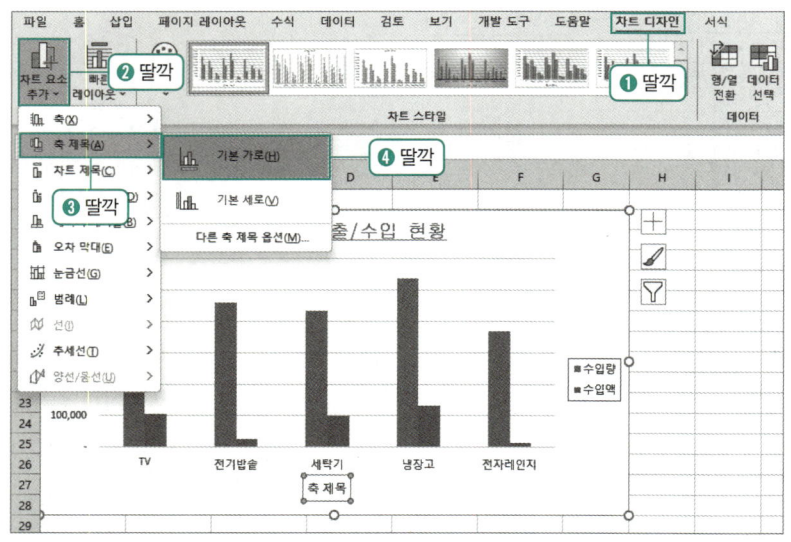

풀이법을 알면 시간이 단축된다!
차트 영역을 선택했을 때 나타나는 [차트 요소] 단추(田)에서도 차트의 서식을 지정할 수 있다.

② 가로 (항목) 축 제목을 선택한 상태에서 수식 입력줄에 가전제품을 입력한 후 Enter 를 누른다.

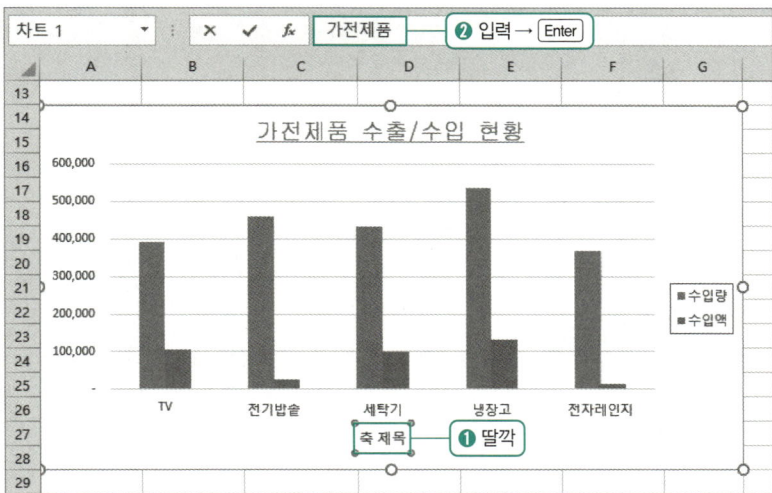

4 차트 종류를 변경하고 보조 축 지정하기

① 차트를 선택한 상태에서 [차트 디자인] 탭-[종류] 그룹-[차트 종류 변경]을 클릭한다.

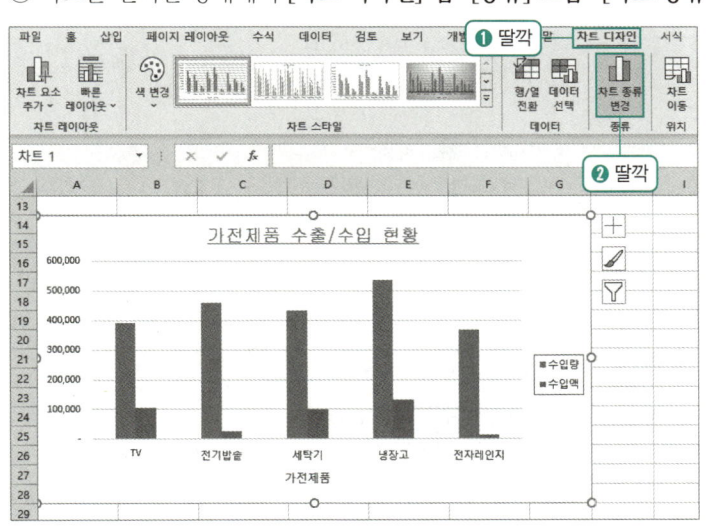

풀이법을 알면 시간이 단축된다!
차트를 선택한 상태에서 마우스 오른쪽 단추를 클릭하고 바로 가기 메뉴에서 [차트 종류 변경]을 선택해도 된다.

② [차트 종류 변경] 대화상자가 나타나면 [모든 차트] 탭의 '혼합' 범주에서 '수입액'의 '차트 종류'를 '표식이 있는 꺾은선형'으로 선택하고 '보조 축' 체크 → [확인] 단추를 클릭한다.

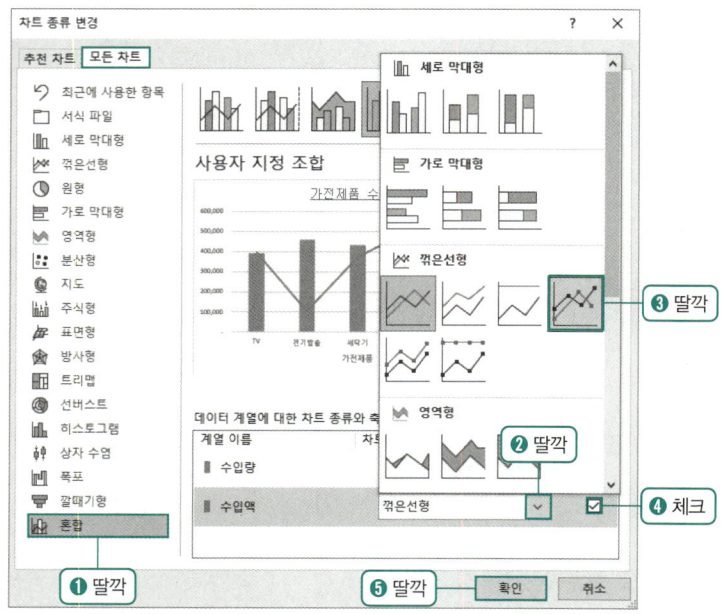

5 보조 세로 (값) 축 값 지정하기

보조 세로 (값) 축을 더블클릭 → [축 서식] 창이 나타나면 '축 옵션'의 '축 옵션'(🏛)에서 '축 옵션'의 '경계'는 '최소값'에 0을, '최대값'에 180000을 입력하고 '단위'의 '기본'에 30000을 입력 → [닫기] 단추(❌)를 클릭한다.

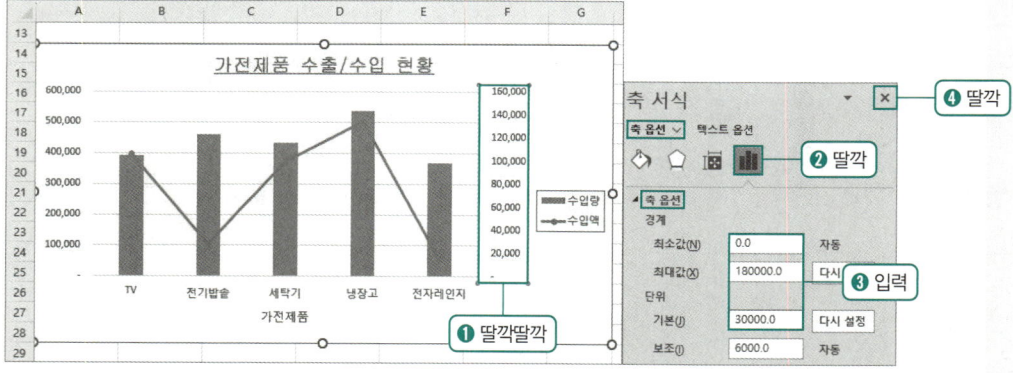

6 범례 위치 및 서식 지정하기

① 차트를 선택한 상태에서 [차트 디자인] 탭-[차트 레이아웃] 그룹-[차트 요소 추가]-[범례]-[아래쪽]을 선택하여 범례 위치를 수정한다.

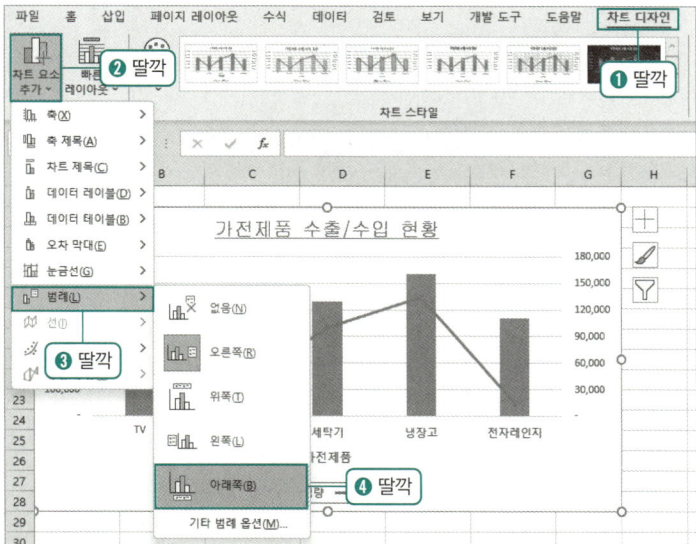

② 범례 선택 → [서식] 탭-[도형 스타일] 그룹-[자세히] 단추(⃝)를 클릭한다.

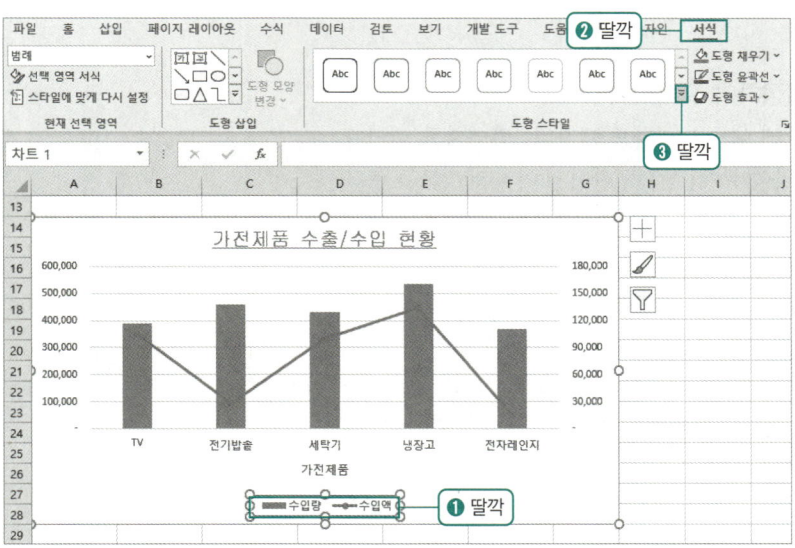

③ '미세 효과 – 주황, 강조 2'를 선택한다.

7 일부 요소에만 데이터 레이블 값 위치 지정하여 표시하기

'수입량' 계열의 '전자레인지' 요소만 천천히 두 번 클릭 → [차트 디자인] 탭-[차트 레이아웃] 그룹-[차트 요소 추가]-[데이터 레이블]-[안쪽 끝에]를 선택하여 데이터 레이블을 추가한다.

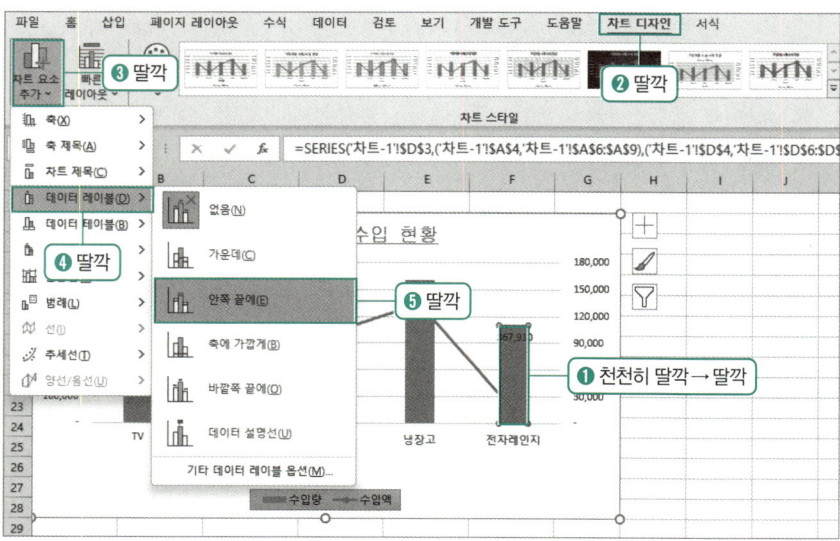

8 차트 영역의 테두리 스타일과 그림자 지정하기

① 차트 영역을 더블클릭한다.

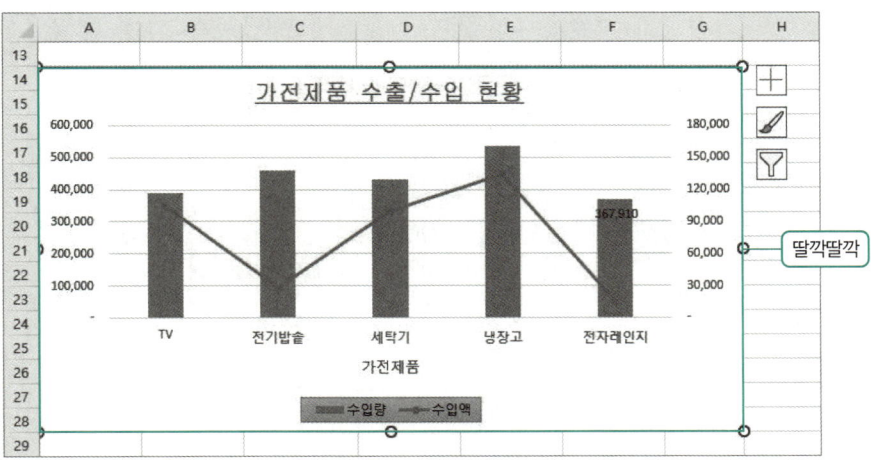

② [차트 영역 서식] 창이 나타나면 '차트 옵션'의 '채우기 및 선'(◆)에서 '테두리'의 '둥근 모서리' 체크 → '효과'(◯)에서 '그림자'의 '미리 설정'을 '오프셋: 오른쪽 아래'로 선택 → [닫기] 단추(✖)를 클릭한다.

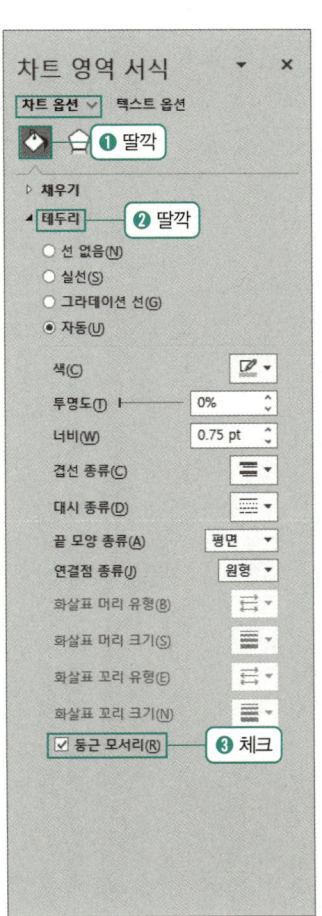

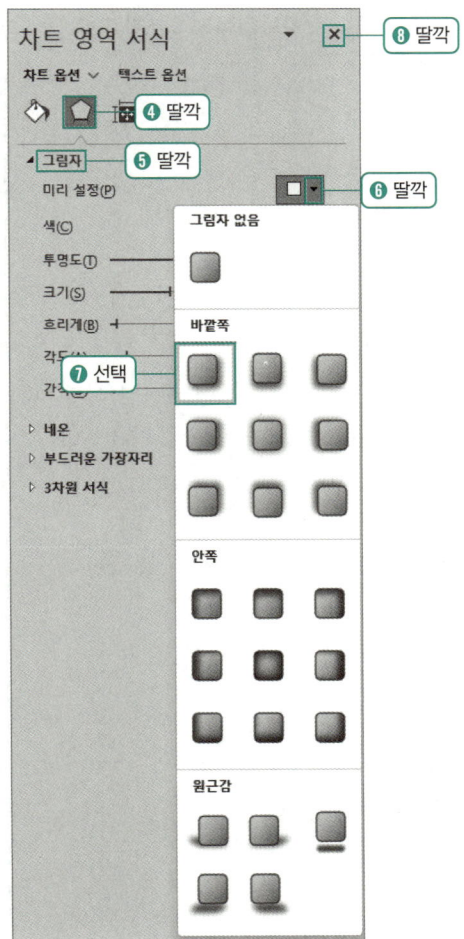

③ 결과를 확인한다.

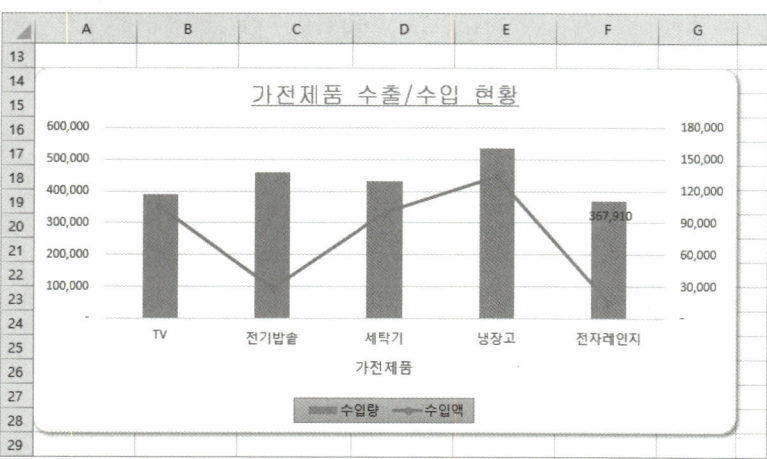

출제패턴 ❷

'차트-2' 시트에서 다음의 지시사항에 따라 차트를 수정하시오.

※ 차트는 반드시 문제에서 제공한 차트를 사용하여야 하며, 신규로 차트 작성 시 0점 처리됨

1 '성명'별 '결석수'의 데이터가 차트에 표시되도록 데이터 범위를 추가하시오.
2 차트 제목을 〈그림〉과 같이 입력한 후 글꼴은 '궁서', 글꼴 크기는 '18'pt, 채우기 색은 '표준 색-노랑'으로 지정하시오.
3 '결석수' 계열의 차트 종류를 '표식이 있는 꺾은선형'으로 변경한 후 보조 축을 지정하시오.
4 '표식이 있는 꺾은선형' 차트로 표시된 '결석수' 계열의 선을 완만한 선으로 표시하시오.
5 '4월' 계열에 계열 겹치기를 '20%', 간격 너비를 '100%'로 설정하시오.
6 보조 세로 (값) 축의 최소값은 '-12', '값을 거꾸로'로 지정하고, 기본 세로 (값) 축의 최대값은 '30'으로 지정하시오.
7 그림 영역을 '신문 용지' 질감으로 채우시오.

▼ 결과 화면

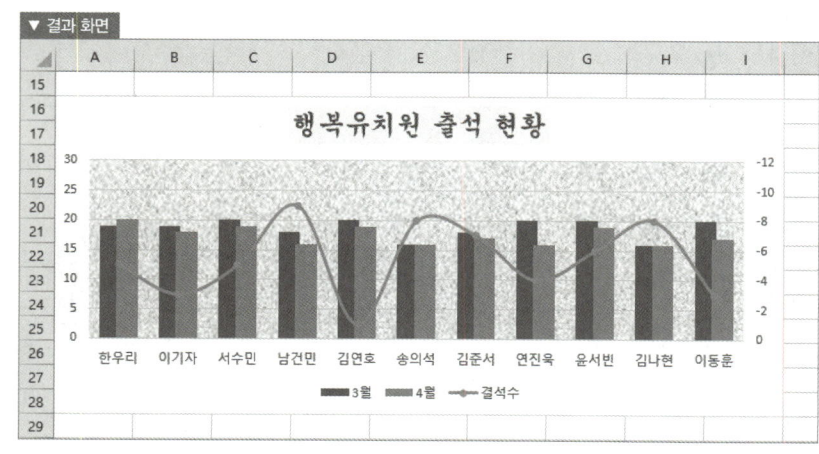

그대로 따라하기

1 데이터 범위 추가하기

차트에 '결석수' 계열을 추가하기 위해 [I3:I14] 영역을 드래그하여 선택한 후 Ctrl+C를 눌러 복사 → 차트 영역을 선택하고 Ctrl+V를 눌러 붙여넣는다.

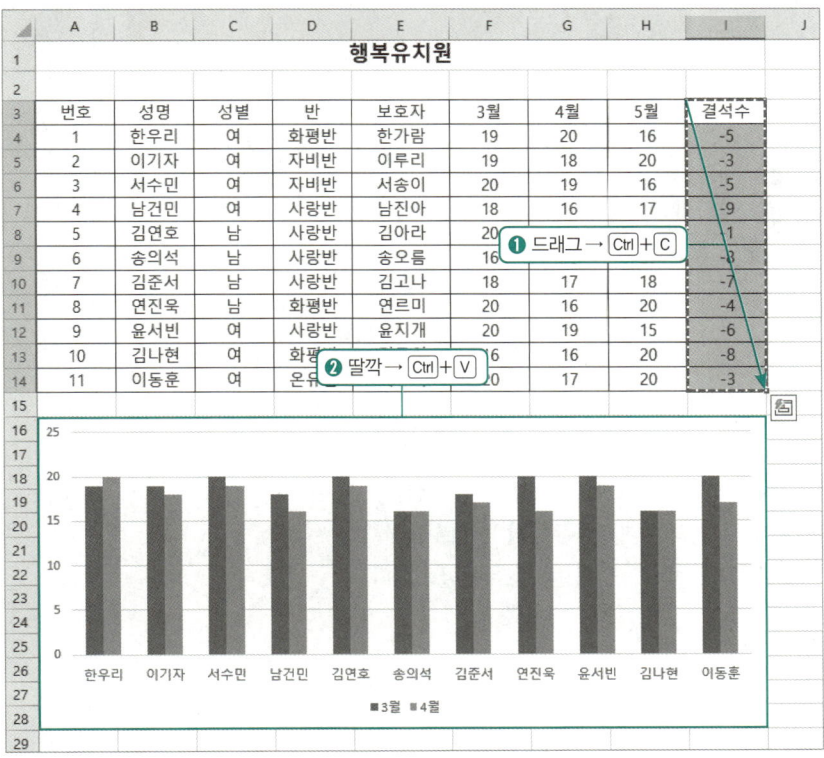

2 차트 제목 및 서식 지정하기

① 차트를 선택 → [차트 디자인] 탭-[차트 레이아웃] 그룹-[차트 요소 추가]-[차트 제목]-[차트 위]를 선택하여 차트 제목을 추가한다.

② 차트 제목을 선택 → 수식 입력줄에 행복유치원 출석 현황을 입력한 후 Enter를 누른다.

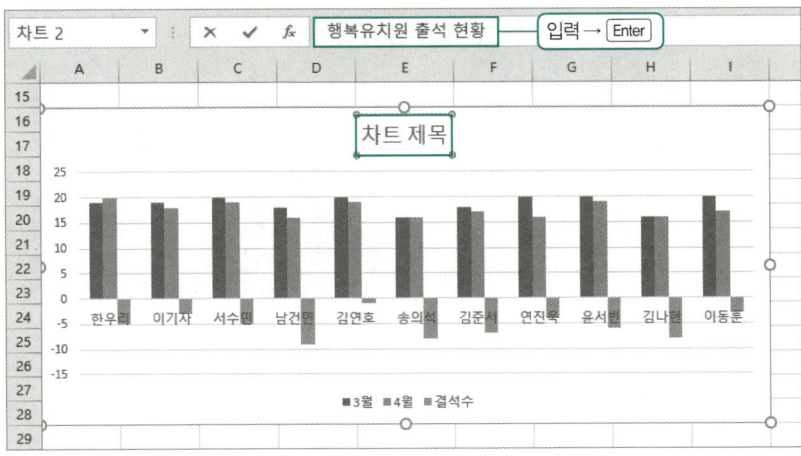

③ [홈] 탭-[글꼴] 그룹에서 글꼴은 '궁서', 글꼴 크기는 '18'pt로 지정하고, 채우기 색은 '표준 색'의 '노랑'을 선택한다.

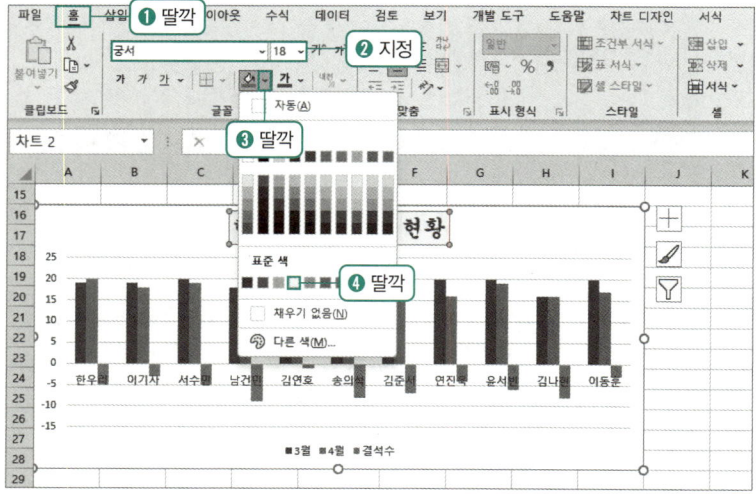

3 차트 종류를 변경하고 보조 축 지정하기

① 차트를 선택한 상태에서 [차트 디자인] 탭-[종류] 그룹-[차트 종류 변경]을 클릭한다.
② [차트 종류 변경] 대화상자가 나타나면 [모든 차트] 탭의 '혼합' 범주에서 '결석수'의 '차트 종류'를 '표식이 있는 꺾은선형'으로 선택하고 '보조 축' 체크 → [확인] 단추를 클릭한다.

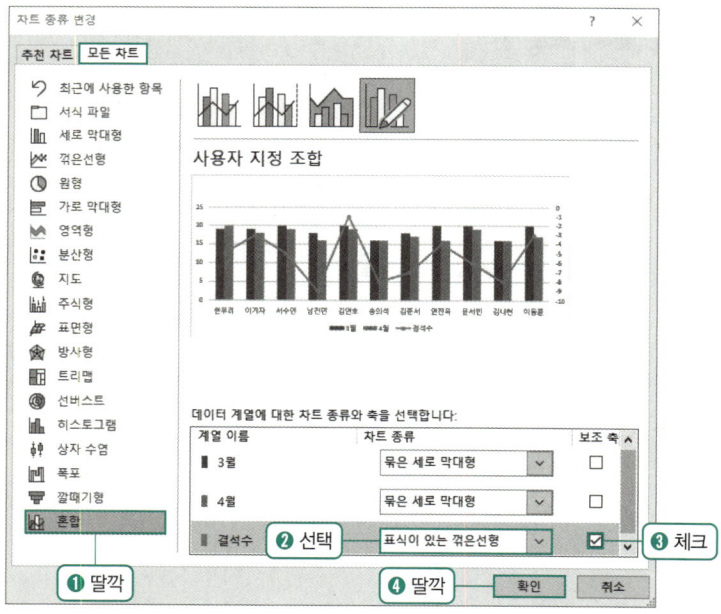

4 꺾은선형 차트 완만한 선 지정하기

'결석수' 계열 더블클릭 → [데이터 계열 서식] 창이 나타나면 '계열 옵션'의 '채우기 및 선'(◇)에서 '선'의 '완만한 선'을 체크 → [닫기] 단추(✖)를 클릭한다.

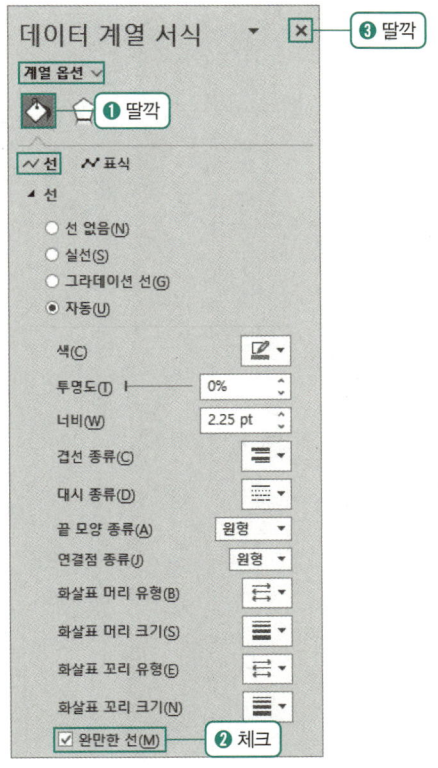

5 계열 겹치기 및 간격 너비 지정하기

'4월' 계열 더블클릭 → [데이터 계열 서식] 창이 나타나면 '계열 옵션'의 '계열 옵션'(▥)에서 '계열 옵션'의 '계열 겹치기'는 '20%', '간격 너비'는 '100%'로 지정 → [닫기] 단추(✖)를 클릭한다.

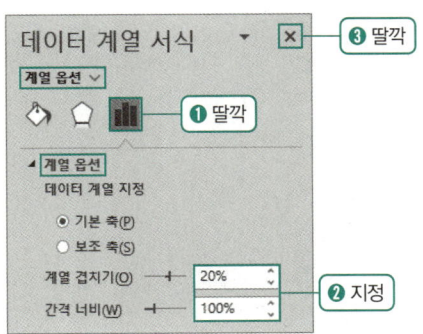

> **풀이법을 알면 시간이 단축된다!**
> - **계열 겹치기**: 숫자값이 클수록 겹쳐지는 부분이 커짐 (-100~100%)
> - **간격 너비**: 숫자값이 클수록 항목 사이의 공백이 커짐 (0~500%)

6 세로 (값) 축 지정하기

① 보조 세로 (값) 축을 더블클릭 → [축 서식] 창이 나타나면 '축 옵션'의 '축 옵션'(⬛)에서 '축 옵션'의 '경계'는 '최소값'에 −12를 입력하고 '값을 거꾸로'에 체크한다.

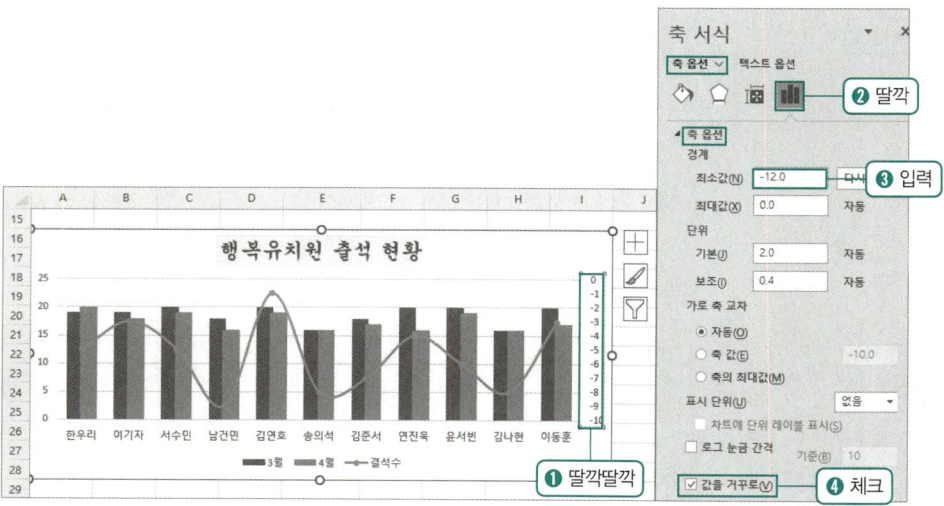

② 기본 세로 (값) 축을 더블클릭 → [축 서식] 창이 나타나면 '축 옵션'의 '축 옵션'(⬛)에서 '축 옵션'의 '경계'는 '최대값'에 30을 입력 → [닫기] 단추(✖)를 클릭한다.

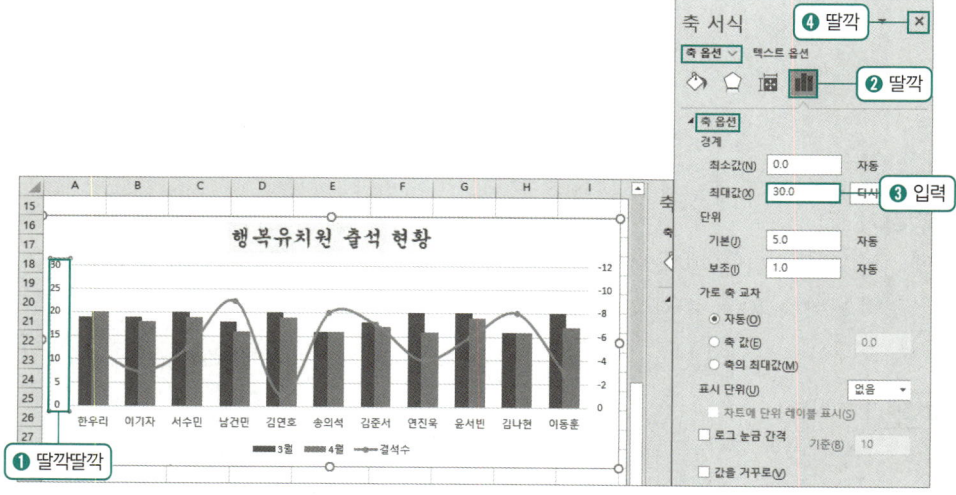

7 그림 영역 질감 지정하기

① 그림 영역 선택 → [서식] 탭-[도형 스타일] 그룹-[도형 채우기]-[질감]을 선택한다.

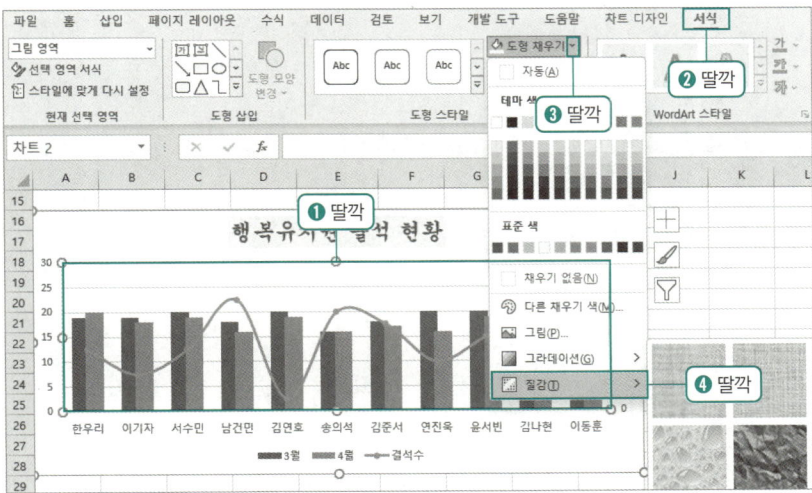

② '신문 용지' 질감을 선택한다.

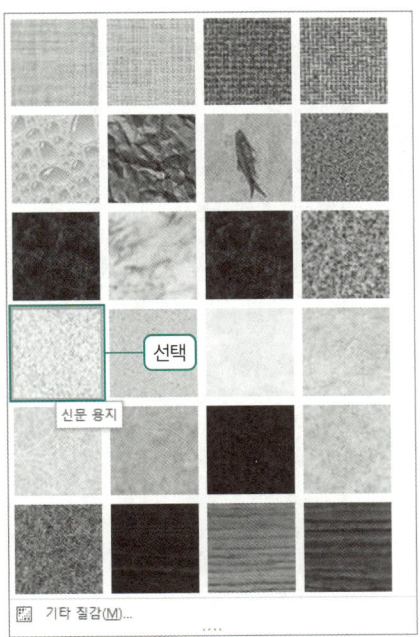

③ 결과를 확인한다.

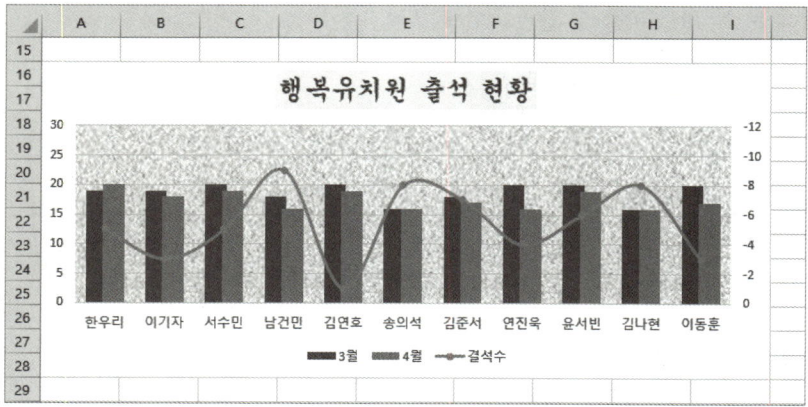

출제패턴 ❸

'차트-3' 시트에서 다음의 지시사항에 따라 차트를 수정하시오.

※ 차트는 반드시 문제에서 제공한 차트를 사용하여야 하며, 신규로 차트 작성 시 0점 처리됨

1 '신청과목' 계열이 제거되도록 데이터 범위를 수정하고, 차트 종류를 '3차원 원형'으로 변경하시오.

2 차트 레이아웃은 '레이아웃 3', 차트 스타일은 '스타일 4'로 지정하시오.

3 차트 제목은 〈그림〉과 같이 입력한 후 글꼴 색은 '표준 색-빨강'으로 지정하시오.

4 데이터 계열의 '첫째 조각의 각'을 '90°'로 지정하시오.

5 데이터 계열에 데이터 레이블 '항목 이름'과 '백분율'을 표시하고, 데이터 계열에서 '한우리' 요소만 돌출되도록 하시오.

6 차트 영역의 테두리 스타일은 '실선', 테두리 색은 '표준 색-녹색', 너비는 '2'pt로 지정하시오.

▼ 결과 화면

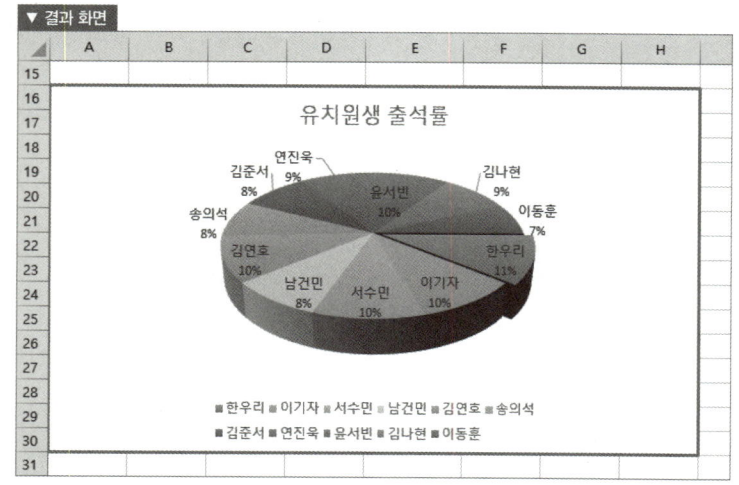

그대로 따라하기

1 데이터 범위를 제거하고 차트 종류 변경하기

① 차트에서 '신청과목' 계열을 제거하기 위해 '신청과목' 계열을 선택한 후 Delete 를 눌러 삭제 → [차트 디자인] 탭-[종류] 그룹-[차트 종류 변경]을 클릭한다.

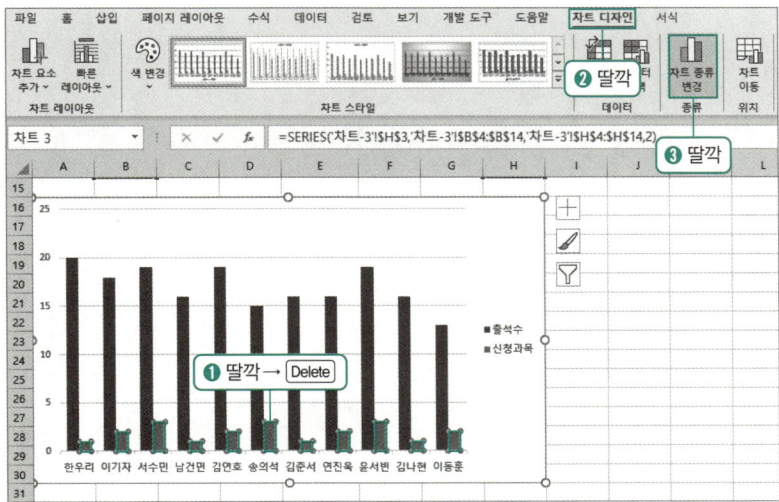

② [차트 종류 변경] 대화상자가 나타나면 [모든 차트] 탭의 '원형' 범주에서 '3차원 원형'을 선택 → [확인] 단추를 클릭한다.

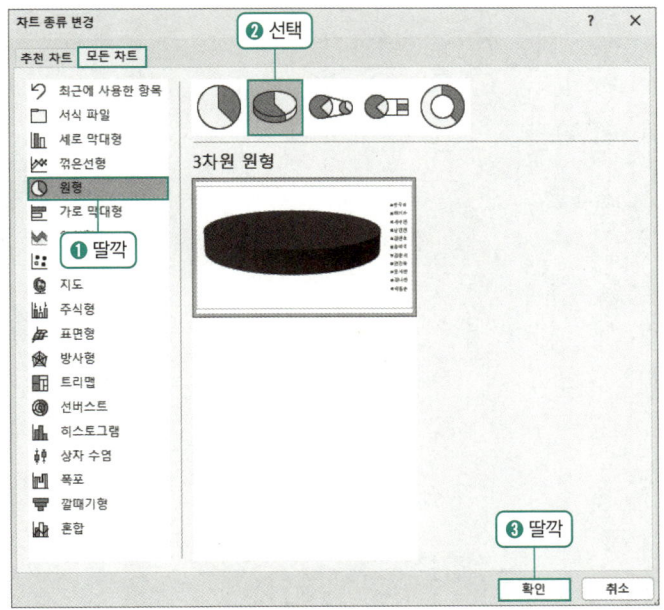

2 차트 레이아웃 및 스타일 지정하기

차트를 선택한 상태에서 [차트 디자인] 탭-[차트 레이아웃] 그룹-[빠른 레이아웃]을 클릭한 후 '레이아웃 3' 선택 → [차트 디자인] 탭-[차트 스타일] 그룹에서 '스타일 4'를 선택한다.

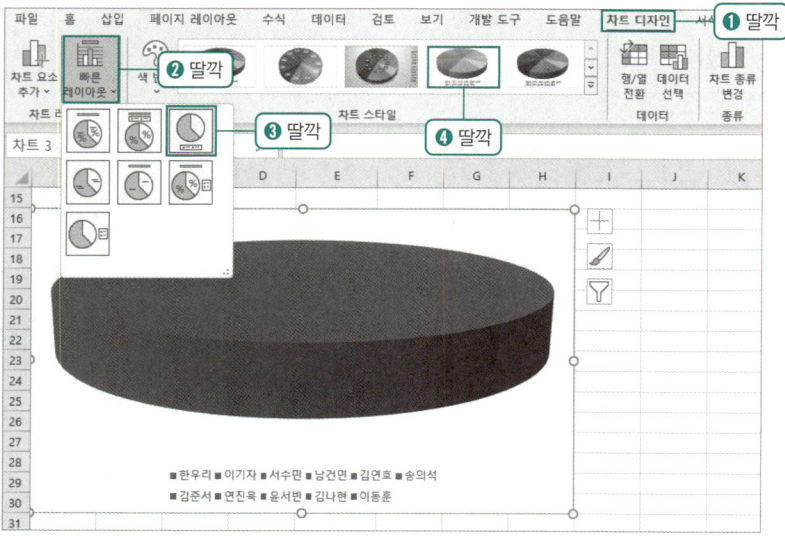

3 차트 제목 및 서식 지정하기

① 차트를 선택한 상태에서 [차트 디자인] 탭-[차트 레이아웃] 그룹-[차트 요소 추가]-[차트 제목]-[차트 위]를 선택하여 차트 제목을 추가한다.
② 차트 제목을 선택한 상태에서 수식 입력줄에 유치원생 출석률을 입력한 후 Enter를 누름 → [홈] 탭-[글꼴] 그룹에서 글꼴 색은 '표준 색'의 '빨강'을 선택한다.

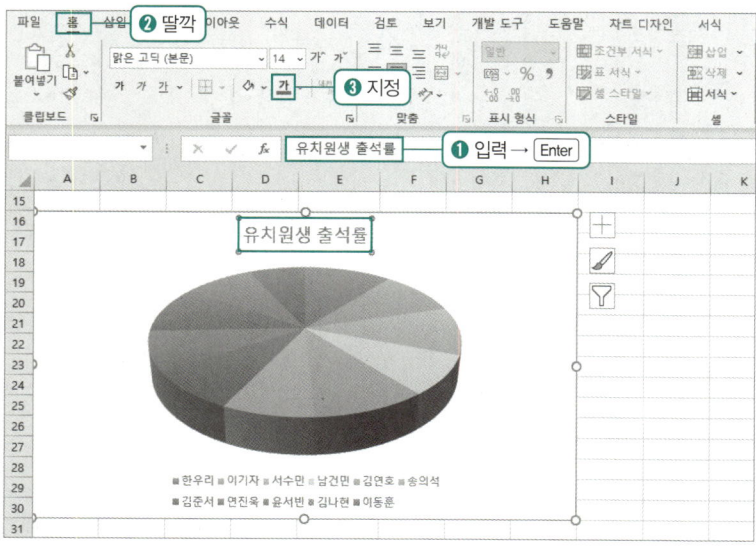

4 첫째 조각의 각 지정하기

'출석수' 계열 더블클릭 → [데이터 요소 서식] 창이 나타나면 '계열 옵션'의 '계열 옵션'(📊)에서 '계열 옵션'의 '첫째 조각의 각'을 '90°'로 지정 → [닫기] 단추(❌)를 클릭한다.

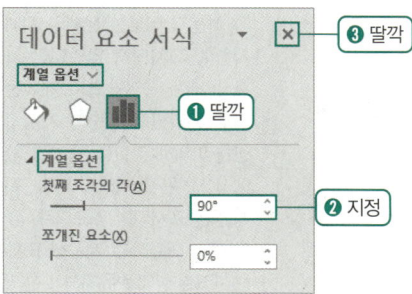

5 데이터 레이블 표시 및 일부 요소 돌출 지정하기

① 차트를 선택한 상태에서 [차트 디자인] 탭-[차트 레이아웃] 그룹-[차트 요소 추가]-[데이터 레이블]-[기타 데이터 레이블 옵션]을 선택한다.

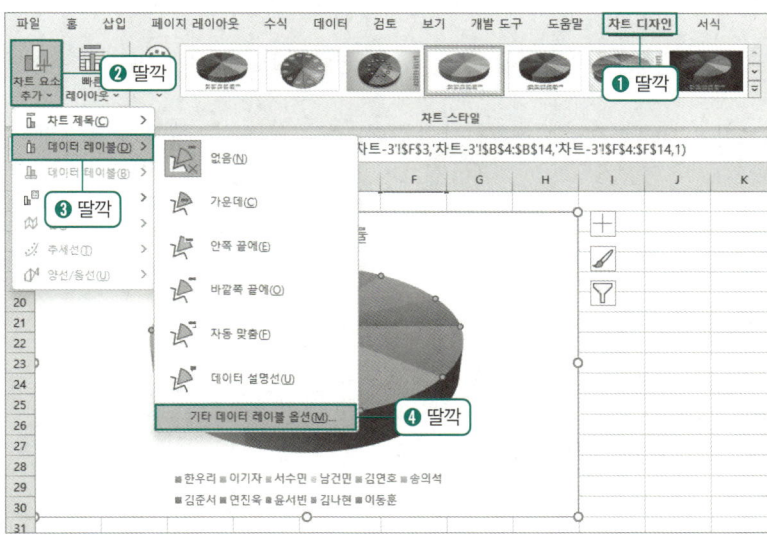

② [데이터 레이블 서식] 창이 나타나면 '레이블 옵션'의 '레이블 옵션'(📊)에서 '레이블 옵션'의 '항목 이름'과 '백분율'을 체크하고 '값'을 체크 해제 → [닫기] 단추(❌)를 클릭한다.

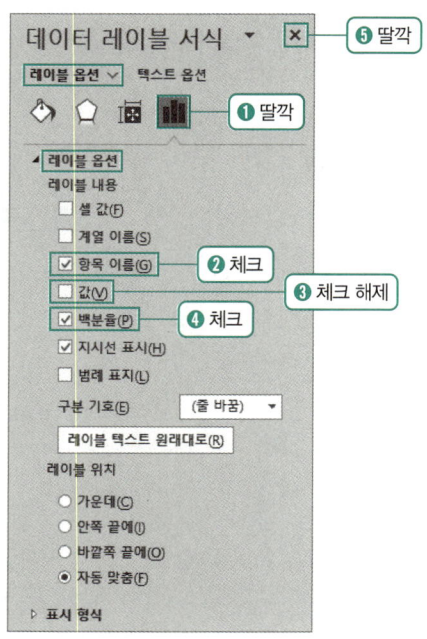

> **읽는 강의**
>
> **실수가 줄어들면 합격은 빨라진다!**
> '값'과 '지시선 표시'를 지정해야 하는지 여부는 문제의 지시사항에 제시되지 않았지만 차트 문제는 〈그림〉으로 제시된 차트를 확인하고 숨은 지시사항을 파악해야 한다. 즉, 〈그림〉에서 '값'은 표시되지 않고 '지시선'은 표시되어 있으므로 '값'은 체크 해제하고 '지시선 표시'는 체크한 상태로 유지해야 한다.

③ 데이터 계열에서 '한우리' 요소만 천천히 두 번 클릭 → 바깥쪽으로 드래그하여 돌출되도록 지정한다.

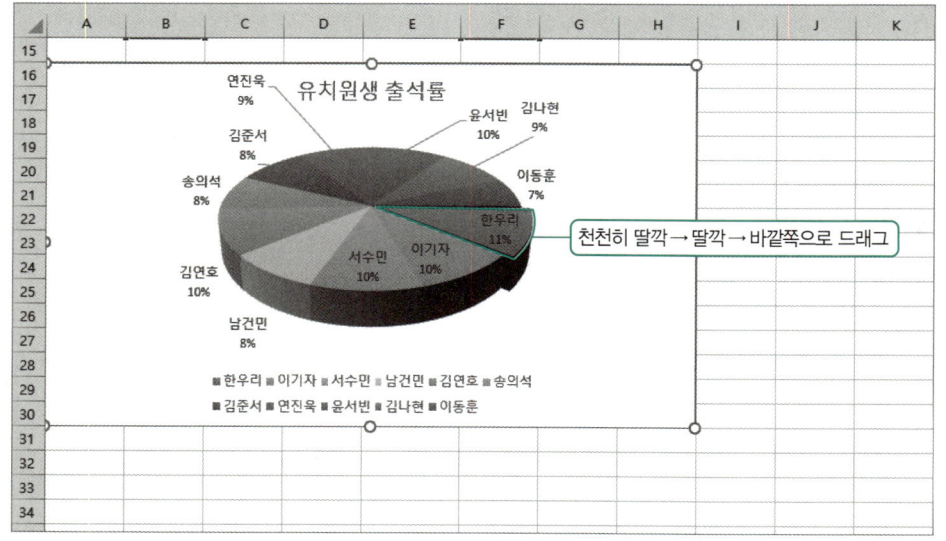

> **실수가 줄어들면 합격은 빨라진다!**
> 각 계열의 지시선은 〈그림〉으로 제시된 차트를 보고 임의대로 드래그하여 위치를 조정하면 된다.

6 테두리 스타일 지정하기

① 차트 영역 더블클릭 → [차트 영역 서식] 창이 나타나면 '차트 옵션'의 '채우기 및 선'(◇) 에서 '테두리'의 '실선'을 선택 → '색'은 '표준 색'의 '녹색'을 선택하고 '너비'를 '2'pt로 지정 → [닫기] 단추(✕)를 클릭한다.

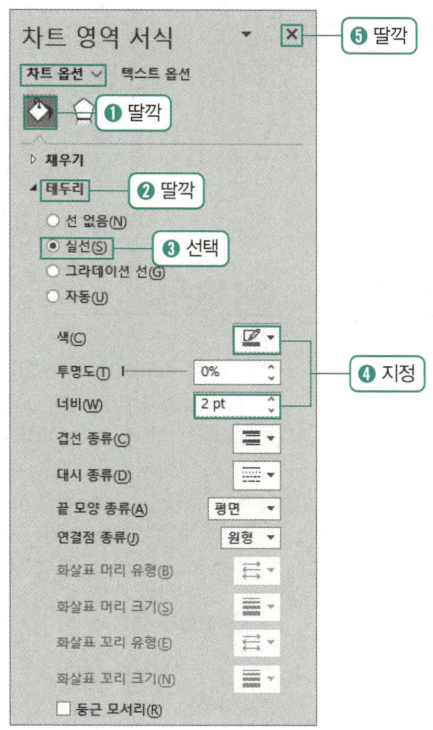

② 결과를 확인한다.

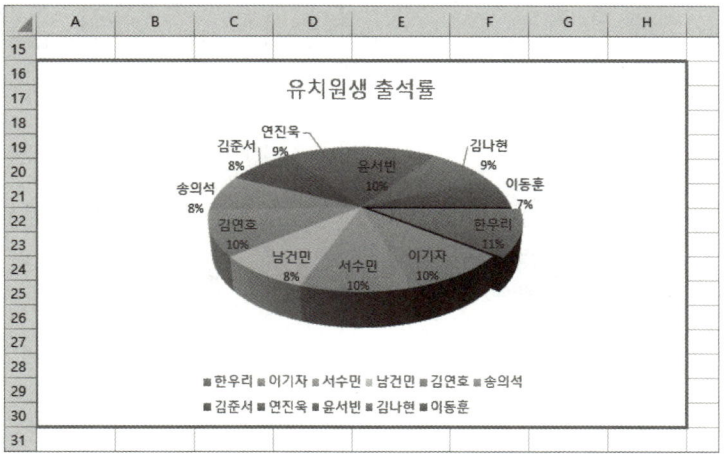

기타작업

02 매크로

① **개념**: 반복적인 작업을 자동화하기 위해 사용되는 기능으로 매크로는 VBA(Visual Basic for Applications) 언어로 작성되며, 사용자가 수행한 작업을 기록하여 저장하고, 이를 실행하여 동일한 작업을 자동으로 수행할 수 있음
② **지정 방법**: [개발 도구] 탭-[코드] 그룹-[매크로 기록]

📥 **작업 파일명** C:\에듀윌_2026컴활1급실기\그대로따라하기\스프레드시트실무\04.기타작업\실습\02_매크로.xlsx

출제패턴 ❶

'매크로-1' 시트에서 다음과 같은 기능을 수행하는 매크로를 현재 통합 문서에 작성하시오.

1 [부분합] 기능을 이용하여 납품처별로 '납품수량'의 합계를 계산한 후 '납품단가'의 평균을 계산하는 '부분합설정' 매크로를 생성하시오.
  ▶ 정렬은 '납품처'를 기준으로 오름차순으로 처리하시오.
  ▶ [개발 도구] 탭-[컨트롤] 그룹-[삽입]에서 '양식 컨트롤'의 '단추'(□)를 동일 시트의 [G3:H4] 영역에 생성한 후 텍스트를 '부분합설정'으로 입력하고, 단추를 클릭하면 '부분합설정' 매크로가 실행되도록 설정하시오.

2 부분합을 해제하는 '부분합해제' 매크로를 생성하시오.
  ▶ [삽입] 탭-[일러스트레이션] 그룹-[도형]에서 '기본 도형'의 '사각형: 빗면'(□)을 동일 시트의 [G6:H7] 영역에 생성한 후 텍스트를 '부분합해제'로 입력하고, 도형을 클릭하면 '부분합해제' 매크로가 실행되도록 설정하시오.

※ 셀 포인터의 위치에 관계없이 매크로가 실행되어야 정답으로 인정됨

▼ 결과 화면

	A	B	C	D	E	F	G	H
1	[표]							
2	담당자	납품처	제품코드	납품수량	납품단가			
3	김나로	갑을종묘	LW-02	102	1024		부분합설정	
4	김다온	갑을종묘	NS-03	105	1022			
5	김도란	갑을종묘	LS-02	214	1024			
6	김루리	갑을종묘	LW-02	520	1023		부분합해제	
7	김리네	갑을종묘	PR-01	650	1023			
8		갑을종묘 평균			1023.2			
9		갑을종묘 요약		1591				
10	김나래	미래종묘	LW-02	251	1024			
11	김노을	미래종묘	PQ-01	125	1022			
12	김도도	미래종묘	NA-03	134	1024			
13		미래종묘 평균			1023.33			
14		미래종묘 요약		510				
33	김라미	쑥쑥종묘	PR-01	104	1023			
34	김로다	쑥쑥종묘	AA-04	321	1023			
35	김매디	쑥쑥종묘	NS-03	123	1021			
36	김모아	쑥쑥종묘	AA-04	114	1021			
37	김미나	쑥쑥종묘	AA-04	324	1021			
38		쑥쑥종묘 평균			1021.83			
39		쑥쑥종묘 요약		1187				
40	김로운	종자종묘	LW-02	456	1023			
41	김로지	종자종묘	NA-03	210	1023			

📖 **읽는 강의**

풀이법을 알면 시간이 단축된다!
리본 메뉴에 [개발 도구] 탭이 없으면 [파일] 탭-[옵션]을 선택한다. [Excel 옵션] 대화상자가 나타나면 '리본 사용자 지정' 범주에서 '리본 메뉴 사용자 지정'의 '기본 탭'을 선택하고 '개발 도구'에 체크한 후 [확인] 단추를 클릭한다.

그대로 따라하기

1 '부분합설정' 매크로 작성하기

① [개발 도구] 탭-[코드] 그룹-[매크로 기록]을 클릭한다.

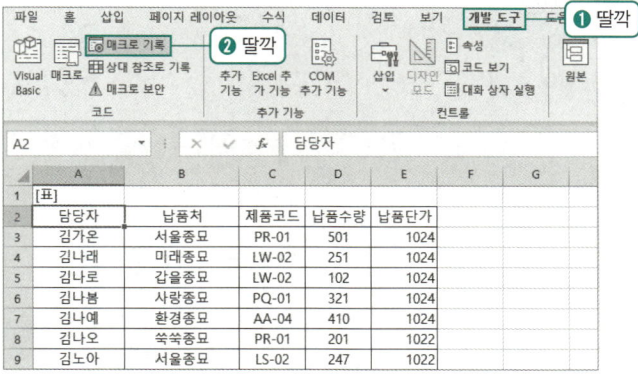

② [매크로 기록] 대화상자가 나타나면 '매크로 이름'에 부분합설정 입력 → [확인] 단추를 클릭한다.

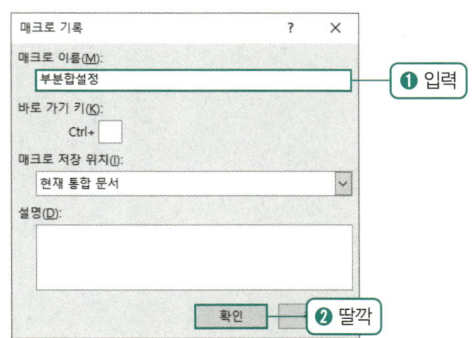

③ '납품처'를 기준으로 오름차순 정렬하기 위해 [B2:B33] 영역에서 임의의 셀 선택 → [데이터] 탭-[정렬 및 필터] 그룹-[텍스트 오름차순 정렬]을 클릭한다.

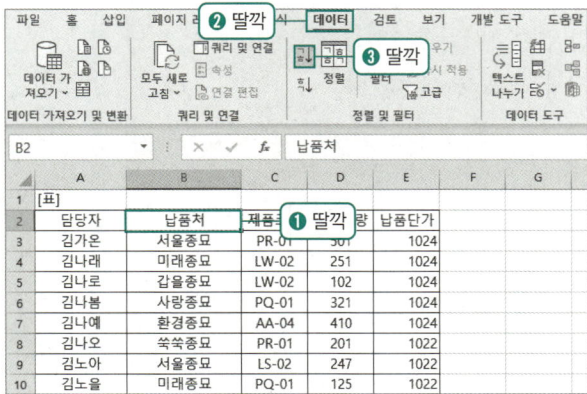

④ '납품수량'의 합계를 계산하기 위해 임의의 셀을 선택한 상태에서 [데이터] 탭-[개요] 그룹-[부분합]을 클릭한다.

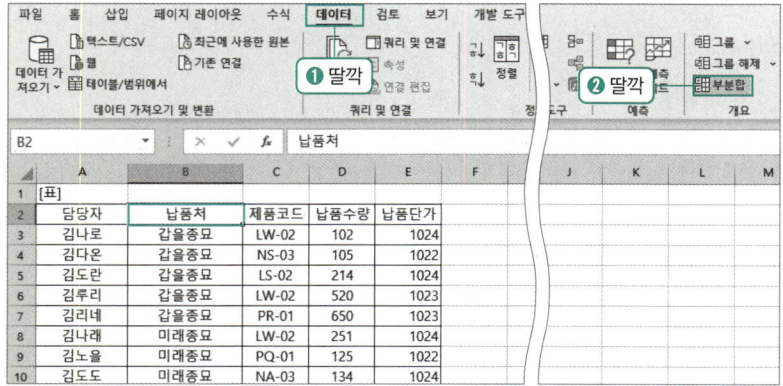

⑤ [부분합] 대화상자가 나타나면 '그룹화할 항목'은 '납품처'를, '사용할 함수'에서는 '합계' 선택 → '부분합 계산 항목'에서는 '납품수량'을 체크하고 '납품단가' 체크 해제 → [확인] 단추를 클릭한다.

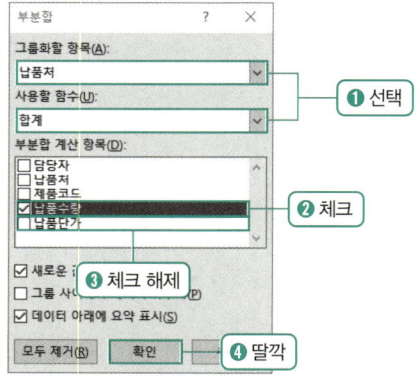

⑥ '납품단가'의 평균을 계산하는 부분합을 추가하기 위해 임의의 셀을 선택한 상태에서 [데이터] 탭-[개요] 그룹-[부분합]을 클릭한다.

⑦ [부분합] 대화상자가 나타나면 '그룹화할 항목'은 '납품처', '사용할 함수'에서는 '평균' 선택 → '부분합 계산 항목'에서는 '납품수량'을 체크 해제하고 '납품단가' 체크 → '새로운 값으로 대치' 체크 해제 → [확인] 단추를 클릭한다.

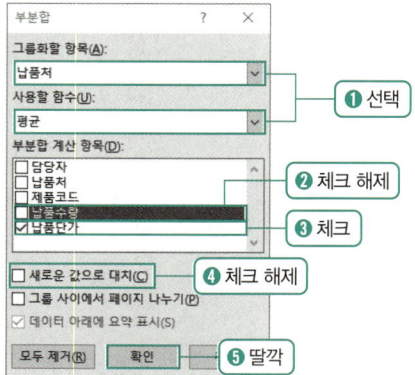

⑧ 매크로 기록을 중지하기 위해 임의의 셀 선택 → [개발 도구] 탭-[코드] 그룹-[기록 중지]를 클릭한다.

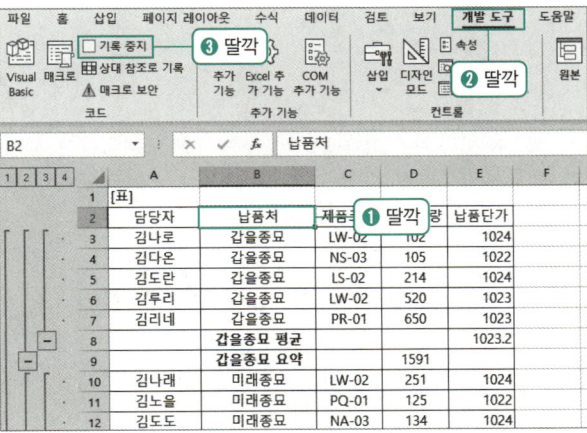

2 '부분합설정' 단추 생성하기

① [개발 도구] 탭-[컨트롤] 그룹-[삽입]을 클릭한 후 '양식 컨트롤'의 '단추'(□)를 선택한다.

② [Alt]를 누른 상태에서 [G3:H4] 영역을 드래그하여 단추를 그린다.

> 📖 읽는 강의

> **풀이법을 알면 시간이 단축된다!**
> 단추 또는 도형을 그릴 때 영역에 정확하게 맞추기 위해서는 [Alt]를 누른 상태에서 드래그해야 한다.

③ [매크로 지정] 대화상자가 나타나면 '매크로 이름'에 '부분합설정'을 선택 → [확인] 단추를 클릭한다.

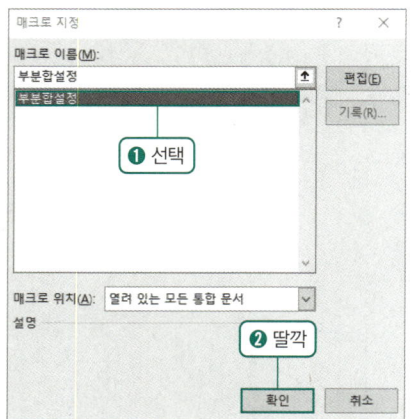

④ 단추를 선택한 상태에서 단추에 입력된 기본 텍스트를 삭제한 후 부분합설정 입력 → 임의의 셀을 선택하여 텍스트 편집을 완료한다.

3 '부분합해제' 매크로 작성하기

① [개발 도구] 탭-[코드] 그룹-[매크로 기록]을 클릭한다.

② [매크로 기록] 대화상자가 나타나면 '매크로 이름'에 부분합해제 입력 → [확인] 단추를 클릭한다.

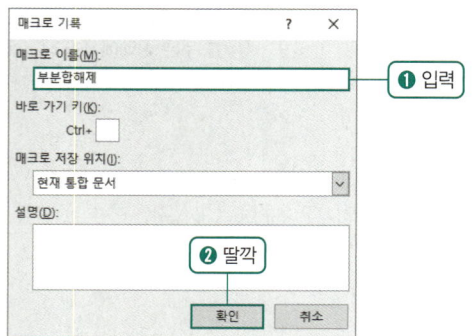

③ 부분합을 제거하기 위해 [A2:E49] 영역에서 임의의 셀 선택 → [데이터] 탭-[개요] 그룹-[부분합]을 클릭한다.

④ [부분합] 대화상자가 나타나면 [모두 제거] 단추를 클릭한다.

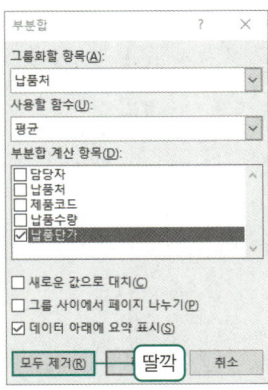

⑤ 매크로 기록을 중지하기 위해 임의의 셀을 선택한 상태에서 [개발 도구] 탭-[코드] 그룹-[기록 중지]를 클릭한다.

4 '부분합해제' 도형 생성하기

① [삽입] 탭-[일러스트레이션] 그룹-[도형]을 클릭한 후 '기본 도형'의 '사각형: 빗면'(□)을 선택한다.

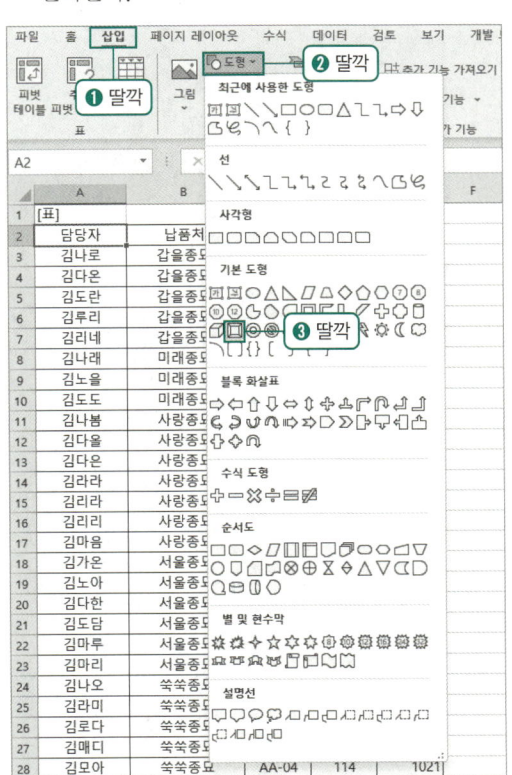

② Alt 를 누른 상태에서 [G6:H7] 영역을 드래그하여 '사각형: 빗면' 도형을 그린다.

> 읽는 강의

> **실수가 줄어들면 합격은 빨라진다!**
> '기본 도형'의 '빗면'(□)과 '액자'(□)는 모양이 유사하므로 주의해야 한다. 도형 위에 마우스 커서를 올려놓으면 이름을 확인할 수 있으므로 헷갈리는 경우에는 이름을 반드시 확인 후 도형을 삽입한다.

③ 도형을 선택한 상태에서 도형에 부분합해제 입력 → 도형에서 마우스 오른쪽 단추를 클릭하고 바로 가기 메뉴에서 [매크로 지정]을 선택한다.

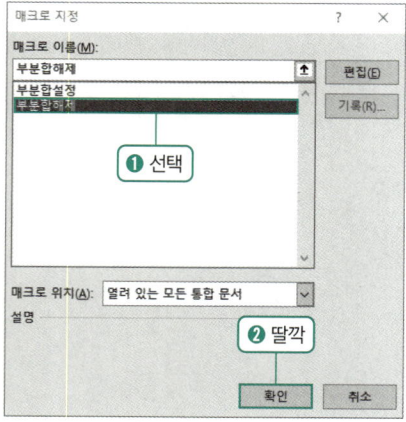

④ [매크로 지정] 대화상자가 나타나면 '매크로 이름'에 '부분합해제'를 선택 → [확인] 단추를 클릭한다.

⑤ '부분합설정' 단추와 '부분합해제' 도형을 클릭하여 매크로가 정상적으로 실행되는지 확인한다.

	A	B	C	D	E	F	G	H
1	[표]							
2	담당자	납품처	제품코드	납품수량	납품단가			
3	김나로	갑을종묘	LW-02	102	1024		부분합설정	
4	김다온	갑을종묘	NS-03	105	1022			
5	김도란	갑을종묘	LS-02	214	1024			
6	김루리	갑을종묘	LW-02	520	1023		부분합해제	
7	김리네	갑을종묘	PR-01	650	1023			
8	김나래	미래종묘	LW-02	251	1024			
9	김노을	미래종묘	PQ-01	125	1022			
10	김도도	미래종묘	NA-03	134	1024			
11	김나봄	사랑종묘	PQ-01	321	1024			
12	김다올	사랑종묘	LW-02	104	1022			
13	김다온	사랑종묘	PR-01	621	1024			
14	김라라	사랑종묘	AA-04	258	1024			
15	김리라	사랑종묘	AA-04	111	1023			
16	김리리	사랑종묘	AA-04	250	1023			
17	김마음	사랑종묘	NS-03	147	1021			
18	김가온	서울종묘	PR-01	501	1024			
19	김노아	서울종묘	LS-02	247	1022			
20	김다한	서울종묘	LW-02	478	1024			
21	김도담	서울종묘	PR-01	120	1024			
22	김마루	서울종묘	LW-02	147	1023			
23	김마리	서울종묘	NS-03	325	1023			
24	김나오	쑥쑥종묘	PR-01	201	1022			
25	김라미	쑥쑥종묘	PR-01	104	1023			
26	김로다	쑥쑥종묘	AA-04	321	1023			
27	김매디	쑥쑥종묘	NS-03	123	1021			
28	김모아	쑥쑥종묘	AA-04	114	1021			
29	김미나	쑥쑥종묘	AA-04	324	1021			
30	김로운	종자종묘	LW-02	456	1023			
31	김로지	종자종묘	NA-03	210	1023			
32	김루다	종자종묘	AA-04	320	1023			
33	김나예	환경종묘	AA-04	410	1024			

❶ 딸깍
❷ 딸깍

> **읽는 강의**
>
> **풀이법을 알면 시간이 단축된다!**
> 매크로가 정상적으로 실행되지 않더라도 매크로에 기록된 일부 과정을 수정하는 기능은 없으므로 해당 매크로를 삭제한 후 새로 작성해야 한다. [개발 도구] 탭-[코드] 그룹-[매크로]를 클릭한 후 [매크로] 대화 상자가 나타나면 삭제할 매크로를 선택하고 [삭제] 단추를 클릭한다.

출제패턴 ❷

'매크로-2' 시트에서 다음과 같은 기능을 수행하는 매크로를 현재 통합 문서에 작성하시오.

1 [D4:D13] 영역에 사용자 지정 표시 형식을 설정하는 '날짜서식' 매크로를 생성하시오.

▶ '입사일'을 [표시 예]와 같이 표시하시오.
[표시 예: 2026-05-01인 경우 → 26년 05월 01일]

▶ [개발 도구] 탭-[컨트롤] 그룹-[삽입]에서 '양식 컨트롤'의 '단추'(□)를 동일 시트의 [B15:C16] 영역에 생성한 후 텍스트를 '날짜서식'으로 입력하고, 단추를 클릭하면 '날짜서식' 매크로가 실행되도록 설정하시오.

2 [G4:G13] 영역에 사용자 지정 표시 형식을 설정하는 '글꼴서식' 매크로를 생성하시오.

▶ 셀 값이 -1이면 빨간색으로 '경고', 0이면 검정색으로 '보류', 1이면 파란색으로 '수료'를 표시하시오.

▶ [개발 도구] 탭-[컨트롤] 그룹-[삽입]에서 '양식 컨트롤'의 '단추'(□)를 동일 시트의 [E15:F16] 영역에 생성한 후 텍스트를 '글꼴서식'으로 입력하고, 단추를 클릭하면 '글꼴서식' 매크로가 실행되도록 설정하시오.

※ 셀 포인터의 위치에 관계없이 매크로가 실행되어야 정답으로 인정됨

▼ 결과 화면

	A	B	C	D	E	F	G
1				경영부서 교육 참여 현황			
2							
3	성명	사번	반	입사일	상반기교육	하반기교육	보충교육여부
4	이상만	IS-1904	인사팀	19년 04월 13일	참여	참여	수료
5	한명희	CM-2002	총무팀	20년 02월 07일	불참	참여	보류
6	최건일	HK-2107	회계팀	21년 07월 11일	참여	참여	수료
7	윤서영	IS-1811	인사팀	18년 11월 03일	참여	불참	보류
8	김민호	IS-2112	인사팀	21년 12월 20일	불참	불참	경고
9	민경희	CM-1901	총무팀	19년 01월 07일	참여	불참	보류
10	김하늘	HK-2009	회계팀	20년 09월 18일	불참	불참	경고
11	이민혜	HK-2104	회계팀	21년 04월 25일	불참	불참	경고
12	임수영	IS-2010	인사팀	20년 10월 01일	불참	참여	보류
13	김민호	CM-1908	총무팀	19년 08월 17일	참여	참여	수료
14							
15		날짜서식			글꼴서식		
16							
17							

그대로 따라하기

1 '날짜서식' 매크로 작성하기

① [개발 도구] 탭-[코드] 그룹-[매크로 기록]을 클릭한다.
② [매크로 기록] 대화상자가 나타나면 '매크로 이름'에 날짜서식 입력 → [확인] 단추를 클릭한다.

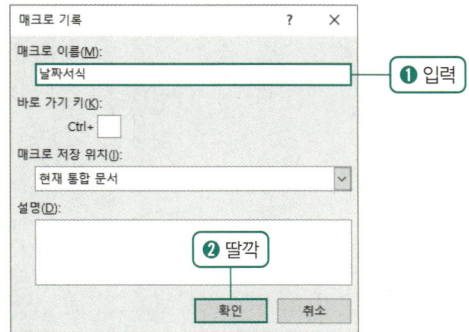

③ [D4:D13] 영역을 드래그하여 선택 → 마우스 오른쪽 단추를 클릭하고 바로 가기 메뉴에서 [셀 서식]([Ctrl]+[1])을 선택한다.
④ [셀 서식] 대화상자가 나타나면 '범주'는 '사용자 지정'을 선택하고 '형식'에 yy"년" mm"월" dd"일" 입력 → [확인] 단추를 클릭한다.

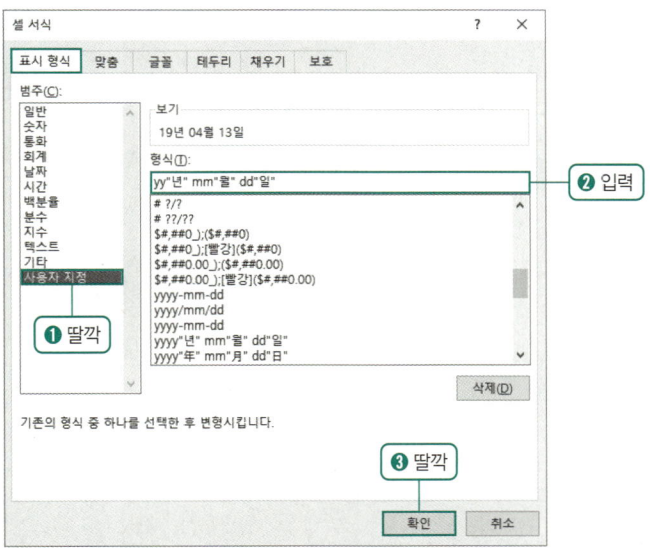

⑤ 매크로 기록을 중지하기 위해 임의의 셀 선택 → [개발 도구] 탭-[코드] 그룹-[기록 중지]를 클릭한다.

2 '날짜서식' 단추 생성하기

① [개발 도구] 탭-[컨트롤] 그룹-[삽입]을 클릭한 후 '양식 컨트롤'의 '단추'(□)를 선택한다.
② Alt를 누른 상태에서 [B15:C16] 영역을 드래그하여 단추를 그린다.
③ [매크로 지정] 대화상자가 나타나면 '매크로 이름'에 '날짜서식'을 선택 → [확인] 단추를 클릭한다.

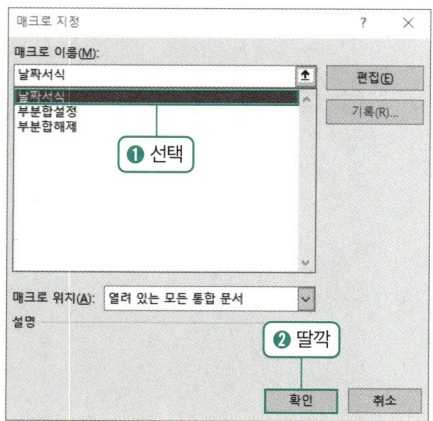

④ 단추를 선택한 상태에서 단추에 입력된 기본 텍스트를 삭제한 후 날짜서식 입력 → 임의의 셀을 선택하여 텍스트 편집을 완료한다.

3 '글꼴서식' 매크로 작성하기

① [개발 도구] 탭-[코드] 그룹-[매크로 기록]을 클릭한다.
② [매크로 기록] 대화상자가 나타나면 '매크로 이름'에 글꼴서식 입력 → [확인] 단추를 클릭한다.

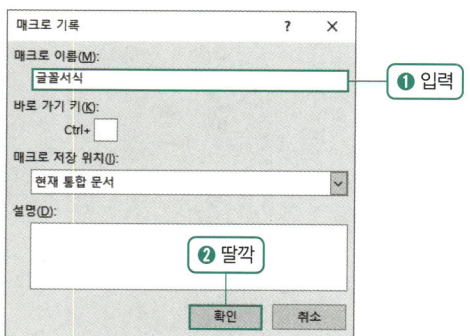

③ [G4:G13] 영역을 드래그하여 선택 → 마우스 오른쪽 단추를 클릭하고 바로 가기 메뉴에서 [셀 서식]((Ctrl)+(1))을 선택한다.

④ [셀 서식] 대화상자가 나타나면 '범주'는 '사용자 지정'을 선택하고 '형식'에 [빨강][=-1]"경고";[검정][=0]"보류";[파랑]"수료" 입력 → [확인] 단추를 클릭한다.

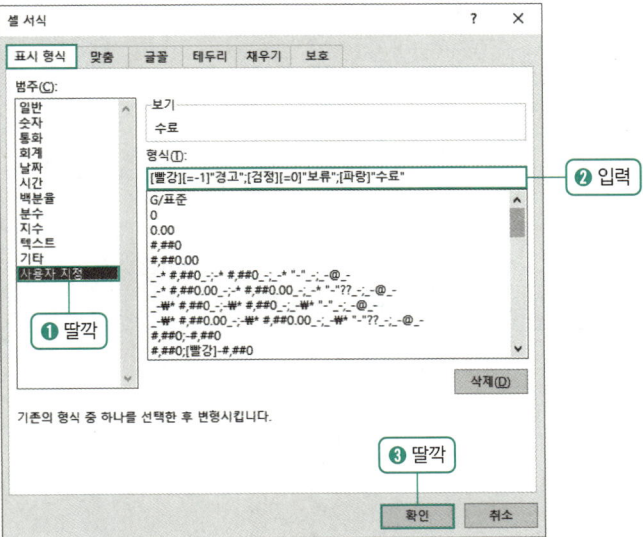

⑤ 매크로 기록을 중지하기 위해 임의의 셀을 선택한 상태에서 [개발 도구] 탭-[코드] 그룹-[기록 중지]를 클릭한다.

4 '글꼴서식' 단추 생성하기

① [개발 도구] 탭-[컨트롤] 그룹-[삽입]을 클릭한 후 '양식 컨트롤'의 '단추'(□)를 선택한다.
② Alt 를 누른 상태에서 [E15:F16] 영역을 드래그하여 단추를 그린다.
③ [매크로 지정] 대화상자가 나타나면 '매크로 이름'에 '글꼴서식'을 선택 → [확인] 단추를 클릭한다.

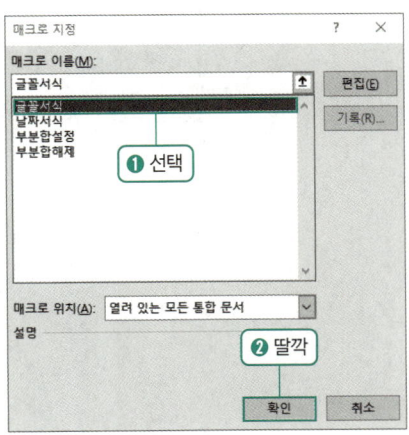

④ 단추를 선택한 상태에서 단추에 입력된 기본 텍스트를 삭제한 후 글꼴서식 입력 → 임의의 셀을 선택하여 텍스트 편집을 완료한다.

⑤ [D4:D13] 영역을 드래그하여 선택 → [홈] 탭-[표시 형식] 그룹에서 '표시 형식'을 '간단한 날짜'로 지정 → 이와 같은 방법으로 [G4:G13] 영역의 '표시 형식'은 '일반'으로 지정 → '날짜서식' 단추와 '글꼴서식' 단추를 클릭하여 매크로가 정상적으로 실행되는지 확인한다.

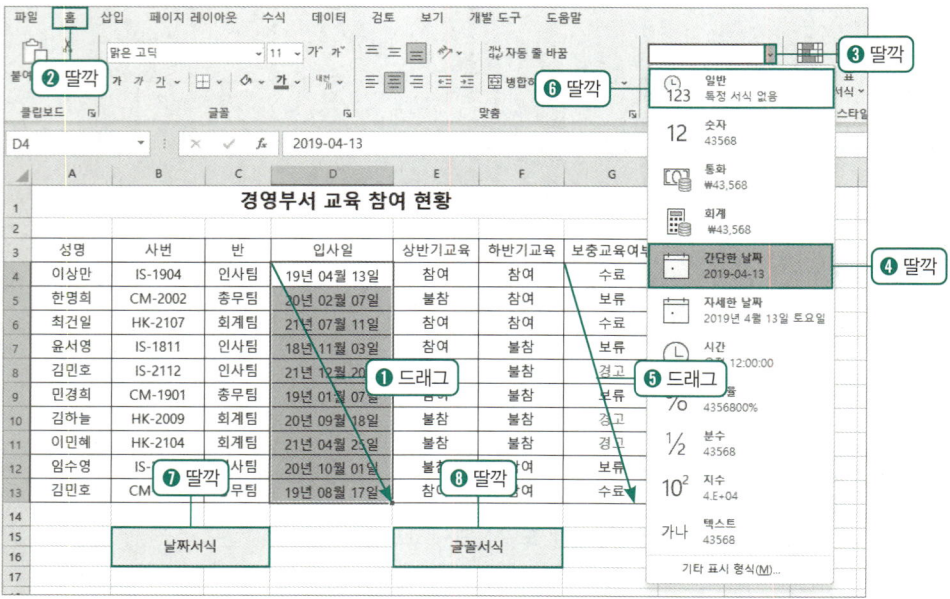

출제패턴 ❸

'매크로-3' 시트에서 다음과 같은 기능을 수행하는 매크로를 현재 통합 문서에 작성하시오.

1 [G4:G29] 영역에 조건부 서식을 적용하는 '조건부막대' 매크로를 생성하시오.
- 규칙 유형은 '셀 값을 기준으로 모든 셀의 서식 지정'으로 선택하고, 서식 스타일은 '데이터 막대', 최소값은 백분위수 30, 최대값은 백분위수 70으로 설정하시오.
- 막대 모양의 채우기는 '그라데이션 채우기', 채우기 색은 '표준 색 - 자주'로 설정하시오.
- [삽입] 탭-[일러스트레이션] 그룹-[도형]에서 '기본 도형'의 '육각형'(⬡)을 동일 시트의 [I3:J5] 영역에 생성한 후 텍스트를 '조건부막대'로 입력하고, 도형을 클릭하면 '조건부막대' 매크로가 실행되도록 설정하시오.

2 [E4:E29] 영역에 조건부 서식을 적용하는 '조건부아이콘' 매크로를 생성하시오.
- 규칙 유형은 '셀 값을 기준으로 모든 셀의 서식 지정'으로 선택하고, 서식 스타일은 '아이콘 집합', 아이콘 스타일은 '5가지 원(흑백)'으로 설정하시오.
- 백분율은 90 이상 '검정색 원', 90 미만 80 이상 '원(1/4 흰색)', 80 미만 60 이상 '원(2/4 흰색)', 60 미만 40 이상 '원(3/4 흰색)', 그 외는 기본값 '흰색 원(전체)'로 설정하시오.
- [삽입] 탭-[일러스트레이션] 그룹-[도형]에서 '사각형'의 '사각형: 둥근 모서리'(▢)를 동일 시트의 [I8:J10] 영역에 생성한 후 텍스트를 '조건부아이콘'으로 입력하고, 도형을 클릭하면 '조건부아이콘' 매크로가 실행되도록 설정하시오.

※ 셀 포인터의 위치에 관계없이 매크로가 실행되어야 정답으로 인정됨

▼ 결과 화면

	A	B	C	D	E	F	G	H	I	J
1			리콜 현황							
2										
3	담당자	납품처	제품코드	판매수량	리콜수량	수리비용	회원비용			
4	김가온	풍물기업	OZ-7921	4,813	◐ 692	484,400	387,520		조건부막대	
5	김나래	찬문기업	MV-7922	4,995	◐ 649	454,300	363,440			
6	김나로	종명기업	MV-7922	3,445	○ 483	338,100	270,480			
7	김나봄	재찬기업	OQ-7921	3,512	○ 524	366,800	293,440			
8	김나예	이황기업	AA-7924	3,377	○ 505	353,500	282,800		조건부아이콘	
9	김나오	이황기업	OZ-7921	4,808	○ 350	245,000	196,000			
10	김노아	풍물기업	LS-7922	4,269	● 720	504,000	403,200			
11	김노울	찬문기업	OQ-7921	4,319	◐ 624	436,800	349,440			
12	김다온	종명기업	NS-7923	4,171	◕ 747	522,900	418,320			
13	김다올	재찬기업	MV-7922	3,784	● 790	553,000	442,400			
14	김다은	재찬기업	OZ-7921	3,782	○ 502	351,400	281,120			
15	김다한	풍물기업	MV-7922	3,648	◔ 612	428,400	342,720			
16	김도담	풍물기업	OZ-7921	4,595	○ 439	307,300	245,840			
17	김도도	찬문기업	NA-7923	4,386	◐ 695	486,500	389,200			
18	김도란	종명기업	LS-7922	3,141	○ 470	329,000	263,200			
19	김라라	재찬기업	AA-7924	3,884	○ 483	338,100	270,480			
20	김라미	이황기업	OZ-7921	3,986	○ 516	361,200	288,960			
21	김로다	이황기업	AA-7924	4,969	◐ 751	525,700	420,560			
22	김로운	재일기업	MV-7922	4,841	◐ 645	451,500	361,200			
23	김로지	재일기업	NA-7923	3,585	◐ 746	522,200	417,760			
24	김루다	재일기업	AA-7924	3,692	○ 472	330,400	264,320			
25	김루리	종명기업	MV-7922	4,701	● 800	560,000	448,000			
26	김리네	종명기업	OZ-7921	4,538	◐ 716	501,200	400,960			
27	김리라	재찬기업	AA-7924	3,966	◔ 543	380,100	304,080			
28	김리리	재찬기업	AA-7924	4,600	◔ 547	382,900	306,320			
29	김마루	풍물기업	MV-7922	3,728	○ 522	365,400	292,320			
30										

그대로 따라하기

1 '조건부막대' 매크로 작성하기

① [개발 도구] 탭-[코드] 그룹-[매크로 기록]을 클릭한다.

② [매크로 기록] 대화상자가 나타나면 '매크로 이름'에 조건부막대 입력 → [확인] 단추를 클릭한다.

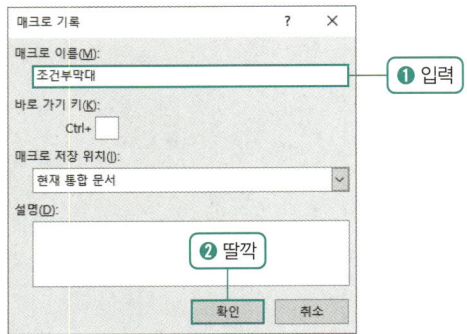

③ [G4:G29] 영역을 드래그하여 선택 → [홈] 탭-[스타일] 그룹-[조건부 서식]-[새 규칙]을 선택한다.

④ [새 서식 규칙] 대화상자가 나타나면 '규칙 유형 선택'에서 '셀 값을 기준으로 모든 셀의 서식 지정'을 선택 → '서식 스타일'은 '데이터 막대'를 선택하고 '최소값'은 '백분위수'와 '30', '최대값'은 '백분위수'와 '70' 지정 → '막대 모양'에서 '채우기'는 '그라데이션 채우기', '색'은 '표준 색'의 '자주'를 선택 → [확인] 단추를 클릭한다.

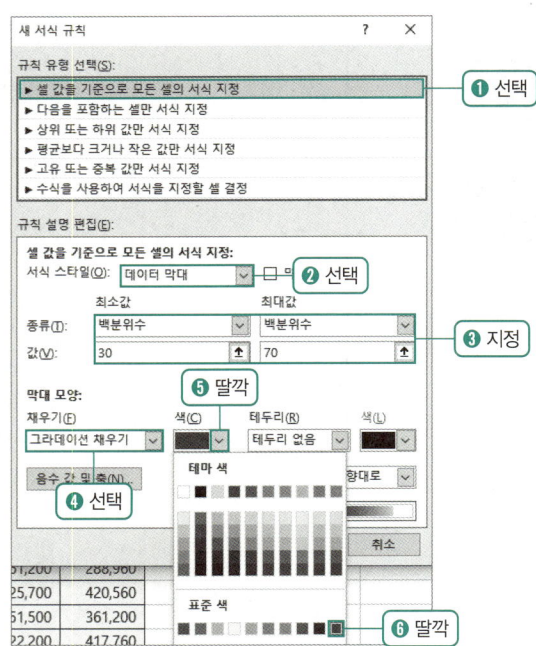

⑤ 매크로 기록을 중지하기 위해 임의의 셀 선택 → [개발 도구] 탭-[코드] 그룹-[기록 중지]를 클릭한다.

2 '조건부막대' 도형 생성하기

① [삽입] 탭-[일러스트레이션] 그룹-[도형]을 클릭한 후 '기본 도형'의 '육각형'(○)을 선택한다.

② [Alt]를 누른 상태에서 [I3:J5] 영역을 드래그하여 '육각형' 도형을 그린다.
③ 도형을 선택한 상태에서 도형에 조건부막대 입력 → 도형에서 마우스 오른쪽 단추를 클릭하고 바로 가기 메뉴에서 [매크로 지정]을 선택한다.
④ [매크로 지정] 대화상자가 나타나면 '매크로 이름'에 '조건부막대'를 선택 → [확인] 단추를 클릭한다.

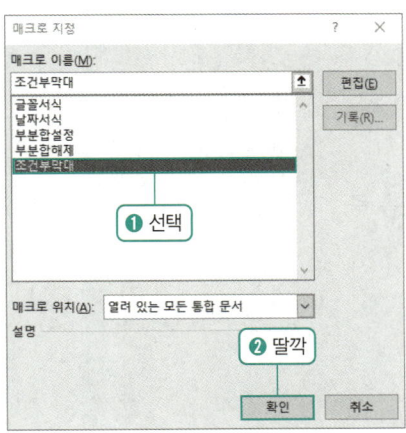

3 '조건부아이콘' 매크로 작성하기

① [개발 도구] 탭-[코드] 그룹-[매크로 기록]을 클릭한다.
② [매크로 기록] 대화상자가 나타나면 '매크로 이름'에 조건부아이콘 입력 → [확인] 단추를 클릭한다.

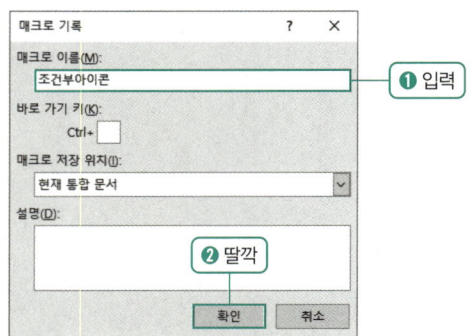

③ [E4:E29] 영역을 드래그하여 선택 → [홈] 탭-[스타일] 그룹-[조건부 서식]-[새 규칙]을 선택한다.
④ [새 서식 규칙] 대화상자가 나타나면 '규칙 유형 선택'에서 '셀 값을 기준으로 모든 셀의 서식 지정'을 선택 → '서식 스타일'은 '아이콘 집합'을 선택하고 '아이콘 스타일'은 '5가지 원(흑백)' 선택 → '다음 규칙에 따라 각 아이콘 표시'에서 '종류'는 모두 '백분율'로 지정되었는지 확인한 후 각 '값'에 '90', '80', '60', '40' 지정 → [확인] 단추를 클릭한다.

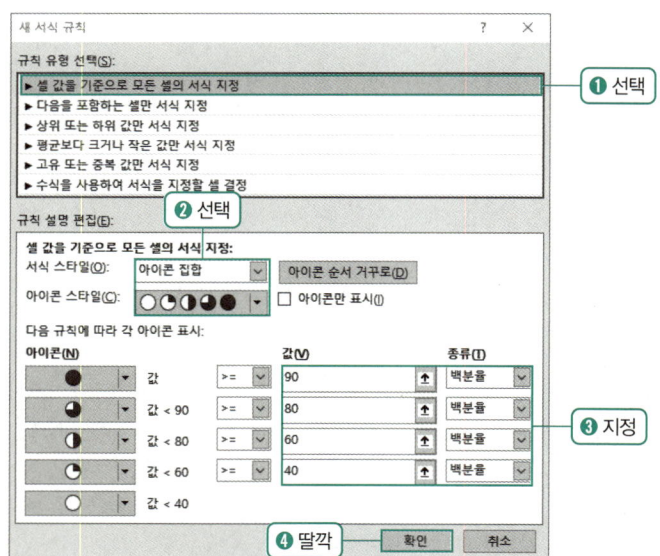

⑤ 매크로 기록을 중지하기 위해 임의의 셀 선택 → [개발 도구] 탭-[코드] 그룹-[기록 중지]를 클릭한다.

4 '조건부아이콘' 도형 생성하기

① [삽입] 탭-[일러스트레이션] 그룹-[도형]을 클릭한 후 '사각형'의 '사각형: 둥근 모서리'(□)를 선택한다.

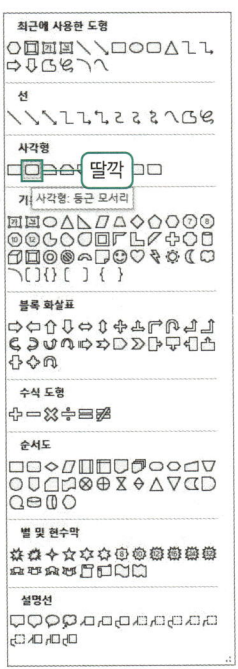

② Alt 를 누른 상태에서 [I8:J10] 영역을 드래그하여 '사각형: 둥근 모서리' 도형을 그린다.
③ 도형을 선택한 상태에서 도형에 조건부아이콘 입력 → 도형에서 마우스 오른쪽 단추를 클릭하고 바로 가기 메뉴에서 [매크로 지정]을 선택한다.
④ [매크로 지정] 대화상자가 나타나면 '매크로 이름'에 '조건부아이콘'을 선택 → [확인] 단추를 클릭한다.

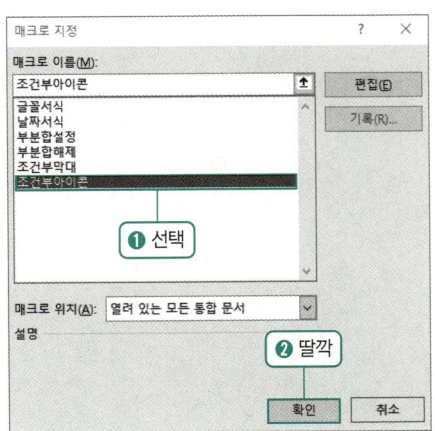

⑤ [홈] 탭-[스타일] 그룹-[조건부 서식]-[규칙 지우기]-[시트 전체에서 규칙 지우기] 선택
→ '조건부막대' 도형과 '조건부아이콘' 도형을 클릭하여 매크로가 정상적으로 실행되는지
확인한다.

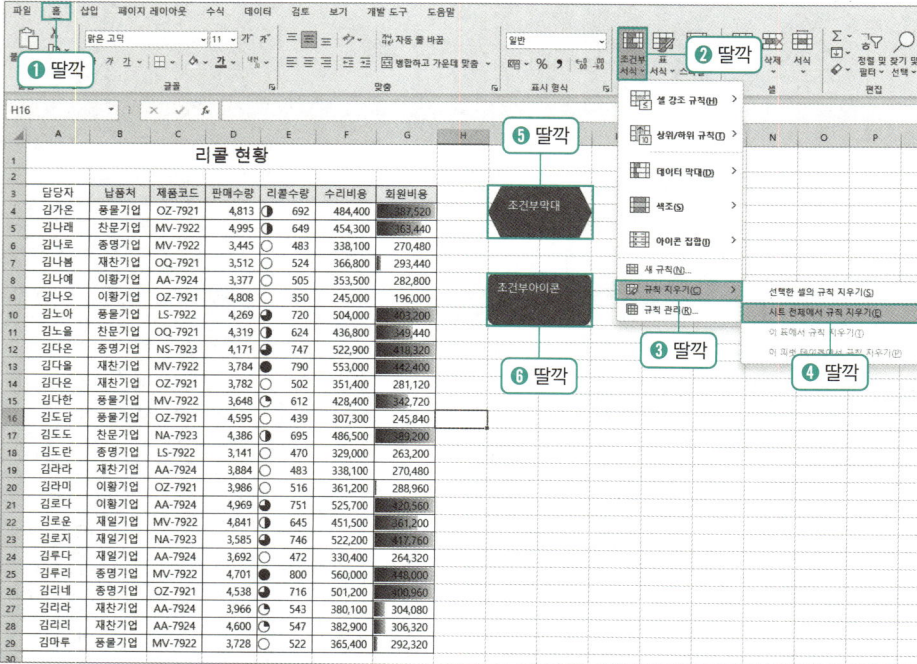

기 타 작 업

03 프로시저

① **개념**: VBA 코드에서 특정 작업을 수행하는 코드 블록으로 특정 명령이나 작업을 정의하고 이를 호출하여 실행할 수 있음
② **명령어**
- Sub 프로시저: 명령을 수행
- Function 프로시저: 결과를 반환함
- Property 프로시저: 개체의 속성을 정의할 때 사용

③ **VBE(Visual Basic Editor) 창**(Alt + F11)

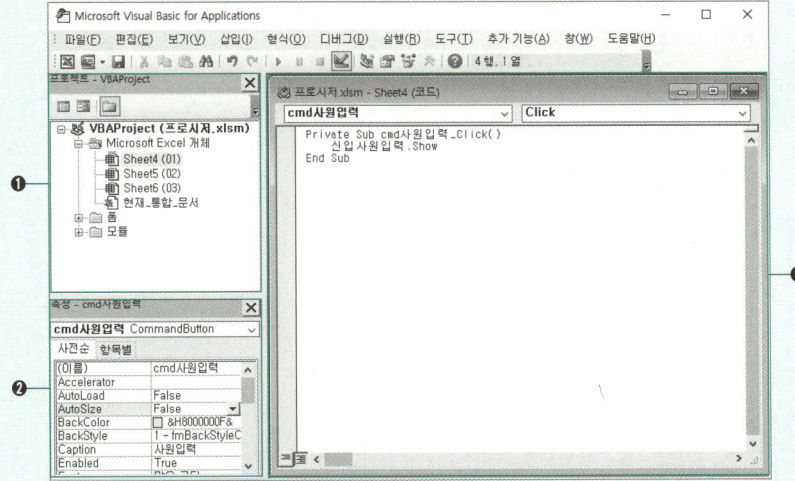

❶ [프로젝트] 탐색기 창(Ctrl + R): 현재 열려있는 모든 엑셀 파일의 통합 문서 시트 폼과 모듈 리스트를 표시
❷ [속성] 창(F4): 선택된 개체의 속성을 표시
❸ 코드 창(F7): VBA 코드를 작성

▶ **작업 파일명** C:\에듀윌_2026컴활1급실기\그대로따라하기\스프레드시트실무\04.기타작업\실습\03_프로시저.xlsm

출제패턴 ❶

'프로시저-1' 시트에서 다음과 같은 작업을 수행하도록 프로시저를 작성하시오.

1 '요금관리' 단추를 클릭하면 〈관리〉 폼이 나타나도록 설정하고, 폼이 초기화(Initialize)되면 '구분'(cmb구분) 목록에 [G4:G10] 영역의 값이 표시되도록 프로시저를 작성하시오.

2 〈관리〉 폼의 '등록'(cmd등록) 단추를 클릭하면 폼에 입력된 구분(cmb구분), 회원명(txt회원명), 등록일(txt등록일), 사용기간(txt사용기간), 사용요금 데이터가 시트의 [표1]에 입력되어 있는 마지막 행 다음에 연속하여 추가되도록 프로시저를 작성하시오.
▶ '사용요금'은 '사용기간×12000'으로 계산하시오.

▼ 결과 화면

	A	B	C	D	E	F	G
1	요금정산						
2			요금관리				[표2]
3							구분
4	[표1]						A구역
5	구분	회원명	등록일	사용기간	사용요금		B구역
6	A구역	문혜영	2024-09-01	3	36000		C구역
7	D구역	홍길동	2024-09-22	4	48000		D구역
8							E구역
9							F구역
10							G구역

〈관리〉 폼:
- 구분: D구역
- 회원명: 홍길동
- 등록일: 2024-09-22 (입력 형식) yyyy-mm-dd
- 사용기간: 4 일
- [등록] [종료]

3 〈관리〉 폼의 '종료'(cmd종료) 단추를 클릭하면 〈그림〉과 같이 '폼을 종료합니다.'라는 메시지 박스를 표시한 후 폼이 종료되도록 프로시저를 작성하시오.

▼ 결과 화면

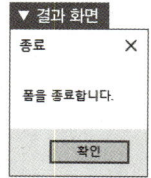

4 '프로시저-1' 시트가 활성화(Activate)되면 해당 시트의 [A1] 셀에 '요금정산'이 입력되고 글꼴 스타일이 '굵게'로 지정되도록 이벤트 프로시저를 작성하시오.

그대로 따라하기

1 폼 나타내고 초기화하기

① [개발 도구] 탭-[컨트롤] 그룹-[디자인 모드]를 클릭 → '요금관리' 단추를 더블클릭한다.

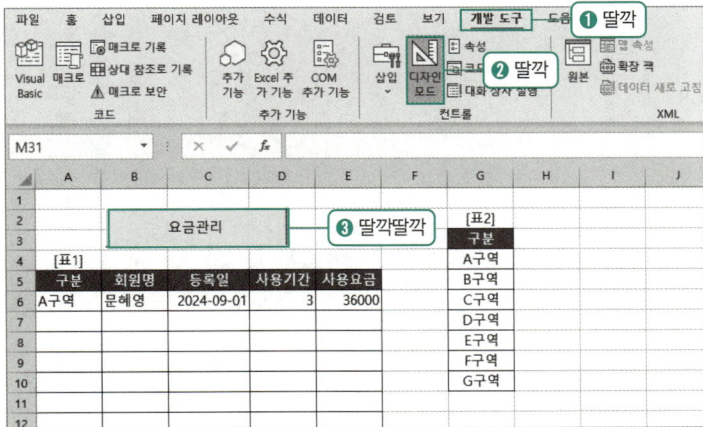

② [Visual Basic Editor] 창이 나타나면 [코드] 창에서 '요금관리_Click( )' 프로시저에 다음과 같이 코드를 입력한다.

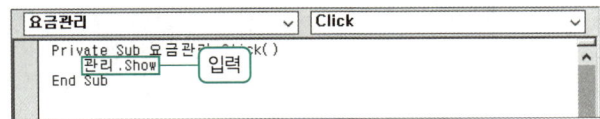

Private Sub 요금관리_Click( )
    관리.Show ──❶
End Sub

❶ 관리.Show: '관리'는 폼 이름, Show는 폼을 화면에 나타내는 메서드로, <관리> 폼을 화면에 표시한다.

③ [프로젝트 탐색기] 창의 〈관리〉 폼에서 마우스 오른쪽 단추를 클릭하고 바로 가기 메뉴에서 [코드 보기]를 선택한다.

읽는 강의

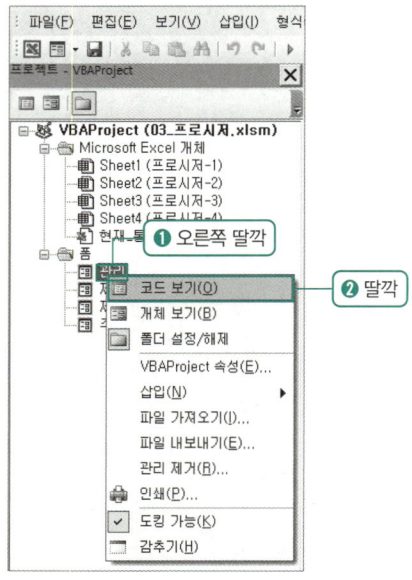

④ [코드] 창에서 '개체'는 'UserForm', '프로시저'는 'Initialize' 선택 → 'UserForm_Initialize( )' 프로시저에 다음과 같이 코드를 입력한다.

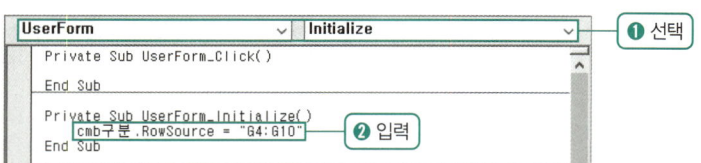

풀이법을 알면 시간이 단축된다!
'개체'와 '프로시저'를 선택하면서 'UserForm_Click( )' 프로시저가 자동으로 생성되는데, 해당 프로시저는 삭제하든 그대로 두든 무방하다.

Private Sub UserForm_Initialize( )
    cmb구분.RowSource = "G4:G10" — ❶
End Sub

❶ cmb구분.RowSource = "G4:G10": 'cmb구분' 목록 상자의 속성(RowSource)값을 [G4:G10] 영역의 값으로 지정한다.

2 마지막 행에 연속해서 데이터 추가하기

① [프로젝트 탐색기] 창에서 〈관리〉 폼 더블클릭 → 〈관리〉 폼에서 [등록] 단추를 더블클릭한다.

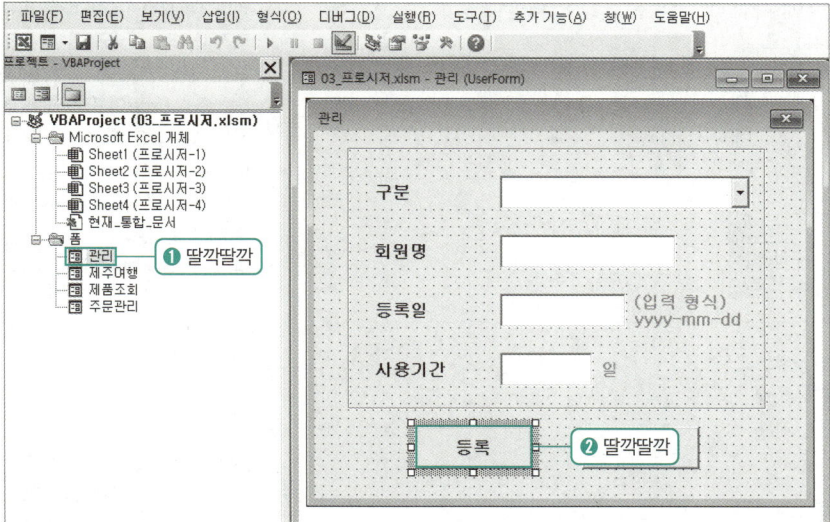

② [코드] 창에서 'cmd등록_Click( )' 프로시저에 다음과 같이 코드를 입력한다.

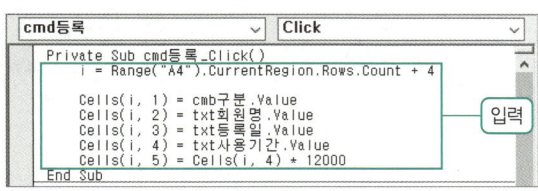

```
Private Sub cmd등록_Click( )
    i = Range("A4").CurrentRegion.Rows.Count + 4 ─❶

    Cells(i, 1) = cmb구분.Value ─❷
    Cells(i, 2) = txt회원명.Value ─❸
    Cells(i, 3) = txt등록일.Value ─❹
    Cells(i, 4) = txt사용기간.Value ─❺
    Cells(i, 5) = Cells(i, 4) * 12000 ─❻
End Sub
```

❶ i = Range("A4").CurrentRegion.Rows.Count + 4: [A4] 셀을 기준으로 인접 범위에 입력된 데이터 행의 개수와 4를 더한 행 위치를 'i' 변수에 반환한다. 즉, 데이터가 입력되어 있는 4~6행 세 개의 행 개수에서 [A4] 셀의 행 위치인 4를 더하여 7행부터 데이터를 입력한다.

❷ Cells(i, 1) = cmb구분.Value: 7행(i) 1열에 'cmb구분' 목록 상자에서 선택한 데이터(구분)를 입력한다.

❸ Cells(i, 2) = txt회원명.Value: 7행(i) 2열에 'txt회원명' 텍스트 상자에 입력한 데이터(회원명)를 입력한다.

❹ Cells(i, 3) = txt등록일.Value: 7행(i) 3열에 'txt등록일' 텍스트 상자에 입력한 데이터(등록일)를 입력한다.

❺ Cells(i, 4) = txt사용기간.Value: 7행(i) 4열에 'txt사용기간' 텍스트 상자에 입력한 데이터(사용기간)를 입력한다.

❻ Cells(i, 5) = Cells(i, 4) * 12000: 7행(i) 5열에 '7행(i) 4열'에 입력한 값과 '12,000'을 곱한 값(사용요금)을 입력한다.

> **실수가 줄어들면 합격은 빨라진다!**
> 숫자 데이터와 같이 '.Value'를 반드시 입력해야 하는 경우가 있다. 이 경우를 구분하면서 연습하면 더 헷갈리고 이해하기 어려울 수 있으므로 모든 데이터에 '.Value'를 입력하면서 연습하는 것이 좋다.

> **실수가 줄어들면 합격은 빨라진다!**
> VALUE를 붙이면 숫자는 수치 데이터, 텍스트는 텍스트 형식, 날짜는 날짜 형식으로 입력된다. VALUE를 붙이지 않으면 모두 텍스트 형식으로 입력되기 때문에 데이터 형식을 맞춰주는 작업을 해야 한다.

3 폼 종료하기

① [프로젝트 탐색기] 창에서 〈관리〉 폼 더블클릭 → 〈관리〉 폼에서 [종료] 단추를 더블클릭한다.
② [코드] 창에서 'cmd종료_Click( )' 프로시저에 다음과 같이 코드를 입력한다.

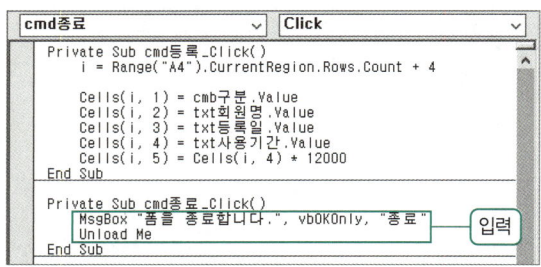

Private Sub cmd종료_Click( )
    MsgBox "폼을 종료합니다.", vbOKOnly, "종료" ―❶
    Unload Me ―❷
End Sub

❶ MsgBox "폼을 종료합니다.", vbOKOnly, "종료": 메시지 박스에 '폼을 종료합니다.'라는 메시지 내용과 [확인] 단추(vbOKOnly), 제목 표시줄에 '종료'라는 내용으로 표시한다.
❷ Unload Me: 현재 작업중인 폼을 종료하고 메모리에서 제거한다.

> **개념 더하기 ⊕** 'MsgBox'의 두 번째 인수에 입력하는 단추 종류

코드	단추 종류
vbOKOnly	확인
vbOKCancel	확인 취소
vbYesNo	예(Y) 아니요(N)
vbYesNoCancel	예(Y) 아니요(N) 취소

4 시트 활성화 시 특정 값 입력하기

① [프로젝트 탐색기] 창에서 Sheet1 (프로시저-1) 더블클릭 → [코드] 창에서 '개체'는 'Worksheet', '프로시저'는 'Activate' 선택 → 'Worksheet_Activate( )' 프로시저에 다음과 같이 코드를 입력한다.

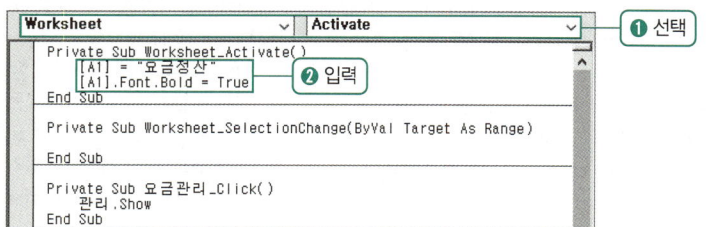

> **읽는 강의**
>
> **풀이법을 알면 시간이 단축된다!**
> 메시지 박스에 [확인] 단추만 표시되거나 제목 표시줄에 Microsoft Excel이 표시되는 경우는 기본값으로 설정한 경우이므로 'MsgBox' 코드에서 두 번째 인수(단추)나 세 번째 인수(제목 표시줄)를 생략해도 된다. 즉, 아래 방법 모두 가능하다.
>
>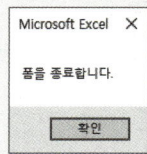
>
> 방법1 MsgBox "폼을 종료합니다.", vbOKOnly, "종료"
> 방법2 MsgBox "폼을 종료합니다.", , "종료"
> 방법3 MsgBox "폼을 종료합니다.", vbOKOnly
> 방법4 MsgBox "폼을 종료합니다."

```
Private Sub Worksheet_Activate()
    [A1] = "요금정산" ―❶
    [A1].Font.Bold = True ―❷
End Sub
```

❶ **[A1] = "요금정산"**: 해당 시트가 활성화되면 [A1] 셀에 '요금정산'이라는 내용으로 입력한다.
❷ **[A1].Font.Bold = True**: [A1] 셀에 입력된 내용의 글꼴 스타일을 '굵게'로 표시한다.

② 결과를 확인하기 위해 [보기 Microsoft Excel] 단추(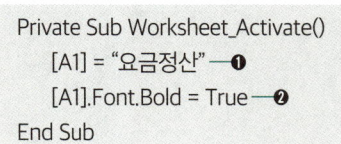)를 클릭 → '프로시저-1' 시트로 되돌아오면 **[개발 도구] 탭-[컨트롤] 그룹-[디자인 모드]**를 클릭하여 디자인 모드를 해제한다.

③ '프로시저-1' 시트를 제외한 임의의 시트를 클릭 → 다시 '프로시저-1' 시트를 클릭하여 [A1] 셀에 '요금정산'이 입력되고 '글꼴 스타일'이 '굵게' 표시되었는지 확인한다.

④ '요금관리' 단추 클릭 → 〈관리〉 폼에서 다음과 같이 데이터를 입력한 후 [등록] 단추를 클릭하여 데이터가 정확히 삽입되는지 확인 → 〈관리〉 폼에서 [종료] 단추를 클릭하여 메시지 박스를 확인한다.

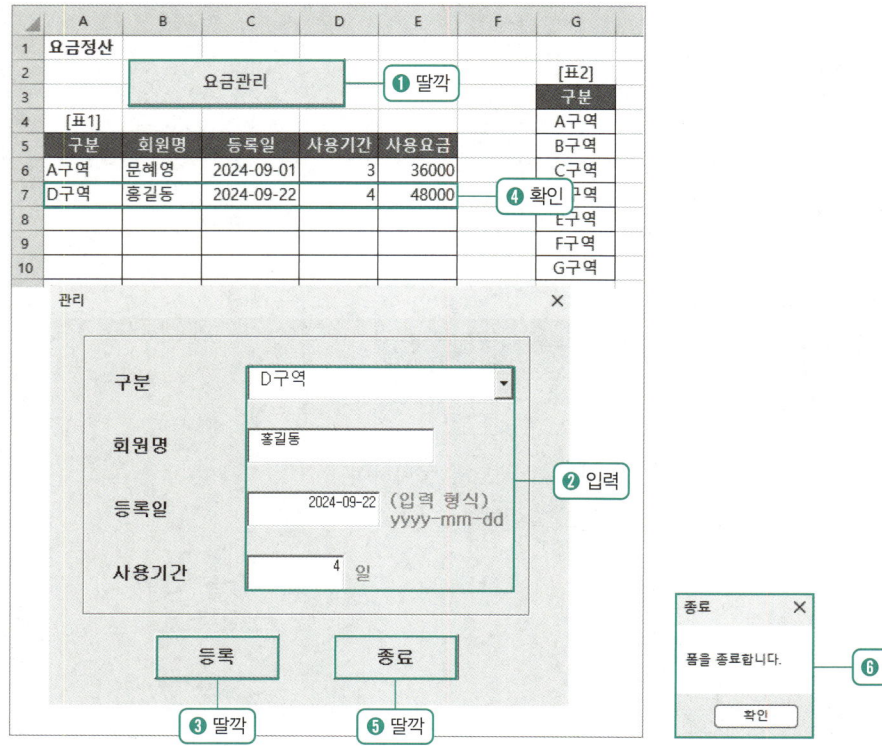

• 완성 코드

1 폼 나타내고 초기화하기

```
Private Sub 요금관리_Click( )
    관리.Show
End Sub

Private Sub UserForm_Initialize( )
    cmb구분.RowSource = "G4:G10"
End Sub
```

2 마지막 행에 연속해서 데이터 추가하기

```
Private Sub cmd등록_Click( )
    i = Range("A4").CurrentRegion.Rows.Count + 4

    Cells(i, 1) = cmb구분.Value
    Cells(i, 2) = txt회원명.Value
    Cells(i, 3) = txt등록일.Value
    Cells(i, 4) = txt사용기간.Value
    Cells(i, 5) = Cells(i, 4) * 12000
End Sub
```

3 폼 종료하기

```
Private Sub cmd종료_Click( )
    MsgBox "폼을 종료합니다.", vbOKOnly, "종료"
    Unload Me
End Sub
```

4 시트 활성화 시 특정 값 입력하기

```
Private Sub Worksheet_Click( )
    [A1] = "요금정산"
    [A1].Font.Bold = True
End Sub
```

출제패턴 ❷

'프로시저-2' 시트에서 다음과 같은 작업을 수행하도록 프로시저를 작성하시오.

1 '주문관리' 단추를 클릭하면 〈주문관리〉 폼이 나타나도록 설정하시오.

2 폼이 초기화(Initialize)되면 '용품'(cmb용품) 목록에는 '연필', '지우개', '가위', '풀', '수정테이프'가 목록에 추가되고, 옵션 버튼의 '택배'(opt택배)가 선택되도록 프로시저를 작성하시오.
   ▶ With, Additem 이용

3 〈주문관리〉 폼의 '주문'(cmd주문) 단추를 클릭하면 폼에 입력된 데이터가 시트의 [표]에 입력되어 있는 마지막 행 다음에 연속하여 추가되도록 프로시저를 작성하시오.
   ▶ '주문일'은 Format 함수를 이용하여 '06월 22일'과 같은 형식으로 표시하시오.
   ▶ '배송형태'는 해당 항목(택배, 방문)이 선택되는 경우에 따라 '택배', '방문'으로 입력하시오.
   ▶ '금액'은 '배송형태'가 '택배'이면 '가격×수량'에서 10% 추가된 금액, '방문'이면 '가격×수량'으로 계산하되, Format을 이용하여 천 단위마다 '콤마'와 '원'을 표시하시오.
   ▶ IF~Else문 이용

▼ 결과 화면

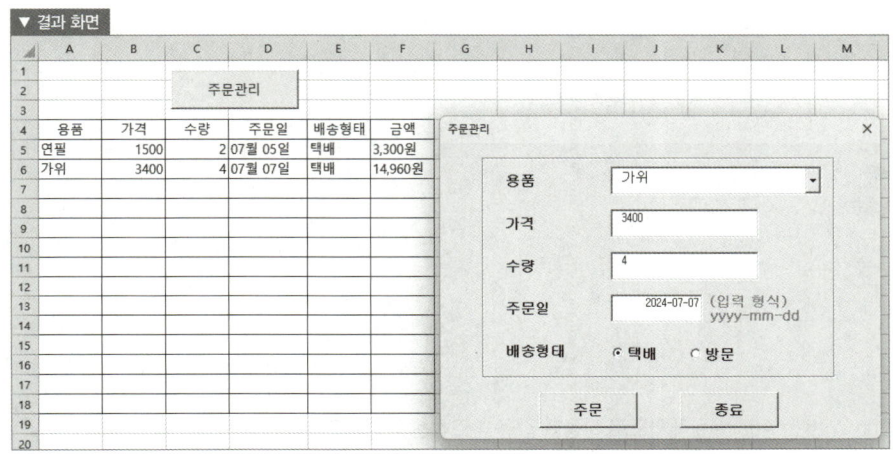

그대로 따라하기

1 폼 나타내기

① [개발 도구] 탭-[컨트롤] 그룹-[디자인 모드]를 클릭 → '주문관리' 단추를 더블클릭한다.
② [Visual Basic Editor] 창이 나타나면 [코드] 창에서 'cmd주문관리_Click( )' 프로시저에 다음과 같이 코드를 입력한다.

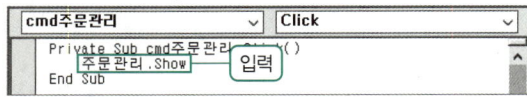

```
Private Sub cmd주문관리_Click( )
    주문관리.Show ─❶
End Sub
```

❶ 주문관리.Show: '주문관리'는 폼 이름, Show는 폼을 화면에 나타내는 메서드로, <주문관리> 폼을 화면에 표시한다.

2 폼 초기화하기

① [프로젝트 탐색기] 창의 <주문관리> 폼에서 마우스 오른쪽 단추를 클릭하고 바로 가기 메뉴에서 [코드 보기]를 선택한다.
② [코드] 창에서 '개체'는 'UserForm', '프로시저'는 'Initialize' 선택 → 'UserForm_Initialize( )' 프로시저에 다음과 같이 코드를 입력한다.

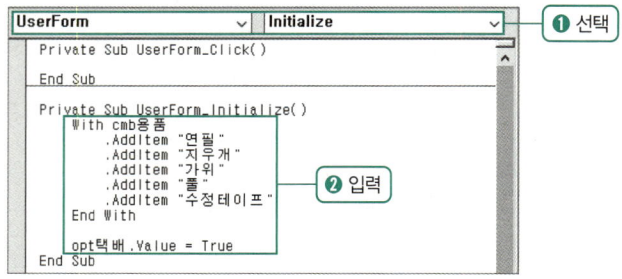

```
Private Sub UserForm_Initialize( )
    With cmb용품 ─❶
        .AddItem "연필"
        .AddItem "지우개"
        .AddItem "가위"          ─❷
        .AddItem "풀"
        .AddItem "수정테이프"
    End With ─❶

    opt택배.Value = True ─❸
End Sub
```

❶ With cmb용품 ~ End With: 'With~ End With'는 AddItem 메서드로 지정한 값을 참조하는 명령문으로, 'cmb용품' 목록 상자에 AddItem 메서드로 추가한 데이터를 참조한다.

❷ .AddItem "연필" ~ .AddItem "수정테이프": '연필', '지우개', '가위', '풀', '수정테이프'를 'cmb용품' 목록 상자에 추가할 데이터(AddItem)로 지정한다.
❸ opt택배.Value = True: 'opt택배'를 기본값(True)으로 설정한다. 즉, <주문관리> 폼이 초기화되면 '배송형태' 옵션 상자에서 '택배'가 선택되어 있다.

3 마지막 행에 연속해서 데이터 추가하기

① [프로젝트 탐색기] 창에서 <주문관리> 폼 더블클릭 → <주문관리> 폼에서 [주문] 단추를 더블클릭한다.
② [코드] 창에서 'cmd주문_Click( )' 프로시저에 다음과 같이 코드를 입력한다.

```
Private Sub cmd주문_Click( )
    i = Range("A4").CurrentRegion.Rows.Count + 4
    Cells(i, 1) = cmb용품
    Cells(i, 2) = txt가격.Value
    Cells(i, 3) = txt수량.Value
    Cells(i, 4) = Format(txt주문일.Value, "mm월 dd일")

    If opt택배.Value = True Then
        Cells(i, 5) = "택배"
        Cells(i, 6) = Format(txt가격.Value + txt수량.Value + 1.1, "#,###원")
    Else
        Cells(i, 5) = "방문"
        Cells(i, 6) = Format(txt가격.Value * txt수량.Value, "#,###원")
    End If
End Sub
```
입력

Private Sub cmd주문_Click( )
　　i = Range("A4").CurrentRegion.Rows.Count + 4 —❶

　　Cells(i, 1) = cmb용품 —❷
　　Cells(i, 2) = txt가격.Value —❸
　　Cells(i, 3) = txt수량.Value —❹
　　Cells(i, 4) = Format(txt주문일.Value, "mm월 dd일") —❺

　　If opt택배.Value = True Then —❻
　　　　Cells(i, 5) = "택배" —❼
　　　　Cells(i, 6) = Format(txt가격.Value * txt수량.Value * 1.1, "#,###원") —❽
　　Else —❻
　　　　Cells(i, 5) = "방문" —❾
　　　　Cells(i, 6) = Format(txt가격.Value * txt수량.Value, "#,###원") —❿
　　End If —❻
End Sub

❶ i = Range("A4").CurrentRegion.Rows.Count + 4: [A4] 셀을 기준으로 인접 범위에 입력된 데이터 행의 개수와 4를 더한 행 위치를 'i' 변수에 반환한다. 즉, 데이터가 입력되어 있는 4~5행 두 개의 행 개수에서 [A4] 셀의 행 위치인 4를 더하여 6행부터 데이터를 입력한다.
❷ Cells(i, 1) = cmb용품: 6행(i) 1열에 'cmb용품' 목록 상자에서 선택한 데이터(용품)를 입력한다.
❸ Cells(i, 2) = txt가격.Value: 6행(i) 2열에 'txt가격' 텍스트 상자에 입력한 데이터(가격)를 입력한다.
❹ Cells(i, 3) = txt수량.Value: 6행(i) 3열에 'txt수량' 텍스트 상자에 입력한 데이터(수량)를 입력한다.
❺ Cells(i, 4) = Format(txt주문일.Value, "mm월 dd일"): 6행(i) 4열에 'txt주문일' 텍스트 상자에 입력한 데이터(주문일)를 'mm월 dd일' 표시 형식으로 입력한다.
❻ If opt택배.Value = True Then ❼~❽ Else ❾~❿ End If: '택배'(opt택배)를 선택하면 ❼~❽을 입력하고, 그렇지 않으면 ❾~❿을 입력한다.

풀이법을 알면 시간이 단축된다!
If ❶ Then ❷
Else ❸
End If
❶ 조건을 평가하여 참이면 ❷ 블록만 실행하고 종료, 거짓이라면 ❸ 블록을 실행한다.

❼ Cells(i, 5) = "택배": 6행(i) 5열에 '택배'를 입력한다.
❽ Cells(i, 6) = Format(txt가격.Value * txt수량.Value * 1.1, "#,###원"): 6행(i) 6열에 '가격'(txt가격)과 '수량'(txt수량)을 곱한 값에서 10% 추가된 값(금액)에 천 단위 구분 기호와 '원'을 연결하여 입력한다.
❾ Cells(i, 5) = "방문": 6행(i) 5열에 '방문'을 입력한다.
❿ Cells(i, 6) = Format(txt가격.Value * txt수량.Value, "#,###원"): 6행(i) 6열에 '가격'(txt가격)과 '수량'(txt수량)을 곱한 값(금액)에 천 단위 구분 기호와 '원'을 연결하여 입력한다.

③ 결과를 확인하기 위해 [보기 Microsoft Excel] 단추(🗙)를 클릭 → '프로시저-2' 시트로 되돌아오면 [개발 도구] 탭-[컨트롤] 그룹-[디자인 모드]를 클릭하여 디자인 모드를 해제한다.

④ '주문관리' 단추 클릭 → 〈주문관리〉 폼에서 다음과 같이 데이터를 입력한 후 [주문] 단추를 클릭하여 데이터가 정확히 삽입되는지 확인한다.

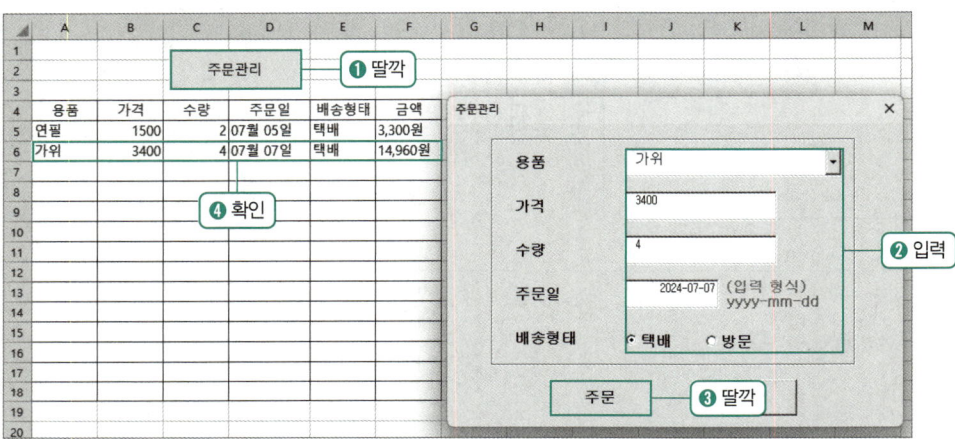

- 완성 코드

1 폼 나타내기

```
Private Sub cmd주문관리_Click( )
    주문관리.Show
End Sub
```

2 폼 초기화하기

```
Private Sub UserForm_Initialize( )
    With cmb용품
        .AddItem "연필"
        .AddItem "지우개"
        .AddItem "가위"
        .AddItem "풀"
        .AddItem "수정테이프"
    End With

    opt택배.Value = True
End Sub
```

3 마지막 행에 연속해서 데이터 추가하기

```
Private Sub cmd주문_Click( )
    i = Range("A4").CurrentRegion.Rows.Count + 4

    Cells(i, 1) = cmb용품
    Cells(i, 2) = txt가격.Value
    Cells(i, 3) = txt수량.Value
    Cells(i, 4) = Format(txt주문일.Value, "mm월 dd일")

    If opt택배.Value = True Then
        Cells(i, 5) = "택배"
        Cells(i, 6) = Format(txt가격.Value * txt수량.Value * 1.1, "#,###원")
    Else
        Cells(i, 5) = "방문"
        Cells(i, 6) = Format(txt가격.Value * txt수량.Value, "#,###원")
    End If
End Sub
```

출제패턴 ❸

'프로시저-3' 시트에서 다음과 같은 작업을 수행하도록 프로시저를 작성하시오.

1 '조회' 단추를 클릭하면 〈제품조회〉 폼이 나타나도록 설정한 후 폼이 초기화(Initialize)되면 [C4:C16] 영역의 값이 '제품명'(cmb제품명) 목록 상자의 목록에 표시되고, '제품명'(cmb제품명) 컨트롤로 포커스가 옮겨가도록 프로시저를 작성하시오.

2 〈제품조회〉 폼의 '제품명'(cmb제품명) 목록 상자에서 조회할 '제품명'을 선택하고 '검색'(cmd검색) 단추를 클릭하면 시트의 [표]에서 해당 데이터를 찾아 폼에 표시하는 프로시저를 작성하시오.
- ▶ ListIndex 속성을 이용하시오.
- ▶ '재고수량'이 0이면 '재고없음', 그 외에는 '주문가능'으로 표시하시오. (Select ~ Case문 사용)

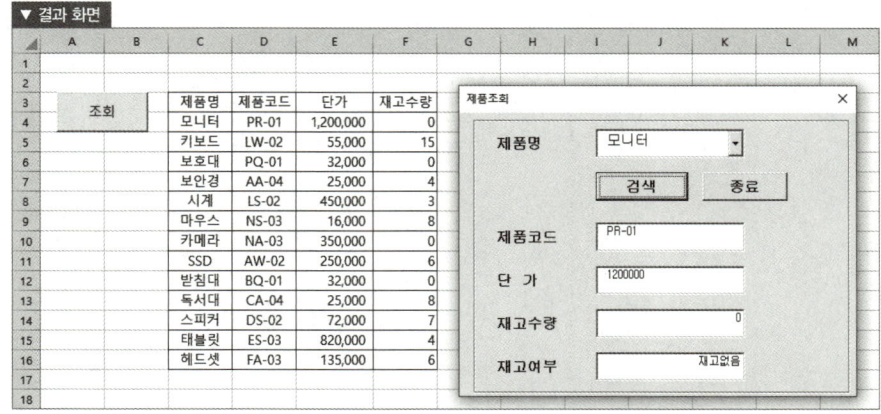

3 〈제품조회〉 폼의 '종료'(cmd종료) 단추를 클릭하면 〈그림〉과 같이 현재 날짜가 표시된 메시지를 표시한 후 폼이 종료되도록 프로시저를 작성하시오.

▼ 결과 화면

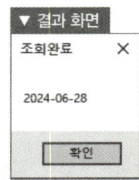

그대로 따라하기

1 폼 나타내고 초기화하기

① [개발 도구] 탭-[컨트롤] 그룹-[디자인 모드]를 클릭 → '조회' 단추를 더블클릭한다.
② [Visual Basic Editor] 창이 나타나면 [코드] 창에서 'cmd조회_Click( )' 프로시저에 다음과 같이 코드를 입력한다.

```
Private Sub cmd조회_Click( )
    제품조회.Show ─❶
End Sub
```

❶ 제품조회.Show: <제품조회> 폼을 화면에 표시한다.

③ [프로젝트 탐색기] 창의 〈제품조회〉 폼에서 마우스 오른쪽 단추를 클릭하고 바로 가기 메뉴에서 [코드 보기]를 선택한다.
④ [코드] 창에서 '개체'는 'UserForm', '프로시저'는 'Initialize' 선택 → 'UserForm_Initialize( )' 프로시저에 다음과 같이 코드를 입력한다.

```
Private Sub UserForm_Initialize( )
    cmb제품명.RowSource = "C4:C16" ─❶
    cmb제품명.SetFocus ─❷
End Sub
```

❶ cmb제품명.RowSource = "C4:C16": '제품명'(cmb제품명) 목록 상자의 속성(RowSource)값을 [C4:C16] 영역의 값으로 지정한다.
❷ cmb제품명.SetFocus: '제품명'(cmb제품명) 목록 상자에 커서가 표시된다.

2 조회 데이터를 찾아 폼에 표시하기

① [프로젝트 탐색기] 창에서 〈제품조회〉 폼 더블클릭 → 〈제품조회〉 폼에서 [검색] 단추를 더블클릭한다.

② [코드] 창에서 'cmd검색_Click( )' 프로시저에 다음과 같이 코드를 입력한다.

```
Private Sub cmd검색_Click( )
    i = cmb제품명.ListIndex + 4 ―❶
    
    txt제품코드.Value = Cells(i, 4) ―❷
    txt단가.Value = Cells(i, 5) ―❸
    txt재고수량.Value = Cells(i, 6) ―❹
    Select Case txt재고수량.Value ―❺
        Case Is = 0 ―❺
            txt재고여부.Value = "재고없음" ―❻
        Case Else ―❺
            txt재고여부.Value = "주문가능" ―❼
    End Select ―❺
End Sub
```

❶ i = cmb제품명.ListIndex + 4: 'cmb제품명' 목록 상자에서 선택한 데이터(제품명)의 위치(ListIndex)에서 4를 더한 위치를 'i' 변수에 반환한다. ListIndex는 첫 번째 데이터의 위치가 0부터 시작되고, [C4] 셀은 4행부터 시작하므로 4를 더한 것이다(변수는 정해진 것은 아니므로 변형하여 입력 가능).

❷ txt제품코드.Value = Cells(i, 4): 'txt제품코드' 텍스트 상자에 '제품명'에서 선택한 제품에 해당하는 행(i) 4열 데이터(제품코드)를 표시한다.

❸ txt단가.Value = Cells(i, 5): 'txt단가' 텍스트 상자에 '제품명'에서 선택한 제품에 해당하는 행(i) 5열 데이터(단가)를 표시한다.

❹ txt재고수량.Value = Cells(i, 6): 'txt재고수량' 텍스트 상자에 '제품명'에서 선택한 제품에 해당하는 행(i) 6열 데이터(재고수량)를 표시한다.

❺ Select Case txt재고수량.Value Case Is = 0 ❻ Case Else ❼ End Select: 'txt재고수량'의 값(재고수량)이 0이면 ❻을, 그렇지 않으면 ❼을 표시한다.

❻ txt재고여부.Value = "재고없음": 'txt재고여부' 텍스트 상자에 '재고없음'으로 표시한다.

❼ txt재고여부.Value = "주문가능": 'txt재고여부' 텍스트 상자에 '주문가능'으로 표시한다.

> **풀이법을 알면 시간이 단축된다!**
>
> Select Case 식(변수)
>   Case Is 값1
>   명령문1
>   Case Is 값2
>   명령문2
>   :
>   Case Else
>   명령문n
> End Select
>
> 식(변수)의 결과가 값1이면 명령문1을, 값2이면 명령문2, … 그 외는 명령문n을 수행한다.

3 폼 종료하기

① [프로젝트 탐색기] 창에서 〈제품조회〉 폼 더블클릭 → 〈제품조회〉 폼에서 [종료] 단추를 더블클릭한다.

② [코드] 창에서 'cmd종료_Click( )' 프로시저에 다음과 같이 코드를 입력한다.

```
Private Sub cmd종료_Click( )
    MsgBox Date, vbOKOnly, "조회완료" ―❶
    Unload Me ―❷
End Sub
```

❶ MsgBox Date, vbOKOnly, "조회완료": 메시지 박스에 현재 날짜(Date)와 [확인] 단추(vbOKOnly), 제목 표시줄에 '조회완료'라는 내용으로 표시한다.

❷ Unload Me: 현재 작업 중인 폼을 종료하고 메모리에서 제거한다.

③ 결과를 확인하기 위해 [보기 Microsoft Excel] 단추(🗙)를 클릭 → '프로시저-3' 시트로 되돌아오면 [개발 도구] 탭-[컨트롤] 그룹-[디자인 모드]를 클릭하여 디자인 모드를 해제한다.

④ '조회' 단추 클릭 → 〈제품조회〉 폼에서 다음과 같이 '제품명'을 선택한 후 [검색] 단추를 클릭하여 데이터가 정확히 조회되는지 확인 → 〈제품조회〉 폼에서 [종료] 단추를 클릭하여 메시지 박스를 확인한다.

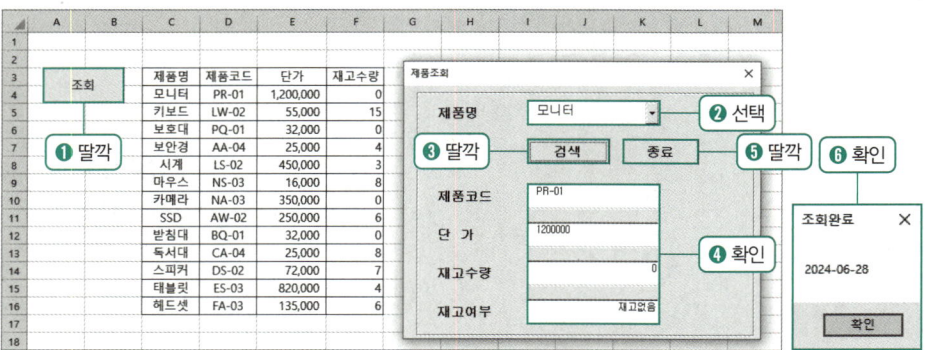

• 완성 코드

1 폼 나타내고 초기화하기

```
Private Sub cmd조회_Click( )
    제품조회.Show
End Sub

Private Sub UserForm_Initialize( )
    cmb제품명.RowSource = "C4:C16"
    cmb제품명.SetFocus
End Sub
```

2 조회 데이터를 찾아 폼에 표시하기

```
Private Sub cmd검색_Click( )
    i = cmb제품명.ListIndex + 4
    
    txt제품코드.Value = Cells(i, 4)
    txt단가.Value = Cells(i, 5)
    txt재고수량.Value = Cells(i, 6)
    
    Select Case txt재고수량.Value
        Case Is = 0
            txt재고여부.Value = "재고없음"
        Case Else
            txt재고여부.Value = "주문가능"
    End Select
End Sub
```

3 폼 종료하기

```
Private Sub cmd종료_Click( )
    MsgBox Date, vbOKOnly, "조회완료"
    Unload Me
End Sub
```

출제패턴 ❹

'프로시저-4' 시트에서 다음과 같은 작업을 수행하도록 프로시저를 작성하시오.

1 '제주여행' 단추를 클릭하면 〈제주여행〉 폼이 나타나도록 설정한 후 폼이 초기화(Initialize)되면 객실과 가격 목록이 표시되는 '객실선택'(lst객실)에는 [I6:J11] 영역의 데이터가 표시되고, '인원'(spin인원) 스핀 단추를 1씩 증감된 숫자가 '인원'(txt인원)에 표시되도록 프로시저를 작성하시오.

2 〈제주여행〉 폼의 '예약'(cmd예약) 단추를 클릭하면 폼에 입력된 데이터가 시트의 [표]에 입력되어 있는 마지막 행 다음에 연속하여 추가되도록 프로시저를 작성하시오.

▶ 선택한 옵션 단추의 Caption 속성을 이용하여 '이용기간'을 입력하시오.

▶ '이용요금'은 '이용기간'이 '1박'이면 '가격×1', '2박'이면 '가격×2', '3박'이면 '가격×3'으로 계산하시오.

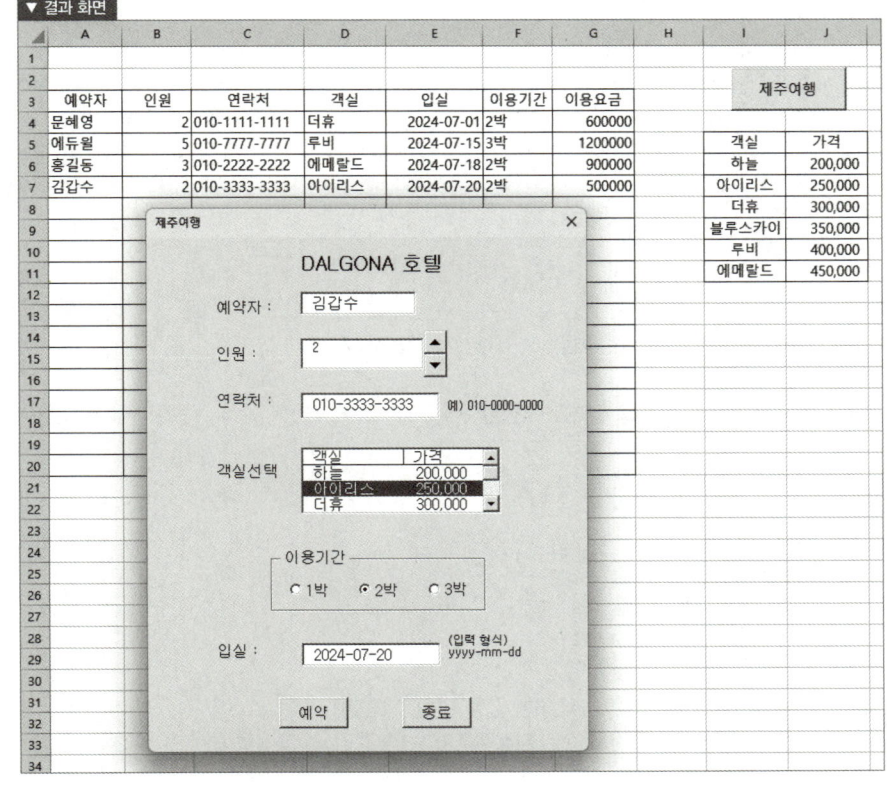

③ 〈제주여행〉 폼의 '종료'(cmd종료) 단추를 클릭하면 〈그림〉과 같이 전체 예약 건수를 표시한 메시지를 표시한 후 폼이 종료되도록 프로시저를 작성하시오.

▼ 결과 화면

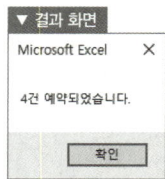

그대로 따라하기

1 폼 나타내고 초기화하기
① [개발 도구] 탭-[컨트롤] 그룹-[디자인 모드]를 클릭 → '제주여행' 단추를 더블클릭한다.
② [Visual Basic Editor] 창이 나타나면 [코드] 창에서 'cmd제주여행_Click( )' 프로시저에 다음과 같이 코드를 입력한다.

```
Private Sub cmd제주여행_Click( )
    제주여행.Show ─❶
End Sub
```

❶ 제주여행.Show: <제주여행> 폼을 화면에 표시한다.

③ [프로젝트 탐색기] 창의 〈제주여행〉 폼에서 마우스 오른쪽 단추를 클릭하고 바로 가기 메뉴에서 [코드 보기]를 선택한다.
④ [코드] 창에서 '개체'는 'UserForm', '프로시저'는 'Initialize' 선택 → 'UserForm_Initialize( )' 프로시저에 다음과 같이 코드를 입력한다.

```
Private Sub UserForm_Initialize( )
    lst객실.RowSource = "I6:J11" ─❶
    lst객실.ColumnCount = 2 ─❷
End Sub
```

❶ lst객실.RowSource = "I6:J11": 'lst객실' 목록 상자의 속성(RowSource)값을 [I6:J11] 영역의 값으로 지정한다.
❷ lst객실.ColumnCount = 2: 'lst객실' 목록 상자에서 데이터 열의 수를 두 개로 지정한다.

⑤ [코드] 창에서 '개체'는 'spin인원', '프로시저'는 'Change' 선택 → 'spin인원_Change( )' 프로시저에 다음과 같이 코드를 입력한다.

```
Private Sub spin인원_Change( )
    txt인원.Value = spin인원.Value * 1 ─❶
End Sub
```

❶ txt인원.Value = spin인원.Value * 1: '인원'(spin인원) 스핀 단추의 값에 1씩 곱한 값을 '인원'(txt인원)에 표시한다. 즉, 스핀 단추에 지정된 기본 변화값은 1이므로 1을 곱한 값으로 지정해주어야 1씩 증감된 값이 표시된다.

풀이법을 알면 시간이 단축된다!
ColumnCount
속성 창에 열의 개수가 이미 지정되어 있으면 생략 가능하다.

2 마지막 행에 연속해서 데이터 추가하기

① [프로젝트 탐색기] 창에서 〈제주여행〉 폼 더블클릭 → 〈제주여행〉 폼에서 [예약] 단추를 더블클릭한다.

② [코드] 창에서 'cmd예약_Click( )' 프로시저에 다음과 같이 코드를 입력한다.

```
Private Sub cmd예약_Click( )
    i = Range("A3").CurrentRegion.Rows.Count + 3 —❶

    Cells(i, 1) = txt예약자.Value —❷
    Cells(i, 2) = txt인원.Value —❸
    Cells(i, 3) = txt연락처.Value —❹
    Cells(i, 4) = lst객실.List(lst객실.ListIndex, 0) —❺
    Cells(i, 5) = txt입실.Value —❻

    If opt1박.Value = True Then —❼
        Cells(i, 6) = opt1박.Caption —❽
        Cells(i, 7) = lst객실.List(lst객실.ListIndex, 1) * 1 —❾
    ElseIf opt2박.Value = True Then —❼
        Cells(i, 6) = opt2박.Caption —❿
        Cells(i, 7) = lst객실.List(lst객실.ListIndex, 1) * 2 —⓫
    ElseIf opt3박.Value = True Then —❼
        Cells(i, 6) = opt3박.Caption —⓬
        Cells(i, 7) = lst객실.List(lst객실.ListIndex, 1) * 3 —⓭
    End If —❼
End Sub
```

풀이법을 알면 시간이 단축된다!
If ❶ Then ❷
ElseIf ❸ Then ❹
ElseIf ❺ Then ❻
Else ❼
End If
❶ 조건을 평가하여 참이면 ❷ 블록만 실행하고 종료, 거짓이면 ❸ 조건을 평가하여 참이면 ❹ 블록을 실행한다. 다시 거짓이라면 ❺ 조건을 평가하여 참이면 ❻ 블록을 실행하고, 모두 거짓일 때에만 Else 절의 ❼ 블록이 수행된다.

❶ **i = Range("A3").CurrentRegion.Rows.Count + 3**: [A3] 셀을 기준으로 인접 범위에 입력된 데이터 행의 개수와 3을 더한 행 위치를 'i' 변수에 반환한다. 즉, 데이터가 입력되어 있는 3~6행까지 네 개의 행 개수에서 [A3] 셀의 행 위치인 3을 더하여 7행부터 데이터가 입력된다.

❷ **Cells(i, 1) = txt예약자.Value**: 7행(i) 1열에 'txt예약자' 텍스트 상자에 입력한 데이터(예약자)가 입력된다.

❸ **Cells(i, 2) = txt인원.Value**: 7행(i) 2열에 'spin인원' 스핀 단추에서 선택한 값(인원)이 'txt인원' 텍스트 상자에 반환되어 입력된다.

❹ **Cells(i, 3) = txt연락처.Value**: 7행(i) 3열에 'txt연락처' 텍스트 상자에 입력한 데이터(연락처)가 입력된다.

❺ **Cells(i, 4) = lst객실.List(lst객실.ListIndex, 0)**: 7행(i) 4열에 'lst객실' 목록 상자에서 선택한 데이터의 위치(lst객실.ListIndex)의 첫 번째 열에 해당하는 데이터(객실)를 입력한다.

❻ **Cells(i, 5) = txt입실.Value**: 7행(i) 5열에 'txt입실' 텍스트 상자에 입력한 데이터(입실)가 입력된다.

❼ **If opt1박.Value = True Then ❽~❾ ElseIf opt2박.Value = True Then ❿~⓫ ElseIf opt3박.Value = True Then ⓬~⓭ End If**: 'opt1박'을 선택하면 ❽~❾를, 'opt2박'을 선택하면 ❿~⓫을, 'opt3박'을 선택하면 ⓬~⓭을 입력한다.

❽ **Cells(i, 6) = opt1박.Caption**: 7행(i) 6열에 'opt1박' 캡션(1박)을 입력한다.

❾ **Cells(i, 7) = lst객실.List(lst객실.ListIndex, 1) * 1**: 7행(i) 7열에 'lst객실' 목록 상자에서 선택한 데이터의 위치(lst객실.ListIndex)의 두 번째 열에 해당하는 데이터(가격)와 1을 곱한 값(이용요금)을 입력한다.

❿ **Cells(i, 6) = opt2박.Caption**: 7행(i) 6열에 'opt2박' 캡션(2박)을 입력한다.

⓫ **Cells(i, 7) = lst객실.List(lst객실.ListIndex, 1) * 2**: 7행(i) 7열에 'lst객실' 목록 상자에서 선택한 데이터의 위치(lst객실.ListIndex)의 두 번째 열에 해당하는 데이터(가격)와 2를 곱한 값(이용요금)을 입력한다.

⓬ **Cells(i, 6) = opt3박.Caption**: 7행(i) 6열에 'opt3박' 캡션(3박)을 입력한다.

⓭ Cells(i, 7) = lst객실.List(lst객실.ListIndex, 1) * 3: 7행(i) 7열에 'lst객실' 목록 상자에서 선택한 데이터의 위치(lst객실.ListIndex)의 두 번째 열에 해당하는 데이터(가격)와 3을 곱한 값(이용요금)을 입력한다.

3 폼 종료하기

① [프로젝트 탐색기] 창에서 〈제주여행〉 폼 더블클릭 → 〈제주여행〉 폼에서 [종료] 단추를 더블클릭한다.

② [코드] 창에서 'cmd종료_Click( )' 프로시저에 다음과 같이 코드를 입력한다.

```
Private Sub cmd종료_Click( )
    MsgBox Range("A3").CurrentRegion.Rows.Count - 1 & "건 예약되었습니다.", vbOKOnly ─❶
    Unload Me ─❷
End Sub
```

❶ MsgBox Range("A3").CurrentRegion.Rows.Count - 1 & "건 예약되었습니다.", vbOKOnly: 메시지 박스에 [A3] 셀을 기준으로 인접 범위에 입력된 데이터 행의 개수에서 1을 뺀 행 위치, 즉 필드명 행을 제외한 데이터가 입력된 행의 개수(총 예약 건수)와 '건 예약되었습니다.'를 연결하여 표시하고, [확인] 단추(vbOKOnly)를 표시한다.
(세 번째 인수를 생략하면 메시지 박스의 제목 표시줄에 기본값(Microsoft Excel)으로 표시한다.)
❷ Unload Me: 현재 작업 중인 폼을 종료하고 메모리에서 제거한다.

> 풀이법을 알면 시간이 단축된다!
> & 양쪽에는 반드시 공백이 있어야 한다.

③ 결과를 확인하기 위해 [보기 Microsoft Excel] 단추(🔳)를 클릭 → '프로시저-4' 시트로 되돌아오면 [개발 도구] 탭-[컨트롤] 그룹-[디자인 모드]를 클릭하여 디자인 모드를 해제한다.

④ '제주여행' 단추 클릭 → 〈제주여행〉 폼에서 다음과 같이 데이터를 입력한 후 [예약] 단추를 클릭하여 데이터가 정확히 삽입되는지 확인 → 〈제주여행〉 폼에서 [종료] 단추를 클릭하여 메시지 박스를 확인한다.

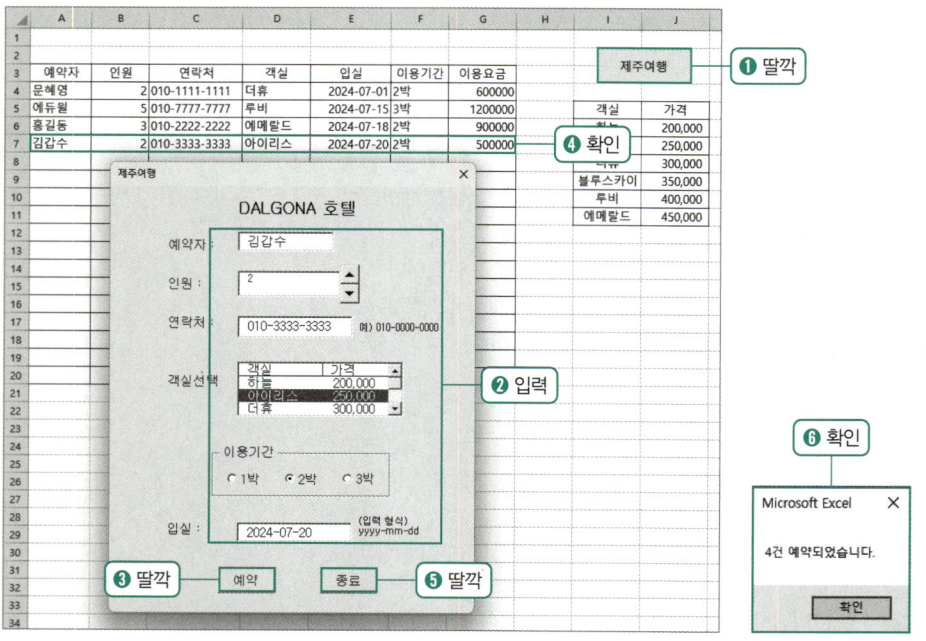

• 완성 코드

1 폼 나타내고 초기화하기

```
Private Sub cmd제주여행_Click( )
    제주여행.Show
End Sub

Private Sub UserForm_Initialize( )
    lst객실.RowSource = "I6:J11"
    lst객실.ColumnCount = 2
End Sub

Private Sub spin인원_Change( )
    txt인원.Value = spin인원.Value * 1
End Sub
```

2 마지막 행에 연속해서 데이터 추가하기

```
Private Sub cmd예약_Click( )
    i = Range("A3").CurrentRegion.Rows.Count + 3
    
    Cells(i, 1) = txt예약자.Value
    Cells(i, 2) = txt인원.Value
    Cells(i, 3) = txt연락처.Value
    Cells(i, 4) = lst객실.List(lst객실.ListIndex, 0)
    Cells(i, 5) = txt입실.Value
    
    If opt1박.Value = True Then
        Cells(i, 6) = opt1박.Caption
        Cells(i, 7) = lst객실.List(lst객실.ListIndex, 1) * 1
    ElseIf opt2박.Value = True Then
        Cells(i, 6) = opt2박.Caption
        Cells(i, 7) = lst객실.List(lst객실.ListIndex, 1) * 2
    ElseIf opt3박.Value = True Then
        Cells(i, 6) = opt3박.Caption
        Cells(i, 7) = lst객실.List(lst객실.ListIndex, 1) * 3
    End If
End Sub
```

3 폼 종료하기

```
Private Sub cmd종료_Click( )
    MsgBox Range("A3").CurrentRegion.Rows.Count - 1 & "건 예약되었습니다.", vbOKOnly
    Unload Me
End Sub
```

에듀윌이
너를
지지할게
ENERGY

삶의 순간순간이
아름다운 마무리이며
새로운 시작이어야 한다.

– 법정 스님

memo

에듀윌
컴퓨터활용능력
1급 실기 기본서

2권 | 기출변형문제
(스프레드시트 실무)

memo

memo

IT자격증 단기 합격!
에듀윌 EXIT 시리즈

데이터자격검정

- **데이터분석 준전문가 ADsP**
  이론부터 탄탄하게! 한번에 확실한 합격!
- **SQL 개발자 SQLD**
  비전공자도 이해할 수 있게! 단 2주면 합격 구조 완성!

컴퓨터활용능력

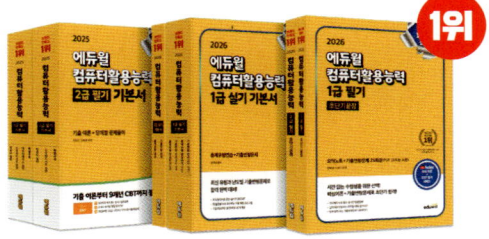

- **필기 초단기끝장(1/2급)**
  문제은행 최적화, 이론은 가볍게 기출은 무한반복!
- **필기 기본서(1/2급)**
  기초부터 제대로, 한권으로 한번에 합격!
- **실기 기본서(1/2급)**
  출제패턴 집중훈련으로 한번에 확실한 합격!

실무 엑셀

- **회사에서 엑셀을 검색하지 마세요**
  자격증은 있지만 실무가 어려운 직장인을 위한
  엑셀 꿀기능 모음 zip

---

* 2024 에듀윌 데이터분석 준전문가 ADsP 2주끝장: YES24 수험서 자격증 > 기타/신규 자격증 베스트셀러 1위 (2024년 9월 5주 주별 베스트)
* 2025 에듀윌 SQL 개발자 SQLD 2주끝장: YES24 수험서 자격증 > 기타/신규 자격증 베스트셀러 1위 (2025년 7월 2주 주별 베스트)
* 2024 에듀윌 EXIT 컴퓨터활용능력 1급 필기 초단기끝장: YES24 수험서 자격증 > 컴퓨터 수험서 > 컴퓨터활용능력 베스트셀러 1위 (2023년 10월 4주 주별 베스트)

꿈을 현실로 만드는
에듀윌

DREAM

공무원 교육
- 선호도 1위, 신뢰도 1위! 브랜드만족도 1위!
- 합격자 수 2,100% 폭등시킨 독한 커리큘럼

종합출판
- 온라인서점 베스트셀러 1위!
- 출제위원급 전문 교수진이 직접 집필한 합격 교재

학점은행제
- 99%의 과목이수율
- 17년 연속 교육부 평가 인정 기관 선정

자격증 교육
- 9년간 아무도 깨지 못한 기록 합격자 수 1위
- 가장 많은 합격자를 배출한 최고의 합격 시스템

어학 교육
- 토익 베스트셀러 1위
- 토익 동영상 강의 무료 제공

대학 편입
- 편입 교육 1위!
- 최대 200% 환급 상품 서비스

콘텐츠 제휴·B2B 교육
- 고객 맞춤형 위탁 교육 서비스 제공
- 기업, 기관, 대학 등 각 단체에 최적화된 고객 맞춤형 교육 및 제휴 서비스

직영학원
- 검증된 합격 프로그램과 강의
- 1:1 밀착 관리 및 컨설팅
- 호텔 수준의 학습 환경

부동산 아카데미
- 부동산 실무 교육 1위!
- 상위 1% 고소득 창업/취업 비법
- 부동산 실전 재테크 성공 비법

국비무료 교육
- '5년우수훈련기관' 선정
- K-디지털, 산대특 등 특화 훈련과정
- 원격국비교육원 오픈

에듀윌 교육서비스 **공무원 교육** 9급공무원/소방공무원/계리직공무원 **자격증 교육** 공인중개사/주택관리사/손해평가사/감정평가사/노무사/전기기사/경비지도사/검정고시/소방설비기사/소방시설관리사/사회복지사1급/대기환경기사/수질환경기사/건축기사/토목기사/직업상담사/전기기능사/산업안전기사/건설안전기사/위험물산업기사/위험물기능사/유통관리사/물류관리사/행정사/한국사능력검정/한경TESAT/매경TEST/KBS한국어능력시험·실용글쓰기/IT자격증/국제무역사/무역영어 **어학 교육** 토익 교재/토익 동영상 강의 **세무/회계** 전산세무회계/ERP 정보관리사/재경관리사 **대학 편입** 편입 영어·수학/연고대/의약대/경찰대/논술/면접 **직영학원** 공무원학원/소방학원/공인중개사 학원/주택관리사 학원/전기기사 학원/편입학원 **종합출판** 공무원·자격증 수험교재 및 단행본 **학점은행제** 교육부 평가인정기관 원격평생교육원(사회복지사2급/경영학/CPA) **콘텐츠 제휴·B2B 교육** 교육 콘텐츠 제휴/기업 맞춤 자격증 교육/대학취업역량 강화 교육 **부동산 아카데미** 부동산 창업CEO/부동산 경매 마스터/부동산 컨설팅 **주택취업센터** 실무 특강/실무 아카데미 **국비무료 교육(국비교육원)** 전기기능사/전기(산업)기사/소방설비(산업)기사/IT(빅데이터/자바프로그램/파이썬)/게임그래픽/3D프린터/실내건축디자인/웹퍼블리셔/그래픽디자인/영상편집(유튜브) 디자인/온라인 쇼핑몰광고 및 제작(쿠팡, 스마트스토어)/전산세무회계/컴퓨터활용능력/ITQ/GTQ/직업상담사

교육문의 **1600-6700** www.eduwill.net

- 2022 소비자가 선택한 최고의 브랜드 공무원·자격증 교육 1위 (조선일보) • 2023 대한민국 브랜드만족도 공무원·자격증·취업·학원·편입·부동산 실무 교육 1위 (한경비즈니스)
- 2017/2022 에듀윌 공무원 과정 최종 환급자 수 기준 • 2023년 성인 자격증, 공무원 직영학원 기준 • YES24 공인중개사 부문, 2025 에듀윌 공인중개사 1차 기출응용 예상문제집 민법 및 민사특별법 (2025년 6월 월별 베스트) • 교보문고 취업/수험서 부문, 2020 에듀윌 농협은행 6급 NCS 직무능력평가+실전모의고사 4회 (2020년 1월 27일~2월 5일, 인터넷 주간 베스트) 그 외 다수
- YES24 컴퓨터활용능력 부문, 2024 컴퓨터활용능력 1급 필기 초단기끝장(2023년 10월 3~4주 주별 베스트) 그 외 다수 • YES24 신규 자격증 부문, 2024 에듀윌 데이터분석 준전문가 ADsP 2주끝장(2024년 4월 2주, 9월 5주 주별 베스트) • 인터파크 자격서/수험서 부문, 에듀윌 한국사능력검정시험 2주끝장 심화 (1, 2, 3급) (2020년 6~8월 월간 베스트) 그 외 다수 • YES24 국어 외국어 사전영어 토익/TOEIC 기출문제/모의고사 분야 베스트셀러 1위 (에듀윌 토익 READING RC 4주끝장 리딩 종합서, 2022년 9월 4주 베스트) • 에듀윌 토익 교재 입문~실전 인강 무료 제공 (2022년 최신 강좌 기준/1092강) • 2024년 종강반 중 모든 평가항목 정상 참여자 기준, 99% (평생교육원 기준) • 2008년~2024년까지 234만 누적수강학점으로 과목 운영 (평생교육원 기준)
- 에듀윌 국비교육원 구로센터 고용노동부 지정 "5년우수훈련기관" 선정 (2023~2027) • KRI 한국기록원 2016, 2017, 2019년 공인중개사 최다 합격자 배출 공식 인증 (2025년 현재까지 업계 최고 기록)

CONTENTS 차례

단기 합격 지원 스터디 플래너
[부록] 엑셀/액세스 함수기초 마스터

합격을 위한 모든 것! EXIT 합격 서비스
체점 프로그램
시험의 모든 것!
가장 궁금해하는 BEST Q&A
기출 분석의 모든 것!
왜 에듀윌 교재인가?

1권

※실습/정답파일 다운로드
EXIT 합격 서비스(exit.eduwill.net) ▶ 로그인 ▶
자료실 게시판 ▶ 컴퓨터활용능력 1급 ▶ 실기 기본서 ▶다운로드

출제유형 연습(스프레드시트 실무)

Chapter 1 기본작업
01	셀 서식	20
02	조건부 서식	35
03	자동 필터	47
04	고급 필터	54
05	페이지 레이아웃	62
06	시트 보호	71

Chapter 2 계산작업
01	계산식	76
02	수학/삼각 함수	80
03	통계 함수	91
04	논리 함수	103
05	문자열 함수	114
06	날짜/시간 함수	126
07	데이터베이스 함수	136
08	찾기/참조 함수	147
09	정보 함수	163
10	재무 함수	170
11	배열 수식	181
12	사용자 정의 함수	200

Chapter 3 분석작업
01	피벗 테이블	222
02	데이터 유효성 검사	250
03	중복된 항목 제거	260
04	정렬과 부분합	262
05	데이터 표	276
06	통합과 텍스트 나누기	280
07	목표값 찾기	291
08	시나리오	295

Chapter 4 기타작업
01	차트	310
02	매크로	332
03	프로시저	351

2권

※채점 프로그램 다운로드
EXIT 합격 서비스(exit.eduwill.net) ▶ 로그인 ▶
자료실 게시판 ▶ 컴퓨터활용능력 1급 ▶ 실기 기본서 ▶다운로드

기출변형문제(스프레드시트 실무)

제1회 기출변형문제	8
제2회 기출변형문제	28
제3회 기출변형문제	46
제4회 기출변형문제	63
제5회 기출변형문제	80
제6회 기출변형문제	90
제7회 기출변형문제	101
제8회 기출변형문제	116
제9회 기출변형문제	133
제10회 기출변형문제	146

[PDF] 기출변형문제 5회분
※ EXIT 합격 서비스(exit.eduwill.net)의 [자료실 게시판]에서 다운로드

스프레드시트 실무

제11회 기출변형문제	🔒 암호 eduex11
제12회 기출변형문제	🔒 암호 eduex12
제13회 기출변형문제	🔒 암호 eduex13
제14회 기출변형문제	🔒 암호 eduex14
제15회 기출변형문제	🔒 암호 eduex15

3권

※실습/정답파일 다운로드
EXIT 합격 서비스(exit.eduwill.net) ▶ 로그인 ▶
자료실 게시판 ▶ 컴퓨터활용능력 1급 ▶ 실기 기본서 ▶ 다운로드

출제유형 연습(데이터베이스 실무)

Chapter 1 DB 구축

01	테이블	8
02	조회 속성	27
03	관계 설정	35
04	외부 데이터	44

Chapter 2 입력 및 수정 기능 구현

01	폼과 컨트롤	70
02	조건부 서식	103
03	콤보 상자 컨트롤	109
04	하위 폼	118

Chapter 3 조회 및 출력 기능 구현

| 01 | 보고서 | 126 |
| 02 | 조회 | 142 |

Chapter 4 처리 기능 구현

| 01 | 쿼리 | 158 |
| 02 | 처리 | 185 |

4권

※채점 프로그램 다운로드
EXIT 합격 서비스(exit.eduwill.net) ▶ 로그인 ▶
자료실 게시판 ▶ 컴퓨터활용능력 1급 ▶ 실기 기본서 ▶ 다운로드

기출변형문제(데이터베이스 실무)

제1회 기출변형문제	8
제2회 기출변형문제	24
제3회 기출변형문제	39
제4회 기출변형문제	53
제5회 기출변형문제	62
제6회 기출변형문제	76
제7회 기출변형문제	85
제8회 기출변형문제	98
제9회 기출변형문제	111
제10회 기출변형문제	123

[PDF] 기출변형문제 5회분

※ EXIT 합격 서비스(exit.eduwill.net)의 [자료실 게시판]에서 다운로드

데이터베이스 실무

제11회 기출변형문제	🔒 암호 eduac11
제12회 기출변형문제	🔒 암호 eduac12
제13회 기출변형문제	🔒 암호 eduac13
제14회 기출변형문제	🔒 암호 eduac14
제15회 기출변형문제	🔒 암호 eduac15

시험 전 스프레드시트 실무의 실력을 진단하고 실전 완벽 대비!

스프레드시트 실무 기출변형문제

제1회	기출변형문제
제2회	기출변형문제
제3회	기출변형문제
제4회	기출변형문제
제5회	기출변형문제
제6회	기출변형문제
제7회	기출변형문제
제8회	기출변형문제
제9회	기출변형문제
제10회	기출변형문제

PDF 학습자료 제공

제11회	기출변형문제
제12회	기출변형문제
제13회	기출변형문제
제14회	기출변형문제
제15회	기출변형문제

※ EXIT 합격 서비스(exit.eduwill.net) ▶ [자료실] 게시판 ▶ 컴퓨터활용능력 1급 ▶ 실기 기본서에서 다운로드
※ 파일별 비밀번호는 차례에서 확인

제1회 기출변형문제

프로그램명	제한시간	합격선	외부 데이터 위치
EXCEL 2021	45분	70점	C:\에듀윌_2026컴활1급실기\기출변형문제\스프레드시트실무\실습\1회\제1회기출변형문제.xlsm

문제 ❶ 기본작업 (15점) 주어진 시트에서 다음 과정을 수행하고 저장하시오.

1 '기본작업-1' 시트에서 다음과 같이 고급 필터를 수행하시오. (5점)

▶ [B2:I20] 영역에서 '도서관부호'의 마지막 숫자가 홀수이고, 시군구가 '도봉구' 또는 '구로구'이며, '개관연도'가 2015년 이상인 데이터의 '도서관명', '도서관부호', '시군구', '설립주체', '개관연도' 열을 순서대로 표시하시오.
▶ 조건은 [B22:B23] 영역에 입력하시오. (AND, MOD, RIGHT, OR 함수 사용)
▶ 결과는 [B25] 셀부터 표시하시오.

2 '기본작업-1' 시트에서 다음과 같이 조건부 서식을 설정하시오. (5점)

▶ 도서관명에 '구립'이 포함되어 있고, 홈페이지에 'https' 문자열을 포함하고 있으며, 팩스번호의 글자수가 11자 이하인 데이터의 행 전체에 대하여 글꼴 스타일은 '굵게', 채우기 색은 '테마색-황금색 강조4'로 적용하시오.
▶ 단, 규칙 유형은 '수식을 사용하여 서식을 지정할 셀 결정'을 사용하고, 한 개의 규칙으로만 작성하시오.
▶ ISNUMBER, SEARCH, LEN 함수 사용

3 '기본작업-2' 시트에서 다음과 같이 페이지 레이아웃을 설정하시오. (5점)

▶ 페이지 내용이 70%로 축소되어 인쇄되도록 설정하시오.
▶ [B2:G105] 영역을 인쇄 영역으로 설정하고 2행이 매 페이지마다 반복되도록 설정하시오.
▶ 매 페이지 하단의 오른쪽 구역에 페이지 번호가 표시되도록 바닥글을 설정하고 페이지 번호는 'HY견고딕'으로 설정하시오.

문제 ❷ 계산작업 (30점) '계산작업' 시트에서 다음 과정을 수행하고 저장하시오.

1 [표1]의 '개관연도'와 '기준일[E1]'을 이용하여 경과구분[E3:E20]을 표시하시오. (6점)

- ▶ '개관연도'와 '기준일' 연도의 차이가 5년 이하이면 '신규' 뒤에 그 차이만큼 '●', 15년 이하이면 '중기' 뒤에 그 차이만큼 '●', 그 이상이면 '노후' 뒤에 그 차이만큼 'O' 기호를 반복해 연결하여 표시하시오.
- ▶ IFS, YEAR, REPT 함수 사용
- ▶ [표시 예: 신규●●]

2 [표1]의 '홈페이지'를 이용하여 도메인글자수[G3:G20]를 표시하시오. (6점)

- ▶ 홈페이지가 입력된 셀을 대상으로 "http://", "https://", "www."를 모두 제거한 순수 도메인을 구한 뒤, 그 도메인의 글자 수를 괄호 안에 붙여 도메인(글자수) 형식으로 표시하시오.
- ▶ SUBSTITUTE, LEN 함수 사용
- ▶ [표시 예: splib.or.kr(11)]

3 사용자 정의 함수 'sc평가점수'를 작성하여 평가점수[H3:H20]를 표시하시오. (6점)

- ▶ sc평가점수 = 기본점수 − a + b + c
- ▶ 기본점수 20점
- ▶ a: 기준일의 연도 − 개관연도
- ▶ b: 홈페이지에 'lib' 문자열이 포함되어 있으면 +1, 그렇지 않으면 0
- ▶ c: 홈페이지 글자 수가 25자를 초과하면 −1, 그렇지 않으면 0
- ▶ sc평가점수가 0보다 작으면 0으로 조정
- ▶ LEN, LIKE, IF ~ ELSE문 사용

    Public Function sc평가점수(기준일, 개관연도, 홈페이지)

    End Function

4 [표1]의 '개관연도'와 '홈페이지'를 이용하여 [표2]의 [D24:D33] 영역에 '개관연도'와 '기준일'의 연도 차이가 5년 이하이고 홈페이지가 'https://'로 시작하는 도서관의 개수를 표시하시오. (6점)

- ▶ SUM, YEAR, LEFT, IF 함수를 이용한 배열 수식

5 [표1]의 '도서관명', '시군구', '개관연도', '기준일'의 연도를 이용하여 [표2]의 [E24:E33] 영역에 '가장 최근에 개관한 도서관명'과 '경과연수'를 표시하시오. (6점)

- ▶ INDEX, MATCH, MIN, IF, YEAR 함수를 이용한 배열 수식
- ▶ 가장 최근에 개관한 도서관은 경과연수가 가장 작은 도서관을 의미한다.
- ▶ 경과연수 = 기준일의 연도 − 개관연도
- ▶ [표시 예: 가락몰도서관(10년)]

문제 ❸ 분석작업 (20점) 주어진 시트에서 다음 과정을 수행하고 저장하시오.

1 '분석작업-1' 시트에서 다음의 지시사항에 따라 피벗 테이블 보고서를 작성하시오. (10점)

▶ 외부 데이터 원본으로 〈도서관.accdb〉의 데이터를 사용하시오.
  – '도서관정보' 테이블의 '도서관명', '시군구', '설립주체', '개관연도', '평가점수' 열만 가져와 데이터 모델에 이 데이터를 추가하시오.
▶ 피벗 테이블 보고서의 레이아웃과 위치는 〈그림〉을 참조하여 설정하고, 보고서 레이아웃을 개요 형식으로 표시하시오.
▶ '개수 : 도서관명'과 '평균 : 평가점수'는 표시 형식을 '값 필드 설정'의 셀 서식에서 '숫자' 범주를 이용하여 소수 자릿수를 0으로 설정하시오.
▶ 개관연도는 〈그림〉을 참조하여 그룹화하여 표시하시오.
▶ 각 항목 다음에 빈 줄이 삽입되도록 설정하시오.

〈그림〉

	A	B	C	D	E	F
1		시군구		(모두)		
2						
3				설립주체		
4		개관연도	값	사립	지자체	총합계
5		<2000				
6			개수 : 도서관명	2	3	5
7			평균 : 평가점수	0	0	0
8						
9		2000-2009				
10			개수 : 도서관명		30	30
11			평균 : 평가점수		2	2
12						
13		2010-2019				
14			개수 : 도서관명	1	46	47
15			평균 : 평가점수	10	9	9
16						
17		2020-2030				
18			개수 : 도서관명	1	20	21
19			평균 : 평가점수	17	16	16
20						
21		전체 개수 : 도서관명		4	99	103
22		전체 평균 : 평가점수		7	8	8

※ 작업 완성된 그림이며 부분 점수 없음

2 '분석작업-2' 시트에 대하여 다음의 지시사항을 처리하시오. (10점)

▶ [데이터 유효성 검사] 기능을 이용하여 [F3:F20] 영역에는 홈페이지 중간에 빈칸이 삽입되지 않도록 제한 대상을 설정하시오.

▶ [F3:F20] 영역의 셀을 클릭한 경우 〈그림〉과 같은 설명 메시지를 표시하고, 유효하지 않는 데이터를 입력한 경우 〈그림〉과 같은 오류 메시지가 표시되도록 설정하시오.

〈그림〉

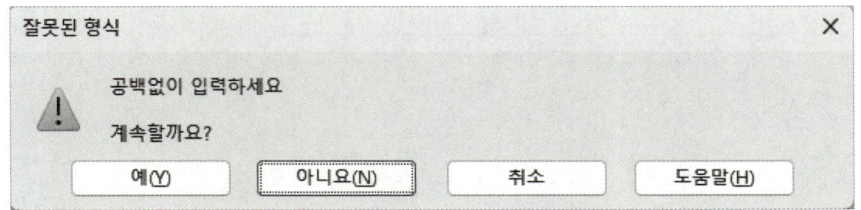

▶ [통합] 기능을 이용하여 [표2]의 [C24:C33] 영역에 시군구별 '평가점수'의 최대값을 계산하시오.

문제 ④ 기타작업 (35점)   주어진 시트에서 다음 과정을 수행하고 저장하시오.

1 '기타작업-1' 시트에서 다음의 지시사항에 따라 차트를 수정하시오. (각 2점)
※ 차트는 반드시 문제에서 제공한 차트를 사용해야 하고 신규로 차트 작성 시 0점 처리됨

① 차트에 삽입된 '평가점수'를 제거하고, 차트 종류를 '표식이 있는 꺾은선형'으로 변경하시오.
② 차트 제목은 '차트 위'로 설정한 후 [B1] 셀과 연동하고, 글꼴 크기는 '14'pt, 글꼴 스타일은 '굵게'로 설정하시오.
③ '경과연수' 계열에 '하강선'을 표시하고 '경과연수' 계열의 표식의 크기를 '10'으로 지정하시오.
④ '강동구'의 '경과연수' 데이터 계열에 데이터 레이블을 〈그림〉과 같이 표시하고 표식의 색상을 빨강으로 채우시오.
⑤ 가로(항목)축이 그림과 같이 표시되도록 설정하고, 차트 영역에 '둥근 모서리'와 '실선-검정 텍스트1'을 지정하시오.

〈그림〉

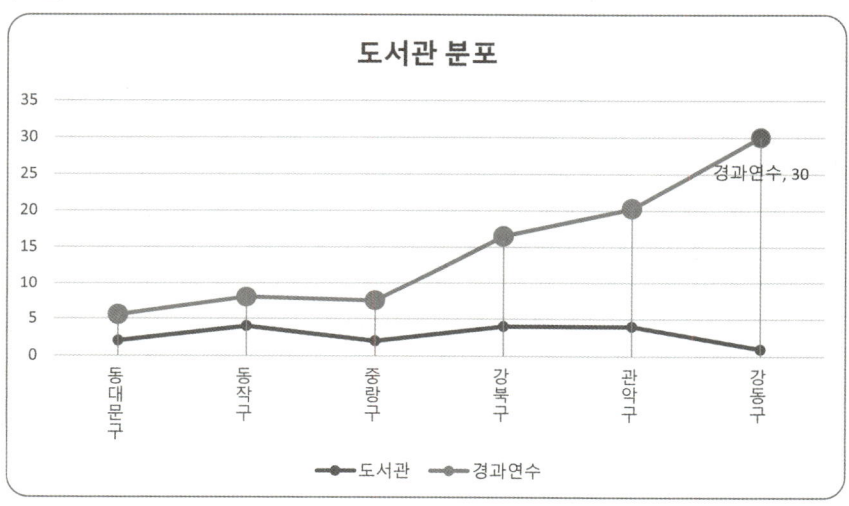

2 '기타작업-2' 시트에서 다음과 같은 기능을 수행하는 매크로를 현재 통합 문서에 작성하시오. (각 5점)

① [F4:F26] 영역에 사용자 지정 표시 형식을 적용하는 '점수서식' 매크로를 작성하시오.
   ▶ 점수가 10 이상이면 빨강색으로 '▶' 기호와 우수, 5 이상이면 파랑색으로 '▷'와 양호, 그 외는 '-' 기호와 개선필요를 다음과 같이 표시하시오. (각 기호는 셀의 너비만큼 반복하여 표시)
   ▶ [표시 예: 10인 경우 → ▶▶▶▶▶▶우수, 5인 경우 → ▷▷▷▷▷▷양호, 0인 경우 → -------개선필요]
   ▶ [도형]-[기본도형]의 '빗면'을 동일 시트의 [H3:I4] 영역에 생성한 후 텍스트를 '점수서식'으로 입력하고, 도형을 클릭하면 '점수서식' 매크로가 실행되도록 설정하시오.

② [F4:F26] 영역에 표시 형식을 '일반'으로 적용하는 '점수서식해제' 매크로를 작성하시오.
   ▶ 양식 도구의 단추를 동일 시트의 [H6:I7] 영역에 생성하고 텍스트를 '점수서식해제'으로 입력한 후 단추를 클릭하면 '점수서식해제' 매크로가 실행되도록 설정하시오.

※ 셀 포인터의 위치에 관계없이 매크로가 실행되어야 정답으로 인정됨

3 '기타작업-3' 시트에서 다음과 같은 작업을 수행하도록 프로시저를 작성하시오. (각 5점)

① '도서관당일예약' 단추를 클릭하면 〈예약신청〉 폼이 나타나도록 설정하고, 폼이 초기화(Initialize)되면 열람실(com열람실) 콤보 상자의 목록에 워크시트 범위 [J5:K9] 영역의 값이 표시되고, 사용시간의 '2'(opt2)가 초기값으로 선택되도록 프로시저를 작성하시오.

② 〈예약신청〉 폼의 '예약'(cmd예약) 단추를 클릭하면 '결제금액'이 표시되고, 폼에 입력된 데이터가 [표1]에 입력되어 있는 마지막 행 다음에 연속하여 추가되도록 프로시저를 작성하시오.
  ▶ 결제금액은 '시간당요금×사용시간×인원수 – 할인금액'으로 계산하여 표시
  ▶ 할인금액은 인원수가 4명 이상이면 인원당 500원씩 일괄 할인
  ▶ 결제금액은 정수형 변수(Long)로 선언하시오.

③ 〈예약신청〉 폼의 '취소'(cmd취소) 단추를 클릭하면 '예약자', '인원', '결제금액' 입력란을 모두 비우고, 열람실 콤보 상자의 선택을 해제하시오.

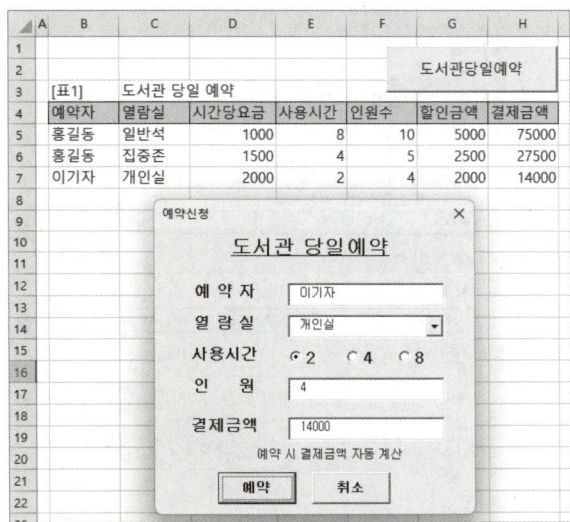

제1회 기출변형문제

해설 확인하기

📩 정답 확인하기: EXIT 사이트 → 자료실 → 컴퓨터활용능력 1급
→ 실기 기본서 → 정답화면 바로 보기

문제 ❶ 기본작업 (15점)

1 고급 필터 ('기본작업-1' 시트)

① [B22] 셀에는 필드명 대신 조건을, [B23] 셀에는 =AND(MOD(RIGHT($C3,1),2)=1,OR($D3="도봉구",$D3="구로구"),$F3>=2015)를 입력한다.

입력 함수 해설

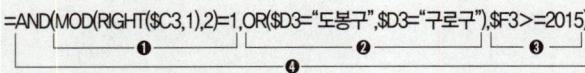

❶ MOD(RIGHT($C3,1),2)=1 : [C3] 셀에서 오른쪽의 1글자를 2로 나눈 나머지가 1이면 TRUE를 반환한다.

❷ OR($D3="도봉구",$D3="구로구") : [D3] 셀이 도봉구 또는 구로구이면 TRUE를 반환한다.

❸ $F3>=2015 : [F3] 셀이 2015 이상이면 TRUE를 반환한다.

❹ AND(❶,❷,❸) : ❶, ❷, ❸ 모두 TRUE이면 TRUE를, 그렇지 않으면 FALSE를 반환한다.

② [B2:F2] 영역을 드래그하여 선택 → Ctrl+C를 눌러 필드명 복사 → [B25] 셀을 선택한 후 Ctrl+V를 눌러 필드명을 붙여넣는다.

③ [B2:I20] 영역에서 임의의 셀 선택 → [데이터] 탭-[정렬 및 필터] 그룹-[고급]을 클릭한다.

④ [고급 필터] 대화상자가 나타나면 '결과'의 '다른 장소에 복사'를 선택 → '목록 범위'는 [B2:I20] 영역, '조건 범위'는 [B22:B23] 영역, '복사 위치'는 [B25:F25] 영역으로 지정 → [확인] 단추를 클릭한다.

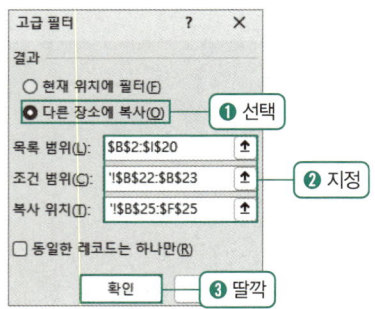

	A	B	C	D	E	F
22		조건				
23		FALSE				
24						
25		도서관명	도서관부호	시군구	설립주체	개관연도
26		구로기적의도서관	111489	구로구	지자체	2019
27		구로미래도서관	111539	구로구	지자체	2024

2 조건부 서식 ('기본작업-1' 시트)

① 조건부 서식을 지정할 [B3:I20] 영역을 드래그하여 선택 → [홈] 탭-[스타일] 그룹-[조건부 서식]-[새 규칙]을 선택한다.

② [새 서식 규칙] 대화상자가 나타나면 '규칙 유형 선택'에서 '수식을 사용하여 서식을 지정할 셀 결정'을 선택 → '다음 수식이 참인 값의 서식 지정'에 =(ISNUMBER(SEARCH("구립",$B3)))*(ISNUMBER(SEARCH("https",$I3)))*(LEN($H3)<=11) 입력 → [서식] 단추를 클릭한다.

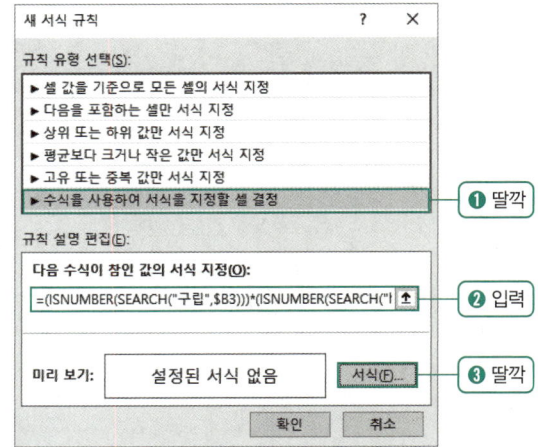

입력 함수 해설

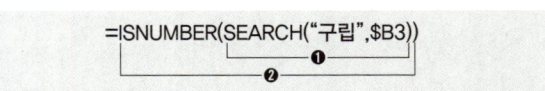

❶ SEARCH("구립",$B3) : [B3] 셀에서 "구립" 문자열이 들어있는 위치를 표시하고, 찾지 못하면 #VALUE! 오류를 표시한다.

❷ ISNUMBER(❶) : ❶의 값이 숫자이면 TRUE를 반환한다.

❸ SEARCH("https",$I3) : [I3] 셀에서 "https" 문자열이 들어있는 위치를 표시하고, 찾지 못하면 #VALUE! 오류를 표시한다.

❹ ISNUMBER(❸) : ❸의 값이 숫자이면 TRUE를 반환한다.

❺ (LEN($H3)<=11) : [H3] 셀의 길이가 11 이하이면 TRUE를 반환한다.

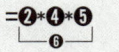

❻ ❷*❹*❺ : ❷, ❹, ❺의 조건이 모두 TRUE이면 TRUE를 반환한다.

③ [셀 서식] 대화상자가 나타나면 [글꼴] 탭에서 굵게, [채우기] 탭에서 '테마색-황금색 강조4'를 선택 → [확인] 단추를 클릭한다.

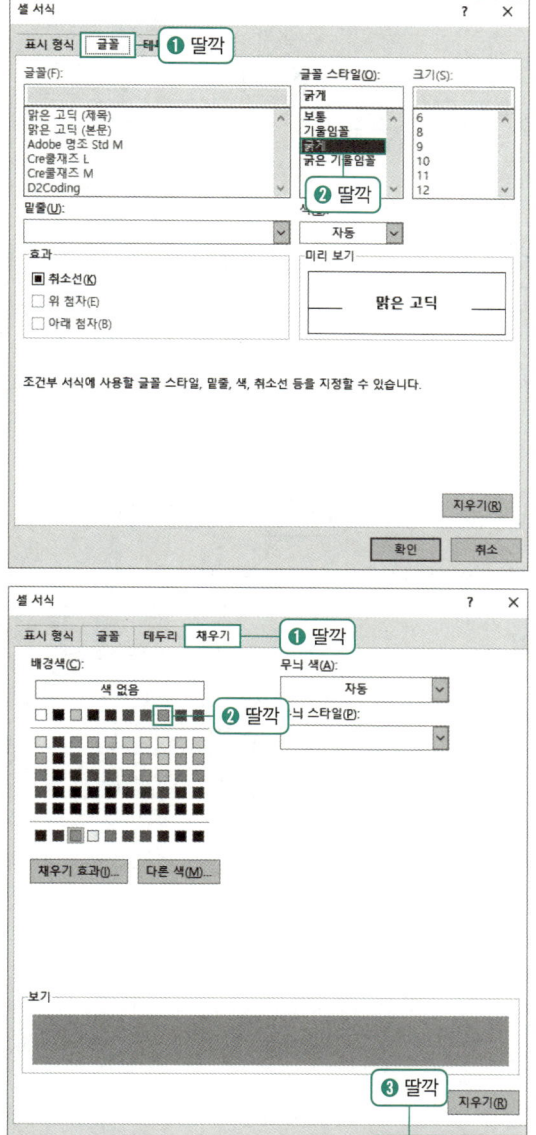

④ [새 서식 규칙] 대화상자로 되돌아오면 '미리 보기'에서 지정한 서식을 확인 → [확인] 단추를 클릭한다.

3 페이지 레이아웃('기본작업-2' 시트)

① [페이지 레이아웃] 탭-[페이지 설정] 그룹-[페이지 설정]()을 클릭한다.

② [페이지 설정] 대화상자가 나타나면 [페이지] 탭에서 '확대/축소 배율'을 70으로 입력한다.

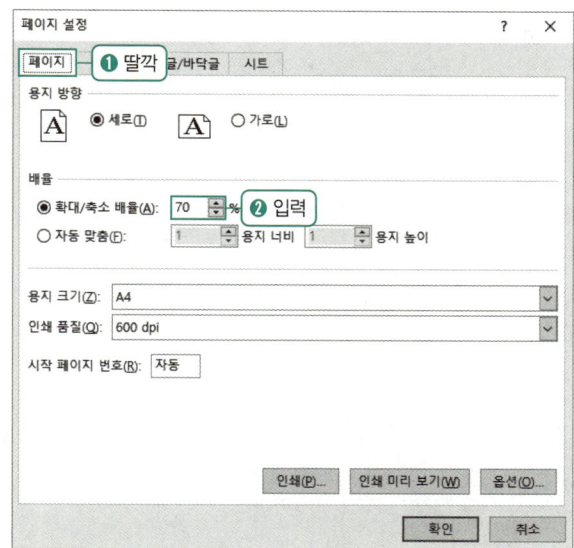

③ [머리글/바닥글] 탭에서 [바닥글 편집] 단추를 클릭한다.

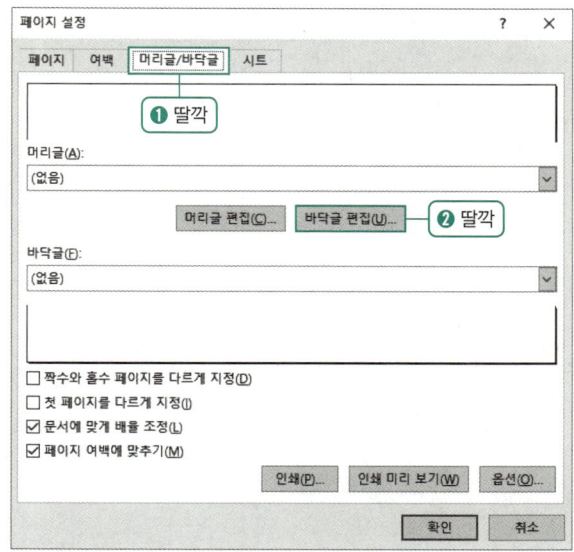

④ [바닥글] 대화상자가 나타나면 '오른쪽 구역'에 커서를 올려놓고 [페이지 번호 삽입] 단추(📄)를 클릭 → '&[페이지 번호]'를 드래그하여 선택 → [텍스트 서식] 단추(가)를 클릭한다.

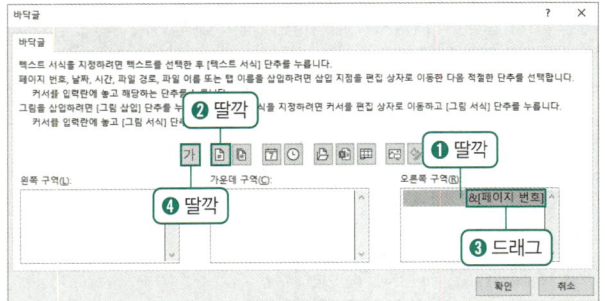

⑤ [글꼴] 대화상자가 나타나면 '글꼴'에서 'HY견고딕'을 선택 → [확인] 단추를 클릭한다.

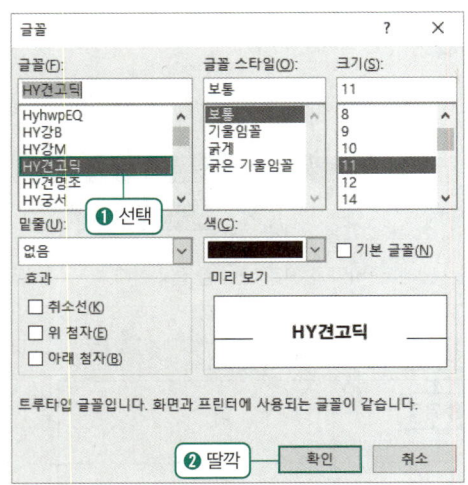

⑥ [바닥글] 대화상자로 되돌아오면 [확인] 단추를 클릭한다.

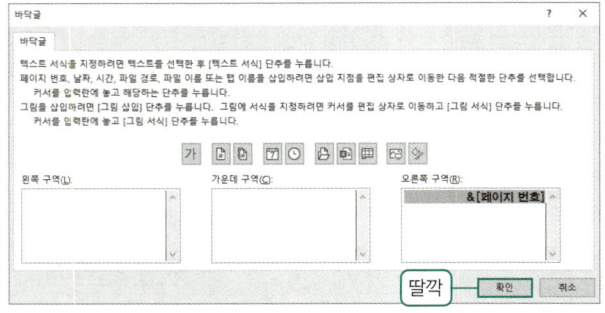

⑦ [페이지 설정] 대화상자로 되돌아오면 [시트] 탭의 '인쇄 영역'을 클릭 → [B2:G105] 영역을 드래그 → '반복할 행'에 2행을 클릭 → [확인] 단추를 클릭한다.

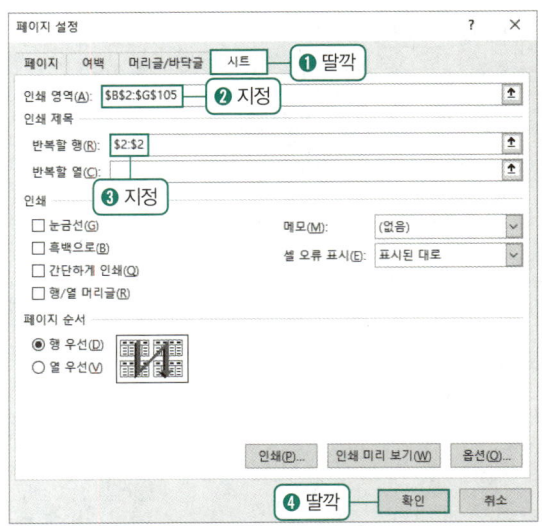

⑧ [파일] 메뉴-인쇄를 선택 → 결과를 확인한다.

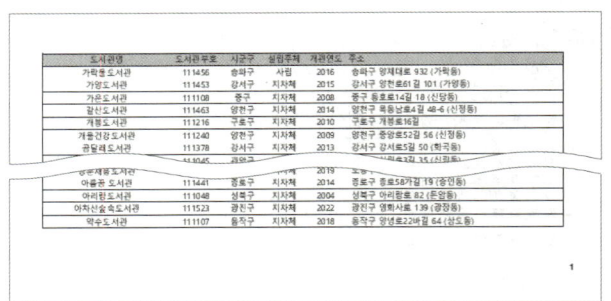

문제 ❷ 계산작업 (30점)

1 경과구분[E3:E20] 표시하기

[E3] 셀 선택 → 수식 입력줄에 =IFS(YEAR($E$1)−D3<=5,"신규"&REPT("●",YEAR($E$1)−D3),YEAR($E$1)−D3<=15,"중기"&REPT("●",YEAR($E$1)−D3),TRUE,"노후"&REPT("○",YEAR($E$1)−D3))을 입력한 후 Enter 를 누름 → [E3] 셀의 자동 채우기 핸들을 [E20] 셀까지 드래그하여 함수식을 복사한다.

입력 함수 해설

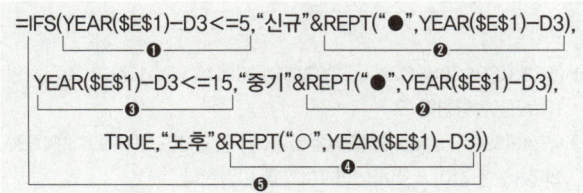

❶ YEAR($E$1)−D3<=5: [E1] 셀의 연도에서 [D3] 셀의 값을 뺀 값이 5 이하면 TRUE를 반환한다.

❷ REPT("●",YEAR($E$1)−D3): "●"을 [E1] 셀의 연도에서 [D3] 셀의 값을 뺀 값만큼 반복하여 표시한다.

❸ YEAR($E$1)−D3<=15: [E1] 셀의 연도에서 [D3] 셀의 값을 뺀 값이 15 이하면 TRUE를 반환한다.

❹ REPT("○",YEAR($E$1)−D3): "○"을 [E1] 셀의 연도에서 [D3] 셀의 값을 뺀 값만큼 반복하여 표시한다.

❺ IFS(❶,"신규"&❷,❸,"중기"&❷,TRUE,"노후"&❹): ❶의 조건이 참이면 신규와 ❷를 연결하여 표시, ❸의 조건이 참이면 중기와 ❷를 연결하여 표시, 그 외에는 노후와 ❹를 연결하여 표시한다.

2 도메인글자수[G3:G20] 표시하기

[G3] 셀 선택 → 수식 입력줄에 =SUBSTITUTE(SUBSTITUTE(SUBSTITUTE(F3,"http://",""),"https://",""),"www.","")&"("&LEN(SUBSTITUTE(SUBSTITUTE(SUBSTITUTE(F3,"http://",""),"https://",""),"www.",""))&")" 를 입력한 후 Enter 를 누름 → [G3] 셀의 자동 채우기 핸들을 [G20] 셀까지 드래그하여 함수식을 복사한다.

입력 함수 해설

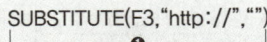

❶ SUBSTITUTE(F3,"http://",""): [F3] 셀의 문자열에서 "http://"를 빈 문자열("")로 대체하여 해당 부분을 제거한다.

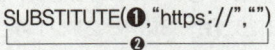

❷ SUBSTITUTE(❶,"https://",""): ❶에서 "https://"를 빈 문자열("")로 대체하여 해당 부분을 제거한다.

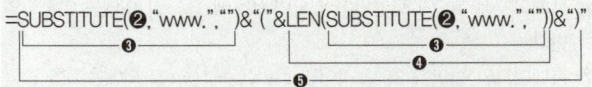

❸ SUBSTITUTE(❷,"www.",""): ❷에서 "www."를 빈 문자열("")로 대체하여 해당 부분을 제거한다.
❹ LEN(❸): ❸의 길이를 계산한다.
❺ ❸&"("&❹&")": 연결하여 표시한다.

3 평가점수[H3:H20] 표시하기

① [개발 도구] 탭−[코드] 그룹−[Visual Basic]을 클릭한다.
② [Visual Basic Editor] 창이 나타나면 **[삽입] 메뉴−[모듈]**을 선택 → [프로젝트 탐색기] 창에 'Module1'이 생성되었는지 확인한다.
③ **[삽입]** 메뉴−**[프로시저]** 클릭 → 프로시저 추가 대화상자가 나타나면 '이름'에 sc평가점수를 입력하고, '형식'에 'Function', '범위'에 'Public'을 선택 → [확인] 단추를 클릭한다.

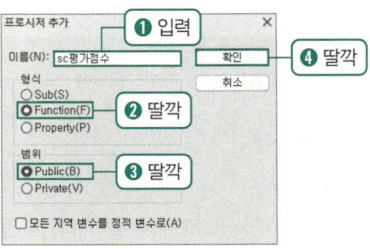

④ 'Module1' [코드] 창에 다음과 같이 코드를 입력 → [닫기] 단추(X)를 클릭한다.

입력 코드 해설

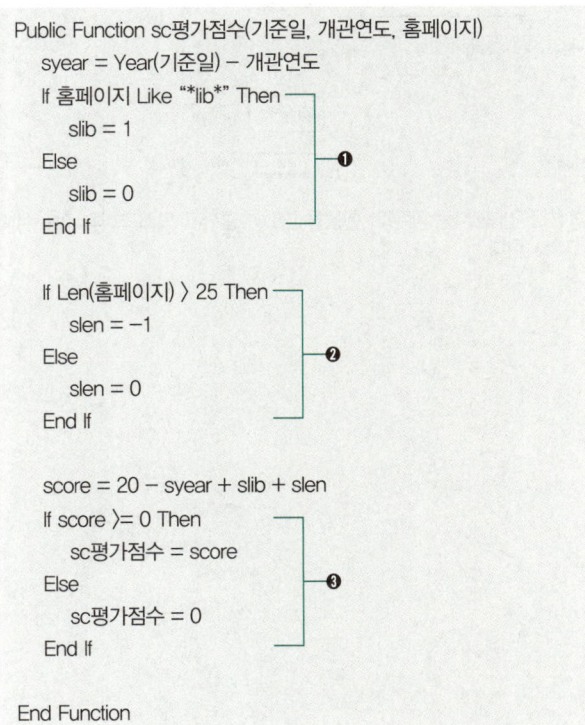

```
Public Function sc평가점수(기준일, 개관연도, 홈페이지)
    syear = Year(기준일) − 개관연도
    If 홈페이지 Like "*lib*" Then
        slib = 1
    Else
        slib = 0
    End If

    If Len(홈페이지) > 25 Then
        slen = −1
    Else
        slen = 0
    End If

    score = 20 − syear + slib + slen
    If score >= 0 Then
        sc평가점수 = score
    Else
        sc평가점수 = 0
    End If
End Function
```

❶ 홈페이지에 "lib"가 포함되어 있으면 slib 에 1을, 그 외에는 0을 할당한다.
❷ 홈페이지의 길이가 25 초과이면 slen에 -1을, 그 외에는 0을 할당한다.
❸ score가 0 이상이면 sc평가점수에 score의 값을, 그 외에는 0을 할당한다.

⑤ [H3] 셀 선택 → [수식] 탭에서 [함수 삽입]([fx]) 단추를 클릭한다.
⑥ [함수 마법사] 대화상자가 나타나면 '범주 선택'에서 '사용자 정의', '함수 선택'에서 'sc평가점수'를 선택 → [확인] 단추를 클릭한다.

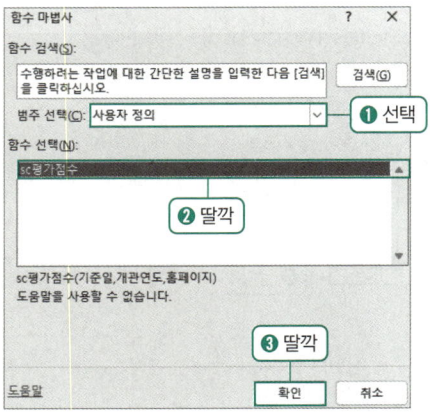

⑦ [함수 인수] 대화상자가 나타나면 기준일에 [$E$1] 셀, 개관연도에 [D3] 셀, 홈페이지에 [F3] 셀을 지정 → [확인] 단추를 클릭한다.

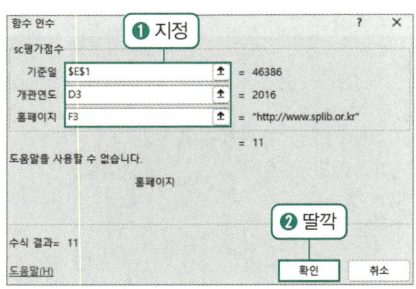

⑧ [H3] 셀의 자동 채우기 핸들을 [H20] 셀까지 드래그하여 함수식을 복사한다.

4 도서관의 개수 표시하기

[D24] 셀 선택 → 수식 입력줄에 =SUM(IF(($C$3:$C$20=$C24)*(YEAR($E$1)-$D$3:$D$20<=5)*(LEFT($F$3:$F$20,8)="https://"),1))을 입력한 후 Ctrl + Shift + Enter 를 누름 → [D24] 셀의 자동 채우기 핸들을 [D33] 셀까지 드래그하여 함수식을 복사한다.

입력 함수 해설

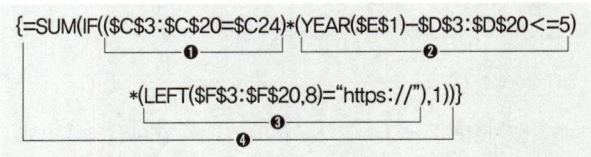

❶ ($C$3:$C$20=$C24): $C$3:$C$20에서 $C24 값과 일치하면 TRUE를 반환한다.
❷ (YEAR($E$1)-$D$3:$D$20<=5): [E1] 셀의 연도에서 $D$3:$D$20의 값을 뺀 값이 5 이하이면 TRUE를 반환한다.
❸ LEFT($F$3:$F$20,8)="https://": $F$3:$F$20의 왼쪽에서 8글자가 https://와 동일하면 TRUE를 반환한다.
❹ SUM(IF(❶*❷*❸,1)): ❶, ❷, ❸의 조건이 모두 TRUE인 개수를 구한다.

5 최근 개관한 도서관명과 경과연수 표시하기

[E24] 셀 선택 → 수식 입력줄에 =INDEX($B$3:$B$20,MATCH(MIN(IF($C$3:$C$20=$C24,YEAR($E$1)-$D$3:$D$20)),IF($C$3:$C$20=$C24,YEAR($E$1)-$D$3:$D$20),0))&"("&MIN(IF($C$3:$C$20=$C24,YEAR($E$1)-$D$3:$D$20))&"년"을 입력한 후 Ctrl + Shift + Enter 를 누름 → [E24] 셀의 자동 채우기 핸들을 [E33] 셀까지 드래그하여 함수식을 복사한다.

입력 함수 해설

IF($C$3:$C$20=$C24,YEAR($E$1)-$D$3:$D$20)
　　　　　　　　❶

❶ IF($C$3:$C$20=$C24,YEAR($E$1)-$D$3:$D$20): $C$3:$C$20이 $C24과 동일한 값이면 [E1] 셀의 연도에서 $D$3:$D$20을 뺀 값을 표시한다.

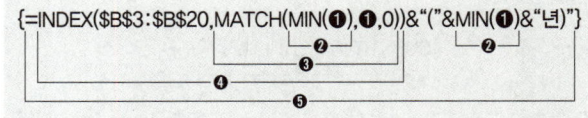

❷ MIN(❶): ❶에서 최소값을 계산한다.
❸ MATCH(❷,❶,0): ❶의 영역에서 ❷가 있는 위치를 반환한다.
❹ INDEX($B$3:$B$20, ❸): $B$3:$B$20에서 ❸번째 행을 반환한다.
❺ ❹&"("&❷&"년)": 모두 연결하여 표시한다.

문제 ❸ 분석작업 (20점)

1 피벗 테이블('분석작업-1' 시트)

① 피벗 테이블을 삽입할 [B3] 셀 선택 → [데이터] 탭-[데이터 가져오기 및 변환] 그룹-[데이터 가져오기]-[기타 원본에서]-[MicroSoft Query에서]를 선택한다.

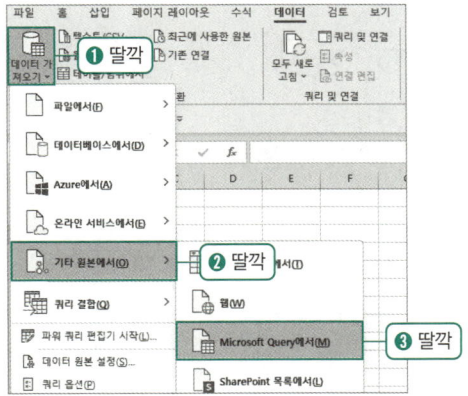

② [데이터 원본 선택] 대화상자가 나타나면 [데이터베이스] 탭에서 'MS Access Database*'를 선택 → [확인] 단추를 클릭한다.

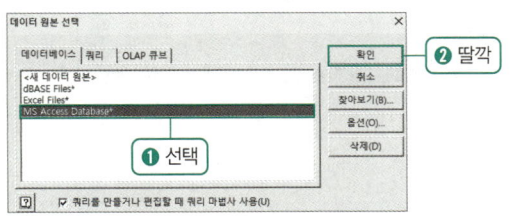

③ [데이터베이스 선택] 대화상자가 나타나면 'C:\에듀윌_2026컴활1급실기\기출변형문제\스프레드시트실무\실습\1회' 경로에서 '도서관.accdb' 파일 선택 → [확인] 단추를 클릭한다.

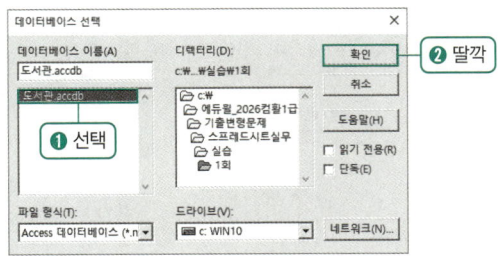

④ [쿼리 마법사-열 선택] 대화상자가 나타나면 '사용할 수 있는 테이블과 열'에서 〈도서관정보〉 테이블을 더블클릭 → 〈도서관정보〉 테이블에 포함된 열 목록이 나타나면 '도서관명'을 더블클릭하여 '쿼리에 포함된 열'로 이동시킨다.

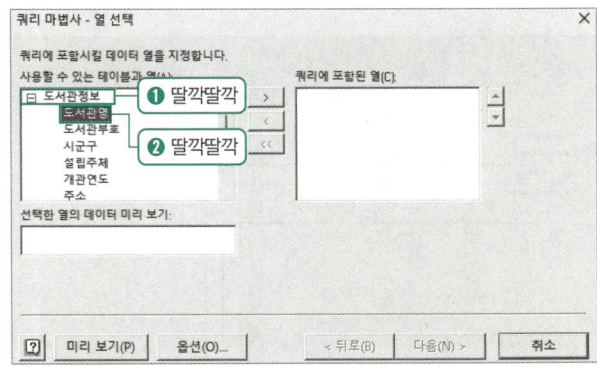

⑤ 이와 같은 방법으로 '시군구', '설립주체', '개관연도', '평가점수' 열을 각각 '쿼리에 포함된 열'로 이동 → [다음] 단추를 클릭한다.

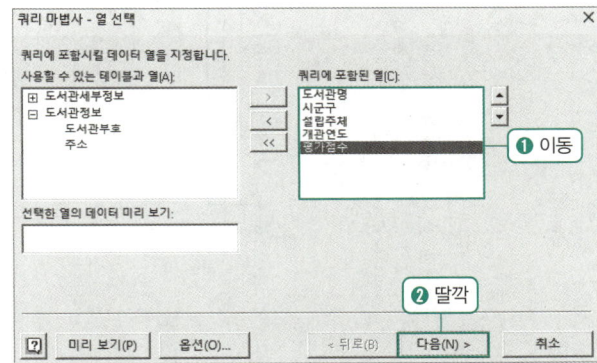

⑥ [쿼리 마법사-데이터 필터] 대화상자에서 [다음] 단추를 클릭한다.
⑦ [쿼리 마법사-정렬 순서] 대화상자에서 지정할 정렬 기준이 없으므로 [다음] 단추를 클릭한다.
⑧ [쿼리 마법사-마침] 대화상자에서 'Microsoft Excel(으)로 데이터 되돌리기'가 선택되었는지 확인 → [마침] 단추를 클릭한다.
⑨ [데이터 가져오기] 대화상자가 나타나면 데이터를 표시할 방법은 '피벗 테이블 보고서'를 선택 → 데이터가 들어갈 위치는 '기존 워크시트'의 [B3] 셀로 지정되었는지 확인 → [확인] 단추를 클릭한다.

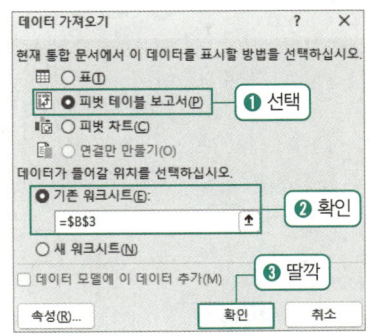

⑩ [피벗 테이블 필드] 창이 나타나면 '시군구'는 '필터' 영역으로, '개관연도'는 '행' 영역으로, '설립주체'는 '열' 영역으로, '도서관명'과 '평가점수'는 '값' 영역으로 드래그한 후, '열' 영역에 있는 Σ값을 '행' 영역으로 드래그한다.

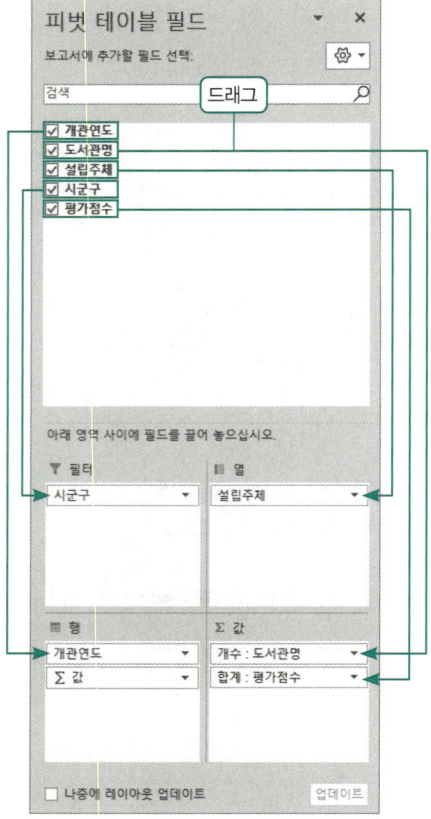

⑪ 보고서 레이아웃을 개요 형식으로 표시하기 위해 [피벗 테이블 도구]의 [디자인] 탭-[레이아웃] 그룹-[보고서 레이아웃]-[개요 형식으로 표시]를 선택한다.

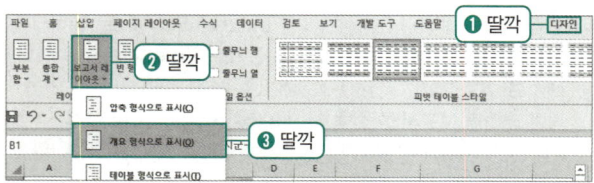

⑫ '도서관명' 필드의 셀 서식을 지정하기 위하여 '값' 영역에서 '개수 : 도서관명' 클릭 → [값 필드 설정]을 선택한다.

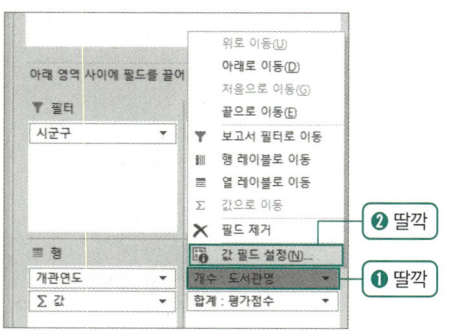

⑬ [값 필드 설정] 대화상자가 나타나면 [값 요약 기준] 탭의 '선택한 필드의 데이터'에서 '개수'를 선택 → [표시 형식] 단추를 클릭한다.

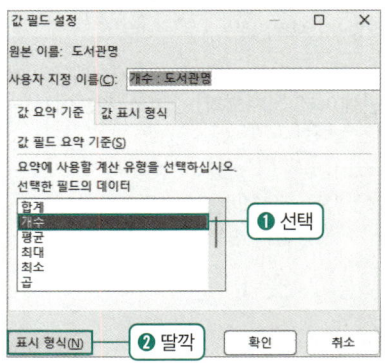

⑭ [셀 서식] 대화상자가 나타나면 [표시 형식] 탭에서 '범주'는 '숫자', '소수 자릿수'에 0을 입력 → [확인] 단추를 클릭한다.

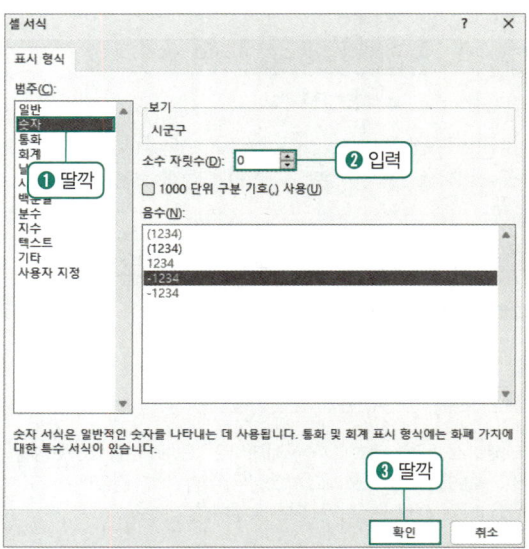

⑮ [값 필드 설정] 대화상자가 나타나면 [확인] 단추를 클릭한다.

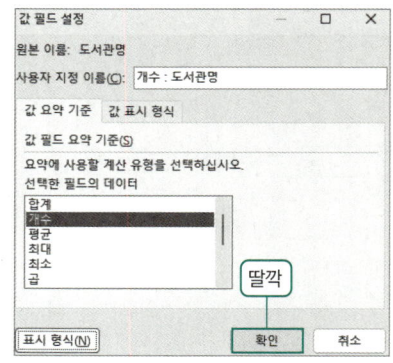

⑯ '평가점수' 필드의 셀 서식을 지정하기 위하여 '값' 영역에서 '합계 : 평가점수' 클릭 → [값 필드 설정]을 선택한다.

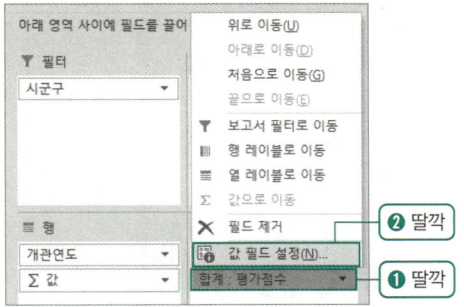

⑰ [값 필드 설정] 대화상자가 나타나면 '평균'을 선택 → [표시 형식] 단추를 클릭한다.

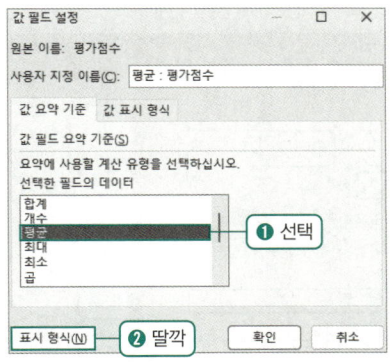

⑱ [셀 서식] 대화상자-[표시 형식] 탭에서 '범주'는 '숫자'를 선택 → '소수 자리수'에 0을 입력 → [확인] 단추를 클릭한다.

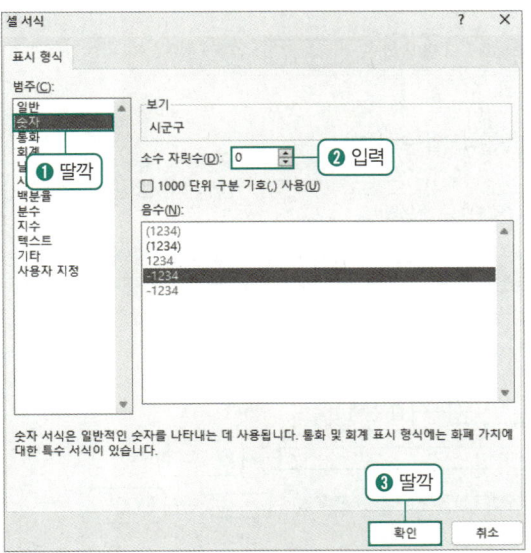

⑲ [값 필드 설정] 대화상자가 나타나면 [확인] 단추를 클릭한다.

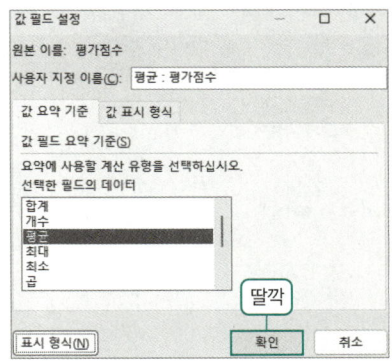

⑳ 그룹화를 지정하기 위하여 개관연도[B4]에서 마우스 오른쪽 단추를 클릭 → [그룹]을 클릭한다.

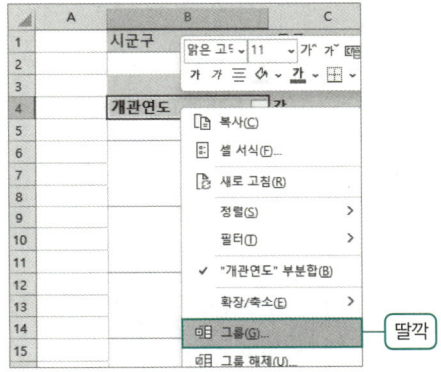

㉑ 그룹화 대화상자에서 시작에 2000, 끝에 2030, 단위에 10을 입력 → [확인] 단추를 클릭한다.

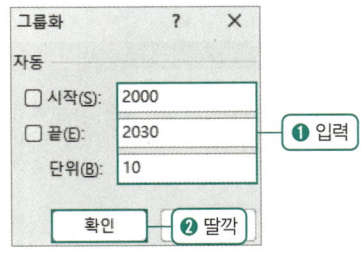

㉒ [디자인] 탭-[레이아웃] 그룹-[빈 행]-[각 항목 다음에 빈 줄 삽입]을 클릭한다.

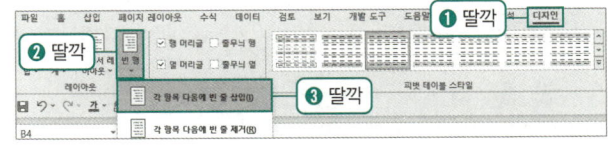

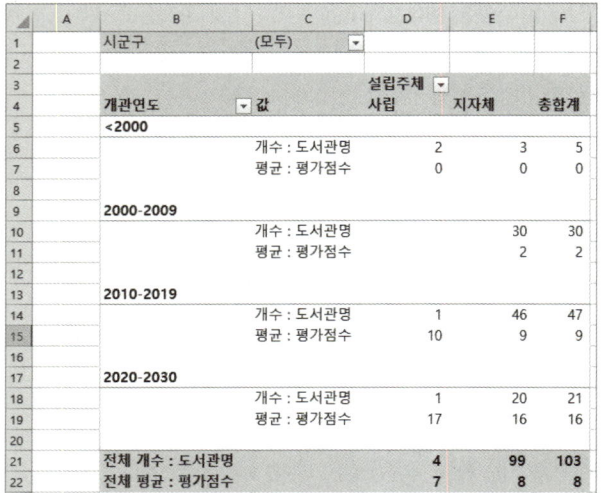

2 데이터 유효성 검사('분석작업-2' 시트)

① [F3:F20] 영역을 드래그하여 선택 → [데이터] 탭-[데이터 도구] 그룹-[데이터 유효성 검사]를 클릭한다.

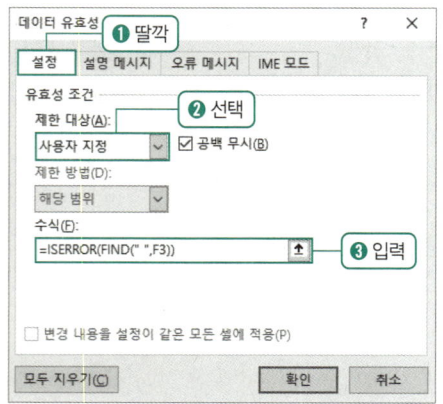

② [데이터 유효성] 대화상자가 나타나면 [설정] 탭의 '제한 대상'에서 '사용자 지정'을 선택 → '수식'에 =ISERROR(FIND(" ",F3))을 입력한다.

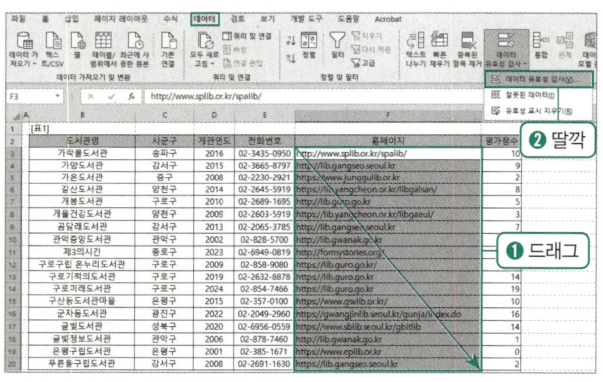

③ [설명 메시지] 탭에서 '제목'에 '입력 안내', '설명 메시지'에 '공백을 포함하지 않음'을 입력한다.

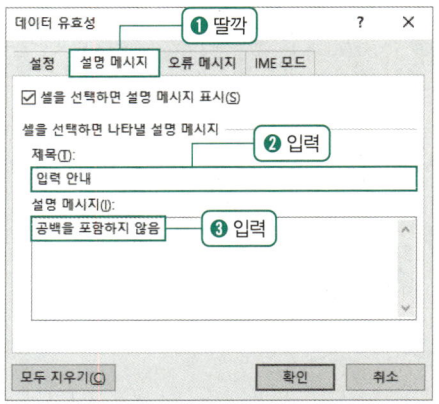

④ [오류 메시지] 탭에서 '스타일'은 '경고'를 선택 → '제목'에 잘못된 형식, 오류 메시지에 공백없이 입력하세요를 입력 → [확인] 단추를 클릭한다.

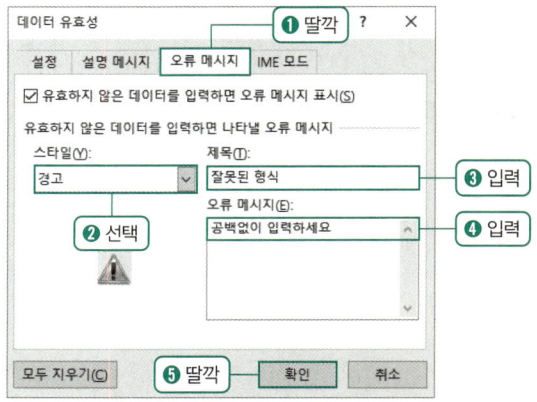

3 통합('분석작업-2' 시트)

① [B23:C33] 영역을 드래그하여 선택 → [데이터] 탭-[데이터 도구] 그룹-[통합]을 클릭한다.

② [통합] 대화상자가 나타나면 '함수'는 '최대'를 선택 → '참조'는 [C2:G20] 영역을 드래그하여 선택한 후 [추가] 단추를 클릭 → '사용할 레이블'에서 '첫 행'과 '왼쪽 열' 체크 → [확인] 단추를 클릭한다.

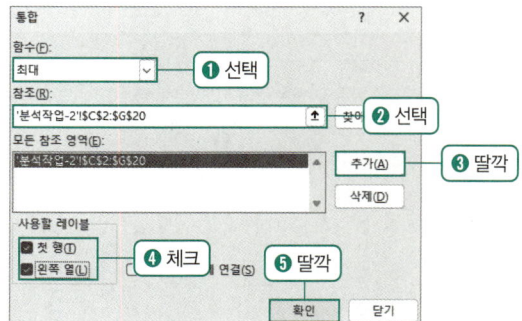

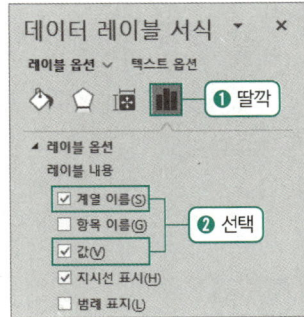

시군구별 평가점수를 통합하려면, [표1] 범위를 지정할 때 반드시 '시군구'부터 드래그하여 전체 데이터를 설정하여야 [통합] 기능이 올바로 적용된다.

문제 ❹ 기타작업 (35점)

1 차트 ('기타작업-1' 시트)

① 차트에서 '평가점수'인 회색 막대를 클릭 → Delete 를 누른다.
② 차트를 선택한 상태에서 [차트 디자인] 탭-[종류] 그룹-[차트 종류 변경]을 클릭 → [모든 차트] 탭-[꺾은선형]-[표식이 있는 꺾은선형]-[확인] 단추를 클릭한다.
③ [차트 디자인] 탭-[차트 레이아웃] 그룹-[차트 요소 추가]-[차트 제목]-[차트 위]를 선택하여 차트 제목을 추가한다.
④ 차트 제목을 선택한 상태에서 수식 입력줄에 =을 입력한 후 [B1] 셀을 선택하고 Enter 를 누른다.
⑤ [홈] 탭-[글꼴] 그룹에서 '글꼴 크기'를 '14'pt, '글꼴 스타일'은 '굵게'로 지정한다.
⑥ '경과연수' 계열을 클릭 → [차트 디자인] 탭-[차트 레이아웃] 그룹-[차트 요소 추가]-[선]-'하강선'을 클릭한다.
⑦ '경과연수' 계열에서 마우스 오른쪽 단추를 클릭 → [데이터 계열 서식] 창이 나타나면 [채우기 및 선]-[표식]-[표식 옵션]-[기본 제공]을 클릭 → [크기]에 10을 입력한다.

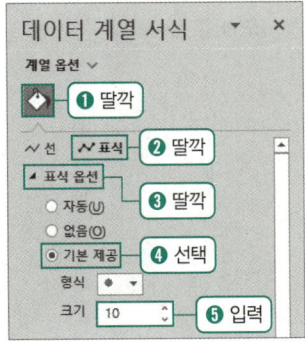

⑧ '강동구'의 '경과연수' 계열을 클릭 → [차트 디자인] 탭-[차트 레이아웃] 그룹-[차트 요소 추가]-[데이터 레이블]-[기타 데이터 레이블 옵션]을 클릭한다.

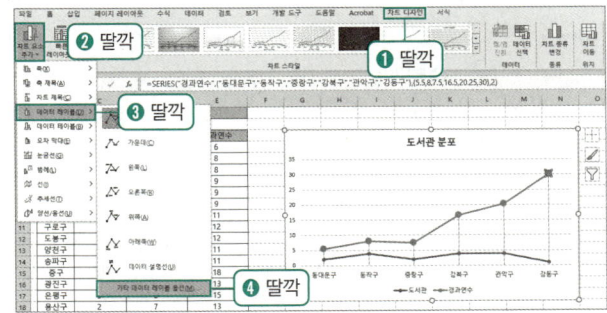

⑨ [데이터 레이블 서식] 창이 나타나면 [레이블 옵션]을 클릭 → [레이블 내용]에 '값', '계열 이름'에 체크한다.

⑩ '강동구'의 '경과연수' 계열을 클릭, 다시 클릭한 후 [데이터 요소 서식] 창에서 [채우기 및 선]-[표식]-[채우기]-[단색 채우기]-[색]에서 빨강을 지정한다.

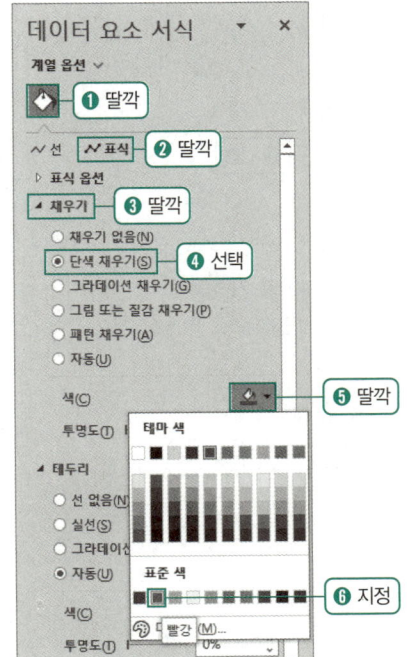

⑪ 가로(항목)축을 클릭 → [축 서식] 창에서 [크기 및 속성]-[맞춤]-[텍스트 방향]-[세로]를 클릭한다.

⑫ 차트 영역을 클릭 → [차트 영역 서식] 창에서 [채우기 및 선]-[테두리]-'둥근 모서리'와 '실선'에 클릭 → [색]을 '검정, 텍스트1'로 지정한다.

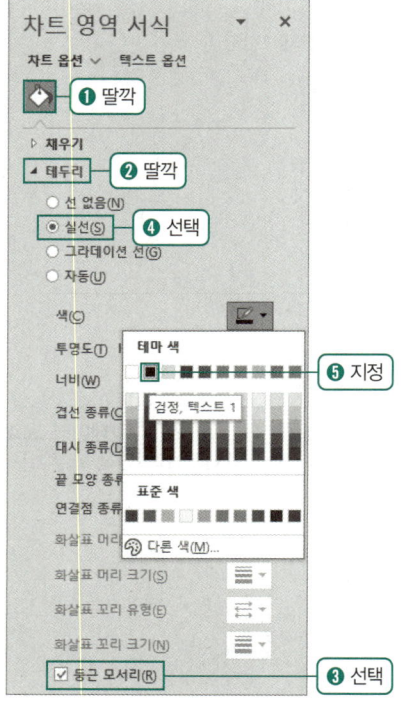

2 매크로('기타작업-2' 시트)

① [개발 도구] 탭-[코드] 그룹-[매크로 기록]을 클릭한다.

② [매크로 기록] 대화상자가 나타나면 '매크로 이름'에 점수서식을 입력 → [확인] 단추를 클릭한다.

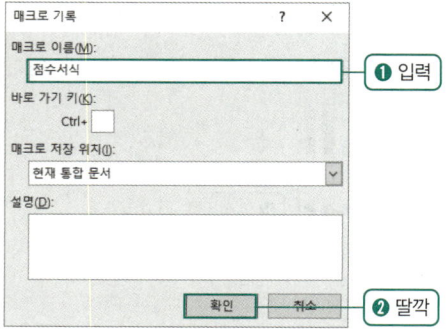

③ [F4:F26] 영역을 드래그하고 마우스 오른쪽 단추를 클릭하여 [셀 서식]을 클릭한다.

④ [셀 서식] 대화상자가 나타나면 [표시 형식] 탭의 '범주'는 '사용자 지정'을 선택하고, '형식'에 [빨강][>=10]*▶"우수";[파랑][>=5]*▷"양호";*-"개선필요"를 입력 → [확인] 단추를 클릭한다.

입력 함수 해설

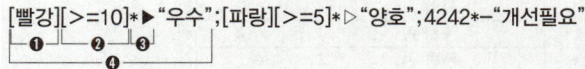

❶ [빨강]: 글꼴 색을 지정한다.
❷ [>=10]: 조건을 지정한다.
❸ *▶: ▶을 셀의 남는 너비만큼 채운다.
❹ [빨강][>=10]*▶"우수": 셀 값이 10 이상일 때 글꼴을 빨간색으로 설정하고, 셀의 남는 너비만큼 ▶ 기호를 채운 뒤 "우수"라는 텍스트를 표시한다.

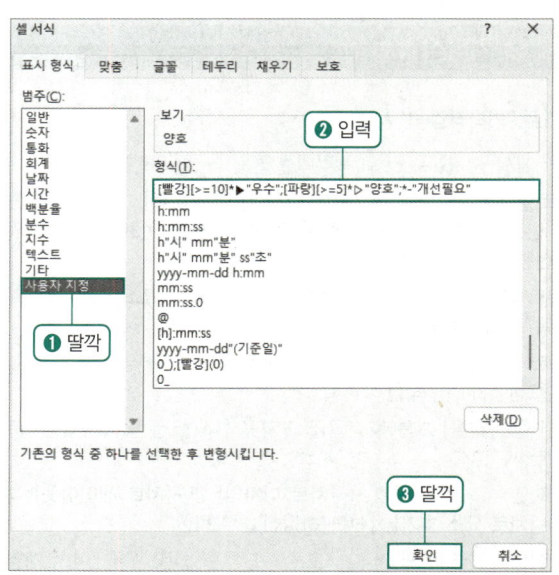

⑤ 매크로 기록을 중지하기 위해 임의의 셀 선택 → [개발 도구] 탭-[코드] 그룹-[기록 중지]를 클릭한다.

⑥ [삽입] 탭-[일러스트레이션] 그룹-[도형]을 클릭한 후 '기본 도형'의 '사각형: 빗면'(   )을 선택한다.

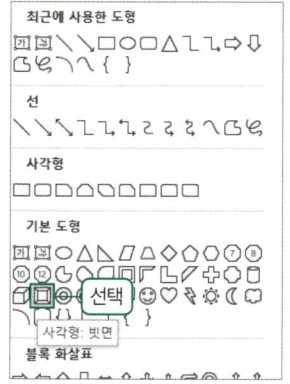

⑦ [Alt]를 누른 상태에서 [H3:I4] 영역에 드래그하여 도형을 그린다.
⑧ 도형에서 마우스 오른쪽 단추를 클릭하고 바로 가기 메뉴에서 [매크로 지정]을 선택한다.
⑨ [매크로 지정] 대화상자가 나타나면 '매크로 이름'에 '점수서식'을 선택 → [확인] 단추를 클릭한다.
⑩ 도형이 선택된 상태에서 도형에 점수서식을 입력한 후 임의의 셀을 선택하여 텍스트 편집을 완료한다.
⑪ [개발 도구] 탭-[코드] 그룹-[매크로 기록]을 클릭한다.
⑫ [매크로 기록] 대화상자가 나타나면 '매크로 이름'에 점수서식해제를 입력 → [확인] 단추를 클릭한다.
⑬ [F4:F26] 영역을 드래그하고 마우스 오른쪽 단추를 클릭하여 셀 서식을 클릭한다.
⑭ [셀 서식] 대화상자가 나타나면 [표시 형식] 탭의 '범주'는 '일반'을 선택 → [확인] 단추를 클릭한다.
⑮ 매크로 기록을 중지하기 위해 임의의 셀 선택 → [개발 도구] 탭-[코드] 그룹-[기록 중지]를 클릭한다.
⑯ [개발 도구] 탭-[컨트롤] 그룹-[삽입]을 클릭한 후 '양식 컨트롤'의 '단추(□)'를 선택한다.
⑰ [Alt]를 누른 상태에서 [H6:I7]에 영역 드래그하여 단추를 그린다.
⑱ [매크로 지정] 대화상자가 나타나면 '매크로 이름'에 '점수서식해제'를 선택 → [확인] 단추를 클릭한다.
⑲ 단추를 선택한 상태에서 단추에 점수서식해제를 입력한 후 임의의 셀을 선택하여 텍스트 편집을 완료한다.

3 프로시저('기타작업-3' 시트)

① [개발 도구] 탭-[컨트롤] 그룹-[디자인 모드] 클릭 → '도서관당일예약' 단추를 더블클릭한다.
② [Visual Basic Editor] 창이 나타나면 [코드] 창에서 'cmd도서관당일예약_Click()' 프로시저에 다음과 같이 코드를 입력한다.

입력 코드 해설

```
Private Sub cmd도서관당일예약_Click()
    예약신청.Show ——❶
End Sub
```

❶ 〈예약신청〉 폼을 화면에 표시한다.

③ [프로젝트 탐색기] 창의 〈예약신청〉 폼에서 마우스 오른쪽 단추를 클릭하고 바로 가기 메뉴에서 [코드 보기]를 선택한다.
④ [코드] 창에서 '개체'는 'UserForm'을, '프로시저'는 'Initialize' 선택 → 'UserForm_Initialize( )' 프로시저에 다음과 같이 코드를 입력한다.

입력 코드 해설

```
Private Sub UserForm_Initialize() ——❶
    com열람실.RowSource = "J5:K9" ——❷
    com열람실.ColumnCount = 2 ——❸
    opt2.Value = True ——❹
End Sub
```

❶ 폼을 열 때마다 자동으로 실행되어, 사용자에게 보여 주기 전에 환경을 세팅해 주는 곳이다.
❷ 워크시트 [J5:K9] 영역에 있는 데이터를 '열람실' 콤보 상자에 불러온다.
❸ 콤보 상자가 두 개의 열(열람실과 사용요금)을 같이 보여 주도록 설정한다.
❹ 폼이 열리면 '2시간' 옵션 버튼(opt2)이 자동으로 선택된 상태가 되도록 한다.

⑤ [프로젝트 탐색기] 창의 〈예약신청〉 폼에서 마우스 오른쪽 단추를 클릭하고 바로 가기 메뉴에서 [개체 보기]를 선택한다.
⑥ 'cmd예약'를 더블클릭하여 선택하고, '프로시저'에 'Click'으로 지정되었는지 확인 → 'cmd예약_Click( )' 프로시저에 다음과 같이 코드를 입력한다.

입력 코드 해설

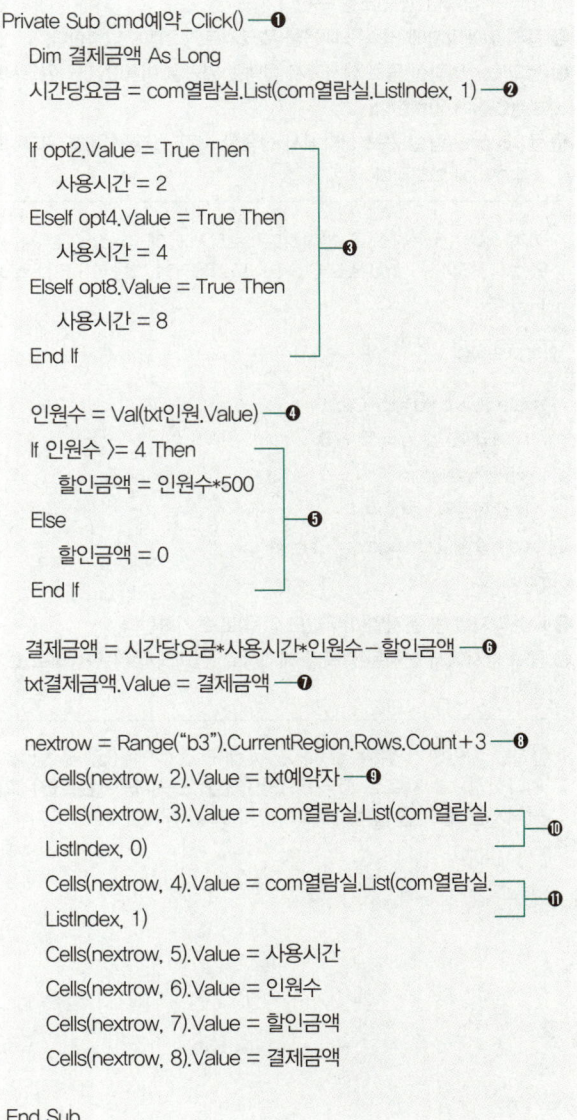

```
Private Sub cmd예약_Click() ——❶
    Dim 결제금액 As Long
    시간당요금 = com열람실.List(com열람실.ListIndex, 1) ——❷
    If opt2.Value = True Then
        사용시간 = 2
    ElseIf opt4.Value = True Then
        사용시간 = 4                                    ——❸
    ElseIf opt8.Value = True Then
        사용시간 = 8
    End If
    인원수 = Val(txt인원.Value) ——❹
    If 인원수 >= 4 Then
        할인금액 = 인원수*500
    Else                                               ——❺
        할인금액 = 0
    End If
    결제금액 = 시간당요금*사용시간*인원수 – 할인금액 ——❻
    txt결제금액.Value = 결제금액 ——❼
    nextrow = Range("b3").CurrentRegion.Rows.Count+3 ——❽
    Cells(nextrow, 2).Value = txt예약자 ——❾
    Cells(nextrow, 3).Value = com열람실.List(com열람실. ——❿
    ListIndex, 0)
    Cells(nextrow, 4).Value = com열람실.List(com열람실. ——⓫
    ListIndex, 1)
    Cells(nextrow, 5).Value = 사용시간
    Cells(nextrow, 6).Value = 인원수
    Cells(nextrow, 7).Value = 할인금액
    Cells(nextrow, 8).Value = 결제금액
End Sub
```

❶ 결제금액을 Long형으로 선언한다.
❷ 열람실 콤보에서 선택된 행(ListIndex)의 두 번째 열(1) 값을 읽어 시간당요금 변수에 저장한다.
❸ 2·4·8 시간 옵션 버튼 중 체크된 버튼을 찾아 사용시간 변수에 할당한다.
❹ txt인원의 값을 숫자로 변환해서 인원수에 할당. 텍스트 박스는 사용자가 입력한 내용을 문자열로 저장하므로 숫자로 변환하기 위하여 Val 사용한다.
❺ 인원수가 4 이상이면 인원수*500원을 할인금액에 할당하고 그 외에는 0을 할당한다.
❻ 결제금액을 계산한다.
❼ 계산된 결제금액을 폼의 txt결제금액 텍스트 상자에 표시한다. VBA는 속성을 생략하면 기본 속성을 자동으로 사용하므로 Value는 생략 가능하다.
❽ [B3] 셀을 기준으로 연결된 행수를 계산한 뒤에 3을 더하여 실제 데이터가 입력될 행 번호를 구한다.
❾ 폼의 txt예약자에 입력된 내용을 워크시트의 2열에 입력한다.
❿ 폼의 com열람실 콤보 상자에서 선택한 열람실 이름(0열)을 워크시트 3열(C열)에 입력한다.
⓫ 폼의 com열람실 콤보 상자에서 선택한 시간당요금(1열)을 워크시트 4열(D열)에 입력한다.

⑦ '개체'에서 'cmd취소'를 선택하고, '프로시저'에 'Click'으로 지정되었는지 확인 → 'cmd취소_Click( )' 프로시저에 다음과 같이 코드를 입력한다.

(입력 코드 해설)

```
Private Sub cmd취소_Click()
    txt예약자.Value = ""    ❶
    txt인원.Value = ""
    txt결제금액.Value = ""
    com열람실.ListIndex = -1    ❷
End Sub
```

❶ txt예약자를 빈 문자열(아무값도 없음)로 초기화한다.
❷ 콤보 상자에서 선택된 항목을 해제하고, 선택되지 않은 상태로 초기화한다.

⑧ 결과를 확인하기 위해 [보기 Microsoft Excel] 단추(📊)를 클릭 → '기타작업-3' 시트로 되돌아오면 [개발 도구] 탭-[컨트롤] 그룹-[디자인 모드]를 클릭하여 디자인 모드를 해제한다.

⑨ '도서관당일예약' 단추 클릭 → 〈예약신청〉 폼에서 '열람실' 콤보 상자에 상자에 [J5:K9] 영역의 값이 표시되고 사용시간 2가 선택되었는지 확인한다.

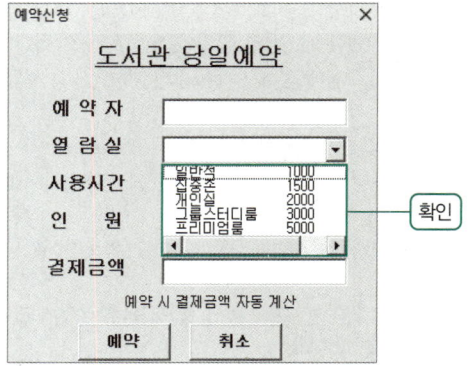

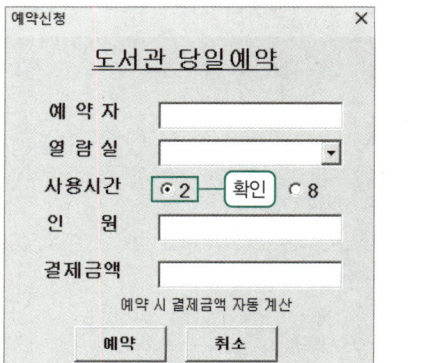

⑩ 예약자, 열람실, 사용시간, 인원을 입력 후 [예약] 단추를 클릭하여 결제금액이 표시되고 입력된 데이터가 엑셀 화면에 표시되는지 확인한다.

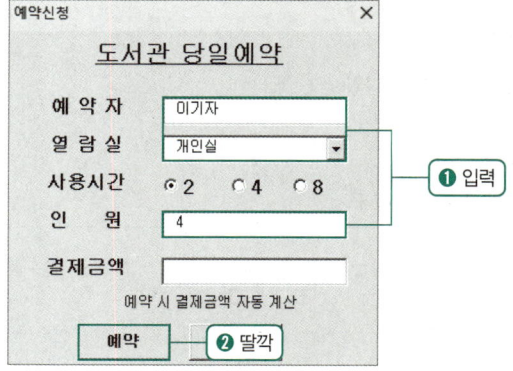

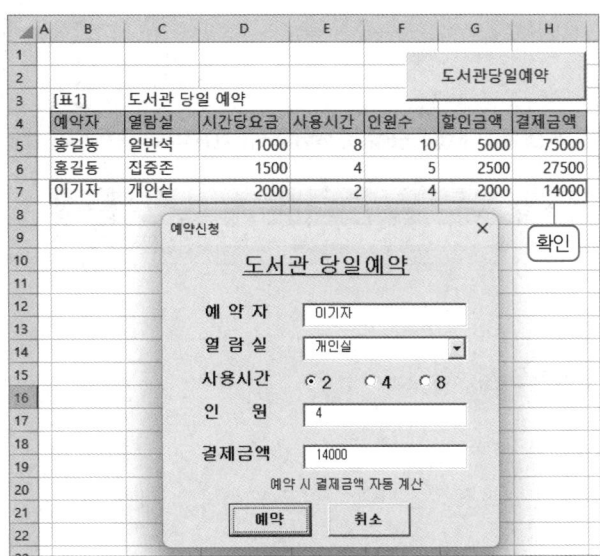

⑪ [취소] 단추를 누르면 예약자, 인원, 결제금액 입력란이 모두 비워진다.

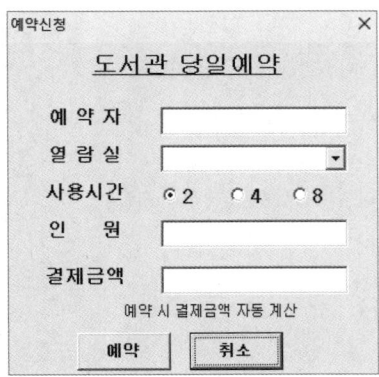

제2회 기출변형문제

프로그램명	제한시간	합격선	외부 데이터 위치
EXCEL 2021	45분	70점	C:\에듀윌_2026컴활1급실기\기출변형문제\스프레드시트실무\실습\2회\제2회기출변형문제.xlsm

문제 ❶ 기본작업 (15점) 주어진 시트에서 다음 과정을 수행하고 저장하시오.

1 '기본작업-1' 시트에서 다음과 같이 고급 필터를 수행하시오. (5점)
- [A4:G20] 영역에서 '통합'이 상위 5위 이내이면서 '학교명'에 캠퍼스가 포함되지 않은 데이터의 '설립구분', '지역', '학교명', '통합' 열을 순서대로 표시하시오.
- 조건은 [A22:A23] 영역에 입력하시오. (LARGE, ISNUMBER, SEARCH, AND, NOT 함수 사용)
- 결과는 [A25] 셀부터 표시하시오.

2 '기본작업-1' 시트에서 다음과 같이 조건부 서식을 설정하시오. (5점)
- 학교명이 6자 이상이면서 '인문사회계열', '자연과학계열', '공학계열'의 값이 모두 하위 5위 이내인 데이터의 행 전체에 대하여 글꼴 스타일은 '굵은 기울임꼴', 글꼴 색은 '자주'로 적용하시오.
- 단, 규칙 유형은 '수식을 사용하여 서식을 지정할 셀 결정'을 사용하고, 한 개의 규칙으로만 작성하시오.
- AND, LEN, SMALL 함수 사용

3 '기본작업-2' 시트에서 다음과 같이 페이지 레이아웃을 설정하시오. (5점)
- 인쇄 시, 배율은 '용지 너비 1페이지', '용지 높이 미지정'으로 설정하시오.
- 시작 페이지 번호는 '3'으로 지정하시오.
- 매 홀수 페이지 상단의 오른쪽 구역에는 현 시스템의 시간이 표시되도록 머리글을 설정하시오.

문제 ❷ 계산작업 (30점) — '계산작업' 시트에서 다음 과정을 수행하고 저장하시오.

1 [표1]의 수용_학위[D5]와 수용_비학위[F5], 미수용_학위[E5]와 미수용_비학위[G5]를 이용하여 합계[H5]를 표시하시오. (6점)

- ▶ 수용합계는 '수용_학위'와 '수용_비학위'의 합계이며, 미수용합계는 '미수용_학위'와 '미수용_비학위'의 합계이다.
- ▶ 숫자는 1000 단위 구분 기호가 포함되도록 설정하시오.
- ▶ TEXT, SUM 함수, & 연산자 사용
- ▶ [표시 예: 수용_학위(95), 미수용_학위(1095), 수용_비학위(180), 미수용_비학위(265)인 경우 → 수용합계: 275, 미수용합계: 1,360]

2 [표1]의 설립구분[A5], 지역[B5], 학교[C5]를 이용하여 보안[I5]을 표시하시오. (6점)

- ▶ 설립구분이 '사립'·'국립'·'공립' 중 하나이면 다음과 같이 표시하고 그렇지 않으면 '입력검토'라고 나타내시오.
- ▶ 학교 이름은 왼쪽의 첫글자와 ○, 오른쪽에서 세 번째 글자를 이용하여 표시하시오.
- ▶ [표시 예: 지역이 서울이고 학교가 국민대학교인 경우 (서울)국○대]
- ▶ IF, OR, LEFT, MID, LEN 함수, & 연산자 사용

3 사용자 정의 함수 'risk등급'을 작성하여 다음의 조건에 의하여 등급[J5:J23]을 표시하시오. (6점)

- ▶ 점수는 기본 점수 1000점에서 시작하여, '미수용 학생 수×0.5점'을 감점하고 '수용 학생 수×0.1점'을 가점한 뒤, 통합인원이 1,000명 이상이면 추가로 100점을 가산한다. (IF문 사용)
- ▶ 등급은 점수가 500 이상이면 'High', 100 이상이면 'Medium', 그 외에는 'Low'로 표시하시오. (SELECT ~ CASE문 사용)
- ▶ 미수용 학생 수 = 미수용학위 + 미수용비학위
- ▶ 수용 학생 수 = 수용학위 + 수용비학위
- ▶ 통합 인원 = 미수용학위 + 미수용비학위 + 수용학위 + 수용비학위

```
Public Function risk등급(미수용학위, 미수용비학위, 수용학위, 수용비학위)

End Function
```

4 [표1]의 '수용_학위', '미수용_학위', '수용_비학위', '미수용_비학위'를 이용하여 [표2]의 영역에 지역/설립구분별 합계[B27:D33]를 구하여 다음과 같이 표시하시오. (6점)

- ▶ SUM, IF, TEXT 함수를 이용한 배열 수식
- ▶ [표시 예: 25,514명]

5 [표1]의 '설립구분', '지역', '수용_학위'를 이용하여 [표3]의 [H27:H30] 영역에 분포표를 표시하시오. (6점)

- ▶ '설립구분'이 '사립'이며 '지역'이 '서울'인 대학의 '수용_학위' 인원수를 기준으로 구간별(0~100, 100~200, 200~300, 300 초과) 대학 수 분포표를 표시하시오.
- ▶ REPT, FREQUENCY, IF 함수를 이용한 배열 수식

문제 ❸ 분석작업 (20점) 주어진 시트에서 다음 과정을 수행하고 저장하시오.

1. '분석작업-1' 시트에서 다음의 지시사항에 따라 피벗 테이블 보고서를 작성하시오. (10점)

▶ 외부 데이터 원본으로 〈외국인학생.accdb〉의 데이터를 사용하시오.
- '연수' 테이블의 '설립구분', '지역', '학교', '어학연수생', '교환학생', '방문학생' 열만 가져와 데이터 모델에 이 데이터를 추가하시오.

▶ 피벗 테이블 보고서의 레이아웃과 위치는 〈그림〉을 참조하여 설정하고, 보고서 레이아웃을 개요 형식으로 표시하시오.

▶ '총합' 계산 필드를 추가하시오. ('총합'은 '어학연수생+교환학생+방문학생'으로 계산)

〈그림〉

▲	A	B	C	D	E	F	G
1		학교	(모두) ▼				
2							
3		설립구분 ▼	지역 ▼	합계 : 어학연수생	합계 : 교환학생	합계 : 방문학생	합계 : 총합
4		⊟국립		787	506	2	1295
5			강원	169	127	2	298
6			경남	71	90	0	161
7			대구	547	289	0	836
8		⊟사립		5211	909	12	6132
9			강원	274	17	0	291
10			경기	1657	172	0	1829
11			경남	58	17	0	75
12			대전	476	101	0	577
13			서울	2361	568	12	2941
14			전북	104	28	0	132
15			충남	270	5	0	275
16			충북	11	1	0	12
17		총합계		5998	1415	14	7427
18							

2 '분석작업-2' 시트에 대하여 다음의 지시사항을 처리하시오. (10점)

▶ [부분합] 기능을 이용하여 [표1]에서 '지역'별 'TOPIK4급 이상'과 'TOEFL530 이상'의 평균과 '설립구분'별 학교의 개수를 계산하시오.
  - '지역'을 기준으로 오름차순 정렬하고, '지역'이 동일한 경우 '설립구분'을 기준으로 오름차순 정렬하시오.
  - 평균과 개수는 아래에 명시된 순서대로 처리하시오.

〈그림〉

	A	B	C	D	E
1	[표1]		외국인 학생 언어능력		
2					
3	지역	설립구분	학교	TOPIK4급 이상	TOEFL530 이상
4	강원	국립	춘천교육대학교	0	0
5	강원	국립	국립강릉원주대학교 _제2캠퍼스	3	0
6	강원	국립	강원대학교 _제2캠퍼스	17	0
7	강원	국립	국립강릉원주대학교	70	0
8	강원	국립	강원대학교	81	37
9		국립 개수		5	
10	강원	사립	경동대학교 _제3캠퍼스	1	0
11	강원	사립	경동대학교	3	745
12	강원	사립	한라대학교	14	0
13	강원	사립	가톨릭관동대학교	15	0
14	강원	사립	상지대학교	16	0
15	강원	사립	한림대학교	24	8
16	강원	사립	연세대학교(미래) _분교	79	0
17		사립 개수		7	
18	강원 평균			27	66

※ 작업 완성된 그림이며 부분 점수 없음

▶ [필터] 기능을 이용하여 [표2]에서 '지역'을 기준으로 오름차순 정렬하고, '설립구분'이 사립이고, 'TOPIK4급 이상'이 50 이상이고, 학교가 '캠퍼스' 또는 '분교'로 끝나는 데이터 행만 표시되도록 필터를 설정하시오.

〈그림〉

	A	B	C	D	E
41	지역	설립구분	학교	TOPIK4급 이상	TOEFL530 이상
52	강원	사립	연세대학교(미래) _분교	79	0
57	강원	사립	연세대학교(미래) _분교	79	0
63	세종	사립	홍익대학교 _제2캠퍼스	54	0
64	세종	사립	홍익대학교 _제2캠퍼스	54	0

문제 ❹ 기타작업 (35점) 주어진 시트에서 다음 과정을 수행하고 저장하시오.

1 '기타작업-1' 시트에서 다음의 지시사항에 따라 차트를 수정하시오. (각 2점)

※ 차트는 반드시 문제에서 제공한 차트를 사용해야 하고 신규로 차트 작성 시 0점 처리됨

① 차트에 지역이 '경기', '대전', '부산', '서울', '충남'인 '기숙사수용'의 값을 추가하고 '기숙사수용'의 차트 종류를 '영역형', '보조 축'으로 변경하시오.
② 차트 제목은 '차트 위'로 설정한 후 '외국학생 현황'으로 입력하고 글꼴 크기는 '14'pt, 글꼴 스타일은 '굵게'로 설정하시오.
③ '범례 표지 없음'의 데이터 테이블을 표시하시오.
④ '학위과정' 계열은 채우기를 '로고1.png'로 지정하고 '그림 또는 질감 채우기'-'쌓기'로 지정하시오.
⑤ 그림 영역은 채우기를 패턴의 '점선 : 25%'로 지정하고, 패턴 채우기의 전경색은 '표준색 – 진한 빨강'을 지정하시오.

〈그림〉

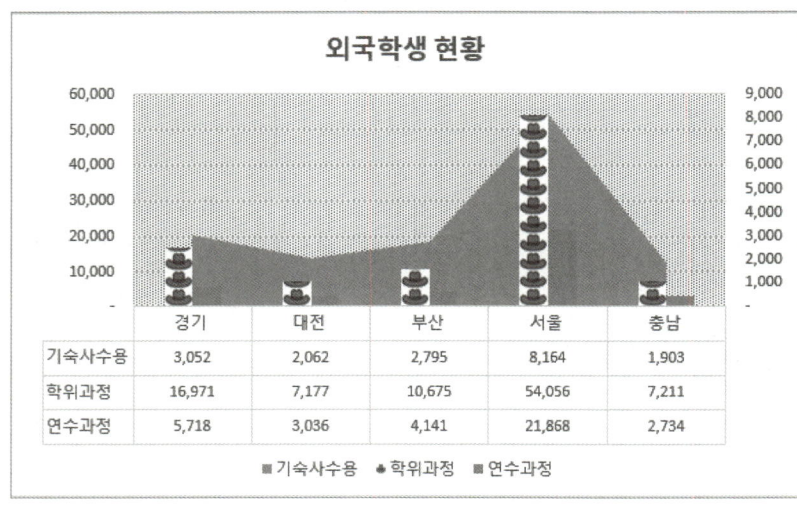

2 '기타작업-2' 시트에서 다음과 같은 기능을 수행하는 매크로를 현재 통합 문서에 작성하시오. (각 5점)

① [F4:F27] 영역에 사용자 지정 표시 형식을 적용하는 '평가서식' 매크로를 작성하시오.
  ▶ 평가가 0.1 이상이면 자홍색으로 '★★★ 초인기', 0.05 이상이면 빨강색으로 '★★ 인기', 그 외에는 파랑색으로 '★ 보통'을 표시하시오.
  ▶ [도형]-[기본도형]의 '사각형 : 모서리가 접힌 도형'을 동일시트의 [H3:I4] 영역에 생성한 후 텍스트를 '평가서식'으로 입력하고, 도형을 클릭하면 '평가서식' 매크로가 실행되도록 설정하시오.

② [E4:E27] 영역에 조건부 서식을 적용하는 '인원서식' 매크로를 작성하시오.
  ▶ 조건부 서식의 규칙 유형은 '셀 값을 기준으로 모든 셀의 서식 지정'으로 하시오.
  ▶ 서식 스타일은 '데이터 막대', 최소값은 '백분위수 10', 최대값은 '백분위수 80'으로 지정한 후 채우기는 '그라데이션 채우기', 색은 '자주'로 지정하고, 막대 방향은 '텍스트 방향대로'를 지정하시오.
  ▶ 양식 도구의 단추 동일 시트의 [H6:I7] 영역에 생성하고 텍스트를 '인원서식'으로 입력한 후 단추를 클릭하면 '인원서식' 매크로가 실행되도록 설정하시오.
    ※ 셀 포인터의 위치에 관계없이 매크로가 실행되어야 정답으로 인정됨

3 '기타작업-3' 시트에서 다음과 같은 작업을 수행하도록 프로시저를 작성하시오. (각 5점)

① '외국인학생모집' 단추를 클릭하면 〈모집현황〉 폼이 나타나도록 설정하고, 폼이 초기화(Initialize)되면 지역(lst지역) 콤보 상자의 목록에 워크시트 범위 [J6:J22] 영역의 값이 표시되고, 설립구분의 '사립'(opt사립)이 초기값으로 선택되도록 프로시저를 작성하시오.

② 〈모집현황〉 폼의 '입력'(cmd입력) 단추를 클릭하면 폼에 입력된 데이터가 [표1]에 입력되어 있는 마지막 행 다음에 연속하여 추가되도록 프로시저를 작성하시오.

▶ 기숙사신청률은 '기숙사신청인원/모집인원×100'의 값을 일의 자리까지 반올림하여 구하시오.
▶ 모집인원이 0인 경우는 '0'으로 표시하시오. (IF, ROUND 함수 사용)
▶ 기숙사수요등급은 기숙사신청률의 값이 100 이상이면 '만실★★★', 90 이상이면 '혼잡★★', 80 이상이면 '보통★' 그 외에는 '여유-'로 표시하시오. (SELECT문 사용)

〈그림〉

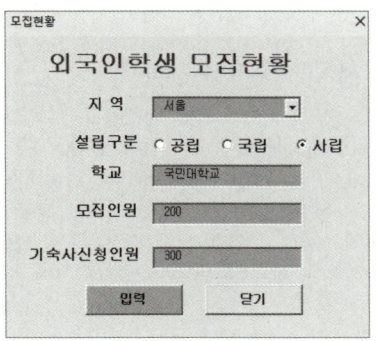

③ '닫기'(cmd닫기) 단추를 클릭하면 다음과 같은 메시지 창이 표시되도록 하며 '확인' 단추를 클릭하면 현재 작업 중인 폼을 화면과 메모리에서 제거하도록 프로시저를 작성하시오.

〈그림〉

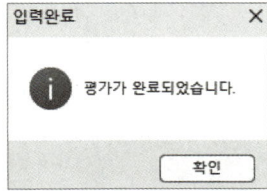

해설 확인하기

> 정답 확인하기: EXIT 사이트 → 자료실 → 컴퓨터활용능력 1급
> → 실기 기본서 → 정답화면 바로 보기

문제 ❶ 기본작업 (15점)

1 고급 필터 ('기본작업-1' 시트)

① [A22] 셀에는 필드명 대신 조건을, [A23] 셀에는 =AND(G5>=LARGE($G$5:$G$20,5),NOT(ISNUMBER(SEARCH("캠퍼스",C5))))를 입력한다.

입력 함수 해설

❶ LARGE($G$5:$G$20,5): [$G$5:$G$20] 영역에서 상위 5번째 숫자값을 반환한다.

=AND(G5>=❶,NOT(ISNUMBER(SEARCH("캠퍼스",C5))))

❷ SEARCH("캠퍼스",C5): [C5] 셀에 "캠퍼스"가 포함되면 숫자 위치를 반환하고, 없으면 오류를 반환한다.
❸ NOT(ISNUMBER(❷)): ❷가 숫자가 아니면 즉 포함되어 있지 않으면 TRUE를 반환한다.
❹ AND(G5>=❶,❸): ❶, ❸ 모두 TRUE이면 TRUE를, 그렇지 않으면 FALSE를 반환한다.

② [A4] 셀을 클릭 → Ctrl을 누르면서 [B4], [C4], [G4] 셀을 선택한 후 Ctrl+C를 눌러 필드명 복사 → [A25] 셀을 선택한 후 Ctrl+V를 눌러 필드명을 붙여넣는다.
③ [A4:G20] 영역에서 임의의 셀 선택 → [데이터] 탭−[정렬 및 필터] 그룹−[고급]을 클릭한다.
④ [고급 필터] 대화상자가 나타나면 '결과'의 '다른 장소에 복사'를 선택 → '목록 범위'는 [A4:G20] 영역, '조건 범위'는 [A22:A23] 영역, '복사 위치'는 [A25:D25] 영역으로 지정 → [확인] 단추를 클릭한다.

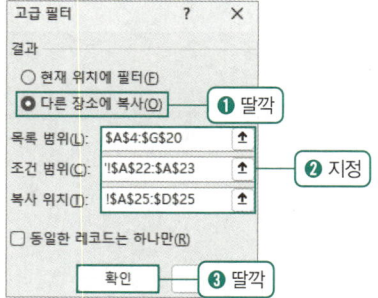

	A	B	C	D
22	조건			
23	FALSE			
24				
25	설립구분	지역	학교명	통합
26	사립	경기	가천대학교	2,782
27	사립	경기	가톨릭대학교	645
28	사립	서울	강서대학교	572
29	국립	강원	강원대학교	202
30	사립	서울	건국대학교	935
31				

2 조건부 서식 ('기본작업-1' 시트)

① 조건부 서식을 지정할 [A5:G20] 영역을 드래그하여 선택 → [홈] 탭−[스타일] 그룹−[조건부 서식]−[새 규칙]을 선택한다.
② [새 서식 규칙] 대화상자가 나타나면 '규칙 유형 선택'에서 '수식을 사용하여 서식을 지정할 셀 결정'을 선택 → '다음 수식이 참인 값의 서식 지정'에 =AND(LEN($C5)>=6,$D5<=SMALL($D$5:$D$20,5),$E5<=SMALL($E$5:$E$20,5),$F5<=SMALL($F$5:$F$20,5)) 입력 → [서식] 단추를 클릭한다.

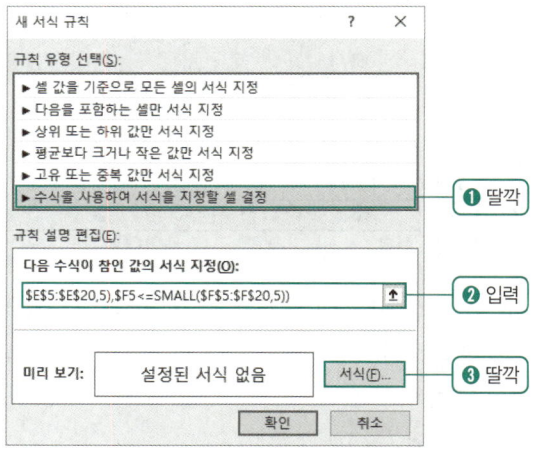

> 입력 함수 해설

$$\underset{\text{❶}}{\text{LEN(\$C5)}\geq 6},\underset{\text{❷}}{\text{\$D5}\leq \text{SMALL(\$D\$5:\$D\$20,5)}},$$

❶ **LEN($C5)**: [C5] 셀에 입력된 문자열의 길이를 반환한다.

❷ **SMALL($D$5:$D$20,5)**: [D5:D20] 영역에서 5번째로 작은 값을 반환한다.

$$\underset{\text{❸}}{\text{\$E5}\leq \text{SMALL(\$E\$5:\$E\$20,5)}},\underset{\text{❹}}{\text{\$F5}\leq \text{SMALL(\$F\$5:\$F\$20,5)}}$$

❸ **SMALL($E$5:$E$20,5)**: [E5:E20] 영역에서 5번째로 작은 값을 반환한다.

❹ **SMALL($F$5:$F$20,5)**: [F5:F20] 영역에서 5번째로 작은 값을 반환한다.

$$\underset{\text{❺}}{=\text{AND(❶}\geq 6,\text{\$D5}\leq\text{❷},\text{\$E5}\leq\text{❸},\text{\$F5}\leq\text{❹})}$$

❺ **AND(❶≥6,$D5≤❷,$E5≤❸,$F5≤❹)**: 모두 TRUE이면 결과 TRUE를 반환한다.

③ [셀 서식] 대화상자가 나타나면 [글꼴] 탭-글꼴 스타일-굵은 기울임꼴, 색-자주를 선택 → [확인] 단추를 클릭한다.

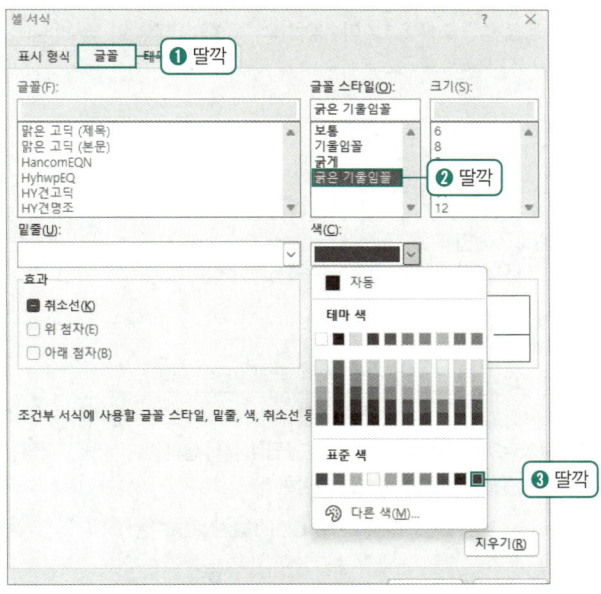

④ [새 서식 규칙] 대화상자로 되돌아오면 '미리 보기'에서 지정한 서식을 확인 → [확인] 단추를 클릭한다.

	A	B	C	D	E	F	G
4	설립구분	지역	학교명	인문사회계열	자연과학계열	공학계열	통합
5	사립	경남	가야대학교(김해)	11	1	0	12
6	사립	경기	가천대학교	2,485	45	252	2,782
7	사립	강원	가톨릭관동대학교	18	2	4	24
8	사립	충북	가톨릭꽃동네대학교	2	0	0	2
9	사립	경기	가톨릭대학교	471	98	76	645
10	사립	서울	가톨릭대학교_제3캠퍼	7	0	0	7
11	사립	서울	감리교신학대학교	1	0	0	1
12	사립	경기	강남대학교	12	0	0	12
13	사립	서울	강서대학교	572	0	0	572
14	국립	강원	강원대학교	160	17	25	202
15	국립	강원	강원대학교_제2캠퍼스	18	9	7	34
16	사립	서울	건국대학교	768	30	137	935
17	사립	충북	건국대학교(글로컬)_분교	27	4	4	35
18	사립	충남	건양대학교	12	4	8	24
19	사립	대전	건양대학교_제2캠퍼스	0	2	9	11
20	공립	대전	ABC대학교	10	6	0	16

3 페이지 레이아웃('기본작업-2' 시트)

① [페이지 레이아웃] 탭-[페이지 설정] 그룹-[페이지 설정](🗔)을 클릭한다.

② [페이지 설정] 대화상자가 나타나면 [페이지] 탭의 '배율'에서 '자동 맞춤'의 '용지 너비'에 1을 입력하고, '시작 페이지 번호'에 3을 입력한다. (용지 높이 칸은 비워두어 자동으로 조정되게 함)

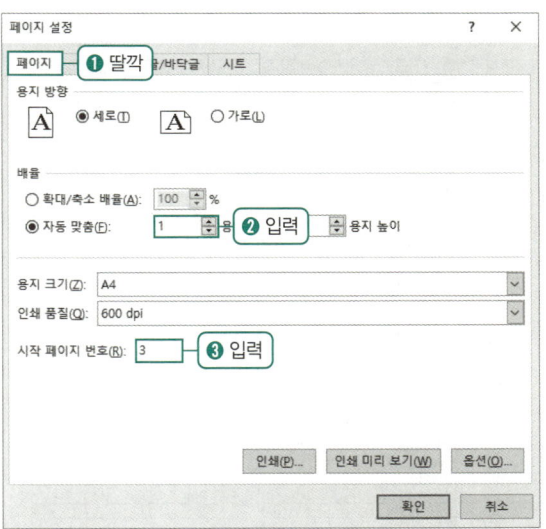

③ [머리글/바닥글] 탭에서 '짝수와 홀수 페이지를 다르게 지정' 선택 → [머리글 편집] 단추를 클릭한다.

④ [머리글] 대화상자가 나타나면 [홀수 페이지 머리글] 탭의 '오른쪽 구역'에 커서를 올려놓고 '시간 삽입'(🕒) 아이콘을 클릭 → [확인] 단추를 클릭한다.

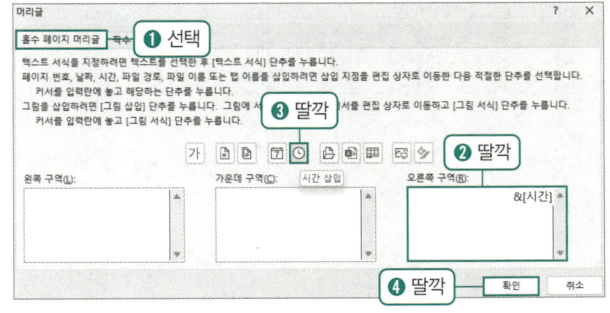

⑤ [페이지 설정] 대화상자 화면에서 [확인] 단추를 클릭한다.

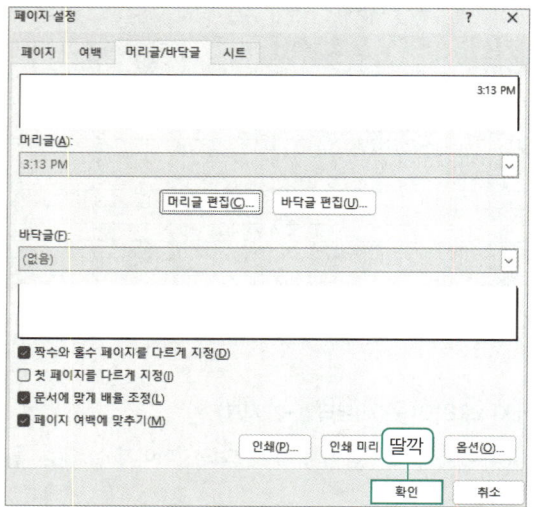

⑥ [파일] 메뉴-인쇄를 선택 → 결과를 확인한다.

문제 ❷ 계산작업 (30점)

1 합계[H5:H23] 표시하기

[H5] 셀 선택 → 수식 입력줄에 =″수용합계: ″ & TEXT(SUM(D5,F5), ″#,##0″) & ″ / 미수용합계: ″ & TEXT(SUM(E5,G5),″#,##0″)을 입력 후 Enter 를 누름 → [H5] 셀의 자동 채우기 핸들을 [H23] 셀까지 드래그하여 함수식을 복사한다.

입력 함수 해설

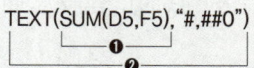

❶ SUM(D5,F5): [D5] 셀과 [F5] 셀의 합계를 계산한다.
❷ TEXT(❶,″#,##0″): ❶의 내용을 ″#,##0″ 형식으로 표시한다.

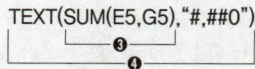

❸ SUM(E5,G5): [E5] 셀과 [G5] 셀의 합계를 계산한다.
❹ TEXT(❸,″#,##0″): ❸의 내용을 ″#,##0″ 형식으로 표시한다.

=″수용합계: ″ & ❷ & ″ / 미수용합계: ″ & ❹
　　　　　　　　　　　❺

❺ ″수용합계: ″ & ❷ & ″ / 미수용합계: ″ & ❹: 연결하여 표시한다.

2 보안[I5:I23] 표시하기

[I5] 셀 선택 → 수식 입력줄에 =IF(OR(A5=″사립″,A5=″국립″,A5=″공립″), ″(″ & B5 & ″)″ & LEFT(C5,1) & ″O″ & MID(C5,LEN(C5)−2,1), ″입력검토″)를 입력 후 Enter 를 누름 → [I5] 셀의 자동 채우기 핸들을 [I23] 셀까지 드래그하여 함수식을 복사한다.

입력 함수 해설

OR(A5=″사립″,A5=″국립″,A5=″공립″)
　　　　　　　　❶

❶ OR(A5=″사립″,A5=″국립″,A5=″공립″): [A5] 셀의 값이 ″사립″, ″국립″, ″공립″ 중 하나이면 TRUE를 반환한다.

LEFT(C5,1) & ″O″ & MID(C5,LEN(C5)−2,1)
　　　❷　　　　　　　　　　❹

❷ LEFT(C5,1): [C5] 셀의 왼쪽에서 1개 값을 반환한다.
❸ LEN(C5)−2: [C5] 셀의 문자열의 길이에서 2를 뺀 값을 반환한다.
❹ MID(C5,❸,1): [C5] 셀의 ❸번째에서 1개를 반환한다.

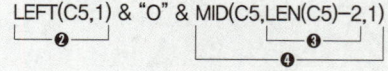

❺ IF(❶, ″(″ & B5 & ″)″ & ❷ & ″O″ & ❹,″입력검토″): ❶의 조건을 만족하면 ″(″,B5,″)″,❷, ″O″, ❹를 연결하여 표시하고 그 외에는 ″입력검토″를 표시한다.

3 등급[J5:J23] 표시하기

① [개발 도구] 탭-[코드] 그룹-[Visual Basic]을 클릭한다.
② [Visual Basic Editor] 창이 나타나면 [삽입] 메뉴-[모듈]을 선택 → [프로젝트 탐색기] 창에 'Module1'이 생성되었는지 확인한다.
③ [삽입] 메뉴-[프로시저]를 클릭 → [프로시저 추가] 대화상자가 나타나면 '이름'에 'risk등급'을 입력하고, 형식에서 Function, 범위에서 Public을 선택한 후 [확인] 단추를 클릭한다.

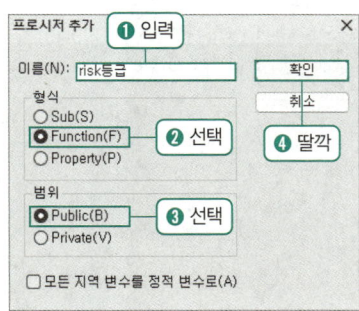

④ 'Module1' [코드] 창에 다음과 같이 코드를 입력 → [닫기] 단추(❌)를 클릭한다.

입력 코드 해설

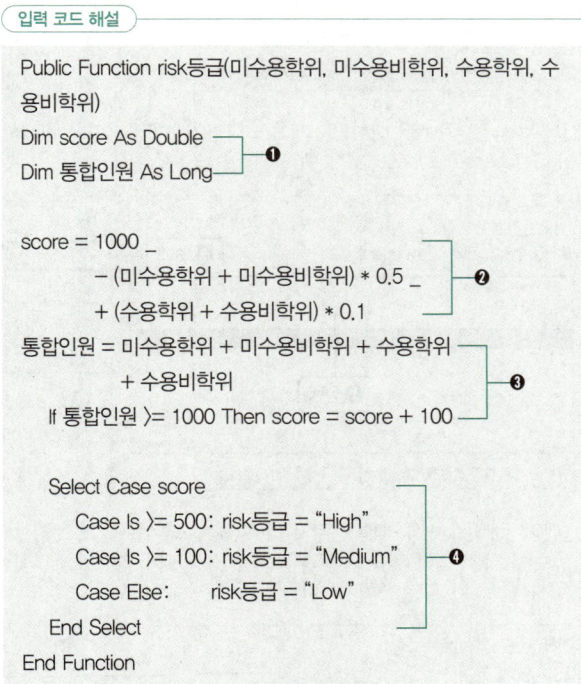

❶ score는 실수형, 통합인원은 정수형으로 선언한다.
❷ 기본 점수 1000점에서 시작하여 미수용 학생 수 × 0.5점을 감점하고 수용 학생 수 × 0.1점을 가점한다. _ 기호는 가독성을 위해 여러 줄로 나누어 입력하는 줄 계속 기호이다.
❸ 통합 인원이 1,000명 이상이면 추가로 100점을 가산한다.
❹ 점수가 500 이상이면 High, 100 이상이면 Medium, 그 외에는 Low로 표시한다.

⑤ [J5] 셀 선택 → [함수 삽입](*fx*) 단추를 클릭한다.
⑥ [함수 마법사] 대화상자가 나타나면 '범주 선택'에서 '사용자 정의'를, '함수 선택'에서 'risk등급'을 선택 → [확인] 단추를 클릭한다.

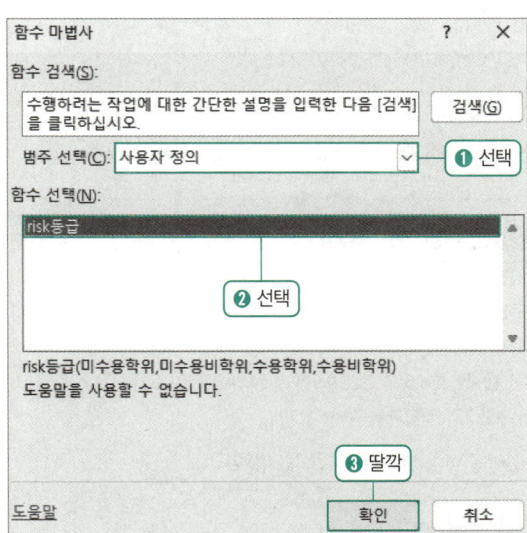

⑦ [함수 인수] 대화상자가 나타나면 '미수용학위'에 [E5] 셀, '미수용비학위'에 [G5] 셀, '수용학위'에 [D5] 셀, '수용비학위'에 [F5] 셀을 지정 → [확인] 단추를 클릭한다.

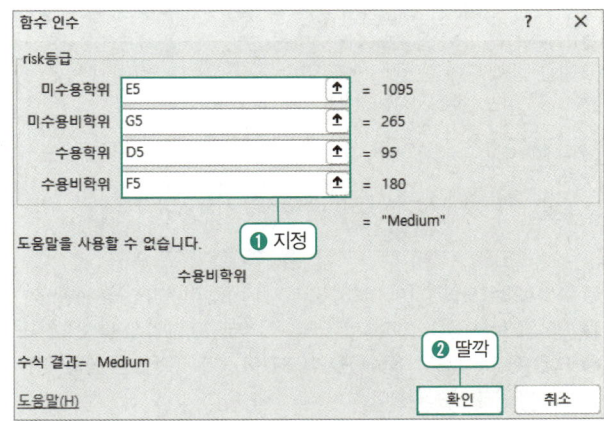

⑧ [J5] 셀의 자동 채우기 핸들을 [J23] 셀까지 드래그하여 함수식을 복사한다.

4 지역/설립구분별 합계[B27:D33] 표시하기

[B27] 셀 선택 → 수식 입력줄에 =TEXT(SUM(IF(($B$5:$B$23=$A27)*($A$5:$A$23=B$26),$D$5:$G$23)),"#,##0명")을 입력 후 Ctrl + Shift + Enter 를 누름 → [B27] 셀의 자동 채우기 핸들을 [D33] 셀까지 드래그하여 함수식을 복사한다.

입력 함수 해설

❶ ($B$5:$B$23=$A27): [$B$5:$B$23] 영역에서 [$A27] 셀과 일치하면 TRUE를 반환한다.
❷ ($A$5:$A$23=B$26): [$A$5:$A$23] 영역에서 [B$26] 셀과 일치하면 TRUE를 반환한다.
❸ SUM(IF(❶*❷,$D$5:$G$23)): ❶과 ❷의 조건이 모두 TRUE인 행의 [$D$5:$G$23]의 합계를 구한다.

=TEXT(❸,"#,##0명")
           ❹

❹ TEXT(❸,"#,##0명"): ❸의 #,##0명 형식으로 표시한다.

5 분포표[H27:H30] 표시하기

[H27:H30] 영역을 드래그하여 선택 → 수식 입력줄에 =REPT("★",FREQUENCY(IF((A5:A23="사립")*(B5:B23="서울"),D5:D23),F27:F30))을 입력 후 Ctrl + Shift + Enter 를 누른다. FREQUENCY 함수를 사용할 경우에는 영역 지정을 먼저 한 후 함수를 입력한다.

입력 함수 해설

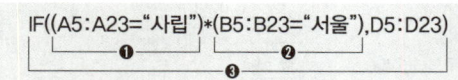

❶ (A5:A23="사립"): [A5:A23] 영역에서 "사립"이면 TRUE를 반환한다.
❷ (B5:B23="서울"): [B5:B23] 영역에서 "서울"이면 TRUE를 반환한다.
❸ IF(❶*❷,D5:D23): ❶과 ❷의 조건이 모두 TRUE인 행의 인원 [D5:D23] 값만 반환한다.

❹ FREQUENCY(❸,F27:F30)): ❸ 범위의 데이터가 [F27:F30] 영역에 설정된 구간별 빈도수를 반환한다.
❺ REPT("★",❹): "★"을 ❹의 개수만큼 표시한다.

문제 ❸ 분석작업 (20점)

1 피벗 테이블 ('분석작업-1' 시트)

① 피벗 테이블을 삽입할 [B3] 셀 선택 → [데이터] 탭-[데이터 가져오기 및 변환] 그룹-[데이터 가져오기]-[기타 원본에서]-[Microsoft Query에서]를 선택한다.

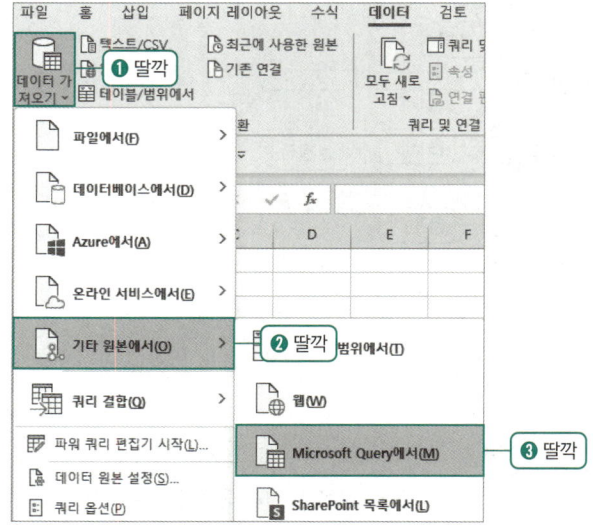

② [데이터 원본 선택] 대화상자가 나타나면 [데이터베이스] 탭에서 'MS Access Database*'를 선택 → [확인] 단추를 클릭한다.

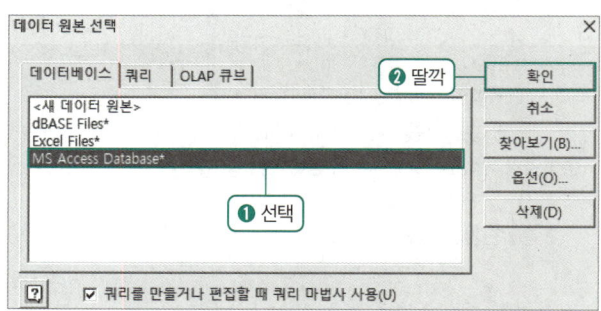

③ [데이터베이스 선택] 대화상자가 나타나면 'C:\에듀윌_2026컴활1급실기\기출변형문제\스프레드시트실무\실습\2회' 경로에서 '외국인학생.accdb' 파일 선택 → [확인] 단추를 클릭한다.

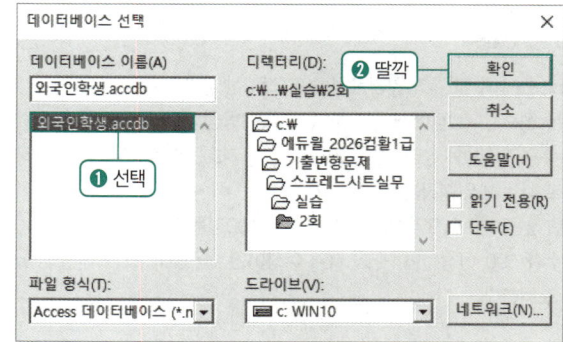

④ [쿼리 마법사-열 선택] 대화상자가 나타나면 '사용할 수 있는 테이블과 열'에서 〈연수〉 테이블을 더블클릭 → 〈연수〉 테이블에 포함된 열 목록이 나타나면 '설립구분'을 더블클릭하여 '쿼리에 포함된 열'로 이동시킨다.

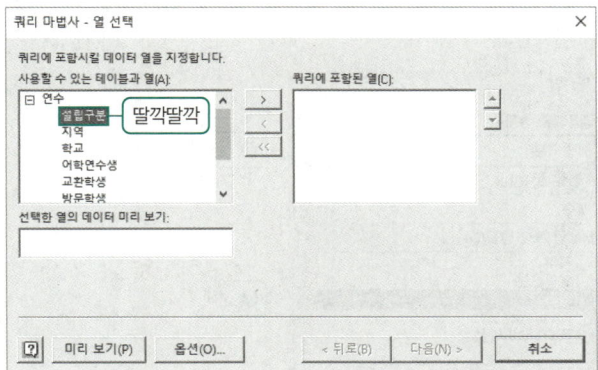

⑤ 이와 같은 방법으로 '지역', '학교', '어학연수생', '교환학생', '방문학생' 열을 각각 '쿼리에 포함된 열'로 이동 → [다음] 단추를 클릭한다.

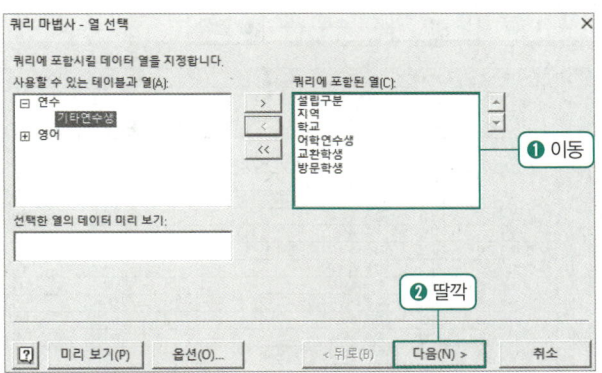

⑥ [쿼리 마법사-데이터 필터] 대화상자에서 [다음] 단추를 클릭한다.

⑦ [쿼리 마법사-정렬 순서] 대화상자에서 지정할 정렬 기준이 없으므로 [다음] 단추를 클릭한다.

⑧ [쿼리 마법사-마침] 대화상자에서 'Microsoft Excel(으)로 데이터 되돌리기'가 선택되었는지 확인 → [마침] 단추를 클릭한다.

⑨ [데이터 가져오기] 대화상자가 나타나면 데이터를 표시할 방법은 '피벗 테이블 보고서'를 선택 → 데이터가 들어갈 위치는 '기존 워크시트'의 [B3] 셀로 지정되었는지 확인 → [확인] 단추를 클릭한다.

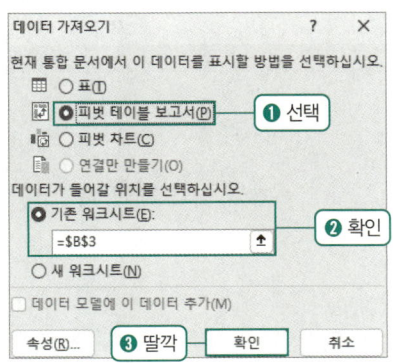

⑩ [피벗 테이블 필드] 창이 나타나면 '학교'는 '필터' 영역으로, '설립구분'과 '지역'은 '행' 영역으로, '어학연수생'과 '교환학생' 그리고 '방문학생'은 '값' 영역으로 드래그한다.

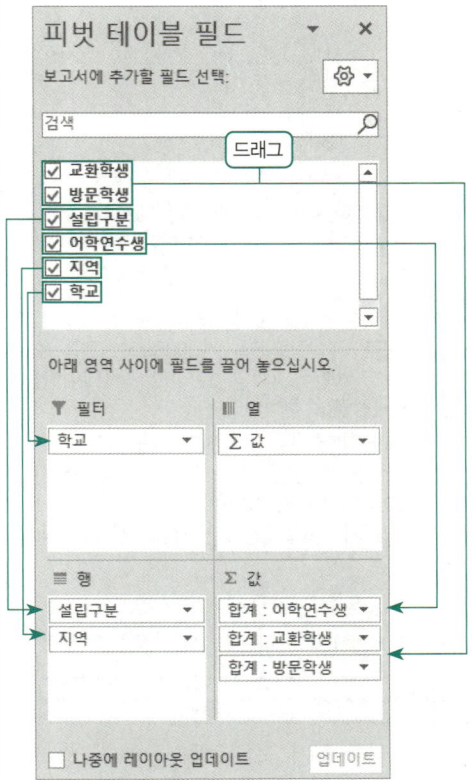

⑪ 보고서 레이아웃을 개요 형식으로 표시하기 위해 **[피벗 테이블 도구]의 [디자인] 탭-[레이아웃] 그룹-[보고서 레이아웃]-[개요 형식으로 표시]**를 선택한다.

⑫ 계산 필드를 추가하기 위하여 **[피벗 테이블 분석] 탭-[계산] 그룹-[필드, 항목 및 집합]-[계산 필드]**를 선택한다.

⑬ [계산 필드 삽입] 대화상자가 나타나면 '이름'에 총합, '수식'에 =어학연수생+교환학생+방문학생을 입력 → [추가] 단추를 클릭 → [확인] 단추를 클릭한다.

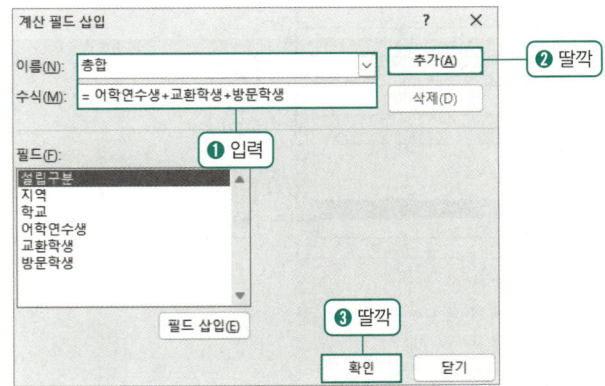

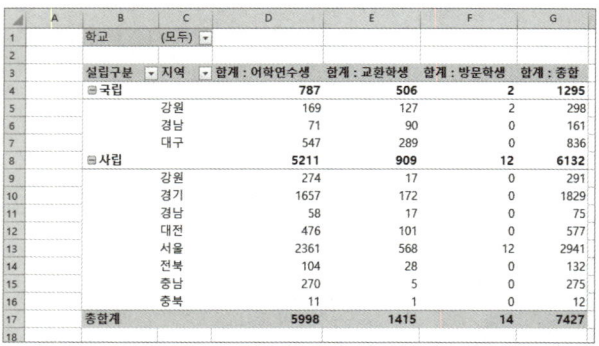

2 부분합('분석작업-2' 시트)

① 부분합을 계산하기 전 '지역'과 '설립구분'을 기준으로 오름차순 정렬하기 위해 [A3:E27] 영역에서 임의의 셀 선택 → **[데이터] 탭-[정렬 및 필터] 그룹-[정렬]**을 클릭한다.

② [정렬] 대화상자가 나타나면 정렬 기준에서 '세로 막대형'은 '지역', '정렬 기준'은 '셀 값', '정렬'은 '오름차순'으로 지정 → [기준 추가] 단추 클릭 → 다음 기준에서 '세로 막대형'은 '설립구분', '정렬 기준'은 '셀 값', '정렬'은 '오름차순'으로 지정 → [확인] 단추를 클릭한다.

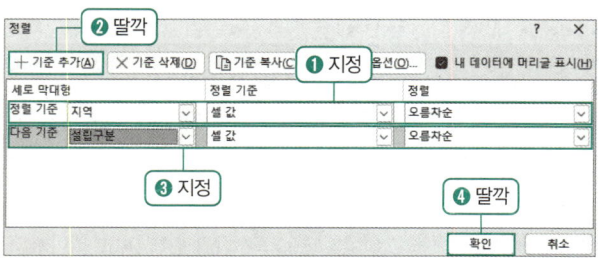

③ [부분합]을 지정하기 위하여 **[데이터] 탭-[개요] 그룹-[부분합]**을 클릭한다.

④ [부분합] 대화상자가 나타나면 '그룹화할 항목'에서는 '지역'을, '사용할 함수'에서는 '평균'을 선택 → '부분합 계산 항목'에서 'TOPIK4급 이상'과 'TOEFL530 이상'에만 체크 → [확인] 단추를 클릭한다.

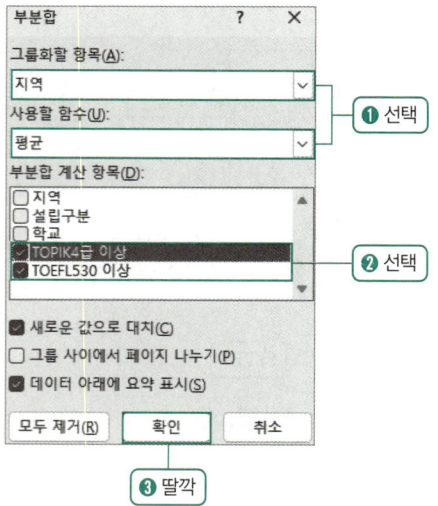

⑤ 두 번째 [부분합]을 지정하기 위하여 **[데이터] 탭-[개요] 그룹-[부분합]**을 클릭한다.

⑥ [부분합] 대화상자가 나타나면 '그룹화할 항목'에서는 '설립구분'을, '사용할 함수'에서는 '개수'를 선택 → '부분합 계산 항목'에서 '학교'에만 체크 → '새로운 값으로 대치'의 체크를 해제 → [확인] 단추를 클릭한다.

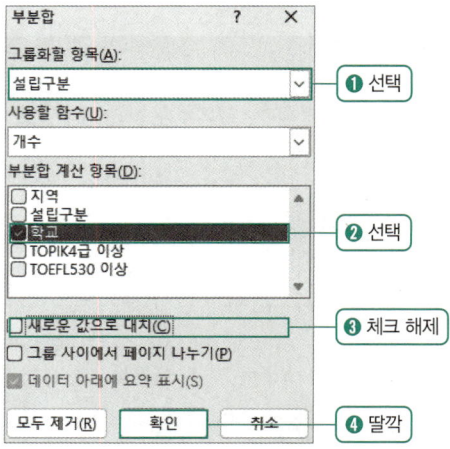

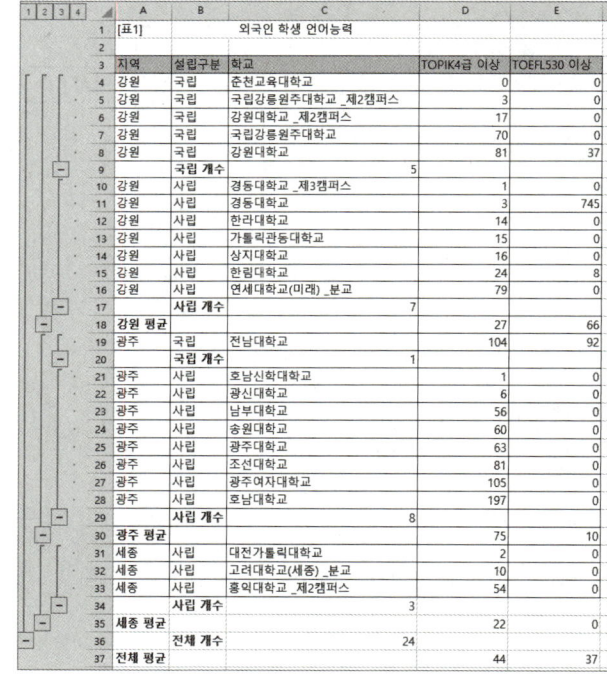

3 필터('분석작업-2' 시트)

① [A41:E65] 영역에서 임의의 셀 선택 → [데이터] 탭-[정렬 및 필터] 그룹-[필터]를 클릭한다.
② 각 필드에 필터 단추(▼)가 표시되면 '지역' 필드의 필터 단추(▼)를 클릭 → '텍스트 오름차순 정렬'을 클릭한다.
③ '설립구분' 필드의 필터 단추(▼)를 클릭 → '사립'에만 체크한다.
④ 'TOPIK4급 이상' 필드의 필터 단추(▼)를 클릭 → [숫자 필터]에서 [크거나 같음]을 선택한 후 50 입력 → [확인] 단추를 클릭한다.

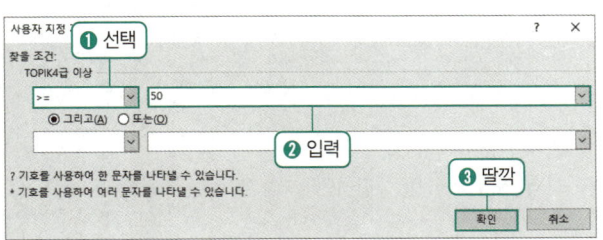

⑤ '학교' 필드의 필터 단추(▼)를 클릭 → [텍스트 필터]에서 [끝 문자]를 선택한 후 캠퍼스 입력 → [또는] 클릭 후 [끝 문자]를 선택한 후 분교 입력 → [확인] 단추를 클릭한다.

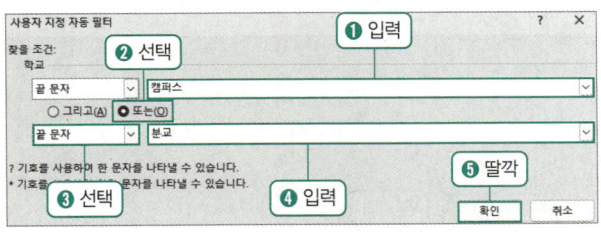

문제 ④ 기타작업 (35점)

1 차트('기타작업-1' 시트)

① 차트 영역 선택 → 마우스 오른쪽 단추를 클릭하고 바로 가기 메뉴에서 [데이터 선택]을 선택한다.
② [데이터 원본 선택] 대화상자가 나타나면 '범례 항목(계열)'에서 '추가'를 클릭한다.

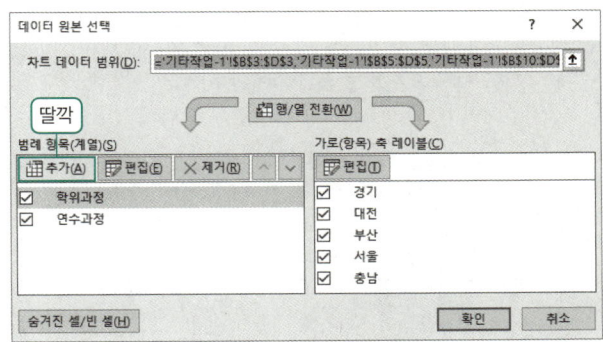

③ [계열 편집] 대화상자가 나타나면 '계열 이름'에 [E3] 셀을, '계열 값'에 [E5] 셀을 클릭 → Ctrl을 누른 상태에서 [E10], [E11], [E12], [E19] 셀을 클릭 → [확인] 단추를 클릭한다.

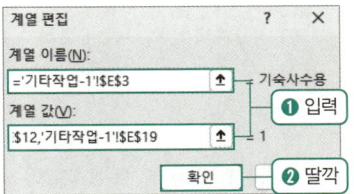

④ [데이터 원본 선택] 대화상자로 되돌아오면 [확인] 단추를 클릭한다.
⑤ 차트를 선택한 상태에서 [차트 디자인] 탭-[종류] 그룹-[차트 종류 변경]-[모든 차트] 탭-[혼합]을 선택 → '기숙사수용'의 '차트 종류'를 [영역형]에서 '영역형'으로 지정한 후 '보조 축'에 체크 → [확인] 단추를 클릭한다.

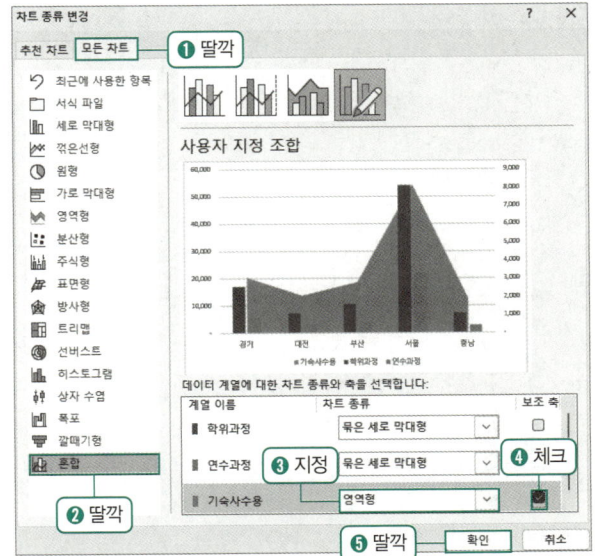

⑥ 차트를 선택한 상태에서 [차트 디자인] 탭-[차트 레이아웃] 그룹-[차트 요소 추가]-[차트 제목]-[차트 위]를 선택하여 차트 제목을 추가하여 외국학생 현황을 입력한다.

⑦ 차트 제목을 선택한 상태에서 [홈] 탭-[글꼴] 그룹에서 '글꼴 크기'는 '14'pt, '글꼴 스타일'은 '굵게'를 지정한다.

⑧ 차트를 선택한 상태에서 [차트 디자인] 탭-[차트 레이아웃] 그룹-[차트 요소 추가]-[데이터 테이블]-[범례 표지 없음]을 선택한다.

⑨ '학위과정' 계열 선택 → 마우스 오른쪽 단추를 클릭하고 바로 가기 메뉴에서 [데이터 계열 서식]을 클릭한다.

⑩ [데이터 계열 서식] 창이 나타나면 '계열 옵션'의 '채우기 및 선'(◇)에서 '채우기'의 '그림 또는 질감 채우기'에 체크 → '그림 원본'의 [삽입] 단추를 클릭한다.

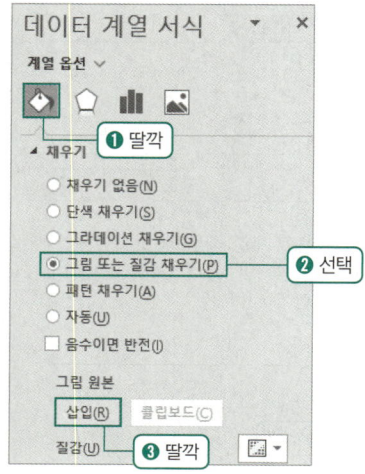

⑪ '파일에서' 클릭 → C:\에듀윌_2026컴활1급실기\기출변형문제\스프레드시트실무\실습\2회' 경로의 로고1.png 파일 선택 → [삽입] 단추를 클릭한다.

⑫ [데이터 계열 서식] 창에서 '쌓기'를 클릭한다.

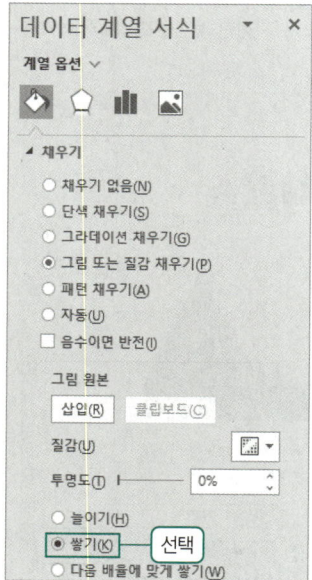

⑬ 차트에서 '그림 영역'을 선택한다.

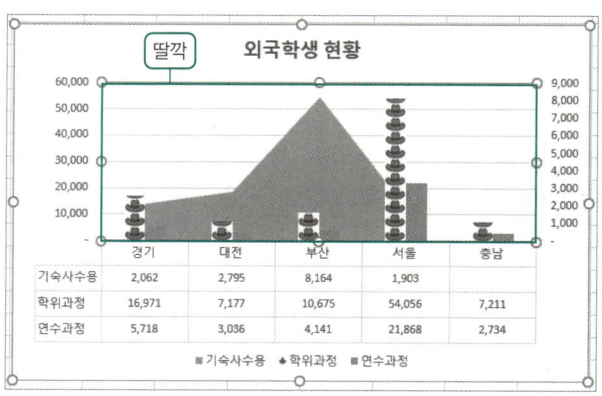

⑭ [그림 영역 서식]이 나타나면 '그림 영역 옵션'의 '채우기 및 선'(◇)에서 '채우기'의 '패턴 채우기'에 체크 → '점선: 25%' 클릭 → 전경색은 '표준색-진한 빨강'을 선택한다.

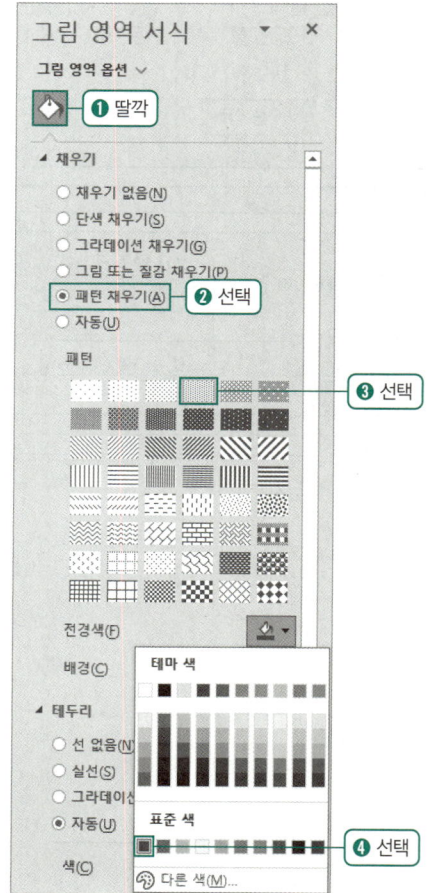

2 매크로('기타작업-2' 시트)

① [개발 도구] 탭-[코드] 그룹-[매크로 기록]을 클릭한다.
② [매크로 기록] 대화상자가 나타나면 '매크로 이름'에 평가서식 입력 → [확인] 단추를 클릭한다.
③ [F4:F27] 영역을 드래그하고 마우스 오른쪽 단추를 클릭하여 [셀 서식]을 클릭한다.
④ [셀 서식] 대화상자가 나타나면 [표시 형식] 탭의 '범주'는 '사용자 지정'을 선택하고, '형식'에 [자홍][>=0.1]"★★★ 초인기";[빨강][>=0.05]"★★ 인기";[파랑]"★ 보통"을 입력 → [확인] 단추를 클릭한다.

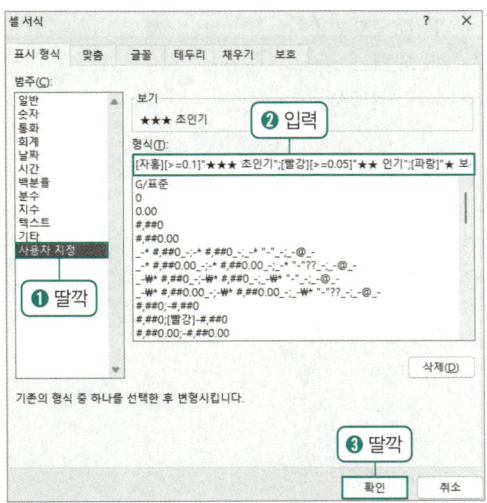

⑤ 매크로 기록을 중지하기 위해 임의의 셀 선택 → [개발 도구] 탭-[코드] 그룹-[기록 중지]를 클릭한다.
⑥ [삽입] 탭-[일러스트레이션] 그룹-[도형]을 클릭한 후 '기본 도형'의 '사각형: 모서리가 접힌 도형'(□)을 선택한다.

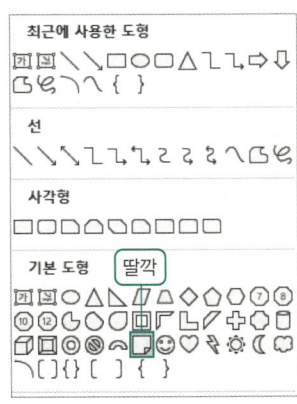

⑦ Alt 를 누른 상태에서 [H3:I4] 영역에 드래그하여 도형을 그린다.
⑧ 도형에서 마우스 오른쪽 단추를 클릭하고 바로 가기 메뉴에서 [매크로 지정]을 선택한다.
⑨ [매크로 지정] 대화상자가 나타나면 '매크로 이름'에 '평가서식'을 선택 → [확인] 단추를 클릭한다.
⑩ 도형이 선택된 상태에서 도형에 평가서식을 입력한 후 임의의 셀을 선택하여 텍스트 편집을 완료한다.

⑪ [개발 도구] 탭-[코드] 그룹-[매크로 기록]을 클릭한다.
⑫ [매크로 기록] 대화상자가 나타나면 '매크로 이름'에 인원서식을 입력 → [확인] 단추를 클릭한다.
⑬ 조건부 서식을 지정할 [E4:E27] 영역을 드래그하여 선택 → [홈] 탭-[스타일] 그룹-[조건부 서식]-[새 규칙]을 선택한다.
⑭ [새 서식 규칙] 대화상자가 나타나면 '규칙 유형 선택'에서 '셀 값을 기준으로 모든 셀의 서식 지정'을 선택 → '서식 스타일'은 '데이터 막대', '최소값'은 '백분위수'의 '10', 최대값은 '백분위수'의 '80'으로 지정 → '채우기'는 '그라데이션 채우기', 색은 '자주'로 지정하고, '막대 방향'은 '텍스트 방향대로'를 지정 → [확인] 단추를 클릭한다.

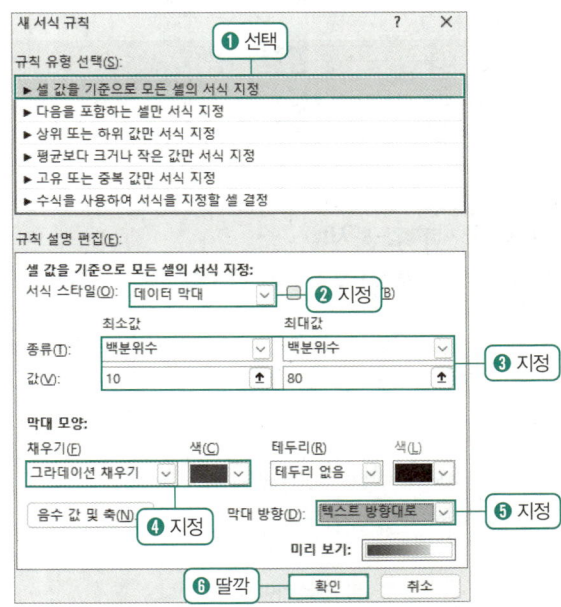

⑮ 매크로 기록을 중지하기 위해 임의의 셀 선택 → [개발 도구] 탭-[코드] 그룹-[기록 중지]를 클릭한다.
⑯ [개발 도구] 탭-[컨트롤] 그룹-[삽입]을 클릭한 후 '양식 컨트롤'의 '단추'(□)를 선택한다.
⑰ Alt 를 누른 상태에서 [H6:I7]에 영역 드래그하여 단추를 그린다.
⑱ [매크로 지정] 대화상자가 나타나면 '매크로 이름'에 '인원서식'을 선택 → [확인] 단추를 클릭한다.

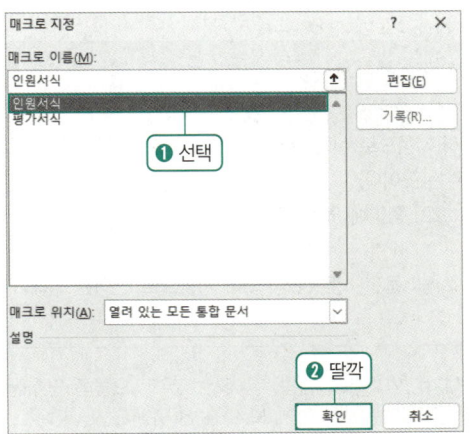

⑲ 단추를 선택한 상태에서 단추에 인원서식을 입력한 후 임의의 셀을 선택하여 텍스트 편집을 완료한다.

	A	B	C	D	E	F	G	H	I
1	[표1]		외국인 학생 언어능력						
2									
3	지역	설립구분	학교		인원	평가			
4	광주	사립	호남대학교		197	★★★ 초언기		평가서식	
5	강원	국립	춘천교육대학교		1	★ 보통			
6	강원	사립	경동대학교_제3캠퍼스		1	★ 보통		인원서식	
7	강원	사립	경동대학교		3	★ 보통			
8	강원	국립	국립강릉원주대학교_제2캠퍼스		3	★ 보통			
9	강원	사립	한라대학교		14	★ 보통			
10	강원	사립	가톨릭관동대학교		15	★ 보통			
11	강원	사립	상지대학교		16	★ 보통			
12	강원	국립	강원대학교_제2캠퍼스		17	★ 보통			
13	강원	사립	한림대학교		24	★ 보통			
14	강원	국립	국립강릉원주대학교		70	★★ 인기			
15	강원	사립	연세대학교(미래)_분교		79	★★★ 초언기			
16	강원	사립	강원대학교		81	★★★ 초언기			
17	강원	사립	경동대학교_제3캠퍼스		1	★ 보통			
18	강원	국립	국립강릉원주대학교_제2캠퍼스		3	★ 보통			
19	강원	국립	강원대학교_제2캠퍼스		17	★ 보통			
20	광주	국립	전남대학교		104	★★★ 초언기			
21	광주	사립	광주여자대학교		105	★★★ 초언기			
22	세종	사립	대전가톨릭대학교		2	★ 보통			
23	세종	사립	고려대학교(세종)_분교		10	★ 보통			
24	세종	사립	홍익대학교_제2캠퍼스		54	★★ 인기			
25	세종	사립	홍익대학교_제2캠퍼스		54	★★ 인기			
26	세종	사립	고려대학교(세종)_분교		10	★ 보통			
27	강원	사립	연세대학교(미래)_분교		79	★★★ 초언기			

3 프로시저('기타작업-3' 시트)

① [개발 도구] 탭-[컨트롤] 그룹-[디자인 모드] 클릭 → '외국인학생모집' 단추를 더블클릭한다.

② [Visual Basic Editor] 창이 나타나면 [코드] 창에서 'cmd외국인학생모집_Click()' 프로시저에 다음과 같이 코드를 입력한다.

입력 코드 해설

```
Private Sub cmd외국인학생모집_Click()
    모집현황.Show ─❶
End Sub
```

❶ 모집현황.Show → 모집현황 폼을 화면에 표시한다.

③ [프로젝트 탐색기] 창의 〈모집현황〉 폼에서 마우스 오른쪽 단추를 클릭하고 바로 가기 메뉴에서 [코드 보기]를 선택한다.

④ [코드] 창에서 '개체'는 'UserForm'을, '프로시저'는 'Initialize' 선택 → 'UserForm_Initialize( )' 프로시저에 다음과 같이 코드를 입력한다.

입력 코드 해설

```
Private Sub UserForm_Initialize() ─❶
    lst지역.RowSource = "J6:J22" ─❷
    opt사립.Value = True ─❸
End Sub
```

❶ 폼을 열 때마다 자동으로 실행되어, 사용자에게 보여 주기 전에 환경을 세팅해 주는 곳이다.

❷ 워크시트 [J6:J22] 영역에 있는 데이터를 '지역' 콤보 상자에 불러온다.

❸ 폼이 열리면 '사립' 옵션 버튼(opt사립)이 자동으로 선택된 상태가 되도록 한다.

⑤ [프로젝트 탐색기] 창의 〈모집현황〉 폼에서 마우스 오른쪽 단추를 클릭하고 바로 가기 메뉴에서 [개체 보기]를 선택한다.

⑥ 'cmd입력'을 더블클릭하여 '프로시저'에 'Click'으로 지정되었는지 확인 → 'cmd입력_Click( )' 프로시저에 다음과 같이 코드를 입력한다.

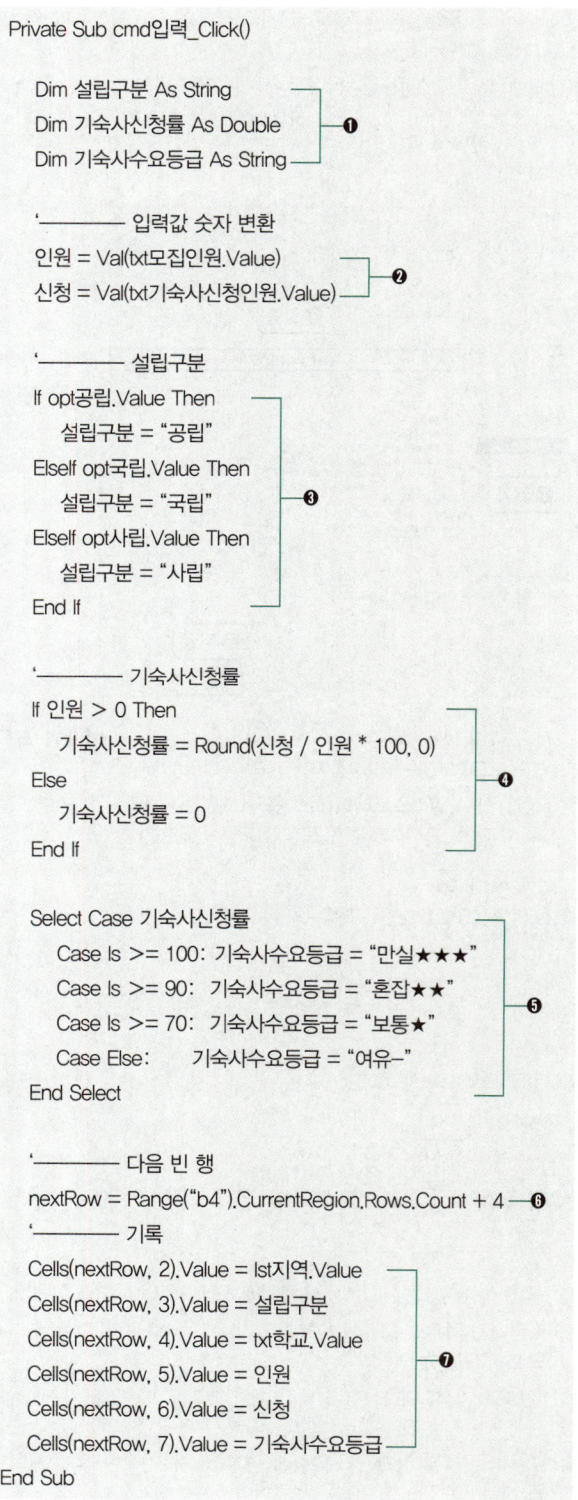

❶ 자료형을 지정한다. (String: 문자, Double: 실수, Long: 정수)
❷ txt모집인원에 입력된 값을 숫자로 변환해서 인원에 할당한다. txt기숙사신청인원에 입력된 값을 숫자로 변환해서 신청에 할당한다. 텍스트 박스는 사용자가 입력한 내용을 문자열로 저장하므로 숫자로 변환하기 위하여 Val 사용한다.
❸ 공립, 국립, 사립 옵션 버튼 중 체크된 버튼을 찾아 설립구분 변수에 할당한다.
❹ 인원이 0 초과이면 신청 / 인원*100을 계산하여 반올림하여 정수로 표현하여 기숙사신청률에 할당하고 그 외이면 기숙사신청률에 0을 할당한다.
❺ 기숙사신청률이 100 이상이면 기숙사수요등급에 "만실★★★"을 표시하고, 90 이상이면 "혼잡★★"을 표시하고, 70 이상이면 "보통★"을 표시하고, 그 외에는 "여유-"를 표시한다.
❻ [B4] 셀을 기준으로 연결된 행수를 계산한 뒤에 4를 더하여 실제 데이터가 입력될 행 번호를 구한다.
❼ 각각의 값을 엑셀 화면에서 해당 행의 2, 3, 4, 5, 6, 7열에 표시한다.

⑩ 지역, 설립구분, 학교, 모집인원, 기숙사신청인원을 지정 후 입력 단추를 클릭하여 엑셀에 모두 표시되는지 확인한다.

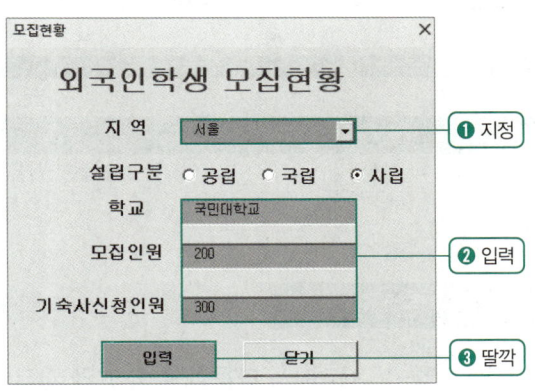

⑦ '개체'에서 'cmd닫기'를 클릭하여 선택하고 '프로시저'에 'Click'으로 지정되었는지 확인 → 'cmd닫기_Click( )' 프로시저에 다음과 같이 코드를 입력한다.

> 입력 코드 해설

```
Private Sub cmd닫기_Click()
    MsgBox "평가가 완료되었습니다.", vbOKOnly + vbInformation,
    "입력완료"  ―❶
    Unload Me  ―❷
End Sub
```

❶ 메시지 박스에 '평가가 완료되었습니다'라는 내용과 [확인] 단추(vbOKOnly), 정보 아이콘(vbInformation), '입력완료' 제목을 표시한다.
❷ 현재 작업 중인 폼을 화면과 메모리에서 제거한다.

⑧ 결과를 확인하기 위해 [보기 Microsoft Excel] 단추(🗙)를 클릭 → '기타작업-3' 시트로 되돌아오면 [개발 도구] 탭-[컨트롤] 그룹-[디자인 모드]를 클릭하여 디자인 모드를 해제한다.
⑨ '외국인학생모집' 단추 클릭 → 〈모집현황〉 폼에서 '지역' 콤보 상자에 [J6:J22] 영역의 값이 표시되고 사립(opt사립)이 초기값으로 선택되었는지 확인한다.

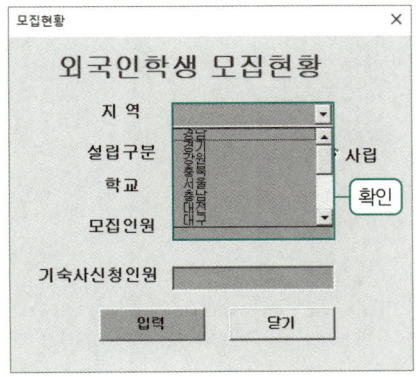

제3회 기출변형문제

프로그램명	제한시간	합격선	외부 데이터 위치
EXCEL 2021	45분	70점	C:\에듀윌_2026컴활1급실기\기출변형문제\스프레드시트실무\실습\3회\제3회기출변형문제.xlsm

문제 ❶ 기본작업 (15점) 주어진 시트에서 다음 과정을 수행하고 저장하시오.

1 '기본작업-1' 시트에서 다음과 같이 고급 필터를 수행하시오. (5점)

- [A3:F30] 영역에서 '강사명'에 '수'를 포함하고, '강의개설일'의 연도가 2023년이거나 2024년인 행에 대하여 '분류', '강사명', '강의개설일', '수강인원' 열을 순서대로 표시하시오.
- 조건은 [H3:H4] 영역에 입력하시오. (FIND, AND, OR, YEAR 함수 사용)
- 결과는 [H6] 셀부터 표시하시오.

2 '기본작업-1' 시트에서 다음과 같이 조건부 서식을 설정하시오. (5점)

- [A4:F30] 영역에서 '수강인원'이 가장 많거나 가장 적은 행 전체에 대하여 밑줄은 '이중 실선', 글꼴 색은 '표준 색-파랑'으로 적용하시오.
- 단, 규칙 유형은 '수식을 사용하여 서식을 지정할 셀 결정'을 사용하고 한 개의 규칙으로만 작성하시오.
- OR, MAX, MIN 함수 사용

3 '기본작업-2' 시트에서 다음과 같이 시트 보호를 설정하시오. (5점)

- 워크시트 전체 셀의 셀 잠금을 해제한 후 [G4:G12] 영역에만 셀 잠금과 수식 숨기기를 적용하여 이 영역의 내용만을 보호하시오.
- 차트를 편집할 수 없도록 잠금을 적용하시오.
- 잠긴 셀 선택, 잠기지 않은 셀 선택, 행 삽입, 열 삽입은 허용하시오.
- 단, 시트 보호 해제 암호는 지정하지 마시오.

문제 ❷ 계산작업 (30점)   '계산작업' 시트에서 다음 과정을 수행하고 저장하시오.

1 [표1]에서 '가중점수'를 계산하여 [G4:G19] 영역에 표시하시오. (6점)
- ▶ '가중점수'는 각 과목의 점수에 학과별 과목 반영 비율을 곱한 값들의 합으로 계산 [표시 예: 85점]
- ▶ 학과별 과목 반영 비율은 [표2] 참조
- ▶ MATCH, SUMPRODUCT, OFFSET 함수와 & 연산자 사용

2 [표1]의 '가중점수'의 앞 두 자리를 이용하여 '학점'을 계산하고 [H4:H19] 영역에 표시하시오. (6점)
- ▶ 가중점수별 학점은 [표3] 참조
- ▶ LEFT, LOOKUP, VALUE 함수 사용

3 [표1]의 '학점'을 이용하여 [표3]에서 '인원비율'을 계산하고 [L11:L15] 영역에 표시하시오. (6점)
- ▶ 인원비율=학점별 인원수÷전체 인원수×100
- ▶ COUNT, IF, COUNTA 함수를 이용한 배열 수식

4 [표4]에서 '교재코드'와 '구역'을 이용하여 재고번호[E23:E30]에 표시하시오. (6점)
- ▶ '구역'의 숫자가 짝수이면 '교재코드', '-', '구역'을 연결하여 전체 문자를 대문자로 표시하고, 그 외는 '교재코드', '-', '구역'을 연결하여 전체 문자를 소문자로 표시
  [표시 예: 교재코드가 cpHo, 구역이 2인 경우 → CPHO-2, 교재코드가 jCg, 구역이 3인 경우 → jcg-3]
- ▶ IF, ISEVEN, UPPER, LOWER 함수와 & 연산자 사용

5 사용자 정의 함수 'fn판매지수'를 작성하여 [표4]의 판매지수[H23:H30]를 표시하시오. (6점)
- ▶ 'fn판매지수'는 '총판매비용', '단가'를 인수로 받아 값을 되돌려줌
- ▶ 판매지수는 '총판매비용/단가'의 값이 5,000 이상이면 해당 값을 1,000으로 나눈 몫만큼 '♣'를 반복하여 표시하고, 2,000 이상이면 해당 값을 1,000으로 나눈 몫만큼 '♧'를 반복하여 표시하고, 그 외는 공백으로 표시
- ▶ '총판매비용/단가'의 값이 6,700인 경우: ♣♣♣♣♣♣
- ▶ '총판매비용/단가'의 값이 3,600인 경우: ♧♧♧
- ▶ IF문과 FOR문 사용

```
Public Function fn판매지수(총판매비용, 단가)

End Function
```

문제 ❸ 분석작업 (20점) 주어진 시트에서 다음 과정을 수행하고 저장하시오.

1. '분석작업-1' 시트에서 다음의 지시사항에 따라 피벗 테이블 보고서를 작성하시오. (10점)

▶ 외부 데이터 원본으로 〈판매현황.txt〉의 데이터를 사용하시오.
 – 원본 데이터는 세미콜론(;)으로 분리되어 있으며, 첫 행에 머리글이 포함되어 있음
 – '부서명', '직위', '업무수행', '문제해결' 열만 가져와서 데이터 모델에 이 데이터를 추가하시오.
▶ 피벗 테이블 보고서의 레이아웃과 위치는 〈그림〉을 참조하여 설정하고 보고서 레이아웃을 개요 형식으로 표시하시오.
▶ '업무수행'과 '문제해결' 필드는 열 합계 비율을 기준으로 나타나도록 지정하시오.
▶ 값 영역의 표시 형식은 '값 필드 설정'의 셀 서식에서 사용자 지정 표시 형식을 이용하여 값이 양수이면 0.0%, 0이나 음수면 '-'가 표시되도록 설정하시오.
▶ '부서명' 필드를 기준으로 내림차순 정렬하시오.

〈그림〉

부서명	값	직위 대리	사원	차장	팀장	총합계
홍보부						
	합계: 업무수행	18.9%	28.3%	50.0%	-	25.1%
	합계: 문제해결	21.4%	28.8%	50.0%	-	26.3%
총무부						
	합계: 업무수행	46.1%	19.5%	50.0%	-	28.4%
	합계: 문제해결	40.5%	18.5%	50.0%	-	24.9%
인사부						
	합계: 업무수행	17.5%	24.4%	-	53.8%	22.4%
	합계: 문제해결	19.0%	23.8%	-	48.7%	22.7%
영업부						
	합계: 업무수행	17.5%	27.8%	-	46.2%	24.0%
	합계: 문제해결	19.0%	28.8%	-	51.3%	26.0%
전체 합계: 업무수행		100.0%	100.0%	100.0%	100.0%	100.0%
전체 합계: 문제해결		100.0%	100.0%	100.0%	100.0%	100.0%

※ 작업 완성된 그림이며 부분 점수 없음

2 '분석작업-2' 시트에 대하여 다음의 지시사항을 처리하시오. (10점)

▶ [데이터 유효성 검사] 기능을 이용하여 [B4:B13] 영역의 코드 길이가 5자리나 6자리만 입력되도록 제한 대상을 설정하시오.
  − [B4:B13] 영역에서 셀을 선택한 경우 〈그림〉과 같은 설명 메시지를 표시하고, 유효하지 않은 데이터를 입력한 경우 〈그림〉과 같은 오류 메시지가 표시되도록 설정하시오.
  − 기본 입력 모드가 '영문'이 되도록 설정하시오.
  − OR, LEN 함수 사용

〈그림〉

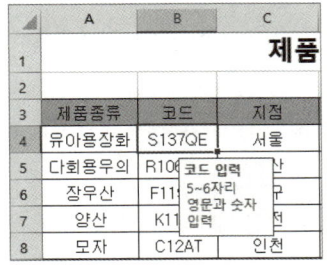
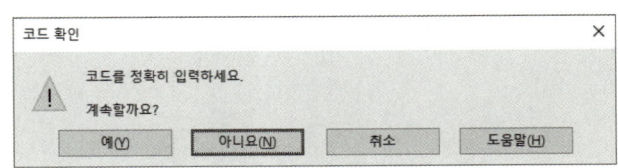

▶ [목표값 찾기] 기능을 이용하여 '제품 판매 현황' 표에서 판매액의 평균[G14]이 6,200,000이 되려면 접이식 우산의 소비자가[D9]가 얼마가 되어야 하는지 계산하시오.

문제 ④ 기타작업 (35점) 주어진 시트에서 다음 과정을 수행하고 저장하시오.

1 '기타작업-1' 시트에서 다음의 지시사항에 따라 차트를 수정하시오. (각 2점)
※ 차트는 반드시 문제에서 제공한 차트를 사용해야 하고 신규로 차트 작성 시 0점 처리됨

① 행/열 전환을 수행하고, '소비자가' 계열이 표시되지 않도록 데이터 범위를 수정하시오.
② 차트 레이아웃을 '레이아웃11'로 지정한 후 차트 스타일을 '스타일5'로 지정하시오.
③ 세로 (값) 축의 제목을 〈그림〉과 같이 입력하고 텍스트 상자의 텍스트 방향을 '세로'로 설정하시오.
④ 재고수량이 가장 많은 '유아용장화'의 재고수량에 레이블이 표시되도록 설정하시오.
⑤ '판매수량' 계열에 '3구간 이동 평균' 추세선을 설정하시오.

〈그림〉

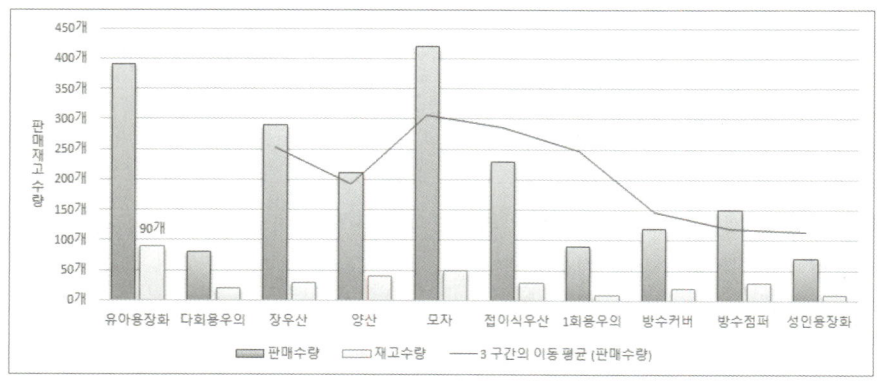

2 '기타작업-2' 시트에서 다음과 같은 기능을 수행하는 매크로를 현재 통합 문서에 작성하시오. (각 5점)

① [F4:F19] 영역에 사용자 지정 표시 형식을 설정하는 '만족도결과' 매크로를 생성하시오.
  ▶ 셀의 값이 90 이상이면 '연장', 80 이상이면 '보류', 그 외는 '취소'로 표시하시오.
  ▶ [개발 도구] 탭-[컨트롤] 그룹-[삽입]을 클릭하여 '양식 컨트롤'의 '단추'를 동일 시트의 [B22:C23] 영역에 생성하고 텍스트를 '만족도결과'로 입력한 후 단추를 클릭하면 '만족도결과' 매크로가 실행되도록 설정하시오.

② [G4:G19] 영역에 사용자 지정 표시 형식을 설정하는 '일자서식' 매크로를 생성하시오.
  ▶ '평가일자'를 [표시 예]와 같이 표시하시오. [표시 예: 2024년 04월 13일(토)]
  ▶ [개발 도구] 탭-[컨트롤] 그룹-[삽입]을 클릭하여 '양식 컨트롤'의 '단추'를 동일 시트의 [F22:G23] 영역에 생성하고 텍스트를 '일자서식'으로 입력한 후 단추를 클릭하면 '일자서식' 매크로가 실행되도록 설정하시오.

※ 셀 포인터의 위치에 관계없이 매크로가 실행되어야 정답으로 인정됨

3 '기타작업-3' 시트에서 다음과 같은 작업을 수행하도록 프로시저를 작성하시오. (각 5점)

① '예약' 단추를 클릭하면 〈병원예약〉 폼이 나타나도록 설정하고, 폼이 초기화(Initialize)되면 '병원선택'(lst병원선택) 목록에는 [I4:I7] 영역의 데이터가 표시되고, 입원형태는 '일반'(opt일반)이 초기값으로 선택되도록 프로시저를 작성하시오.

② 〈병원예약〉 폼의 '확인'(cmd확인) 단추를 클릭하면 폼에 입력된 데이터가 [표1]에 입력되어 있는 마지막 행 다음에 연속하여 추가되도록 프로시저를 작성하시오.

　▶ 선택한 옵션 단추의 Caption 속성을 이용하여 '입원형태'를 입력하시오.

③ '닫기'(cmd닫기) 단추를 클릭하면 [A1] 셀에 현재 날짜를 표시하고, 글꼴 스타일을 '굵게'로 지정한 후 폼이 종료되도록 구현하시오.

　▶ 현재 날짜는 FORMAT 함수를 이용하여 '06월 03일'과 같은 형식으로 표시하시오.

〈그림〉

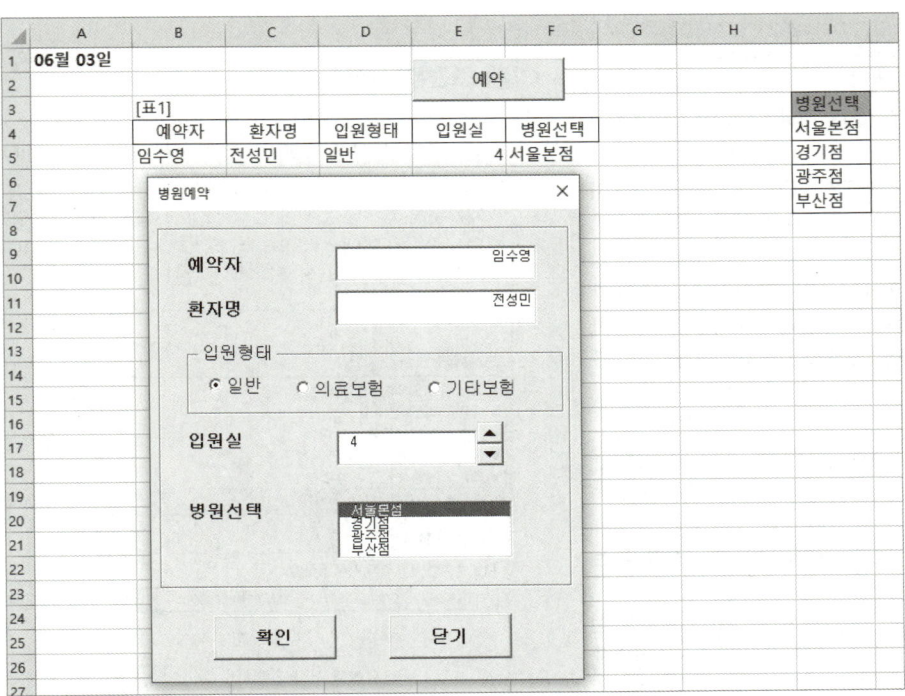

문제 ❶ 기본작업 (15점)

1 고급 필터('기본작업-1' 시트)

① [H3] 셀에는 필드명 대신 조건을, [H4] 셀에는 =AND(FIND("수",C4)>=1,OR(YEAR(D4)=2023,YEAR(D4)=2024))를 조건으로 입력한다.

입력 함수 해설

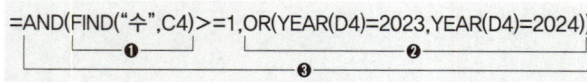

❶ FIND("수",C4): [C4] 셀 문자열(강사명)에서 '수'를 찾아 시작 위치를 반환한다.

❷ OR(YEAR(D4)=2023,YEAR(D4)=2024): [D4] 셀 날짜(강의개설일)의 연도가 '2023'이거나 '2024'이면 TRUE를, 그렇지 않으면 FALSE를 반환한다.

❸ AND(❶>=1,❷): ❶('수'를 포함하는 강사명)이 1 이상(시작 위치를 반환하므로 문자열에 '수'가 포함)이면서 ❷(강의개설일의 연도가 2023이거나 2024)가 TRUE이면 TRUE를, 그렇지 않으면 FALSE를 반환한다.

② [A3] 셀 선택 → Ctrl 을 누른 상태에서 [C3:D3], [F3] 셀을 선택한 후 Ctrl+C 를 눌러 필드명 복사 → [H6] 셀을 선택한 후 Ctrl+V 를 눌러 필드명을 붙여넣는다.

③ [A3:F30] 영역에서 임의의 셀 선택 → [데이터] 탭-[정렬 및 필터] 그룹-[고급]을 클릭한다.

④ [고급 필터] 대화상자가 나타나면 '결과'의 '다른 장소에 복사'를 선택 → '목록 범위'는 A3:F30 영역, '조건 범위'는 [H3:H4] 영역, '복사 위치'는 [H6:K6] 영역으로 지정 → [확인] 단추를 클릭한다.

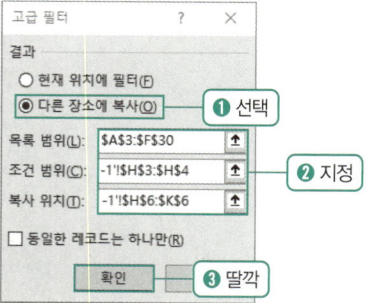

	H	I	J	K
3	조건			
4	FALSE			
5				
6	분류	강사명	강의개설일	수강인원
7	인공지능	박문수	2024-04-15	46
8	머신러닝	정수지	2024-02-08	47
9	네트워크관리	오지수	2024-01-09	50
10	웹운영자	박종수	2024-05-17	35
11	웹프로그래머	손수철	2023-03-05	50

2 조건부 서식('기본작업-1' 시트)

① 조건부 서식을 지정할 [A4:F30] 영역을 드래그하여 선택 → [홈] 탭-[스타일] 그룹-[조건부 서식]-[새 규칙]을 선택한다.

② [새 서식 규칙] 대화상자가 나타나면 '규칙 유형 선택'에서 '수식을 사용하여 서식을 지정할 셀 결정'을 선택 → '다음 수식이 참인 값의 서식 지정'에 =OR($F4=MAX($F$4:$F$30),$F4=MIN($F$4:$F$30)) 입력 → [서식] 단추를 클릭한다.

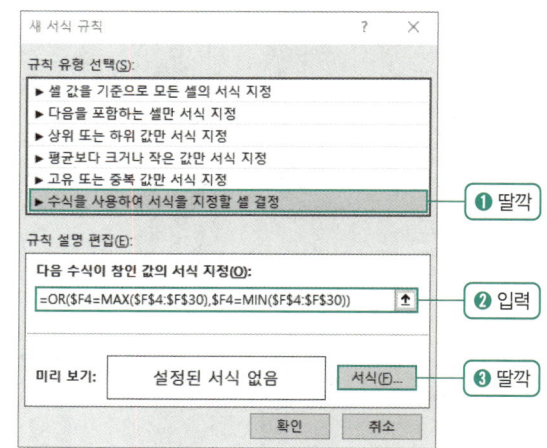

입력 함수 해설

❶ MAX($F$4:$F$30): [F4:F30] 영역(전체 수강인원)에서 최대값을 반환한다.

❷ MIN($F$4:$F$30): [F4:F30] 영역(전체 수강인원)에서 최소값을 반환한다.

❸ OR($F4=❶,$F4=❷): [F4] 셀 값(수강인원)이 ❶(최대 수강인원)과 같거나 [F4] 셀 값(수강인원)이 ❷(최소 수강인원)와 같으면 TRUE, 그렇지 않으면 FALSE를 반환한다.

③ [셀 서식] 대화상자가 나타나면 [글꼴] 탭에서 '밑줄'은 '이중 실선'을 선택하고 글꼴 '색'은 '표준 색'의 '파랑'을 선택 → [확인] 단추를 클릭한다.

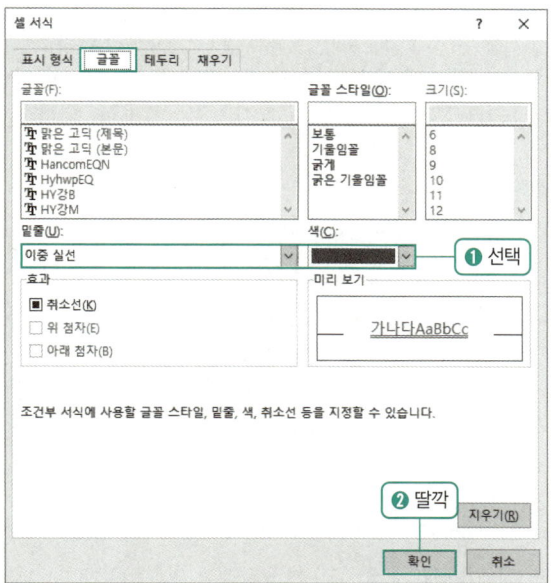

④ [새 서식 규칙] 대화상자로 되돌아오면 '미리 보기'에서 지정한 서식을 확인 → [확인] 단추를 클릭한다.

	A	B	C	D	E	F
1			IT 직무 수강등록 현황			
2						
3	분류	업무	강사명	강의개설일	수강료	수강인원
4	웹엔지니어	관리	정수현	2022-08-07	740,000	33
5	텍스트분석	개발	서민준	2023-06-12	740,000	28
6	인공지능	개발	박문수	2024-04-15	630,000	46
7	정보보안	관리	서유림	2023-03-23	780,000	36
8	머신러닝	개발	정수지	2024-02-08	620,000	47
9	시스템소프트웨어	관리	정혜빈	2024-06-18	840,000	40
10	데이터베이스	관리	황인진	2023-04-05	890,000	38
11	경영정보시스템	관리	양나람	2022-10-02	850,000	47
12	PC수리원	관리	김기영	2024-05-09	680,000	43
13	IT컨설턴트	관리	김혜성	2023-11-12	750,000	32
14	빅데이터분석	개발	김수환	2022-09-14	870,000	43
15	멀티미디어기획	개발	유승우	2024-05-23	720,000	35
16	네트워크관리	관리	오지수	2024-01-09	790,000	50
17	게임	개발	장혜미	2023-06-10	920,000	35
18	네트워크엔지니어	관리	이승원	2022-04-26	700,000	46
19	정보시스템운영자	관리	이찬율	2024-10-17	730,000	52
20	모바일	개발	이동원	2023-01-15	680,000	33
21	딥러닝	관리	김도영	2024-06-06	730,000	31
22	프론트엔드	개발	황소영	2024-07-23	680,000	38

3 시트 보호('기본작업-2' 시트)

① 워크시트 전체 셀의 셀 잠금을 해제하기 위해 행/열 머리글의 ◢에서 마우스 오른쪽 단추를 클릭하고 바로 가기 메뉴에서 [셀 서식]([Ctrl]+[1])을 선택한다.

② [셀 서식] 대화상자가 나타나면 [보호] 탭에서 '잠금' 체크 해제 → [확인] 단추를 클릭한다.

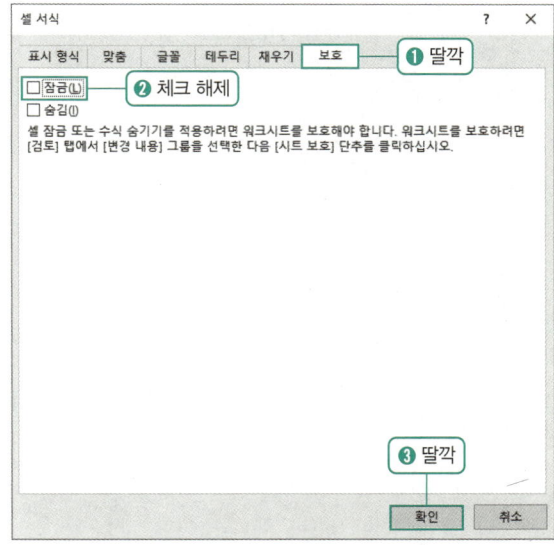

③ [G4:G12] 영역을 드래그하여 선택 → 마우스 오른쪽 단추를 클릭하고 바로 가기 메뉴에서 [셀 서식]([Ctrl]+[1])을 선택한다.

④ [셀 서식] 대화상자가 나타나면 [보호] 탭에서 '잠금'과 '숨김'에 체크 → [확인] 단추를 클릭한다.

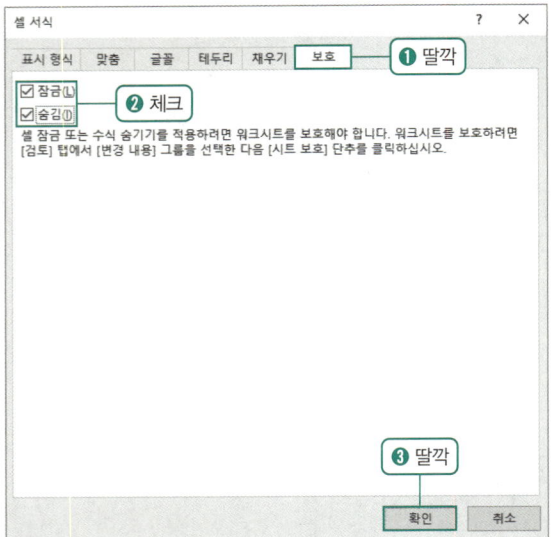

⑤ 차트 영역 선택 → 마우스 오른쪽 단추를 클릭하고 바로 가기 메뉴에서 [**차트 영역 서식**]을 선택한다.

⑥ [차트 영역 서식] 창이 나타나면 '차트 옵션'의 '크기 및 속성'(🔲)에서 '속성'의 '잠금' 체크 → [닫기] 단추(❎)를 클릭한다.

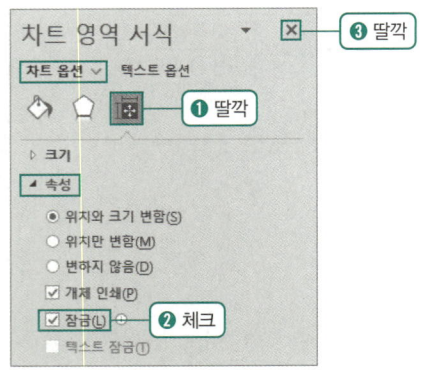

⑦ 영역 선택을 해제하기 위해 임의의 셀 선택 → [**검토**] 탭−[**보호**] 그룹−[**시트 보호**]를 클릭한다.

⑧ [시트 보호] 대화상자가 나타나면 '워크시트에서 허용할 내용'의 '잠긴 셀 선택', '잠기지 않은 셀 선택', '열 삽입', '행 삽입'에 체크 → [확인] 단추를 클릭한다.

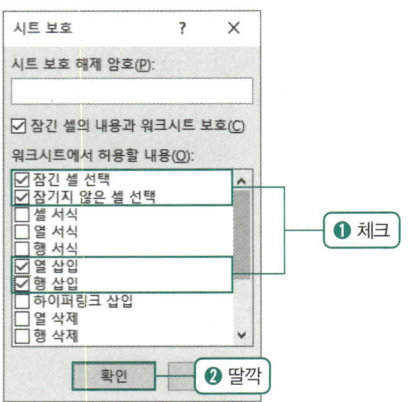

문제 ❷ 계산작업 (30점)

1 가중점수[G4:G19] 표시하기

[G4] 셀 선택 → 수식 입력줄에 **=SUMPRODUCT(D4:F4,OFFSET($J$4,MATCH(C4,$J$5:$J$7,0),1,1,3))&"점"**을 입력한 후 Enter를 누름 → [G4] 셀의 자동 채우기 핸들을 [G19] 셀까지 드래그하여 함수식을 복사한다.

> 입력 함수 해설

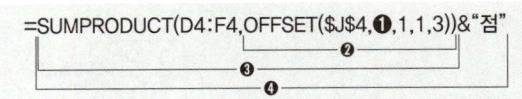

❶ **MATCH(C4,$J$5:$J$7,0)**: [J5:J7] 영역(표2의 학과)에서 [C4] 셀 문자열(빅데이터)와 같은 첫 번째 값(0)을 찾아 상대 위치를 반환한다. 즉, 학과가 빅데이터이고 [J5:J7] 영역에서 빅데이터는 첫 번째 행에 위치하므로 상대 위치는 '1'을 반환한다.

=SUMPRODUCT(D4:F4,OFFSET($J$4,❶,1,1,3))&"점"

❷ **OFFSET($J$4,❶,1,1,3)**: [J4] 셀 문자열(학과)에서 ❶(빅데이터의 상대 위치인 1)행 1열만큼 떨어진 위치([K5])에서 1의 높이와 3의 너비에 해당하는 영역을 반환한다. 즉, [K5:M5] 영역(빅데이터의 과목 반영 비율)을 반환한다.

❸ **SUMPRODUCT(D4:F4,❷)**: [D4:F4] 영역(표1의 1~3과목)과 ❷(빅데이터의 과목 반영 비율)에서 대응하는 요소끼리 곱하고 그 곱의 합계를 반환한다. 즉, [D4] 셀 값(1과목)과 [K5] 셀 값(1과목 반영 비율)을 곱한 값, [E4] 셀 값(2과목)과 [L5] 셀 값(2과목 반영 비율)을 곱한 값, [F4] 셀 값(3과목)과 [M5] 셀 값(3과목 반영 비율)을 곱한 값의 합계(가중점수)를 반환한다.

❹ **❸&"점"**: 문자열 결합연산자(&)에 의해 ❸(가중점수)과 '점'을 연결하여 표시한다.

2 학점[H4:H19] 표시하기

[H4] 셀 선택 → 수식 입력줄에 **=LOOKUP(VALUE(LEFT(G4,2)),$J$11:$J$15,$K$11:$K$15)**를 입력한 후 Enter를 누름 → [H4] 셀의 자동 채우기 핸들을 [H19] 셀까지 드래그하여 함수식을 복사한다.

> 입력 함수 해설

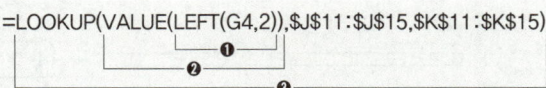

① **LEFT(G4,2)**: [G4] 셀 문자열(92점)의 왼쪽에서 두 글자를 추출하여 반환한다.
② **VALUE(①)**: 숫자 형태의 문자열인 ①(92)을 숫자로 변경하여 반환한다.
③ **LOOKUP(②,$J$11:$J$15,$K$11:$K$15)**: [J11:J15] 영역(표3의 가중점수)에서 ②(92와 정확하게 일치하는 값이 없다면 92보다 작은 값 중 가장 큰 값)를 찾아 [K11:K15] 영역(표3의 학점)에서 같은 위치에 있는 값(해당 값이 있는 행의 열 값)을 반환한다.

3 인원비율[L11:L15] 표시하기

[L11] 셀 선택 → 수식 입력줄에 =COUNT(IF($H$4:$H$19=$K11,1))/COUNTA($H$4:$H$19)*100을 입력한 후 Ctrl + Shift + Enter 를 누름 → [L11] 셀의 자동 채우기 핸들을 [L15] 셀까지 드래그하여 함수식을 복사한다.

> 입력 함수 해설

{=COUNT(IF($H$4:$H$19=$K11,1))/COUNTA($H$4:$H$19)*100}

① **IF($H$4:$H$19=$K11,1)**: [H4:H19] 영역(표1의 학점)에서 각 셀이 [K11] 셀 문자(F)와 같은지(조건) 비교하여 조건을 만족하면 TRUE, 그렇지 않으면 FALSE를 반환하고, TRUE인 경우에만 해당하는 행에 '1'을 반환한다.
② **COUNT(①)**: ①('1'을 반환하는 경우)의 개수(F학점의 인원수)를 반환한다.
③ **COUNTA($H$4:$H$19)**: [H4:H19] 영역(표1의 학점)에서 공백이 아닌 셀의 개수(전체 인원수)를 반환한다.
④ **{=②/③*100}**: ②(F학점의 인원수)를 ③(전체 인원수)으로 나눈 값에 100을 곱한 값(인원비율)을 반환한다.

4 재고번호[E23:E30] 표시하기

[E23] 셀 선택 → 수식 입력줄에 =IF(ISEVEN(D23),UPPER(C23)&"-"&D23,LOWER(C23)&"-"&D23)을 입력한 후 Enter 를 누름 → [E23] 셀의 자동 채우기 핸들을 [E30] 셀까지 드래그하여 함수식을 복사한다.

> 입력 함수 해설

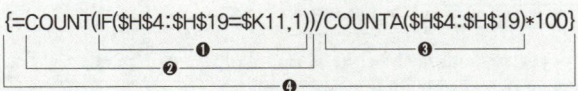

① **ISEVEN(D23)**: [D23] 셀 값(구역)이 짝수이면 TRUE, 그렇지 않으면 FALSE를 반환한다.
② **UPPER(C23)**: [C23] 셀 문자열(교재코드)의 모든 문자를 영문자의 대문자로 반환한다.
③ **LOWER(C23)**: [C23] 셀 문자열(교재코드)의 모든 문자를 영문자의 소문자로 반환한다.
④ **IF(①,②&"-"&D23,③&"-"&D23)**: ①(구역이 짝수)이 TRUE이면 문자열 결합 연산자(&)에 의해 ②(모두 대문자인 교재코드), '-', [D23] 셀 값(구역)을 연결하여 표시하고, FALSE이면 ③(모두 소문자인 교재코드), '-', [D23] 셀 값(구역)을 연결하여 표시한다.

5 fn판매지수[H23:H30] 표시하기

① [개발 도구] 탭-[코드] 그룹-[Visual Basic]을 클릭한다.
② [Visual Basic Editor] 창이 나타나면 **[삽입] 메뉴-[모듈]**을 선택 → [프로젝트 탐색기] 창에 'Module1'이 생성되었는지 확인한다.
③ 'Module1' [코드] 창에 다음과 같이 코드를 입력 → [닫기] 단추(X)를 클릭한다.

> 입력 코드 해설

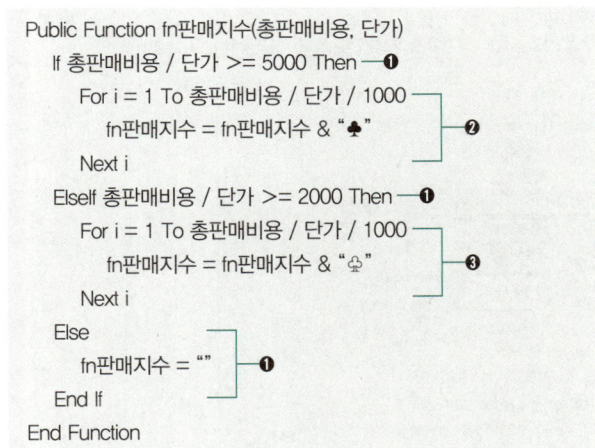

① '총판매비용/단가'의 값이 '5,000' 이상이면 ②의 결과를, '2,000' 이상이면 ③의 결과를, 그 외에는 공백을 'fn판매지수' 사용자 정의 함수에서 반환한다.
② '1'부터 '총판매비용/단가/1,000' 값까지 'i' 변수의 값에 지정한 횟수(증가값을 생략하면 1씩 증가)만큼 반복하여 '♣'을 누적한다. 즉, 'i' 변수의 값이 '1'인 경우에는 '♣'을, '2'인 경우에는 '♣♣'을, …과 같이 누적하여 'fn판매지수' 사용자 정의 함수에서 반환한다.
③ '1'부터 '총판매비용/단가/1,000' 값까지 'i' 변수의 값에 지정한 횟수(증가값을 생략하면 1씩 증가)만큼 반복하여 '♧'을 누적한다. 즉, 'i' 변수의 값이 '1'인 경우에는 '♧'을, '2'인 경우에는 '♧♧'을, …과 같이 누적하여 'fn판매지수' 사용자 정의 함수에서 반환한다.

④ [H23] 셀 선택 → [함수 삽입] 단추(fx)를 클릭한다.

⑤ [함수 마법사] 대화상자가 나타나면 '범주 선택'에서 '사용자 정의'를, '함수 선택'에서 'fn판매지수'를 선택 → [확인] 단추를 클릭한다.

⑥ [함수 인수] 대화상자가 나타나면 '총판매비용'에는 [F23] 셀, '단가'에는 [G23] 셀을 지정 → [확인] 단추를 클릭한다.

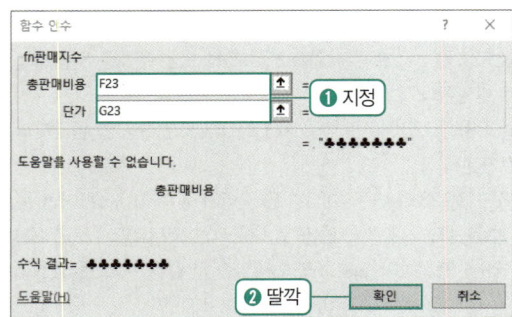

⑦ [H23] 셀의 자동 채우기 핸들을 [H30] 셀까지 드래그하여 함수식을 복사한다.

문제 ❸ 분석작업 (20점)

1 피벗 테이블('분석작업-1' 시트)

① 피벗 테이블을 삽입할 [A3] 셀 선택 → [삽입] 탭-[표] 그룹-[피벗 테이블]을 선택한다.

② [피벗 테이블 만들기] 대화상자가 나타나면 '외부 데이터 원본 사용'을 선택 → [연결 선택] 단추를 클릭한다.

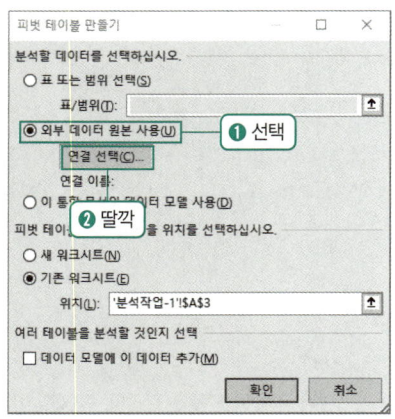

③ [기존 연결] 대화상자가 나타나면 [더 찾아보기] 단추를 클릭한다.

④ [데이터 원본 선택] 대화상자가 나타나면 'C:\에듀윌_2026컴활1급실기\기출변형문제\스프레드시트실무\실습\3회' 경로에서 '판매현황.txt' 파일 선택 → [열기] 단추를 클릭한다.

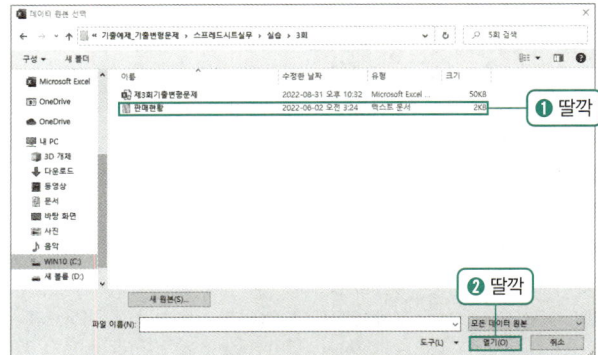

⑤ [텍스트 마법사 – 3단계 중 1단계] 대화상자가 나타나면 원본 데이터의 파일 유형이 '구분 기호로 분리됨'으로 선택되었는지 확인 → '내 데이터에 머리글 표시'에 체크 → [다음] 단추를 클릭한다.

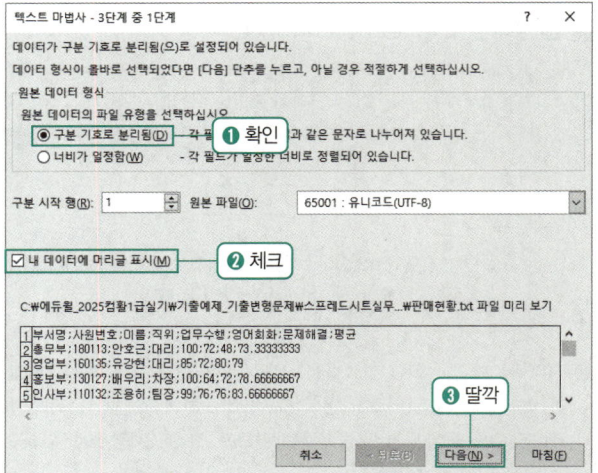

⑥ [텍스트 마법사 – 3단계 중 2단계] 대화상자에서 '구분 기호'는 '탭'을 체크 해제하고 '세미콜론' 체크 → [다음] 단추를 클릭한다.

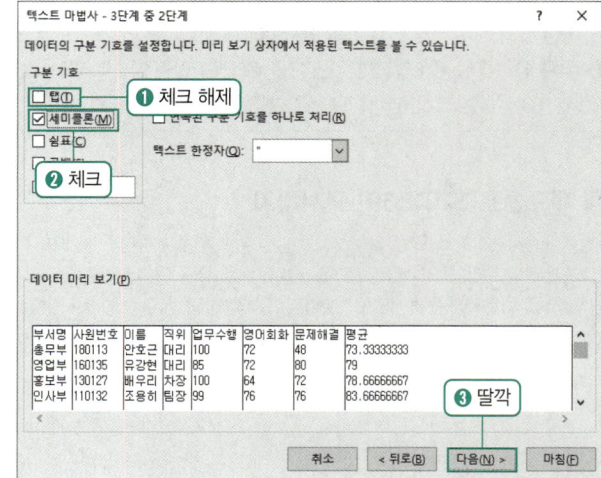

⑦ [텍스트 마법사 – 3단계 중 3단계] 대화상자의 '데이터 미리 보기'에서 2열(사원번호)을 선택하고 '열 데이터 서식'에서 '열 가져오지 않음(건너뜀)'을 선택 → 이와 같은 방법으로 3열(이름), 6열(영어회화), 8열(평균)도 '열 가져오지 않음(건너뜀)'을 선택 → [마침] 단추를 클릭한다.

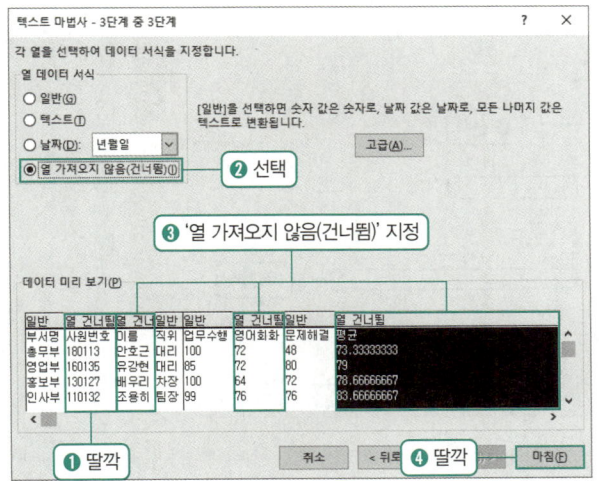

⑧ [피벗 테이블 만들기] 대화상자로 되돌아오면 피벗 테이블을 배치할 위치에서 '기존 워크시트'의 [A3] 셀이 지정되었는지 확인 → '데이터 모델에 이 데이터 추가'에 체크 → [확인] 단추를 클릭한다.

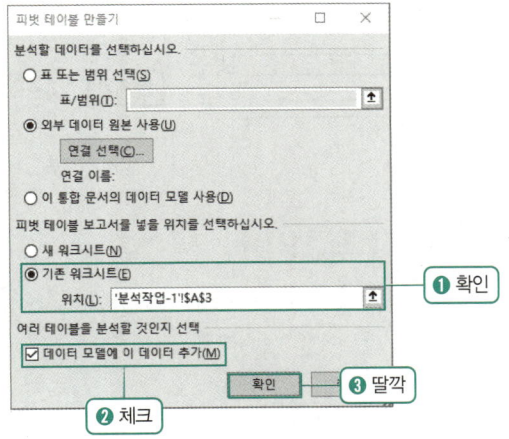

⑨ [피벗 테이블 필드] 창이 나타나면 '부서명'은 '행' 영역으로, '직위'는 '열' 영역으로, '업무수행'과 '문제해결'은 '값' 영역으로 드래그 → '열' 영역에서 'Σ 값'을 '행' 영역으로 드래그한다.

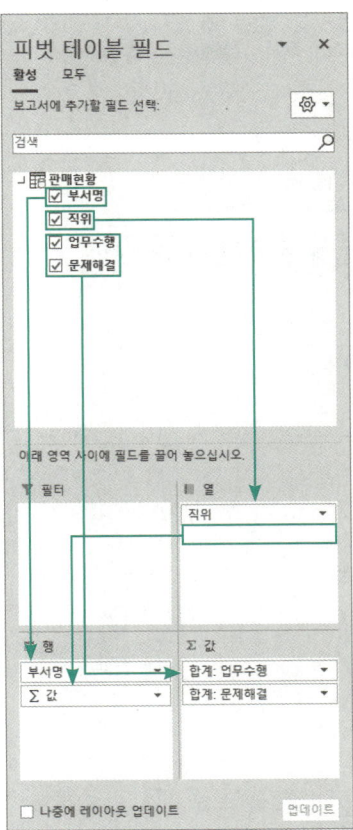

⑩ 보고서 레이아웃을 개요 형식으로 표시하기 위해 [디자인] 탭 – [레이아웃] 그룹 – [보고서 레이아웃] – [개요 형식으로 표시]를 선택한다.

⑪ 값 표시 형식과 열 합계 비율을 기준으로 나타나도록 지정하기 위해 → [피벗 테이블 필드] 창에서 '합계: 업무수행' 클릭 → [값 필드 설정]을 선택한다.

⑫ [값 필드 설정] 대화상자가 나타나면 [표시 형식] 단추를 클릭한다.

⑬ [셀 서식] 대화상자가 나타나면 '범주'는 '사용자 지정'을 선택하고 '형식'에 [>0]0.0%;"-" 입력 → [확인] 단추를 클릭한다.

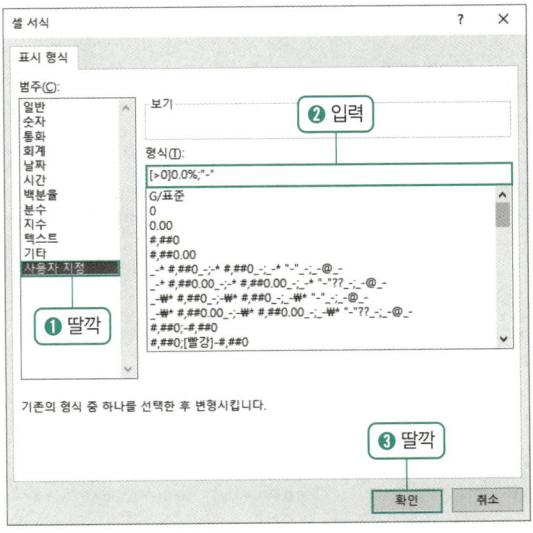

⑭ [값 필드 설정] 대화상자로 되돌아오면 [값 표시 형식] 탭에서 '값 표시 형식'을 '열 합계 비율'로 선택 → [확인] 단추를 클릭한다.

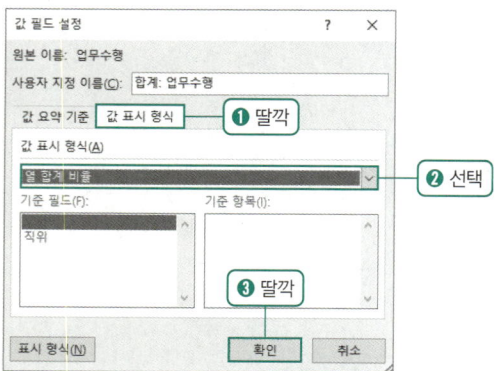

⑮ 이와 같은 방법으로 [피벗 테이블 필드] 창에서 '합계: 문제해결' 클릭 → [값 필드 설정]을 선택 → [값 필드 설정] 대화상자가 나타나면 [표시 형식] 단추를 클릭 → [셀 서식] 대화상자가 나타나면 '범주'는 '사용자 지정'을 선택하고 '형식'에 [>0]0.0%;"-" 입력 → [확인] 단추를 클릭 → [값 표시 형식] 탭에서 '값 표시 형식'을 '열 합계 비율'로 선택 → [확인] 단추를 클릭한다.

⑯ '부서명' 필드를 기준으로 내림차순 정렬하기 위해 '부서명' 필드의 목록 단추(▼) 클릭 → [텍스트 내림차순 정렬]을 선택한다.

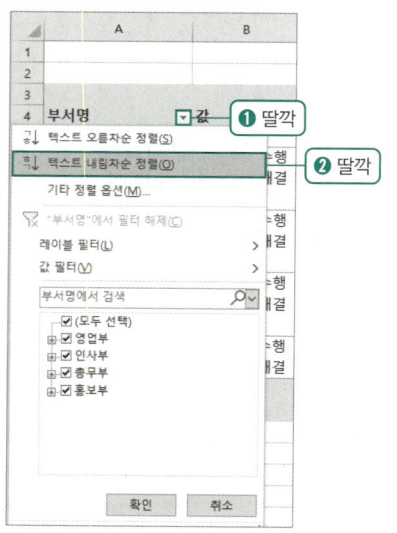

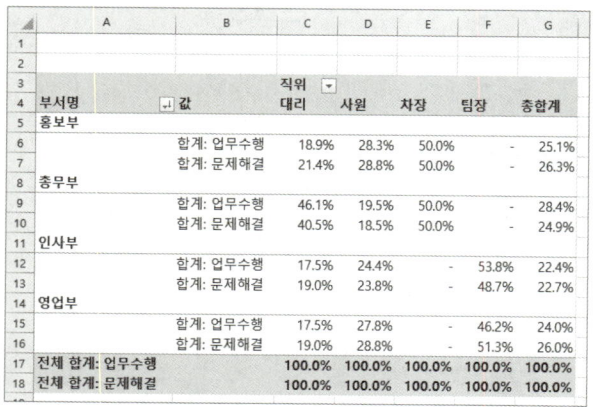

2 데이터 유효성 검사와 목표값 찾기 ('분석작업-2' 시트)

① [B4:B13] 영역을 드래그하여 선택 → [데이터] 탭-[데이터 도구] 그룹-[데이터 유효성 검사]를 클릭한다.

② [데이터 유효성] 대화상자가 나타나면 [설정] 탭의 '제한 대상'에서 '사용자 지정'을 선택 → '수식'에 =OR(LEN(B4)=5,LEN(B4)=6)을 입력한다.

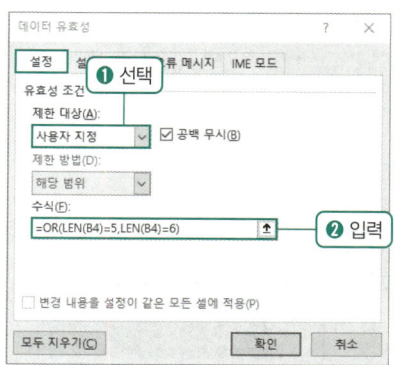

③ [설명 메시지] 탭에서 '제목'에 코드 입력을, '설명 메시지'에 5~6자리 영문과 숫자 입력을 입력한다.

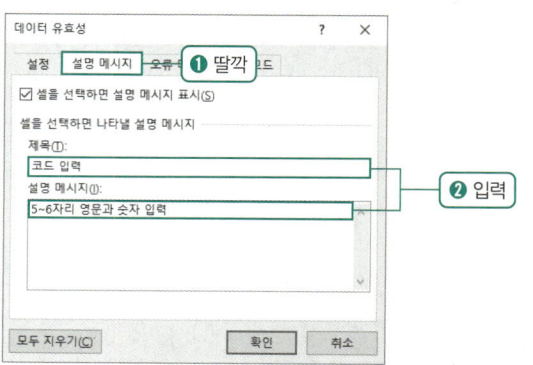

④ [오류 메시지] 탭에서 '스타일'은 '경고'를 선택 → '제목'에 코드 확인을, '오류 메시지'에 코드를 정확히 입력하세요.를 입력한다.

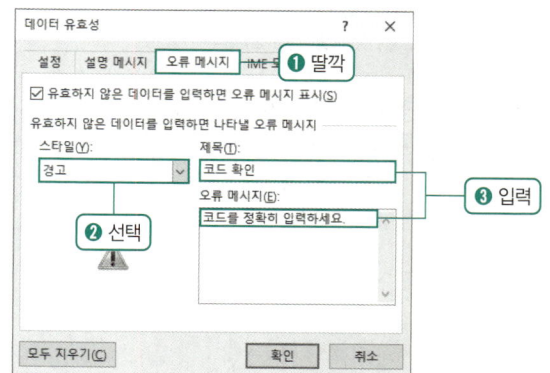

⑤ [IME 모드] 탭에서 '모드'를 '영문'으로 선택 → [확인] 단추를 클릭한다.

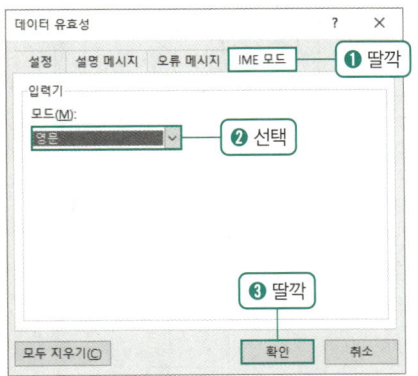

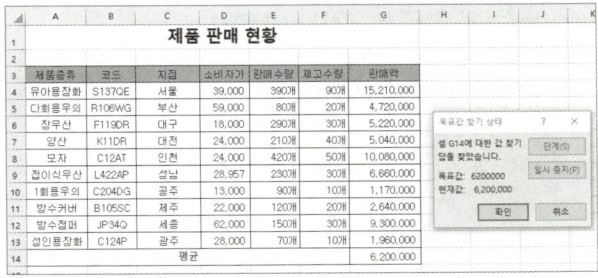

문제 ④ 기타작업 (35점)

1 차트('기타작업-1' 시트)

① 차트 영역 선택 → 마우스 오른쪽 단추를 클릭하고 바로 가기 메뉴에서 [데이터 선택]을 선택한다.

② [데이터 원본 선택] 대화상자가 나타나면 [행/열 전환] 단추 클릭 → '범례 항목(계열)'에서 '소비자가' 계열을 선택하고 [제거] 단추 클릭 → [확인] 단추를 클릭한다.

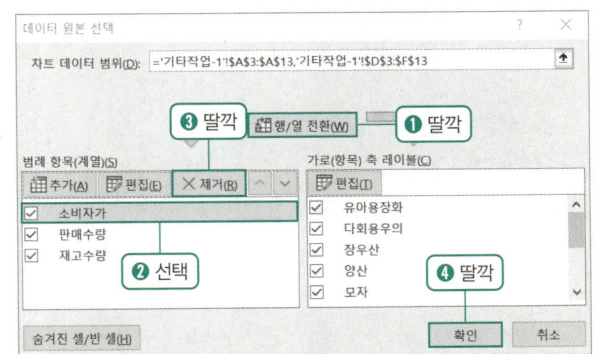

③ 차트를 선택한 상태에서 [차트 디자인] 탭-[차트 레이아웃] 그룹-[빠른 레이아웃]을 클릭한 후 '레이아웃11' 선택 → [차트 디자인] 탭-[차트 스타일] 그룹에서 '스타일 5'를 선택한다.

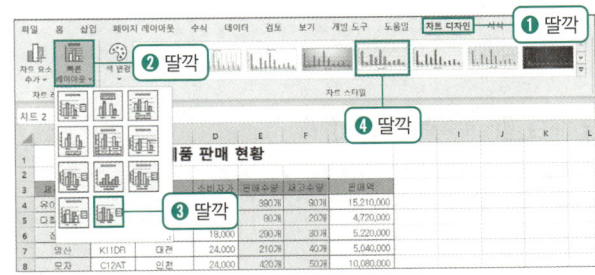

④ [차트 디자인] 탭-[차트 레이아웃] 그룹-[차트 요소 추가]-[축 제목]-[기본 세로]를 선택하여 축 제목을 추가한다.

⑤ 축 제목을 선택한 상태에서 수식 입력줄에 판매재고 수량을 입력한 후 Enter를 누른다.

⑥ 축 제목 더블클릭 → [축 제목 서식] 창이 나타나면 '제목 옵션'의 '크기 및 속성'(🔲)에서 '맞춤'의 '텍스트 방향'을 '세로'로 지정한다.

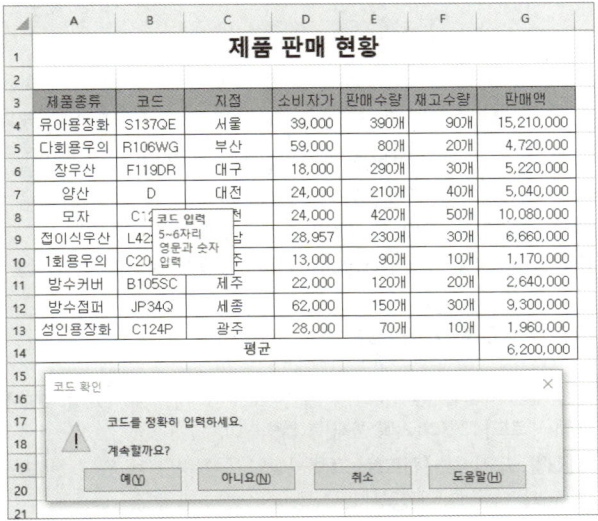

⑥ 판매액의 평균이 있는 [G14] 셀 선택 → [데이터] 탭-[예측] 그룹-[가상 분석]-[목표값 찾기]를 선택한다.

⑦ [목표값 찾기] 대화상자가 나타나면 '수식 셀'은 [G14] 셀로 지정되었는지 확인 → '찾는 값'에는 6200000 입력 → '값을 바꿀 셀'에는 접이식우산의 소비자가가 있는 [D9] 셀 지정 → [확인] 단추를 클릭한다.

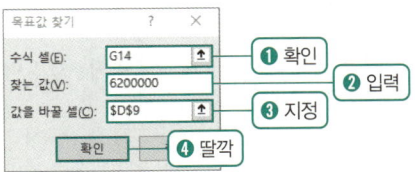

⑧ [목표값 찾기 상태] 대화상자가 나타나면 [확인] 단추 클릭 → 결과를 확인한다.

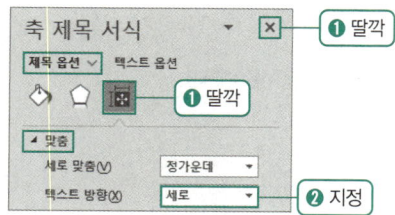

⑦ '재고수량' 계열의 '유아용장화' 요소만 천천히 두 번 클릭 → [차트 디자인] 탭-[차트 레이아웃] 그룹-[차트 요소 추가]-[데이터 레이블]-[바깥쪽 끝에]를 선택하여 데이터 레이블을 추가한다.

⑧ '판매수량' 계열에서 마우스 오른쪽 단추를 클릭하고 바로 가기 메뉴에서 [추세선 추가]를 선택한다.

⑨ [추세선 서식] 창이 나타나면 '추세선 옵션'의 '추세선 옵션'(📊)에서 '추세선 옵션'의 '이동 평균'을 선택하고 '구간'은 '3'으로 지정 → [닫기] 단추(✕)를 클릭한다.

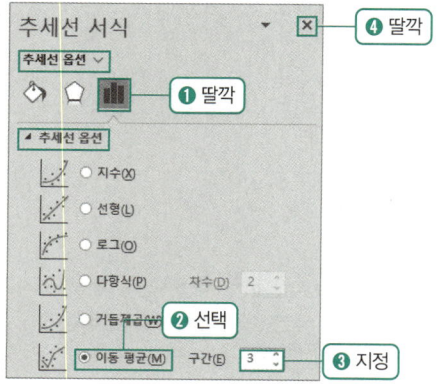

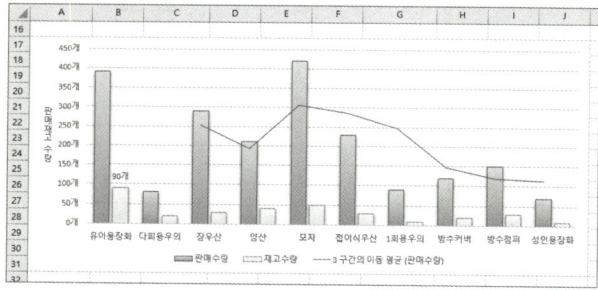

2 매크로('기타작업-2' 시트)

① [개발 도구] 탭-[코드] 그룹-[매크로 기록]을 클릭한다.

② [매크로 기록] 대화상자가 나타나면 '매크로 이름'에 만족도결과 입력 → [확인] 단추를 클릭한다.

③ [F4:F19] 영역을 드래그하여 선택 → 마우스 오른쪽 단추를 클릭하고 바로 가기 메뉴에서 [셀 서식]([Ctrl]+[1])을 선택한다.

④ [셀 서식] 대화상자가 나타나면 '범주'는 '사용자 지정'을 선택하고 '형식'에 [>=90]"연장";[>=80]"보류";"취소" 입력 → [확인] 단추를 클릭한다.

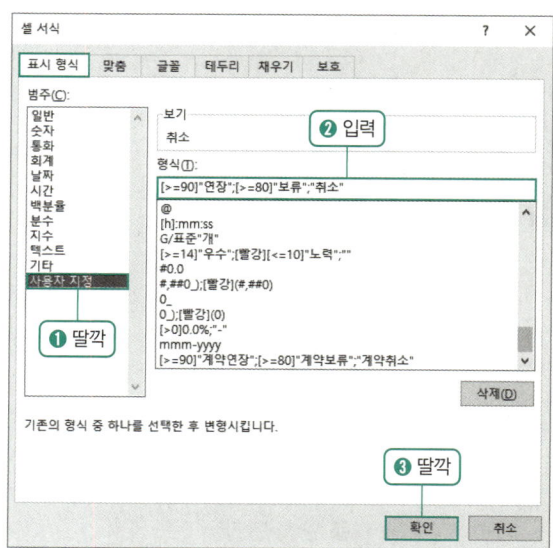

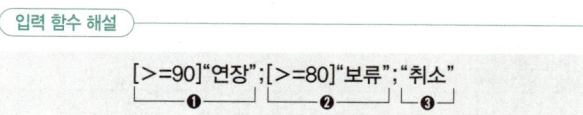

❶ [>=90]"연장": 값이 90 이상이면 값을 '연장'으로 표시한다.

❷ [>=80]"보류": ❶에 해당하지 않으면서 값이 80 이상이면 값을 '보류'로 표시한다.

❸ "취소": ❶, ❷ 외에는 값을 '취소'로 표시한다.

⑤ 매크로 기록을 중지하기 위해 임의의 셀 선택 → [개발 도구] 탭-[코드] 그룹-[기록 중지]를 클릭한다.

⑥ [개발 도구] 탭-[컨트롤] 그룹-[삽입]을 클릭한 후 '양식 컨트롤'의 '단추'(□)를 선택한다.

⑦ [Alt]를 누른 상태에서 [B22:C23] 영역을 드래그하여 단추를 그린다.

⑧ [매크로 지정] 대화상자가 나타나면 '매크로 이름'에 '만족도결과'를 선택 → [확인] 단추를 클릭한다.

⑨ 단추를 선택한 상태에서 단추에 입력된 기본 텍스트를 삭제한 후 만족도결과 입력 → 임의의 셀을 선택하여 텍스트 편집을 완료한다.

⑩ [개발 도구] 탭-[코드] 그룹-[매크로 기록]을 클릭한다.

⑪ [매크로 기록] 대화상자가 나타나면 '매크로 이름'에 일자서식 입력 → [확인] 단추를 클릭한다.

⑫ [G4:G19] 영역을 드래그하여 선택 → 마우스 오른쪽 단추를 클릭하고 바로 가기 메뉴에서 [셀 서식]([Ctrl]+[1])을 선택한다.

⑬ [셀 서식] 대화상자가 나타나면 '범주'는 '사용자 지정'을 선택하고 '형식'에 yy"년" mm"월" dd"일"(aaa) 입력 → [확인] 단추를 클릭한다.

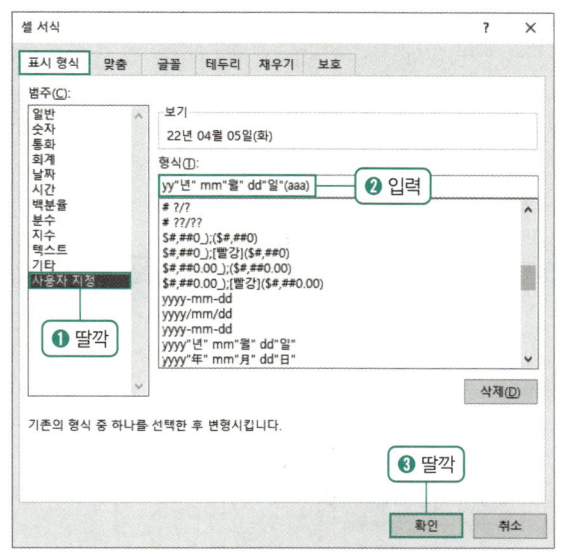

⑭ 매크로 기록을 중지하기 위해 임의의 셀 선택 → [개발 도구] 탭-[코드] 그룹-[기록 중지]를 클릭한다.

⑮ [개발 도구] 탭-[컨트롤] 그룹-[삽입]을 클릭한 후 '양식 컨트롤'의 '단추(□)'를 선택한다.

⑯ Alt 를 누른 상태에서 [F22:G23] 영역을 드래그하여 단추를 그린다.

⑰ [매크로 지정] 대화상자가 나타나면 '매크로 이름'에 '일자서식'을 선택 → [확인] 단추를 클릭한다.

⑱ 단추를 선택한 상태에서 단추에 입력된 기본 텍스트를 삭제한 후 일자서식 입력 → 임의의 셀을 선택하여 텍스트 편집을 완료한다.

⑲ '만족도결과' 단추와 '일자서식' 단추를 클릭하여 매크로가 정상적으로 실행되는지 확인한다.

3 프로시저 ('기타작업-3' 시트)

① [개발 도구] 탭-[컨트롤] 그룹-[디자인 모드] 클릭 → '예약' 단추를 더블클릭한다.

② [Visual Basic Editor] 창이 나타나면 [코드] 창에서 'cmd예약_Click( )' 프로시저에 다음과 같이 코드를 입력한다.

> **입력 코드 해설**

```
Private Sub cmd예약_Click( )
    병원예약.Show  ❶
End Sub
```

❶ 〈병원예약〉 폼을 화면에 표시한다.

③ [프로젝트 탐색기] 창의 〈병원예약〉 폼에서 마우스 오른쪽 단추를 클릭하고 바로 가기 메뉴에서 [코드 보기]를 선택한다.

④ [코드] 창에서 '개체'는 'UserForm', '프로시저'는 'Initialize' 선택 → 'UserForm_Initialize( )' 프로시저에 다음과 같이 코드를 입력한다.

> **입력 코드 해설**

```
Private Sub UserForm_Initialize( )
    lst병원선택.RowSource = "I4:I7"  ❶
    opt일반.Value = True  ❷
End Sub
```

❶ 'lst병원선택' 리스트 상자의 속성값을 [I4:I7] 영역의 데이터로 지정한다.
❷ 'opt일반'을 기본값으로 설정한다. 즉, 〈병원예약〉 폼이 초기화되면 '입원형태' 옵션 상자에서 '일반'이 선택되어 있다.

⑤ '개체'에서 'cmd확인'을 선택하고 '프로시저'에 'Click'으로 지정되었는지 확인 → 'cmd확인_Click( )' 프로시저에 다음과 같이 코드를 입력한다.

> **입력 코드 해설**

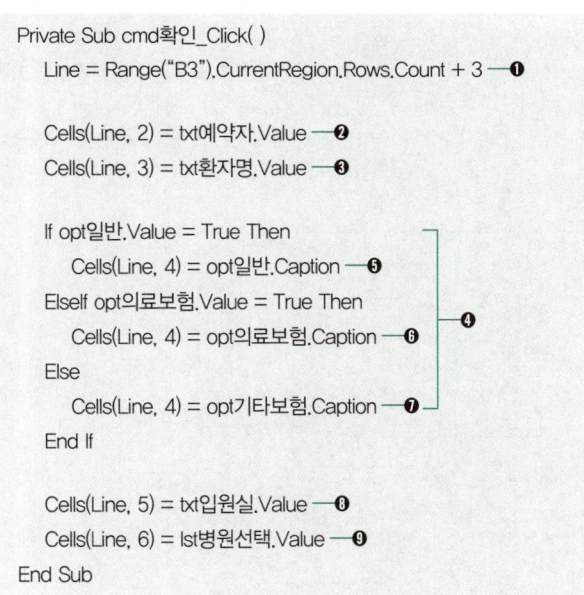

❶ [B3] 셀을 기준으로 인접 범위에 입력된 데이터 행의 개수와 3을 더한 행 위치를 'Line' 변수에 반환한다. 즉, 데이터가 입력되어 있는 3~4행 두 개의 행 개수에서 [B3] 셀의 행 위치인 3을 더하여 5행부터 데이터를 입력한다.

❷ 5행(Line) 2열에 'txt예약자' 텍스트 상자에 입력한 데이터(예약자)를 입력한다.

❸ 5행(Line) 3열에 'txt환자명' 텍스트 상자에 입력한 데이터(환자명)를 입력한다.
❹ 5행(Line) 4열에 'opt일반'을 선택하면 ❺를, 'opt의료보험'을 선택하면 ❻을, 그렇지 않으면 ❼을 입력한다.
❺ 5행(Line) 4열에 'opt일반' 캡션(일반)을 입력한다.
❻ 5행(Line) 4열에 'opt의료보험' 캡션(의료보험)을 입력한다.
❼ 5행(Line) 4열에 'opt기타보험' 캡션(기타보험)을 입력한다.
❽ 5행(Line) 5열에 'spin규모' 스핀 단추에서 선택한 값(규모)이 'txt입원실' 텍스트 상자에 반환되어 데이터(입원실)를 입력한다.
❾ 5행(Line) 6열에 'lst병원선택' 리스트 상자에서 선택한 데이터(병원선택)를 입력한다.

⑥ '개체'에서 'cmd닫기'를 선택하고 '프로시저'에 'Click'으로 지정되었는지 확인 → 'cmd닫기_Click( )' 프로시저에 다음과 같이 코드를 입력한다.

입력 코드 해설

```
Private Sub cmd닫기_Click( )
    [A1] = Format(Date, "mm월 dd일")   ❶
    [A1].Font.Bold = True              ❷
    Unload Me                          ❸
End Sub
```

❶ [A1] 셀에 현재 날짜(Date)를 '00월 00일' 표시 형식으로 입력한다.
❷ [A1] 셀에 입력된 내용의 글꼴 스타일을 '굵게'로 표시한다.
❸ 현재 작업 중인 폼을 종료하고 메모리에서 제거한다.

⑦ 결과를 확인하기 위해 [보기 Microsoft Excel] 단추(📊)를 클릭 → '기타작업-3' 시트로 되돌아오면 **[개발 도구] 탭-[컨트롤] 그룹-[디자인 모드]**를 클릭하여 디자인 모드를 해제한다.
⑧ '예약' 단추 클릭 → 〈병원예약〉 폼에서 '입원형태' 옵션 상자에 '일반'으로 기본 선택되었는지, '병원선택' 리스트 상자에 [I4:I7] 영역의 값이 표시되는지 확인한다.

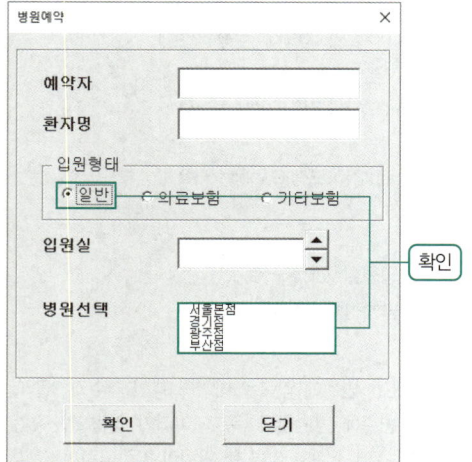

⑨ 〈병원예약〉 폼에서 다음과 같이 데이터를 입력한 후 '확인' 단추를 클릭하여 데이터가 정확히 삽입되는지 확인한다.

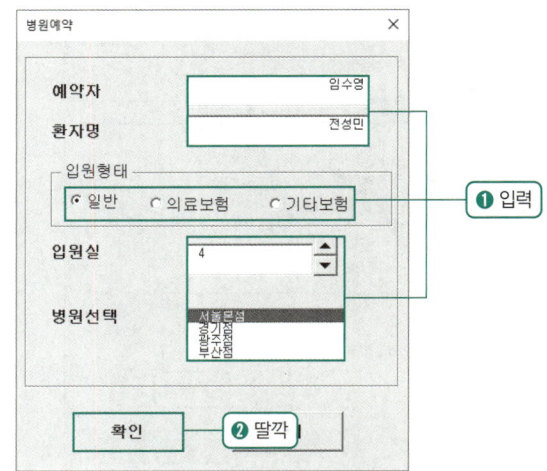

⑩ '닫기' 단추를 클릭하여 [A1] 셀에 현재 날짜가 글꼴 스타일 '굵게'로 입력되는지 확인한다.

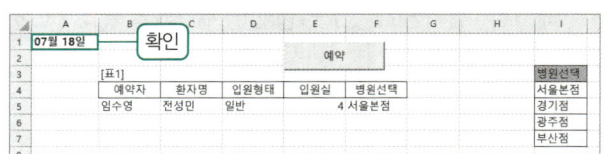

제4회 기출변형문제

프로그램명	제한시간	합격선	외부 데이터 위치
EXCEL 2021	45분	70점	C:\에듀윌_2026컴활1급실기\기출변형문제\스프레드시트실무\실습\4회\제4회기출변형문제.xlsm

문제 ❶ 기본작업 (15점)   주어진 시트에서 다음 과정을 수행하고 저장하시오.

1 '기본작업-1' 시트에서 다음과 같이 고급 필터를 수행하시오. (5점)
- [A3:G35] 영역에서 '제조회사'의 마지막 두 글자가 '전자'이고 '판매금액'이 전체 '판매금액'의 평균보다 큰 데이터를 표시하시오.
- 조건은 [I3:I4] 영역에 입력하시오. (AND, RIGHT, AVERAGE 함수 사용)
- 결과는 [I10] 셀부터 표시하시오.

2 '기본작업-1' 시트에서 다음과 같이 조건부 서식을 설정하시오. (5점)
- [A4:G35] 영역에서 '판매일자'의 요일이 '월요일'이거나 판매량이 80 이상인 행 전체에 대하여 글꼴 스타일은 '굵은 기울임꼴', 글꼴 색은 '표준 색-진한 빨강'으로 적용하시오.
- 단, 규칙 유형은 '수식을 사용하여 서식을 지정할 셀 결정'을 사용하고 한 개의 규칙으로만 작성하시오.
- OR, WEEKDAY 함수 사용

3 '기본작업-2' 시트에서 다음과 같이 페이지 레이아웃을 설정하시오. (5점)
- 인쇄될 내용이 페이지의 정 가운데에 인쇄되도록 페이지 가운데 맞춤을 설정하고, 인쇄 용지가 가로로 인쇄되도록 용지 방향을 설정하시오.
- 1행이 매 페이지마다 반복하여 인쇄되도록 인쇄 제목을 설정하고, 행/열 머리글이 인쇄되도록 설정하시오.
- 매 페이지 하단의 왼쪽 구역에는 페이지 번호가 [표시 예]와 같이 표시되도록 바닥글을 설정하시오.
  [표시 예: 현재 페이지 번호가 1이고, 전체 페이지 번호가 2인 경우 → 2쪽 중 1쪽]
- 첫 번째 페이지는 [A1:G23], 두 번째 페이지는 [A24:G42] 영역이 표시되도록 페이지 나누기를 실행하시오.

문제 ❷ 계산작업 (30점) '계산작업' 시트에서 다음 과정을 수행하고 저장하시오.

1 [표1]의 '제품유형', '중량(g)'과 [표2]를 이용하여 배송비[I4:I35]를 표시하시오. (6점)
- ▶ VLOOKUP, MATCH 함수 사용

2 [표1]의 '제품코드', '판매량'을 이용하여 구분별 제품의 판매종수를 [표3]의 [N13:N15] 영역에 표시하시오. (6점)
- ▶ [표3]의 구분은 제품코드의 세 번째 글자에 따라 다름
- ▶ 판매량이 150 이상인 제품만을 대상으로 할 것
- ▶ [표시 예: 3 → 3종]
- ▶ COUNTIFS 함수와 만능문자(*, ?), & 연산자 사용

3 [표1]의 '제조회사', '판매금액'을 이용하여 제조회사별 판매금액의 합계를 [표4]의 [M21:M24] 영역에 표시하시오. (6점)
- ▶ SUM, IF 함수를 이용한 배열 수식

4 [표1]의 '제조회사', '제품코드', '판매금액'을 이용하여 제조회사별 최대 판매금액의 제품코드를 [표4]의 [N21:N24] 영역에 표시하시오. (6점)
- ▶ INDEX, MATCH, MAX 함수를 이용한 배열 수식

5 사용자 정의 함수 'fn비고'를 작성하여 [표1]의 비고[J4:J35]를 표시하시오. (6점)
- ▶ 'fn비고'는 '판매량', '판매금액'을 인수로 받아 값을 되돌려줌
- ▶ 판매량이 100 이상이고 판매금액이 50,000,000 이상이면 '흑자'를, 판매량이 70 이상이고 판매금액이 30,000,000 이상이면 '유지', 그 외는 '적자'로 표시
- ▶ IF~Else문 사용

```
Public Function fn비고(판매량, 판매금액)

End Function
```

문제 ❸ 분석작업 (20점) 주어진 시트에서 다음 과정을 수행하고 저장하시오.

1 '분석작업-1' 시트에서 다음의 지시사항에 따라 피벗 테이블 보고서를 작성하시오. (10점)

- 외부 데이터 원본으로 〈제품판매현황.csv〉의 데이터를 사용하시오.
  - 원본 데이터는 쉼표(,)로 분리되어 있으며, 첫 행에 머리글이 포함되어 있음
  - '가전제품명', '제조국가', '제조회사', '가격', '판매량' 열만 가져와서 데이터 모델에 이 데이터를 추가하시오.
- 피벗 테이블 보고서의 레이아웃과 위치는 〈그림〉을 참조하여 설정하고 보고서 레이아웃을 테이블 형식으로 표시하시오.
- '가전제품명' 필드는 개수로 계산한 후 사용자 지정 이름을 '제품수'로 변경하시오.
- '가격'과 '판매량' 필드의 표시 형식은 '값 필드 설정'의 셀 서식에서 '숫자' 범주를 이용하여 천 단위 구분 기호와 소수 자릿수를 1로 설정하시오.
- '확장(+)/축소(−)' 단추가 표시되지 않도록 설정하시오.

〈그림〉

	A	B	C	D	E
1					
2					
3	제조국가	제조회사	제품수	평균: 가격	평균: 판매량
4	대만	BUT전자	2	1,500,000.0	52.0
5		샤미콘	1	500,000.0	98.0
6		옐보우전자	3	1,166,666.7	57.0
7		옐로우전자	1	500,000.0	42.0
8	대만 요약		7	1,071,428.6	59.3
9	미국	하인텔	6	633,333.3	53.7
10	미국 요약		6	633,333.3	53.7
11	일본	와우전자	6	1,033,333.3	40.0
12	일본 요약		6	1,033,333.3	40.0
13	중국	샤미콘	6	957,500.0	34.5
14	중국 요약		6	957,500.0	34.5
15	한국	삼영전자	5	792,000.0	60.6
16		엔쥐전자	5	1,200,000.0	25.2
17		하넥스	6	972,666.7	57.5
18	한국 요약		16	987,250.0	48.4
19	총합계		41	952,219.5	47.8
20					

※ 작업 완성된 그림이며 부분 점수 없음

2 '분석작업-2' 시트에 대하여 다음의 지시사항을 처리하시오. (10점)

- 데이터 도구를 이용하여 [표1]에서 '성명', '부서명', '직책', '나이' 열을 기준으로 중복된 값이 입력된 셀을 포함하는 행을 삭제하시오.
- [조건부 서식]의 셀 강조 규칙을 이용하여 [K4:K25] 영역의 값이 3,000,000 미만 5,000,000 초과인 값에 채우기 색 '표준 색−연한 녹색'이 적용되도록 설정하시오.
- 필터 도구를 이용하여 [표1]의 '총액' 필드에서 '연한 녹색'을 기준으로 필터링하시오.

문제 ④ 기타작업 (35점)   주어진 시트에서 다음 과정을 수행하고 저장하시오.

1 '기타작업-1' 시트에서 다음의 지시사항에 따라 차트를 작성하시오. (각 2점)

① [표1]을 이용하여 동일 시트의 [B11:F22] 영역에 '3차원 묶은 세로 막대형' 차트를 작성하시오.
② 차트 제목을 〈그림〉과 같이 입력하고, 차트 제목의 글꼴 크기는 '18'pt, 채우기 색 '표준 색-노랑'으로 설정하시오.
③ 그림 영역을 '양피지' 질감으로 설정하시오.
④ 범례는 범례 서식을 이용하여 위치를 '오른쪽'으로 변경하고, 범례의 도형 스타일을 '색 윤곽선 – 주황, 강조 2'로 지정하시오.
⑤ 세로 (값) 축의 최대값과 주(기본) 단위를 〈그림〉과 같이 설정하시오.

〈그림〉

	A	B	C	D	E	F
1						
2		[표1]				
3		제조회사	서울지점	미국지점		
4		삼영전자	320,000	340,000		
5		하넥스	350,000	370,000		
6		엔쥐전자	290,000	290,000		
7		미풍전자	350,000	210,000		
8		강풍전자	188,000	238,000		

2 '기타작업-2' 시트에서 다음과 같은 기능을 수행하는 매크로를 현재 통합 문서에 작성하시오. (각 5점)

① [목표값 찾기] 기능을 이용하여 [표1]에서 달성률의 평균[F12]이 100%가 되려면 노트북의 판매량[C6]이 얼마가 되어야 하는지 계산하는 '달성률' 매크로를 생성하시오.
  ▶ [개발 도구] 탭-[컨트롤] 그룹-[삽입]을 클릭하여 '양식 컨트롤'의 '단추'를 동일 시트의 [J3:K4] 영역에 생성하고 텍스트를 '달성률'로 입력한 후 단추를 클릭하면 '달성률' 매크로가 실행되도록 설정하시오.

② [목표값 찾기] 기능을 이용하여 [표2]에서 매출이익[G17]이 8,000,000이 되려면 상품단가[A17]가 얼마가 되어야 하는지 계산하는 '매출이익' 매크로를 생성하시오.
  ▶ [삽입] 탭-[일러스트레이션] 그룹-[도형]을 클릭하여 '기본 도형'의 '타원'을 동일 시트의 [J16:K17] 영역에 생성하고 텍스트를 '매출이익'으로 입력한 후 도형을 클릭하면 '매출이익' 매크로가 실행되도록 설정하시오.

※ 셀 포인터의 위치에 관계없이 매크로가 실행되어야 정답으로 인정됨

3 '기타작업-3' 시트에서 다음과 같은 작업을 수행하도록 프로시저를 작성하시오. (각 5점)

① '판매분석' 단추를 클릭하면 〈판매분석〉 폼이 나타나도록 설정하고, 폼이 초기화(Initialize)되면 '제조회사'(cmb제조회사) 목록에는 '삼영전자', '하넥스', '엔쥐전자', '미풍전자', '강풍전자'가 추가되도록 프로시저를 작성하시오.
  ▶ ADDITEM 사용

② 〈판매분석〉 폼의 '확인'(cmd확인) 단추를 클릭하면 폼에 입력된 '제조회사'(cmb제조회사), '수량'(txt수량), '단가'(txt단가)와 '판매금액'을 계산하여 [표1]에 입력되어 있는 마지막 행 다음에 연속하여 추가되고, 폼의 모든 텍스트 컨트롤 값이 삭제되도록 프로시저를 작성하시오.
  ▶ '판매금액'은 '단가×수량×(1-할인율)'로 계산하되, 수량이 5 이상이면 할인율은 30%로, 그 외는 할인율을 10%로 계산하시오.
  ▶ SELECT문, VAL 함수 사용

③ '종료'(cmd종료) 단추를 클릭하면 폼을 종료하고, [A3:D3] 영역의 글꼴을 '궁서', 글꼴 색을 '빨간색'으로 변경하는 프로시저를 작성하시오.
  ▶ 빨간색은 'RGB(255, 0, 0)'으로 지정하시오.

〈그림〉

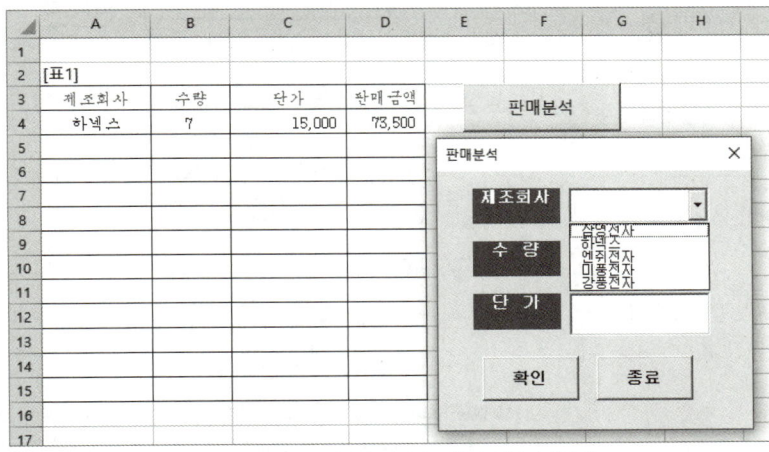

※ 데이터를 추가하거나 삭제하여도 항상 마지막 데이터 다음에 입력되어야 함

해설 확인하기

▶ 정답 확인하기: EXIT 사이트 → 자료실 → 컴퓨터활용능력 1급
→ 실기 기본서 → 정답화면 바로 보기

문제 ❶ 기본작업 (15점)

1 고급 필터('기본작업-1' 시트)

① [I3] 셀에는 필드명 대신 조건을, [I4] 셀에는 =AND(RIGHT(C4,2)="전자",G4>AVERAGE($G$4:$G$35))를 조건으로 입력한다.

입력 함수 해설

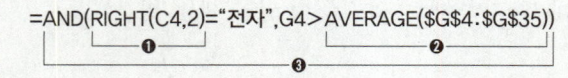

❶ RIGHT(C4,2): [C4] 셀 문자열(삼영전자)의 오른쪽에서 두 글자를 추출하여 반환한다.

❷ AVERAGE($G$4:$G$35): [G4:G35] 영역(전체 판매금액)의 평균을 반환한다.

❸ AND(❶="전자",G4>❷): ❶('삼영전자'의 오른쪽 두 글자)이 '전자'이면서 [G4] 셀 값(판매금액)이 ❷(전체 판매금액의 평균)보다 크면 TRUE를, 그렇지 않으면 FALSE를 반환한다.

② [A3:G35] 영역에서 임의의 셀 선택 → **[데이터] 탭 – [정렬 및 필터] 그룹 – [고급]**을 클릭한다.

③ [고급 필터] 대화상자가 나타나면 '결과'의 '다른 장소에 복사'를 선택 → '목록 범위'는 [A3:G35] 영역, '조건 범위'는 [I3:I4] 영역, '복사 위치'는 [I10] 셀로 지정 → [확인] 단추를 클릭한다.

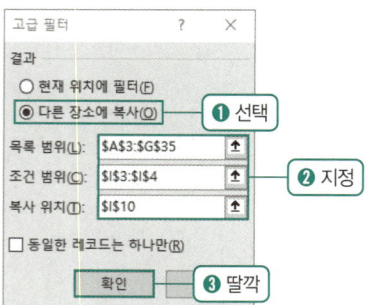

	I	J	K	L	M	N	O
3	조건						
4	TRUE						
5							
6							
7							
8							
9							
10	가전제품명	제조국가	제조회사	판매일자	가격	판매량	판매금액
11	컴퓨터	한국	삼영전자	4/5	1,200,000	54	64,800,000
12	텔레비전	대만	엘보우전자	6/23	1,500,000	60	90,000,000
13	태블릿	일본	와우전자	3/23	900,000	50	45,000,000
14	텔레비전	대만	BUT전자	8/15	1,500,000	52	78,000,000
15	모니터	한국	삼영전자	3/23	380,000	100	38,000,000
16	컴퓨터	한국	엔쥐전자	7/13	1,200,000	33	39,600,000
17	모니터	대만	엘보우전자	5/15	500,000	98	49,000,000
18	태블릿	일본	와우전자	7/13	900,000	82	73,800,000

2 조건부 서식('기본작업-1' 시트)

① 조건부 서식을 지정할 [A4:G35] 영역을 드래그하여 선택 → **[홈] 탭 – [스타일] 그룹 – [조건부 서식] – [새 규칙]**을 선택한다.

② [새 서식 규칙] 대화상자가 나타나면 '규칙 유형 선택'에서 '수식을 사용하여 서식을 지정할 셀 결정'을 선택 → '다음 수식이 참인 값의 서식 지정'에 =OR(WEEKDAY($D4,1)=2,$F4>=80) 입력 → [서식] 단추를 클릭한다.

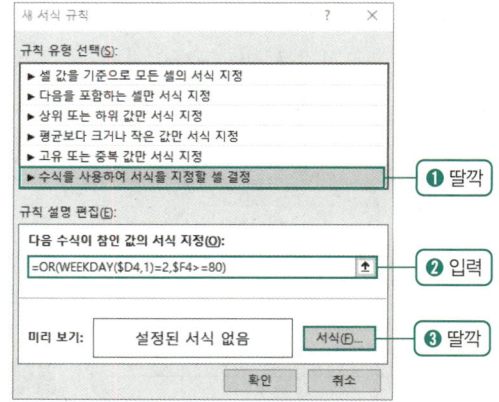

입력 함수 해설

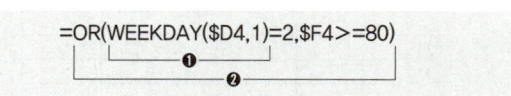

❶ WEEKDAY($D4,1): [D4] 셀 날짜(판매일자)에 해당하는 요일 번호(두 번째 인수를 1로 지정하거나 생략하면 일요일(1)~토요일(7))를 반환한다.

❷ OR(❶=2,$F4>=80): ❶(요일 번호)이 2(월요일)이거나 [F4] 셀 값(판매량)이 80 이상이면 TRUE, 그렇지 않으면 FALSE를 반환한다.

③ [셀 서식] 대화상자가 나타나면 [글꼴] 탭에서 '글꼴 스타일'은 '굵은 기울임꼴'을 선택하고 글꼴 '색'은 '표준 색'의 '진한 빨강'을 선택 → [확인] 단추를 클릭한다.

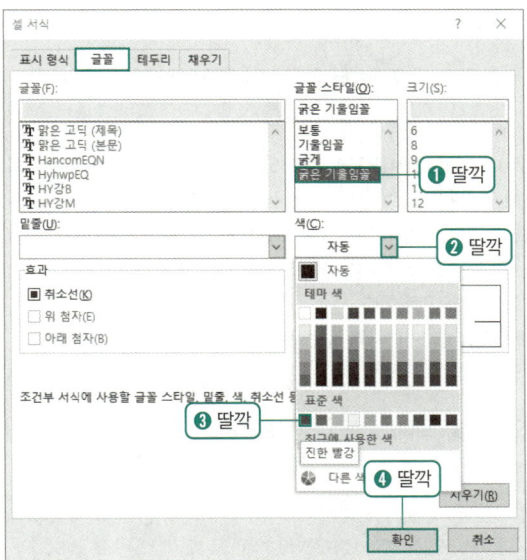

④ [새 서식 규칙] 대화상자로 되돌아오면 '미리 보기'에서 지정한 서식을 확인 → [확인] 단추를 클릭한다.

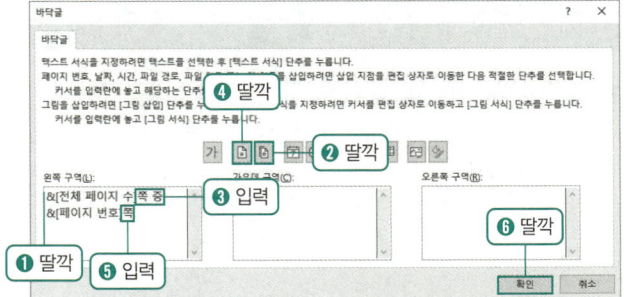

⑥ [페이지 설정] 대화상자로 되돌아오면 [시트] 탭의 '반복할 행'에 커서를 올려놓고 1행 머리글을 클릭 → '행/열 머리글' 체크 → [확인] 단추를 클릭한다.

⑦ 페이지 나누기 위해 [A24] 셀 선택 → **[페이지 레이아웃]** 탭-**[페이지 설정]** 그룹-**[나누기]**-**[페이지 나누기 삽입]**을 선택한다.

⑧ **[파일]** 메뉴-**인쇄**를 선택 → 결과를 확인한다.

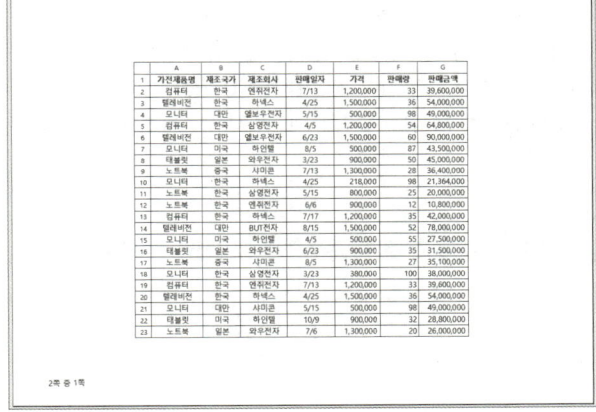

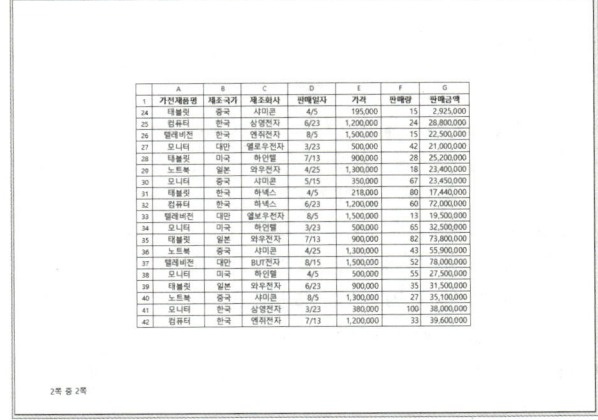

3 페이지 레이아웃('기본작업-2' 시트)

① **[페이지 레이아웃]** 탭-**[페이지 설정]** 그룹-**[페이지 설정]**(□)을 클릭한다.

② [페이지 설정] 대화상자가 나타나면 [페이지] 탭에서 '용지 방향'을 '가로'로 선택한다.

③ [여백] 탭에서 '페이지 가운데 맞춤'의 '가로'와 '세로'에 체크한다.

④ [머리글/바닥글] 탭에서 [바닥글 편집] 단추를 클릭한다.

⑤ [바닥글] 대화상자가 나타나면 '왼쪽 구역'에 커서를 올려놓고 '전체 페이지 수 삽입' 아이콘(□)을 클릭 → 쪽 중 입력 → '페이지 번호 삽입' 아이콘(□)을 클릭 → 쪽 입력 → [확인] 단추를 클릭한다.

문제 ❷ 계산작업 (30점)

1 배송비[I4:I35] 표시하기

[I4] 셀 선택 → 수식 입력줄에 =VLOOKUP(D4,$L$5:$Q$7,MATCH(H4,$M$4:$Q$4,1)+1,0)을 입력한 후 Enter를 누름 → [I4] 셀의 자동 채우기 핸들을 [I35] 셀까지 드래그하여 함수식을 복사한다.

입력 함수 해설

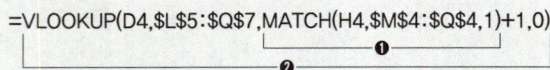

❶ MATCH(H4,$M$4:$Q$4,1): [M4:Q4] 영역(표2의 중량)에서 [H4] 셀 값(65)보다 작거나 같은 값 중 가장 큰 값(1)을 찾아 상대 위치를 반환한다. 즉, 중량이 65이고 [M4:Q4] 영역에서 65보다 작거나 같은 값 중 가장 큰 값(51)은 두 번째 열에 위치하므로 상대 위치는 '2'를 반환한다.

❷ VLOOKUP(D4,$L$5:$Q$7,❶+1,0): [L5:Q7] 영역(표2)의 첫 번째 열(표2의 제품유형)에서 [D4] 셀 문자열(LED)과 정확하게 일치(0)하는 값을 찾아 해당 값이 있는 행에서 ❶(중량 51의 상대 위치인 2)+1번째 열(중량이 51인 LED 배송비)에 대응하는 값(2,500)을 반환한다.

2 구분별 제품의 판매종수[N13:N15] 표시하기

[N13] 셀 선택 → 수식 입력줄에 =COUNTIFS($E$4:$E$35,"??"&L13&"*",$F$4:$F$35,">=150")&"종"을 입력한 후 Enter를 누름 → [N13] 셀의 자동 채우기 핸들을 [N15] 셀까지 드래그하여 함수식을 복사한다.

입력 함수 해설

=COUNTIFS($E$4:$E$35,"??"&L13&"*",$F$4:$F$35,">=150")&"종"

❶ COUNTIFS($E$4:$E$35,"??"&L13&"*",$F$4:$F$35,">=150"): [E4:E35] 영역(표1의 제품코드)에서 세 번째 글자('??'는 [L13] 셀 문자의 앞 두 글자를 의미하고 '*'는 [L13] 셀 문자 다음 전체 글자를 의미)에 [L13] 셀 문자(P)를 포함하고 [F4:F35] 영역(표1의 판매량)에서 150 이상에 해당하는 셀의 개수(판매종수)를 반환한다. 즉, 조건을 만족하는 경우의 개수(제품코드 세 번째 글자에 P를 포함하면서 판매량이 150 이상)를 반환한다.

❷ ❶&"종": 문자열 결합연산자(&)에 의해 ❶(판매종수)과 '종'을 연결하여 표시한다.

3 제조회사별 판매금액의 합계[M21:M24] 표시하기

[M21] 셀 선택 → 수식 입력줄에 =SUM(IF($C$4:$C$35=L21,$G$4:$G$35))를 입력한 후 Ctrl+Shift+Enter를 누름 → [M21] 셀의 자동 채우기 핸들을 [M24] 셀까지 드래그하여 함수식을 복사한다.

입력 함수 해설

❶ IF($C$4:$C$35=L21,$G$4:$G$35): [C4:C35] 영역(표1의 제조회사)에서 각 셀이 [L21] 셀 문자열(삼영전자)과 같은지(조건) 비교하여 조건을 만족하면 TRUE, 그렇지 않으면 FALSE를 반환하고, 반환 값이 TRUE인 경우에만 [G4:G35] 영역(표1의 판매금액)에서 해당하는 행의 값을 반환한다.

❷ {=SUM(❶)}: ❶('판매금액'을 반환하는 경우)의 합계를 반환한다.

4 제조회사별 최대 판매금액의 제품코드[N21:N24] 표시하기

[N21] 셀 선택 → 수식 입력줄에 =INDEX($E$4:$E$35,MATCH(MAX(($C$4:$C$35=L21)*$G$4:$G$35),($C$4:$C$35=L21)*$G$4:$G$35,0),1)을 입력한 후 Ctrl+Shift+Enter를 누름 → [N21] 셀의 자동 채우기 핸들을 [N24] 셀까지 드래그하여 함수식을 복사한다.

입력 함수 해설

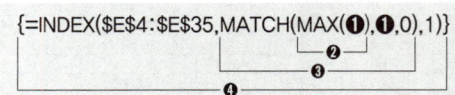

❶ ($C$4:$C$35=L21)*$G$4:$G$35: [C4:C35] 영역(표1의 제조회사)에서 각 셀이 [L21] 셀 문자열(삼영전자)과 같은지(조건) 비교하여 조건을 만족하면 TRUE, 그렇지 않으면 FALSE를 반환하고, 반환 값이 TRUE인 경우에만 [G4:G35] 영역(표1의 판매금액)에서 해당하는 행의 값을 반환한다.

{=INDEX($E$4:$E$35,MATCH(MAX(❶),❶,0),1)}

❷ MAX(❶): ❶('판매금액'을 반환하는 경우)의 최대값(97,500,000)을 반환한다.

❸ MATCH(❷,❶,0): ❶('판매금액'을 반환하는 경우)에서 ❷(97,500,000)와 같은 첫 번째 값(0)을 찾아 상대 위치를 반환한다. 즉, '제조회사'가 '삼영전자'인 경우의 '판매금액'의 최대값인 '97,500,000'과 같은 첫 번째 값은 두 번째 행에 위치하므로 상대 위치는 '2'를 반환한다.

❹ {=INDEX($E$4:$E$35,❸),1)}: [E4:E35] 영역(표1의 제품코드)에서 ❸(2)행과 첫 번째 열(제품코드)의 교차값(32Q-63)을 반환한다.

5 fn비고[J4:J35] 표시하기

① [개발 도구] 탭-[코드] 그룹-[Visual Basic]을 클릭한다.

② [Visual Basic Editor] 창이 나타나면 [삽입] 메뉴-[모듈]을 선택 → [프로젝트 탐색기] 창에 'Module1'이 생성되었는지 확인한다.

③ 'Module1' [코드] 창에 다음과 같이 코드를 입력 → [닫기] 단추(☒)를 클릭한다.

입력 코드 해설

```
Public Function fn비고(판매량, 판매금액)
    If 판매량 >= 100 And 판매금액 >= 50000000 Then
        fn비고 = "흑자"
    ElseIf 판매량 >= 70 And 판매금액 >= 30000000 Then
        fn비고 = "유지"
    Else
        fn비고 = "적자"
    End If
End Function
```

❶ 'fn비고' 사용자 정의 함수에서 '판매량'이 '100' 이상이면서 '판매금액'이 '50,000,000' 이상이면 '흑자'를, '판매량'이 '70' 이상이면서 '판매금액'이 '30,000,000' 이상이면 '유지'를, 그 외에는 '적자'를 반환한다.

④ [J4] 셀 선택 → [함수 삽입] 단추(fx)를 클릭한다.

⑤ [함수 마법사] 대화상자가 나타나면 '범주 선택'에서 '사용자 정의'를, '함수 선택'에서 'fn비고'를 선택 → [확인] 단추를 클릭한다.

⑥ [함수 인수] 대화상자가 나타나면 '판매량'에는 [F4] 셀, '판매금액'에는 [G4] 셀을 지정 → [확인] 단추를 클릭한다.

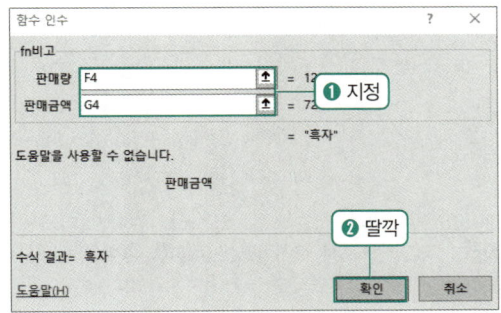

⑦ [J4] 셀의 자동 채우기 핸들을 [J35] 셀까지 드래그하여 함수식을 복사한다.

문제 ❸ 분석작업 (20점)

1 피벗 테이블('분석작업-1' 시트)

① 피벗 테이블을 삽입할 [A3] 셀 선택 → **[삽입]** 탭-**[표]** 그룹-**[피벗 테이블]**을 선택한다.

② [피벗 테이블 만들기] 대화상자가 나타나면 '외부 데이터 원본 사용'을 선택 → [연결 선택] 단추를 클릭한다.

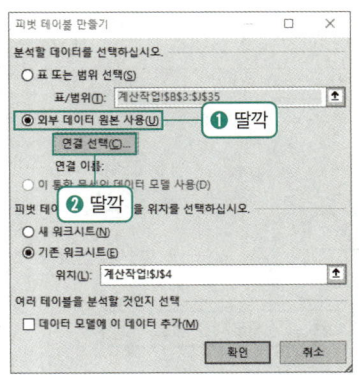

③ [기존 연결] 대화상자가 나타나면 [연결] 탭에서 [더 찾아보기] 단추를 클릭한다.

④ [데이터 원본 선택] 대화상자가 나타나면 'C:\에듀윌_2026컴활1급실기\기출변형문제\스프레드시트실무\실습\4회' 경로에서 '제품판매현황.csv' 파일 선택 → [열기] 단추를 클릭한다.

⑤ [텍스트 마법사 – 3단계 중 1단계] 대화상자가 나타나면 원본 데이터의 파일 유형이 '구분 기호로 분리됨'으로 선택되었는지 확인 → '내 데이터에 머리글 표시'에 체크 → [다음] 단추를 클릭한다.

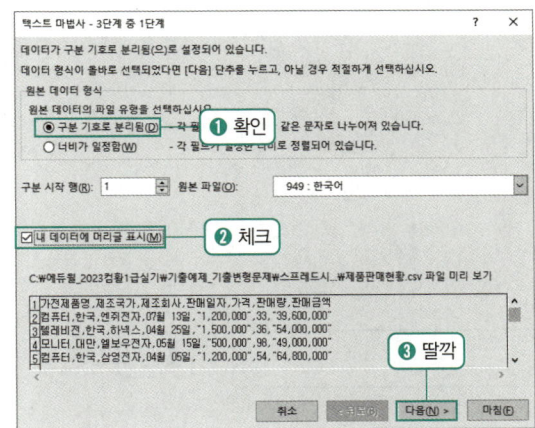

⑥ [텍스트 마법사 – 3단계 중 2단계] 대화상자에서 '구분 기호'는 '탭'을 체크 해제하고 '쉼표'에 체크 → [다음] 단추를 클릭한다.

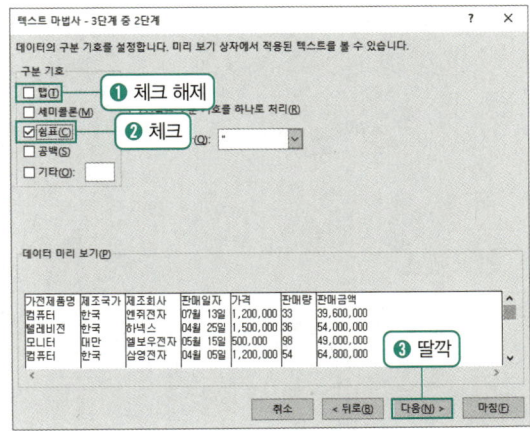

⑦ [텍스트 마법사 – 3단계 중 3단계] 대화상자의 '데이터 미리 보기'에서 4열(판매일자)을 선택하고 '열 데이터 서식'에서 '열 가져오지 않음(건너뜀)'을 선택 → 이와 같은 방법으로 7열(판매금액)도 '열 가져오지 않음(건너뜀)'을 선택 → [마침] 단추를 클릭한다.

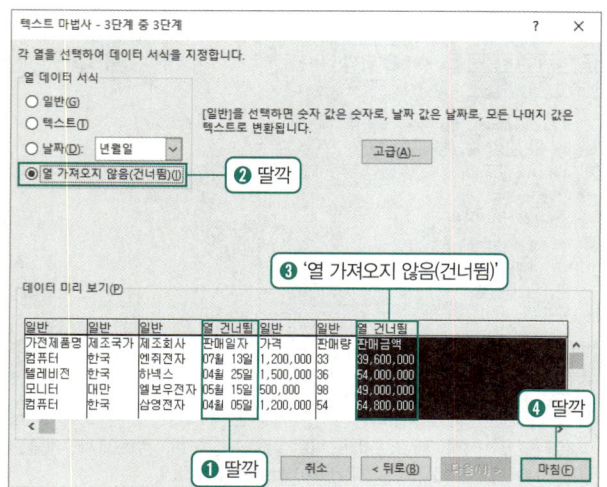

⑧ [피벗 테이블 만들기] 대화상자로 되돌아오면 피벗 테이블을 배치할 위치에서 '기존 워크시트'의 [A3] 셀이 지정되었는지 확인 → '데이터 모델에 이 데이터 추가'에 체크 → [확인] 단추를 클릭한다.

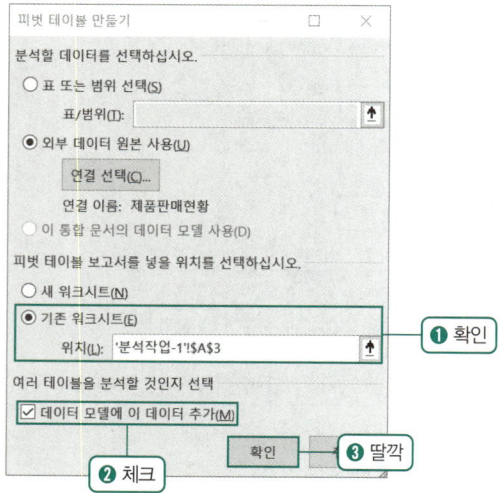

⑨ [피벗 테이블 필드] 창이 나타나면 '제조국가'와 '제조회사'는 '행' 영역으로, '가전제품명', '가격', '판매량'은 '값' 영역으로 드래그한다.

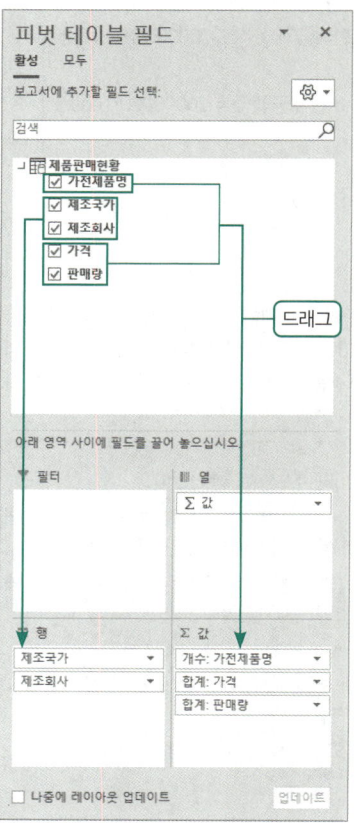

⑩ 보고서 레이아웃을 테이블 형식으로 표시하기 위해 **[디자인] 탭-[레이아웃] 그룹-[보고서 레이아웃]-[테이블 형식으로 표시]**를 선택한다.

⑪ '가전제품명' 필드의 값을 개수로 지정하고 이름을 변경하기 위해 '값' 영역에서 '개수: 가전제품명' 클릭 → [값 필드 설정]을 선택한다.

⑫ [값 필드 설정] 대화상자가 나타나면 '사용자 지정 이름'에 제품수를 입력하고 '선택한 필드의 데이터'에서 '개수'로 선택되었는지 확인 → [확인] 단추를 클릭한다.

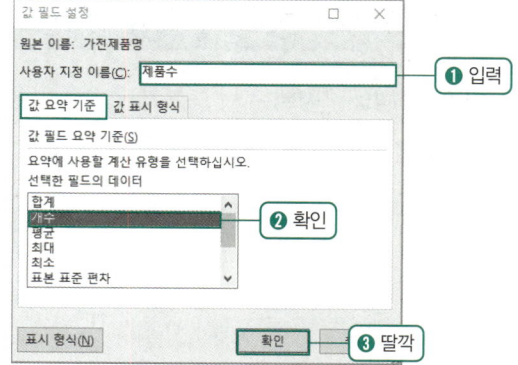

⑬ '가격' 필드의 값을 평균으로 지정하고 숫자 형식을 지정하기 위해 '값' 영역에서 '합계: 가격' 클릭 → [값 필드 설정]을 선택한다.

⑭ [값 필드 설정] 대화상자가 나타나면 [값 요약 기준] 탭의 '선택한 필드의 데이터'에서 '평균' 선택 → [표시 형식] 단추를 클릭한다.

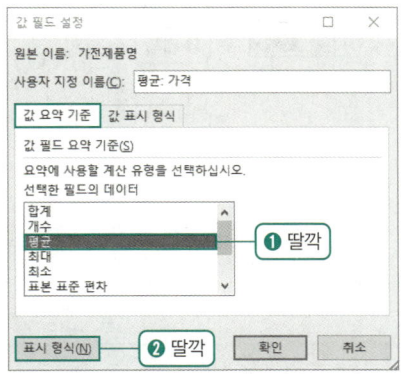

	A	B	C	D	E
3	제조국가	제조회사	제품수	평균: 가격	평균: 판매량
4	대만	BUT전자	2	1,500,000.0	52.0
5		샤미콘	1	500,000.0	98.0
6		엘보우전자	3	1,166,666.7	57.0
7		엘로우전자	1	500,000.0	42.0
8	대만 요약		7	1,071,428.6	59.3
9	미국	하인텔	6	633,333.3	53.7
10	미국 요약		6	633,333.3	53.7
11	일본	와우전자	6	1,033,333.3	40.0
12	일본 요약		6	1,033,333.3	40.0
13	중국	샤미콘	6	957,500.0	34.5
14	중국 요약		6	957,500.0	34.5
15	한국	삼영전자	5	792,000.0	60.6
16		엔쥐전자	5	1,200,000.0	25.2
17		하넥스	6	972,666.7	57.5
18	한국 요약		16	987,250.0	48.4
19	총합계		41	952,219.5	47.8

2 중복된 항목 제거, 조건부 서식, 자동 필터

('분석작업-2' 시트)

① [C3:K28] 영역에서 임의의 셀 선택 → [데이터] 탭-[데이터 도구] 그룹-[중복된 항목 제거]를 클릭한다.

② [중복 값 제거] 대화상자가 나타나면 '모두 선택 취소' 단추를 클릭 → '성명', '부서명', '직책', '나이'에 체크 → [확인] 단추를 클릭한다.

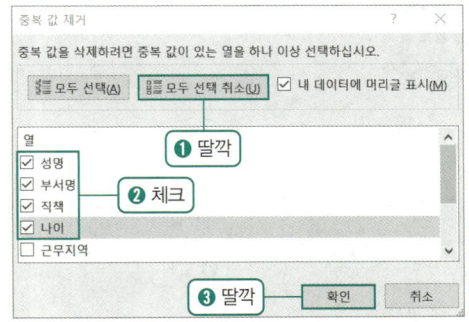

⑮ [셀 서식] 대화상자가 나타나면 [표시 형식] 탭에서 '범주'는 '숫자'를 선택하고 '소수 자릿수'에 '1'을 지정 → 1000 단위 구분 기호(,) 사용 체크 → [확인] 단추를 클릭한다.

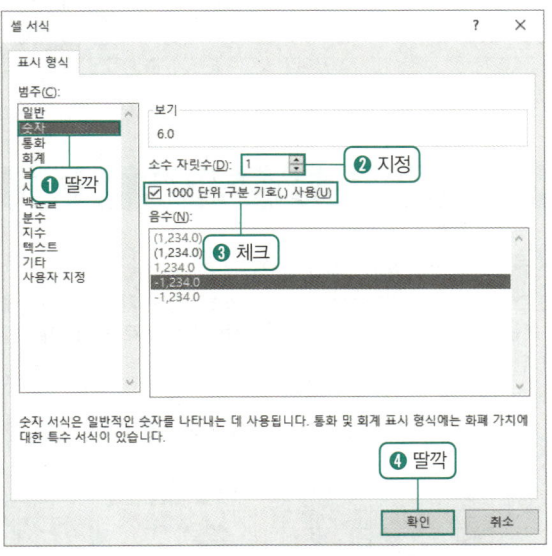

③ 중복된 값이 제거되었다는 메시지 창이 나타나면 [확인] 단추를 클릭한다.

④ [K4:K25] 영역을 드래그하여 선택 → [홈] 탭-[스타일] 그룹-[조건부 서식]-[셀 강조 규칙]-[기타 규칙]을 선택한다.

⑤ [새 서식 규칙] 대화상자가 나타나면 '규칙 유형 선택'에서 '다음을 포함하는 셀만 서식 지정'을 선택 → '규칙 설명 편집'에서 '셀 값', '제외 범위', '3000000', '5000000'으로 지정 → [서식] 단추를 클릭한다.

⑯ [값 필드 설정] 대화상자로 되돌아오면 [확인] 단추를 클릭한다.

⑰ 이와 같은 방법으로 '판매량' 필드의 값을 평균으로 지정하고 숫자 형식을 지정하기 위해 '값' 영역에서 '합계: 판매량' 클릭 → [값 필드 설정]을 선택한다.

⑱ [값 필드 설정] 대화상자가 나타나면 [값 요약 기준] 탭의 '선택한 필드의 데이터'에서 '평균' 선택 → [표시 형식] 단추를 클릭한다.

⑲ [셀 서식] 대화상자가 나타나면 [표시 형식] 탭에서 '범주'는 '숫자'를 선택하고 '소수 자릿수'에 '1'을 지정 → 1000 단위 구분 기호(,) 사용 체크 → [확인] 단추를 클릭한다.

⑳ [값 필드 설정] 대화상자로 되돌아오면 [확인] 단추를 클릭한다.

㉑ **[피벗 테이블 분석] 탭-[표시] 그룹-[+/-단추]**를 클릭한다. (요약 내용의 위치가 다른 경우 **[디자인] 탭-[레이아웃] 그룹-[부분합]**에서 [그룹 하단에 모든 부분합 표시]를 선택한다.)

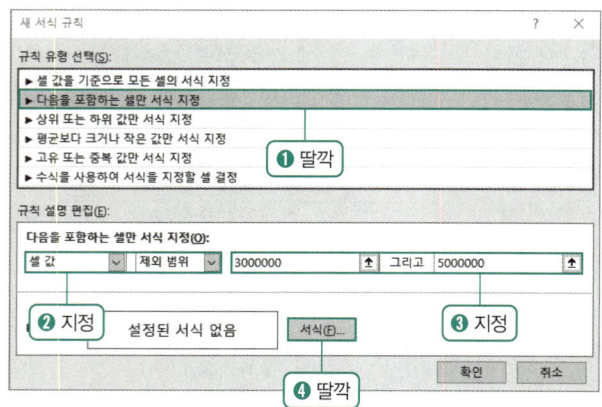

⑥ [셀 서식] 대화상자가 나타나면 [채우기] 탭에서 '배경색'은 '표준 색'의 '연한 녹색'으로 선택 → [확인] 단추를 클릭한다.

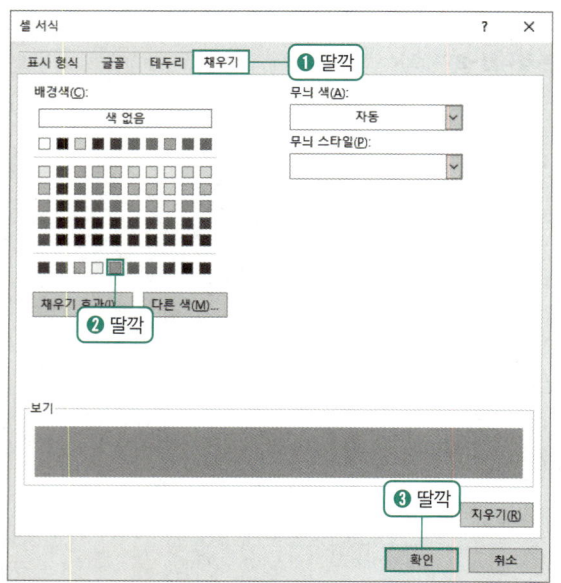

⑦ [새 서식 규칙] 대화상자로 되돌아오면 '미리 보기'에서 지정한 서식을 확인 → [확인] 단추를 클릭한다.
⑧ [C3:K25] 영역에서 임의의 셀 선택 → [데이터] 탭-[정렬 및 필터] 그룹-[필터]를 클릭한다.
⑨ 각 필드에 필터 단추(▼)가 표시되면 '총액' 필드의 필터 단추(▼)를 클릭 → [색 기준 필터]에서 '연한 녹색'을 선택한다.

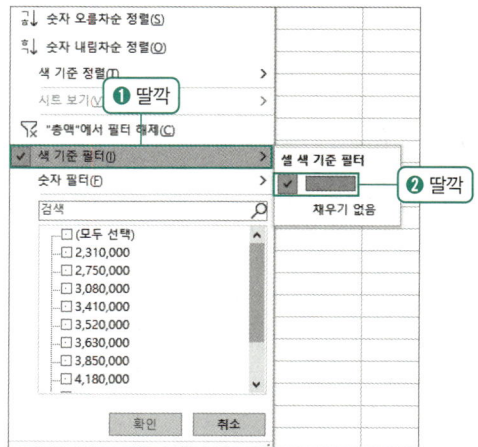

문제 ④ 기타작업 (35점)

1 차트('기타작업-1' 시트)

① [B3:D8] 영역을 드래그하여 선택 → [삽입] 탭-[차트] 그룹-[세로 또는 가로 막대형 차트 삽입]-[3차원 묶은 세로 막대형]을 선택한다.

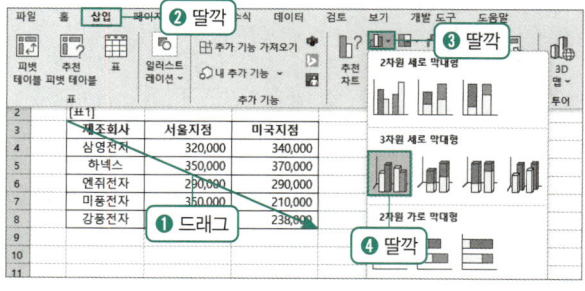

② Alt를 누른 상태에서 차트의 조절점을 드래그하여 [B11:F22] 영역에 맞게 차트의 크기를 조절한다.
③ 차트 제목 선택 → 수식 입력줄에 5대 전자 판매 현황을 입력한 후 Enter를 누름 → [홈] 탭-[글꼴] 그룹에서 '글꼴 크기'를 '18'pt로, '채우기 색'을 '표준 색'의 '노랑'으로 지정한다.
④ 그림 영역 선택 → [서식] 탭-[도형 스타일] 그룹-[도형 채우기]-[질감]-[양피지]를 선택한다.

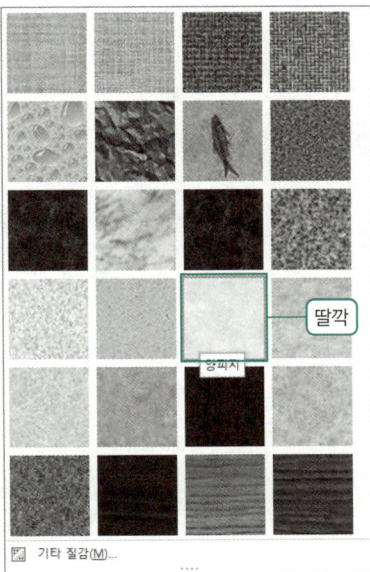

⑤ 범례 더블클릭 → [범례 서식] 창이 나타나면 '범례 옵션'의 '범례 옵션'()에서 '범례 옵션'의 '범례 위치'를 '오른쪽'으로 선택한다.

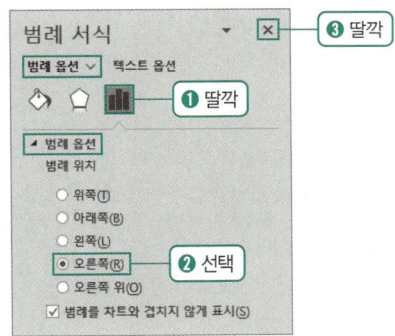

⑥ 범례를 선택한 상태에서 [서식] 탭-[도형 스타일] 그룹-[자세히] 단추()를 클릭한 후 '색 윤곽선-주황, 강조 2'를 선택한다.

⑦ 세로 (값) 축 더블클릭 → [축 서식] 창이 나타나면 '축 옵션'의 '축 옵션'()에서 '축 옵션'의 '경계'는 '최대값'을 '600000'으로, '단위'의 '기본'을 '150000'으로 지정 → [닫기] 단추()를 클릭한다.

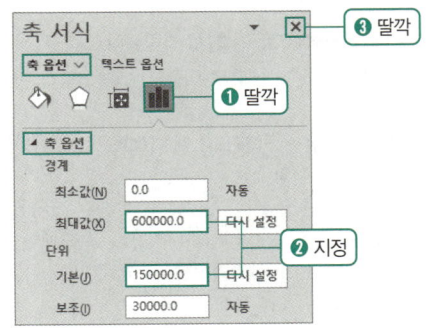

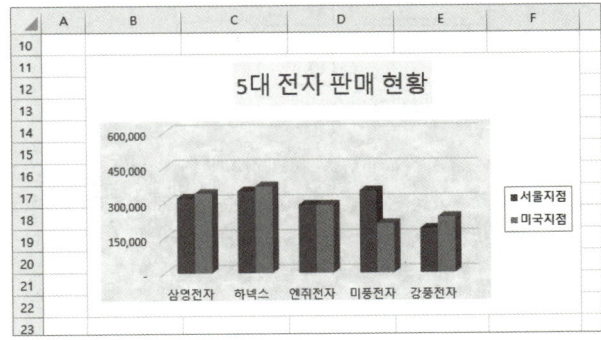

스프레드시트 실무　제4회 해설 확인하기　75

2 매크로('기타작업-2' 시트)

① [개발 도구] 탭-[코드] 그룹-[매크로 기록]을 클릭한다.
② [매크로 기록] 대화상자가 나타나면 '매크로 이름'에 달성률 입력 → [확인] 단추를 클릭한다.
③ 달성률의 평균이 있는 [F12] 셀 선택 → [데이터] 탭-[예측] 그룹-[가상 분석]-[목표값 찾기]를 선택한다.
④ [목표값 찾기] 대화상자가 나타나면 '수식 셀'은 [F12] 셀로 지정되었는지 확인 → '찾는 값'에는 100% 입력 → '값을 바꿀 셀'에는 노트북의 판매량이 있는 [C6] 셀 지정 → [확인] 단추를 클릭한다.

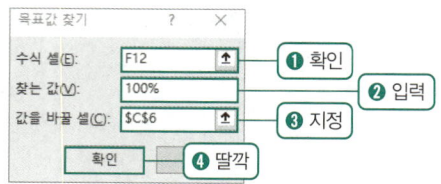

⑤ [목표값 찾기 상태] 대화상자가 나타나면 [확인] 단추를 클릭 → 매크로 기록을 중지하기 위해 임의의 셀 선택 → [개발 도구] 탭-[코드] 그룹-[기록 중지]를 클릭한다.
⑥ [개발 도구] 탭-[컨트롤] 그룹-[삽입]을 클릭한 후 '양식 컨트롤'의 '단추(□)'를 선택한다.
⑦ Alt 를 누른 상태에서 [J3:K4] 영역을 드래그하여 단추를 그린다.
⑧ [매크로 지정] 대화상자가 나타나면 '매크로 이름'에 '달성률'을 선택 → [확인] 단추를 클릭한다.
⑨ 단추를 선택한 상태에서 단추에 입력된 기본 텍스트를 삭제한 후 달성률 입력 → 임의의 셀을 선택하여 텍스트 편집을 완료한다.
⑩ [개발 도구] 탭-[코드] 그룹-[매크로 기록]을 클릭한다.
⑪ [매크로 기록] 대화상자가 나타나면 '매크로 이름'에 매출이익 입력 → [확인] 단추를 클릭한다.
⑫ 매출이익이 있는 [G17] 셀 선택 → [데이터] 탭-[예측] 그룹-[가상 분석]-[목표값 찾기]를 선택한다.
⑬ [목표값 찾기] 대화상자가 나타나면 '수식 셀'은 [G17] 셀로 지정되었는지 확인 → '찾는 값'에는 8000000 입력 → '값을 바꿀 셀'에는 상품단가가 있는 [A17] 셀 지정 → [확인] 단추를 클릭한다.

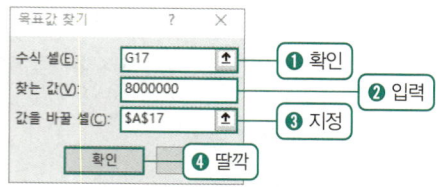

⑭ [목표값 찾기 상태] 대화상자가 나타나면 [확인] 단추를 클릭 → 매크로 기록을 중지하기 위해 임의의 셀 선택 → [개발 도구] 탭-[코드] 그룹-[기록 중지]를 클릭한다.
⑮ [삽입] 탭-[일러스트레이션] 그룹-[도형]을 클릭한 후 '기본 도형'의 '타원(○)'을 선택한다.

⑯ Alt 를 누른 상태에서 [J16:K17] 영역을 드래그하여 도형을 그린다.
⑰ 도형을 선택한 상태에서 도형에 매출이익 입력 → 도형에서 마우스 오른쪽 단추를 클릭하고 바로 가기 메뉴에서 [매크로 지정]을 선택한다.
⑱ [매크로 지정] 대화상자가 나타나면 '매크로 이름'에 '매출이익'을 선택 → [확인] 단추를 클릭한다.
⑲ '달성률' 단추와 '매출이익' 도형을 클릭하여 매크로가 정상적으로 실행되는지 확인한다.

3 프로시저('기타작업-3' 시트)

① [개발 도구] 탭-[컨트롤] 그룹-[디자인 모드] 클릭 → '판매분석' 단추를 더블클릭한다.
② [Visual Basic Editor] 창이 나타나면 [코드] 창에서 'cmd판매분석_Click( )' 프로시저에 다음과 같이 코드를 입력한다.

> **입력 코드 해설**
>
> Private Sub cmd판매분석_Click( )
>   판매분석.Show ─❶
> End Sub
>
> ❶ 〈판매분석〉 폼을 화면에 표시한다.

③ [프로젝트 탐색기] 창의 〈판매분석〉 폼에서 마우스 오른쪽 단추를 클릭하고 바로 가기 메뉴에서 [코드 보기]를 선택한다.
④ [코드] 창에서 '개체'는 'UserForm', '프로시저'는 'Initialize' 선택 → 'UserForm_Initialize( )' 프로시저에 다음과 같이 코드를 입력한다.

입력 코드 해설

```
Private Sub UserForm_Initialize( )
    cmb제조회사.AddItem "삼영전자"
    cmb제조회사.AddItem "하넥스"
    cmb제조회사.AddItem "엔쥐전자"
    cmb제조회사.AddItem "미풍전자"
    cmb제조회사.AddItem "강풍전자"
End Sub
```

❶ 'cmb제조회사' 목록 상자에 '삼영전자', '하넥스', '엔쥐전자', '미풍전자', '강풍전자'를 추가할 값(AddItem)으로 지정한다.

⑤ '개체'에서 'cmd확인'을 선택하고 '프로시저'에 'Click'으로 지정되었는지 확인 → 'cmd확인_Click( )' 프로시저에 다음과 같이 코드를 입력한다.

입력 코드 해설

```
Private Sub cmd확인_Click( )
    Line = Range("A2").CurrentRegion.Rows.Count + 2  ❶

    Cells(Line, 1) = cmb제조회사  ❷
    Cells(Line, 2) = Val(txt수량)  ❸
    Cells(Line, 3) = Val(txt단가)  ❹

    Select Case Val(txt수량)
        Case Is >= 5
            Cells(Line, 4) = Val(Cells(Line, 2)*Cells(Line, 3)*0.7)  ❻
        Case Else
            Cells(Line, 4) = Val(Cells(Line, 2)*Cells(Line, 3)*0.9)  ❼
    End Select

    cmb제조회사 = " "
    txt수량 = " "                ❽
    txt단가 = " "
End Sub
```

❶ [A2] 셀을 기준으로 인접 범위에 입력된 데이터 행의 개수와 2를 더한 행 위치를 'Line' 변수에 반환한다. 즉, 데이터가 입력되어 있는 2~3행 두 개의 행 개수에서 [A2] 셀의 행 위치인 2를 더하여 4행부터 데이터를 입력한다.
❷ 4행(Line) 1열에 'cmb제조회사' 목록 상자에서 선택한 데이터(제조회사)를 입력한다.
❸ 4행(Line) 2열에 'txt수량' 텍스트 상자에 입력한 데이터(수량)를 입력한다.
❹ 4행(Line) 3열에 'txt단가' 텍스트 상자에 입력한 데이터(단가)를 입력한다.
❺ 'txt수량'의 값이 5 이상이면 ❻을, 그렇지 않으면 ❼을 입력한다.
❻ 4행(Line) 4열에 '수량*단가*0.7' 값을 입력한다.
❼ 4행(Line) 4열에 '수량*단가*0.9' 값을 입력한다.
❽ 데이터를 입력한 후 폼의 제조회사, 수량, 단가 컨트롤 값을 초기화한다.

⑥ '개체'에서 'cmd종료'를 선택하고 '프로시저'에 'Click'으로 지정되었는지 확인 → 'cmd종료_Click( )' 프로시저에 다음과 같이 코드를 입력한다.

입력 코드 해설

```
Private Sub cmd종료_Click( )
    Unload Me  ❶
    [A3:D3].Font.Name = "궁서"  ❷
    [A3:D3].Font.Color = RGB(255, 0, 0)  ❸
End Sub
```

❶ 현재 작업중인 폼을 종료하고 메모리에서 제거한다.
❷ [A3:D3] 영역에 입력된 내용의 글꼴을 '궁서'로 표시한다.
❸ [A3:D3] 영역에 입력된 내용의 글꼴 색을 '빨간색'으로 표시한다.

⑦ 결과를 확인하기 위해 [보기 Microsoft Excel] 단추(📊)를 클릭 → '기타작업-3' 시트로 되돌아오면 [개발 도구] 탭-[컨트롤] 그룹-[디자인 모드]를 클릭하여 디자인 모드를 해제한다.

⑧ '판매분석' 단추 클릭 → 〈판매분석〉 폼에서 '제조회사' 목록 상자에 '삼영전자', '하넥스', '엔쥐전자', '미풍전자', '강풍전자'가 표시되는지 확인한다.

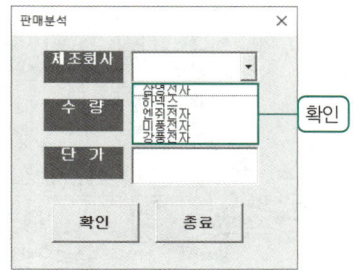

⑨ 〈판매분석〉 폼에서 다음과 같이 데이터를 입력한 후 [확인] 단추를 클릭하여 데이터가 정확히 삽입되는지 확인한다.

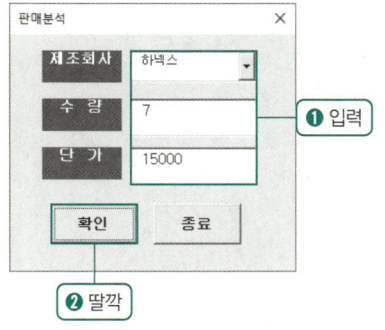

⑩ 〈판매분석〉 폼에서 [종료] 단추를 클릭하여 [A3:D3] 영역의 글꼴이 '궁서', 글꼴 색이 '빨간색'으로 표시되는지 확인한다.

	A	B	C	D
1				
2	[표1]			
3	제조회사	수량	단가	판매금액
4	하넥스	7	15,000	73,500
5				

에듀윌이 너를 지지할게

ENERGY

깊은 땅 속 흙더미 바위 더미를 헤치지 않고
광맥을 찾을 수는 없습니다.

캐낸 원석을 이리저리 깎고 다듬지 않고서는
보석이 될 수 없습니다.

가치 있는 것은 결코 편하고 쉽지 않습니다.

― 조정민, 『인생은 선물이다』, 두란노

제5회 기출변형문제

프로그램명	제한시간	합격선	외부 데이터 위치
EXCEL 2021	45분	70점	C:\에듀윌_2026컴활1급실기\기출변형문제\스프레드시트실무\실습\5회\제5회기출변형문제.xlsm

문제 ❶ 기본작업 (15점) 주어진 시트에서 다음 과정을 수행하고 저장하시오.

1 '기본작업-1' 시트에서 다음과 같이 고급 필터를 수행하시오. (5점)
- [B4:F31] 영역에서 지역이 '서울'이 아니면서 성적이 전체 성적의 평균 이상인 행만을 표시하시오.
- 조건은 [B33:B34] 영역에 입력하시오. (AND, AVERAGE 함수 사용)
- 결과는 [B36] 셀부터 표시하시오.

2 '기본작업-1' 시트에서 다음과 같이 조건부 서식을 설정하시오. (5점)
- [B5:F31] 영역에서 해당 행 번호가 홀수인 열 전체에 대하여 글꼴 스타일을 '굵게', 채우기 색을 '표준 색-노랑'으로 적용하시오.
- 단, 규칙 유형은 '수식을 사용하여 서식을 지정할 셀 결정'을 사용하고 한 개의 규칙으로만 작성하시오.
- ROW, ISODD 함수 사용

3 '기본작업-2' 시트에서 다음과 같이 시트 보호와 통합 문서 보기를 설정하시오. (5점)
- 워크시트 전체 셀의 셀 잠금을 해제한 후 [G5:H31] 영역에만 셀 잠금과 수식 숨기기를 적용하여 이 영역의 내용만을 보호하시오.
- 잠긴 셀의 선택, 잠기지 않은 셀의 선택, 정렬은 허용하고 시트 보호 해제 암호는 지정하지 마시오.
- '기본작업-2' 시트를 페이지 나누기 미리 보기로 표시하고 [A2:H31] 영역만 1페이지로 인쇄되도록 페이지 나누기 구분선을 조정하시오.

문제 ❷ 계산작업 (30점)   '계산작업' 시트에서 다음 과정을 수행하고 저장하시오.

1 [표1]의 '입사일자'를 이용하여 장기근속수당[E3:E9]을 표시하시오. (6점)
- ▶ 장기근속수당은 근속연수가 10 이상이면 200000으로, 그 외는 100000으로 표시
- ▶ 근속연수는 현재 날짜의 연도에서 입사일자의 연도를 뺀 값으로 계산
- ▶ IF, TODAY, YEAR 함수 사용

2 사용자 정의 함수 'fn비만도'를 작성하여 [표1]의 비만도[F3:F9]를 표시하시오. (6점)
- ▶ 'fn비만도'는 '신장'과 '몸무게'를 인수로 받아 값을 되돌려줌
- ▶ 신체질량지수는 '몸무게/신장^2'으로 계산하되, 30 이상이면 '비만', 25 이상이면 '과체중', 20 이상이면 '정상' 그 외는 '저체중'으로 표시.
- ▶ IF문 사용

```
Public Function fn비만도(신장, 몸무게)

End Function
```

3 [표1]의 신장을 이용하여 신장의 50% 이상인 값의 평균을 [표2]의 [F12] 셀에 계산하시오. (6점)
- ▶ AVERAGE, IF, PERCENTILE.INC 함수를 이용한 배열수식

4 [표3]에서 '점수'를 계산하여 [F16:F25] 영역에 표시하시오. (6점)
- ▶ '점수'는 '중간고사', '기말고사', '과제'의 점수에 학과별 학점 반영 비율을 곱한 값들의 합으로 계산
- ▶ 학과별 학점 반영 비율은 [표4] 참조
- ▶ OFFSET, SUMPRODUCT, MATCH 함수 사용

5 [표3]의 '점수'를 이용하여 점수대별 인원수를 [표5]의 [I22:I26] 영역에 표시하시오. (6점)
- ▶ 인원수 뒤에 '명'을 추가하여 표시 [표시 예: 0 → 0명, 2 → 2명]
- ▶ FREQUENCY와 TEXT 함수를 이용한 배열 수식

문제 ❸ 분석작업 (20점)   주어진 시트에서 다음 과정을 수행하고 저장하시오.

1 '분석작업-1' 시트에서 다음의 지시사항에 따라 피벗 테이블 보고서를 작성하시오. (10점)

▶ '외부 데이터 가져오기' 기능을 이용하여 〈중간고사.accdb〉의 〈중간고사성적〉 테이블의 '성명', '학년', '학과명', '일반수학', '토익', '토플', '컴활' 열만을 이용하시오.

▶ 피벗 테이블 보고서의 레이아웃과 위치는 〈그림〉을 참조하여 설정하고 보고서 레이아웃을 개요 형식으로 표시하시오.

▶ 값 영역의 표시 형식은 값 필드 설정의 셀 서식에서 사용자 지정 표시 형식을 이용하여 〈그림〉과 같이 지정하시오.

▶ 열의 총합계가 표시되지 않도록 지정하고, 학년별 부분합이 하단에 표시되도록 설정하시오.

▶ '1'학년 '재료공학' 학과의 '토익'에 대한 데이터만 별도의 시트에 표시한 후 시트 이름을 '재료공학토익'으로 지정하고, '분석작업-1' 시트의 바로 왼쪽에 위치시키시오.

〈그림〉

	A	B	C	D	E	F
1	성명	(모두)				
2						
3	학년 ▼	학과명 ▼	평균 : 일반수학	평균 : 컴활	평균 : 토익	평균 : 토플
4	⊟1					
5		재료공학	90점	80점	40점	30점
6		전기정보	80점	75점	75점	45점
7		전자공학	77점	89점	56점	57점
8		컴퓨터공학	88점	83점	70점	60점
9	1 요약		81점	85점	61점	54점
10	⊟2					
11		재료공학	85점	85점	70점	45점
12		전기정보	40점	80점	30점	30점
13		전자공학	75점	55점	50점	60점
14		컴퓨터공학	77점	77점	64점	59점
15	2 요약		75점	75점	59점	54점
16	⊟3					
17		재료공학	75점	90점	63점	70점
18		전기정보	70점	90점	50점	55점
19		전자공학	85점	85점	60점	45점
20		컴퓨터공학	100점	90점	60점	40점
21	3 요약		79점	89점	59점	56점
22	⊟4					
23		재료공학	90점	78점	67점	63점
24		전기정보	67점	90점	53점	67점
25		전자공학	70점	80점	40점	70점
26	4 요약		77점	84점	57점	66점

※ 작업 완성된 그림이며 부분 점수 없음

2 '분석작업-2' 시트에 대하여 다음의 지시사항을 처리하시오. (10점)

▶ [데이터 유효성 검사] 기능을 이용하여 [D3:H20] 영역에는 0부터 100까지의 정수만 입력되도록 제한 대상을 설정하시오.

– [D3:H20] 영역의 셀을 클릭하면 〈그림〉과 같은 설명 메시지를 표시하고, 유효하지 않은 데이터를 입력하면 〈그림〉과 같은 오류 메시지가 표시되도록 설정하시오.

〈그림〉

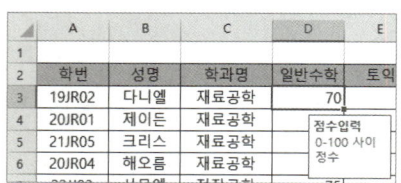
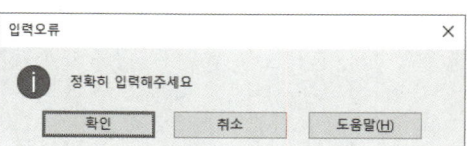

▶ [정렬] 기능을 이용하여 '학과명'을 '재료공학-전자공학-컴퓨터공학-전기정보' 순으로 정렬하고, 동일한 '학과명'인 경우 '성명'을 기준으로 오름차순 정렬하시오.

문제 ❹ 기타작업 (35점)   주어진 시트에서 다음 과정을 수행하고 저장하시오.

1 '기타작업-1' 시트에서 다음의 지시사항에 따라 차트를 수정하시오. (각 2점)

※ 차트는 반드시 문제에서 제공한 차트를 사용해야 하고 신규로 차트 작성 시 0점 처리됨

① '아리아'의 데이터(컴활, 파이썬, 토익)를 차트에 추가하시오.
② 가로 (항목) 축 제목을 추가하여 [C3] 셀과 연동하고 도형 스타일을 '색 채우기-녹색, 강조 6'으로 지정하시오.
③ 세로 (값) 축 제목의 텍스트 방향을 '스택형'으로 설정하시오.
④ '토익' 계열의 데이터 레이블의 위치를 '데이터 설명선', 내용은 '값'만 표시하시오.
⑤ 데이터 계열의 계열 겹치기를 50%, 간격 너비를 80%로 설정하시오.

〈그림〉

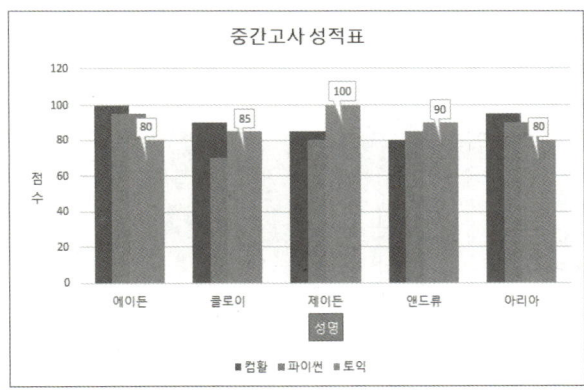

2 '기타작업-2' 시트에서 다음과 같은 기능을 수행하는 매크로를 현재 통합 문서에 작성하시오. (각 5점)

① [부분합] 기능을 이용하여 '직무능력 평가' 표에서 '부서'별 '총점'의 평균을 계산한 후 '분석', '컴활', '워드'의 최대값을 계산하는 '평가부분합' 매크로를 생성하시오.
  ▶ '부서'를 기준으로 오름차순으로 처리하고, '부서'가 동일한 경우 '이름'을 기준으로 오름차순으로 처리하시오.
  ▶ [삽입] 탭-[일러스트레이션] 그룹-[도형]을 클릭하여 '기본 도형'의 '빗면'을 동일 시트의 [I3:J4] 영역에 생성하고 텍스트를 '평가부분합'으로 입력한 후 도형을 클릭하면 '평가부분합' 매크로가 실행되도록 설정하시오.
② 부분합을 해제하는 '부분합취소' 매크로를 생성하시오.
  ▶ [개발 도구] 탭-[컨트롤] 그룹-[삽입]을 클릭하여 '양식 컨트롤'의 '단추'를 동일 시트의 [I6:J7] 영역에 생성하고 텍스트를 '부분합취소'로 입력한 후 단추를 클릭하면 '부분합취소' 매크로가 실행되도록 설정하시오.
  ※ 셀 포인터의 위치에 관계없이 매크로가 실행되어야 정답으로 인정됨

3 '기타작업-3' 시트에서 다음과 같은 작업을 수행하도록 프로시저를 작성하시오. (각 5점)

① '주문' 단추를 클릭하면 〈주문〉 폼이 나타나도록 설정하고 폼이 초기화(Initialize)되면 '종류/단가'(List종류) 목록에는 [J5:K11] 영역이 설정되며, '할인'(cmb할인) 목록에는 '무', '유'가 추가되고, '수량'(txt수량)에는 0이 초기값으로 표시되도록 프로시저를 작성하시오.
▶ Additem 사용

② 〈주문〉 폼의 '입력'(cmd입력) 단추를 클릭하면 폼에 입력된 데이터가 [표1]에 입력되어 있는 마지막 행 다음에 연속하여 추가되도록 프로시저를 작성하시오.
▶ 수량의 값이 0 이하로 입력되면 '정확한 수량을 입력하세요'라는 메시지를 출력하시오.

〈그림〉

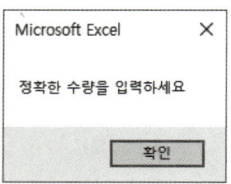

▶ 단가는 'List종류' 목록을 이용하시오. (List, ListIndex 사용)
▶ '주문금액'은 '단가*수량'으로 계산하되, '할인'(cmb할인) 값이 '유'인 경우에만 주문금액의 10%를 할인하여 계산하시오.
▶ IF~Else문 사용

〈그림〉

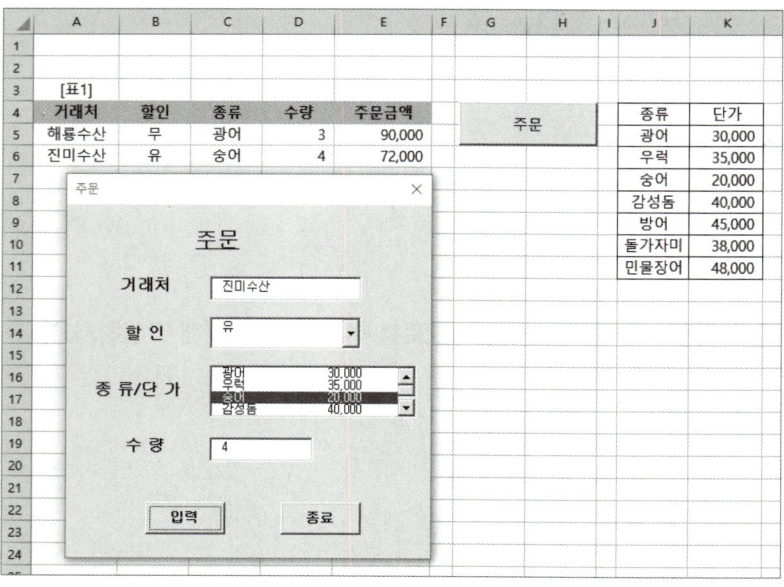

③ '종료(cmd종료)' 단추를 클릭하면 〈주문〉 폼을 종료하는 프로시저를 작성하시오.

제5회 기출변형문제

해설 확인하기

> 정답 확인하기: EXIT 사이트 → 자료실 → 컴퓨터활용능력 1급
> → 실기 기본서 → 정답화면 바로 보기

문제 ❶ 기본작업 (15점)

1 고급 필터 ('기본작업-1' 시트)

① [B33] 셀에는 필드명 대신 조건을, [B34] 셀에는 =AND(B5<>"서울",E5>=AVERAGE($E$5:$E$31))을 조건으로 입력한다.

입력 함수 해설

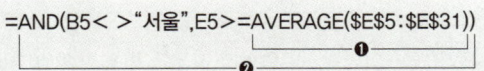

❶ AVERAGE($E$5:$E$31): [E5:E31] 영역(전체 성적)의 평균을 반환한다.
❷ AND(B5<>"서울",E5>=❶): [B5]셀 문자열(지역)이 '서울'이 아니면서 [E5] 셀 값이 ❶(전체 성적의 평균) 이상이면 TRUE, 그렇지 않으면 FALSE를 반환한다.

② [B4:F31] 영역에서 임의의 셀 선택 → [데이터] 탭-[정렬 및 필터] 그룹-[고급]을 클릭한다.
③ [고급 필터] 대화상자가 나타나면 '결과'의 '다른 장소에 복사'를 선택 → '목록 범위'는 [B4:F31] 영역, '조건 범위'는 [B33:B34] 영역, '복사 위치'는 [B36] 셀을 지정 → [확인] 단추를 클릭한다.

2 조건부 서식 ('기본작업-1' 시트)

① 조건부 서식을 지정할 [B5:F31] 영역을 드래그하여 선택 → [홈] 탭-[스타일] 그룹-[조건부 서식]-[새 규칙]을 선택한다.
② [새 서식 규칙] 대화상자가 나타나면 '규칙 유형 선택'에서 '수식을 사용하여 서식을 지정할 셀 결정'을 선택 → '다음 수식이 참인 값의 서식 지정'에 =ISODD(ROW()) 입력 → [서식] 단추를 클릭한다.

입력 함수 해설

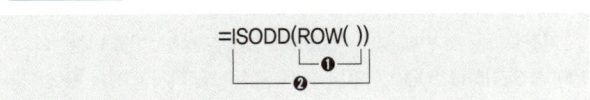

❶ ROW(): 행 번호를 반환한다.
❷ ISODD(❶): ❶이 홀수이면 TRUE, 그렇지 않으면 FALSE를 반환한다.

③ [셀 서식] 대화상자가 나타나면 [글꼴] 탭에서 '글꼴 스타일'은 '굵게'를 선택 → [채우기] 탭에서 '배경색'은 '표준 색'의 '노랑'을 선택 → [확인] 단추를 클릭한다.
④ [새 서식 규칙] 대화상자로 되돌아오면 '미리 보기'에서 지정한 서식을 확인 → [확인] 단추를 클릭한다.

3 시트 보호 ('기본작업-2' 시트)

① 워크시트 전체 셀의 셀 잠금을 해제하기 위해 행/열 머리글의 ◢에서 마우스 오른쪽 단추를 클릭하고 바로 가기 메뉴에서 [셀 서식](Ctrl+1)을 선택한다.
② [셀 서식] 대화상자가 나타나면 [보호] 탭에서 '잠금' 체크 해제 → [확인] 단추를 클릭한다.
③ [G5:H31] 영역을 드래그하여 선택 → 마우스 오른쪽 단추를 클릭하고 바로 가기 메뉴에서 [셀 서식](Ctrl+1)을 선택한다.
④ [셀 서식] 대화상자가 나타나면 [보호] 탭에서 '잠금'과 '숨김'에 체크→ [확인] 단추를 클릭한다.
⑤ 영역 선택을 해제하기 위해 임의의 셀 선택 → [검토] 탭-[보호] 그룹-[시트 보호]를 클릭한다.
⑥ [시트 보호] 대화상자가 나타나면 '워크시트에서 허용할 내용'의 '잠긴 셀 선택', '잠기지 않은 셀 선택', '정렬'에 체크 → [확인] 단추를 클릭한다.
⑦ [보기] 탭-[통합 문서 보기] 그룹-[페이지 나누기 미리 보기]를 클릭한다.
⑧ 페이지 나누기 미리 보기 화면이 표시되면 1행 위에 표시된 파란색 실선을 1행 아래까지 드래그하여 페이지 구분선 조정 → G열과 H열 사이에 표시된 파란색 점선을 H열 오른쪽까지 드래그하여 페이지 구분선을 조정한다.

문제 ❷ 계산작업 (30점)

1 장기근속수당[E3:E9] 표시하기

[E3] 셀 선택 → 수식 입력줄에 =IF(YEAR(TODAY())-YEAR(B3)>=10,200000,100000)을 입력한 후 Enter 를 누름 → [E3] 셀의 자동 채우기 핸들을 [E9] 셀까지 드래그하여 함수식을 복사한다.

입력 함수 해설

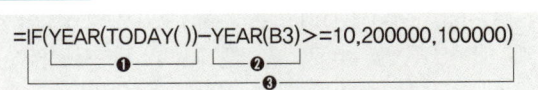

❶ YEAR(TODAY()): 현재 날짜의 연도를 반환한다.
❷ YEAR(B3): [B3] 셀 날짜(입사일자)의 연도를 반환한다.
❸ IF(❶-❷>=10,200000,100000): ❶(현재 날짜의 연도)에서 ❷(입사일자의 연도)를 뺀 값이 10 이상이면 200000을, 그렇지 않으면 100000을 반환한다.
(단, 실습을 진행하는 날짜(TODAY)에 따라 결과값이 달라질 수 있음)

> 함수 형식

TODAY( )	현재 날짜를 반환
YEAR(날짜)	'날짜'의 연도를 반환
IF(조건식,값1,값2)	'조건식'이 참이면 '값1', 거짓이면 '값2' 반환

2 fn비만도[F3:F9] 표시하기

① [개발 도구] 탭–[코드] 그룹–[Visual Basic]을 클릭한다.
② [Visual Basic Editor] 창이 나타나면 **[삽입] 메뉴–[모듈]**을 선택 → [프로젝트 탐색기] 창에 'Module1'이 생성되었는지 확인한다.
③ 'Module1' [코드] 창에 다음과 같이 코드를 입력 → [닫기] 단추(☒)를 클릭한다.

> 입력 코드 해설

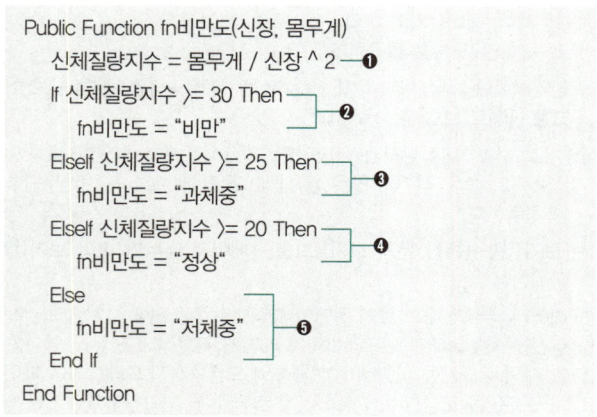

❶ '신체질량지수'를 '몸무게/신장²'의 값으로 정의한다.
❷ '신체질량지수'가 30 이상이면 '비만'을 'fn비만도' 사용자 정의 함수에서 반환한다.
❸ '신체질량지수'가 25 이상이면 '과체중'을 'fn비만도' 사용자 정의 함수에서 반환한다.
❹ '신체질량지수'가 20 이상이면 '정상'을 'fn비만도' 사용자 정의 함수에서 반환한다.
❺ '신체질량지수'가 ❷, ❸, ❹ 외에는 '저체중'을 'fn비만도' 사용자 정의 함수에서 반환한다.

④ [F3] 셀 선택 → [함수 삽입] 단추를 클릭한다.
⑤ [함수 마법사] 대화상자가 나타나면 '범주 선택'에서 '사용자 정의'를, '함수 선택'에서 'fn비만도'를 선택 → [확인] 단추를 클릭한다.
⑥ [함수 인수] 대화상자가 나타나면 '신장'에는 [C3] 셀, '몸무게'에는 [D3] 셀을 지정 → [확인] 단추를 클릭한다.
⑦ [F3] 셀의 자동 채우기 핸들을 [F9] 셀까지 드래그하여 함수식을 복사한다.

3 신장의 50% 이상인 값의 평균[F12] 계산하기

[F12] 셀 선택 → 수식 입력줄에 =AVERAGE(IF(C3:C9>=PERCENTILE(C3:C9,0.5),C3:C9))를 입력한 후 Ctrl+Shift+Enter를 누른다.

> 입력 함수 해설

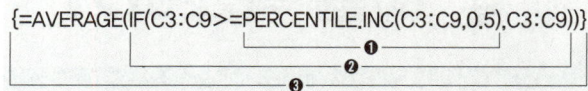

❶ PERCENTILE.INC(C3:C9,0.5): [C3:C9] 영역(표1의 신장(m))에서 0.5번째의 백분위수를 반환한다. 즉, [C3:C9] 영역에서 50%에 해당하는 값을 반환한다.
❷ IF(C3:C9>=❶,C3:C9): [C3:C9] 영역(표1의 신장(m))에서 ❶ (50%) 이상인 경우에만 [C3:C9] 영역(표1의 신장(m))에서 해당하는 행의 값을 반환한다.
❸ {=AVERAGE(❷)}: ❷('신장(m)'을 반환하는 경우)의 평균을 반환한다.

> 함수 형식

PERCENTILE.INC(범위, 인수)	'범위'에서 지정한 '인수' 번째의 백분위수를 반환
{=AVERAGE(IF(조건,평균을 구할 범위))}	조건이 한 개(조건이 TRUE)인 경우에 평균을 반환하는 배열 수식

4 점수[F16:F25] 표시하기

[F16] 셀 선택 → 수식 입력줄에 =SUMPRODUCT(C16:E16,OFFSET($H$15,MATCH(B16,$H$16:$H$18,0),1,1,3))을 입력한 후 Enter를 누름 → [F16] 셀의 자동 채우기 핸들을 [F25] 셀까지 드래그하여 함수식을 복사한다.

> 입력 함수 해설

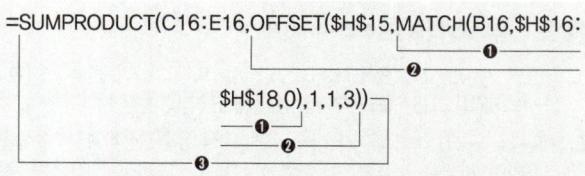

❶ MATCH(B16,$H$16:$H$18,0): [H16:H18] 영역(표4의 학과명)에서 [B16] 셀 문자열(전자공학과)와 같은 첫 번째 값(0)을 찾아 상대 위치를 반환한다. 즉, 학과명이 전자공학과이고 [H16:H18] 영역에서 전자공학과는 첫 번째 행에 위치하므로 상대 위치는 '1'을 반환한다.
❷ OFFSET($H$15,❶,1,1,3): [H15] 셀 문자열(학과명)에서 ❶(전자공학과의 상대 위치인 1) 행 1열만큼 떨어진 위치([I16])에서 1의 높이와 3의 너비에 해당하는 영역을 반환한다. 즉, [I16:K16] 영역(전자공학과의 학점 반영 비율)을 반환한다.
❸ SUMPRODUCT(C16:E16,❷): [C16:E16] 영역(표3의 중간고사, 기말고사, 과제)과 ❷(전자공학과의 학점 반영 비율)에서 대응하는 요소끼리 곱하고 그 곱의 합계를 반환한다. 즉, [C16] 셀 값(중간고사)과 [I16] 셀 값(중간고사 반영 비율)을 곱한 값, [D16] 셀 값(기말고사)과 [J16] 셀 값(기말고사 반영 비율)을 곱한 값, [E16] 셀 값(과제)과 [K16] 셀 값(과제 반영 비율)을 곱한 값의 합계(점수)를 반환한다.

함수 형식

함수	설명
MATCH(검색값,배열 검색,검색 유형)	• '검색값'과 일치하는 '배열' 요소를 찾아 상대 위치 반환 • 검색 유형 – 1: 검색값보다 작거나 같은 값 중 가장 큰 값(오름차순 정렬되어 있어야 함) – 0: 검색값과 같은 첫 번째 값 – -1: 검색값보다 크거나 같은 값 중 가장 작은 값(내림차순 정렬되어 있어야 함)
OFFSET(범위,행,열,높이,너비)	'범위'에서 지정한 '행'과 '열'만큼 떨어진 위치의 영역을 반환
SUMPRODUCT(배열1,배열2,…)	'배열1'과 '배열2'에서 대응하는 요소끼리 곱하고 그 곱의 합계를 반환

5 점수대별 인원수[I22:I26] 표시하기

[I22:I26] 영역을 드래그하여 선택 → 수식 입력줄에 =TEXT(FREQUENCY(F16:F25,H22:H26),"0명")을 입력한 후 Ctrl + Shift + Enter 를 누른다.

입력 함수 해설

{=TEXT(FREQUENCY(F16:F25,H22:H26),"0명")}
         ❶
    ❷

❶ FREQUENCY(F16:F25,H22:H26): [F16:F25] 영역(표3의 점수)에 대한 [H22:H26] 영역(표5의 점수)에서 해당하는 행의 빈도수(점수별 인원수)를 반환한다.

❷ {=TEXT(❶,"0명")}: ❶(점수별 인원수)을 '유효하지 않은 자릿수를 0으로 표시하여 0명' 형식의 문자열로 변환하여 반환한다.

함수 형식

함수	설명
FREQUENCY(배열1,배열2)	'배열2'의 범위에 대한 '배열1' 요소의 빈도수를 반환
TEXT(인수,형식)	'인수'를 지정된 '형식'의 문자열로 변경하여 반환

문제 ❸ 분석작업 (20점)

1 피벗 테이블('분석작업-1' 시트)

① 피벗 테이블을 삽입할 [A3] 셀 선택 → [데이터] 탭-[데이터 가져오기 및 변환] 그룹-[데이터 가져오기]-[기타 원본에서]-[MicroSoft Query에서]를 선택한다.

② [데이터 원본 선택] 대화상자가 나타나면 [데이터베이스] 탭에서 'MS Access Database*'를 선택 → [확인] 단추를 클릭한다.

③ [데이터베이스 선택] 대화상자가 나타나면 'C:\에듀윌_2026컴활1급실기\기출변형문제\스프레드시트실무\실습\5회' 경로에서 '중간고사.accdb' 파일 선택 → [확인] 단추를 클릭한다.

④ [쿼리 마법사 – 열 선택] 대화상자가 나타나면 '사용할 수 있는 테이블과 열'에서 〈중간고사성적〉 테이블을 더블클릭 → 〈중간고사성적〉 테이블에 포함된 열 목록이 나타나면 '성명', '학년', '학과명', '일반수학', '토익', '토플', '컴활' 열을 각각 '쿼리에 포함된 열'로 이동 → [다음] 단추를 클릭한다.

⑤ [쿼리 마법사 – 데이터 필터] 대화상자에서 필터할 열이 없으므로 [다음] 단추를 클릭한다.

⑥ [쿼리 마법사 – 정렬 순서] 대화상자에서 지정할 정렬 기준이 없으므로 [다음] 단추를 클릭한다.

⑦ [쿼리 마법사 – 마침] 대화상자에서 'Microsoft Excel(으)로 데이터 되돌리기'가 선택되었는지 확인 → [마침] 단추를 클릭한다.

⑧ [데이터 가져오기] 대화상자가 나타나면 데이터를 표시할 방법은 '피벗 테이블 보고서'를 선택 → 데이터 작성 위치는 '기존 워크시트'의 [A3] 셀로 지정되었는지 확인 → [확인] 단추를 클릭한다.

⑨ [피벗 테이블 필드] 창이 나타나면 '성명'은 '필터' 영역으로, '학년'과 '학과명'은 '행' 영역으로, 일반수학, 컴활, 토익, 토플은 값 영역으로 드래그한다.

⑩ 보고서 레이아웃을 개요 형식으로 표시하기 위해 [디자인] 탭-[레이아웃] 그룹-[보고서 레이아웃]-[개요 형식으로 표시]를 선택한다.

⑪ '일반수학' 필드의 값을 평균으로 지정하고 표시 형식을 지정하기 위해 '값' 영역에서 '합계 : 일반수학' 클릭 → [값 필드 설정]을 선택한다.

⑫ [값 필드 설정] 대화상자가 나타나면 [값 요약 기준] 탭의 '선택한 필드의 데이터'에서 '평균' 선택 → [표시 형식] 단추를 클릭한다.

⑬ [셀 서식] 대화상자가 나타나면 [표시 형식] 탭에서 '범주'는 '사용자 지정'을 선택 → '형식'에 0"점"을 입력 → [확인] 단추를 클릭한다.

⑭ [값 필드 설정] 대화상자로 되돌아오면 [확인] 단추를 클릭한다.

⑮ 이와 같은 방식으로 '컴활', '토익', '토플' 필드의 값을 '평균'으로 지정하고 사용자 지정 표시 형식을 0"점"으로 지정한다.

⑯ 열의 총합계는 표시되지 않도록 하기 위해 [디자인] 탭-[레이아웃] 그룹-[총합계]-[행의 총합계만 설정]을 선택한다.

⑰ 부분합을 추가하기 위해 [디자인] 탭-[레이아웃] 그룹-[부분합]-[그룹 하단에 모든 부분합 표시]를 선택한다.

⑱ '1'학년 '재료공학'의 '토익' 데이터만 별도의 시트에 생성하기 위해 [E5] 셀을 더블클릭한다.

⑲ '분석작업-1' 시트의 바로 왼쪽에 새로운 'Sheet1' 시트가 추가되면 'Sheet1' 시트 탭을 더블클릭 → 시트 탭에 재료공학토익을 입력한 후 Enter 를 누른다.

2 데이터 유효성 검사와 정렬('분석작업-2' 시트)

① [D3:H20] 영역을 드래그하여 선택 → [데이터] 탭-[데이터 도구] 그룹-[데이터 유효성 검사]를 클릭한다.

② [데이터 유효성] 대화상자가 나타나면 [설정] 탭의 '제한 대상'에서 '정수'를 선택 → '최소값'에 0을, '최대값'에 100을 입력한다.

③ [설명 메시지] 탭에서 '제목'에 '점수입력'을, '설명 메시지'에 '0~100 사이 정수'를 입력한다.

④ [오류 메시지] 탭에서 '스타일'은 '정보'를 선택 → '제목'에 입력오류를, '오류 메시지'에 정확히 입력해주세요를 입력 → [확인] 단추를 클릭한다.

⑤ [A2:H20] 영역에서 임의의 셀 선택 → [데이터] 탭-[정렬 및 필터] 그룹-[정렬]을 클릭한다.

⑥ [정렬] 대화상자가 나타나면 정렬 기준에서 '열'은 '학과명', '정렬 기준'은 '값', '정렬'은 '사용자 지정 목록'으로 선택한다.

⑦ [사용자 지정 목록] 대화상자가 나타나면 '목록 항목'에 재료공학을 입력한 후 Enter 를 누름 → 이와 같은 방법으로 전자공학, 컴퓨터공학, 전기정보를 차례로 입력한 후 [추가] 단추 클릭 → [확인] 단추를 클릭한다.

⑧ [정렬] 대화상자로 되돌아오면 [기준 추가] 단추 클릭 → 다음 기준에서 '열'은 '성명', '정렬 기준'은 '값', '정렬'은 '오름차순'으로 지정 → [확인] 단추를 클릭한다.

문제 ④ 기타작업 (35점)

1 차트 ('기타작업-1' 시트)

① Ctrl 을 누른 상태에서 [C8] 셀과 [E8:G8] 영역을 드래그하여 선택한 후 Ctrl + C 를 눌러 복사 → 차트 영역을 선택한 후 Ctrl + V 를 눌러 '아리아'의 '컴활', '파이썬', '토익' 데이터를 추가한다.

② [차트 디자인] 탭-[차트 레이아웃] 그룹-[차트 요소 추가]-[축 제목]-[기본 가로]를 선택하여 가로 (항목) 축 제목을 추가한다.

③ 가로 (항목) 축 제목을 선택한 상태에서 수식 입력줄에 =을 입력한 후 [C3] 셀을 선택하고 Enter 를 누름 → [서식] 탭-[도형 스타일] 그룹-[자세히] 단추(▼)를 클릭 → '색 채우기 - 녹색, 강조 6'을 선택한다.

④ 세로 (값) 축 제목을 더블클릭 → [축 제목 서식] 창이 나타나면 '제목 옵션'의 '크기 및 속성'(📐)에서 '맞춤'의 '텍스트 방향'을 '스택형'으로 지정한다.

⑤ '토익' 계열 클릭 → [차트 디자인] 탭-[차트 레이아웃] 그룹-[차트 요소 추가]-[데이터 레이블]-[데이터 설명선]을 선택하여 데이터 레이블을 추가한다.

⑥ 데이터 레이블 더블클릭 → [데이터 레이블 서식] 창이 나타나면 '레이블 옵션'의 '레이블 옵션'(📊)에서 '레이블 옵션'의 '항목 이름'을 체크 해제하여 '값'만 표시한다.

⑦ 임의의 데이터 계열 더블클릭 → [데이터 계열 서식] 창이 나타나면 '계열 옵션'의 '계열 옵션'에서 '계열 겹치기'를 '50%', '간격 너비'를 '80%'로 지정 → [닫기] 단추(✕)를 클릭한다.

2 매크로 ('기타작업-2' 시트)

① [개발 도구] 탭-[코드] 그룹-[매크로 기록]을 클릭한다.

② [매크로 기록] 대화상자가 나타나면 '매크로 이름'에 평가부분합 입력 → [확인] 단추를 클릭한다.

③ 부분합을 계산하기 전 '부서'를 기준으로 오름차순, '이름'을 기준으로 오름차순 정렬하기 위해 [A3:G15] 영역에서 임의의 셀 선택 → [데이터] 탭-[정렬 및 필터] 그룹-[정렬]을 클릭한다.

④ [정렬] 대화상자가 나타나면 정렬 기준에서 '세로 막대형'은 '부서', '정렬 기준'은 '셀 값', '정렬'은 '오름차순'으로 지정 → [기준 추가] 단추 클릭 → 다음 기준에서 '세로 막대형'은 '이름', '정렬 기준'은 '셀 값', '정렬'은 '오름차순'으로 지정 → [확인] 단추를 클릭한다.

⑤ '총점'의 평균을 계산하기 위해 [데이터] 탭-[개요] 그룹-[부분합]을 클릭한다.

⑥ [부분합] 대화상자가 나타나면 '그룹화할 항목'에서는 '부서'를, '사용할 함수'에서는 '평균'을 선택 → '부분합 계산 항목'에서 '총점'만 체크 → [확인] 단추를 클릭한다.

⑦ '분석', '컴활', '워드'의 최대값을 계산하는 부분합을 추가하기 위해 임의의 셀을 선택한 상태에서 [데이터] 탭-[개요] 그룹-[부분합]을 클릭한다.

⑧ [부분합] 대화상자가 나타나면 '그룹화할 항목'에서는 '부서'를, '사용할 함수'에서는 '최대'를 선택 → '부분합 계산 항목'에서 '분석', '컴활', '워드'를 체크하고 '총점' 체크 해제 → '새로운 값으로 대치' 체크 해제 → [확인] 단추를 클릭한다.

⑨ 매크로 기록을 중지하기 위해 임의의 셀 선택 → [개발 도구] 탭-[코드] 그룹-[기록 중지]를 클릭한다.

⑩ [삽입] 탭-[일러스트레이션] 그룹-[도형]을 클릭한 후 '기본 도형'의 '사각형: 빗면'을 선택한다.

⑪ Alt 를 누른 상태에서 [I3:J4] 영역을 드래그하여 도형을 그린다.

⑫ 도형을 선택한 상태에서 도형에 평가부분합 입력 → 도형에서 마우스 오른쪽 단추를 클릭하고 바로 가기 메뉴에서 [매크로 지정]을 선택한다.

⑬ [매크로 지정] 대화상자가 나타나면 '매크로 이름'에 '평가부분합'을 선택 → [확인] 단추를 클릭한다.

⑭ [개발 도구] 탭-[코드] 그룹-[매크로 기록]을 클릭한다.

⑮ [매크로 기록] 대화상자가 나타나면 '매크로 이름'에 부분합취소 입력 → [확인] 단추를 클릭한다.

⑯ 부분합을 제거하기 위해 [A3:G23] 영역에서 임의의 셀 선택 → [데이터] 탭-[개요] 그룹-[부분합]을 클릭한다.

⑰ [부분합] 대화상자가 나타나면 [모두 제거] 단추를 클릭한다.

⑱ 매크로 기록을 중지하기 위해 임의의 셀 선택 → [개발 도구] 탭-[코드] 그룹-[기록 중지]를 클릭한다.

⑲ [개발 도구] 탭-[컨트롤] 그룹-[삽입]을 클릭한 후 '양식 컨트롤'의 '단추'를 선택한다.

⑳ Alt 를 누른 상태에서 [I6:J7] 영역을 드래그하여 단추를 그린다.

㉑ [매크로 지정] 대화상자가 나타나면 '매크로 이름'에 '부분합취소'를 선택 → [확인] 단추를 클릭한다.

㉒ 단추를 선택한 상태에서 단추에 입력된 기본 텍스트를 삭제한 후 부분합취소 입력 → 임의의 셀을 선택하여 텍스트 편집을 완료한다.

㉓ '평가부분합' 도형과 '부분합취소' 단추를 클릭하여 매크로가 정상적으로 실행되는지 확인한다.

3 프로시저 ('기타작업-3' 시트)

① [개발 도구] 탭-[컨트롤] 그룹-[디자인 모드] 클릭 → '주문' 단추를 더블클릭한다.

② [Visual Basic Editor] 창이 나타나면 [코드] 창에서 'cmd주문_Click ( )' 프로시저에 다음과 같이 코드를 입력한다.

⌜ 입력 코드 해설 ⌝

```
Private Sub cmd주문_Click( )
    주문.Show ─ ❶
End Sub
```

❶ 〈주문〉 폼을 화면에 표시한다.

③ [프로젝트 탐색기] 창의 〈주문〉 폼에서 마우스 오른쪽 단추를 클릭하고 바로 가기 메뉴에서 [코드 보기]를 선택한다.

④ [코드] 창에서 '개체'는 'UserForm', '프로시저'는 'Initialize' 선택 → 'UserForm_Initialize( )' 프로시저에 다음과 같이 코드를 입력한다.

> 입력 코드 해설

```
Private Sub UserForm_Initialize( )
    List종류.RowSource = "J5:K11"   —❶
    cmb할인.AddItem "무"   —❷
    cmb할인.AddItem "유"          ┐
    txt수량.Value = 0              ┘—❸
End Sub
```

❶ 'List종류' 리스트 상자의 속성값을 [J5:K11] 영역의 값으로 지정한다.
❷ 'cmb할인' 목록 상자에 '무', '유'를 추가할 값(AddItem)으로 지정한다.
❸ 'txt수량' 텍스트 상자의 초기값을 0으로 지정한다.

⑤ '개체'에서 'cmd입력'을 선택하고 '프로시저'에 'Click'으로 지정되었는지 확인 → 'cmd입력_Click( )' 프로시저에 다음과 같이 코드를 입력한다.

> 입력 코드 해설

```
Private Sub cmd입력_Click( )
    Line = Range("A3").CurrentRegion.Rows.Count + 3   —❶
    list_n = List종류.ListIndex   —❷

    If txt수량.Value <= 0 Then                          ┐
        MsgBox "정확한 수량을 입력하세요"                 ┘—❸
    Else
        Cells(Line, 1) = txt거래처명.Value   —❹
        Cells(Line, 2) = cmb할인.Value   —❺
        Cells(Line, 3) = List종류.List(list_n, 0)   —❻
        Cells(Line, 4) = txt수량.Value   —❼

        If cmb할인.Value = "유" Then                                    ┐
            Cells(Line, 5) = txt수량.Value * List종류.List(list_n, 1) * 0.9 │
        Else                                                             │—❽
            Cells(Line, 5) = txt수량.Value * List종류.List(list_n, 1)      │
        End If                                                           ┘
    End If   —❾
End Sub
```

❶ [A3] 셀을 기준으로 인접 범위에 입력된 데이터 행의 개수와 3을 더한 행 위치를 'Line' 변수에 반환한다. 즉, 데이터가 입력되어 있는 3~5행 3개의 행 개수에서 [A3] 셀의 위치인 3을 더하여 6행부터 데이터를 입력한다.
❷ 'List종류' 리스트 상자에서 선택한 데이터(종류/단가)의 위치(ListIndex)를 'list_n' 변수에 반환한다.

❸ 'txt수량'에 입력한 데이터(수량)가 0 이하이면 메시지 박스에 '정확한 수량을 입력하세요'를 표시하고, 그렇지 않으면 ❹~❽을 입력한다.
❹ 6행(Line) 1열에 'txt거래처명' 텍스트 상자에 입력한 데이터(거래처)를 입력한다.
❺ 6행(Line) 2열에 'cmb할인'에 목록 상자에서 선택한 데이터(할인)를 입력한다.
❻ 6행(Line) 3열에 'List종류' 리스트 상자에서 선택한 데이터의 위치(List종류.ListIndex)의 첫 번째 열(0)에 해당하는 데이터(종류)를 입력한다.
❼ 6행(Line) 4열에 'txt수량' 텍스트 상자에 입력한 데이터(수량)을 입력한다.
❽ 'cmb할인' 목록 상자에서 선택한 값이 '유'이면 '수량*단가*0.9'를, 그렇지 않으면 '수량*단가' 값을 6행(Line) 5열에 입력한다. 단, 단가는 'List종류' 리스트 상자에서 선택한 데이터의 위치(List종류.ListIndex)의 두 번째 열(1)에 해당하는 데이터(단가)로 계산한다.

⑥ '개체'에서 'cmd종료'를 선택하고 '프로시저'에 'Click'으로 지정되었는지 확인 → 'cmd종료_Click( )' 프로시저에 다음과 같이 코드를 입력한다.

> 입력 코드 해설

```
Private Sub cmd종료_Click( )
    Unload Me   —❶
End Sub
```

❶ 현재 작업중인 폼을 화면과 메모리에서 제거한다.

⑦ 결과를 확인하기 위해 [보기 Microsoft Excel] 단추(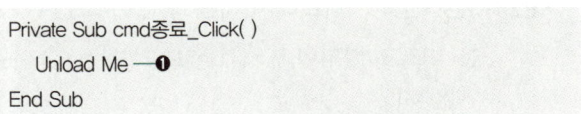)를 클릭 → '기타작업-3' 시트로 되돌아오면 [개발 도구] 탭-[컨트롤] 그룹-[디자인 모드]를 클릭하여 디자인 모드를 해제한다.
⑧ '주문' 단추 클릭 → 〈주문〉 폼에서 '할인' 목록 상자에 '무'와 '유'가 표시되는지, '종류/단가' 리스트 상자에 [J5:K11] 영역의 값이 표시되는지 확인 → '수량'에 0이 입력된 상태에서 [입력] 단추를 클릭하여 메시지 상자를 확인 → [확인] 단추를 클릭한다.
⑨ 〈주문〉 폼에서 다음과 같이 데이터를 입력한 후 [입력] 단추를 클릭하여 데이터가 정확히 삽입되는지 확인 → '종료' 단추를 클릭하여 폼이 종료되는지 확인한다.

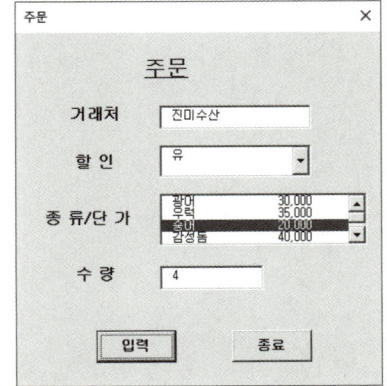

제6회 기출변형문제

프로그램명	제한시간	합격선	외부 데이터 위치
EXCEL 2021	45분	70점	C:\에듀윌_2026컴활1급실기\기출변형문제\스프레드시트실무\실습\6회\제6회기출변형문제.xlsm

문제 ❶ 기본작업 (15점) 주어진 시트에서 다음 과정을 수행하고 저장하시오.

1 '기본작업-1' 시트에서 다음과 같이 고급 필터를 수행하시오. (5점)

- [B3:H23] 영역에서 '사원코드'의 마지막 글자가 '1'이고, '입사일'이 '3월' 또는 '4월'인 행에 대해서 '사원코드', '사원명', '입사일', '직책' 열을 순서대로 표시하시오.
- 조건은 [B25:B26] 영역에 알맞게 입력하시오.(AND, OR, RIGHT, MONTH 함수 사용)
- 결과는 [B28] 셀부터 표시하시오.

2 '기본작업-1' 시트에서 다음과 같이 조건부 서식을 설정하시오. (5점)

- [B4:H23] 영역에 대해서 '급여'가 가장 많거나 가장 적은 행 전체에 대해 채우기 색을 '표준 색 – 빨강'으로 적용하시오.
- 단, 규칙 유형은 '수식을 사용하여 서식을 지정할 셀 결정'을 사용하고 한 개의 규칙으로만 작성하시오.
- MAX, MIN 함수를 사용하시오.

3 '기본작업-2' 시트에서 다음과 같이 페이지 레이아웃을 설정하시오. (5점)

- 기존 인쇄 영역에 [A36:G44] 영역을 인쇄 영역으로 추가하고, 5행이 매 페이지마다 반복하여 인쇄되도록 인쇄 제목을 설정하시오.
- 행 머리글(1, 2, 3 등)과 열 머리글(A, B, C 등)이 인쇄되도록 설정하시오.
- 매 페이지 상단의 가운데 구역에는 페이지 번호가 [표시 예]와 같이 표시되도록 머리글을 설정하시오.
  [표시 예: 현재 페이지 번호 1, 전체 페이지 번호 4 → 4페이지 중 1페이지]

문제 ❷ 계산작업 (30점) '계산작업' 시트에서 다음 과정을 수행하고 저장하시오.

1 [표1]의 '기준일'과 '취업일'을 이용하여 연차[E3:E17]를 표시하시오. (6점)

▶ '기준일'은 [G1] 셀 참조
▶ '연차'는 연 단위로 표시하되, 개월 수가 부족한 해는 연수에 포함함
 [표시 예: '취업일'이 '20-12-28'이고 '기준일'이 '22-10-20'인 경우 → 2년차]
▶ 1년은 365일로 계산
▶ DAYS, TEXT, QUOTIENT 함수 사용

2 [표2]의 '연차'와 '기본급여'를 이용하여 총급여[G3:G17]를 표시하시오. (6점)

▶ 총급여=기본급여+직급별수당+연차별인센티브
▶ '직급별수당'은 [표2]를 참조하며, '연차별인센티브'는 연차에 해당하는 숫자에 100,000을 곱한 금액으로 계산
▶ VALUE, LEFT, LOOKUP 함수 사용

3 사용자 정의 함수 'fn보안'을 작성하여 [표1]의 보안[H3:H17]을 표시하시오. (6점)

▶ 'fn보안'은 '이름'과 '부서'를 인수로 받아 값을 되돌려줌
▶ 이름의 첫 글자와 'ㅇㅇ/'를 연결하고, 부서가 '개발팀'인 경우 '부서1', '영업팀'인 경우 '부서2', 그 외는 '부서3'을 연결하여 표시[표시 예: 이름이 '노동관', 부서가 '개발팀'인 경우 → 노ㅇㅇ/부서1]
▶ If~Else문, MID 함수, & 연산자 사용

Public Function fn보안(이름, 부서)

End Function

4 [표1]의 '부서', '직급', '기본급여'를 이용하여 부서별/직급별 기본급여의 합계를 [표3]의 [E21:G23] 영역에 계산하시오. (6점)

▶ SUM, IF 함수를 이용한 배열 수식

5 [표1]의 '부서', '연차', '총급여'를 이용하여 부서별 1년차 총급여의 평균을 [표3]의 [B27:B29] 영역에 계산하시오. (6점)

▶ AVERAGE, IF 함수를 이용한 배열 수식

문제 ❸ 분석작업 (20점)   주어진 시트에서 다음 과정을 수행하고 저장하시오.

1 '분석작업-1' 시트에서 다음의 지시사항에 따라 피벗 테이블 보고서를 작성하시오. (10점)

- '외부 데이터 가져오기' 기능을 이용하여 〈성적결과.accdb〉의 〈2학기성적결과〉 테이블의 '성명', '학과명', '성별', '총점' 열을 이용하시오.
- 피벗 테이블 보고서의 레이아웃 위치는 〈그림〉을 참고하여 설정하고 보고서 레이아웃을 테이블 형식으로 표시하시오.
- '학과명'의 첫 글자가 '전' 또는 '인'인 행만을 대상으로 하시오.
- '총점' 필드의 열 합계 비율을 표시하는 '열 합계 비율' 계산 필드를 추가하고 '총점비율'로 이름을 변경하시오.
- '학과명' 필드를 기준으로 내림차순 정렬하시오.

〈그림〉

	A	B	C	D
1				
2	성명	(모두)		
3				
4	총점비율	성별		
5	학과명	남	여	총합계
6	전자공학과	64.88%	34.22%	51.42%
7	전기공학과	18.41%	23.03%	20.44%
8	인공지능학과	16.72%	42.75%	28.14%
9	총합계	100.00%	100.00%	100.00%
10				

※ 작업 완성된 그림이며 부분 점수 없음

2 '분석작업-2' 시트에 대하여 다음의 지시사항을 처리하시오. (10점)

- 조건부 서식의 상위/하위 규칙을 이용하여 [E4:E12] 영역에서 평균 초과인 값에 대해 '진한 녹색 텍스트가 있는 녹색 채우기' 서식이 적용되도록 설정하시오.
- [시나리오 관리자] 기능을 이용하여 도/소매 판매가격[B16:B17]이 다음과 같이 변동하는 경우 판매금액합계[E13]의 변동 시나리오를 작성하시오.
  - [B16] 셀의 이름은 '도매', [B17] 셀의 이름은 '소매', [E13] 셀의 이름은 '판매금액합계'로 정의하시오.
  - 시나리오1 : 시나리오 이름은 '판매가격인상', 도매 판매가격[B16]은 '30,000', 소매 판매가격[B17]은 '35,000'으로 설정하시오.
  - 시나리오2 : 시나리오 이름은 '판매가격인하', 도매 판매가격[B16]은 '20,000', 소매 판매가격[B17]은 '25,000'으로 설정하시오.
  - '시나리오 요약' 시트는 '분석작업-2' 시트의 바로 왼쪽에 위치해야 함

※ 시나리오 요약 보고서 작성 시 정답과 일치하여야 하며, 오자로 인한 부분 점수는 인정하지 않음

문제 ❹ 기타작업 (35점) 주어진 시트에서 다음 과정을 수행하고 저장하시오.

1 '기타작업-1' 시트에서 다음의 지시사항에 따라 차트를 수정하시오. (각 2점)

※ 차트는 반드시 문제에서 제공한 차트를 사용해야 하고 신규로 차트 작성 시 0점 처리됨

① 총점[E3:E10] 데이터를 차트에 추가한 후 차트 종류를 '표식이 있는 꺾은선형' 변경하고 보조 축으로 지정하시오.
② 기본 세로 (값) 축의 최소값은 '0', 최대값은 '100', 기본 단위는 '25'로 설정하시오.
③ '2차 시험' 계열의 '김영수' 요소에만 데이터 레이블을 〈그림〉과 같이 표시하시오.
④ 차트 영역의 테두리 스타일을 '둥근 모서리', 그림자는 '안쪽 가운데'로 설정하시오.
⑤ '총점' 계열의 표식 옵션의 형식을 '◆', 크기를 '10'으로 지정하시오.

〈그림〉

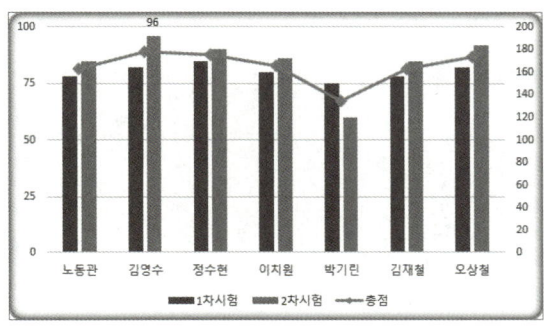

2 '기타작업-2' 시트에서 다음과 같은 기능을 수행하는 매크로를 현재 통합 문서에 작성하시오. (각 5점)

① [데이터 표] 기능을 이용하여 A과목과 B과목의 변동에 따른 평가점수를 [E3:K9] 영역에 계산하는 '평가점수표' 매크로를 생성하시오.
   ▶ [삽입] 탭-[일러스트레이션] 그룹-[도형]을 클릭하여 '사각형'의 '모서리가 둥근 직사각형'을 동일 시트의 [E12:G13] 영역에 생성하고 텍스트를 '평가점수표'로 입력한 후 도형을 클릭하면 '평가점수표' 매크로가 실행되도록 설정하시오.

② [F4:K9] 영역에 대하여 사용자 지정 표시 형식을 설정하는 '합격여부' 매크로를 생성하시오.
   ▶ 셀 값이 80 이상일 때는 파란색으로 '합격'을, 그 외는 빨간색으로 '불합격'을 표시하시오.
   ▶ [삽입] 탭-[일러스트레이션] 그룹-[도형]을 클릭하여 '기본 도형'의 '타원'을 동일 시트의 [I12:K13] 영역에 생성하고 텍스트를 '합격여부'로 입력한 후 도형을 클릭하면 '합격여부' 매크로가 실행되도록 설정하시오.

※ 셀 포인터의 위치에 관계없이 매크로가 실행되어야 정답으로 인정됨

3 '기타작업-3' 시트에서 다음과 같은 작업을 수행하도록 프로시저를 작성하시오. (각 5점)

① '고객정보'(cmd고객정보) 단추를 클릭하면 〈고객정보〉 폼이 나타나도록 설정하고 폼이 초기화(Initialize) 되면 분류(cmb분류) 목록에는 [H5:I8] 영역의 값이 표시되고, 지점(cmb지점)에는 '서울', '부산', '광주', '대구', '대전'이 표시되도록 프로시저를 작성하시오.
   ▶ With~Additem 사용
   ▶ 'cmb분류'와 'cmb지점' 컨트롤의 값은 첫 번째 항목이 기본으로 선택되도록 처리하시오.

② 〈고객정보〉 폼의 '요금계산(cmd요금계산)' 단추를 클릭하면 폼에 입력된 데이터가 [표1]에 입력되어 있는 마지막 행 다음에 연속하여 추가되고, 폼의 모든 컨트롤의 값이 초기화되도록 프로시저를 작성하시오.
   ▶ '이용요금'은 '이용시간×분류별 시간당 금액'으로 계산하되, 이용시간이 3 이상일 경우에는 '이용요금'의 10% 할인을 적용하시오.
   ▶ IF문 사용

〈그림〉

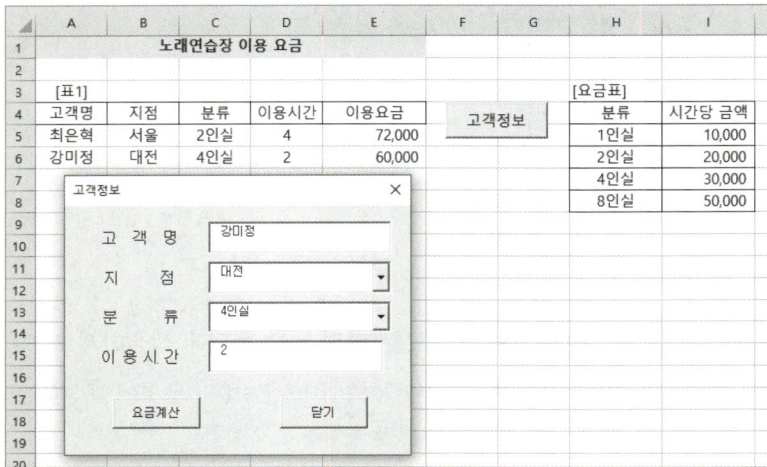

③ '닫기(cmd닫기)' 단추를 클릭하면 '폼을 종료합니다.'라는 메시지를 표시하고 폼을 종료하는 프로시저를 작성하시오.

〈그림〉

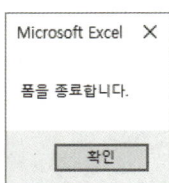

제6회 기출변형문제

해설 확인하기

▶ 정답 확인하기: EXIT 사이트 → 자료실 → 컴퓨터활용능력 1급
→ 실기 기본서 → 정답화면 바로 보기

문제 ❶ 기본작업 (15점)

1 고급 필터 ('기본작업-1' 시트)

① [B25] 셀에는 필드명 대신 조건을, [B26] 셀에는 =AND(RIGHT(B4, 1)="1",OR(MONTH(H4)=3,MONTH(H4)=4))를 조건으로 입력한다.

입력 함수 해설

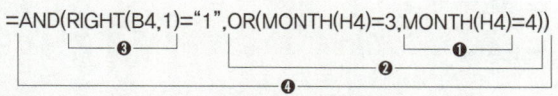
=AND(RIGHT(B4,1)="1",OR(MONTH(H4)=3,MONTH(H4)=4))

❶ MONTH(H4): [H4] 셀 날짜(입사일)의 월을 반환한다.
❷ OR(❶=3,❶=4): ❶(입사일의 월)이 3이거나 4이면 TRUE, 그렇지 않으면 FALSE를 반환한다.
❸ RIGHT(B4,1): [B4] 셀 문자열(사원코드)의 오른쪽에서 한 글자를 추출하여 반환한다.
❹ AND(❸="1",❷): ❸(사원코드의 오른쪽 한 글자)이 '1'이면서 ❷(입사일자의 월이 3이거나 4)가 TRUE이면 TRUE, 그렇지 않으면 FALSE를 반환한다.

② [B3] 셀 선택 → Ctrl을 누른 상태에서 [D3], [H3] 셀을 선택한 후 Ctrl+C를 눌러 필드명 복사 → [B28] 셀을 선택한 후 Ctrl+V를 눌러 필드명을 붙여넣기 → [F3] 셀을 선택한 후 Ctrl+C를 눌러 필드명 복사 → [E28] 셀을 선택한 후 Ctrl+V를 눌러 필드명을 붙여넣는다.

③ [B3:H23] 영역에서 임의의 셀 선택 → [데이터] 탭-[정렬 및 필터] 그룹-[고급]을 클릭한다.

④ [고급 필터] 대화상자가 나타나면 '결과'의 '다른 장소에 복사'를 선택 → '목록 범위'는 [B3:H23] 영역, '조건 범위'는 [B25:B26] 영역, '복사 위치'는 [B28:E28] 영역으로 지정 → [확인] 단추를 클릭한다.

2 조건부 서식 ('기본작업-1' 시트)

① 조건부 서식을 지정할 [B4:H23] 영역을 드래그하여 선택 → [홈] 탭-[스타일] 그룹-[조건부 서식]-[새 규칙]을 선택한다.

② [새 서식 규칙] 대화상자가 나타나면 규칙 유형 선택에서 '수식을 사용하여 서식을 지정할 셀 결정'을 선택 → '다음 수식이 참인 값의 서식 지정'에 =($G4=MAX($G$4:$G$23))+($G4=MIN($G$4:$G$23)) 입력 → [서식] 단추를 클릭한다.

입력 함수 해설

=($G4=MAX($G$4:$G$23))+($G4=MIN($G$4:$G$23))

❶ MAX($G$4:$G$23): [G4:G23] 영역(전체 급여)에서 최대값을 반환한다.
❷ MIN($G$4:$G$23): [G4:G23] 영역(전체 급여)에서 최소값을 반환한다.
❸ ($G4=❶)+($G4=❷): [G4] 셀 값(급여)이 ❶(최대 급여)과 같거나 ❷(최소 급여)와 같으면 TRUE, 그렇지 않으면 FALSE를 반환한다. ('+'는 OR 함수와 같은 의미로 사용되며, 해당 문제에서는 OR 함수는 사용 함수로 제시되지 않았으므로 '+'를 사용해야 함)

③ [셀 서식] 대화상자가 나타나면 [채우기] 탭에서 '배경색'은 '표준 색'의 '빨강'을 선택 → [확인] 단추를 클릭한다.

④ [새 서식 규칙] 대화상자로 되돌아오면 '미리 보기'에서 지정한 서식을 확인 → [확인] 단추를 클릭한다.

3 페이지 레이아웃 ('기본작업-2' 시트)

① [페이지 레이아웃] 탭-[페이지 설정] 그룹-[페이지 설정](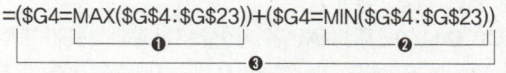)을 클릭한다.

② [페이지 설정] 대화상자가 나타나면 [시트] 탭의 '인쇄 영역'에서 지정된 범위 뒤에 쉼표(,) 입력 → [A36:G44] 영역을 드래그하여 인쇄 영역을 추가 → '반복할 행'에 커서를 올려놓고 5행 머리글을 클릭 → '인쇄'의 '행/열 머리글'을 체크한다.

③ [머리글/바닥글] 탭에서 [머리글 편집] 단추를 클릭한다.

④ [머리글] 대화상자가 나타나면 '가운데 구역'에 커서를 올려놓고 '전체 페이지 수 삽입' 아이콘()을 클릭 → 페이지 중을 입력 → '페이지 번호 삽입' 아이콘()을 클릭 → 페이지를 입력 → [확인] 단추를 클릭한다.

⑤ [페이지 설정] 대화상자로 되돌아오면 [확인] 단추를 클릭한다.

⑥ [파일] 메뉴-인쇄를 선택 → 결과를 확인한다.

문제 ❷ 계산작업 (30점)

1 연차[E3:E17] 표시하기

[E3] 셀 선택 → 수식 입력줄에 =TEXT(QUOTIENT(DAYS($G$1,D3),365)+1,"0년차")를 입력한 후 Enter를 누름 → [E3] 셀의 자동 채우기 핸들을 [E17] 셀까지 드래그하여 함수식을 복사한다.

- 입력 함수 해설

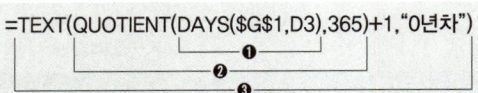

❶ DAYS($G$1,D3): [D3] 셀 날짜(취업일)부터 [G1] 셀 날짜(기준일) 사이의 일 수를 계산하여 반환한다.
❷ QUOTIENT(❶,365): ❶(취업일과 기준일 사이의 일 수)을 365로 나눈 몫(연 수)을 반환한다.
❸ TEXT(❷+1,"0년차"): ❷(연 수)에 1을 더한 값(개월 수가 부족한 해는 연 수에 포함하므로)을 '유효하지 않은 자릿수를 0으로 표시하여 0년차' 형식의 문자열로 변경하여 반환한다.

- 함수 형식

DAYS(종료 날짜,시작 날짜)	'시작 날짜'부터 '종료 날짜' 사이의 일 수를 계산하여 반환
QUOTIENT(수1,수2)	'수1'을 '수2'로 나눈 몫을 반환
TEXT(인수,형식)	'인수'를 지정한 '형식'의 문자열로 변경하여 반환

2 총급여[G3:G17] 표시하기

[G3] 셀 선택 → 수식 입력줄에 =F3+LOOKUP(C3,$A$21:$A$23,$B$21:$B$23)+VALUE(LEFT(E3,1))*100000을 입력한 후 Enter 를 누름 → [G3] 셀의 자동 채우기 핸들을 [G17] 셀까지 드래그하여 함수식을 복사한다.

- 입력 함수 해설

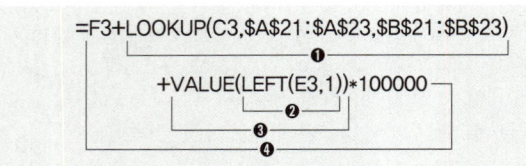

❶ LOOKUP(C3,$A$21:$A$23,$B$21:$B$23): [A21:A23] 영역(표2의 직급)에서 [C3] 셀 문자열(과장)과 정확하게 일치하는 값을 찾아 [B21:B23] 영역(표2의 수당)에서 같은 위치에 있는 값(해당 값이 있는 행의 열 값)을 반환한다.
❷ LEFT(E3,1): [E3] 셀 문자열(연차)의 왼쪽에서 한 글자를 추출하여 반환한다.
❸ VALUE(❷): 숫자 형태의 문자열인 ❷(연차의 왼쪽에서 한 글자)를 숫자로 변경하여 반환한다.
❹ F3+❶+❸*100000: [F3] 셀 값(기본급여), ❶(직급에 해당하는 수당), ❸(연차에 해당하는 숫자)와 100,000을 곱한 값을 합한 값을 표시한다.

- 함수 형식

LOOKUP(값,범위,결과 범위)	'범위'에서 '값'을 찾아 '결과 범위'에서 같은 위치에 있는 값을 반환
LEFT(문자열,개수)	'문자열'의 왼쪽에서 지정한 '개수'만큼 문자를 추출하여 반환
VALUE(문자열)	숫자 형태의 '문자열'을 숫자로 변경하여 반환

3 fn보안[H3:H17] 표시하기

① [개발 도구] 탭-[코드] 그룹-[Visual Basic]을 클릭한다.
② [Visual Basic Editor] 창이 나타나면 [삽입] 메뉴-[모듈]을 선택 → [프로젝트 탐색기] 창에 'Module1'이 생성되었는지 확인한다.
③ 'Module1' [코드] 창에 다음과 같이 코드를 입력 → [닫기] 단추(☒)를 클릭한다.

- 입력 코드 해설

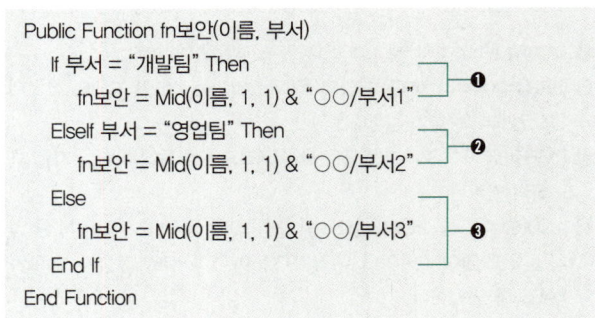

```
Public Function fn보안(이름, 부서)
    If 부서 = "개발팀" Then
        fn보안 = Mid(이름, 1, 1) & "○○/부서1"
    ElseIf 부서 = "영업팀" Then
        fn보안 = Mid(이름, 1, 1) & "○○/부서2"
    Else
        fn보안 = Mid(이름, 1, 1) & "○○/부서3"
    End If
End Function
```

❶ '부서'가 '개발팀'이면 '이름'의 첫 번째부터 한 글자를 추출하고 문자열 결합연산자(&)에 의해 '○○/부서1'을 연결하여 'fn보안' 사용자 정의 함수에서 반환한다.
❷ '부서'가 '영업팀'이면 '이름'의 첫 번째부터 한 글자를 추출하고 문자열 결합연산자(&)에 의해 '○○/부서2'를 연결하여 'fn보안' 사용자 정의 함수에서 반환한다.
❸ ❶, ❷ 외에는 '이름'의 첫 번째부터 한 글자를 추출하고 문자열 결합연산자(&)에 의해 '○○/부서3'을 연결하여 'fn보안' 사용자 정의 함수에서 반환한다.

④ [H3] 셀 선택 → [함수 삽입] 단추를 클릭한다.
⑤ [함수 마법사] 대화상자가 나타나면 '범주 선택'에서 '사용자 정의'를, '함수 선택'에서 'fn보안'을 선택 → [확인] 단추를 클릭한다.
⑥ [함수 인수] 대화상자가 나타나면 '이름'에는 [A3] 셀, '부서'에는 [B3] 셀을 지정 → [확인] 단추를 클릭한다.
⑦ [H3] 셀의 자동 채우기 핸들을 [H17] 셀까지 드래그하여 함수식을 복사한다.

4 부서별/직급별 기본급여의 합계[E21:G23] 계산하기

[E21] 셀 선택 → 수식 입력줄에 =SUM(IF(($B$3:$B$17=$D21)*($C$3:$C$17=E$20),$F$3:$F$17))을 입력한 후 Ctrl + Shift + Enter 를 누름 → [E21] 셀의 자동 채우기 핸들을 [E23] 셀까지 드래그하여 함수식을 복사 → [E23] 셀의 자동 채우기 핸들을 [G23] 셀까지 드래그하여 함수식을 복사한다.

입력 함수 해설

{=SUM(IF(($B$3:$B$17=$D21)*($C$3:$C$17=E$20),$F$3:$F$17))}

❶ ($B$3:$B$17=$D21)*($C$3:$C$17=E$20): [B3:B17] 영역(표1의 부서)에서 각 셀이 [D21] 셀 문자열(개발팀)과 같은지(조건1) 비교하고, [C3:C17] 영역(표1의 직급)에서 각 셀이 [E20] 셀 문자열(대리)과 같은지(조건2) 비교하여 조건1과 조건2를 모두 만족(*)하면 TRUE, 그렇지 않으면 FALSE를 반환한다.

❷ IF(❶,$F$3:$F$17): ❶('부서'가 '개발팀'이면서 '직급'이 '대리')이 TRUE인 경우에만 [F3:F17] 영역(표1의 기본급여)에서 해당하는 행의 값을 반환한다.

❸ {=SUM(❷)}: ❷('기본급여'를 반환하는 경우)의 합계를 반환한다.

함수 형식

{=SUM(IF((조건1)*(조건2),합계를 구할 범위))}	조건이 두 개(조건1, 조건2가 모두 TRUE)인 경우에 합계를 반환하는 배열 수식

5 부서별 8년차 총급여의 평균[B27:B29] 계산하기

[B27] 셀 선택 → 수식 입력줄에 =AVERAGE(IF(($B$3:$B$17=A27)*($E$3:$E$17="8년차"),$G$3:$G$17))을 입력한 후 Ctrl + Shift + Enter 를 누름 → [B27] 셀의 자동 채우기 핸들을 [B29] 셀까지 드래그하여 함수식을 복사한다.

입력 함수 해설

❶ ($B$3:$B$17=A27)*($E$3:$E$17="8년차"): [B3:B17] 영역(표1의 부서)에서 각 셀이 [A27] 셀 문자열(개발팀)과 같은지(조건1) 비교하고, [E3:E17] 영역(표1의 연차)에서 각 셀이 '8년차'와 같은지(조건2) 비교하여 조건1과 조건2를 모두 만족(*)하면 TRUE, 그렇지 않으면 FALSE를 반환한다.

❷ IF(❶,$G$3:$G$17): ❶('부서'가 '개발팀'이면서 '연차'가 '8년차')이 TRUE인 경우에만 [G3:G17] 영역(표1의 총급여)에서 해당하는 행의 값을 반환한다.

❸ {=AVERAGE(❷)}: ❷('총급여'를 반환하는 경우)의 평균을 반환한다.

함수 형식

{=AVERAGE(IF((조건1)*(조건2),합계를 구할 범위))}	조건이 두 개(조건1, 조건2가 모두 TRUE)인 경우에 평균을 반환하는 배열 수식

문제 ❸ 분석작업 (20점)

1 피벗 테이블('분석작업-1' 시트)

① 피벗 테이블을 삽입할 [A4] 셀 선택 → [데이터] 탭-[데이터 가져오기 및 변환] 그룹-[데이터 가져오기]-[기타 원본에서]-[MicroSoft Query에서]를 선택한다.

② [데이터 원본 선택] 대화상자가 나타나면 [데이터베이스] 탭에서 'MS Access Database*'를 선택 → [확인] 단추를 클릭한다.

③ [데이터베이스 선택] 대화상자가 나타나면 'C:\에듀윌_2026컴활1급실기\기출변형문제\스프레드시트실무\실습\6회' 경로에서 '성적결과.accdb' 파일 선택 → [확인] 단추를 클릭한다.

④ [쿼리 마법사 - 열 선택] 대화상자가 나타나면 '사용할 수 있는 테이블과 열'에서 〈2학기성적결과〉 테이블을 더블클릭 → 〈2학기성적결과〉 테이블에 포함된 열 목록이 나타나면 '성명', '학과명', '성별', '총점' 열을 각각 '쿼리에 포함된 열'로 이동 → [다음] 단추를 클릭한다.

⑤ [쿼리 마법사 - 데이터 필터] 대화상자에서 '필터할 열'은 '학과명'을 선택 → '포함할 행에 대한 조건'은 '시작 값'과 '전', '또는', '시작 값'과 '인'을 지정 → [다음] 단추를 클릭한다.

⑥ [쿼리 마법사 - 정렬 순서] 대화상자에서 지정할 정렬 기준이 없으므로 [다음] 단추를 클릭한다.

⑦ [쿼리 마법사 - 마침] 대화상자에서 'Microsoft Excel(으)로 데이터 되돌리기'가 선택되었는지 확인 → [마침] 단추를 클릭한다.

⑧ [데이터 가져오기] 대화상자가 나타나면 데이터를 표시할 방법은 '피벗 테이블 보고서'를 선택 → 데이터 작성 위치는 '기존 워크시트'의 [A4] 셀로 지정되었는지 확인 → [확인] 단추를 클릭한다.

⑨ [피벗 테이블 필드] 창이 나타나면 '성명'은 '필터' 영역으로, '성별'은 '열' 영역으로, '학과명'은 '행' 영역으로, '총점'은 값 영역으로 드래그한다.

⑩ [A5] 셀에 학과명을, [B4] 셀에 성별을 입력한다.

⑪ 보고서 레이아웃을 테이블 형식으로 표시하기 위해 [디자인] 탭-[레이아웃] 그룹-[보고서 레이아웃]-[테이블 형식으로 표시]를 선택한다.

⑫ 열 합계 비율을 기준으로 나타나도록 지정하기 위해 → [피벗 테이블 필드] 창에서 '합계 : 총점' 클릭 → [값 필드 설정]을 선택한다.

⑬ [값 필드 설정] 대화상자가 나타나면 [값 표시 형식] 탭에서 '사용자 지정 이름'에 총점비율을 입력 → '값 표시 형식'에 '열 합계 비율'을 선택 → [확인] 단추를 클릭한다.

⑭ '학과명' 필드를 기준으로 오름차순 정렬하기 위해 '학과명' 필드의 목록 단추(▼) 클릭 → [텍스트 내림차순 정렬]을 선택한다.

2 조건부 서식과 시나리오('분석작업-2' 시트)

① [E4:E12] 영역을 드래그하여 선택 → [홈] 탭-[스타일] 그룹-[조건부 서식]-[상위/하위 규칙]-[평균 초과]를 선택한다.

② [평균 초과] 대화상자가 나타나면 '선택한 범위에서 평균 초과인 셀의 서식 지정'에 '진한 녹색 텍스트가 있는 녹색 채우기'를 선택 → [확인] 단추를 클릭한다.

③ [E13] 셀 선택 → [이름 상자]에 판매금액합계를 입력한 후 Enter 를 누름 → [A16:B17] 영역을 드래그하여 선택 → [수식] 탭-[정의된 이름] 그룹-[선택 영역에서 만들기]를 클릭한다.

④ [선택 영역에서 이름 만들기] 대화상자가 나타나면 '왼쪽 열'에 체크되었는지 확인 → [확인] 단추를 클릭한다.
⑤ [B16:B17] 영역을 드래그하여 선택 → [데이터] 탭-[예측] 그룹-[가상 분석]-[시나리오 관리자]를 선택한다.
⑥ [시나리오 관리자] 대화상자가 나타나면 [추가] 단추를 클릭한다.
⑦ [시나리오 추가] 대화상자가 나타나면 '시나리오 이름'에 판매가격인상을 입력하고 '변경 셀'이 [B16:B17] 영역으로 지정되었는지 확인 → [확인] 단추를 클릭한다.
⑧ [시나리오 값] 대화상자가 나타나면 '도매'에 30,000을, '소매'에 35,000을 입력 → [추가] 단추를 클릭한다.
⑨ [시나리오 추가] 대화상자가 나타나면 '시나리오 이름'에 판매가격인하를 입력하고 '변경 셀'이 [B16:B17] 영역으로 지정되었는지 확인 → [확인] 단추를 클릭한다.
⑩ [시나리오 값] 대화상자가 나타나면 '도매'에 20,000을, '소매'에 25,000을 입력 → [확인] 단추를 클릭한다.
⑪ [시나리오 관리자] 대화상자로 되돌아오면 '판매가격인상'과 '판매가격인하' 시나리오가 추가되었는지 확인 → [요약] 단추를 클릭한다.
⑫ [시나리오 요약] 대화상자가 나타나면 '보고서 종류'는 '시나리오 요약'으로 지정되었는지 확인 → '결과 셀'은 [E13] 셀 지정 → [확인] 단추를 클릭한다.
⑬ '시나리오 요약' 시트가 '분석작업-2' 시트 바로 왼쪽에 위치되었는지 확인한다.

문제 ④ 기타작업 (35점)

1 차트('기타작업-1' 시트)

① [E3:E10] 영역을 드래그하여 선택한 후 Ctrl+C를 눌러 복사 → 차트 영역을 선택한 후 Ctrl+V를 눌러 '총점' 데이터를 추가한다.
② '총점' 계열 선택 → 마우스 오른쪽 단추를 클릭하고 바로 가기 메뉴에서 [계열 차트 종류 변경]을 선택한다.
③ [차트 종류 변경] 대화상자가 나타나면 [모든 차트] 탭의 '혼합' 범주에서 '총점'의 '차트 종류'를 '표식이 있는 꺾은선형'으로 선택하고 '보조 축' 체크 → [확인] 단추를 클릭한다.
④ 기본 세로 (값) 축 더블클릭 → [축 서식] 창이 나타나면 '축 옵션'의 '축 옵션'(▮▮)에서 '축 옵션'의 '경계'는 '최소값'을 '0'으로, '최대값'을 '100'으로, '단위'의 '기본'을 '25'로 지정한다.
⑤ '2차 시험' 계열의 '김영수' 요소만 천천히 두 번 클릭 → [차트 디자인] 탭-[차트 레이아웃] 그룹-[차트 요소 추가]-[데이터 레이블]-[바깥쪽 끝에]를 선택하여 데이터 레이블을 추가한다.
⑥ 차트 영역 더블클릭 → [차트 영역 서식] 창이 나타나면 '차트 옵션'의 '채우기 및 선'(◇)에서 '테두리'의 '둥근 모서리'를 체크 → '효과'(◻)에서 '그림자'의 '미리 설정'을 '안쪽 가운데'로 선택한다.
⑦ '총점' 계열 더블클릭 → [데이터 계열 서식] 창이 나타나면 '계열 옵션'의 '채우기 및 선'(◇)에서 '표식'의 '표식 옵션'을 '기본 제공'으로 선택하고 '형식'을 '◆'으로, '크기'를 '10'으로 지정 → [닫기] 단추(✕)를 클릭한다.

2 매크로('기타작업-2' 시트)

① [개발 도구] 탭-[코드] 그룹-[매크로 기록]을 클릭한다.
② [매크로 기록] 대화상자가 나타나면 '매크로 이름'에 평가점수표 입력 → [확인] 단추를 클릭한다.
③ '평가점수'인 [B9] 셀 선택 → 수식 입력줄의 함수식을 드래그하여 선택한 후 Ctrl+C를 눌러 복사하고 Enter를 누름 → [E3] 셀을 선택한 후 Ctrl+V를 눌러 함수식을 붙여넣는다.
④ [E3:K9] 영역을 드래그하여 선택 → [데이터] 탭-[예측] 그룹-[가상 분석]-[데이터 표]를 선택한다.
⑤ [데이터 표] 대화상자가 나타나면 '행 입력 셀'은 'A과목'인 [B5] 셀, '열 입력 셀'은 'B과목'인 [B6] 셀 지정 → [확인] 단추를 클릭한다.
⑥ 매크로 기록을 중지하기 위해 임의의 셀 선택 → [개발 도구] 탭-[코드] 그룹-[기록 중지]를 클릭한다.
⑦ [삽입] 탭-[일러스트레이션] 그룹-[도형]을 클릭한 후 '사각형'의 '모서리가 둥근 직사각형'을 선택한다.
⑧ Alt를 누른 상태에서 [E12:G13] 영역을 드래그하여 도형을 그린다.
⑨ 도형을 선택한 상태에서 도형에 평가점수표 입력 → 도형에서 마우스 오른쪽 단추를 클릭하고 바로 가기 메뉴에서 [매크로 지정]을 선택한다.
⑩ [매크로 지정] 대화상자가 나타나면 '매크로 이름'에 '평가점수표'를 선택 → [확인] 단추를 클릭한다.
⑪ [개발 도구] 탭-[코드] 그룹-[매크로 기록]을 클릭한다.
⑫ [매크로 기록] 대화상자가 나타나면 '매크로 이름'에 합격여부 입력 → [확인] 단추를 클릭한다.
⑬ [F4:K9] 영역을 드래그하여 선택 → 마우스 오른쪽 단추를 클릭하고 바로 가기 메뉴에서 [셀 서식](Ctrl+1)을 선택한다.
⑭ [셀 서식] 대화상자가 나타나면 '범주'는 '사용자 지정'을 선택하고 '형식'에 [파랑][>=80]"합격";[빨강]"불합격" 입력 → [확인] 단추를 클릭한다.

입력 코드 해설

[파랑][>=80]"합격";[빨강]"불합격"
　　　❶　　　　　　❷

❶ [파랑][>=80]"합격" : 값이 80 이상이면 파란색으로 값을 '합격'으로 표시한다.
❷ [빨강]"불합격" : ❶ 외에는 빨간색으로 값을 '불합격'으로 표시한다.

⑮ 매크로 기록을 중지하기 위해 임의의 셀 선택 → [개발 도구] 탭-[코드] 그룹-[기록 중지]를 클릭한다.
⑯ [삽입] 탭-[일러스트레이션] 그룹-[도형]을 클릭한 후 '기본 도형'의 '타원'을 선택한다.
⑰ Alt를 누른 상태에서 [I12:K13] 영역을 드래그하여 도형을 그린다.
⑱ 도형을 선택한 상태에서 도형에 합격여부 입력 → 도형에서 마우스 오른쪽 단추를 클릭하고 바로 가기 메뉴에서 [매크로 지정]을 선택한다.
⑲ [매크로 지정] 대화상자가 나타나면 '매크로 이름'에 '합격여부'를 선택 → [확인] 단추를 클릭한다.
⑳ '평가점수표' 도형과 '합격여부' 도형을 클릭하여 매크로가 정상적으로 실행되는지 확인한다.

3 프로시저('기타작업-3' 시트)

① [개발 도구] 탭-[컨트롤] 그룹-[디자인 모드] 클릭 → '고객정보' 단추를 더블클릭한다.

② [Visual Basic Editor] 창이 나타나면 [코드] 창에서 'cmd고객정보_Click( )' 프로시저에 다음과 같이 코드를 입력한다.

입력 코드 해설

```
Private Sub cmd고객정보_Click( )
    고객정보.Show ―❶
End Sub
```

❶ 〈고객정보〉 폼을 화면에 표시한다.

③ [프로젝트 탐색기] 창의 〈고객정보〉 폼에서 마우스 오른쪽 단추를 클릭하고 바로 가기 메뉴에서 [코드 보기]를 선택한다.

④ [코드] 창에서 '개체'는 'UserForm', '프로시저'는 'Initialize' 선택 → 'UserForm_Initialize( )' 프로시저에 다음과 같이 코드를 입력한다.

입력 코드 해설

```
Private Sub UserForm_Initialize( )
    cmb분류.RowSource = "H5:I8" ―❶
    cmb분류.ColumnCount = 2 ―❷
    cmb분류 = cmb분류.List(0, 0) ―❸

    With cmb지점
        .AddItem "서울"
        .AddItem "부산"
        .AddItem "광주"       ―❹
        .AddItem "대구"
        .AddItem "대전"
    End With
    cmb지점 = cmb지점.List(0) ―❺
End Sub
```

❶ 'cmb분류' 목록 상자의 속성값을 [H5:I8] 영역의 값으로 지정한다.
❷ 'cmb분류' 목록 상자에서 데이터 열의 수를 두 개로 지정한다.
❸ 'cmb분류' 목록 상자의 첫 번째 행의 첫 번째 열에 해당하는 데이터 (1인실)를 기본값으로 설정한다.
❹ 'cmb지점' 목록 상자에 '서울', '부산', '광주', '대구', '대전'을 추가할 값(AddItem)으로 지정한다.
❺ 'cmb지점' 목록 상자의 첫 번째 행에 해당하는 데이터(서울)를 기본값으로 설정한다.

⑤ '개체'에서 'cmd요금계산'을 선택하고 '프로시저'에 'Click'으로 지정되었는지 확인 → 'cmd요금계산_Click( )' 프로시저에 다음과 같이 코드를 입력한다.

입력 코드 해설

```
Private Sub cmd요금계산_Click( )
    Line = Range("A3").CurrentRegion.Rows.Count + 3 ―❶
    list_n = cmb분류.ListIndex ―❷

    Cells(Line, 1) = txt고객명.Value ―❸
    Cells(Line, 2) = cmb지점.Value ―❹
    Cells(Line, 3) = cmb분류.List(list_n, 0) ―❺
    Cells(Line, 4) = txt이용시간.Value ―❻

    If Cells(Line, 4) >= 3 Then
        Cells(Line, 5) = cmb분류.List(list_n, 1)*Cells(Line, 4)*0.9
    Else                                                              ❼
        Cells(Line, 5) = cmb분류.List(list_n, 1)*Cells(Line, 4)
    End If

    txt고객명 = ""
    cmb지점 = ""       ❽
    cmb분류 = ""
    txt이용시간 = ""
End Sub
```

❶ [A3] 셀을 기준으로 인접 범위에 입력된 데이터 행의 개수와 3을 더한 행 위치를 'Line' 변수에 반환한다. 즉, 데이터가 입력되어 있는 3~5행 3개의 행 개수에서 [A3] 셀의 위치인 3을 더하여 6행부터 데이터를 입력한다.
❷ 'cmb분류' 목록 상자에서 선택한 데이터(분류/시간당 금액)의 위치(ListIndex)를 'list_n' 변수에 반환한다.
❸ 6행(Line) 1열에 'txt고객명' 텍스트 상자에 입력한 데이터(고객명)를 입력한다.
❹ 6행(Line) 2열에 'cmb지점' 목록 상자에서 선택한 데이터(지점)를 입력한다.
❺ 6행(Line) 3열에 'cmb분류' 목록 상자에서 선택한 데이터의 위치(cmb분류.ListIndex)의 첫 번째 열(0)에 해당하는 데이터(분류)를 입력한다.
❻ 6행(Line) 4열에 'txt이용시간' 텍스트 상자에 입력한 데이터(이용시간)를 입력한다.
❼ 4열에 입력한 데이터가 3 이상이면 'cmb분류' 목록 상자에서 선택한 데이터의 위치(cmb분류.ListIndex)의 두 번째 열(1)에 해당하는 데이터(시간당 금액), 4열에 입력한 데이터, 0.9를 곱한 값을, 그렇지 않으면 시간당 금액과 4열에 입력한 데이터를 곱한 값을 6행(Line) 5열에 입력한다.
❽ 데이터를 입력한 후 폼의 고객명, 지점, 분류, 이용시간 컨트롤 값을 초기화한다.

⑥ '개체'에서 'cmd닫기'를 선택하고 '프로시저'에 'Click'으로 지정되었는지 확인 → 'cmd닫기_Click( )' 프로시저에 다음과 같이 코드를 입력한다.

> 입력 코드 해설

```
Private Sub cmd닫기_Click( )
    MsgBox "폼을 종료합니다." ―❶
    Unload Me ―❷
End Sub
```

❶ 메시지 박스에 '폼을 종료합니다.'라는 메시지 내용을 표시한다.
❷ 현재 작업중인 폼을 화면과 메모리에서 제거한다.

⑦ 결과를 확인하기 위해 [보기 Microsoft Excel] 단추(🖾)를 클릭 → '기타작업-3' 시트로 되돌아오면 **[개발 도구] 탭-[컨트롤] 그룹 -[디자인 모드]**를 클릭하여 디자인 모드를 해제한다.

⑧ '고객정보' 단추 클릭 → 〈고객정보〉 폼에서 '지점' 목록 상자에 '서울', '부산', '광주', '대구', '대전'이 표시되고 '서울'이 기본 선택되었는지, '분류' 목록 상자에 [H5:I8] 영역의 값이 표시되고 '1인실'이 기본 선택되었는지 확인 → 다음과 같이 데이터를 입력한 후 '요금계산' 단추를 클릭하여 데이터가 정확히 삽입되는지 확인한다.

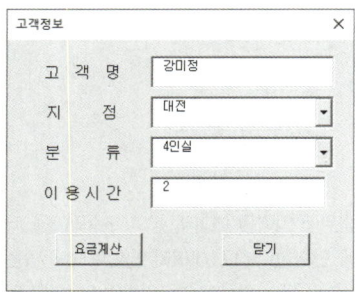

⑨ 〈고객정보〉 폼에서 '닫기' 단추를 클릭하여 메시지 박스를 확인한다.

제7회 기출변형문제

프로그램명	제한시간	합격선	외부 데이터 위치
EXCEL 2021	45분	70점	C:\에듀윌_2026컴활1급실기\기출변형문제\스프레드시트실무\실습\7회\제7회기출변형문제.xlsm

문제 ❶ 기본작업 (15점)   주어진 시트에서 다음 과정을 수행하고 저장하시오.

1 '기본작업-1' 시트에서 다음과 같이 고급 필터를 수행하시오. (5점)

- [B4:K20] 영역에서 '코드'의 마지막 글자가 짝수이고, '대여료'가 '무상'이 아닌 데이터의 '학교명', '코드', '소재지', '대여료'만 순서대로 표시하시오.
- 조건은 [B22:B23] 영역 내에 알맞게 입력하시오. (AND, ISEVEN, RIGHT 함수 사용)
- 결과는 [B25] 셀부터 표시하시오.

2 '기본작업-1' 시트에서 다음과 같이 조건부 서식을 설정하시오. (5점)

- [B5:K20] 영역에서 '대여용도'에 '체험'이 포함되어 있거나 '토지면적'이 10,000 이상인 데이터의 행 전체에 대하여 글꼴 스타일 '굵게', 글꼴색을 '표준색 – 빨강', 채우기 '노랑'으로 적용하시오.
- 단, 규칙 유형은 '수식을 사용하여 서식을 지정할 셀 결정'으로 지정하고, 한 개의 규칙만을 이용하여 작성하시오.
- OR, IFERROR, SEARCH 함수 사용

3 '기본작업-2' 시트에서 다음과 같이 페이지 레이아웃을 설정하시오. (5점)

- 페이지 내용이 120% 확대되어 인쇄되도록 설정하시오.
- [B4:K20] 영역을 인쇄 영역으로 설정하고 F열의 '토지면적'부터 페이지 나누기를 삽입하며, B열의 '학교명'을 매 페이지마다 반복되도록 인쇄 제목으로 설정하시오.
- 첫 페이지는 머리글 왼쪽에 'logo.png' 이미지를 표시하고, 두 번째 페이지 이후 머리글 오른쪽에는 현재 페이지가 표시되도록 설정하시오.

문제 ❷ 계산작업 (30점) '계산작업' 시트에서 다음 과정을 수행하고 저장하시오.

1 [표2]의 대여용도와 할인율을 이용하여 대여료[F5:F20]를 표시하시오. (6점)
- ▶ 대여료=토지면적×단가×(1-할인율)
- ▶ 단가는 코드의 첫 글자가 L이면 5, S이면 4, G이면 3, 그 외이면 2로 설정하시오. (SWITCH, LEFT 함수 사용)
- ▶ 할인율은 [표2]를 참조하여 계산하며 대여용도에 없는 할인율은 0으로 계산 (XLOOKUP 함수 사용)

2 [표1]의 입찰일을 이용하여 [I5:I20] 영역에 안내기간을 계산하여 표시하시오. (6점)
- ▶ 안내기간은 입찰일 두 달 전날부터 입찰일 하루 전까지로 계산
  [표시 예: 입찰일이 10월 10일인 경우 → 8/10~10/9]
- ▶ EDATE, TEXT 함수와 결합연산자(&) 사용

3 사용자 정의 함수 'fn규모'를 작성하여 규모[K5:K20]를 표시하시오. (6점)
- ▶ 'fn규모'는 '건물면적'과 '대여용도'를 인수로 받아 값을 되돌려줌
- ▶ 건물면적이 500 이상이면 '대규모', 500 미만이면 '소규모'로 표시
  [표시 예: '대여용도'가 '게스트하우스'이고 '건물면적'이 '171'인 경우 → '게스트하우스(소규모)']
- ▶ IF~ ELSE문 사용

```
Public Function fn규모(건물면적, 대여용도)

End Function
```

4 [표1]의 건물면적과 대여용도를 이용하여 건물면적이 500 이상이고, "게스트하우스" 또는 "복합문화체험장" 용도로 대여되고 있는 토지면적의 최대값을 [C23]에 표시하시오. (6점)
- ▶ MAX, IF를 사용한 배열 수식

5 [표1]의 입찰일을 이용하여 평일에 개최되는 입찰일의 개수를 [C24]에 표시하시오. (6점)
- ▶ SUM, IF, WEEKDAY를 사용한 배열 수식

문제 ❸ 분석작업 (20점) 주어진 시트에서 다음 과정을 수행하고 저장하시오.

1. '분석작업-1' 시트에서 다음의 지시사항에 따라 피벗 테이블 보고서를 작성하시오. (10점)

- 외부 데이터 원본으로 〈폐교재산.accdb〉의 데이터를 사용하시오.
  - '폐교현황' 테이블의 '소재지', '대여용도', '토지면적', '건물면적', '학교명' 열만 가져와서 데이터를 추가하시오.
- 피벗 테이블 보고서의 레이아웃과 위치는 〈그림〉을 참조하여 설정하고 보고서 레이아웃을 개요 형식으로 표시하시오.
- 건물면적/토지면적으로 계산하는 '면적비율' 계산필드를 추가하시오.
- '토지면적', '건물면적' 필드는 표시 형식을 값 필드 설정의 셀 서식에서 '숫자' 범주를 이용하여 1000 단위마다 구분 기호 사용을 설정하고 소수 이하 자릿수는 0으로 설정하시오.
- '면적비율' 필드는 '백분율' 범주를 이용하여 소수 자릿수를 1로 설정하시오.
- 피벗테이블 스타일은 '흰색, 피벗 스타일 밝게 8', 피벗스타일 옵션은 '행 머리글', '열 머리글', '줄무늬열'을 설정하시오.

〈그림〉

	A	B	C	D	E	F
1						
2						
3		소재지 ▼	대여용도 ▼	최대 : 토지면적	최대 : 건물면적	최대 : 면적비율
4		⊟대정읍		9,640	582	5.7%
5			마을도서관	4,975	399	8.0%
6			생태체험학교	9,640	356	3.7%
7			카페	8,750	582	6.7%
8		⊟성산읍		9,285	947	8.8%
9			미술관	8,628	947	11.0%
10			복합문화체험장	9,285	626	6.7%
11		⊟안덕면		12,308	799	5.2%
12			복합문화체험장	12,308	799	5.2%
13		⊟애월읍		6,142	317	4.7%
14			게스트하우스	6,142	171	2.8%
15			카페	4,331	317	7.3%
16		⊟우도면		12,984	265	1.9%
17			복합문화체험장	662	265	40.0%
18			체육시설	12,984	0	0.0%
19		⊟표선면		11,991	1,244	10.4%
20			복합문화체험장	11,991	1,244	10.4%
21		⊟한경면		11,709	1,077	6.8%
22			게스트하우스	11,709	1,001	8.5%
23			문화창작공간	10,965	1,077	9.8%
24			체육시설	7,954	0	0.0%
25		⊟한림읍		15,993	838	5.2%
26			복합문화체험장	15,993	838	5.2%
27		총합계		15,993	1,244	6.1%
28						

※ 작업 완성된 그림이며 부분 점수 없음

2 '분석작업-2' 시트에 대하여 다음의 지시사항을 처리하시오. (10점)

▶ [데이터 유효성 검사] 기능을 이용하여 [E5:E20] 영역에는 5의 배수만 입력되도록 제한 대상을 설정하시오.
  – [E5:E18] 영역의 셀을 클릭한 경우 〈그림〉과 같은 설명 메시지를 표시하고, 유효하지 않은 데이터를 입력한 경우 〈그림〉과 같은 오류 메시지가 표시되도록 설정하시오.

〈그림〉

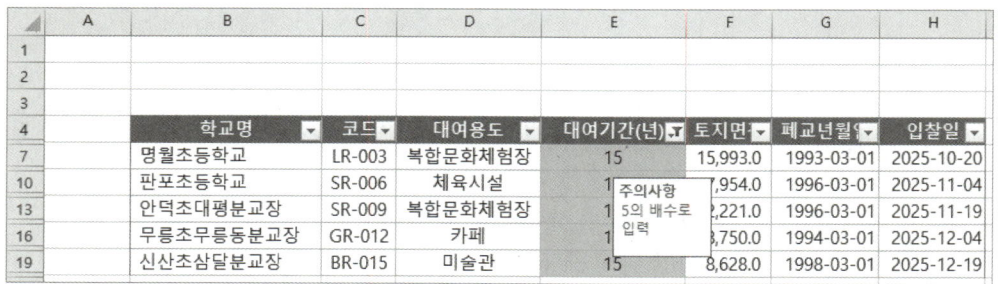

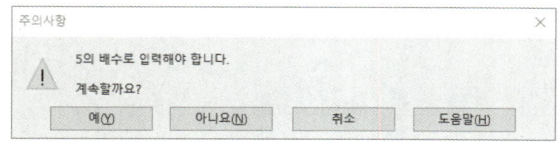

▶ [필터] 도구를 이용하여 '대여기간(년)' 필드에서 '황금색-강조 4' 채우기 색을 기준으로 필터링하시오.

문제 ❹ 기타작업 (35점)   주어진 시트에서 다음 과정을 수행하고 저장하시오.

1 '기타작업-1' 시트에서 다음의 지시사항에 따라 차트를 수정하시오. (각 2점)

※ 차트는 반드시 문제에서 제공한 차트를 사용해야 하고 신규로 차트 작성 시 0점 처리됨

① 차트에 삽입된 '대여료'를 제거하고, 차트 제목은 [B2] 셀과 연동하여 표시하고, 차트 제목의 글꼴 크기는 '14'pt, 글꼴 스타일은 '굵게'로 설정하시오.
② '차트 영역은 3차원 회전의 X 회전과 Y 회전을 '0'도로 지정하고 원근감을 '100'도로 지정하시오.
③ '우도면'의 '토지면적' 데이터 계열에 데이터 레이블을 〈그림〉과 같이 표시하고, 데이터 레이블 도형을 '말풍선: 사각형'으로 표시하시오.
④ 범례는 범례 서식을 이용하여 위치를 '아래쪽'으로 변경하고, 범례의 도형 스타일을 '색 윤곽선-주황, 강조 2'로 지정하시오.
⑤ 차트 영역에 '둥근 모서리'와 '안쪽:가운데'에 그림자를 지정하시오.

〈그림〉

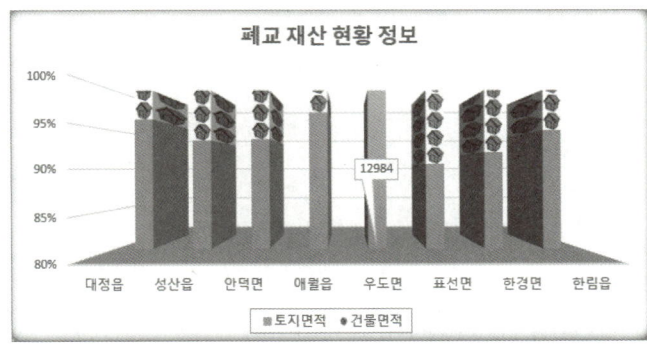

2 '기타작업-2' 시트에서 다음과 같은 기능을 수행하는 매크로를 현재 통합 문서에 작성하시오. (각 5점)

① [H3:H7] 영역에 대해서 필기점수를 표시하는 '필기점수' 매크로를 생성하시오.
   ▶ 필기점수 = (최빈수 + 표준편차) - (분산/10)
   ▶ MODE.SNGL, STD.S, VAR.S 함수를 이용하시오.
   ▶ [도형] - [순서도]의 '순서도: 천공 테이프'를 동일 시트의 [J2:K2] 영역에 생성한 후 텍스트를 '필기점수'로 입력한 후 도형을 클릭하면 '필기점수' 매크로가 실행되도록 설정하시오.

② [H11:H15] 영역에 대해서 사용자 지정 표시 형식을 설정하는 '서식적용' 매크로를 생성하시오.
   ▶ 실기점수가 90 이상이면 빨강색으로 '◆'과 실기점수, 80 이상이면 녹색으로 '◇'과 실기점수, 그 외에는 숫자만 표시하시오. [표시 예: '90'인 경우는 '◆--------90', '80'인 경우는 '◇--------80', '0'인 경우는 0, 남은 여백만큼 '-'을 표시]
   ▶ [개발 도구] 탭 - [컨트롤] 그룹 - [삽입]을 클릭하여 '양식 컨트롤'의 '단추'를 동일 시트의 [J10:K10] 영역에 생성하고 텍스트를 '서식적용'으로 입력한 후 단추를 클릭하면 '서식' 매크로가 실행되도록 설정하시오.

   ※ 셀 포인터의 위치에 관계없이 매크로가 실행되어야 정답으로 인정됨

3 '기타작업-3' 시트에서 다음과 같은 작업을 수행하도록 프로시저를 작성하시오. (각 5점)

① '대여신청시스템' 단추를 클릭하면 〈대여신청〉 폼이 나타나도록 설정하고, 폼이 초기화(Initialize)되면 '학교명'(lst학교명) 목록에는 [J4:K19] 영역의 값이 표시되고, '대여기간'은 3년(opt1)이 초기값으로 선택되도록 프로시저를 작성하시오.

② 〈대여신청〉 폼의 '등록'(cmd등록) 단추를 클릭하면 폼에 입력된 데이터가 [표1]에 입력되어 있는 마지막 행 다음에 연속하여 추가되도록 프로시저를 작성하시오.
- ▶ '학교명', '대여용도', '대여기간', '신청자'는 선택된 값으로 각각 표시
- ▶ '신청일'은 현재 날짜로 표시
- ▶ '대여기간'은 'opt1'이 선택되면 '3', 'opt2'가 선택되면 '5', 'opt3'이 선택되면 '10'으로 표시(If Else문 사용)

〈그림〉

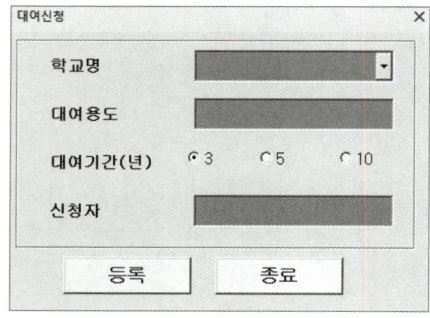

③ 종료(cmd종료) 단추를 클릭하면 폼을 종료한 후 [C2] 셀의 글꼴을 '궁서체'로 설정하시오.

〈그림〉

해설 확인하기

➡ 정답 확인하기: EXIT 사이트 → 자료실 → 컴퓨터활용능력 1급
→ 실기 기본서 → 정답화면 바로 보기

문제 ❶ 기본작업 (15점)

1 고급 필터('기본작업-1' 시트)

① [B22] 셀에는 필드명 대신 조건을, [B23] 셀에는 =AND(ISEVEN(RIGHT(C5,1)),I5<>"무상")을 조건으로 입력한다.

> **입력 함수 해설**
>
>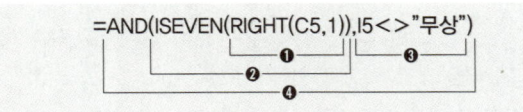
>
> ❶ RIGHT(C5,1): [C5] 셀에서 오른쪽에서 1글자를 추출한다.
> ❷ ISEVEN(❶): ❶이 짝수이면 TRUE를 반환한다.
> ❸ I5<>"무상": [I5] 셀의 값이 '무상'이 아니면 TRUE를 반환한다.
> ❹ AND(❷,❸): ❷와 ❸ 모두 True이면 TRUE를 반환한다.

② [B4:D4] 영역을 드래그하여 선택 → Ctrl 을 누른 상태에서 [I4] 셀을 선택한 후 Ctrl + C 를 눌러 필드명 복사 → [B25] 셀을 선택한 후 Ctrl + V 를 눌러 필드명을 붙여넣는다.

③ [B4:K20] 영역에서 임의의 셀 선택 → [데이터] 탭-[정렬 및 필터] 그룹-[고급]을 클릭한다.

④ [고급 필터] 대화상자가 나타나면 '결과'의 '다른 장소에 복사'를 선택 → '목록 범위'는 [B4:K20] 영역, '조건 범위'는 [B22:B23] 영역, '복사 위치'는 [B25:E25] 영역으로 지정 → [확인] 단추를 클릭한다.

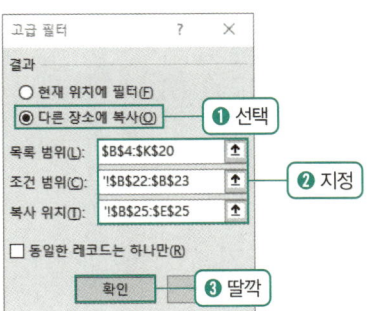

	A	B	C	D	E
22		조건			
23		FALSE			
24					
25		학교명	코드	소재지	대여료
26		어도초어음분교장	LR-002	애월읍 어음리 2922	51,230
27		조수초등학교	LR-004	한경면 조수리 315	70,000
28		판포초등학교	SR-006	한경면 판포리 2846-1	32,645
29		연명초등학교	SR-008	우도면 연평리 1407	12,645
30		화산초등학교	BR-016	표선면 세화리 1811-1	59,420

2 조건부 서식('기본작업-1' 시트)

① 조건부 서식을 지정할 [B5:K20] 영역을 드래그하여 선택 → [홈] 탭-[스타일] 그룹-[조건부 서식]-[새 규칙]을 선택한다.

② [새 서식 규칙] 대화상자가 나타나면 '규칙 유형 선택'에서 '수식을 사용하여 서식을 지정할 셀 결정'을 선택 → '다음 수식이 참인 값의 서식 지정'에 =OR(IFERROR(SEARCH("체험",$H5),FALSE),$F5>=10000) 입력 → [서식] 단추를 클릭한다.

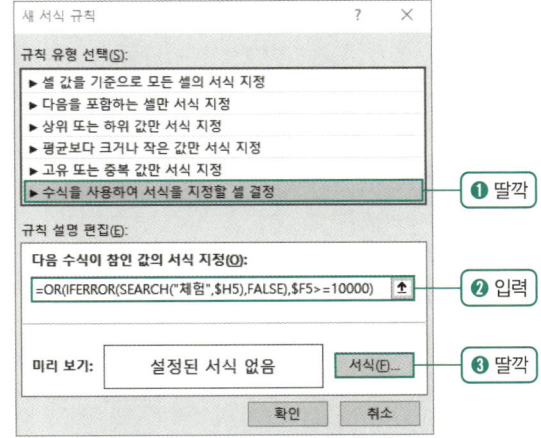

> **입력 함수 해설**
>
>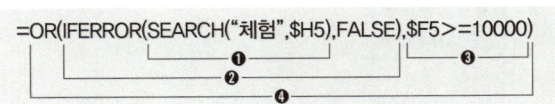
>
> ❶ SEARCH("체험",$H5): [H5] 셀에 "체험"이 있으면 TRUE, 없으면 에러를 반환한다.
> ❷ IFERROR(❶,FALSE): 에러가 없으면 ❶을 수행하고 에러가 있으면 FALSE를 반환한다.
> ❸ $F5>=10000: [F5] 셀이 10000 이상이면 TRUE를 반환한다.
> ❹ OR(❷,❸): ❷ 또는 ❸에 하나라도 TRUE이면 결과 TRUE를 반환한다.

③ [셀 서식] 대화상자가 나타나면 [글꼴] 탭에서 '글꼴 스타일'을 '굵게'로 선택하고 글꼴 '색'은 '표준 색'의 '빨강'을 선택한다.

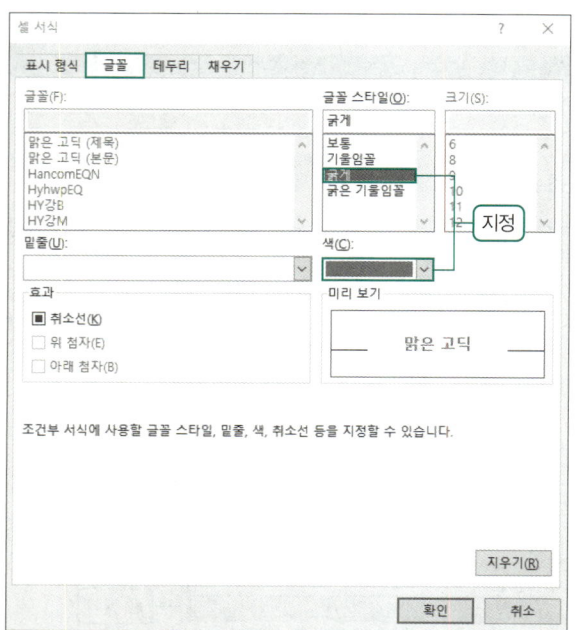

④ [채우기] 탭에서 '배경색'의 '노랑'을 선택 → [확인] 단추를 클릭한다.

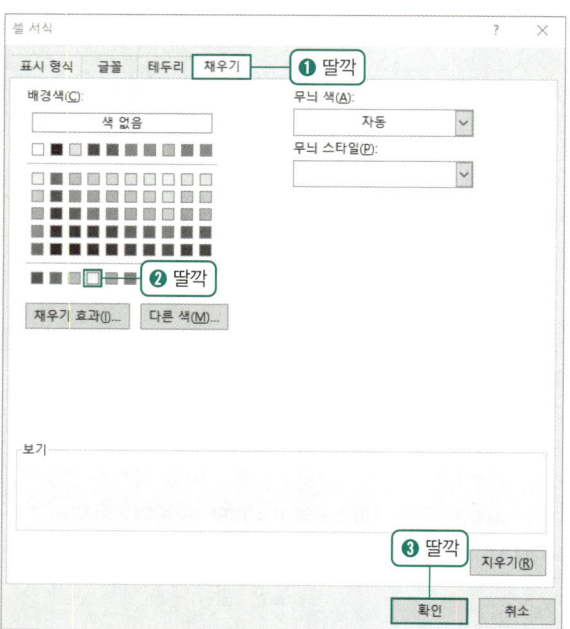

⑤ [새 서식 규칙] 대화상자로 되돌아오면 '미리 보기'에서 지정한 서식을 확인 → [확인] 단추를 클릭한다.

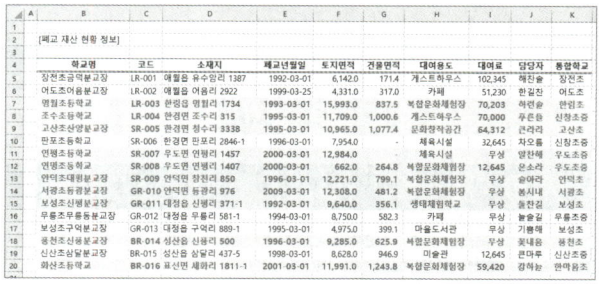

3 페이지 레이아웃('기본작업-2' 시트)

① [페이지 레이아웃] 탭-[페이지 설정] 그룹-[페이지 설정]( )을 클릭한다.

② [페이지 설정] 대화상자가 나타나면 [페이지] 탭의 '배율'에서 '확대/축소 배율'의 값에 120을 입력한다.

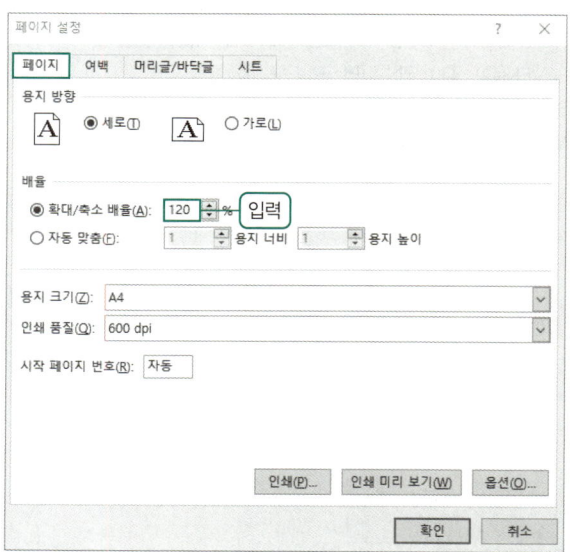

③ [시트] 탭에서 '인쇄 영역'은 [B4:K20] 영역 지정 → '인쇄 제목'의 '반복할 열'은 B열을 지정한다.

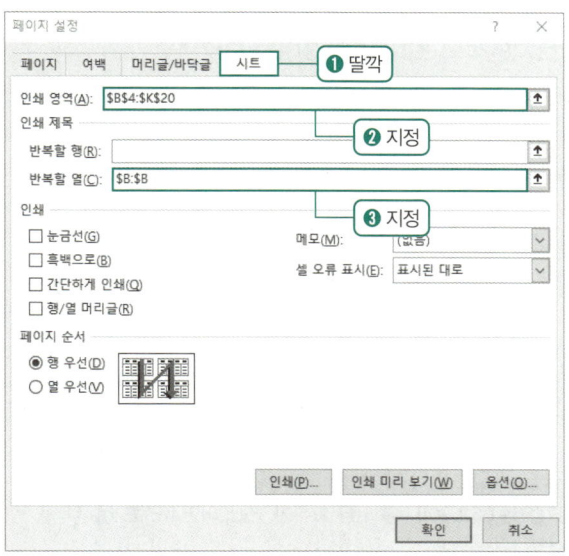

④ [머리글/바닥글] 탭에서 '첫 페이지를 다르게 지정' 선택 → [머리글 편집] 단추를 클릭한다.

⑤ [머리글] 대화상자가 나타나면 [머리글]의 '오른쪽 구역'에 커서를 올려놓고 '페이지 번호 삽입'( ) 아이콘을 클릭한다.

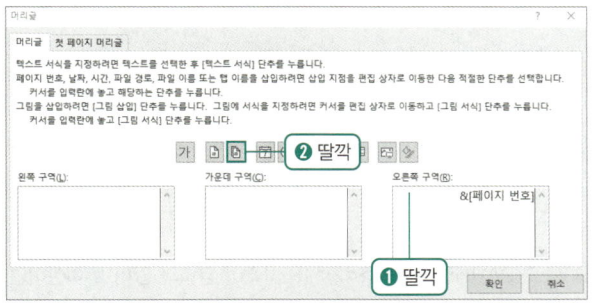

⑥ [첫 페이지 머리글] 탭에서 '왼쪽 구역'에 커서를 올려놓고 '그림 삽입'( ) 아이콘 클릭 → [파일에서] 대화 상자가 나타나면 '찾아보기'를 클릭하고, 'C:\에듀윌_2026컴활1급실기\기출변형문제\스프레드시트실무\실습 \7회' 경로에서 'logo.png'를 선택 → [삽입] 단추를 클릭 → [머리글] 대화상자로 되돌아오면 [확인] 단추를 클릭 → [페이지 설정] 대화상자로 되돌아오면 [확인] 단추를 클릭한다.

⑦ [보기] 탭-[페이지 나누기 미리보기]를 클릭하여 페이지 나누기 경계선을 '토지면적' 왼쪽으로 이동한다.

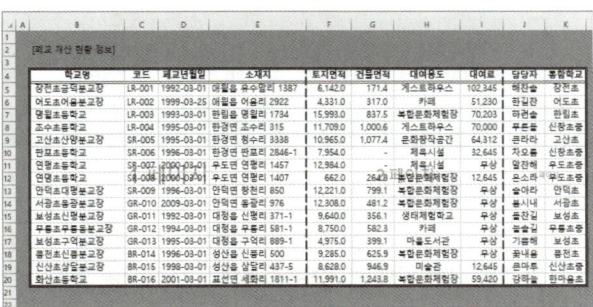

⑧ [파일] 메뉴-인쇄를 선택 → 결과를 확인한다.

eduwill

학교명	코드	폐교년월일	소재지
장전초금융분교장	LR-001	1992-03-01	애월읍 유수암리 1387
어도초어음분교장	LR-002	1999-03-25	애월읍 어음리 2922
명월초등학교	LR-003	1993-03-01	한림읍 명월리 1734
조수초등학교	LR-004	1995-03-01	한경면 조수리 315
고산초산양분교장	SR-005	1995-03-01	한경면 청수리 3338
판포초등학교	SR-006	1996-03-01	한경면 판포리 2846-1
연평초등학교	SR-007	2000-03-01	우도면 연평리 1457
연명초등학교	SR-008	2000-03-01	우도면 연평리 1407
안덕초대평분교장	SR-009	1996-03-01	안덕면 창천리 850
서광초동광분교장	SR-010	2009-03-01	안덕면 동광리 976
보성초신평분교장	GR-011	1992-03-01	대정읍 신평리 371-1
무릉초무릉동분교장	GR-012	1994-03-01	대정읍 무릉리 581-1
보성초구억분교장	GR-013	1995-03-01	대정읍 구억리 889-1
풍천초신풍분교장	BR-014	1996-03-01	성산읍 신풍리 500
신산초삼달분교장	BR-015	1998-03-01	성산읍 삼달리 437-5
화산초동학교	BR-016	2001-03-01	표선면 세화리 1811-1

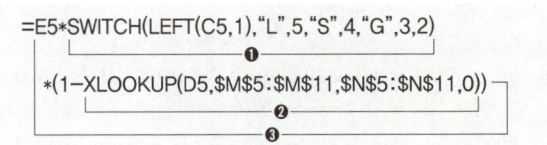

학교명	토지면적	건물면적	대여용도	대여료
장전초금융분교장	6,142.0	171.4	게스트하우스	102,345
어도초어음분교장	4,331.0	317.0	카페	51,230
명월초등학교	15,993.0	837.5	복합문화체험장	70,203
조수초등학교	11,709.0	1,000.6	게스트하우스	70,000
고산초산양분교장	10,965.0	1,077.4	문화창작공간	64,312
판포초등학교	7,954.0	-	체육시설	32,645
연평초등학교	12,984.0	-	체육시설	무상
연명초등학교	662.0	264.8	복합문화체험장	12,645
안덕초대평분교장	12,221.0	799.1	복합문화체험장	무상
서광초동광분교장	12,308.0	481.2	복합문화체험장	무상
보성초신평분교장	9,640.0	356.1	생태체험학교	무상
무릉초무릉동분교장	8,750.0	582.3	카페	무상
보성초구억분교장	4,975.0	399.1	마을도서관	무상
풍천초신풍분교장	9,285.0	625.9	복합문화체험장	무상
신산초삼달분교장	8,628.0	946.9	미술관	12,645
화산초동학교	11,991.0	1,243.8	복합문화체험장	59,420

문제 ❷ 계산작업 (30점)

1 대여료[F5:F20] 표시하기

[F5] 셀 선택 → 수식 입력줄에 =E5*SWITCH(LEFT(C5,1),"L",5,"S",4,"G",3,2)*(1-XLOOKUP(D5,$M$5:$M$11,$N$5:$N$11,0))을 입력 후 Enter를 누름 → [F5] 셀의 자동 채우기 핸들을 [F20] 셀까지 드래그하여 함수식을 복사한다.

입력 함수 해설

=E5*SWITCH(LEFT(C5,1),"L",5,"S",4,"G",3,2)
　　　　　　　　❶
*(1-XLOOKUP(D5,$M$5:$M$11,$N$5:$N$11,0))
　　　　　　　❷
　　　　　❸

❶ SWITCH(LEFT(C5,1),"L",5,"S",4,"G",3,2): [C5] 셀의 왼쪽에서 1개의 값이 L이면 5, S이면 4, G이면 3, 그 외에는 2를 반환한다.

❷ XLOOKUP(D5,$M$5:$M$11,$N$5:$N$11,0): [D5] 셀의 값을 [$M$5:$M$11] 영역에서 찾아서 해당되는 값을 [$N$5:$N$11] 영역에서 반환하고 일치하는 값이 없는 경우 0을 반환한다.

❸ E5*❶*(1-❷): 토지면적*단가*(1-할인율)을 계산한다.

2 안내기간[I5:I20] 표시하기

[I5] 셀 선택 → 수식 입력줄에 =TEXT(EDATE(H5,-2),"mm/dd")&"~"&TEXT(H5-1,"mm/dd")를 입력 후 Enter를 누름 → [I5] 셀의 자동 채우기 핸들을 [I20] 셀까지 드래그하여 함수식을 복사한다.

입력 함수 해설

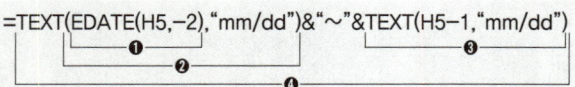

❶ **EDATE(H5,-2)**: [H5] 셀의 날짜에서 2개월 전의 날짜를 반환한다.
❷ **TEXT(❶,"mm/dd")**: ❶의 값을 mm/dd형식으로 표시한다.
❸ **TEXT(H5-1,"mm/dd")**: [H5] 셀에서 1일을 뺀 값을 mm/dd형식으로 표시한다.
❹ **❷&"~"&❸**: 결합연산자(&)에 의해 ❷와 "~"와 ❸을 연결하여 표시한다.

3 fn규모[K5:K20] 표시하기

① [개발 도구] 탭-[코드] 그룹-[Visual Basic]을 클릭한다.
② [Visual Basic Editor] 창이 나타나면 [삽입] 메뉴-[모듈]을 선택 → [프로젝트 탐색기] 창에 'Module1'이 생성되었는지 확인한다.
③ 'Module1' [코드] 창에 다음과 같이 코드를 입력 → [닫기] 단추(X)를 클릭한다.

입력 코드 해설

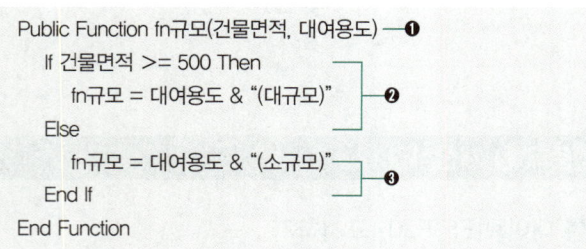

❶ ❷~❸에 대당하는 건물면적, 대여용도를 인수로 받는다.
❷ 건물면적이 500 이상이면 대여용도와 "(대규모)"를 연결하여 사용자 정의 함수에서 반환한다.
❸ 건물면적이 500 미만이면 대여용도와 "(소규모)"를 연결하여 사용자 정의 함수에서 반환한다.

④ [K5] 셀 선택 → [함수 삽입] 단추(fx)를 클릭한다.
⑤ [함수 마법사] 대화상자가 나타나면 '범주 선택'에서 '사용자 정의'를, '함수 선택'에서 'fn규모'를 선택 → [확인] 단추를 클릭한다.
⑥ [함수 인수] 대화상자가 나타나면 '건물면적'에는 [J5] 셀, '대여용도'에는 [D5] 셀을 지정 → [확인] 단추를 클릭한다.

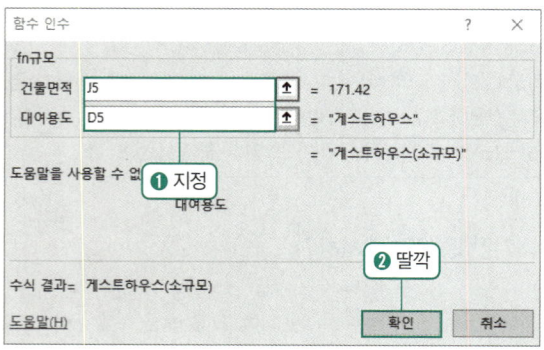

⑦ [K5] 셀의 자동 채우기 핸들을 [K20] 셀까지 드래그하여 함수식을 복사한다.

4 토지면적의 최대값[C23] 표시하기

[C23] 셀 선택 → **=MAX(IF((J5:J20>=500)*(D5:D20={"게스트하우스", "복합문화체험장"}),E5:E20))**을 입력한 후 Ctrl + Shift + Enter 를 누른다.

입력 함수 해설

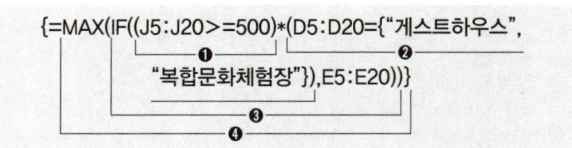

❶ **(J5:J20>=500)**: [J5:J20]에서 500 이상이면 TRUE를 반환한다.
❷ **(D5:D20={"게스트하우스","복합문화체험장"})**: [D5:D20] 영역에서 "게스트하우스"이거나 "복합문화체험장"이면 TRUE를 반환한다. (중괄호({ })는 여러 데이터를 그룹화하는 데 사용되는 기호이다.)
❸ **IF(❶*❷,E5:E20))**: ❶과 ❷ 모두가 TRUE이면 [E5:E20] 영역을 반환한다.
❹ **MAX(❸)**: ❸에서 가장 큰 값을 반환한다.

5 평일에 개최되는 입찰일의 개수

[C24] 셀 선택 → **=SUM(IF((WEEKDAY(H5:H20,1)>=2)*(WEEKDAY(H5:H20,1)<=6),1))**을 입력한 후 Ctrl + Shift + Enter 를 누른다.

입력 함수 해설

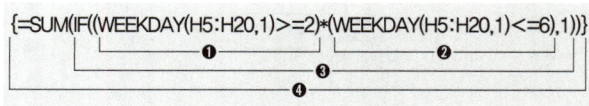

❶ **WEEKDAY(H5:H20,1)>=2)**: [H5:H20] 영역의 값이 2 이상이면 TRUE를 반환한다.
❷ **WEEKDAY(H5:H20,1)<=6)**: [H5:H20] 영역의 값이 6 이하이면 TRUE를 반환한다.
❸ **IF((❶)*(❷),1)**: ❶과 ❷가 모두 TRUE이면 1을 반환한다.
❹ **{SUM(❸)}**: 반환된 ❸의 합계를 구한다. 1씩 반환되었으므로 개수와 동일하다.
(WEEKDAY(H5:H20,1)에서 옵션1은 일요일을 1로 나타내므로 월요일부터 금요일까지는 각각 2~6을 의미함)

문제 ❸ 분석작업 (20점)

1 피벗 테이블('분석작업-1' 시트)

① 피벗 테이블을 삽입할 [B3] 셀 선택 → [데이터] 탭-[데이터 가져오기 및 변환] 그룹-[데이터 가져오기]-[기타 원본에서]-[MicroSoft Query에서]를 선택한다.
② [데이터 원본 선택] 대화상자가 나타나면 [데이터베이스] 탭에서

'MS Access Database*'를 선택 → [확인] 단추를 클릭한다.

③ [데이터베이스 선택] 대화상자가 나타나면 'C:\에듀윌_2026컴활1급실기\기출변형문제\스프레드시트실무\실습\7회' 경로에서 '폐교재산.accdb' 파일 선택 → [확인] 단추를 클릭한다.

④ [쿼리 마법사 – 열 선택] 대화상자가 나타나면 '사용할 수 있는 테이블과 열'에서 〈폐교현황〉 테이블을 더블클릭 → 〈폐교현황〉 테이블에 포함된 열 목록이 나타나면 '소재지'를 선택하고 ▷ 단추를 클릭하여 '쿼리에 포함된 열'로 이동 → 이와 같은 방법으로 '대여용도', '토지면적', '건물면적', '학교명' 열을 각각 '쿼리에 포함된 열'로 이동 → [다음] 단추를 클릭한다.

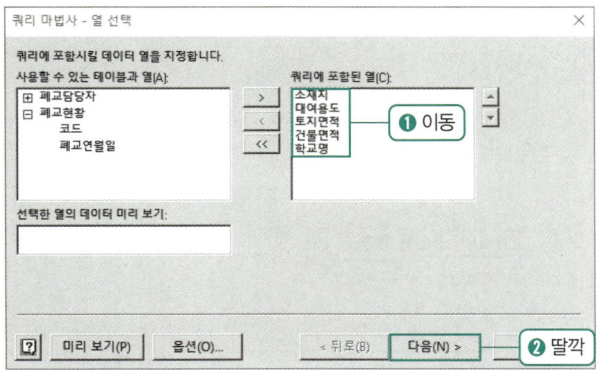

⑤ [쿼리 마법사 – 데이터 필터] 대화상자에서 [다음] 단추를 클릭한다.
⑥ [쿼리 마법사 – 정렬 순서] 대화상자에서 지정할 정렬 기준이 없으므로 [다음] 단추를 클릭한다.
⑦ [쿼리 마법사 – 마침] 대화상자에서 'Microsoft Excel(으)로 데이터 되돌리기'가 선택되었는지 확인 → [마침] 단추를 클릭한다.
⑧ [데이터 가져오기] 대화상자가 나타나면 데이터를 표시할 방법은 '피벗 테이블 보고서'를 선택 → 데이터 작성 위치는 '기존 워크시트'의 [B3] 셀로 지정되었는지 확인 → [확인] 단추를 클릭한다.

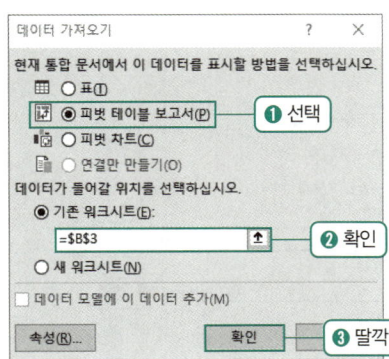

⑨ [피벗 테이블 필드] 창이 나타나면 '소재지'와 '대여용도'는 '행' 영역으로, '토지면적', '건물면적'은 '값' 영역으로 드래그한다.

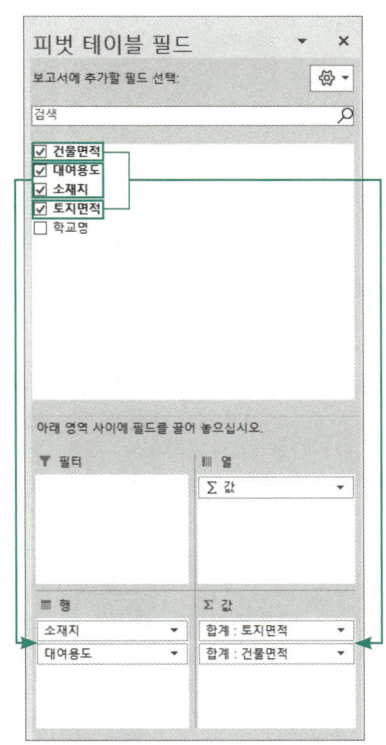

⑩ 보고서 레이아웃을 개요 형식으로 표시하기 위해 [디자인] 탭–[레이아웃] 그룹–[보고서 레이아웃]–[개요 형식으로 표시]를 선택한다.
⑪ '계산' 필드를 추가하기 위하여 [피벗 테이블 분석] 탭–[계산] 그룹–[필드, 항목 및 집합]–[계산 필드] 선택 → '이름'에 면적비율을 입력, '수식'에 =건물면적/토지면적을 입력한 후 [추가] 단추 클릭 → [확인] 단추를 클릭한다.
⑫ '토지면적' 필드의 셀 서식을 지정하기 위해 [피벗 테이블 필드] 창에서 '합계: 토지면적' 클릭 → [값 필드 설정]을 선택한다.
⑬ [값 필드 설정] 대화상자가 나타나면 [값 요약 기준] 탭의 '선택한 필드의 데이터'에서 '최대'를 선택 → [표시 형식] 단추를 클릭한다.

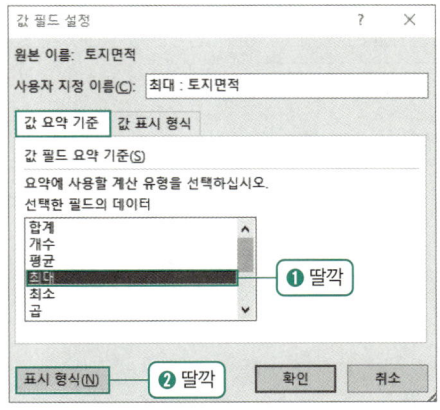

⑭ [셀 서식] 대화상자가 나타나면 '범주'는 '숫자'를 선택하고 '1000단위 구분 기호 사용'을 선택 → [확인] 단추를 클릭 → [값 필드 설정] 대화상자로 되돌아오면 [확인] 단추를 클릭한다.
⑮ '건물면적' 필드의 셀 서식을 지정하기 위하여 '값' 영역에서 '합계: 건물면적' 클릭 → [값 필드 설정]을 선택한다.

⑯ [값 필드 설정] 대화상자가 나타나면 [값 요약 기준] 탭의 '선택한 필드의 데이터'에서 '최대'를 선택 → [표시 형식] 단추를 클릭한다.

⑰ [셀 서식] 대화상자가 나타나면 '범주'는 '숫자'를 선택하고 '1000 단위 구분 기호 사용'을 선택 → [확인] 단추를 클릭 → [값 필드 설정] 대화상자로 되돌아오면 [확인] 단추를 클릭한다.

⑱ '면적비율' 필드의 셀 서식을 지정하기 위하여 '값' 영역에서 '합계: 면적비율' 클릭 → [값 필드 설정]을 선택한다.

⑲ [값 필드 설정] 대화상자가 나타나면 [값 요약 기준] 탭의 '선택한 필드의 데이터'에서 '최대'를 선택 → [표시 형식] 단추를 클릭한다.

⑳ [셀 서식] 대화상자가 나타나면 '범주'는 '백분율'을 선택하고 '소수 자릿수'를 1로 지정 → [확인] 단추를 클릭 → [값 필드 설정] 대화상자가 나타나면 [확인] 단추를 클릭한다.

㉑ 피벗 테이블 스타일을 지정하기 위하여 **[디자인] 탭-[피벗 테이블 스타일] 그룹-[밝게]** 에서 '흰색, 피벗 스타일 밝게 8'를 지정한다.

㉒ **[디자인] 탭-[피벗 테이블 스타일 옵션]** 그룹에서 '행 머리글', '열 머리글', '줄무늬열'에 체크한다.

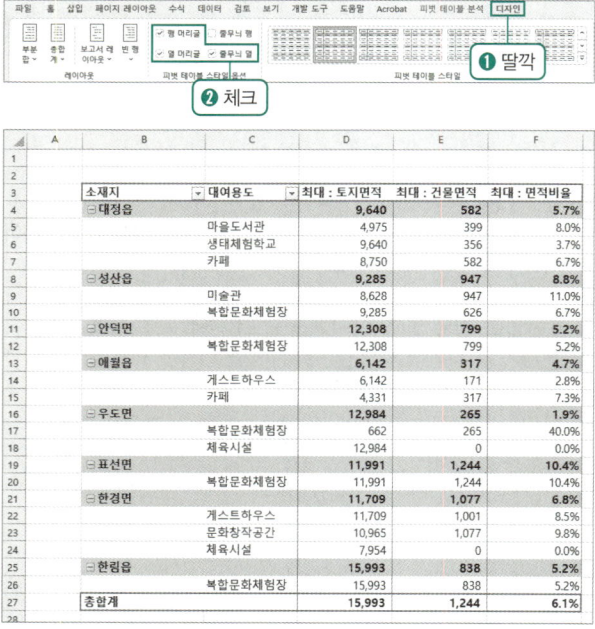

2 데이터 유효성 검사와 필터링('분석작업-2' 시트)

① [E5:E20] 영역을 드래그하여 선택 → **[데이터] 탭-[데이터 도구] 그룹-[데이터 유효성 검사]** 를 클릭한다.

② [데이터 유효성] 대화상자가 나타나면 [설정] 탭의 '제한 대상'에서 '사용자 지정'을 선택 → '수식'에 =mod(E5,5)=0을 입력한다.

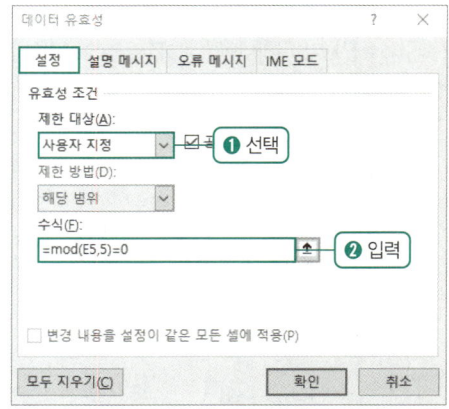

③ [설명 메시지] 탭에서 '제목'에 주의사항을, '설명 메시지'에 5의 배수로 입력을 입력한다.

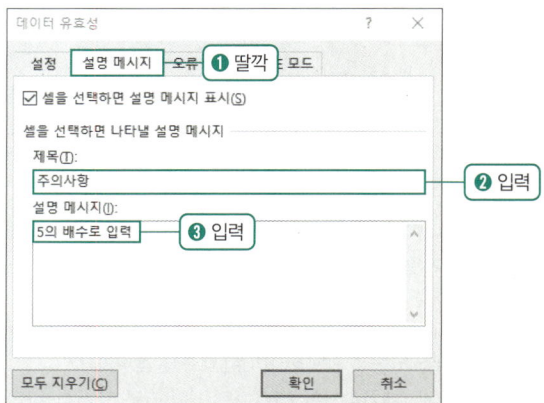

④ [오류 메시지] 탭에서 '스타일'은 '경고'를 선택 → '제목'에 주의사항을, '오류 메시지'에 5의 배수로 입력해야 합니다.를 입력 → [확인] 단추를 클릭한다.

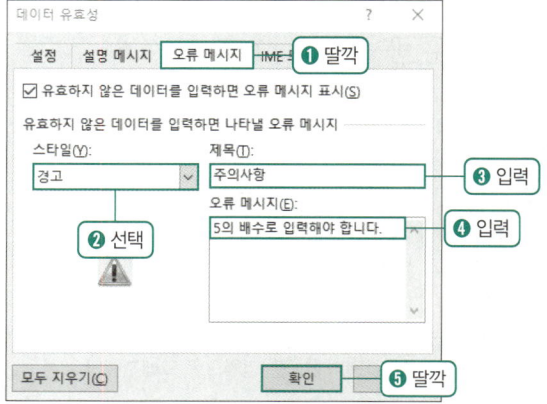

⑤ [B4:H20] 영역에서 임의의 셀 선택 → **[데이터] 탭-[정렬 및 필터] 그룹-[필터]** 를 클릭한다.

⑥ 각 필드에 필터 단추(▼)가 표시되면 '대여기간(년)' 필드의 필터 단추(▼)를 클릭 → [색 기준 필터]에서 '황금색 강조 4'를 클릭한다.

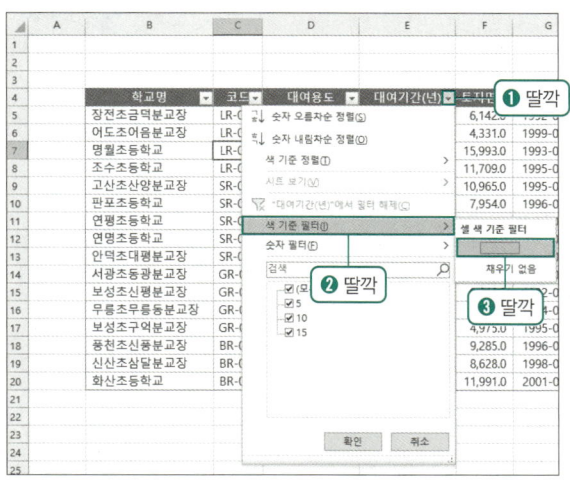

⑥ 레이블을 설정하기 위해 '우도면' 계열의 '토지면적' 요소만 천천히 두 번 클릭 → **[차트 디자인] 탭-[차트 레이아웃] 그룹-[차트 요소 추가]-[데이터 레이블]-[기타 데이터 레이블 옵션]**을 선택한다.

⑦ [데이터 레이블 서식] 창이 나타나면 '레이블 옵션'의 '레이블 옵션'(📊)에서 '레이블 내용'의 '값'에 체크한다.

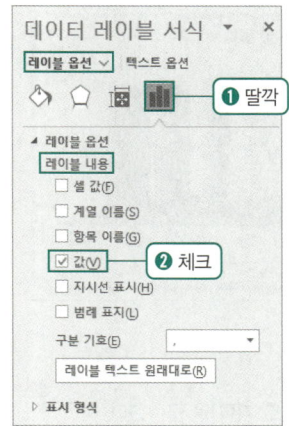

⑧ '토지면적'의 '데이터 레이블'을 클릭한 상태에서 **[서식] 탭-[도형 삽입] 그룹-[도형 모양 변경]-[설명선]**에서 '말풍선: 사각형'을 지정한 후 위치와 조절점을 조절한다.

문제 ④ 기타작업 (35점)

1 차트('기타작업-1' 시트)

① 차트에서 '대여료'인 회색 막대를 클릭 → Delete 를 누른다.

② 차트를 선택한 상태에서 **[차트 디자인] 탭-[차트 레이아웃] 그룹-[차트 요소 추가]-[차트 제목]-[차트 위]**를 선택하여 차트 제목을 추가한다.

③ 차트 제목을 선택한 상태에서 수식 입력줄에 =을 입력한 후 [B2] 셀을 선택하고 Enter 를 누른다.

④ **[홈] 탭-[글꼴] 그룹**에서 '글꼴 크기'를 '14'pt, '글꼴 스타일'은 '굵게'로 지정한다.

⑤ 차트 영역을 더블클릭 → [차트 영역 서식] 창이 나타나면 '차트 옵션'의 '효과'(⬠)'3차원 회전'을 클릭 → X 회전과 Y 회전을 0, 원근감에 100을 입력한다.

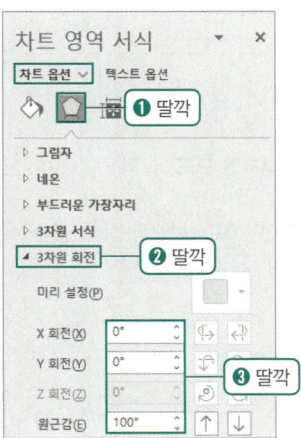

⑨ '범례'를 더블클릭 → [범례 서식] 창에서 '범례 옵션'의 '범례 옵션'에서 '범례 위치'의 '아래쪽'에 체크한다.

⑩ '범례'가 선택된 상태에서 **[서식] 탭-[도형 스타일] 그룹-자세히 단추(▼)**를 클릭한 다음 '색 윤곽선-주황, 강조2'를 선택한다.

⑪ '차트 영역' 더블 클릭 → [차트 영역 서식] 창이 나타나면 '차트 옵션'의 '채우기 및 선'(◇)에서 '테두리'의 '둥근 모서리'를 체크 → '효과'(◻)에서 '그림자'의 '미리 설정'을 '안쪽: 가운데'로 선택 → [닫기] 단추(✖)를 클릭한다.

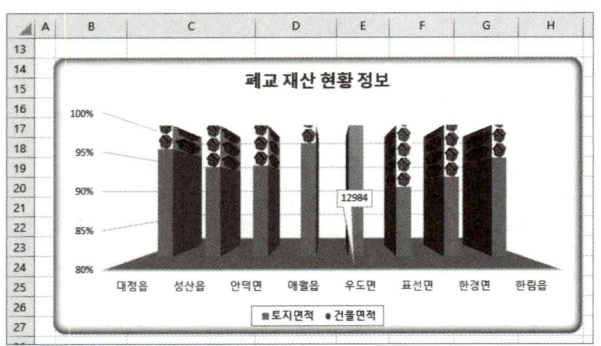

2 매크로('기타작업-2' 시트)

① [개발 도구] 탭-[코드] 그룹-[매크로 기록]을 클릭한다.
② [매크로 기록] 대화상자가 나타나면 '매크로 이름'에 필기점수 입력 → [확인] 단추를 클릭한다.
③ [H3] 셀을 클릭하고 =(MODE.SNGL(C3:G3)+STDEV.S(C3:G3))-(VAR.S(C3:G3)/10)을 입력 → [H3] 셀의 채우기 핸들을 [H7] 셀까지 드래그한다.

입력 함수 해설

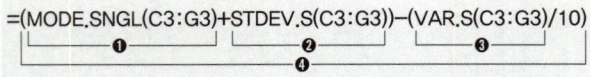

❶ MODE.SNGL(C3:G3): [C3:G3] 영역에서 최빈값을 반환한다.
❷ STDEV.S(C3:G3): [C3:G3] 영역의 표준 편차를 반환한다.
❸ VAR.S(C3:G3): [C3:G3] 영역의 분산을 반환한다.
❹ ❶+❷-❸/10: ❶과 ❷를 더한 값에서 ❸/10을 한 값을 뺀다.

④ 매크로 기록을 중지하기 위해 임의의 셀 선택 → [개발 도구] 탭-[코드] 그룹-[기록 중지]를 클릭한다.
⑤ [삽입] 탭-[일러스트레이션] 그룹-[도형]을 클릭한 후 '순서도' 의 '순서도: 천공 테이프'(◻)를 선택한다.
⑥ Alt 를 누른 상태에서 [J2:K2] 영역을 드래그하여 도형을 그린다.
⑦ 도형을 선택한 상태에서 도형에 필기점수 입력 → 도형에서 마우스 오른쪽 단추를 클릭 → 바로 가기 메뉴에서 [매크로 지정]을 선택한다.
⑧ [매크로 지정] 대화상자가 나타나면 '매크로 이름'에 '필기점수'를 선택 → [확인] 단추를 클릭한다.
⑨ [개발 도구] 탭-[코드] 그룹-[매크로 기록]을 클릭한다.
⑩ [매크로 기록] 대화상자가 나타나면 '매크로 이름'에 서식적용 입력 → [확인] 단추를 클릭한다.
⑪ [H11:H15] 영역을 드래그하여 선택 → 마우스 오른쪽 단추 클릭하고 바로 가기 메뉴에서 [셀 서식](Ctrl+1)을 선택한다.
⑫ [셀 서식] 대화상자가 나타나면 '범주'는 '사용자 지정'을 선택 → [빨강][>=90]"◆"*-0;[녹색][>=80]"◇"*-0;0을 입력 → [확인] 단추를 클릭한다.

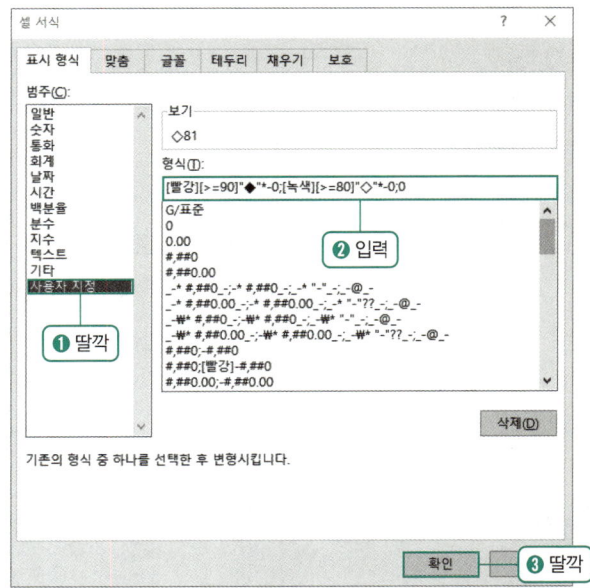

⑬ 매크로 기록을 중지하기 위해 임의의 셀 선택 → [개발 도구] 탭-[코드] 그룹-[기록 중지]를 클릭한다. *-은 '남은 공간을 -으로 반복 채우라'는 뜻이다.
⑭ [개발 도구] 탭-[컨트롤] 그룹-[삽입]을 클릭한 후 '양식 컨트롤'의 '단추'(☐)를 선택한다.
⑮ Alt 를 누른 상태에서 [J10:K10] 영역을 드래그하여 단추를 그린다.
⑯ [매크로 지정] 대화상자가 나타나면 '매크로 이름'에 '서식적용'을 선택 → [확인] 단추를 클릭한다.
⑰ 단추를 선택한 상태에서 단추에 입력된 기본 텍스트를 삭제한 후 서식적용 입력 → 임의의 셀을 선택하여 텍스트 편집을 완료한다.

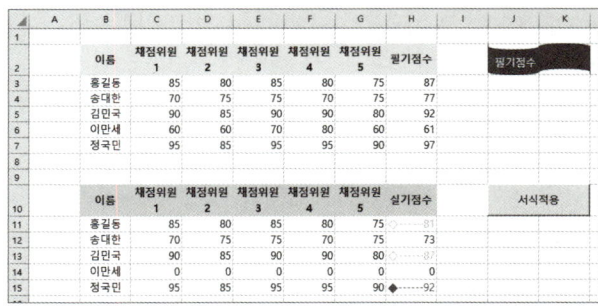

3 프로시저('기타작업-3' 시트)

① [개발 도구] 탭-[컨트롤] 그룹-[디자인 모드] 클릭 → '대여신청시스템' 단추를 더블클릭한다.
② [Visual Basic Editor] 창이 나타나면 [코드] 창에서 '대여신청시스템_Click( )' 프로시저에 다음과 같이 코드를 입력한다.

> 입력 코드 해설

```
Private Sub 대여신청시스템_Click()
    대여신청.Show ―❶
End Sub
```

❶ 〈대여신청〉 폼을 화면에 표시한다.

③ [프로젝트 탐색기] 창의 〈대여신청〉 폼에서 마우스 오른쪽 단추를 클릭하고 바로 가기 메뉴에서 [코드 보기]를 선택한다.
④ [코드] 창에서 '개체'는 'UserForm'을, '프로시저'는 'Initialize' 선택 → 'UserForm_Initialize( )' 프로시저에 다음과 같이 코드를 입력한다.

> 입력 코드 해설

```
Private Sub UserForm_Initialize( )
    lst학교명.RowSource = "J4:K19" ―❶
    lst학교명.ColumnCount = 2 ―❷
    opt1.Value = True ―❸
End Sub
```

❶ 'lst학교명' 목록 상자의 속성값을 [J4:K19] 영역의 값으로 지정한다.
❷ 'lst학교명' 리스트 상자에서 데이터 열의 수를 두 개로 지정한다.
❸ 'opt1'을 기본값으로 설정한다.

⑤ '개체'에서 'cmd등록'를 선택하고 '프로시저'에 'Click'으로 지정되었는지 확인 → 'cmd등록_Click( )' 프로시저에 다음과 같이 코드를 입력한다.

> 입력 코드 해설

```
Private Sub cmd등록_Click()
    Line = Range("B4").CurrentRegion.Rows.Count + 4 ―❶
    
    Cells(Line, 2) = lst학교명.List(lst학교명.ListIndex, 0) ―❷
    Cells(Line, 3) = lst학교명.List(lst학교명.ListIndex, 1) ―❸
    Cells(Line, 4) = txt대여용도.Value ―❹
    
    If opt1.Value = True Then
        Cells(Line, 5) = 3
    ElseIf opt2.Value = True Then          ―❺
        Cells(Line, 5) = 5
    ElseIf opt3.Value = True Then
        Cells(Line, 5) = 10
    End If
    
    Cells(Line, 6) = txt신청자.Value ―❻
    Cells(Line, 7) = Date ―❼
End Sub
```

❶ [B4] 셀을 기준으로 인접 범위에 입력된 데이터의 행의 개수와 4를 더할 행의 위치를 'Line' 변수에 반환한다.
❷ 7행(Line) 2열에 'lst학교명' 목록 상자에서 선택한 데이터의 위치(lst학교명.ListIndex)의 첫 번째 열(0)에 해당하는 데이터를 입력한다.

❸ 7행(Line) 3열에 'lst학교명' 목록 상자에서 선택한 데이터의 위치(lst학교명.ListIndex)의 두 번째 열(1)에 해당하는 데이터를 입력한다.
❹ 7행(Line) 4열에 'txt대여용도' 텍스트 상자에 입력한 데이터(대여용도)를 입력한다.
❺ 7행(Line) 3열에 'opt1'을 선택하면 3을, 'opt2'를 선택하면 5를, 'opt3'을 선택하면 10을 입력한다.
❻ 7행(Line) 6열에 'txt신청자' 텍스트 상자에 입력한 데이터(신청자)를 입력한다.
❼ 7행(Line) 7열에 현재 날짜(Date)를 입력한다.

⑥ '개체'에서 'cmd종료'를 선택하고 '프로시저'에 'Click'으로 지정되었는지 확인 → 'cmd종료_Click( )' 프로시저에 다음과 같이 코드를 입력한다.

> 입력 코드 해설

```
Private Sub cmd종료_Click( )
    Unload Me ―❶
    [C2].Font.Name = "궁서체" ―❷
End Sub
```

❶ 현재 작업중인 폼을 종료하고 메모리에서 제거한다.
❷ [C2] 셀에 입력된 내용의 글꼴을 '궁서체'로 표시한다.

⑦ 결과를 확인하기 위해 [보기 Microsoft Excel] 단추(🗔)를 클릭 → '기타작업-3' 시트로 되돌아오면 [개발 도구] 탭-[컨트롤] 그룹-[디자인 모드]를 클릭하여 디자인 모드 해제한다.
⑧ '대여신청시스템' 단추 클릭 → 〈대여신청〉 폼에서 '학교명' 리스트 상자에 [J4:K19] 영역의 값이 표시되는지 확인한다.
⑨ 〈대여신청〉 폼에서 다음과 같이 데이터를 입력한 후 [등록] 단추를 클릭하여 데이터가 정확히 삽입되는지 확인한다.

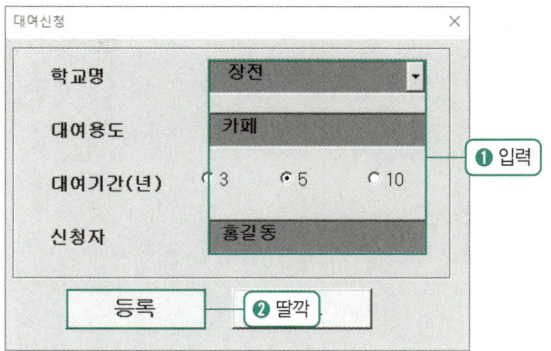

⑩ 〈판매분석〉 폼에서 [종료] 단추를 클릭하여 [C3] 셀의 글꼴이 '궁서체'로 표시되는지 확인한다.

	A	B	C	D	E	F	G
1							
2			(초등학교 폐업 대상)			대여신청시스템	
3							
4		[표1]					
5		학교명	코드	대여용도	대여기간(년)	신청자	신청일
6		장전	LR-001	게스트하우스	3	문혜영	2024-07-05
7		장전	LR-001	카페	5	홍길동	2024-07-26

제8회 기출변형문제

프로그램명	제한시간	합격선	외부 데이터 위치
EXCEL 2021	45분	70점	C:\에듀윌_2026컴활1급실기\기출변형문제\스프레드시트실무\실습\8회\제8회기출변형문제.xlsm

문제 ❶ 기본작업 (15점) 주어진 시트에서 다음 과정을 수행하고 저장하시오.

1 '기본작업-1' 시트에서 다음과 같이 고급 필터를 수행하시오. (5점)

- [D3:I35] 영역에서 '제조회사'의 이름에 '전자'를 포함하고 '판매금액'이 전체 '판매금액'의 평균 이상인 행에 대해서 '제품명', '제조국가', '제조회사', '가격', '판매량'을 대상으로 표시하시오.
- 조건은 [K3:K4] 영역에 입력하시오. (AND, ISNUMBER, SEARCH , AVERAGE 함수 사용)
- 결과는 [K6] 셀부터 표시하시오.

2 '기본작업-1' 시트에서 다음과 같이 조건부 서식을 설정하시오. (5점)

- [D4:I35] 영역에서 5번째 행마다 글꼴 스타일은 '기울임꼴', 글꼴 색은 '표준 색-노랑', 채우기 색은 '파랑'을 적용하시오.
- 단, 규칙 유형은 '수식을 사용하여 서식을 지정할 셀 결정'을 사용하고, 한 개의 규칙으로만 작성하시오.
- ROW, MOD 함수 사용

3 '기본작업-2' 시트에서 다음과 같이 시트 보호와 통합 문서 보기를 설정하시오. (5점)

- [D2:I34] 영역에 셀 잠금과 수식 숨기기를 적용하고 잠긴 셀의 내용과 워크시트를 보호하시오.
- '잠긴 셀의 선택'과 '잠기지 않은 셀'의 선택은 허용하고 시트 보호 해제 암호는 지정하지 마시오.
- [D2:I34] 영역만 1페이지로 인쇄되도록 페이지 나누기 구분선을 조정하시오.

문제 ❷ 계산작업 (30점) '계산작업' 시트에서 다음 과정을 수행하고 저장하시오.

1 [표1]의 '수량', [단가표]의 '품목', '가격'을 이용하여 배송비[D4:D8] 영역에 표시하시오. (6점)

- 품목별 '가격'은 [단가표] 참조
- 금액=수량×가격
- 배송비는 금액이 100,000원 이상이면 '무료', 50,000원 이상이면 '3,000', 0원 초과이면 '5,000'으로 표시
- IFS, XLOOKUP 함수 사용

2 [표3]의 이름, 성적을 이용하여 90점 이상인 첫 번째 학생 이름[B12]을 표시하시오. (6점)

- 이름과 성적은 [표3] 참조
- XMATCH, INDEX 함수 사용

3 [표4]의 지점코드, 분류, 카드이용금액을 이용하여 분류별, 지점코드별 카드이용금액의 합계를 [표5]의 [I21:L27] 영역에 표시하시오. (6점)

- 합계는 천 단위로 표시 [표시 예: 123,230 → 123]
- SUM, IF, TEXT 함수를 사용한 배열 수식

4 [표4]의 지점코드, 분류, 카드이용건수를 이용하여 '의료' 부분의 각 지점코드별 '카드이용건수'의 평균을 구하여 '▶▶▶'를 [표6]의 [I31:I34] 영역에 표시하시오. (6점)

- [표시 예: 32 → ▶▶▶]
- REPT, AVERAGE, IF 함수를 이용한 배열 수식

5 사용자 정의 함수 'fn지점명'을 작성하여 [표4]의 지점명[F20:F105]을 표시하시오. (6점)

- 'fn지점명'은 지점코드를 인수로 받아 값을 되돌려줌
- 지점코드의 오른쪽 두 글자가 '01'이면 '서울지점', '02'이면 '부산지점', '03'이면 '대전지점', '04'이면 '광주지점'을 표시하며, 해당 코드가 목록에 없으면 '미확인 코드'를 표시
- SELECT ~ CASE문 사용

```
Public Function fn지점명(지점코드)

End Function
```

문제 ❸ 분석작업 (20점)   주어진 시트에서 다음 과정을 수행하고 저장하시오.

1. '분석작업-1' 시트에서 다음의 지시사항에 따라 피벗 테이블 보고서를 작성하시오. (10점)

- 외부 데이터 원본으로 〈제품.csv〉의 데이터를 이용하시오.
  - '제품명', '제조국가', '제조회사', '판매량', '판매금액' 열만 가져와서 데이터 모델에 이 데이터를 추가하시오.
  - 원본 데이터는 쉼표로 분리되어 있으며, 첫 행에 머리글이 포함되어 있음
- 피벗 테이블 보고서의 레이아웃과 위치는 〈그림〉을 참조하여 설정하고, 보고서 레이아웃을 개요 형식으로 표시하시오.
- '판매금액' 필드의 표시 형식은 '값 필드 설정'의 셀 서식에서 '숫자' 범주를 이용하여 1,000 단위마다 구분 기호 사용을 설정하고 소수 이하 자릿수를 0으로 설정하시오.
- 레이블이 있는 셀은 병합하고 가운데 맞춤하고, 빈 셀은 '*', 행의 총합계는 표시되지 않도록 설정하시오.

〈그림〉

		제품명 ▼	값								
		노트북		모니터		컴퓨터		태블릿		텔레비전	
제조국가 ▼	제조회사 ▼	합계:판매량	합계:판매금액	합계:판매량	합계:판매금액	합계:판매량	합계:판매금액	합계:판매량	합계:판매금액	합계:판매량	합계:판매금액
⊟ 대만											
	BUT전자	*	*	*	*	*	*	*	*	52	78,000,000
	옐보우전자	*	*	98	49,000,000	*	*	*	*	73	109,500,000
	옐우전자	*	*	42	21,000,000	*	*	*	*	*	*
⊟ 미국											
	하인텔	*	*	207	103,500,000	*	*	60	54,000,000	*	*
⊟ 일본											
	와우전자	38	49,400,000	*	*	*	*	167	150,300,000	*	*
⊟ 중국											
	샤미콘	98	127,400,000	67	23,450,000	*	*	15	2,925,000	*	*
⊟ 한국											
	삼영전자	25	20,000,000	100	38,000,000	78	93,600,000	*	*	15	22,500,000
	엔쥐전자	12	10,800,000	*	*	33	39,600,000	*	*	*	*
	하넥스	*	*	98	21,364,000	95	114,000,000	80	17,440,000	36	54,000,000
총합계		173	207,600,000	612	256,314,000	206	247,200,000	322	224,665,000	176	264,000,000

※ 작업 완성된 그림이며 부분점수 없음

2. '분석작업-2' 시트에 대하여 다음의 지시사항을 처리하시오. (10점)

- 데이터 도구를 이용하여 [표1]에서 '제조국가', '제조회사', '가격', '판매량' 열을 기준으로 중복된 항목이 입력된 셀을 포함하는 행을 삭제하시오.
- [부분합] 기능을 이용하여 [표1]에서 제조국가별 '판매량', '판매금액'의 합계를 계산한 후 제조회사별 제품명의 개수를 계산하시오.
  - 제조국가를 기준으로 오름차순으로 정렬하고, 제조국가가 동일한 경우 제조회사별을 기준으로 오름차순 정렬하시오.
  - 합계와 개수는 위에 명시된 순서대로 처리하시오.

문제 ❹ 기타작업 (35점)   주어진 시트에서 다음 과정을 수행하고 저장하시오.

1 '기타작업-1' 시트에서 다음의 지시사항에 따라 차트를 수정하시오. (각 2점)

※ 차트는 반드시 문제에서 제공한 차트를 사용하여야 하며, 신규로 차트 작성 시 0점 처리됨

① [E3:E8] 영역의 판매량 계열을 추가하고 '표식이 있는 꺾은선형'으로 변경한 후 보조 축을 지정하시오.
② 차트 제목을 [C1] 셀과 연동하고 기본 세로 축의 제목과 보조 세로 축의 제목을 〈그림〉과 같이 입력하고 텍스트 방향을 '세로'로 설정하시오.
③ 세로 (값) 축의 표시 형식은 사용자 지정 표시 형식을 이용하여 백만 단위로 나타내시오.
   [표시 예: 12,000,000 → 12]
④ '판매량' 계열의 선을 '완만한 선'으로 설정하고, 표식 옵션의 형식을 '▲', 크기를 '10', 색은 '표준 색-빨강'으로 변경하시오.
⑤ '한국' 계열의 '판매금액' 요소에만 데이터 레이블의 '값'을 표시하고, 데이터 레이블의 위치를 '바깥쪽 끝에'로 지정하시오.

〈그림〉

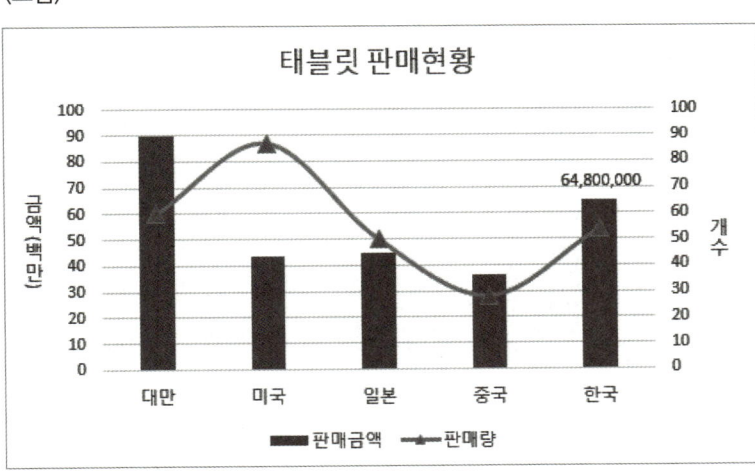

2 '기타작업-2' 시트에서 다음과 같은 기능을 수행하는 매크로를 현재 통합문서에 작성하시오. (각 5점)

① [E3:E33] 영역에 대하여 담당자를 표시하는 '담당자' 매크로를 생성하시오.
  ▶ 지점코드가 'KM-01'이면 '박마리', 'KM-02'이면 '최바다'를 표시하시오.
    - SWITCH 함수 사용
  ▶ [개발 도구] 탭-[컨트롤] 그룹-[삽입]을 클릭하여 '양식 컨트롤'의 '단추'를 동일 시트의 [H2:I3] 영역에 생성하고 텍스트를 '담당자'로 입력한 후 단추를 클릭하면 '담당자' 매크로가 실행되도록 설정하시오.

② [F3:F33] 영역에 대하여 카드이용건수를 기호로 표시하는 '비고' 매크로를 생성하시오.
  ▶ 분류가 유통이면 '○', 의료이면 '●', 미용이면 '◎'를 표시하시오.
    - IFS 함수 사용
  ▶ [삽입] 탭-[일러스트레이션] 그룹-[도형]을 클릭하여 '기본 도형'의 '사각형: 빗면'을 동일 시트의 [H5:I6] 영역에 생성한 후 텍스트를 '비고'로 입력하고, 단추를 클릭하면 '비고' 매크로가 실행되도록 설정하시오.

3 '기타작업-3' 시트에서 다음과 같은 작업을 수행하도록 프로시저를 작성하시오. (각 5점)

① '판매관리' 단추를 클릭하면 〈판매관리〉 폼이 나타나도록 설정하고, 폼이 초기화(Initialize)되면 제품명(lst제품명) 목록에는 [M6:N10] 영역의 값이 표시되고, 배달형태는 문앞(opt1)이 초기값으로 선택되도록 프로시저를 작성하시오.

② 〈판매관리시스템〉 폼의 '주문'(cmd주문) 단추를 클릭하면 폼에 입력된 데이터가 [표1]에 입력되어 있는 마지막 행 다음에 연속하여 추가되도록 프로시저를 작성하시오.
  ▶ '주문자', '제품명', '가격', '주문량', '배달형태'에는 선택된 값으로 각각 표시
  ▶ 판매금액=가격*주문량
  ▶ 배달형태는 'opt1'이 선택되면 '문앞', 'opt2'가 선택되면 '대면', 'opt3'이 선택되면 '경비실'로 표시
    - If Else문 사용

〈그림〉

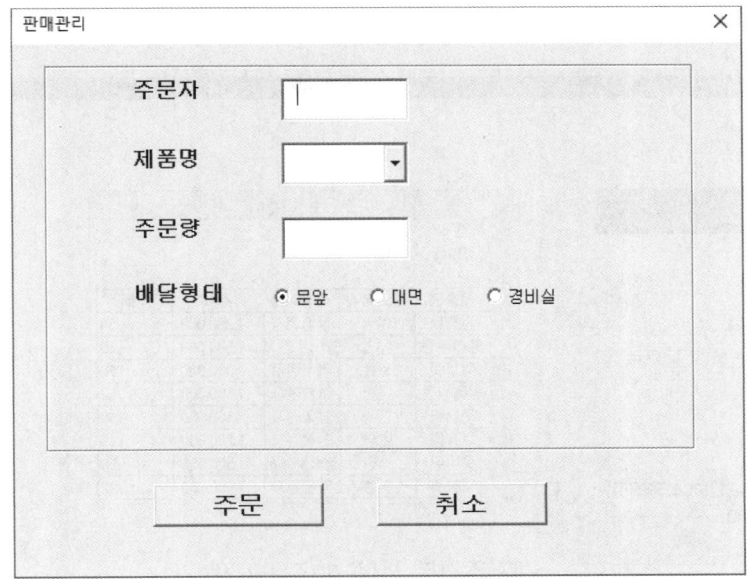

③ 취소 단추를 클릭하면 〈그림〉과 같은 메시지 박스를 표시한 후 폼을 종료하는 프로시저를 작성하시오.
   ▶ 시스템의 현재 날짜와 시간 표시

〈그림〉

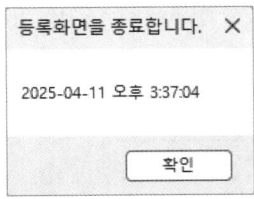

제8회 기출변형문제

해설 확인하기

정답 확인하기: EXIT 사이트 → 자료실 → 컴퓨터활용능력 1급 → 실기 기본서 → 정답화면 바로 보기

문제 ❶ 기본작업 (15점)

1 고급 필터('기본작업-1' 시트)

① [K3] 셀에는 필드명 대신 조건을, [K4] 셀에는 =AND(ISNUMBER (SEARCH("전자",F4)),I4>=AVERAGE($I$4:$I$35))를 조건으로 입력한다.

입력 함수 해설

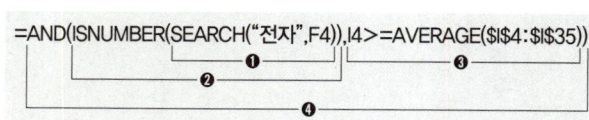

❶ SEARCH("전자",F4): [F4] 셀의 내용 중에 "전자"라는 문자열의 시작 위치값을 표시하고, 없으면 오류가 발생한다.
❷ ISNUMBER(❶): ❶의 값이 숫자이면 TRUE를 반환한다.
❸ I4>=AVERAGE($I$4:$I$35): [I4] 셀이 [I4:I35] 영역의 평균값 이상 이면 TRUE를 반환한다.
❹ AND(❷,❸): ❶과 ❷의 조건을 모두 만족하면 TRUE를 반환한다.

② [D3:H3] 영역을 드래그하여 선택한 후 Ctrl+C를 눌러 필드명 복사 → [K6] 셀을 선택한 후 Ctrl+V를 눌러 필드명을 붙여넣는다.
③ [D3:I35] 영역에서 임의의 셀 선택 → [데이터] 탭-[정렬 및 필터] 그룹-[고급]을 클릭한다.
④ [고급 필터] 대화상자가 나타나면 '결과'의 '다른 장소에 복사'를 선택 → '목록 범위'는 [D3:I35] 영역, '조건 범위'는 [K3:K4] 영역, '복사 위치'는 [K6:O6] 영역으로 지정 → [확인] 단추를 클릭한다.

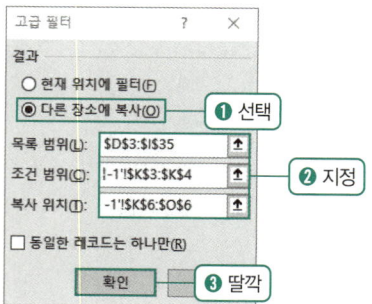

	K	L	M	N	O
3	조건				
4	TRUE				
5					
6	제품명	제조국가	제조회사	가격	판매량
7	컴퓨터	한국	삼영전자	1,200,000	54
8	텔레비전	대만	옐보우전자	1,500,000	60
9	태블릿	일본	와우전자	900,000	50
10	텔레비전	대만	BUT전자	1,500,000	52
11	모니터	한국	삼영전자	380,000	100
12	컴퓨터	한국	엔쥐전자	1,200,000	33
13	모니터	대만	옐보우전자	500,000	98
14	태블릿	일본	와우전자	900,000	82

2 조건부 서식('기본작업-1' 시트)

① 조건부 서식을 지정할 [D4:I35] 영역을 드래그하여 선택 → [홈] 탭-[스타일] 그룹-[조건부 서식]-[새 규칙]을 선택한다.
② [새 서식 규칙] 대화상자가 나타나면 '규칙 유형 선택'에서 '수식을 사용하여 서식을 지정할 셀 결정'을 선택 → '다음 수식이 참인 값의 서식 지정'에 =MOD(ROW($D4),5)=3 입력 → [서식] 단추를 클릭한다.

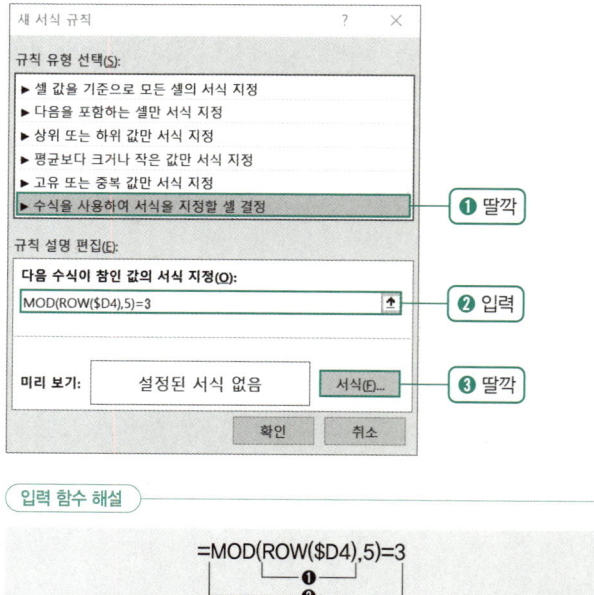

입력 함수 해설

=MOD(ROW($D4),5)=3

❶ ROW($D4): [D4] 셀의 행 번호를 반환한다.
❷ MOD(❶,5)=3: ❶을 5로 나누어서 나머지가 3이면 TRUE를 반환한다.

③ [셀 서식] 대화상자가 나타나면 [글꼴] 탭에서 글꼴 색은 '표준 색-노랑', 글꼴 스타일은 '기울임꼴'을 지정하고 [채우기] 탭에서 '배경색'은 '파랑'을 선택 → [확인] 단추를 클릭한다.

④ [새 서식 규칙] 대화상자로 되돌아오면 '미리 보기'에서 지정한 서식을 확인 → [확인] 단추를 클릭한다.

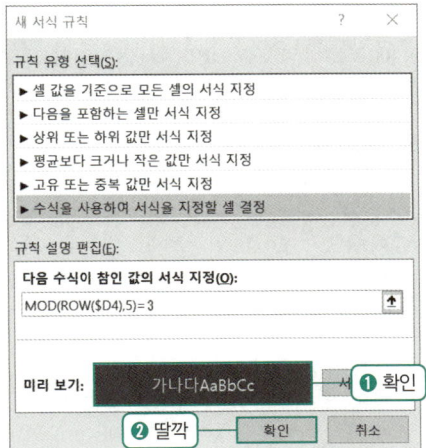

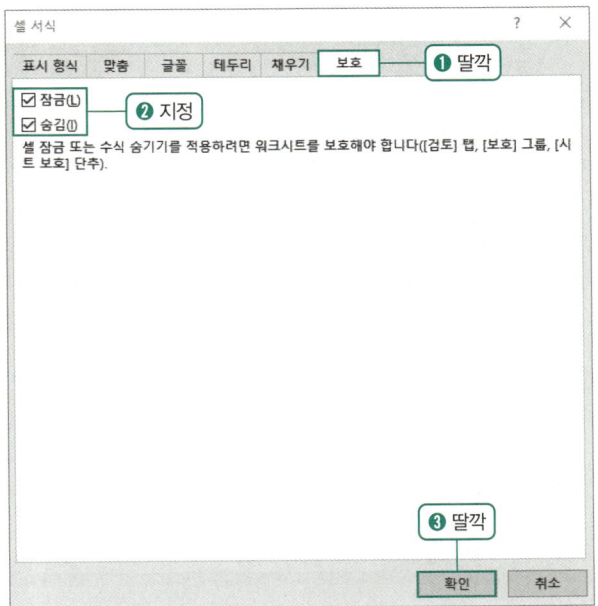

③ 영역 선택을 해제하기 위해 임의의 셀 선택 → [검토] 탭-[보호] 그룹-[시트 보호]를 클릭한다.

④ [시트 보호] 대화상자가 나타나면 '워크시트에서 허용할 내용'의 '잠긴 셀 선택'과 '잠기지 않은 셀 선택'에 체크되어 있는지 확인 → [확인] 단추를 클릭한다.

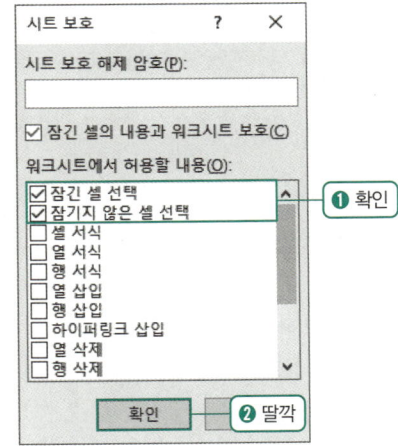

3 시트 보호와 통합 문서 보기('기본작업-2' 시트)

① [D2:I34] 영역을 드래그하여 선택 → 마우스 오른쪽 단추를 클릭하고 바로 가기 메뉴에서 **[셀 서식]**(Ctrl+1)을 선택한다.

② [셀 서식] 대화상자가 나타나면 [보호] 탭에서 '잠금'과 '숨김'에 체크 → [확인] 단추를 클릭한다.

⑤ [보기] 탭-[통합 문서 보기] 그룹-[페이지 나누기 미리 보기]를 클릭한다.

⑥ 페이지 나누기 미리 보기 화면에서 경계선의 파란색 점선을 드래그하여 [D2:I34] 영역이 1페이지 구분선이 되도록 조정한다.

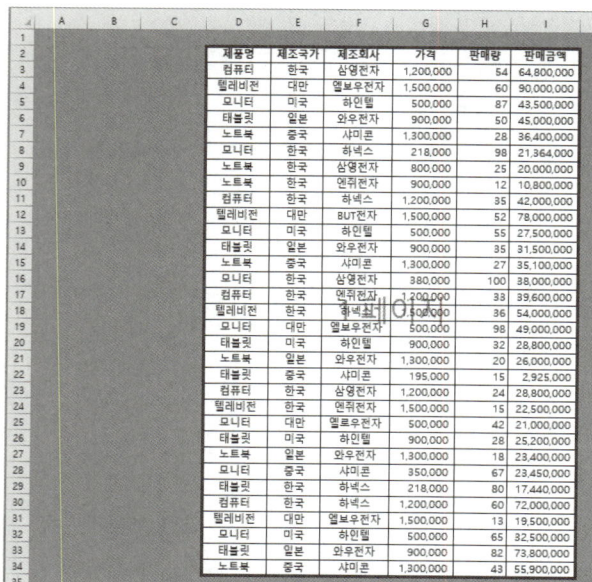

문제 ② 계산작업 (30점)

1 배송비[D4:D8] 표시하기('계산작업' 시트)

[D4] 셀 선택 → 수식 입력줄에 =IFS(XLOOKUP(B4,$G$4:$G$8,$H$4:$H$8)*C4>=100000,"무료",XLOOKUP(B4,$G$4:$G$8,$H$4:$H$8)*C4>=50000,3000,XLOOKUP(B4,$G$4:$G$8,$H$4:$H$8)*C4>0,5000)을 입력하고 Enter 를 누른 → [D4] 셀의 자동 채우기 핸들을 [D8] 셀까지 드래그하여 함수식을 복사한다.

입력 함수 해설

XLOOKUP(B4,$G$4:$G$8,$H$4:$H$8)
          ①

❶ XLOOKUP(B4,$G$4:$G$8,$H$4:$H$8): [$G$4:$G$8] 영역에서 [B4] 셀의 값과 동일한 내용의 위치를 찾아서 [$H$4:$H$8] 영역의 값을 반환한다.

=IFS(❶*C4>=100000,"무료",❶*C4>=50000,3000,❶*C4>0,5000)
                            ②

❷ IFS(❶*C4>=100000,"무료",❶*C4=50000,3000,❶*C4>0,5000): ❶과 [C4] 셀의 값을 곱한 금액이 '100000' 이상이면 '무료', ❶과 [C4] 셀의 값을 곱한 금액이 '50000' 이상이면 '3000', ❶과 [C4] 셀의 값을 곱한 금액이 '0' 초과이면 '5000'을 반환한다.

2 학생 이름[B12] 표시하기

[B12] 셀 선택 → 수식 입력줄에 =INDEX(G12:G16,XMATCH(90,H12:H16,1))을 입력하고 Enter 를 누른다.

입력 함수 해설

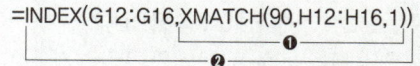

❶ XMATCH(90,H12:H16,1): [H12:H16] 영역에서 90 이상의 첫 번째 값의 위치를 반환한다.

❷ INDEX(G12:G16,❶): [G12:G16] 영역에서 ❶의 위치값을 반환한다.

3 카드이용금액의 합계[I21:L27] 표시하기

[I21] 셀 선택 → 수식 입력줄에 =TEXT(SUM(IF(($C$20:$C$105=$H21)*($B$20:$B$105=I$20),$D$20:$D$105)),"#,##0,")를 입력한 후 Ctrl + Shift + Enter 를 누름 → [I21] 셀의 자동 채우기 핸들을 [I27] 셀까지 드래그하여 함수식을 복사 → [I27] 셀의 자동 채우기 핸들을 [L27] 셀까지 드래그하여 함수식을 복사한다.

입력 함수 해설

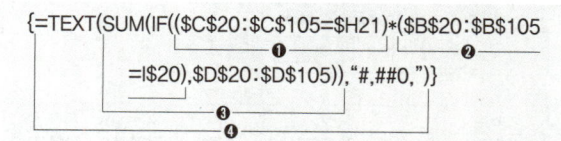

❶ ($C$20:$C$105=$H21): [$C$20:$C$105] 영역의 값이 [$H21] 셀과 동일하면 TRUE를 반환한다.

❷ ($B$20:$B$105=I$20): [$B$20:$B$105] 영역의 값이 [I$20] 셀과 동일하면 TRUE를 반환한다.

❸ SUM(IF(❶*❷,$D$20:$D$105)): ❶의 조건과 ❷의 조건을 모두 만족하면 [$D$20:$D$105] 영역의 합계를 반환한다.

❹ TEXT(❸,"#,##0,"): ❸의 값을 #,##0, 형식으로 표시한다.
(#,##0,: 숫자를 천 단위로 표시)

4 의료 부분의 카드이용건수 평균[I31:I34] 표시하기

[I31] 셀 선택 → 수식 입력줄에 =REPT("▶",AVERAGE(IF(($C$20:$C$105=$I$30)*($B$20:$B$105=$H31),$E$20:$E$105))/10)을 입력한 후 Ctrl + Shift + Enter 를 누름 → [I31] 셀의 자동 채우기 핸들을 [I34] 셀까지 드래그하여 함수식을 복사한다.

입력 함수 해설

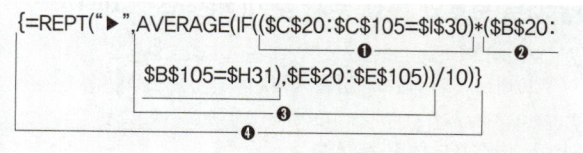

❶ ($C$20:$C$105=$I$30): [$C$20:$C$105] 영역의 값이 [$I$30] 셀과 동일하면 TRUE를 반환한다.

❷ ($B$20:$B$105=$H31): [$B$20:$B$105] 영역의 값이 [$H31] 셀과 동일하면 TRUE를 반환한다.

❸ AVERAGE(IF(❶*❷,$E$20:$E$105)): ❶의 조건과 ❷의 조건을 모두 만족하면 [$E$20:$E$105] 영역의 평균을 반환한다.

❹ REPT("▶",❸/10): ❸/10의 개수만큼 '▶'를 표시한다.

5 fn지점명[F20:F105] 표시하기

① [개발 도구] 탭-[코드] 그룹-[Visual Basic]을 클릭한다.
② [Visual Basic Editor] 창이 나타나면 **[삽입] 메뉴-[모듈]**을 선택 → [프로젝트 탐색기] 창에 'Module1'이 생성되었는지 확인한다.
③ 'Module1' [코드] 창에 다음과 같이 코드를 입력 → [닫기] 단추를 클릭한다.

입력 코드 해설

```
Public Function fn지점명(지점코드)
Select Case Right(지점코드, 2) ─❶
    Case "01"
        fn지점명 = "서울지점" ─❷
    Case "02"
        fn지점명 = "부산지점" ─❸
    Case "03"
        fn지점명 = "대전지점" ─❹
    Case "04"
        fn지점명 = "광주지점" ─❺
    Case Else
        fn지점명 = "미확인 코드" ─❻
End Select
End Function
```

❶ '지점코드'의 오른쪽 두 자리를 반환한다.
❷ '지점코드'가 '01'이면 '서울지점'을 반환한다.
❸ '지점코드'가 '02'이면 '부산지점'을 반환한다.
❹ '지점코드'가 '03'이면 '대전지점'을 반환한다.
❺ '지점코드'가 '04'이면 '광주지점'을 반환한다.
❻ '지점코드'가 그 외에는 '미확인 코드'를 반환한다.

④ [F20] 셀 선택 → [함수 삽입] 단추(fx)를 클릭한다.
⑤ [함수 마법사] 대화상자가 나타나면 '범주 선택'에서 '사용자 정의'를, '함수 선택'에서 'fn지점명'을 선택 → [확인] 단추를 클릭한다.

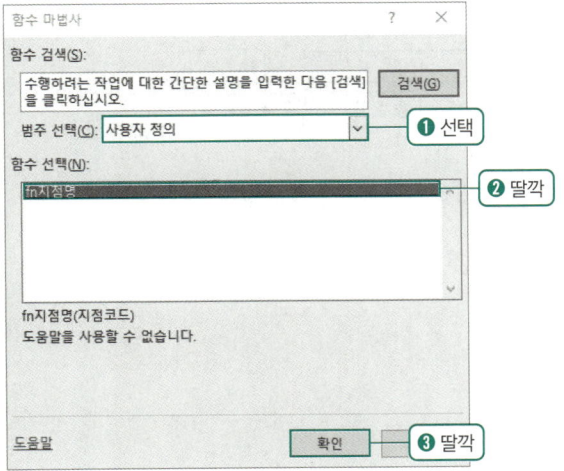

⑥ [함수 인수] 대화상자가 나타나면 '지점코드'에는 [B20] 셀을 지정 → [확인] 단추를 클릭한다.

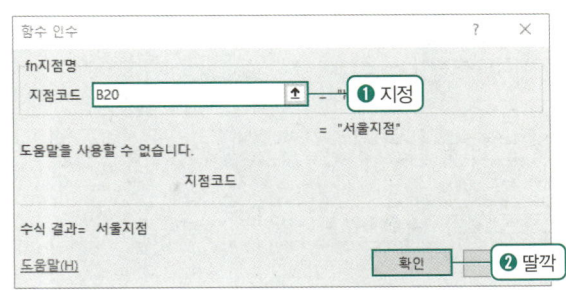

⑦ [F20] 셀의 자동 채우기 핸들을 [F105] 셀까지 드래그하여 복사한다.

문제 ❸ 분석작업 (20점)

1 피벗 테이블('분석작업-1' 시트)

① 피벗 테이블을 삽입할 [A3] 셀 선택 → **[삽입] 탭-[표] 그룹-[피벗 테이블]**을 선택한다.
② [피벗 테이블 만들기] 대화상자가 나타나면 '외부 데이터 원본 사용'을 선택 → [연결 선택] 단추를 클릭한다.

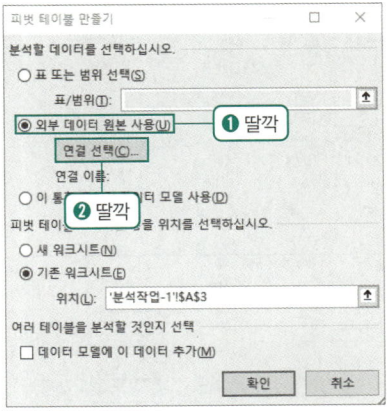

③ [기존 연결] 대화상자가 나타나면 [연결] 탭에서 [더 찾아보기] 단추를 클릭한다.
④ [데이터 원본 선택] 대화상자가 나타나면 'C:\에듀윌_2026컴활1급 실기\기출변형문제\스프레드시트실무\실습\8회' 경로에서 '제품.csv' 파일 선택 → [열기] 단추를 클릭한다.

⑤ [텍스트 마법사 – 3단계 중 1단계] 대화상자가 나타나면 원본 데이터의 파일 유형이 '구분 기호로 분리됨'으로 선택되었는지 확인 → '내 데이터에 머리글 표시'에 체크 → [다음] 단추를 클릭한다. (파일 미리 보기의 내용이 깨져서 보이면 한국어 또는 Windows ANSI를 지정하도록 한다.)

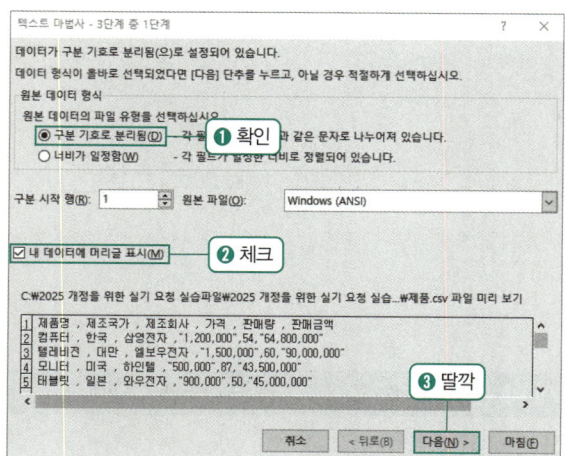

⑥ [텍스트 마법사 – 3단계 중 2단계] 대화상자에서 '구분 기호'는 '탭'을 체크 해제하고 '쉼표' 체크 → [다음] 단추를 클릭한다.

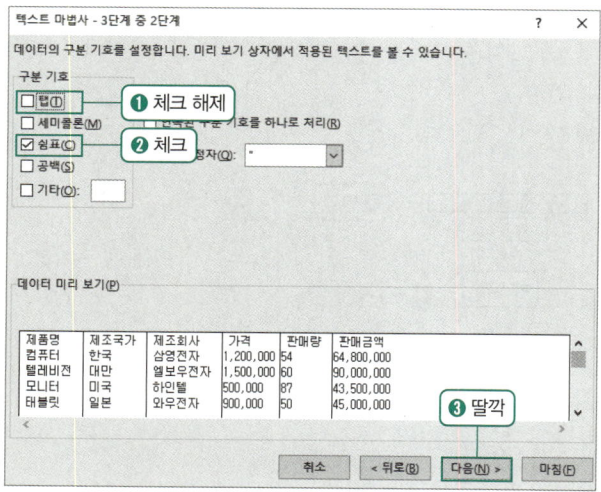

⑦ [텍스트 마법사 – 3단계 중 3단계] 대화상자의 '데이터 미리 보기'에서 4열(가격)을 선택하고 '열 데이터 서식'에서 '열 가져오지 않음(건너뜀)'을 선택 → [마침] 단추를 클릭한다.

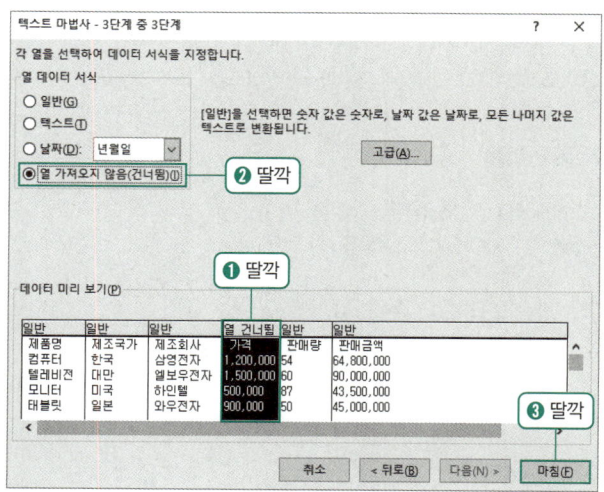

⑧ [피벗 테이블 만들기] 대화상자로 되돌아오면 피벗 테이블을 배치할 위치에서 '기존 워크시트'의 [A3] 셀이 지정되었는지 확인 → '데이터 모델에 이 데이터 추가'에 체크 → [확인] 단추를 클릭한다.

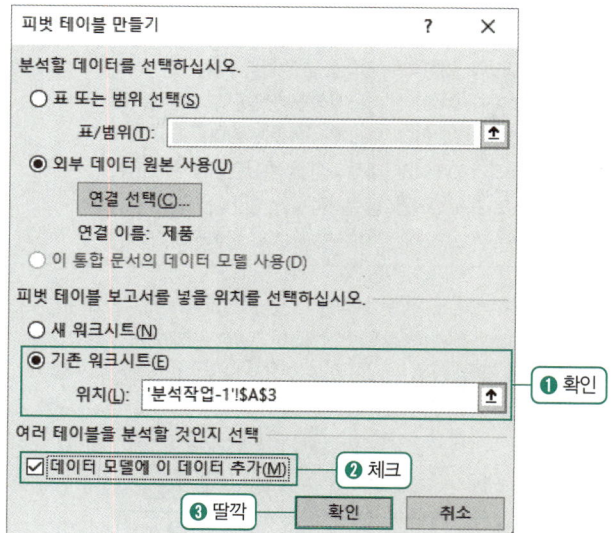

⑨ [피벗 테이블 필드] 창이 나타나면 '제조국가'와 '제조회사'는 '행' 영역으로, '제품명'은 '열' 영역으로, '판매량'과 '판매금액'은 '값' 영역으로 드래그한다.

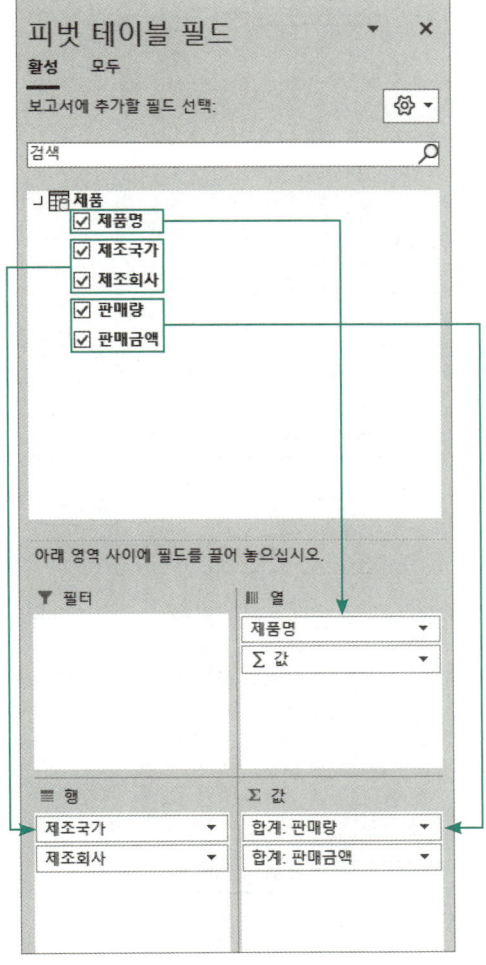

⑩ '판매금액' 필드의 표시 형식을 지정하기 위해 '값' 영역에서 '합계: 판매금액'을 클릭 → [값 필드 설정]을 선택한다.

⑪ [값 필드 설정] 대화상자가 나타나면 [표시 형식] 단추를 클릭한다.

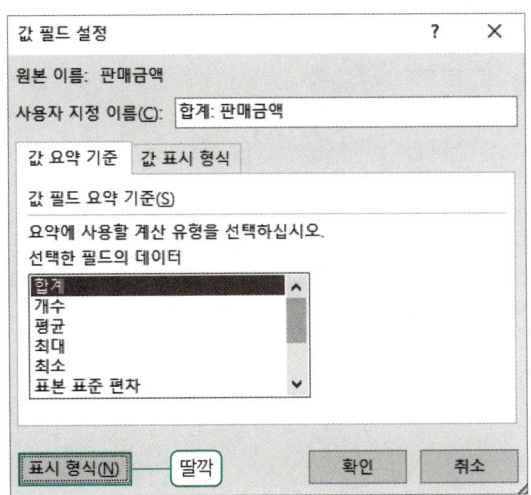

⑫ [셀 서식] 대화상자가 나타나면 [표시 형식] 탭에서 '범주'는 '숫자'를 선택하고 1000 단위 구분 기호 사용에 체크, '소수 자릿수'에 '0'을 지정 → [확인] 단추를 클릭한다.

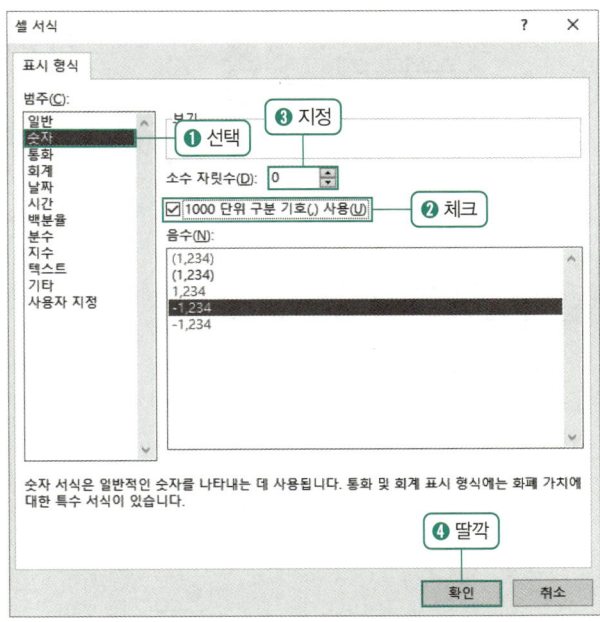

⑬ [값 필드 설정] 대화상자로 되돌아오면 [확인] 단추를 클릭한다.

⑭ 보고서 레이아웃을 개요 형식으로 표시하기 위해 **[디자인] 탭-[레이아웃] 그룹-[보고서 레이아웃]-[개요 형식으로 표시]**를 선택한다.

⑮ 피벗 테이블에서 임의의 셀 선택 → 마우스 오른쪽 단추를 클릭하고 바로 가기 메뉴에서 **[피벗 테이블 옵션]**을 선택한다.

⑯ [피벗 테이블 옵션] 대화상자가 나타나면 '레이블이 있는 셀 병합 및 가운데 맞춤'에 체크 → '빈 셀 표시'에 체크하고 *를 입력한다.

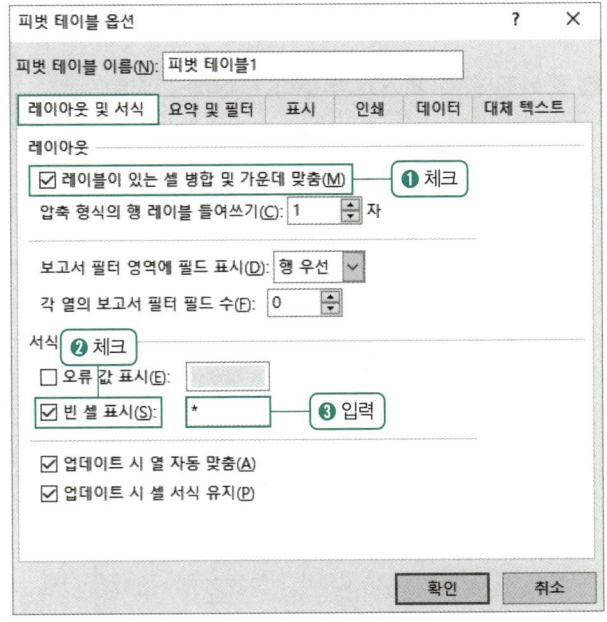

⑰ [요약 및 필터] 탭의 '행 총합계 표시'에 체크 해제 → [확인] 단추를 클릭한다.

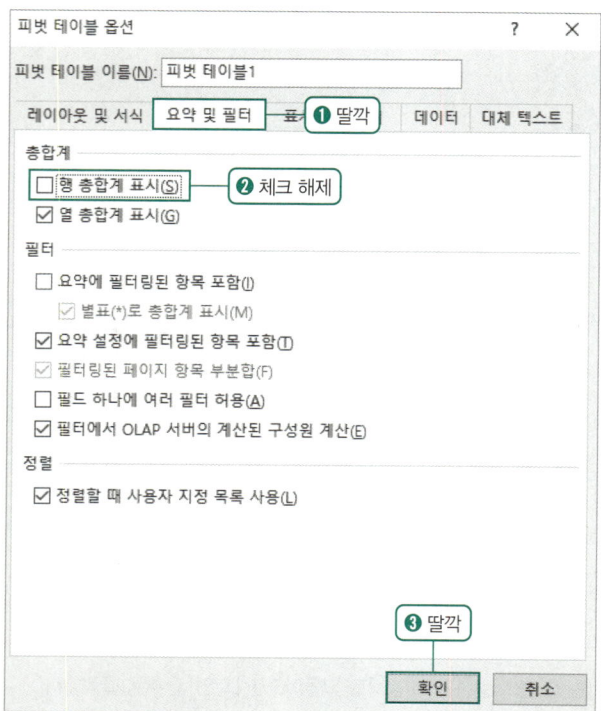

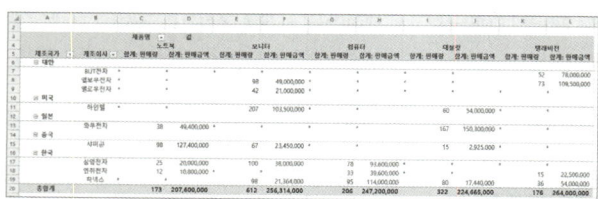

2 중복된 항목 제거와 부분합('분석작업-2' 시트)

① [A2:F34] 영역에서 임의의 셀 선택 → [데이터] 탭-[데이터 도구] 그룹-[중복된 항목 제거]를 클릭한다.

② [중복 값 제거] 대화상자가 나타나면 [모두 선택 취소] 단추를 클릭 → '제조국가', '제조회사', '가격', '판매량'에 체크 → [확인] 단추를 클릭한다.

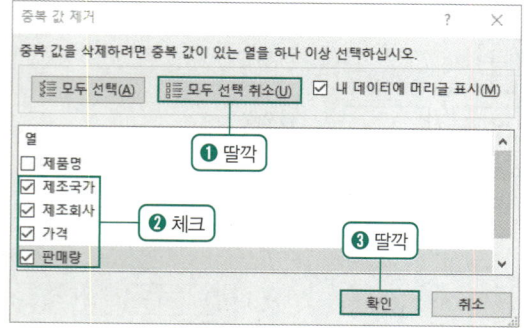

③ 중복된 값이 제거되었다는 메시지 창이 나타나면 [확인] 단추를 클릭한다.

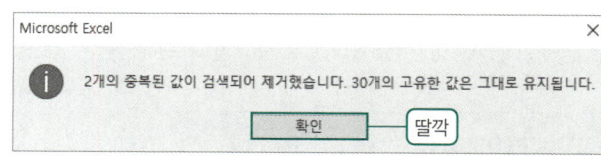

④ 부분합을 계산하기 전 '제조국가'를 기준으로 오름차순, '제조회사'를 기준으로 오름차순 정렬하기 위해 [A2:F32] 영역을 드래그하고 [데이터] 탭-[정렬 및 필터] 그룹-[정렬]을 클릭한다.

⑤ [정렬] 대화상자가 나타나면 정렬 기준에서 '세로 막대형'은 '제조국가', '정렬 기준'은 '셀 값', '정렬'은 '오름차순'으로 지정 → [기준 추가] 단추 클릭 → 다음 기준에서 '세로 막대형'은 '제조회사', '정렬 기준'은 '셀 값', '정렬'은 '오름차순'으로 지정 → [확인] 단추를 클릭한다.

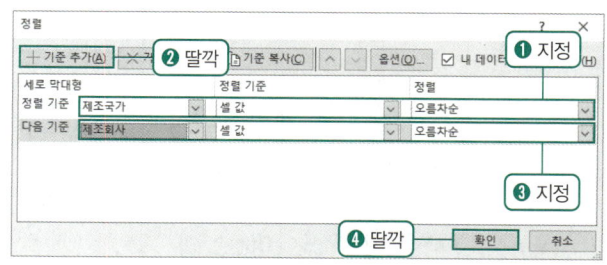

⑥ 제조국가별 '판매량', '판매금액'의 합계를 계산하기 위해 [데이터] 탭-[개요] 그룹-[부분합]을 클릭한다.

⑦ [부분합] 대화상자가 나타나면 '그룹화할 항목'에서는 '제조국가'를, '사용할 함수'에서는 '합계'를 선택 → '부분합 계산 항목'에서 '판매량', '판매금액'에 체크 → [확인] 단추를 클릭한다.

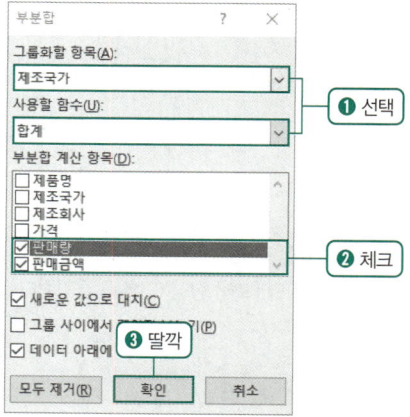

⑧ 제조회사별 '제품명'의 개수를 계산하는 부분합을 추가하기 위해 [데이터] 탭-[개요] 그룹-[부분합]을 클릭한다.

⑨ [부분합] 대화상자가 나타나면 '그룹화할 항목'에서는 '제조회사'를, '사용할 함수'에서는 '개수'를 선택 → '부분합 계산 항목'에서 '제품명'에만 체크하고 → '새로운 값으로 대치' 체크 해제 → [확인] 단추를 클릭한다.

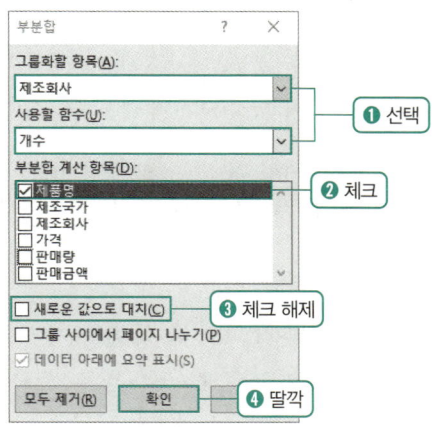

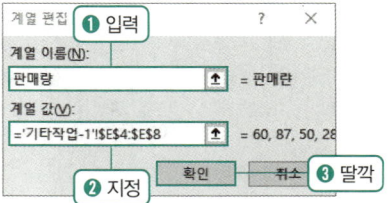

④ [데이터 원본 선택] 대화상자로 되돌아오면 '범례 항목(계열)'에서 '판매량' 선택 → '가로(항목) 축 레이블'의 [편집] 단추를 클릭한다.

⑤ [축 레이블] 대화상자가 나타나면 '축 레이블 범위'는 [B4:B8] 영역을 지정 → [확인] 단추를 클릭한다.

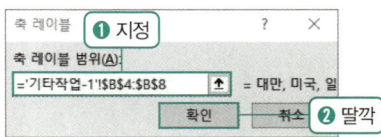

⑥ [데이터 원본 선택] 대화상자로 되돌아오면 [확인] 단추를 클릭한다.

⑦ 보조 세로 (값) 축과 차트 종류를 지정하기 위해 **[차트 디자인] 탭-[종류] 그룹-[차트 종류 변경]**을 선택한다.

⑧ [차트 종류 변경] 대화상자가 나타나면 [모든 차트] 탭의 '혼합' 범주에서 '판매량' 계열의 '차트 종류'를 '표식이 있는 꺾은선형'으로 선택 → '보조 축'에 체크 → [확인] 단추를 클릭한다.

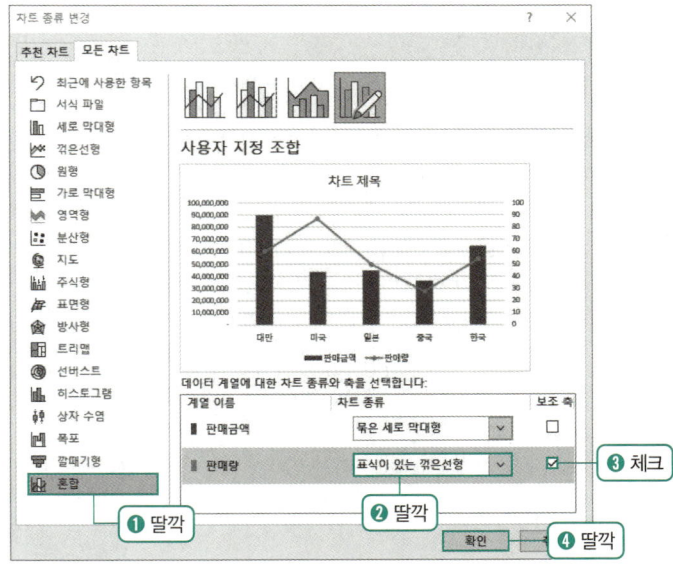

⑨ 차트 제목을 연동하기 위하여 차트를 선택한 상태에서 **[차트 디자인] 탭-[차트 레이아웃] 그룹-[차트 요소 추가]-[차트 제목]-[차트 위]**를 선택하여 차트 제목을 추가한다.

⑩ 차트 제목을 선택한 상태에서 수식 입력줄에 =을 입력한 후 [C1] 셀을 선택하고 Enter 를 누른다.

⑪ 기본 세로 축 제목을 설정하기 위하여 **[차트 디자인] 탭-[차트 레이아웃] 그룹-[차트 요소 추가]-[축 제목]-[기본 세로]**를 선택하여 축 제목을 추가한다.

⑫ 축 제목을 선택한 상태에서 수식 입력줄에 금액(백만) 입력 → Enter 를 누른다.

문제 ❹ 기타작업 (20점)

1 차트('기타작업-1' 시트) 작성하기

① 차트 영역 선택 → 마우스 오른쪽 단추를 클릭하고 바로 가기 메뉴에서 [데이터 선택]을 선택한다.

② [데이터 원본 선택] 대화상자가 나타나면 '범례 항목(계열)'에서 [추가] 단추를 클릭한다.

③ [계열 편집] 대화상자가 나타나면 '계열 이름'에는 판매량 입력 → '계열 값'은 [E4:E8] 영역 지정 → [확인] 단추를 클릭한다.

⑬ 축 제목 더블클릭 → [축 제목 서식] 창이 나타나면 '제목 옵션'의 '크기 및 속성'(᎑)에서 '맞춤'의 '텍스트 방향'을 '세로'로 지정한다.

⑭ 보조 세로 축 제목을 설정하기 위하여 **[차트 디자인] 탭-[차트 레이아웃] 그룹-[차트 요소 추가]-[축 제목]-[보조 세로]**를 선택하여 축 제목을 추가한다.

⑮ 보조 세로 (값) 축 제목을 선택한 상태에서 수식 입력줄에 개수 입력 → Enter를 누른다.

⑯ 보조 세로 (값) 축 제목 더블클릭 → [축 제목 서식] 창이 나타나면 '제목 옵션'의 '크기 및 속성'(᎑)에서 '맞춤'의 '텍스트 방향'을 '세로'로 지정한다.

⑰ 기본 세로 (값) 축 더블클릭 → [축 서식] 창이 나타나면 '축 옵션'(᎑)의 '표시 형식'에서 '서식 코드'에 #,##0,,를 입력 → [추가] 단추를 클릭한다.

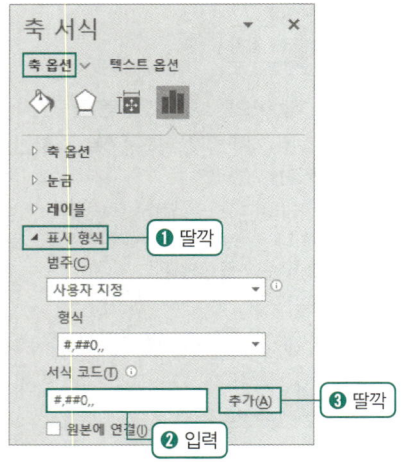

⑱ '판매량' 계열 더블클릭 → [데이터 계열 서식] 창이 나타나면 '계열 옵션'의 '채우기 및 선'(᎑)에서 '선'의 '완만한 선'을 체크 → '표식'의 '표식 옵션'에서 기본 제공의 '형식'을 '▲', 크기는 10 → 채우기에서 '단색 채우기'의 색을 '빨강'으로 선택 → [닫기] 단추를 클릭한다.

⑲ 레이블을 설정하기 위하여 '한국' 계열의 '판매금액' 요소만 천천히 두 번 클릭 → **[차트 디자인] 탭-[차트 레이아웃] 그룹-[차트 요소 추가]-[데이터 레이블]-[바깥쪽 끝에]**를 선택하여 데이터 레이블을 추가한다.

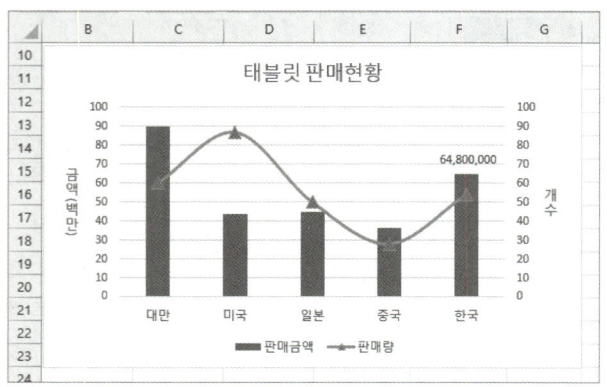

2 매크로('기타작업-2' 시트)

① **[개발 도구] 탭-[코드] 그룹-[매크로 기록]**을 클릭한다.

② [매크로 기록] 대화상자가 나타나면 '매크로 이름'에 담당자 입력 → [확인] 단추를 클릭한다.

③ [E3] 셀을 클릭하고 =SWITCH(A3,"KM-01","박마리","KM-02","최바다")를 입력 → [E3] 셀의 채우기 핸들을 [E33] 셀까지 드래그한다.

입력 함수 해설

=SWITCH(A3,"KM-01","박마리","KM-02","최바다")

[A3] 셀이 'KM-01'이면 '박마리'를 반환하고, 'KM-02'이면 '최바다'를 반환한다.

④ 매크로 기록을 중지하기 위해 임의의 셀 선택 → **[개발 도구] 탭-[코드] 그룹-[기록 중지]**를 클릭한다.

⑤ **[개발 도구] 탭-[컨트롤] 그룹-[삽입]**을 클릭한 후 '양식 컨트롤'의 '단추'(□)를 선택한다.

⑥ Alt를 누른 상태에서 [H2:I3] 영역을 드래그하여 단추를 그린다.

⑦ [매크로 지정] 대화상자가 나타나면 '매크로 이름'에 '담당자'를 선택 → [확인] 단추를 클릭한다.

⑧ 단추를 선택한 상태에서 단추에 입력된 기본 텍스트를 삭제한 후 담당자 입력 → 임의의 셀을 선택하여 텍스트 편집을 완료한다.

⑨ **[개발 도구] 탭-[코드] 그룹-[매크로 기록]**을 클릭한다.

⑩ [매크로 기록] 대화상자가 나타나면 '매크로 이름'에 비고 입력 → [확인] 단추를 클릭한다.

⑪ [F3] 셀을 클릭하고 =IFS(B3="유통","○",B3="의료","●",B3="미용","◎") 입력 → [F3] 셀의 채우기 핸들을 [F33] 셀까지 드래그한다.

입력 함수 해설

=IFS(B3="유통","○",B3="의료","●",B3="미용","◎")

[B3] 셀이 '유통'이면 '○', '의료'이면 '●', '미용'이면 '◎'를 반환한다.

⑫ 매크로 기록을 중지하기 위해 임의의 셀 선택 → **[개발 도구] 탭-[코드] 그룹-[기록 중지]**를 클릭한다.

⑬ **[삽입] 탭-[일러스트레이션] 그룹-[도형]**을 클릭한 후 '기본 도형'의 '사각형: 빗면'(□)을 선택한다.

⑭ Alt를 누른 상태에서 [H5:I6] 영역을 드래그하여 도형을 그린다.

⑮ 도형을 선택한 상태에서 도형에 비고 입력 → 도형에서 마우스 오른쪽 단추를 클릭 → 바로 가기 메뉴에서 [매크로 지정]을 선택한다.

⑯ [매크로 지정] 대화상자가 나타나면 '매크로 이름'에 '비고'를 선택 → [확인] 단추를 클릭한다.

⑰ '담당자' 단추와 '비고' 도형을 클릭하여 매크로가 정상적으로 실행되는지 확인한다.

	A	B	C	D	E	F
1						
2	지점코드	분류	카드이용금액	카드이용건수	담당자	비고
3	KM-01	유통	₩52,239,618	5	박마리	○
4	KM-02	의료	₩23,551,179	86	최바다	●
5	KM-01	미용	₩19,322,795	50	박마리	○
6	KM-01	유통	₩14,875,576	5	최바다	○
7	KM-01	의료	₩12,259,820	5	박마리	●
8	KM-02	미용	₩11,974,369	10	최바다	○
9	KM-01	유통	₩11,102,382	25	박마리	○
10	KM-02	의료	₩9,764,488	15	최바다	●
11	KM-01	미용	₩8,971,156	5	박마리	○
12	KM-02	유통	₩8,739,877	15	최바다	○
13	KM-01	의료	₩8,722,976	50	박마리	●
14	KM-02	미용	₩8,489,181	5	최바다	○

(H열: 담당자, 비고 버튼)

3 프로시저('기타작업-3' 시트)

① [개발 도구] 탭-[컨트롤] 그룹-[디자인 모드] 클릭 → '판매관리' 단추를 더블클릭한다.

② [Visual Basic Editor] 창이 나타나면 [코드] 창에서 '판매관리시스템_Click( )' 프로시저에 다음과 같이 코드를 입력한다.

입력 코드 해설

```
Private Sub 판매관리시스템_Click( )
    판매관리.Show ―❶
End Sub
```

❶ 〈판매관리〉 폼을 화면에 표시한다.

③ [프로젝트 탐색기] 창의 〈판매관리〉 폼에서 마우스 오른쪽 단추를 클릭하고 바로 가기 메뉴에서 [코드 보기]를 선택한다.

④ [코드] 창에서 '개체'는 'UserForm'을, '프로시저'는 'Initialize' 선택 → 'UserForm_Initialize( )' 프로시저에 다음과 같이 코드를 입력한다.

입력 코드 해설

```
Private Sub UserForm_Initialize( )
    lst제품명.RowSource = "M6:N10" ―❶
    opt1.Value = True ―❷
End Sub
```

❶ 'lst제품명' 리스트 상자의 속성값을 [M6:N10] 영역의 데이터로 지정한다.
❷ 'opt1'을 기본값으로 설정한다.

lst제품명.ColumnCount=2를 입력하는 것이 원칙이지만, lst제품명의 속성 ColumnCount 값이 2로 이미 설정되어 있으므로, 입력하지 않아도 된다.

⑤ '개체'에서 'cmd주문'을 선택하고 '프로시저'에 'Click'으로 지정되었는지 확인 → 'cmd주문_Click( )' 프로시저에 다음과 같이 코드를 입력한다.

입력 코드 해설

```
Private Sub cmd주문_Click( )
    Line = Range("B4").CurrentRegion.Rows.Count + 4 ―❶
    Cells(Line, 2) = txt주문자.Value ―❷
    Cells(Line, 3) = lst제품명.List(lst제품명.ListIndex, 0) ―❸
    Cells(Line, 4) = lst제품명.List(lst제품명.ListIndex, 1) ―❹
    Cells(Line, 5) = txt주문량.Value ―❺
    Cells(Line, 6) = Cells(Line, 4) * Cells(Line, 5) ―❻
    If opt1.Value = True Then
        Cells(Line, 7) = "문앞"
    ElseIf opt2.Value = True Then
        Cells(Line, 7) = "대면"              ―❼
    ElseIf opt3.Value = True Then
        Cells(Line, 7) = "경비실"
    End If
End Sub
```

❶ [B4] 셀에서 시작하는 현재의 연속된 데이터 영역의 행의 개수를 가져와서 4를 더한 값을 Line 변수에 할당한다.
❷ 6행(Line) 2열에 txt주문자 값을 입력한다.
❸ 6행(Line) 3열에 lst제품명의 첫 번째 열 값을 입력한다.
❹ 6행(Line) 4열에 lst제품명의 두 번째 열 값을 입력한다.
❺ 6행(Line) 5열에 txt주문량 값을 입력한다.
❻ 6행(Line) 6열에 Line행 4열의 값과 Line행 5열의 값을 곱한 후, 곱셈 값을 입력한다.
❼ 6행(Line) 7열에 opt1이 선택되면 "문앞", opt2가 선택되면 "대면", opt3이 선택되면 "경비실"을 입력한다.

⑥ '개체'에서 'cmd취소'를 선택하고 '프로시저'에 'Click'으로 지정되었는지 확인 → 'cmd취소_Click( )' 프로시저에 다음과 같이 코드를 입력한다.

입력 코드 해설

```
Private Sub cmd취소_Click( )
    MsgBox Now, vbOKOnly, "등록화면을 종료합니다." ―❶
    Unload Me ―❷
End Sub
```

❶ 사용자에게 현재의 날짜 및 시간(Now 함수의 결과)를 보여주면서 "등록화면을 종료합니다."라는 메시지를 표시하는 메시지 박스를 생성한다. 이때 메시지 박스에는 'OK' 버튼만 표시된다.
❷ 현재 열려있는 사용자 폼을 닫는다.

⑦ 결과를 확인하기 위해 [보기 Microsoft Excel] 단추(🗙)를 클릭 → '기타작업-3' 시트로 되돌아오면 [개발 도구] 탭-[컨트롤] 그룹-[디자인 모드]를 클릭하여 디자인 모드를 해제한다.

⑧ '판매관리' 단추 클릭 → 〈판매관리〉 폼에서 '제품명' 리스트 상자에 [M6:N10] 영역의 값이 표시되는지 확인한다.

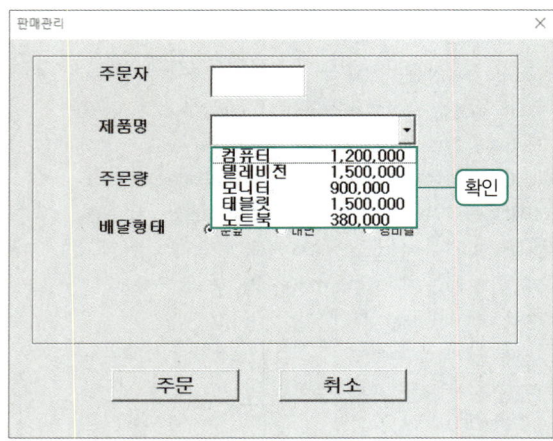

⑨ 주문자와 주문량을 임의로 입력하고 제품명과 배달형태를 지정한 후 '주문' 단추를 클릭하여 데이터가 정확히 입력되는지 확인한다.

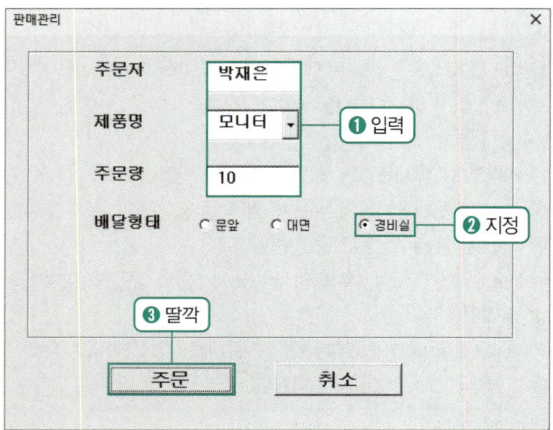

⑩ 〈판매관리〉 폼에서 [취소] 단추를 클릭하여 메시지 박스를 확인한다.

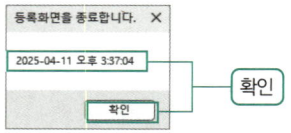

제9회 기출변형문제

프로그램명	제한시간	합격선	외부 데이터 위치
EXCEL 2021	45분	70점	C:\에듀윌_2026컴활1급실기\기출변형문제\스프레드시트실무\실습\9회\제9회기출변형문제.xlsm

문제 ❶ 기본작업 (15점) 주어진 시트에서 다음 과정을 수행하고 저장하시오.

1 '기본작업-1' 시트에서 다음과 같이 고급 필터를 수행하시오. (5점)
- [A3:G38] 영역에서 '관리코드'에서 세 번째 글자가 숫자 형태로 1이면서 '3년산'이 텍스트인 행에 대하여 '제조회사명', '관리코드', '3년산', '5년산', '총판매율' 열을 순서대로 표시하시오.
- 조건은 [I3:I4] 영역에 입력하시오. (AND, VALUE, MID, ISTEXT 함수 사용)
- 결과는 [I6] 셀부터 표시하시오.

2 '기본작업-1' 시트에서 다음과 같이 조건부 서식을 설정하시오. (5점)
- [A4:G38] 영역에서 '총판매율'이 상위 1위이거나 하위 1위인 행 전체에 대하여 채우기 색을 '표준 색-빨강'으로, 상위 2위이거나 하위 2위인 행 전체에 대하여 채우기 색을 '표준 색-노랑'으로, 상위 3위이거나 하위 3위인 행 전체에 대하여 채우기 색을 '표준 색-녹색'으로 적용하시오.
- 단, 규칙 유형은 '수식을 사용하여 서식을 지정할 셀 결정'을 사용하고 세 개의 규칙으로 작성하시오.
- OR, LARGE, SMALL 함수 사용

3 '기본작업-2' 시트에서 다음과 같이 페이지 레이아웃을 설정하시오. (5점)
- 인쇄될 내용이 페이지의 가로 가운데에 인쇄되도록 설정하시오.
- 매 페이지 상단의 왼쪽 구역에는 시트 이름이 표시되도록 머리글을 설정하시오.
- 매 페이지 하단의 오른쪽 구역에는 인쇄 날짜가 [표시 예]와 같이 표시되도록 바닥글을 설정하시오.
  [표시 예: 인쇄 날짜가 2022-06-27인 경우 → 인쇄 날짜: 2022-06-27]
- [A1:G38] 영역을 인쇄 영역으로 설정하고 용지 여백을 '좁게(위쪽, 아래쪽: 1.91cm, 왼쪽, 오른쪽: 0.64cm, 머리글, 바닥글: 0.76cm)'로 설정하시오.

문제 ❷ 계산작업 (30점) '계산작업' 시트에서 다음 과정을 수행하고 저장하시오.

1 [표1]의 '단가', '박스수량', '폐기일자'와 [표2]를 이용하여 VIP회원가[I3:I15]를 표시하시오. (6점)
- ▶ VIP회원가=단가×박스수량×(1-할인율)
- ▶ 유통기한에 따른 할인율은 [표2] 참조
- ▶ 유통기한은 (폐기일자-기준일)/30으로 계산
- ▶ 단, 오류 발생 시 '판매불가'로 표시
- ▶ IFERROR, VLOOKUP, DAYS 함수 사용

2 [표1]과 [표3]의 '분류'를 이용하여 분류별로 단가가 가장 높은 제품명을 [L11:L14] 영역에 표시하시오. (6점)
- ▶ INDEX, MATCH, LARGE 함수를 이용한 배열 수식

3 사용자 정의 함수 'fn할인금액'을 작성하여 할인금액[E20:E35]을 표시하시오. (6점)
- ▶ 'fn할인금액'은 '회원코드', '수강료'를 인수로 받아 값을 되돌려줌
- ▶ 할인금액=수강료×할인율
- ▶ 할인율은 회원코드의 첫 번째 글자가 A인 경우 중 회원코드의 세 번째 글자가 1이면 '20%', 2이면 '10%', 3 이상이면 '5%'로 계산하고, 회원코드의 첫 번째 글자가 B인 경우 중 회원코드의 세 번째 글자가 1이면 '30%', 2이면 '15%', 3 이상이면 '10%'로 계산
- ▶ If~Else문 사용

```
Public Function fn할인금액(회원코드, 수강료)

End Function
```

4 [표4]에서 회원코드가 'A'로 시작하면서 수강강좌가 '포토샵'인 최대 수강료와 최소 수강료의 평균을 계산하여 [D36] 셀에 표시하시오. (6점)
- ▶ 조건은 [G35:H36] 영역에 입력
- ▶ AVERAGE, DMAX, DMIN 함수 사용

5 [표4]의 '수강강좌', '수납여부'와 [표5]를 이용하여 수강강좌별 수납여부 비율을 [표5]의 [I20:L21] 영역에 표시하시오. (6점)
- ▶ [표시 예: 85.4%]
- ▶ TEXT, COUNT, IF, COUNTIF 함수를 이용한 배열 수식

문제 ❸ 분석작업 (20점)   주어진 시트에서 다음 과정을 수행하고 저장하시오.

1 '분석작업-1' 시트에서 다음의 지시사항에 따라 피벗 테이블 보고서를 작성하시오. (10점)

- 외부 데이터 가져오기 기능을 이용하여 〈영업팀판매실적.accdb〉에서 〈판매실적현황〉 테이블을 이용하시오.
- 피벗 테이블 보고서의 레이아웃과 위치는 〈그림〉을 참조하여 설정하고 보고서 레이아웃을 테이블 형식으로 표시하시오.
- '입사일자' 필드와 '소속팀' 필드는 〈그림〉과 같이 그룹을 지정하고, 그룹 하단에 모든 부분합이 표시되도록 설정하시오.
- '이름' 필드는 개수로 계산하고 사용자 지정 이름을 '직원수'로 변경하시오.
- '판매량' 필드의 열 합계 비율을 표시하는 '열 합계 비율' 계산 필드를 추가하고 '판매비율'로 이름을 변경하시오.
- 완성된 피벗 테이블 보고서는 자동 서식 '보고서 2'의 형식으로 지정하시오.

〈그림〉

※ 작업 완성된 그림이며 부분 점수 없음

2 '분석작업-2' 시트에 대하여 다음의 지시사항을 처리하시오. (10점)

- [A3:A13] 영역의 데이터를 텍스트 나누기를 실행하여 [표1]의 [A3:D13] 영역에 나타내시오.
  - 데이터는 슬래쉬(/)로 구분되어 있음
- [부분합] 기능을 이용하여 [표1]에서 분류별 '판매가'의 '최대값'을 계산한 후 분류별 '판매가'의 '최소값'을 계산하시오.
  - 분류를 기준으로 오름차순 정렬하고 분류가 동일하면 과자를 기준으로 내림차순 정렬하시오.
  - 최대값과 최소값은 위에 명시된 순서대로 처리하시오.

문제 ❹ 기타작업 (35점) 주어진 시트에서 다음 과정을 수행하고 저장하시오.

1 '기타작업-1' 시트에서 다음의 지시사항에 따라 차트를 수정하시오. (각 2점)

※ 차트는 반드시 문제에서 제공한 차트를 사용해야 하고 신규로 차트 작성 시 0점 처리됨

① 데이터 계열 위치를 '열'로 변경한 후 계열 순서를 〈그림〉과 같이 변경하시오.
② '3주차수익' 계열의 차트 종류를 '영역형'으로 변경한 후 도형 스타일을 '미세 효과 – 회색, 강조 3'으로 지정하시오.
③ 범례가 표시되지 않도록 지정하고 데이터 표를 삽입한 후 데이터 테두리가 모두 표시되지 않도록 지정하시오.
④ 기본 세로 (값) 축을 만 단위로 표시하고 〈그림〉과 같이 단위 레이블이 표시되도록 지정하시오.
⑤ 기본 주 가로 눈금선이 표시되지 않도록 설정하시오.

〈그림〉

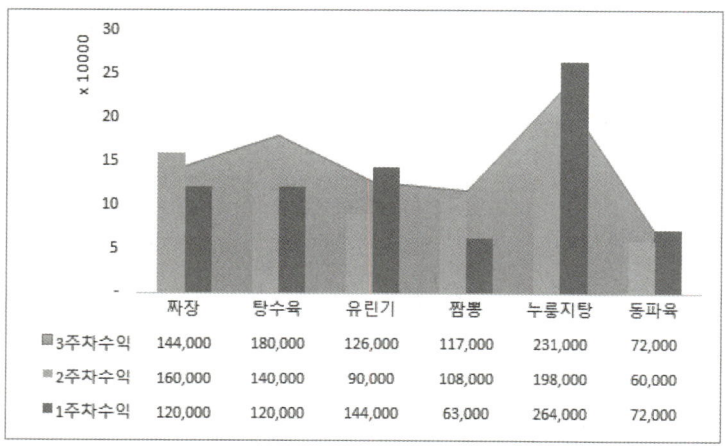

2 '기타작업-2' 시트에서 다음과 같은 기능을 수행하는 매크로를 현재 통합 문서에 작성하시오. (각 5점)

① [D3:D15] 영역에 대하여 조건부 서식을 적용하는 '별아이콘' 매크로를 생성하시오.
   ▶ 규칙 유형은 '셀 값을 기준으로 모든 셀의 서식 지정'으로 선택하고 서식 스타일은 '아이콘 집합', 아이콘 스타일은 '별 3개', '금색 별'은 70 이상 백분율, '금색 별 반쪽'은 40 이상 백분율, 나머지는 '은색 별'로 설정하시오.
   ▶ [개발 도구] 탭-[컨트롤] 그룹-[삽입]을 클릭하여 '양식 컨트롤'의 '단추'를 동일 시트의 [B17:C18] 영역에 생성하고 텍스트를 '별아이콘'으로 입력한 후 단추를 클릭하면 '별아이콘' 매크로가 실행되도록 설정하시오.

② [F3:F15] 영역에 대하여 사용자 지정 표시 형식을 설정하는 '재고반품' 매크로를 생성하시오.
   ▶ 셀 값이 0을 초과하면 '재고량'과 값 사이에 '@'를 반복하여 표시하고, 셀 값이 0 미만이면 '반품량'과 음수 기호 없이 값 사이에 '@'를 반복하여 표시
      [표시 예: 12인 경우 → 재고량@@@12, -3인 경우 → 반품량@@@3]
   ▶ [개발 도구] 탭-[컨트롤] 그룹-[삽입]을 클릭하여 '양식 컨트롤'의 '단추'를 동일 시트의 [E17:F18] 영역에 생성하고 텍스트를 '재고반품'으로 입력한 후 단추를 클릭하면 '재고반품' 매크로가 실행되도록 설정하시오.

※ 셀 포인터의 위치에 관계없이 매크로가 실행되어야 정답으로 인정됨

3 '기타작업-3' 시트에서 다음과 같은 작업을 수행하도록 프로시저를 작성하시오. (각 5점)

① '문화센터' 단추를 클릭하면 〈문화센터등록〉 폼이 나타나도록 설정한 후 폼이 초기화(Initialize)되면 '강좌목록'(lst강좌목록) 리스트 상자의 목록에는 [I6:J14] 영역의 값이 표시되고, '구분'은 '초급'(opt초급)이 초기값으로 선택되도록 프로시저를 작성하시오.

② 〈문화센터등록〉 폼의 '등록'(cmd등록) 단추를 클릭하면 폼에 입력된 데이터가 시트의 [표1]에 입력되어 있는 마지막 행 다음에 연속하여 추가되도록 프로시저를 작성하시오.
  ▶ '구분'은 선택한 옵션 단추의 Caption 속성을 이용하여 입력하시오.
  ▶ '총수강료'는 '수강기간'이 3 이상이면 '수강기간×월수강료×0.9'로, 그 외는 '수강기간×월수강료'로 계산하시오.
  ▶ 강좌별 '월수강료'는 [표2]를 참조하시오. (ListIndex 사용)

〈그림〉

③ '종료'(cmd종료) 단추를 클릭하면 〈그림〉과 같은 추가 등록 가능한 인원수가 표시된 메시지 박스를 표시하고 폼을 종료하는 프로시저를 작성하시오.
  ▶ 등록 가능한 전체 인원수는 14명으로 계산하시오.

〈그림〉

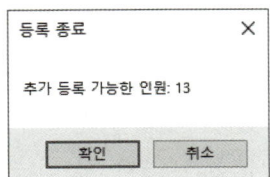

해설 확인하기

> 정답 확인하기: EXIT 사이트 → 자료실 → 컴퓨터활용능력 1급
> → 실기 기본서 → 정답화면 바로 보기

문제 ① 기본작업 (15점)

1 고급 필터 실행하기 ('기본작업-1' 시트)

① [I3] 셀에는 필드명 대신 조건을, [I4] 셀에는 =AND(VALUE(MID(C4, 3,1))=1,ISTEXT(E4))를 조건으로 입력한다.

입력 함수 해설

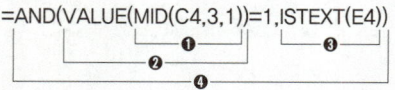

❶ MID(C4,3,1): [C4] 셀 문자열(관리코드)의 세 번째부터 한 글자를 추출하여 반환한다.
❷ VALUE(❶): 숫자 형태의 ❶(관리코드의 세 번째부터 한 글자)을 숫자로 변경하여 반환한다.
❸ ISTEXT(E4): [E4] 셀(3년산)이 문자열이면 TRUE, 그렇지 않으면 FALSE를 반환한다.
❹ AND(❷=1,❸): ❷(관리코드의 세 번째에 해당하는 하나의 숫자)가 '1'이면서 ❸(3년산이 문자열)이 TRUE이면 TRUE, 그렇지 않으면 FALSE를 반환한다.

② [A3] 셀 선택 → Ctrl을 누른 상태에서 [C3] 셀과 [E3:G3] 영역을 드래그하여 선택한 후 Ctrl+C를 눌러 필드명 복사 → [I6] 셀을 선택한 후 Ctrl+V를 눌러 필드명을 붙여넣는다.

③ [A3:G38] 영역에서 임의의 셀 선택 → [데이터] 탭 – [정렬 및 필터] 그룹 – [고급]을 클릭한다.

④ [고급 필터] 대화상자가 나타나면 '결과'의 '다른 장소에 복사'를 선택 → '목록 범위'는 [A3:G38] 영역, '조건 범위'는 [I3:I4] 영역, '복사 위치'는 [I6:M6] 영역으로 지정 → [확인] 단추를 클릭한다.

	I	J	K	L	M
3	조건				
4	FALSE				
5					
6	제조회사명	관리코드	3년산	5년산	총판매율
7	한국인삼농업회사법인(주)	A-160	비매	518	68%
8	자연홍삼백삼㈜	A-170	비매	516	81%
9	김제홍삼협동조합	A-151	비매	456	87%

2 조건부 서식 ('기본작업-1' 시트)

① 조건부 서식을 지정할 [A4:G38] 영역을 드래그하여 선택 → [홈] 탭 – [스타일] 그룹 – [조건부 서식] – [새 규칙]을 선택한다.

② [새 서식 규칙] 대화상자가 나타나면 '규칙 유형 선택'에서 '수식을 사용하여 서식을 지정할 셀 결정'을 선택 → '다음 수식이 참인 값의 서식 지정'에 =OR($G4=LARGE($G$4:$G$38,1),$G4=SMALL($G$4:$G$38,1))을 입력 → [서식] 단추를 클릭한다.

입력 함수 해설

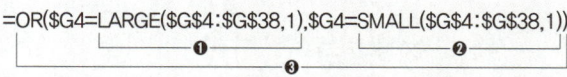

❶ LARGE($G$4:$G$38,1): [G4:G38] 영역(전체 총판매율)에서 첫 번째로 큰 값을 반환한다.
❷ SMALL($G$4:$G$38,1): [G4:G38] 영역(전체 총판매율)에서 첫 번째로 작은 값을 반환한다.
❸ OR($G4=❶,$G4=❷): [G4] 셀 값(총판매율)이 ❶(첫 번째로 높은 총판매율)과 같거나 ❷(첫 번째로 낮은 총판매율)와 같으면 TRUE, 그렇지 않으면 FALSE를 반환한다.

③ [셀 서식] 대화상자가 나타나면 [채우기] 탭에서 '배경색'을 '표준 색'의 '빨강'으로 선택 → [확인] 단추를 클릭한다.

④ [새 서식 규칙] 대화상자로 되돌아오면 '미리 보기'에서 지정한 서식을 확인 → [확인] 단추를 클릭한다.

⑤ 이와 같은 방법으로 수식을 =OR($G4=LARGE($G$4:$G$38,2),$G4=SMALL($G$4:$G$38,2))로 입력하고 '배경색'을 '표준 색'의 '노랑'으로 지정하는 두 번째 규칙 추가 → 수식을 =OR($G4=LARGE($G$4:$G$38,3),$G4=SMALL($G$4:$G$38,3))으로 입력하고 '배경색'을 '표준 색'의 '녹색'으로 지정하는 세 번째 규칙을 추가한다.

	A	B	C	D	E	F	G
1			특산품 판매현황				
2							
3	제조회사명	대표자	관리코드	재고량	3년산	5년산	총판매율
4	충북인삼농업	정*기	A-101	727	307	315	86%
5	경북웅상주식회사	박*수	A-814	644	비매	390	61%
6	전북인삼협동조합	신*호	A-Z97	717	315	209	73%
7	인삼코리아㈜	손*남	A-C09	646	151	319	73%
8	안성인삼협동조합	박*선	A-D15	652	402	비매	62%
9	대동고려인삼(주)	최*선	A-362	627	310	171	77%
10	영농조합법인	강*일	A-819	670	343	197	81%
11	고려홍삼회(주)	오*원	A-C08	702	비매	671	96%
12	천오백년홍삼조합법인	정*용	A-162	521	205	168	72%
13	김포인삼농협	이*자	A-Q32	586	177	278	78%
14	평양인삼농업협동조합	박*희	A-127	688	501	비매	73%
15	개성인삼영농조합	신*순	A-J61	535	250	172	79%
16	정읍인삼영농조합법인	나*수	A-312	731	288	335	85%
17	포천인삼조합법인	김*배	A-159	639	227	275	79%
18	풍기인삼농협	고*덕	A-Z73	544	196	192	71%
19	한양인삼월드㈜	최*열	A-M65	715	비매	472	66%
20	영농개발인삼㈜	문*희	A-152	623	243	245	78%
21	국보홍삼농업법인	김*배	A-869	654	203	281	74%
22	㈜삼홍인삼특산물	윤*희	A-N31	645	337	178	80%
23	충남농업조합법인	채*정	A-177	821	514	비매	63%
24	한국고려홍삼조합(주)	이*준	A-K15	692	304	209	74%
25	풍기영농조합법인	이*영	A-884	689	191	300	71%
26	한국인삼농업회사법인(주)	백*화	A-160	762	비매	518	68%
27	자연인삼원㈜	문*은	A-L05	597	235	164	67%
28	고려인삼조합법인	박*은	A-V25	732	192	340	73%
29	산삼맛인삼코리아법인	차*슬	A-U31	656	234	289	80%
30	㈜한국순수고려인삼	정*숙	A-C57	648	비매	610	94%
31	금산인삼협동조합	박*식	A-D40	651	159	297	70%
32	금산특산물영농조합법인	황*식	A-U45	686	264	298	82%
33	강화인삼농축㈜	이*남	A-B79	523	214	191	77%
34	고려인삼추출물코리아㈜	정*금	A-G31	627	418	비매	67%
35	자연홍삼백삼㈜	고*설	A-170	639	비매	516	81%
36	함흥홍삼영농조합	홍*세	A-R21	525	173	244	79%
37	김제홍삼협동조합	박*홍	A-151	527	비매	456	87%
38	홍삼백삼농축코리아	이*길	A-080	605	562	비매	93%

3 페이지 레이아웃('기본작업-2' 시트)

① [페이지 레이아웃] 탭-[페이지 설정] 그룹-[여백]-[좁게]를 선택한다.

② [페이지 레이아웃] 탭-[페이지 설정] 그룹-[페이지 설정](🔲)을 클릭한다.

③ [페이지 설정] 대화상자가 나타나면 [여백] 탭에서 페이지 가운데 맞춤'의 '가로'에 체크한다.

④ [머리글/바닥글] 탭에서 [머리글 편집] 단추를 클릭한다.

⑤ [머리글] 대화상자가 나타나면 '왼쪽 구역'에 커서를 올려놓고 '시트 이름 삽입' 아이콘(🔲)을 클릭 → [확인] 단추를 클릭한다.

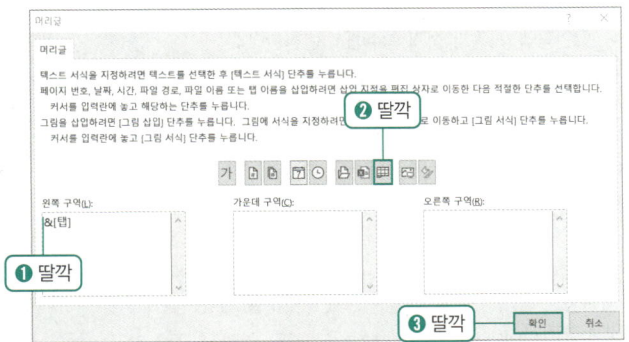

⑥ [페이지 설정] 대화상자로 되돌아오면 [머리글/바닥글] 탭에서 [바닥글 편집] 단추를 클릭한다.

⑦ [바닥글] 대화상자가 나타나면 '오른쪽 구역'에 커서를 올려놓고 인쇄 날짜: 입력 → '날짜 삽입' 아이콘(🔲)을 클릭 → [확인] 단추를 클릭한다.

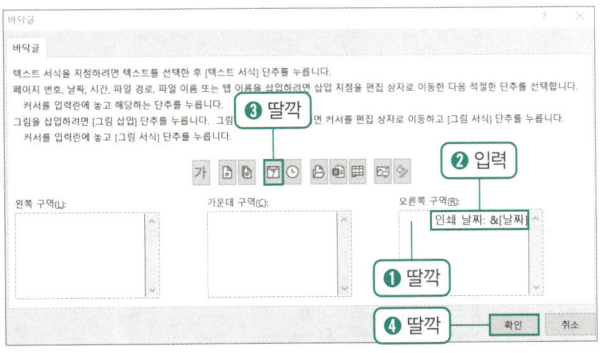

⑧ [페이지 설정] 대화상자로 되돌아오면 [시트] 탭에서 '인쇄 영역'을 [A1:G38] 영역으로 지정 → [확인] 단추를 클릭한다.

⑨ [파일] 메뉴-인쇄를 선택 → 결과를 확인한다.

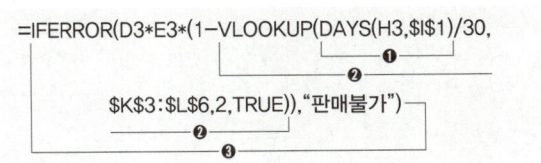

문제 ❷ 계산작업 (30점)

1 VIP회원가[I3:I15] 표시하기

[I3] 셀 선택 → 수식 입력줄에 =IFERROR(D3*E3*(1−VLOOKUP(DAYS(H3,$I$1)/30,$K$3:$L$6,2,TRUE)),"판매불가")를 입력한 후 Enter 를 누름 → [I3] 셀의 자동 채우기 핸들을 [I15] 셀까지 드래그하여 함수식을 복사한다.

입력 함수 해설

=IFERROR(D3*E3*(1−VLOOKUP(DAYS(H3,$I$1)/30,
                                    ❷   ❶
$K$3:$L$6,2,TRUE)),"판매불가")
              ❷
        ❸

❶ DAYS(H3,$I$1): [I1] 셀의 날짜(기준일)부터 [H3] 셀 날짜(표1의 폐기일자) 사이의 일수를 반환한다.

❷ VLOOKUP(❶/30,$K$3:$L$6,2,TRUE): [K3:L6] 영역(표2)의 첫 번째 열(표2의 유통기한)에서 ❶(기준일과 폐기일자 사이의 일수)을 30으로 나눈 값과 유사 일치(TRUE)하는 값을 찾아 해당 값이 있는 행에서 두 번째 열(표2의 할인율)에 대응하는 값을 반환한다.

❸ IFERROR(D3*E3*(1−❷),"판매불가"): [D3] 셀 값(단가)과 [E3] 셀 값(박스수량)을 곱한 값에서 (1−❷(유통기한에 해당하는 할인율))를 곱한 값을 반환하지만, 이 값이 오류(유통기한에 해당하는 할인율이 없음)이면 '판매불가'로 반환한다.

2 분류별로 단가가 가장 높은 제품명[L11:L14] 표시하기

[L11] 셀 선택 → 수식 입력줄에 =INDEX($A$3:$A$15,MATCH(LARGE(($C$3:$C$15=$K11)*$D$3:$D$15,1),($C$3:$C$15=$K11)*$D$3:$D$15,0),1)을 입력한 후 Ctrl + Shift + Enter 를 누름 → [L11] 셀의 자동 채우기 핸들을 [L14] 셀까지 드래그하여 함수식을 복사한다.

> 입력 함수 해설

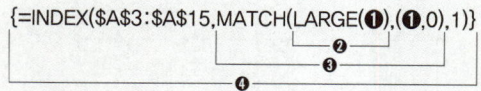

❶ ($C$3:$C$15=$K11)*$D$3:$D$15: [C3:C15] 영역(표1의 분류)에서 [K11] 셀 문자열(땅콩)과 같은지(조건) 비교하여 조건을 만족하면 TRUE, 그렇지 않으면 FALSE를 반환하고 TRUE인 경우에 [D3:D15] 영역(표1의 단가)에서 해당하는 행의 값을 반환한다.

{=INDEX($A$3:$A$15,MATCH(LARGE(❶,1),(❶,0),1)}

❷ LARGE(❶,1): ❶('단가'를 반환하는 경우)에서 첫 번째로 큰 값을 반환한다.

❸ MATCH(❷,❶,0): ❶('단가'를 반환하는 경우)에서 ❷(33,000)와 같은 첫 번째 값(0)을 찾아 상대 위치를 반환한다. 즉, '분류'가 '땅콩'인 경우의 '단가'가 첫 번째로 큰 값인 '33,000'과 같은 첫 번째 값은 일곱 번째 행에 위치하므로 상대 위치는 '7'을 반환한다.

❹ {=INDEX($A$3:$A$15,❸,1)}: [A3:A15] 영역(표1의 제품명)에서 ❸(7)행과 '1'열의 교차값(문어땅콩)을 반환한다.

3 fn할인금액[E20:E35] 표시하기

① [개발 도구] 탭-[코드] 그룹-[Visual Basic]을 클릭한다.
② [Visual Basic Editor] 창이 나타나면 **[삽입] 메뉴-[모듈]**을 선택 → [프로젝트 탐색기] 창에 'Module1'이 생성되었는지 확인한다.
③ 'Module1' [코드] 창에 다음과 같이 코드를 입력 → [닫기] 단추(X)를 클릭한다.

> 입력 코드 해설

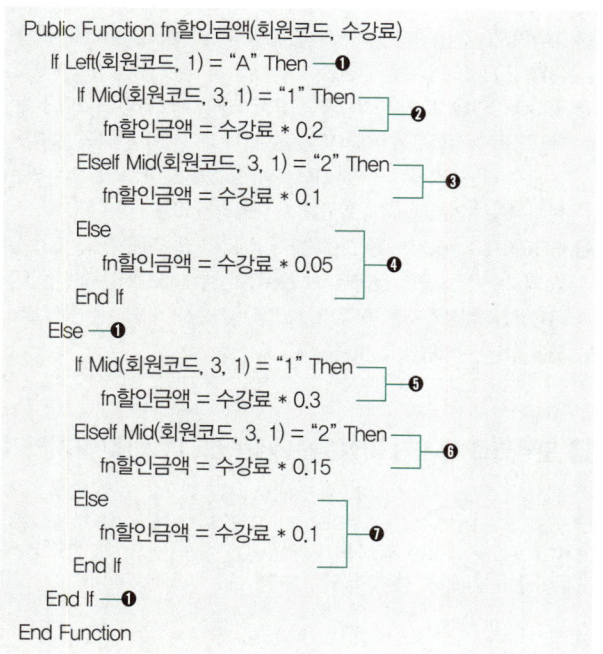

❶ '회원코드'의 왼쪽에서 한 글자가 'A'이면 ❷~❹ 중 해당하는 결과를, 그렇지 않으면 ❺~❼ 중 해당하는 결과를 반환한다.
❷ '회원코드'의 세 번째부터 한 글자가 '1'이면 '수강료*0.2' 값을 'fn할인금액' 사용자 정의 함수에서 반환한다.
❸ '회원코드'의 세 번째부터 한 글자가 '2'이면 '수강료*0.1' 값을 'fn할인금액' 사용자 정의 함수에서 반환한다.
❹ ❷, ❸ 외에는 '수강료*0.05' 값을 'fn할인금액' 사용자 정의 함수에서 반환한다.
❺ '회원코드'의 세 번째부터 한 글자가 '1'이면 '수강료*0.3' 값을 'fn할인금액' 사용자 정의 함수에서 반환한다.
❻ '회원코드'의 세 번째부터 한 글자가 '2'이면 '수강료*0.15' 값을 'fn할인금액' 사용자 정의 함수에서 반환한다.
❼ ❺, ❻ 외에는 '수강료*0.1' 값을 'fn할인금액' 사용자 정의 함수에서 반환한다.

④ [E20] 셀 선택 → [함수 삽입] 단추(fx)를 클릭한다.
⑤ [함수 마법사] 대화상자가 나타나면 '범주 선택'에서 '사용자 정의'를, '함수 선택'에서 'fn할인금액'을 선택 → [확인] 단추를 클릭한다.
⑥ [함수 인수] 대화상자가 나타나면 '회원코드'에는 [A20] 셀, '수강료'에는 [D20] 셀을 지정 → [확인] 단추를 클릭한다.
⑦ [E20] 셀의 자동 채우기 핸들을 [E35] 셀까지 드래그하여 함수식을 복사한다.

4 회원코드가 'A'로 시작하면서 수강강좌가 '포토샵'인 최대 수강료와 최소 수강료의 평균[D36] 표시하기

① [G35] 셀에 필드명인 회원코드를, [H35] 셀에 필드명인 수강강좌를 각각 입력 → [G36] 셀에 조건인 A*를, [H36] 셀에 조건인 포토샵을 입력한다.
② [D36] 셀 선택 → 수식 입력줄에 =AVERAGE(DMAX(A19:F35,4,G35:H36),DMIN(A19:F35,4,G35:H36))을 입력한 후 Enter를 누른다.

> 입력 함수 해설

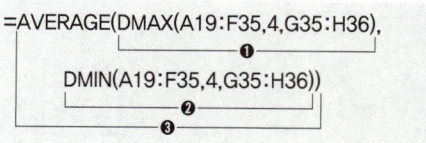

❶ DMAX(A19:F35,4,G35:H36): [A19:F35] 영역(표4)에서 조건이 [G35:H36] 영역('회원코드'가 'A'로 시작하면서 '수강강좌'가 '포토샵')인 네 번째 필드(수강료)의 최대값을 반환한다.
❷ DMIN(A19:F35,4,G35:H36): [A19:F35] 영역(표4)에서 조건이 [G35:H36] 영역('회원코드'가 'A'로 시작하면서 '수강강좌'가 '포토샵')인 네 번째 필드(수강료)의 최소값을 반환한다.
❸ AVERAGE(❶,❷): ❶('회원코드'가 'A'로 시작하면서 '수강강좌'가 '포토샵'인 최대 수강료)과 ❷('회원코드'가 'A'로 시작하면서 '수강강좌'가 '포토샵'인 최소 수강료)의 평균을 반환한다.

5 수강강좌별 수납여부 비율[I20:L21] 표시하기

[I20] 셀 선택 → 수식 입력줄에 =TEXT(COUNT(IF(($F$20:$F$35=$H20)*($C$20:$C$35=I$19),1))/COUNTIF($C$20:$C$35,I$19),"0.0%")를 입력한 후 Ctrl + Shift + Enter 를 누름 → [I20] 셀의 자동 채우기 핸들을 [I21] 셀까지 드래그하여 함수식을 복사 → [I21] 셀의 자동 채우기 핸들을 [L21] 셀까지 드래그하여 함수식을 복사한다.

입력 함수 해설

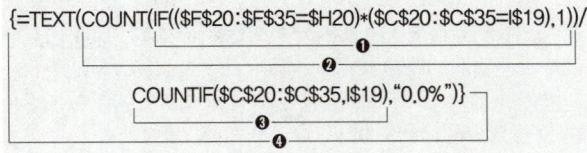

❶ IF(($F$20:$F$35=$H20)*($C$20:$C$35=I$19),1): [F20:F35] 영역(표4의 수납여부)에서 각 셀이 [H20] 셀 문자열(납입완료)와 같은지(조건1) 비교하고, [C20:C35] 영역(표4의 수강강좌)에서 각 셀이 [I19] 셀 문자열(엑셀)과 같은지(조건2) 비교하여 조건1과 조건2를 모두 만족(*)하면 TRUE, 그렇지 않으면 FALSE를 반환하고, TRUE인 경우에만 해당하는 행에 '1'을 반환한다.

❷ COUNT(❶): ❶('1'을 반환하는 경우)의 개수('엑셀'에서 '납입완료'인 2)를 반환한다.

❸ COUNTIF($C$20:$C$35,I$19): [C20:C35] 영역(표4의 수강강좌)에서 [I19] 셀 문자열(엑셀)인 셀의 개수를 반환한다.

❹ {=TEXT(❷/❸,"0.0%")}: ❷('엑셀'에서 '납입완료'인 2)를 ❸('엑셀'의 전체 개수)으로 나눈 값을 '소수점 이하 첫째 자리까지 표시한 백분율' 형식의 문자열로 변경하여 반환한다.

문제 ❸ 분석작업 (20점)

1 피벗 테이블('분석작업-1' 시트)

① 피벗 테이블을 삽입할 [B2] 셀 선택 → [데이터] 탭-[데이터 가져오기 및 변환] 그룹-[데이터 가져오기]-[기타 원본에서]-[Microsoft Query에서]를 선택한다.

② [데이터 원본 선택] 대화상자가 나타나면 [데이터베이스] 탭에서 'MS Access Database*'를 선택 → [확인] 단추를 클릭한다.

③ [데이터베이스 선택] 대화상자가 나타나면 'C:\에듀윌_2026컴활1급실기\기출변형문제\스프레드시트실무\실습\9회' 경로에서 '영업팀판매실적.accdb' 파일 선택 → [확인] 단추를 클릭한다.

④ [쿼리 마법사 - 열 선택] 대화상자가 나타나면 '사용할 수 있는 테이블과 열'에서 〈판매실적현황〉 테이블을 선택 → 〉 단추를 클릭하여 모든 열을 '쿼리에 포함된 열'로 이동 → [다음] 단추를 클릭한다.

⑤ [쿼리 마법사 - 데이터 필터] 대화상자가 나타나면 필터할 열이 없으므로 [다음] 단추를 클릭한다.

⑥ [쿼리 마법사 - 정렬 순서] 대화상자에서 지정할 정렬 기준이 없으므로 [다음] 단추를 클릭한다.

⑦ [쿼리 마법사 - 마침] 대화상자에서 'Microsoft Excel(으)로 데이터 되돌리기'가 선택되었는지 확인 → [마침] 단추를 클릭한다.

⑧ [데이터 가져오기] 대화상자가 나타나면 데이터를 표시할 방법은 '피벗 테이블 보고서'를 선택 → 데이터가 들어갈 위치는 '기존 워크시트'의 [B2] 셀로 지정되었는지 확인 → [확인] 단추를 클릭한다.

⑨ [피벗 테이블 필드] 창이 나타나면 '소속팀'과 '입사일자'는 '행' 영역으로, '이름'과 '판매량'은 '값' 영역으로 드래그한다.

⑩ 보고서 레이아웃을 테이블 형식으로 표시하기 위해 [디자인] 탭-[레이아웃] 그룹-[보고서 레이아웃]-[테이블 형식으로 표시]를 선택한다.

⑪ '입사일자' 필드를 연 단위로 그룹화하기 위해 [C2:E6] 영역에서 임의의 셀 선택 → 마우스 오른쪽 단추를 클릭하고 바로 가기 메뉴에서 [그룹]을 선택한다.

⑫ [그룹화] 대화상자가 나타나면 '단위'에서 '연'만 선택되도록 '월'과 '분기'를 선택 해제 → [확인] 단추를 클릭한다.

⑬ '소속팀' 필드에서 '영업1팀'과 '영업2팀'을 '해외담당'으로 그룹화하기 위해 [B3] 셀 선택 → Ctrl 을 누른 상태에서 [B8] 셀 선택을 선택한 후 마우스 오른쪽 단추를 클릭하고 바로 가기 메뉴에서 [그룹]을 선택 → [B3] 셀 선택 → 수식 입력줄에 해외담당을 입력한 후 Enter 를 누른다.

⑭ 이와 같은 방법으로 '영업3팀'과 '영업4팀'을 국내담당으로 그룹화한다.

⑮ 부분합을 추가하기 위해 [디자인] 탭-[레이아웃] 그룹-[부분합]-[그룹 하단에 모든 부분합 표시]를 선택한다.

⑯ '이름' 필드의 값을 개수로 지정하고 '사용자 지정 이름'을 변경하기 위해 [피벗 테이블 필드] 창의 값 영역에서 '개수 : 이름' 클릭 → [값 필드 설정]을 선택한다.

⑰ [값 필드 설정] 대화상자가 나타나면 '사용자 지정 이름'에 직원수를 입력 → '선택한 필드의 데이터'에서 '개수'로 지정되었는지 확인 → [확인] 단추를 클릭한다.

⑱ 열 합계 비율을 기준으로 나타나도록 지정하기 위해 → [피벗 테이블 필드] 창에서 '합계 : 판매량' 클릭 → [값 필드 설정]을 선택한다.

⑲ [값 필드 설정] 대화상자가 나타나면 '사용자 지정 이름'에 판매비율을 입력 → [값 표시 형식] 탭의 '값 표시 형식'에 '열 합계 비율'을 선택 → [확인] 단추를 클릭한다.

⑳ [파일] 메뉴-옵션을 선택 → [Excel 옵션] 대화상자가 나타나면 '빠른 실행 도구 모음' 범주를 선택 → '명령 선택'에서 '모든 명령'을 선택한 후 '자동 서식' 선택 → [추가] 단추를 클릭 → [확인] 단추를 클릭한다.

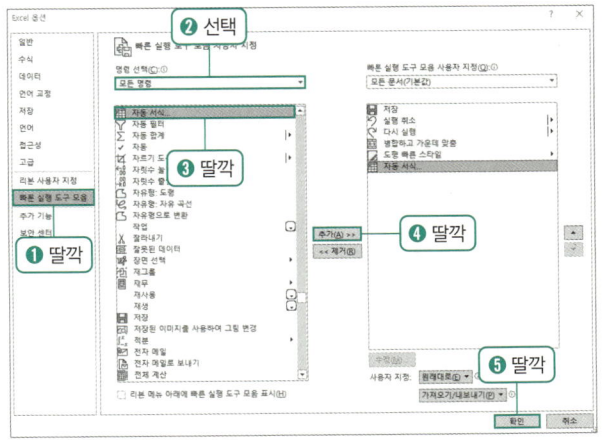

② [자동 서식] 아이콘(圖)을 클릭 → [자동 서식] 대화상자가 나타나면 '보고서 2'를 선택 → [확인] 단추를 클릭한다.

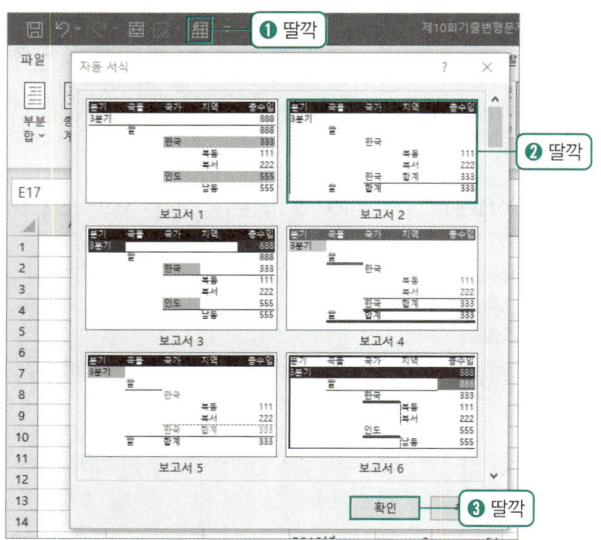

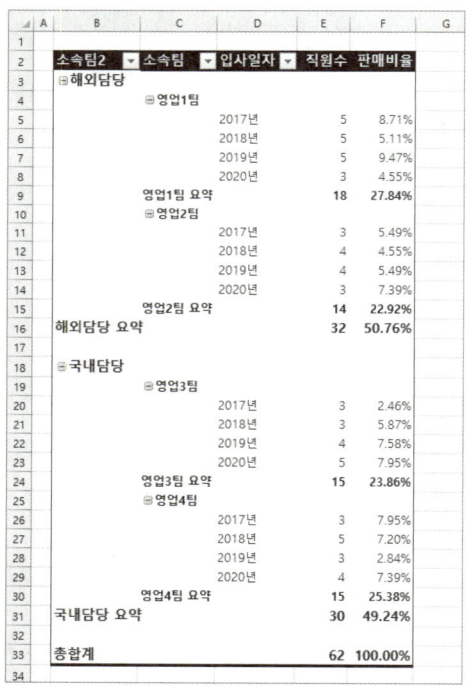

2 텍스트 나누기와 부분합('분석작업-2' 시트)

① [A3:A13] 영역을 드래그하여 선택 → [데이터] 탭-[데이터 도구] 그룹-[텍스트 나누기]를 클릭한다.

② [텍스트 마법사-3단계 중 1단계] 대화상자가 나타나면 원본 데이터의 파일 유형이 '구분 기호로 분리됨'으로 선택되었는지 확인 → [다음] 단추를 클릭한다.

③ [텍스트 마법사-3단계 중 2단계] 대화상자에서 '구분 기호'는 '탭'을 체크 해제하고 '기타'를 체크한 후 /를 입력 → [다음] 단추를 클릭한다.

④ [텍스트 마법사-3단계 중 3단계] 대화상자에서 '열 데이터 서식'은 '일반'으로 선택되었는지 확인 → [마침] 단추를 클릭한다.

⑤ 기존 데이터를 바꾸는지 묻는 메시지 상자가 나타나면 [확인] 단추를 클릭한다.

⑥ 부분합을 계산하기 전 '분류'를 기준으로 오름차순, '과자'를 기준으로 내림차순 정렬하기 위해 [A2:D13] 영역에서 임의의 셀 선택 → [데이터] 탭-[정렬 및 필터] 그룹-[정렬]을 클릭한다.

⑦ [정렬] 대화상자가 나타나면 정렬 기준에서 '세로 막대형'은 '분류', '정렬 기준'은 '셀 값', '정렬'은 '오름차순'으로 지정 → [기준 추가] 단추 클릭 → 다음 기준에서 '세로 막대형'은 '과자', '정렬 기준'은 '셀 값', '정렬'은 '내림차순'으로 지정 → [확인] 단추를 클릭한다.

⑧ 분류별 '판매가'의 최대값을 계산하기 위해 임의의 셀을 선택한 상태에서 [데이터] 탭-[개요] 그룹-[부분합]을 클릭한다.

⑨ [부분합] 대화상자가 나타나면 '그룹화할 항목'에서는 '분류'를, '사용할 함수'에서는 '최대'를 선택 → '부분합 계산 항목'에서 '판매가'를 체크하고 '분류' 체크 해제 → [확인] 단추를 클릭한다.

⑩ 분류별 '판매가'의 최소값을 계산하는 부분합을 추가하기 위해 임의의 셀을 선택한 상태에서 [데이터] 탭-[개요] 그룹-[부분합]을 클릭한다.

⑪ [부분합] 대화상자가 나타나면 '그룹화할 항목'에서는 '분류'를, '사용할 함수'에서는 '최소'를 선택 → '부분합 계산 항목'에서 '판매가'로 체크되었는지 확인 → '새로운 값으로 대치' 체크 해제 → [확인] 단추를 클릭한다.

	A	B	C	D
1	[표1]			
2	제품코드	과자	판매가	분류
3	2021401	이런예감	7,000	감자
4	2020301	몽실몽실	10,000	감자
5	2022101	감자고구마칩	3,000	감자
6			3,000	감자 최소
7			10,000	감자 최대
8	2022201	호랑이힘	25,000	땅콩
9	2021101	탄수화물바	30,000	땅콩
10	2020101	킥킥다스	11,000	땅콩
11			11,000	땅콩 최소
12			30,000	땅콩 최대
13	2020201	죽죽한초코칩	12,000	찹쌀
14	2020401	찰떡 3.14	15,000	찹쌀
15			12,000	찹쌀 최소
16			15,000	찹쌀 최대
17	2022301	오감사	6,000	호두
18	2023301	어서오레오레오	13,000	호두
19	2021201	꼼꼼 초코쿠키	18,000	호두
20			6,000	호두 최소
21			18,000	호두 최대
22			3,000	전체 최소값
23			30,000	전체 최대값

문제 ❹ 기타작업 (35점)

1 차트('기타작업-1' 시트)

① 차트 영역 선택 → 마우스 오른쪽 단추를 클릭하고 바로 가기 메뉴에서 **[데이터 선택]**을 선택한다.

② [데이터 원본 선택] 대화상자가 나타나면 [행/열 전환] 단추를 클릭 → '범례 항목(계열)'에서 '3주차수익' 계열을 선택하고 '위로 이동' 단추(▲)를 클릭하여 맨 위로 위치 이동 → 이와 같은 방법으로 '3주차수익', '2주차수익', '1주차수익' 순으로 위치 조정 → [확인] 단추를 클릭한다.

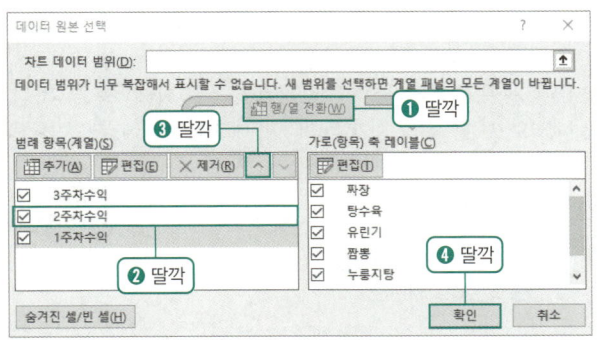

③ '3주차수익' 계열 선택 → 마우스 오른쪽 단추를 클릭하고 바로 가기 메뉴에서 **[계열 차트 종류 변경]**을 선택한다.

④ [차트 종류 변경] 대화상자가 나타나면 [모든 차트] 탭의 '혼합' 범주에서 '3주차수익'의 '차트 종류'를 '영역형'으로 선택 → [확인] 단추를 클릭한다.

⑤ '3주차수익' 계열을 선택한 상태에서 **[서식] 탭-[도형 스타일] 그룹-[자세히] 단추**(▽)를 클릭 → '미세 효과 - 회색, 강조 3'을 선택한다.

⑥ 범례를 선택한 후 Delete 를 눌러 범례 삭제 → 차트를 선택한 상태에서 **[차트 디자인] 탭-[차트 레이아웃] 그룹-[차트 요소 추가]-[데이터 테이블]-[범례 표지 포함]**을 선택한다.

⑦ 데이터 표 더블클릭 → [데이터 표 서식] 창이 나타나면 '표 옵션'의 '표 옵션'(📊)에서 '데이터 표 옵션'의 '가로', '세로', '윤곽선'을 모두 체크 해제한다.

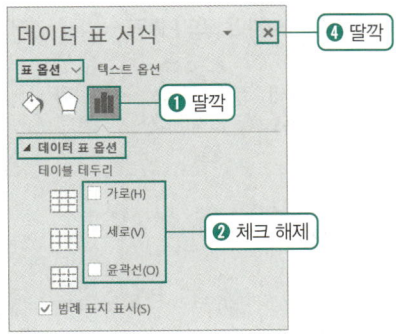

⑧ 세로 (값) 축 더블클릭 → [축 서식] 창이 나타나면 '축 옵션'의 '축 옵션'(📊)에서 '축 옵션'의 '표시 단위'를 '10000'으로 지정하고 '차트에 단위 레이블 표시'가 체크 되었는지 확인 → [닫기] 단추(✕)를 클릭한다.

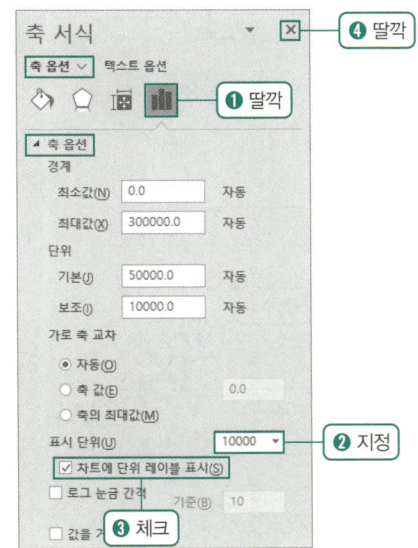

⑨ **[차트 디자인] 탭-[차트 레이아웃] 그룹-[차트요소 추가]-[눈금선]-[기본 주 가로]**를 선택하여 눈금선을 삭제한다.

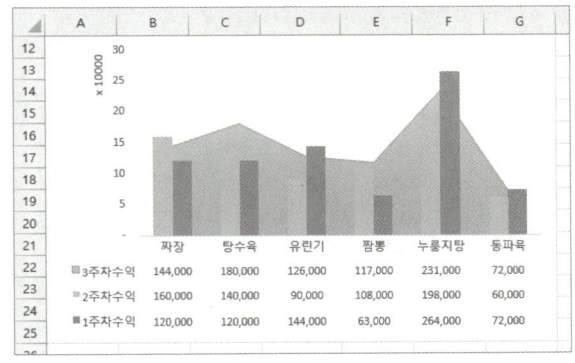

2 매크로('기타작업-2' 시트)

① **[개발 도구] 탭-[코드] 그룹-[매크로 기록]**을 클릭한다.

② [매크로 기록] 대화상자가 나타나면 '매크로 이름'에 **별아이콘** 입력 → [확인] 단추를 클릭한다.

③ [D3:D15] 영역을 드래그하여 선택 → **[홈] 탭-[스타일] 그룹-[조건부 서식]-[새 규칙]**을 선택한다.

④ [새 서식 규칙] 대화상자가 나타나면 '규칙 유형 선택'에서 '셀 값을 기준으로 모든 셀의 서식 지정'을 선택 → '서식 스타일'은 '아이콘 집합'을 선택하고 '아이콘 스타일'은 '별 3개'를 선택 → '다음 규칙에 따라 각 아이콘 표시'에서 '종류'는 모두 '백분율'로 선택하고 '금색 별'의 '값'에 '70', '금색 별 반쪽'의 '값'에 '40' 지정 → [확인] 단추를 클릭한다.

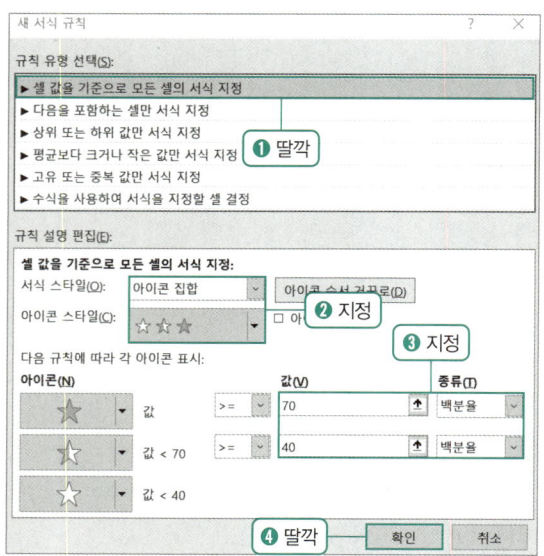

⑤ 매크로 기록을 중지하기 위해 임의의 셀 선택 → [개발 도구] 탭-[코드] 그룹-[기록 중지]를 클릭한다.
⑥ [개발 도구] 탭-[컨트롤] 그룹-[삽입]을 클릭한 후 '양식 컨트롤'의 '단추(□)'를 선택한다.
⑦ Alt 를 누른 상태에서 [B17:C18] 영역을 드래그하여 단추를 그린다.
⑧ [매크로 지정] 대화상자가 나타나면 '매크로 이름'에 '별아이콘'을 선택 → [확인] 단추를 클릭한다.
⑨ 단추를 선택한 상태에서 단추에 입력된 기본 텍스트를 삭제한 후 별아이콘 입력 → 임의의 셀을 선택하여 텍스트 편집을 완료한다.
⑩ [개발 도구] 탭-[코드] 그룹-[매크로 기록]을 클릭한다.
⑪ [매크로 기록] 대화상자가 나타나면 '매크로 이름'에 재고반품 입력 → [확인] 단추를 클릭한다.
⑫ [F3:F15] 영역을 드래그하여 선택 → 마우스 오른쪽 단추를 클릭하고 바로 가기 메뉴에서 [셀 서식](Ctrl + 1)을 선택한다.
⑬ [셀 서식] 대화상자가 나타나면 '범주'는 '사용자 지정'을 선택하고 '형식'에 [>0]"재고량"*@0;[<0]"반품량"*@0 입력 → [확인] 단추를 클릭한다.

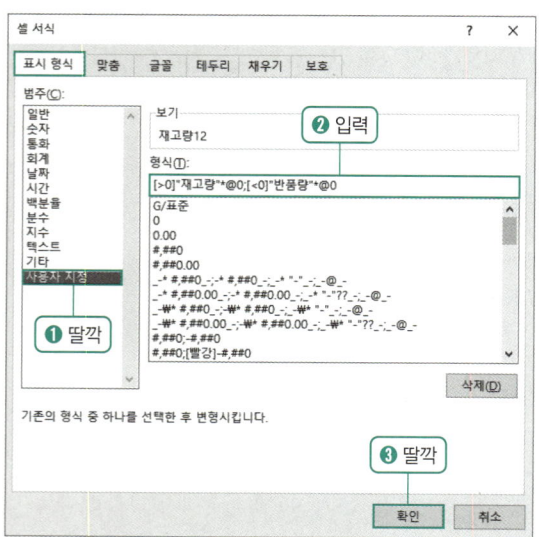

> 입력 함수 해설

[>0]"재고량"*@0;[<0]"반품량"*@0
      ❶   ❷

❶ [>0]"재고량"*@0 : 값이 0보다 크면 '재고량'과 값을 표시하고, '재고량'과 값 사이에 셀 너비만큼 '@'를 반복하여 표시한다.

❷ [<0]"반품량"*@0 : 값이 0보다 작으면 '반품량'과 값을 표시하고, '반품량'과 값 사이에 셀 너비만큼 '@'를 반복하여 표시한다.

⑭ 매크로 기록을 중지하기 위해 임의의 셀 선택 → [개발 도구] 탭-[코드] 그룹-[기록 중지]를 클릭한다.
⑮ [개발 도구] 탭-[컨트롤] 그룹-[삽입]을 클릭한 후 '양식 컨트롤'의 '단추(□)'를 선택한다.
⑯ Alt 를 누른 상태에서 [E17:F18] 영역을 드래그하여 단추를 그린다.
⑰ [매크로 지정] 대화상자가 나타나면 '매크로 이름'에 '재고반품'을 선택 → [확인] 단추를 클릭한다.
⑱ 단추를 선택한 상태에서 단추에 입력된 기본 텍스트를 삭제한 후 재고반품 입력 → 임의의 셀을 선택하여 텍스트 편집을 완료한다.
⑲ '별아이콘' 단추와 '재고반품' 단추를 클릭하여 매크로가 정상적으로 실행되는지 확인한다.

	A	B	C	D	E	F
1	[표1]					
2	제품명	판매금액	담당자	보존기간	VIP회원가	관리여부
3	키키다스	15,000	한가람	★ 12개월	12,000	재고량@@@12
4	축축한초코칩	12,000	한누리	☆ 3개월	9,600	재고량@@@20
5	몽실몽실	10,000	해비치	★ 8개월	8,000	재고량@@@12
6	찰떡 3.14	15,000	파랑새	★ 8개월	12,000	반품량@@@ 5
7	탄수화물바	30,000	푸르나	☆ 5개월	24,000	재고량@@@ 6
8	곰표 초코바	18,000	피어나	★ 2개월	14,400	재고량@@@12
9	문어땅콩	33,000	타고나	☆ 7개월	26,400	재고량@@@18
10	이런예감	7,000	튼마루	★ 12개월	5,600	재고량@@@10
11	호랑이힘	25,000	타오름	★ 8개월	20,000	재고량@@@12
12	오감사	6,000	초고리	☆ 3개월	4,800	반품량@@@ 8
13	감자고구마칩	3,000	조롱목	★ 11개월	2,400	재고량@@@ 6
14	어서오레오레오	13,000	진달래	★ 6개월	10,400	재고량@@@15
15	그래very	14,000	은송이	★ 9개월	11,200	반품량@@@ 2
16						
17		별아이콘			재고반품	
18						

3 프로시저 ('기타작업-3' 시트)

① [개발 도구] 탭-[컨트롤] 그룹-[디자인 모드] 클릭 → '문화센터' 단추를 더블클릭한다.
② [Visual Basic Editor] 창이 나타나면 [코드] 창에서 'cmd문화센터_Click( )' 프로시저에 다음과 같이 코드를 입력한다.

> 입력 코드 해설

Private Sub cmd문화센터_Click( )
    문화센터등록.Show ——❶
End Sub

❶ 〈문화센터등록〉 폼을 화면에 표시한다.

③ [프로젝트 탐색기] 창의 〈문화센터등록〉 폼에서 마우스 오른쪽 단추를 클릭하고 바로 가기 메뉴에서 [코드 보기]를 선택한다.
④ [코드] 창에서 '개체'는 'UserForm'을, '프로시저'는 'Initialize' 선택 → 'UserForm_Initialize( )' 프로시저에 다음과 같이 코드를 입력한다.

> 입력 코드 해설

```
Private Sub UserForm_Initialize( )
    opt초급.Value = True ―❶
    lst강좌목록.RowSource = "I6:J14" ―❷
    lst강좌목록.ColumnCount = 2 ―❸
End Sub
```

❶ 'opt초급'을 기본값으로 설정한다.
❷ 'lst강좌목록' 리스트 상자의 속성값을 [I6:J14] 영역의 값으로 지정한다.
❸ 'lst강좌목록' 리스트 상자에서 데이터 열의 수를 두 개로 지정한다.

⑤ '개체'에서 'cmd등록'을 선택하고 '프로시저'에 'Click'으로 지정되었는지 확인 → 'cmd등록_Click( )' 프로시저에 다음과 같이 코드를 입력한다.

> 입력 코드 해설

```
Private Sub cmd등록_Click( )
    Line = Range("B4").CurrentRegion.Rows.Count + 4 ―❶
    list_n = lst강좌목록.ListIndex + 6 ―❷

    Cells(Line, 2) = txt회원명.Value ―❸

    If opt초급.Value = True Then
        Cells(Line, 3) = opt초급.Caption
    ElseIf opt중급.Value = True Then
        Cells(Line, 3) = opt중급.Caption           ❹
    Else
        Cells(Line, 3) = opt고급.Caption
    End If

    Cells(Line, 4) = Cells(list_n, 9) ―❺
    Cells(Line, 5) = Cells(list_n, 10) ―❻
    Cells(Line, 6) = txt수강기간.Value ―❼

    If Cells(Line, 6) >= 3 Then
        Cells(Line, 7) = txt수강기간 * Cells(list_n, 11) * 0.9
    Else                                                         ❽
        Cells(Line, 7) = txt수강기간 * Cells(list_n, 11)
    End If
End Sub
```

❶ [B4] 셀을 기준으로 인접 범위에 입력된 데이터 행의 개수와 4를 더한 행 위치를 'Line' 변수에 반환한다. 즉, 데이터가 입력되어 있는 4~5행 두 개의 행 개수에서 [B4] 셀의 행 위치인 4를 더하여 6행부터 데이터를 입력한다.
❷ 'lst강좌목록' 리스트 상자에서 선택한 데이터(강좌목록)의 위치(ListIndex)에 6을 더한 위치([I6:J14] 영역을 참조하여 6행부터 시작하므로)를 'list_n' 변수에 반환한다.
❸ 6행(Line) 2열에 'txt회원명' 텍스트 상자에 입력한 데이터(회원명)를 입력한다.

❹ 6행(Line) 3열에 'opt초급'을 선택하면 캡션(초급)을, 'opt중급'을 선택하면 캡션(중급)을, 'opt고급'을 선택하면 캡션(고급)을 입력한다.
❺ 6행(Line) 4열에 'lst강좌목록' 리스트 상자에서 선택한 데이터의 위치에서 참조한 행의 위치인 6을 더한 위치에 해당하는 9열(I열)의 데이터(강좌명)를 입력한다.
❻ 6행(Line) 5열에 'lst강좌목록' 리스트 상자에서 선택한 데이터의 위치에서 참조한 행의 위치인 6을 더한 위치에 해당하는 10열(J열)의 데이터(강사)를 입력한다.
❼ 6행(Line) 6열에 'txt수강기간' 텍스트 상자에 입력한 데이터(수강기간)를 입력한다.
❽ 6행(Line) 6열에 입력한 데이터(수강기간)가 3 이상이면 '수강기간*월수강료*0.9'를, 그 외는 '수강기간*월수강료'(총수강료)를 입력한다.

⑥ '개체'에서 'cmd종료'를 선택하고 '프로시저'에 'Click'으로 지정되었는지 확인 → 'cmd종료_Click( )' 프로시저에 다음과 같이 코드를 입력한다.

> 입력 코드 해설

```
Private Sub cmd종료_Click( )
    MsgBox "추가 등록 가능한 인원: " & 14 – ([B4].
    CurrentRegion.Rows.Count – 2), vbOKCancel, "등록 종료"  ❶
    Unload Me ―❷
End Sub
```

❶ 메시지 박스에 '추가 등록 가능한 인원: 13', [확인] 및 [취소] 단추(vbOKCancel), 제목 표시줄에 '등록 종료'라는 내용으로 표시한다. (등록 가능한 전체 인원수 14명에서 [B4] 셀을 기준으로 인접 범위에 입력된 데이터 중 등록 인원 관련 데이터는 6행부터 시작하므로 –2를 하여 4행과 5행을 제외해야 함)
❷ 현재 작업 중인 폼을 종료하고 메모리에서 제거한다.

⑦ 결과를 확인하기 위해 [보기 Microsoft Excel] 단추(🖾)를 클릭 → '기타작업-3' 시트로 되돌아오면 **[개발 도구] 탭-[컨트롤] 그룹-[디자인 모드]**를 클릭하여 디자인 모드 해제한다.
⑧ '문화센터' 단추 클릭 → 〈문화센터등록〉 폼에서 '구분'에 '초급'이 기본 선택되었는지, '강좌목록' 리스트 상자에 [I6:J14] 영역의 값이 표시되는지 확인한다.
⑨ 〈문화센터등록〉 폼에서 다음과 같이 데이터를 입력한 후 [등록] 단추를 클릭하여 데이터가 정확히 삽입되는지 확인한다.

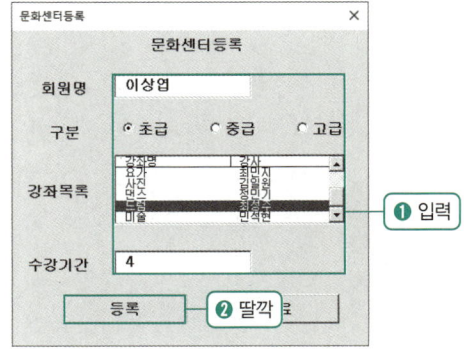

⑩ 〈문화센터등록〉 폼에서 [종료] 단추를 클릭하여 메시지 박스를 확인한다.

제10회 기출변형문제

프로그램명	제한시간	합격선	외부 데이터 위치
EXCEL 2021	45분	70점	C:\에듀윌_2026컴활1급실기\기출변형문제\스프레드시트실무\실습\10회\제10회기출변형문제.xlsm

문제 ❶ 기본작업 (15점) 주어진 시트에서 다음 과정을 수행하고 저장하시오.

1 '기본작업-1' 시트에서 다음과 같이 고급 필터를 수행하시오. (5점)

- ▶ [B3:J16] 영역에서 '학교코드'가 'S'로 시작하지 않고, '참여학생'이 중간값 이하인 '지역', '학교명', '참여교원'을 순서대로 표시하시오.
- ▶ 조건은 [B18:B19] 영역 내에 알맞게 입력하시오. (LEFT, AND, MEDIAN 함수 사용)
- ▶ 결과는 [B21] 셀부터 표시하시오.

2 '기본작업-1' 시트에서 다음과 같이 조건부 서식을 설정하시오. (5점)

- ▶ [B4:J15] 영역에서 '학교코드'의 마지막 두 자리를 3으로 나눈 몫이 짝수인 행 전체에 대하여 '굵은 기울임꼴', 글꼴 색은 '테마색-녹색,강조 6'을 적용하시오.
- ▶ 단, 규칙 유형은 '수식을 사용하여 서식을 지정할 셀 결정'으로 지정하고, 한 개의 규칙만을 이용하여 작성하시오.
- ▶ QUOTIENT, RIGHT, ISEVEN, VALUE 함수 사용

3 '기본작업-2' 시트에서 다음과 같이 시트 보호와 통합 문서 보기를 설정하시오. (5점)

- ▶ [G5:J16] 영역에 셀 잠금과 수식 숨기기를 적용하고 잠긴 셀의 내용과 워크시트를 보호하시오.
- ▶ 도형의 텍스트 잠금을 설정하시오.
- ▶ 잠긴 셀 선택과 잠기지 않은 셀 선택, 정렬은 허용하고 시트 보호 해제 암호는 지정하지 마시오.
- ▶ '첫 페이지에만 머리글 가운데 영역에 '에듀윌 컴활1급'을 입력하고, 배율을 이용하여 '한 페이지에 모든 열 맞추기'를 설정하시오.

문제 ② 계산작업 (30점) '계산작업' 시트에서 다음 과정을 수행하고 저장하시오.

1 [표1]의 '참여교원'과 '참여학생'을 이용하여 비고[K5:K16] 영역에 '참여교원'은 '▶', '참여학생'은 '▷'으로 나타내고, '교육시간'을 연결하여 다음과 같이 표시하시오. (6점)

- ▶ '참여교원'과 '참여학생'은 10으로 나눈 몫만큼의 개수를 기호로 표시
- ▶ '교육시간'은 소수점 이하 첫째 자리까지 표시
- ▶ [표시 예: '참여교원'이 '68'이고 '참여학생'이 '51', '교육시간'이 '177.1'인 경우 → ▶▶▶▶▶▶▷▷▷▷▷ 177.1]
- ▶ QUOTIENT, REPT, CONCAT, FIXED 함수 사용

2 [표1]의 '지역'과 '학교명'을 이용하여 [L5:L16] 영역에 보안을 계산하여 표시하시오. (6점)

- ▶ '지역'의 왼쪽부터 2글자와 '학교명'의 두 번째 글자를 ○로 변경하여 "_"으로 연결하여 표시
  [표시 예: '지역'이 '강남구'이고 '학교명'이 '대치초등학교'인 경우 → 강남_대○초]
- ▶ MID, SUBSTITUTE 함수, & 연산자 사용

3 사용자 정의 함수 'fn등급'을 작성하여 [표1]의 [M5:M16] 영역에 등급을 표시하시오. (6점)

- ▶ 'fn등급'은 '참여교원', '참여학부모', '참여학생'을 인수로 받아 되돌려줌
- ▶ '(참여교원+참여학부모+참여학생)/3'의 값이 '30 이상'이면 'A', '20 이상'이면 'B', 그 외에는 공백으로 표시
- ▶ SELECT, CASE문 사용

Public Function fn등급(참여교원, 참여학부모, 참여학생)

End Function

4 [표1]의 '지역'과 '설립구분'을 이용하여 지역별, 설립구분별 '최대교육시간'과 '개수'를 계산하여 [C21:D23]을 표시하시오. (6점)

- ▶ [표시 예: '강남구'이면서 공립의 '최대교육시간'이 '230'이고 '개수'가 '4' → 230(4)]
- ▶ MAX, IF, COUNT 함수를 이용한 배열 수식

5 [표1]의 '코드'와 '설립구분'을 이용하여 코드별, 설립구분별 최고참여도 학교를 [G21:H22] 영역에 표시하시오. (6점)

- ▶ '코드'는 '학교코드'의 첫 번째 글자와 비교하시오.
- ▶ '최고참여도'는 참여학생이 가장 많은 것을 의미함
  [표시 예: 코드의 첫 번째가 'S'이고 공립의 참여학생이 가장 많은 학교 → 반원초등학교]
- ▶ INDEX, MATCH, MAX, LEFT 함수를 이용한 배열 수식

문제 ❸ 분석작업 (20점) 주어진 시트에서 다음 과정을 수행하고 저장하시오.

1 '분석작업-1' 시트에서 다음의 지시사항에 따라 피벗 테이블 보고서를 작성하시오. (10점)

- '외부 데이터 가져오기' 기능을 이용하여 〈교육현황.accdb〉의 데이터를 이용하시오. – '참여도' 테이블의 '설립구분', '지역', '참여교원', '참여학생', '참여학부모' 열을 이용하시오.
- 피벗 테이블 보고서의 레이아웃과 위치는 〈그림〉을 참조하여 설정하고, 보고서 레이아웃을 테이블 형식으로 표시하시오.
- '참여학부모/참여학생'으로 계산하는 '학부모참여율' 계산 필드를 추가하시오.
- '참여교원'과 '참여학생', '참여학부모'는 '회계' 범주의 '기호 없음', '학부모참여율'은 '백분율' 범주를 이용하여 소수 이하 자릿수를 1로 설정하시오.
- 피벗 테이블 스타일은 '연한 주황, 피벗 스타일 밝게 17'을 설정하시오.

〈그림〉

	A	B	C	D	E	F	G
1							
2							
3		설립구분 ▼	지역 ▼	합계 : 참여교원	합계 : 참여학생	합계 : 참여학부모	합계 : 학부모참여율
4		공립	강남구	263	107	45	42.1%
5			서초구	141	116	35	30.2%
6			송파구	74	49	23	46.9%
7		공립 요약		478	272	103	37.9%
8		사립	서초구	47	15	12	80.0%
9			송파구	89	54	22	40.7%
10		사립 요약		136	69	34	49.3%
11		총합계		614	341	137	40.2%
12							

2 '분석작업-2' 시트에 대하여 다음의 지시사항을 처리하시오. (10점)

- [시나리오 관리자] 기능을 이용하여 대현초등학교의 참여학생[J6]과 방배초등학교의 참여학생[J10] 값이 다음과 같이 변동하는 경우 공립학교 학생 참여율[I18]과 사립학교 참여율[I19]의 변동 시나리오를 작성하시오.
  - [J6] 셀의 이름은 '대현초참여', [J10] 셀의 이름은 '방배초참여', [I18] 셀의 이름은 '공립참여율', [I19] 셀의 이름은 '사립참여율'로 정의하시오.
  - 시나리오1: 시나리오 이름은 '참여학생증가', 참여학생 [J6] 셀과 [J10] 셀은 5만큼 증가로 설정하시오.
  - 시나리오2: 시나리오 이름은 '참여학생감소', 참여학생 [J6] 셀과 [J10] 셀은 5만큼 감소로 설정하시오.
  - '시나리오 요약' 시트는 '분석작업-2' 시트의 바로 왼쪽에 위치해야 함

  ※ 시나리오 요약 보고서 작성 시 정답과 일치하여야 하며, 오자로 인한 부분 점수는 인정하지 않음

〈그림〉

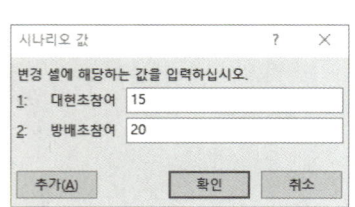
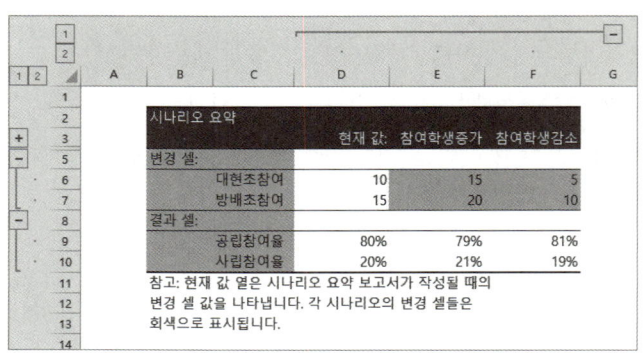

문제 ④ 기타작업 (35점) 주어진 시트에서 다음 과정을 수행하고 저장하시오.

1 '기타작업-1' 시트에서 다음의 지시사항에 따라 차트를 수정하시오. (각 2점)

※ 차트는 반드시 문제에서 제공한 차트를 사용하여야 하며, 신규로 차트 작성 시 0점 처리됨

① 차트 제목으로 송파구 교육 현황을 입력하고 글꼴 크기 '14'pt, 글꼴 스타일 '굵게', 도형 스타일은 테마 스타일의 '색 채우기-파랑, 강조1', 그림자를 '오프셋 오른쪽'으로 설정하시오.
② '참여학생'은 영역형, '참여학부모'는 표식이 있는 꺾은선형과 보조 축을 지정한 후 '참여학부모'의 표식 옵션의 형식을 '●', 크기를 '10', 색은 '표준 색 – 빨강'으로 변경하시오.
③ '참여교원'의 간격 너비를 '100%'로 지정하고, 가로 축과의 레이블 간격을 '200'으로 지정하시오.
④ '참여학생'의 채우기는 '전경색-빨강', 점선 '20%'로 지정하시오.
⑤ 차트 위치를 '새 시트'로 선택하고, 생성된 차트의 시트 이름은 'Chart'로 지정하시오.

〈그림〉

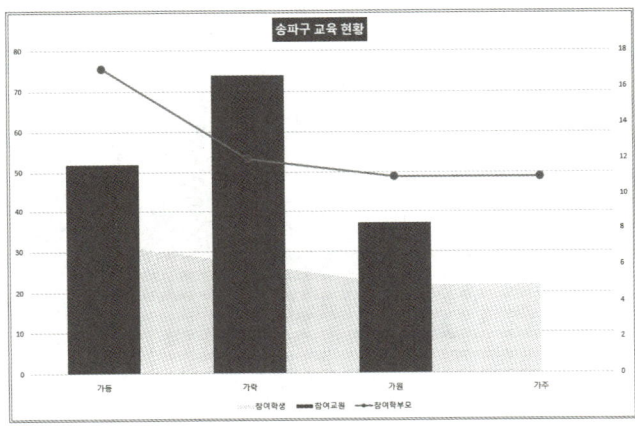

2 '기타작업-2' 시트에서 다음과 같은 기능을 수행하는 매크로를 현재 통합문서에 작성하시오. (각 5점)

① [H5:H16] 영역에 대하여 조건부 서식을 적용하는 '시각화' 매크로를 생성하시오.
  ▶ 규칙 유형은 '셀 값을 기준으로 모든 셀의 서식 지정'으로 지정하고, 서식 스타일은 '3가지 색조', 최소값은 백분위수 '20', 중간값은 백분위수 '40', 최대값은 백분위수 '80'으로 설정하시오.
  ▶ [개발 도구] 탭-[컨트롤] 그룹-[삽입]을 클릭하여 '양식 컨트롤'의 '단추'를 동일 시트의 [M4:N5] 영역에 생성하고 텍스트를 '시각화'로 입력한 후 단추를 클릭하면 '시각화' 매크로가 실행되도록 설정하시오.

② [K5:K16] 영역에 대해서 사용자 지정 표시 형식을 설정하는 '스타일적용' 매크로를 생성하시오.
  ▶ 참여비율이 0.1 이상이면 빨강색으로 'HIGH'와 숫자를 표시한 다음 문자와 숫자 사이에 공백을 주고, 참여율이 0.01 이하이면 파랑색으로 'LOW'와 숫자를 표시한 다음 문자와 숫자 사이에 공백을 주고, 그 외에는 너비만큼 공백을 주고 숫자를 표시하시오. [표시 예: 참여비율이 0.25인 경우 → HIGH   0.25]
  ▶ 숫자는 소수점 이하 두자리까지 표시하시오.
  ▶ 공백은 남은 너비만큼 표시되게 하시오.
  ▶ [도형]-[기본 도형]의 '빗면'을 동일 시트의 [M7:N8] 영역에 생성하고 텍스트를 '스타일적용'으로 입력한 후 도형을 클릭하면 '스타일적용' 매크로가 실행되도록 설정하시오.

3 '기타작업-3' 시트에서 다음과 같은 작업을 수행하도록 프로시저를 작성하시오. (각 5점)

① '교육평가시스템' 단추를 클릭하면 〈교육평가〉 폼이 나타나도록 설정하고, 폼이 초기화(Initialize)되면 학교코드(lst학교코드) 목록에는 [K6:L17] 영역의 값이 표시되도록 프로시저를 작성하시오.

② 〈교육평가〉 폼의 '등록'(cmd등록) 단추를 클릭하면 폼에 입력된 데이터가 [표1]에 입력되어 있는 마지막 행 다음에 연속하여 추가되도록 프로시저를 작성하시오.
  ▶ '학교코드', '학교명', '설립구분', '총학생수', '참여학생수'는 선택된 값으로 각각 표시
  ▶ 참여율=참여학생수/총학생수,
  ▶ 평가는 참여율이 '0.8' 이상이면 '상', '0.6' 이상이면 '중', 그 외에는 '하'로 표시
    – SELECT, CASE문 사용
  ▶ 설립구분은 'opt1'이 선택되면 '공립', 'opt2'가 선택되면 '사립', 그 외에는 공백으로 표시
    – If Else문 사용

〈그림〉

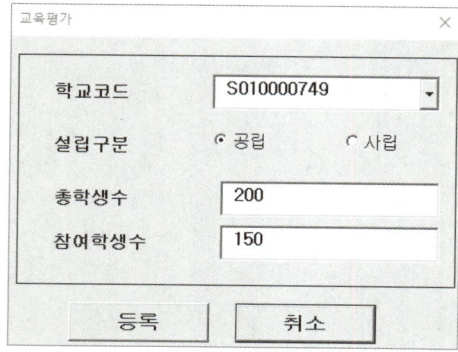

③ 취소(cmd취소) 단추를 클릭하면 그림과 같이 현재 시간과 메시지가 표시되고 폼을 종료하는 프로시저를 완성하시오.
  ▶ 시스템의 현재 날짜와 시간 표시

〈그림〉

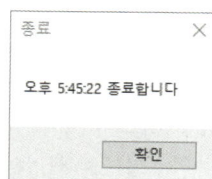

해설 확인하기

정답 확인하기: EXIT 사이트 → 자료실 → 컴퓨터활용능력 1급
→ 실기 기본서 → 정답화면 바로 보기

문제 ❶ 기본작업 (15점)

1 고급 필터('기본작업-1' 시트)

① [B18] 셀에는 필드명 대신 조건을, [B19] 셀에는 =AND(LEFT(C4,1)<>"S",I4<=MEDIAN($I$4:$I$15))를 조건으로 입력한다.

입력 함수 해설

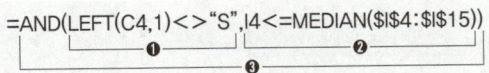

❶ LEFT(C4,1)<>"S": [C4] 셀에서 왼쪽에서 첫 번째 글자가 'S'가 아니면 TRUE를 반환한다.

❷ I4<=MEDIAN($I$4:$I$15): [I4] 셀이 [$I$4:$I$15] 영역의 중간값 이하이면 TRUE를 반환환다.

❸ AND(❶,❷): ❶과 ❷ 모두 TRUE이면 TRUE를 반환한다.

② [B3] 셀을 클릭한 후 Ctrl을 누른 상태에서 [D3] 셀과 [G3] 셀을 선택한 후 Ctrl+C를 눌러 필드명 복사 → [B21] 셀을 선택한 후 Ctrl+V를 눌러 필드명을 붙여넣는다.

③ [B3:J15] 영역에서 임의의 셀 선택 → [데이터] 탭-[정렬 및 필터] 그룹-[고급]을 클릭한다.

④ [고급 필터] 대화상자가 나타나면 '결과'의 '다른 장소에 복사'를 선택 → '목록 범위'는 [B3:J15] 영역, '조건 범위'는 [B18:B19] 영역, '복사 위치'는 [B21:D21] 영역으로 지정 → [확인] 단추를 클릭한다.

	A	B	C	D
18		조건		
19		FALSE		
20				
21		지역	학교명	참여교원
22		송파구	가원초등학교	37
23		송파구	가주초등학교	-

2 조건부 서식('기본작업-1' 시트)

① 조건부 서식을 지정할 [B4:J15] 영역을 드래그하여 선택 → [홈] 탭-[스타일] 그룹-[조건부 서식]-[새 규칙]을 선택한다.

② [새 서식 규칙] 대화상자가 나타나면 '규칙 유형 선택'에서 '수식을 사용하여 서식을 지정할 셀 결정'을 선택 → '다음 수식이 참인 값의 서식 지정'에 =ISEVEN(QUOTIENT(VALUE(RIGHT($C4,2)),3)) 입력 → [서식] 단추를 클릭한다.

입력 함수 해설

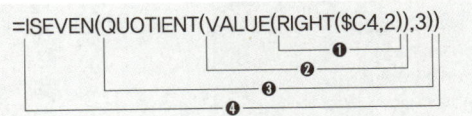

❶ RIGHT($C4,2): [C4] 셀에 입력된 값의 오른쪽에서 두 글자를 반환한다.

❷ VALUE(❶): ❶을 숫자화한다.

❸ QUOTIENT(❷,3): ❷를 3으로 나눈 몫을 반환한다.

❹ ISEVEN(❸): ❸이 짝수이면 TRUE를 반환한다.

③ [셀 서식] 대화상자가 나타나면 [글꼴] 탭에서 '글꼴 스타일'은 '굵은 기울임꼴', '글꼴 색'은 '테마 색-녹색, 강조 6'을 선택 → [확인] 단추를 클릭한다.

④ [새 서식 규칙] 대화상자로 되돌아오면 '미리 보기'에서 지정한 서식을 확인 → [확인] 단추를 클릭한다.

	A	B	C	D	E	F	G	H	I	J
1		[정보화 교육 실적]								
2										
3		지역	학교코드	학교명	수업일수	교육시간	참여교원	참여학부모	참여학생	설립구분
4		강남구	S010000749	대치초등학교	8,500	177	68	12	50	공립
5		강남구	S010000750	대청초등학교	7,040	220	45	11	10	공립
6		강남구	S010000751	도곡초등학교	2,200	62	50	11	25	공립
7		강남구	S010000752	도성초등학교	1,254	230	100	11	22	공립
8		서초구	S010000753	반원초등학교	1,800	54	67	12	76	공립
9		서초구	S010000755	방배초등학교	200	6	47	12	15	사립
10		서초구	S010000756	방일초등학교	3,000	162	53	11	20	공립
11		서초구	S010000757	방현초등학교	2,630	240	21	12	20	공립
12		송파구	L010000897	가동초등학교	4,000	114	52	11	32	사립
13		송파구	L010000898	가력초등학교	6,120	240	74	12	27	공립
14		송파구	L010000899	가원초등학교	8,700	300	37	11	22	사립
15		송파구	L010000900	가주초등학교	8,880	333		11	22	공립

3 시트 보호와 통합 문서 보기('기본작업-2' 시트)

① [G5:J16] 영역을 드래그하여 선택 → 마우스 오른쪽 단추를 클릭하고 바로 가기 메뉴에서 [셀 서식]((Ctrl)+1)을 선택한다.

② [셀 서식] 대화상자가 나타나면 [보호] 탭에서 '잠금'과 '숨김'에 체크 → [확인] 단추를 클릭한다.

③ 도형에서 마우스 오른쪽 단추를 클릭하고 바로 가기 메뉴에서 [도형 서식]을 선택한다.

④ [도형 서식] 창이 나타나면 '도형 옵션'의 '크기 및 속성'( )에서 '속성'의 '텍스트 잠금'에 체크 → 워크시트의 빈 셀을 클릭한다.

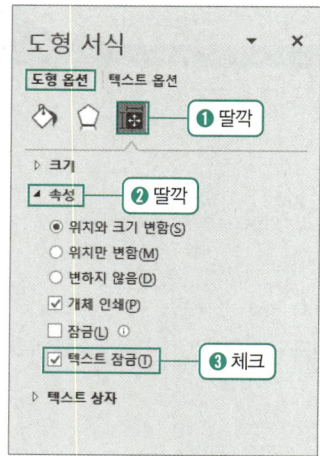

⑤ [검토] 탭-[보호] 그룹-[시트 보호] 클릭 → [시트 보호] 대화상자가 나타나면 '워크시트에서 허용할 내용'의 '잠긴 셀 선택', '잠기지 않은 셀 선택', '정렬'에 체크 → [확인] 단추를 클릭한다.

⑥ [페이지 레이아웃] 탭-[페이지 설정] 그룹-[페이지 설정]( )을 클릭한다.

⑦ [머리글/바닥글] 탭에서 '첫 페이지를 다르게 지정'을 선택하고 [머리글 편집] 단추를 클릭한다.

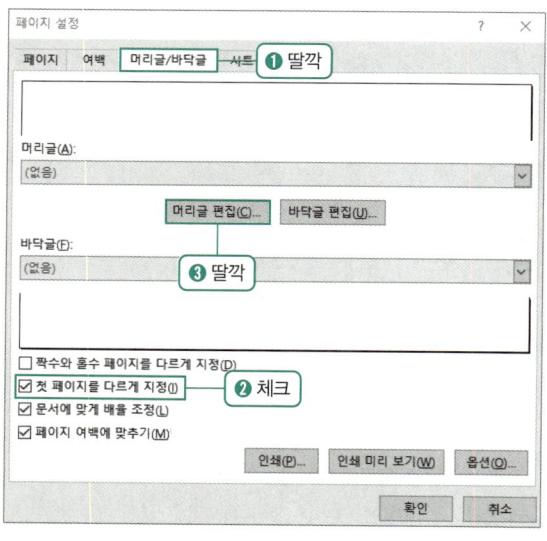

⑧ [머리글] 대화상자가 나타나면 [첫 페이지 머리글] 탭에서 '가운데 구역'에 커서를 올려놓고 에듀윌 컴활1급 입력 → [확인] 단추를 클릭한다.

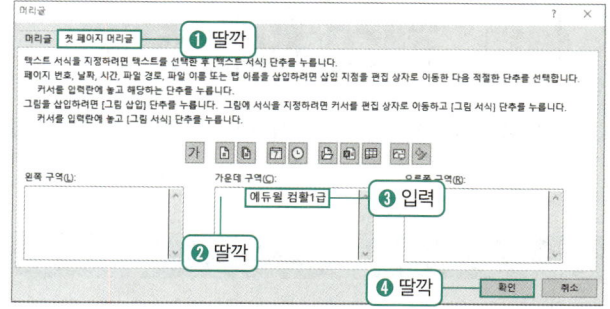

⑨ [페이지 설정] 대화상자로 되돌아오면 [확인] 단추를 클릭한다.

⑩ [파일] 탭-[인쇄]-[현재 설정된 용지]에서 '한 페이지에 모든 열 맞추기'를 클릭한다.

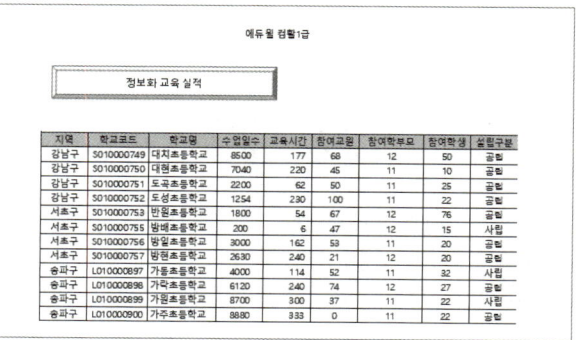

문제 ❷ 계산작업 (30점)

1 비고[K5:K16] 표시하기

[K5] 셀 선택 → 수식 입력줄에 =CONCAT(REPT("▶",QUOTIENT(D5,10)),REPT("▷",QUOTIENT(F5,10)),FIXED(J5,1))을 입력 후 Enter 를 누름 → [K5] 셀의 자동 채우기 핸들을 [K16] 셀까지 드래그하여 함수식을 복사한다.

입력 함수 해설

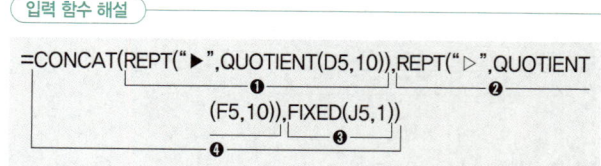

❶ REPT("▶",QUOTIENT(D5,10)): [D5] 셀의 값에 나누기 10을 한 몫의 개수만큼 '▶' 기호를 표시한다.
❷ REPT("▷",QUOTIENT(F5,10)): [F5] 셀의 값에 나누기 10을 한 몫의 개수만큼 '▷' 기호를 표시한다.
❸ FIXED(J5,1): [J5] 셀의 값을 소수점 첫째 자리까지 표시한다.
❹ CONCAT(❶,❷,❸): ❶,❷,❸을 연결하여 표시한다.

2 보안 [L5:L16] 표시하기

[L5] 셀 선택 → 수식 입력줄에 =MID(B5,1,2)&"_"&SUBSTITUTE(MID(G5,1,3),MID(G5,2,1),"○")을 입력 후 Enter를 누름 → [L5] 셀의 자동 채우기 핸들을 [L16] 셀까지 드래그하여 함수식을 복사한다.

입력 함수 해설

❶ MID(B5,1,2): [B5] 셀의 첫 번째 문자부터 두 글자를 반환한다.
❷ MID(G5,1,3): [G5] 셀의 첫 번째 문자부터 세 글자를 반환한다.
❸ MID(G5,2,1): [G5] 셀의 두 번째 문자부터 한 글자를 반환한다.
❹ SUBSTITUTE(❷,❸,"○"): ❷에서 ❸에 해당되는 내용을 '○'로 변환한다.
❺ ❶&"_"&❹: ❶과 "_", ❹를 연결하여 표시한다.

3 'fn등급' [M5:M16] 표시하기

① [개발 도구] 탭-[코드] 그룹-[Visual Basic]을 클릭한다.
② [Visual Basic Editor] 창이 나타나면 **[삽입] 메뉴-[모듈]**을 선택 → [프로젝트 탐색기] 창에 'Module1'이 생성되었는지 확인한다.
③ 'Module1' [코드] 창에 다음과 같이 코드를 입력 → [닫기] 단추(❌)를 클릭한다.

입력 코드 해설

```
Public Function fn등급(참여교원, 참여학부모, 참여학생)
    a = (참여교원 + 참여학부모 + 참여학생) / 3  ❶
    Select Case a
        Case Is >= 30
            fn등급 = "A"  ❷
        Case Is >= 20
            fn등급 = "B"  ❸
        Case Else
            fn등급 = " "  ❹
    End Select
End Function
```

❶ '참여교원'+'참여학부모'+'참여학생'의 값을 3으로 나눈 값은 a이고, a에 대한 등급을 사용자 정의 함수에서 반환한다.
❷ a 값이 30 이상이면 fn등급에 'A'를 반환한다.
❸ a 값이 20 이상이면 fn등급에 'B'를 반환한다.
❹ a 값이 20 미만인 값이면 fn등급에 공백을 반환한다.

④ [M5] 셀 선택 → [함수 삽입] 단추(𝑓𝑥)를 클릭한다.
⑤ [함수 마법사] 대화상자가 나타나면 '범주 선택'에서 '사용자 정의'를, '함수 선택'에서 'fn등급'을 선택 → [확인] 단추를 클릭한다.
⑥ [함수 인수] 대화상자가 나타나면 '참여교원'에는 [D5] 셀, '참여학부모'에는 [E5] 셀, '참여학생'에는 [F5] 셀 지정 → [확인] 단추를 클릭한다.
⑦ [M5] 셀의 자동 채우기 핸들을 [M16] 셀까지 드래그하여 함수식을 복사한다.

4 최대교육시간과 개수[C21:D23] 표시하기

[C21] 셀 선택 → 수식 입력줄에 =MAX(IF(($B$5:$B$16=$B21)*($H$5:$H$16=C$20),$J$5:$J$16))&"("&COUNT(IF(($B$5:$B$16=$B21)*($H$5:$H$16=C$20),1))&")" 입력 → Ctrl+Shift+Enter를 누름 → [C21] 셀의 자동 채우기 핸들을 [C23] 셀까지 드래그하여 함수식을 복사 → [C23] 셀의 자동 채우기 핸들을 [D23] 셀까지 드래그하여 함수식을 복사한다.

입력 함수 해설

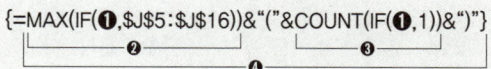

❶ ($B$5:$B$16=$B21)*($H$5:$H$16=C$20): [B5:B16] 영역에서 각 셀이 [B21] 셀 문자열과 같은지(조건1) 비교하고, [H5:H16] 영역에서 각 셀이 'C20'과 같은지(조건2) 비교하여 조건1과 조건2를 모두 만족(*)하면 TRUE, 그렇지 않으면 FALSE를 반환한다.

{=MAX(IF(❶,$J$5:$J$16))&"("&COUNT(IF(❶,1))&")"}

❷ MAX(IF(❶,$J$5:$J$16)): ❶의 조건을 만족한 것 중 [$J$5:$J$16] 영역에서 최대값을 반환한다.
❸ COUNT(IF(❶,1)): ❶의 조건에 만족하는 것의 개수를 반환한다.
❹ ❷&"("&❸&")": 결합연산자(&)에 의해 ❷, "(", ❸, ")"을 연결하여 표시한다.

5 코드별, 설립구분별 최고참여도 학교[G21:H22] 표시하기

[G21] 셀 선택 → 수식 입력줄에 =INDEX($B$5:$J$16,MATCH(MAX((LEFT($C$5:$C$16,1)=$F21)*($H$5:$H$16=G$20)*$F$5:$F$16),(LEFT($C$5:$C$16,1)=$F21)*($H$5:$H$16=G$20)*$F$5:$F$16,0),6)을 입력한 후 Ctrl+Shift+Enter를 누름 → [G21] 셀의 자동 채우기 핸들을 [G22] 셀까지 드래그하여 함수식을 복사 → [G22] 셀의 자동 채우기 핸들을 [H22] 셀까지 드래그하여 함수식을 복사한다.

입력 함수 해설

LEFT($C$5:$C$16,1)=$F21)*($H$5:$H$16=G$20)
❶

❶ LEFT($C$5:$C$16,1)=$F21)*($H$5:$H$16=G$20): [$C$5:$C$16] 영역의 왼쪽부터 한 글자가 [$F21] 셀과 같고 [$H$5:$H$16] 영역에서 [G$20] 셀과 값이 같으면 TRUE를 반환한다.

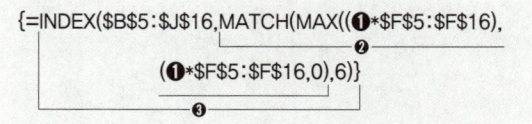

❷ MATCH(MAX((❶*$F$5:$F$16),(❶*$F$5:$F$16,0): ❶*[$F$5:$F$16] 영역에서 최대값이 몇 번째에 위치하는지를 반환한다.
❸ INDEX($B$5:$J$16,❷,6): [$B$5:$J$16] 영역에서 ❷행 6열의 값을 반환한다.

문제 ❸ 분석작업 (20점)

1 피벗 테이블('분석작업-1' 시트)

① 피벗 테이블을 삽입할 [B3] 셀 선택 → [데이터] 탭-[데이터 가져오기 및 변환] 그룹-[데이터 가져오기]-[기타 원본에서]-[MicroSoft Query에서]를 선택한다.

② [데이터 원본 선택] 대화상자가 나타나면 [데이터베이스] 탭에서 'MS Access Database*'를 선택 → [확인] 단추를 클릭한다.

③ [데이터베이스 선택] 대화상자가 나타나면 'C:\에듀윌_2026컴활1급실기\기출변형문제\스프레드시트실무\실습\10회' 경로에서 '교육현황.accdb' 파일 선택 → [확인] 단추를 클릭한다.

④ [쿼리 마법사 – 열 선택] 대화상자가 나타나면 '사용할 수 있는 테이블과 열'에서 〈참여도〉 테이블을 더블클릭 → 〈참여도〉 테이블에 포함된 열 목록이 나타나면 '설립구분'을 더블클릭하여 '쿼리에 포함된 열'로 이동시킨다.

⑤ 이와 같은 방법으로 '지역', '참여교원', '참여학생', '참여학부모' 열을 '쿼리에 포함된 열'로 이동 → [다음] 단추를 클릭한다.

⑥ [쿼리 마법사 – 데이터 필터] 대화상자에서 필터링할 열이 없으므로 [다음] 단추를 클릭한다.

⑦ [쿼리 마법사 – 정렬 순서] 대화상자에서 지정할 정렬 기준이 없으므로 [다음] 단추를 클릭한다.

⑧ [쿼리 마법사 – 마침] 대화상자에서 'Microsoft Excel(으)로 데이터 되돌리기'가 선택되었는지 확인 → [마침] 단추를 클릭한다.

⑨ [데이터 가져오기] 대화상자가 나타나면 데이터를 표시할 방법은 '피벗 테이블 보고서'를 선택 → 데이터가 들어갈 위치는 '기존 워크시트'의 [B3] 셀로 지정되었는지 확인 → [확인] 단추를 클릭한다.

⑩ 피벗 테이블 필드 창이 나타나면 '설립구분'와 '지역'은 '행' 영역으로, '참여교원', '참여학생', '참여학부모'는 'Σ 값' 영역으로 드래그한다.

⑪ 보고서 레이아웃을 테이블 형식으로 표시하기 위해 [디자인] 탭-[레이아웃] 그룹-[보고서 레이아웃]-[테이블 형식으로 표시]를 선택한다.

⑫ 계산 필드를 추가하기 위해 [피벗 테이블 분석] 탭-[계산] 그룹-[필드, 항목 및 집합]-[계산 필드]를 선택한다.

⑬ [계산 필드 삽입] 대화상자가 나타나면 '이름'에 학부모참여율 입력하고 '수식'에는 =참여학부모/참여학생을 입력, [추가] 단추 클릭 → [확인] 단추를 클릭한다.

⑭ '참여교원' 필드의 셀 서식을 지정하기 위하여 '값' 영역에서 '합계: 참여교원' 클릭 → [값 필드 설정]을 선택한다.

⑮ [값 필드 설정] 대화상자가 나타나면 → [표시 형식] 단추를 클릭 → [셀 서식] 대화상자가 나타나면 [표시 형식] 탭에서 '범주'는 '회계', '기호'는 '없음'을 선택 → [확인] 단추 클릭 → [값 필드 설정] 대화상자로 되돌아오면 [확인] 단추를 클릭한다.

⑯ '학부모참여율' 필드의 셀 서식을 지정하기 위하여 '값' 영역에서 '합계:학부모참여율' 클릭 → [값 필드 설정]을 선택한다.

⑰ [값 필드 설정] 대화상자가 나타나면 [표시 형식] 단추를 클릭 → [셀 서식] 대화상자가 나타나면 [표시 형식] 탭에서 '범주'는 '백분율'을 선택 → '소수 자리수'에 1 입력 → [확인] 단추를 클릭 → [값 필드 설정] 대화상자가 나타나면 [확인] 단추를 클릭한다.

⑱ 피벗테이블 스타일을 지정하기 위하여 [디자인] 탭-[피벗 테이블 스타일] 그룹-[자세히] 단추(▼)를 클릭 → 연한 주황, 피벗 스타일 밝게 17'을 선택한다.

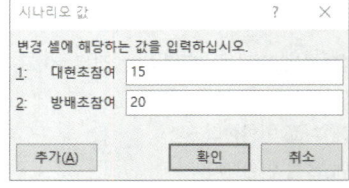

2 시나리오('분석작업-2' 시트)

① [J6] 셀 선택 → [이름 상자]에 대현초참여를 입력한 후 Enter를 누름 → [J10] 셀 선택 → [이름 상자]에 방배초참여를 입력한 후 Enter를 누름 → [I18] 셀 선택 → [이름 상자]에 공립참여율을 입력한 후 Enter → [I19] 셀 선택 → [이름 상자]에 사립참여율을 입력한 후 Enter를 누른다.

② [J6] 셀을 클릭 → Ctrl을 누르면서 [J10] 셀을 클릭 [데이터] 탭-[예측] 그룹-[가상 분석]-[시나리오 관리자]를 선택한다.

③ [시나리오 관리자] 대화상자가 나타나면 [추가] 단추를 클릭한다.

④ [시나리오 추가] 대화상자가 나타나면 '시나리오 이름'에 참여학생증가를 입력하고 '변경 셀'이 [J6], [J10] 셀로 지정되었는지 확인 → [확인] 단추를 클릭한다.

⑤ [시나리오 값] 대화상자가 나타나면 '대현초참여'에 15, '방배초참여'에 20을 입력 → [추가] 단추를 클릭한다.

⑥ [시나리오 추가] 대화상자가 나타나면 '시나리오 이름'에 참여학생감소를 입력하고 '변경 셀'이 [J6], [J10] 셀로 지정되었는지 확인 → [확인] 단추를 클릭한다.

⑦ [시나리오 값] 대화상자가 나타나면 '대현초참여'에 5, '방배초참여'에 10을 입력 → [확인] 단추를 클릭한다.

⑧ [시나리오 관리자] 대화상자로 되돌아오면 '참여학생증가'와 '참여학생감소' 시나리오가 추가되었는지 확인 → [요약] 단추를 클릭한다.

⑨ [시나리오 요약] 대화상자가 나타나면 '보고서 종류'는 '시나리오 요약'으로 지정되었는지 확인 → '결과 셀'은 [I18] 셀을 클릭, Ctrl을 누르면서 [I19] 셀을 클릭 → [확인] 단추를 클릭한다.

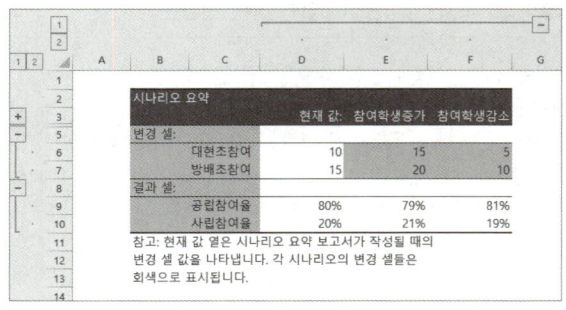

문제 ❹ 기타작업 (20점)

1 차트('기타작업-1' 시트) 작성하기

① 차트 영역을 클릭하고 [차트 디자인] 탭-[차트 레이아웃] 그룹-[차트 요소 추가]-[차트 제목]-[차트 위]를 선택하여 차트 제목을 추가한다.

② 차트 제목을 선택한 상태에서 수식 입력줄에 송파구 교육 현황을 입력한 후 Enter를 누름 → [홈] 탭-[글꼴] 그룹에서 '글꼴 크기'는 '14'pt, '글꼴 스타일'은 '굵게'를 선택한다.

③ 차트 제목을 선택한 상태에서 [서식] 탭-[도형 스타일] 그룹-[자세히] 단추(▼) 클릭 → '테마 스타일'에서 '색 채우기-파랑, 강조 1' 선택 → [도형 효과]에서 '그림자'의 '오프셋: 오른쪽'을 선택한다.

④ 차트 영역 선택 → [차트 디자인] 탭-[종류] 그룹-[차트 종류 변경]을 선택 → [차트 종류 변경] 대화상자가 나타나면 [모든 차트] 탭의 '혼합' 범주에서 '참여학생'의 차트 종류는 '영역형'을, '참여학부모'의 차트 종류는 '표식이 있는 꺾은선형'을 선택 → '보조 축'에 체크 → [확인] 단추를 클릭한다.

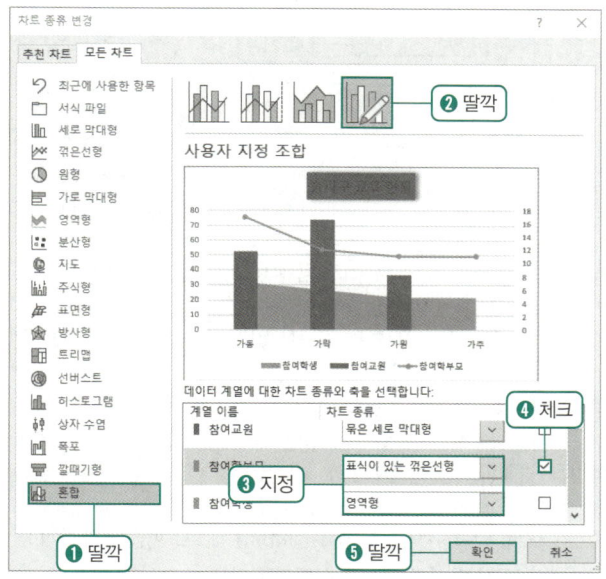

⑤ '참여학부모' 계열 더블클릭 → [데이터 계열 서식] 창이 나타나면 '채우기 및 선'(◇)에서 '표식'의 '표식 옵션' 중 기본 제공의 '형식'을 '●' → 크기는 10, 채우기에서 '단색 채우기'의 색을 '빨강'으로 선택 → [닫기] 단추를 클릭한다.

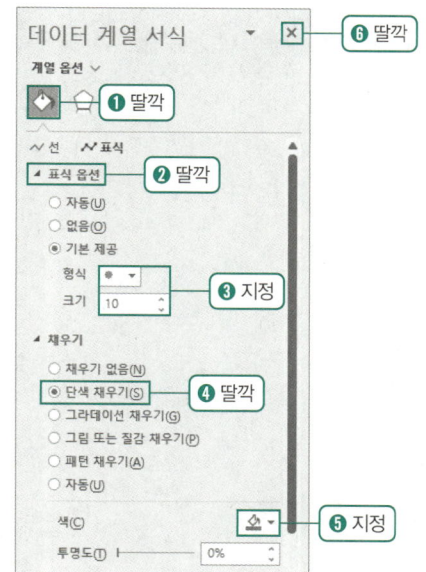

⑥ '참여교원' 계열 더블클릭 → [데이터 계열 서식] 창이 나타나면 '계열 옵션'에서 '간격 너비'를 100으로 지정한다.

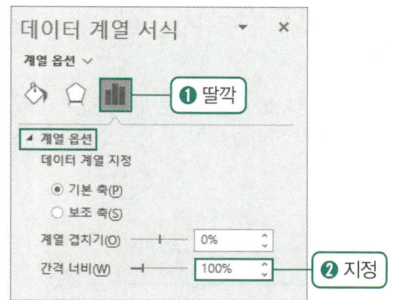

⑦ 가로 축 더블클릭 → [축 서식] 창이 나타나면 '축 옵션'의 '축 옵션'에서 '레이블'의 '축과의 간격'에 200을 입력한다.

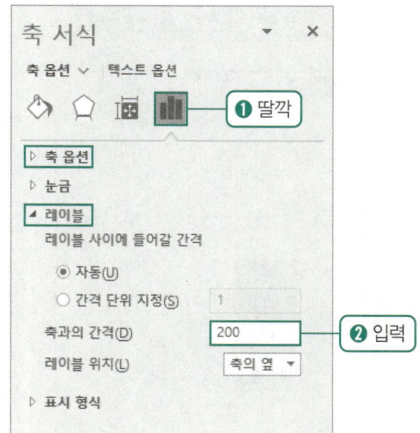

⑧ '참여학생' 계열 더블클릭 → [데이터 계열 서식] 창이 나타나면 '채우기 및 선'(◆)에서 '채우기'의 '패턴 채우기'에 체크 → '패턴'은 '점선 20%'를, '전경색'은 빨강을 선택한다.

⑨ [차트 디자인] 탭-[위치] 그룹-[차트 이동]을 선택 → [차트 이동] 대화상자가 나타나면 새 시트에 Chart를 입력 → [확인] 단추를 클릭한다.

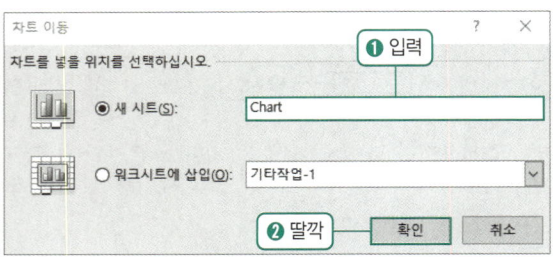

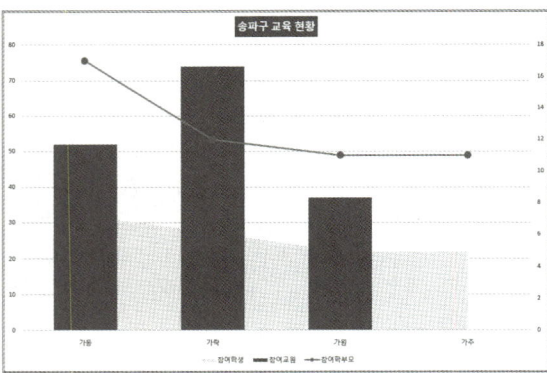

2 매크로('기타작업-2' 시트)

① [개발 도구] 탭-[코드] 그룹-[매크로 기록]을 클릭한다.

② [매크로 기록] 대화상자가 나타나면 '매크로 이름'에 시각화를 입력 → [확인] 단추를 클릭한다.

③ [H5:H16] 영역을 드래그하여 선택 → [홈] 탭-[스타일] 그룹-[조건부 서식]-[새 규칙]을 선택한다.

④ [새 서식 규칙] 대화상자가 나타나면 '규칙 유형 선택'에서 '셀 값을 기준으로 모든 셀의 서식 지정'을 선택 → 서식 스타일 '3가지 색조', '최소값'은 '백분위수', '20', '중간값'은 '백분위수', '40', '최대값'은 '백분위수' '80'으로 설정 → [확인] 단추를 클릭한다.

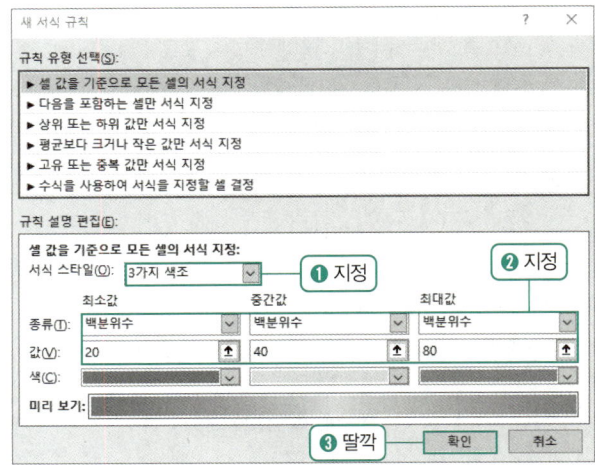

⑤ 매크로 기록을 중지하기 위해 임의의 셀 선택 → [개발 도구] 탭-[코드] 그룹-[기록 중지]를 클릭한다.

⑥ [개발 도구] 탭-[컨트롤] 그룹-[삽입]을 클릭한 후 '양식 컨트롤'의 '단추'(□)를 선택한다.

⑦ [Alt]를 누른 상태에서 [M4:N5] 영역을 드래그하여 단추를 그린다.

⑧ [매크로 지정] 대화상자가 나타나면 '매크로 이름'에 '시각화'를 선택 → [확인] 단추를 클릭한다.

⑨ 단추를 선택한 상태에서 단추에 입력된 기본 텍스트를 삭제한 후 시각화를 입력 → 임의의 셀을 선택하여 텍스트 편집을 완료한다.

⑩ [개발 도구] 탭-[코드] 그룹-[매크로 기록]을 클릭한다.

⑪ [매크로 기록] 대화상자가 나타나면 '매크로 이름'에 스타일적용을 입력 → [확인] 단추를 클릭한다.

⑫ [K5:K16] 영역을 드래그하여 선택 → 마우스 오른쪽 단추를 클릭하고 바로 가기 메뉴에서 [셀 서식]([Ctrl]+[1])을 선택 → [셀 서식] 대화상자가 나타나면 [범주]는 [사용자 지정]을 선택하고 '형식'에 [빨강][>=0.1]"HIGH"* 0.00;[파랑][<=0.01]"LOW"* 0.00;* 0.00 입력 → [확인] 단추를 클릭한다.

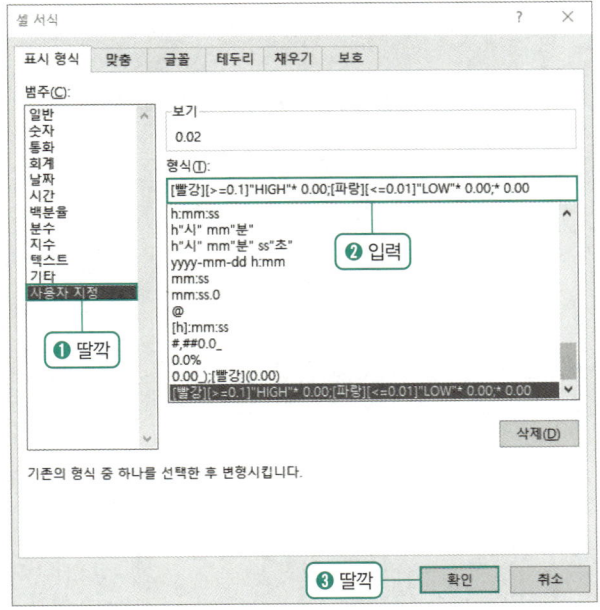

⑬ 매크로 기록을 중지하기 위해 임의의 셀 선택 → [개발 도구] 탭-[코드] 그룹-[기록 중지]를 클릭한다.

⑭ [삽입] 탭-[일러스트레이션] 그룹-[도형]을 클릭한 후 '기본 도형: 빗면'을 선택한다.

⑮ Alt를 누른 상태에서 [M7:N8] 영역을 드래그하여 도형을 그린다.

⑯ 도형을 선택한 상태에서 도형에 스타일적용 입력 → 도형에서 마우스 오른쪽 단추를 클릭하고 바로 가기 메뉴에서 [매크로 지정]을 선택한다.

⑰ [매크로 지정] 대화상자가 나타나면 '매크로 이름'에 '스타일적용'를 선택 → [확인] 단추를 클릭한다.

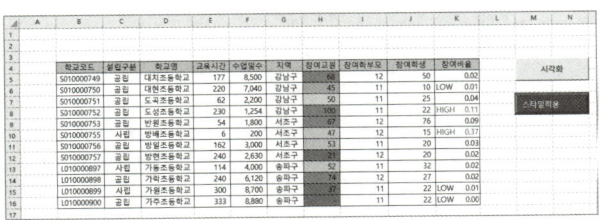

3 프로시저('기타작업-3' 시트)

① [개발 도구] 탭-[컨트롤] 그룹-[디자인 모드] 클릭 → '교육평가시스템' 단추를 더블클릭한다.

② [Visual Basic Editor] 창이 나타나면 [코드] 창에서 '교육평가시스템_Click( )' 프로시저에 다음과 같이 코드를 입력한다.

입력 코드 해설

```
Private Sub 교육평가시스템_Click( )
    교육평가.Show ─❶
End Sub.
```

❶ 〈교육평가〉 폼을 화면에 표시한다.

③ [프로젝트 탐색기] 창의 〈교육평가〉 폼에서 마우스 오른쪽 단추를 클릭하고 바로 가기 메뉴에서 [코드 보기]를 선택한다.

④ [코드] 창에서 '개체'는 'UserForm'을, '프로시저'는 'Initialize' 선택 → 'UserForm_Initialize( )' 프로시저에 다음과 같이 코드를 입력한다.

입력 코드 해설

```
Private Sub UserForm_Initialize( )
    lst학교코드.RowSource = "K6:L17" ─❶
    lst학교코드.ColumnCount = 2 ─❷
End Sub
```

❶ 'lst학교코드' 목록 상자의 속성값을 [K6:L17] 영역의 값으로 지정한다.
❷ 'lst학교코드' 리스트 상자에서 데이터 열의 수를 두 개로 지정한다.

⑤ '개체'에서 'cmd등록'를 선택하고 '프로시저'에 'Click'으로 지정되었는지 확인 → 'cmd등록_Click( )' 프로시저에 다음과 같이 코드를 입력한다.

입력 코드 해설

```
Private Sub cmd등록_Click( )
    Line = Range("B4").CurrentRegion.Rows.Count + 4 ─❶
    
    Cells(Line, 2) = lst학교코드.List(lst학교코드.ListIndex, 0) ─❷
    Cells(Line, 3) = lst학교코드.List(lst학교코드.ListIndex, 1) ─❸
    
    If opt1.Value = True Then
        Cells(Line, 4) = "공립"
    ElseIf opt2.Value = True Then             ❹
        Cells(Line, 4) = "사립"
    Else
        Cells(Line, 4) = " "
    End If
    
    Cells(Line, 5) = txt총학생수.Value ─❺
    Cells(Line, 6) = txt참여학생수.Value ─❻
    Cells(Line, 7) = Cells(Line, 6) / Cells(Line, 5) ─❼
    imsi = Cells(Line, 7)
    
    Select Case imsi
        Case Is >= 0.8
            Cells(Line, 8) = "상"
        Case Is >= 0.6                        ❽
            Cells(Line, 8) = "중"
        Case Else
            Cells(Line, 8) = "하"
    End Select
End Sub
```

❶ [B4] 셀을 기준으로 인접 범위에 입력된 데이터 행의 개수와 4를 더한 행의 위치를 'Line' 변수에 반환한다.
❷ 6행(Line) 2열에 'lst학교코드' 목록 상자에서 선택한 데이터의 위치 (1st학교코드.ListIndex)의 첫 번째 열(0)에 해당하는 데이터를 입력한다.
❸ 6행(Line) 3열에 'lst학교코드' 목록 상자에서 선택한 데이터의 위치 (1st학교코드.ListIndex)의 두 번째 열(1)에 해당하는 데이터를 입력한다.
❹ 6행(Line) 3열에 'opt1'을 선택하면 '공립'을, 'opt2'를 선택하면 '사립'을, 'opt고급'을 선택하면 공백을 입력한다.
❺ 6행(Line) 6열에 'txt총학생수' 텍스트 상자에 입력한 데이터를 입력한다.
❻ 'txt참여학생수' 텍스트 상자에 입력한 데이터를 입력한다.
❼ ❻/❺의 값을 imsi로 정의한다.
❽ ❼이 0.8 이상이면 '상', 0.6 이상이면 '중', 나머지는 '하'로 정의한다.

⑥ '개체'에서 'cmd취소'를 선택하고 '프로시저'에 'Click'으로 지정되었는지 확인 → 'cmd취소_Click( )' 프로시저에 다음과 같이 코드를 입력한다.

> 입력 코드 해설

```
Private Sub cmd취소_Click()
    MsgBox Time & " 종료합니다", vbOKOnly, "종료" ─❶
End Sub
```

❶ 메시지 박스에 현재 작업 중인 시간과 ' 종료합니다'를, [확인] 및 [취소] 단추를 표시, 제목 표시줄에 '종료'라는 내용으로 표시한다.

⑦ 결과를 확인하기 위해 [보기 Microsoft Excel] 단추(⊞)를 클릭 → '기타작업-3' 시트로 되돌아오면 **[개발 도구] 탭-[컨트롤] 그룹-[디자인 모드]**를 클릭하여 디자인 모드 해제한다.
⑧ '교육평가시스템' 단추 클릭 → 〈교육평가〉 폼에서 '학교코드' 리스트 상자에 [K6:L17] 영역의 값이 표시되는지 확인한다.
⑨ 학교코드, 설립구분, 총학생수, 참여학생수를 아래와 같이 입력하고 [등록] 단추를 클릭하여 데이터가 정확히 조회되는지 확인한다. 또한 [취소] 단추를 클릭하여 주어진 메시지 창이 나오는지 확인한다.

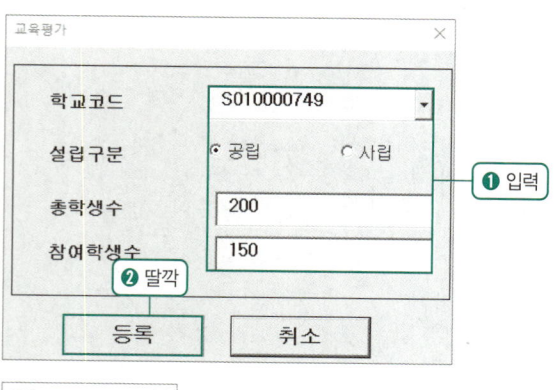

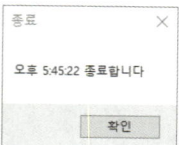

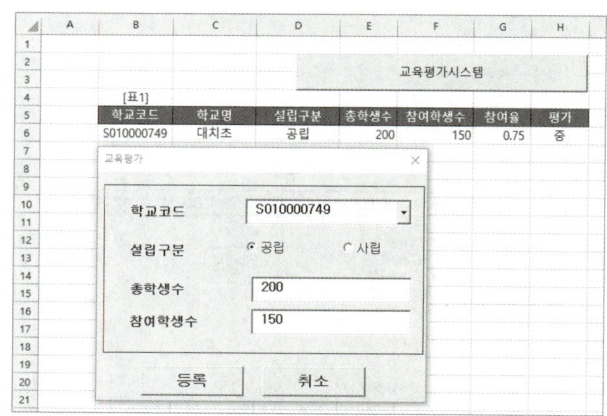

에듀윌이
너를
지지할게

ENERGY

삶의 순간순간이
아름다운 마무리이며
새로운 시작이어야 한다.

– 법정 스님

memo

업계 최초 대통령상 3관왕, 정부기관상 19관왕 달성!

2010 대통령상　2019 대통령상　2019 대통령상

대한민국 브랜드대상 국무총리상　국무총리상　문화체육관광부 장관상　농림축산식품부 장관상　과학기술정보통신부 장관상　여성가족부장관상

서울특별시장상　과학기술부장관상　정보통신부장관상　산업자원부장관상　고용노동부장관상　미래창조과학부장관상　법무부장관상

2004
서울특별시장상 우수벤처기업 대상

2006
부총리 겸 과학기술부장관 표창 국가 과학 기술 발전 유공

2007
정보통신부장관상 디지털콘텐츠 대상
산업자원부장관 표창 대한민국 e비즈니스대상

2010
대통령 표창 대한민국 IT 이노베이션 대상

2013
고용노동부장관 표창 일자리 창출 공로

2014
미래창조과학부장관 표창 ICT Innovation 대상

2015
법무부장관 표창 사회공헌 유공

2017
여성가족부장관상 사회공헌 유공
2016 합격자 수 최고 기록 KRI 한국기록원 공식 인증

2018
2017 합격자 수 최고 기록 KRI 한국기록원 공식 인증

2019
대통령 표창 범죄예방대상
대통령 표창 일자리 창출 유공
과학기술정보통신부장관상 대한민국 ICT 대상

2020
국무총리상 대한민국 브랜드대상
2019 합격자 수 최고 기록 KRI 한국기록원 공식 인증

2021
고용노동부장관상 일·생활 균형 우수 기업 공모전 대상
문화체육관광부장관 표창 근로자휴가지원사업 우수 참여 기업
농림축산식품부장관상 대한민국 사회공헌 대상
문화체육관광부장관 표창 여가친화기업 인증 우수 기업

2022
국무총리 표창 일자리 창출 유공
농림축산식품부장관상 대한민국 ESG 대상

2023 대한민국 브랜드만족도 IT자격증 교육 1위
(한경비즈니스)

2026 에듀윌 컴퓨터활용능력 1급 실기 기본서

Eduwill X IT자격증
EXIT 무료 합격 서비스!

 EXIT 바로가기

1. 핵심만 모은 무료특강
이용경로 에듀윌 EXIT 합격 서비스(exit.eduwill.net) ▶ 로그인 ▶ 무료강의 ▶ 컴퓨터활용능력 1급 ▶ 실기 기본서

2. 저자에게 바로 묻는 실시간 질문답변 서비스
이용경로 에듀윌 EXIT 합격 서비스(exit.eduwill.net) ▶ 로그인 ▶ 실시간 질문답변 ▶ 컴퓨터활용능력 1급 ▶ 실기 기본서(교재 구매 인증 필요)

3. 더 공부하고 싶다면? PDF 학습자료
이용경로 에듀윌 EXIT 합격 서비스(exit.eduwill.net) ▶ 로그인 ▶ 자료실 ▶ 컴퓨터활용능력 1급 ▶ 실기 기본서

4. 내가 만든 파일로 학습하는 자동 채점 프로그램
이용경로 에듀윌 EXIT 합격 서비스(exit.eduwill.net) ▶ 로그인 ▶ 자료실 ▶ 컴퓨터활용능력 1급 ▶ 실기 기본서

고객의 꿈, 직원의 꿈, 지역사회의 꿈을 실현한다

EXIT 합격 서비스
exit.eduwill.net

- 부가학습자료 및 정오표: EXIT 합격 서비스 > 자료실/정오표 게시판
- 교재문의: EXIT 합격 서비스 > 실시간 질문답변 게시판(내용)/
  Q&A 게시판(내용 외)

2026

에듀윌
컴퓨터활용능력
1급 실기 기본서

합격자 수가
선택의 기준!

2023 대한민국 브랜드만족도
IT자격증 교육 1위 (한경비즈니스)

3권 | 출제유형 연습(액세스)

문혜영 편저

유형 연습부터 기출변형문제까지
출제패턴 완벽 분석으로 초고속 합격!

- 저자에게 바로 묻는 실시간 질문답변
- 합격/불합격을 바로 확인하는 자동 채점 프로그램
- 기출변형문제 5회분(PDF) 추가 제공

eduwill

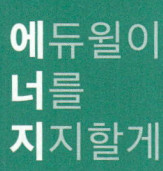

에듀윌이
너를
지지할게

ENERGY

시작하라. 그 자체가 천재성이고,
힘이며, 마력이다.

– 요한 볼프강 폰 괴테(Johann Wolfgang von Goethe)

에듀윌
컴퓨터활용능력
1급 실기 기본서

3권 | 출제유형 연습
(데이터베이스 일반)

CONTENTS 차례

단기 합격 지원 스터디 플래너
[부록] 엑셀/액세스 함수기초 마스터

합격을 위한 모든 것! EXIT 합격 서비스
체점 프로그램
시험의 모든 것!
가장 궁금해하는 BEST Q&A
기출 분석의 모든 것!
왜 에듀윌 교재인가?

1권

※실습/정답파일 다운로드
EXIT 합격 서비스(exit.eduwill.net) ▶ 로그인 ▶
자료실 게시판 ▶ 컴퓨터활용능력 1급 ▶ 실기 기본서 ▶ 다운로드

출제유형 연습(스프레드시트 실무)

Chapter 1 기본작업
01	셀 서식	20
02	조건부 서식	35
03	자동 필터	47
04	고급 필터	54
05	페이지 레이아웃	62
06	시트 보호	71

Chapter 2 계산작업
01	계산식	76
02	수학/삼각 함수	80
03	통계 함수	91
04	논리 함수	103
05	문자열 함수	114
06	날짜/시간 함수	126
07	데이터베이스 함수	136
08	찾기/참조 함수	147
09	정보 함수	163
10	재무 함수	170
11	배열 수식	181
12	사용자 정의 함수	200

Chapter 3 분석작업
01	피벗 테이블	222
02	데이터 유효성 검사	250
03	중복된 항목 제거	260
04	정렬과 부분합	262
05	데이터 표	276
06	통합과 텍스트 나누기	280
07	목표값 찾기	291
08	시나리오	295

Chapter 4 기타작업
01	차트	310
02	매크로	332
03	프로시저	351

2권

※채점 프로그램 다운로드
EXIT 합격 서비스(exit.eduwill.net) ▶ 로그인 ▶
자료실 게시판 ▶ 컴퓨터활용능력 1급 ▶ 실기 기본서 ▶ 다운로드

기출변형문제(스프레드시트 실무)

제1회 기출변형문제	8
제2회 기출변형문제	28
제3회 기출변형문제	46
제4회 기출변형문제	63
제5회 기출변형문제	80
제6회 기출변형문제	90
제7회 기출변형문제	101
제8회 기출변형문제	116
제9회 기출변형문제	133
제10회 기출변형문제	146

[PDF] 기출변형문제 5회분
※ EXIT 합격 서비스(exit.eduwill.net)의 [자료실 게시판]에서 다운로드

스프레드시트 실무

제11회 기출변형문제	🔒 암호 eduex11
제12회 기출변형문제	🔒 암호 eduex12
제13회 기출변형문제	🔒 암호 eduex13
제14회 기출변형문제	🔒 암호 eduex14
제15회 기출변형문제	🔒 암호 eduex15

3권

※실습/정답파일 다운로드
EXIT 합격 서비스(exit.eduwill.net) ▶ 로그인 ▶ 자료실 게시판 ▶ 컴퓨터활용능력 1급 ▶ 실기 기본서 ▶ 다운로드

출제유형 연습(데이터베이스 실무)

Chapter 1 DB 구축

01	테이블	8
02	조회 속성	27
03	관계 설정	35
04	외부 데이터	44

Chapter 2 입력 및 수정 기능 구현

01	폼과 컨트롤	70
02	조건부 서식	103
03	콤보 상자 컨트롤	109
04	하위 폼	118

Chapter 3 조회 및 출력 기능 구현

| 01 | 보고서 | 126 |
| 02 | 조회 | 142 |

Chapter 4 처리 기능 구현

| 01 | 쿼리 | 158 |
| 02 | 처리 | 185 |

4권

※채점 프로그램 다운로드
EXIT 합격 서비스(exit.eduwill.net) ▶ 로그인 ▶ 자료실 게시판 ▶ 컴퓨터활용능력 1급 ▶ 실기 기본서 ▶ 다운로드

기출변형문제(데이터베이스 실무)

제1회 기출변형문제	8
제2회 기출변형문제	24
제3회 기출변형문제	39
제4회 기출변형문제	53
제5회 기출변형문제	62
제6회 기출변형문제	76
제7회 기출변형문제	85
제8회 기출변형문제	98
제9회 기출변형문제	111
제10회 기출변형문제	123

[PDF] 기출변형문제 5회분
※ EXIT 합격 서비스(exit.eduwill.net)의 [자료실 게시판]에서 다운로드

데이터베이스 실무

제11회 기출변형문제	🔒 암호 eduac11
제12회 기출변형문제	🔒 암호 eduac12
제13회 기출변형문제	🔒 암호 eduac13
제14회 기출변형문제	🔒 암호 eduac14
제15회 기출변형문제	🔒 암호 eduac15

Chapter 01

DB 구축

배점 25점
목표점수 25점

출제유형 분석

DB 구축은 **1**번 문제에서 테이블, **2**~**3**번 문제에서 관계 설정, 조회 속성, 외부 데이터(연결하기, 내보내기, 가져오기) 중 각 1문제가 출제되어 총 3문제 출제된다. 테이블과 관계 설정 문제는 고정적으로 출제되고, 조회 속성과 외부 데이터 문제 중 1문제가 선택적으로 출제된다. **1**번 문제에서 3점짜리 5개의 지시사항으로 구성된 1문제와 **2**~**3**번 문제에서 5점짜리 1문제씩 출제된다.

합격 전략

DB 구축은 데이터베이스 시스템을 구축하기 위한 기본적인 기능에 대한 내용이 출제되며 데이터베이스에 대한 기본적인 이해가 있으면 해결할 수 있는 내용으로, 다른 문제와 비교하여 쉽게 출제된다. DB 구축에서는 반드시 만점을 확보할 수 있도록 반복 학습을 해야 한다.

세부 출제패턴

출제유형		난이도		세부 출제패턴
1	테이블	상 중 하		기본 키, 유효성 검사, 입력 마스크 등의 내용 위주로 학습하고 액세스에 대한 기본적인 기능에 대한 이해가 있으면 쉽게 해결할 수 있는 문제들이다.
2	조회 속성	상 중 하		필드 속성 영역의 [조회] 탭에서 속성을 지정하는 문제로, 문제에서 지시한 조건을 정확하게 이해하면 쉽게 점수를 얻을 수 있다.
3	관계 설정	상 중 하		여러 테이블 간의 관계를 설정하고 참조 무결성 등을 지정하는 문제로, 비슷한 패턴의 문제가 반복하여 출제되고 있다.
4	외부 데이터	상 중 하		액세스 파일 이외의 다른 형식의 데이터를 가져오거나 연결하는 등의 문제로, 데이터의 구분 조건을 정확하게 지정해야 한다.

무료 동영상 강의

DB 구축

01 테이블

① 개념: 테이블(Table)은 데이터를 구조화하여 저장하는 기본 단위로, 데이터를 행(Row)과 열(Column)로 구성하여 관리함
② 기능 및 특징
- 각 행은 개별 레코드, 각 열은 속성을 나타내어 데이터를 구조적으로 관리함
- 테이블은 기본 키(Primary Key)와 외래 키(Foreign Key)를 통해 데이터의 일관성과 무결성을 보장함
- 테이블의 요소를 이용하여 쿼리(Query), 폼(Form), 보고서(Report)를 만들 수 있음

작업 파일명 C:\에듀윌_2026컴활1급실기\그대로따라하기\데이터베이스실무\01.DB구축\01.테이블\실습\01_테이블.accdb

읽는 강의

출제패턴 ❶

학생들의 인적사항을 관리하기 위한 데이터베이스를 구축하고자 한다. 다음 지시사항에 따라 〈학생정보〉 테이블을 완성하시오.

1 '학번' 필드와 '이름' 필드를 기본 키로 설정하시오.

2 '학번' 필드를 'A-000'의 형태로, 영문 대문자 한 개, '-' 기호 한 개, 숫자 세 개가 반드시 포함되어 입력되도록 입력 마스크를 설정하시오.
- ▶ 영문은 대문자와 한글만 입력할 수 있도록 설정할 것
- ▶ '-' 문자도 테이블에 저장되도록 설정할 것
- ▶ 뒤의 세 자리는 숫자로 입력받고 공백없이 반드시 입력되도록 설정할 것
- ▶ 자료를 입력할 때 '#'이 표시되도록 설정할 것

3 '이름' 필드의 이름 사이에는 공백이 입력되지 않도록 유효성 검사 규칙을 설정하시오.
- ▶ Like 연산자를 사용하고 유효하지 않은 값이 입력되면 '공백없이 입력하세요'라는 메시지를 출력할 것

4 '지도교수' 필드에 대해 중복 가능한 인덱스를 설정하시오.

5 '연락처' 필드의 왼쪽의 세 글자는 '010'이 오도록 유효성 검사 규칙을 설정하시오.
- ▶ Left 함수를 사용하여 설정할 것
- ▶ 유효하지 않은 값이 오면 '010으로 시작해야 합니다' 메시지를 출력할 것

6 '아이디' 필드에는 데이터를 입력할 때 영문 입력 상태로 변환되도록 IME 모드에서 '영숫자 반자'를 설정하시오.

7 '입학년도' 필드에 새로운 레코드를 추가하면 자동으로 현재 날짜가 입력되도록 설정하시오.

8 '등급' 필드는 'A', 'B', 'C', 'D', 'F' 중 하나가 입력되도록 유효성 검사를 설정하시오.

9 '성적' 필드에는 0~100까지의 정수가 입력되도록 유효성 검사를 설정하시오.

▼ 결과 화면

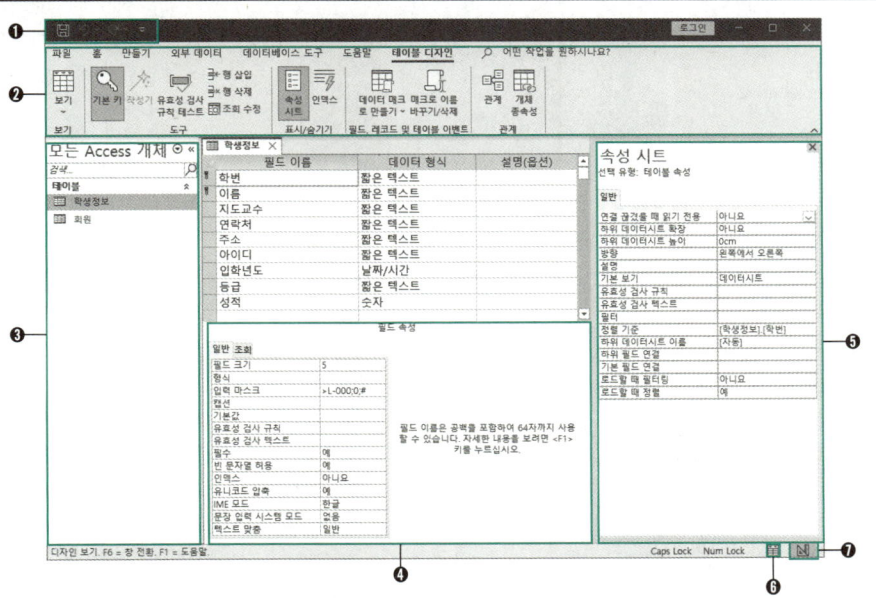

그대로 따라하기

개념 더하기 ⊕ 액세스 화면의 구성

❶ **빠른 실행 도구 모음**: 자주 사용하는 명령어를 모아놓은 곳으로, 명령어를 등록해서 사용
❷ **리본 메뉴**: 도구 모음에 따라 관련된 세부 기능을 리본 메뉴 방식으로 표시
❸ **탐색 창**: 테이블, 쿼리, 폼, 보고서, 매크로, 모듈 등을 목록으로 표시
❹ **필드 속성**: 각 필드의 속성을 설정
❺ **속성 시트**: 테이블 속성을 지정
❻ **데이터시트 보기**: 테이블에 포함된 데이터를 시각적으로 표현
❼ **디자인 보기**: 테이블의 표시 방식을 지정

개념 더하기 ⊕ 보안 경고

[보안 경고] 메시지가 표시되는 경우 [콘텐츠 사용] 단추를 클릭한 후 실습을 진행하면 된다.

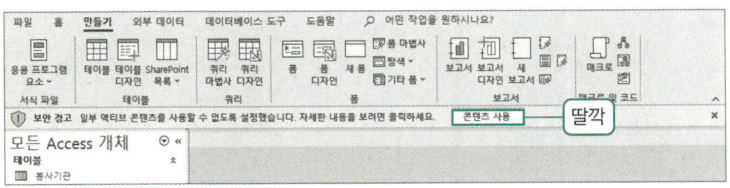

> 📖 **읽는 강의**
>
> **풀이법을 알면 시간이 단축된다!**
> 리본 메뉴가 보이지 않는 경우
> 임의의 탭을 더블클릭한다.
> (예시) [홈] 탭 더블클릭

1 '학번'과 '이름' 필드를 기본 키로 설정하기

① 탐색 창의 〈학생정보〉 테이블에서 마우스 오른쪽 단추를 클릭하고 바로 가기 메뉴에서 [디자인 보기]를 선택한다.

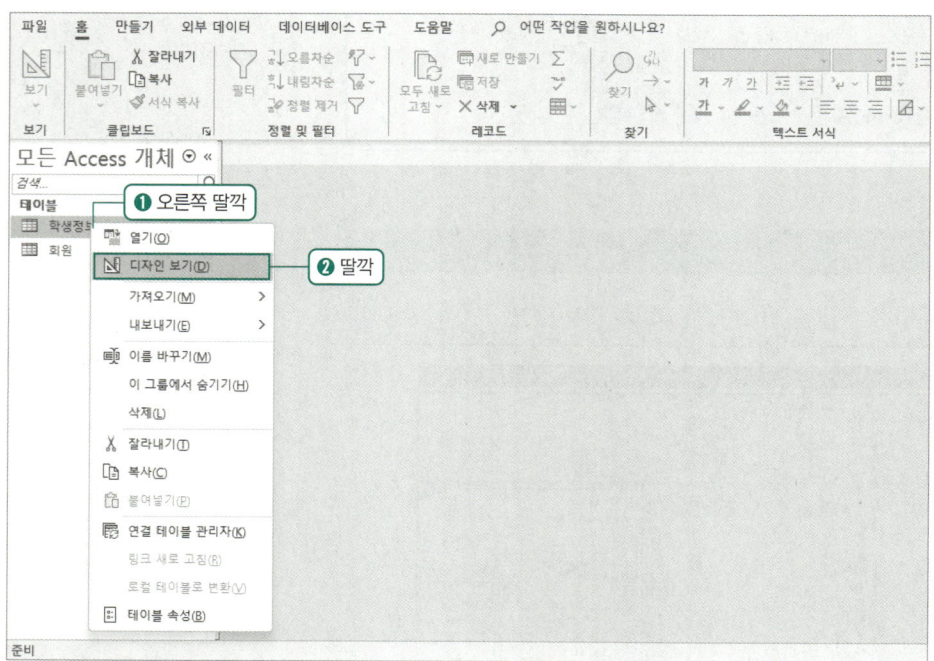

② '학번'과 '이름' 필드를 드래그하여 선택 → [테이블 디자인] 탭-[도구] 그룹-[기본 키]를 클릭한다.

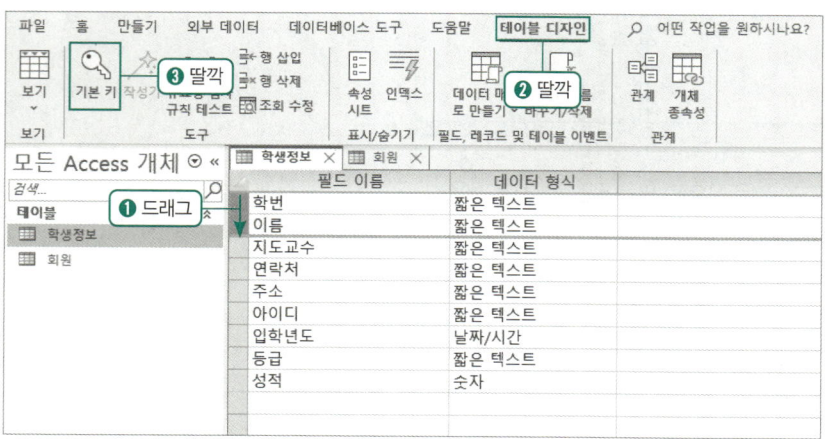

③ '학번' 필드와 '이름' 필드의 행 선택기에 열쇠 모양(🔑)이 나타나는지 확인한다.

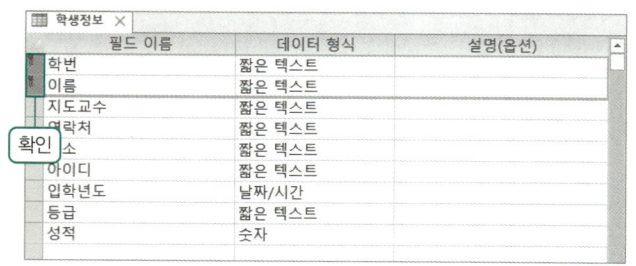

읽는 강의

풀이법을 알면 시간이 단축된다!
- **키(Key)**: 데이터베이스에서 조건에 만족하는 튜플을 찾거나 순서대로 정렬할 때 기준이 되는 속성이다.
  - **후보 키(Candidate Key)**: 유일성(Uniqueness)과 최소성(Minimality)을 만족시킨다.
  - **기본 키(Primary Key)**: 후보 키 중에서 튜플을 식별하는 기준으로 선택된 특별한 키이다.
- **데이터시트 보기**: 테이블에 포함된 데이터의 시각적 표현이다.
- **디자인 보기**: 테이블의 표시 방식을 지정할 수 있다.

풀이법을 알면 시간이 단축된다!
여러 개의 비연속적인 부분은 Ctrl을 누른 상태에서 클릭하여 선택할 수 있다.

풀이법을 알면 시간이 단축된다!
- 기본 키는 다른 레코드와 구별할 수 있는 '유일성'과 '최소성'을 만족하는 키로, 기본 키로 설정된 필드에는 중복된 값을 입력할 수 없다.
- 기본 키는 바로 가기 메뉴에서도 설정할 수 있다.
- 기본 키를 해제하려면 [테이블 디자인] 탭-[도구] 그룹-[기본 키]를 다시 클릭한다.

2 '학번' 필드에 입력 마스크 설정하기

'학번' 필드를 선택 → '필드 속성'의 [일반] 탭에서 '입력 마스크' 속성에 >L-000;0;#을 입력한다.

> **읽는 강의**
>
> **풀이법을 알면 시간이 단축된다!**
> >L-000;0;#
> - > : 영문자를 모두 대문자로 변환
> - L: 영문자를 필수로 입력
> - -: 연결 기호
> - 000: 숫자를 필수로 입력
> - 0: 테이블에 저장할 경우 '-' 기호도 함께 저장
> - #: 데이터시트 보기 상태에서 자료를 입력할 경우 화면에 '#'을 표시

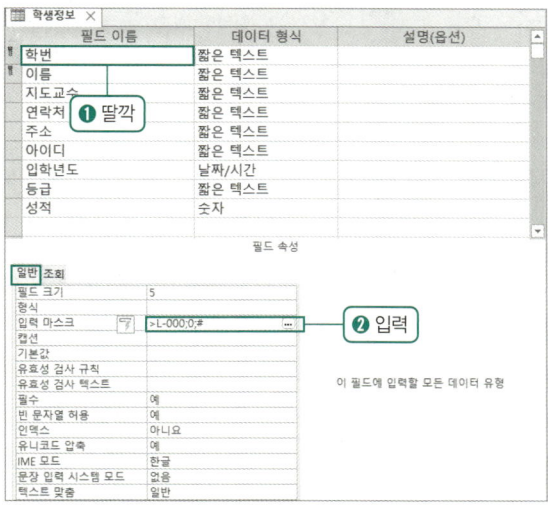

개념 더하기⊕ 입력 마스크

입력 마스크는 사용자가 데이터를 입력할 때 오류 없이 정확하게 입력할 수 있도록 하는 기능으로, 입력하는 문자의 종류와 자릿수 등을 지정한다.

- 입력 마스크 사용자 지정 형식

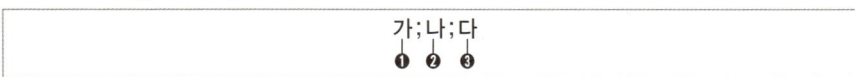

❶ 가: 사용자 지정
❷ 나: 데이터를 입력할 때 -, /, =와 같은 서식 문자의 저장 여부를 지정하는 부분
　- 0 입력: 서식 문자를 포함하여 저장
　- 공백 또는 1 입력: 서식 문자를 제외하고 입력된 데이터만 저장
❸ 다: 데이터시트 보기 상태에서 데이터를 입력할 때 데이터가 입력될 자리에 표시할 문자를 지정한다.

- 입력 마스크에서 사용하는 사용자 지정 기호의 의미

구분	기호	특징
숫자	0	• 숫자 입력(필수 요소) • 덧셈과 뺄셈 기호 사용 불가
	9	• 숫자 또는 공백 입력(선택 요소) • 덧셈과 뺄셈 기호 사용 불가
	#	• 숫자 또는 공백 입력(선택 요소) • 덧셈과 뺄셈 기호 사용 가능
문자	L	영문자와 한글 입력(필수 요소)
	?	영문자와 한글 입력(선택 요소)
	A	영문자, 한글, 숫자 입력(필수 요소)
	a	영문자, 한글, 숫자 입력(선택 요소)
대 · 소문자	>	영문자를 모두 대문자로 변환
	<	영문자를 모두 소문자로 변환
모든 문자	₩	'₩' 기호 뒤의 문자를 그대로 표시
	&	모든 문자 또는 공백 입력(필수 요소)
	C	모든 문자 또는 공백 입력(선택 요소)

3 '이름' 필드의 이름 사이에 유효성 검사 설정하기

'이름' 필드를 선택 → '필드 속성'의 [일반] 탭에서 '유효성 검사 규칙' 속성에는 Not Like "* *"를 입력 → '유효성 검사 텍스트' 속성에는 공백없이 입력하세요를 입력한다.

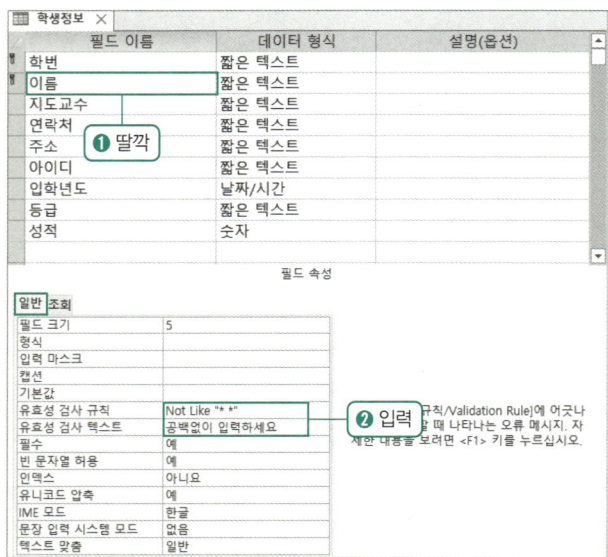

> **읽는 강의**
>
> **풀이법을 알면 시간이 단축된다!**
> '유효성 검사 규칙'에 영문자를 입력할 때 대·소문자를 구분하여 입력하지 않아도 자동으로 첫 문자만 대문자로 변경되어 입력된다.
> 예시 not like "* *" 입력
> → Not Like "* *" 자동 변경
>
> **풀이법을 알면 시간이 단축된다!**
> 와일드카드 문자 '*'는 한 개 이상의 문자를 의미한다.

개념 더하기+ 입력 마스크

- **유효성 검사 규칙**: 미리 정한 규칙에 맞는 값만 입력될 수 있도록 하는 속성으로, IN과 OR 등의 연산자로 지정하여 결괏값이 TRUE인 경우에만 입력 가능하도록 한다.
- **유효성 검사 규칙의 사용 예**

사용 예	기능
<>1	1이 아닌 값을 입력
>=1 And <=100	1부터 100 사이의 값을 입력
Between 1 And 100	
>=#2026-01-01# And =#2026-12-31#	2026-01-01부터 2026-12-31까지의 날짜를 입력 (날짜는 '#' 기호로 구분해야 함)
Like "서울*"	'서울'로 시작하는 값을 입력
Like "*서울"	'서울'로 끝나는 값을 입력
Like "*서울*"	'서울'을 포함하는 값을 입력
Like "* *"	공백을 포함하는 값을 입력
Not Like "*서울*"	'서울'을 포함하지 않는 값을 입력
Not Like "* *"	공백을 포함하지 않는 값을 입력
Is Not Null	Null(공백)이 아닌 값만 입력
In ("하나", "둘", "셋")	'하나', '둘', '셋' 중에서 입력
"하나" Or "둘" Or "셋"	

- **유효성 검사 텍스트**: 유효성 검사 규칙에서 지정한 범위 이외의 값을 입력한 경우 표시할 오류 메시지를 지정한다.

4 '지도교수' 필드에 중복 가능한 인덱스 설정하기

'지도교수' 필드를 선택 → '필드 속성'의 [일반] 탭에서 '인덱스' 속성을 '예(중복 가능)'로 지정한다.

> 📖 **읽는 강의**
>
> **풀이법을 알면 시간이 단축된다!**
> '인덱스' 속성은 테이블에서 데이터를 빠르게 검색하거나 정렬하는 기능으로, 기본 키는 자동으로 '예(중복 불가능)'가 지정된다.

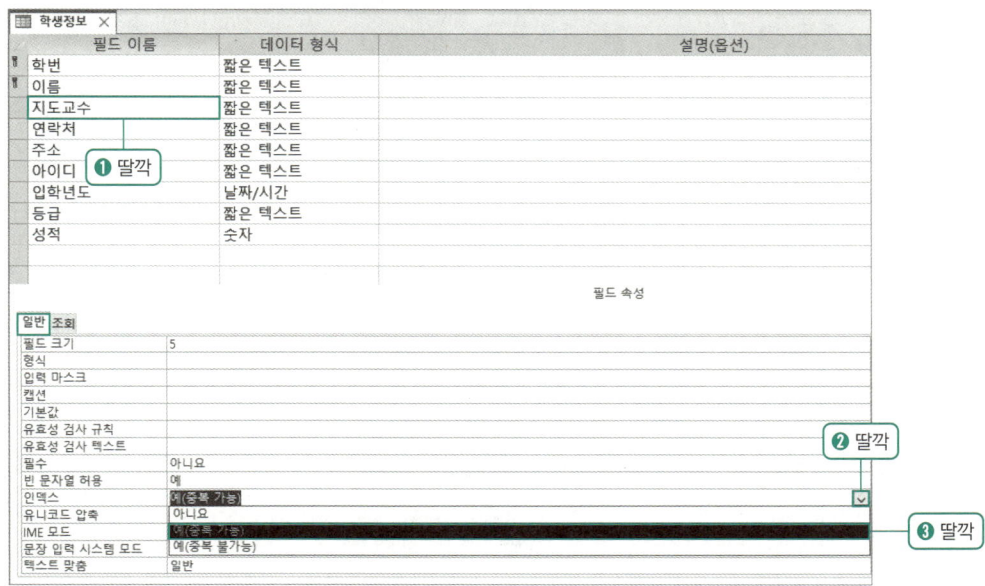

5 '연락처' 필드의 왼쪽의 세 글자는 '010'이 오도록 설정하기

'연락처' 필드를 선택 → '필드 속성'의 [일반] 탭에서 '유효성 검사 규칙' 속성에는 Left([연락처],3)="010"을 입력 → '유효성 검사 텍스트' 속성에는 010으로 시작해야 합니다를 입력한다.

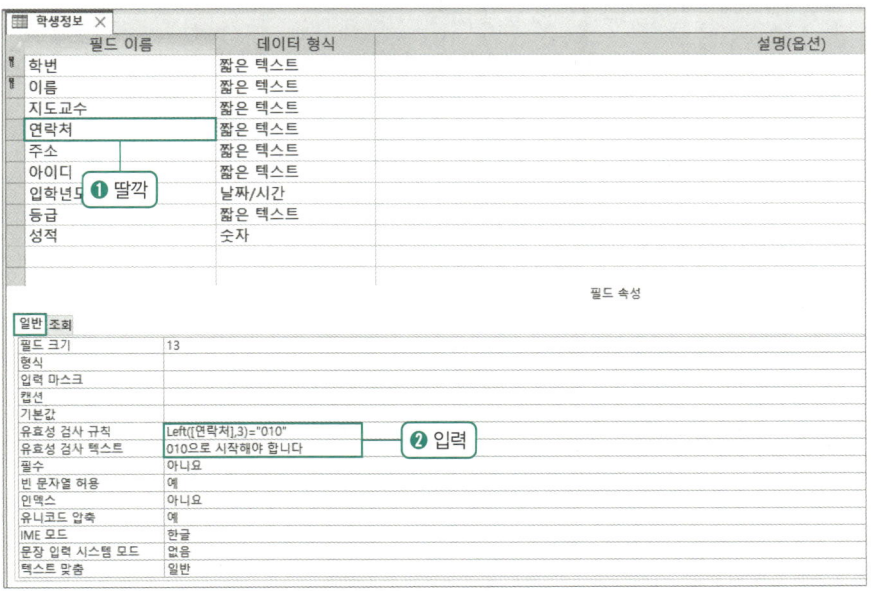

6 필드 속성을 영문 입력 상태로 변환하기

'아이디' 필드를 선택 → '필드 속성'의 [일반] 탭에서 'IME 모드' 속성을 '영숫자 반자'로 지정한다.

> **읽는 강의**
>
> **풀이법을 알면 시간이 단축된다!**
> IME 모드를 사용하여 영문 설정이나 한글 설정으로 고정할 수 있다.

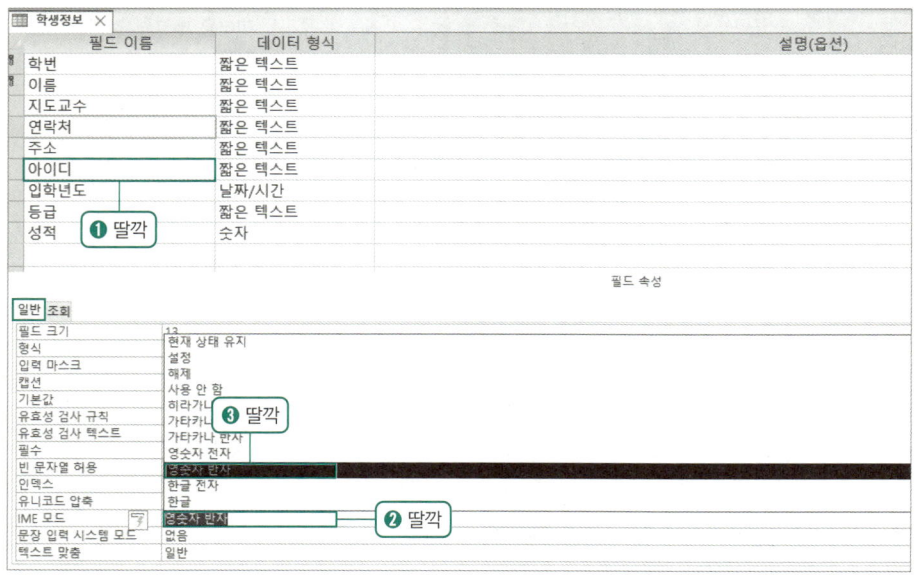

7 '입학년도' 필드에 자동으로 현재의 날짜 입력하기

'입학년도' 필드를 선택 → '필드 속성'의 [일반] 탭에서 '기본값' 속성에 =Date( )를 입력한다.

> **풀이법을 알면 시간이 단축된다!**
> • DATE( ): 현재 날짜를 표시한다.
> • NOW( ): 현재 날짜와 시간을 표시한다.
> • TIME( ): 현재 시간을 표시한다.

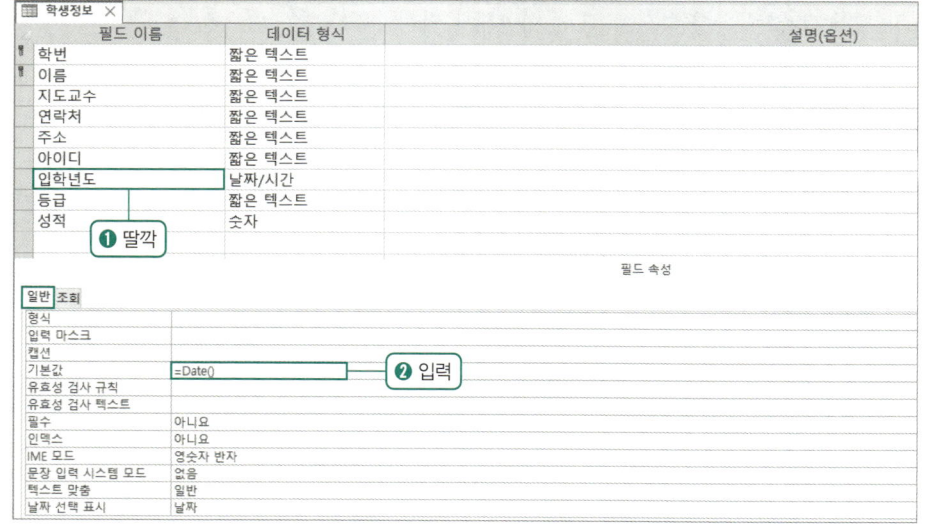

8 '등급' 필드에 유효성 검사 설정하기

'등급' 필드를 선택 → '필드 속성'의 [일반] 탭에서 '유효성 검사 규칙' 속성에 In ("A", "B","C","D","F")를 입력한다.

> **읽는 강의**
>
> **풀이법을 알면 시간이 단축된다!**
> In ("A","B","C","D","F")
> 'A', 'B', 'C', 'D', 'F' 중 하나를 입력할 수 있다.

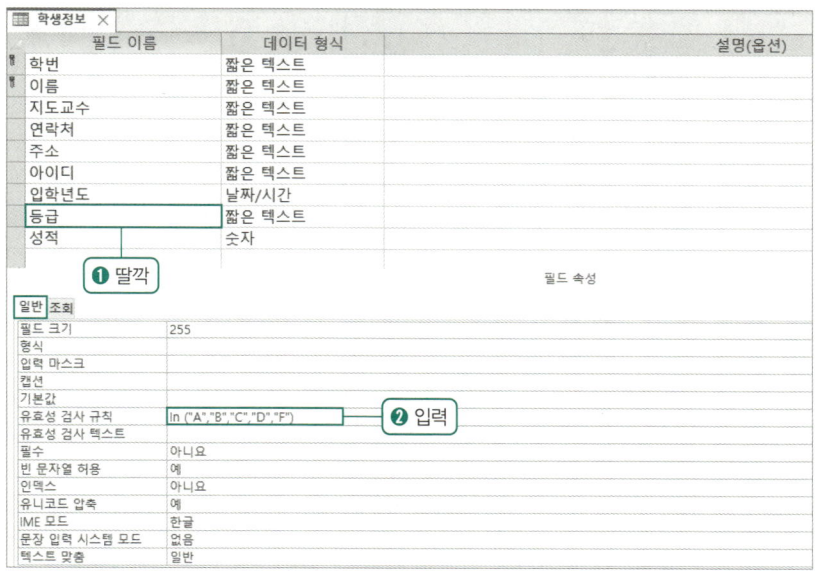

9 '성적' 필드에 유효성 검사 설정하기

① '성적' 필드를 선택 → '필드 속성'의 [일반] 탭에서 '유효성 검사 규칙' 속성에 Between 0 And 100을 입력 → [닫기] 단추(×)를 클릭한다.

> **풀이법을 알면 시간이 단축된다!**
> **Between 값1 And 값2**
> 값1 이상이고 값2 이하인 데이터만 입력 가능하다.

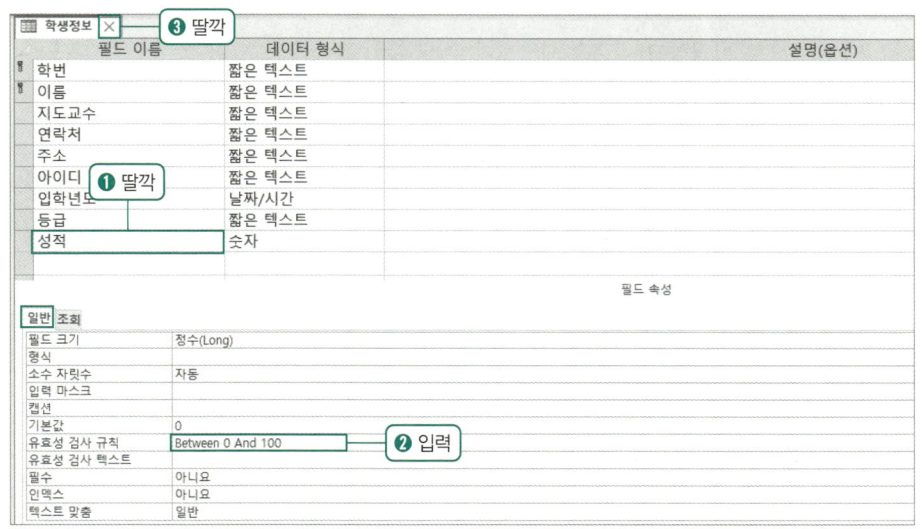

② 변경한 내용을 저장할 것인지 묻는 메시지 상자와 데이터 통합 규칙이 바뀌었다는 메시지 상자가 나타나면 [예] 단추를 클릭한다.

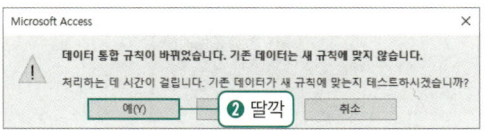

작업 파일명 C:\에듀윌_2026컴활1급실기\그대로따라하기\데이터베이스실무\01.DB구축\01.테이블\실습\02_테이블.accdb

출제패턴 ❷

회원을 관리하기 위한 데이터베이스를 구축하고자 한다. 다음 지시사항에 따라 〈회원〉 테이블을 완성하시오.

1 '회원번호' 필드는 반드시 입력되도록 설정하시오.

2 '이름' 필드는 중복 가능한 인덱스를 설정하시오.

3 '회원코드' 필드는 1, 2, 3, 4, 5의 값만 입력될 수 있도록 유효성 검사 규칙을 설정하시오.

4 '이름' 필드 이름은 그대로 두고 테이블 보기에서 필드 머리글에 '성명'이 표시되도록 필드 속성을 설정하시오.

5 '이메일' 필드에서 문자 사이에는 공백이 입력될 수 없고 반드시 @가 포함되도록 유효성 검사 규칙을 설정하시오.
  ▸ InStr 함수와 And, Like 연산자를 이용하여 설정할 것
  ▸ 유효하지 않은 값이 입력되면 '형식에 맞지 않습니다'라는 메시지를 출력할 것

6 '비상연락처' 필드에서 왼쪽의 세 글자는 0부터 100까지의 숫자만 입력되도록 유효성 검사 규칙을 설정하시오.
  ▸ Left 함수와 And 연산자를 이용하여 설정할 것
  ▸ 유효하지 않은 값이 입력되면 '형식에 맞게 다시 입력해주세요'라는 메시지를 출력할 것

7 '가입일' 필드에는 '10월 09일'의 날짜 형식으로 지정하고 새로운 레코드가 추가되는 경우 시스템의 오늘 날짜가 기본으로 입력되도록 설정하시오.

8 '성별' 필드를 '가입일' 필드의 앞에 추가하고 Yes/No 두 가지 형태의 데이터만 입력되도록 필드를 설정하시오.

9 '회비' 필드는 0보다 큰 값만 입력되도록 유효성 검사 규칙을 설정하고, 통화 형식으로 소수점 이하 자릿수는 0으로 설정하시오.

▼ 결과 화면

회원번호	성명	회원코드	이메일	비상연락처	성별	가입일	회비
012287	보르미	4	kansoaboy@kotaail.co.kr	039-535-2521	☐	11월 21일	₩4,000
022223	온송이	4	yangyj82@yakoo.co.kr	030-211-7788	☐	04월 12일	₩5,000
012150	이루리	2	jjk0614@hye.co.kr	038-229-0217	☐	08월 15일	₩3,000
002323	이송이	1	kiadokee@hye.co.kr	034-447-6275	☐	11월 21일	₩2,000
002110	조라나	2	ainsik@kanaail.net	035-339-1210	☐	08월 15일	₩8,000
012211	조롬목	3	junst05@kanaail.coa	039-980-1219	☐	10월 07일	₩2,000
002104	짐달래	2	kojinlee@kook.co.kr	034-254-6800	☐	06월 13일	₩7,000
022150	초고리	2	sunny@hye.co.kr	033-337-3344	☐	06월 13일	₩4,000
002419	타고나	4	ckjung24@kanaail.net	055-223-0985	☐	06월 24일	₩6,000
012329	타오름	3	ainku919@hye.co.kr	039-259-0937	☐	05월 13일	₩2,000
012120	튼마루	2	sunkook@yakoo.co.kr	052-898-9214	☐	06월 13일	₩4,000
012306	파랑새	3	leeks815@kanaail.net	068-884-2177	☐	04월 12일	₩5,000
002201	푸르나	4	rosegirl@hye.co.kr	034-554-9935	☐	07월 11일	₩5,000
002327	피어나	1	yangsk@yakoo.co.kr	045-317-9082	☐	04월 12일	₩4,000
002411	한가람	2	asjun@yakoo.co.kr	066-290-0748	☐	05월 13일	₩5,000
002218	한누리	4	leejy@kotaail.coa	069-363-9548	☐	10월 07일	₩1,000
022123	해비치	2	kookaoon@hye.co.kr	067-212-3232	☐	06월 24일	₩3,000
*		0			☐	07월 29일	₩0

그대로 따라하기

1 '회원번호' 필드의 필수 입력 저장하기

① 탐색 창의 〈회원〉 테이블에서 마우스 오른쪽 단추를 클릭하고 바로 가기 메뉴에서 [디자인 보기]를 선택한다.

② '회원번호' 필드를 선택 → '필드 속성'의 [일반] 탭에서 '필수' 속성을 '예'로 지정한다.

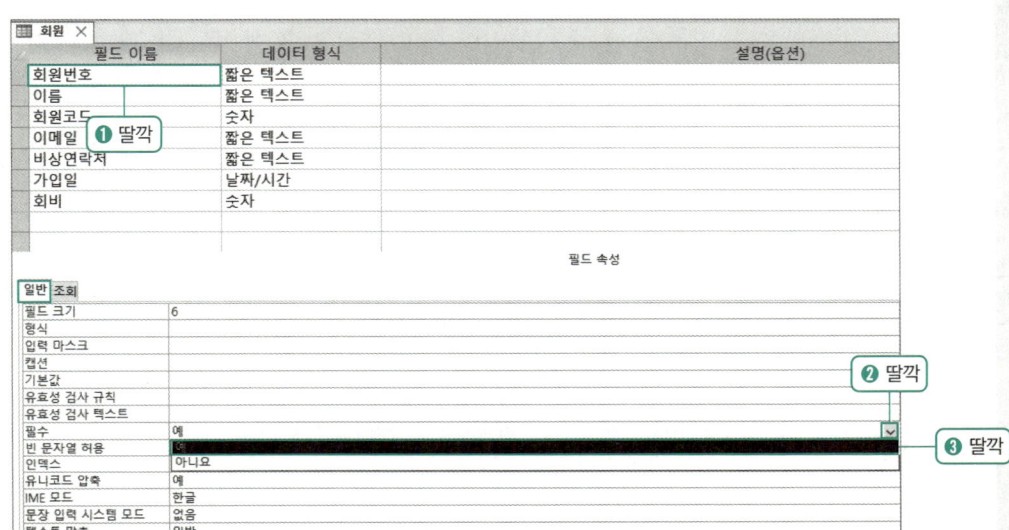

> **풀이법을 알면 시간이 단축된다!**
> 필수 속성이 '예'로 설정되면 반드시 값을 입력해야 한다.

2 '이름' 필드에 중복 가능한 인덱스 설정하기

'이름' 필드를 선택 → '필드 속성'의 [일반] 탭에서 '인덱스' 속성을 '예(중복 가능)'로 지정한다.

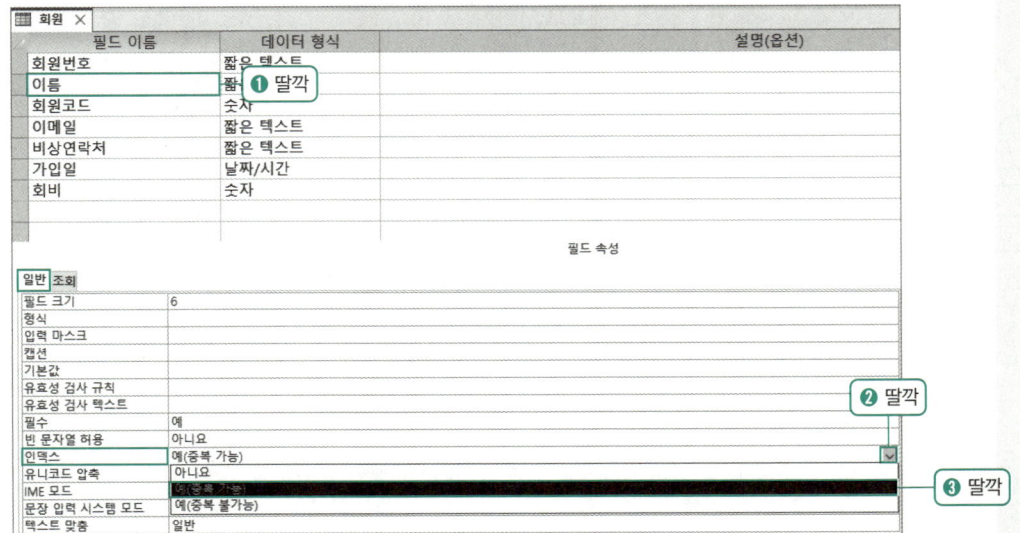

3 '회원코드' 필드에 유효성 검사 설정하기

'회원코드' 필드를 선택 → '필드 속성'의 [일반] 탭에서 '유효성 검사 규칙' 속성에 In (1,2,3, 4,5)를 입력한다.

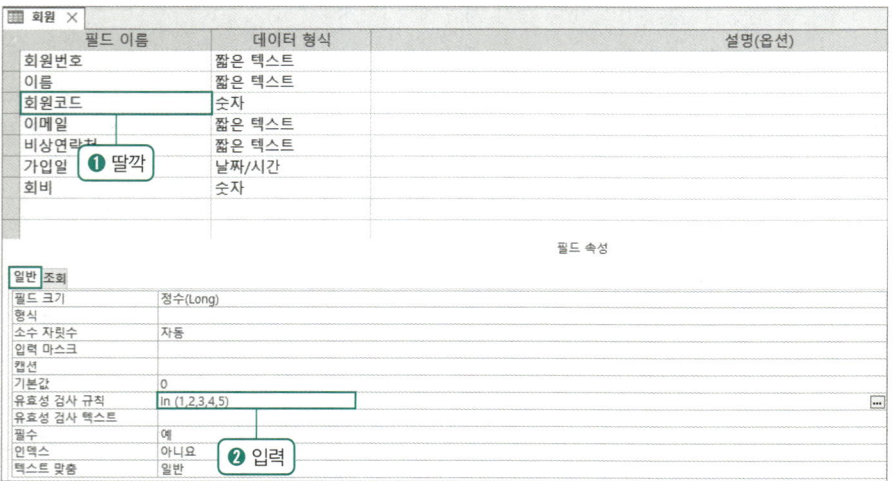

4 필드 머리글에 '성명' 표시하기

'이름' 필드를 선택 → '필드 속성'의 [일반] 탭에서 '캡션' 속성에 성명을 입력한다.

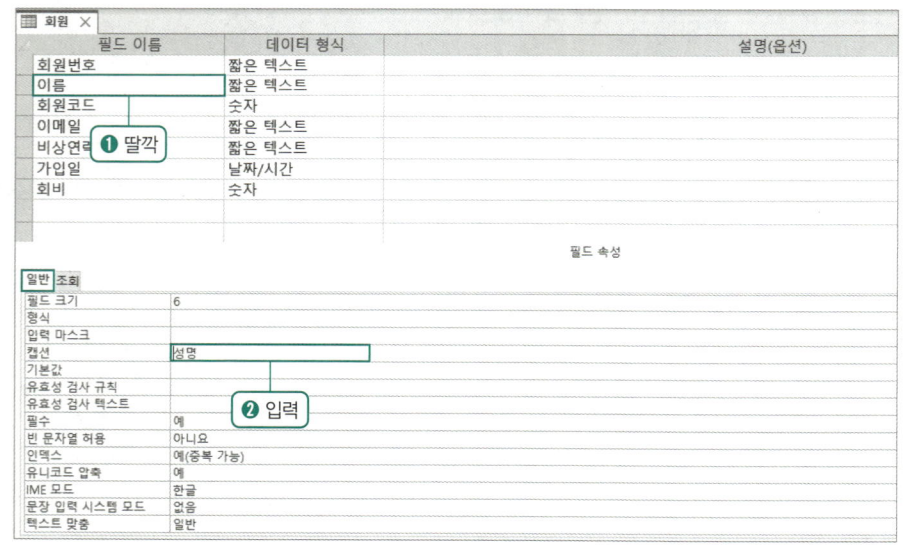

> **풀이법을 알면 시간이 단축된다!**
> '캡션' 속성을 지정하면 필드 이름을 다른 이름으로 표시할 수 있다.

5 '이메일' 필드에 유효성 검사 설정하기

'이메일' 필드를 선택 → '필드 속성'의 [일반] 탭에서 '유효성 검사 규칙' 속성에는 InStr([이메일]," ")=0 And Like "*@*"를 입력 → '유효성 검사 텍스트' 속성에는 형식에 맞지 않습니다를 입력한다.

> **읽는 강의**
>
> **풀이법을 알면 시간이 단축된다!**
> - Like "*@*": '@'를 포함하는 내용을 반환한다.
> - Like "김*": '김'으로 시작되는 내용을 반환한다.
> - Like "*김": '김'으로 끝나는 내용을 반환한다.

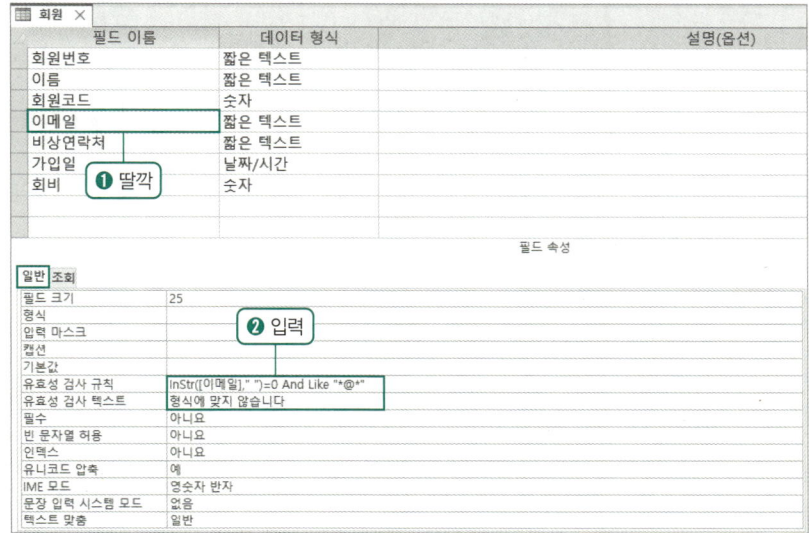

InStr([이메일]," ")=0 And Like "*@*"
　　　　❶　　　　　　　　❷

❶ InStr([이메일]," ")=0: InStr 함수는 찾는 문자가 처음으로 나타나는 위치를 반환하는 함수로, InStr([이메일]," ")은 '이메일' 필드에서 공백이 나타나는 위치를 반환하므로 InStr([이메일]," ")=0은 공백의 위치가 0이므로 '공백이 없다'를 의미한다.

❷ Like "*@*": '@'를 포함하는 내용을 반환한다.

6 '비상연락처' 필드의 속성 설정하기

'비상연락처' 필드를 선택 → '필드 속성'의 [일반] 탭에서 '유효성 검사 규칙' 속성에 Left([비상연락처],3)>=0 And Left([비상연락처],3)<=100 입력 → '유효성 검사 텍스트' 속성에 형식에 맞게 다시 입력해주세요를 입력한다.

읽는 강의

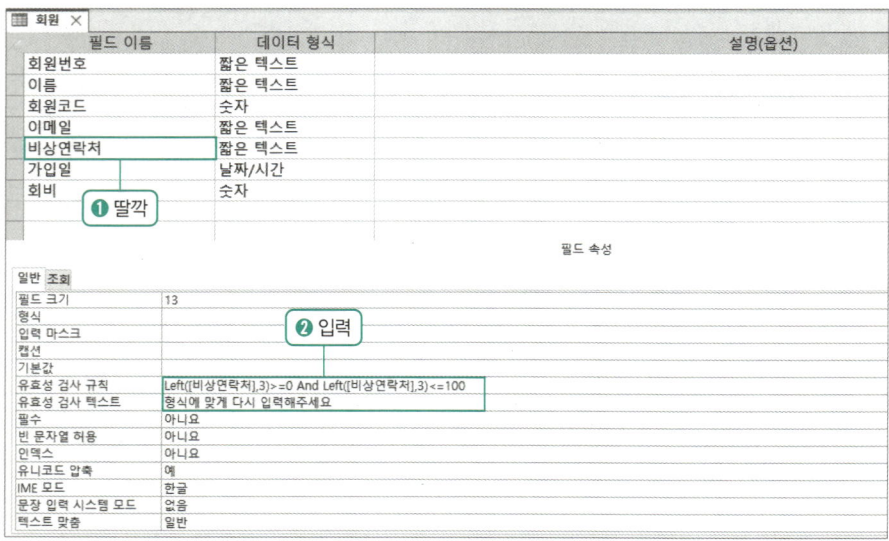

7 '가입일' 필드의 속성 설정하기

'가입일' 필드를 선택 → '필드 속성'의 [일반] 탭에서 '형식' 속성에는 mm월 dd일 입력 → '기본값' 속성에는 =Date()를 입력한다.

풀이법을 알면 시간이 단축된다!
- mm: 01~12까지 두 자리 숫자로 월을 표시한다.
- dd: 01~31까지 두 자리 숫자로 일을 표시한다.
- DATE( ): 현재 날짜를 표시한다.

풀이법을 알면 시간이 단축된다!
mm월 dd일을 입력하면 mm"월 "dd₩일 형식으로 자동 변환된다.

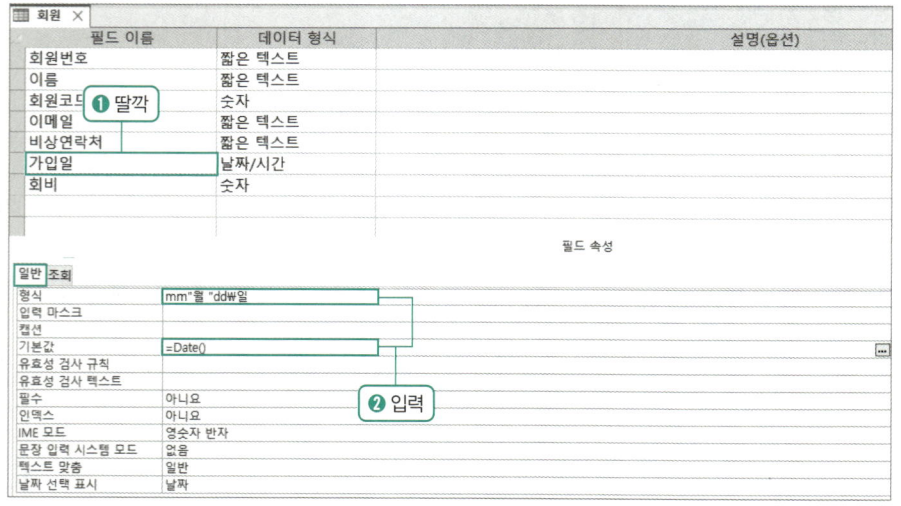

8 '성별' 필드의 속성 설정하기

① '성별' 필드를 '가입일' 필드의 앞에 추가하기 위해 '가입일' 필드의 행 선택기에서 마우스 오른쪽 단추를 클릭하고 바로 가기 메뉴에서 [행 삽입]을 선택한다.

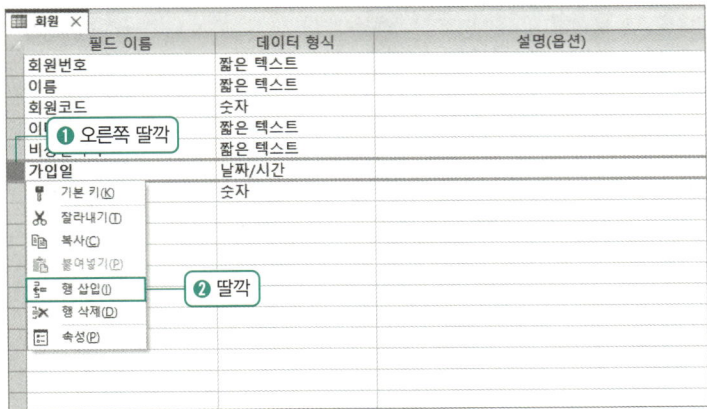

② '가입일' 필드의 위에 빈 행이 삽입되면 '필드 이름'에 성별을 입력 → '데이터 형식'을 'Yes/No'로 지정한다.

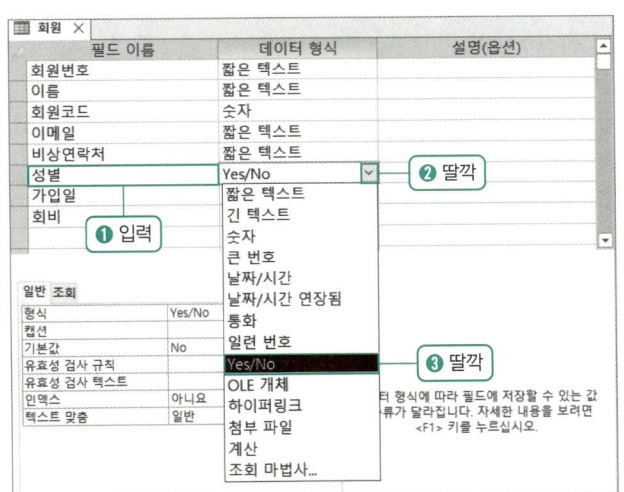

풀이법을 알면 시간이 단축된다!
Yes/No
두 개의 값 중에서 하나만 입력하는 경우에 사용하는데, 기본 필드의 크기는 1바이트이고, 'Yes'에는 -1, 'No'에는 0이 저장된다.

9 '회비' 필드의 속성 설정하기

① '회비' 필드를 선택 → '필드 속성'의 [일반] 탭에서 '형식' 속성을 '통화', '소수 자릿수' 속성을 '0'으로 지정하고 '유효성 검사 규칙' 속성에 >0을 입력 → [닫기] 단추(☒)를 클릭한다.

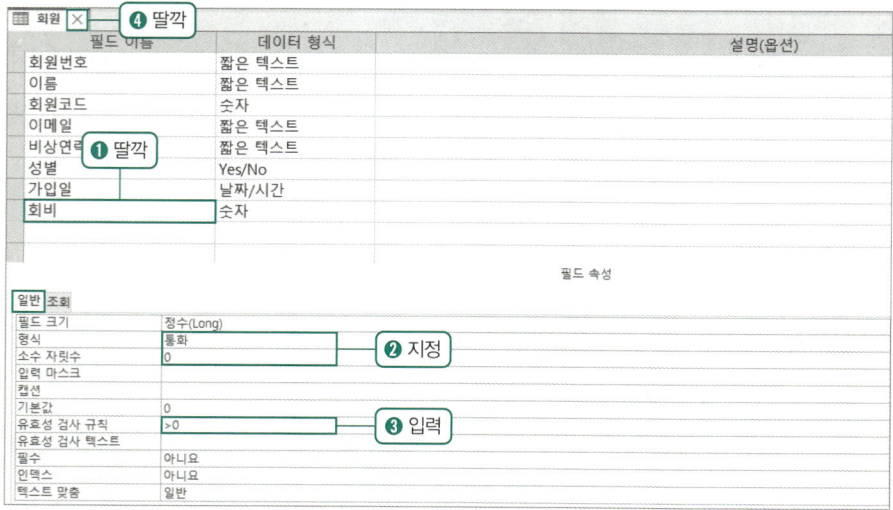

> **읽는 강의**
>
> **풀이법을 알면 시간이 단축된다!**
> **비교 연산자**
>
> | | |
> |---|---|
> | >= | 이상 |
> | <= | 이하 |
> | > | 초과 |
> | < | 미만 |
> | = | 같다 |
> | <> | 같지 않다 |

② 변경할 내용을 저장할 것인지 묻는 메시지 상자와 데이터 통합 규칙이 바뀌었다는 메시지 상자가 나타나면 [예] 단추를 클릭한다.

작업 파일명 C:\에듀윌_2026컴활1급실기\그대로따라하기\데이터베이스실무\01.DB구축\01.테이블\실습\03_테이블.accdb

출제패턴 ❸

문화센터를 관리하기 위한 데이터베이스를 구축하고자 한다. 다음의 지시사항에 따라 각 테이블을 완성하시오.

1 〈회원명부〉 테이블의 '회원번호'와 '이름' 필드를 기본 키로 설정하시오.

2 〈회원명부〉 테이블의 '회원번호' 필드는 '001A'와 같은 형태로 숫자 3개와 영문 대문자 1개가 반드시 입력되도록 입력 마스크를 설정하시오.
   ▶ 영문자 입력은 영어 대문자만 입력할 수 있도록 설정할 것
   ▶ 숫자 입력은 0~9까지 숫자만 입력할 수 있도록 설정할 것

3 〈회원명부〉 테이블의 '결제금액' 필드에는 '수강료-할인액' 값이 입력되도록 유효성 검사 규칙을 설정하시오.

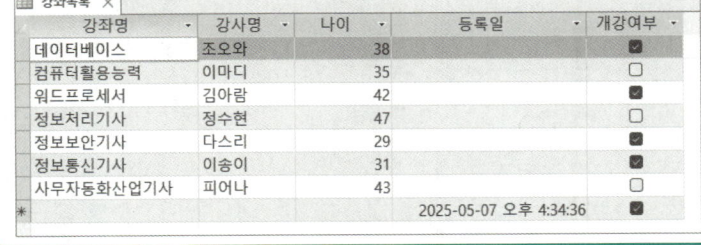

4 〈강좌목록〉 테이블의 '개강여부' 필드는 Yes/No 두 가지 형태의 데이터만 입력되고 기본값이 Yes가 되도록 설정하시오.

5 〈강좌목록〉 테이블의 '등록일' 필드는 새로운 레코드가 추가되는 경우 시간을 포함한 시스템의 오늘 날짜와 시간이 기본으로 입력되도록 설정하시오.

그대로 따라하기

1 〈회원명부〉 테이블의 '회원번호'와 '이름' 필드를 기본 키로 설정하기

① 탐색 창의 〈회원명부〉 테이블에서 마우스 오른쪽 단추를 클릭하고 바로 가기 메뉴에서 [**디자인 보기**]를 선택한다.

② '회원번호' 필드의 행 선택기를 클릭 → Ctrl을 누른 상태에서 '이름' 필드의 행 선택기를 클릭 → [**테이블 디자인**] 탭-[**도구**] 그룹-[**기본 키**]를 클릭한다.

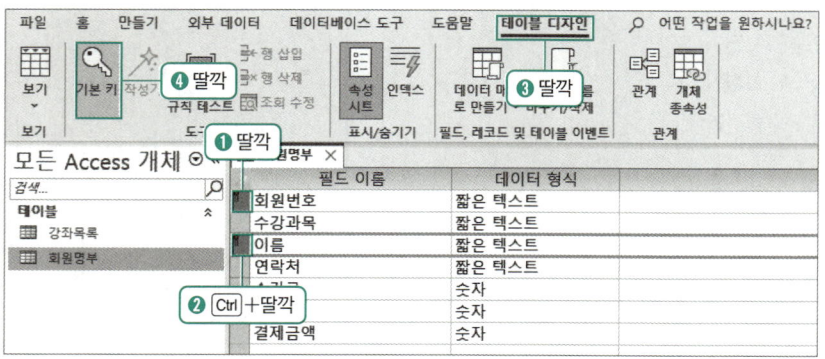

2 〈회원명부〉 테이블의 '회원번호' 필드에 입력 마스크 설정하기

'회원번호' 필드를 선택 → '필드 속성'의 [일반] 탭에서 '입력 마스크' 속성에 000>L을 입력한다.

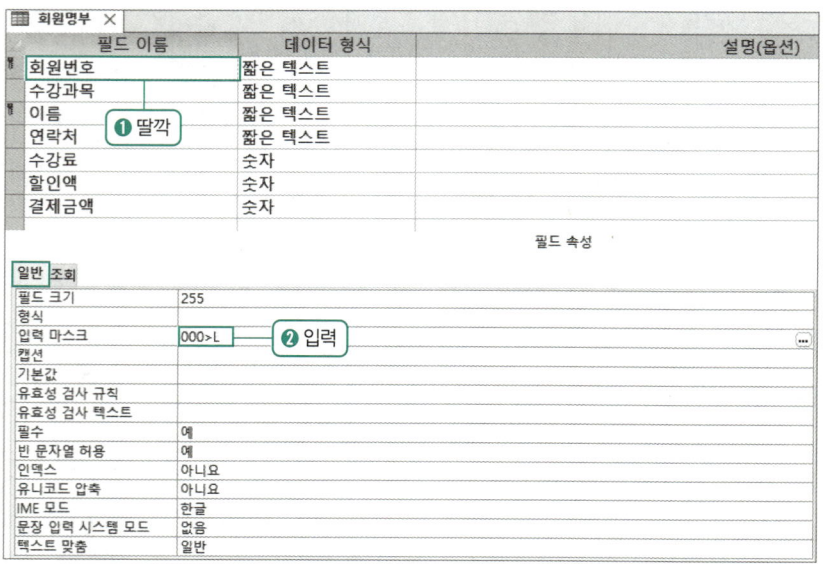

풀이법을 알면 시간이 단축된다!
000>L의 의미
- 000: 숫자를 필수로 입력
- >: 영문자를 모두 대문자로 변환
- L: 영문자를 필수로 입력

3 〈회원명부〉 테이블의 '결제금액' 필드에 계산식 유효성 검사 규칙 설정하기

① [테이블 디자인] 탭-[표시/숨기기] 그룹-[속성 시트]를 클릭 → [속성 시트] 창이 나타나면 '테이블 속성'의 [일반] 탭에서 '유효성 검사 규칙' 속성에 [결제금액]=[수강료]-[할인액]을 입력 → 〈회원명부〉 테이블의 [닫기] 단추(※)를 클릭한다.

> **읽는 강의**
>
> **실수가 줄어들면 합격은 빨라진다!**
> 여러 개의 필드를 이용하여 유효성 검사 규칙을 설정하는 경우에는 '필드 속성'이 아닌 '테이블 속성'에서 지정해야 한다.

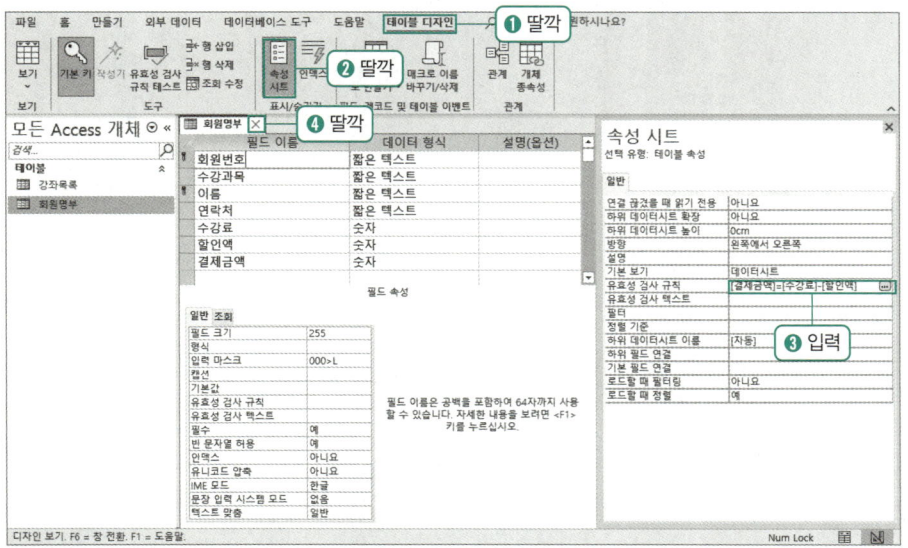

② 변경할 내용을 저장할 것인지 묻는 메시지 상자와 데이터 통합 규칙이 바뀌었다는 메시지 상자가 나타나면 [예] 단추를 클릭한다.

4 〈강좌목록〉 테이블의 '개강여부' 필드의 데이터 형식 설정하기

① 탐색 창의 〈강좌목록〉 테이블에서 마우스 오른쪽 단추를 클릭하고 바로 가기 메뉴에서 **[디자인 보기]**를 선택한다.

② '개강여부' 필드의 '데이터 형식'을 'Yes/No'로 지정 → '필드 속성'의 [일반] 탭에서 '기본값' 속성에 Yes를 입력한다.

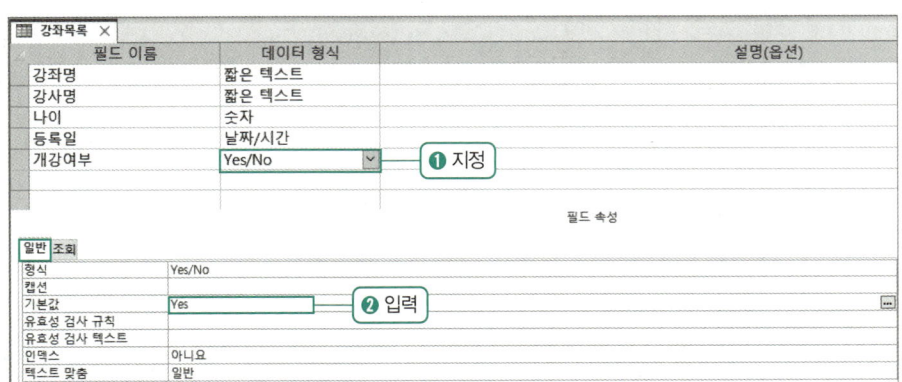

5 〈강좌목록〉 테이블의 '등록일' 필드에 자동으로 현재의 날짜와 시간 입력하기

① '등록일' 필드를 선택 → '필드 속성'의 [일반] 탭에서 '기본값' 속성에 =Now( ) 입력 → [닫기] 단추(☒)를 클릭한다.

> **읽는 강의**
>
> **풀이법을 알면 시간이 단축된다!**
> **Now( )**
> 현재 날짜와 시간을 표시한다.

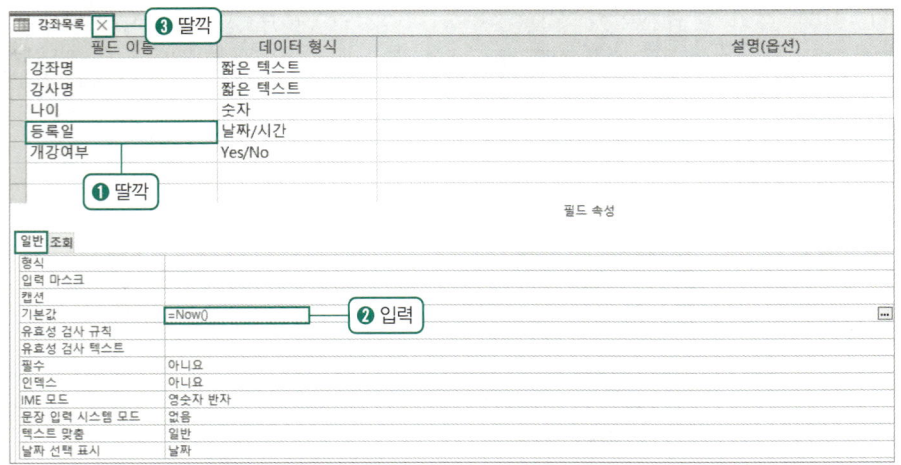

② 변경할 내용을 저장할 것인지 묻는 메시지 상자와 데이터의 일부가 손실될 수 있다는 메시지 상자가 나타나면 [예] 단추를 클릭한다.

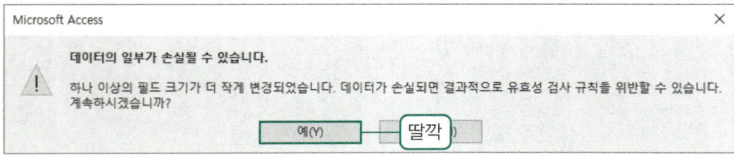

개념 더하기 ⊕ 숫자형식의 데이터 크기

형식	크기	범위
바이트	1Byte	0~255
정수	2Byte	−32,768 ~ 32,767
정수(Long)	4Byte	−2,147,483,648 ~ 2,147,483,647
실수(Single)	4Byte	±3.402823E+38
실수(Double)	8Byte	±1.79769313486232E+308

DB 구축

02 조회 속성

① **개념**: 콤보 상자나 목록 상자는 특정 테이블이나 쿼리의 데이터를 선택 항목으로 표시하는 설정
② **기능 및 특징**
- 사용자가 직접 값을 입력하는 대신 선택할 수 있도록 하여 입력 과정에서 발생하는 오류를 줄일 수 있음
- 사용자는 조회된 목록에서 선택하거나 원하는 값을 직접 입력하여 조회 목록을 만들 수 있음

📥 **작업 파일명** C:\에듀윌_2026컴활1급실기\그대로따라하기\데이터베이스실무\01.DB구축\02.조회속성\실습\01_조회속성.accdb

📖 **읽는 강의**

출제패턴 ❶

1 〈수강정보〉 테이블에서 '학점' 필드에 다음과 같이 조회 속성을 설정하시오.
▶ A, B, C, D, F 값의 목록이 콤보 상자 형태로 표시되도록 설정하시오.
▶ 목록 이외의 값은 입력되지 않도록 설정하시오.

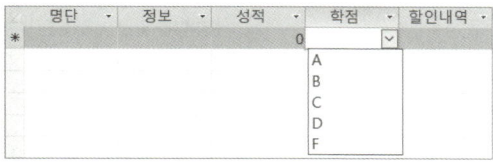

출제패턴을 알면 시험이 쉬워진다!
필드 속성은 '일반 속성'과 '조회 속성'으로 구성되어 있는데, 콤보 상자는 필드 속성의 조회 속성을 이용한다.

2 〈수강정보〉 테이블에서 '명단' 필드에 다음과 같이 조회 속성을 설정하시오.
▶ '명단' 필드에 값을 입력할 때 <학생정보> 테이블의 '학번'과 '이름' 필드의 값을 콤보 상자의 형태로 표시되도록 설정하시오.
▶ 필드에는 '학번'이 저장되도록 설정하시오.
▶ '학번'과 '이름'이 모두 표시되도록 열의 너비는 각각 '2cm', '1.5cm'로, 목록 너비는 '5cm'로 지정하시오.
▶ 목록 이외의 값은 입력되지 않도록 설정하시오.

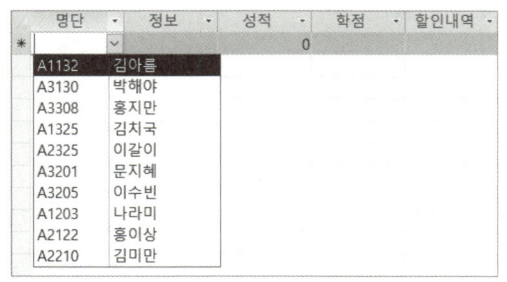

그대로 따라하기

1 '학점' 필드에 조회 속성 설정하기

① 탐색 창의 〈수강정보〉 테이블에서 마우스 오른쪽 단추를 클릭하고 바로 가기 메뉴에서 [**디자인 보기**]를 선택한다.

② '학점' 필드를 선택 → '필드 속성'의 [조회] 탭에서 '컨트롤 표시' 속성을 '콤보 상자'로 지정한다.

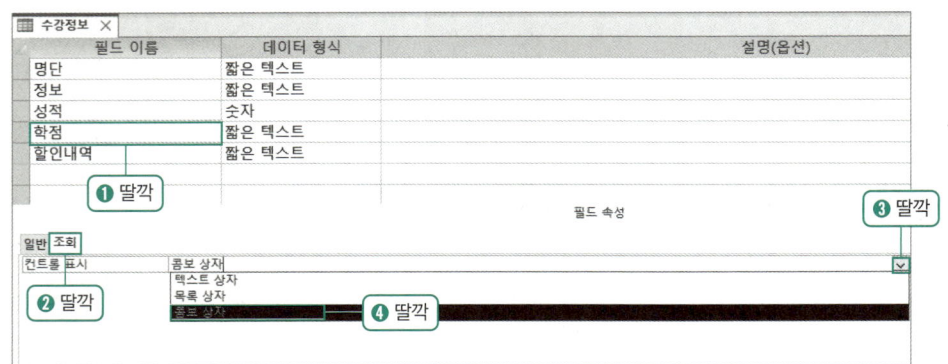

③ '행 원본 유형' 속성에서 '값 목록'을 선택한다.

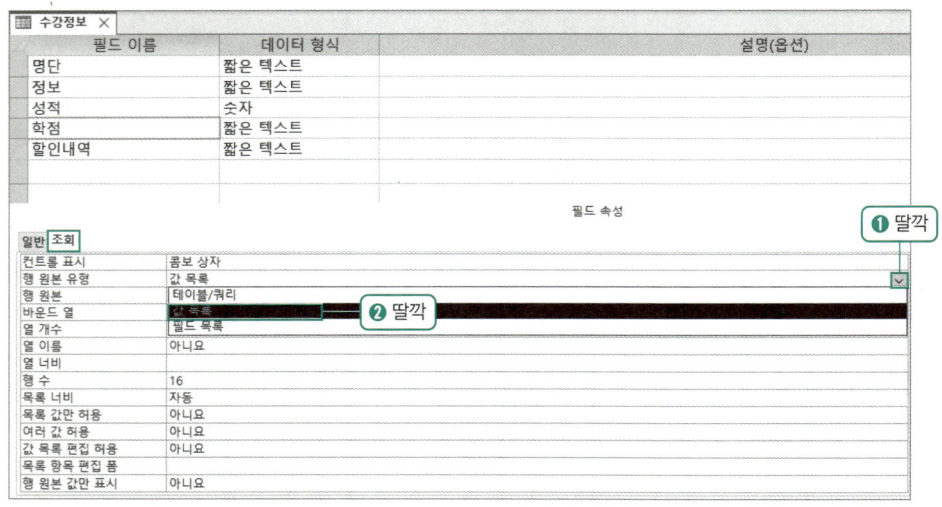

풀이법을 알면 시간이 단축된다!
'행 원본 유형' 속성은 사용할 행의 원본 유형을 지정한다.
- **테이블/쿼리**: 테이블이나 쿼리의 데이터를 원본으로 사용한다.
- **값 목록**: 직접 입력한 값을 원본으로 사용한다.
- **필드 목록**: 테이블이나 쿼리 등의 필드 목록을 원본으로 사용한다.

④ '행 원본' 속성에 A;B;C;D;F 입력 → '목록 값만 허용' 속성을 '예'로 지정한다.

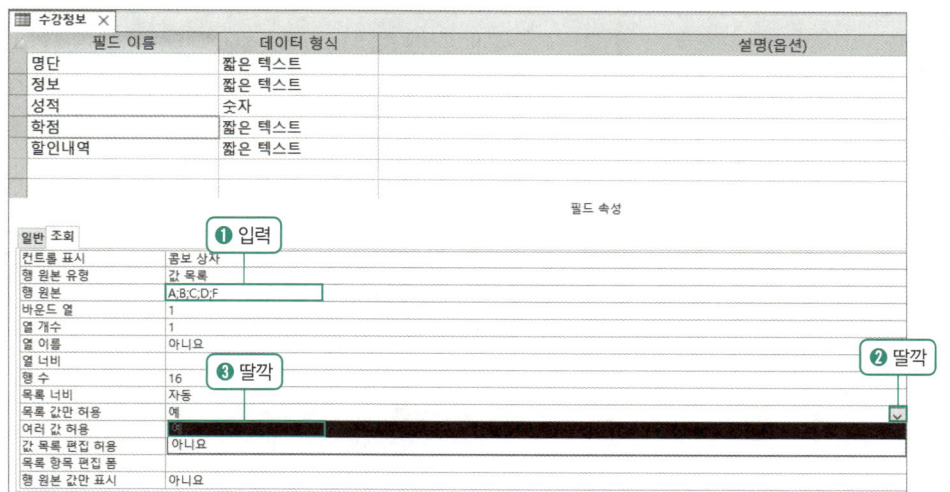

> **읽는 강의**
>
> **풀이법을 알면 시간이 단축된다!**
> - **'행 원본' 속성**: 콤보 상자에서 목록 상자에 들어가는 행 원본의 값이다. 값을 직접 입력할 경우에는 세미콜론(;)으로 연결하여 여러 개의 값을 입력할 수 있다.
> - **'목록 값만 허용' 속성**: 목록에 있는 값만 사용한다.

2 '명단' 필드에 조회 속성 설정하기

① '명단' 필드를 선택 → '필드 속성'의 [조회] 탭에서 '컨트롤 표시' 속성을 '콤보 상자'로 지정한다.

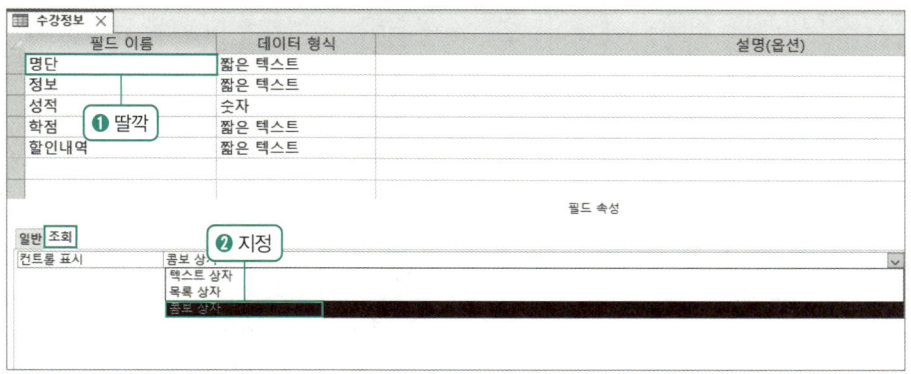

② '행 원본' 속성의 입력 상자를 클릭 → 오른쪽 끝에 있는 작성기 단추(…)를 클릭한다.

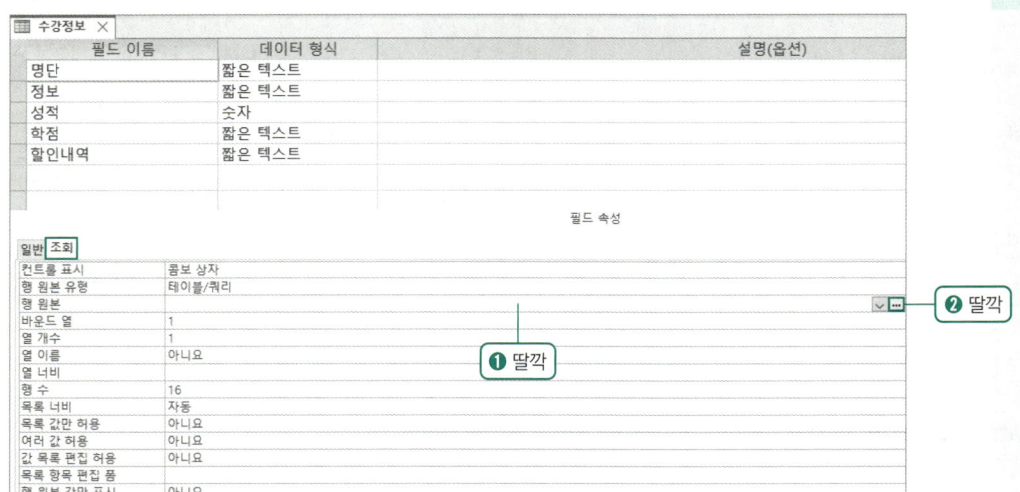

> **읽는 강의**
>
> **풀이법을 알면 시간이 단축된다!**
> '행 원본' 속성의 입력 상자를 클릭해야 작성기 단추(…)가 표시된다.

③ [테이블 추가] 창이 나타나면 [테이블] 탭에서 〈학생정보〉 테이블을 더블클릭 → [닫기] 단추를 클릭한다.

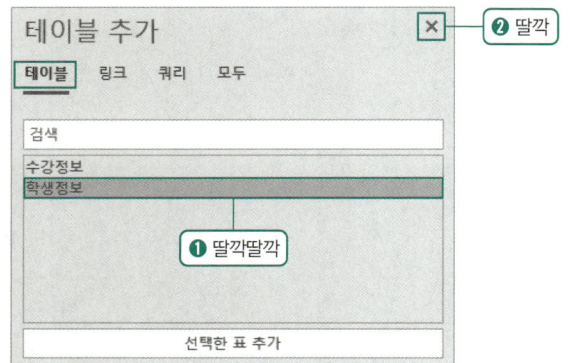

> **풀이법을 알면 시간이 단축된다!**
> 테이블이나 쿼리를 추가할 때 이름을 더블클릭해도 되고, 이름을 선택한 후 아래 있는 [선택한 표 추가] 단추를 클릭해도 된다.

④ 〈학생정보〉 테이블에서 '학번' 필드와 '이름' 필드를 차례대로 더블클릭 → [닫기] 단추(×)를 클릭한다.

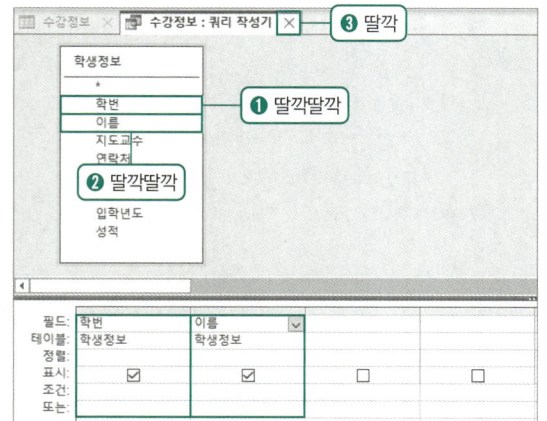

> **풀이법을 알면 시간이 단축된다!**
> 필드를 추가할 때 필드 이름을 더블클릭해도 되고, 해당 위치에 직접 드래그해도 된다.

⑤ SQL 문의 변경 내용을 저장하고 속성을 업데이트하겠는지 묻는 메시지 상자가 나타나면 [예] 단추를 클릭한다.

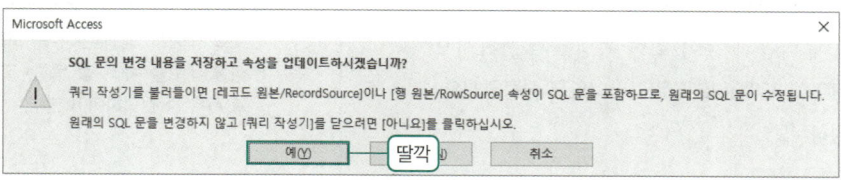

⑥ '필드 속성'의 [조회] 탭에서 '행 원본' 속성이 설정되면 '바운드 열', '열 개수', '열 너비', '목록 너비', '목록 값만 허용' 속성을 다음과 같이 지정 → [닫기] 단추(☒)를 클릭한다.
- '바운드 열' 속성: 1 입력
- '열 개수' 속성: 2 입력
- '열 너비' 속성: 2cm;1.5cm 입력
- '목록 너비' 속성: 5cm 입력
- '목록 값만 허용' 속성: '예' 지정

> 📖 **읽는 강의**
>
> **풀이법을 알면 시간이 단축된다!**
> '열 너비' 속성과 '목록 너비' 속성의 값을 입력할 때 cm를 생략할 수 있다.
>
> **풀이법을 알면 시간이 단축된다!**
> '열 너비' 속성에 1.5cm를 입력하면 1.501cm로 자동 변환된다.
> - **바운드 열**: 선택한 목록의 여러 열 중 해당 컨트롤이 저장된 열을 지정
> - **목록 값만 허용**: 지정한 목록 값 이외의 데이터의 입력 여부를 지정

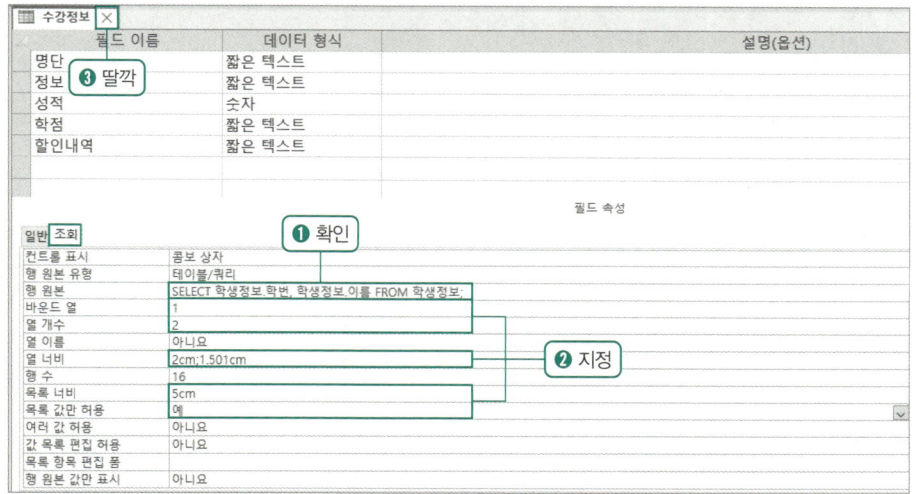

⑦ 저장할 것인지 묻는 메시지 상자가 나타나면 [예] 단추를 클릭한다.

⑧ 탐색 창에서 〈수강정보〉 테이블을 더블클릭 → 데이터시트에서 '명단' 필드와 '학점' 필드의 결과를 확인 → [닫기] 단추(☒)를 클릭한다.

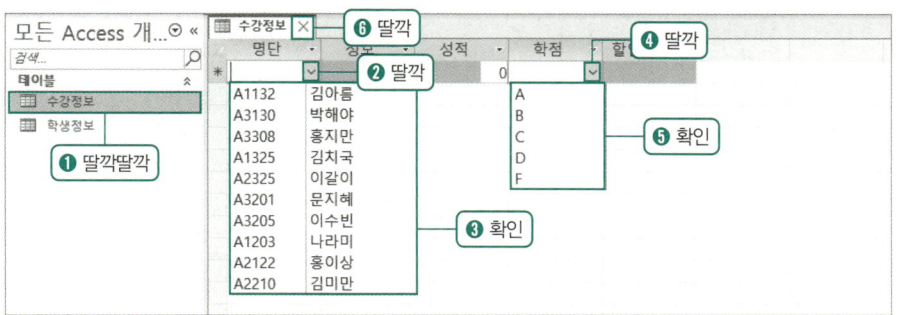

작업 파일명 C:\에듀윌_2026컴활1급실기\그대로따라하기\데이터베이스실무\01.DB구축\02.조회속성\실습\02_조회속성.accdb

출제패턴 ❷

1 〈수강정보〉 테이블의 '할인내역' 필드에 다음과 같이 조회 속성을 설정하시오.
  - ▶ 콤보 상자의 형태로 값의 목록이 '5%', '10%', '15%', '20%'로 나타나도록 설정하시오.
  - ▶ 목록 이외의 값은 입력되지 않도록 설정하시오.

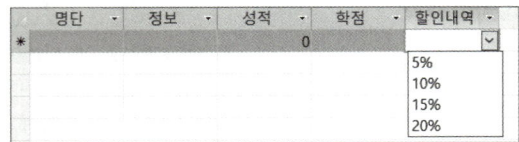

2 〈수강정보〉 테이블의 '정보' 필드에 다음과 같이 조회 속성을 설정하시오.
  - ▶ '정보' 필드에 값을 입력할 때 〈학생정보〉 테이블의 '아이디'와 '입학년도'를 가져와서 콤보 상자의 형태로 표시되도록 설정하시오.
  - ▶ 필드에는 '아이디'가 저장되도록 설정하시오.
  - ▶ '아이디'와 '입학년도'가 모두 표시되도록 열의 너비는 '2cm', '3cm'로, 목록 너비는 '6cm'로 설정하시오.
  - ▶ 목록 이외의 값은 입력되지 않도록 설정하시오.

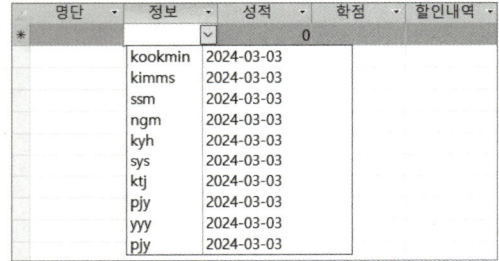

> **읽는 강의**
> 풀이법을 알면 시간이 단축된다!
> 조회 탭에서 '행 원본 유형' 속성을 테이블/쿼리, 값 목록, 필드 목록 중 선택하여야 한다.

그대로 따라하기

1 '할인내역' 필드에 조회 속성 설정하기

① 탐색 창의 〈수강정보〉 테이블에서 마우스 오른쪽 단추를 클릭하고 바로 가기 메뉴에서 [디자인 보기]를 선택한다.

② '할인내역' 필드를 선택 → '필드 속성'의 [조회] 탭에서 '컨트롤 표시' 속성에서는 '콤보 상자'를, '행 원본 유형' 속성에서는 '값 목록'을 지정한다.

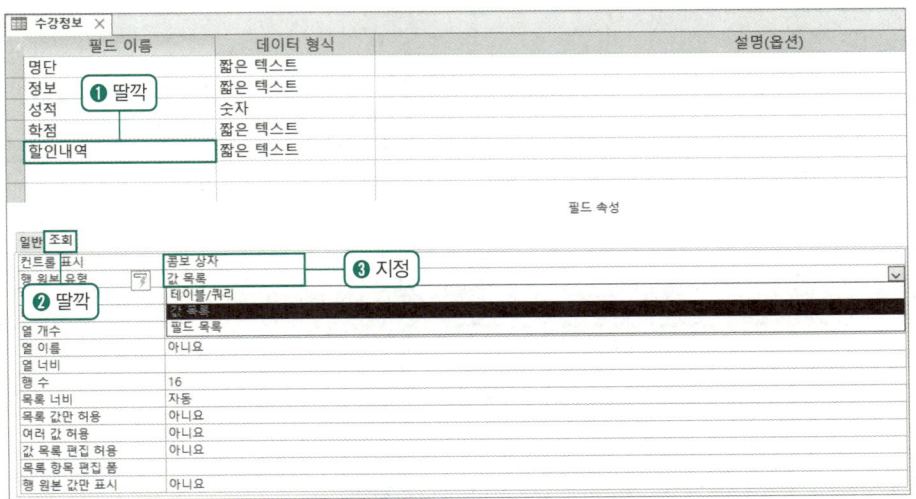

> **읽는 강의**
>
> **풀이법을 알면 시간이 단축된다!**
> • 콤보 상자는 '필드 속성'의 '조회' 속성에서 지정한다.
> • '행 원본 유형' 속성이 '값 목록'일 경우, '행 원본' 속성은 사용할 데이터를 세미콜론(;)으로 구분하여 입력한다.
>
> **풀이법을 알면 시간이 단축된다!**
> '행 원본 유형' 속성에서는 사용할 행의 원본 유형을 지정한다.

③ '행 원본' 속성에 5%;10%;15%;20% 입력 → '목록 값만 허용' 속성을 '예'로 지정한다.

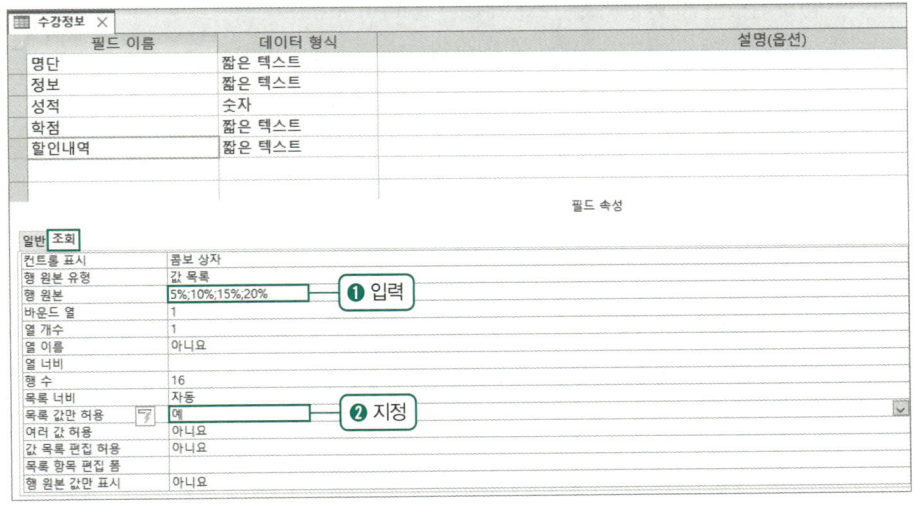

2 '정보' 필드의 조회 속성 설정하기

① '정보' 필드를 선택 → '필드 속성'의 [조회] 탭에서 '컨트롤 표시' 속성은 '콤보 상자'로 지정한다.
② '행 원본' 속성의 입력 상자를 클릭 → 오른쪽 끝에 있는 작성기 단추(…)를 클릭한다.
③ [테이블 추가] 창이 나타나면 [테이블] 탭에서 〈학생정보〉 테이블을 더블클릭 → [닫기] 단추를 클릭한다.

④ 〈학생정보〉 테이블에서 '아이디' 필드와 '입학년도' 필드를 차례대로 더블클릭 → [닫기] 단추(☒)를 클릭한다.

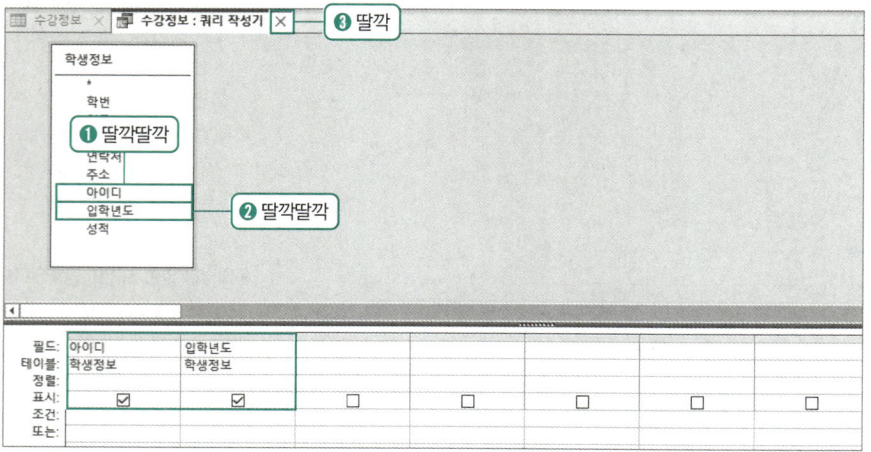

⑤ SQL 문의 변경 내용을 저장하고 속성을 업데이트하겠는지 묻는 메시지 상자가 나타나면 [예] 단추를 클릭한다.

⑥ '필드 속성'의 [조회] 탭에서 '행 원본' 속성이 설정되면 '바운드 열', '열 개수', '열 너비', '목록 너비', '목록 값만 허용' 속성을 다음과 같이 지정 → [닫기] 단추(☒)를 클릭한다.
- '바운드 열' 속성: 1 입력
- '열 개수' 속성: 2 입력
- '열 너비' 속성: 2cm;3cm 입력
- '목록 너비' 속성: 6cm 입력
- '목록 값만 허용' 속성: '예' 지정

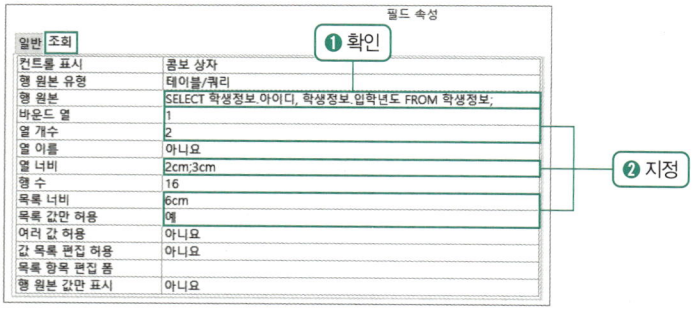

⑦ 저장할 것인지 묻는 메시지 상자가 나타나면 [예] 단추를 클릭한다.

⑧ 탐색 창에서 〈수강정보〉 테이블을 더블클릭 → '정보' 필드와 '할인내역' 필드의 결과를 확인 → [닫기] 단추(☒)를 클릭한다.

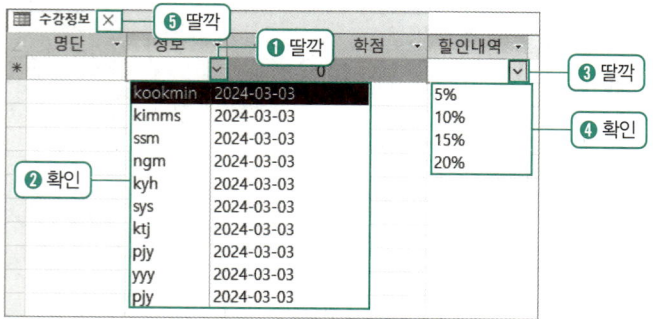

03 관계 설정

DB 구축

① **개념**: 두 테이블 간에 공통적으로 가지고 있는 필드를 이용하여 효율적으로 레코드를 관리할 수 있도록 연결하는 기능
② **기능 및 특징**
- 기본 테이블의 기본 키(Primary Key)와 이를 참조하는 테이블의 외래 키(Foreign Key) 필드를 서로 연결하여 관계를 설정함
- 기본 키 필드와 외래 키 필드는 반드시 데이터 형식과 종류가 같아야 함
- 액세스에서는 일대일 관계와 일대다 관계가 자동으로 지정됨

작업 파일명 C:\에듀윌_2026컴활1급실기\그대로따라하기\데이터베이스실무\01.DB구축\03.관계설정\실습\01_관계설정.accdb

출제패턴 ❶

〈강사강의관리〉 테이블의 '강사번호'는 〈강사정보〉 테이블의 '강사번호'를 참조하고 M:1의 관계를 갖는다. 두 테이블에 대해 다음과 같이 관계를 설정하시오.

▶ 두 테이블 간에는 항상 참조 무결성이 유지되도록 설정하시오.
▶ 참조 필드의 값이 변경되면 관련 필드의 값도 변경되도록 설정하시오.
▶ 다른 테이블에서 참조하고 있는 레코드는 삭제할 수 없도록 설정하시오.

그대로 따라하기

1 테이블 표시하기

① [데이터베이스 도구] 탭-[관계] 그룹-[관계]를 클릭한다.

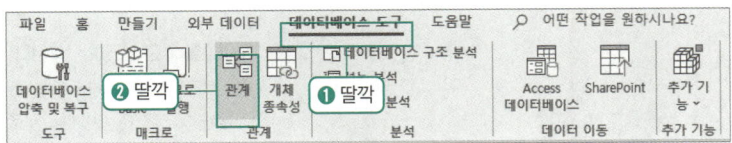

② [테이블 추가] 창이 나타나면 [테이블] 탭에서 〈강사강의관리〉 테이블과 〈강사정보〉 테이블을 차례대로 더블클릭하여 [관계] 창에 추가 → [닫기] 단추(☒)를 클릭한다.

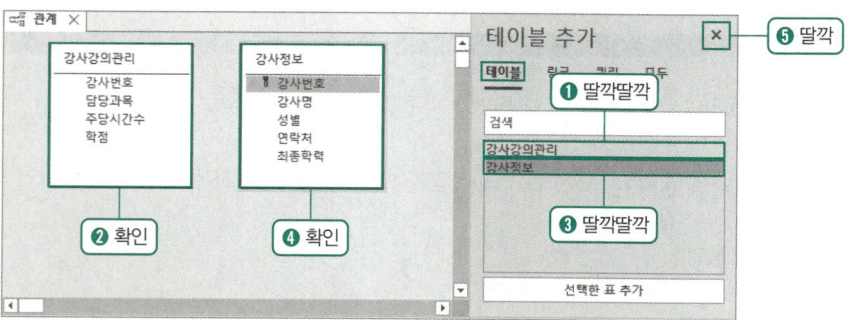

2 관계 설정하기

① 〈강사강의관리〉 테이블의 '강사번호' 필드를 〈강사정보〉 테이블의 '강사번호' 필드로 드래그한다.

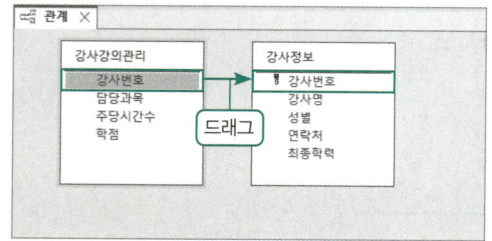

② [관계 편집] 대화상자가 나타나면 '항상 참조 무결성 유지'와 '관련 필드 모두 업데이트'에 체크 → [만들기] 단추를 클릭한다.

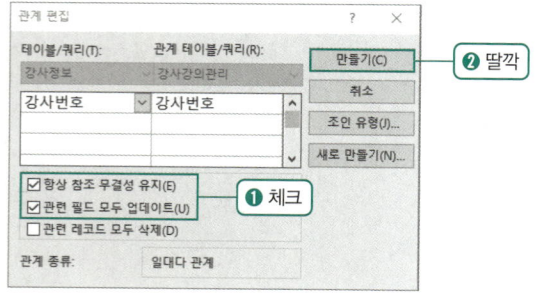

③ 관계가 설정되었으면 [관계] 창의 [닫기] 단추(☒)를 클릭한다.

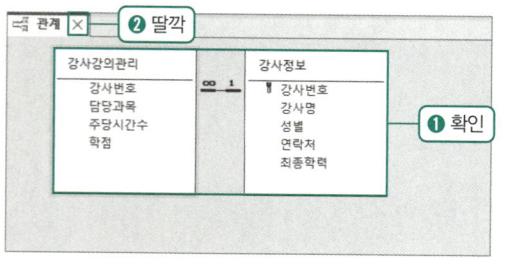

읽는 강의

풀이법을 알면 시간이 단축된다!
[관계] 창에서 테이블을 삭제하려면 테이블을 선택하고 Delete를 누른다.

풀이법을 알면 시간이 단축된다!
연결된 필드가 각각의 테이블에서의 역할을 참조하여 일대일 관계, 일대다 관계가 자동으로 설정된다.

풀이법을 알면 시간이 단축된다!
〈강사정보〉 테이블의 '강사번호' 필드를 〈강사강의관리〉 테이블의 '강사번호' 필드로 드래그해도 된다.

풀이법을 알면 시간이 단축된다!
다른 테이블에서 참조하고 있는 레코드를 삭제할 수 없도록 설정하려면 '관련 레코드 모두 삭제'를 체크하지 않는다.

풀이법을 알면 시간이 단축된다!
참조 무결성은 액세스에서 테이블 간에 맺어진 관계를 서로 유효하게 하고, 이를 통해 사용자가 실수로 관련 데이터를 삭제하거나 변경하지 않도록 하기 위해서 사용하는 규칙이다. 참조 무결성 조건에 의해 외래 키는 참조할 수 없는 값을 가질 수 없다. A 릴레이션이 B 릴레이션의 튜플을 참조하려면 참조되는 튜플은 반드시 B 릴레이션에 존재해야 한다.

④ '관계' 형식에서 변경한 내용을 저장할 것인지 묻는 메시지 상자가 나타나면 [예] 단추를 클릭한다.

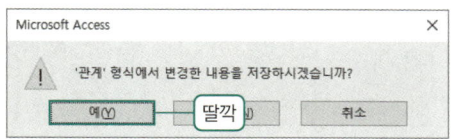

> 📚 읽는 강의

개념 더하기 ⊕ 관계(Relationship)

관계는 개체 간의 관계를 의미한다.

관계의 종류	기능
일대일 관계	개체 집합 A의 각 원소가 개체 집합 B의 원소 한 개와 대응하는 관계
일대다(∞) 관계	개체 집합 A의 각 원소는 개체 집합 B에 있는 여러 개의 원소에 대응하고 있지만, 개체 집합 B의 각 원소는 개체 집합 A의 원소 한 개와 대응하는 관계
다(∞)대다(∞) 관계	개체 집합 A의 각 원소가 개체 집합 B에 있는 여러 개의 원소와 대응하고, 개체 집합 B의 각 원소도 개체 집합 A에 있는 여러 개의 원소와 대응하는 관계

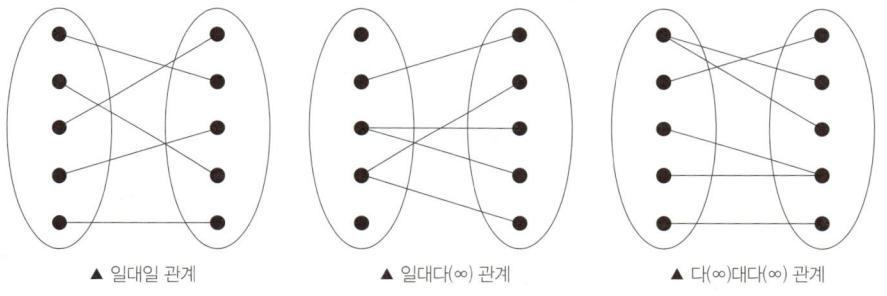

▲ 일대일 관계   ▲ 일대다(∞) 관계   ▲ 다(∞)대다(∞) 관계

📄 **작업 파일명** C:\에듀윌_2026컴활1급실기\그대로따라하기\데이터베이스실무\01.DB구축\03.관계설정\실습\02_관계설정.accdb

출제패턴 ❷

〈강의시수〉테이블의 '강사코드'는 〈강사정보〉테이블의 '강사코드'를 참조하고 M:1의 관계를 갖는다. 두 테이블에 대해 다음과 같이 관계를 설정하시오.

▶ 두 테이블 간의 관계 설정 시 그림과 같은 오류 메시지가 표시되었는데, 이 부분을 해결하고 관계를 설정하시오.

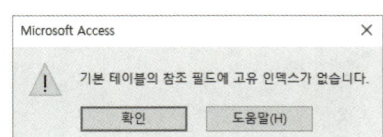

▶ 〈강사정보〉테이블의 '강사코드'는 각 데이터를 유일하게 구별하는 필드이다.
▶ 두 테이블 간에는 항상 참조 무결성이 유지되도록 설정하시오.
▶ 참조 필드값이 변경되면 관련 필드의 값도 변경되도록 설정하시오.
▶ 다른 테이블에서 참조하고 있는 레코드는 삭제할 수 없도록 설정하시오.

> **출제패턴을 알면 시험이 쉬워진다!**
> 다른 릴레이션의 기본 키를 참조하는 키를 '외래 키(Foreign Key)'라고 한다. 참조 무결성 조건에 의해 외래 키는 참조할 수 없는 값을 가질 수 없고 〈강사정보〉테이블의 '강사코드'를 참조하고 있으므로 〈강사정보〉테이블의 '강사코드'는 기본 키여야 한다. 이러한 조건을 만족하지 않은 상태에서 관계 설정을 하면 '기본 테이블의 참조 필드에 고유 인덱스가 없습니다.'라는 메시지가 표시된다.

그대로 따라하기

1 기본 키 설정 및 테이블 표시하기

① 탐색 창의 〈강사정보〉 테이블에서 마우스 오른쪽 단추를 클릭하고 바로 가기 메뉴에서 [디자인 보기]를 선택한다.

② '강사코드' 필드의 행 선택기를 선택 → [테이블 디자인] 탭-[도구] 그룹-[기본 키]를 클릭 → [닫기] 단추(×)를 클릭한다.

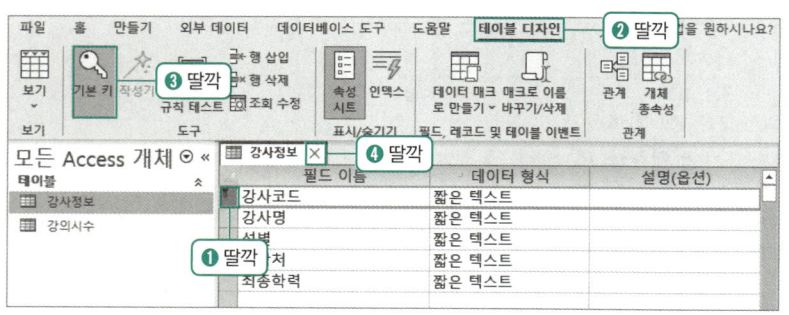

③ 〈강사정보〉 테이블의 디자인에서 변경한 내용을 저장할 것인지 묻는 메시지 상자가 나타나면 [예] 단추를 클릭한다.

④ [데이터베이스 도구] 탭-[관계] 그룹-[관계]를 클릭한다.

⑤ [테이블 추가] 창이 나타나면 [테이블] 탭에서 〈강사정보〉 테이블과 〈강의시수〉 테이블을 차례대로 더블클릭하여 [관계] 창에 추가 → [닫기] 단추(×)를 클릭한다.

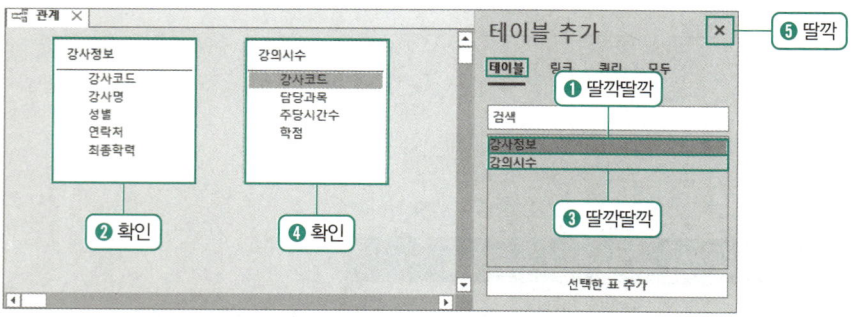

2 관계 설정하기

① 〈강사정보〉 테이블의 '강사코드' 필드를 〈강의시수〉 테이블의 '강사코드' 필드로 드래그한다.

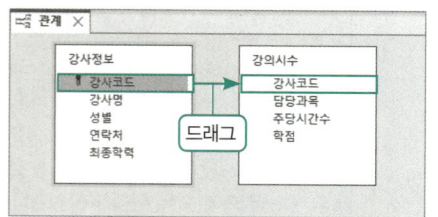

실수가 줄어들면 합격은 빨라진다!
'기본 테이블의 참조 필드에 고유 인덱스가 없습니다.'라는 오류 메시지는 테이블에 기본 키나 인덱스(중복 불가능)가 설정되지 않은 경우에 발생한다. 따라서 기본 키를 먼저 설정하고 관계를 설정한다.

풀이법을 알면 시간이 단축된다!
[관계] 창에서 마우스 오른쪽 단추를 클릭하고 바로 가기 메뉴에서 [테이블 표시]를 선택해도 [테이블 추가] 창을 열 수 있다.

② [관계 편집] 대화상자가 나타나면 '항상 참조 무결성 유지'와 '관련 필드 모두 업데이트'에 체크 → [만들기] 단추를 클릭한다.

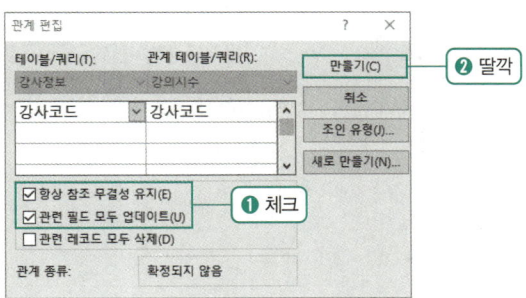

③ 관계가 설정되었으면 [관계] 창의 [닫기] 단추(X)를 클릭 → '관계' 형식에서 변경한 내용을 저장할 것인지 묻는 메시지 창이 나타나면 [예] 단추를 클릭한다.

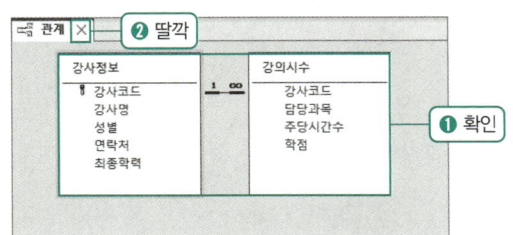

> **풀이법을 알면 시간이 단축된다!**
> 관계를 잘못 지정하여 다시 해제하려면 설정된 관계선을 클릭한 후 Delete를 누르면 된다.

📥 **작업 파일명** C:\에듀윌_2026컴활1급실기\그대로따라하기\데이터베이스실무\01.DB구축\03.관계설정\실습\03_관계설정.accdb

출제패턴 ❸

〈수강신청관리〉 테이블의 '학번' 필드는 〈수강자정보〉 테이블의 '학번' 필드를 참조하고 M:1의 관계를 갖는다. 두 테이블에 대해 다음과 같이 관계를 설정하시오.

▶ 두 테이블 간에는 항상 참조 무결성이 유지되도록 설정하시오.
▶ 참조 필드값이 변경되면 관련 필드의 값도 변경되도록 설정하시오.
▶ 다른 테이블에서 참조하고 있는 레코드는 삭제할 수 없도록 설정하시오.
▶ 〈수강자정보〉 테이블에서는 모든 레코드를 포함하고 〈수강신청관리〉 테이블에서는 조인된 필드가 일치하는 레코드만 포함하도록 관계를 수정하시오.

그대로 따라하기

1 테이블 표시하기

① [데이터베이스 도구] 탭-[관계] 그룹-[관계]를 클릭한다.
② [테이블 추가] 창이 나타나면 [테이블] 탭에서 〈수강신청관리〉 테이블과 〈수강자정보〉 테이블을 차례대로 더블클릭하여 [관계] 창에 추가 → [닫기] 단추를 클릭한다.

> **출제패턴을 알면 시험이 쉬워진다!**
> 조인(Join)은 다수의 테이블에 있는 정보를 하나의 테이블에서 보기 위해 연결시킬 때 사용한다.

2 관계 설정하기

① 〈수강신청관리〉 테이블의 '학번' 필드를 〈수강자정보〉 테이블의 '학번' 필드로 드래그한다.
② [관계 편집] 대화상자가 열리면 '항상 참조 무결성 유지'와 '관련 필드 모두 업데이트'에 체크 → [조인 유형] 단추를 클릭한다.

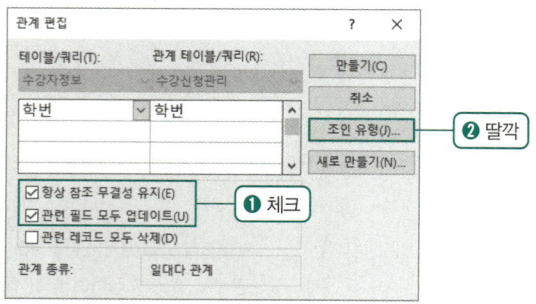

> **읽는 강의**
>
> **풀이법을 알면 시간이 단축된다!**
> [관계 디자인] 탭-[도구] 그룹-[관계 편집]을 클릭해도 [관계 편집] 대화상자를 열 수 있다.

3 조인 속성 설정하기

① [조인 속성] 대화상자가 나타나면 ''2: 수강자정보'에서는 모든 레코드를 포함하고 '수강신청관리'에서는 조인된 필드가 일치하는 레코드만 포함'을 선택 → [확인] 단추를 클릭한다.

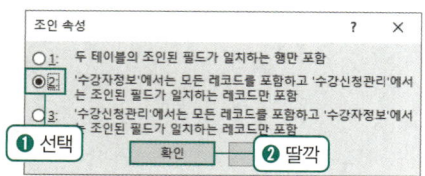

② [관계 편집] 대화상자로 되돌아오면 [만들기] 단추를 클릭한다.

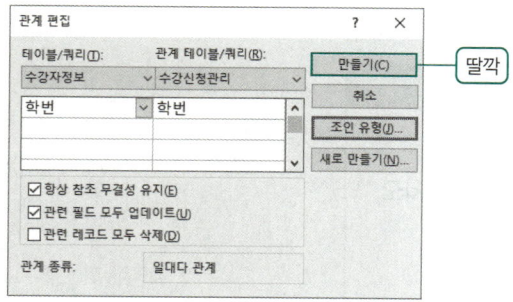

개념 더하기⊕ 조인(Join)의 유형

조인(Join)은 공통된 속성을 이용하여 두 개 이상의 테이블을 연결하여 나타낸 것으로, 조인에 사용되는 기준 필드의 데이터 형식은 '동일'하거나 '호환'되어야 한다.

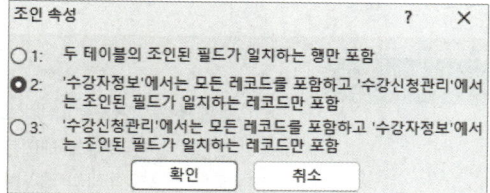

- **내부 조인(Inner Join)**: 두 테이블에서 공통적으로 있는 레코드만 포함한다.
- **외부 조인(Outer Join)**: 조인되는 두 테이블에서 공통 값이 없는 데이터의 포함 여부를 지정할 수 있는 방법이다.
  - Left Outer Join: 두 테이블 중 첫 번째 테이블의 레코드를 모두 포함하고, 두 번째 테이블의 레코드는 조인된 필드가 일치하는 레코드만 포함한다.
    SELECT * FROM 수강자정보 **LEFT OUTER JOIN** 수강신청관리
    ON 수강자정보.학번 = 수강신청관리.학번;
  - Right Outer Join: 두 테이블 중 첫 번째 테이블의 레코드는 조인된 필드가 일치하는 레코드만 포함하고, 두 번째 테이블의 레코드는 모두 포함한다.
    SELECT * FROM 수강자정보 **RIGHT OUTER JOIN** 수강신청관리
    ON 수강자정보.학번 = 수강신청관리.학번;

③ 관계가 설정되었으면 [관계] 창에서 [닫기] 단추(☒)를 클릭 → '관계' 형식에서 변경한 내용을 저장할 것인지 묻는 메시지 창이 나타나면 [예] 단추를 클릭한다.

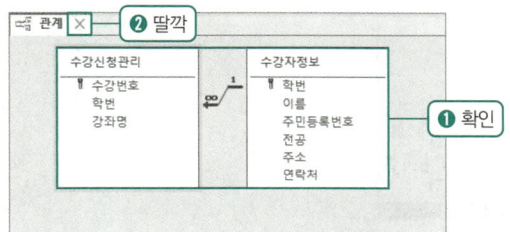

▼ **작업 파일명** C:\에듀윌_2026컴활1급실기\그대로따라하기\데이터베이스실무\01.DB구축\03.관계설정\실습\04_관계설정.accdb

출제패턴 ❹

〈거래금액〉 테이블의 '거래코드' 필드는 〈거래정보〉 테이블의 '거래코드' 필드를, 〈거래금액〉 테이블의 '행선지코드' 필드는 〈기본금액〉 테이블의 '행선지코드' 필드를 참조하고 각 테이블의 관계는 M:1이다. 각 테이블에 대해 다음과 같이 관계를 설정하시오.

▶ 〈기본금액〉 테이블의 '행선지코드' 필드의 '인덱스' 속성을 '예(중복 불가능)'로 설정하고 관계를 설정하시오.
▶ 모든 테이블 간에는 항상 참조 무결성을 유지하도록 설정하시오.
▶ 〈거래정보〉 테이블의 '거래코드'가 변경되면 이것을 참조하는 〈거래금액〉 테이블의 '거래코드'도 함께 변경되고, 〈기본금액〉 테이블의 '행선지코드'가 변경되면, 이것을 참조하는 〈거래금액〉 테이블의 '행선지코드'도 함께 변경되도록 설정하시오.
▶ 다른 테이블에서 참조하고 있는 레코드는 삭제할 수 없도록 설정하시오.

출제패턴을 알면 시험이 쉬워진다!
고유 인덱스
고유한 인덱스를 만들어 Access 테이블의 필드에서 중복 값을 방지할 수 있다.

그대로 따라하기

1 고유 인덱스 설정 및 테이블 표시하기

① 탐색 창의 〈기본금액〉 테이블에서 마우스 오른쪽 단추를 클릭하고 바로 가기 메뉴에서 [**디자인 보기**]를 선택한다.

② '행선지코드' 필드를 선택 → '필드 속성'의 [일반] 탭에서 '인덱스' 속성을 '예(중복 불가능)'로 지정 → [닫기] 단추(X)를 클릭한다.

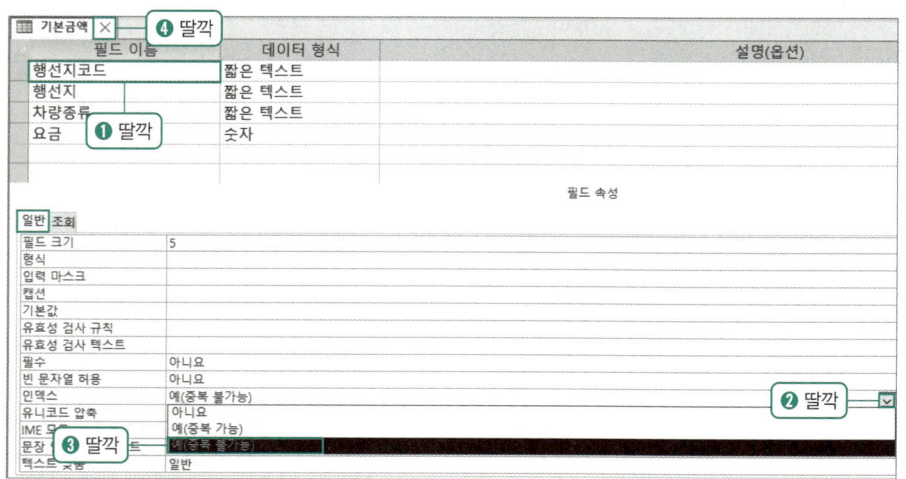

③ 〈기본금액〉 테이블의 디자인에서 변경한 내용을 저장할 것인지 묻는 메시지 상자가 나타나면 [예] 단추를 클릭한다.

④ [**데이터베이스 도구**] 탭-[관계] 그룹-[관계]를 클릭한다.

⑤ [테이블 추가] 창이 열리면 [테이블] 탭에서 〈거래금액〉, 〈거래정보〉, 〈기본금액〉 테이블을 차례대로 더블클릭하여 [관계] 창에 추가 → [닫기] 단추(X)를 클릭한다.

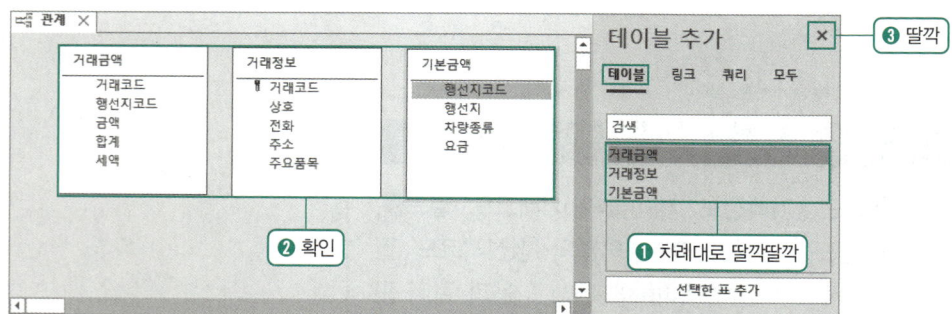

2 관계 설정하기

① 〈거래금액〉 테이블의 '거래코드' 필드를 〈거래정보〉 테이블의 '거래코드' 필드로 드래그한다.

② [관계 편집] 대화상자가 나타나면 '항상 참조 무결성 유지'와 '관련 필드 모두 업데이트'에 체크 → [만들기] 단추를 클릭한다.

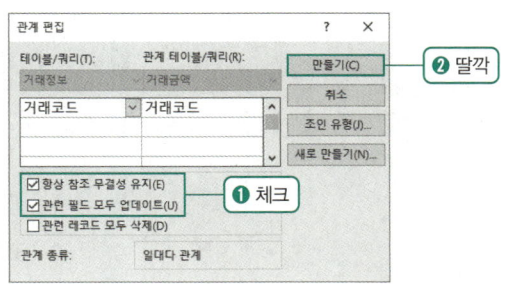

③ 〈거래금액〉 테이블의 '행선지코드' 필드를 〈기본금액〉 테이블의 '행선지코드' 필드로 드래그한다.

④ [관계 편집] 대화상자가 나타나면 '항상 참조 무결성 유지'와 '관련 필드 모두 업데이트'에 체크 → [만들기] 단추를 클릭한다.

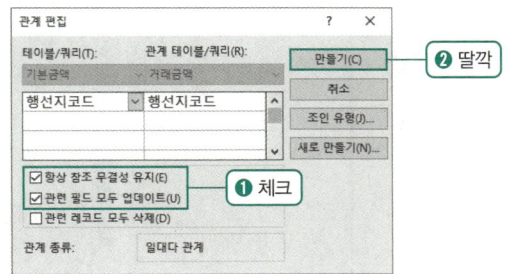

⑤ 관계가 설정되었으면 [관계] 창에서 [닫기] 단추(X)를 클릭 → '관계' 형식에서 변경한 내용을 저장할 것인지 묻는 메시지 창이 나타나면 [예] 단추를 클릭한다.

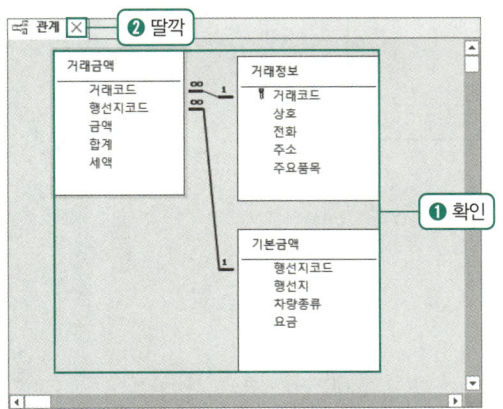

읽는 강의

풀이법을 알면 시간이 단축된다!
'관련 필드 모두 업데이트'는 참조 무결성이 보장될 때 활성화되는 기능으로, 테이블의 필드값이 변경되면 관련된 테이블의 필드값도 변경된다.

풀이법을 알면 시간이 단축된다!
〈거래금액〉, 〈거래정보〉, 〈기본금액〉 테이블이 일렬로 나열되어 있어 〈거래금액〉 테이블과 〈기본금액〉 테이블의 관계 설정이 제대로 보이지 않는 경우, 〈기본금액〉 테이블을 드래그하여 이동하면 관계 설정을 정확히 확인할 수 있다.

DB 구축

04 외부 데이터

① **개념**: 외부 소스에서 데이터를 가져와서 액세스 데이터베이스 내에서 활용하는 것을 의미하며 외부 데이터는 다양한 형식과 위치에서 올 수 있음

② **기능 및 특징**
- 내보내기: 데이터베이스 개체를 다른 응용 프로그램에서 사용할 수 있도록 형식을 변환하여 출력하는 기능
- 가져오기: 외부 데이터를 복사하여 현재 테이블로 가져오는 기능으로, 가져온 데이터를 수정해도 원본 데이터에는 영향을 미치지 않음
- 연결하기: 원본 데이터를 변경하거나 삭제하면 연결된 데이터도 함께 변경되거나 삭제됨

작업 파일명 C:\에듀윌_2026컴활1급실기\그대로따라하기\데이터베이스실무\01.DB구축\04.외부데이터\실습\01_외부데이터.accdb

출제패턴 ❶ 새로운 테이블 만들기

외부 데이터 가져오기 기능을 이용하여 〈작품목록데이터.xlsx〉 파일의 '저자' 시트의 내용을 가져와 〈작품목록정보〉 테이블을 생성하시오.

▶ 첫 번째 행은 열 머리글임
▶ 기본 키는 없음으로 설정할 것

▼ 결과 화면

책제목	지은이	재고	정가
미스터 방	김진규	30	19,000
일가	김수성	20	18,000
고무신	서건민	25	17,500
꽃신	남연민	20	18,000
꿈을 찍는 사진관	김의호	18	15,000
땡감	송태석	25	13,500
운수 좋은 날	김준진	26	14,200
돌다리	박여용	34	15,000
시인의 꿈	윤종일	24	1,250
짜장면	박광인	32	13,000
아들과 떠난 여행	이남호	25	15,000

그대로 따라하기

1 외부 데이터 가져오기

① [외부 데이터] 탭-[가져오기 및 연결] 그룹-[새 데이터 원본]-[파일에서]-[Excel(X)]을 클릭한다.

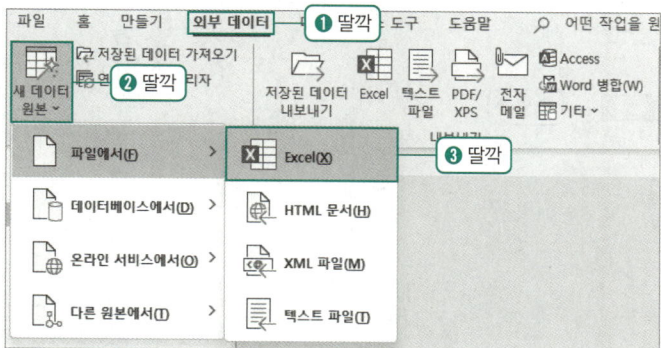

② [외부 데이터 가져오기 - Excel 스프레드시트] 대화상자가 나타나면 [찾아보기] 단추를 클릭한다.

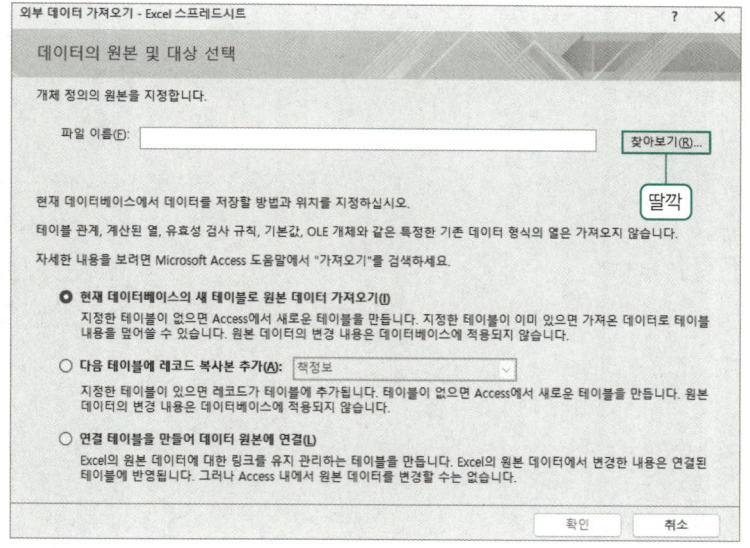

풀이법을 알면 시간이 단축된다!
- **현재 데이터베이스의 새 테이블로 원본 데이터 가져오기**: 외부 데이터를 가져와 새로운 테이블을 생성한다.
- **다음 테이블에 레코드 복사본 추가**: 기존 테이블에 외부 데이터를 가져와 추가한다.
- **연결 테이블을 만들어 데이터 원본에 연결**: 외부 데이터를 연결하여 가져와 새로운 테이블을 생성한다.

③ [파일 열기] 대화상자가 나타나면 'C:\에듀윌_2026컴활1급실기\그대로따라하기\데이터베이스실무\01.DB구축\04.외부데이터\실습' 경로에서 '작품목록데이터.xlsx' 파일을 선택 → [열기] 단추를 클릭한다.

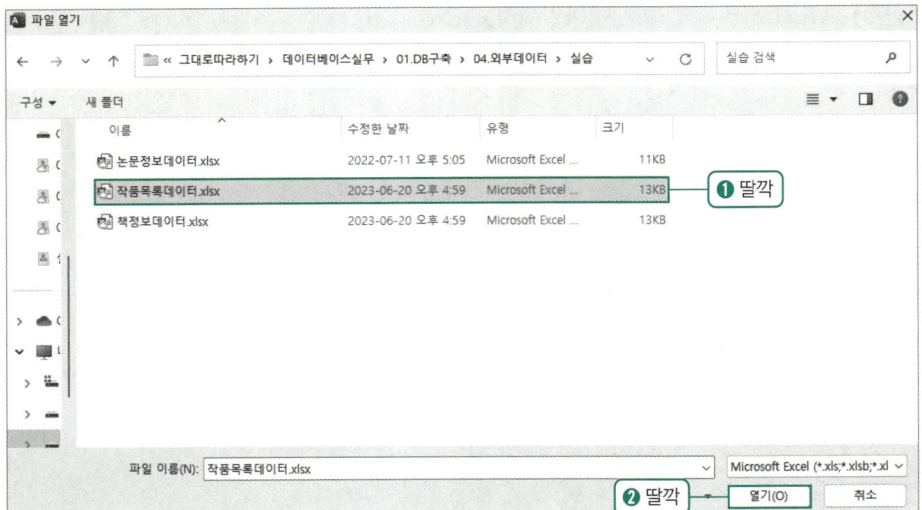

④ [외부 데이터 가져오기 – Excel 스프레드시트] 대화상자로 되돌아오면 선택한 파일을 확인 → '현재 데이터베이스의 새 테이블로 원본 데이터 가져오기'로 지정되었는지 확인 → [확인] 단추를 클릭한다.

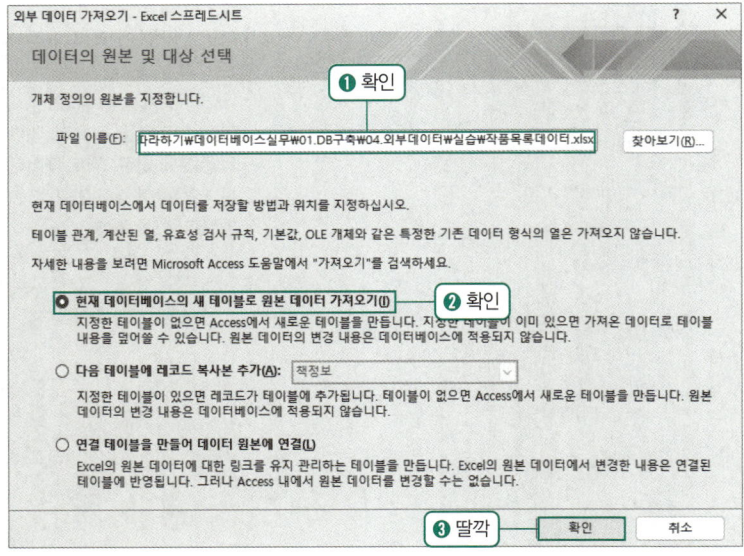

2 테이블 및 필드 설정하기

① [스프레드시트 가져오기 마법사] 1단계 대화상자가 나타나면 '워크시트 표시'와 '저자' 시트를 선택 → [다음] 단추를 클릭한다.

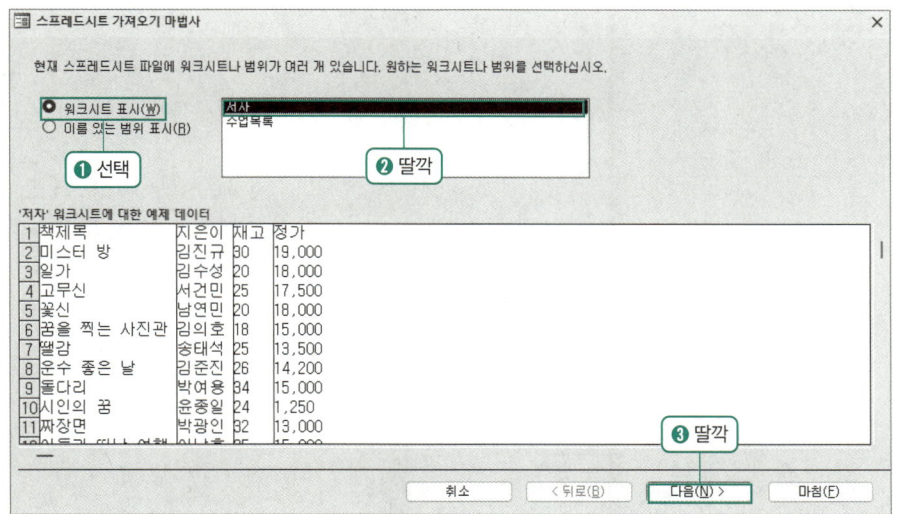

② [스프레드시트 가져오기 마법사] 2단계 대화상자가 나타나면 '첫 행에 열 머리글이 있음'에 체크 → [다음] 단추를 클릭한다.

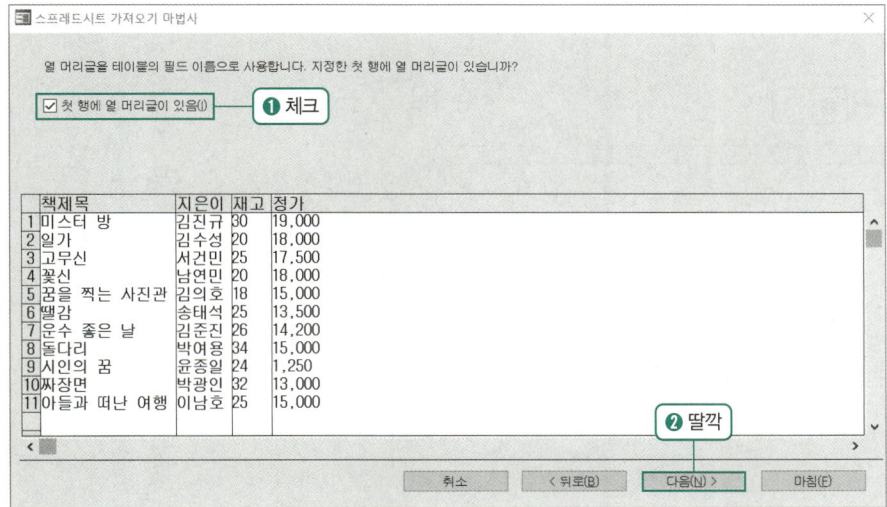

> 📖 읽는 강의
>
> **풀이법을 알면 시간이 단축된다!**
> - **워크시트 표시**: 시트에서 데이터를 가져올 경우에 지정한다.
> - **이름 있는 범위 표시**: 미리 가져올 데이터 영역에 범위 이름을 지정해 둔 경우 특정 영역의 데이터만 가져올 수 있다.

③ [스프레드시트 가져오기 마법사] 3단계 대화상자가 나타나면 지정할 정보가 없으므로 [다음] 단추를 클릭한다.

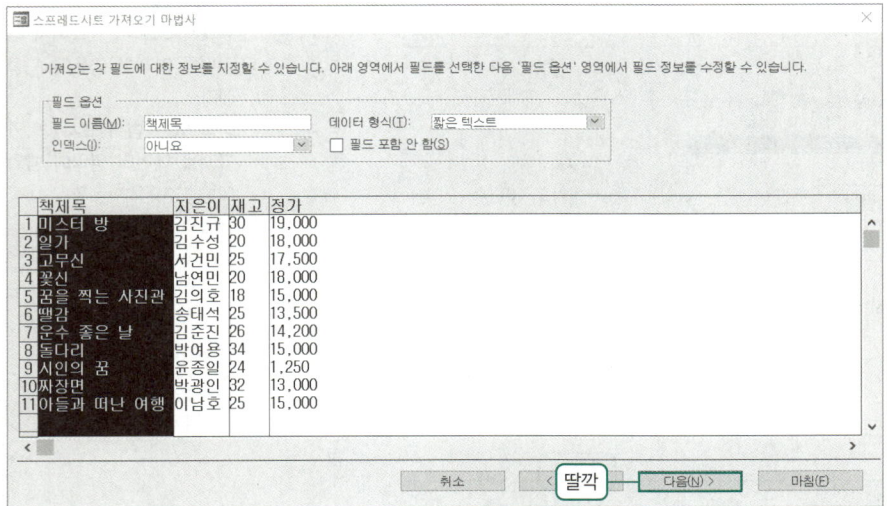

④ [스프레드시트 가져오기 마법사] 4단계 대화상자가 나타나면 '기본 키 없음'을 선택 → [다음] 단추를 클릭한다.

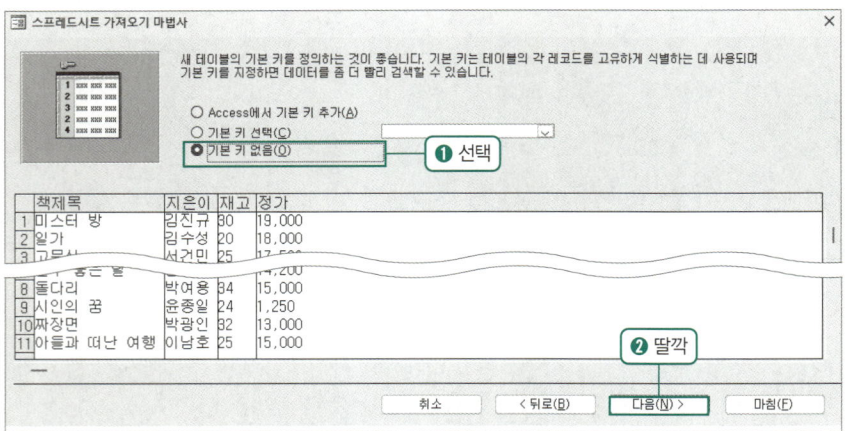

⑤ [스프레드시트 가져오기 마법사] 5단계 대화상자가 나타나면 '테이블로 가져오기'에 작품목록정보 입력 → [마침] 단추를 클릭한다.

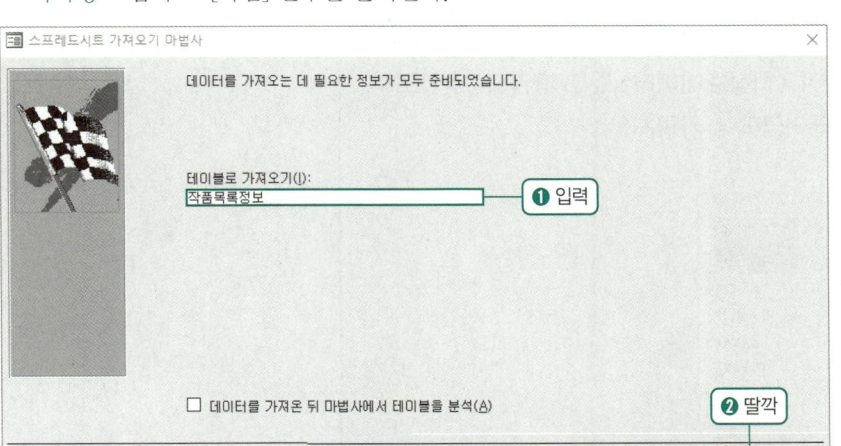

⑥ [외부 데이터 가져오기 - Excel 스프레드시트] 대화상자가 나타나면 '가져오기 단계 저장'의 체크가 해제되었는지 확인 → [닫기] 단추를 클릭한다.

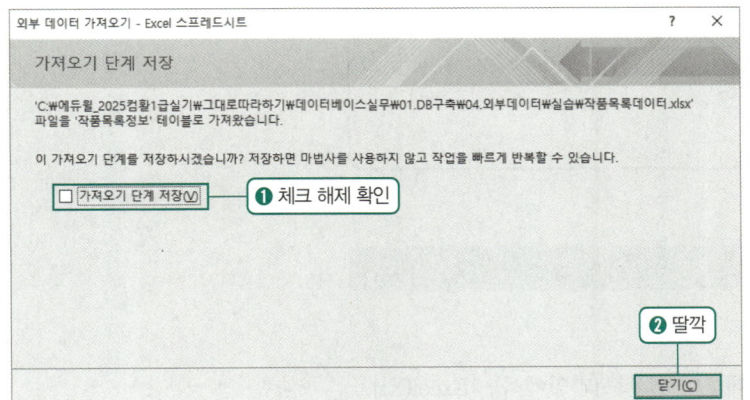

⑦ 탐색 창에서 〈작품목록정보〉 테이블을 더블클릭 → '책제목' 필드의 너비를 조정하여 생성된 결과를 확인 → [닫기] 단추(☒)를 클릭한다.

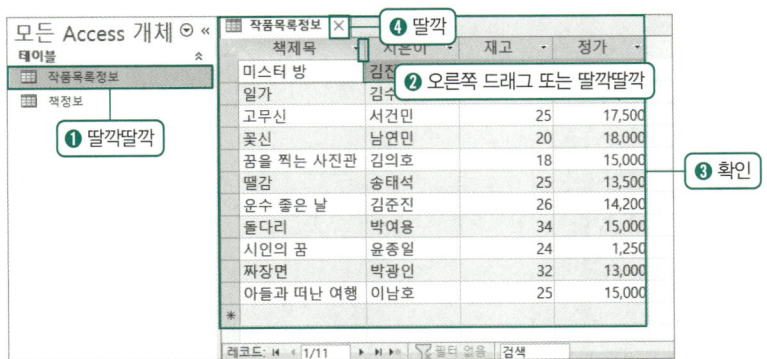

⑧ 변경한 내용을 저장할 것인지 묻는 메시지 창이 나타나면 [예] 단추를 클릭한다.

> 읽는 강의

풀이법을 알면 시간이 단축된다!
'가져오기 단계 저장'에 체크하면 똑같은 파일을 가져올 때 '스프레드시트 가져오기 마법사' 단계를 거치지 않고 곧바로 가져올 수 있다.

풀이법을 알면 시간이 단축된다!
필드의 너비를 조정하려면 해당 필드의 오른쪽 경계선을 오른쪽으로 드래그하거나 더블클릭하면 된다.

📁 작업 파일명 C:\에듀윌_2026컴활1급실기\그대로따라하기\데이터베이스실무\01.DB구축\04.외부데이터\실습\
01_외부데이터.accdb

출제패턴 ❷ 테이블에 데이터 추가하기

외부 데이터 가져오기 기능을 이용하여 〈책정보데이터.xlsx〉 파일의 '추가도서' 범위 이름의 내용을 가져와 〈책정보〉 테이블에 추가하시오.

▼ 결과 화면

그대로 따라하기 ▶▶

1 외부 데이터 가져오기

① [외부 데이터] 탭-[가져오기 및 연결] 그룹-[새 데이터 원본]-[파일에서]-[Excel(X)]을 클릭한다.

② [외부 데이터 가져오기 – Excel 스프레드시트] 대화상자가 나타나면 [찾아보기] 단추를 클릭한다.

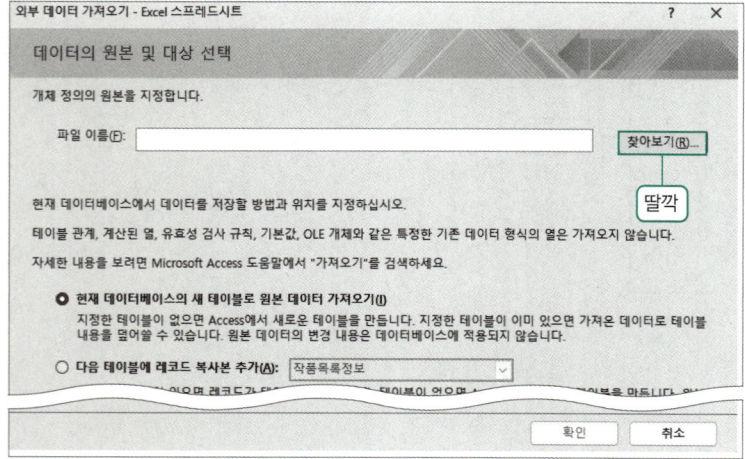

③ [파일 열기] 대화상자가 나타나면 'C:\에듀윌_2026컴활1급실기\그대로따라하기\데이터베이스실무\01.DB구축\04.외부데이터\실습' 경로에서 '책정보데이터.xlsx' 파일을 선택 → [열기] 단추를 클릭한다.

④ [외부 데이터 가져오기 - Excel 스프레드시트] 대화상자로 되돌아오면 선택한 파일을 확인 → '다음 테이블에 레코드 복사본 추가'를 선택하고 〈책정보〉 테이블을 선택 → [확인] 단추를 클릭한다.

> **읽는 강의**
>
> **풀이법을 알면 시간이 단축된다!**
> '다음 테이블에 레코드 복사본 추가'를 선택하면 외부에서 가져온 데이터를 기존의 테이블에 추가할 수 있다.

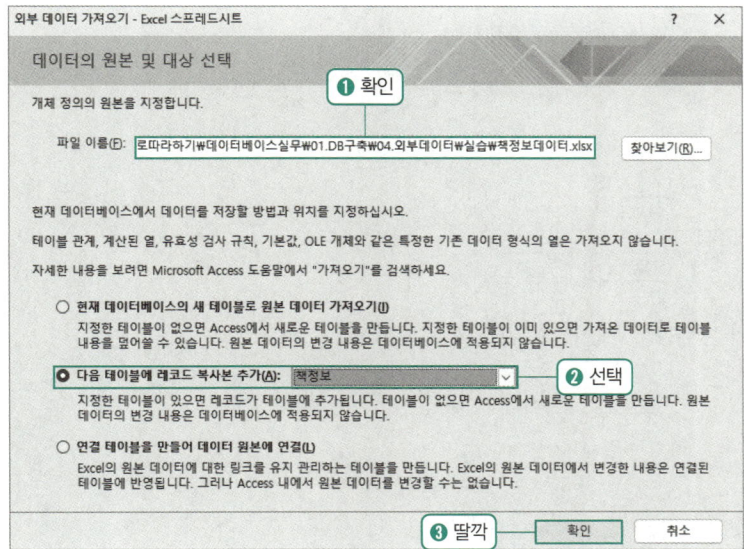

⑤ [스프레드시트 가져오기 마법사] 1단계 대화상자가 나타나면 '이름 있는 범위 표시(R)'와 '추가도서' 범위를 선택 → [다음] 단추를 클릭한다.

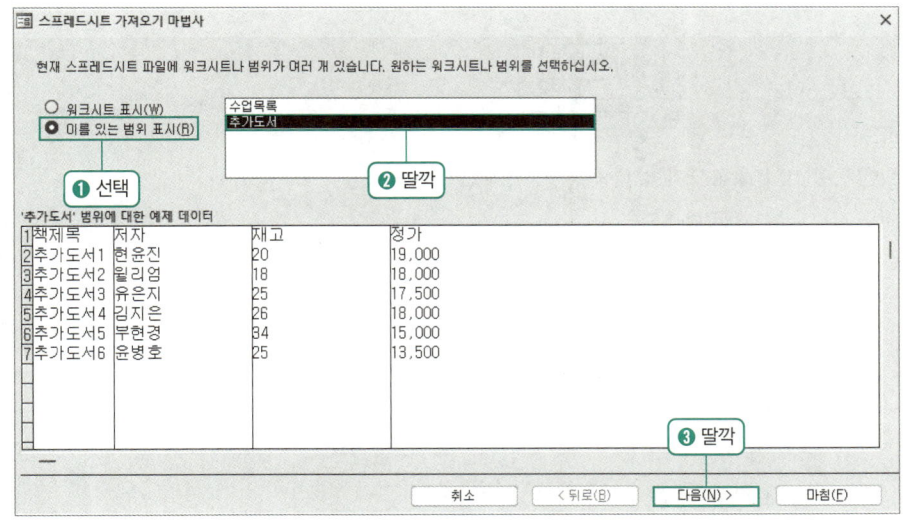

2 테이블 및 필드 설정하기

① [스프레드시트 가져오기 마법사] 2단계 대화상자가 나타나면 [다음] 단추를 클릭한다.

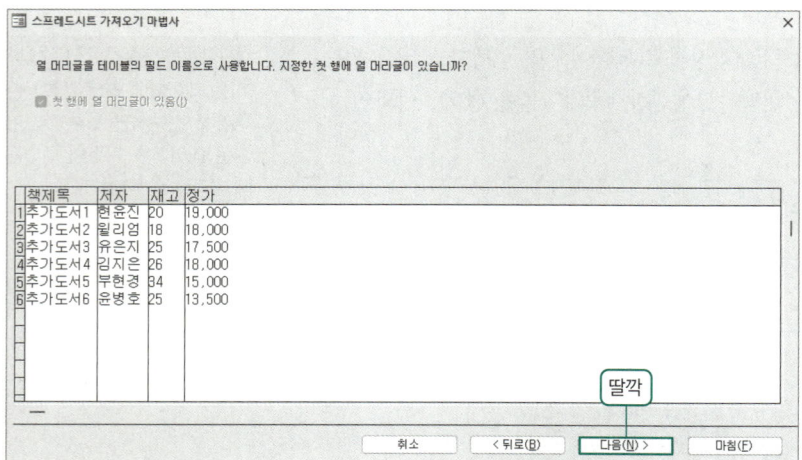

② [스프레드시트 가져오기 마법사] 3단계 대화상자가 나타나면 '테이블로 가져오기'에 '책정보'가 표시되었는지 확인 → [마침] 단추를 클릭한다.

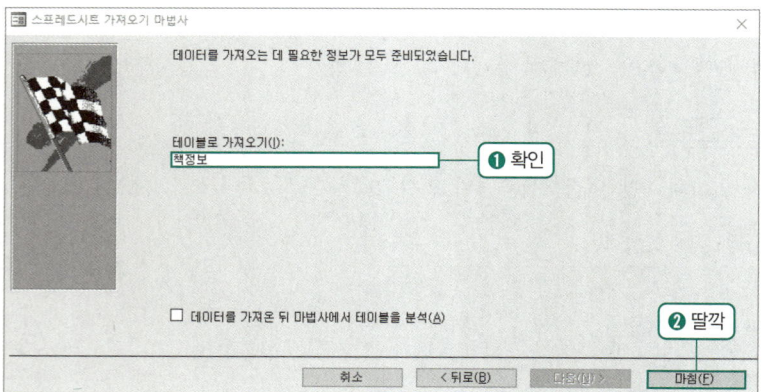

③ [외부 데이터 가져오기 - Excel 스프레드시트] 대화상자가 나타나면 '가져오기 단계 저장'의 체크가 해제되었는지 확인 → [닫기] 단추를 클릭한다.

④ 탐색 창에서 〈책정보〉 테이블을 더블클릭 → 추가된 결과를 확인 → [닫기] 단추(X)를 클릭한다.

작업 파일명 C:\에듀윌_2026컴활1급실기\그대로따라하기\데이터베이스실무\01.DB구축\04.외부데이터\실습\01_외부데이터.accdb

출제패턴 ❸ 테이블 연결하기

외부 데이터 가져오기 기능을 이용하여 〈논문정보데이터.xlsx〉 파일의 내용을 가져와 〈논문연결〉 테이블을 연결 테이블로 생성하시오.

▶ 첫 번째 행은 열 머리글임

▼ 결과 화면

저자	제목
김승우	"오피니언 분류의 감성사전 활용효과에 대한 연구
김민규	"인터넷 검색기록 분석을 통한 쇼핑의도 포함 키워드 자동추출기법"
김지은	"다계층 이원 네트워크를 활용한 사용자 관점의 이슈 클러스터링
홍진성	"단일 카테고리 문서의 다중 카테고리 자동확장 방법론
류신	"거시적 이슈 트래킹의 한계 극복을 위한 개인 관심 트래킹 방법론
임명수	"기간별 이슈 매핑을 통한 이슈 생명주기 분석 방법론
최성이	"토픽 분석을 활용한 웹 카테고리별 방문자 관심 이슈 식별 방안
현윤진	"소비자 선호 이슈 및 R&D 관점에서의 다차원 이슈 클러스터링
현윤진	"토픽 분석을 활용한 관심 기반 고객 세분화 방법론
현윤진	"텍스트 마이닝 기반의 이슈 관련 R&D 키워드 패키징 방법론
김민규	"사이트 포트폴리오 구성을 위한 사용자 관점의 웹사이트 클러스터링
류신	"여가활동 정보 사이트의 평점 시스템 신뢰성 향상 방안
최성이	"사용자 관심 이슈 분석을 통한 추천시스템 성능 향상 방안
William Xiu Shun Wong	"Reorganizing Social Issues from R&D Perspective Using Social Network Analysis
임명수	"비정형 텍스트 분석을 활용한 이슈의 동적 변이과정 고찰
변성호	"사용자 리뷰의 평가기준 별 이슈 식별 방법론: 호텔 리뷰 사이트를 중심으로
William Wong Xiu Shun	"R&D Perspective Social Issue Packaging using Text Analysis
김다솜	"텍스트 분석을 통한 이종 매체 카테고리 다중 매핑 방법론
이동훈	"텍스트 분석을 활용한 정보의 수요 공급 기반 뉴스 가치 평가 방안
김지은	"B2B 전자상거래 정보를 활용한 시장 융합 기회 발굴 방법론
현윤진	"텍스트 분석의 신뢰성 확보를 위한 스팸 데이터 식별 방안
최호창	지능정보연구, Vol. 23, No. 3, pp. 69 - 94, 2017.
이동훈	"사용자 리뷰 분석을 통한 호텔 평가 항목별 누락 평점 예측 방법론
최호창	"기술 성숙도 및 의존도의 네트워크 분석을 통한 유망 융합 기술 발굴 방법론

출제패턴을 알면 시험이 쉬워진다!
테이블 연결하기
원본 데이터의 변경된 내용이 연결된 테이블에 반영된다.

그대로 따라하기

1 외부 데이터 가져오기

① [외부 데이터] 탭-[가져오기 및 연결]-[새 데이터 원본]-[파일에서]-[Excel(X)]을 클릭한다.
② [외부 데이터 가져오기 - Excel 스프레드시트] 대화상자가 나타나면 [찾아보기] 단추를 클릭한다.
③ [파일 열기] 대화상자가 나타나면 'C:\에듀윌_2026컴활1급실기\그대로따라하기\데이터베이스실무\01.DB구축\04.외부데이터\실습' 경로에서 '논문정보데이터.xlsx' 파일을 선택 → [열기] 단추를 클릭한다.
④ [외부 데이터 가져오기 - Excel 스프레드시트] 대화상자로 되돌아오면 선택한 파일을 확인 → '연결 테이블을 만들어 데이터 원본에 연결'을 선택 → [확인] 단추를 클릭한다.

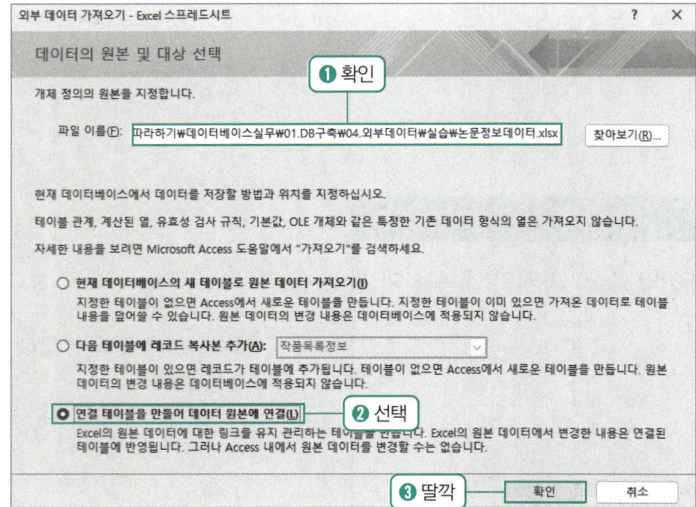

2 테이블 및 필드 설정하기

① [스프레드시트 연결 마법사] 1단계 대화상자가 나타나면 '첫 행에 열 머리글이 있음'에 체크 → [다음] 단추를 클릭한다.

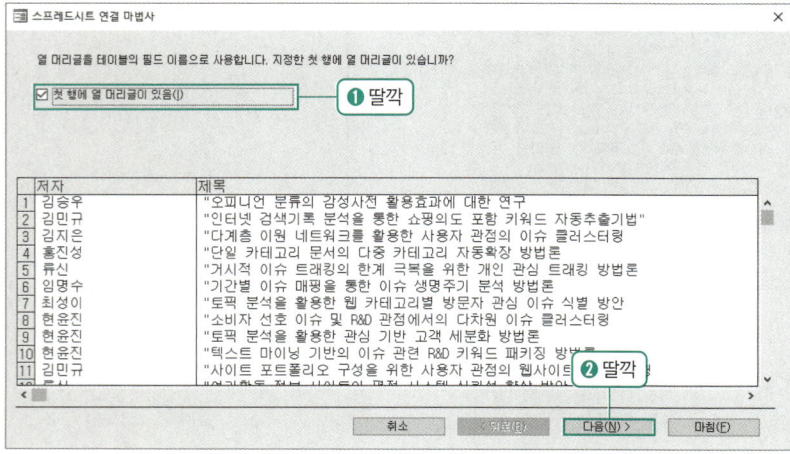

② [스프레드시트 연결 마법사] 2단계 대화상자가 나타나면 '연결 테이블 이름'에 논문연결 입력 → [마침] 단추를 클릭한다.

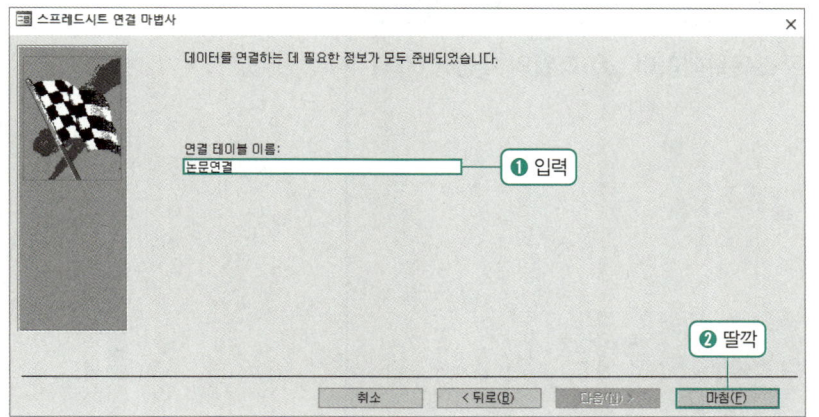

③ 파일에 연결했다는 메시지 상자가 나타나면 [확인] 단추를 클릭한다.

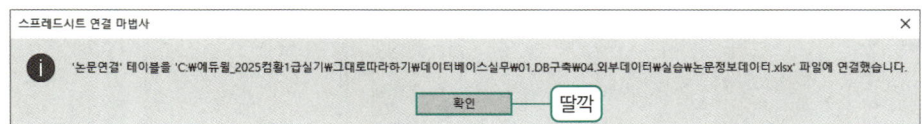

④ 탐색 창에서 〈논문연결〉 테이블을 더블클릭 → '저자'와 '제목' 필드의 너비를 조정하여 연결된 결과를 확인 → [닫기] 단추(☒)를 클릭한다.

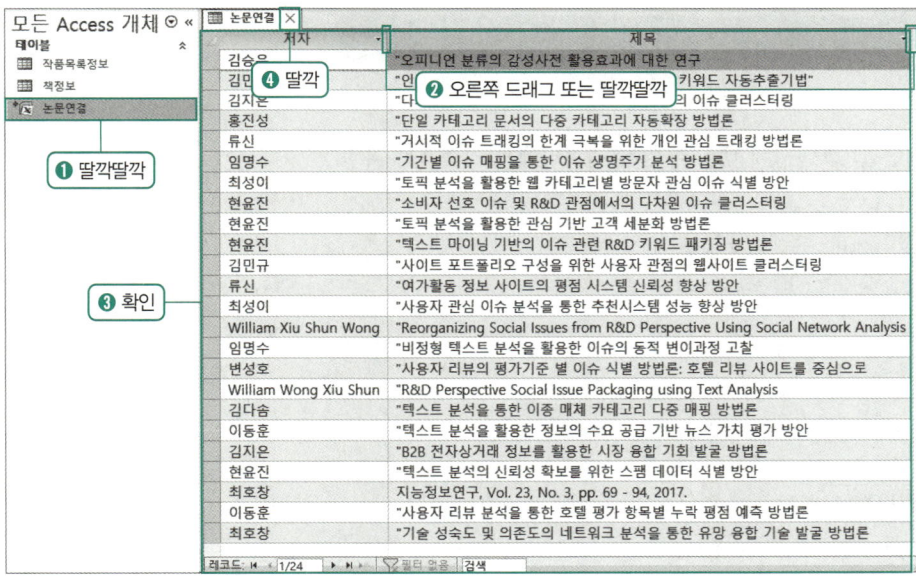

⑤ 변경한 내용을 저장할 것인지 묻는 메시지 창이 나타나면 [예] 단추를 클릭한다.

▶ 작업 파일명 C:\에듀윌_2026컴활1급실기\그대로따라하기\데이터베이스실무\01.DB구축\04.외부데이터\실습\
01_외부데이터.accdb

출제패턴 ④ 테이블 생성하기(텍스트 파일)

외부 데이터 가져오기 기능을 이용하여 〈주소목록데이터.txt〉 파일의 내용을 가져와 〈주소목록〉 테이블을 생성하시오.

▶ 첫 번째 행은 열 머리글임
▶ '상가' 필드를 기본 키로 설정
▶ '세미콜론'으로 구분되어 있음

▼ 결과 화면

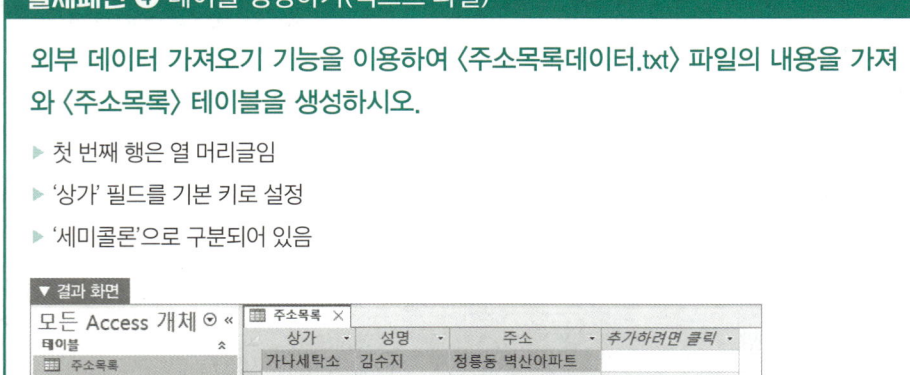

그대로 따라하기

1 외부 데이터 가져오기

① [외부 데이터] 탭–[가져오기 및 연결] 그룹–[새 데이터 원본]–[파일에서]–[텍스트 파일(T)]을 클릭한다.

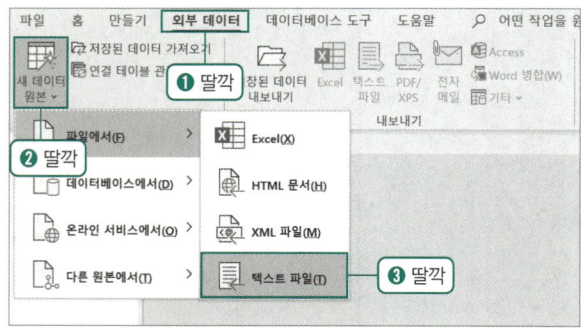

② [외부 데이터 가져오기 – 텍스트 파일] 대화상자가 나타나면 [찾아보기] 단추를 클릭한다.

③ [파일 열기] 대화상자가 나타나면 'C:\에듀윌_2026컴활1급실기\그대로따라하기\데이터베이스실무\01.DB구축\04.외부데이터\실습' 경로에서 '주소목록데이터.txt' 파일을 선택 → [열기] 단추를 클릭한다.

④ [외부 데이터 가져오기-텍스트 파일] 대화상자로 되돌아오면 '현재 데이터베이스의 새 테이블로 원본 데이터 가져오기'로 지정되었는지 확인 → [확인] 단추를 클릭한다.

2 테이블 및 필드 설정하기

① [텍스트 가져오기 마법사] 1단계 대화상자가 나타나면 '구분'을 선택 → [다음] 단추를 클릭한다.

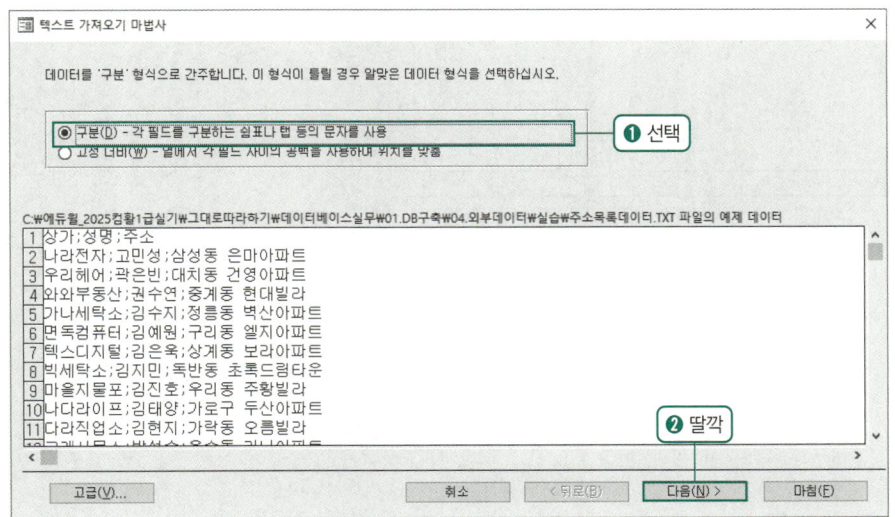

② [텍스트 가져오기 마법사] 2단계 대화상자가 열리면 '필드를 나눌 구분 기호 선택'에서 '세미콜론'을 선택 → '첫 행에 필드 이름 포함'에 체크 → [다음] 단추를 클릭한다.

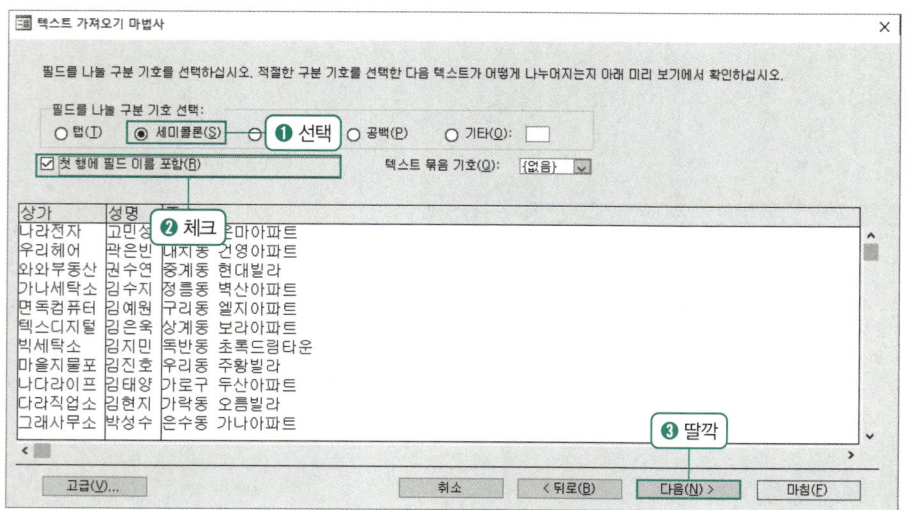

③ [텍스트 가져오기 마법사] 3단계 대화상자가 나타나면 [다음] 단추를 클릭한다.

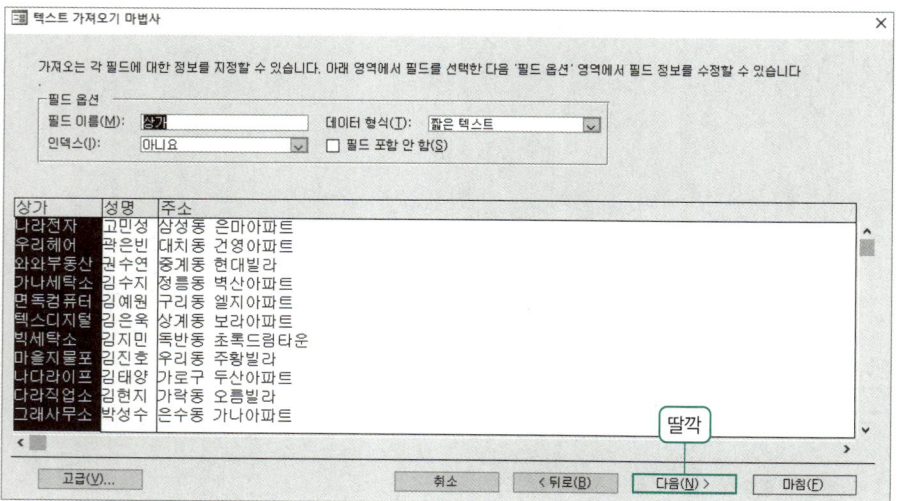

④ [텍스트 가져오기 마법사] 4단계 대화상자가 나타나면 '기본 키 선택'과 '상가' 필드를 선택 → [다음] 단추를 클릭한다.

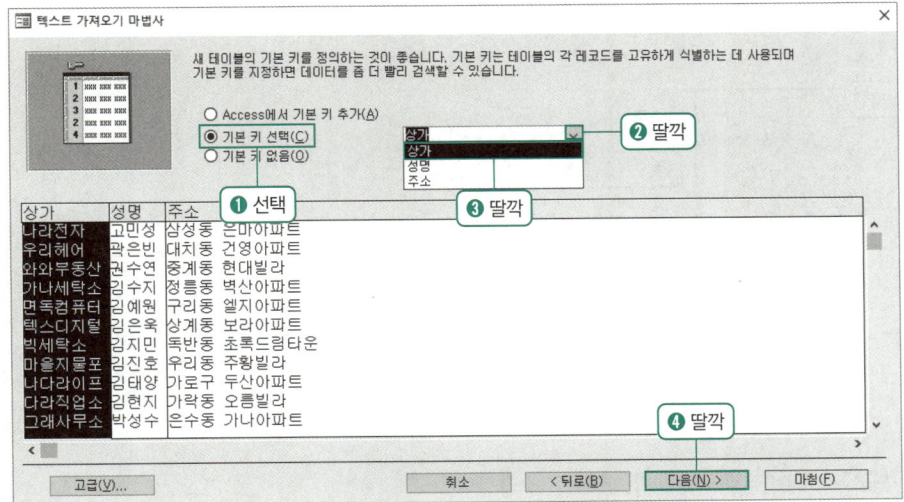

⑤ [텍스트 가져오기 마법사] 5단계 대화상자가 열리면 '테이블로 가져오기'에 주소목록 입력 → [마침] 단추를 클릭한다.

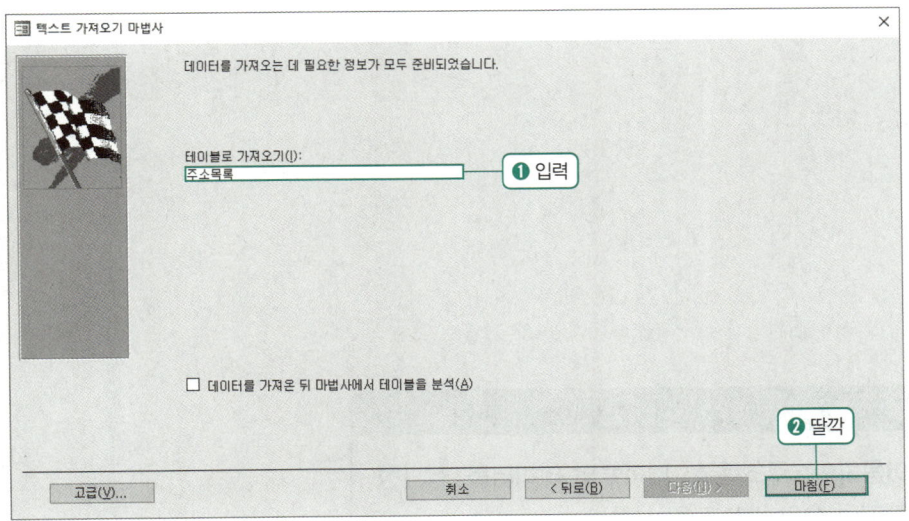

⑥ [외부 데이터 가져오기 – 텍스트 파일] 대화상자가 나타나면 '가져오기 단계 저장'의 체크가 해제되었는지 확인 → [닫기] 단추를 클릭한다.

⑦ 탐색 창에서 〈주소목록〉 테이블을 더블클릭 → '주소' 필드의 너비를 조정하여 생성된 결과를 확인 → [닫기] 단추(☒)를 클릭한다.

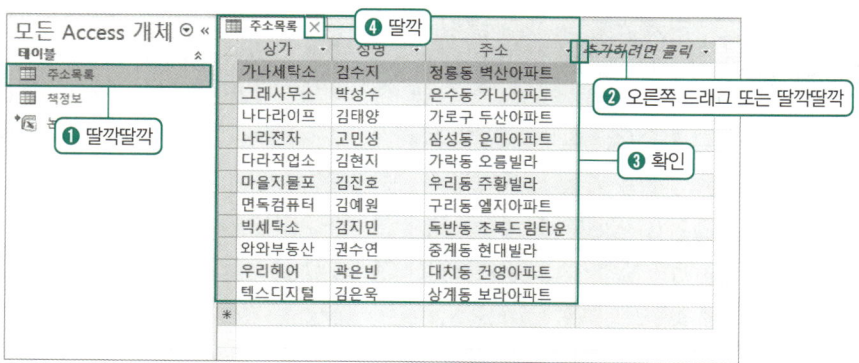

⑧ 변경한 내용을 저장할 것인지 묻는 메시지 창이 나타나면 [예] 단추를 클릭한다.

📥 **작업 파일명** C:\에듀윌_2026컴활1급실기\그대로따라하기\데이터베이스실무\01.DB구축\04.외부데이터\실습\01_외부데이터.accdb

출제패턴 ❺ 테이블 내보내기

외부 데이터 내보내기 기능을 이용하여 〈주소목록〉 테이블의 데이터를 '상가정보.xlsx' 파일로 내보내시오. (출제패턴 ❹의 완성 파일 사용)

▶ 서식 및 레이아웃과 함께 데이터를 내보낼 것

▼ 결과 화면

	A	B	C
1	상가	성명	주소
2	가나세탁소	김수지	정릉동 벽산아파트
3	그래사무소	박성수	은수동 가나아파트
4	나다라이프	김태양	가로구 두산아파트
5	나라전자	고민성	삼성동 은마아파트
6	다라직업소	김현지	가락동 오름빌라
7	마을지물포	김진호	우리동 주황빌라
8	면독컴퓨터	김예원	구리동 엘지아파트
9	빅세탁소	김지민	독반동 초록드림타운
10	와와부동산	권수연	중계동 현대빌라
11	우리헤어	곽은빈	대치동 건영아파트
12	텍스디지털	김은욱	상계동 보라아파트
13			

출제패턴을 알면 시험이 쉬워진다!

내보내기

데이터베이스 개체를 다른 응용 프로그램에서 사용할 수 있도록 형식을 변경하는 기능이다.

그대로 따라하기

1 외부 데이터 내보내기

① 탐색 창에서 〈주소목록〉 테이블을 선택 → [외부 데이터] 탭-[내보내기] 그룹-[Excel]을 클릭한다.

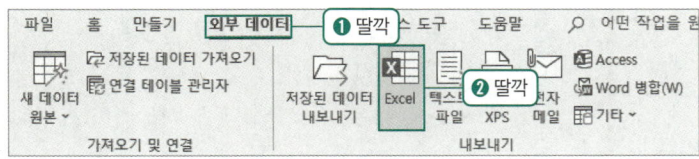

② [내보내기 - Excel 스프레드시트] 대화상자가 나타나면 [찾아보기] 단추를 클릭한다.

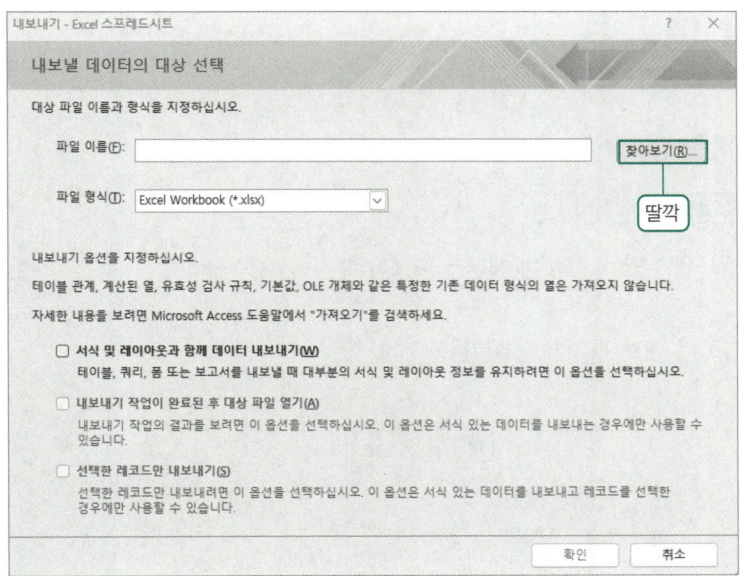

③ [파일 저장] 대화상자가 나타나면 임의의 경로 지정 → '파일 이름'에 상가정보 입력 → [저장] 단추를 클릭한다.

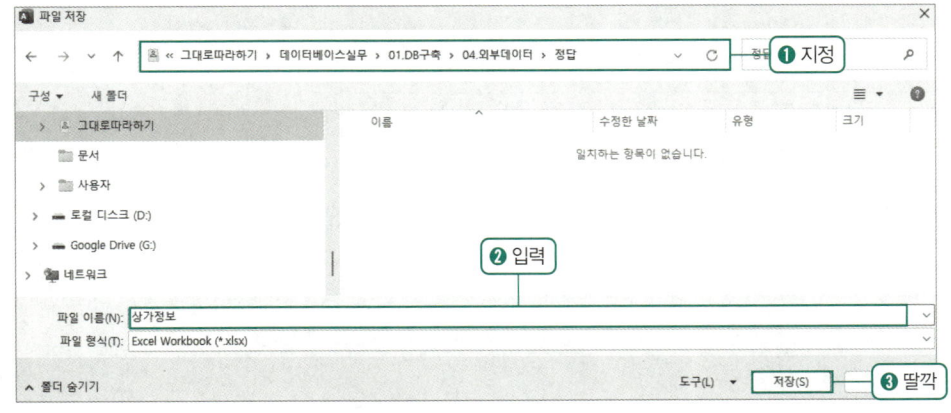

출제패턴을 알면 시험이 쉬워진다!
실제 시험에서는 시험에서 제시된 경로로 지정한다.

④ [내보내기 – Excel 스프레드시트] 대화상자로 되돌아오면 '서식 및 레이아웃과 함께 데이터 내보내기'에 체크 → [확인] 단추를 클릭한다.

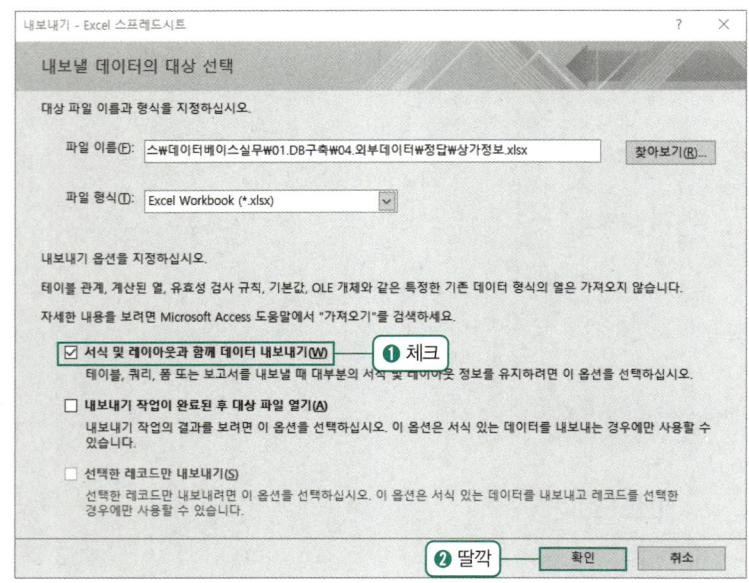

⑤ [내보내기 – Excel 스프레드시트] 대화상자에서 '내보내기 단계 저장'의 체크가 해제되었는지 확인 → [닫기] 단추를 클릭한다.
⑥ 저장한 경로에서 '상가정보.xlsx' 파일을 더블클릭하여 내보낸 결과를 확인 → '상가정보.xlsx' 파일에서 [닫기] 단추(☒)를 클릭한다.

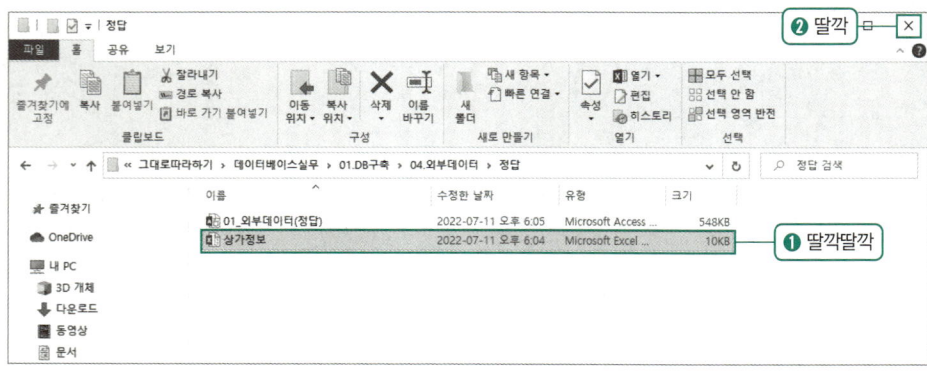

▶ 작업 파일명 C:\에듀윌_2026컴활1급실기\그대로따라하기\데이터베이스실무\01.DB구축\04.외부데이터\실습\
02_외부데이터.accdb

출제패턴 ❻ 테이블에 데이터 추가하기(텍스트 파일)

외부 데이터 가져오기 기능을 이용하여 〈광고디자인데이터.txt〉 파일의 내용을 가져와 〈광고디자인〉 테이블에 추가하시오.

▶ 첫 번째 행은 열 머리글임
▶ '탭'으로 구분되어 있음

▼ 결과 화면

그대로 따라하기

1 외부 데이터 가져오기

① [외부 데이터] 탭-[가져오기 및 연결] 그룹-[새 데이터 원본]-[파일에서]-[텍스트 파일(T)]을 클릭한다.
② [외부 데이터 가져오기-텍스트 파일] 대화상자가 나타나면 [찾아보기] 단추를 클릭한다.
③ [파일 열기] 대화상자가 나타나면 'C:\에듀윌_2026컴활1급실기\그대로따라하기\데이터베이스실무\01.DB구축\04.외부데이터\실습' 경로에서 '광고디자인데이터.txt' 파일을 선택 → [열기] 단추를 클릭한다.

④ [외부 데이터 가져오기-텍스트 파일] 대화상자로 되돌아오면 선택한 파일을 확인 → '다음 테이블에 레코드 복사본 추가'를 선택하고 〈광고디자인〉 테이블을 선택 → [확인] 단추를 클릭한다.

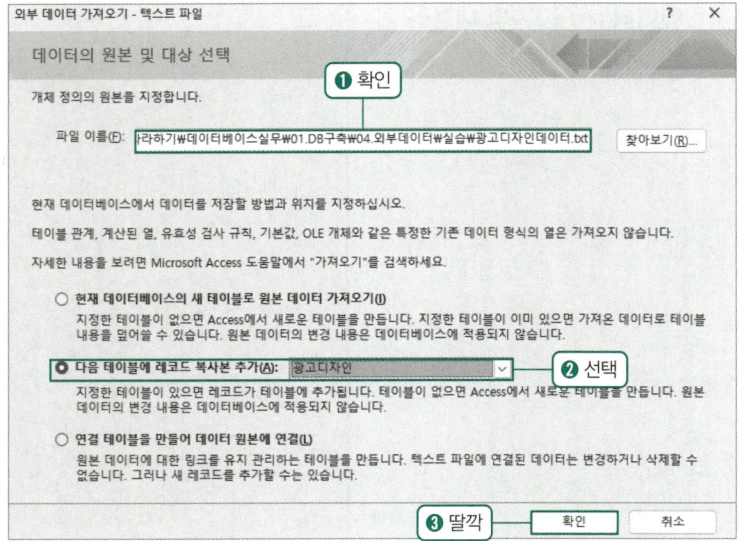

2 테이블 및 필드 설정하기

① [텍스트 가져오기 마법사] 1단계 대화상자가 나타나면 '구분' 선택 → [다음] 단추를 클릭한다.

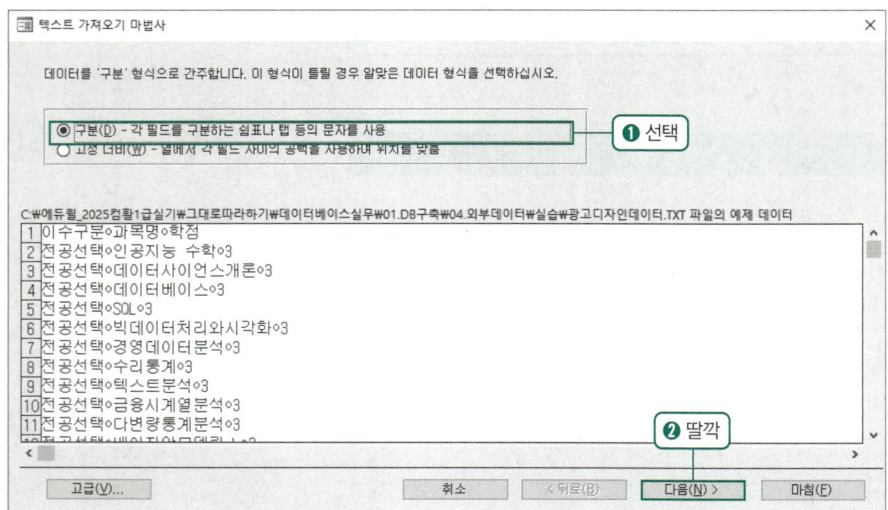

② [텍스트 가져오기 마법사] 2단계 대화상자가 나타나면 '필드를 나눌 구분 기호 선택'에서 '탭'을 선택 → '첫 행에 필드 이름 포함'에 체크 → [다음] 단추를 클릭한다.

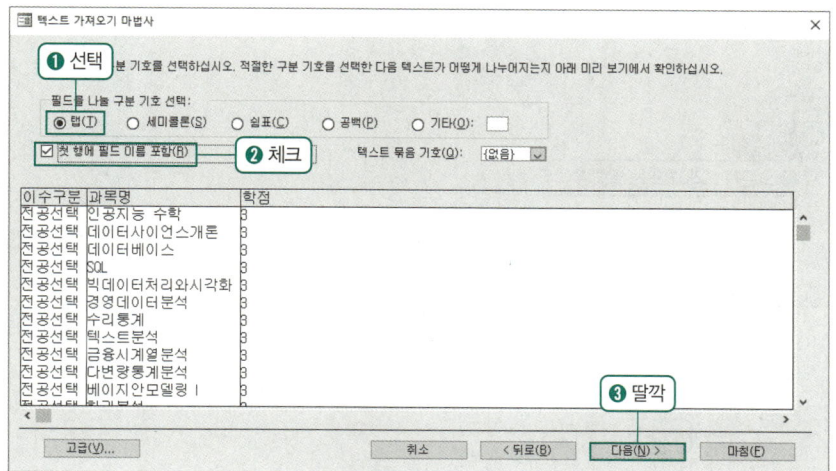

③ [텍스트 가져오기 마법사] 3단계 대화상자가 나타나면 '테이블로 가져오기'에 '광고디자인'으로 표시되었는지 확인 → [마침] 단추를 클릭한다.

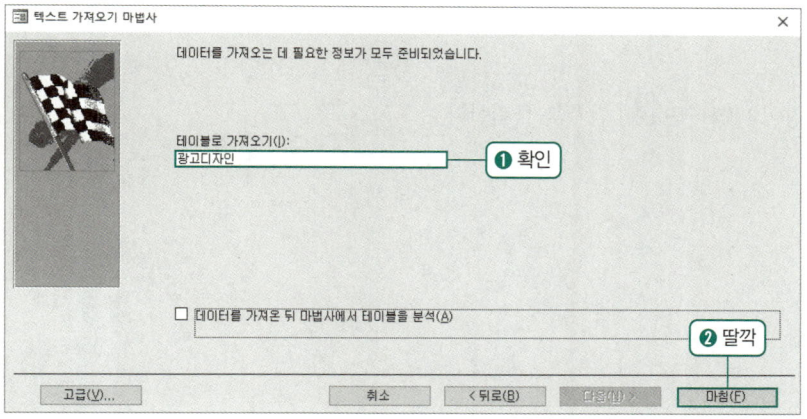

④ [외부 데이터 가져오기 – 텍스트 파일] 대화상자가 열리면 '가져오기 단계 저장'의 체크를 해제 → [닫기] 단추를 클릭한다.

⑤ 탐색 창에서 〈광고디자인〉 테이블을 더블클릭 → '과목명' 필드의 너비를 조정하여 추가한 결과를 확인 → [닫기] 단추(☒)를 클릭한다.

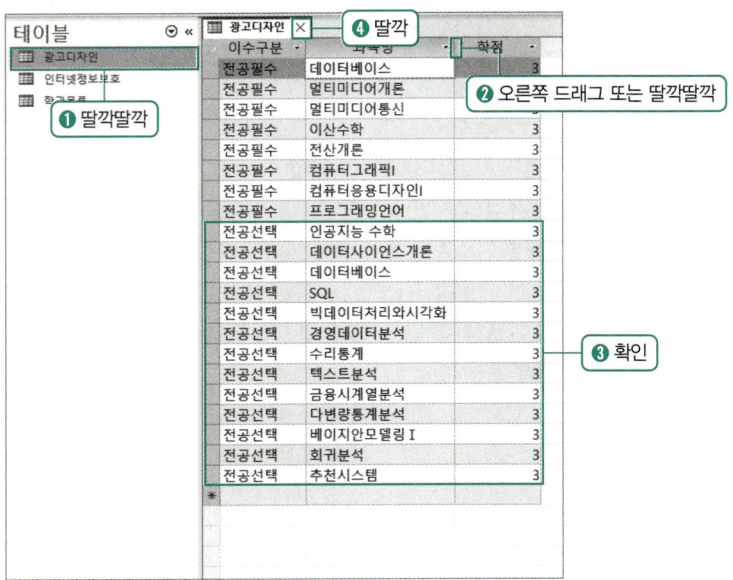

⑥ 변경한 내용을 저장할 것인지 묻는 메시지 창이 나타나면 [예] 단추를 클릭한다.

에듀윌이
너를
지지할게
ENERGY

코이라는 물고기는
어항에서 5센티,
연못에서 20센티,
강물에서는 1미터까지 자랍니다.

코이는 어떤 물에서 살지 선택할 수 없지만
사람은 선택할 수 있습니다.

꿈은 사람이 선택하는 환경입니다.

– 조정민, 『사람이 선물이다』, 두란노

Chapter 02

입력 및 수정 기능 구현

배점 20점
목표점수 15점

출제유형 분석

입력 및 수정 기능 구현은 **1**번 문제에서 폼과 컨트롤, **2**~**3**번 문제에서 조건부 서식, 콤보 상자 컨트롤, 하위 폼 중 각 1문제가 출제되어 총 3문제 출제된다. 폼과 컨트롤 문제는 고정적으로 출제되고, 조건부 서식, 콤보 상자 컨트롤, 하위 폼 문제 중 2문제가 선택적으로 출제된다. **1**번 문제에서 3점짜리 3개의 지시사항으로 구성된 1문제와 **2**번 문제에서 6점짜리 1문제, **3**번 문제에서 5점짜리 1문제가 출제된다.

합격 전략

입력 및 수정 기능 구현에서 폼에 관련된 여러 속성 등을 지정하는 '폼과 컨트롤' 부분은 유사하게 출제되므로 실수하지 않도록 한다. 조건부 서식, 콤보 상자 컨트롤, 하위 폼에 대한 내용은 반복 연습이 필요하며, 매크로를 이용한 조회 문제는 고난도이므로 어느 정도 액세스에 익숙해진 후 학습하는 것이 좋다. '매크로'에 대한 내용은 '03. 조회 및 출력 기능 구현' 작업의 '02. 조회'에서 다루고 있다.

	출제유형	난이도	세부 출제패턴
1	폼과 컨트롤	상 **중** 하	폼의 여러 가지 속성을 설정하는 부분으로, 폼 속성, 컨트롤 속성을 지정하는 문제가 출제된다. 각 속성의 기능을 정확히 학습하도록 한다.
2	조건부 서식	상 **중** 하	모든 컨트롤을 대상으로 하는 경우와 특정한 컨트롤에만 서식을 지정하는 경우를 구분하고, 자주 사용되는 함수를 적용하는 연습을 해야 한다.
3	콤보 상자 컨트롤	상 중 **하**	행 원본 지정, 바운드 열 지정 등 콤보 상자의 설정 방법을 정확히 익히도록 한다.
4	하위 폼	상 중 **하**	연결할 필드 설정, 사용할 테이블이나 쿼리를 지정하는 부분을 꼼꼼하게 익히도록 한다.
	매크로	**상** 중 하	매크로는 수험자들이 매우 어려워 하는 부분이므로 자주 출제되는 내용 위주의 반복 학습이 중요하다. 문제2와 문제3에서 출제되고 있으며 본 교재에서는 '03. 조회 및 출력 기능 구현' 작업의 '02. 조회'에서 다루고 있다.

무료 동영상 강의

입력 및 수정 기능 구현

01 폼과 컨트롤

① **개념**: 폼은 테이블이나 쿼리의 데이터를 보다 편리하게 작업할 수 있도록 하는 데이터베이스 개체
② **기능 및 특징**: 컨트롤은 폼이나 보고서를 구성하는 텍스트 상자, 레이블, 버튼, 콤보 상자 등 다양한 그래픽 요소
③ [양식 디자인] 탭에서 제공하는 주요 컨트롤

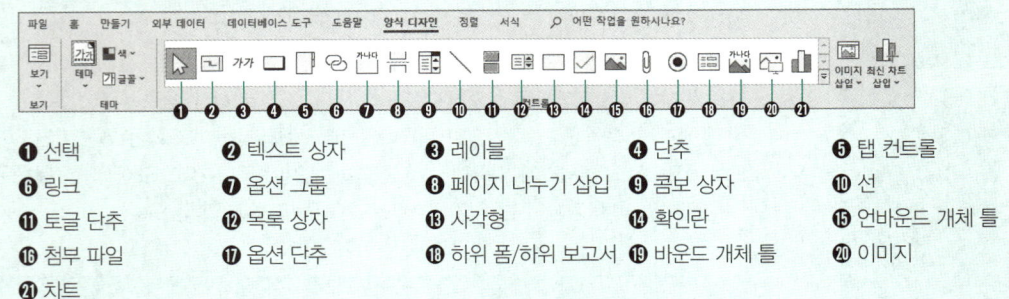

- ❶ 선택
- ❷ 텍스트 상자
- ❸ 레이블
- ❹ 단추
- ❺ 탭 컨트롤
- ❻ 링크
- ❼ 옵션 그룹
- ❽ 페이지 나누기 삽입
- ❾ 콤보 상자
- ❿ 선
- ⓫ 토글 단추
- ⓬ 목록 상자
- ⓭ 사각형
- ⓮ 확인란
- ⓯ 언바운드 개체 틀
- ⓰ 첨부 파일
- ⓱ 옵션 단추
- ⓲ 하위 폼/하위 보고서
- ⓳ 바운드 개체 틀
- ⓴ 이미지
- ㉑ 차트

> 작업 파일명 C:\에듀윌_2026컴활1급실기\그대로따라하기\데이터베이스실무\02.입력및수정기능구현\01.폼과컨트롤\실습\01_폼과컨트롤.accdb

출제패턴 ❶

〈기숙사관리〉 폼을 다음의 화면과 지시 사항에 따라 완성하시오.

1 〈기숙사관리현황〉 쿼리를 폼의 레코드 원본으로 설정하시오.

2 탐색 단추와 폼의 구분선이 나타나지 않도록 설정하시오.

3 '최소화/최대화 단추'가 표시되지 않도록 설정하시오.

4 폼에 레코드를 삭제할 수 없도록 설정하시오.

5 폼에 세로 스크롤 막대만 표시되도록 설정하시오.

6 '연속 폼'의 형태로 나타나도록 '기본 보기' 속성을 설정하시오.

7 폼 머리글의 높이는 1cm, 폼 바닥글의 높이는 0cm로 설정하시오.

8 폼 머리글의 배경색을 '밝은 텍스트'로 설정하시오.

읽는 강의

출제패턴을 알면 시험이 쉬워진다!
폼은 폼 속성, 컨트롤 속성 등 폼과 관련된 다양한 기능이 많이 출제되고 있으므로 중점적으로 학습해야 한다.

▼ 결과 화면

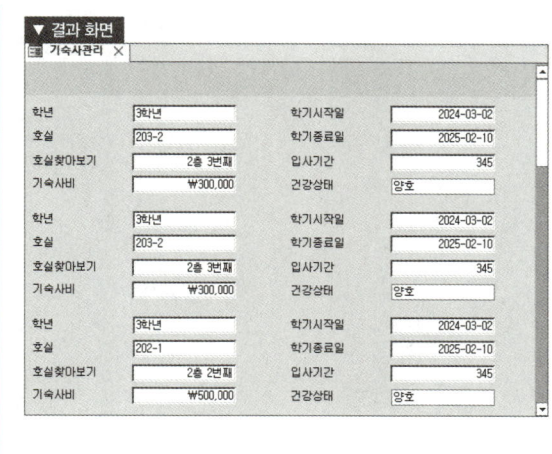

그대로 따라하기

1 〈기숙사관리현황〉 쿼리를 폼의 레코드 원본으로 설정하기

① 탐색 창의 〈기숙사관리〉 폼에서 마우스 오른쪽 단추를 클릭하고 바로 가기 메뉴에서 [디자인 보기]를 선택한다.

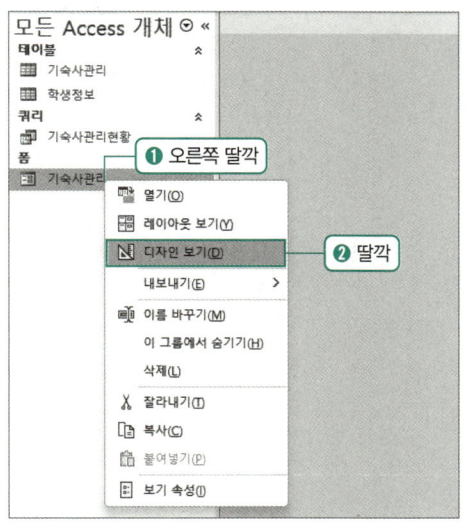

② [양식 디자인] 탭-[도구] 그룹-[속성 시트]를 클릭한다.

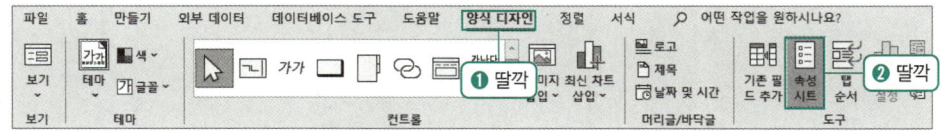

풀이법을 알면 시간이 단축된다!
찾으려는 개체가 보이지 않으면 탐색 창에서 목록 표시 단추(⊙)를 클릭하고 '범주 탐색'의 [개체 유형]을 선택한 후 '그룹 기준 필터'에서 [모든 Access 개체]를 선택한다.

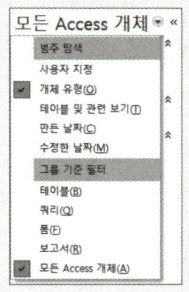

풀이법을 알면 시간이 단축된다!
'폼'의 [속성 시트] 창을 열 때는 폼 선택기(■)를 더블클릭하거나 Alt + Enter 를 눌러도 된다.

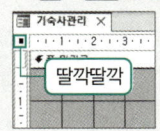

개념 더하기 ⊕ 폼 구역

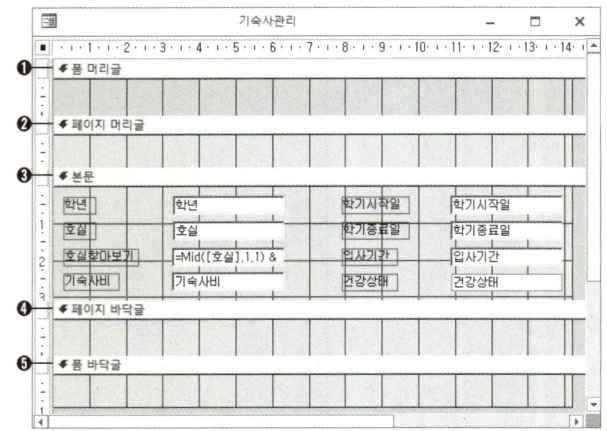

❶ **폼 머리글**: 폼의 제목을 표시하는 구역으로, '폼 보기' 상태에서는 매번 위쪽에 표시됨
❷ **페이지 머리글**: 인쇄 미리 보기 상태에서 모든 페이지의 위쪽에 동일한 정보를 표시하는 구역
❸ **본문**: 레코드들을 표시하는 구역
❹ **페이지 바닥글**: 인쇄 미리 보기 상태에서 모든 페이지의 아래쪽에 같은 정보를 표시하는 구역
❺ **폼 바닥글**: 일반적으로 폼에 대한 요약 정보를 표시하는 구역으로, '폼 보기' 상태에서는 매번 아래쪽에 표시됨

---

③ '폼'의 [속성 시트] 창이 나타나면 [데이터] 탭에서 '레코드 원본' 속성을 〈기숙사관리현황〉 쿼리로 지정한다.

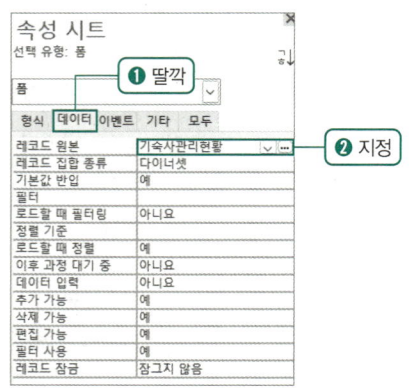

풀이법을 알면 시간이 단축된다!
레코드 원본
폼에 연결하여 사용할 테이블이나 쿼리명을 지정

2 탐색 단추와 폼의 구분선 숨기기

[속성 시트] 창의 [형식] 탭에서 '탐색 단추' 속성과 '구분 선' 속성을 '아니요'로 지정한다.

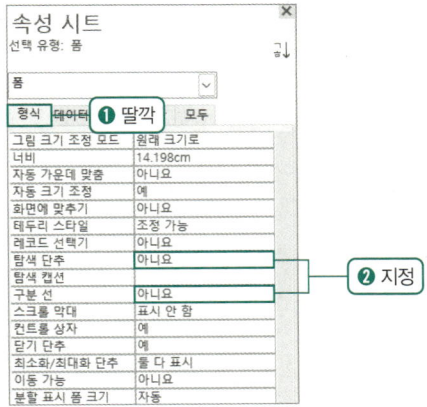

> **읽는 강의**
>
> **풀이법을 알면 시간이 단축된다!**
>
> **탐색 단추**
> 탐색 단추의 표시 여부 지정
>
>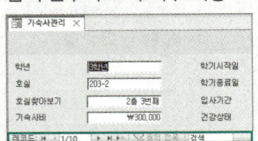

3 '최소화/최대화 단추' 숨기기

[속성 시트] 창의 [형식] 탭에서 '최소화/최대화 단추' 속성을 '표시 안 함'으로 지정한다.

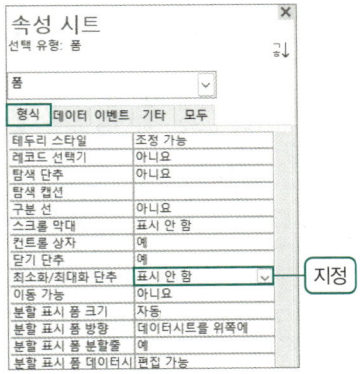

4 폼에 레코드를 삭제할 수 없게 설정하기

[속성 시트] 창의 [데이터] 탭에서 '삭제 가능' 속성을 '아니요'로 지정한다.

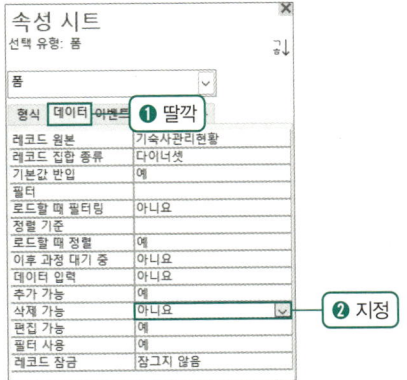

5 폼에 세로 스크롤 막대만 표시하기

[속성 시트] 창의 [형식] 탭에서 '스크롤 막대' 속성을 '세로만'으로 지정한다.

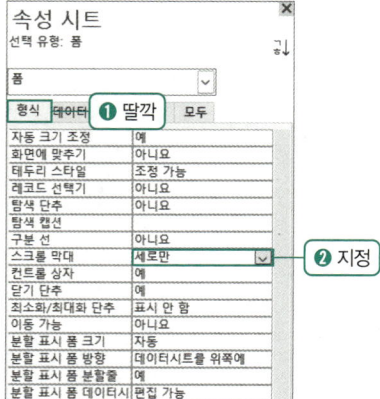

> **읽는 강의**

6 '연속 폼'의 형태 표시하기

[속성 시트] 창의 [형식] 탭에서 '기본 보기' 속성을 '연속 폼'으로 지정한다.

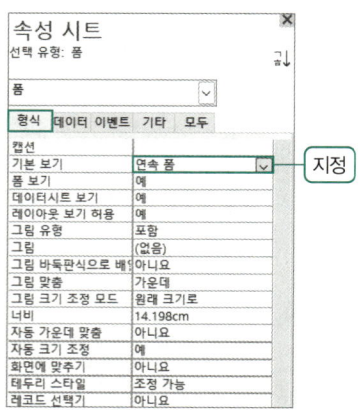

> **실수가 줄어들면 합격은 빨라진다!**
> 폼 보기에 관련된 문제는 연속 폼 형태로 나타나도록 지정하는 경우도 있고, 화면 예시를 제시한 후 화면처럼 나타내라는 경우도 있다. 그러므로 폼 보기 형태를 화면의 표시 형태와 비교하여 확인해야 한다.

개념 더하기 ⊕ '기본 보기' 속성의 종류

- **단일 폼 보기**: 한 개의 레코드를 한 화면에 표시한다.

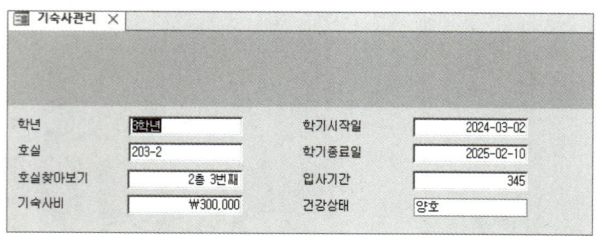

- **연속 폼 보기**: 여러 개의 레코드를 한 화면에 표시한다.

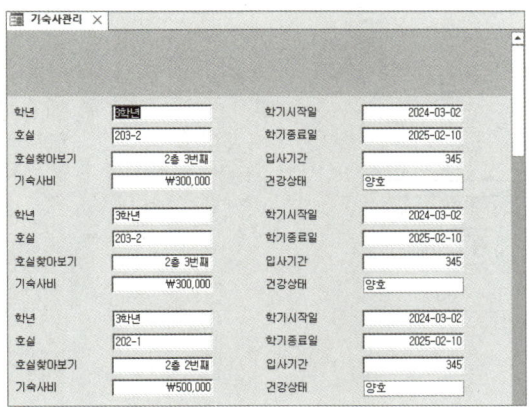

- **데이터시트 보기**: 테이블 보기처럼 표시한다.

- **분할 표시 폼**: 하나의 폼을 [폼 보기]와 [데이터시트 보기]로 볼 수 있다.

7 폼 머리글/바닥글 설정하기

① '폼 머리글' 구역을 클릭 → '폼_머리글'의 [속성 시트] 창의 [형식] 탭에서 '높이' 속성에 1을 입력한다.

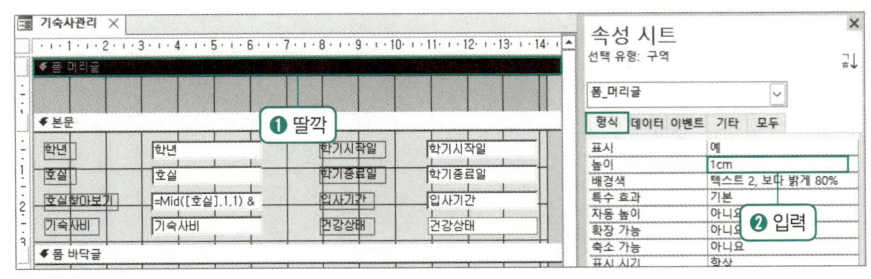

> **풀이법을 알면 시간이 단축된다!**
> - [속성 시트] 창에서 '선택 유형: 구역'의 목록 단추(▽)를 클릭하고 [폼_머리글]을 선택할 수 있다.
> - 일반적으로 숫자만 입력하면 'cm'는 자동으로 붙는다.

② '폼 바닥글' 구역을 클릭 → '폼_바닥글'의 [속성 시트] 창의 [형식] 탭에서 '높이' 속성에 0을 입력한다.

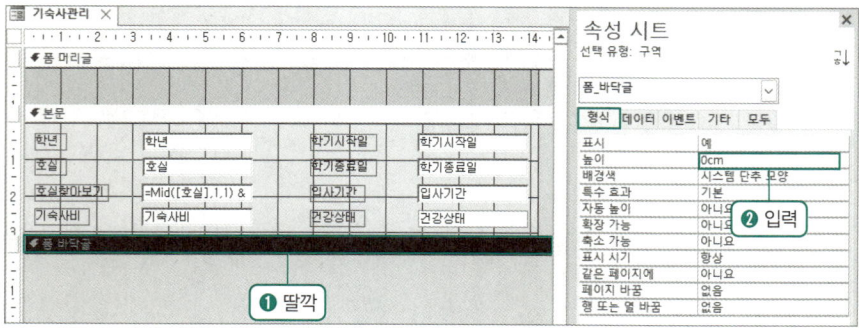

8 폼 머리글의 배경색 설정하기

① '폼 머리글' 구역을 클릭 → '폼_머리글'의 [속성 시트] 창의 [형식] 탭에서 '배경색' 속성을 '밝은 텍스트'로 지정 → [닫기] 단추(X)를 클릭한다.

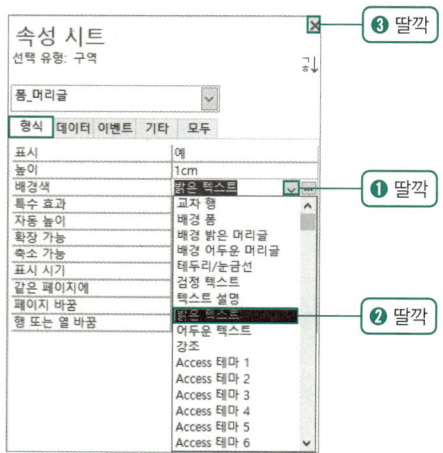

② 〈기숙사관리〉 폼에서 [닫기] 단추(X)를 클릭 → 변경한 내용을 저장할 것인지 묻는 메시지 상자가 나타나면 [예] 단추를 클릭한다.

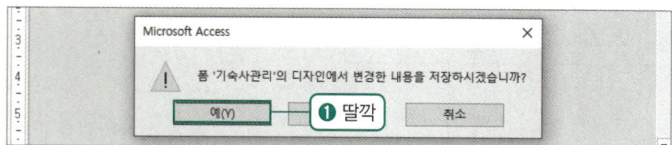

③ 탐색 창의 〈기숙사관리〉 폼을 더블클릭하여 결과를 확인한다.

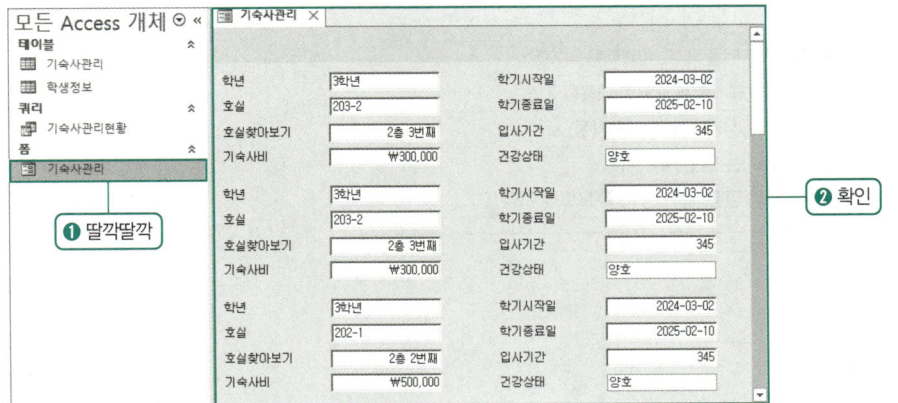

❶ 딸깍딸깍
❷ 확인

> **읽는 강의**
>
> **풀이법을 알면 시간이 단축된다!**
> [홈] 탭-[보기] 그룹-[보기]-
> [폼 보기]를 선택하여 결과를 확인할 수 있다.
>
> **풀이법을 알면 시간이 단축된다!**
> • 폼 보기 바로 가기 키:
>   Ctrl + .(마침표)
> • 디자인 보기 바로 가기 키:
>   Ctrl + ,(쉼표)

개념 더하기⊕ 컨트롤의 주요 속성

• **[형식] 탭**

형식	컨트롤에 표시되는 값의 표시 형식을 지정
소수 자릿수	컨트롤 값의 소수점 자릿수를 지정
표시	폼/보고서 화면에서 컨트롤의 표시 여부를 지정
배경 스타일	컨트롤의 배경 스타일, 배경색을 지정
배경색	
테두리 스타일	컨트롤의 테두리 스타일, 테두리 두께, 테두리 색을 지정
테두리 두께	
테두리 색	
문자색	컨트롤에 표시되는 값의 색을 지정
글꼴 이름	컨트롤에 표시되는 글꼴의 이름, 크기, 두께, 기울임꼴, 밑줄 여부를 지정
글꼴 크기	
글꼴 두께	
글꼴 기울임꼴	
글꼴 밑줄	
텍스트 맞춤	컨트롤에 표시되는 텍스트를 일반, 왼쪽, 가운데, 오른쪽, 배분으로 지정
확장 가능	컨트롤의 너비보다 표시할 값이 많거나 적은 경우, # 너비의 확장, # 축소 여부를 지정
축소 가능	

• **[데이터] 탭**

컨트롤 원본	컨트롤에 연결할 원본 데이터의 필드나 계산식을 지정
입력 마스크	입력하는 값의 종류와 자릿수 등을 제한하는 기호를 지정
기본값	새 레코드를 추가하는 경우 기본적으로 입력되는 값을 지정
유효성 검사 규칙	규칙을 만족하는 값만 입력되도록 규칙을 미리 지정
유효성 검사 텍스트	규칙을 만족하지 않는 값을 입력한 경우에 표시할 내용을 지정
사용 가능	컨트롤의 사용 여부를 지정
잠금	컨트롤 값의 편집 여부를 지정

- [기타] 탭

이름	컨트롤의 이름을 지정
컨트롤 팁 텍스트	컨트롤에 마우스 포인터를 올려두었을 때 표시할 내용을 지정
상태 표시줄 텍스트	컨트롤이 포커스를 가질 때 상태 표시줄에 표시할 내용을 지정
탭 정지	Tab을 누르는 경우 포커스를 이동시키는지 여부를 지정
탭 인덱스	Tab을 누르는 경우 포커스를 가지는 탭 순서를 지정
IME 모드	컨트롤이 포커스를 가질 때 한글, 영문, 일어 등 입력 모드를 지정

작업 파일명 C:\에듀윌_2026컴활1급실기\그대로따라하기\데이터베이스실무\02.입력및수정기능구현\01.폼과컨트롤\실습\02_폼과컨트롤.accdb

출제패턴 ❷

〈기숙사관리현황〉 폼을 다음의 화면과 지시 사항에 따라 완성하시오.

1 화면과 같은 형태로 나타나도록 '기본 보기' 속성을 설정하시오.

2 본문의 모든 텍스트 상자의 글자를 가운데 정렬하시오.

3 폼이 열려 있을 때 다른 작업을 수행할 수 없도록 설정하시오.

4 본문의 컨트롤에 대해서 다음과 같이 탭 순서를 설정하시오.
  ▶ 학년, 학기시작일, 학기종료일, 호실, 호실찾기, 입사기간, 기숙사비, 건강상태

5 테두리 스타일을 가늘게 설정하시오.

6 본문의 배경색을 '#40E201'로 설정하시오.

7 폼에 세로 스크롤 막대만 표시되도록 설정하시오.

8 폼 머리글의 'Image1' 컨트롤에 다음과 같이 그림을 삽입하시오.
  ▶ 그림: 기숙사.png
  ▶ 크기 조절 모드: 전체 확대/축소

9 폼이 로드될 때 '학년' 필드를 기준으로 내림차순 정렬되어 표시되도록 설정하시오.

▼ 결과 화면

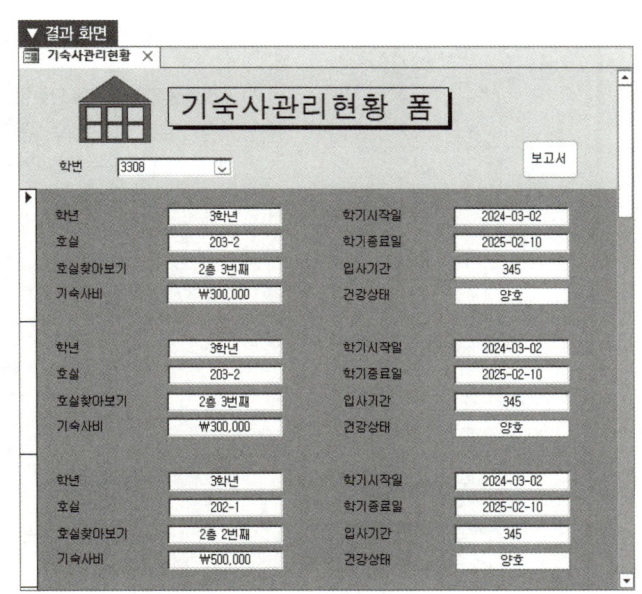

그대로 따라하기

1 '연속 폼'의 형태 표시하기

① 탐색 창의 〈기숙사관리현황〉 폼에서 마우스 오른쪽 단추를 클릭하고 바로 가기 메뉴에서 [디자인 보기]를 선택한다.

② [양식 디자인] 탭-[도구] 그룹-[속성 시트]를 클릭한다.

③ '폼'의 [속성 시트] 창이 나타나면 [형식] 탭에서 '기본 보기' 속성을 '연속 폼'으로 지정한다.

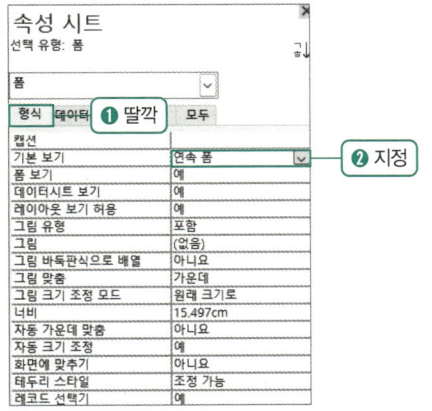

풀이법을 알면 시간이 단축된다!
- **단일 폼**: 하나의 레코드만 표시되는 폼
- **연속 폼**: 여러 개의 레코드가 표시되는 폼

2 본문의 모든 텍스트 상자의 글자를 가운데 정렬하기

Shift를 누른 상태에서 '본문' 영역의 텍스트 상자를 차례대로 클릭하여 선택 → [속성 시트] 창의 [형식] 탭에서 '텍스트 맞춤' 속성을 '가운데'로 지정한다.

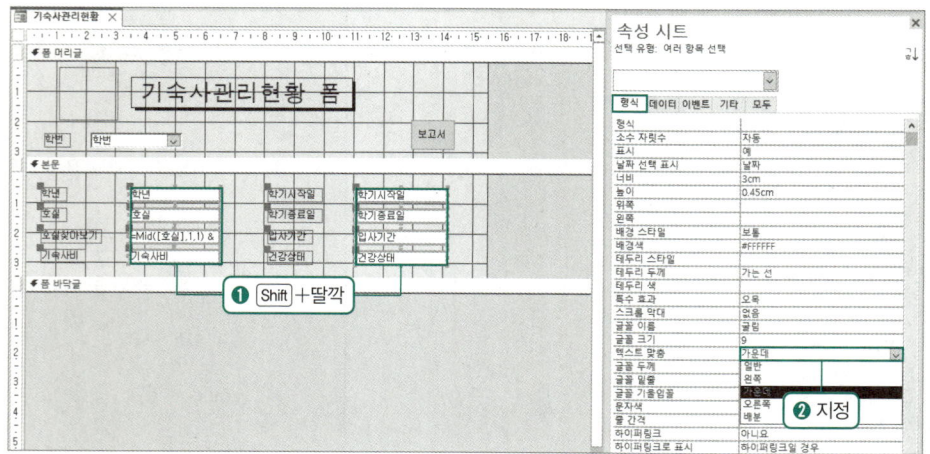

> **읽는 강의**
>
> **풀이법을 알면 시간이 단축된다!**
> [속성 시트] 창의 '선택 유형'에서 각 컨트롤의 유형을 확인하여 텍스트 상자 컨트롤에만 가운데 정렬을 지정해야 한다. 가운데 정렬은 [서식] 탭-[글꼴] 그룹에서 '가운데 맞춤'으로 지정할 수도 있다.

3 폼이 열려 있을 때 다른 작업을 수행할 수 없도록 설정하기

[속성 시트] 창에서 '폼'을 지정 → [기타] 탭에서 '모달' 속성을 '예'로 지정한다.

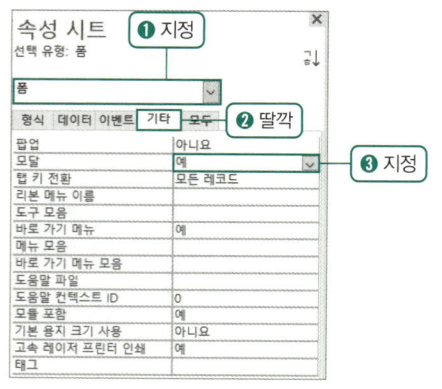

> **풀이법을 알면 시간이 단축된다!**
> '모달' 속성을 '예'로 지정하면 폼이 열려있는 경우 다른 화면을 선택할 수 없다.

4 본문의 컨트롤 탭 순서 설정하기

① [양식 디자인] 탭-[도구] 그룹-[탭 순서]를 클릭한다.

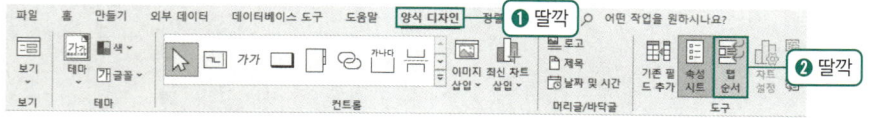

> **풀이법을 알면 시간이 단축된다!**
> 〈기숙사관리현황〉 폼의 비어있는 영역에서 마우스 오른쪽 단추를 클릭하고 바로 가기 메뉴에서 [탭 순서]를 선택해도 된다.

② [탭 순서] 대화상자가 나타나면 '본문' 영역에서 '학기시작일'의 행 선택기를 클릭하여 '학년' 아래로 드래그 → 이와 같은 방법으로 '학년', '학기시작일', '학기종료일', '호실', '호실찾기', '입사기간', '기숙사비', '건강상태' 순으로 지정 → [확인] 단추를 클릭한다.

> **읽는 강의**
>
> **풀이법을 알면 시간이 단축된다!**
> [탭 순서] 대화상자에서 탭 순서를 설정할 때, [자동 순서] 단추를 클릭하면 실제 시험에서 요구하는 순서와 유사하게 정렬되므로 빠르게 넘어갈 수 있다.

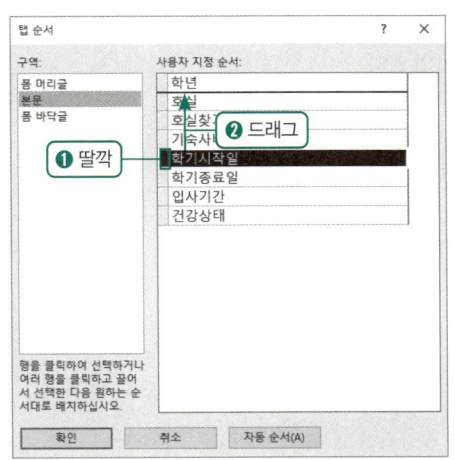
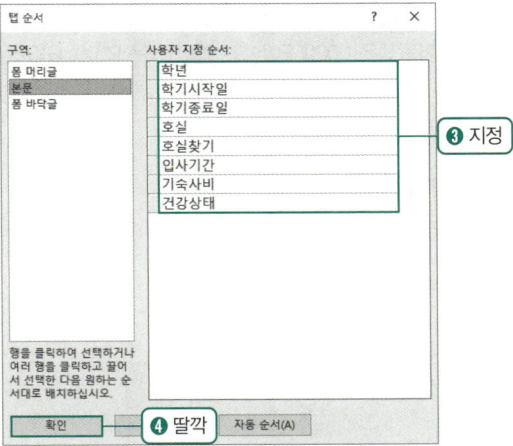

5 폼의 테두리 스타일 설정하기

'폼'의 [속성 시트] 창의 [형식] 탭에서 '테두리 스타일' 속성을 '가늘게'로 지정한다.

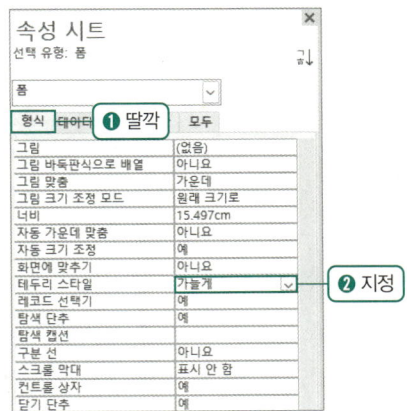

6 본문 배경색 설정하기

[속성 시트] 창에서 '본문'을 지정 → [형식] 탭에서 '배경색' 속성에 #40E201을 입력한다.

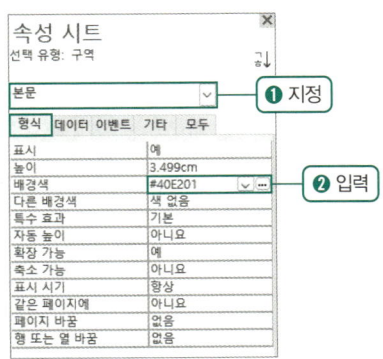

| 개념 더하기 ⊕ | RGB |

RGB는 빛의 삼원색을 뜻하는 말이며 빨강(Red), 초록(Green), 파랑(Blue)의 합성어다. 각 색상은 0~255의 숫자 값을 갖는다. 검정색은 (0,0,0), 흰색은(255,255,255), 빨강색은 (255,0,0), 초록색은 (0,255,0), 파랑색은(0,0,255)로 표현된다. 이를 16진수로 표기하면 검정색은 000000, 흰색은 FFFFFF, 빨강색은 FF0000, 초록색은 00FF00, 파랑색은 0000FF이다. #40E201은 R:40, G:E2, B:01의 값이 섞인 색상을 의미한다.

7 폼에 세로 스크롤 막대만 표시하기

[속성 시트] 창에서 '폼'을 지정 → [형식] 탭에서 '스크롤 막대' 속성을 '세로만'으로 지정한다.

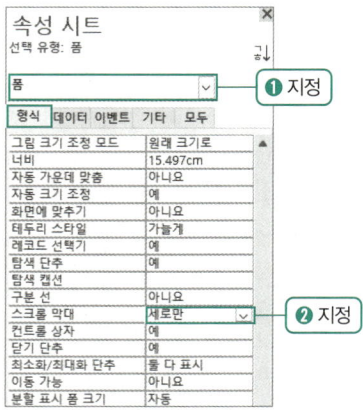

8 폼 머리글에 그림 삽입하고 높이/너비 설정하기

① '폼 머리글' 영역에서 'Image1' 컨트롤 클릭 → [속성 시트] 창의 [형식] 탭에서 '그림' 속성을 클릭 → 작성기 단추(…)를 클릭한다.

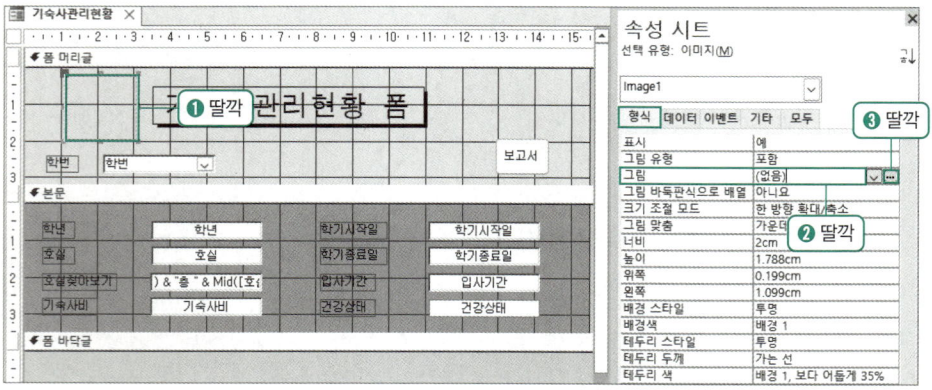

② [그림 삽입] 대화상자가 나타나면 'C:\에듀윌_2026컴활1급실기\그대로따라하기\데이터베이스실무\02.입력및수정기능구현\01.폼과컨트롤\실습' 경로에서 '기숙사.png' 파일을 선택 → [확인] 단추를 클릭한다.

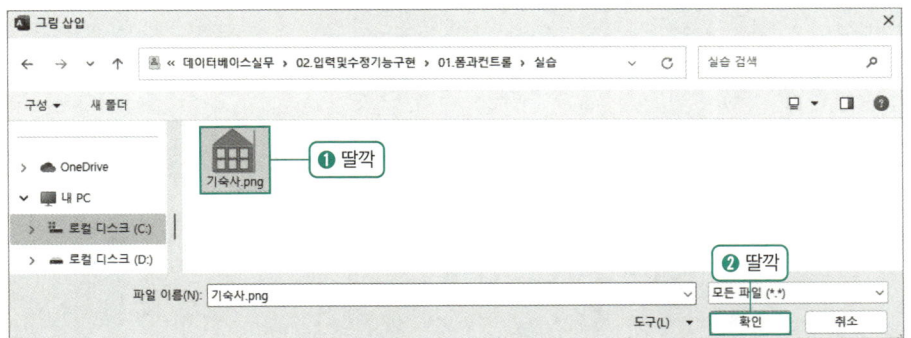

③ [속성 시트] 창으로 되돌아오면 [형식] 탭에서 '크기 조절 모드' 속성을 '전체 확대/축소'로 지정한다.

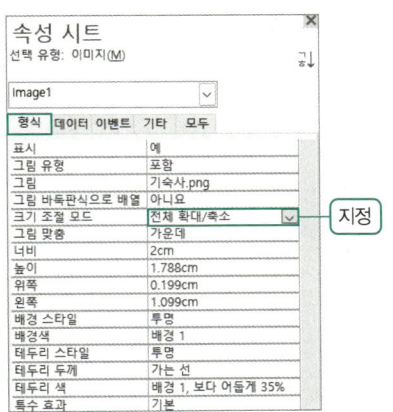

풀이법을 알면 시간이 단축된다!
- **원래 크기로**: 그림 파일의 실제 크기를 그대로 보이고자 할 때 사용함. 컨트롤의 크기가 그림 파일의 크기보다 작은 경우에는 그림의 일부가 잘리게 됨
- **전체 확대/축소**: 컨트롤 크기에 맞게 그림 파일의 크기를 조절함
- **한 방향 확대/축소**: 컨트롤의 크기에 맞게 그림 파일의 크기를 조절하며, 가로 세로 비율이 동일하게 조절되어 표시됨

9 폼 로드 시 '학년' 필드를 기준으로 내림차순 정렬하기

① [속성 시트] 창에서 '폼'을 지정 → [데이터] 탭에서 '정렬 기준' 속성에 학년 DESC 입력 → [닫기] 단추(☒)를 클릭한다.

> **풀이법을 알면 시간이 단축된다!**
> • ASC: 오름차순으로 정렬
> • DESC: 내림차순으로 정렬

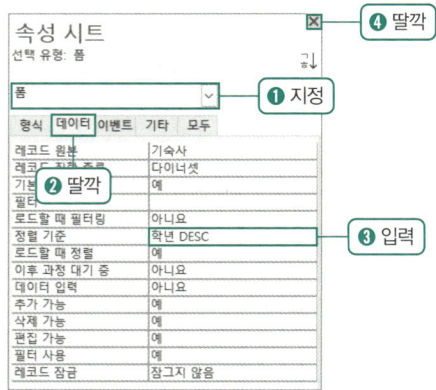

② 〈기숙사관리현황〉 폼에서 [닫기] 단추(☒)를 클릭 → 변경한 내용을 저장할 것인지 묻는 메시지 상자가 나타나면 [예] 단추를 클릭한다.

③ 탐색 창의 〈기숙사관리현황〉 폼을 더블클릭하여 결과를 확인한다.

📁 **작업 파일명** C:\에듀윌_2026컴활1급실기\그대로따라하기\데이터베이스실무\02.입력및수정기능구현\01.폼과컨트롤\실습\03_폼과컨트롤.accdb

---

출제패턴 ❸

〈입원 환자 현황〉 폼을 다음의 화면과 지시 사항에 따라 완성하시오.

1 본문의 모든 컨트롤에 아래쪽 맞춤을 지정하고 컨트롤 간의 가로 간격이 모두 같도록 설정하시오.

2 본문의 't나이'와 't진료부서' 컨트롤에 각각 '나이' 필드와 '진료부서' 필드에 바운드 시키시오.

3 본문의 't환자코드' 컨트롤이 〈폼 보기〉 상태에서는 표시되지 않도록 '표시' 속성을 설정하시오.

4 본문의 컨트롤 탭이 다음 순서대로 정지하도록 관련 속성을 설정하시오.
  ▶ t환자성명, t나이, t성별, t진료부서, t입원기간, t환자코드

5 폼 바닥글의 't인원수' 컨트롤에는 레코드의 수를 표시하도록 컨트롤 원본 서식을 지정하시오.
  ▶ Count( ) 함수 사용
  ▶ [표시 예: 5 → 환자수: 5]

6 폼 바닥글의 't입원기간합계' 컨트롤에는 '성별'이 '여'인 환자의 입원기간의 합계가 표시되도록 컨트롤 원본 서식을 지정하시오.
  ▶ <부서별 입원 현황> 쿼리와 DSum( ) 함수 사용

7 폼 머리글에 레이블을 생성하고 폼 제목을 입력한 후 글꼴은 다음과 같이 설정하시오.
- 이름: lbl병원
- 내용: 입원 환자 내역
- 글꼴: 돋움체, 글꼴 크기: 20, 글꼴 두께: 굵게, 텍스트 맞춤: 가운데

8 본문의 't환자성명' 컨트롤에 마우스 포인터를 올려놓으면 텍스트 '빠른 회복 바랍니다.'가 나타나도록 설정하시오.

▼ 결과 화면

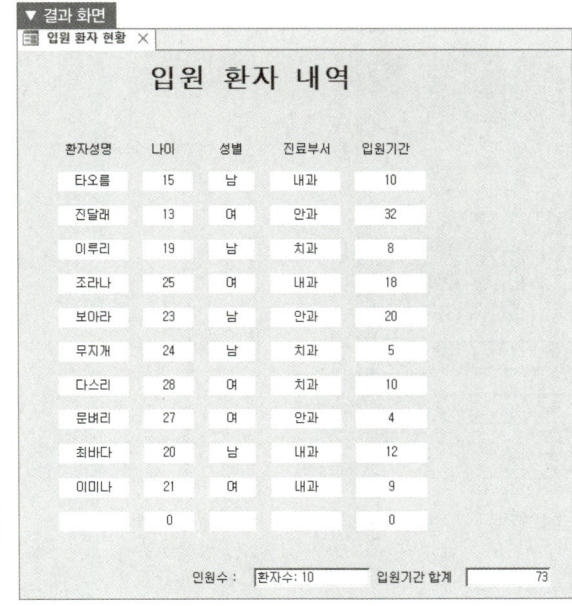

그대로 따라하기

1 본문 컨트롤의 맞춤 및 간격 설정하기

① 탐색 창의 〈입원 환자 현황〉 폼에서 마우스 오른쪽 단추를 클릭하고 바로 가기 메뉴에서 [**디자인 보기**]를 선택한다.

② 본문 영역의 세로 눈금자를 클릭 → 본문의 모든 컨트롤이 선택되면 [**정렬**] 탭-[**크기 및 순서 조정**] 그룹-[**맞춤**]-[**아래쪽**]을 선택한다.

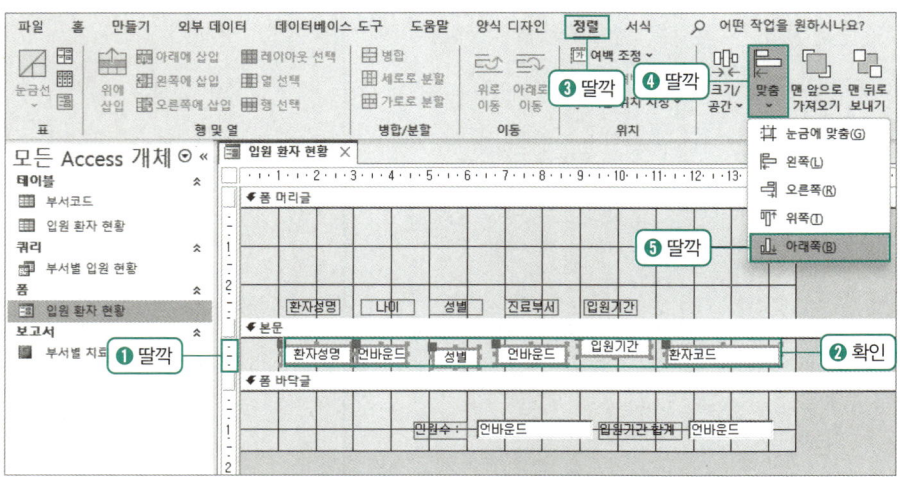

③ [**정렬**] 탭-[**크기 및 순서 조정**] 그룹-[**크기/공간**]-[**가로 간격 같음**] 선택 → 임의의 영역을 클릭하여 컨트롤 선택을 해제한다.

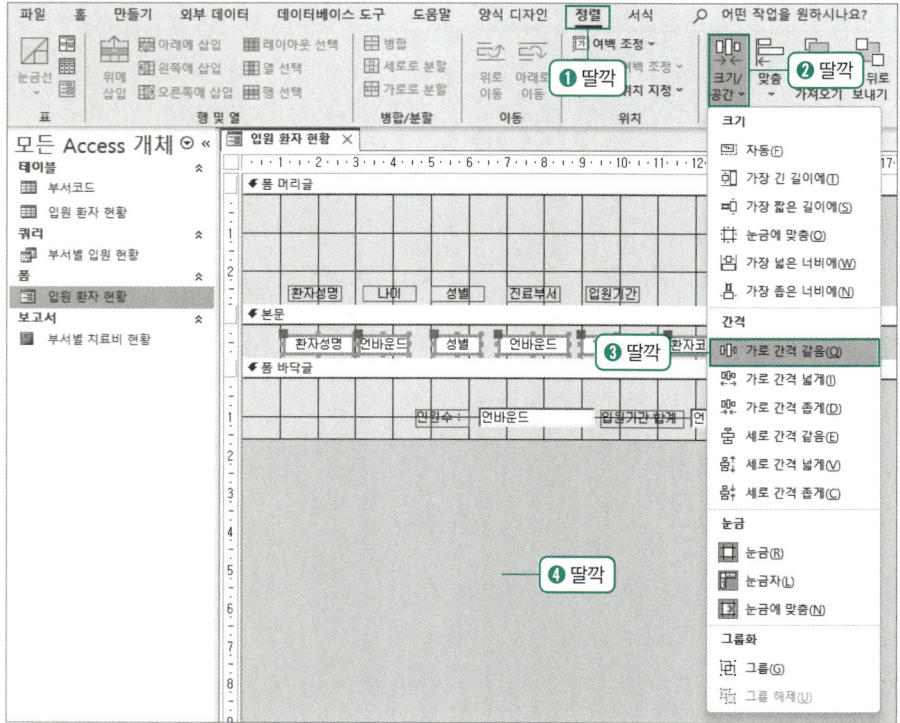

2 본문 컨트롤에 필드를 바운드시키기

① [양식 디자인] 탭-[도구] 그룹-[속성 시트]를 클릭한다.
② [속성 시트] 창에서 't나이'를 지정 → [데이터] 탭에서 '컨트롤 원본' 속성을 '나이'로 지정한다.

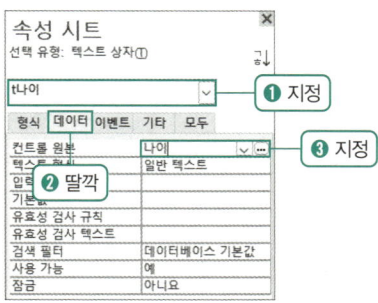

③ [속성 시트] 창에서 't진료부서'를 지정 → [데이터] 탭에서 '컨트롤 원본' 속성을 '진료부서'로 지정한다.

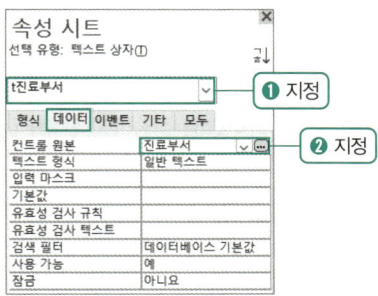

> **읽는 강의**
>
> **풀이법을 알면 시간이 단축된다!**
> • **바운드**: 연결되어 있음
> • **언바운드**: 연결되어 있지 않음

개념 더하기⊕ 폼의 눈금선 제거하기

폼의 빈 공간에서 마우스 오른쪽 단추를 클릭하고 바로 가기 메뉴에서 [눈금]을 선택하면 폼의 눈금선을 제거할 수 있다.

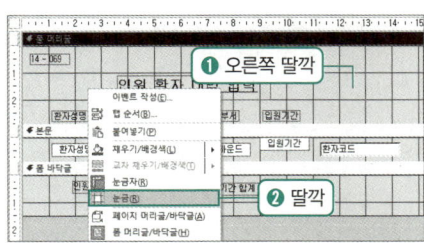 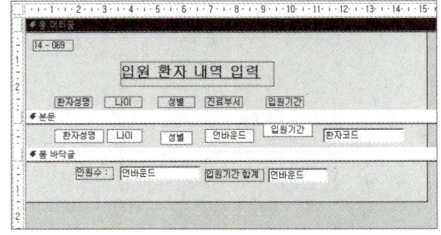

3 본문 컨트롤에 '표시' 속성 설정하기

[속성 시트] 창에서 't환자코드'를 지정 → [형식] 탭에서 '표시' 속성을 '아니요'로 지정한다.

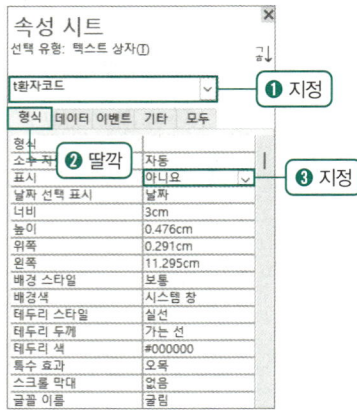

4 본문의 컨트롤 탭 순서 설정하기

① [양식 디자인] 탭-[도구] 그룹-[탭 순서]를 클릭한다.
② [탭 순서] 대화상자가 나타나면 '본문' 영역에서 't환자성명'의 행 선택기를 클릭하여 't성별' 위로 드래그 → 이와 같은 방법으로 't환자성명', 't나이', 't성별', 't진료부서', 't입원기간', 't환자코드' 순으로 지정 → [확인] 단추를 클릭한다.

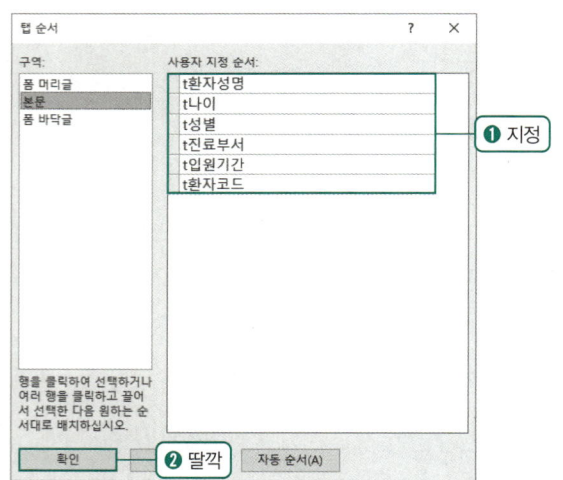

풀이법을 알면 시간이 단축된다!
〈입원 환자 현황〉 폼의 비어있는 영역에서 마우스 오른쪽 단추를 클릭하고 바로 가기 메뉴에서 [탭 순서]를 선택해도 된다.

5 폼 바닥글 컨트롤의 원본 서식 지정하기

[속성 시트] 창에서 't인원수'를 지정 → [데이터] 탭에서 '컨트롤 원본' 속성에 ="환자수: " & Count(*)를 입력한다.

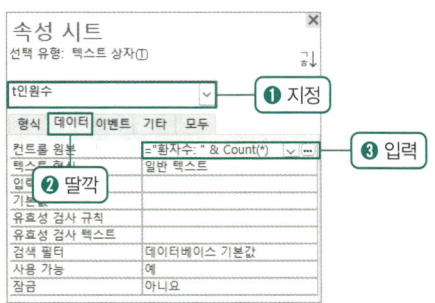

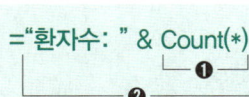

❶ Count(*): Null 값을 포함하여 전체 레코드 개수를 반환한다.
❷ "환자수: " & ❶: 문자열 결합연산자(&)에 의해 '환자수: '와 ❶(모든 레코드의 개수)을 연결하여 표시한다.

> **읽는 강의**
>
> **풀이법을 알면 시간이 단축된다!**
> 수식이나 함수를 입력할 때는 =를 먼저 입력해야 하며, 필드명은 [ ] 안에 입력한다. 함수는 대·소문자 구분 없이 입력해도 자동으로 형식에 맞게 변경된다.
>
> **실수가 줄어들면 합격은 빨라진다!**
> & 양쪽에는 공백이 있어야 한다.

개념 더하기 ⊕   SQL 집계 함수

함수	설명
Sum(필드명)	필드의 합계를 반환
Avg(필드명)	필드의 평균을 반환
Count(필드명)	필드의 개수를 반환
Max(필드명)	필드 중 최댓값을 반환
Min(필드명)	필드 중 최솟값을 반환

---

6 폼 바닥글 컨트롤의 원본 속성 설정하기

[속성 시트] 창에서 't입원기간합계'를 지정 → [데이터] 탭에서 '컨트롤 원본' 속성에 =DSum("입원기간","부서별 입원 현황","성별='여'")를 입력한다.

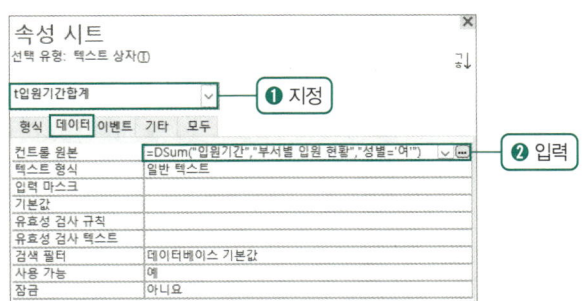

=DSum("입원기간","부서별 입원 현황","성별='여'")
<부서별 입원 현황> 쿼리에서 '성별'이 '여'에 해당하는 '입원기간' 필드의 합계를 반환한다.

> **실수가 줄어들면 합격은 빨라진다!**
> 작은따옴표와 큰따옴표를 구분하여 입력한다. "성별='여'"에서는 큰따옴표, 성별=, 작은따옴표, 여, 작은따옴표, 큰따옴표 순으로 입력한다. 성별은 필드명이므로 "[성별]='여'" 라고 입력해도 된다.

개념 더하기 ➕ 도메인 집계 함수

함수	설명
DAvg("필드명","테이블 또는 쿼리","조건")	테이블 또는 쿼리에서 조건에 해당하는 필드의 평균을 반환
DSum("필드명","테이블 또는 쿼리","조건")	테이블 또는 쿼리에서 조건에 해당하는 필드의 합계를 반환
DCount("필드명","테이블 또는 쿼리","조건")	테이블 또는 쿼리에서 조건에 해당하는 필드의 개수를 반환
DMax("필드명","테이블 또는 쿼리","조건")	테이블 또는 쿼리에서 조건에 해당하는 필드의 최대값을 반환
DMin("필드명","테이블 또는 쿼리","조건")	테이블 또는 쿼리에서 조건에 해당하는 필드의 최소값을 반환
DLookUp("필드명","테이블 또는 쿼리","조건")	테이블 또는 쿼리에서 조건에 해당하는 필드의 첫 번째 데이터를 반환

> **읽는 강의**
>
> **풀이법을 알면 시간이 단축된다!**
> 필드명은 대괄호와 함께 [필드명]과 같이 입력해도 된다.

7 폼 머리글에 폼 제목 입력하고 서식 설정하기

① [양식 디자인] 탭-[컨트롤] 그룹-[레이블](가가)을 클릭 → '폼 머리글' 영역에 적당한 크기로 드래그하여 레이블을 삽입한다.

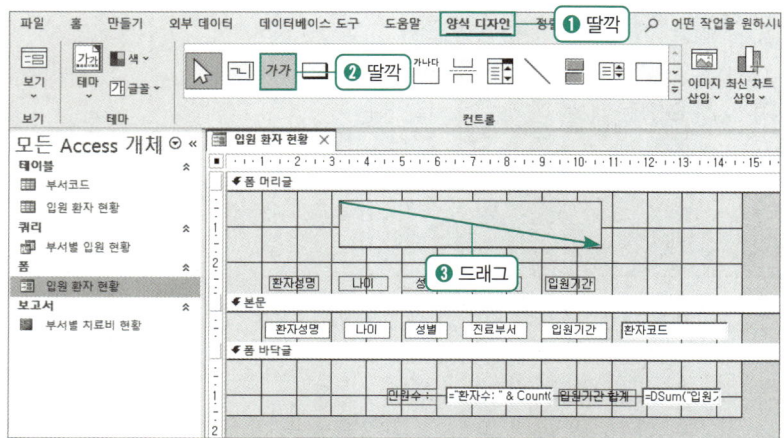

② 레이블에 커서를 올려놓은 상태에서 입원 환자 내역 입력 → 임의의 영역을 클릭하여 텍스트 입력을 완료 → 레이블을 다시 선택한다.

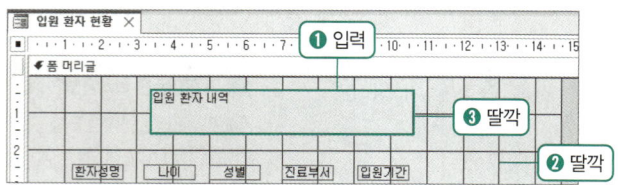

③ [속성 시트] 창의 [기타] 탭에서 '이름' 속성에 lbl병원 입력 → [형식] 탭에서 '글꼴 이름' 속성은 '돋움체', '글꼴 크기' 속성은 '20', '텍스트 맞춤' 속성은 '가운데', '글꼴 두께' 속성은 '굵게'로 지정한다.

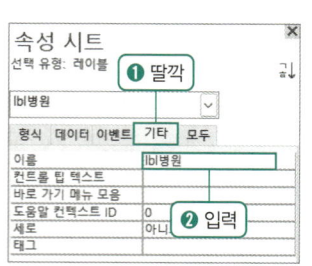 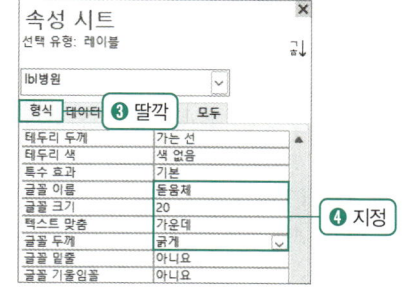

8 본문의 컨트롤에 팁 텍스트 설정하기

① [속성 시트] 창에서 't환자성명'을 지정 → [기타] 탭에서 '컨트롤 팁 텍스트' 속성에 빠른 회복 바랍니다.를 입력 → [닫기] 단추(ⓧ)를 클릭한다.

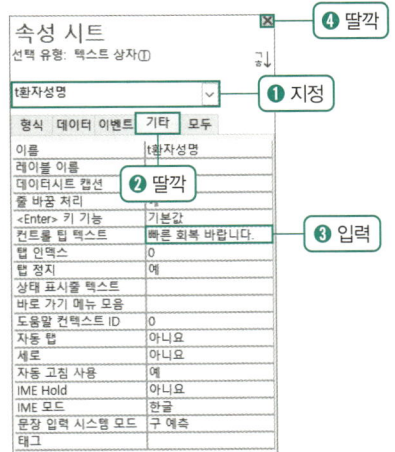

> **읽는 강의**
>
> 풀이법을 알면 시간이 단축된다!
> **컨트롤 팁 텍스트**
> 컨트롤에 마우스 포인터를 올려두면 지정한 텍스트를 나타냄
>
> 풀이법을 알면 시간이 단축된다!
> 오타는 감점의 주요한 원인이므로 문제에서 주어진 메시지를 정확하게 입력하였는지 꼼꼼하게 확인해야 한다.

② 〈입원 환자 현황〉 폼에서 [닫기] 단추(ⓧ)를 클릭 → 변경한 내용을 저장할 것인지 묻는 메시지 상자가 나타나면 [예] 단추를 클릭한다.

③ 탐색 창의 〈입원 환자 현황〉 폼을 더블클릭하여 결과를 확인한다.

⬇ **작업 파일명** C:\에듀윌_2026컴활1급실기\그대로따라하기\데이터베이스실무\02.입력및수정기능구현\01.폼과컨트롤\실습\04_폼과컨트롤.accdb

---

출제패턴 ❹

〈전화 사용 내역 입력〉 폼을 다음의 화면과 지시 사항에 따라 완성하시오.

1 폼 바닥글의 't기본요금합계', 't기본사용시간합계' 컨트롤에는 각각의 '기본요금'과 '기본사용시간'의 합계가 표시되도록 설정하시오.

2 본문의 't고객명' 컨트롤에 표시되는 이름 뒤의 두 글자가 '○'로 표시되도록 설정하시오.
  ▶ [표시 예: 선우○○]
  ▶ Left( ), Len( ) 함수 이용

3 폼 바닥글의 't기본요금합계', 't기본사용시간합계' 컨트롤에는 탭 전환 기능이 적용되지 않도록 설정하시오.

4 본문의 't등급코드' 컨트롤은 데이터를 편집할 수 없도록 설정하시오.

5 본문의 't등급명'은 포커스를 가질 수 없도록 설정하시오.

6 폼 바닥글의 't기본요금합계'와 't기본사용시간합계' 컨트롤은 '통화'로 설정하고 오른쪽 맞춤을 설정하시오.

7 폼 바닥글의 오른쪽 아래에 다음의 지시 사항에 따라 명령 단추를 생성하시오.
- ▶ 명령 단추를 누르면 폼이 닫히도록 설정할 것
- ▶ 컨트롤의 이름은 'cmd닫기', 캡션은 '닫기'로 설정할 것

8 본문의 't평가' 컨트롤에는 '기본사용시간'이 200 이상이면 '주의'로, 그렇지 않으면 '보통'으로 표시하도록 설정하시오.
- ▶ IIF( ) 함수 사용

▼ 결과 화면

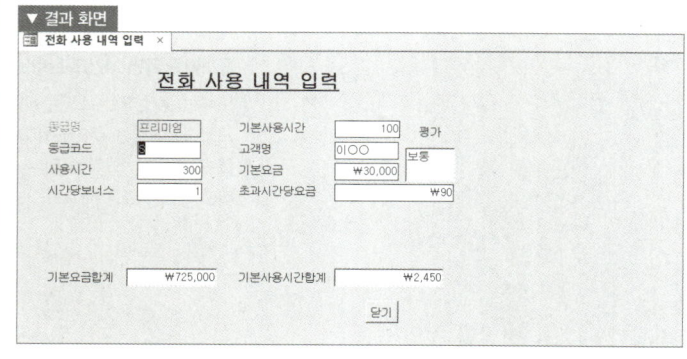

그대로 따라하기

1 폼 바닥글 컨트롤의 원본 서식 저장하기

① 탐색 창의 〈전화 사용 내역 입력〉 폼에서 마우스 오른쪽 단추를 클릭하고 바로 가기 메뉴에서 [디자인 보기]를 선택한다.

② [양식 디자인] 탭 - [도구] 그룹 - [속성 시트]를 클릭한다.

③ [속성 시트] 창이 나타나면 't기본요금합계'를 지정 → [데이터] 탭에서 '컨트롤 원본' 속성에 =Sum([기본요금])을 입력한다.

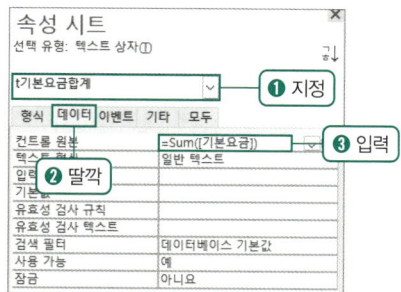

풀이법을 알면 시간이 단축된다!
Sum 함수
Sum([필드]): 필드의 합계를 반환한다.

④ [속성 시트] 창에서 't기본사용시간합계'를 지정 → [데이터] 탭에서 '컨트롤 원본' 속성에 =Sum([기본사용시간])을 입력한다.

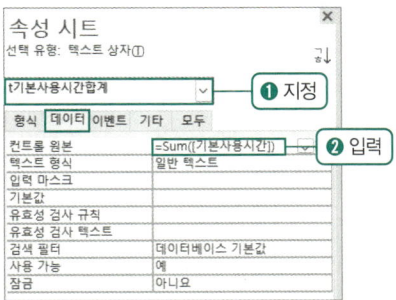

2 본문 컨트롤의 원본 서식 지정하기

[속성 시트] 창에서 't고객명'을 지정 → [데이터] 탭에서 '컨트롤 원본' 속성에 =Left([고객명],Len([고객명])-2) & "○○"을 입력한다.

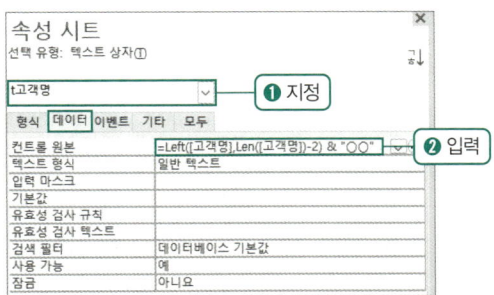

> **풀이법을 알면 시간이 단축된다!**
> 특수문자 '○'는 한글 자음 'ㅁ'을 입력한 후 한자를 누르면 입력할 수 있다.

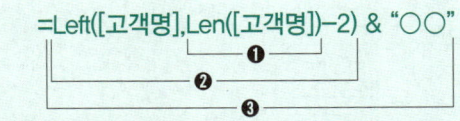

❶ Len([고객명]): '고객명' 필드 문자열의 길이를 숫자로 반환한다.
❷ Left([고객명],❶-2): '고객명' 필드 문자열의 왼쪽에서 ❶-2글자(성씨)를 추출하여 반환한다.
❸ ❷ & "○○": 문자열 결합연산자(&)에 의해 ❷(성씨)와 '○○'을 연결하여 표시한다.

개념 더하기 ➕ 　텍스트 처리 함수

함수	설명
Left(문자열,개수)	문자열의 왼쪽 끝부터 개수만큼 반환
Right(문자열,개수)	문자열의 오른쪽 끝부터 개수만큼 반환
Mid(문자열,시작 위치,개수)	문자열의 시작 위치부터 개수만큼 반환
Len(문자열)	문자열의 길이를 숫자로 반환
LCase(문자열)	문자열에서 영문 대문자를 소문자로 변환하여 반환
UCase(문자열)	문자열에서 영문 소문자를 대문자로 변환하여 반환
InStr(문자열,찾는 문자)	문자열에서 찾는 문자의 위치를 숫자로 반환
Replace(문자열,찾는 문자,바꿀 문자)	문자열에서 찾는 문자를 찾아 바꿀 문자로 변경하여 반환
Trim(문자열)	문자열의 양쪽 공백을 제거하여 반환
LTrim(문자열)	문자열의 왼쪽 공백을 제거하여 반환
RTrim(문자열)	문자열의 오른쪽 공백을 제거하여 반환
StrComp(문자열1,문자열2)	문자열1과 문자열2가 같은지 비교하여 같으면 0을 반환하고 다르면 -1 또는 1 반환

3 폼 바닥글 컨트롤에 탭 전환 기능 적용하지 않기

[Shift]를 누른 상태에서 '폼바닥글' 영역의 't기본요금합계'와 't기본사용시간합계' 컨트롤을 선택 → [속성 시트] 창의 [기타] 탭에서 '탭 정지' 속성을 '아니요'로 지정한다.

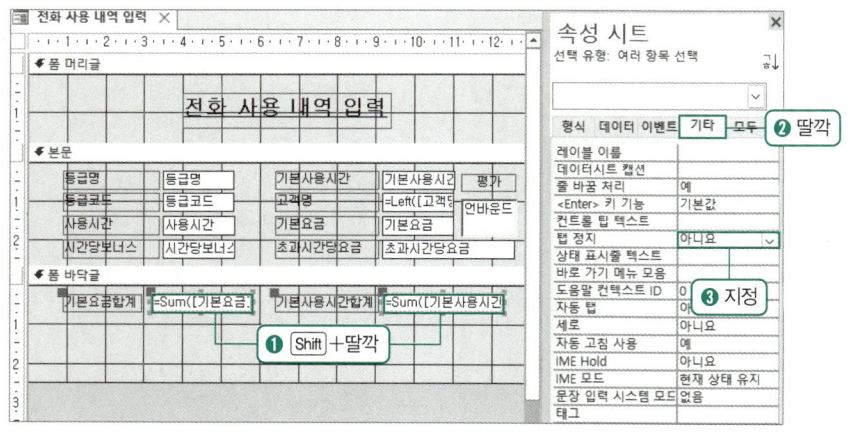

> 풀이법을 알면 시간이 단축된다!
> '탭 정지' 속성은 탭을 이용하여 포커스를 이동하는 속성으로, '아니요'로 지정하면 해당 컨트롤로 포커스가 이동하지 않는다.

4 본문 컨트롤에 데이터 편집할 수 없게 설정하기

[속성 시트] 창에서 't등급코드'를 지정 → [데이터] 탭에서 '잠금' 속성을 '예'로 지정한다.

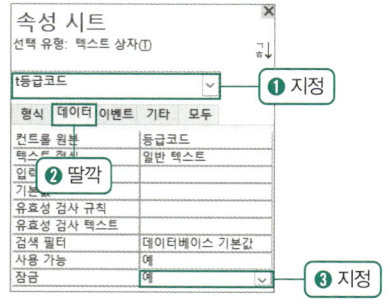

> 풀이법을 알면 시간이 단축된다!
> '잠금' 속성을 '예'로 지정하면 데이터를 편집할 수 없다.

5 본문 컨트롤에 포커스 가질 수 없게 설정하기

[속성 시트] 창에서 't등급명'을 지정 → [데이터] 탭에서 '사용 가능' 속성을 '아니요'로 지정한다.

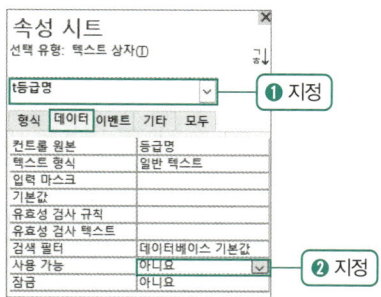

> **읽는 강의**
>
> **풀이법을 알면 시간이 단축된다!**
> '사용 가능' 속성을 '아니요'로 지정하면 포커스가 가지 않는다.

6 폼 바닥글 컨트롤에 통화 및 오른쪽 맞춤 설정하기

Shift 를 누른 상태에서 '폼바닥글' 영역의 't기본요금합계'와 't기본사용시간합계' 컨트롤 선택 → [속성 시트] 창의 [형식] 탭에서 '형식' 속성을 '통화'로, '텍스트 맞춤' 속성을 '오른쪽'으로 지정한다.

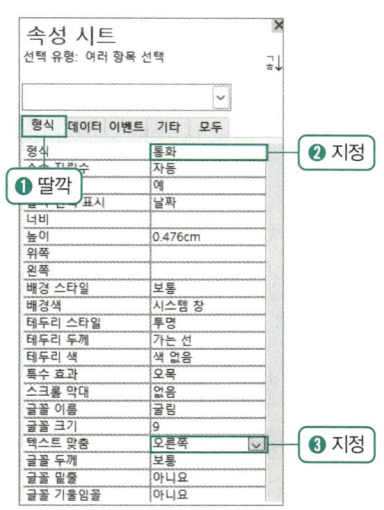

7 폼 바닥글의 오른쪽 아래에 명령 단추 만들기

① [양식 디자인] 탭-[컨트롤] 그룹-[단추](□)를 클릭 → '폼 바닥글' 구역에 적당한 크기로 드래그하여 단추를 추가한다.

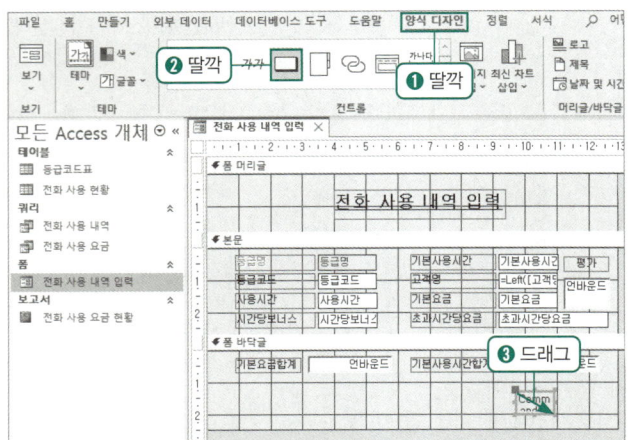

② [명령 단추 마법사] 1단계 대화상자가 나타나면 '종류'에서는 '폼 작업'을, '매크로 함수'에서는 '폼 닫기'를 선택 → [다음] 단추를 클릭한다.

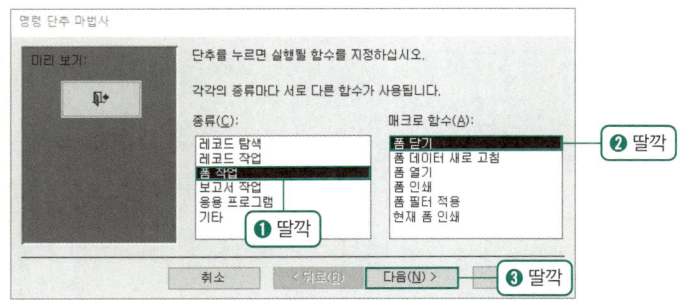

③ [명령 단추 마법사] 2단계 대화상자가 나타나면 '텍스트'를 선택하고 닫기 입력 → [다음] 단추를 클릭한다.

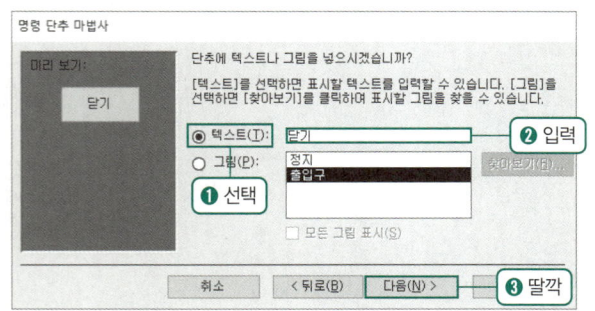

> 📖 읽는 강의
>
> **풀이법을 알면 시간이 단축된다!**
> 단추에 텍스트를 입력할 수도 있고 그림으로 단추를 표시할 수도 있다.

④ [명령 단추 마법사] 3단계 대화상자가 나타나면 cmd닫기 입력 → [마침] 단추를 클릭한다.

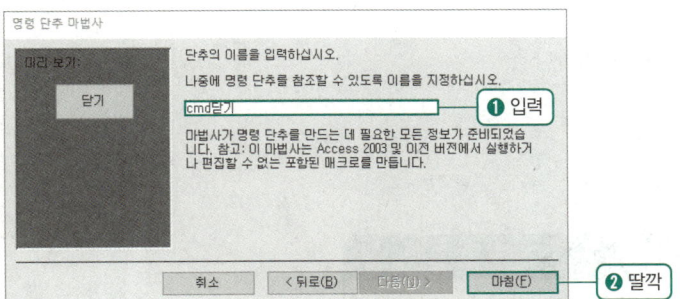

8 본문 컨트롤의 원본 서식 지정하기

① [속성 시트] 창에서 't평가'를 지정 → [데이터] 탭에서 '컨트롤 원본' 속성에 =IIf([기본사용시간]>=200,"주의","보통")을 입력 → [닫기] 단추(X)를 클릭한다.

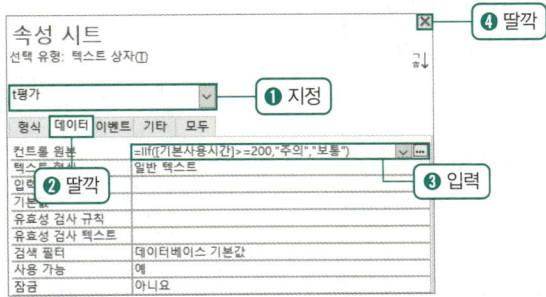

> =IIf([기본사용시간]>=200,"주의","보통")
>
> '기본사용시간' 필드의 값이 200 이상이면 '주의'를, 그렇지 않으면 '보통'을 반환한다.

개념 더하기 ⊕ 선택 함수

• 선택 함수

함수	설명
IIf(조건,참인 경우,거짓인 경우)	조건이 True이면 참인 경우를 반환하고 False이면 거짓인 경우를 반환
Choose(숫자,1인 경우,2인 경우,3인 경우,…)	숫자가 1이면 1인 경우, 2이면 2인 경우, 3이면 3인 경우를 반환
Switch(조건1,반환1,조건2,반환2,…)	조건1이 만족하면 반환1, 조건2를 만족하면 반환2를 반환

• 모든 조건이 해당되지 않을 경우를 대비하려면 마지막에 True, 반환n을 추가한다.
 – Switch(조건1,반환1,조건2,반환2,…True,반환n)

• 사용 예

조건	입력 함수
[시간당보너스]가 1이면 VIP, 2이면 Gold, 3이면 Silver, 4이면 Bronze로 표시	=Choose([시간당보너스],"VIP","Gold","Silver","Bronze")
[사용시간]이 [기본사용시간] 이하이면 "기본요금" 표시, [기본사용시간] 초과이고 [시간당보너스]가 0보다 크면 "보너스적용" 표시, 그 외는 "초과요금"을 표시	=Switch([사용시간]<=[기본사용시간],"기본요금",[사용시간]>[기본사용시간] And [시간당보너스]>0,"보너스적용",True,"초과요금")

② 〈전화 사용 내역 입력〉 폼에서 [닫기] 단추(X)를 클릭 → 변경한 내용을 저장할 것인지 묻는 메시지 상자가 나타나면 [예] 단추를 클릭한다.
③ 탐색 창의 〈전화 사용 내역 입력〉 폼을 더블클릭하여 결과를 확인한다.

작업 파일명 C:\에듀윌_2026컴활1급실기\그대로따라하기\데이터베이스실무\02.입력및수정기능구현\01.폼과컨트롤\실습\05_폼과컨트롤.accdb

출제패턴 ❺

〈원격지원관리현황〉 폼을 다음의 화면과 지시 사항에 따라 완성하시오.

1 폼의 '기본 보기' 속성을 화면과 같이 설정하시오.

2 폼에서 레코드를 추가, 삭제, 편집할 수 없도록 관련 속성을 설정하시오.

3 본문의 'txt제품구분', 'txt시작시간', 'txt티켓번호', 'txt마침시간', 'txt지원방식', 'txt작업비용'을 각각 '제품구분', '시작시간', '티켓번호', '마침시간', '지원방식', '작업비용' 필드에 바운드시키시오.

4 본문 영역의 'txt서비스시간'을 '서비스시간' 필드에 바운드시키고 아래와 같은 형식으로 표시되도록 컨트롤 원본 서식을 지정하시오.
▶ [표시 예: 10시간]

5 본문 영역의 'txt재검검일'은 'txt지원방식'이 '정기'이면 마침시간에 14일을 더하고, 그렇지 않으면 30일을 더하여 표시되도록 컨트롤 원본 서식을 지정하시오.
▶ DATEADD( ) 함수와 IIF( ) 함수를 사용하여 간단한 날짜 형식으로 나타낼 것
▶ [표시 예: 2026-01-01]

▼ 결과 화면

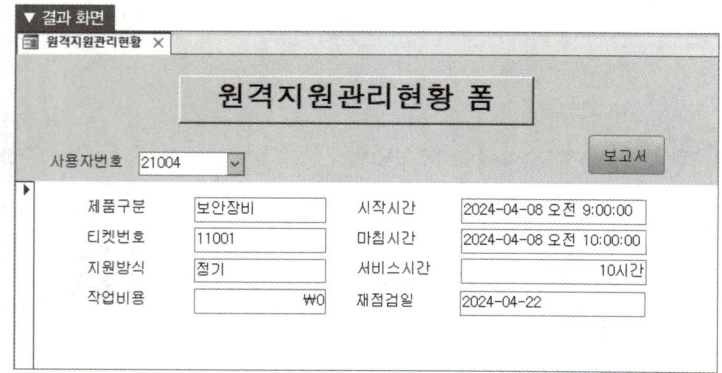

그대로 따라하기

1 '단일 폼'의 형태 표시하기

① 탐색 창의 〈원격지원관리현황〉 폼에서 마우스 오른쪽 단추를 클릭하고 바로 가기 메뉴에서 [디자인 보기]를 선택한다.

② [양식 디자인] 탭-[도구] 그룹-[속성 시트]를 클릭한다.
③ '폼'의 [속성 시트] 창이 나타나면 [형식] 탭에서 '기본 보기' 속성을 '단일 폼'으로 지정한다.

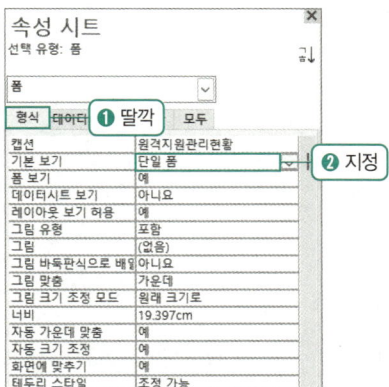

2 폼 레코드를 추가, 삭제, 편집할 수 없도록 설정하기

'폼'의 [속성 시트] 창에서 [데이터] 탭의 '추가 가능', '삭제 가능', '편집 가능' 속성을 '아니요'로 지정한다.

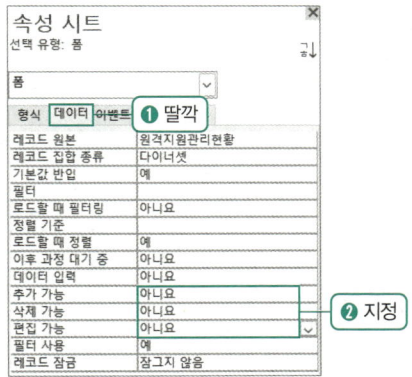

3 본문 컨트롤에 필드를 바운드시키기

① [속성 시트] 창에서 'txt제품구분'을 지정 → [데이터] 탭에서 '컨트롤 원본' 속성을 '제품구분'으로 지정한다.

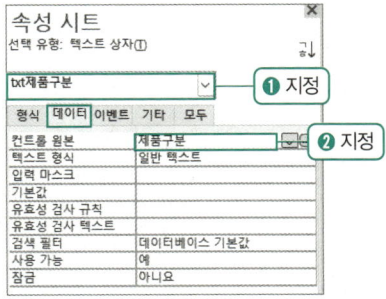

② [속성 시트] 창에서 'txt시작시간'을 지정 → [데이터] 탭에서 '컨트롤 원본' 속성을 '시작시간'으로 지정한다.

③ [속성 시트] 창에서 'txt티켓번호'를 지정 → [데이터] 탭에서 '컨트롤 원본' 속성을 '티켓번호'로 지정한다.

④ [속성 시트] 창에서 'txt마침시간'을 지정 → [데이터] 탭에서 '컨트롤 원본' 속성을 '마침시간'으로 지정한다.

⑤ [속성 시트] 창에서 'txt지원방식'을 지정 → [데이터] 탭에서 '컨트롤 원본' 속성을 '지원방식'으로 지정한다.

⑥ [속성 시트] 창에서 'txt작업비용'을 지정 → [데이터] 탭에서 '컨트롤 원본' 속성을 '작업비용'으로 지정한다.

4 본문 컨트롤의 원본 서식 지정하기

[속성 시트] 창에서 'txt서비스시간'을 지정 → [데이터] 탭에서 '컨트롤 원본' 속성에 =[서비스시간] & "시간"을 입력한다.

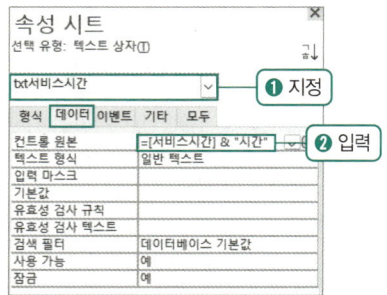

> **풀이법을 알면 시간이 단축된다!**
> 문자열 결합연산자(&)의 양쪽에는 반드시 띄어쓰기를 해야 한다.

5 본문 컨트롤의 원본 서식 지정하기

① [속성 시트] 창에서 'txt재점검일'을 지정 → [데이터] 탭에서 '컨트롤 원본' 속성에 =DateAdd('d',IIf([지원방식]='정기',14,30),[마침시간]) 입력 → [닫기] 단추(☒)를 클릭한다.

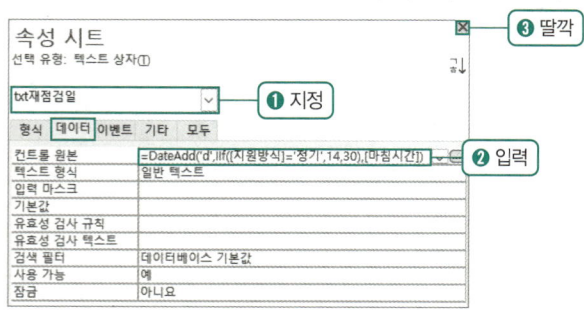

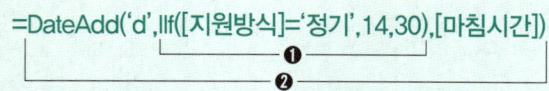

❶ IIf([지원방식]='정기',14,30): '지원방식' 필드의 문자열이 '정기'이면 '14'를, 그렇지 않으면 '30'을 반환한다.

❷ DateAdd('d',❶,[마침시간]): '마침시간' 필드의 날짜에서 ❶('14' 또는 '30')에 해당하는 일 수(d)만큼 더한 날짜를 반환한다.

개념 더하기 ➕ 날짜/시간 함수

- **날짜/시간 함수**

함수	설명
Date( )	컴퓨터의 시스템 날짜를 반환
Now( )	컴퓨터의 시스템 날짜와 시간을 반환
Time( )	컴퓨터의 시스템 시간을 반환
Year(날짜)	날짜에서 연(Year)을 추출하여 반환
Month(날짜)	날짜에서 월(Month)을 추출하여 반환
Day(날짜)	날짜에서 일(Day)을 추출하여 반환
Hour(시간)	시간에서 시(Hour)를 추출하여 반환
Minute(시간)	시간에서 분(Minute)을 추출하여 반환
Second(시간)	시간에서 초(Second)를 추출하여 반환
Weekday(날짜)	날짜를 인수로 받아 날짜에 해당하는 요일을 숫자로 반환 (일요일이 1~토요일이 7)
DateSerial(연,월,일)	인수로 연, 월, 일을 입력받아 날짜 데이터로 반환
DateValue(문자열)	날짜 형태의 문자열을 인수로 입력받아 날짜 데이터로 변환
DateDiff(단위,시작 날짜, 종료 날짜)	날짜 두 개를 인수로 입력받아 두 날짜 사이의 기간을 지정한 단위로 반환
DateAdd(단위,숫자,날짜)	날짜를 인수로 입력받아 숫자에 해당하는 단위만큼 경과한 날짜를 반환
DatePart(단위,날짜)	날짜를 인수로 입력받아 단위 형식으로 반환

- **DateDiff( ), DateAdd( ), DatePart( )의 단위 인수**

단위	의미	단위	의미
yyyy	년도	w	요일
q	분기	ww	주(일년기준)
m	월	h	시
d	일	n	분
y	일(일 년 기준)	s	초

- **DateDiff 사용 예**

예시	설명
DateDiff("d",#2026-01-01#,Date())	2026년 1월 1일부터 오늘까지 지난 일수를 계산
DateDiff("m",[입사일],Date())	입사일로부터 경과한 개월 수를 계산
DateDiff("q",#2024-01-15#,#2026-06-02#)	두 날짜 사이의 분기 차이를 반환

- **DateAdd 사용 예**

예시	설명
DateAdd("d",30,Date())	오늘 날짜에 30일을 더한 날짜를 계산
DateAdd("m",1,[주문일])	주문일의 1개월 후의 날짜를 계산
DateAdd("yyyy",-1,Date())	오늘 날짜에서 1년 전 날짜를 계산

- **DatePart 사용 예**

예시	설명
DatePart("q",Date())	오늘이 올해의 몇 분기(1~4)인지 계산
DatePart("ww",[매출일자])	매출일자가 해당 연도에서 몇 번째 주차인지 계산
DatePart("w",Date(),2)	월요일을 1로 시작하여 오늘이 주중 몇 번째 요일인지 계산

📖 **읽는 강의**

풀이법을 알면 시간이 단축된다!

IIF 함수

IIF(조건, 참인 경우, 거짓인 경우): 조건이 True이면 참인경우를 반환하고 False이면 거짓인 경우를 반환한다.

② 〈원격지원관리현황〉 폼에서 [닫기] 단추(☒)를 클릭 → 변경한 내용을 저장할 것인지 묻는 메시지 상자가 나타나면 [예] 단추를 클릭한다.
③ 탐색 창의 〈원격지원관리현황〉 폼을 더블클릭하여 결과를 확인한다.

개념 더하기 ⊕   연산자 및 자료 형식 함수

- 연산자

함수	설명
+, −, *, /	더하기, 빼기, 곱하기, 나누기와 같은 사칙 연산
^	지수승을 의미
Mod	나머지를 의미
A And B	A와 B가 모두 True일 경우에만 True
A OR B	A와 B 중 하나라도 True일 경우 True
Not A	A가 True이면 False, False이면 True
Like	와일드카드(*, ?)를 사용하여 문자열에 특정 단어가 포함되는지 판단
Is	두 개체가 서로 같은지 판단

- 자료 형식 변환 함수

함수	설명
CDate(문자열 날짜)	날짜 형식의 문자열을 날짜로 변환하여 반환
CInt(인수)	인수를 2Byte 정수로 변환하여 반환
CLng(인수)	인수를 4Byte 정수로 변환하여 반환
CStr(인수)	인수를 문자열로 변환하여 반환
CBool(인수)	인수를 True 또는 False로 반환
Val(인수)	인수를 숫자로 변환하여 반환
Str(인수)	인수를 문자열로 변환하여 반환

- 자료 형식 평가 함수

함수	설명
IsNull(인수)	인수가 Null인지 확인하여 반환
IsDate(인수)	인수가 날짜인지 확인하여 반환
IsNumeric(인수)	인수가 숫자인지 확인하여 반환
IsError(인수)	인수가 오류인지 확인하여 반환
IsObject(인수)	인수가 개체인지 확인하여 반환

입력 및 수정
기능 구현

02 조건부 서식

① **개념**: 폼이나 보고서에서 특정 조건을 충족하는 컨트롤에만 서식을 적용하여 데이터의 가독성을 높이고 특정 조건을 시각적으로 강조할 수 있음

② **기능 및 특징**
- 필드값이나 식을 기준으로 조건부 서식을 지정할 수 있음
- 조건 지정 시 와일드카드 문자(?, *)를 사용할 수 없음
- 레이블에는 조건부 서식을 지정할 수 없음

작업 파일명 C:\에듀윌_2026컴활1급실기\그대로따라하기\데이터베이스실무\02.입력및수정기능구현\02.조건부서식\실습\01_조건부서식.accdb

📖 **읽는 강의**

출제패턴 ❶

〈세탁물관리〉 폼의 본문 영역에 다음과 같이 조건부 서식을 설정하시오.

▶ '결제방식' 필드의 값이 '현금'인 경우 모든 컨트롤의 배경색을 '녹색'으로 구분하는 조건부 서식을 지정하시오.
▶ 단, 하나의 규칙으로 작성하시오.

▼ 결과 화면

회원번호	수량	서비스	결제액	총액	결제방식
12031317	6	D07	₩11,160	₩12,000	카드
12120301	3		₩6,000	₩6,000	현금
13051503	2	D07	₩4,185	₩4,500	현금
13062203	3		₩7,500	₩7,500	상품권
13080104	5		₩22,000	₩22,000	카드
13082005	5		₩4,950	₩4,950	카드
13102208	8	S10	₩24,300	₩27,000	현금
14012204	3	S10	₩7,200	₩8,000	카드
14030812	12	D07	₩30,690	₩33,000	카드
14051212	13		₩34,000	₩34,000	상품권

그대로 따라하기

1 조건부 서식 설정하기

① 탐색 창의 〈세탁물관리〉 폼에서 마우스 오른쪽 단추를 클릭하고 바로 가기 메뉴에서 [디자인 보기]를 선택한다.

② 본문 영역의 세로 눈금자를 클릭 → 본문의 모든 컨트롤이 선택되면 [서식] 탭-[컨트롤 서식] 그룹-[조건부 서식]을 클릭한다.

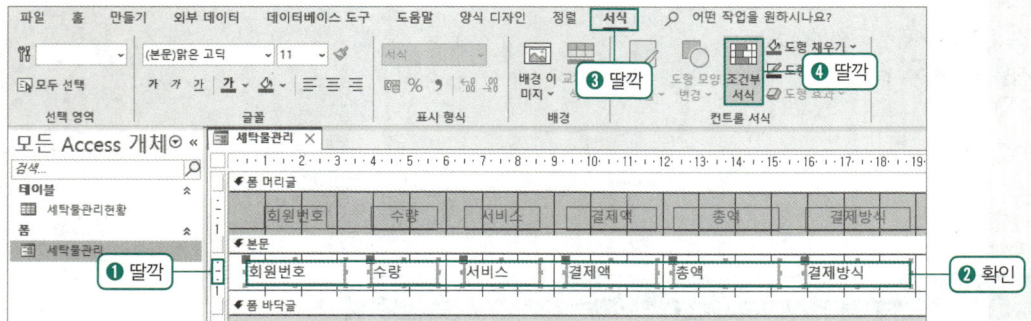

③ [조건부 서식 규칙 관리자] 대화상자가 나타나면 [새 규칙] 단추를 클릭한다.

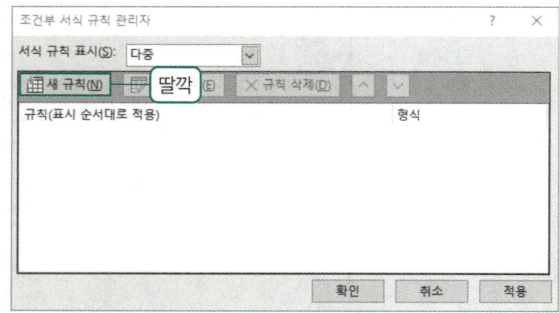

④ [새 서식 규칙] 대화상자가 나타나면 '다음과 같은 셀만 서식 설정'에서 '식이'를 선택하고 [결제방식]="현금" 입력 → 배경색을 '표준 색'의 '녹색'으로 지정 → '미리 보기'에서 지정된 서식을 확인 → [확인] 단추를 클릭한다.

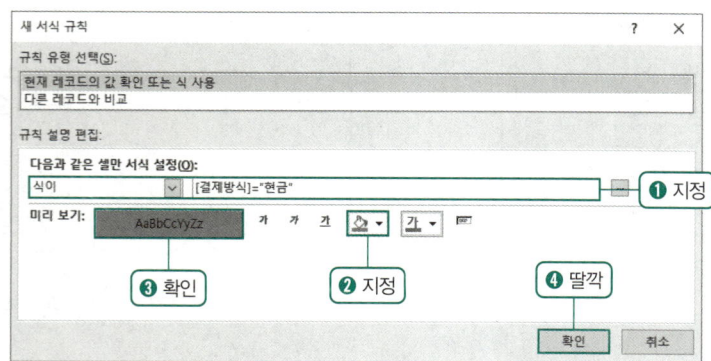

⑤ [조건부 서식 규칙 관리자] 대화상자로 되돌아오면 추가된 규칙을 확인 → [확인] 단추를 클릭한다.

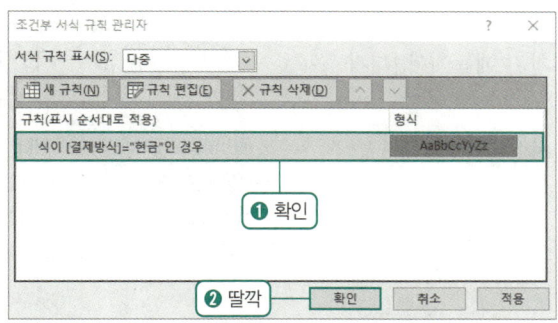

⑥ 〈세탁물관리〉 폼에서 [닫기] 단추(X)를 클릭 → 변경한 내용을 저장할 것인지 묻는 메시지 상자가 나타나면 [예] 단추를 클릭한다.
⑦ 탐색 창의 〈세탁물관리〉 폼을 더블클릭하여 결과를 확인한다.

> 작업 파일명 C:\에듀윌_2026컴활1급실기\그대로따라하기\데이터베이스실무\02.입력및수정기능구현\02.조건부서식\실습\02_조건부서식.accdb

출제패턴 ❷

〈학생정보〉 폼의 본문 영역에 다음과 같이 조건부 서식을 설정하시오.

▶ '부모연락처' 필드 값의 왼쪽 3자리가 '070'인 경우 '부모연락처' 컨트롤에 '굵게'와 '밑줄' 서식을 지정하시오.
▶ 단, 하나의 규칙으로 작성하시오.
▶ LEFT 함수 사용

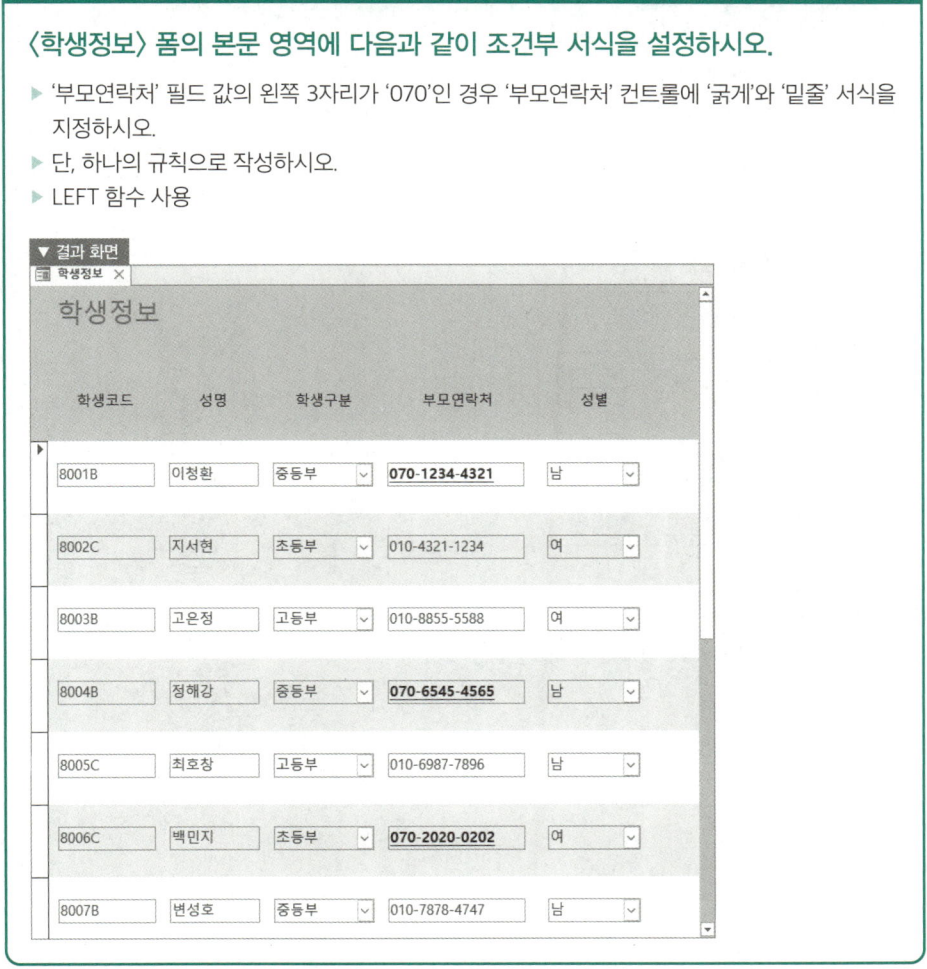

그대로 따라하기

1 조건부 서식 설정하기

① 탐색 창의 〈학생정보〉 폼에서 마우스 오른쪽 단추를 클릭하고 바로 가기 메뉴에서 [디자인 보기]를 선택한다.

② '부모연락처' 컨트롤 선택 → [서식] 탭-[컨트롤 서식] 그룹-[조건부 서식]을 클릭한다.

> **풀이법을 알면 시간이 단축된다!**
> 일부 컨트롤에만 조건부 서식을 지정하는 경우에는 지정할 컨트롤만 선택한다.

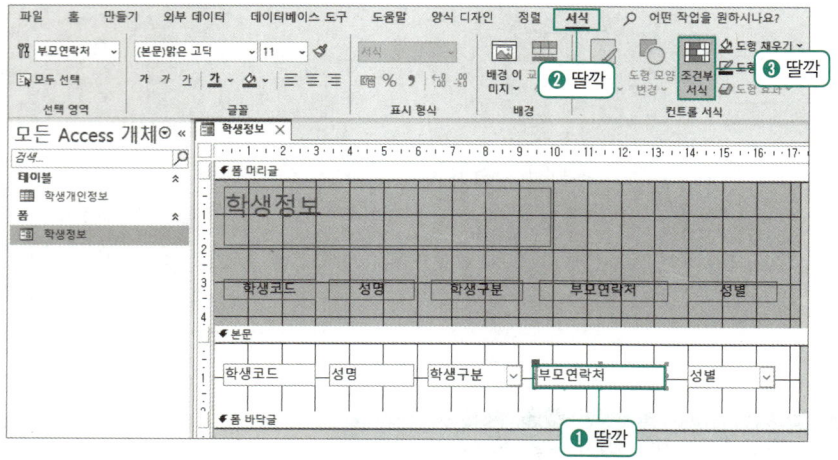

③ [조건부 서식 규칙 관리자] 대화상자가 나타나면 [새 규칙] 단추를 클릭한다.

④ [새 서식 규칙] 대화상자가 나타나면 '다음과 같은 셀만 서식 설정'에서 '식이'를 선택하고 Left([부모연락처],3)="070"을 입력 → '굵게'와 '밑줄'을 지정 → '미리 보기'에서 지정된 서식을 확인 → [확인] 단추를 클릭한다.

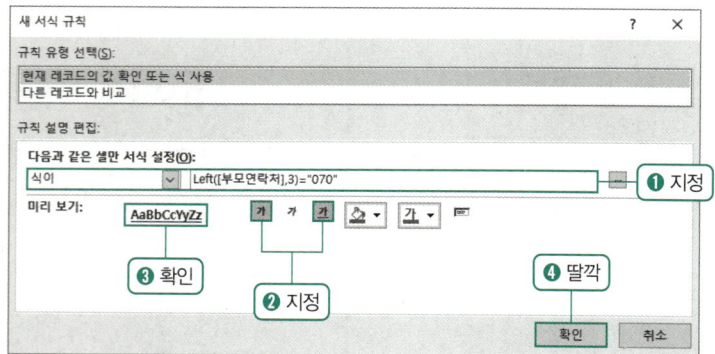

Left([부모연락처],3)="070"

'부모연락처' 필드의 왼쪽에서 세 글자를 추출하여 반환한 후 '070'과 같은지 비교한다.

⑤ [조건부 서식 규칙 관리자] 대화상자로 되돌아오면 추가된 규칙을 확인 → [확인] 단추를 클릭한다.

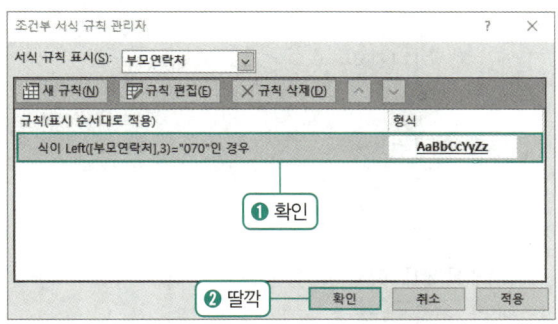

⑥ 〈학생정보〉 폼에서 [닫기] 단추(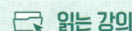)를 클릭 → 변경한 내용을 저장할 것인지 묻는 메시지 상자가 나타나면 [예] 단추를 클릭한다.
⑦ 탐색 창의 〈학생정보〉 폼을 더블클릭하여 결과를 확인한다.

> 작업 파일명 C:\에듀윌_2026컴활1급실기\그대로따라하기\데이터베이스실무\02.입력및수정기능구현\02.조건부서식\실습\03_조건부서식.accdb

출제패턴 ❸

〈홈스쿨〉 폼의 본문 영역에 다음과 같이 조건부 서식을 설정하시오.

▶ '반구분' 필드의 값이 '오후반'이면서 '총수업료' 필드의 값이 '150,000' 이상인 경우 모든 컨트롤의 글자색을 '진한 빨강', '굵게'로 지정하는 조건부 서식을 지정하시오.
▶ 단, 하나의 규칙으로 작성하시오.
▶ AND 함수 사용

▼ 결과 화면

관리코드	반구분	수업과목	수업일수	과목당수업료	총수업료	원비납부대상	학생코드
AT001	종일반	영수	15	₩70,000	₩140,000	납부대상	8001B
AT002	종일반	국영수	10	₩65,000	₩195,000	납부대상	8002C
AT003	종일반	놀수	15	₩70,000	₩140,000	납부대상	8003B
AW004	종일반	국수	20	₩70,000	₩140,000	납부대상	8004B
AW005	종일반	국영수	18	₩65,000	₩195,000	납부대상	8005C
AW006	종일반	영	18	₩75,000	₩75,000	납부대상	8006C
FT007	오후반	영놀	12	₩70,000	₩140,000	납부대상	8007B
FT008	오후반	영수놀	15	₩65,000	₩195,000	납부대상	**8008C**
FW009	오후반	영수	20	₩70,000	₩140,000	납부대상	8009B
FW010	오후반	국영수	20	₩65,000	₩195,000	납부대상	**8010B**

그대로 따라하기

1 조건부 서식 설정하기

① 탐색 창의 〈홈스쿨〉 폼에서 마우스 오른쪽 단추를 클릭하고 바로 가기 메뉴에서 [디자인 보기]를 선택한다.

② 본문 영역의 세로 눈금자를 클릭 → 본문의 모든 컨트롤이 선택되면 [서식] 탭-[컨트롤 서식] 그룹-[조건부 서식]을 클릭한다.

③ [조건부 서식 규칙 관리자] 대화상자가 나타나면 [새 규칙] 단추를 클릭한다.

④ [새 서식 규칙] 대화상자가 나타나면 '다음과 같은 셀만 서식 설정'에서 '식이'를 선택하고 [반구분]="오후반" And [총수업료]>=150000 입력 → 글자색을 '표준 색'의 '진한 빨강', '굵게'로 지정 → '미리 보기'에서 지정된 서식을 확인 → [확인] 단추를 클릭한다.

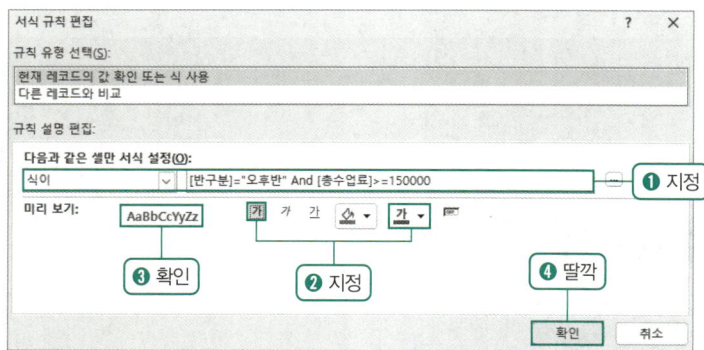

⑤ [조건부 서식 규칙 관리자] 대화상자로 되돌아오면 추가된 규칙을 확인 → [확인] 단추를 클릭한다.

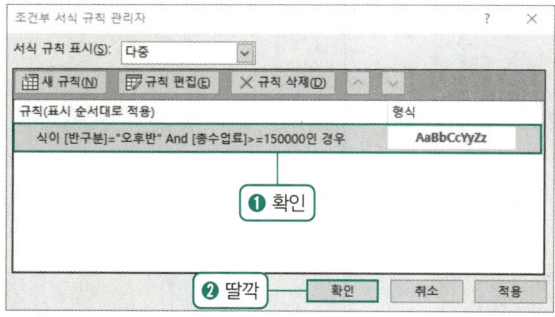

⑥ 〈홈스쿨〉 폼에서 [닫기] 단추(X)를 클릭 → 변경한 내용을 저장할 것인지 묻는 메시지 상자가 나타나면 [예] 단추를 클릭한다.

⑦ 탐색 창의 〈홈스쿨〉 폼을 더블클릭하여 결과를 확인한다.

입력 및 수정 기능 구현

03 콤보 상자 컨트롤

① **개념**: 사용자가 목록에서 항목을 선택하거나 직접 값을 입력할 수 있도록 하는 데이터 입력 도구로서 데이터 입력의 정확성을 높이고 입력 오류를 줄이는데 도움이 됨

② **기능 및 특징**
  - 사용자는 콤보상자에 직접 값을 입력할 수도 있으며 이것은 목록에 없는 값을 입력해야 하는 경우 유용함
  - 콤보상자는 테이블, 쿼리 또는 수동으로 입력한 값 목록을 데이터 원본으로 사용할 수 있으며 이를 통해 다양한 데이터 소스와의 연동이 가능함

작업 파일명 C:\에듀윌_2026컴활1급실기\그대로따라하기\데이터베이스실무\02.입력및수정기능구현\03.콤보상자컨트롤\실습\01_콤보상자컨트롤.accdb

 읽는 강의

출제패턴 ❶

1 〈세탁물관리현황〉 폼에서 '회원번호' 텍스트 상자 컨트롤을 다음의 조건에 따라 '콤보 상자'로 변경하시오.
  ▶ 컨트롤은 <세탁물관리> 테이블의 '회원번호'를 표시

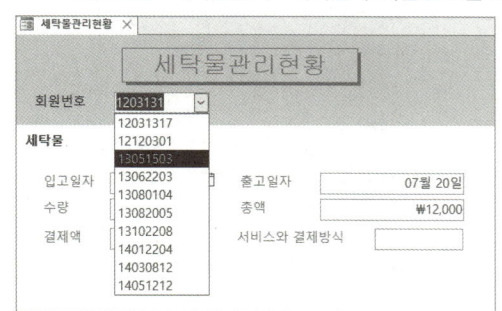

2 〈세탁물〉 폼에서 't서비스와결제방식' 텍스트 상자 컨트롤을 다음의 조건에 따라 '콤보 상자'로 변경하시오.
  ▶ 컨트롤은 <세탁물관리현황> 테이블의 '서비스', '결제방식'을 표시하고 실제 컨트롤에는 '서비스'가 저장되도록 설정
  ▶ '서비스', '결제방식'의 열 너비를 각각 '1cm', '5cm'로 설정하고 목록 너비를 '6cm'로 설정
  ▶ 컨트롤에는 목록에 있는 값만 입력되도록 설정

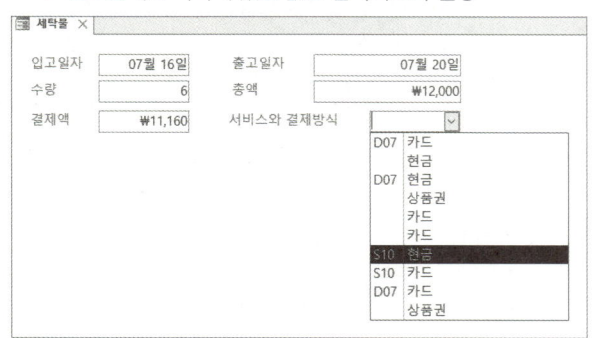

3 〈학생정보〉 폼에서 't성별' 콤보 상자 컨트롤에 대해 다음과 같이 설정하시오.
- ▶ '남', '여'의 문자열이 목록으로 표시되도록 설정
- ▶ 컨트롤에서 '남'은 '-1'로, '여'는 '0'으로 저장되도록 설정
- ▶ 컨트롤에 저장되는 열 번호는 '1'로 설정
- ▶ 목록 이외의 값은 입력할 수 없도록 설정

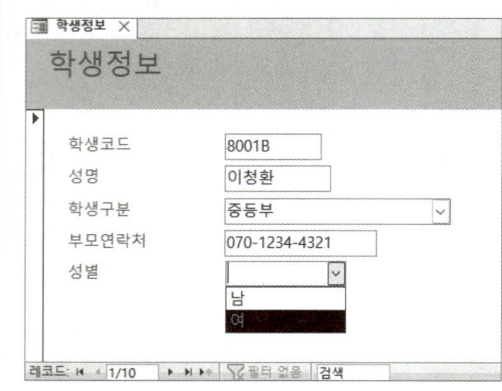

그대로 따라하기

1 콤보 상자로 변경하고 행 원본 설정하기

① 탐색 창의 〈세탁물관리현황〉 폼에서 마우스 오른쪽 단추를 클릭하고 바로 가기 메뉴에서 [**디자인 보기**]를 선택한다.

② [**양식 디자인**] 탭-[**도구**] 그룹-[**속성 시트**]를 클릭한다.

③ '폼 머리글' 영역에서 '회원번호' 컨트롤 선택 → 마우스 오른쪽 단추를 클릭하고 바로 가기 메뉴에서 [**변경**]-[**콤보 상자**]를 선택한다.

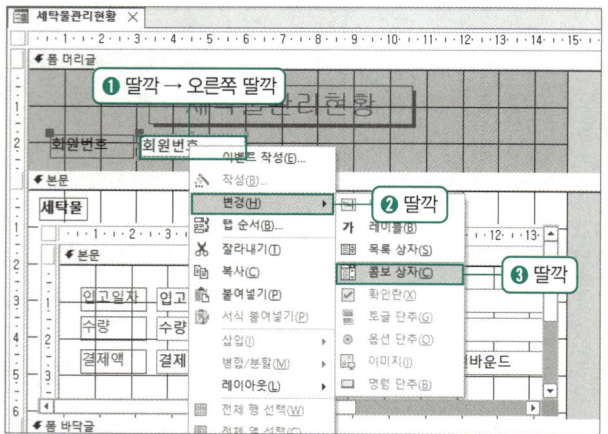

④ '회원번호' 컨트롤의 [속성 시트] 창의 [데이터] 탭에서 '행 원본' 속성에 커서를 올려놓고 작성기 단추(...)를 클릭한다.

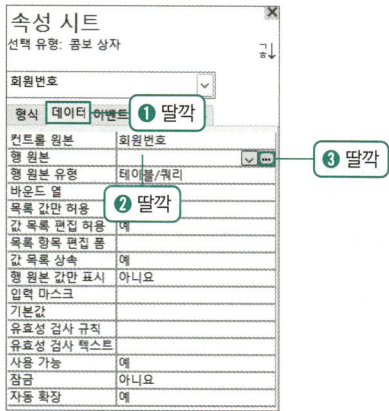

⑤ [테이블 추가] 창이 나타나면 [테이블] 탭에서 〈세탁물관리〉 테이블을 더블클릭 → [닫기] 단추를 클릭한다.

⑥ [쿼리 작성기] 창의 〈세탁물관리〉 필드 목록에서 '회원번호' 필드를 더블클릭 → [닫기] 단추(X)를 클릭한다.

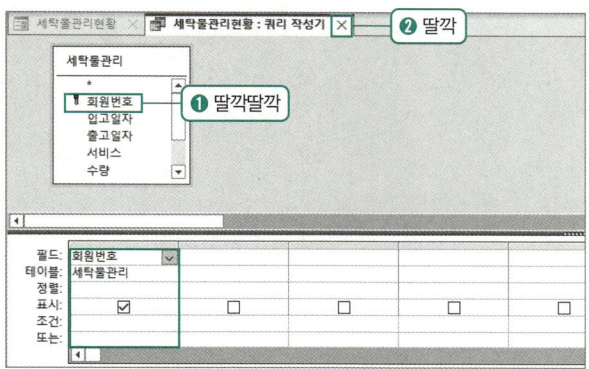

⑦ SQL 문의 변경 내용을 저장하고 속성을 업데이트할 것인지 묻는 메시지 상자가 나타나면 [예] 단추를 클릭한다.

⑧ [속성 시트] 창의 [데이터] 탭에서 '행 원본' 속성에 지정된 SQL 문을 확인한다.

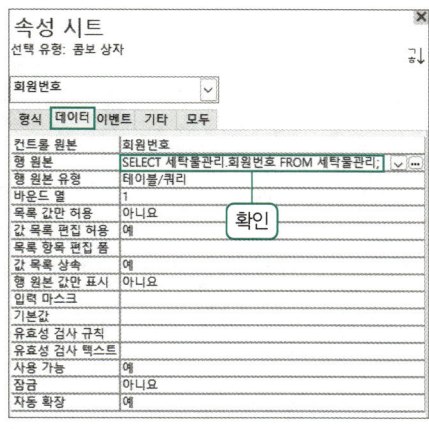

⑨ 〈세탁물관리현황〉 폼에서 [닫기] 단추(⊠)를 클릭 → 변경한 내용을 저장할 것인지 묻는 메시지 상자가 나타나면 [예] 단추를 클릭한다.
⑩ 탐색 창의 〈세탁물관리현황〉 폼을 더블클릭하여 결과를 확인 → [닫기] 단추(⊠)를 클릭한다.

2 콤보 상자로 변경하고 행 원본 설정하기

① 탐색 창의 〈세탁물〉 폼에서 마우스 오른쪽 단추를 클릭하고 바로 가기 메뉴에서 [**디자인 보기**]를 선택한다.
② '본문' 영역에서 't서비스와결제방식' 컨트롤 선택 → 마우스 오른쪽 단추를 클릭하고 바로 가기 메뉴에서 [**변경**]-[**콤보 상자**]를 선택한다.
③ 't서비스와결제방식' 컨트롤의 [속성 시트] 창의 [데이터] 탭에서 '행 원본' 속성에 커서를 올려놓고 작성기 단추(…)를 클릭한다.
④ [테이블 추가] 창이 나타나면 [테이블] 탭에서 〈세탁물관리현황〉 테이블을 더블클릭 → [닫기] 단추를 클릭한다.
⑤ [쿼리 작성기] 창의 〈세탁물관리현황〉 필드 목록에서 '서비스' 필드와 '결제방식' 필드를 차례대로 더블클릭 → [닫기] 단추(⊠)를 클릭한다.

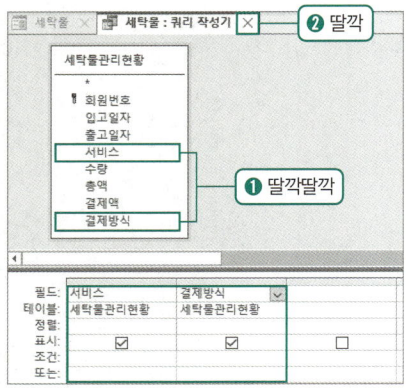

⑥ SQL 문의 변경 내용을 저장하고 속성을 업데이트할 것인지 묻는 메시지 상자가 나타나면 [예] 단추를 클릭한다.
⑦ [속성 시트] 창의 [데이터] 탭에서 '행 원본' 속성에 지정된 SQL 문을 확인 → '바운드 열' 속성은 '1'로, '목록 값만 허용' 속성은 '예'로 지정한다.

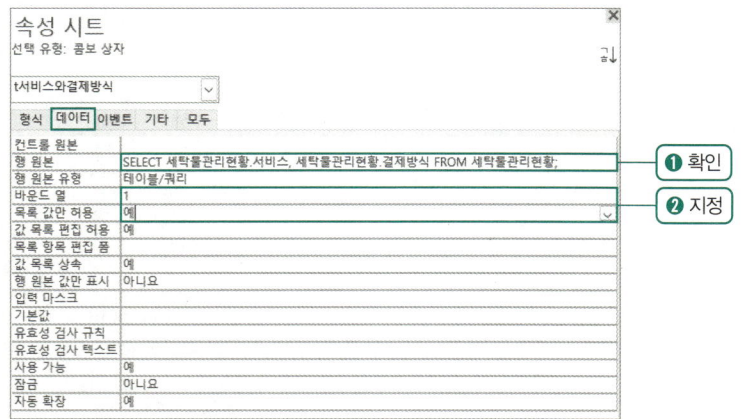

풀이법을 알면 시간이 단축된다!
[속성 시트] 창이 나타나지 않았다면 [**양식 디자인**] 탭-[**도구**] 그룹-[**속성 시트**]를 클릭하면 된다.

⑧ [속성 시트] 창의 [형식] 탭에서 '열 개수' 속성은 '2'로, '열 너비' 속성은 '1cm;5cm'로, '목록 너비' 속성은 '6cm'로 지정한다.

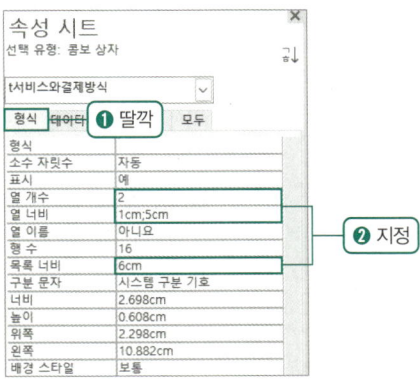

⑨ 〈세탁물〉 폼에서 [닫기] 단추(X)를 클릭 → 변경한 내용을 저장할 것인지 묻는 메시지 상자가 나타나면 [예] 단추를 클릭한다.
⑩ 탐색 창의 〈세탁물〉 폼을 더블클릭하여 결과를 확인 → [닫기] 단추(X)를 클릭한다.

3 콤보 상자의 행 원본 설정하기

① 탐색 창의 〈학생정보〉 폼에서 마우스 오른쪽 단추를 클릭하고 바로 가기 메뉴에서 **[디자인 보기]**를 선택한다.
② [속성 시트] 창에서 't성별'을 지정 → [데이터] 탭에서 '행 원본' 속성은 −1;남;0;여 입력 → '행 원본 유형' 속성은 '값 목록'으로, '바운드 열' 속성은 '1'로, '목록 값만 허용' 속성은 '예'로 지정한다.

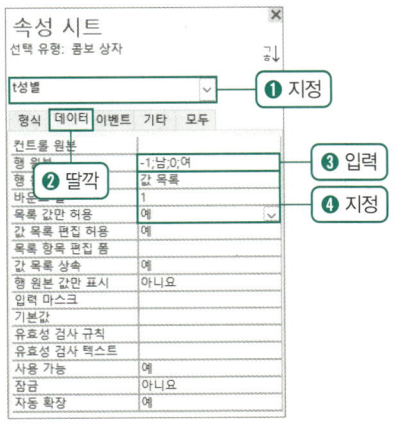

풀이법을 알면 시간이 단축된다!
−1;남;0;여
'남'은 '−1', '여'는 '0'으로 지정

풀이법을 알면 시간이 단축된다!
'바운드 열' 속성을 '1'로 지정하면 컨트롤에 저장되는 열 번호는 1로 설정된다.

풀이법을 알면 시간이 단축된다!
'목록 값만 허용' 속성을 '예'로 지정하면 목록 이외의 값은 입력할 수 없다.

③ [속성 시트] 창의 [형식] 탭에서 '열 개수' 속성은 '2'로, '열 너비' 속성은 '0cm'로 지정 → [닫기] 단추(⊠)를 클릭한다.

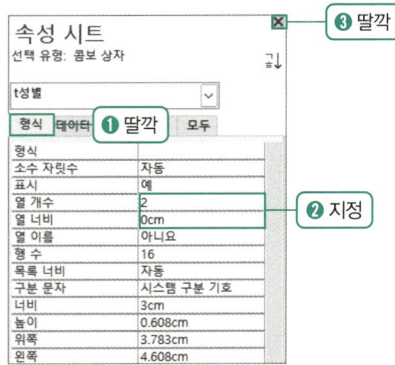

④ 〈학생정보〉 폼에서 [닫기] 단추(⊠)를 클릭 → 변경한 내용을 저장할 것인지 묻는 메시지 상자가 나타나면 [예] 단추를 클릭한다.
⑤ 탐색 창의 〈학생정보〉 폼을 더블클릭하여 결과를 확인한다.

> **읽는 강의**
>
> **풀이법을 알면 시간이 단축된다!**
> '열 너비' 속성을 '0'으로 지정하면 첫 번째 열의 값은 보이지 않는다.
>
> **풀이법을 알면 시간이 단축된다!**
> '열 개수'가 2이므로
>
> | 1열 | 2열 |
> |---|---|
> | -1 | 남 |
> | 0 | 여 |
>
> 이와 같은 형태가 되며 첫 번째 열의 크기가 0이므로 '남', '여'의 문자열만 표시된다.

⬇ **작업 파일명** C:\에듀윌_2026컴활1급실기\그대로따라하기\데이터베이스실무\02.입력및수정기능구현\03.콤보상자컨트롤\실습\02_콤보상자컨트롤.accdb

출제패턴 ❷

1 〈홈스쿨〉 폼에서 'b반구분' 콤보 상자 컨트롤에 대해 다음과 같이 설정하시오.
  ▶ '오전반'과 '오후반'의 문자 목록이 나타나도록 설정
  ▶ 목록 이외의 값은 입력되지 않도록 설정

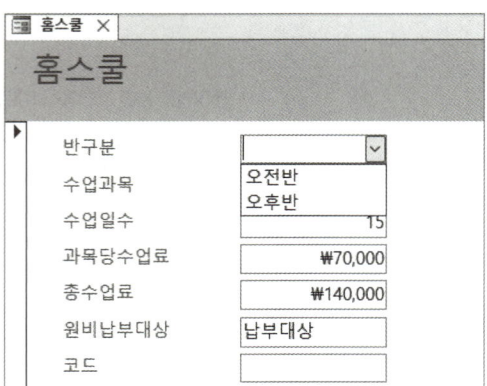

2 〈홈스쿨〉 폼의 'c코드' 텍스트 상자 컨트롤을 다음과 같이 콤보 상자로 변경하시오.
  ▶ 컨트롤은 〈홈스쿨관리현황〉 테이블의 '관리코드', '학생코드'를 표시하고 실제 컨트롤에는 '관리코드'가 저장되도록 설정
  ▶ '관리코드', '학생코드'의 열 너비는 '2cm', '2cm'로, 목록 너비는 '4cm'로 설정
  ▶ 컨트롤에는 목록에 있는 값만 입력되도록 설정

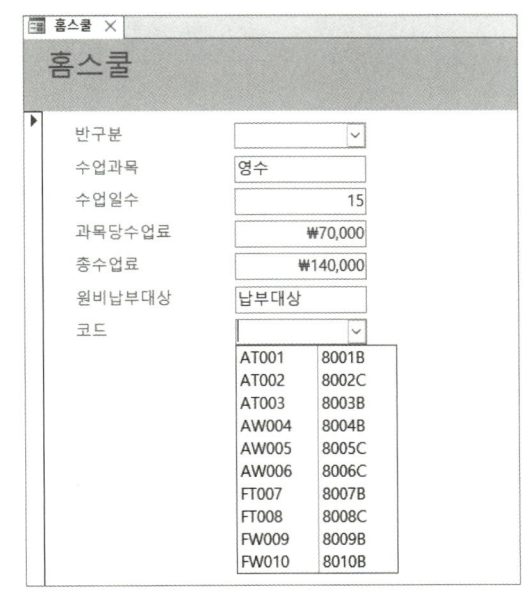

그대로 따라하기

1 콤보 상자의 행 원본 설정하기

① 탐색 창의 〈홈스쿨〉 폼에서 마우스 오른쪽 단추를 클릭하고 바로 가기 메뉴에서 [디자인 보기]를 선택한다.

② [양식 디자인] 탭-[도구] 그룹-[속성 시트]를 클릭한다.

③ [속성 시트] 창에서 'b반구분'을 지정 → [데이터] 탭에서 '행 원본' 속성은 오전반;오후반 입력 → '행 원본 유형' 속성은 '값 목록'으로, '목록 값만 허용' 속성은 '예'로 지정한다.

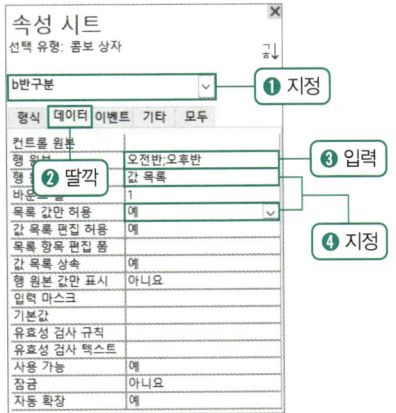

④ 〈홈스쿨〉 폼에서 [닫기] 단추(☒)를 클릭 → 변경한 내용을 저장할 것인지 묻는 메시지 상자가 나타나면 [예] 단추를 클릭한다.

⑤ 탐색 창의 〈홈스쿨〉 폼을 더블클릭하여 결과를 확인한다.

2 콤보 상자로 변경하고 행 원본 설정하기

① 탐색 창의 〈홈스쿨〉 폼에서 마우스 오른쪽 단추를 클릭하고 바로 가기 메뉴에서 [디자인 보기]를 선택한다.
② '본문' 영역에서 'c코드' 컨트롤 선택 → 마우스 오른쪽 단추를 클릭하고 바로 가기 메뉴에서 [변경]-[콤보 상자]를 선택한다.
③ 'c코드' 컨트롤의 [속성 시트] 창의 [데이터] 탭에서 '행 원본' 속성에 커서를 올려놓기 → 작성기 단추(...)를 클릭한다.
④ [테이블 추가] 창이 나타나면 [테이블] 탭에서 〈홈스쿨관리현황〉 테이블을 더블클릭 → [닫기] 단추를 클릭한다.
⑤ [쿼리 작성기] 창의 〈홈스쿨관리현황〉 필드 목록에서 '관리코드' 필드와 '학생코드' 필드를 차례대로 더블클릭 → [닫기] 단추(×)를 클릭한다.

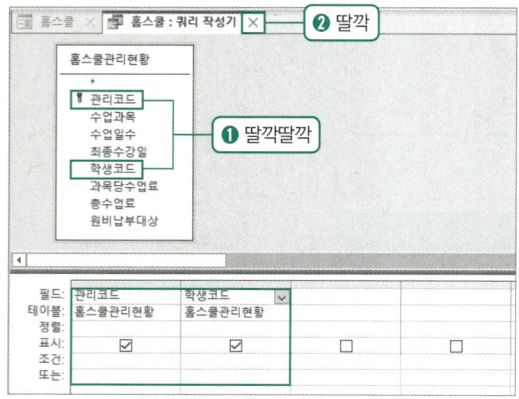

⑥ SQL 문의 변경 내용을 저장하고 속성을 업데이트할 것인지 묻는 메시지 상자가 나타나면 [예] 단추를 클릭한다.
⑦ [속성 시트] 창의 [데이터] 탭에서 '행 원본' 속성에 지정된 SQL 문을 확인 → '바운드 열' 속성은 '1'로, '목록 값만 허용' 속성은 '예'로 지정한다.

⑧ [속성 시트] 창의 [형식] 탭에서 '열 개수' 속성은 '2'로, '열 너비' 속성은 '2cm;2cm'로, '목록 너비' 속성은 '4cm'로 지정 → [닫기] 단추(⊠)를 클릭한다.

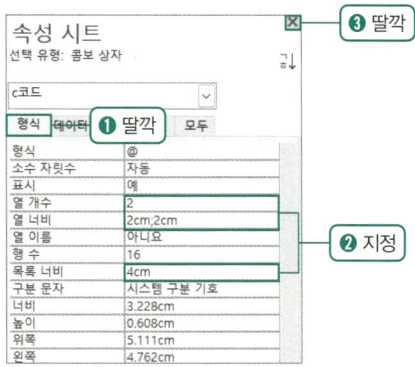

⑨ 〈홈스쿨〉 폼에서 [닫기] 단추(⊠)를 클릭 → 변경한 내용을 저장할 것인지 묻는 메시지 상자가 나타나면 [예] 단추를 클릭한다.

⑩ 탐색 창의 〈홈스쿨〉 폼을 더블클릭하여 결과를 확인한다.

입력 및 수정
기능 구현

04 하위 폼

① **개념**: 하위 폼은 메인 폼 안에 삽입되는 폼으로 메인 폼과 관련된 데이터를 더 효율적으로 관리하고 이해할 수 있도록 도와주는 도구
② **기능 및 특징**
- 하위 폼은 여러 레코드를 동시에 표시할 수 있어서 사용자가 관련 데이터를 한눈에 파악하기 쉬움
- 하위 폼은 연속 폼 형식이나 데이터시트 보기 형식으로 설정할 수 있음

 작업 파일명 C:\에듀윌_2026컴활1급실기\대로따라하기\데이터베이스실무\02.입력및수정기능구현\04.하위폼\실습\
01_하위폼.accdb

📖 읽는 강의

출제패턴 ❶

〈세탁물관리현황〉 폼의 본문 영역에 〈세탁물관리〉 폼을 하위 폼으로 추가하시오.

▶ 하위 폼 컨트롤 이름은 '회원세탁물'로 설정하시오.
▶ 기본 폼과 하위 폼을 각각 '회원번호' 필드를 기준으로 연결하시오.

▼ 결과 화면

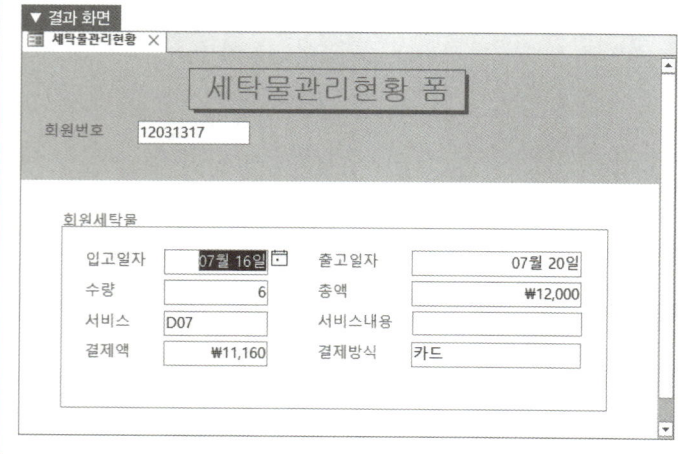

그대로 따라하기

1 하위 폼 삽입하고 필드 연결하기

① 탐색 창의 〈세탁물관리현황〉 폼에서 마우스 오른쪽 단추를 클릭하고 바로 가기 메뉴에서 [디자인 보기]를 선택한다.

② [양식 디자인] 탭-[컨트롤] 그룹-[하위 폼/하위 보고서](▦) 클릭 → '본문' 영역에 적당한 크기로 드래그하여 하위 폼을 삽입한다.

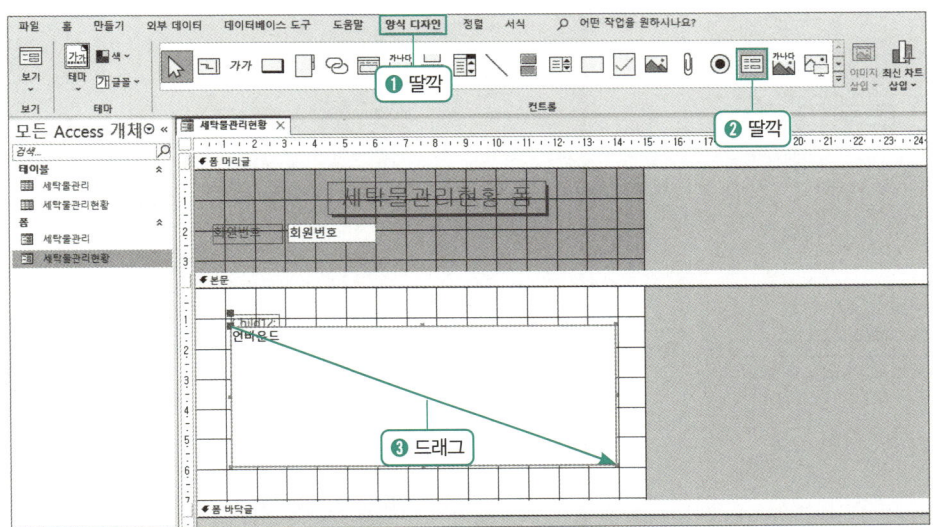

③ [하위 폼 마법사] 1단계 대화상자가 나타나면 '기존 폼 사용'의 '세탁물관리'를 선택 → [다음] 단추를 클릭한다.

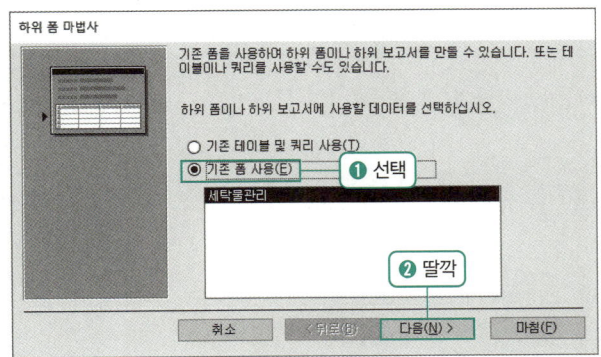

> **읽는 강의**
>
> **풀이법을 알면 시간이 단축된다!**
> 하위 폼 마법사가 실행되지 않을 경우 [양식 디자인] 탭-[컨트롤] 그룹-[컨트롤 마법사 사용]이 선택되어 있는지 확인한다.

④ [하위 폼 마법사] 2단계 대화상자가 나타나면 '목록에서 선택'의 '회원번호'를 사용하는 첫 번째 목록을 선택 → [다음] 단추를 클릭한다.

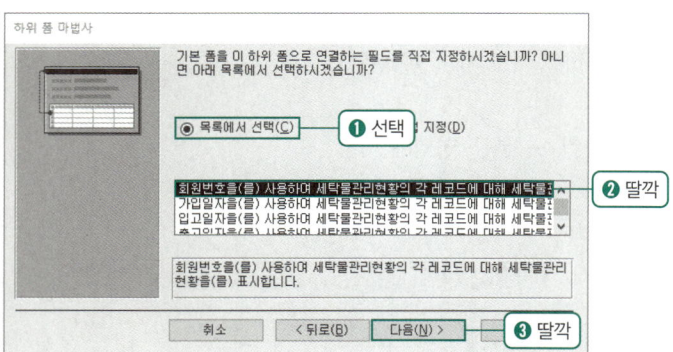

> 📖 **읽는 강의**
>
> **풀이법을 알면 시간이 단축된다!**
> 연결 필드는 기본 폼과 하위 폼을 연결하는 공통적인 필드이다.

⑤ [하위 폼 마법사] 3단계 대화상자가 나타나면 하위 폼 이름에 회원세탁물 입력 → [마침] 단추를 클릭한다.

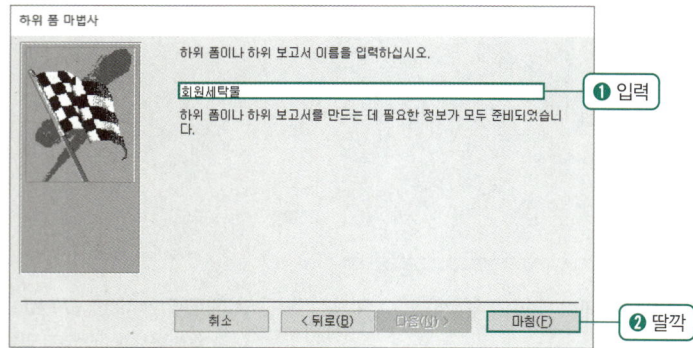

⑥ 〈세탁물관리현황〉 폼에서 [닫기] 단추(×)를 클릭 → 변경한 내용을 저장할 것인지 묻는 메시지 상자가 나타나면 [예] 단추를 클릭한다.

⑦ 탐색 창의 〈세탁물관리현황〉 폼을 더블클릭하고 다음 레코드(▶)를 클릭하여 결과를 확인한다.

작업 파일명 C:\에듀윌_2026컴활1급실기\대로따라하기\데이터베이스실무\02.입력및수정기능구현\04.하위폼\실습\
02_하위폼.accdb

출제패턴 ❷

〈도시재생사업관리현황〉 폼의 본문 영역에 〈도시재생사업관리〉 폼을 하위 폼으로 추가하시오.

▶ 하위 폼 컨트롤 이름은 '도시재생사업'으로, 하위 폼 레이블의 캡션은 '도시사업'으로 설정하시오.
▶ 기본 폼의 '관리번호' 필드와 하위 폼은 '관리번호' 필드를 기준으로 연결하시오.

▼ 결과 화면

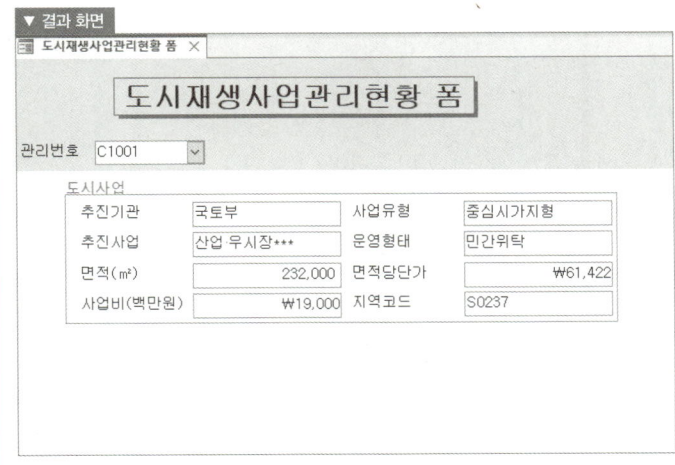

그대로 따라하기

1 하위 폼 삽입하고 필드 연결하기

① 탐색 창의 〈도시재생사업관리현황〉 폼에서 마우스 오른쪽 단추를 클릭하고 바로 가기 메뉴에서 [디자인 보기]를 선택한다.
② [양식 디자인] 탭-[컨트롤] 그룹-[하위 폼/하위 보고서](▦) 클릭 → '본문' 영역에 적당한 크기로 드래그하여 하위 폼을 삽입한다.
③ [하위 폼 마법사] 1단계 대화상자가 나타나면 '기존 폼 사용'의 '도시재생사업관리'를 선택 → [다음] 단추를 클릭한다.

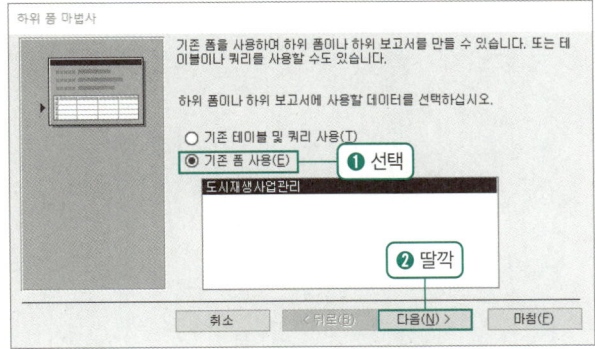

④ [하위 폼 마법사] 2단계 대화상자가 나타나면 '목록에서 선택'의 '관리번호'를 사용하는 첫 번째 목록을 선택 → [다음] 단추를 클릭한다.

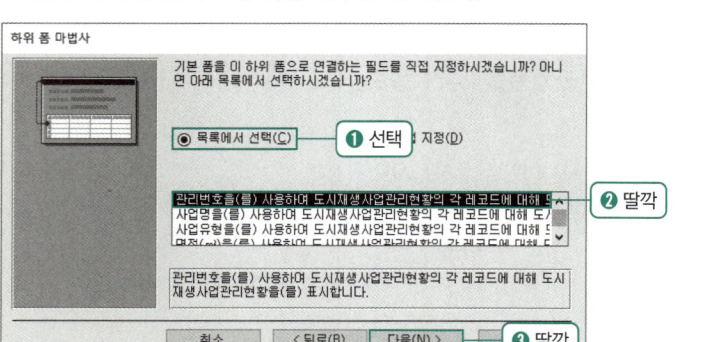

⑤ [하위 폼 마법사] 3단계 대화상자가 나타나면 하위 폼 이름에 도시재생사업 입력 → [마침] 단추를 클릭한다.

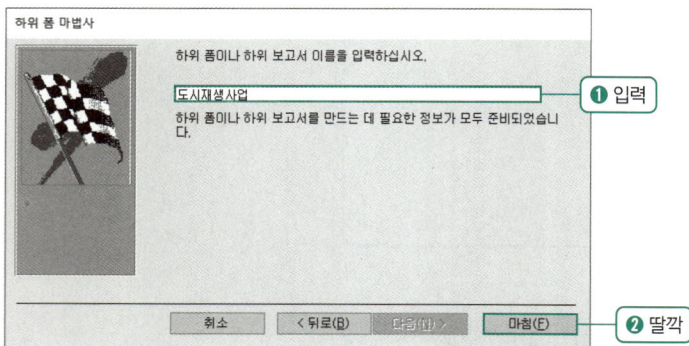

⑥ 삽입된 하위 폼의 레이블 더블클릭 → 도시사업으로 텍스트를 수정한다.

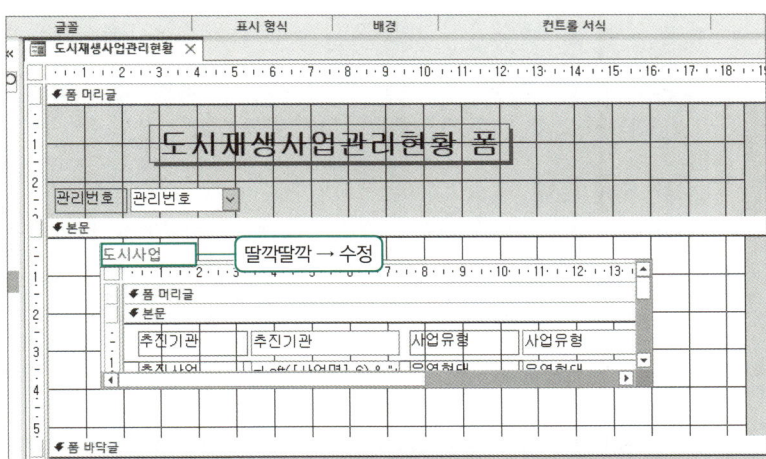

⑦ 〈도시재생사업관리현황〉 폼에서 [닫기] 단추(☒)를 클릭 → 변경한 내용을 저장할 것인지 묻는 메시지 상자가 나타나면 [예] 단추를 클릭한다.
⑧ 탐색 창의 〈도시재생사업관리현황〉 폼을 더블클릭하여 결과를 확인한다.

Chapter 03
조회 및 출력 기능 구현

배점 20점
목표점수 15점

출제유형 분석
조회 및 출력 기능 구현은 **1**번 문제에서 보고서, **2**번 문제에서 이벤트 프로시저를 이용한 조회 문제가 출제된다. **1**번 문제에서 3점짜리 5개의 지시사항으로 구성된 한 문제와 **2**번 문제에서 5점짜리 1문제가 출제된다.

합격 전략
조회 및 출력 기능 구현은 테이블에 있는 데이터를 폼에서 조회하고, 결과를 보고서에 출력하는 방법을 숙지해야 한다. 특히, 조회 부분은 여러 명령어들을 이용하여 검색식을 완성할 수 있어야 하며, 이벤트 프로시저를 작성하는 등 깊은 학습이 필요하다. 수험생들이 매우 어려워 하는 부분으로 프로그램에 대한 지식이 부족하다면 이 부분에서는 15점을 목표로 하는 것이 합격의 전략이 될 수 있다.

세부 출제패턴

	출제유형	난이도	세부 출제패턴
1	보고서	상 중 하	정렬과 그룹화, 보고서의 속성, 계산 함수 등을 이용한 계산 컨트롤을 작성하고 보고서를 출력하거나 미리 보기 하는 기능을 구현한다.
2	조회	상 중 하	조회에서 출제되는 문제는 Filter, RecordSource, ApplyFilter, RecordsetClone 속성 중심으로 학습하고, 자주 출제되는 속성은 완전히 익숙해질 때까지 반복 연습하도록 한다.
	매크로	상 중 하	매크로 부분은 매우 어려워 하는 부분이므로 자주 출제되는 내용을 중심으로 반복 학습하는 것이 중요하며 문제2와 문제3에서 출제되고 있는데 이는 본 교재에서는 '03. 조회 및 출력 기능 구현' 작업의 '02. 조회'에서 다루고 있다.

무료 동영상 강의

조회 및 출력
기능 구현

01 보고서

① **개념**: 보고서는 유용한 정보를 이용하여 데이터를 분석하고, 요약하고, 인쇄하거나 공유할 수 있음
② **기능 및 특징**
- 데이터를 요약하고 그룹화할 수 있으며 이를 통하여 복잡한 데이터를 쉽게 이해할 수 있음
- 데이터를 특정 기준으로 정렬하거나 필터링하여 원하는 정보만을 표시할 수 있음

📂 **작업 파일명** C:\에듀윌_2026컴활1급실기\그대로따라하기\데이터베이스실무\03.조회및출력기능구현\01.보고서\실습\01_보고서.accdb

📖 **읽는 강의**

출제패턴 ❶

다음의 지시사항 및 그림을 참조하여 〈상품판매현황〉 보고서를 완성하시오.

1 〈상품내역〉 쿼리를 레코드 원본으로 설정하시오.

2 보고서 머리글 구역에 '상품 납품 현황'의 내용을 입력하고 다음과 같이 레이블 컨트롤의 속성을 설정하시오.
- ▶ 제목: 상품 납품 현황, 이름: lbl제목, 글꼴: 돋움체, 글꼴 크기: 24, 텍스트 맞춤: 가운데

3 '상품명' 머리글 영역에 있는 'txt상품명'에는 '상품명'이 [표시 예]와 같이 표시되도록 설정하고 테두리 스타일을 '실선'으로 설정하시오.
- ▶ [표시 예: 노트북 → 상품명: 노트북]

4 '상품명' 필드를 기준으로 내림차순 정렬하시오.
- ▶ 동일한 상품명은 '날짜' 필드를 기준으로 오름차순으로 정렬하고 '상품명'의 그룹 바닥글이 화면에 표시되도록 설정하시오.

5 '상품명' 바닥글 영역에 상품명별 금액의 합계를 다음의 조건대로 '통화' 형식의 컨트롤을 생성하시오.
- ▶ [표시 예: 상품별 금액 합계: ₩934,275]
- ▶ 컨트롤 이름: txt합계

6 그룹의 일부 데이터가 다음 페이지로 넘어갈 경우 '상품명' 머리글의 내용이 다음 페이지에도 표시되도록 설정하시오.

7 페이지 바닥글의 페이지가 표시된 't페이지' 컨트롤에는 페이지가 [표시 예]와 같이 표시되도록 설정하시오.
- ▶ [표시 예: 전체 페이지 수가 3이고, 현재 페이지가 1일 경우 → 전체 3쪽 중 1쪽]

8 페이지 바닥글의 't날짜' 컨트롤에 현재 날짜가 다음과 같이 표시되도록 설정하시오.
- ▶ 날짜만 표시하는 함수를 이용하시오.
- ▶ [표시 예: 2026년 7월 4일 → 2026-07-04]

9 페이지 바닥글 구역의 배경색을 '노랑'으로 설정하시오.

10 용지 방향이 가로로 인쇄되도록 페이지를 설정하시오.

▼ 결과 화면

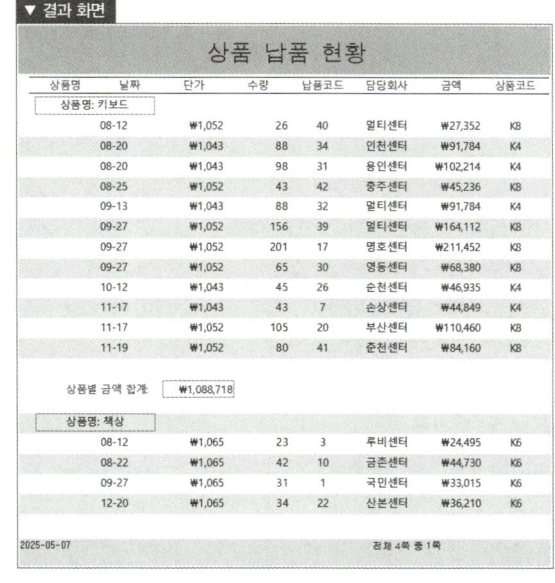

> 읽는 강의

그대로 따라하기

1 〈상품내역〉 쿼리를 레코드 원본으로 설정하기

① 탐색 창의 〈상품판매현황〉 보고서에서 마우스 오른쪽 단추를 클릭하고 바로 가기 메뉴에서 [디자인 보기]를 선택한다.

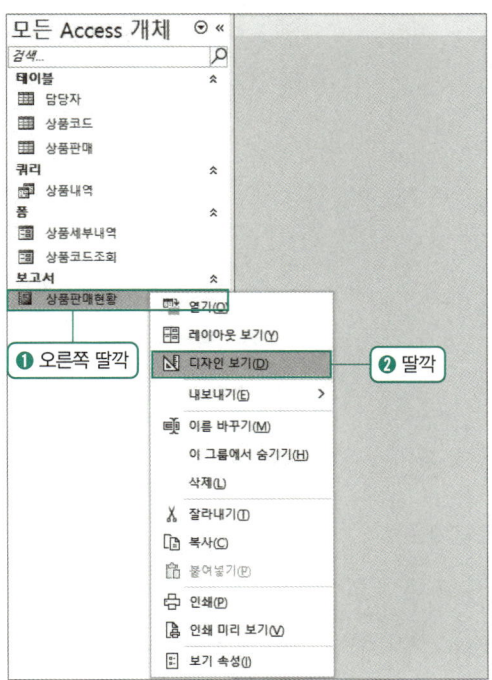

풀이법을 알면 시간이 단축된다!
탐색 창에 보고서가 보이지 않으면 탐색 창의 목록 표시 단추를 클릭하고 [개체 유형], [모든 Access 개체]를 선택한다.

데이터베이스 실무 01. 보고서 **127**

② [보고서 디자인] 탭-[도구] 그룹-[속성 시트]를 클릭한다.
③ '보고서'의 [속성 시트] 창이 나타나면 [데이터] 탭에서 '레코드 원본' 속성을 '상품내역'으로 지정한다.

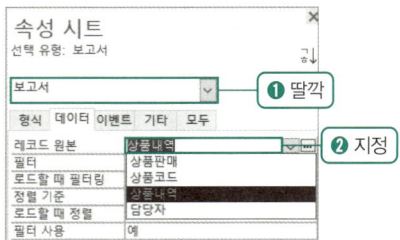

> 📖 **읽는 강의**
>
> **풀이법을 알면 시간이 단축된다!**
> 보고서의 레코드 원본은 테이블이나 쿼리를 지정할 수 있다.

2 보고서 머리글 입력하고 레이블 컨트롤의 속성 설정하기

① [보고서 디자인] 탭-[컨트롤] 그룹-[레이블](가가)을 클릭 → '보고서 머리글' 영역에 적당한 크기로 드래그하여 레이블을 삽입한다.

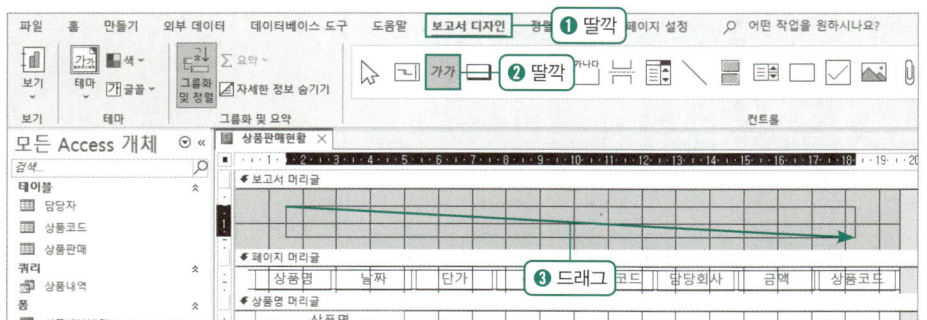

개념 더하기 ⊕ 보고서 화면 미리 보기

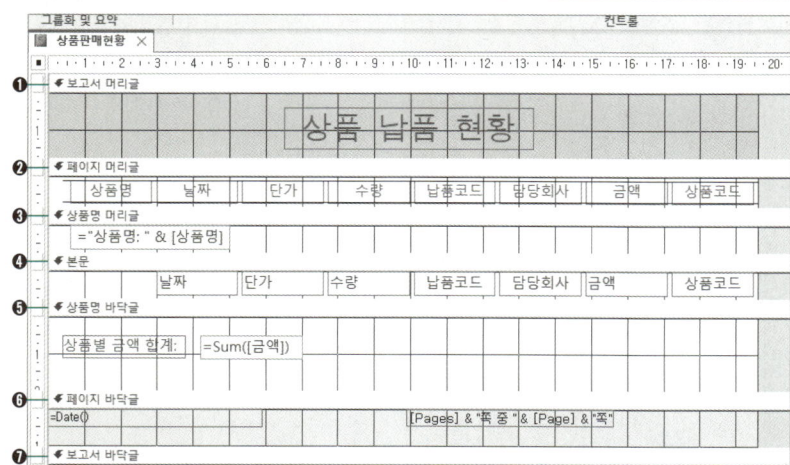

❶ **보고서 머리글**: 보고서의 첫 페이지 시작 부분에 한 번만 표시되고 로고나 제목 내용을 표시
❷ **페이지 머리글**: 모든 페이지의 시작 부분에 표시
❸ **그룹 머리글**: 각 그룹에서 처음 레코드의 시작 부분에 표시되고 그룹 이름이나 그룹별 계산 결과 등을 표시
❹ **본문**: 실제 데이터를 레코드 단위로 반복적으로 표시
❺ **그룹 바닥글**: 각 그룹에서 마지막 레코드의 끝부분에 표시되고 그룹에 대한 요약 정보를 표시

❻ **페이지 바닥글**: 각 페이지의 끝부분에 표시되고 페이지 번호 등을 표시
❼ **보고서 바닥글**: 보고서의 마지막 페이지의 끝부분에 표시되고 전체 데이터에 대한 요약 정보를 표시

② 레이블에 커서를 올려놓은 상태에서 상품 납품 현황 입력 → 임의의 영역을 클릭하여 텍스트 입력을 완료 → 레이블을 다시 선택한다.
③ [속성 시트] 창의 [기타] 탭에서 '이름' 속성에 lbl제목 입력 → [형식] 탭에서 '글꼴 이름' 속성은 '돋움체', '글꼴 크기' 속성은 '24', '텍스트 맞춤' 속성은 '가운데'로 지정한다.

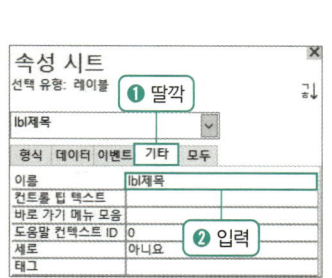 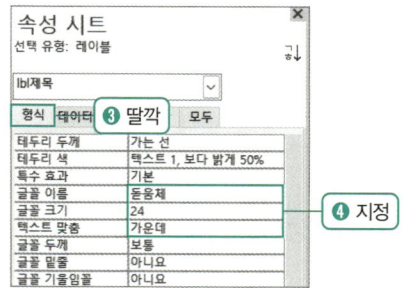

③ 상품명 머리글 영역 표시 형식과 테두리 스타일 설정하기

[속성 시트] 창에서 'txt상품명'을 지정 → [데이터] 탭에서 '컨트롤 원본' 속성에 ="상품명: " & [상품명] 입력 → [형식] 탭에서 '테두리 스타일' 속성을 '실선'으로 지정한다.

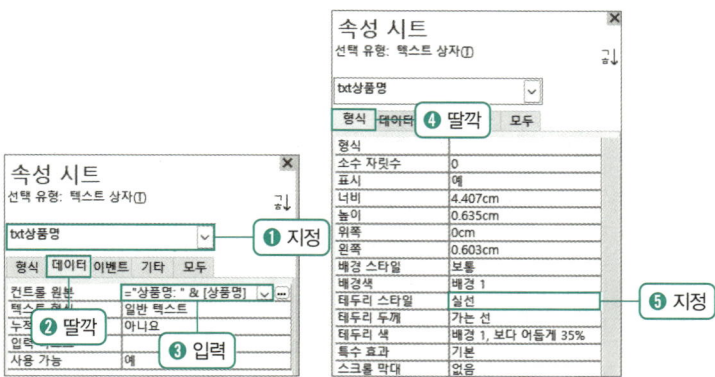

> **풀이법을 알면 시간이 단축된다!**
> [속성 시트] 창의 [데이터] 탭에서 '컨트롤 원본' 속성의 바로 가기 메뉴에서 [확대/축소]를 선택하면 [확대/축소] 대화상자가 나타난다. [확대/축소] 대화상자에서 식을 입력하면 긴 식을 입력할 때 편리하다. 바로 가기 키는 [Shift]+[F2]를 누르면 된다.

④ '상품명' 필드를 정렬하고 그룹 바닥글 표시하기

① [보고서 디자인] 탭-[그룹화 및 요약] 그룹-[그룹화 및 정렬]을 클릭한다.

② [그룹, 정렬 및 요약] 창이 나타나면 '그룹화 기준'은 '상품명' 필드를, '정렬 순서'는 '내림차순'으로 지정 → '자세히'를 클릭한다.

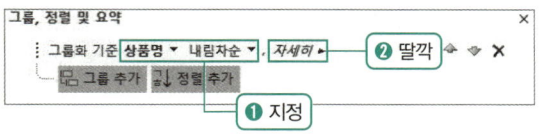

> **풀이법을 알면 시간이 단축된다!**
> • **오름차순(Ascending)**: 작은 값부터 나열한다.
>   예시 1, 2, 3, 4, …
> • **내림차순(Descending)**: 큰 값부터 나열한다.
>   예시 4, 3, 2, 1, …

③ '바닥글 구역 표시'로 지정 → '정렬 추가'를 클릭한다.

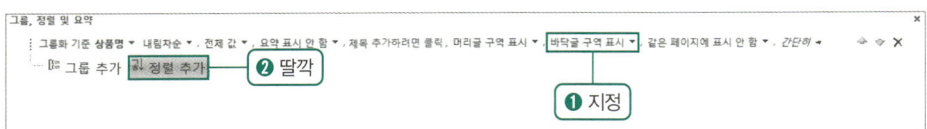

④ '정렬 기준'은 '날짜' 필드를 선택 → '정렬 순서'는 '오름차순'으로 지정 → [그룹, 정렬 및 요약] 창의 [닫기] 단추(X)를 클릭한다.

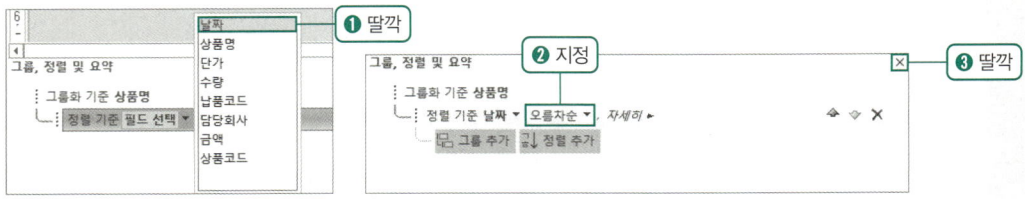

5 상품명 바닥글 영역에 상품명별 금액의 합계 컨트롤 생성하기

① [보고서 디자인] 탭-[컨트롤] 그룹-[텍스트 상자](□)를 클릭 → '상품명 바닥글' 영역에 적당한 크기로 드래그하여 텍스트 상자를 삽입한다.

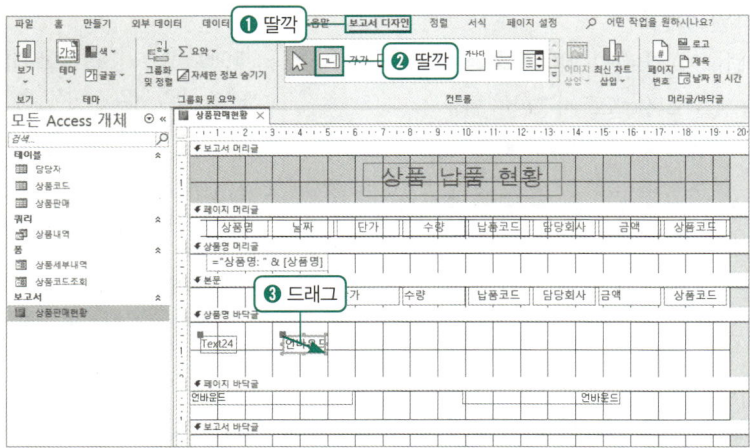

② 텍스트 상자의 레이블을 선택 → 레이블에 상품별 금액 합계: 입력 → 텍스트 상자를 선택한다.

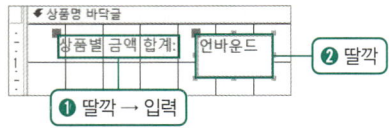

③ [속성 시트] 창의 [기타] 탭에서 '이름' 속성에 txt합계 입력 → [형식] 탭에서 '형식' 속성을 '통화'로 지정 → [데이터] 탭에서 '컨트롤 원본' 속성에 =Sum([금액])을 입력한다.

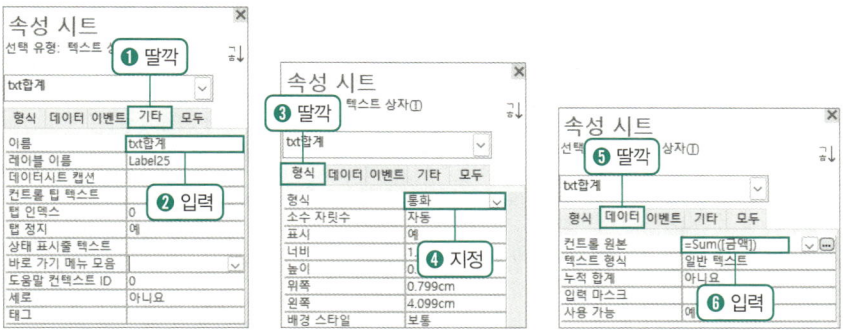

④ '상품명 바닥글' 영역에서 텍스트 상자의 왼쪽 상단 모서리 부분을 드래그하여 위치를 이동 → 경계선을 드래그하여 크기를 조절한다.

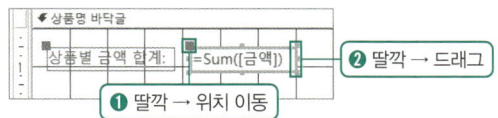

풀이법을 알면 시간이 단축된다!
텍스트 상자의 레이블과 텍스트 상자의 위치를 따로 조절할 때는 왼쪽 상단 모서리 부분을 드래그해야 한다.

6 상품명 머리글의 내용을 다음 페이지에도 표시하기

'상품명 머리글' 구역을 클릭 → [속성 시트] 창의 [형식] 탭에서 '반복 실행 구역' 속성을 '예'로 지정한다.

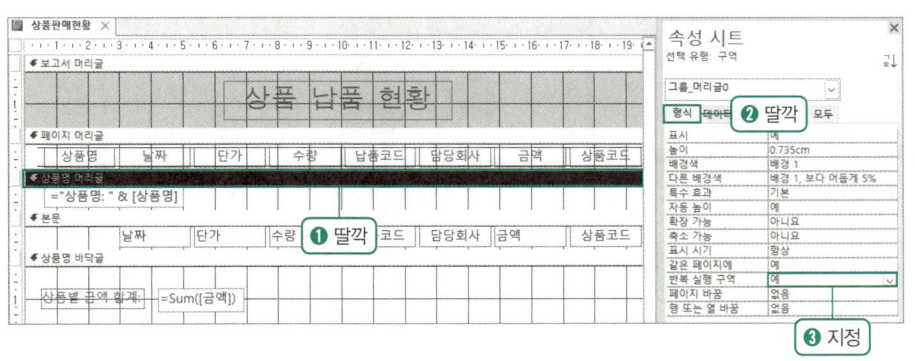

7 페이지 바닥글 영역의 페이지 표시 형식 지정하기

[속성 시트] 창에서 't페이지'를 지정 → [데이터] 탭에서 '컨트롤 원본' 속성에 ="전체 " & [Pages] & "쪽 중 " & [Page] & "쪽"을 입력한다.

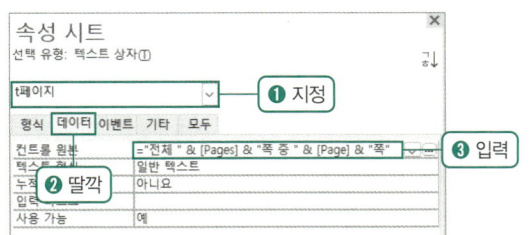

풀이법을 알면 시간이 단축된다!
- [Pages]: 전체 페이지
- [Page]: 현재 페이지

8 페이지 바닥글 영역의 현재 날짜 표시 형식 지정하기

[속성 시트] 창에서 't날짜'를 지정 → [데이터] 탭에서 '컨트롤 원본' 속성에 =Date( ) 입력 → [형식] 탭에서 '형식' 속성을 '간단한 날짜'로 지정한다.

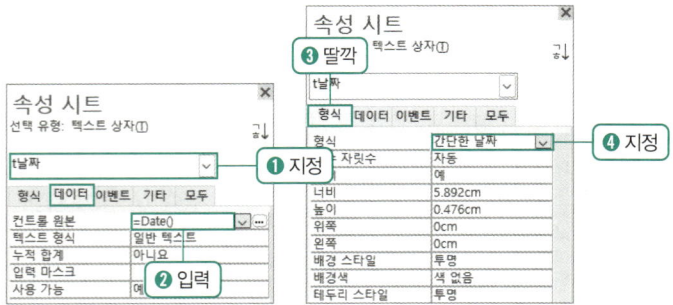

> **풀이법을 알면 시간이 단축된다!**
> 컨트롤의 이름은 [속성 시트] 창에서 목록을 클릭하여 확인할 수 있다.

> **풀이법을 알면 시간이 단축된다!**
> Now( )/Date( )
> • Now( ): 현재 날짜와 시간을 표시
> • Date( ): 현재 날짜만 표시

9 페이지 바닥글 구역의 배경색 지정하기

'페이지 바닥글' 구역을 클릭 → [속성 시트] 창의 [형식] 탭에서 '배경색' 속성의 작성기 단추(…)를 클릭 → '표준 색'의 '노랑'으로 지정 → [닫기] 단추(X)를 클릭한다.

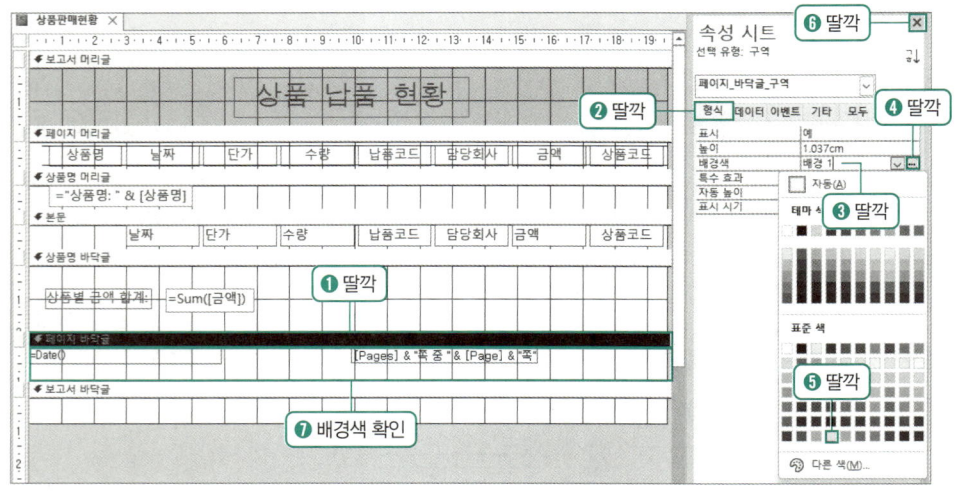

> **풀이법을 알면 시간이 단축된다!**
> '노랑'을 선택하면 '#FFF200'으로 표시된다.

10 가로 용지 방향으로 페이지 설정하기

① [페이지 설정] 탭-[페이지 레이아웃] 그룹-[가로]를 클릭한다.

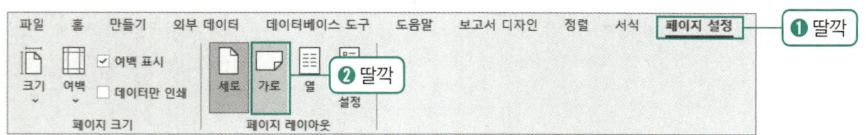

② [보고서 디자인] 탭-[보기] 그룹-[보기]-[인쇄 미리 보기]를 선택 → 결과를 확인한다.

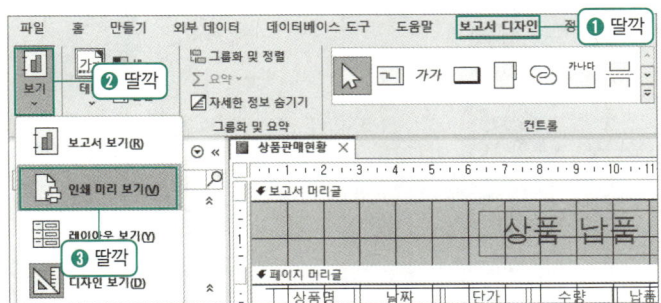

> 읽는 강의

풀이법을 알면 시간이 단축된다!
- 보고서 보기 바로 가기 키:
  Ctrl + . (마침표)
- 디자인 보기 바로 가기 키:
  Ctrl + , (쉼표)

📥 **작업 파일명** C:\에듀윌_2026컴활1급실기\그대로따라하기\데이터베이스실무\03.조회및출력기능구현\01.보고서\실습\02_보고서.accdb

출제패턴 ❷

다음의 지시사항 및 그림을 참조하여 〈구매금액〉 보고서를 완성하시오.

1. 〈구매통계〉 쿼리를 레코드 원본으로 설정하시오.

2. 보고서 머리글의 높이를 '0'으로 지정하여 표시되지 않도록 설정하시오.

3. '구매월' 필드를 기준으로 그룹을 지정하고 그룹 바닥글을 표시하시오.

4. 본문에 있는 't구매월' 텍스트 상자를 그룹 머리글로 이동해서 〈그림〉과 같이 표시하시오.

5. 본문의 'txt순번' 컨트롤에는 그룹별 레코드 번호를 1, 2, 3, 4, …의 순으로 1씩 증가하여 표시되도록 설정하시오.

6. 본문의 't구매금액'에는 전체 레코드에 대해 '구매금액' 필드값의 누계가 나타나도록 설정하시오.

7. '구매월' 바닥글 이후에는 페이지가 바뀌어서 인쇄되도록 설정하시오.

8. 페이지 바닥글의 'txt날짜'에는 시스템의 현재 날짜가 표시되도록 설정하시오.
   ▶ Date( ) 함수와 Format( ) 함수를 이용하여 '2024년 05월 29일 수요일'과 같이 표시하시오.

9. 페이지 바닥글의 'txt페이지'에는 페이지를 [표시 예]와 같이 표시되도록 설정하시오.
   ▶ [표시 예: 전체 페이지 수가 4이고 현재 페이지가 1일 경우 → 1쪽 / 4쪽]

10. 페이지 바닥글의 't구매수량합계' 컨트롤에는 '구매수량'의 합계가 표시되도록 설정하시오.

11. 페이지 바닥글의 't구매수량합계' 컨트롤과 레이블을 '구매월' 바닥글 영역에 표시하시오.

12 용지방향이 가로로 인쇄되도록 페이지를 설정하고 그룹머리글과 그룹바닥글의 높이를 0.8cm로 지정하시오.

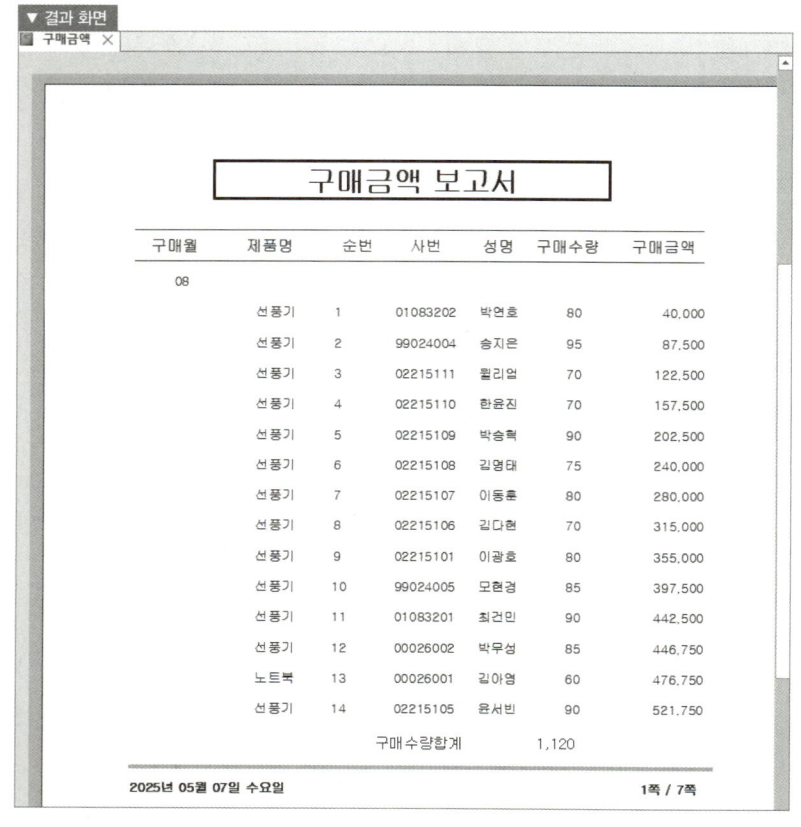

그대로 따라하기

1 〈구매통계〉 쿼리를 레코드 원본으로 설정하기

① 탐색 창의 〈구매금액〉 보고서에서 마우스 오른쪽 단추를 클릭하고 바로 가기 메뉴에서 [디자인 보기]를 선택한다.
② [보고서 디자인] 탭-[도구] 그룹-[속성 시트]를 클릭한다.
③ '보고서'의 [속성 시트] 창이 나타나면 [데이터] 탭에서 '레코드 원본' 속성을 '구매통계'로 지정한다.

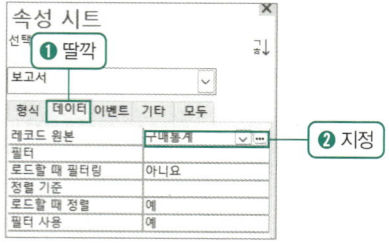

2 보고서 머리글의 높이를 표시하지 않기

[속성 시트] 창에서 '보고서 머리글'을 지정 → [형식] 탭에서 '높이' 속성을 '0cm'로 지정한다.

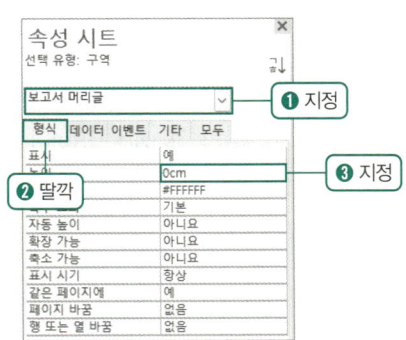

> 📖 읽는 강의
>
> **풀이법을 알면 시간이 단축된다!**
> '높이' 속성에 '0cm'을 지정하면 보고서 머리글이 표시되지 않는다.

3 '구매월' 필드의 그룹 지정하고 바닥글 표시하기

① [보고서 디자인] 탭-[그룹화 및 요약] 그룹-[그룹화 및 정렬]을 클릭한다.
② [그룹, 정렬 및 요약] 창이 나타나면 [그룹 추가] 단추 클릭 → '그룹화 기준'은 '구매월' 필드를 지정 → '자세히'를 클릭한다.
③ '바닥글 구역 표시'로 지정 → [그룹, 정렬 및 요약] 창의 [닫기] 단추(✖)를 클릭한다.

> **실수가 줄어들면 합격은 빨라진다!**
> [그룹, 정렬 및 요약] 창을 표시하고 닫지 않으면 다른 파일의 보고서를 '디자인 보기' 상태로 열 때 해당 창은 항상 표시되어 있다. 따라서 그룹이나 정렬을 지정한 후에는 [그룹, 정렬 및 요약] 창을 닫는 것을 추천한다.

4 본문 영역의 텍스트 상자를 그룹 머리글로 이동하기

'본문' 영역의 't구매월' 컨트롤을 '구매월 머리글' 영역으로 적당한 위치에 드래그하여 이동한다.

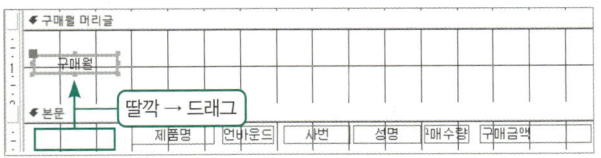

5 본문의 컨트롤에 그룹별 레코드 번호 표시하기

[속성 시트] 창에서 'txt순번'을 지정 → [데이터] 탭에서 '컨트롤 원본' 속성에 =1을 입력하고 '누적 합계' 속성을 '그룹'으로 지정한다.

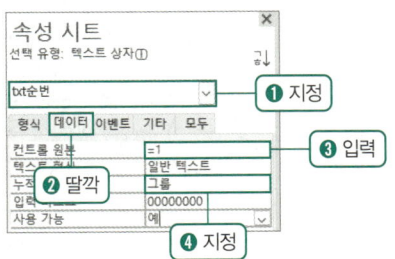

> **풀이법을 알면 시간이 단축된다!**
> 컨트롤 원본을 '1'로 설정하고 누적 합계를 선택하면 1씩 더해져서 1, 2, 3, 4, …로 표시된다.

6 본문 영역의 컨트롤에 '구매금액' 필드값의 누계 표시하기

[속성 시트] 창에서 't구매금액'을 지정 → [데이터] 탭에서 '누적 합계' 속성을 '모두'로 지정한다.

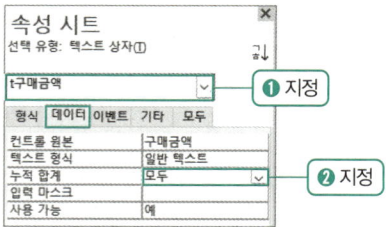

7 '구매율' 바닥글 이후에는 페이지 바꿔서 인쇄하기

'구매월 바닥글' 구역을 클릭 → [속성 시트] 창의 [형식] 탭에서 '페이지 바꿈' 속성을 '구역 후'로 지정한다.

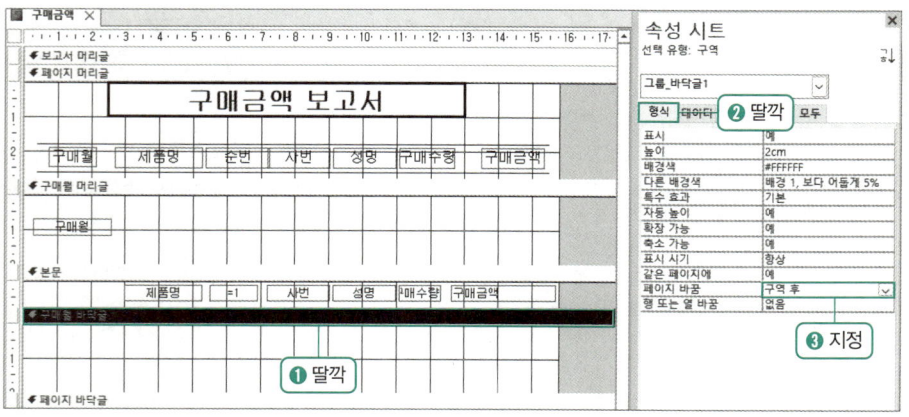

8 페이지 바닥글에 현재 날짜 표시하기

[속성 시트] 창에서 'txt날짜'를 지정 → [데이터] 탭에서 '컨트롤 원본' 속성에 =Format(Date( ), "yyyy년 mm월 dd일 aaaa")를 입력한다.

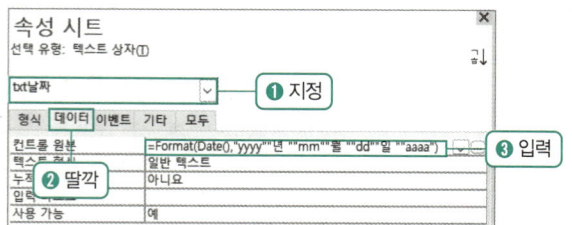

풀이법을 알면 시간이 단축된다!

- **모두**: 필드의 전체 값에 대해 처음부터 누적시킨다.
- **그룹**: 필드의 그룹 값에 대해서만 누적시키고 그룹이 바뀌면 새로 누적시킨다.

풀이법을 알면 시간이 단축된다!

- **구역 전**: 선택한 그룹, 그룹 머리글, 그룹 바닥글의 위에서 페이지가 바뀐다.
- **구역 후**: 선택한 그룹, 그룹 머리글, 그룹 바닥글의 아래에서 페이지가 바뀐다.

풀이법을 알면 시간이 단축된다!

- Format( ) 함수는 필드에 있는 데이터를 지정된 형식에 맞추어 표시해 주는 함수이다.
- =Format(Date( ), "yyyy년 mm월 dd일 aaaa")를 입력하고 Enter를 누르면 =Format(Date(),"yyyy""년 ""mm""월 ""dd""일 ""aaaa")와 같이 큰따옴표가 추가되어 완성된다.

9 페이지 바닥글 영역에 페이지의 표시 형식 지정하기

[속성 시트] 창에서 'txt페이지'를 지정 → [데이터] 탭에서 '컨트롤 원본' 속성에 =[Page] & "쪽 / " & [Pages] & "쪽"을 입력한다.

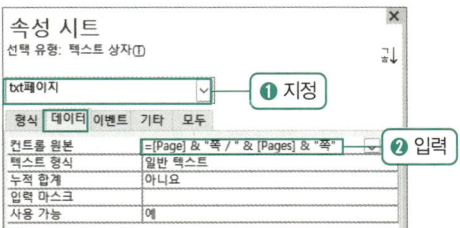

10 페이지 바닥글 영역에 '구매수량'의 합계 표시하기

[속성 시트] 창에서 't구매수량합계'를 지정 → [데이터] 탭에서 '컨트롤 원본' 속성에 =Sum([구매수량])을 입력한다.

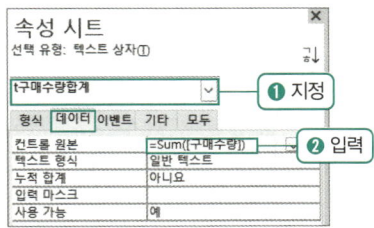

11 페이지 바닥글의 컨트롤을 '구매월' 바닥글에 표시하기

'페이지 바닥글' 영역에서 't구매수량합계' 텍스트 상자를 선택 → '구매월 바닥글' 영역으로 적당한 위치에 드래그한다.

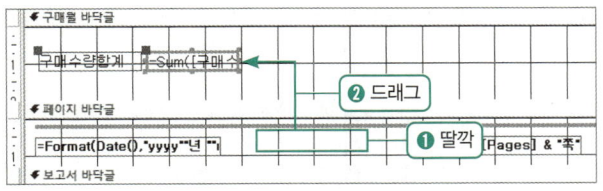

12 가로 용지 방향으로 페이지 설정하기

① [페이지 설정] 탭-[페이지 레이아웃] 그룹-[가로]를 클릭한다.

② [속성 시트]에서 '그룹_머리글0'을 선택하고 [형식] 탭에서 높이에 0.8을 입력한다.

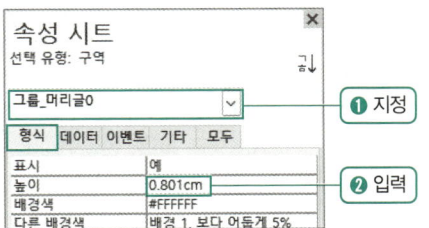

> 📖 **읽는 강의**
>
> **풀이법을 알면 시간이 단축된다!**
> '구매수량합계' 레이블을 선택하고 드래그해도 된다.
>
> **풀이법을 알면 시간이 단축된다!**
> 그룹_머리글에 0.8을 입력하면 0.801cm으로 변경된다. 그룹 머리글의 높이에 0.8을 입력하여도 값이 변경되지 않는 것은 머리글에 입력된 내용이 0.8보다 큰 영역에 있기 때문에 나타난 현상이므로 "구매월"의 위치를 위로 이동하여 여유 공간을 확보한 후 그룹머리글의 높이를 입력한다.

③ [속성 시트]에서 '그룹_바닥글1'을 선택하고 [형식] 탭에서 높이에 0.8을 입력한다.

④ [보고서 디자인] 탭-[보기] 그룹-[보기]-[인쇄 미리 보기]를 클릭 → 결과를 확인한다.

작업 파일명 C:\에듀윌_2026컴활1급실기\그대로따라하기\데이터베이스실무\03.조회및출력기능구현\01.보고서\실습\03_보고서.accdb

출제패턴 ❷

다음의 지시사항 및 그림을 참조하여 〈원격지원관리현황〉 보고서를 완성하시오.

1 동일한 '제품구분' 내에서는 '작업시간' 필드를 기준으로 내림차순 정렬되어 표시되도록 정렬을 추가하시오.

2 보고서 머리글의 'txt날짜' 컨트롤에는 Date( ) 함수를 사용하여 시스템의 날짜로 컨트롤 원본 서식을 설정하고, '형식' 속성을 설정하여 [표시 예]와 같이 나타내시오.
  ▶ [표시 예: 26년 07월 14일]

3 페이지 머리글의 모든 컨트롤을 '제품구분' 머리글로 이동하고, 페이지 머리글 영역은 나타나지 않도록 설정하시오.

4 본문의 '제품구분' 컨트롤의 값이 이전 레코드와 같은 경우 표시되지 않도록 설정하시오.

5 '제품구분' 바닥글과 보고서 바닥글의 'txt합계'와 'txt총합계' 컨트롤에는 서비스시간의 합계가 표시되도록 컨트롤 원본 서식을 지정하시오.
  ▶ Sum( ) 함수 사용

▼ 결과 화면

원격지원관리현황보고서

25년 05월 07일

제품구분	티켓번호	시작시간	작업시간	서비스시간	지원방식
보안장비	19009	14:00:00	120	0	긴급
	15006	13:00:00	60	0	정기
	13008	14:00:00	60	3	예약
	11001	9:00:00	50	10	정기
	17003	11:00:00	30	4	예약
합계				17	

제품구분	티켓번호	시작시간	작업시간	서비스시간	지원방식
스마트가전	12005	10:00:00	210	0	긴급
	15004	13:00:00	110	10	긴급
합계				10	

제품구분	티켓번호	시작시간	작업시간	서비스시간	지원방식
컴퓨터	16007	11:00:00	150	3	정기
	12000	11:00:00	110	10	긴급
	18002	13:00:00	15	15	긴급
합계				28	
총합계				55	

그대로 따라하기

1 '작업시간' 필드를 정렬하기

① 탐색 창의 〈원격지원관리현황〉 보고서에서 마우스 오른쪽 단추를 클릭하고 바로 가기 메뉴에서 [디자인 보기]를 선택한다.

② [보고서 디자인] 탭-[그룹화 및 요약] 그룹-[그룹화 및 정렬]을 클릭한다.

③ [그룹, 정렬 및 요약] 창이 나타나면 '정렬 추가'를 클릭 → '정렬 기준'은 '작업시간' 필드로 지정 → '정렬 순서'는 '내림차순'으로 지정 → [그룹, 정렬 및 요약] 창의 [닫기] 단추(✖)를 클릭한다.

2 보고서 머리글 영역에 날짜 표시 형식 지정하기

① [보고서 디자인] 탭-[도구] 그룹-[속성 시트]를 클릭한다.
② '보고서'의 [속성 시트] 창이 나타나면 'txt날짜'를 지정 → [데이터] 탭에서 '컨트롤 원본' 속성에 =Date( )를 입력한다.

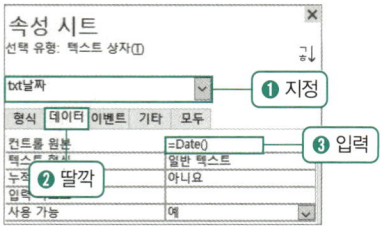

③ [형식] 탭에서 '형식' 속성을 '보통 날짜'로 지정한다.

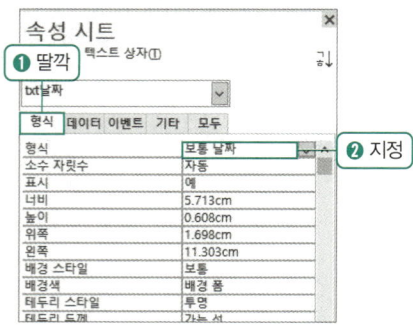

풀이법을 알면 시간이 단축된다!
- **기본 날짜**: yyyy-mm-dd
- **자세한 날짜**: yyyy년 mm월 dd일 aaaa요일
- **보통 날짜**: yy년 mm월 dd일

3 페이지 머리글의 컨트롤을 '제품구분' 머리글에 표시하고 페이지 머리글 나타내지 않기

① 페이지 머리글 영역의 세로 눈금자를 클릭 → 페이지 머리글의 모든 컨트롤이 선택되면 제품구분 머리글 영역으로 드래그한다.

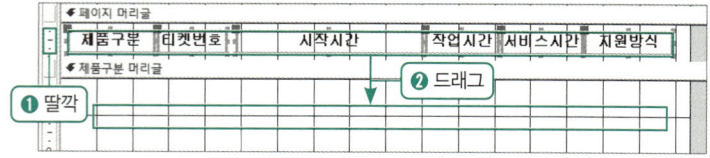

② [속성 시트] 창에서 '페이지_머리글_구역'을 지정 → [형식] 탭에서 '표시' 속성을 '아니요' 로 지정한다.

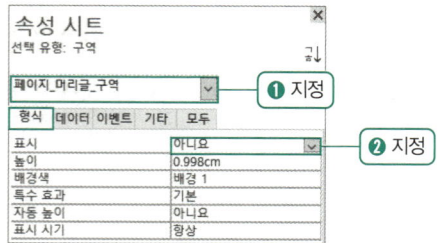

4 본문 영역의 중복 레코드 표시하지 않기

[속성 시트] 창에서 '제품구분'을 지정 → [형식] 탭에서 '중복 내용 숨기기' 속성을 '예'로 지정한다.

5 '제품구분' 바닥글과 보고서 바닥글 영역에 '서비스시간'의 합계 표시하기

① [속성 시트] 창에서 'txt합계'를 지정 → [데이터] 탭에서 '컨트롤 원본' 속성에 =Sum([서비스시간])을 입력한다.

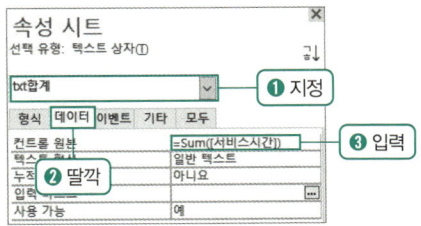

② [속성 시트] 창에서 'txt총합계'를 지정 → [데이터] 탭에서 '컨트롤 원본' 속성에 =Sum([서비스시간])을 입력한다.

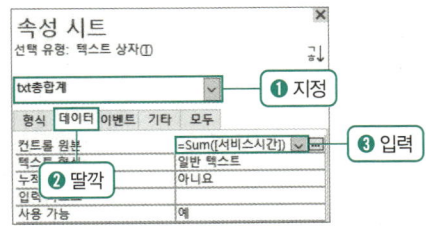

③ [보고서 디자인] 탭-[보기] 그룹-[보기]-[인쇄 미리 보기]를 클릭 → 결과를 확인한다.

조회 및 출력 기능 구현

02 조회

① **개념**: 사용자가 특정 이벤트(예: 버튼 클릭, 폼 열기 등)를 수행할 때 데이터를 조회하여 결과를 제공하는 방식
② **기능 및 특징**
- 사용자의 상호작용에 반응하여 데이터를 검색, 필터링, 표시하는 등의 작업을 수행할 수 있음
- 이벤트 프로시저는 데이터베이스 쿼리 실행, 데이터 검증, 데이터 저장 등의 작업을 수행할 수 있음

작업 파일명 C:\에듀윌_2026컴활1급실기\그대로따라하기\데이터베이스실무\03.조회및출력기능구현\02.조회\실습\01_조회.accdb

읽는 강의

출제패턴 ❶

1 〈사원정보〉 폼의 '닫기'(cmd닫기) 단추를 클릭(On Click)하면 폼이 닫히는 이벤트 프로시저를 구현하시오.

2 〈사원정보〉 폼의 '폼보기'(cmd폼보기) 단추를 클릭(On Click)하면 다음과 같은 기능이 구현되도록 이벤트 프로시저를 구현하시오.
▶ '폼보기'(cmd폼보기) 단추를 클릭하면 <사원> 폼이 열리고 현재 폼에 표시되어 있는 사번의 사원 정보가 표시되도록 하시오.

3 〈사원정보〉 폼의 'txt조회' 컨트롤에 '사번'을 입력하고 '찾기' 단추를 클릭하면 다음과 같은 기능이 구현되도록 이벤트 프로시저를 구현하시오.
▶ '찾기' 단추를 클릭하면 '사번'이 'txt조회'의 값과 같은 내용을 찾아 표시하시오.
▶ Filter, FilterOn 속성을 사용하시오.

그대로 따라하기 ▶▶

1 '닫기' 단추를 클릭하여 폼 닫기

① 탐색 창의 〈사원정보〉 폼에서 마우스 오른쪽 단추를 클릭하고 바로 가기 메뉴에서 [디자인 보기]를 선택한다.
② [양식 디자인] 탭-[도구] 그룹-[속성 시트]를 클릭한다.

③ '폼'의 [속성 시트] 창이 나타나면 'cmd닫기'를 지정 → [이벤트] 탭에서 'On Click' 이벤트의 작성기 단추(…)를 클릭한다.

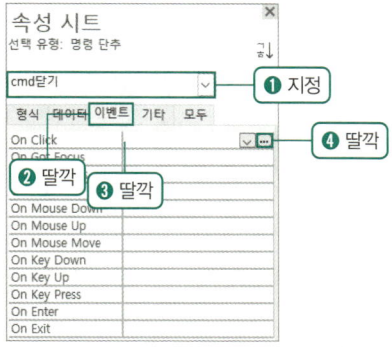

④ [작성기 선택] 대화상자가 나타나면 '코드 작성기'를 선택 → [확인] 단추를 클릭한다.

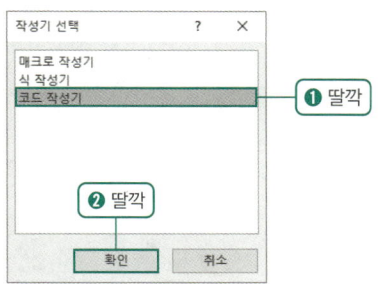

⑤ [Visual Basic Editor] 창이 나타나면 [코드] 창의 'cmd닫기_Click( )' 프로시저에 다음과 같이 코드를 입력 → [닫기] 단추(☒)를 클릭한다.

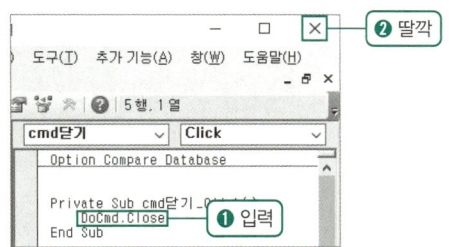

```
Private Sub cmd닫기_Click( )
    DoCmd.Close ─❶
End Sub
```

❶ 현재 창을 닫는다.

> 읽는 강의

> 풀이법을 알면 시간이 단축된다!
> [Visual Basic Editor] 창에서 액세스 화면으로 되돌아가는 방법
> (방법 1) 제목 표시줄의 오른쪽에 있는 '닫기' 단추(☒)를 클릭한다.
> (방법 2) [파일]-[닫고 Microsoft Access(으)로 돌아가기] 메뉴를 선택한다.
> (방법 3) 단축키 Alt + Q

개념 더하기 ⊕ DoCmd 개체의 주요 매서드

매서드	의미	매서드	의미
OpenForm	폼을 실행	RunSQL	SQL을 실행
OpenReport	보고서를 실행	RunMacro	매크로를 실행
OpenTable	테이블을 실행	GoToRecord	레코드 포인터 이동
OpenQuery	쿼리를 실행	Close	창(폼, 보고서 등) 닫기

⑥ [속성 시트] 창의 'On Click' 이벤트에 프로시저가 지정된 것을 확인한다.

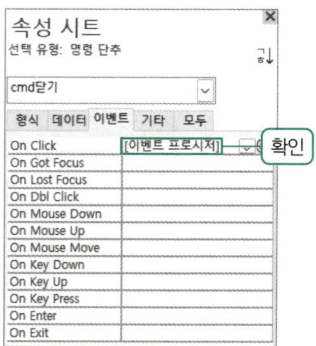

⑦ 〈사원정보〉 폼에서 [닫기] 단추(☒)를 클릭 → 변경한 내용을 저장할 것인지 묻는 메시지 상자가 나타나면 [예] 단추를 클릭한다.

⑧ 탐색 창의 〈사원정보〉 폼을 더블클릭 → '닫기' 단추를 클릭하여 폼이 닫히는지 확인한다.

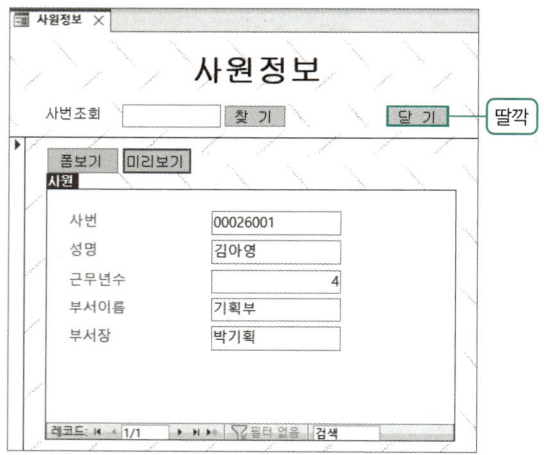

2 '폼보기' 단추를 클릭하여 폼 열고 정보 조회하기

① 탐색 창의 〈사원정보〉 폼에서 마우스 오른쪽 단추를 클릭하고 바로 가기 메뉴에서 **[디자인 보기]**를 선택한다.

② [속성 시트] 창에서 'cmd폼보기'를 지정 → [이벤트] 탭에서 'On Click' 이벤트의 작성기 단추(⋯)를 클릭한다.

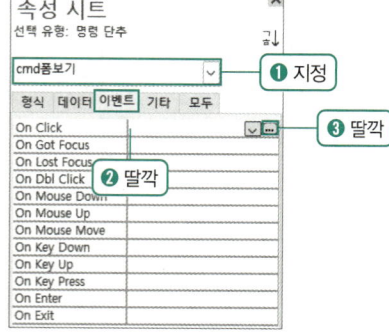

③ [작성기 선택] 대화상자가 나타나면 '코드 작성기'를 선택 → [확인] 단추를 클릭한다.
④ [Visual Basic Editor] 창이 나타나면 [코드] 창의 'cmd폼보기_Click( )' 프로시저에 다음과 같이 코드를 입력 → [닫기] 단추(⨯)를 클릭한다.

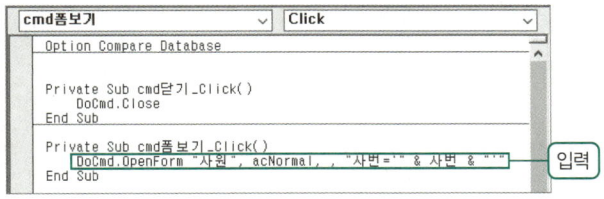

Private Sub cmd폼보기_Click( )
　　DoCmd.OpenForm "사원", acNormal, , "사번='" & 사번 & "'" ─❶
End Sub

❶ <사원> 폼을 열 때, '사번' 필드의 값과 '사번' 컨트롤의 입력 값이 같은 레코드를 표시한다.

개념 더하기 ⊕　DoCmd.OpenForm의 작성 방법

- 형식

　DoCmd.OpenForm 폼 이름, 보기 형식, 필터명, 조건식

- 사용 예

사용 예	의미
DoCmd.OpenForm "사원정보"	<사원정보> 폼 열기
DoCmd.OpenForm "사원정보", , , "이름='문혜영'"	<사원정보> 폼을 열고 '이름' 필드 값이 '문혜영'인 레코드 표시
DoCmd.OpenForm "사원정보", , , "성명='" & txt성명 & "'"	<사원정보> 폼을 열고 '성명' 필드 값이 'txt성명' 컨트롤에 입력한 값과 같은 레코드 표시

⑤ <사원정보> 폼에서 [닫기] 단추(⨯)를 클릭 → 변경한 내용을 저장할 것인지 묻는 메시지 상자가 나타나면 [예] 단추를 클릭한다.
⑥ 탐색 창의 <사원정보> 폼을 더블클릭 → '폼보기' 단추를 클릭하여 <사원정보> 폼에 표시된 '사번'의 '사원' 정보가 <사원> 폼에 표시되어 열리는지 확인한다.

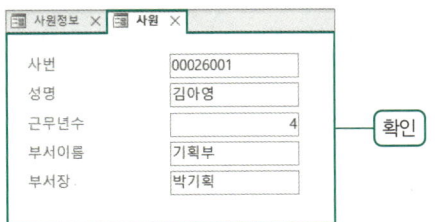

읽는 강의

풀이법을 알면 시간이 단축된다!
acNormal은 기본 폼 보기 형식이다.

풀이법을 알면 시간이 단축된다!
"사번='" & 사번 & "'"을 입력할 때 수험생들이 오류가 많이 나는 경우가 있다. 따옴표는 띄어쓰지 않고 입력하고 문자열 결합연산자(&)는 양쪽을 띄어쓰기 해야 함을 반드시 주의해야 한다.

3 '찾기' 단추를 클릭하여 입력한 사번의 정보 조회하기

① 탐색 창의 〈사원정보〉 폼에서 마우스 오른쪽 단추를 클릭하고 바로 가기 메뉴에서 [디자인 보기]를 선택한다.

② [속성 시트] 창에서 'cmd찾기'를 지정 → [이벤트] 탭에서 'On Click' 이벤트의 작성기 단추(…)를 클릭한다.

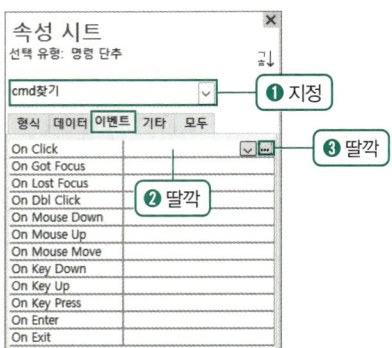

③ [작성기 선택] 대화상자가 나타나면 '코드 작성기'를 선택 → [확인] 단추를 클릭한다.

④ [Visual Basic Editor] 창이 나타나면 [코드] 창의 'cmd찾기_Click( )' 프로시저에 다음과 같이 코드를 입력 → [닫기] 단추(X)를 클릭한다.

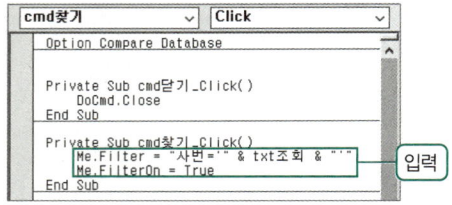

```
Private Sub cmd찾기_Click( )
    Me.Filter = "사번='" & txt조회 & "'"  ──①
    Me.FilterOn = True  ──②
End Sub
```

❶ Me.Filter = "사번='" & txt조회 & "'": '사번' 필드의 값이 'txt조회' 컨트롤의 입력 값과 같은 레코드를 표시한다.

❷ Me.FilterOn = True: 현재 폼 개체의 필터 속성을 적용한다.

개념 더하기 ⊕ Filter 속성

• 형식

유형	형식
문자 컨트롤	폼이름.Filter = "필드명='" & 컨트롤명 & "'"
숫자 컨트롤	폼이름.Filter = "필드명=" & 컨트롤명
날짜 컨트롤	폼이름.Filter = "필드명=#" & 컨트롤명 & "#"
문자열의 일부와 일치	폼이름.Filter = "필드명 like '*" & 컨트롤명 & "*'"

– 작은따옴표('), 큰따옴표(" "), # 기호는 붙여 써야 함
– & 기호의 앞, 뒤에는 띄어쓰기(공백)를 해야 함

풀이법을 알면 시간이 단축된다!

• Me.FilterOn = True: 개체에 적용된 필터 속성을 적용한다.
• Me.FilterOn = False: 개체에 적용된 필터 속성을 해제한다.

- **문자 컨트롤**
  - 띄어쓰기 방법

'	"		&	컨트롤명	&	"	'	"

  - 사용 예

사용 예	의미
Me.Filter = "이름='정수현'"	'이름' 필드 값이 '정수현'인 레코드만 표시
Me.Filter = "이름='" & txt검색 & "'"	'이름' 필드 값이 'txt검색' 컨트롤의 입력 값과 같은 레코드만 표시
Me.Filter = "이름 like '*영'"	'이름' 필드 값에 마지막 글자가 '영'인 레코드를 표시
Me.Filter = "이름 like '*" & txt검색 & "*'"	'이름' 필드 값에 'txt검색' 컨트롤의 입력 값을 포함하는 레코드를 표시

  - Me는 현재 폼을 가리킴

- **숫자 컨트롤**
  - 띄어쓰기 방법

"		&	컨트롤명

  - 사용 예

사용 예	의미
Me.Filter = "성적>=80"	'성적' 필드 값이 80 이상인 레코드만 표시
Me.Filter = "성적>=" & txt성적	'성적' 필드 값이 'txt성적' 컨트롤의 입력 값 이상인 레코드만 표시
Me.Filter = "성적>=80 And 성적 <=90"	'성적' 필드 값이 80 이상이고 90 이하인 레코드만 표시
Me.Filter = "성적>=" & txt중간성적 & "And 성적 <=" & txt기말성적	'성적' 필드의 값이 'txt중간성적' 컨트롤의 입력 값 이상이고 'txt기말성적' 컨트롤의 입력 값 이하인 레코드만 표시

- **날짜 컨트롤**
  - 띄어쓰기 방법

#	"		&	컨트롤명	&	"	#	"

  - 사용 예

사용 예	의미
Me.Filter = "입사일>=#2024-1-1#"	'입사일' 필드 값이 '2024년 1월 1일'보다 크거나 같은(이후) 날짜의 레코드만 표시
Me.Filter = "입사일>=#" & txt검색 & "#"	'입사일' 필드 값이 'txt검색' 컨트롤의 입력 날짜보다 크거나 같은(이후) 날짜의 레코드만 표시
Me.Filter = "입사일>=#2024-1-1# And 입사일<=#2024-12-31#"	'입사일' 필드 값이 '2024년 1월 1일'보다 크거나 같은(이후) 날짜이고 '2024년 12월 31일'보다 작거나 같은(이전) 날짜의 레코드를 표시
Me.Filter = "입사일>=#" & txt시작일 & "# And 입사일<=#" & txt종료일 & "#"	'입사일' 필드 값이 'txt시작일' 컨트롤의 입력 날짜보다 크거나 같고(이후) 'txt종료일' 컨트롤의 입력 날짜보다 작거나 같은(이전) 레코드를 표시

⑤ 〈사원정보〉 폼에서 [닫기] 단추(※)를 클릭 → 변경한 내용을 저장할 것인지 묻는 메시지 상자가 나타나면 [예] 단추를 클릭한다.

⑥ 탐색 창의 〈사원정보〉 폼을 더블클릭 → '사번조회' 텍스트 상자에 임의의 사번인 00026002 입력 → '찾기' 단추를 클릭하여 입력한 사번의 사원 정보가 조회되는지 확인 후 [닫기] 단추(※)를 클릭한다.

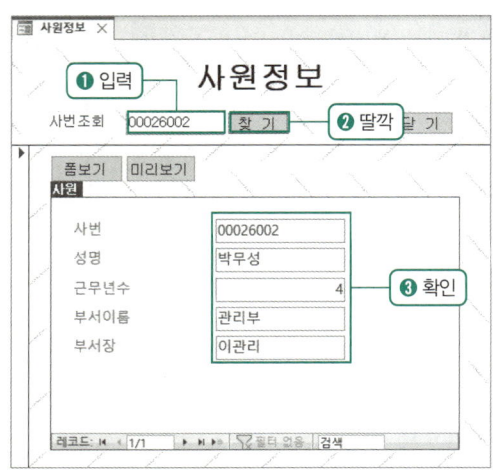

📁 작업 파일명 C:\에듀윌_2026컴활1급실기\그대로따라하기\데이터베이스실무\03.조회및출력기능구현\02.조회\실습\02_조회.accdb

출제패턴 ❷

1 〈상품코드조회〉 폼의 'txt상품코드' 컨트롤에 상품코드를 입력하고 '찾기'(cmd찾기) 단추를 클릭하면 다음과 같은 기능이 구현되도록 이벤트 프로시저를 구현하시오.
  ▶ '찾기'(cmd찾기) 단추를 클릭하면 'txt상품코드' 컨트롤의 상품코드에 해당되는 레코드가 표시되도록 하시오.
  ▶ RecordsetClone, FindFirst, Bookmark 속성을 사용하시오.

2 〈상품조회〉 폼의 'txt상품명' 컨트롤에 상품명을 입력하고 '찾기'(cmd찾기) 단추를 클릭하면 다음과 같은 기능이 구현되도록 〈상품명찾기〉 매크로를 생성한 후 지정하시오.
  ▶ '찾기'(cmd찾기) 단추를 클릭하면 '상품명'이 'txt상품명'과 같은 상품의 정보를 찾아 표시하시오.
  ▶ ApplyFilter 함수를 사용하여 '상품명'이 'txt상품명'과 같은 상품의 정보를 찾아 표시하시오.

그대로 따라하기

1 '찾기' 단추를 클릭하여 입력한 상품코드의 상품 정보 조회하기

① 탐색 창의 〈상품코드조회〉 폼에서 마우스 오른쪽 단추를 클릭하고 바로 가기 메뉴에서 [디자인 보기]를 선택한다.

② [양식 디자인] 탭-[도구] 그룹-[속성 시트]를 클릭한다.

③ '폼'의 [속성 시트] 창이 나타나면 'cmd찾기'를 지정 → [이벤트] 탭에서 'On Click' 이벤트의 작성기 단추(…)를 클릭한다.

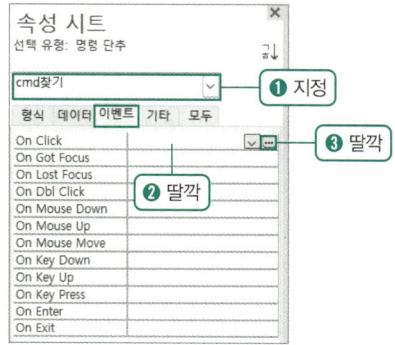

④ [작성기 선택] 대화상자가 나타나면 '코드 작성기'를 선택 → [확인] 단추를 클릭한다.

⑤ [Visual Basic Editor] 창이 나타나면 [코드] 창의 'cmd찾기_Click( )' 프로시저에 다음과 같이 코드를 입력 → [닫기] 단추(X)를 클릭한다.

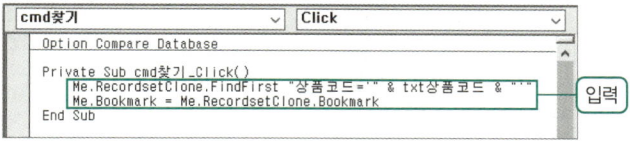

Private Sub cmd찾기_Click( )
　　Me.RecordsetClone.FindFirst "상품코드='" & txt상품코드 & "'" ―❶
　　Me.Bookmark = Me.RecordsetClone.Bookmark ―❷
End Sub

❶ Me.RecordsetClone.FindFirst "상품코드='" & txt상품코드 & "'": 현재 폼의 레코드 원본을 복사하고, 복사한 개체(RecordsetClone)에서 '상품코드' 필드의 값이 'txt상품코드' 컨트롤의 입력 값과 같은 첫 번째 레코드(FindFirst)로 이동한다.

❷ Me.Bookmark = Me.RecordsetClone.Bookmark: 현재 폼의 책갈피(Bookmark)를 복사한 개체(RecordsetClone)에서 찾은 레코드의 책갈피(Bookmark)로 설정한다.

개념 더하기 ⊕   RecordsetClone, FindFirst 속성

- **형식**

  폼이름.RecordsetClone.FindFirst "조건식"

- **사용 예**

사용 예	의미
Me.RecordsetClone.FindFirst "이름='" & txt검색 & "'"	조건을 만족하는 레코드('이름' 필드의 값이 'txt검색' 컨트롤의 입력 값과 같은 첫 번째 레코드)를 찾아 책갈피를 꽂아두고 실제 화면에는 나타내지 않음
Me.Bookmark = Me.RecordsetClone.Bookmark	이 구문으로 책갈피를 읽어와서 해당 레코드를 열 수 있는데, 실제로는 이 구문이 찾은 레코드를 화면에 보여주는 역할을 함. 우리가 책을 읽다가 책갈피를 꽂아두고 나중에 다시 읽으려고 할 때 책갈피 있는 곳을 펼치는 것과 같음

⑥ [속성 시트] 창의 'On Click' 이벤트에 프로시저가 지정된 것을 확인한다.

⑦ 〈상품코드조회〉 폼에서 [닫기] 단추(☒)를 클릭 → 변경한 내용을 저장할 것인지 묻는 메시지 상자가 나타나면 [예] 단추를 클릭한다.

⑧ 탐색 창의 〈상품코드조회〉 폼을 더블클릭 → '상품코드' 텍스트 상자에 임의의 상품코드인 K2 입력 → '찾기' 단추를 클릭하여 입력한 상품코드의 상품 정보가 조회되는지 확인한 후 [닫기] 단추(☒)를 클릭한다.

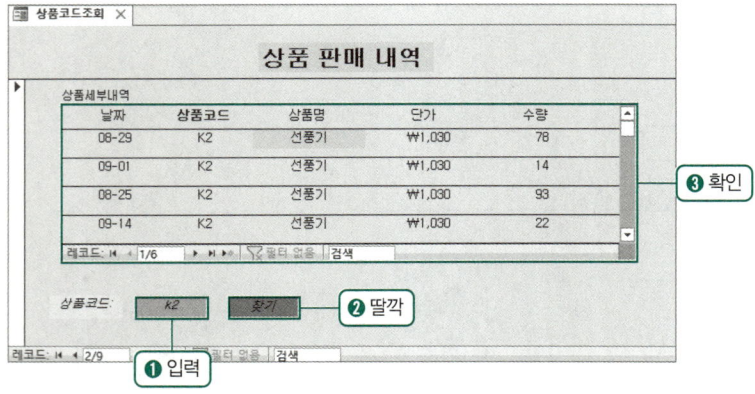

2 '찾기' 단추를 클릭하여 상품 정보를 찾는 매크로 생성하기

① [만들기] 탭-[매크로 및 코드] 그룹-[매크로]를 클릭한다.

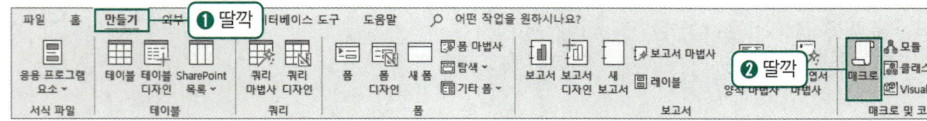

② [매크로1] 창이 나타나면 'ApplyFilter' 함수를 선택한다.

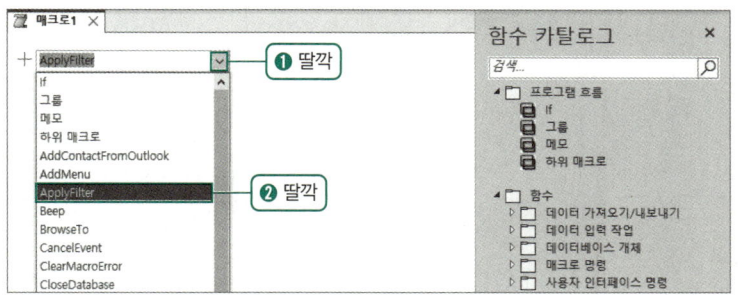

③ 'ApplyFilter' 함수의 조건을 지정하기 위해 'Where 조건문'의 작성기 단추(📝)를 클릭한다.

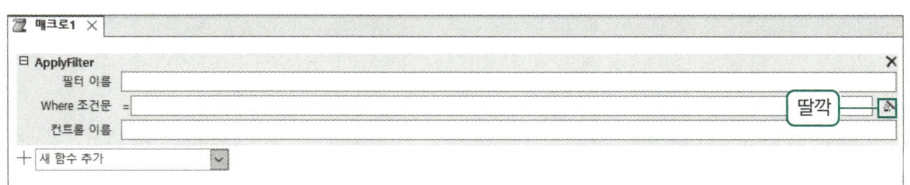

④ [식 작성기] 대화상자가 나타나면 [상품명]= 입력 → '식 요소'의 '02_조회.accdb-Forms-모든 폼'에서 '상품조회'를 선택 → '식 범주'에서 'txt상품명'을 더블클릭 → [확인] 단추를 클릭한다.

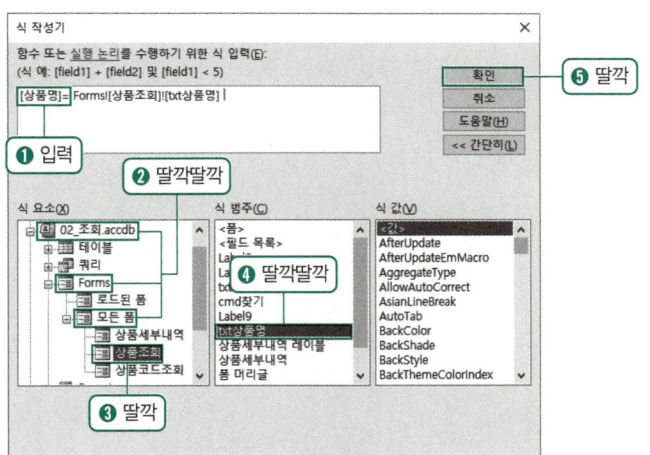

> **[상품명]= Forms![상품조회]![txt상품명]**
> '상품명' 필드의 값과 <상품조회> 폼의 'txt상품명' 컨트롤에 입력한 값이 같은 레코드만 표시한다.

풀이법을 알면 시간이 단축된다!
[식 작성기] 대화상자에서 [상품명]= Forms![상품조회]![txt상품명]으로 식을 직접 입력해도 된다.

⑤ 〈매크로1〉 창에서 'Where 조건문'에 지정된 식을 확인하고 [닫기] 단추(☒)를 클릭 → 변경한 내용을 저장할 것인지 묻는 메시지 상자가 나타나면 [예] 단추를 클릭한다.

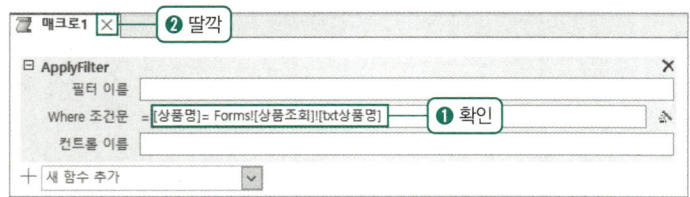

⑥ [다른 이름으로 저장] 대화상자가 나타나면 '매크로 이름'에 상품명찾기 입력 → [확인] 단추를 클릭한다.

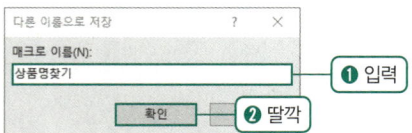

⑦ 탐색 창의 〈상품조회〉 폼에서 마우스 오른쪽 단추를 클릭하고 바로 가기 메뉴에서 [디자인 보기]를 선택한다.

⑧ '폼'의 [속성 시트] 창이 나타나면 'cmd찾기'를 지정 → [이벤트] 탭에서 'On Click' 이벤트를 '상품명찾기'로 지정한다.

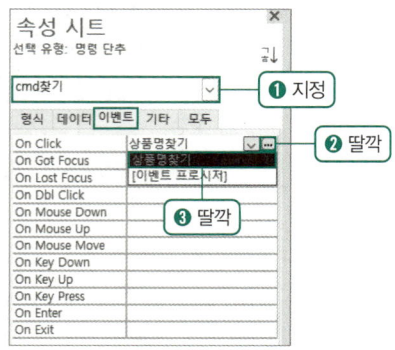

⑨ 〈상품조회〉 폼에서 [닫기] 단추(☒)를 클릭 → 변경한 내용을 저장할 것인지 묻는 메시지 상자가 나타나면 [예] 단추를 클릭한다.

⑩ 탐색 창의 〈상품조회〉 폼을 더블클릭 → '상품명' 텍스트 상자에 임의의 상품명인 이어폰 입력 → '찾기' 단추를 클릭하여 입력한 상품명의 상품 정보가 조회되는지 확인 후 [닫기] 단추(☒)를 클릭한다.

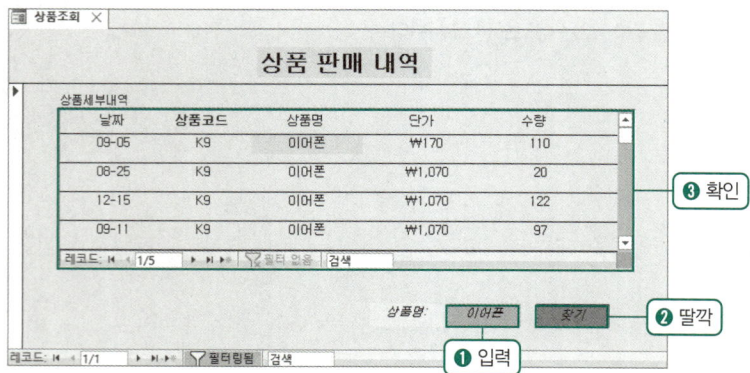

작업 파일명 C:\에듀윌_2026컴활1급실기\그대로따라하기\데이터베이스실무\03.조회및출력기능구현\02.조회\실습\03_조회.accdb

출제패턴 ❸

1 〈사원조회〉 폼의 'txt성명' 컨트롤에 성명을 입력하고 '조회'(cmd조회) 단추를 클릭하면 '성명'이 'txt성명'에 입력된 글자를 포함하는 사원 레코드를 찾아 표시하시오.
   ▶ 현재 폼의 Recordsource 속성을 이용하여 이벤트 프로시저를 작성하시오.

2 〈사원급여조회〉 폼의 'txt근무년수', 'txt직급', 'txt생년월일' 컨트롤에 근무년수, 직급, 생년월일을 입력하고 '조회'(cmd조회) 단추를 클릭하면 다음과 같은 기능이 구현되도록 이벤트 프로시저를 구현하시오.
   ▶ '조회'(cmd조회) 단추를 클릭하면 근무년수 이상이고 직급과 일치하면서 생년월일 이후인 레코드가 표시되도록 하시오.
   ▶ Filter, FilterOn 속성을 이용하여 이벤트 프로시저를 작성하시오.

그대로 따라하기

1 '조회' 단추를 클릭하여 입력한 글자를 포함한 사원의 정보 조회하기

① 탐색 창의 〈사원조회〉 폼에서 마우스 오른쪽 단추를 클릭하고 바로 가기 메뉴에서 [디자인 보기]를 선택한다.
② [양식 디자인] 탭-[도구] 그룹-[속성 시트]를 클릭한다.
③ '폼'의 [속성 시트] 창이 나타나면 'cmd조회'를 지정 → [이벤트] 탭에서 'On Click' 이벤트의 작성기 단추(…)를 클릭한다.
④ [작성기 선택] 대화상자가 나타나면 '코드 작성기'를 선택 → [확인] 단추를 클릭한다.
⑤ [Visual Basic Editor] 창이 나타나면 [코드] 창의 'cmd조회_Click( )' 프로시저에 다음과 같이 코드를 입력 → [닫기] 단추(☒)를 클릭한다.

```
Private Sub cmd조회_Click( )
    Me.RecordSource = "SELECT * FROM 사원 WHERE 성명 LIKE '*" & txt성명 & "*'" ──❶
End Sub
```

❶ 〈사원〉 테이블에서 '성명' 필드의 값이 'txt성명' 컨트롤에 입력한 값을 포함하는 레코드만 레코드 원본으로 지정한다.

개념 더하기 ⊕ RecordSource 속성

- **형식**

  Me.RecordSource = "SELECT 필드 FROM 테이블 [WHERE 조건식]
  [order by 정렬 필드 [asc/desc]]"

- **사용 예**

사용 예	의미
Me.RecordSource = "SELECT * FROM 사원 WHERE 사원번호='A1010'"	〈사원〉 테이블에서 '사원번호' 필드의 값이 'A1010'인 레코드만 레코드 원본으로 지정
Me.RecordSource = "SELECT * FROM 사원 WHERE 사원번호='" & txt검색 & "'"	〈사원〉 테이블에서 '사원번호' 필드의 값이 'txt검색' 컨트롤에 입력한 값과 같은 레코드만 레코드 원본으로 지정
Me.RecordSource = "SELECT * FROM 사원 WHERE 이름 LIKE '*하*'"	〈사원〉 테이블에서 '이름' 필드의 값에 '하'를 포함하는 레코드만 레코드 원본으로 지정
Me.RecordSource = "SELECT * FROM 사원 WHERE 이름 LIKE '*" & txt검색 & "*'"	〈사원〉 테이블에서 '이름' 필드의 값에 'txt검색' 컨트롤에 입력한 값을 포함하는 레코드만 레코드 원본으로 지정

⑥ [속성 시트] 창의 'On Click' 이벤트에 프로시저가 지정된 것을 확인한다.

⑦ 〈사원조회〉 폼에서 [닫기] 단추(✕)를 클릭 → 변경한 내용을 저장할 것인지 묻는 메시지 상자가 나타나면 [예] 단추를 클릭한다.

⑧ 탐색 창의 〈사원조회〉 폼을 더블클릭 → '성명' 텍스트 상자에 임의의 글자인 영 입력 → '조회' 단추를 클릭하여 입력한 글자를 포함한 성명의 사원 정보가 조회되는지 확인 후 [닫기] 단추(✕)를 클릭한다.

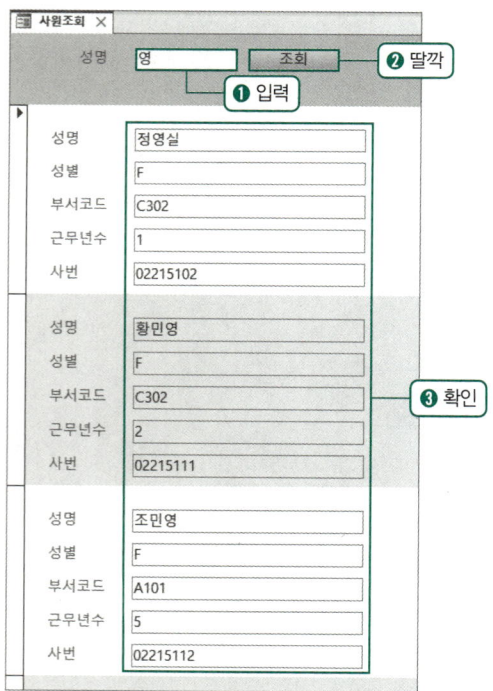

2 '조회' 단추를 클릭하여 입력한 근무년수, 직급, 생년월일의 사원 정보 조회하기

① 탐색 창의 〈사원급여조회〉 폼에서 마우스 오른쪽 단추를 클릭하고 바로 가기 메뉴에서 [디자인 보기]를 선택한다.
② [속성 시트] 창에서 'cmd조회'를 지정 → [이벤트] 탭에서 'On Click' 이벤트의 작성기 단추(...)를 클릭한다.
③ [작성기 선택] 대화상자가 나타나면 '코드 작성기'를 선택 → [확인] 단추를 클릭한다.
④ [Visual Basic Editor] 창이 나타나면 [코드] 창의 'cmd조회_Click( )' 프로시저에 다음과 같이 코드를 입력 → [닫기] 단추(X)를 클릭한다.

```
Private Sub cmd조회_Click( )
    Me.Filter = "근무년수 >=" & txt근무년수 & "And 직급 = '" & txt직급 & "' And 생년월일 >= #" & txt생년월일 & "#" ―❶
    Me.FilterOn = True ―❷
End Sub
```

❶ Me.Filter = "근무년수 >=" & txt근무년수 & "And 직급 = '" & txt직급 & "' And 생년월일 >= #" & txt생년월일 & "#": '근무년수' 필드의 값이 'txt근무년수' 컨트롤의 입력 값 이상이면서 '직급' 필드의 값이 'txt직급' 컨트롤의 입력 값과 일치하면서 '생년월일' 필드의 값이 'txt생년월일' 컨트롤의 입력 날짜 이후인 레코드를 표시한다.
❷ Me.FilterOn = True: 현재 폼 개체의 필터 속성을 적용한다.

⑤ 〈사원급여조회〉 폼에서 [닫기] 단추(X)를 클릭 → 변경한 내용을 저장할 것인지 묻는 메시지 상자가 나타나면 [예] 단추를 클릭한다.
⑥ 탐색 창의 〈사원급여조회〉 폼을 더블클릭 → '근무년수', '직급', '생년월일' 텍스트 상자에 각각 3, 대리, 1985-01-01을 임의로 입력 → '조회' 단추를 클릭하여 입력한 내용의 사원 정보가 조회되는지 확인 후 [닫기] 단추(X)를 클릭한다.

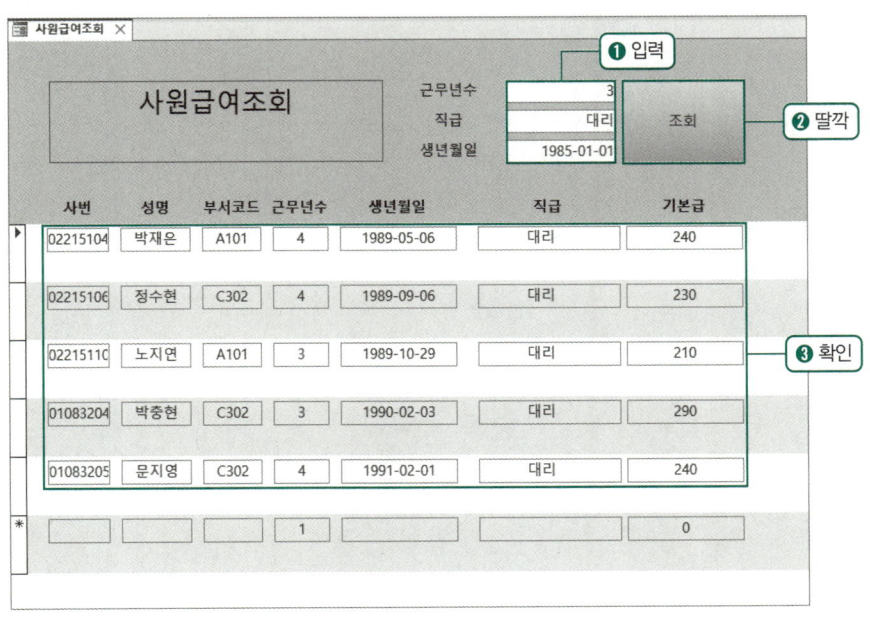

Chapter 04

처리 기능 구현

배점 35점
목표점수 28점

출제유형 분석

처리 기능 구현은 2024 출제기준에서 배점이 커진 유형이다. 쿼리를 작성하는 문제로, 총 5문제가 출제된다. 7점짜리 5문제로 출제되는데, 개념을 이해했다고 해서 바로 합격 점수가 나오는 것은 아니다. 배점이 커진 만큼 다양한 문제와 고난도 유형의 문제를 풀어보면서 최대한 빠르고 정확하게 푸는 연습을 하도록 한다.

합격 전략

처리 기능 구현은 쿼리 마법사나 쿼리 작성기를 이용한 기본 개념만 이해하면 충분히 해결할 수 있는 내용으로 출제된다. 실수하지 않으면 점수를 끌어올릴 수 있는 부분이다. 시간을 체크하면서 문제를 풀고 시간 배정을 효율적으로 하도록 한다.

세부 출제패턴

	출제유형	난이도	세부 출제패턴
1	쿼리	상 중 하	속성과 함수를 적용하여 다양한 쿼리를 작성하는 부분이다. 지시사항 없이 제시된 결과 그림만 보고 수험자가 지정해야 하는 부분도 있으니 꼼꼼하게 놓치지 않도록 한다.
2	처리	상 중 하	매크로나 이벤트 프로시저를 이용하는 내용으로 프로그램에 대한 지식을 가지고 접근해야 하는 부분으로 매우 어렵게 느끼는 부분이다. 다양한 내용이 복합적으로 출제되고 있어서 본 교재의 마지막에 기술하였다.

무료 동영상 강의

처리 기능 구현

01 쿼리

① **개념**: 데이터베이스에서 특정 데이터를 검색, 수정, 삭제 또는 추가하는 데 사용됨
② **기능 및 특징**
- 사용자가 원하는 데이터를 효율적으로 검색하고 조작할 수 있음
- 다양한 유형의 쿼리가 있으며 이러한 쿼리를 이용하여 복잡한 데이터 작업을 간단하게 수행할 수 있음

③ **종류**

구분	설명
SQL 쿼리	SQL 구문을 직접 작성하여 만드는 쿼리
매개 변수 쿼리	쿼리를 실행할 때 매개변수를 입력받아 조건에 만족하는 결과를 표시하는 쿼리
불일치 검색 쿼리	두 개의 테이블을 비교하여 한쪽 테이블에는 있지만 다른 쪽 테이블에는 없는 레코드를 검색하는 쿼리
삭제 쿼리	테이블에 저장되어 있는 레코드 중에서 조건에 만족하는 레코드들을 삭제하는 쿼리
선택 쿼리	가장 기본적인 형태의 쿼리로, 하나 이상의 원본에서 특정 데이터를 선택할 때 사용한다. 선택 쿼리를 이용해 원하는 데이터만 가져올 수도 있고 여러 데이터 원본의 데이터를 결합할 수도 있음
업데이트 쿼리	테이블의 자료를 수정할 때 사용하는 쿼리
요약 쿼리	특정 필드를 기준으로 요약을 이용하여 그룹화하거나 합계, 평균, 개수 등으로 부분합을 계산할 수 있음
중복 데이터 검색 쿼리	하나의 테이블이나 쿼리에서 중복된 필드값이 있는 레코드를 찾는 쿼리
추가 쿼리	쿼리의 기능을 이용하여 기존의 테이블이나 새로운 테이블에 레코드를 추가할 수 있는 쿼리로, 특정 테이블에서 조건에 만족하는 값만 추출하여 새로운 테이블에 저장하는 등의 용도로 사용함
크로스탭 쿼리	행과 열을 기준으로 그룹화하여 특정 필드의 합계, 평균, 개수와 같은 요약값을 표시하는 쿼리로, 엑셀의 피벗 테이블 형식으로 데이터를 요약 및 비교 분석할 수 있음

📂 **작업 파일명** C:\에듀윌_2026컴활1급실기\그대로따라하기\데이터베이스실무\04.처리기능구현\01.쿼리\실습\01_쿼리.accdb

📖 **읽는 강의**

출제패턴 ❶

1 다음과 같은 기능을 수행하는 〈영업부사원기록〉 쿼리를 작성하시오.

- ▶ <사원기록> 테이블과 <가족관계> 테이블을 이용하여 '영업부'의 '사원번호', '성명', '부서', '가족성명', '관계'를 조회하시오.
- ▶ '성명'을 기준으로 오름차순 정렬하시오.
- ▶ '관계' 필드는 '가족관계' 필드를 이용하시오.
- ▶ '근무년수'는 '입사일'의 연도와 현재 연도의 차이를 구하여 표시하시오.
  (Date, DateDiff 함수 사용)
- ▶ 결과 필드는 <그림>과 같이 설정하시오.

사원번호	성명	부서	가족성명	가족관계	근무년수
A-109	강남길	영업부	강철중	부	4
A-109	강남길	영업부	정연제	아내	4
A-109	강남길	영업부	황영란	모	4
D-106	강영천	영업부	오미현	모	5
D-106	강영천	영업부	강상재	부	5
D-106	강영천	영업부	유지민	아내	5
A-106	이영자	영업부	이재훈	부	4
A-106	이영자	영업부	이영수	오빠	4
A-106	이영자	영업부	천경숙	모	4
A-104	최철희	영업부	최영현	여동생	4
A-104	최철희	영업부	최철영	형	4
A-104	최철희	영업부	오인순	모	4
A-101	홍길동	영업부	홍영국	부	5
A-101	홍길동	영업부	홍복동	남동생	5
A-101	홍길동	영업부	김영자	모	5
C-103	홍상순	영업부	공지훈	남편	5
C-103	홍상순	영업부	공진희	딸	5

2 다음과 같은 기능을 수행하는 〈매개변수〉 쿼리를 작성하시오.
- ▶ 〈사원기록〉 테이블의 '직위'를 입력받아서 급여의 평균을 조회하고 〈거래처〉 테이블의 '단가'와 '수량'을 이용하여 '판매금액'의 평균을 조회하도록 설정하시오.
- ▶ 판매금액=단가*수량
- ▶ 두 테이블의 일치 필드는 사원번호이다.
- ▶ 매개 변수는 '직위를 입력하세요'로 지정하시오.
- ▶ 결과 필드는 〈그림〉과 같이 표시하시오.

▼ 입력 화면

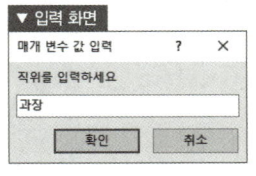

▼ 결과 화면

사원번호	성명	직위	급여의평균	판매금액
A-105	조성국	과장	₩3,000,000	1045000
B-106	백진주	과장	₩3,000,000	3339000
C-109	변진석	과장	₩3,000,000	1075050
D-110	박우택	과장	₩3,000,000	1045000

3 다음과 같은 기능을 수행하는 〈불일치검색〉 쿼리를 작성하시오.
- ▶ 〈사원기록〉 테이블에서 〈거래처〉가 없는 사원들의 목록을 조회하시오.
- ▶ 직위가 '사원'인 레코드만 표시하시오.
- ▶ 결과 필드는 〈그림〉과 같이 표시하시오.

사원번호	성명	부서	직위
A-200	최해용	기획실	사원
A-111	정수현	영업부	사원
D-111	정민기	기획실	사원

4 다음과 같은 기능을 수행하는 〈크로스탭〉 쿼리를 작성하시오.
- ▶ 〈사원기록〉 테이블을 이용하시오.
- ▶ 부서별, 직위별 급여의 합계를 표시하시오.
- ▶ 결과 필드는 〈그림〉과 같이 표시하시오.

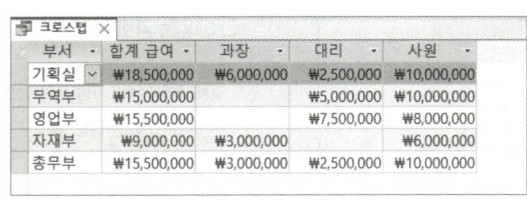

5 다음과 같은 기능을 수행하는 〈중복데이터검색〉 쿼리를 작성하시오.
▶ 〈신입사원기록〉 테이블에서 성명, 성별, 생일이 일치하는 데이터를 검색하는 쿼리를 완성하시오.
▶ 중복 데이터 검색 쿼리 기능을 이용하시오.
▶ 쿼리의 이름은 〈중복데이터검색〉으로 지정하시오.

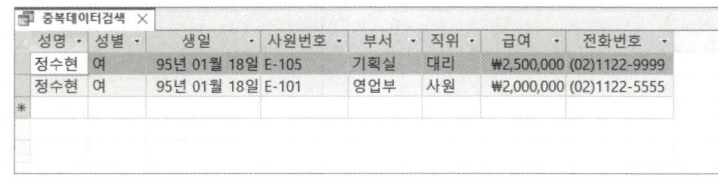

그대로 따라하기

1 〈영업부사원기록〉 쿼리 작성하기

① [만들기] 탭-[쿼리] 그룹-[쿼리 디자인]을 클릭한다.

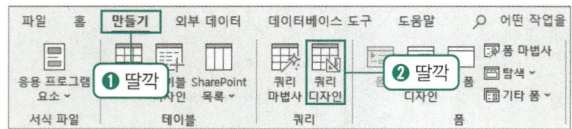

② [테이블 추가] 창이 나타나면 [테이블] 탭에서 〈사원기록〉 테이블과 〈가족관계〉 테이블을 차례대로 더블클릭하여 [쿼리1] 창에 추가 → [닫기] 단추를 클릭한다.

③ 〈사원기록〉 테이블에서는 '사원번호', '성명', '부서' 필드를, 〈가족관계〉 테이블에서는 '가족성명', '관계' 필드를 차례대로 더블클릭한다.

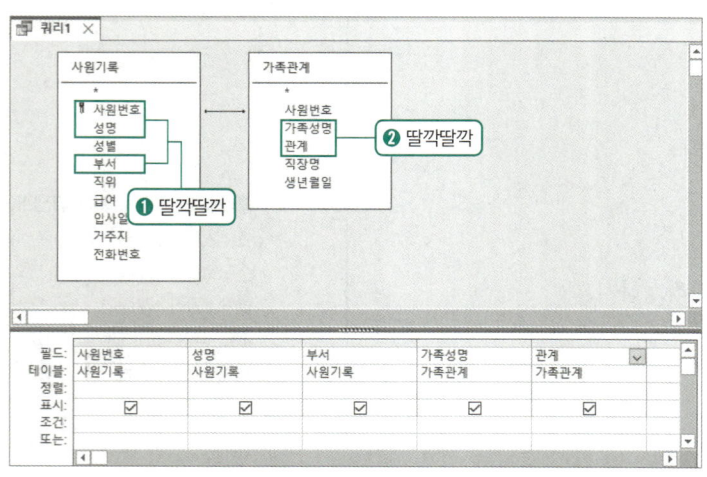

풀이법을 알면 시간이 단축된다!
- [쿼리 디자인] 탭-[쿼리 설정] 그룹-[테이블 추가]를 클릭해도 [테이블 추가] 창을 열 수 있다.
- 〈사원기록〉 테이블을 클릭하고 Ctrl을 누른 상태에서 〈가족관계〉 테이블을 선택하면 두 개의 테이블이 선택되고 [추가] 단추를 클릭하면 테이블을 한 번에 추가할 수 있다.

풀이법을 알면 시간이 단축된다!

사원기록과 가족관계 테이블은 두 테이블의 조인된 필드가 일치하는 행만 포함으로 되어 있기 때문에 두 테이블에 모두 존재하는 사원번호는 어느 테이블에서 가져와도 된다.

④ '성명' 필드를 기준으로 오름차순 정렬하기 위해 '성명' 필드의 '정렬' 항목을 클릭 → '오름차순'으로 지정한다.

⑤ '부서'는 '영업부'만 표시하기 위해 '부서' 필드의 '조건' 항목을 클릭 → "영업부"를 입력한다.

⑥ '관계' 필드 이름을 '가족관계'로 표시하기 위해 '관계' 필드의 '필드' 항목을 클릭 → 가족관계: [관계]를 입력한다.

⑦ '근무년수' 필드를 추가하기 위해 마지막 필드 다음의 '필드' 항목을 클릭 → 근무년수: DateDiff("yyyy",[입사일],Date( ))를 입력한다.

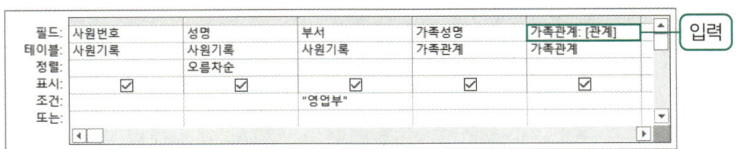

⑧ [쿼리1] 창에서 [닫기] 단추(☒)를 클릭 → 변경한 내용을 저장할 것인지 묻는 메시지 상자가 나타나면 [예] 단추를 클릭한다.

⑨ [다른 이름으로 저장] 대화상자가 나타나면 '쿼리 이름'에 영업부사원기록 입력 → [확인] 단추를 클릭한다.

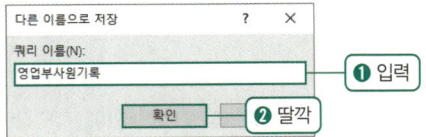

> **읽는 강의**
>
> **풀이법을 알면 시간이 단축된다!**
> 아래로 가져온 필드를 제거하고자 할 경우에는 필드에서 마우스 오른쪽을 눌러 잘라내기 한다.
>
> **풀이법을 알면 시간이 단축된다!**
> 필드명은 대괄호([ ])로 묶는다.
>
> **풀이법을 알면 시간이 단축된다!**
> DateDiff 함수는 두 날짜 사이의 기간을 지정한 형식으로 반환한다. 주어진 함수는 '입사일'과 현재 날짜(Date) 사이의 연도(yyyy) 차이를 반환한다.
> • **형식**: DateDiff(단위,시작 날짜,종료 날짜)
> • **단위**: yyyy(년), m(월), d(일)

⑩ 탐색 창의 〈영업부사원기록〉 쿼리를 더블클릭 → 결과를 확인 → 〈영업부사원기록〉 쿼리 창에서 [닫기] 단추(X)를 클릭한다.

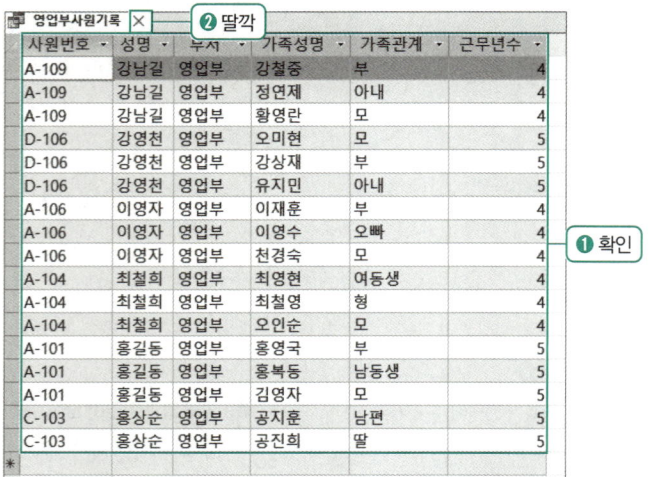

> **읽는 강의**
>
> **풀이법을 알면 시간이 단축된다!**
> '근무년수' 필드의 값은 현재 연도에 따라 결과가 다르게 나온다.

2 〈매개변수〉 쿼리 작성하기

① [만들기] 탭-[쿼리] 그룹-[쿼리 디자인]을 클릭한다.
② [테이블 추가] 창이 나타나면 [테이블] 탭에서 〈사원기록〉 테이블과 〈거래처〉 테이블을 차례대로 더블클릭하여 [쿼리1] 창에 추가 → [닫기] 단추를 클릭한다.
③ 〈사원기록〉 테이블에서 '사원번호', '성명', '직위', '급여' 필드를 차례대로 더블클릭한다.

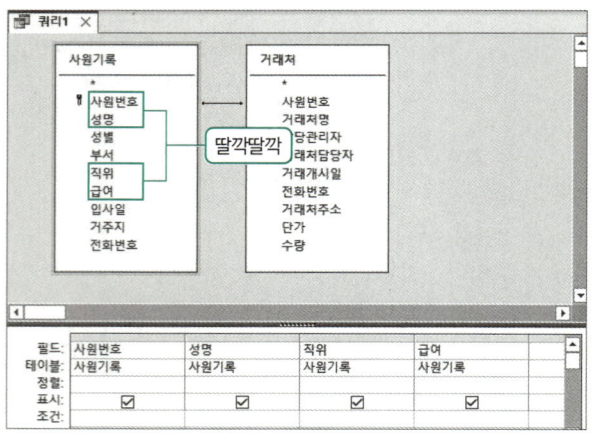

④ '판매금액' 필드를 추가하기 위해 마지막 필드 다음의 '필드' 항목을 클릭 → 판매금액: [단가]*[수량]을 입력한다.

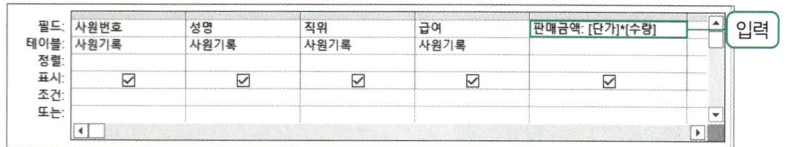

> **풀이법을 알면 시간이 단축된다!**
> '쿼리'에서 필드명을 지정하는 방법은 ':' 기호를 기준으로 구분한다. ':' 기호의 왼쪽에는 지정할 새로운 필드명을 입력하고, ':' 기호의 오른쪽에는 기존 필드 중 사용할 필드명을 [ ] 안에 입력하면 된다(필드명의 [ ]는 생략 가능).

⑤ '급여'와 '판매금액' 필드를 '평균'으로 지정하기 위해 [쿼리 디자인] 탭-[표시/숨기기] 그룹-[요약]을 클릭한다.

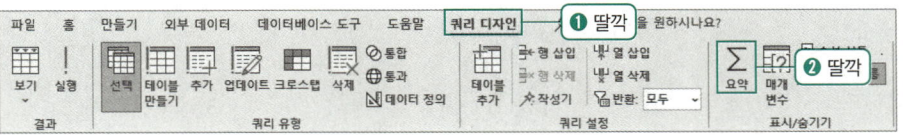

⑥ '요약' 항목이 추가되면 '급여'와 '판매금액' 필드의 '요약' 항목을 클릭 → '평균'으로 지정한다.

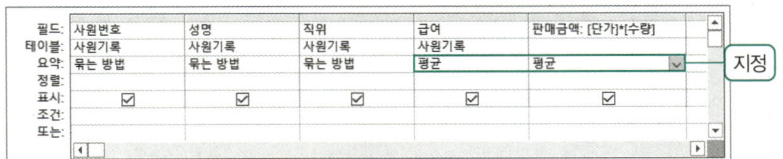

⑦ '직위' 필드의 '조건' 항목을 클릭 → [직위를 입력하세요]를 입력한다.

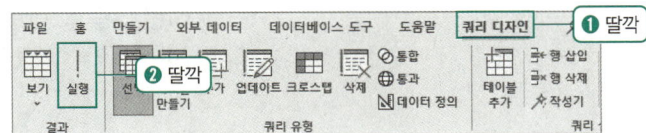

⑧ [쿼리 디자인] 탭-[결과] 그룹-[실행]을 클릭한다.

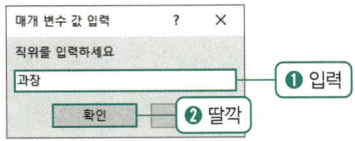

⑨ [매개 변수 값 입력] 대화상자가 나타나면 과장 입력 → [확인] 단추를 클릭한다.

⑩ 결과를 확인 → [쿼리1] 창에서 [닫기] 단추(X)를 클릭 → 변경한 내용을 저장할 것인지 묻는 메시지 상자가 나타나면 [예] 단추를 클릭한다.

⑪ [다른 이름으로 저장] 대화상자가 나타나면 '쿼리 이름'에 매개변수 입력 → [확인] 단추를 클릭한다.

> 📖 **읽는 강의**
>
> **풀이법을 알면 시간이 단축된다!**
> '급여' 필드의 '요약' 항목을 '평균'으로 지정하고 쿼리를 실행하면 '급여' 필드의 필드명이 '급여의평균'으로 자동 변경되고, '판매금액' 필드의 '요약' 항목을 '평균'으로 지정하고 저장하면 '요약' 항목은 '식'으로 변경되고 필드에 적용한 함수는 'Avg([단가]*[수량])'으로 자동 변경된다.

3 〈불일치검색〉 쿼리 작성하기

① [만들기] 탭-[쿼리] 그룹-[쿼리 마법사]를 클릭한다.

② [새 쿼리] 대화상자가 나타나면 '불일치 검색 쿼리 마법사'를 선택 → [확인] 단추를 클릭한다.

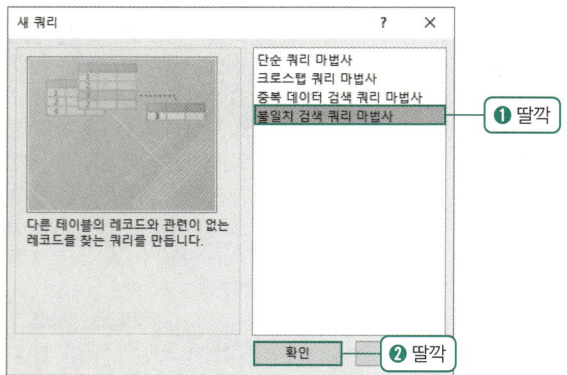

③ [불일치 검색 쿼리 마법사] 1단계 대화상자가 나타나면 '테이블: 사원기록'을 선택 → [다음] 단추를 클릭한다.

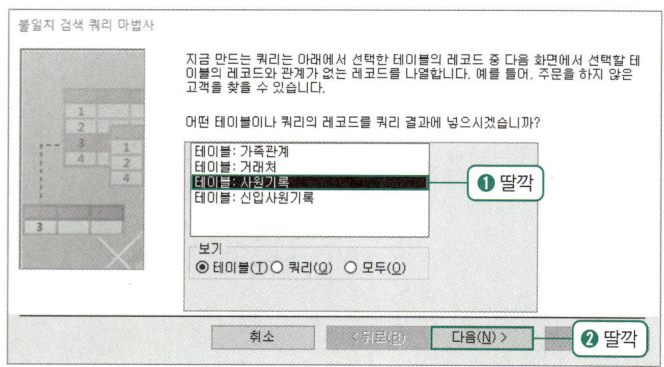

④ [불일치 검색 쿼리 마법사] 2단계 대화상자가 나타나면 '테이블: 거래처'를 선택 → [다음] 단추를 클릭한다.

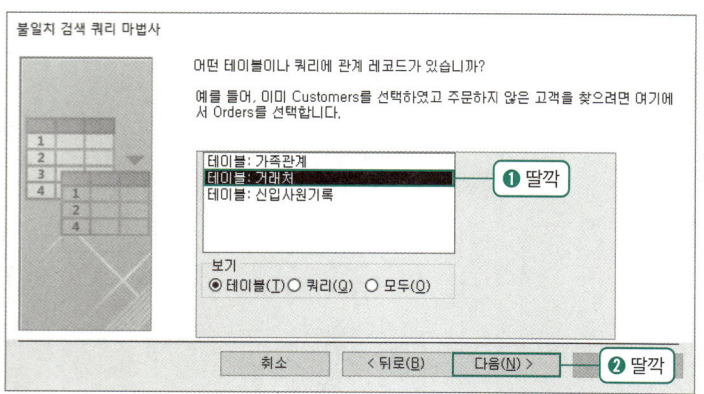

풀이법을 알면 시간이 단축된다!
〈사원기록〉 테이블에는 존재하지만 거래처 테이블에는 존재하지 않는 데이터를 조회하는 것이다.

⑤ [불일치 검색 쿼리 마법사] 3단계 대화상자가 나타나면 '사원기록'과 '거래처' 필드 모두 '사원번호'로 지정되었는지 확인 → [다음] 단추를 클릭한다.

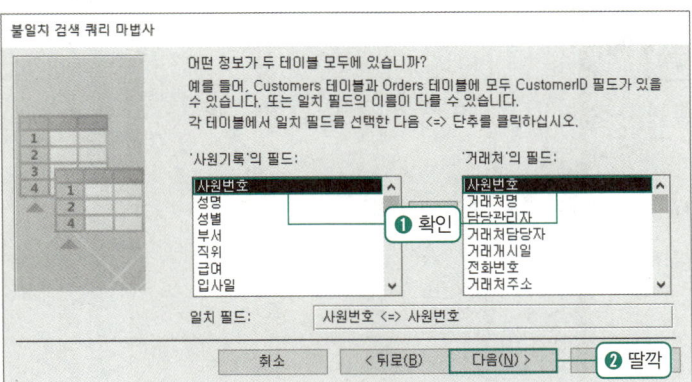

⑥ [불일치 검색 쿼리 마법사] 4단계 대화상자가 나타나면 '사용 가능한 필드'에서 '사원번호', '성명', '부서', '직위' 필드를 각각 더블클릭하여 '선택한 필드'로 이동 → [다음] 단추를 클릭한다.

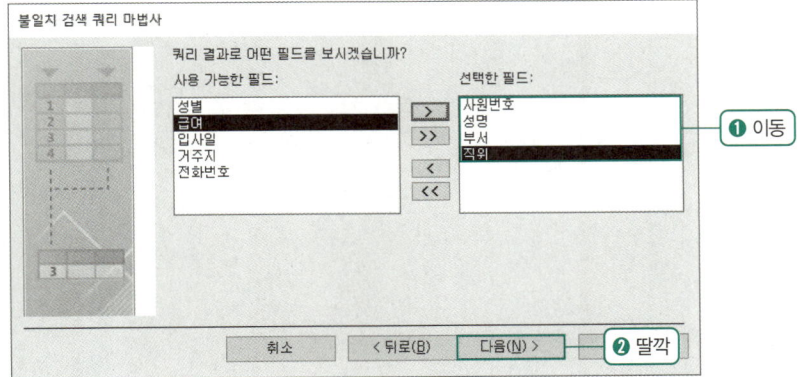

⑦ [불일치 검색 쿼리 마법사] 5단계 대화상자가 나타나면 '쿼리 이름'에 불일치검색 입력 → '디자인 수정'을 선택 → [마침] 단추를 클릭한다.

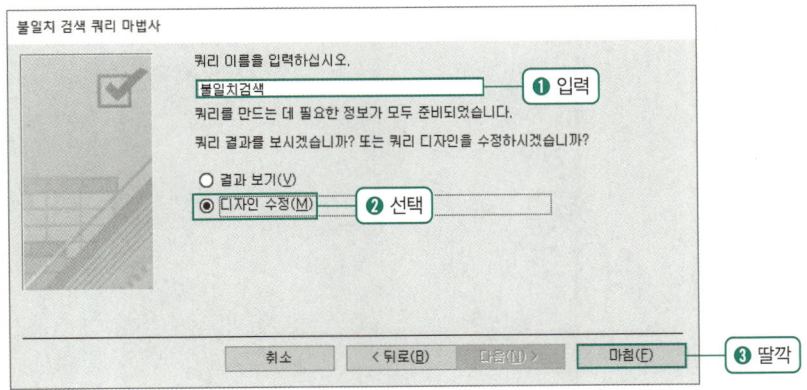

⑧ [쿼리1] 창으로 되돌아오면 '직위' 필드의 '조건' 항목을 클릭 → "사원"을 입력한다.

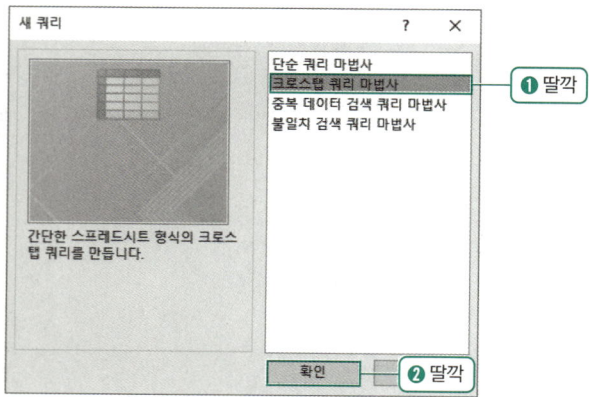

⑨ [쿼리 디자인] 탭-[결과] 그룹-[실행]을 클릭한다.
⑩ 결과를 확인 → 〈불일치검색〉 쿼리 창에서 [닫기] 단추(☒)를 클릭 → 변경한 내용을 저장할 것인지 묻는 메시지 상자가 나타나면 [예] 단추를 클릭한다.

4 〈크로스탭〉 쿼리 작성하기

① [만들기] 탭-[쿼리] 그룹-[쿼리 마법사]를 클릭한다.
② [새 쿼리] 대화상자가 나타나면 '크로스탭 쿼리 마법사'를 선택 → [확인] 단추를 클릭한다.

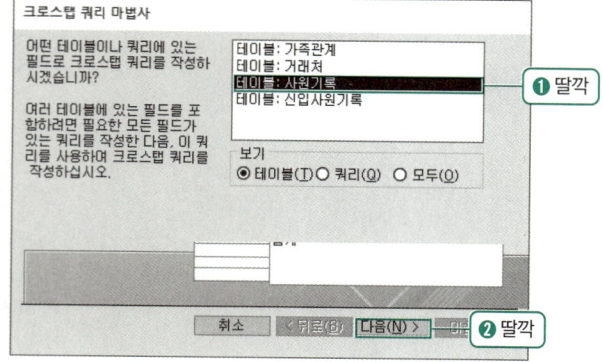

③ [크로스탭 쿼리 마법사] 1단계 대화상자가 나타나면 '테이블: 사원기록'을 선택 → [다음] 단추를 클릭한다.

④ [크로스탭 쿼리 마법사] 2단계 대화상자가 나타나면 '사용 가능한 필드'에서 '부서' 필드를 더블클릭하여 '선택한 필드'로 이동 → [다음] 단추를 클릭한다.

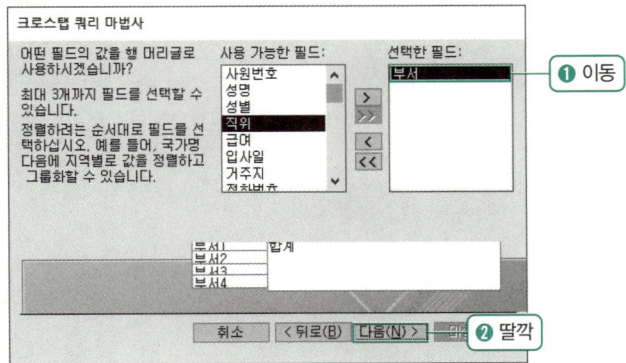

⑤ [크로스탭 쿼리 마법사] 3단계 대화상자가 나타나면 '직위' 필드를 선택 → [다음] 단추를 클릭한다.

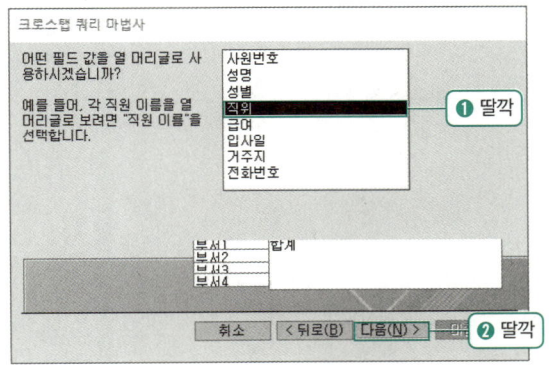

⑥ [크로스탭 쿼리 마법사] 4단계 대화상자가 나타나면 '급여' 필드와 '총계' 함수를 선택 → [다음] 단추를 클릭한다.

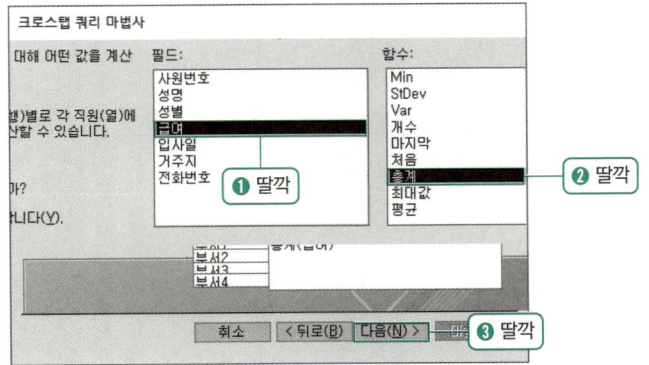

⑦ [크로스탭 쿼리 마법사] 5단계 대화상자가 나타나면 '쿼리 이름'에 크로스탭 입력 → [마침] 단추를 클릭한다.

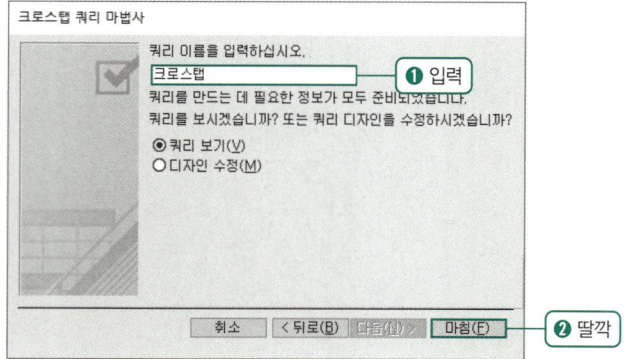

⑧ 결과를 확인 → 〈크로스탭〉 쿼리 창에서 [닫기] 단추(×)를 클릭한다.

5 〈중복데이터검색〉 쿼리 작성하기

① [만들기] 탭-[쿼리] 그룹-[쿼리 마법사]를 클릭한다.
② [새 쿼리] 대화상자가 나타나면 '중복 데이터 검색 쿼리 마법사'를 선택 → [확인] 단추를 클릭한다.

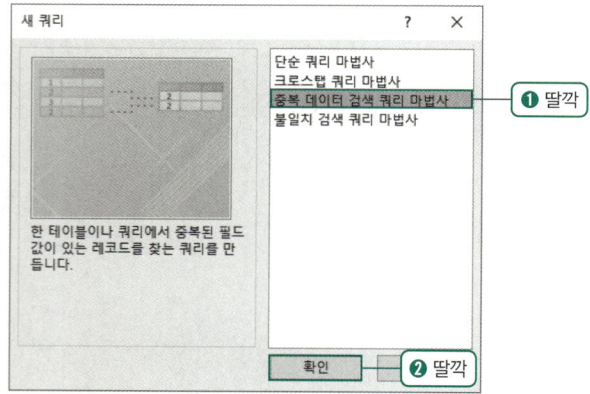

③ [중복 데이터 검색 쿼리 마법사] 1단계 대화상자가 나타나면 '테이블: 신입사원기록'을 선택 → [다음] 단추를 클릭한다.

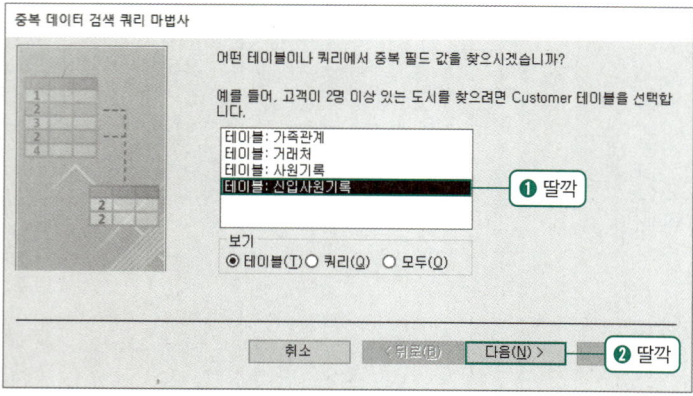

④ [중복 데이터 검색 쿼리 마법사] 2단계 대화상자가 나타나면 '사용 가능한 필드'에서 '성명', '성별', '생일' 필드를 각각 더블클릭하여 '중복된 필드'로 이동 → [다음] 단추를 클릭한다.

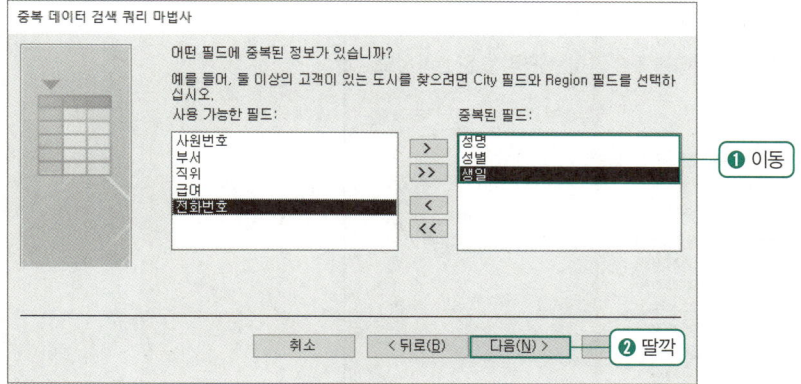

⑤ [중복 데이터 검색 쿼리 마법사] 3단계 대화상자가 나타나면 >> 단추를 클릭하여 모든 필드를 '추가 쿼리 필드'로 이동 → [다음] 단추를 클릭한다.

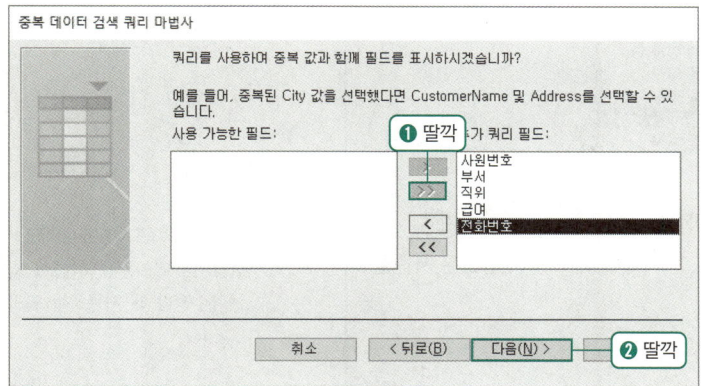

⑥ [중복 데이터 검색 쿼리 마법사] 4단계 대화상자가 나타나면 '쿼리 이름'에 중복데이터검색 입력 → [마침] 단추를 클릭한다.

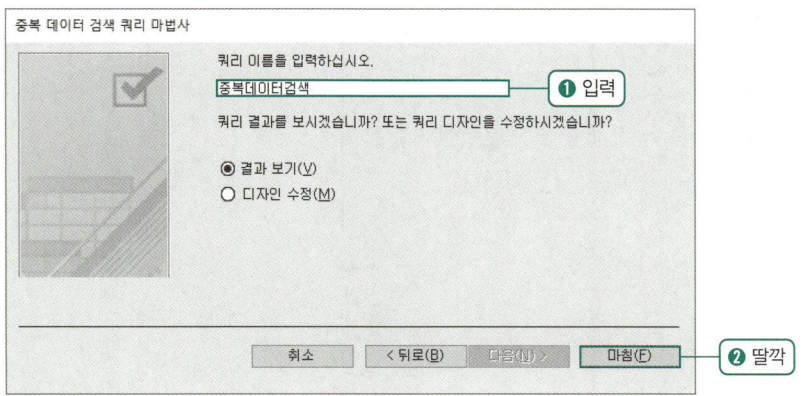

⑦ 결과 확인 → 〈중복데이터검색〉 쿼리 창에서 [닫기] 단추(ⓧ)를 클릭한다.

작업 파일명 C:\에듀윌_2026컴활1급실기\그대로따라하기\데이터베이스실무\04.처리기능구현\01.쿼리\실습\02_쿼리.accdb

출제패턴 ❷

1 다음과 같은 기능을 수행하는 〈신입사원추가〉 쿼리를 작성하시오.
- ▶ 〈신입사원기록〉 테이블의 모든 필드를 〈사원기록1〉 테이블에 추가하는 쿼리를 완성하시오.
- ▶ 추가 쿼리 기능을 이용하시오.
- ▶ 쿼리 이름은 〈신입사원추가〉로 지정하시오.

사원번호	성명	성별	부서	직위	급여	입사일	구분
A-101	김태용	남	영업부	사원	₩2,000,000	20년 01월 01일	퇴직
A-102	박준일	여	기획실	대리	₩2,500,000	20년 04월 11일	재직
A-104	윤남용	남	영업부	사원	₩2,000,000	21년 01월 14일	재직
A-105	박종호	남	자재부	과장	₩3,000,000	19년 05월 06일	퇴직
A-106	이광설	여	영업부	사원	₩2,000,000	21년 09월 13일	재직
A-107	최병혁	남	총무부	사원	₩2,000,000	24년 01월 21일	재직
A-109	김병태	남	영업부	대리	₩2,500,000	21년 03월 15일	퇴직
A-111	임상혁	여	영업부	사원	₩2,000,000	24년 10월 19일	재직
A-200	최윤진	여	기획실	사원	₩2,000,000	21년 12월 09일	퇴직
E-101	정수현	여	영업부	사원	₩2,000,000	24년 01월 18일	입사
E-102	서민준	남	기획실	사원	₩2,000,000	24년 05월 01일	입사
E-103	박문수	남	자재부	대리	₩2,500,000	24년 11월 27일	입사
E-104	서유림	남	영업부	사원	₩2,000,000	24년 02월 03일	입사
E-105	정유지	여	기획실	대리	₩2,500,000	24년 08월 17일	입사
E-106	정혜빈	남	무역부	사원	₩2,000,000	24년 12월 25일	입사
E-107	황인진	남	영업부	과장	₩3,000,000	24년 03월 06일	입사
E-108	양나람	남	자재부	사원	₩2,000,000	24년 06월 28일	입사
E-109	김기영	남	총무부	사원	₩2,000,000	24년 04월 13일	입사
E-110	김혜성	남	영업부	사원	₩2,000,000	24년 07월 07일	입사

2 다음과 같은 기능을 수행하는 〈업데이트〉 쿼리를 작성하시오.
- ▶ 〈사원기록2〉 테이블에 있는 데이터 중에서 '부서' 필드의 '기획실'에 해당하는 모든 사원들의 부서를 '기획부'로 수정하는 쿼리를 생성하시오.
- ▶ 업데이트 쿼리 기능을 이용하시오.
- ▶ 쿼리 이름은 〈업데이트〉로 지정하시오.

사원번호	성명	성별	부서	직위	급여	입사일	구분
A-101	김태용	남	영업부	사원	₩2,000,000	20년 01월 01일	퇴직
A-102	박준일	여	기획부	대리	₩2,500,000	20년 04월 11일	재직
A-104	윤남용	남	영업부	사원	₩2,000,000	21년 01월 14일	재직
A-105	박종호	남	자재부	과장	₩3,000,000	19년 05월 06일	퇴직
A-106	이광설	여	영업부	사원	₩2,000,000	21년 09월 13일	재직
A-107	최병혁	남	총무부	사원	₩2,000,000	24년 01월 21일	재직
A-109	김병태	남	영업부	대리	₩2,500,000	21년 03월 15일	퇴직
A-111	임상혁	여	영업부	사원	₩2,000,000	24년 10월 19일	재직
A-200	최윤진	여	기획부	사원	₩2,000,000	21년 12월 09일	퇴직

출제패턴을 알면 시험이 쉬워진다!
업데이트 쿼리는 테이블의 자료를 수정할 때 사용하는 쿼리이다.

3 다음과 같은 기능을 수행하는 〈퇴직삭제〉 쿼리를 작성하시오.
- ▶ <사원기록3> 테이블에서 '구분' 필드에 '퇴직'으로 표시되어 있는 사원들을 삭제하는 쿼리를 생성하시오.
- ▶ 삭제 쿼리 기능을 이용하시오.
- ▶ 쿼리 이름은 <퇴직삭제>로 지정하시오.

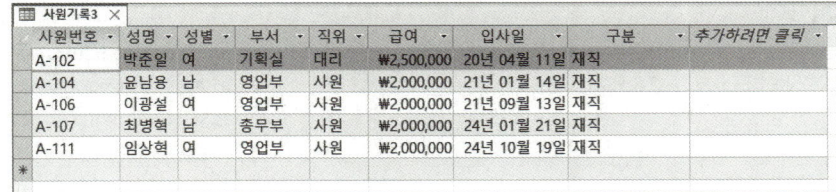

4 다음과 같은 기능을 수행하는 〈입사일〉 쿼리를 작성하시오.
- ▶ <사원기록4> 테이블을 이용하여 입사일이 '2024'년도인 사원들의 <입사일명단> 테이블을 만드는 쿼리를 작성하시오.
- ▶ '사원기록' 테이블에서 '성명', '성별', '부서', '직위', '입사일' 필드를 사용하시오.
- ▶ 테이블 만들기 쿼리 기능을 이용하시오.
- ▶ 쿼리 이름은 <입사일>로 지정하시오.

성명	성별	부서	직위	입사일
최병혁	남	총무부	사원	2024-01-21
임상혁	여	영업부	사원	2024-10-19

읽는 강의

출제패턴을 알면 시험이 쉬워진다!
삭제 쿼리는 테이블에 저장되어 있는 레코드 중에서 조건을 만족하는 레코드들을 삭제하는 쿼리이다.

그대로 따라하기

1 〈신입사원추가〉 쿼리 작성하기

① [만들기] 탭-[쿼리] 그룹-[쿼리 디자인]을 클릭한다.

② [테이블 추가] 창이 나타나면 [테이블] 탭에서 〈신입사원기록〉 테이블을 더블클릭하여 [쿼리1] 창에 추가 → [닫기] 단추를 클릭한다.

③ 〈신입사원기록〉 테이블에서 '사원번호' 필드 선택 → Shift를 누른 상태에서 '구분' 필드를 선택한 후 첫 번째로 드래그한다.

> **풀이법을 알면 시간이 단축된다!**
> 테이블의 경계선에서 마우스로 드래그하면 테이블의 크기를 조절할 수 있다.

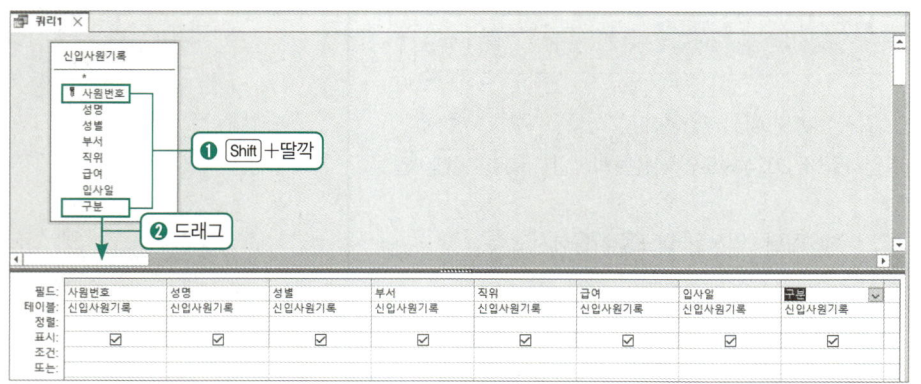

④ [쿼리 디자인] 탭-[쿼리 유형] 그룹-[추가]를 클릭한다.

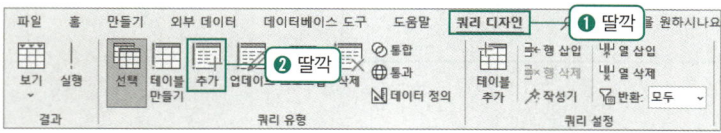

⑤ [추가] 대화상자가 나타나면 '테이블 이름'에 '사원기록1'을 지정 → [확인] 단추를 클릭한다.

⑥ [쿼리 디자인] 탭-[결과] 그룹-[실행]을 클릭 → 행을 추가한다는 메시지 상자가 나타나면 [예] 단추를 클릭한다.

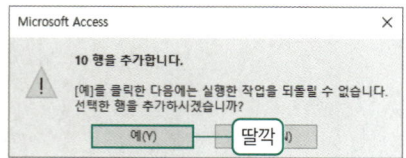

⑦ [쿼리1] 창에서 [닫기] 단추(☒)를 클릭 → 변경할 내용을 저장할 것인지 묻는 메시지 상자가 나타나면 [예] 단추를 클릭한다.

⑧ [다른 이름으로 저장] 대화상자가 나타나면 '쿼리 이름'에 신입사원추가 입력 → [확인] 단추를 클릭한다.

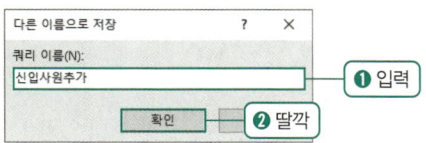

⑨ 탐색 창의 〈사원기록1〉 테이블을 더블클릭 → 결과를 확인 → 〈사원기록1〉 테이블 창에서 [닫기] 단추(☒)를 클릭한다.

2 〈업데이트〉 쿼리 작성하기

① [만들기] 탭-[쿼리] 그룹-[쿼리 디자인]을 클릭한다.
② [테이블 추가] 창이 나타나면 [테이블] 탭에서 〈사원기록2〉 테이블을 더블클릭하여 [쿼리1] 창에 추가 → [닫기] 단추를 클릭한다.
③ 〈사원기록2〉 테이블에서 '부서' 필드를 더블클릭한다.

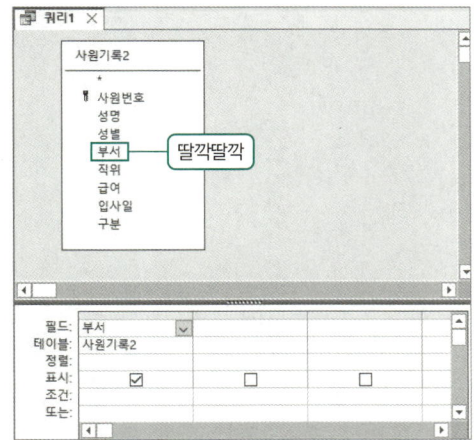

④ [쿼리 디자인] 탭-[쿼리 유형] 그룹-[업데이트]를 클릭한다.

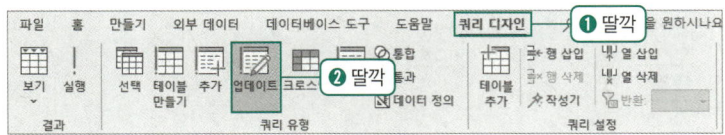

⑤ '업데이트' 항목이 추가되면 '업데이트' 항목을 클릭 → "기획부" 입력 → '조건' 항목을 클릭 → "기획실"을 입력한다.

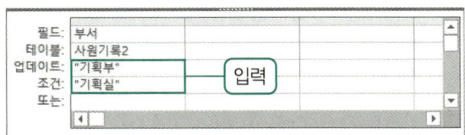

⑥ [쿼리 디자인] 탭-[결과] 그룹-[실행]을 클릭 → 행을 새로 고친다는 메시지 상자가 나타나면 [예] 단추를 클릭한다.

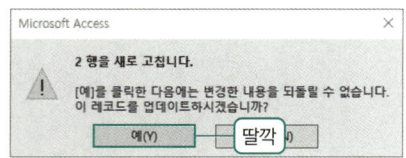

⑦ [쿼리1] 창에서 [닫기] 단추(☒)를 클릭 → 변경한 내용을 저장할 것인지 묻는 메시지 상자가 나타나면 [예] 단추를 클릭한다.
⑧ [다른 이름으로 저장] 대화상자가 나타나면 '쿼리 이름'에 업데이트 입력 → [확인] 단추를 클릭한다.
⑨ 탐색 창의 〈사원기록2〉 테이블을 더블클릭 → 결과를 확인 → 〈사원기록2〉 테이블 창에서 [닫기] 단추(☒)를 클릭한다.

3 〈퇴직삭제〉 쿼리 작성하기

① [만들기] 탭-[쿼리] 그룹-[쿼리 디자인]을 클릭한다.
② [테이블 추가] 창이 나타나면 [테이블] 탭에서 〈사원기록3〉 테이블을 더블클릭하여 [쿼리1] 창에 추가 → [닫기] 단추를 클릭한다.
③ 〈사원기록3〉 테이블에서 '구분' 필드를 더블클릭한다.

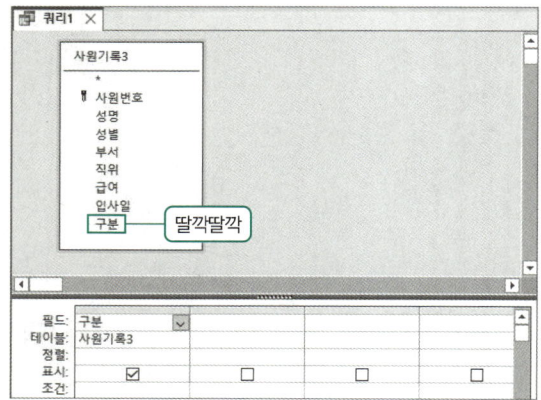

④ [쿼리 디자인] 탭-[쿼리 유형] 그룹-[삭제]를 클릭한다.

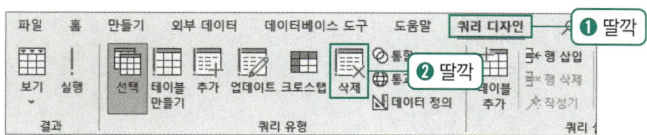

⑤ '삭제' 항목이 추가되면 '조건' 항목 클릭 → "퇴직"을 입력한다.

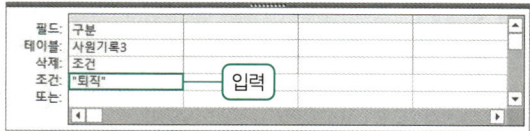

⑥ [쿼리 디자인] 탭-[결과] 그룹-[실행]을 클릭 → 행을 삭제한다는 메시지 상자가 나타나면 [예] 단추를 클릭한다.

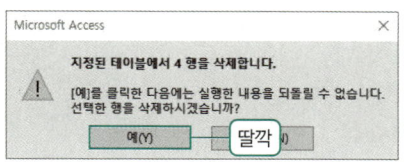

⑦ [쿼리1] 창에서 [닫기] 단추(X)를 클릭 → 변경한 내용을 저장할 것인지 묻는 메시지 상자가 나타나면 [예] 단추를 클릭한다.
⑧ [다른 이름으로 저장] 대화상자가 나타나면 '쿼리 이름'에 퇴직삭제 입력 → [확인] 단추를 클릭한다.
⑨ 탐색 창의 〈사원기록3〉 테이블을 더블클릭 → 결과를 확인 → 〈사원기록3〉 테이블 창에서 [닫기] 단추(X)를 클릭한다.

4 〈입사일〉 쿼리 작성하기

① [만들기] 탭-[쿼리] 그룹-[쿼리 디자인]을 클릭한다.
② [테이블 추가] 창이 나타나면 [테이블] 탭에서 〈사원기록4〉 테이블을 더블클릭하여 [쿼리1] 창에 추가 → [닫기] 단추를 클릭한다.
③ 〈사원기록4〉 테이블에서 '성명', '성별', '부서', '직위', '입사일' 필드를 차례대로 더블클릭한다.

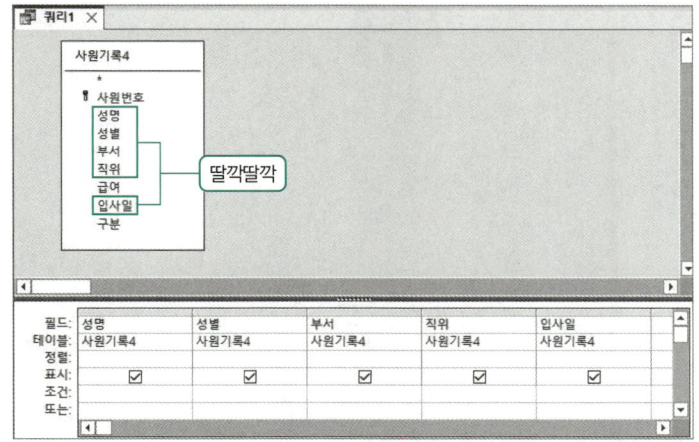

④ '입사일' 필드의 '조건' 항목 클릭 → >=#2024-01-01# And <=#2024-12-31#을 입력한다.

풀이법을 알면 시간이 단축된다!
필드의 '조건' 항목에 날짜 형식으로 조건을 지정할 때는 날짜의 앞, 뒤에 '#' 기호를 입력해 지정해야 한다.

⑤ [쿼리 디자인] 탭-[쿼리 유형] 그룹-[테이블 만들기]를 클릭한다.

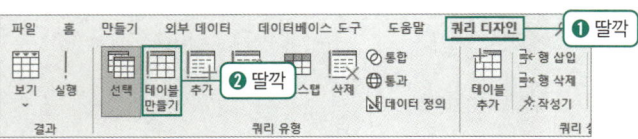

⑥ [테이블 만들기] 대화상자가 나타나면 '테이블 이름'에 입사일명단을 입력 → [확인] 단추를 클릭한다.

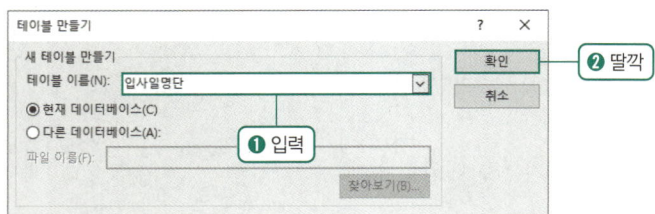

⑦ [쿼리 디자인] 탭-[결과] 그룹-[실행]을 클릭 → 행을 붙여 넣는다는 메시지 상자가 나타나면 [예] 단추를 클릭한다.

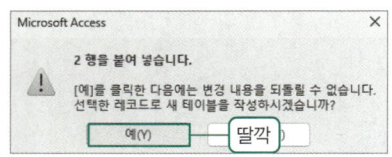

⑧ [쿼리1] 창에서 [닫기] 단추(X)를 클릭 → 변경한 내용을 저장할 것인지 묻는 메시지 상자가 나타나면 [예] 단추를 클릭한다.
⑨ [다른 이름으로 저장] 대화상자가 나타나면 '쿼리 이름'에 입사일 입력 → [확인] 단추를 클릭한다.
⑩ 탐색 창의 〈입사일명단〉 테이블을 더블클릭 → 결과를 확인한다.

작업 파일명 C:\에듀윌_2026컴활1급실기\그대로따라하기\데이터베이스실무\04.처리기능구현\01.쿼리\실습\03_쿼리.accdb

출제패턴 ❸

1 다음과 같은 기능을 수행하는 〈납품〉 쿼리를 작성하시오.
- <제품> 테이블과 <거래처> 테이블을 이용하시오.
- '제품코드', '품목', '금액', '제조업체', '수량', '거래처담당자' 필드를 표시하시오.
- '품목' 필드의 내용이 '키보드'인 경우만 표시하시오.
- '금액'의 필드명은 '납품금액'으로 표시하시오.
- '수량'의 필드명은 '납품수량'으로 지정하고 & 연산자를 이용하여 '10개' 형식으로 표시하시오.
- '납품일'이 짝수 월인 경우만 표시하시오. (Month 함수와 MOD 연산자 이용)
- '납품금액'을 기준으로 내림차순 정렬하고 상위 다섯 번째까지 표시하시오.
- 쿼리 이름은 <납품>으로 지정하시오.

▼ 납품

제품코드	품목	납품금액	제조업체	납품수량	거래처담당자
D-1001	키보드	₩45,000	알파디코	6개	조영희
A-1005	키보드	₩40,000	알파디코	6개	이동원
C-1003	키보드	₩30,000	백마AI	8개	안병준
C-1001	키보드	₩25,000	디이래엠	3개	염헌용
B-1001	키보드	₩20,000	알파디코	5개	정서율

2 다음과 같은 기능을 수행하는 〈매개변수〉 쿼리를 작성하시오.
- ▶ 〈제품〉 테이블과 〈거래처〉 테이블을 이용하시오.
- ▶ 결과 필드는 '제품코드', '품목', '금액', '수량', '거래처담당자', '거래처주소', '비고'로 지정하시오.
- ▶ '품목'의 일부를 매개 변수로 입력받아 해당 제품의 '수량' 필드의 평균을 조회하시오.
- ▶ '비고' 필드에 '금액*수량'의 값이 500,000 이상이면 '인기'를, 300,000 이상이면 '관심'을, 그 외는 '비인기'를 표시하시오. (IIF 함수 이용)
- ▶ 매개 변수의 이름은 '품목을 입력하세요'로 지정하시오.

▼ 입력 화면

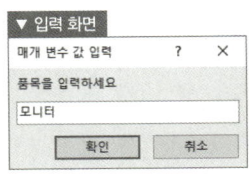

▼ 결과 화면

제품코드	품목	금액	수량의평균	거래처담당자	거래처주소	비고
B-1004	모니터	₩140,000	2	송현아	서울시 용산구	비인기
B-1005	모니터	₩400,000	4	박정환	서울시 송파구	인기
C-1002	모니터	₩230,000	2	강희정	서울시 종로구	관심
C-1004	모니터	₩250,000	1	최장운	서울시 동작구	비인기

3 다음과 같은 기능을 수행하는 〈크로스탭〉 쿼리를 작성하시오.
- ▶ 〈제품〉 테이블을 이용하여 품목별, 제조업체별 수량의 최대값을 표시하시오.
- ▶ 수량은 '개'를 추가하여 표시하시오.
- ▶ 쿼리 이름은 〈크로스탭〉으로 지정하시오.

▼ 크로스탭

품목	최대 수량	디이래엠	백마AI	알컴마카	알파디코	하나투고
공유기	7개					7개
마우스	12개					12개
메인보드	6개		6개			
모니터	4개			4개	2개	2개
키보드	10개	3개	10개		5개	6개	9개
RAM	5개			5개		

4 다음과 같은 기능을 수행하는 〈무거래〉 쿼리를 작성하시오.
- ▶ 〈제품〉 테이블에 [제품코드]가 없으면서 '거래처주소' 필드에 '노원구'가 포함된 제품 명단을 조회하는 쿼리를 작성하시오.
- ▶ 거래내역이 없음은 〈제품〉 테이블에 [제품코드]가 없는 〈거래처〉 테이블의 [제품코드]를 기준으로 작성하시오.
- ▶ Not In, Like를 이용하시오.

▼ 무거래

제품코드	거래처담당자	거래처주소
A-1006	임송이	서울시 노원구
B-1008	최인창	서울시 노원구
C-1007	차정원	서울시 노원구
E-1003	김경희	서울시 노원구

📖 **읽는 강의**

풀이법을 알면 시간이 단축된다!
- IIF 함수 형식: IIF(조건, 참인 경우, 거짓인 경우)
- 매개 변수 쿼리: 매개 변수는 쿼리를 실행할 때 사용자가 직접 입력하는 내용으로 입력한 값에 따라 결과가 달라진다.

풀이법을 알면 시간이 단축된다!
크로스탭 쿼리 문제를 풀려면 먼저 행·열로 그룹화할 필드를 정확히 파악하고 집계함수를 선택한다.

그대로 따라하기

1 〈납품〉 쿼리 작성하기

① [만들기] 탭-[쿼리] 그룹-[쿼리 디자인]을 클릭한다.

② [테이블 추가] 창이 나타나면 [테이블] 탭에서 〈제품〉 테이블과 〈거래처〉 테이블을 각각 더블클릭하여 [쿼리1] 창에 추가 → [닫기] 단추를 클릭한다.

③ 〈제품〉 테이블에서는 '제품코드' 필드 선택 → Shift 를 누른 상태에서 '수량' 필드를 선택한 후 첫 번째로 드래그 → 〈거래처〉 테이블에서는 '거래처담당자' 필드를 더블클릭한다.

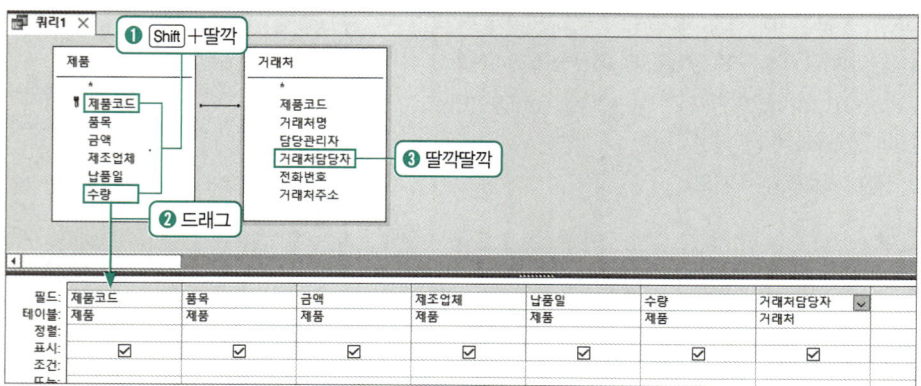

④ '품목' 필드의 '조건' 항목을 클릭 → "키보드" 입력 → '금액' 필드의 '필드' 항목을 클릭 → 납품금액: [금액] 입력 → '수량' 필드의 '필드' 항목을 클릭 → 납품수량: [수량] & "개"를 입력한다.

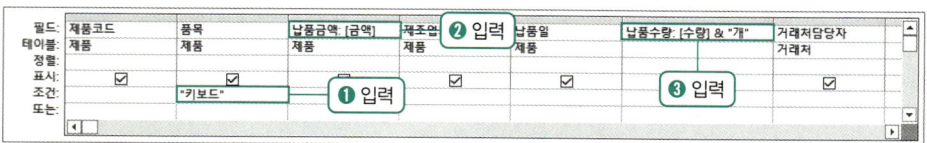

⑤ '납품일' 필드의 '필드' 항목을 클릭 → Month([납품일]) Mod 2 입력 → '표시' 항목을 체크 해제 → '조건' 항목에 0을 입력한다.

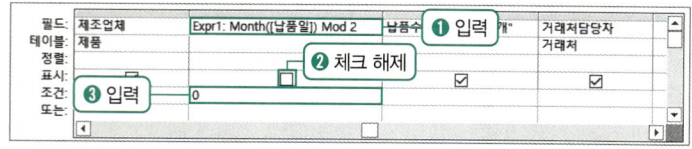

풀이법을 알면 시간이 단축된다!
- '납품일'을 2로 나누어서 나머지가 0이면 짝수일이다.
- Month([납품일]) Mod 2를 입력하면 'Expr1:'이 자동으로 입력된다.

⑥ '납품금액' 필드의 '정렬' 항목을 클릭 → '내림차순'으로 지정한다.

필드:	제품코드	품목	납품금액: [금액]	제조업체	Expr1: Month([납품일])
테이블:	제품	제품	제품	제품	
정렬:			내림차순		
표시:	☑	☑	☑	☑	☐
조건:		"키보드"			0
또는:					

⑦ [쿼리1] 창의 빈 영역을 클릭 → [쿼리 디자인] 탭-[표시/숨기기] 그룹-[속성 시트]를 클릭한다.

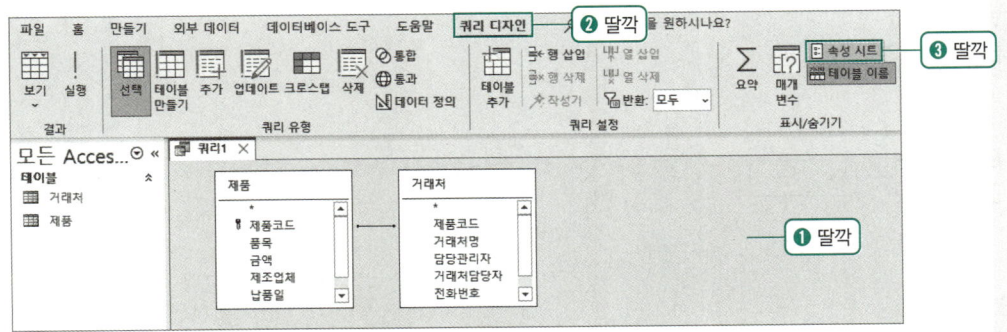

⑧ '쿼리'의 [속성 시트] 창이 나타나면 '상위 값' 속성에 5를 입력한다.

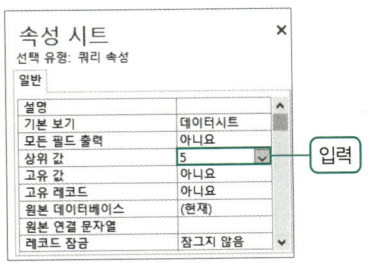

⑨ [쿼리1] 창에서 [닫기] 단추(×)를 클릭 → 변경한 내용을 저장할 것인지 묻는 메시지 상자가 나타나면 [예] 단추를 클릭한다.
⑩ [다른 이름으로 저장] 대화상자가 나타나면 '쿼리 이름'에 납품을 입력 → [확인] 단추를 클릭한다.
⑪ 탐색 창의 〈납품〉 쿼리를 더블클릭 → 결과를 확인 → 〈납품〉 쿼리 창에서 [닫기] 단추(×)를 클릭한다.

2 〈매개변수〉 쿼리 작성하기

① [만들기] 탭-[쿼리] 그룹-[쿼리 디자인]을 클릭한다.
② [테이블 추가] 창이 나타나면 [테이블] 탭에서 〈제품〉 테이블과 〈거래처〉 테이블을 각각 더블클릭하여 [쿼리1] 창에 추가 → [닫기] 단추를 클릭한다.

③ 〈제품〉 테이블에서는 '제품코드', '품목', '금액', '수량' 필드를, 〈거래처〉 테이블에서는 '거래처담당자', '거래처주소' 필드를 차례대로 더블클릭한다.

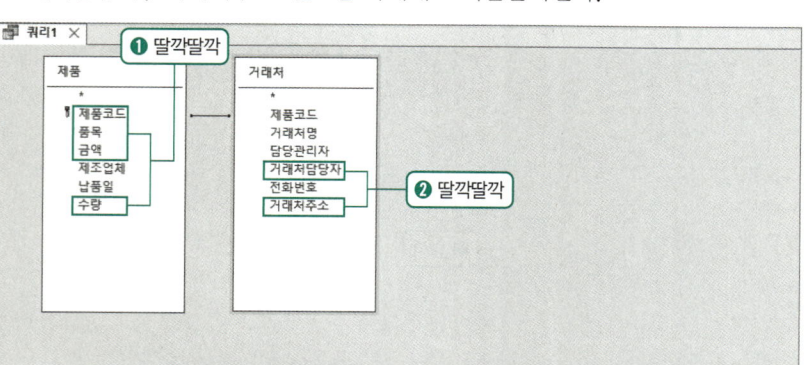

④ [쿼리 디자인] 탭-[표시/숨기기] 그룹-[요약]을 클릭한다.
⑤ '요약' 항목이 추가되면 '수량' 필드의 '요약' 항목을 클릭 → '평균'으로 지정한다.

⑥ '비고' 필드를 추가하기 위해 마지막 필드 다음의 '필드' 항목을 클릭 → 비고: IIf([금액]*[수량]>=500000,"인기",IIf([금액]*[수량]>=300000,"관심","비인기"))를 입력한다.

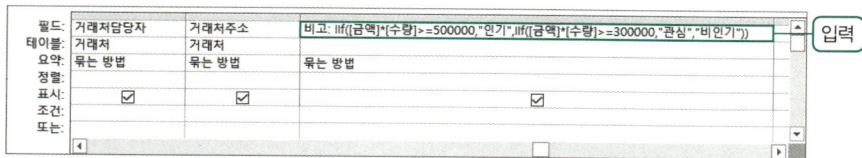

> IIf([금액]*[수량]>=500000,"인기",IIf([금액]*[수량]>=300000,"관심","비인기"))
> ❶ '금액*수량'의 값이 500,000 이상이면 '인기'를, 그렇지 않으면 ❷의 결과를 반환한다.
> ❷ '금액*수량'의 값이 300,000 이상이면 '관심'을, 그렇지 않으면 '비인기'를 반환한다.

개념 더하기 ⊕ [확대/축소] 대화상자

함수식을 입력할 때 아래와 같은 방법으로 [확대/축소] 대화상자에서 입력하면 함수식이 길더라도 전체 함수식을 한눈에 확인할 수 있어 오타를 줄일 수 있다.

① 마지막 필드 다음의 '필드' 항목에서 마우스 오른쪽 단추를 클릭하고 바로 가기 메뉴에서 [확대/축소]를 선택한다.

> **읽는 강의**
>
> 풀이법을 알면 시간이 단축된다!
> [확대/축소] 대화상자 바로 가기
> 키: Shift + F2

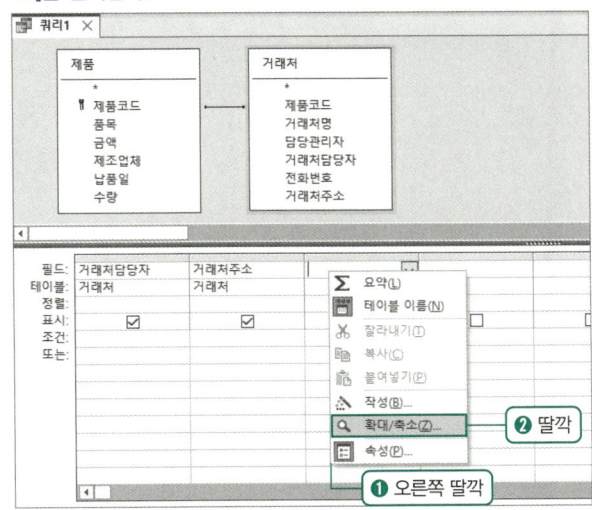

② [확대/축소] 대화상자가 나타나면 함수식을 입력 → [확인] 단추를 클릭한다.

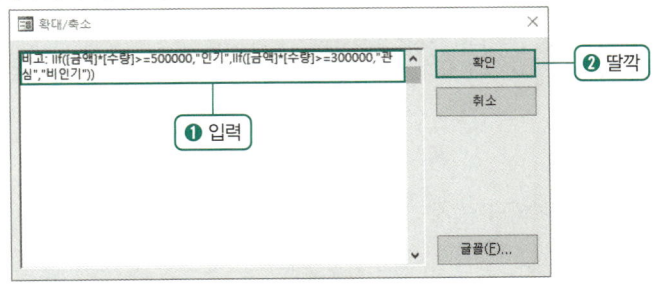

⑦ '품목' 필드의 '조건' 항목을 클릭 → Like "*" & [품목을 입력하세요] & "*"를 입력한다.

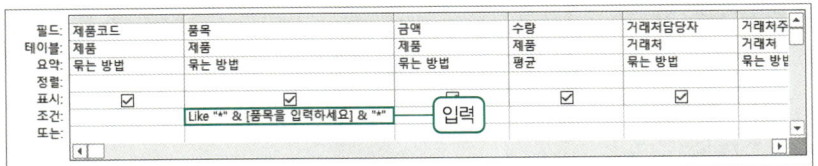

⑧ [쿼리 디자인] 탭-[결과] 그룹-[실행]을 클릭한다.
⑨ [매개 변수 값 입력] 대화상자가 나타나면 모니터 입력 → [확인] 단추를 클릭한다.
⑩ 결과를 확인 → [쿼리1] 창에서 [닫기] 단추(×)를 클릭 → 변경한 내용을 저장할 것인지 묻는 메시지 상자가 나타나면 [예] 단추를 클릭한다.
⑪ [다른 이름으로 저장] 대화상자가 나타나면 '쿼리 이름'에 매개변수 입력 → [확인] 단추를 클릭한다.

3 〈크로스탭〉 쿼리 작성하기

① [만들기] 탭-[쿼리] 그룹-[쿼리 디자인]을 클릭한다.
② [테이블 표시] 대화상자가 나타나면 [테이블] 탭에서 〈제품〉 테이블을 더블클릭하여 [쿼리] 창에 추가 → [닫기] 단추를 클릭한다.
③ '품목', '제조업체', '수량' 필드를 차례대로 더블클릭한다.
④ 최대수량 필드를 추가하기 위해 '수량' 필드를 추가로 더블클릭하고 최대수량: [수량]으로 수정한다.

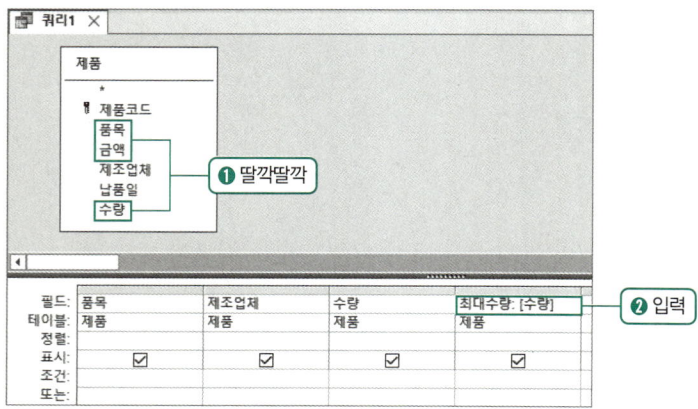

⑤ [쿼리 디자인] 탭-[쿼리 유형] 그룹-[크로스탭]을 클릭한다.
⑥ '요약'과 '크로스탭' 항목이 추가되면 각 필드의 항목에 다음과 같이 조건을 지정한다.
- '품목' 필드의 '크로스탭' 항목: '행 머리글' 지정
- '제조업체' 필드의 '크로스탭' 항목: '열 머리글' 지정
- '수량' 필드의 '요약', '크로스탭' 항목: '최대값', '값' 지정
- '최대수량: [수량]' 필드의 '요약', '크로스탭' 항목: '최대값', '행 머리글' 지정

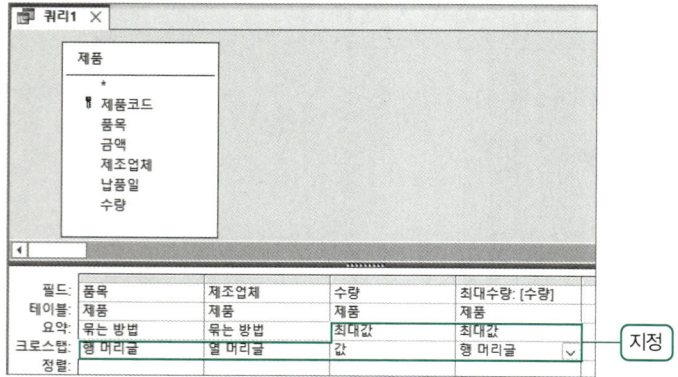

⑦ '수량' 필드의 '필드' 항목을 클릭 → [속성 시트] 창의 [일반] 탭에서 '형식' 속성에 0개를 입력한다.

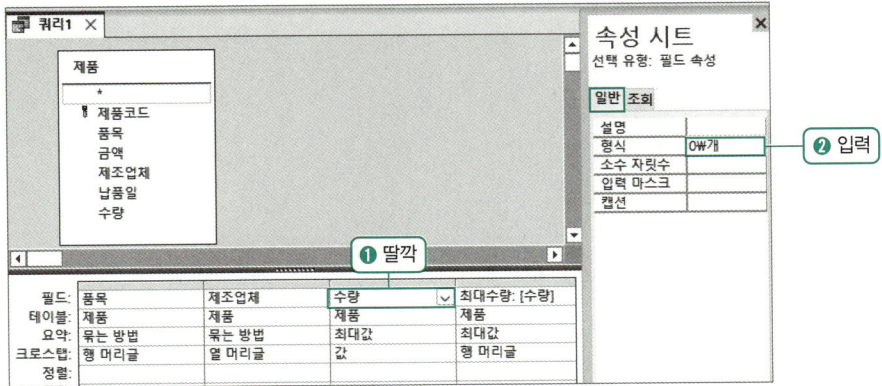

⑧ '최대수량: [수량]' 필드의 '필드' 항목을 클릭 → [속성 시트] 창의 [일반] 탭에서 '형식' 속성에 0개를 입력한다.
⑨ [쿼리 디자인] 탭-[결과] 그룹-[실행]을 클릭 → 결과를 확인한다.
⑩ 〈쿼리1〉 창에서 [닫기] 단추를 클릭 → 변경한 내용을 저장할 것인지 묻는 메시지 상자가 나타나면 [예] 단추를 클릭한다.
⑪ [다른 이름으로 저장] 대화상자가 나타나면 '쿼리 이름'에 크로스탭을 입력 → [확인] 단추를 클릭한다.

4 〈무거래〉 쿼리 작성하기

① [만들기] 탭-[쿼리] 그룹-[쿼리 디자인]을 클릭한다.
② [테이블 추가] 창이 나타나면 [테이블] 탭에서 〈거래처〉 테이블을 더블클릭하여 [쿼리1] 창에 추가 → [닫기] 단추를 클릭한다.
③ 〈거래처〉 테이블에서 '제품코드', '거래처담당자', '거래처주소' 필드를 차례대로 더블클릭한다.

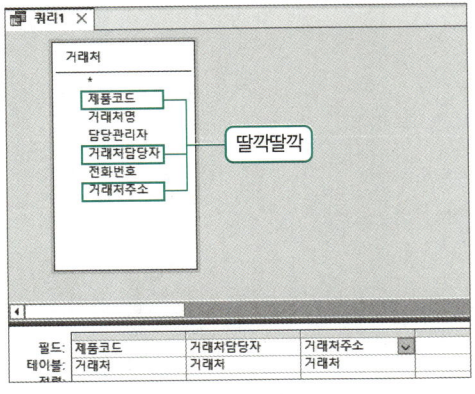

④ '제품코드' 필드의 '조건' 항목 클릭 → Not In (SELECT 제품코드 FROM 제품)을 입력한다.

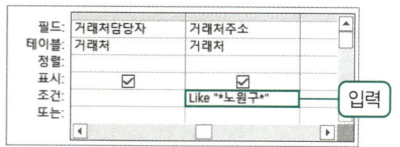

⑤ '거래처주소' 필드의 '조건' 항목 클릭 → Like "*노원구*"를 입력한다.

⑥ [쿼리 디자인] 탭-[결과] 그룹-[실행]을 클릭 → 결과를 확인한다.
⑦ [쿼리1] 창에서 [닫기] 단추(☒)를 클릭 → 변경한 내용을 저장할 것인지 묻는 메시지 상자가 나타나면 [예] 단추를 클릭한다.
⑧ [다른 이름으로 저장] 대화상자가 나타나면 '쿼리 이름'에 무거래 입력 → [확인] 단추를 클릭한다.

> **읽는 강의**
>
> **풀이법을 알면 시간이 단축된다!**
> SELECT 제품코드 FROM 제품은 〈제품〉 테이블에서 '제품코드'를 검색하고 Not In은 해당 값을 제외하므로 검색한 값을 제외하고 표시한다.

처리 기능 구현

02 처리

① **개념**: 매크로를 이용하여 일련의 작업을 자동으로 실행되도록 구현할 수 있으며 이벤트 프로시저를 이용하여 특정 이벤트가 발생될 때 일관된 작업을 수행할 수 있음

② **기능 및 특징**
- 매크로를 이용하여 여러 단계를 포함하는 작업을 한 번의 클릭으로 실행할 수 있음
- 이벤트 프로시저는 매크로보다 더 세밀하고 복잡한 작업을 수행할 수 있으며 프로그래밍 기능을 제공함

📥 **작업 파일명** C:\에듀윌_2026컴활1급실기\그대로따라하기\데이터베이스실무\04.처리기능구현\02.처리\실습\01_처리.accdb

출제패턴 ❶

다음의 지시사항에 따라 〈상품내역현황〉 폼을 완성하시오.

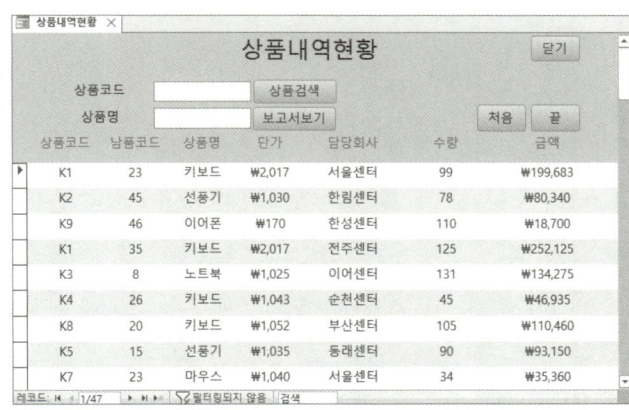

1 '상품검색'(cmd상품검색) 단추를 클릭하면 〈상품세부내역〉 폼을 여는 기능을 〈상품검색〉 매크로를 생성하여 지정하시오.
  ▶ 현재의 상품코드(main상품코드)에 해당하는 상품만 표시되도록 지정하시오.

2 '보고서보기'(cmd보고서) 단추를 클릭하면 〈상품내역자료〉 보고서를 인쇄 미리 보기 형태로 출력하는 〈보고서보기〉 매크로를 생성하여 지정하시오.
  ▶ 현재의 상품코드(main상품코드)이면서 상품명(main상품명)에 해당하는 상품만 표시되도록 지정하시오.

3 '처음'(cmd처음) 단추를 클릭하면 현재 폼의 첫 번째 레코드로 이동하고 '끝'(cmd끝) 단추를 클릭하면 마지막 레코드로 이동하는 각각의 매크로를 생성하시오.
  ▶ 매크로를 이용하여 작성하고 매크로 이름은 첫 번째 레코드로 이동하는 매크로는 '처음으로'로 지정하고 마지막 레코드로 이동하는 매크로는 '끝으로'로 지정하시오.

4 '닫기'(cmd닫기) 단추를 클릭하면 〈상품내역현황〉 폼을 저장하고 종료하는 〈닫기〉 매크로를 생성하여 지정하시오.
  ▶ 폼을 닫을 때 자동으로 저장되도록 지정하시오.

📖 **읽는 강의**

출제패턴을 알면 시험이 쉬워진다!
'처리' 부분은 수험생들이 매우 어렵게 느끼는 부분이므로 시험에 자주 출제되는 기본적인 기능을 중심으로 반복하여 따라해 보는 것이 좋다.

그대로 따라하기

1 폼을 여는 〈상품검색〉 매크로 생성하기

① [만들기] 탭-[매크로 및 코드] 그룹-[매크로]를 클릭한다.

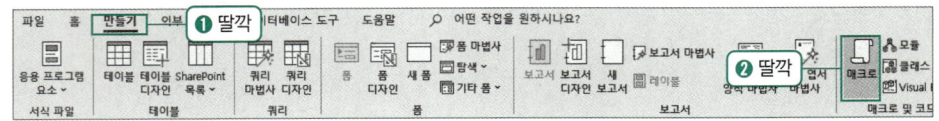

② [매크로1] 창이 나타나면 'OpenForm' 함수를 선택한다.

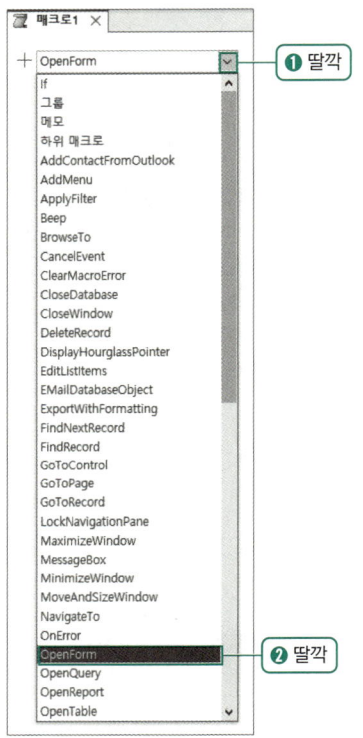

③ '폼 이름'은 '상품세부내역'으로, '보기 형식'은 '폼'으로 지정 → 'Where 조건문'의 작성기 단추(▩)를 클릭한다.

풀이법을 알면 시간이 단축된다!
OPENFORM
폼 열기

풀이법을 알면 시간이 단축된다!
OpenForm 매크로 함수
- **폼 이름**: 호출할 폼의 이름을 지정
- **보기 형식**: 폼 보기 형식(폼, 디자인, 인쇄 미리 보기, 데이터시트, 피벗 테이블, 피벗 차트, 레이아웃 등)을 지정
- **WHERE 조건문**: 조건을 입력하여 보고서에 나타낼 레코드를 제한
- **필터 이름**: 폼에 나타낼 레코드를 제한하는 필터 이름을 지정
- **데이터 모드**: 추가, 편집, 읽기 전용 등 지정
- **창 모드**: 기본, 숨김, 아이콘, 대화 상자 등 지정

④ [식 작성기] 대화상자가 나타나면 [상품코드]= 입력 → '식 요소'의 '01_처리.accdb-Forms-모든 폼'에서 '상품내역현황'을 선택 → '식 범주'에서 'main상품코드'를 더블클릭 → [확인] 단추를 클릭한다.

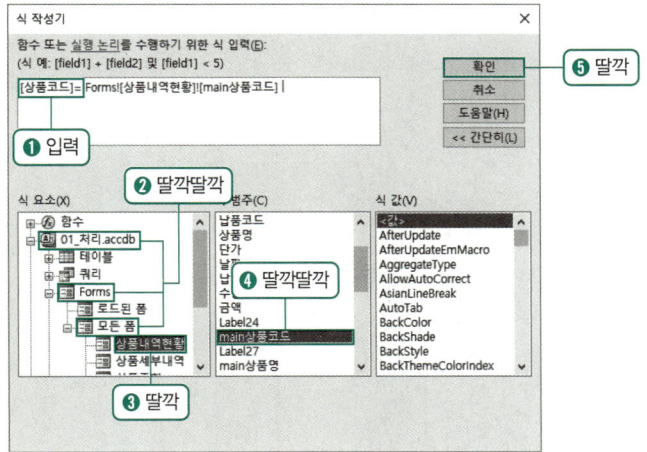

⑤ 〈매크로1〉 창에서 'Where 조건문'에 지정된 식을 확인하고 [닫기] 단추(⨯)를 클릭 → 변경한 내용을 저장할 것인지 묻는 메시지 상자가 나타나면 [예] 단추를 클릭한다.

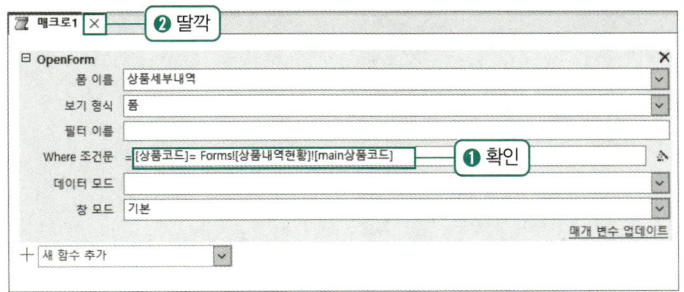

⑥ [다른 이름으로 저장] 대화상자가 나타나면 '매크로 이름'에 상품검색 입력 → [확인] 단추를 클릭한다.

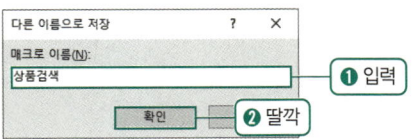

⑦ 탐색 창의 〈상품내역현황〉 폼에서 마우스 오른쪽 단추를 클릭하고 바로 가기 메뉴에서 [디자인 보기]를 선택한다.

⑧ [양식 디자인] 탭-[도구] 그룹-[속성 시트]를 클릭한다.

⑨ '폼'의 [속성 시트] 창이 나타나면 'cmd상품검색'을 지정 → [이벤트] 탭에서 'On Click' 이벤트를 '상품검색'으로 지정한다.

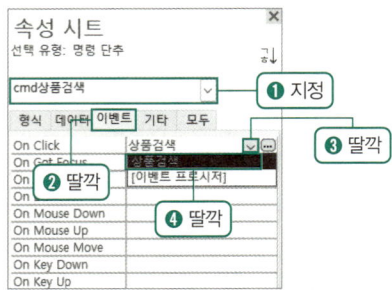

⑩ 〈상품내역현황〉 폼에서 [닫기] 단추(☒)를 클릭 → 변경한 내용을 저장할 것인지 묻는 메시지 상자가 나타나면 [예] 단추를 클릭한다.

⑪ 탐색 창의 〈상품내역현황〉 폼을 더블클릭 → '상품코드'에 임의의 상품코드인 K2 입력 → '상품검색' 단추를 클릭한다.

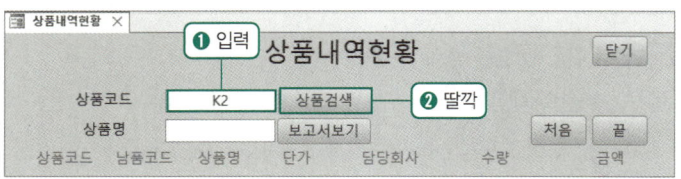

⑫ 〈상품세부내역〉 폼이 나타나면 결과를 확인 → 〈상품세부내역〉 폼과 〈상품내역현황〉 폼에서 [닫기] 단추(☒)를 클릭한다.

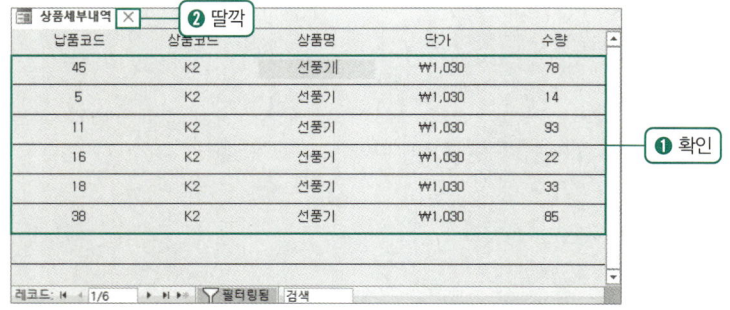

2 인쇄 미리 보기 형태로 출력되는 〈보고서보기〉 매크로 생성하기

① [만들기] 탭-[매크로 및 코드] 그룹-[매크로]를 클릭한다.

② [매크로1] 창이 나타나면 'OpenReport' 함수를 선택한다.

③ '보고서 이름'은 '상품내역자료'로, '보기 형식'은 '인쇄 미리 보기'로 지정 → 'Where 조건문'의 작성기 단추(🖹)를 클릭한다.

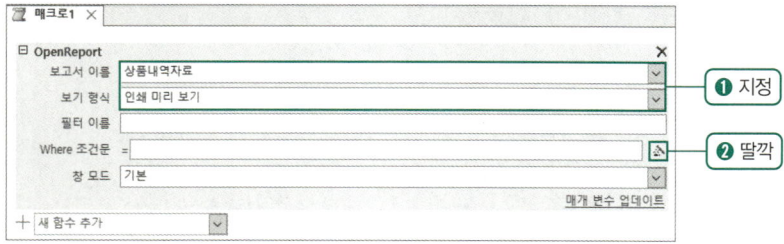

④ [식 작성기] 대화상자가 나타나면 [상품코드]= 입력 → '식 요소'의 '01_처리.accdb-Forms-모든 폼'에서 '상품내역현황'을 선택 → '식 범주'에서 'main상품코드'를 더블클릭 → And [상품명]= 입력 → '식 범주'에서 'main상품명'을 더블클릭 → [확인] 단추를 클릭한다.

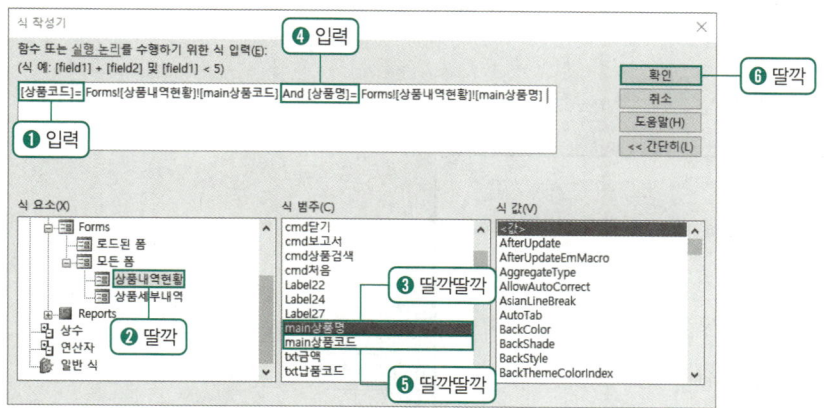

⑤ 〈매크로1〉 창에서 'Where 조건문'에 지정된 식을 확인하고 [닫기] 단추(⊠)를 클릭 → 변경한 내용을 저장할 것인지 묻는 메시지 상자가 나타나면 [예] 단추를 클릭한다.

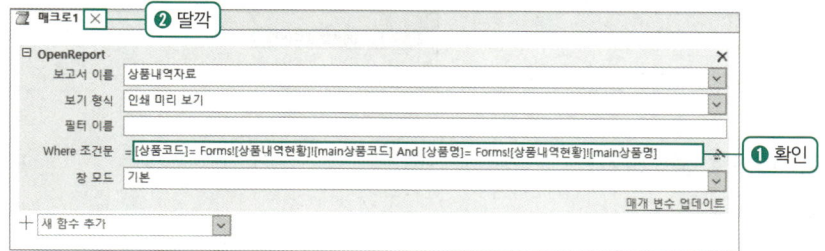

⑥ [다른 이름으로 저장] 대화상자가 나타나면 '매크로 이름'에 보고서보기 입력 → [확인] 단추를 클릭한다.
⑦ 탐색 창의 〈상품내역현황〉 폼에서 마우스 오른쪽 단추를 클릭하고 바로 가기 메뉴에서 [디자인 보기]를 선택한다.
⑧ '폼'의 [속성 시트] 창에서 'cmd보고서'를 지정 → [이벤트] 탭에서 'On Click' 이벤트를 '보고서보기'로 지정한다.

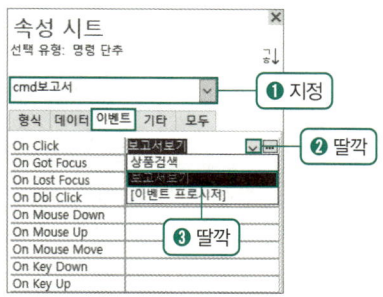

풀이법을 알면 시간이 단축된다!
On Click
개체를 마우스로 클릭할 때 이벤트 발생

⑨ 〈상품내역현황〉 폼에서 [닫기] 단추(☒)를 클릭 → 변경한 내용을 저장할 것인지 묻는 메시지 상자가 나타나면 [예] 단추를 클릭한다.
⑩ 탐색 창의 〈상품내역현황〉 폼을 더블클릭 → '상품코드'에 임의의 상품코드인 K2, '상품명'에 선풍기 입력 → '보고서보기' 단추를 클릭한다.
⑪ 〈상품내역자료〉 보고서가 나타나면 결과를 확인 → 〈상품내역자료〉 보고서와 〈상품내역현황〉 폼에서 [닫기] 단추(☒)를 클릭한다.

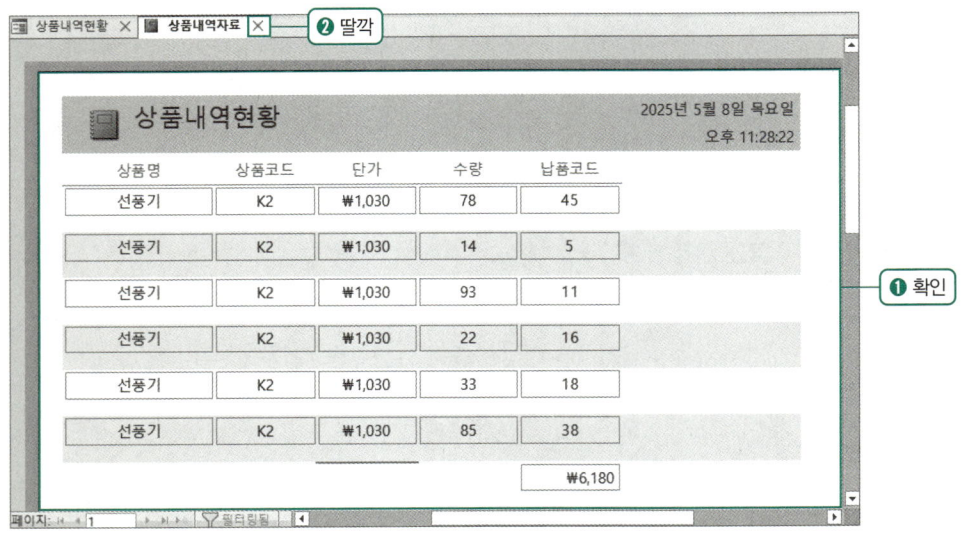

3 레코드로 이동하는 〈처음으로〉, 〈끝으로〉 매크로 생성하기
① [만들기] 탭-[매크로 및 코드] 그룹-[매크로]를 클릭한다.
② [매크로1] 창이 나타나면 'GoToRecord' 함수를 선택한다.
③ '개체 유형'은 '폼'으로, '개체 이름'은 '상품내역현황'으로, '레코드'는 '첫 레코드'로 지정 → [닫기] 단추(☒)를 클릭 → 변경한 내용을 저장할 것인지 묻는 메시지 상자가 나타나면 [예] 단추를 클릭한다.

> 풀이법을 알면 시간이 단축된다!
> **GoToRecord**
> 커서를 특정 레코드로 이동

④ [다른 이름으로 저장] 대화상자가 나타나면 '매크로 이름'에 처음으로 입력 → [확인] 단추를 클릭한다.
⑤ **[만들기] 탭-[매크로 및 코드] 그룹-[매크로]**를 클릭한다.
⑥ [매크로1] 창이 나타나면 'GoToRecord' 함수를 선택한다.
⑦ '개체 유형'은 '폼'으로, '개체 이름'은 '상품내역현황'으로, '레코드'는 '마지막 레코드'로 지정 → [닫기] 단추(X)를 클릭 → 변경한 내용을 저장할 것인지 묻는 메시지 상자가 나타나면 [예] 단추를 클릭한다.

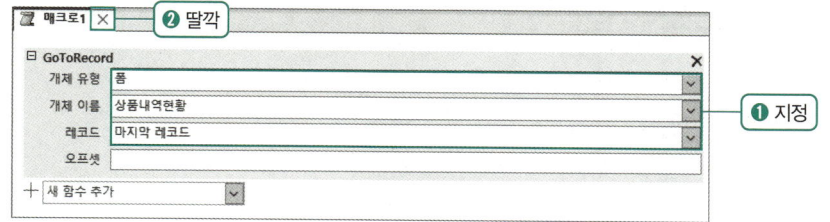

⑧ [다른 이름으로 저장] 대화상자가 나타나면 '매크로 이름'에 끝으로 입력 → [확인] 단추를 클릭한다.
⑨ 탐색 창의 〈상품내역현황〉 폼에서 마우스 오른쪽 단추를 클릭하고 바로 가기 메뉴에서 **[디자인 보기]**를 선택한다.
⑩ '폼'의 [속성 시트] 창에서 'cmd처음'을 지정 → [이벤트] 탭에서 'On Click' 이벤트를 '처음으로'로 지정한다.

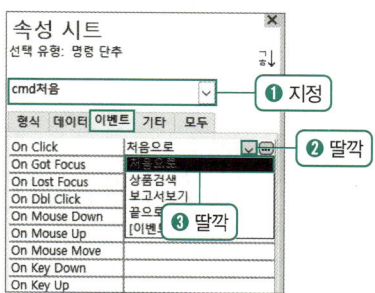

⑪ [속성 시트] 창에서 'cmd끝'을 지정 → [이벤트] 탭에서 'On Click' 이벤트를 '끝으로'로 지정한다.

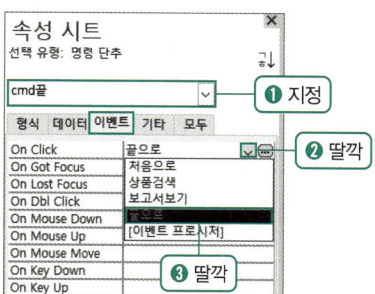

⑫ 〈상품내역현황〉 폼에서 [닫기] 단추(X)를 클릭 → 변경한 내용을 저장할 것인지 묻는 메시지 상자가 나타나면 [예] 단추를 클릭한다.
⑬ 탐색 창의 〈상품내역현황〉 폼을 더블클릭 → '처음' 단추와 '끝' 단추를 각각 클릭하여 결과를 확인 → 〈상품내역현황〉 폼에서 [닫기] 단추(X)를 클릭한다.

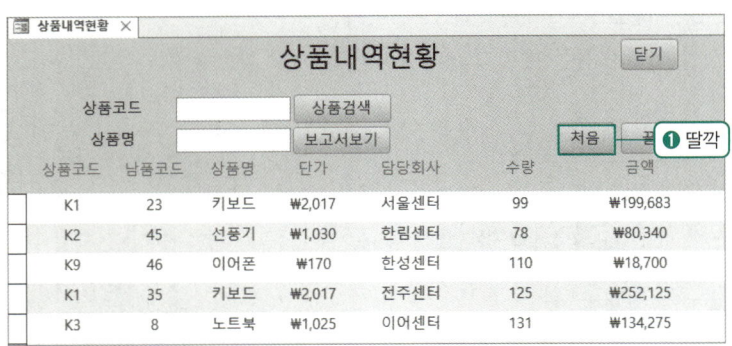

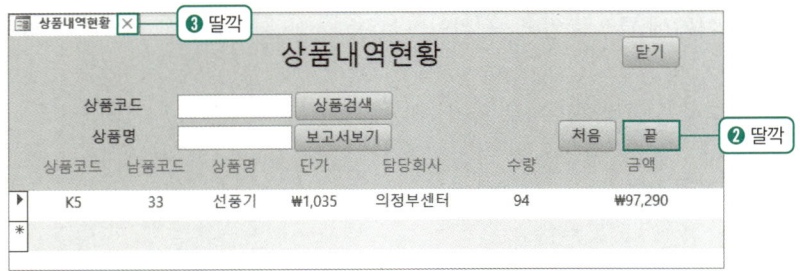

4 폼을 저장하고 종료하는 〈닫기〉 매크로 생성하기

① [만들기] 탭-[매크로 및 코드] 그룹-[매크로]를 클릭한다.
② [매크로1] 창이 나타나면 'CloseWindow' 함수를 선택한다.
③ '개체 유형'은 '폼'으로, '개체 이름'은 '상품내역현황'으로, '저장'은 '예'로 지정 → [닫기] 단추(X)를 클릭 → 변경한 내용을 저장할 것인지 묻는 메시지 상자가 나타나면 [예] 단추를 클릭한다.

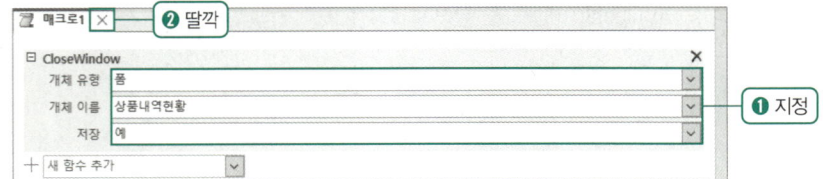

> **풀이법을 알면 시간이 단축된다!**
> CloseWindow 함수는 개체를 닫는 매크로 함수이다.
> • **개체 유형**: 닫을 개체의 유형 (테이블, 쿼리, 폼, 보고서 등)을 지정
> • **개체 이름**: 닫을 개체의 이름을 지정
> • **저장**: 저장 여부(확인, 예, 아니요)를 지정

④ [다른 이름으로 저장] 대화상자가 나타나면 '매크로 이름'에 닫기 입력 → [확인] 단추를 클릭한다.
⑤ 탐색 창의 〈상품내역현황〉 폼에서 마우스 오른쪽 단추를 클릭하고 바로 가기 메뉴에서 **[디자인 보기]**를 선택한다.
⑥ '폼'의 [속성 시트] 창에서 'cmd닫기'를 지정 → [이벤트] 탭에서 'On Click' 이벤트를 '닫기'로 지정한다.

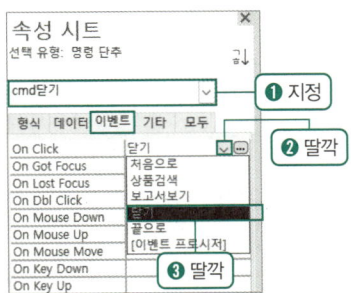

⑦ 〈상품내역현황〉 폼에서 [닫기] 단추(X)를 클릭 → 변경한 내용을 저장할 것인지 묻는 메시지 상자가 나타나면 [예] 단추를 클릭한다.
⑧ 탐색 창의 〈상품내역현황〉 폼을 더블클릭 → '닫기' 단추(X)를 클릭하여 폼이 종료되는지 확인한다.

작업 파일명 C:\에듀윌_2026컴활1급실기\그대로따라하기\데이터베이스실무\04.처리기능구현\02.처리\실습\02_처리.accdb

출제패턴 ❷

다음의 지시사항에 따라 〈사원명단〉 폼을 완성하시오.

사원번호	성명	부서	성별	직위	급여	실급여	전화번호	구분
A-101	김태진	영업부	남	사원	₩2,000,000	₩1,934,000	(02)1111-1111	퇴직
A-104	윤여일	영업부	남	사원	₩2,000,000	₩1,934,000	(02)4444-4444	
A-105	박종인	자재부	남	과장	₩3,000,000	₩2,901,000	(02)5555-5555	이직
A-106	이광호	영업부	여	사원	₩2,000,000	₩1,934,000	(02)6666-6666	
A-107	최병설	총무부	남	사원	₩2,000,000	₩1,934,000	(02)7777-7777	
A-109	김병태	영업부	남	대리	₩2,500,000	₩2,417,500	(02)9999-9999	

사원기록 / 사원번호 A-105 / 퇴직삭제 / 폼보기 / 업데이트 / 폼닫기

1 'txt사원번호' 컨트롤에 포커스가 옮겨가면 다음과 같이 수행되도록 이벤트 프로시저를 구현하시오.
▶ 'txt사원번호' 컨트롤에 있는 값을 'main사원번호' 컨트롤에 표시하시오. (Got Focus 사용)

2 '폼보기'(cmd폼보기) 단추를 클릭(On Click)하면 〈사원개인기록〉 폼이 '폼 보기' 형식으로 열리도록 이벤트 프로시저를 구현하시오.
- ▶ DoCmd 함수 사용
- ▶ 'main사원번호' 컨트롤에 입력된 상품에 해당하는 데이터만 출력하시오.

3 '퇴직삭제'(cmd퇴직삭제) 컨트롤 단추를 클릭하면 〈퇴직삭제〉 쿼리가 실행되도록 이벤트 프로시저를 구현하시오.
- ▶ Requery 메서드를 이용하여 폼의 데이터를 다시 표시하시오.

4 '업데이트'(cmd업데이트) 단추를 클릭하면 다음의 기능을 수행하는 이벤트 프로시저를 구현하시오.
- ▶ 〈신입사원기록〉 테이블에서 '부서' 필드의 값 중 마지막 한 자리가 '실'인 부서를 찾아서 '기획부'로 변경하시오.
- ▶ DoCmd와 RunSQL, Right 함수 사용

5 '보고서'(cmd보고서) 단추를 더블클릭하면 〈사원기록_인쇄〉 보고서가 열리는 이벤트 프로시저를 구현하시오.
- ▶ 현재의 '사원번호'(main사원번호)에 해당하는 레코드만 출력되도록 설정하시오.
- ▶ 사원번호가 입력되어 있지 않다면 <그림>과 같은 메시지 상자가 나타나고 'main사원번호'에 커서가 위치하게 작성하시오.

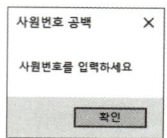

6 〈사원명단〉 폼에 있는 '폼닫기'(cmd폼닫기) 단추를 클릭하면 <그림>과 같은 메시지 상자가 나타나도록 이벤트 프로시저를 구현하시오.
- ▶ Time 함수 사용
- ▶ '예' 단추를 클릭하면 폼을 닫게 설정하고 기본적으로 '아니오' 단추가 선택되어 있도록 설정하시오.

그대로 따라하기

1 Got Focus 사용하여 이벤트 프로시저 구현하기

① 탐색 창의 〈사원명단〉 폼에서 마우스 오른쪽 단추를 클릭하고 바로 가기 메뉴에서 [디자인 보기]를 선택한다.

② [양식 디자인] 탭-[도구] 그룹-[속성 시트]를 클릭한다.

③ '폼'의 [속성 시트] 창이 나타나면 'txt사원번호'를 지정 → [이벤트] 탭에서 'On Got Focus' 이벤트에 커서를 올려놓고 작성기 단추(…)를 클릭한다.

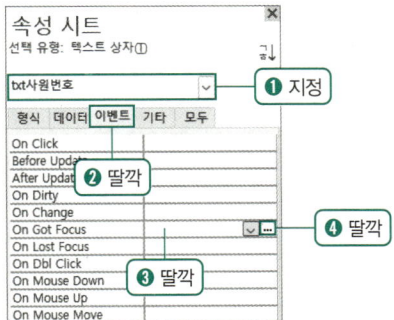

> 읽는 강의
>
> **풀이법을 알면 시간이 단축된다!**
> On Got Focus는 컨트롤이나 폼에 포커스가 옮겨갈 때 이벤트가 발생한다.

④ [작성기 선택] 대화상자가 나타나면 '코드 작성기'를 선택 → [확인] 단추를 클릭한다.

⑤ [Visual Basic Editor] 창이 나타나면 [코드] 창의 'txt사원번호_GotFocus( )' 프로시저에 다음과 같이 코드를 입력 → [보기 Microsoft Access] 단추(□)를 클릭한다.

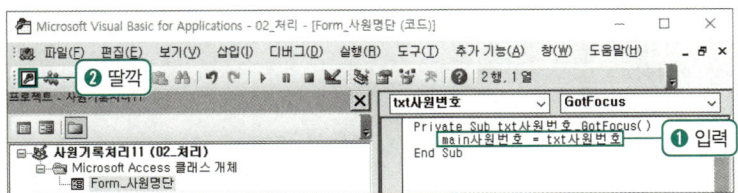

```
Private Sub txt사원번호_GotFocus( )
    main사원번호 = txt사원번호 ——❶
End Sub
```

❶ 'txt사원번호' 컨트롤의 값을 'main사원번호' 컨트롤 값으로 지정한다.

⑥ [속성 시트] 창의 'On Got Focus' 이벤트에 프로시저가 지정된 것을 확인한다.

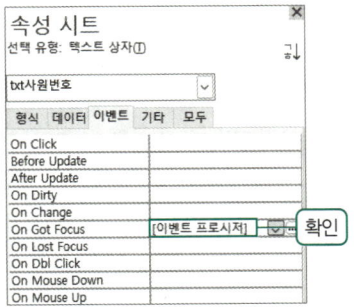

⑦ [양식 디자인] 탭-[보기] 그룹-[보기]-[폼 보기]를 선택한다.

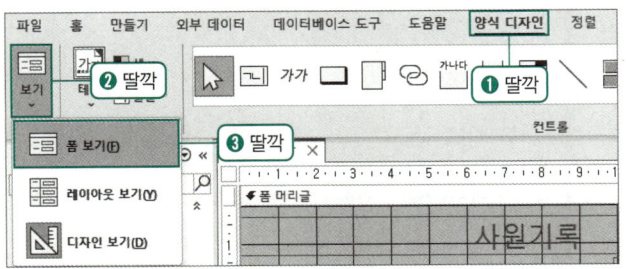

⑧ 〈사원명단〉 폼의 '사원번호' 필드에서 임의의 사원번호인 'A-105'를 선택 → 선택한 사원번호가 'main사원번호'에 표시되는지 확인한다.

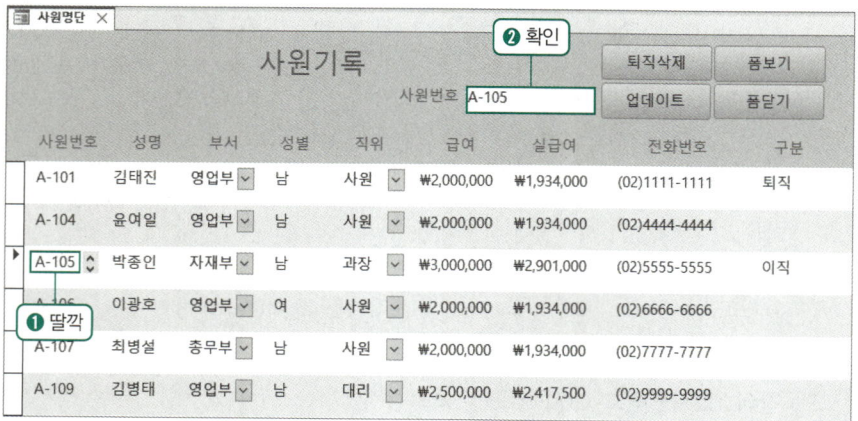

2 '폼 보기' 형식으로 열리도록 이벤트 프로시저 구현하기

① 탐색 창의 〈사원명단〉 폼에서 마우스 오른쪽 단추를 클릭하고 바로 가기 메뉴에서 [디자인 보기]를 선택한다.
② '폼'의 [속성 시트] 창에서 'cmd폼보기'를 지정 → [이벤트] 탭에서 'On Click' 이벤트에 커서를 올려놓고 작성기 단추(…)를 클릭한다.

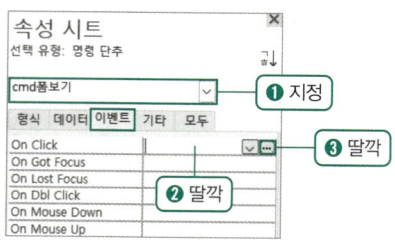

③ [작성기 선택] 대화상자가 나타나면 '코드 작성기'를 선택 → [확인] 단추를 클릭한다.
④ [Visual Basic Editor] 창에서 [코드] 창의 'cmd폼보기_Click( )' 프로시저에 다음과 같이 코드를 입력 → [보기 Microsoft Access] 단추(📄)를 클릭한다.

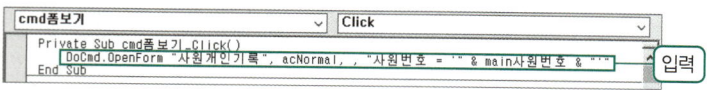

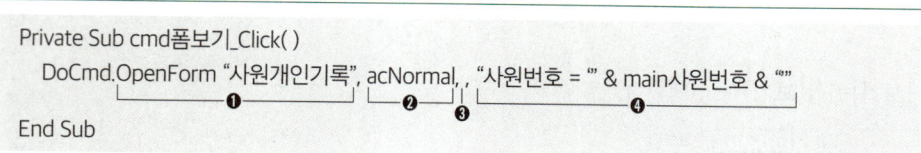

❶ 〈사원개인기록〉 폼을 연다.
❷ 폼 보기 형식으로 설정한다.
❸ 폼에 표시할 내용을 제한하는 필터명으로, 생략하는 경우에도 쉼표(,)로 자리를 구분해야 한다.
❹ '사원번호' 필드의 값과 'main사원번호' 컨트롤의 값이 일치하는 레코드만 표시한다.

풀이법을 알면 시간이 단축된다!
acNormal은 기본 폼 보기 형식이다.

⑤ [속성 시트] 창의 'On Click' 이벤트에 프로시저가 지정된 것을 확인한다.

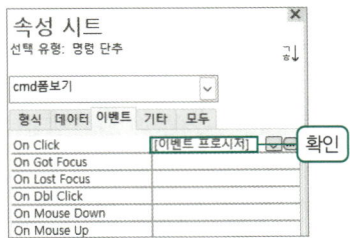

⑥ [양식 디자인] 탭-[보기] 그룹-[보기]-[폼 보기]를 선택한다.

⑦ 〈사원명단〉 폼의 '사원번호' 필드에서 임의의 사원번호인 'A-105'를 선택 → '폼보기' 단추를 클릭한다.

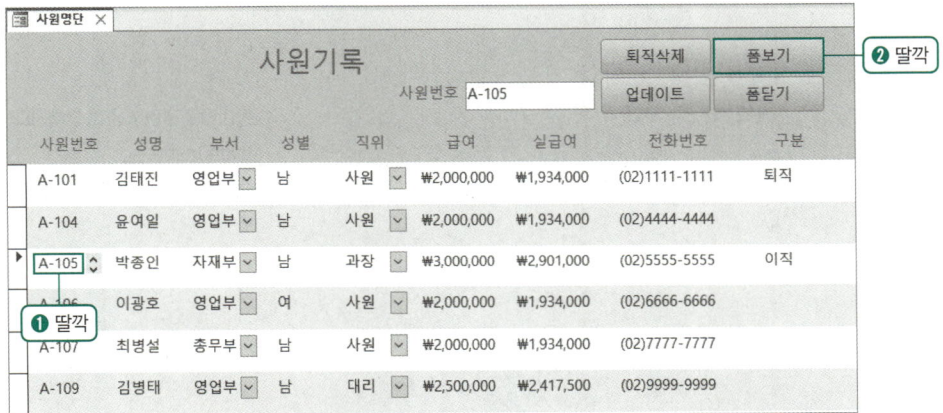

⑧ 〈사원개인기록〉 폼이 나타나면 선택한 'A-105'에 해당하는 사원 정보가 '폼 보기' 형식으로 열리는지 확인 → 〈사원개인기록〉 폼에서 [닫기] 단추(☒)를 클릭한다.

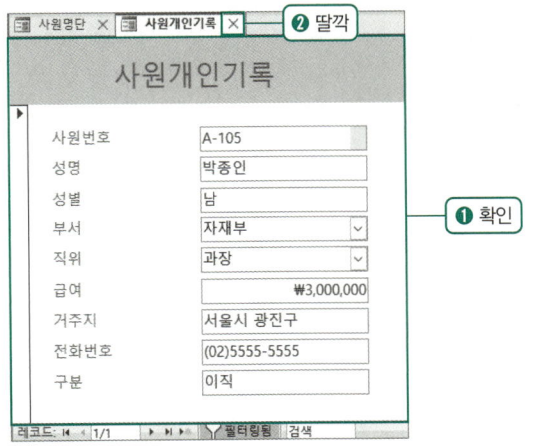

3 쿼리를 실행하는 이벤트 프로시저 구현하기

① 탐색 창의 〈사원명단〉 폼에서 마우스 오른쪽 단추를 클릭하고 바로 가기 메뉴에서 [디자인 보기]를 선택한다.

② '폼'의 [속성 시트] 창에서 'cmd퇴직삭제'를 지정 → [이벤트] 탭에서 'On Click' 이벤트에 커서를 올려놓고 작성기 단추(…)를 클릭한다.

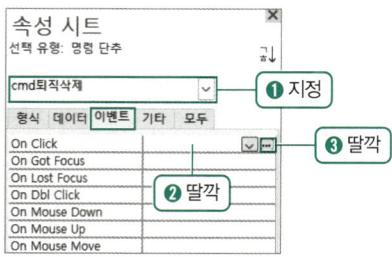

③ [작성기 선택] 대화상자가 나타나면 '코드 작성기'를 선택 → [확인] 단추를 클릭한다.

④ [Visual Basic Editor] 창에서 [코드] 창의 'cmd퇴직삭제_Click( )' 프로시저에 다음과 같이 코드를 입력 → [보기 Microsoft Access] 단추(📄)를 클릭한다.

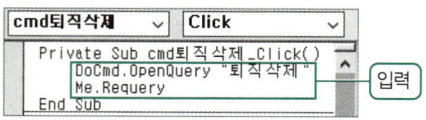

Private Sub cmd퇴직삭제_Click( )
 DoCmd.OpenQuery "퇴직삭제" —❶
 Me.Requery —❷
End Sub

❶ 〈퇴직삭제〉 쿼리를 실행시킨다.
❷ 현재의 폼을 ❶이 실행된 이후의 상태로 갱신한다.

개념 더하기 ➕   OpenQuery의 형식

OpenQuery "쿼리 이름", [보기 모드], [데이터 입력 모드]
                         ❶   ❷

❶ **보기 모드**: 쿼리 표시 형태를 지정하는 옵션으로, '데이터시트', '디자인', '인쇄 미리 보기', '피벗 테이블', '피벗 차트'가 있다. 생략하면 'acViewNormal'로 지정된다.

❷ **데이터 입력 모드**: 기존 레코드를 편집하고 새로운 레코드를 추가하는 방법을 나타내는 옵션으로, 생략하면 'acEdit'로 지정된다.

📖 읽는 강의

풀이법을 알면 시간이 단축된다!
OpenQuery
쿼리를 여는 매크로 함수 실행

⑤ [속성 시트] 창의 'On Click' 이벤트에 프로시저가 지정된 것을 확인한다.

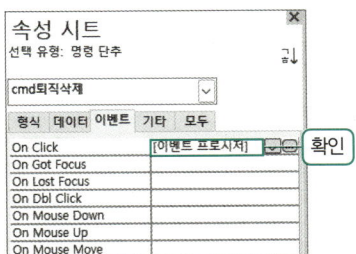

⑥ [양식 디자인] 탭-[보기] 그룹-[보기]-[폼 보기]를 선택한다.
⑦ 〈사원명단〉 폼에서 '퇴직삭제' 단추를 클릭한다.

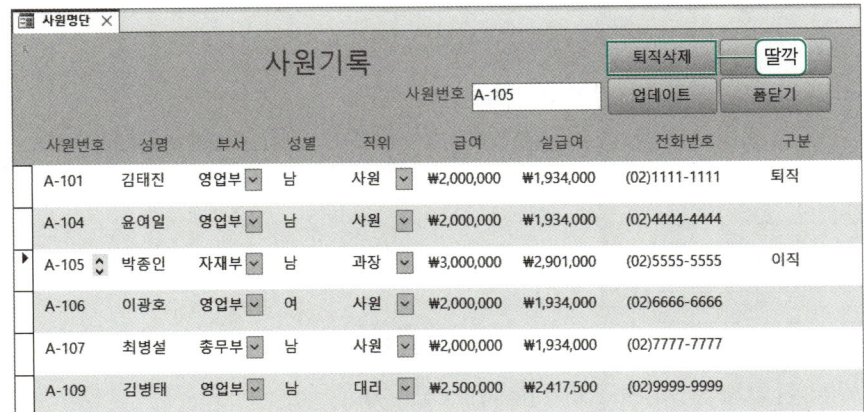

⑧ 삭제 쿼리를 실행하여 테이블에서 쿼리를 수정한다는 메시지 상자가 나타나면 [예] 단추를 클릭 → 행을 삭제한다는 메시지 상자가 나타나면 [예] 단추를 클릭한다.

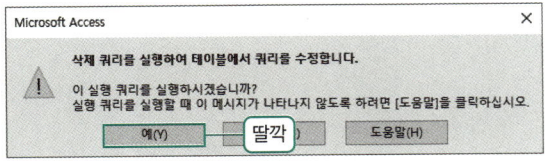

⑨ '구분'이 '퇴직'인 사원이 모두 삭제되었는지 결과를 확인한다.

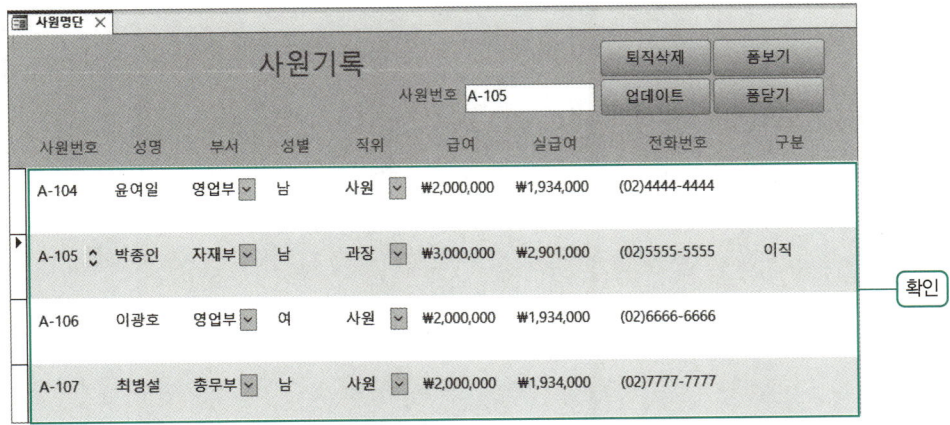

4 RunSQL을 이용하여 이벤트 프로시저 구현하기

① 탐색 창의 〈사원명단〉 폼에서 마우스 오른쪽 단추를 클릭하고 바로 가기 메뉴에서 [디자인 보기]를 선택한다.

② '폼'의 [속성 시트] 창에서 'cmd업데이트'를 지정 → [이벤트] 탭에서 'On Click' 이벤트에 커서를 올려놓고 작성기 단추(…)를 클릭한다.

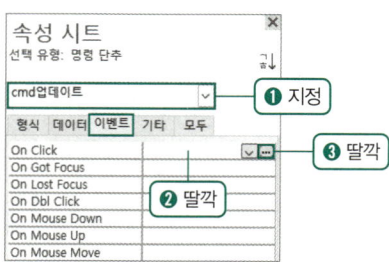

③ [작성기 선택] 대화상자가 나타나면 '코드 작성기'를 선택 → [확인] 단추를 클릭한다.

④ [Visual Basic Editor] 창에서 [코드] 창의 'cmd업데이트_Click( )' 프로시저에 다음과 같이 코드를 입력 → [보기 Microsoft Access] 단추(☰)를 클릭한다.

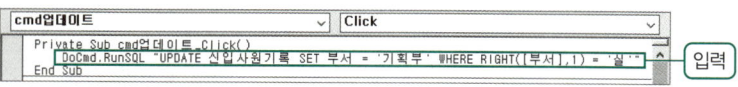

Private Sub cmd업데이트_Click( )
    DoCmd.RunSQL "UPDATE 신입사원기록 SET 부서 = '기획부' WHERE RIGHT([부서],1) = '실'" ——❶
End Sub

❶ <신입사원기록> 테이블에서 '부서'의 오른쪽에서 한 글자가 '실'인 경우 '기획부'로 갱신한다.

⑤ [속성 시트] 창의 'On Click' 이벤트에 프로시저가 지정된 것을 확인한다.

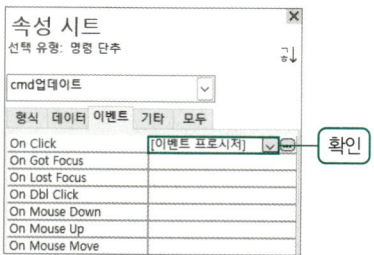

⑥ [양식 디자인] 탭-[보기] 그룹-[보기]-[폼 보기]를 선택한다.

> **읽는 강의**
>
> **풀이법을 알면 시간이 단축된다!**
> **RunSQL**
> SQL 문을 실행

⑦ 〈사원명단〉 폼에서 '업데이트' 단추를 클릭한다.

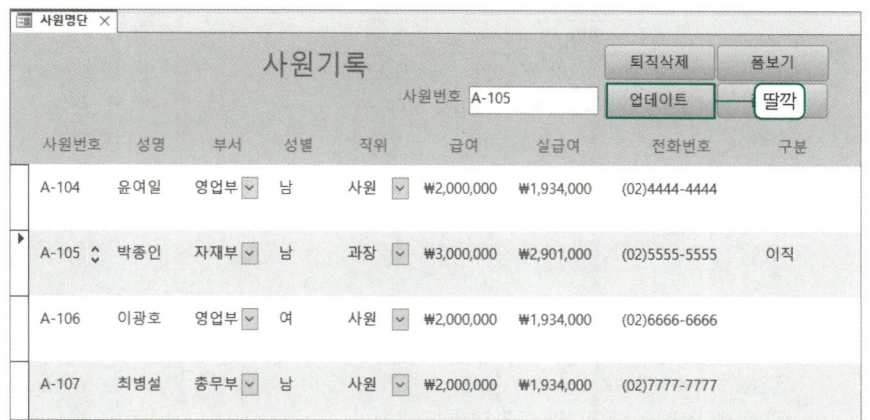

⑧ 행을 새로 고친다는 메시지 상자가 나타나면 [예] 단추를 클릭한다.
⑨ 탐색 창의 〈신입사원기록〉 테이블을 더블클릭 → '부서' 필드에서 '기획실'이 '기획부'로 변경되었는지 결과를 확인 → 〈신입사원기록〉 테이블에서 [닫기] 단추(☒)를 클릭한다.

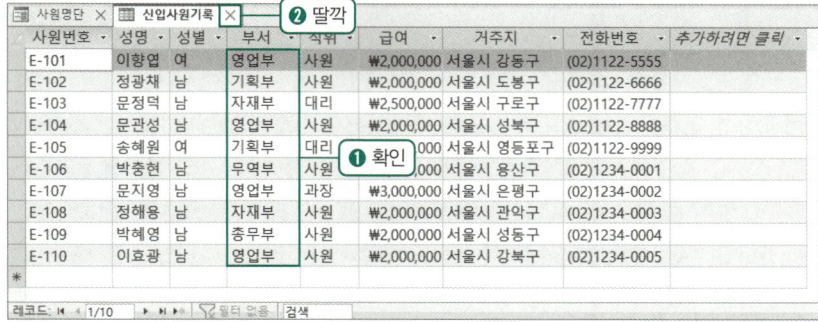

> **읽는 강의**
>
> **풀이법을 알면 시간이 단축된다!**
> - **검색**: select 필드명 from 테이블명 where 조건
> - **갱신**: update 테이블명 set 변경내용 where 조건
> - **삭제**: delete from 테이블명 where 조건

개념 더하기 ⊕ SQL 명령어

- **INSERT**: 새로운 튜플을 삽입하는 명령이다.

| 형식 | INSERT INTO 테이블명(속성1,속성2,…) VALUES(데이터1,데이터2,…) |

→ 지정된 속성에 지정된 데이터를 삽입하고 속성명을 지정하지 않으면 모든 속성이 입력된 것으로 한다.

예시

명령	의미
INSERT INTO 학생(번호,이름,학년,학과) VALUES('010','정수현',2,'사이버안보')	〈학생〉 테이블의 '번호', '이름', '학년', '학과' 속성에 '010', '정수현', 2, '사이버안보'를 삽입하시오.
INSERT INTO 학생 VALUES ('홍길동','컴퓨터','서울')	〈학생〉 테이블에 홍길동, 컴퓨터, 서울을 삽입하시오.
INSERT INTO 학생 (이름,수강료) VALUES (홍길동,120)	〈학생〉 테이블의 '이름'과 '수강료'에 '홍길동', '120'을 추가하시오.
INSERT INTO 수강정보(이름,과목,수강료) SELECT 이름, 과목, 수강료 FROM 학생 WHERE 주소='서울'	〈학생〉 테이블에서 '주소'가 '서울'인 데이터의 '이름', '과목', '수강료'의 내용을 〈수강정보〉 테이블의 '이름', '과목', '수강료'에 추가하시오.

- **DELETE**: 테이블의 특정 튜플을 삭제하는 명령어이다.

| 형식 | DELETE FROM 테이블명 WHERE 조건 |

예시

명령	의미
DELETE FROM 학생 WHERE 번호='101'	〈학생〉 테이블에서 '번호'가 '101'인 튜플을 삭제하시오.
DELETE FROM 학생 WHERE 과목='컴퓨터'	〈학생〉 테이블에서 '과목'이 '컴퓨터'인 튜플을 삭제하시오.

- **UPDATE**: 테이블의 특정 튜플의 내용을 변경할 때 사용하는 명령어이다.

형식	UPDATE 테이블명 SET 속성명=데이터 WHERE 조건

예시

명령	의미
UPDATE 학생 SET 이름='홍길동' WHERE 번호='101'	〈학생〉 테이블에서 '번호'가 '101'인 튜플의 이름을 '홍길동'으로 수정하시오.
UPDATE 학생 SET 수강과목='컴퓨터' WHERE 이름='홍길동'	〈학생〉 테이블에서 '이름'이 '홍길동'인 데이터의 '수강과목'을 '컴퓨터'로 변경하시오.
UPDATE 학생 SET 수강료=수강료+10000 WHERE 수강과목='컴퓨터'	〈학생〉 테이블에서 '수강과목'이 '컴퓨터'인 데이터의 '수강료'에 10,000을 더하시오.

- **SELECT**: 특정한 조건을 만족하는 튜플을 검색하는 명령어이다.

형식	SELECT [DISTINCT] 속성명 FROM 테이블명 WHERE 조건 ORDER BY 정렬할 속성명 [ASC] 또는 [DESC] GROUP BY 그룹화 속성명 HAVING 그룹조건;

예시

명령	의미
SELECT * FROM 사원 WHERE 부서='편집' And 주소='후월동'	〈사원〉 테이블에서 '부서'가 '편집'부이면서 '주소'가 '후월동'인 튜플을 검색하시오.
SELECT * FROM 사원 ORDER BY 부서 ASC, 이름 DESC	〈사원〉 테이블에서 부서를 기준으로 '오름차순' 정렬하고 부서가 같으면 '이름'을 기준으로 '내림차순' 정렬하시오.
SELECT 부서, AVG(급여) AS 평균 FROM 사원 GROUP BY 부서;	〈사원〉 테이블에서 부서별 '급여'의 '평균'을 구하시오.
SELECT * FROM 라레 WHERE 재고수량 >= 10 AND 재고수량 <=30;	〈라레〉 테이블에서 [재고수량]이 10~30인 모든 필드를 조회하시오.
SELECT * FROM 라레 WHERE 저자 IN ("수현","민기");	〈라레〉 테이블에서 [저자]가 '수현'이거나 '민기'인 모든 필드를 검색하시오.
SELECT * FROM 라레 WHERE 주소 LIKE "서울*";	〈라레〉 테이블에서 [주소]가 '서울'로 시작하는 회원을 검색하시오.
SELECT COUNT(*) FROM 회원;	〈회원〉 테이블의 총 회원 수를 검색하시오.
SELECT 회원ID, COUNT(주문번호) AS 주문횟수 FROM 라레 GROUP BY 회원ID;	〈라레〉 테이블에서 회원ID별로 그룹화하여 회원ID, 주문횟수를 표시하시오(단, 주문횟수는 주문번호의 개수를 이용).
SELECT 출판사번호, 출판사명, 라레명, 저자, 분야 FROM 출판사, 라레 WHERE 출판사.출판사번호 = 라레.출판사;	〈출판사〉 테이블의 출판사번호와 〈라레〉 테이블의 출판사가 동일한 데이터를 대상으로 출판사번호, 출판사명, 라레명, 저자, 분야를 표시하시오.

SELECT 출판사번호, 출판사명, 라레명, 저자, 분야 FROM 출판사 INNER JOIN 라레 ON 출판사.출판사번호 = 라레.출판사;	〈출판사〉 테이블의 출판사번호와 〈라레〉 테이블의 출판사가 동일한 데이터를 대상으로 출판사번호, 출판사명, 라레명, 저자, 분야를 표시하시오(INNER JOIN).
SELECT 출판사번호, 출판사명, 라레명, 저자, 분야 FROM 출판사 LEFT JOIN 라레 ON 출판사.출판사번호 = 라레.출판사;	〈출판사〉 테이블의 출판사번호와 〈라레〉 테이블의 출판사가 동일한 데이터를 대상으로 출판사번호, 출판사명, 라레명, 저자, 분야를 표시하시오(라레 테이블에서 한 권도 발행하지 않은 출판사까지 모두 검색, LEFT JOIN).
SELECT 회원.회원ID, 이름, COUNT(주문번호) 　　　　AS 주문횟수 INTO 라레 　　　　　　　　— 새 테이블 생성 FROM 회원, 주문 WHERE 회원.회원ID = 주문.회원ID 　　　　　　　　— 연결조건 GROUP BY 회원.회원ID, 이름 　　　　— 회원ID와 이름으로 그룹화 HAVING COUNT(주문번호) >= 3; 　　　　　　　— 주문 3건 이상	회원 테이블(회원ID)와 주문 테이블 (회원ID)이 연결되어 있다. 회원 테이블(회원ID)와 이름으로 GROUP BY 한 뒤 주문번호 개수가 3건 이상인 회원만 추출하여 회원ID, 이름, 주문횟수를 갖는 새 테이블 〈라레〉를 생성하시오(주문번호 개수는 주문횟수로 표시).

> 📖 **읽는 강의**

> **풀이법을 알면 시간이 단축된다!**
> **MsgBox 메시지만 표시 형식**
> MsgBox "메시지내용", 표시할 아이콘+표시할 단추, "창제목"

5 보고서가 열리도록 이벤트 프로시저 구현하기

① 탐색 창의 〈사원명단〉 폼에서 마우스 오른쪽 단추를 클릭하고 바로 가기 메뉴에서 [**디자인 보기**]를 선택한다.

② '폼'의 [속성 시트] 창에서 'cmd보고서'를 지정 → [이벤트] 탭에서 'On Dbl Click' 이벤트에 커서를 올려놓고 작성기 단추(…)를 클릭한다.

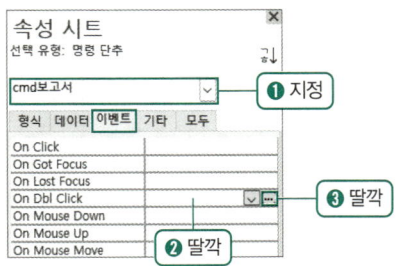

> **풀이법을 알면 시간이 단축된다!**
> **On Dbl Click**
> 개체를 마우스로 더블클릭할 때 이벤트 발생

③ [작성기 선택] 대화상자가 나타나면 '코드 작성기'를 선택 → [확인] 단추를 클릭한다.

④ [Visual Basic Editor] 창에서 [코드] 창의 'cmd보고서_DblClick(Cancel As Integer)' 프로시저에 다음과 같이 코드를 입력 → [보기 Microsoft Access] 단추(📄)를 클릭한다.

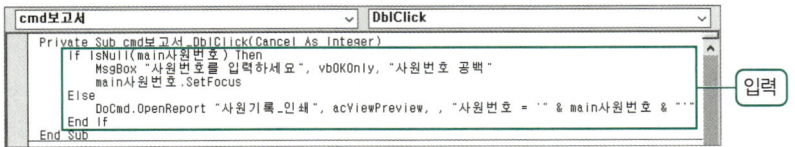

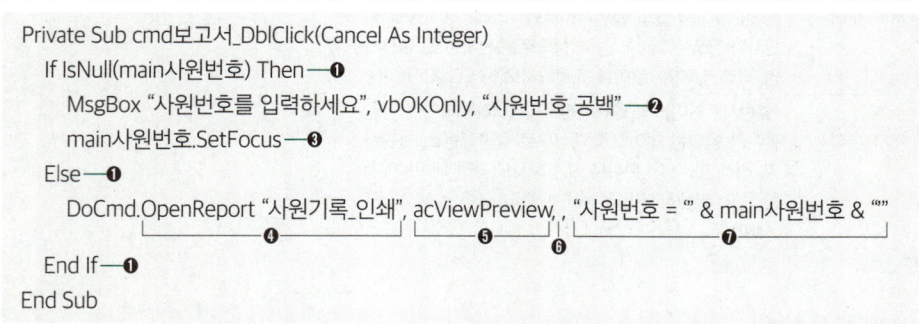

```
Private Sub cmd보고서_DblClick(Cancel As Integer)
    If IsNull(main사원번호) Then ─❶
        MsgBox "사원번호를 입력하세요", vbOKOnly, "사원번호 공백" ─❷
        main사원번호.SetFocus ─❸
    Else ─❶
        DoCmd.OpenReport "사원기록_인쇄", acViewPreview, , "사원번호 = '" & main사원번호 & "'"
                              ❹                    ❺    ❻            ❼
    End If ─❶
End Sub
```

❶ 'main사원번호' 컨트롤 값이 Null(공백)인 경우 ❷~❸을, 그렇지 않으면 ❹~❼을 실행한다.
❷ 메시지 상자에 '사원번호를 입력하세요'라는 메시지 내용과 [확인] 단추(vbOKOnly), 제목 표시줄에 '사원번호 공백'이라는 내용으로 표시한다.
❸ 'main사원번호' 컨트롤에 커서를 위치시킨다.
❹ <사원기록_인쇄> 보고서를 연다.
❺ 보고서를 미리 보기 형식(acViewPreview)으로 설정한다.
❻ 보고서에 표시할 내용을 제한하는 필터명으로, 생략하는 경우에도 쉼표(,)로 자리를 구분해야 한다.
❼ '사원번호' 필드의 값과 'main사원번호' 컨트롤의 값이 일치하는 레코드만 표시한다.

⑤ [속성 시트] 창의 'On Dbl Click' 이벤트에 프로시저가 지정된 것을 확인한다.

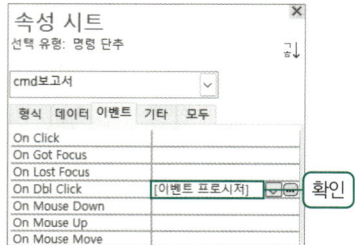

⑥ [양식 디자인] 탭-[보기] 그룹-[보기]-[폼 보기]를 선택한다.
⑦ <사원명단> 폼의 '사원번호' 필드에서 임의의 사원번호인 'A-105'를 선택 → '보고서' 단추를 더블클릭한다.

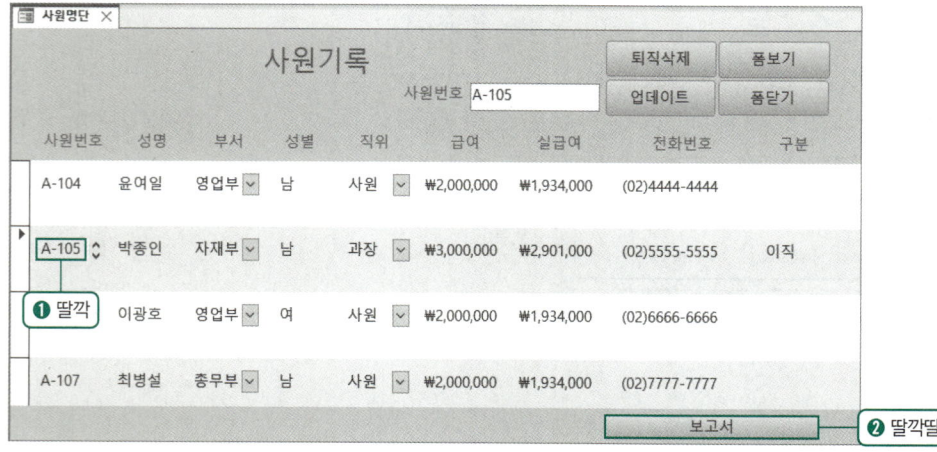

⑧ 〈사원기록_인쇄〉 보고서가 나타나면 〈사원명단〉 폼에서 선택한 사원번호의 사원 정보가 표시되는지 결과를 확인 → 〈사원기록_인쇄〉 보고서에서 [닫기] 단추(☒)를 클릭한다.

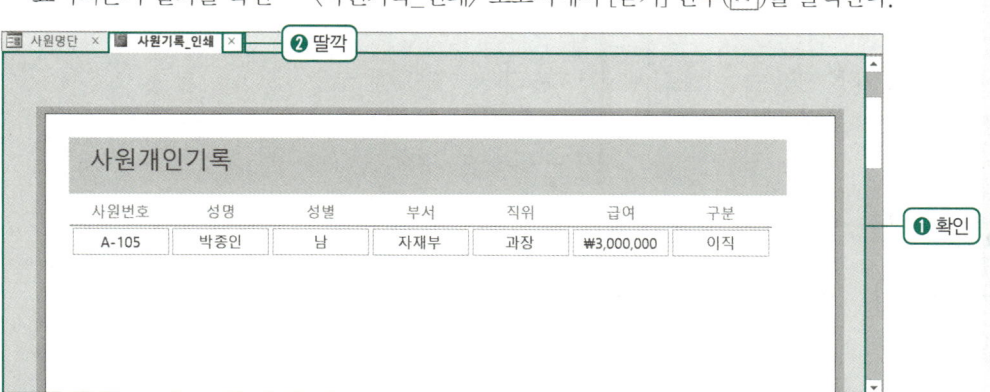

⑨ 〈사원명단〉 폼의 'main사원번호'에 지정된 'A-105'를 삭제 → '보고서' 단추를 더블클릭한다.

⑩ 메시지 상자가 나타나면 결과를 확인 → [확인] 단추를 클릭 → 'main'사원번호에 커서가 위치하는지 결과를 확인한다.

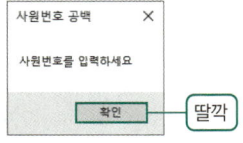

풀이법을 알면 시간이 단축된다!
MsgBox 함수
- **기본형식**: MsgBox 메시지 내용, [단추 종류], [메시지 상자 제목]
- 메시지 상자에 표시할 단추의 종류와 기본 선택할 단추를 지정할 때는 'vbYesNo + vbDefaultButton2'와 같이 '+'로 연결해서 작성해야 한다.
- 첫 번째 단추를 기본으로 선택할 때는 생략하거나 vbDefaultButton1으로 지정하고, 두 번째 단추를 기본으로 선택할 때는 vbDefaultButton2로 지정하면 된다.

6 메시지 상자가 나타나는 이벤트 프로시저 구현하기

① 탐색 창의 〈사원명단〉 폼에서 마우스 오른쪽 단추를 클릭하고 바로 가기 메뉴에서 [**디자인 보기**]를 선택한다.

② '폼'의 [속성 시트] 창에서 'cmd폼닫기'를 지정 → [이벤트] 탭에서 'On Click' 이벤트에 커서를 올려놓고 작성기 단추(...)를 클릭한다.

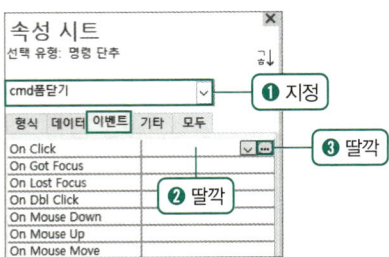

③ [작성기 선택] 대화상자가 나타나면 '코드 작성기'를 선택 → [확인] 단추를 클릭한다.

④ [Visual Basic Editor] 창에서 [코드] 창의 'cmd폼닫기_Click( )' 프로시저에 다음과 같이 코드를 입력 → [보기 Microsoft Access] 단추(■)를 클릭한다.

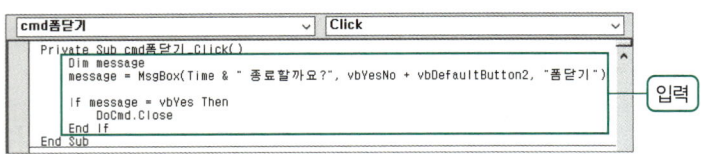

```
Private Sub cmd폼닫기_Click( )
    Dim message ─❶
    message = MsgBox(Time & " 종료할까요?", vbYesNo + vbDefaultButton2, "폼닫기") ─❷

    If message = vbYes Then ─❸
        DoCmd.Close ─❹
    End If
End Sub
```

❶ 메시지 상자의 결과를 저장할 변수인 message를 생성한다.
❷ 메시지 상자에 현재 시간(Time)과 ' 종료할까요?'를 연결한 메시지 내용, [예]/[아니오] 단추(vbYesNo)에서 [아니오] 단추를 기본 선택(vbDefaultButton2), 제목 표시줄에 '폼닫기'라는 내용으로 표시하고, [예]/[아니오] 단추에서 클릭한 결과가 변수 message에 저장된다.
❸ [예] 단추를 클릭했을 때 ❹를 실행한다.
❹ 현재 폼을 닫는다.

⑤ [속성 시트] 창의 'On Click' 이벤트에 프로시저가 지정된 것을 확인한다.

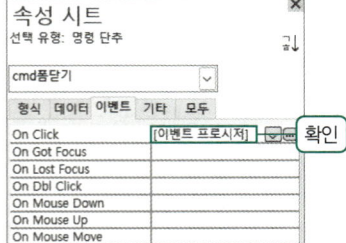

⑥ [양식 디자인] 탭-[보기] 그룹-[보기]-[폼 보기]를 선택한다.
⑦ 〈사원명단〉 폼의 '폼닫기' 단추를 클릭한다.

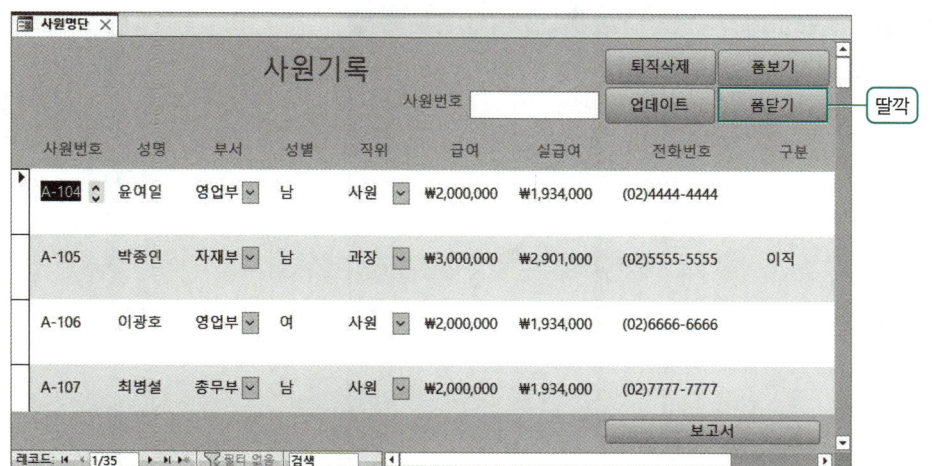

⑧ 메시지 상자가 나타나면 결과를 확인 → [예] 단추를 클릭 → 변경한 내용을 저장할 것인지 묻는 메시지 상자가 나타나면 [예] 단추를 클릭 → 폼이 닫히는지 결과를 확인한다.

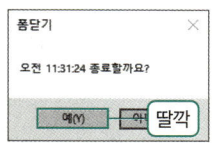

📥 작업 파일명 C:\에듀윌_2026컴활1급실기\그대로따라하기\데이터베이스실무\04.처리기능구현\02.처리\실습\03_처리.accdb

📖 읽는 강의

출제패턴 ❸

다음의 지시사항에 따라 〈상품내역현황〉 폼을 완성하시오.

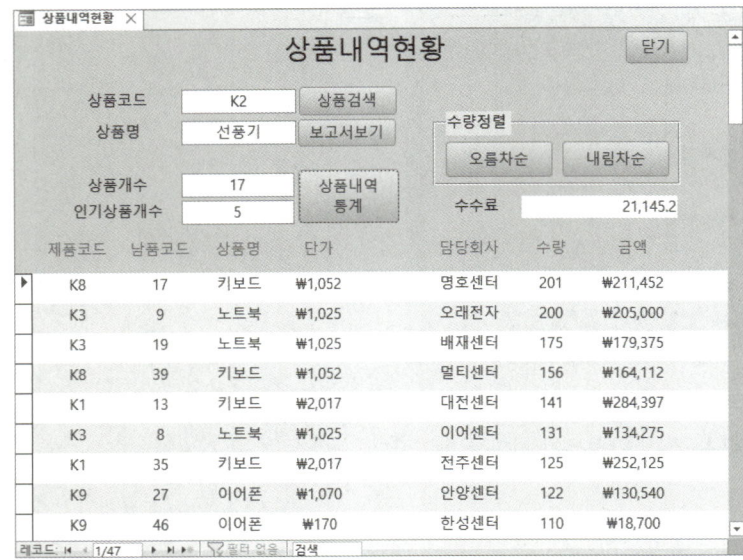

1 '상품검색'(cmd상품검색) 단추를 클릭하면 '상품세부내역' 폼을 여는 이벤트 프로시저를 구현하시오.
   ▶ 현재의 상품코드(main상품코드)이면서 상품명(main상품명)에 해당하는 상품만 표시되도록 하시오.

2 '오름차순'(cmd오름) 단추와 '내림차순'(cmd내림) 단추를 클릭하면 수량 기준으로 정렬을 수행하는 이벤트 프로시저를 구현하시오.
   ▶ 오름차순 단추를 클릭하면 수량 기준으로 오름차순 정렬되고, 내림차순 단추를 클릭하면 수량 기준으로 내림차순으로 정렬
   ▶ 폼의 OrderBy, OrderBy On 속성 사용

3 '보고서보기'(cmd보고서) 단추를 클릭하면 '상품내역' 보고서를 미리 보기 형태로 출력되도록 이벤트 프로시저를 구현하시오.
   ▶ 현재의 상품명(main상품명)에 해당하는 레코드만 출력되도록 설정하시오.

4 '닫기'(cmd닫기) 단추를 클릭하면 〈그림〉과 같은 메시지 상자를 표시하고 〈상품내역현황〉 폼을 종료하는 이벤트 프로시저를 구현하시오.
   ▶ 다음 화면과 같은 메시지 대화상자를 출력한 후에 '예' 단추를 클릭하면 저장한 후에 현재 폼이 종료되도록 작성하시오. (MsgBox 사용)

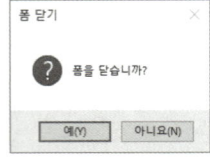

5 '상품내역통계'(cmd상품내역통계) 단추를 클릭하면 다음의 세부 조건에 따라 '상품명'(txt상품명)의 '상품개수'와 '인기상품개수'를 계산하는 이벤트 프로시저를 구현하시오.
- ▶ DCount 함수 사용
- ▶ <상품내역> 쿼리에서 '상품명'(txt상품명)에 해당하는 개수를 계산하여 '상품개수'(main상품개수)에 표시하시오.
- ▶ <상품내역> 쿼리에서 '상품명'(txt상품명)에 해당하고 수량이 100 초과인 개수를 구하여 '인기상품개수'(main인기상품개수)에 표시하시오.

6 'txt수량' 컨트롤에 포커스가 옮겨가면 〈그림〉과 같은 메시지 상자를 출력하는 이벤트 프로시저를 구현하시오.
- ▶ 'txt수량' 컨트롤에 표시된 값이 200 이상이면 '인기상품'을, 200 미만 100 이상이면 '보통상품'을, 그 외에는 '비인기상품'으로 표시하시오.
- ▶ GotFocus 이벤트와 If~ElseIf 사용

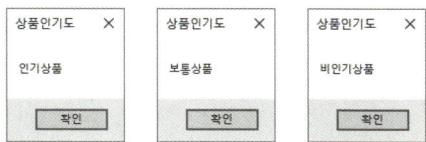

7 '금액'(txt금액) 컨트롤에 포커스가 옮겨가면 '수수료'(txt수수료)에 다음과 같은 기능을 수행하도록 이벤트 프로시저를 구현하시오.
- ▶ '수량'(txt수량)이 200 이상이면 금액의 '10%'를, 100 이상이면 금액의 '20%'를, 그 외의 경우는 '30%'를 적용하시오.
- ▶ Select Case 문 이용

그대로 따라하기

1 폼을 여는 이벤트 프로시저 구현하기

① 탐색 창의 〈상품내역현황〉 폼에서 마우스 오른쪽 단추를 클릭하고 바로 가기 메뉴에서 [디자인 보기]를 선택한다.
② [양식 디자인] 탭-[도구] 그룹-[속성 시트]를 클릭한다.
③ '폼'의 [속성 시트] 창이 나타나면 'cmd상품검색'을 지정 → [이벤트] 탭에서 'On Click' 이벤트에 커서를 올려놓고 작성기 단추(…)를 클릭한다.

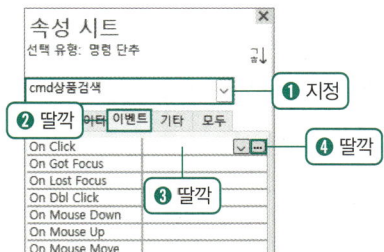

④ [작성기 선택] 대화상자가 나타나면 '코드 작성기'를 선택 → [확인] 단추를 클릭한다.

⑤ [Visual Basic Editor] 창이 나타나면 [코드] 창의 'cmd상품검색_Click( )' 프로시저에 다음과 같이 코드를 입력 → [보기 Microsoft Access] 단추(⌘)를 클릭한다.

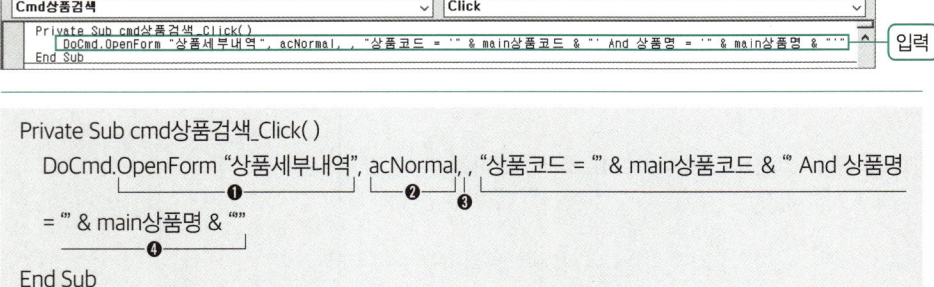

Private Sub cmd상품검색_Click( )
　　DoCmd.OpenForm "상품세부내역", acNormal, , "상품코드 = '" & main상품코드 & "' And 상품명
　　= '" & main상품명 & "'"
　　　❶　　　　　　　❷　　❸　　　　　　　　　　　　　　　　　　
　　　　　　　　　　　❹
End Sub

❶ <상품세부내역> 폼을 연다.
❷ 폼 보기 형식으로 설정한다.
❸ 폼에 표시할 내용을 제한하는 필터명으로, 생략하는 경우에도 쉼표(,)로 자리를 구분해야 한다.
❹ '상품코드' 필드의 값과 'main상품코드' 컨트롤의 값이 일치하면서 '상품명' 필드의 값과 'main상품명' 컨트롤의 값이 일치하는 레코드만 표시한다.

⑥ [속성 시트] 창의 'On Click' 이벤트에 프로시저가 지정된 것을 확인한다.
⑦ **[양식 디자인] 탭-[보기] 그룹-[보기]-[폼 보기]**를 선택한다.
⑧ <상품내역현황> 폼의 'main상품코드' 컨트롤에 임의의 상품코드인 K2, 'main상품명' 컨트롤에 임의의 상품명인 선풍기 입력 → '상품검색' 단추를 클릭한다.

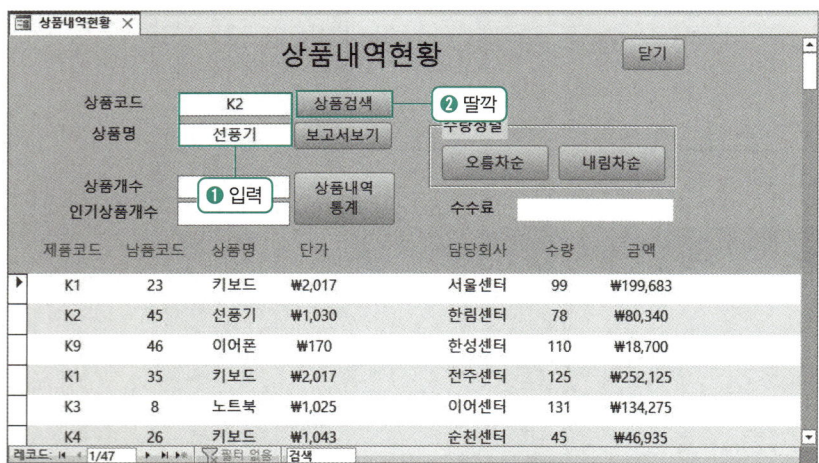

⑨ <상품세부내역> 폼이 나타나면 입력한 'K2', '선풍기'에 해당하는 제품 정보가 표시되는지 확인 → <상품세부내역> 폼에서 [닫기] 단추(☒)를 클릭한다.

읽는 강의

풀이법을 알면 시간이 단축된다!
정렬
Me.OrderBy="필드명 정렬방식"
Me.OrderByOn=True

2 정렬을 수행하는 이벤트 프로시저 구현하기

① 탐색 창의 〈상품내역현황〉 폼에서 마우스 오른쪽 단추를 클릭하고 바로 가기 메뉴에서 [**디자인 보기**]를 선택한다.

② '폼'의 [속성 시트] 창이 나타나면 'cmd오름'을 지정 → [이벤트] 탭에서 'On Click' 이벤트에 커서를 올려놓고 작성기 단추(…)를 클릭한다.

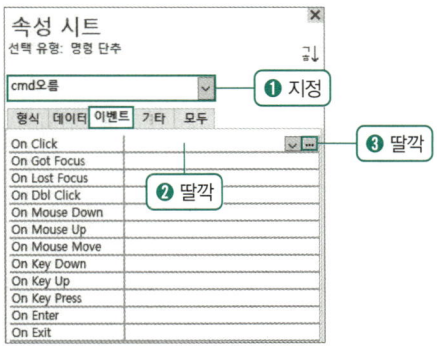

③ [작성기 선택] 대화상자가 나타나면 '코드 작성기'를 선택 → [확인] 단추를 클릭한다.

④ [Visual Basic Editor] 창이 나타나면 [코드] 창의 'cmd오름_Click( )' 프로시저에 다음과 같이 코드를 입력 → [보기 Microsoft Access] 단추(🗗)를 클릭한다.

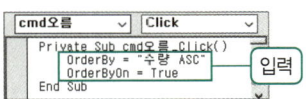

```
Private Sub cmd오름_Click( )
    OrderBy = "수량 ASC"  ──❶
    OrderByOn = True  ──❷
End Sub
```

❶ '수량' 필드를 기준으로 오름차순(ASC) 정렬한다.
❷ 정렬을 적용(True)한다.

⑤ [속성 시트] 창의 'On Click' 이벤트에 프로시저가 지정된 것을 확인 → 'cmd내림'을 지정 → [이벤트] 탭에서 'On Click' 이벤트에 커서를 올려놓고 작성기 단추(…)를 클릭한다.

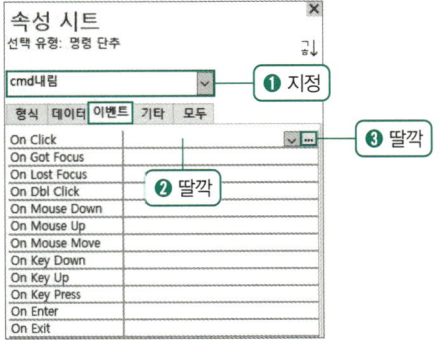

⑥ [작성기 선택] 대화상자가 나타나면 '코드 작성기'를 선택 → [확인] 단추를 클릭한다.

⑦ [Visual Basic Editor] 창이 나타나면 [코드] 창의 'cmd내림_Click( )' 프로시저에 다음과 같이 코드를 입력 → [보기 Microsoft Access] 단추(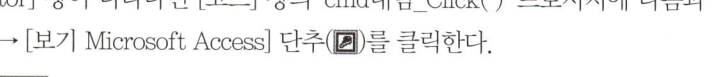)를 클릭한다.

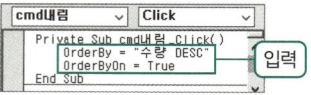

```
Private Sub cmd내림_Click( )
    OrderBy = "수량 DESC" ─❶
    OrderByOn = True ─❷
End Sub
```

❶ '수량' 필드를 기준으로 내림차순(DESC) 정렬한다.
❷ 정렬을 적용(True)한다.

⑧ [속성 시트] 창의 'On Click' 이벤트에 프로시저가 지정된 것을 확인한다.
⑨ [양식 디자인] 탭-[보기] 그룹-[보기]-[폼 보기]를 선택한다.
⑩ 〈상품내역현황〉 폼의 '오름차순' 단추를 클릭 → '수량' 필드를 기준으로 오름차순 정렬되는지 확인한다.

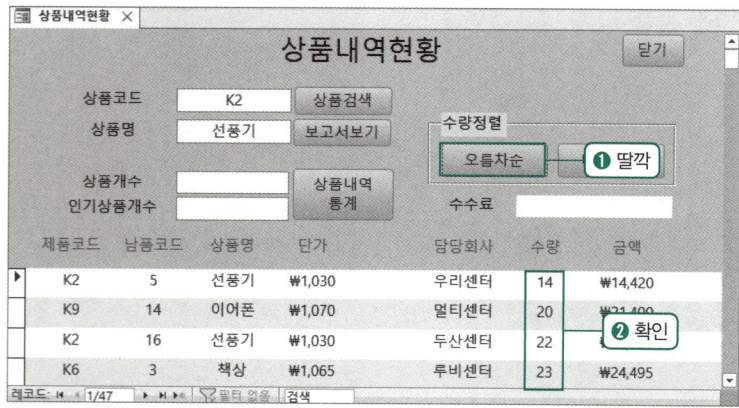

⑪ 〈상품내역현황〉 폼의 '내림차순' 단추를 클릭 → '수량' 필드를 기준으로 내림차순 정렬되는지 확인한다.

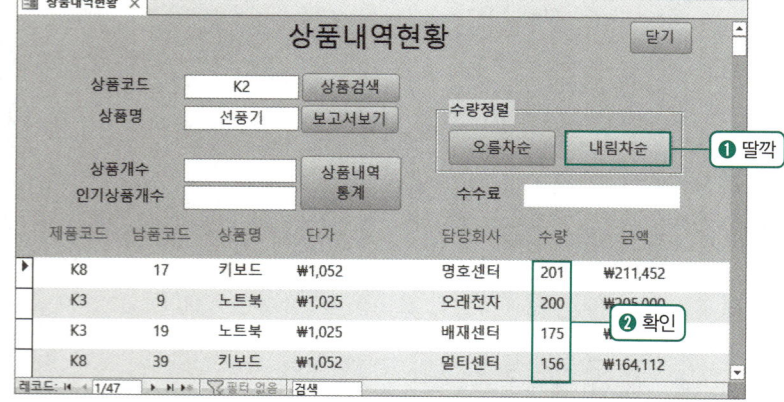

3 보고서를 미리 보기 형태로 출력하는 이벤트 프로시저 구현하기

① 탐색 창의 〈상품내역현황〉 폼에서 마우스 오른쪽 단추를 클릭하고 바로 가기 메뉴에서 **[디자인 보기]**를 선택한다.

② '폼'의 [속성 시트] 창이 나타나면 'cmd보고서'를 지정 → [이벤트] 탭에서 'On Click' 이벤트에 커서를 올려놓고 작성기 단추(…)를 클릭한다.

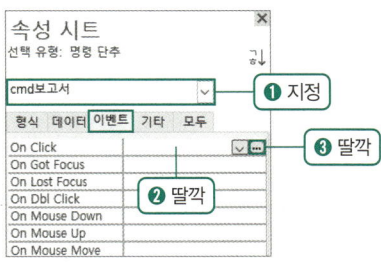

③ [작성기 선택] 대화상자가 나타나면 '코드 작성기'를 선택 → [확인] 단추를 클릭한다.

④ [Visual Basic Editor] 창이 나타나면 [코드] 창의 'cmd보고서_Click( )' 프로시저에 다음과 같이 코드를 입력 → [보기 Microsoft Access] 단추(🗗)를 클릭한다.

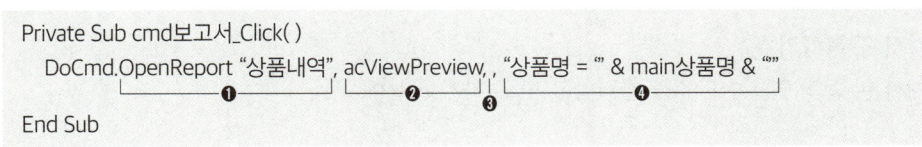

❶ 〈상품내역〉 보고서를 연다.
❷ 미리 보기 형식으로 설정한다.
❸ 보고서에 표시할 내용을 제한하는 필터명으로, 생략하는 경우에도 쉼표(,)로 자리를 구분해야 한다.
❹ '상품명' 필드의 값과 'main상품명' 컨트롤의 값이 일치하는 레코드만 표시한다.

⑤ [속성 시트] 창의 'On Click' 이벤트에 프로시저가 지정된 것을 확인한다.

⑥ **[양식 디자인] 탭-[보기] 그룹-[보기]-[폼 보기]**를 선택한다.

⑦ 〈상품내역현황〉 폼의 'main상품명' 컨트롤에 선풍기가 입력된 상태에서 '보고서보기' 단추를 클릭한다.

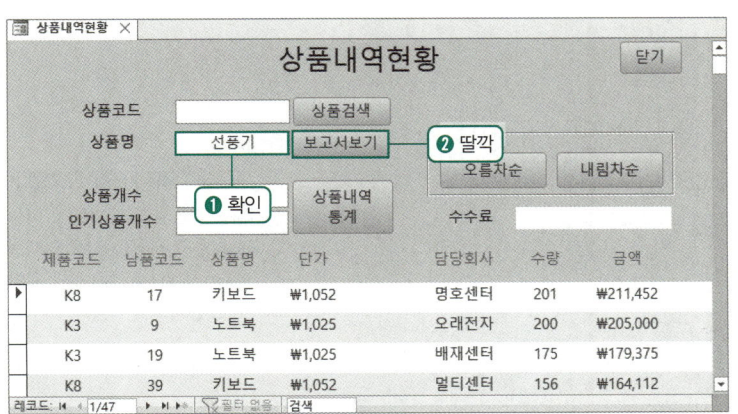

> 📖 **읽는 강의**
>
> 풀이법을 알면 시간이 단축된다!
> **acViewPreview**
> 보고서 미리 보기 형식이다.

⑧ 〈상품내역〉 보고서가 나타나면 입력한 '선풍기'에 해당하는 제품 정보가 표시되는지 확인
→ 〈상품내역〉 보고서에서 [닫기] 단추(☒)를 클릭한다.

> 📖 **읽는 강의**
>
> **풀이법을 알면 시간이 단축된다!**
> **MsgBox 반환값이 있을 경우 형식**
> 변수이름=MsgBox("메시지내용", 표시할 아이콘+표시할 단추, "창제목")

4 폼을 종료하는 이벤트 프로시저 구현하기

① 탐색 창의 〈상품내역현황〉 폼에서 마우스 오른쪽 단추를 클릭하고 바로 가기 메뉴에서 [**디자인 보기**]를 선택한다.

② '폼'의 [속성 시트] 창이 나타나면 'cmd닫기'를 지정 → [이벤트] 탭에서 'On Click' 이벤트에 커서를 올려놓고 작성기 단추(⋯)를 클릭한다.

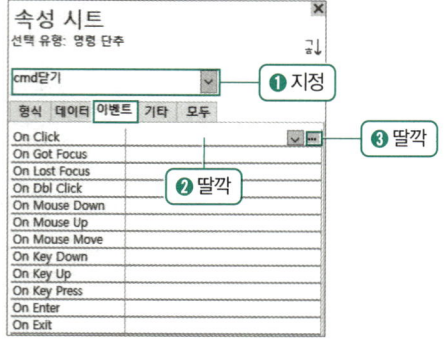

③ [작성기 선택] 대화상자가 나타나면 '코드 작성기'를 선택 → [확인] 단추를 클릭한다.

④ [Visual Basic Editor] 창이 나타나면 [코드] 창의 'cmd닫기_Click( )' 프로시저에 다음과 같이 코드를 입력 → [보기 Microsoft Access] 단추(🅰)를 클릭한다.

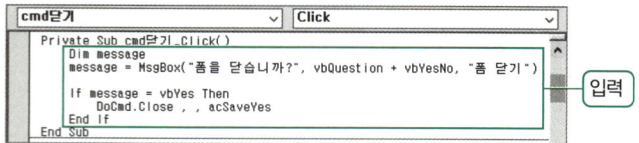

> **풀이법을 알면 시간이 단축된다!**
> 메시지 상자에 표시할 아이콘과 단추의 종류를 지정할 때는 'vbQuestion+vbYesNo'와 같이 '+'로 연결해서 작성해야 한다.

```
Private Sub cmd닫기_Click( )
    Dim message ─❶
    message = MsgBox("폼을 닫습니까?", vbQuestion + vbYesNo, "폼 닫기") ─❷

    If message = vbYes Then ─❸
        DoCmd.Close , , acSaveYes ─❹
    End If
End Sub
```

❶ 메시지 상자의 결과를 저장할 변수인 message를 생성한다.
❷ 메시지 상자에 '폼을 닫습니까?'의 메시지 내용, '경고?' 아이콘(vbQuestion)과 [예]/[아니오] 단추 (vbYesNo), 제목 표시줄에 '폼 닫기'라는 내용으로 표시하고, [예]/[아니오] 단추에서 클릭한 결과가 변수 message에 저장된다.
❸ [예] 단추를 클릭했을 때 ❹를 실행한다.
❹ 현재 폼을 저장(acSaveYes)하고 닫는다.

⑤ [속성 시트] 창의 'On Click' 이벤트에 프로시저가 지정된 것을 확인한다.
⑥ [양식 디자인] 탭-[보기] 그룹-[보기]-[폼 보기]를 선택한다.
⑦ 〈상품내역현황〉 폼의 '닫기' 단추를 클릭한다.

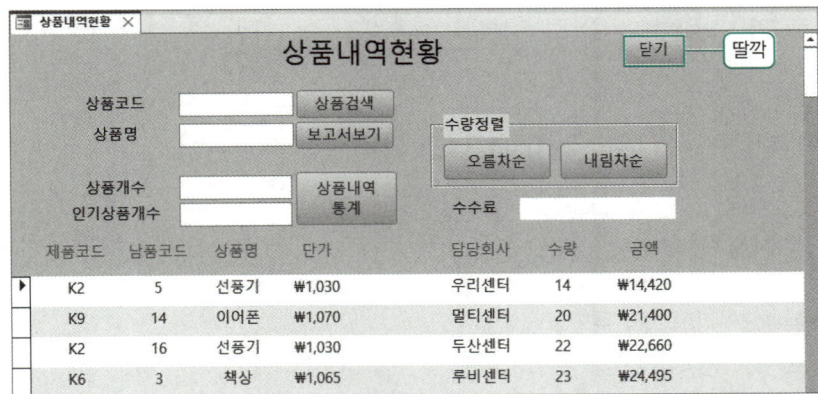

⑧ 메시지 상자가 나타나면 결과를 확인 → [예] 단추를 클릭 → 폼이 닫히는지 결과를 확인한다.

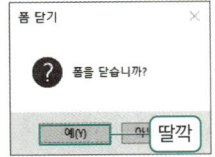

5 '상품개수'와 '인기상품개수'를 계산하는 이벤트 프로시저 구현하기

① 탐색 창의 〈상품내역현황〉 폼에서 마우스 오른쪽 단추를 클릭하고 바로 가기 메뉴에서 [디자인 보기]를 선택한다.

② '폼'의 [속성 시트] 창이 나타나면 'cmd상품내역통계'를 지정 → [이벤트] 탭에서 'On Click' 이벤트에 커서를 올려놓고 작성기 단추(...)를 클릭한다.

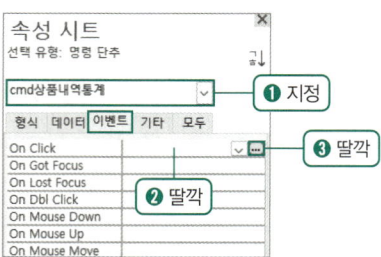

③ [작성기 선택] 대화상자가 나타나면 '코드 작성기'를 선택 → [확인] 단추를 클릭한다.

④ [Visual Basic Editor] 창이 나타나면 [코드] 창의 'cmd상품내역통계_Click( )' 프로시저에 다음과 같이 코드를 입력 → [보기 Microsoft Access] 단추(🖼)를 클릭한다.

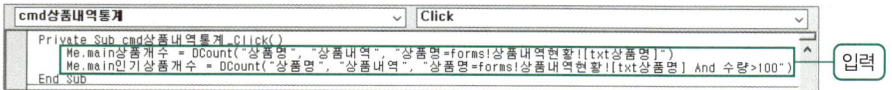

Private Sub cmd상품내역통계_Click( )
　Me.main상품개수 = DCount("상품명", "상품내역", "상품명=forms!상품내역현황![txt상품명]") ─❶
　Me.main인기상품개수 = DCount("상품명", "상품내역", "상품명=forms!상품내역현황![txt상품명] And 수량>100") ─❷
End Sub

❶ <상품내역> 쿼리에서 '상품명' 필드의 값과 <상품내역현황> 폼의 'txt상품명' 컨트롤의 값이 일치하는 '상품명'의 개수를 반환한다.
❷ <상품내역> 쿼리에서 '상품명' 필드의 값과 <상품내역현황> 폼의 'txt상품명' 컨트롤의 값이 일치하면서 '수량' 필드의 값이 100을 초과하는 '상품명'의 개수를 반환한다.

⑤ [속성 시트] 창의 'On Click' 이벤트에 프로시저가 지정된 것을 확인한다.
⑥ [양식 디자인] 탭-[보기] 그룹-[보기]-[폼 보기]를 선택한다.
⑦ 결과를 확인하기 위하여 <상품내역현황> 폼에서 '키보드' 상품명을 클릭 후 '상품내역통계' 단추를 클릭 → 'main상품개수'와 'main인기상품개수' 컨트롤에 개수가 표시되는지 확인한다.

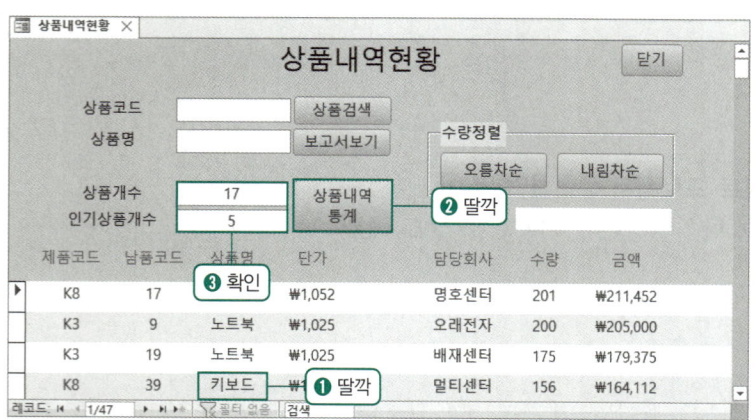

> 읽는 강의

풀이법을 알면 시간이 단축된다!
DCount("필드명", "테이블 또는 쿼리", "조건")
테이블이나 쿼리에서 조건을 만족하는 필드의 개수를 반환한다.

6 메시지 상자를 출력하는 이벤트 프로시저 구현하기

① 탐색 창의 〈상품내역현황〉 폼에서 마우스 오른쪽 단추를 클릭하고 바로 가기 메뉴에서 [디자인 보기]를 선택한다.

② '폼'의 [속성 시트] 창이 나타나면 'txt수량'을 지정 → [이벤트] 탭에서 'On Got Focus' 이벤트에 커서를 올려놓고 작성기 단추(…)를 클릭한다.

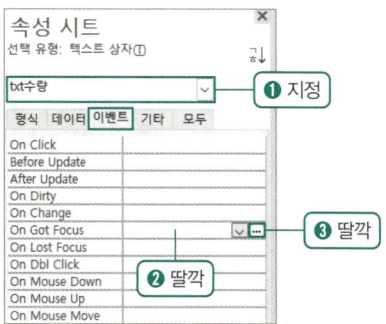

③ [작성기 선택] 대화상자가 나타나면 '코드 작성기'를 선택 → [확인] 단추를 클릭한다.

④ [Visual Basic Editor] 창이 나타나면 [코드] 창의 'txt수량_GotFocus( )' 프로시저에 다음과 같이 코드를 입력 → [보기 Microsoft Access] 단추(☒)를 클릭한다.

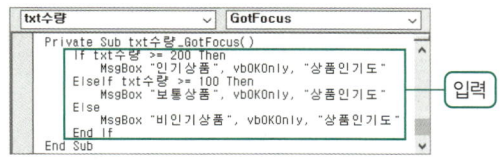

Private Sub txt수량_GotFocus( )
   If txt수량 >= 200 Then ― ❶
      MsgBox "인기상품", vbOKOnly, "상품인기도" ― ❷
   ElseIf txt수량 >= 100 Then ― ❸
      MsgBox "보통상품", vbOKOnly, "상품인기도" ― ❹
   Else ― ❺
      MsgBox "비인기상품", vbOKOnly, "상품인기도" ― ❻
   End If
End Sub

❶ 'txt수량' 컨트롤의 값이 200 이상이면 ❷를 표시한다.
❷ 메시지 상자에 '인기상품'의 메시지 내용, [확인] 단추(vbOKOnly), 제목 표시줄에 '상품인기도'라는 내용으로 표시한다.
❸ 'txt수량' 컨트롤의 값이 ❶이 아니면서 100 이상(200 미만 100 이상)이면 ❹를 표시한다.
❹ 메시지 상자에 '보통상품'의 메시지 내용, [확인] 단추(vbOKOnly), 제목 표시줄에 '상품인기도'라는 내용으로 표시한다.
❺ 'txt수량' 컨트롤의 값이 ❸을 제외한 나머지(100 미만)이면 ❻을 표시한다.
❻ 메시지 상자에 '비인기상품'의 메시지 내용, [확인] 단추(vbOKOnly), 제목 표시줄에 '상품인기도'라는 내용으로 표시한다.

| 개념 더하기 ⊕ | IF ~ Then 문의 형식 |

'조건식1'이 참이면 '명령문1'을, '조건식2'가 참이면 '명령문2'를, 그 외는 '명령문3'을 수행한다.

```
IF 조건식1 Then
    명령문1
ElseIf 조건식2 Then
    명령문2
Else
    명령문3
End If
```

⑤ [속성 시트] 창의 'On Got Focus' 이벤트에 프로시저가 지정된 것을 확인한다.
⑥ [양식 디자인] 탭-[보기] 그룹-[보기]-[폼 보기]를 선택한다.
⑦ 〈상품내역현황〉 폼의 '수량' 필드에서 임의의 수량을 클릭 → 메시지 상자가 나타나면 결과를 확인 → [확인] 단추를 클릭한다.

7 계산값을 표시하는 이벤트 프로시저 구현하기

① 탐색 창의 〈상품내역현황〉 폼에서 마우스 오른쪽 단추를 클릭하고 바로 가기 메뉴에서 [디자인 보기]를 선택한다.
② '폼'의 [속성 시트] 창이 나타나면 'txt금액'을 지정 → [이벤트] 탭에서 'On Got Focus' 이벤트에 커서를 올려놓고 작성기 단추(…)를 클릭한다.

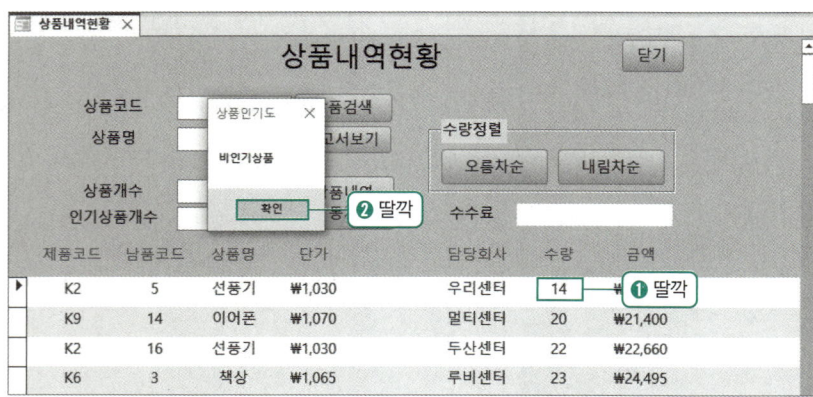

③ [작성기 선택] 대화상자가 나타나면 '코드 작성기'를 선택 → [확인] 단추를 클릭한다.

풀이법을 알면 시간이 단축된다!
On Got Focus
포커스를 받을 때 이벤트 발생

④ [Visual Basic Editor] 창이 나타나면 [코드] 창의 'txt금액_GotFocus( )' 프로시저에 다음과 같이 코드를 입력 → [보기 Microsoft Access] 단추(🅐)를 클릭한다.

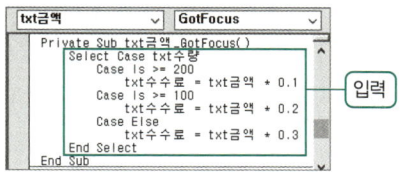

```
Private Sub txt금액_GotFocus ()
    Select Case txt수량 ──┐
        Case Is >= 200   ─❶
            txt수수료 = txt금액 * 0.1 ─❷
        Case Is >= 100 ─❸
            txt수수료 = txt금액 * 0.2 ─❹
        Case Else ─❺
            txt수수료 = txt금액 * 0.3 ─❻
    End Select
End Sub
```

❶ 'txt수량' 컨트롤의 값이 200 이상이면 ❷를 지정한다.
❷ 'txt금액' 컨트롤 값에 0.1을 곱한 값을 'txt수수료' 컨트롤 값으로 지정한다.
❸ 'txt수량' 컨트롤의 값이 ❶이 아니면서 100 이상(200 미만 100 이상)이면 ❹를 지정한다.
❹ 'txt금액' 컨트롤 값에 0.2를 곱한 값을 'txt수수료' 컨트롤 값으로 지정한다.
❺ 'txt수량' 컨트롤의 값이 ❸이 아니면서 나머지(100 미만)이면 ❻을 지정한다.
❻ 'txt금액' 컨트롤 값에 0.3을 곱한 값을 'txt수수료' 컨트롤 값으로 지정한다.

개념 더하기⊕ Select Case 문의 형식

'조건식' 또는 '컨트롤'의 결과가 '값1'이면 '명령문1'을, '값2'이면 '명령문2'를, 그 외는 '명령문3'을 수행한다.

```
Select Case 조건식 또는 컨트롤
    Case Is 값1
        명령문1
    Case Is 값2
        명령문2
    Case Else
        명령문3
End Select
```

⑤ [속성 시트] 창의 'On Got Focus' 이벤트에 프로시저가 지정된 것을 확인한다.
⑥ [양식 디자인] 탭-[보기] 그룹-[보기]-[폼 보기]를 선택한다.

풀이법을 알면 시간이 단축된다!

값이 문자열인 경우
```
Select Case major
    Case "A"
        MsgBox "컴퓨터공학"
    Case "B"
        MsgBox "경영학"
    Case "C"
        MsgBox "의학"
    Case Else
        MsgBox "알수없음"
End Select
```

값이 숫자인 경우
```
Select Case grade
    Case 90 to 100
        MsgBox "A"
    Case 80 to 89
        MsgBox "B"
    Case 70 to 79
        MsgBox "C"
    Case 60 to 69
        MsgBox "D"
    Case 0 to 59
        MsgBox "F"
    Case Else
        MsgBox "알수없음"
End Select
```

⑦ 〈상품내역현황〉 폼의 '금액' 필드에서 임의의 금액을 클릭 → 'txt수수료' 컨트롤에 계산값이 표시되는지 확인 → 〈상품내역현황〉 폼에서 [닫기] 단추(※)를 클릭 → 변경한 내용을 저장할 것인지 묻는 메시지 상자가 나타나면 [예] 단추를 클릭한다.

📖 읽는 강의

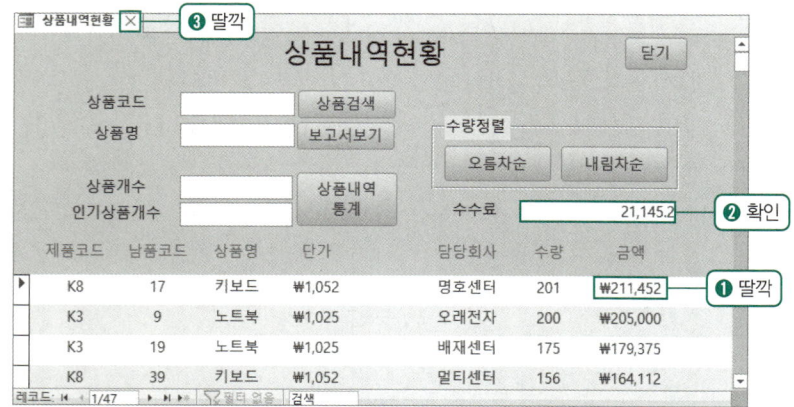

개념 더하기 ⊕ MsgBox

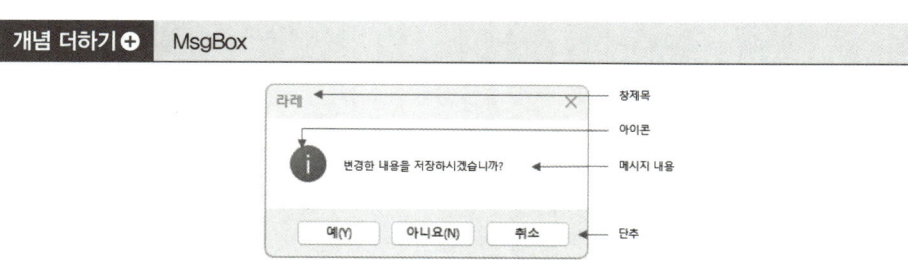

- MsgBox 메시지만 표시할 경우 형식

    MsgBox "메시지내용", 표시할 아이콘 + 표시할 단추, "창제목"

- MsgBox 반환값이 있을 경우 형식

    변수이름=MsgBox("메시지내용", 표시할 아이콘 + 표시할 단추, "창제목")

- 메시지 상자 표시할 단추의 종류

상수	값	단추 종류
vbOKOnly	0	확인
vbOKCancel	1	확인 취소
vbAbortRetryIgnore	2	중단(A) 다시 시도(R) 무시(I)
vbYesNoCancel	3	예(Y) 아니요(N) 취소
vbYesNo	4	예(Y) 아니요(N)
vbRetryCancel	5	다시 시도(R) 취소

• 메시지 상자 반환된 단추의 종류

상수	값	단추 종류
vbOK	1	확인
vbCancel	2	취소
vbAbort	3	중단(A)
vbRetry	4	다시 시도(R)
vbIgnore	5	무시(I)
vbYes	6	예(Y)
vbNo	7	아니요(N)

• 메시지 상자 단추의 기본값

상수	값	설명
vbDefaultButton1	0	첫 번째 단추는 기본값
vbDefaultButton2	256	두 번째 단추는 기본값
vbDefaultButton3	512	세 번째 단추는 기본값
vbDefaultButton4	768	네 번째 단추는 기본값

• 메시지 상자 아이콘의 종류

상수	값	종류	아이콘종류
vbCritical	16	위험	⊗
vbQuestion	32	경고?	?
vbExclamation	48	경고!	⚠
vbInformation	64	정보	ⓘ

[예시] MsgBox "저장할까요?", vbCritical + vbOKCancel, "문혜영"

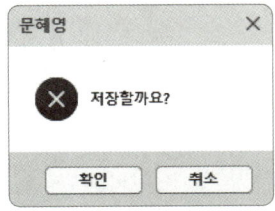

[예시] MsgBox "변경한 내용을 저장하시겠습니까?", vbInformation + vbYesNoCancel + vbDefaultButton2, "라레"

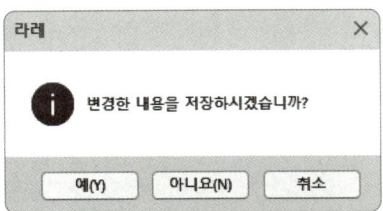

에듀윌이
너를
지지할게
ENERGY

삶의 순간순간이
아름다운 마무리이며
새로운 시작이어야 한다.

– 법정 스님

memo

업계 최초 대통령상 3관왕, 정부기관상 19관왕 달성!

2010 대통령상 · 2019 대통령상 · 2019 대통령상

대한민국 브랜드대상 국무총리상 · 국무총리상 · 문화체육관광부 장관상 · 농림축산식품부 장관상 · 과학기술정보통신부 장관상 · 여성가족부장관상

서울특별시장상 · 과학기술부장관상 · 정보통신부장관상 · 산업자원부장관상 · 고용노동부장관상 · 미래창조과학부장관상 · 법무부장관상

2004
서울특별시장상 우수벤처기업 대상

2006
부총리 겸 과학기술부장관 표창 국가 과학 기술 발전 유공

2007
정보통신부장관상 디지털콘텐츠 대상
산업자원부장관 표창 대한민국 e비즈니스대상

2010
대통령 표창 대한민국 IT 이노베이션 대상

2013
고용노동부장관 표창 일자리 창출 공로

2014
미래창조과학부장관 표창 ICT Innovation 대상

2015
법무부장관 표창 사회공헌 유공

2017
여성가족부장관상 사회공헌 유공
2016 합격자 수 최고 기록 KRI 한국기록원 공식 인증

2018
2017 합격자 수 최고 기록 KRI 한국기록원 공식 인증

2019
대통령 표창 범죄예방대상
대통령 표창 일자리 창출 유공
과학기술정보통신부장관상 대한민국 ICT 대상

2020
국무총리상 대한민국 브랜드대상
2019 합격자 수 최고 기록 KRI 한국기록원 공식 인증

2021
고용노동부장관상 일·생활 균형 우수 기업 공모전 대상
문화체육관광부장관 표창 근로자휴가지원사업 우수 참여 기업
농림축산식품부장관상 대한민국 사회공헌 대상
문화체육관광부장관 표창 여가친화기업 인증 우수 기업

2022
국무총리 표창 일자리 창출 유공
농림축산식품부장관상 대한민국 ESG 대상

2023 대한민국 브랜드만족도 IT자격증 교육 1위
(한경비즈니스)

2026 에듀윌 컴퓨터활용능력 1급 실기 기본서

Eduwill X IT자격증
EXIT 무료 합격 서비스!

 EXIT 바로가기

1 핵심만 모은 무료특강
　이용경로　에듀윌 EXIT 합격 서비스(exit.eduwill.net) ▶ 로그인 ▶ 무료강의 ▶ 컴퓨터활용능력 1급 ▶ 실기 기본서

2 저자에게 바로 묻는 실시간 질문답변 서비스
　이용경로　에듀윌 EXIT 합격 서비스(exit.eduwill.net) ▶ 로그인 ▶ 실시간 질문답변 ▶ 컴퓨터활용능력 1급 ▶ 실기 기본서(교재 구매 인증 필요)

3 더 공부하고 싶다면? PDF 학습자료
　이용경로　에듀윌 EXIT 합격 서비스(exit.eduwill.net) ▶ 로그인 ▶ 자료실 ▶ 컴퓨터활용능력 1급 ▶ 실기 기본서

4 내가 만든 파일로 학습하는 자동 채점 프로그램
　이용경로　에듀윌 EXIT 합격 서비스(exit.eduwill.net) ▶ 로그인 ▶ 자료실 ▶ 컴퓨터활용능력 1급 ▶ 실기 기본서

고객의 꿈, 직원의 꿈, 지역사회의 꿈을 실현한다

EXIT 합격 서비스
exit.eduwill.net

- 부가학습자료 및 정오표: EXIT 합격 서비스 > 자료실/정오표 게시판
- 교재문의: EXIT 합격 서비스 > 실시간 질문답변 게시판(내용)/
  Q&A 게시판(내용 외)

2026

에듀윌
컴퓨터활용능력
1급 실기 기본서

합격자 수가 선택의 기준!

4권 | 기출변형문제(액세스)

with 자동 채점 프로그램

문혜영 편저

IT자격증 브랜드만족도 **1위**

2023 대한민국 브랜드만족도
IT자격증 교육 1위 (한경비즈니스)

YouTube 저자 직강 + EXIT 합격 서비스

유형 연습부터 기출변형문제까지
출제패턴 완벽 분석으로 초고속 합격!

- 저자에게 바로 묻는 실시간 질문답변
- 합격/불합격을 바로 확인하는 자동 채점 프로그램
- 기출변형문제 5회분(PDF) 추가 제공

eduwill

시작하는 방법은
말을 멈추고
즉시 행동하는 것이다.

– 월트 디즈니(Walt Disney)

에듀윌
컴퓨터활용능력
1급 실기 기본서

4권 | 기출변형문제
　　　(데이터베이스 실무)

CONTENTS 차례

단기 합격 지원 스터디 플래너
[부록] 엑셀/액세스 함수기초 마스터

합격을 위한 모든 것! EXIT 합격 서비스
체점 프로그램
시험의 모든 것!
가장 궁금해하는 BEST Q&A
기출 분석의 모든 것!
왜 에듀윌 교재인가?

1권

※실습/정답파일 다운로드
EXIT 합격 서비스(exit.eduwill.net) ▶ 로그인 ▶
자료실 게시판 ▶ 컴퓨터활용능력 1급 ▶ 실기 기본서 ▶다운로드

출제유형 연습(스프레드시트 실무)

Chapter 1 기본작업

01	셀 서식	20
02	조건부 서식	35
03	자동 필터	47
04	고급 필터	54
05	페이지 레이아웃	62
06	시트 보호	71

Chapter 2 계산작업

01	계산식	76
02	수학/삼각 함수	80
03	통계 함수	91
04	논리 함수	103
05	문자열 함수	114
06	날짜/시간 함수	126
07	데이터베이스 함수	136
08	찾기/참조 함수	147
09	정보 함수	163
10	재무 함수	170
11	배열 수식	181
12	사용자 정의 함수	200

Chapter 3 분석작업

01	피벗 테이블	222
02	데이터 유효성 검사	250
03	중복된 항목 제거	260
04	정렬과 부분합	262
05	데이터 표	276
06	통합과 텍스트 나누기	280
07	목표값 찾기	291
08	시나리오	295

Chapter 4 기타작업

01	차트	310
02	매크로	332
03	프로시저	351

2권

※채점 프로그램 다운로드
EXIT 합격 서비스(exit.eduwill.net) ▶ 로그인 ▶
자료실 게시판 ▶ 컴퓨터활용능력 1급 ▶ 실기 기본서 ▶다운로드

기출변형문제(스프레드시트 실무)

제1회 기출변형문제	8
제2회 기출변형문제	28
제3회 기출변형문제	46
제4회 기출변형문제	63
제5회 기출변형문제	80
제6회 기출변형문제	90
제7회 기출변형문제	101
제8회 기출변형문제	116
제9회 기출변형문제	133
제10회 기출변형문제	146

[PDF] 기출변형문제 5회분

※ EXIT 합격 서비스(exit.eduwill.net)의 [자료실 게시판]에서 다운로드

스프레드시트 실무

제11회 기출변형문제	🔒 암호 eduex11
제12회 기출변형문제	🔒 암호 eduex12
제13회 기출변형문제	🔒 암호 eduex13
제14회 기출변형문제	🔒 암호 eduex14
제15회 기출변형문제	🔒 암호 eduex15

3권

※실습/정답파일 다운로드
EXIT 합격 서비스(exit.eduwill.net) ▶ 로그인 ▶
자료실 게시판 ▶ 컴퓨터활용능력 1급 ▶ 실기 기본서 ▶다운로드

출제유형 연습(데이터베이스 실무)

Chapter 1 DB 구축

01	테이블	8
02	조회 속성	27
03	관계 설정	35
04	외부 데이터	44

Chapter 2 입력 및 수정 기능 구현

01	폼과 컨트롤	70
02	조건부 서식	103
03	콤보 상자 컨트롤	109
04	하위 폼	118

Chapter 3 조회 및 출력 기능 구현

| 01 | 보고서 | 126 |
| 02 | 조회 | 142 |

Chapter 4 처리 기능 구현

| 01 | 쿼리 | 158 |
| 02 | 처리 | 185 |

4권

※채점 프로그램 다운로드
EXIT 합격 서비스(exit.eduwill.net) ▶ 로그인 ▶
자료실 게시판 ▶ 컴퓨터활용능력 1급 ▶ 실기 기본서 ▶다운로드

기출변형문제(데이터베이스 실무)

제1회 기출변형문제	8
제2회 기출변형문제	24
제3회 기출변형문제	39
제4회 기출변형문제	53
제5회 기출변형문제	62
제6회 기출변형문제	76
제7회 기출변형문제	85
제8회 기출변형문제	98
제9회 기출변형문제	111
제10회 기출변형문제	123

[PDF] 기출변형문제 5회분
※ EXIT 합격 서비스(exit.eduwill.net)의 [자료실 게시판]에서 다운로드

데이터베이스 실무

제11회 기출변형문제	🔒 암호 eduac11
제12회 기출변형문제	🔒 암호 eduac12
제13회 기출변형문제	🔒 암호 eduac13
제14회 기출변형문제	🔒 암호 eduac14
제15회 기출변형문제	🔒 암호 eduac15

시험 전 데이터베이스 실무의 실력을 진단하고 실전 완벽 대비!

데이터베이스 실무 기출변형문제

제1회	기출변형문제
제2회	기출변형문제
제3회	기출변형문제
제4회	기출변형문제
제5회	기출변형문제
제6회	기출변형문제
제7회	기출변형문제
제8회	기출변형문제
제9회	기출변형문제
제10회	기출변형문제

PDF 학습자료 제공

제11회	기출변형문제
제12회	기출변형문제
제13회	기출변형문제
제14회	기출변형문제
제15회	기출변형문제

※ EXIT 합격 서비스(exit.eduwill.net) ▶ [자료실] 게시판 ▶ 컴퓨터활용능력 1급 ▶ 실기 기본서에서 다운로드
※ 파일별 비밀번호는 차례에서 확인

제1회 기출변형문제

프로그램명	제한시간	합격선	외부 데이터 위치
ACCESS 2021	45분	70점	C:\에듀윌_2026컴활1급실기\기출변형문제\데이터베이스실무\실습\1회\제1회기출변형문제.accdb

문제 ❶ DB 구축 (25점)

1 건물에 설치된 주차시설을 효율적으로 관리하기 위한 데이터베이스를 구축하고자 한다. 다음의 지시사항에 따라 〈주차시설정보〉 테이블을 완성하시오. (각 3점)

① '주차유형코드' 필드는 'GN-P177'과 같은 형태로 문자 2개, 하이픈(-), 문자 1개, 숫자 3개의 형식으로 입력되도록 입력 마스크를 설정하시오.
  ▶ 문자 입력은 영어와 한글만 입력할 수 있도록 설정할 것
  ▶ 숫자 입력은 0~9까지의 숫자만 입력할 수 있도록 설정할 것
  ▶ 하이픈(-) 기호도 테이블에 저장되도록 설정할 것
  ▶ 입력 시 각 자리에 표시될 문자는 '#' 기호를 사용할 것

② '실내주차' 수와 '야외주차' 수의 합이 1 이상이 되도록 유효성 검사 규칙을 설정하시오.
  조건을 만족하지 않을 경우, '실내주차와 야외주차 수를 확인하세요'라는 메시지가 표시되도록 설정하시오.
  〈그림〉

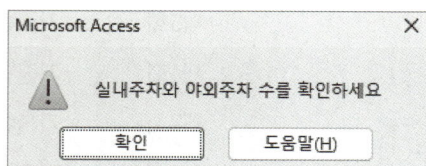

③ 테이블이 로드되면 '주차유형코드' 필드를 기준으로 오름차순 정렬되도록 하시오.
④ '실내주차' 필드는 기본적으로 0이 입력되도록 설정하시오.
⑤ '위치' 필드는 공백문자가 입력되지 않도록 유효성 검사 규칙을 설정하시오.
  ▶ 잘못된 데이터가 입력된 경우 '공백 제외' 메시지가 표시되도록 설정하시오.
  ▶ INSTR 함수 사용

2 〈주차시설정보〉 테이블의 '주차운영' 필드에 대해 다음과 같이 조회 속성을 설정하시오. (5점)
  ▶ 〈주차운영방식〉 테이블의 '주차운영코드', '주차형태' 필드의 값이 콤보 상자 형태로 표시되도록 설정하시오.
  ▶ 필드에는 '주차운영코드'가 저장되도록 설정하시오.
  ▶ 목록 너비를 '2.5cm'로 설정하시오.
  ▶ 목록 이외의 값은 입력되지 않도록 설정하시오.

〈그림〉

주차시설정보						
주차유형코드	건물번호	위치	토지번호	주차운영	실내주차	야외주차
GN-P001	SC-05	온유동	105	노상	373	69
GN-P002	SC-23	가온1동	106	공영	82	300
GN-P003	SC-51	다온동	107	민영	244	21
GN-P004	SC-175	예당동	106	부설	538	94
GN-P005	SC-85	다온동	107	노상	221	13
GN-P006	SC-219	누리동	105	노외	412	2
GN-P007	SC-116	온유동	107	노상	118	93

3 〈주차시설정보〉 테이블의 '토지번호' 필드는 〈토지정보〉 테이블의 '토지유형번호' 필드를 M:1 관계로 참조한다. 두 테이블에 대해 다음과 같이 관계를 설정하시오. (5점)

※ 액세스 파일에 이미 설정되어 있는 관계는 수정하지 마시오.

▶ 테이블 간에 항상 참조 무결성이 유지되도록 설정하시오.
▶ 〈토지정보〉 테이블의 '토지유형번호' 필드 값이 변경되면 이를 참조하는 〈주차시설정보〉 테이블의 '토지번호' 필드 값도 따라 변경되도록 하시오.
▶ 다른 테이블에서 참조하고 있는 레코드는 삭제할 수 없도록 설정하시오.

문제 ❷ 입력 및 수정 기능 구현 (20점)

1 〈주차운영관리〉 폼을 다음의 화면과 지시사항에 따라 완성하시오. (각 3점)

① 본문의 'txt총주차대수'에는 '실내주차'와 '야외주차'의 합이 표시되도록 하시오.
② 본문의 'txt실내외비율'에는 '실내주차'와 '야외주차'의 비율을 표시하도록 '컨트롤 원본' 속성을 설정하시오.
  ▶ 야외주차대수가 0이면 '전부 실내'라고 표시하고, 그렇지 않은 경우 실내주차 수를 야외주차 수로 나눈 비율을 반올림하여 정수로 계산한 뒤 ':1' 형식으로 표시하시오.
  ▶ [표시 예: 실내주차(50)가 야외주차(25)인 경우 2:1로 표시]
③ 폼 바닥글 영역의 'txt최대실내' 컨트롤에는 '주차운영코드' 컨트롤에 입력된 '주차운영'과 같은 하위 폼의 최대 실내주차 수가 표시되도록 '컨트롤 원본' 속성을 설정하시오.
  ▶ [표시 예: 15 → 15대]
  ▶ 데이터는 〈주차시설정보〉 테이블을 기준으로 한다.
  ▶ DMAX 함수, & 연산자 사용

〈그림〉

※ 작업 완성된 그림이며 부분 점수 없음

2 〈주차상세정보〉 폼의 본문 영역에 다음과 같이 조건부 서식을 설정하시오. (5점)

  ▶ '위치'가 3글자이고, [실내주차]와 [야외주차]의 합이 500 이상이고 [야외주차] 값이 0이 아닌 경우 본문 영역의 모든 컨트롤들의 배경색을 '밤색2', '밑줄' 서식을 설정하시오.
  ▶ LEN 함수, AND 연산자 사용
  ▶ 단, 하나의 규칙으로 작성하시오.
  ▶ '문제 ❷ 입력 및 수정 기능 구현' **1**의 〈그림〉 참조

3 〈주차운영관리〉 폼의 '보고서'(cmd보고서) 단추를 클릭하면 다음과 같은 〈주차시설현황〉 보고서를 '인쇄 미리 보기' 형식으로 여는 〈보고서출력〉 매크로를 생성하여 지정하시오. (5점)

  ▶ 매크로 조건: '주차운영관리' 폼의 'txt위치' 필드의 값에 해당되는 '위치' 필드의 정보만 표시
  ▶ 다음과 같이 시스템의 시간이 표시된 메시지 상자에서 확인을 클릭하면 보고서를 출력하시오.

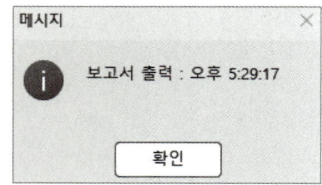

문제 ❸ 조회 및 출력 기능 구현 (20점)

1 다음의 지시사항 및 화면을 참조하여 〈주차시설현황〉 보고서를 완성하시오. (각 3점)

① 동일한 그룹 내에서 '주차유형코드' 필드를 기준으로 오름차순 정렬되어 표시되도록 정렬을 추가하시오.
② 본문 영역의 'txt토지번호' 컨트롤의 값이 이전 레코드와 같은 경우에는 표시되지 않도록 설정하시오.
③ 본문 영역의 'txt번호' 컨트롤에는 그룹별로 순번이 표시되도록 관련 속성을 설정하시오.
④ 토지번호 바닥글 영역의 'hap실내주차' 및 'hap야외주차' 컨트롤에는, 각각 실내주차와 야외주차의 합계를 구하여 숫자 뒤에 '대'를 붙여 다음과 같은 형식으로 각각 표시되도록 설정하시오.
   ▶ [표시 예: 15 → 15대]
⑤ 페이지 바닥글 영역의 'txt페이지' 컨트롤에는 페이지가 다음과 같이 표시되도록 설정하시오.
   ▶ 현재 페이지가 마지막 페이지인 경우: '마지막 페이지입니다'라는 문구를 표시하고, 그 외의 경우: '페이지 X / Y' 형식으로 표시되도록 한다.
   ▶ [표시 예: 현재 1페이지이고 전체 5페이지인 경우 : 페이지 1 / 5]

〈그림〉

주차시설정보

토지번호	번호	주차유형코	건물번호	위치	주차운영	실내주차	야외주차
101	1	GN-P103	SC-31	누리동	3	29	3
	2	GN-P115	SC-188	해든동	0	1	0
	3	GN-P116	SC-183	가온1동	0	1	0
	4	GN-P183	SC-67	온유동	4	1	18
	5	GN-P186	SC-269	누리동	3	12	7
	6	GN-P195	SC-185	예당동	4	4	16
	7	GN-P206	SC-206	한빛동	4	4	12
	8	GN-P242	SC-143	한빛동	3	15	9
	9	GN-P253	SC-149	초림동	2	6	0
	57	GN-P246	SC-115	성산2동	3	16	8
	58	GN-P258	SC-245	다온동	3	24	24
	59	GN-P269	SC-236	초림동	3	32	0
	60	GN-P284	SC-232	성산2동	4	1	20
						19216대	3683대

마지막 페이지입니다

2 〈주차상세정보〉 폼에서 '건물번호' 컨트롤을 더블클릭하면 해당 레코드의 건물번호와 위치가 함께 표시되도록 이벤트 프로시저를 작성하시오. (5점)

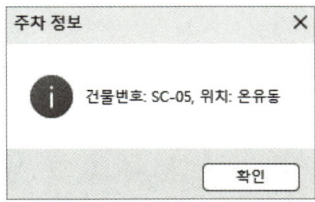

문제 ❹ 처리 기능 구현 (35점)

1 〈주차시설정보〉 테이블을 이용하여 실내주차평가를 조회하는 〈실내주차평가〉 쿼리를 작성하시오. (7점)

- 실내주차평가 필드에는 실내주차 필드 값을 기준으로 아래 기준에 따라 등급을 표시하시오.
  500대 이상: '실내주차 우수', 50대 이상: '실내주차 양호', 그외: '실내주차 부족'
- IIF 함수 사용
- '주차유형코드'를 기준으로 오름차순 정렬하여 표시하시오.
- 쿼리 실행 결과로 표시되는 필드와 필드명은 〈그림〉과 같이 표시되도록 설정하시오.

〈그림〉

주차유형코드	위치	실내주차	야외주차	실내주차평가
GN-P001	온유동	373	69	실내주차 양호
GN-P002	가온1동	82	300	실내주차 양호
GN-P003	다온동	244	21	실내주차 양호
GN-P004	예당동	538	94	실내주차 우수
GN-P005	다온동	221	13	실내주차 양호
GN-P006	누리동	412	2	실내주차 양호
GN-P007	온유동	118	93	실내주차 양호
GN-P008	연하1동	511	109	실내주차 우수

2 위치별 주차형태별 실내주차의 합계를 조회하는 〈주차위치형태분석〉 크로스탭 쿼리를 작성하시오. (7점)

- 〈주차시설정보〉, 〈주차운영방식〉 테이블을 이용하시오.
- 값은 '실내주차' 필드를 사용하시오.
- 위치 필드의 내용에 1과 2가 포함되지 않은 레코드만 대상으로 하시오.
- NOT LIKE, AND 연산자 사용
- 쿼리 실행 결과로 표시되는 필드와 필드명은 〈그림〉과 같이 표시되도록 설정하시오.

〈그림〉

위치	실내주차합	공영	노상	노외	민영	부설
누리동	2535		2519	15	1	
늘해동	643		618	24	1	
다온동	4579		4494	13		72
새솔동	2712	2	2377	326	5	2
소담동	5017	1	4976	38	1	1
예당동	4136	3	3929	203		1
온유동	3747	3	3200	541	2	1
초림동	1635	2	1607	18	1	7
한빛동	3579	1	3423	150	4	1
해든동	4046	6	3732	306	2	

3 **〈건축용도정보〉 테이블을 사용하여 건물명에 포함된 문자열을 매개변수로 입력받아, 해당 문자열이 포함된 건물명의 레코드만 표시되도록 하는 〈건물명검색〉 쿼리를 작성하시오.** (7점)

- '건축연도표시' 필드는 건축연도 – 1999 값을 5로 나눈 몫만큼 ★을 표시한다.
  [표시 예: 건축연도가 2022이면 4개 출력, 2010년이면 2개 출력]
- LIKE, STRING, INT 사용
- 쿼리 실행 결과는 〈그림〉과 같이 다음 필드를 포함하고, 각 필드명은 〈그림〉과 동일하게 설정하시오.

〈그림〉

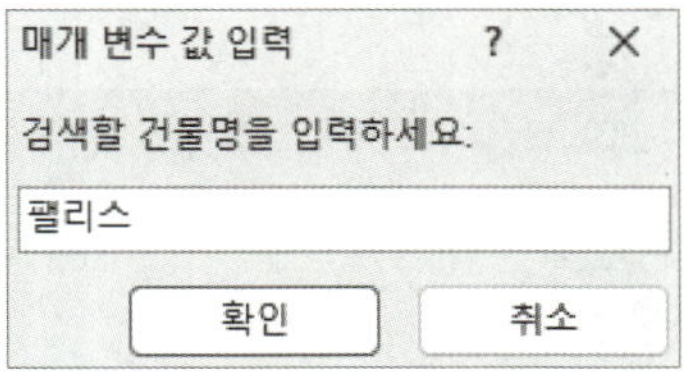

- 팰리스를 입력한 예시 결과

〈그림〉

건물명검색

건물명	주용도	건축연도	건축연도표
솔진듀얼팰리스 2차	도시형주택	2001	
솔우스타팰리스	공용주택	2001	
솔진듀얼팰리스	공용주택	2024	★★★★★
팽혜팰리스	도시형주택	2001	
솔우스타팰리스	공용주택	2022	★★★★
재종 팰리스	공용주택	2001	
솔우스타팰리스 103나,104동	공용주택	2001	
수원팰리스	공용주택	2001	
솔우스타팰리스	공용주택	2010	★★
수원팰리스(A, B나)	도시형주택	2001	

레코드: 1/10 필터 없음 검색

4 **〈건축용도정보〉, 〈주차시설정보〉, 〈주차운영방식〉 테이블을 이용하여 다음 조건에 의해 조회한 후 새 테이블로 생성하는 〈통합주차정보〉 쿼리를 작성하고 실행하시오.** (7점)

- '총주차' 필드는 '실내주차'와 '야외주차'의 합의 내림차순 표시하여 상위 5개인 레코드만 표시하시오.
- '주차등급' 필드는 '실내주차'와 '야외주차'의 합이 30 이상이면 '매우 우수', 20 이상이면 '우수', 10 이상이면 '보통', 그 외에는 '미흡'으로 표시하시오. (SWITCH 함수 사용)
- '주차형태' 필드의 값이 '노상', '노외'인 경우는 제외하시오. (NOT IN 연산자 사용)
- 쿼리 실행 후 생성되는 테이블의 이름은 〈통합주차표시〉로 하시오.

〈그림〉

통합주차표시

건물명	주용도	실내주차	야외주차	주차형태	총주차	주차등급
한들나sm해나린아파트	공용주택	71	2	부설	73	매우 우수
스마트빌	공용주택	4	12	민영	16	보통
다베스트빌	도시형주택	9	2	민영	11	보통
예지다움	도시형주택	4	6	민영	10	보통
팽솔나리움	공용주택	6	0	부설	6	미흡

5 〈건축용도정보〉 테이블에서 '건물코드'가 〈주차시설정보〉 테이블의 '야외주차'가 0인 레코드에 해당하는 '건물번호' 목록에 포함되지 않는 모든 레코드에 대해, '비고' 필드를 '주차양호'로 변경하도록 〈건축용도비고〉 업데이트 쿼리를 작성하고 실행하시오. (7점)

▶ 〈건축용도정보〉와 〈주차시설정보〉 테이블을 이용하시오.
▶ NOT IN 연산자와 하위 쿼리 사용

〈그림〉

건물코드	건물명	주용도	건축연도	비고
SC-01	솔진듀얼팰리스	공용주택	2024	주차양호
SC-02	레덕나 나이파크	공용주택	2020	주차양호
SC-03	솔우스타팰리스	공용주택	2022	
SC-04	솔온프라이빗	공용주택	2022	주차양호
SC-05	나민나 우수아파트	공용주택	2020	주차양호

해설 확인하기

제1회 기출변형문제

➡ 정답 확인하기: EXIT 사이트 → 자료실 → 컴퓨터활용능력 1급
→ 실기 기본서 → 정답화면 바로보기

문제 ❶ DB 구축 (25점)

1 〈주차시설정보〉 테이블 완성하기

① 탐색 창의 〈주차시설정보〉 테이블에서 마우스 오른쪽 단추를 클릭하고 바로 가기 메뉴에서 [디자인 보기]를 선택한다.

② '주차유형코드' 필드를 선택 → '필드 속성'에서 [일반] 탭의 '입력 마스크' 속성에 LL-L000;0;#을 입력한다.

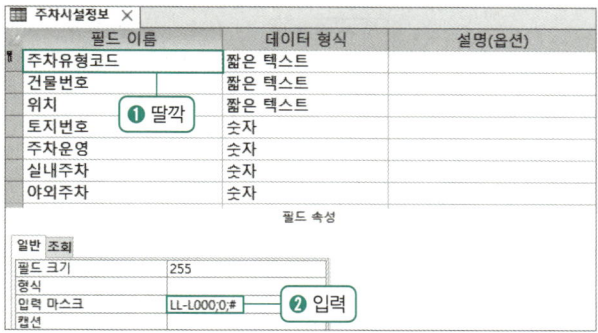

사용자 지정 기호 ; 서식 문자 저장 ; 입력 자리 표시
　　　　❶　　　　　　　❷　　　　　　❸

- ❶;❷;❸: 사용자 지정 기호 ; 서식 문자 저장 ; 입력 자리 표시
- ❶ • L: 반드시 알파벳(A-Z) 1글자 입
  • 하이픈(-): 그대로 표시되는 고정 문자
  • 0: 반드시 숫자(0-9) 1자리 입력
- ❷ • 0: 필드에 하이픈까지 그대로 저장
  • 1: 실제 입력 값만 저장
- ❸ #: 입력 전 빈 자리에 표시될 문자

③ [테이블 디자인] 탭-[표시/숨기기] 그룹-[속성 시트]를 클릭한다.

④ [속성 시트] 창에서 [유효성 검사 규칙]에 [실내주차]+[야외주차]>=1을 입력 → [유효성 검사 텍스트]에 실내주차와 야외주차 수를 확인하세요를 입력한다. 필드 하나만으로는 검증할 수 없고, 두 개 이상 필드의 값을 함께 비교·계산해야 할 때 테이블의 [속성 시트]의 유효성 검사 규칙을 이용한다.

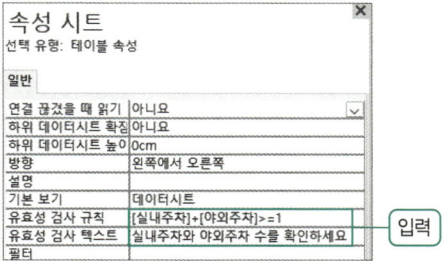

⑤ [속성 시트] 창-[일반] 탭-[정렬 기준]에 주차유형코드 ASC를 입력한다.

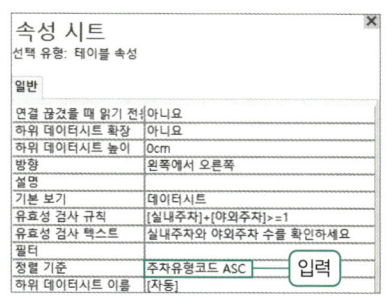

⑥ '실내주차' 필드를 선택 → '필드 속성'에서 [일반] 탭의 '기본값'에 0을 입력한다.

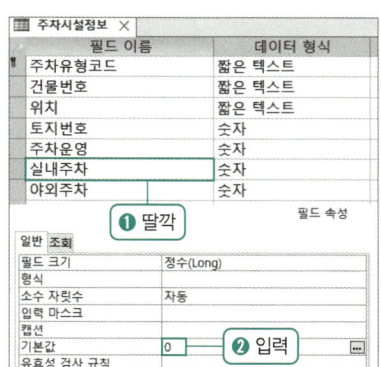

⑦ '위치' 필드를 선택 → '필드 속성'에서 [유효성 검사 규칙]에 InStr([위치]," ")=0을 입력 → '유효성 검사 텍스트'에 공백 제외를 입력한다.

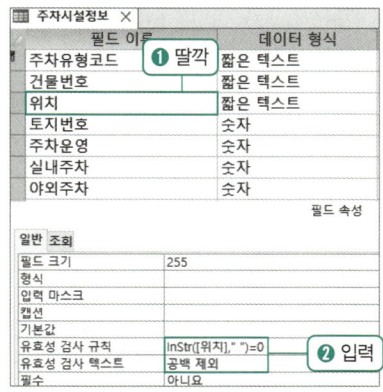

⑧ 〈주차시설정보〉 테이블에서 [닫기] 단추(X)를 클릭 → 변경한 내용을 저장할 것인지 묻는 메시지 상자와 데이터 통합 규칙이 바뀌었다는 메시지 상자가 나타나면 [예] 단추를 클릭한다.

2 〈주차시설정보〉 테이블의 조회 속성 생성하기

① 탐색 창의 〈주차시설정보〉 테이블에서 마우스 오른쪽 단추를 클릭하고 바로 가기 메뉴에서 **[디자인 보기]**를 선택한다.

② '주차운영' 필드를 선택 → '필드 속성'에서 [조회] 탭의 '컨트롤 표시' 속성을 '콤보 상자'로, '행 원본 유형' 속성을 '테이블/쿼리'로 지정 → '행 원본' 속성에 커서를 올려놓고 작성기 단추(...)를 클릭한다.

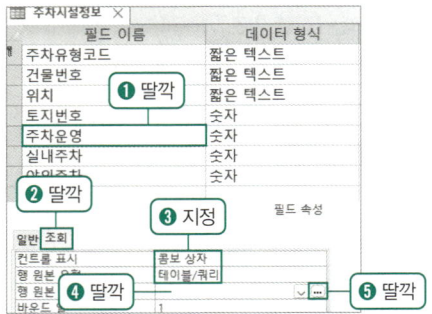

③ [테이블 추가] 창이 나타나면 [테이블] 탭에서 〈주차운영방식〉 테이블을 더블클릭하여 [쿼리 작성기] 창에 추가 → [닫기] 단추(×)를 클릭한다.

④ [쿼리 작성기] 창의 〈주차운영방식〉 테이블에서 '주차운영코드'와 '주차형태' 필드를 차례대로 더블클릭 → [닫기] 단추(×)를 클릭한다.

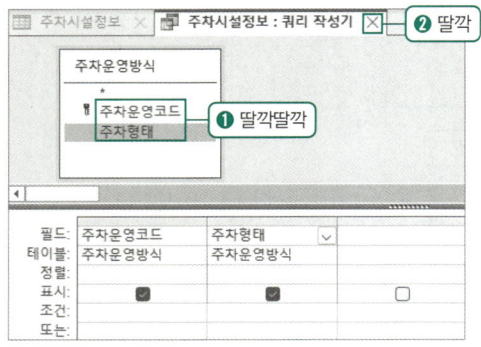

⑤ SQL 문의 변경 내용을 저장하고 속성을 업데이트할 것인지 묻는 메시지 상자가 나타나면 [예] 단추를 클릭한다.

⑥ '주차운영' 필드의 '필드 속성'에서 [조회] 탭의 '바운드 열' 속성은 '1'로, '열 개수' 속성은 '2'로, '열 너비' 속성은 '0cm;2.5cm'로, '목록 너비' 속성은 '2.5cm'로, '목록 값만 허용' 속성은 '예'로 지정한다.

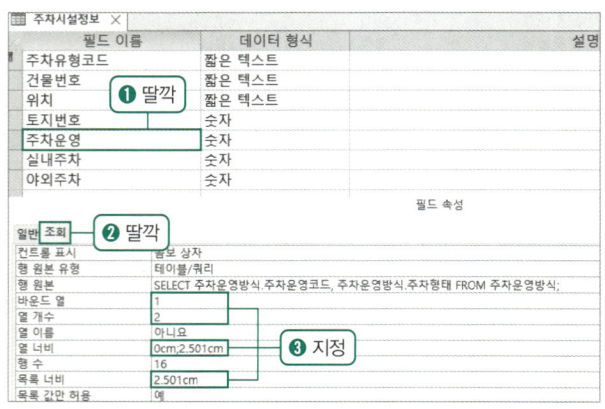

⑦ 〈주차시설정보〉 테이블에서 [닫기] 단추(×)를 클릭 → 변경한 내용을 저장할 것인지 묻는 메시지 상자와 데이터 통합 규칙이 바뀌었다는 메시지 상자가 나타나면 [예] 단추를 클릭한다.

3 테이블 간의 관계 설정하기

① **[데이터베이스 도구] 탭-[관계] 그룹-[관계]**를 클릭한다.

② [관계] 창의 빈 영역에서 마우스 오른쪽 단추를 클릭하고 바로 가기 메뉴에서 **[테이블 표시]**를 선택한다.

③ [테이블 추가] 대화상자가 나타나면 [테이블] 탭에서 〈토지정보〉 테이블을 더블클릭하여 [관계] 창에 추가 → [닫기] 단추(×)를 클릭한다.

④ 〈토지정보〉 테이블의 '토지유형번호' 필드를 〈주차시설정보〉 테이블의 '토지번호' 필드로 드래그한다.

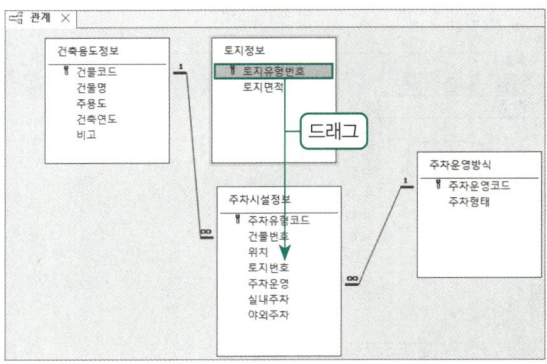

⑤ [관계 편집] 대화상자가 나타나면 '항상 참조 무결성 유지'와 '관련 필드 모두 업데이트'에 체크 → [만들기] 단추를 클릭한다.

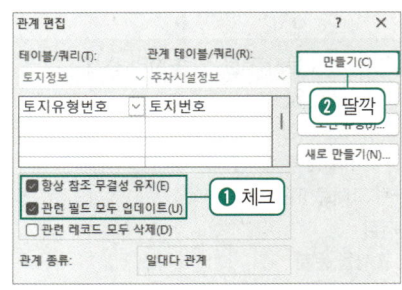

⑥ 관계가 설정되었으면 [관계] 창의 [닫기] 단추(×)를 클릭 → 변경한 내용을 저장할 것인지 묻는 메시지 상자가 나타나면 [예] 단추를 클릭한다.

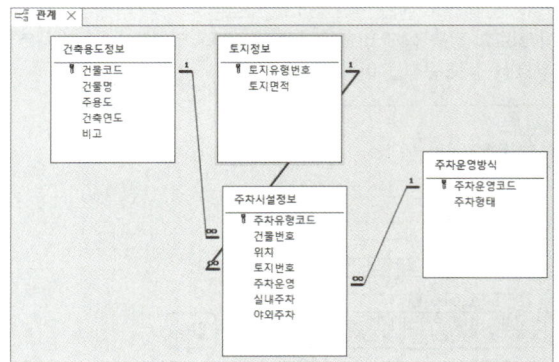

문제 ❷ 입력 및 수정 기능 구현 (20점)

1 〈주차운영관리〉 폼의 속성 설정하기

① 탐색 창의 〈주차운영관리〉 폼에서 마우스 오른쪽 단추를 클릭하고 바로 가기 메뉴에서 [디자인 보기]를 선택한다.

② [양식 디자인] 탭-[도구] 그룹-[속성 시트]를 클릭한다.

③ [속성 시트] 창에서 본문 영역에 있는 'txt총주차대수'를 선택 → [데이터] 탭에서 '컨트롤 원본' 속성에 =[실내주차]+[야외주차]를 입력한다.

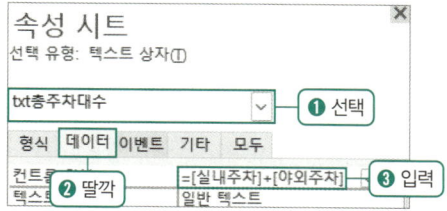

④ [속성 시트] 창에서 본문 영역에 있는 'txt실내외비율'을 선택 → [데이터] 탭에서 '컨트롤 원본' 속성에 =IIf([야외주차]=0,"전부 실내", Round([실내주차]/[야외주차], 0) & ":1")을 입력한다.

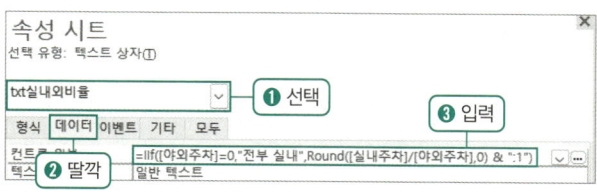

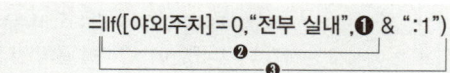

❶ Round([실내주차]/[야외주차],0): [실내주차]/[야외주차] 값을 일의 자리까지 반올림하여 표시한다.

=IIf([야외주차]=0,"전부 실내",❶ & ":1")
　　　　　　　　　　　　　　❷　　❸

❷ IIf([야외주차]=0,"전부 실내",❶): [야외주차] 값이 0이면 "전부 실내"를 표시, 그 외에는 ❶을 표시한다.

❸ ❷ & ":1": ❷와 ":1"을 연결하여 표시한다. (& 양쪽에 공백이 있어야 함)

⑤ [속성 시트] 창에서 폼 바닥글 영역에 있는 'txt최대실내'를 선택 → [데이터] 탭에서 '컨트롤 원본' 속성에 =DMax("실내주차","주차시설정보","주차운영=주차운영코드") & "대"를 입력한다.

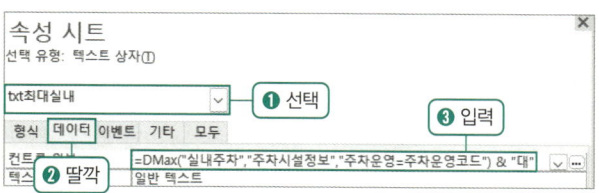

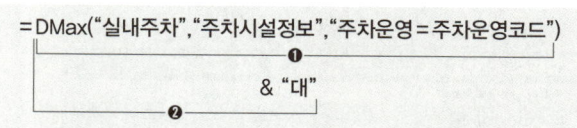

❶ DMax("실내주차","주차시설정보","주차운영=주차운영코드"): "주차운영코드"와 같은 "주차운영" 방식을 가진 "주차시설정보" 중 "실내주차" 수가 가장 큰 값을 반환한다.

❷ ❶ & "대": ❶과 "대"를 연결하여 표시한다.

⑥ 〈주차운영관리〉 폼의 닫기 단추(✕)를 클릭 → 변경한 내용을 저장할 것인지 묻는 메시지 상자가 나타나면 [예] 단추를 클릭한다.

2 〈주차상세정보〉 폼의 조건부 서식 설정하기

① 탐색 창의 〈주차상세정보〉 폼에서 마우스 오른쪽 단추를 클릭하고 바로 가기 메뉴에서 [디자인 보기]를 선택한다.

② 〈주차상세정보〉 폼의 본문 영역의 텍스트 상자를 드래그하여 선택 → [서식] 탭-[컨트롤 서식] 그룹-[조건부 서식]을 클릭한다.

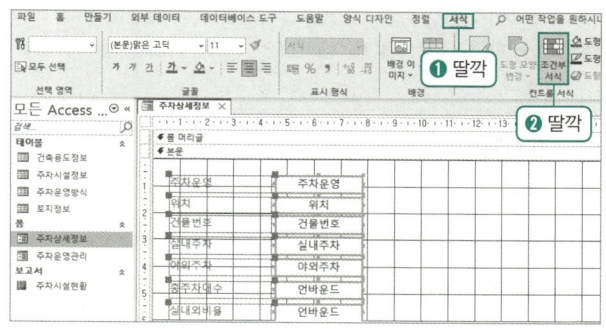

③ [조건부 서식 규칙 관리자] 대화상자가 나타나면 [새 규칙] 단추를 클릭한다.

④ [새 서식 규칙] 대화상자가 나타나면 '다음과 같은 셀만 서식 설정'에서 '식이'를 선택 → Len([위치])=3 And ([실내주차]+[야외주차])>=500 And [야외주차]<>0을 입력 → 배경색 '밤색2', '밑줄'을 지정 → '미리 보기'에서 지정된 서식을 확인 → [확인] 단추를 클릭한다.

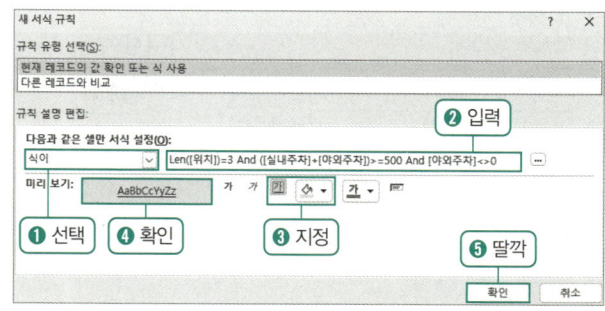

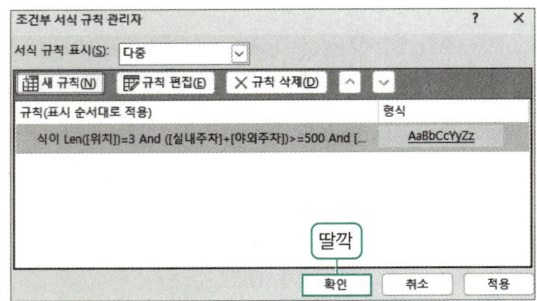

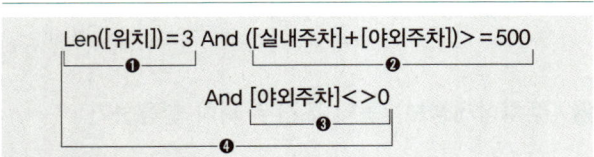

❶ Len([위치])=3 : "위치" 필드의 내용이 3글자인지를 확인한다.
❷ ([실내주차]+[야외주차])>=500 : "실내주차" 필드값과 "야외주차" 필드값의 합이 500 이상인지를 판단한다.
❸ [야외주차]<>0 : "야외주차"필드값이 0이 아닌지를 판단한다.
❹ ❶ And ❷ And ❸ : ❶, ❷, ❸의 조건이 모두 True인 경우 True를 반환한다.

⑤ 〈주차상세정보〉 폼의 [닫기] 단추(X)를 클릭 → 변경한 내용을 저장할 것인지 묻는 메시지 상자가 나타나면 [예] 단추를 클릭한다.

3 〈보고서출력〉 매크로 생성하기

① [만들기] 탭-[매크로 및 코드] 그룹-[매크로]를 클릭한다.
② [매크로] 창이 나타나면 'MessageBox' 함수를 선택한다.
③ 메시지에 ="보고서 출력 : " & Time()을 입력, 종류에 '정보'를 선택, 제목에 메시지를 입력 → 새 함수 추가에서 'OpenReport' 함수를 선택한다.

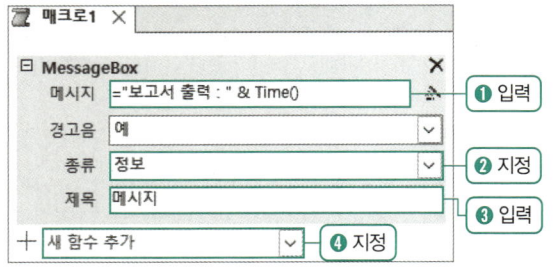

④ '보고서 이름'은 '주차시설현황'으로, '보기 형식'은 '인쇄 미리 보기'로 지정 → 'Where 조건문'에 [위치]=[Forms]![주차운영관리]![txt위치]를 입력한다.

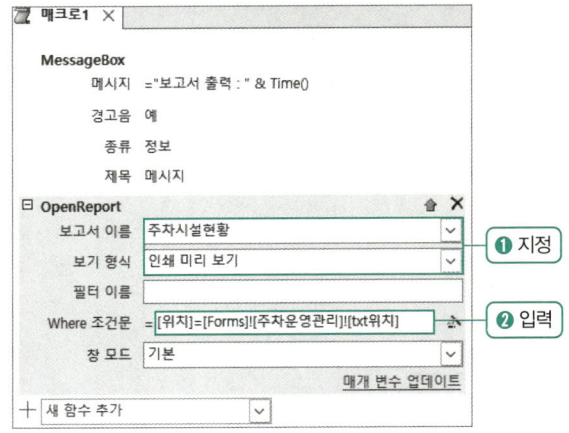

⑤ [매크로] 창에서 [닫기] 단추(X)를 클릭 → 변경한 내용을 저장할 것인지 묻는 메시지 상자가 나타나면 [예] 단추를 클릭한다.
⑥ [다른 이름으로 저장] 대화상자가 나타나면 '매크로 이름'에 보고서출력을 입력 → [확인] 단추를 클릭한다.
⑦ 탐색 창의 〈주차운영관리〉 폼에서 마우스 오른쪽 단추를 클릭하고 바로 가기 메뉴에서 [디자인 보기]를 선택한다.
⑧ [속성 시트] 창에서 'cmd보고서'를 지정 → [이벤트] 탭에서 'On Click' 이벤트를 '보고서출력'으로 지정한다.

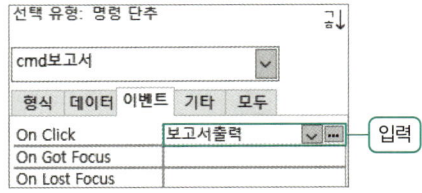

⑨ 〈주차운영관리〉 폼의 닫기 단추(X)를 클릭 → 변경한 내용을 저장할 것인지 묻는 메시지 상자가 나타나면 [예] 단추를 클릭한다.
⑩ 〈주차운영관리〉 폼을 더블클릭한다.
⑪ 〈주차운영관리〉 폼에서 'txt위치'에 임의의 예당동을 입력 → '보고서' 단추를 클릭 → 결과를 확인한다.

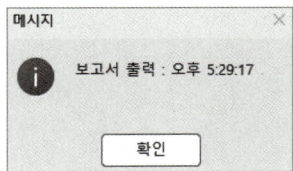

문제 ❸ 조회 및 출력 기능 구현 (20점)

1 〈주차시설현황〉 보고서 완성하기

① 탐색 창의 〈주차시설현황〉 보고서에서 마우스 오른쪽 단추를 클릭하고 바로 가기 메뉴에서 **[디자인 보기]**를 선택한다.

② **[보고서 디자인] 탭 – [그룹화 및 요약] 그룹 – [그룹화 및 정렬]**을 클릭한다.

③ [그룹, 정렬 및 요약] 창이 나타나면 [정렬 추가] 단추를 클릭 → '정렬 기준'은 '주차유형코드' 필드를, '정렬 순서'는 '오름차순'으로 지정한다.

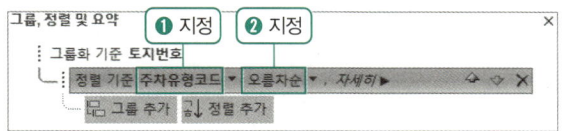

④ [속성 시트] 창에서 'txt토지번호' 선택 → [형식] 탭에서 '중복 내용 숨기기' 속성을 '예'로 지정한다.

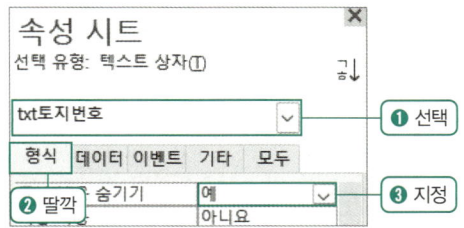

⑤ [속성 시트] 창에서 'txt번호' 선택 → [데이터] 탭에서 '컨트롤 원본' 속성에 =1을 입력하고, '누적 합계' 속성을 '그룹'으로 지정한다.

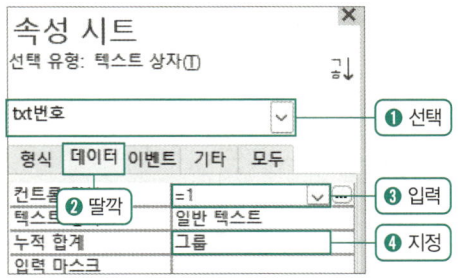

⑥ [속성 시트] 창에서 'hap실내주차' 선택 → [데이터] 탭에서 '컨트롤 원본' 속성에 =Sum([실내주차]) & "대"를 입력한다.

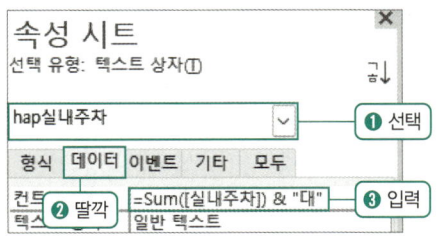

⑦ [속성 시트] 창에서 'hap야외주차' 선택 → [데이터] 탭에서 '컨트롤 원본' 속성에 =Sum([야외주차]) & "대"를 입력한다.

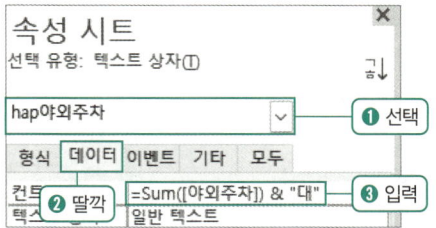

⑧ [속성 시트] 창에서 'txt페이지' 선택 → [데이터] 탭에서 '컨트롤 원본' 속성에 =IIf([Page]=[Pages],"마지막 페이지입니다","페이지 " & [Page] & " / " & [Pages])를 입력한다.

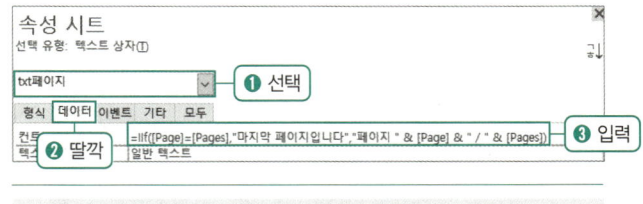

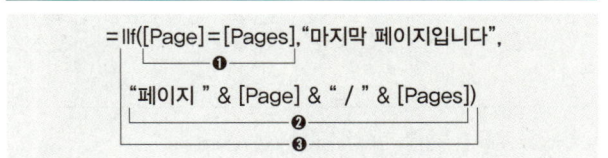

❶ [Page]=[Pages]: 현재 페이지와 전체 페이지의 값이 같다.
❷ "페이지 " & [Page] & " / " & [Pages]: "페이지 ", 현재페이지, " / ", 전체페이지를 연결하여 표시한다.
❸ IIf(❶,"마지막 페이지입니다",❷): ❶의 조건이 True이면 "마지막 페이지입니다"를 표시하고 그 외에는 ❷를 표시한다.

⑨ 〈주차시설현황〉 보고서에서 [닫기] 단추(☒)를 클릭 → 변경한 내용을 저장할 것인지를 묻는 메시지 상자가 나타나면 [예] 단추를 클릭한다.

2 〈주차상세정보〉 폼에서 이벤트 프로시저 작성하기

① 탐색 창의 〈주차상세정보〉 폼에서 마우스 오른쪽 단추를 클릭하고 바로 가기 메뉴에서 **[디자인 보기]**를 선택한다.

② [속성 시트] 창에서 '건물번호'를 지정 → [이벤트] 탭에서 'On Dbl Click' 이벤트의 작성기 단추(…)를 클릭한다.

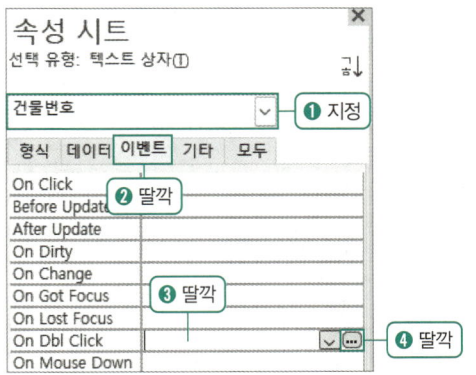

③ [작성기 선택] 대화상자가 나타나면 '코드 작성기'를 선택 → [확인] 단추를 클릭한다.

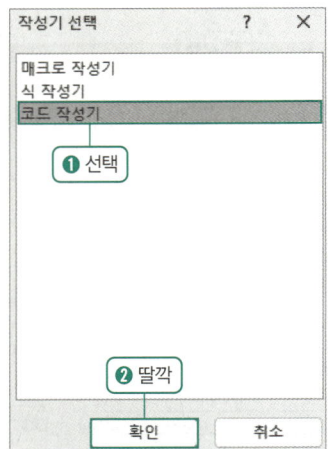

④ [Visual Basic Editor] 창이 나타나면 [코드] 창의 건물번호_DblClick( )' 프로시저에 다음과 같이 코드를 입력 → [닫기] 단추(⊠)를 클릭한다.

```
Private Sub 건물번호_DblClick(Cancel As Integer)
    MsgBox "건물번호: " & Me.건물번호 & ", 위치: " & Me.위치,
                    ❶
    vbInformation, "주차 정보"
       ❷                ❸
End Sub
```

❶ "건물번호: " & Me.건물번호 & ", 위치: " & Me.위치: 본문내용
❷ vbInformation: 대화상자 아이콘
❸ "주차 정보": 제목 표시줄 내용

⑤ 〈주차상세정보〉 폼에서 [닫기] 단추(⊠)를 클릭 → 변경한 내용을 저장할 것인지를 묻는 메시지 상자가 나타나면 [예] 단추를 클릭한다.

문제 ❹ 처리 기능 구현 (35점)

1 〈실내주차평가〉 쿼리 작성하기

① [만들기] 탭-[쿼리] 그룹-[쿼리 디자인]을 클릭한다.
② [테이블 추가] 창이 나타나면 [테이블] 탭에서 〈주차시설정보〉 테이블을 더블클릭하여 [쿼리1] 창에 추가 → [닫기] 단추(⊠)를 클릭한다.

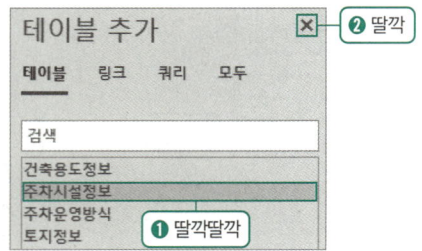

③ 〈주차시설정보〉 테이블에서 '주차유형코드', '위치', '실내주차', '야외주차' 필드를 차례대로 더블클릭한다.

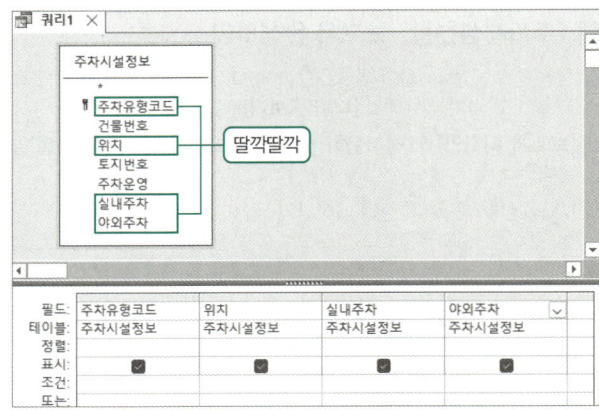

④ '야외주차' 필드의 오른쪽 필드에 실내주차평가: IIf([실내주차]>=500,"실내주차 우수",IIf([실내주차]>=50,"실내주차 양호","실내주차 부족"))을 입력한다.

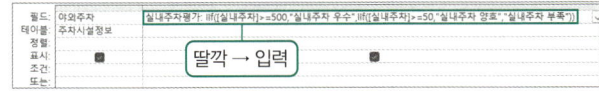

⑤ '주차유형코드' 필드를 기준으로 오름차순 정렬하기 위해 '주차유형코드' 필드의 '정렬' 항목을 클릭 → '오름차순'으로 지정한다.

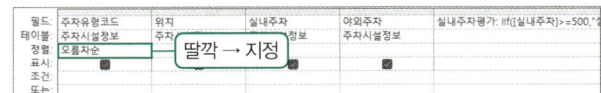

⑥ [쿼리 디자인] 탭-[결과] 그룹-[실행]을 클릭 → 결과를 확인한다.
⑦ 〈쿼리1〉 창에서 [닫기] 단추(⊠)를 클릭 → 변경한 내용을 저장할 것인지 묻는 메시지 상자가 나타나면 [예] 단추를 클릭한다.
⑧ [다른 이름으로 저장] 대화상자가 나타나면 '쿼리 이름'에 실내주차평가를 입력 → [확인] 단추를 클릭한다.

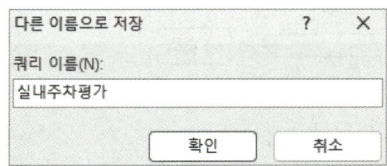

2 〈주차위치형태분석〉 크로스탭 쿼리 작성하기

① [만들기] 탭-[쿼리] 그룹-[쿼리 디자인]을 클릭한다.
② [테이블 추가] 창이 나타나면 [테이블] 탭에서 〈주차시설정보〉 테이블과 〈주차운영방식〉 테이블 차례대로 더블클릭하여 [쿼리1] 창에 추가 → [닫기] 단추(⊠)를 클릭한다.
③ 〈주차시설정보〉 테이블에서 '위치', '실내주차' 필드를 차례대로 더블클릭, 〈주차운영방식〉 테이블에서 '주차형태' 필드를 더블클릭한다.

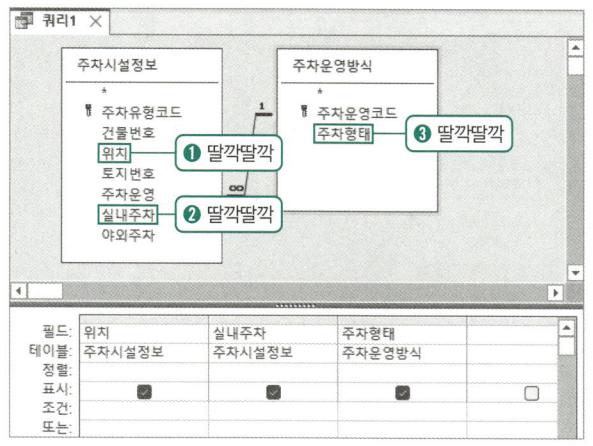

④ 실내주차합계와 위치의 조건을 나타내기 위하여 '실내주차'와 '위치' 필드를 더블클릭하여 추가한다.

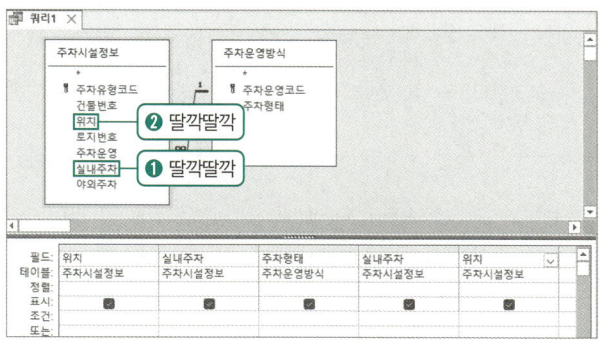

⑤ [쿼리 디자인] 탭-[쿼리 유형] 그룹-[크로스탭]을 클릭한다.
⑥ '요약'과 '크로스탭' 항목이 추가되면 각 필드의 항목에 다음과 같이 조건을 지정한다.
- '위치' 필드의 '크로스탭' 항목: '행 머리글' 지정
- '실내주차' 필드의 '요약', '크로스탭' 항목: '합계', '값' 지정
- '주차형태' 필드의 '크로스탭' 항목: '열 머리글' 지정
- '실내주차' 필드의 '요약', '크로스탭' 항목: '합계', '행 머리 글' 지정
- '위치' 필드의 요약: '조건' 지정, 조건에 Not Like "*1*" And Not Like "*2*"를 입력

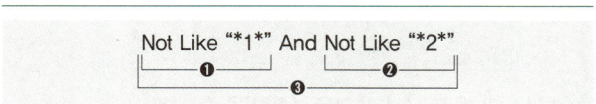

❶ Not Like "*1*": 1을 포함하지 않는다.
❷ Not Like "*2*": 2를 포함하지 않는다.
❸ ❶ And ❷: ❶, ❷의 조건이 모두 True이면 True를 반환한다.

⑦ '실내주차' 행 머리글의 필드명을 실내주차합계: 실내주차로 수정한다.

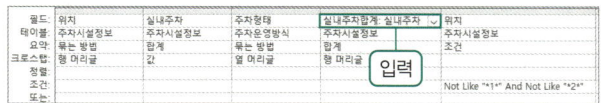

⑧ [쿼리 디자인] 탭-[결과] 그룹-[실행]을 클릭 → 결과를 확인한다.

⑨ 〈쿼리1〉 창에서 [닫기] 단추(⊠)를 클릭 → 변경한 내용을 저장할 것인지 묻는 메시지 상자가 나타나면 [예] 단추를 클릭한다.
⑩ [다른 이름으로 저장] 대화상자가 나타나면 '쿼리 이름'에 주차위치형태분석을 입력 → [확인] 단추를 클릭한다.

3 〈건물명검색〉 쿼리 작성하기

① [만들기] 탭-[쿼리] 그룹-[쿼리 디자인]을 클릭한다.
② [테이블 추가] 창이 나타나면 [테이블] 탭에서 〈건축용도정보〉 테이블을 더블클릭하여 [쿼리1] 창에 추가 → [닫기] 단추(⊠)를 클릭한다.
③ 〈건축용도정보〉 테이블에서 '건물명', '주용도', '건축연도' 필드를 차례대로 더블클릭한다.
④ '건축연도'의 오른쪽 필드에 건축연도표시: String(Int(([건축연도]−1999)/5), "★")을 입력한다.

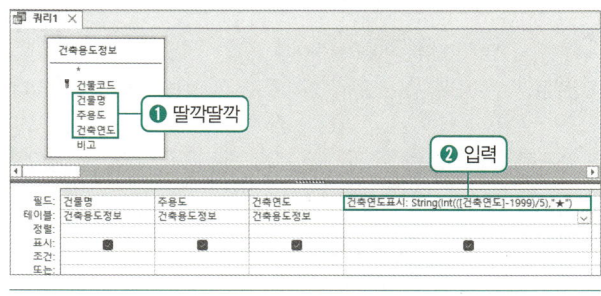

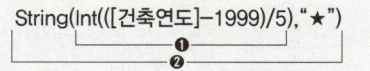

❶ Int(([건축연도]−1999)/5): ([건축연도]−1999)/5의 값을 정수화한다.
❷ String(❶, "★"): "★"을 ❶의 개수만큼 표시한다.

⑤ 건물명의 조건에 Like "*" & [검색할 건물명을 입력하세요:] & "*"를 입력한다.

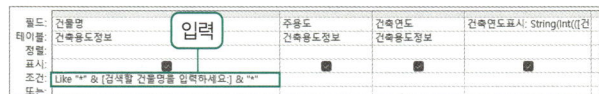

⑥ [쿼리 디자인] 탭-[결과] 그룹-[실행]을 클릭 → 임의의 건물명인 팰리스를 입력 → [확인] 단추를 클릭하여 결과를 확인한다.

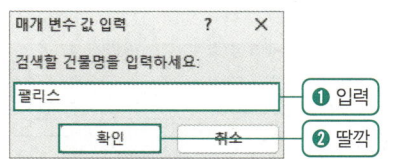

건물명	주용도	건축연도	건축연도표
솔진듀얼팰리스 2차	도시형주택	2001	
솔우스타팰리스	공용주택	2001	
솔진듀얼팰리스	공용주택	2024	★★★★★
팽혜팰리스	도시형주택	2001	
솔우스타팰리스	공용주택	2022	★★★★
재종 팰리스	공용주택	2001	
솔우스타팰리스 103나,104동	공용주택	2001	
수원팰리스	공용주택	2001	
솔우스타팰리스	공용주택	2010	★★
수원팰리스(A, B나)	도시형주택	2001	

⑦ 〈쿼리1〉 창에서 [닫기] 단추(⊠)를 클릭 → 변경한 내용을 저장할 것인지 묻는 메시지 상자가 나타나면 [예] 단추를 클릭한다.
⑧ [다른 이름으로 저장] 대화상자가 나타나면 '쿼리 이름'에 건물명검색을 입력 → [확인] 단추를 클릭한다.

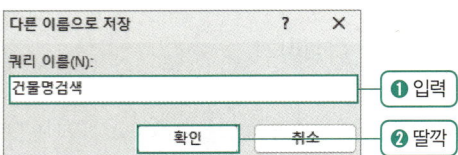

4 〈통합주차정보〉 쿼리 작성하기

① [만들기] 탭-[쿼리] 그룹-[쿼리 디자인]을 클릭한다.
② [테이블 추가] 창이 나타나면 [테이블] 탭에서 〈건축용도정보〉, 〈주차시설정보〉, 〈주차운영방식〉 테이블을 더블클릭하여 [쿼리1] 창에 추가 → [닫기] 단추(⊠)를 클릭한다.
③ '건물명', '주용도', '실내주차', '야외주차', '주차형태' 필드를 차례대로 더블클릭한다.

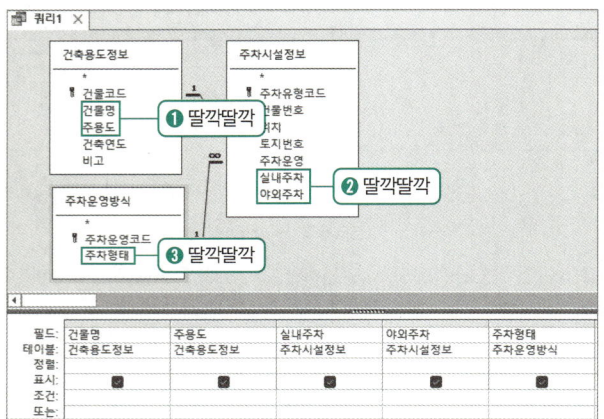

④ '주차형태' 필드의 '조건'에 Not In ("노상", "노외")를 입력한다.

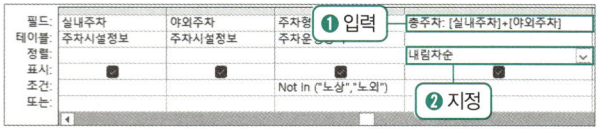

⑤ '주차형태' 필드의 오른쪽 필드에 총주차: [실내주차]+[야외주차]를 입력 → '정렬' 항목을 클릭 → '내림차순'으로 지정한다.

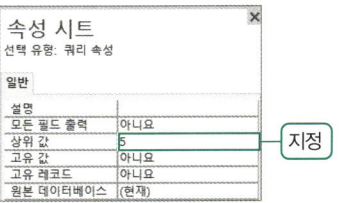

⑥ [쿼리1] 창의 빈 공간에서 마우스 오른쪽 단추 클릭 → 바로 가기 메뉴에서 [속성] 클릭 → [속성 시트] 창의 [일반] 탭에서 '상위 값' 속성을 '5'로 지정한다.

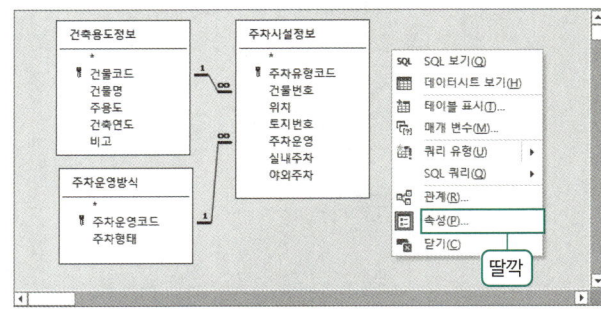

⑦ 가장 오른쪽 필드에 주차등급: Switch(([실내주차]+[야외주차])>=30,"매우 우수",([실내주차]+[야외주차])>=20,"우수",([실내주차]+[야외주차])>=10,"보통",([실내주차]+[야외주차])<10,"미흡")을 입력한다.

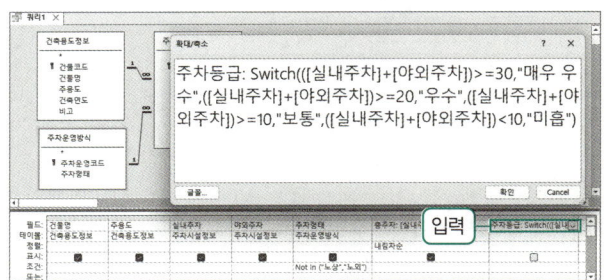

⑧ [쿼리 디자인] 탭-[쿼리 유형] 그룹-[테이블 만들기]를 클릭한다.
⑨ [테이블 만들기] 대화상자가 나타나면 통합주차표시를 입력 → [확인] 단추를 클릭한다.

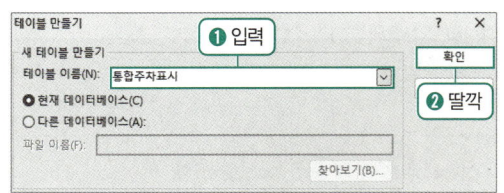

⑩ [쿼리 디자인] 탭-[결과] 그룹-[실행]을 클릭한다.
⑪ 행을 붙여 넣는다는 메시지 상자가 나타나면 [예] 단추를 클릭한다.

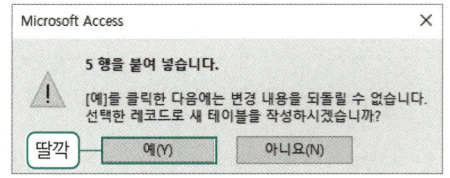

⑫ 〈쿼리1〉 창에서 [닫기] 단추(⊠)를 클릭 → 변경한 내용을 저장할 것인지 묻는 메시지 상자가 나타나면 [예] 단추를 클릭한다.

⑬ [다른 이름으로 저장] 대화상자가 나타나면 '쿼리 이름'에 통합주차
정보 입력 → [확인] 단추를 클릭한다.

5 〈건축용도비고〉 업데이트 쿼리 작성하기

① [만들기] 탭-[쿼리] 그룹-[쿼리 디자인]을 클릭한다.
② [테이블 추가] 창이 나타나면 [테이블] 탭에서 〈건축용도정보〉와 〈주차시설정보〉 테이블을 더블클릭하여 [쿼리1] 창에 추가 → [닫기] 단추(×)를 클릭한다.
③ '비고', '건물코드' 필드를 차례대로 더블클릭한다.
④ [쿼리 디자인] 탭-[쿼리 유형] 그룹-[업데이트]를 클릭 → '비고' 필드의 '업데이트' 항목에 "주차양호"를 입력한다.
⑤ '건물코드' 필드의 '조건' 항목에 Not In (SELECT 건물번호 FROM 주차시설정보 WHERE 야외주차 = 0)을 입력한다.

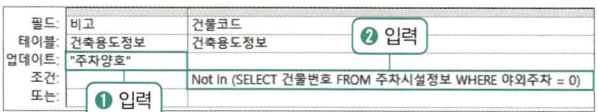

⑥ [쿼리 디자인] 탭-[결과] 그룹-[실행]을 클릭 → 새로 고친다는 메시지 상자가 나타나면 [예] 단추를 클릭한다.

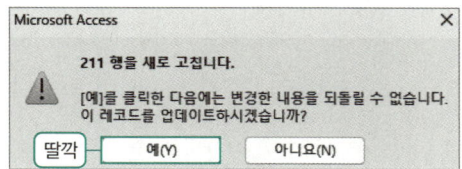

⑦ 〈쿼리1〉 창에서 [닫기] 단추(×)를 클릭 → 변경한 내용을 저장할 것인지 묻는 메시지 상자가 나타나면 [예] 단추를 클릭한다.
⑧ [다른 이름으로 저장] 대화상자가 나타나면 '쿼리 이름'에 건축용도비고 입력 → [확인] 단추를 클릭한다.

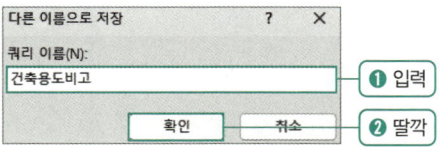

⑨ 〈건축용도정보〉 테이블의 '비고' 필드의 내용을 확인한다.

제2회 기출변형문제

프로그램명	제한시간	합격선	외부 데이터 위치
ACCESS 2021	45분	70점	C:\에듀윌_2026컴활1급실기\기출변형문제\데이터베이스실무\실습\2회\제2회기출변형문제.accdb

문제 ❶ DB 구축 (25점)

1 회사의 인사 조직 관리를 하기 위한 데이터베이스를 구축하고자 한다. 다음의 지시사항에 따라 각 테이블을 완성하시오. (각 3점)

① 〈사원정보〉 테이블에서 새로운 레코드가 추가되는 경우 '입사일자' 필드에는 시간을 포함하지 않는 시스템의 오늘 날짜가 입력되도록 하시오.

② 〈사원정보〉 테이블에서 '사원코드' 필드는 영문(대/소문자)로 시작하도록 유효성 검사 규칙을 설정하고, 이외의 값이 입력되면 '사원코드는 영문자로 시작해야 합니다.'라는 메시지를 표시하시오.
   ▶ LIKE 연산자 사용

〈그림〉

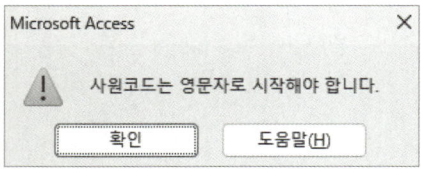

③ 〈부서현황〉 테이블에서 '허용정원' 필드는 1에서 999 사이의 숫자만 입력할 수 있도록 유효성 검사 규칙을 설정하고, 이외의 값이 입력되면 '입력값을 확인하세요'라는 메시지를 표시하시오.
   ▶ BETWEEN 연산자 사용

〈그림〉

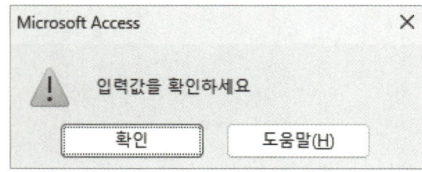

④ '부서코드' 필드는 'MG-10-GS'와 같은 형태로 문자 2자, 하이픈(-), 숫자 2자, 하이픈(-), 문자 2자의 형식으로 입력되도록 입력 마스크를 설정하시오.
   ▶ 문자는 영문 및 한글을 허용하고, 숫자는 0-9를 허용할 것
   ▶ 하이픈(-) 기호도 테이블에 저장되도록 설정할 것
   ▶ 입력 시 각 자리에 표시될 문자는 '#' 기호를 사용할 것

⑤ '소속본부' 필드는 필수 입력으로 설정하고, 빈 문자열을 허용하지 않도록 설정하시오.

2 '외부 데이터 가져오기' 기능을 이용하여 '복리후생.xlsx' 파일의 내용을 가져와서 〈복지제도〉 테이블에 추가하시오. (5점)

▶ '추가사항'으로 이름이 정의된 데이터를 가져오시오.

〈그림〉

복지코드	복지명칭	지원금액	복지설명
WEL1	건강검진	300,000	종합건강검진 비용 연 1회 지원
WEL2	통신보조	50,000	모바일 요금 월 5만 원 한도 실비 지원
WEL3	체력단련	200,000	피트니스·수영 등 운동비 연 20만 원 지원
WEL4	자기계발	300,000	외국어·자격증 강의비 연 30만 원 지원
WEL5	출산축하	1,000,000	자녀 출산 시 일시금 100만 원 지급
WEL6	출산축하	1,000,000	자녀 출산 시 일시금 100만 원 지급
WEL7	장기근속	500,000	근속 5년마다 휴가비 50만 원 지원
WEL8	주택자금	2,000,000	주택 전·월세 보증금 대출이자 연 200만 원 보조
WEL9	문화생활	100,000	영화·도서 등 문화비 연 10만 원 지원

3 〈사원복지〉 테이블의 '사원코드' 필드는 〈사원정보〉 테이블의 '사원코드' 필드를 M:1 관계로 참조한다. 다음과 같이 테이블 간의 관계를 설정하시오. (5점)

※ 액세스 파일에 이미 설정되어 있는 관계는 수정하지 마시오.

▶ 테이블 간에 항상 참조 무결성이 유지되도록 설정하시오.
▶ 〈사원정보〉 테이블의 '사원코드' 필드 값이 변경되면 이를 참조하는 〈사원복지〉 테이블의 '사원코드' 필드 값도 따라 변경되도록 하시오.
▶ 다른 테이블에서 참조하고 있는 레코드는 삭제할 수 없도록 설정하시오.

문제 ❷ 입력 및 수정 기능 구현 (20점)

1 〈사원관리세부〉 폼을 다음의 화면과 지시사항에 따라 완성하시오. (각 3점)

① 본문의 'txt재직구분'에는 'txt입사일자'의 연도가 2024년 이하이면 '경력'으로 그 외에는 '신입'으로 표시하시오.
  ▶ IIF 함수 사용

② 본문의 'txt연봉등급'에는 연봉금액이 80000000 이상이면 'S', 60000000 이상이면 'A', 40000000, 이상이면 'B', 그 외에는 'C'로 표시하시오.
  ▶ SWITCH 함수 사용

③ 본문의 'txt부서명칭'에는 'txt부서코드' 컨트롤에 입력된 부서코드와 일치하는 레코드를 〈부서현황〉 테이블에서 찾아 해당 레코드의 부서명칭을 화면에 표시하시오.
  ▶ DLOOKUP 함수 사용

〈그림〉

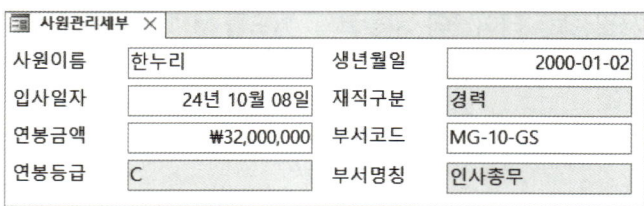

2 〈사원관리현황〉 폼 바닥글의 'txt연봉편차' 컨트롤에 '연봉금액' 필드의 최고값과 최저값을 쉼표(천 단위) 형식으로 각각 표시하여 '최고: 99,999 / 최저: 30,000' 형태로 출력하시오. (5점)

  ▶ Max, Min, Format 함수, & 연산자 사용

〈그림〉

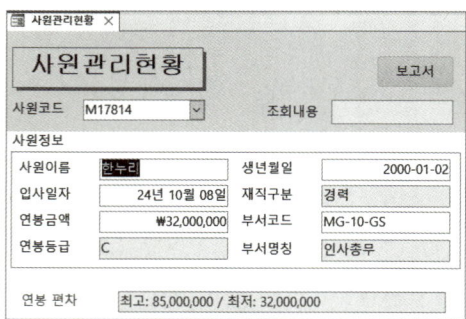

3 〈사원관리현황〉 폼의 '연봉금액'(txt연봉금액)을 클릭하면 다음과 같은 '메시지' 폼이 표시되도록 매크로를 생성하시오. (5점)

〈그림〉

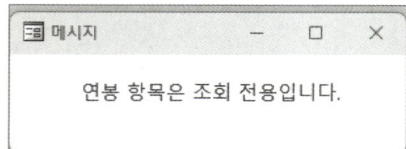

문제 ❸ 조회 및 출력 기능 구현 (20점)

1 다음의 지시사항 및 화면을 참조하여 〈사원현황보고〉 보고서를 완성하시오. (각 3점)

① '부서코드'의 첫 문자를 기준으로 그룹화하고 동일한 그룹 내에서는 1차 기준으로 '입사일자' 내림차순, 2차 기준으로 '사원이름' 오름차순 정렬하여 표시하시오.

② '부서코드 머리글'의 txt부서코드는 '부서코드' 필드의 첫 글자만 추출하여 표시하시오.
  ▶ LEFT 함수 사용

③ '부서코드 바닥글' 영역의 'txt복지신청인원' 컨트롤과 보고서 바닥글의 'txt복지신청총인원'에는 '지원금액' 있는 레코드의 개수가 다음과 같이 표시되도록 '컨트롤 원본' 속성을 설정하시오.
  ▶ COUNT 함수, & 연산자 사용
  ▶ [표시 예: 5 명]

④ 본문의 복지비율(txt복지비율)은 '지원금액 ÷ 연봉금액'을 계산하여 소수점 이하 셋째 자리까지 반올림하여 표시하시오.
  ▶ ROUND 함수 사용

⑤ '페이지 바닥글' 영역의 'txt페이지번호' 컨트롤에는 페이지가 다음과 같이 표시되도록 설정하시오.
  ▶ 현재 페이지 수만큼 '■'를 반복, 남은 페이지 수만큼 '□'를 반복한 뒤 괄호 안에 '현재 페이지/전체 페이지'를 표기한다.
  ▶ STRING 함수, & 연산자 사용
  ▶ 현재 페이지 3이고 전체 페이지 5인 경우 [표시 예 → ■■■□□ (3/5)]

〈그림〉

부서코드	사원이름	입사일자	복지지원금	연봉금액	복지비율
M					
	튼마루	25년 12월 06일		₩52,000,000	
	해비치	25년 10월 01일	₩300,000	₩48,000,000	0.006
	한누리	24년 10월 08일	₩300,000	₩32,000,000	0.009
	홍길동	24년 09월 01일		₩42,000,000	
	조롱목	24년 03월 29일	₩50,000	₩42,000,000	0.001
	박민기	24년 01월 01일	₩300,000	₩52,000,000	0.006
	온송이	24년 01월 01일		₩42,000,000	
	정수현	24년 01월 01일	₩300,000	₩62,000,000	0.005
	진달래	24년 01월 01일		₩42,000,000	
	이수미	23년 09월 01일	₩300,000	₩80,000,000	0.004
복지신청인원수			6 명		
R					
	타오름	25년 08월 23일	₩300,000	₩33,000,000	0.009
	파랑새	25년 06월 18일	₩50,000	₩38,000,000	0.001

페이지 번호 ■□ (1/2)

2 〈사원관리현황〉 폼의 머리글을 더블클릭하면 다음과 같은 기능을 수행하도록 이벤트 프로시저를 구현하시오. (5점)

▶ 메시지 상자를 표시하고 '예'를 누르면 'txt조회' 컨트롤의 값을 지운 후 포커스가 'txt조회' 컨트롤로 이동되도록 하시오. (DoCmd, GoToControl 사용)

〈그림〉

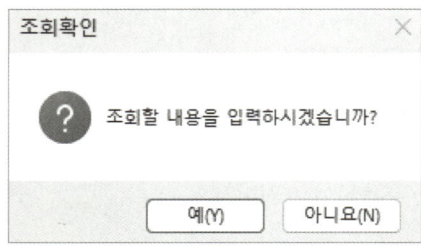

문제 ❹ 처리 기능 구현 (35점)

1 〈사원정보〉 테이블을 이용하여 〈미신청고연봉〉의 새 테이블을 생성하는 〈mk미신청고연봉〉 쿼리를 작성하고 실행하시오. (7점)

- ▶ '연봉금액'이 50000000 이상이면서, '사원복지' 필드 값이 NULL인 레코드만 대상으로 하시오.
- ▶ '연봉금액' 필드를 기준으로 내림차순 정렬하고, '입사월'은 입사일자를 이용하여 해당 월만 표시하시오.
- ▶ 새로 생성된 〈미신청고연봉〉 테이블에서 '연봉금액'은 백만 단위로 변환한 뒤 '백만'을 연결해서 표시하도록 형식을 지정하시오. [표시 예: 60000000 → 60백만]
- ▶ IS NULL 연산자, MONTH 함수 사용

〈그림〉

미신청고연봉				
사원코드	사원이름	연봉금액	부서코드	입사월
S16487	푸르나	60백만	SM-20-MK	5
M74168	튼마루	52백만	MG-12-GS	12

<mk미신청고연봉> 쿼리를 실행한 후의 <미신청고연봉> 테이블

2 부서명칭별 복지명칭별 지원금액의 합계를 조회하는 〈xt복지피벗〉 크로스탭 쿼리를 아래의 조건에 맞게 작성하고 실행하시오. (7점)

- ▶ 〈사원정보〉, 〈부서현황〉, 〈복지제도〉 테이블을 이용하시오.
- ▶ '사원이름'이 '타'로 시작하는 레코드는 제외하시오.
- ▶ NOT LIKE 연산자 사용
- ▶ 쿼리 실행 결과로 표시되는 필드와 필드명은 〈그림〉과 같이 표시되도록 설정하시오.
- ▶ '부서명칭' 필드를 기준으로 오름차순 정렬하시오.

〈그림〉

xt복지피벗					
부서명칭	지원금액합	건강검진	자기계발	체력단련	통신보조
인사총무	1,250,000	900,000	300,000		50,000
재무회계	300,000	300,000			
제품개발	50,000				50,000
해외영업	200,000			200,000	

3 '부서코드'의 첫 글자를 매개변수로 입력받아 해당 사원의 '입사기념잔여월'을 조회하는 〈입사기념월〉 쿼리를 작성하시오.

▶ 〈사원급여내역〉 쿼리를 이용하시오.
▶ '입사기념잔여월' 필드는 '입사일자'의 월로부터 같은 해 12월까지 남은 개월수를 표시하시오.
▶ LIKE 연산자, MONTH 함수 사용
▶ [표시 예: 2 → 2개월]

〈그림〉

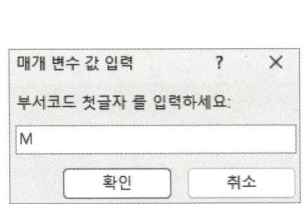

4 〈사원복지〉 테이블의 '사용상태' 필드 값이 '완료'이면 '메시지발송' 필드에 '◆처리 완료되었습니다!'로 표시하는 〈복지안내메시지〉 업데이트 쿼리를 작성하고 실행하시오. 쿼리 결과로 표시되는 필드와 필드명은 〈그림〉과 같이 설정하시오.

〈그림〉

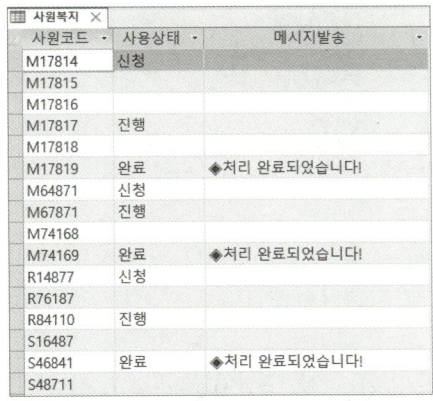

5 〈부서현황〉 테이블에 입력된 '부서장명'이 〈사원정보〉 테이블의 '사원이름' 필드에 존재하지 않는 경우만 추출하여 〈부서장불일치〉 쿼리를 작성하시오.

▶ NOT IN 연산자와 하위 쿼리 사용
▶ 쿼리 실행 결과로 표시되는 필드와 필드명은 〈그림〉과 같이 표시되도록 설정하시오.

〈그림〉

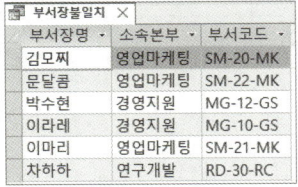

해설 확인하기

> 정답 확인하기: EXIT 사이트 → 자료실 → 컴퓨터활용능력 1급
> → 실기 기본서 → 정답화면 바로보기

문제 ❶ DB 구축 (25점)

1 〈사원정보〉, 〈부서현황〉 테이블 완성하기

① 탐색 창의 〈사원정보〉 테이블에서 마우스 오른쪽 단추를 클릭하고 바로 가기 메뉴에서 **[디자인 보기]**를 선택한다.

② '입사일자' 필드를 선택 → '필드 속성'에서 [일반] 탭의 '기본값' 속성에 Date()를 입력한다.

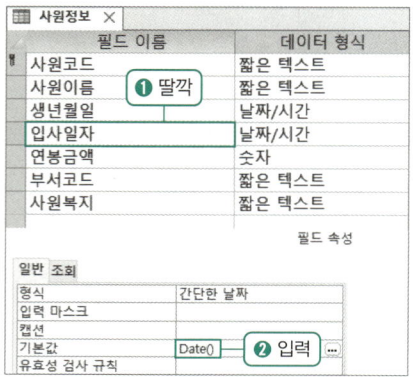

③ '사원코드' 필드를 선택 → '필드 속성'에서 [일반] 탭의 '유효성 검사 규칙'에 Like "[A-Za-z]*"를 입력 → [유효성 검사 텍스트]에 사원코드는 영문자로 시작해야 합니다.를 입력한다.

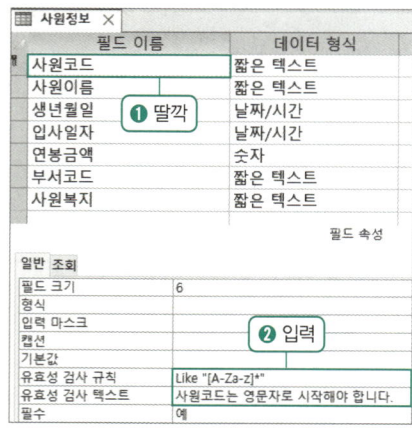

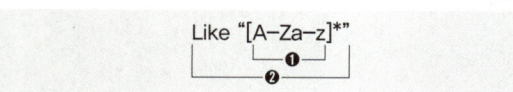

❶ • A-Z: A~Z(대문자 영어) 중의 하나
  • a-z: a~z(소문자 영어) 중의 하나
❷ Like "❶*": ❶로 시작하는 문자

④ 탐색 창의 〈부서현황〉 테이블에서 마우스 오른쪽 단추를 클릭하고 바로 가기 메뉴에서 **[디자인 보기]**를 선택한다.

⑤ '허용정원' 필드를 선택 → '필드 속성'에서 [일반] 탭의 '유효성 검사 규칙'에 Between 1 And 999를 입력 → '유효성 검사 텍스트'에 입력값을 확인하세요를 입력한다.

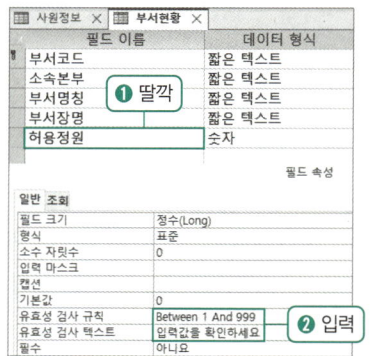

⑥ '부서코드' 필드를 선택 → '필드 속성'에서 [일반] 탭의 '입력 마스크'에 LL-00-LL;0;#을 입력한다.

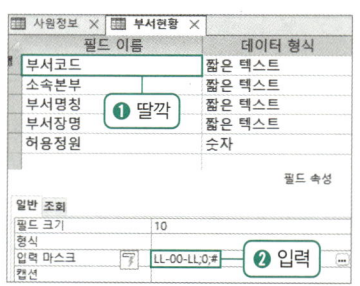

| 사용자 지정 기호 ; 서식 문자 저장 ; 입력 자리 표시 |
| ❶   ❷   ❸ |

❶ ; ❷ ; ❸

❶ • L: 반드시 알파벳(A-Z) 1글자 입력
  • 하이픈(-): 그대로 표시되는 고정 문자
  • 0: 반드시 숫자(0-9) 1자리 입력
❷ • 0: 필드에 하이픈까지 그대로 저장
  • 1: 실제 입력 값만 저장
❸ #: 입력 전 빈 자리에 표시될 문자

⑦ '소속본부' 필드를 선택 → '필드 속성'에서 '필수'에 '예', '빈 문자열 허용'에 '아니오'를 지정한다.

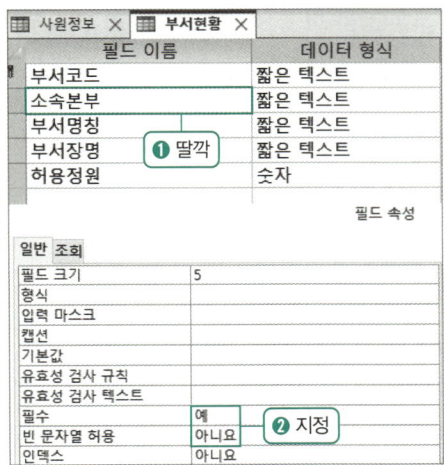

⑧ [테이블] 탭에서 마우스 오른쪽 단추를 클릭하고 바로 가기 메뉴에서 [모두 닫기]를 선택 → 변경한 내용을 저장할 것인지 묻는 메시지 상자와 데이터 통합 규칙이 바뀌었다는 메시지 상자가 나타나면 [예] 단추를 클릭한다.

2 〈복지제도〉 테이블 생성하기(외부 데이터)

① [외부 데이터] 탭-[가져오기 및 연결] 그룹-[새 데이터 원본]-[파일에서]-[Excel(X)]을 클릭한다.
② [외부 데이터 가져오기-Excel 스프레드시트] 대화상자가 나타나면 [찾아보기] 단추를 클릭한다.
③ [파일 열기] 대화상자가 나타나면 'C:\에듀윌_2026컴활1급실기\기출변형문제\데이터베이스실무\실습\2회' 경로에서 '복리후생.xlsx' 파일을 선택 → [열기] 단추를 클릭한다.
④ [외부 데이터 가져오기-Excel 스프레드시트] 대화상자로 되돌아오면 '다음 테이블에 레코드 복사본 추가', '복지제도'를 선택 → [확인] 단추를 클릭한다.
⑤ [스프레드시트 가져오기 마법사] 1단계 대화상자가 나타나면 '이름 있는 범위 표시'와 '추가사항'을 클릭 → [다음]을 클릭한다.

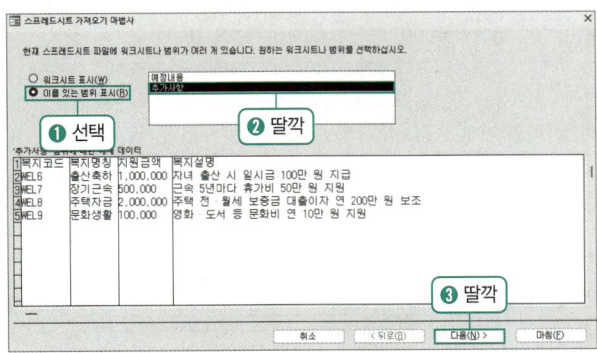

⑥ [스프레드시트 가져오기 마법사] 2단계 대화상자가 나타나면 지정할 정보가 없으므로 [다음] 단추를 클릭한다.

⑦ [스프레드시트 가져오기 마법사] 3단계 대화상자가 나타나면 '테이블로 가져오기'에 복지제도가 입력되었는지 확인 → [마침] 단추를 클릭한다.

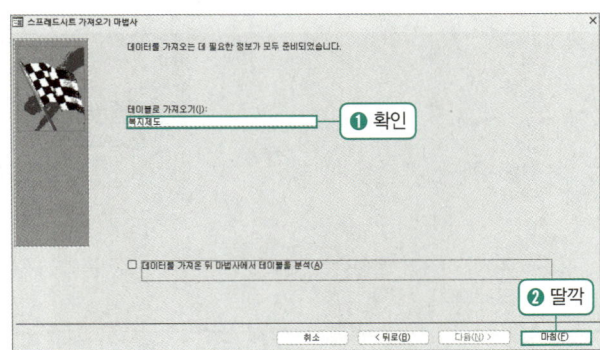

⑧ [외부 데이터 가져오기 – Excel 스프레드시트] 대화상자가 나타나면 '가져오기 단계 저장'의 체크가 해제되었는지 확인 → [닫기] 단추(×)를 클릭한다.

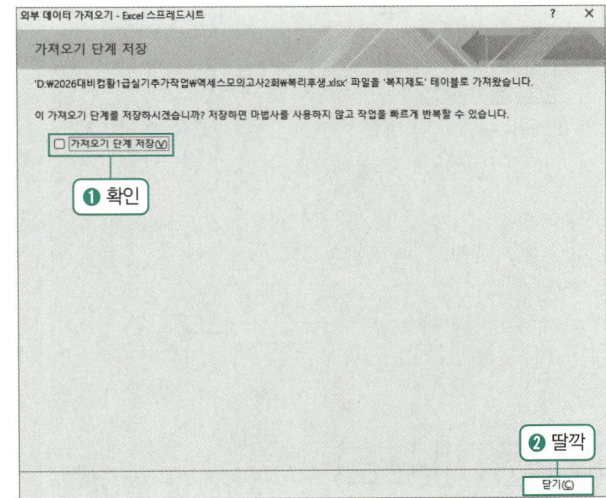

3 테이블 간의 관계 설정하기

① [데이터베이스 도구] 탭-[관계] 그룹-[관계]를 클릭한다.
② [관계] 창에서 마우스 오른쪽 단추를 클릭하고 바로 가기 메뉴에서 [테이블 표시]를 선택한다.

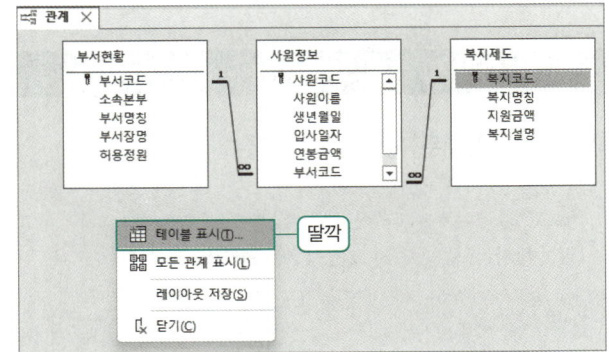

③ [테이블 추가] 창이 나타나면 [테이블] 탭에서 〈사원복지〉 테이블을 더블클릭하여 [관계] 창에 추가 → [닫기] 단추(×)를 클릭한다.

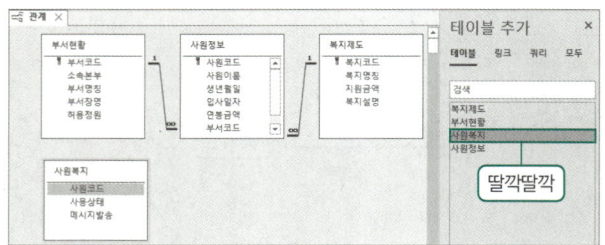

④ 〈사원복지〉 테이블의 '사원코드' 필드를 〈사원정보〉 테이블의 '사원코드' 필드로 드래그한다.

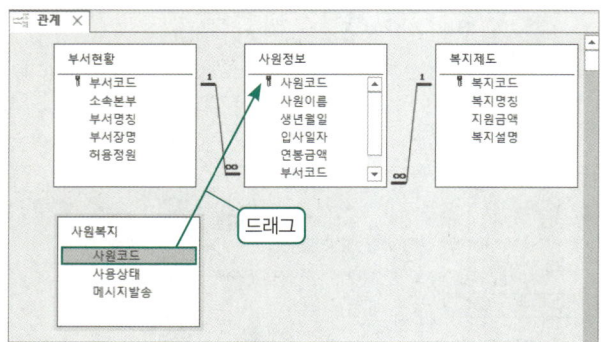

⑤ [관계 편집] 대화상자가 나타나면 '항상 참조 무결성 유지'와 '관련 필드 모두 업데이트'에 체크 → [만들기] 단추를 클릭한다.

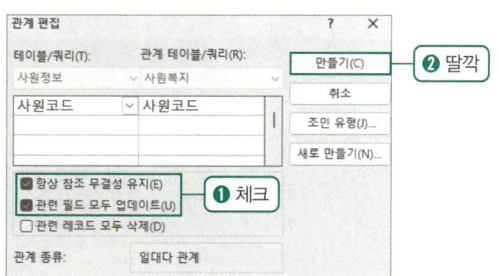

⑥ 관계가 설정되었으면 [관계] 창의 [닫기] 단추(×)를 클릭 → 변경한 내용을 저장할 것인지 묻는 메시지 상자가 나타나면 [예] 단추를 클릭한다.

문제 ❷ 입력 및 수정 기능 구현 (20점)

1 〈사원관리세부〉 폼의 속성 설정하기

① 탐색 창의 〈사원관리세부〉 폼에서 마우스 오른쪽 단추를 클릭하고 바로 가기 메뉴에서 [디자인 보기]를 선택한다.

② [양식 디자인] 탭-[도구] 그룹-[속성 시트]를 클릭한다.

③ [속성 시트] 창에서 본문 영역에 있는 'txt재직구분'을 선택 → [데이터] 탭에서 '컨트롤 원본' 속성에 =IIf(Year([입사일자])<=2024,"경력","신입")을 입력한다.

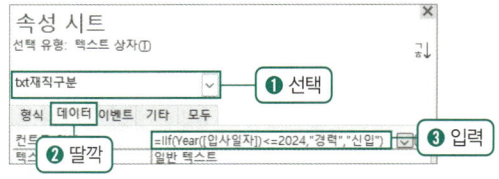

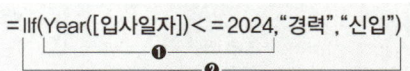

❶ Year([입사일자])<=2024: Year([입사일자]) 필드의 연도가 2024 이하이면 True를 반환한다.
❷ IIF(❶,"경력","신입"): ❶의 결과가 True이면 "경력"을 표시하고 그 외에는 "신입"을 표시한다.

④ [속성 시트] 창에서 'txt연봉등급'을 선택 → [데이터] 탭에서 '컨트롤 원본' 속성에 =Switch([연봉금액]>=80000000,"S",[연봉금액]>=60000000,"A",[연봉금액]>=40000000,"B",True,"C")를 입력한다.

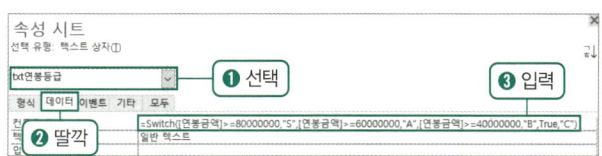

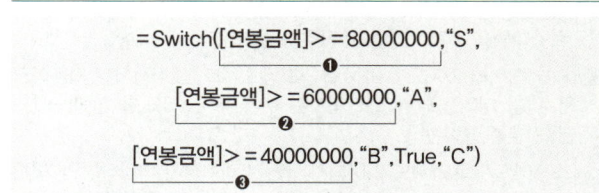

Switch(❶,"S",❷,"A",❸,"B",True,"C"): ❶에 만족하면 "S", ❷에 만족하면 "A", ❸에 만족하면 "B", 그 외에는 "C"를 표시한다.

⑤ [속성 시트] 창에서 'txt부서명칭'을 선택 → [데이터] 탭에서 '컨트롤 원본' 속성에 =DLookUp("부서명칭","부서현황","부서코드='" & [txt부서코드] & "'")를 입력한다.

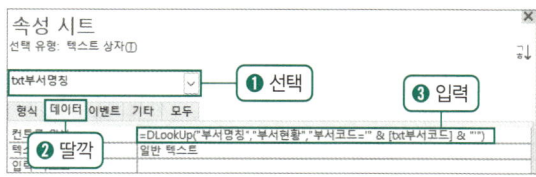

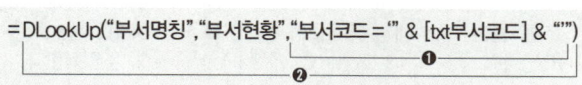

❶ "부서코드='" & [txt부서코드] & "'": 부서코드와 txt부서코드의 값이 일치하면 TRUE를 반환한다.

❷ DLookUp("부서명칭","부서현황",❶): 〈부서현황〉 테이블에서 ❶의 조건에 만족하는 부서명칭을 표시한다.

⑥ [폼] 창의 [닫기] 단추(☒)를 클릭 → 변경한 내용을 저장할 것인지 묻는 메시지 상자가 나타나면 [예] 단추를 클릭한다.

2 〈사원관리현황〉 폼의 속성 설정하기

① 탐색 창의 〈사원관리현황〉 폼에서 마우스 오른쪽 단추를 클릭하고 바로 가기 메뉴에서 [디자인 보기]를 선택한다.

② [속성 시트] 창에서 'txt연봉편차'를 선택 → [데이터] 탭에서 '컨트롤 원본' 속성에 =" 최고: " & Format(Max([연봉금액]),"#,##0") & " / 최저: " & Format(Min([연봉금액]),"#,##0")을 입력한다.

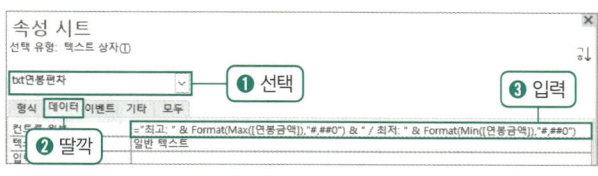

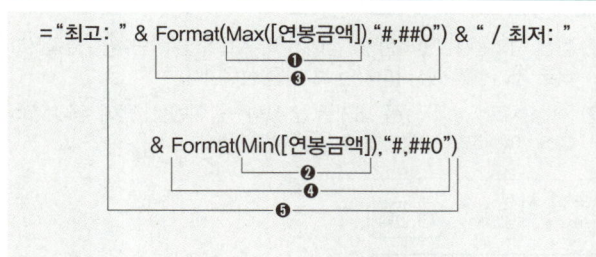

❶ Max([연봉금액]): [연봉금액]의 최대값을 반환한다.
❷ Min([연봉금액]): [연봉금액]의 최소값을 반환한다.
❸ Format(❶,"#,##0"): ❶를 "#,##0" 형식으로 표시한다.
❹ Format(❷,"#,##0"): ❷를 "#,##0" 형식으로 표시한다.
❺ "최고: " & ❸ & " / 최저: " & ❹: ❸, ❹를 연결하여 표시한다.

3 〈사원관리현황〉 매크로 생성하기

① 〈사원관리현황〉 폼의 [속성 시트] 창에서 본문 영역에 있는 'txt연봉금액'을 선택 → [이벤트] 탭에서 'OnClick'의 작성기(…) 클릭 → '매크로 작성기'를 선택 → [확인] 단추를 클릭한다.

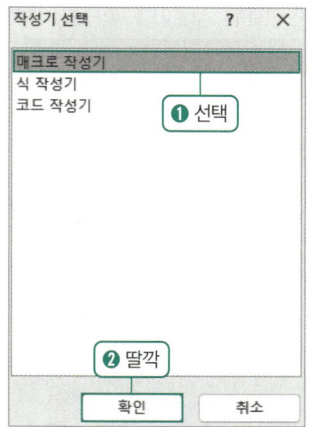

② '새 함수 추가'에서 'OpenForm'을 선택 → '폼 이름'에 '메시지'를 지정 → 닫기 단추(☒)를 클릭 → 변경한 내용을 저장할 것인지 묻는 메시지 상자가 나타나면 [예] 단추를 클릭한다.

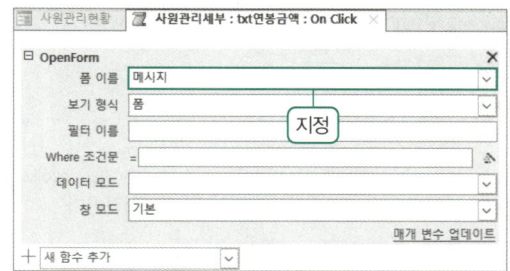

③ [폼] 창의 [닫기] 단추(☒)를 클릭 → 변경한 내용을 저장할 것인지 묻는 메시지 상자가 나타나면 [예] 단추를 클릭한다.

④ 〈사원관리현황〉 폼을 더블클릭하고 'txt연봉금액' 컨트롤을 클릭하면 메시지 창이 나타난다.

문제 ❸ 조회 및 출력 기능 구현 (20점)

1 〈사원현황보고〉 보고서 완성하기

① 탐색 창의 〈사원현황보고〉 보고서에서 마우스 오른쪽 단추를 클릭하고 바로 가기 메뉴에서 [디자인 보기]를 선택한다.

② [보고서 디자인] 탭-[그룹화 및 요약] 그룹-[그룹화 및 정렬]을 클릭한다.

③ [그룹, 정렬 및 요약] 창이 나타나면 [그룹화 기준] '부서코드'의 [자세히]를 클릭 → '전체값'을 '첫 문자'로 수정한다.

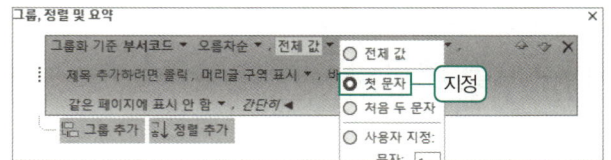

④ [정렬 추가] 단추를 클릭 → '정렬 기준'은 '입사일자' 필드를, '정렬 순서'는 '내림차순'으로 지정한다.

⑤ [정렬 추가] 단추를 클릭 → '정렬 기준'은 '사원이름' 필드를, '정렬 순서'는 '오름차순'으로 지정한다.

⑥ [속성 시트] 창에서 'txt부서코드'를 선택 → [데이터] 탭에서 '컨트롤 원본' 속성에 =Left([부서코드],1)을 입력한다.

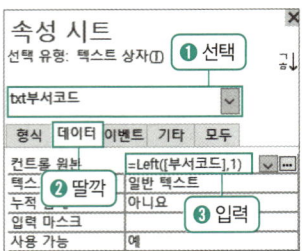

⑦ [속성 시트] 창에서 'txt복지신청인원'을 선택 → [데이터] 탭에서 '컨트롤 원본' 속성에 =Count([지원금액]) & " 명"을 입력한다.

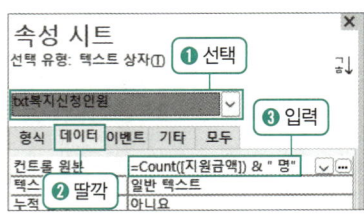

⑧ [속성 시트] 창에서 'txt복지신청총인원'을 선택 → [데이터] 탭에서 '컨트롤 원본' 속성에 =Count([지원금액]) & " 명"을 입력한다.

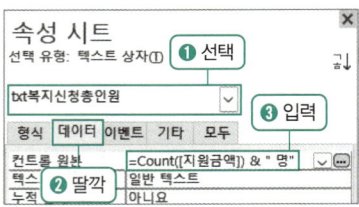

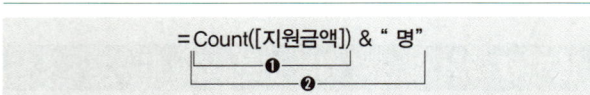

❶ Count([지원금액]): [지원금액] 필드의 레코드 개수를 반환한다.
❷ ❶ & " 명": ❶과 '명'을 연결하여 표시한다.

⑨ [속성 시트] 창에서 'txt복지비율'을 선택 → [데이터] 탭에서 '컨트롤 원본' 속성에 =Round([지원금액]/[연봉금액],3)을 입력한다.

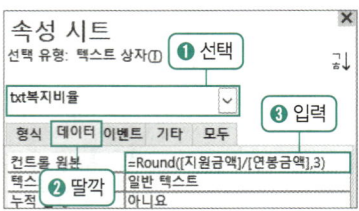

⑩ [속성 시트] 창에서 'txt페이지번호'를 선택 → [데이터] 탭에서 '컨트롤 원본' 속성에 =String([Page],"■") & String([Pages]-[Page],"□") & " (" & [Page] & "/" & [Pages] & ")"를 입력한다.

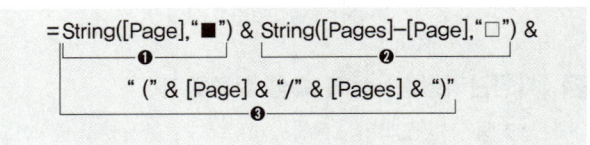

❶ String([Page],"■"): 현재페이지 개수 만큼 "■"을 표시한다.
❷ String([Pages]-[Page],"□"): 전체 페이지값에서 현재 페이지값을 뺀 수 만큼 "□"을 표시한다.
❸ ❶ & ❷ & " (" & [Page] & "/" & [Pages] & ")": 모두 연결하여 표시한다.

⑪ [보고서] 창의 [닫기] 단추(X)를 클릭 → 변경한 내용을 저장할 것인지 묻는 메시지 상자가 나타나면 [예] 단추를 클릭한다.

2 〈사원관리현황〉 폼의 이벤트 프로시저 작성하기

① 탐색 창의 〈사원관리현황〉 폼에서 마우스 오른쪽 단추를 클릭하고 바로 가기 메뉴에서 [디자인 보기]를 선택한다.

② [속성 시트] 창에서 '폼_머리글'을 선택 → [이벤트] 탭에서 'On Dbl Click' 이벤트의 작성기 단추(...)를 클릭한다.

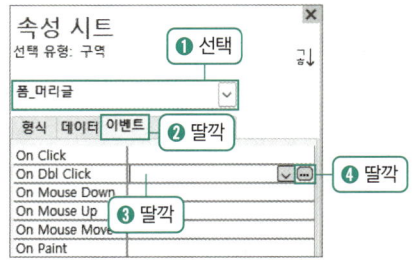

③ [작성기 선택] 대화상자가 나타나면 '코드 작성기'를 선택 → [확인] 단추를 클릭한다.

④ [Visual Basic Editor] 창이 나타나면 [코드] 창의 '폼_머리글_DblClick'에 다음과 같이 코드를 입력 → [닫기] 단추(X)를 클릭한다.

```
Private Sub 폼_머리글_DblClick(Cancel As Integer)
    Dim M
    M=MsgBox("조회할 내용을 입력하시겠습니까?",
    vbQuestion+vbYesNo, "조회확인")
    If M=vbYes Then
    txt조회=""
    DoCmd.GoToControl "txt조회"
    End If
End Sub
```

❶ • "조회할 내용을 입력하시겠습니까?": 메시지 내용
  • vbQuestion: 질문(?) 아이콘
  • vbYesNo: 예, 아니오 단추
  • "조회확인": 제목표시줄 내용
❷ txt조회="": txt조회 컨트롤을 초기화
❸ DoCmd.GoToControl "txt조회": txt조회 컨트롤로 포커스 이동

⑤ 〈사원관리현황〉 폼에서 [닫기] 단추(☒)를 클릭 → 변경한 내용을 저장할 것인지 묻는 메시지 상자가 나타나면 [예] 단추를 클릭한다.
⑥ 폼의 머리글을 더블클릭하면 'txt조회'에 어떠한 내용이 적혀져 있는 경우 모두 지워지고 포커스가 이동된다.

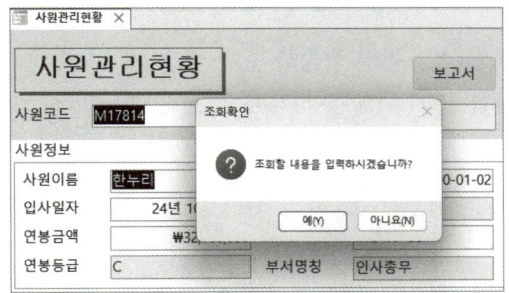

문제 ❹ 처리 기능 구현 (35점)

1 〈mk미신청고연봉〉 쿼리 작성하기

① [만들기] 탭-[쿼리] 그룹-[쿼리 디자인]을 클릭한다.
② [테이블 추가] 창이 나타나면 [테이블] 탭에서 〈사원정보〉 테이블을 더블클릭하여 [쿼리1] 창에 추가 → [닫기] 단추(☒)를 클릭한다.

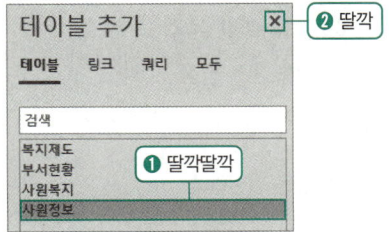

③ 〈사원정보〉에서 '사원코드', '사원이름', '연봉금액', '부서코드', '입사일자', '사원복지' 필드를 차례대로 더블클릭한다.
④ '연봉금액' 필드의 '정렬'에 '내림차순'을 선택 → '조건'에 >= 50000000을 입력 → '입사일자' 필드에 입사월: Month([입사일자])을 입력 → '사원복지' 필드의 '조건'에 Is Null을 입력 → 체크 표시를 해제한다.

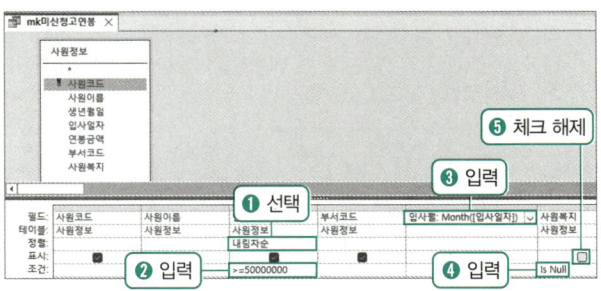

⑤ [쿼리 디자인] 탭-[쿼리 유형] 그룹-[테이블 만들기]를 클릭한다.

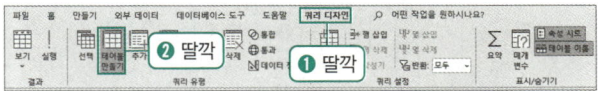

⑥ [테이블 만들기] 대화상자가 나타나면 '테이블 이름'에 미신청고연봉을 입력 → [확인] 단추를 클릭한다.

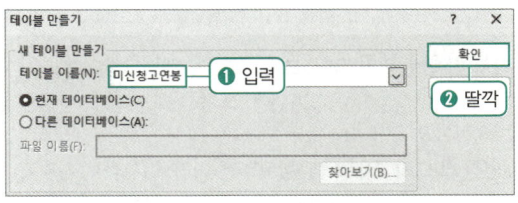

⑦ [쿼리 디자인] 탭-[결과] 그룹-[실행]을 클릭한다.
⑧ 행을 붙여 넣는다는 메시지 상자가 나타나면 [예] 단추를 클릭한다.
⑨ 〈쿼리1〉 창에서 [닫기] 단추(☒)를 클릭 → 변경한 내용을 저장할 것인지 묻는 메시지 상자가 나타나면 [예] 단추를 클릭한다.
⑩ [다른 이름으로 저장] 대화상자가 나타나면 '쿼리 이름'에 mk미신청고연봉 입력 → [확인] 단추를 클릭한다.
⑪ 'mk미신청고연봉' 쿼리를 더블클릭하면 '미신청고연봉' 테이블이 생성된다.
⑫ 탐색 창의 〈미신청고연봉〉 테이블에서 마우스 오른쪽 단추를 클릭하고 바로 가기 메뉴에서 [디자인 보기]를 선택한다.
⑬ '연봉금액' 필드를 선택 → '필드 속성'에서 [일반] 탭의 '형식' 속성에 #,##0,,"백만"을 입력한다.

#,##0,,"백만"
• #: 자릿수가 있는 경우 숫자를 표시, 없으면 표시하지 않는다.
• ,,: 숫자를 100만 단위로 나눈다. (쉼표 1개는 천 단위 나눔)
• 0: 자릿수에 숫자가 없더라도 반드시 숫자 0으로 표시한다.

⑭ 〈미신청고연봉〉 테이블에서 [닫기] 단추(☒)를 클릭 → 변경한 내용을 저장할 것인지 묻는 메시지 상자가 나타나면 [예] 단추를 클릭한다.

2 〈xt복지피벗〉 크로스탭 쿼리 작성하기

① [만들기] 탭-[쿼리] 그룹-[쿼리 디자인]을 클릭한다.
② [테이블 추가] 창이 나타나면 [테이블] 탭에서 〈사원정보〉, 〈부서현황〉, 〈복지제도〉 테이블을 차례대로 더블클릭하여 [쿼리1] 창에 추가 → [닫기] 단추(☒)를 클릭한다.
③ 〈부서현황〉 테이블에서는 '부서명칭' 필드를 더블클릭 → 〈복지제도〉 테이블에서는 '복지명칭', '지원금액', '지원금액' 필드를 차례대로 더블클릭('지원금액' 필드 두 번 더블클릭) → 〈사원정보〉 테이블에서는 '사원이름' 필드를 더블클릭한다.

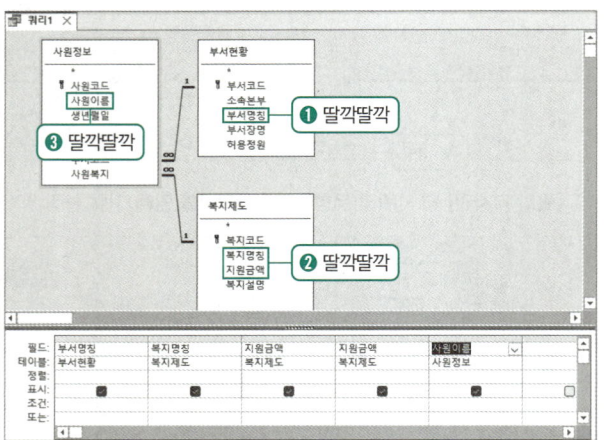

④ [쿼리 디자인] 탭-[쿼리 유형] 그룹-[크로스탭]을 클릭한다.
⑤ '요약'과 '크로스탭' 항목이 추가되면 각 필드의 항목에 다음과 같이 조건을 지정한다.
- '부서명칭' 필드의 '크로스탭' 항목: '행 머리글' 지정
- '복지명칭' 필드의 '크로스탭' 항목: '열 머리글' 지정
- '지원금액' 필드의 '요약', '크로스탭' 항목: '합계', '값' 지정
- '지원금액' 필드의 '요약', '크로스탭' 항목: '합계', '행 머리글' 지정
- '사원이름' 필드의 '요약' 항목: '조건' 지정, 조건에 Not Like "타*"를 입력

Not Like "타*"

Not Like "타*": 타로 시작하는 문자열을 포함하지 않는다.

⑥ '지원금액' 행 머리글의 필드명을 지원금액합계: 지원금액으로 수정한다.
⑦ '지원금액합계: 지원금액'의 [속성 시트] 창의 [일반] 탭에서 '형식'을 '표준'으로, '소수 자릿수'를 '0'으로 지정한다.

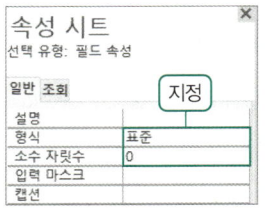

⑧ [쿼리 디자인] 탭-[결과] 그룹-[실행]을 클릭 → 결과를 확인한다.

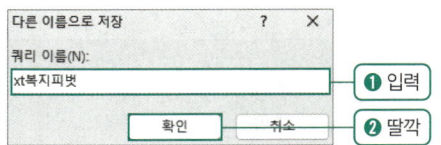

⑨ 〈쿼리1〉 창에서 [닫기] 단추(☒)를 클릭 → 변경한 내용을 저장할 것인지 묻는 메시지 상자가 나타나면 [예] 단추를 클릭한다.
⑩ [다른 이름으로 저장] 대화상자가 나타나면 '쿼리 이름'에 xt복지피벗을 입력 → [확인] 단추를 클릭한다.

3 〈입사기념월〉 쿼리 작성하기

① [만들기] 탭-[쿼리] 그룹-[쿼리 디자인]을 클릭한다.
② [테이블 추가] 창이 나타나면 [쿼리] 탭에서 〈사원급여내역〉 쿼리를 더블클릭하여 [쿼리1] 창에 추가 → [닫기] 단추(☒)를 클릭한다.
③ '부서코드', '부서명칭', '사원코드', '사원이름', '연봉금액', '입사일자' 필드를 차례대로 더블클릭한다.

④ '부서코드' 필드의 '조건'에 Like [부서코드 첫글자 를 입력하세요:] & "*"를 입력한다.

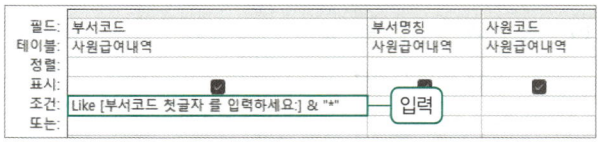

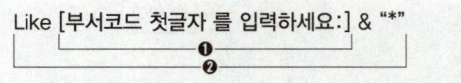

❶ [부서코드 첫글자 를 입력하세요:]: 매개변수 입력창을 띄워 사용자 입력을 받는다.
❷ Like ❶ & "*": ❶로 시작하는 값을 반환한다.

⑤ '입사일자' 오른쪽 필드에 입사기념잔여월: 12-Month([입사일자]) & "개월"을 입력한다.

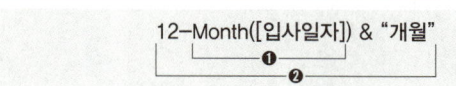

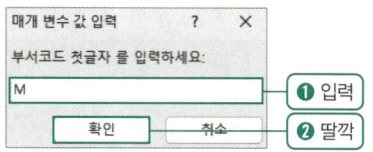

❶ Month([입사일자]): 입사일자의 월
❷ 12- ❶ & "개월": 12- ❶의 값과 "개월"을 연결하여 표시

⑥ [쿼리 디자인] 탭-[결과] 그룹-[실행]을 클릭 → 부서코드의 임의의 첫 글자 M을 입력 → [확인] 단추를 클릭하여 결과를 확인한다.

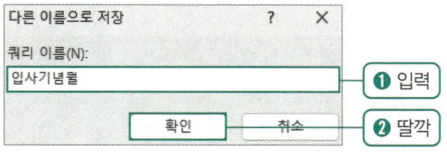

⑦ 〈쿼리1〉 창에서 [닫기] 단추(×)를 클릭 → 변경한 내용을 저장할 것인지 묻는 메시지 상자가 나타나면 [예] 단추를 클릭한다.
⑧ [다른 이름으로 저장] 대화상자가 나타나면 '쿼리 이름'에 입사기념월 입력 → [확인] 단추를 클릭한다.

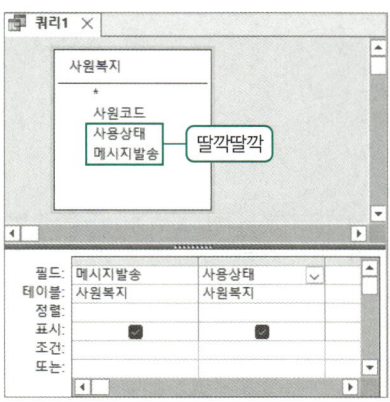

4 〈복지안내메시지〉 업데이트 쿼리 작성하기

① [만들기] 탭-[쿼리] 그룹-[쿼리 디자인]을 클릭한다.
② [테이블 추가] 창이 나타나면 [쿼리] 탭에서 〈사원복지〉 테이블을 더블클릭하여 쿼리1 창에 추가 → [닫기] 단추(×)를 클릭한다.
③ '메시지발송', '사용상태' 필드를 차례대로 더블클릭한다.

④ [쿼리 디자인] 탭-[쿼리 유형] 그룹-[업데이트]를 클릭한다.
⑤ '메시지발송' 필드의 '업데이트'에 "◆처리 완료되었습니다!"를 입력한다.
⑥ '사용상태' 필드의 '조건'에 "완료"를 입력한다.

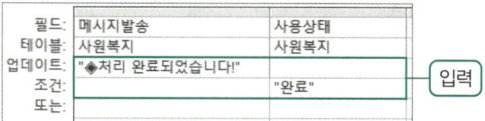

⑦ [쿼리 디자인 탭-[결과] 그룹-[실행]을 클릭 → 행을 새로 고친다는 메시지 상자가 나타나면 [예] 단추를 클릭한다.

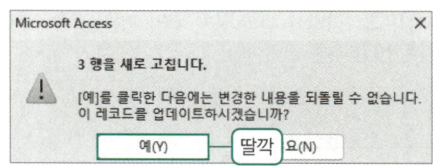

⑧ 〈쿼리1〉 창에서 [닫기] 단추(×)를 클릭 → 변경한 내용을 저장할 것인지 묻는 메시지 상자가 나타나면 [예] 단추를 클릭한다.
⑨ [다른 이름으로 저장] 대화상자가 나타나면 '쿼리 이름'에 복지안내메시지를 입력 → [확인] 단추를 클릭한다.

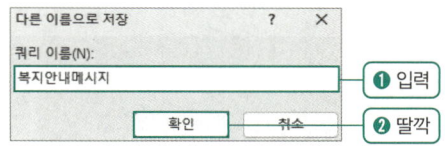

⑩ 〈사원복지〉 테이블의 '메시지발송' 필드의 내용을 확인한다.

5 〈부서장불일치〉 쿼리 작성하기

① [만들기] 탭-[쿼리] 그룹-[쿼리 디자인]을 클릭한다.
② [테이블 추가] 창이 나타나면 [테이블] 탭에서 〈부서현황〉과 〈사원정보〉 테이블을 더블클릭하여 쿼리1 창에 추가 → [닫기] 단추(×)를 클릭한다.
③ '부서장명', '소속본부', '부서코드' 필드를 차례대로 더블클릭한다.

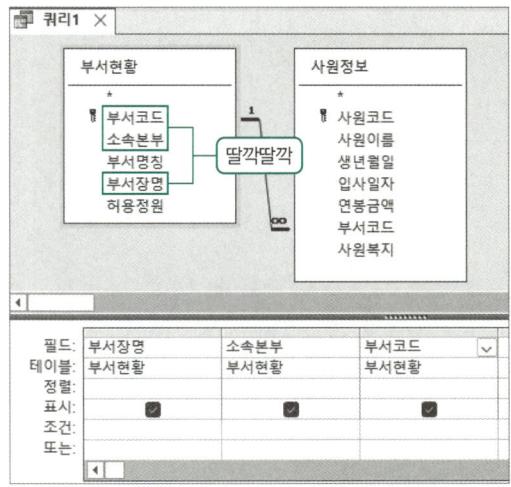

④ '부서장명' 필드의 '조건'에 Not In (select 사원이름 from 사원정보)를 입력한다.

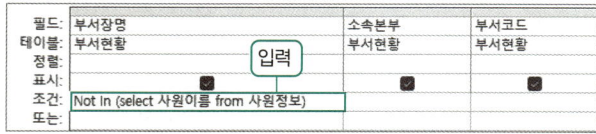

⑤ [쿼리 디자인] 탭-[표시/숨기기] 그룹-[요약]을 클릭한다.
⑥ [쿼리 디자인] 탭-[결과] 그룹-[실행]을 클릭한다.
⑦ 〈쿼리1〉 창에서 [닫기] 단추(⊠)를 클릭 → 변경한 내용을 저장할 것인지 묻는 메시지 상자가 나타나면 [예] 단추를 클릭한다.
⑧ [다른 이름으로 저장] 대화상자가 나타나면 '쿼리 이름'에 부서장불일치를 입력 → [확인] 단추를 클릭한다.

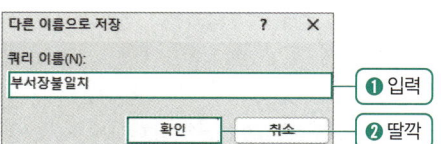

제3회 기출변형문제

프로그램명	제한시간	합격선	외부 데이터 위치
ACCESS 2021	45분	70점	C:\에듀윌_2026컴활1급실기\기출변형문제\데이터베이스실무\실습\3회\제3회기출변형문제.accdb

문제 ❶ DB 구축 (25점)

1 제품별 구매현황을 관리하기 위한 데이터베이스를 구축하려고 한다. 다음의 지시사항에 따라 각 테이블을 완성하시오. (각 3점)

① 〈거래처〉 테이블의 '대표자' 필드에 값이 반드시 입력되고, 빈 문자열은 허용하지 않도록 설정하시오.
② 〈거래처〉 테이블에 새로운 레코드를 추가하는 경우 '성별' 필드에는 기본적으로 'F'가 입력되도록 설정하시오.
③ 〈거래처〉 테이블의 '메일주소' 필드의 값에 반드시 '@' 문자가 포함되도록 설정하시오.
④ 〈거래처〉 테이블의 '전화번호' 필드는 '010-1234-5678'과 같은 형식으로 입력되도록 다음과 같이 설정하시오.
　▶ 숫자로 11자리로 입력되고 중간에 '-'은 저장되지 않도록 설정할 것
　▶ 입력할 때 데이터가 입력될 자리를 *로 표시할 것
⑤ 〈제품코드〉 테이블의 '평가' 필드 다음에 '가격' 필드를 추가하고 데이터 형식은 통화로 지정하시오.

2 〈제품납품내역〉 테이블의 '납품처' 필드는 〈거래처〉 테이블의 '거래처코드' 필드를 참조하고 테이블 간의 관계는 1:M이다. 두 테이블에 대해 다음과 같이 관계를 설정하시오. (5점)

※ 액세스 파일에 이미 설정되어 있는 관계는 수정하지 마시오.

　▶ 각 테이블 간에 항상 참조 무결성이 유지되도록 설정하시오.
　▶ 참조 필드의 값이 변경되면 관련 필드의 값도 변경되도록 설정하시오.
　▶ 다른 테이블에서 참조하고 있는 레코드는 삭제할 수 없도록 설정하시오.

3 다음 지시사항에 따라 '담당지역.txt' 파일에 대한 연결 테이블을 작성하시오. (5점)

　▶ '담당지역.txt' 파일의 첫 번째 행은 필드의 이름이다.
　▶ 구분자는 세미콜론(;)으로 설정하시오.
　▶ 연결 테이블의 이름은 '담당지역연결'로 하시오.

문제 ❷ 입력 및 수정 기능 구현 (20점)

1 〈제품내역현황〉 폼을 다음의 〈그림〉과 지시사항에 따라 완성하시오. (각 3점)

① 폼의 '기본 보기' 속성을 '단일 폼' 형태로 표시되도록 설정하시오.
② 본문 영역의 'txt제품명'과 'txt납품단가' 컨트롤에는 '제품명'과 '납품단가' 필드를 바운드시키시오.
③ 폼 바닥글 영역의 'txt평균납품금액' 컨트롤에는 '제품코드'가 'K1'인 '납품금액'의 평균이 표시되도록 컨트롤 원본 속성을 설정하시오.
  ▶ '납품내역현황' 쿼리를 사용
  ▶ DAVG 함수 사용

〈그림〉

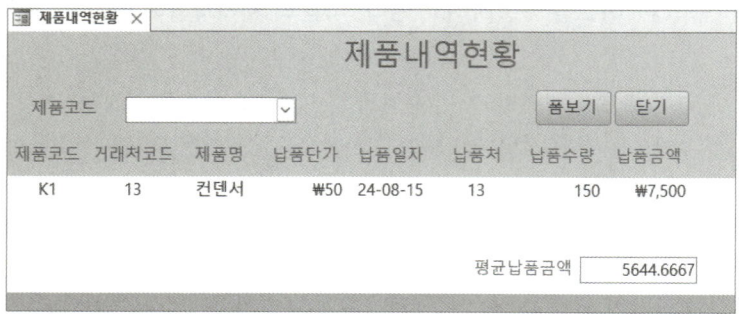

2 〈제품내역현황〉 폼의 'main제품코드' 컨트롤을 다음과 같이 설정하시오. (6점)

▶ 'main제품코드' 컨트롤을 콤보 상자로 변경하시오.
▶ '행 원본 유형'을 '테이블/쿼리'로 지정하고 〈제품코드〉 테이블의 '제품코드'와 '제품명'을 이용하여 행 원본을 설정하시오.
▶ 〈그림〉과 같이 설정하고 목록 이외의 값은 입력되지 않도록 설정하시오.

〈그림〉

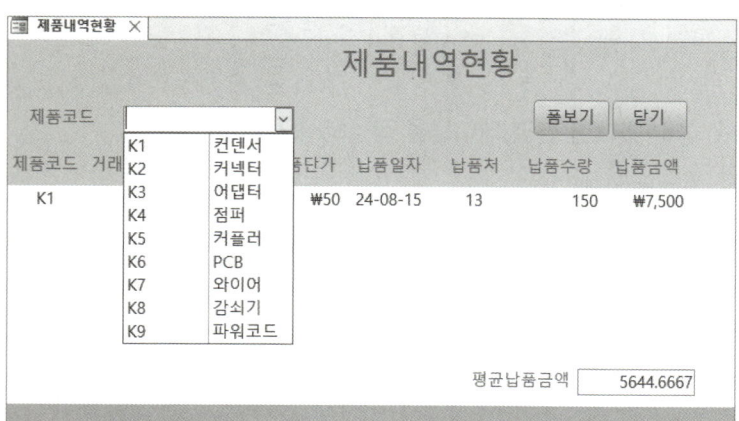

3 〈납품내역현황〉 폼의 'cmd닫기'를 클릭하면 〈그림〉과 같은 메시지를 표시하고 폼을 닫는 기능을 수행하도록 이벤트 프로시저를 구현하시오. (5점)

▶ 현재 시간과 메시지가 〈그림〉과 같이 표시되도록 설정
▶ '예' 단추를 클릭하면 폼이 종료되고 '아니요' 단추가 기본적으로 선택되도록 설정
▶ DoCmd 개체를 이용

〈그림〉

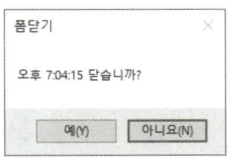

문제 ❸ 조회 및 출력 기능 구현 (20점)

1 다음의 지시사항 및 화면을 참조하여 〈제품별납품현황〉 보고서를 완성하시오. (각 3점)

① 본문 영역의 'txt납품일자' 컨트롤의 값이 이전 레코드와 같은 경우에 표시되지 않도록 설정하시오.
② 제품명 머리글 영역별로 페이지 바꿈을 '없음'으로 설정하시오.
③ 제품명 바닥글 영역의 'txt이익' 컨트롤에는 그룹별 이익의 총합계가 표시되도록 컨트롤 원본 속성과 형식 속성을 설정하시오.
   ▶ SUM 함수 사용
   ▶ [표시 예: 2,300원]
④ 페이지 바닥글 영역의 'txt날짜' 컨트롤에는 [표시 예]와 같이 표시되도록 '형식' 속성을 설정하시오.
   ▶ [표시 예: 2024-01-03 → 2024년 1월]
⑤ 페이지 바닥글 영역의 'txt페이지' 컨트롤에는 페이지가 다음과 같이 표시되도록 컨트롤 원본 속성을 설정하시오.
   ▶ [표시 예: 전체 페이지가 5, 현재 페이지가 2인 경우 → 2/5]

〈그림〉

제품별 납품 현황

제품명 컨덴서

납품일자	납품단가	거래처명	납품수량	납품금액	세금	이익
2024-11-17	₩70	이어센터(8)	56	₩3,920	₩216	₩3,704
	₩52	금촌센터(10)	105	₩5,460	₩300	₩5,160
2024-10-18	₩50	대전센터(13)	141	₩7,050	₩388	₩6,662
2024-09-27	₩52	손상센터(7)	65	₩3,380	₩186	₩3,194
	₩52	손상센터(7)	201	₩10,452	₩575	₩9,877
2024-09-11	₩70	남부센터(11)	97	₩6,790	₩373	₩6,417
	₩50	멀티센터(14)	97	₩4,850	₩267	₩4,583
2024-08-25	₩70	멀티센터(14)	20	₩1,400	₩77	₩1,323
2024-08-15	₩50	대전센터(13)	150	₩7,500	₩413	₩7,088

제품별 납품금액   ₩50,802   제품별 이익   48,008원

제품명 커넥터

납품일자	납품단가	거래처명	납품수량	납품금액	세금	이익
2024-12-15	₩70	국민센터(1)	122	₩8,540	₩470	₩8,070
2024-11-14	₩40	와우센터(2)	43	₩1,720	₩95	₩1,625
2024-10-11	₩40	대전센터(13)	34	₩1,360	₩75	₩1,285
2024-10-09	₩40	오래전자(9)	30	₩1,200	₩66	₩1,134
2024-09-14	₩30	아래센터(6)	22	₩660	₩36	₩624
2024-09-01	₩30	우리센터(5)	14	₩420	₩23	₩397
2024-08-25	₩30	남부센터(11)	93	₩2,790	₩153	₩2,637
2024-08-22	₩30	이어센터(8)	33	₩990	₩54	₩936

제품별 납품금액   ₩17,680   제품별 이익   16,708원

제품명 점퍼

납품일자	납품단가	거래처명	납품수량	납품금액	세금	이익
2024-12-15	₩35	동래센터(15)	90	₩3,150	₩173	₩2,977
2024-11-17	₩43	손상센터(7)	43	₩1,849	₩102	₩1,747
2024-10-12	₩43	아래센터(6)	45	₩1,935	₩106	₩1,829

2025년 4월   1/2

2 〈납품내역현황〉 폼의 'main납품일자' 컨트롤에 조회할 '납품일자'를 입력하고 '검색'(main검색) 단추를 클릭하면 입력한 '날짜'에 해당하는 정보를 찾아 표시하는 기능이 수행되도록 이벤트 프로시저를 구현하시오. (5점)

▶ 폼 머리글의 'main납품일자' 컨트롤에 입력한 납품일자에 대한 자료만 검색되도록 구현
▶ FILTER와 FILTERON 속성 사용

문제 ④ 처리 기능 구현 (35점)

1 〈제품납품내역〉과 〈제품코드〉 테이블을 이용하여 평가가 '상'인 제품의 테이블을 생성하는 〈평가상제품〉 쿼리를 작성하시오. (7점)

- '납품금액'은 '납품단가'과 '납품수량'의 곱으로 계산하고 내림차순 정렬하시오.
- 쿼리 실행 후 생성되는 테이블의 이름은 '상제품'으로 설정하시오.
- 쿼리 실행 결과로 표시되는 필드와 필드명은 〈그림〉과 같이 표시되도록 설정하시오.

〈그림〉

제품코드	제품명	평가	납품금액
K1	컨덴서	상	₩10,452
K1	컨덴서	상	₩7,500
K1	컨덴서	상	₩7,050
K1	컨덴서	상	₩6,790
K1	컨덴서	상	₩5,460
K3	어댑터	상	₩5,000
K1	컨덴서	상	₩4,850
K3	어댑터	상	₩4,375
K1	컨덴서	상	₩3,920
K1	컨덴서	상	₩3,380
K3	어댑터	상	₩3,275
K3	어댑터	상	₩2,730
K3	어댑터	상	₩2,210
K3	어댑터	상	₩2,015
K3	어댑터	상	₩1,495
K1	컨덴서	상	₩1,400
K3	어댑터	상	₩1,075
K3	어댑터	상	₩1,025

2 제품명별, 거래처별로 총납품수량을 구하는 〈거래횟수조회〉 크로스탭 쿼리를 작성하시오. (7점)

- 〈납품내역현황〉 쿼리를 이용하시오.
- 총납품수량은 '납품수량' 필드를 이용하시오.
- 거래처명이 '센터'로 끝나는 제품만 대상으로 작성하시오. (Right 함수 사용)
- 쿼리 실행 결과로 표시되는 필드와 필드명은 〈그림〉과 같이 표시되도록 설정하시오.

〈그림〉

거래처명	총납품수량	어댑터	점퍼	커넥터	컨덴서
국민센터	153	31		122	
금촌센터	147	42			105
나마센터	41	41			
남부센터	190			93	97
대구센터	77	77			
대전센터	325			34	291
동래센터	155		155		
루비센터	23	23			
멀티센터	117				117
손상센터	309		43		266
아래센터	112		90	22	
와우센터	43		43		
우리센터	14		14		
이어센터	220	131		33	56

3 〈제품납품레이블〉 테이블을 이용하여 다음과 같은 기능을 수행하는 〈제품납품레이블관리〉 쿼리를 작성하시오. (7점)

- '결제일' 필드는 '납품일자'가 '토요일'이면 '납품일자'에 '6'일을, 그렇지 않으면 '5'일을 더하여 표시되도록 설정하시오. (IIF, WEEKDAY, DATEADD 함수 사용)
- 금액 필드는 납품단가와 납품수량의 곱으로 표시하시오.
- 쿼리 실행 결과로 표시되는 필드와 필드명은 〈그림〉과 같이 표시되도록 설정하시오.

〈그림〉

납품처	제품코드	납품단가	납품수량	납품일자	결제일	금액
13	K1	₩50	150	24-08-15	2024-08-20	₩7,500
3	K3	₩65	23	24-08-12	2024-08-17	₩1,495
14	K1	₩70	20	24-08-25	2024-08-30	₩1,400
12	K3	₩25	43	24-10-12	2024-10-18	₩1,075
6	K2	₩30	22	24-09-14	2024-09-20	₩660
1	K3	₩65	31	24-09-27	2024-10-02	₩2,015
7	K4	₩43	43	24-11-17	2024-11-22	₩1,849
8	K2	₩30	33	24-08-22	2024-08-27	₩990
1	K2	₩70	122	24-12-15	2024-12-20	₩8,540
12	K3	₩65	34	24-12-20	2024-12-25	₩2,210
9	K3	₩25	200	24-09-14	2024-09-20	₩5,000
4	K3	₩25	41	24-10-29	2024-11-03	₩1,025
11	K1	₩70	97	24-09-11	2024-09-16	₩6,790
9	K2	₩40	30	24-10-09	2024-10-14	₩1,200
6	K4	₩35	45	24-10-12	2024-10-18	₩1,575
2	K2	₩40	43	24-11-14	2024-11-19	₩1,720
7	K1	₩52	65	24-09-27	2024-10-02	₩3,380
*		₩0		24-06-01		

4 〈제품납품내역〉 테이블을 이용하여 다음과 같은 조건에 따라 〈상위5위〉 쿼리를 완성하시오. (7점)

- 납품수량이 상위 5위까지 값을 나타내도록 쿼리를 작성하시오.
- 쿼리 실행 결과로 표시되는 필드와 필드명은 〈그림〉과 같이 표시되도록 설정하시오.

〈그림〉

접수번호	제품코드	납품단가	납품수량	납품일자
7	K1	₩52	201	2024-09-27
19	K3	₩25	200	2024-09-14
8	K3	₩25	175	2024-09-14
1	K1	₩50	150	2024-08-15
4	K1	₩50	141	2024-10-18
*		₩0		

5 〈납품내역현황〉 쿼리를 이용하여 다음 조건에 만족하는 내용을 조회하여 〈제품개수시각화〉 쿼리를 작성하시오. (7점)

- 제품은 제품코드(제품명) 형태로 나타내시오. (& 이용)
  [표시 예: K1(컨덴서)]
- 제품개수는 제품코드의 개수에 따라 "▶"를 표시하시오.
  (STRING, COUNT 함수 이용)
- 쿼리 실행 결과로 생성되는 테이블의 필드는 〈그림〉과 같이 표시되도록 설정하시오.

〈그림〉

제품	제품개수
K1(컨덴서)	▶▶▶▶▶▶▶▶
K2(커넥터)	▶▶▶▶▶▶▶
K3(어댑터)	▶▶▶▶▶▶▶
K4(점퍼)	▶▶▶▶▶

< 제3회 기출변형문제 >

해설 확인하기

▶ 정답 확인하기: EXIT 사이트 → 자료실 → 컴퓨터활용능력 1급
→ 실기 기본서 → 정답화면 바로보기

문제 ❶ DB 구축 (25점)

1 〈거래처〉, 〈제품코드〉 테이블 완성하기

① 탐색 창의 〈거래처〉 테이블에서 마우스 오른쪽 단추를 클릭하고 바로 가기 메뉴에서 [**디자인 보기**]를 선택한다.

② '대표자' 필드를 선택 → '필드 속성'에서 [일반] 탭의 '필수' 속성에는 '예'를, '빈 문자열 허용'에는 '아니요'를 지정한다.

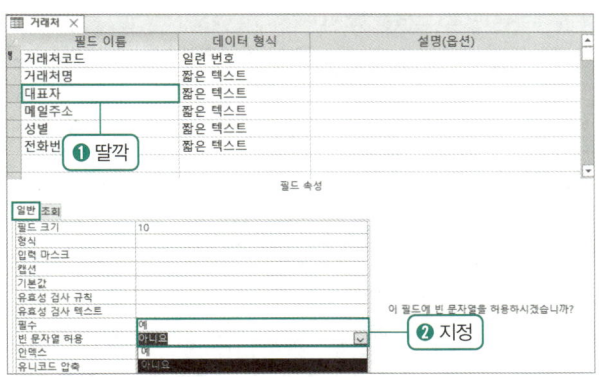

③ '성별' 필드를 선택 → '필드 속성'에서 [일반] 탭의 '기본값' 속성에 "F"를 입력한다.

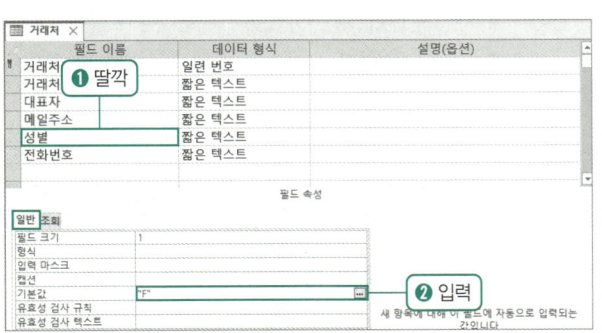

④ '메일주소' 필드를 선택 → '필드 속성'에서 [일반] 탭의 '유효성 검사 규칙' 속성에 Like "*@*"를 입력한다.

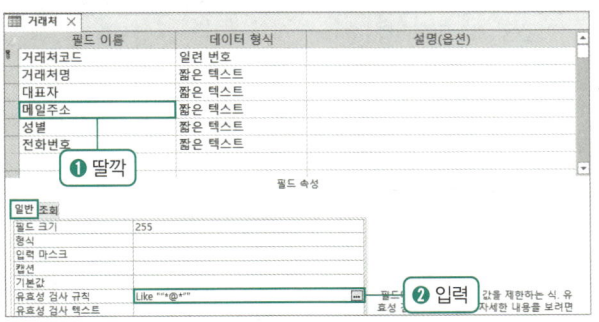

⑤ '전화번호' 필드를 선택 → '필드 속성'에서 [일반] 탭의 '입력 마스크' 속성에 000-0000-0000;;*를 입력한다.

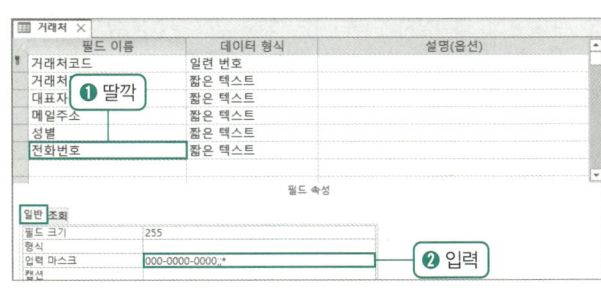

⑥ 탐색 창의 〈제품코드〉 테이블에서 마우스 오른쪽 단추를 클릭하고 바로 가기 메뉴에서 [**디자인 보기**]를 선택한다.

⑦ '평가' 필드 아래 행의 '필드 이름'에 가격 입력 → '데이터 형식'을 '통화'로 지정한다.

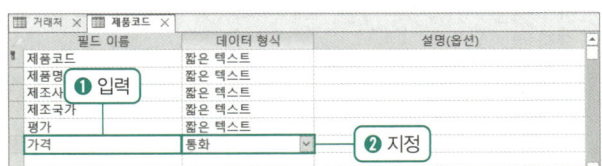

⑧ [테이블] 탭에서 마우스 오른쪽 단추를 클릭하고 바로 가기 메뉴에서 [모두 닫기]를 선택 → 데이터 통합 규칙이 바뀌었다는 메시지 상자와 변경한 내용을 저장할 것인지 묻는 메시지 상자가 나타나면 [예] 단추를 클릭한다.

2 테이블 간의 관계 설정하기

① [**데이터베이스 도구**] 탭-[**관계**] 그룹-[**관계**]를 클릭한다.

② [관계] 창의 빈 영역에서 마우스 오른쪽 단추를 클릭하고 바로 가기 메뉴에서 [**테이블 표시**]를 선택한다.

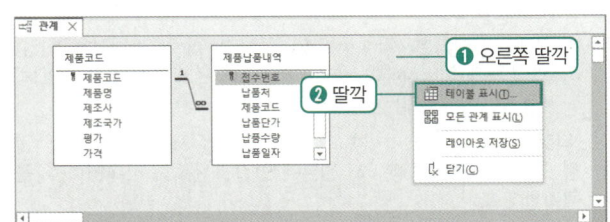

③ [테이블 추가] 창이 나타나면 [테이블] 탭에서 〈거래처〉 테이블을 더블클릭하여 [관계] 창에 추가 → [닫기] 단추를 클릭한다.

④ 〈거래처〉 테이블의 '거래처코드' 필드를 〈제품납품내역〉 테이블의 '납품처' 필드로 드래그한다.

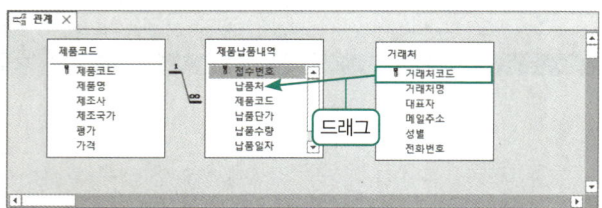

⑤ [관계 편집] 대화상자가 나타나면 '항상 참조 무결성 유지'와 '관련 필드 모두 업데이트'에 체크 → [만들기] 단추를 클릭한다.

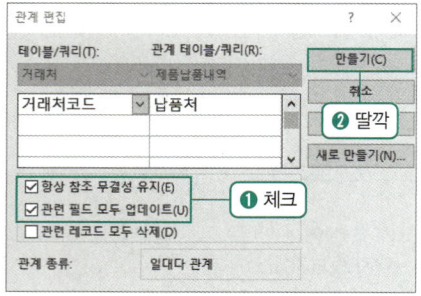

⑥ 관계가 설정되었으면 [관계] 창의 [닫기] 단추(X)를 클릭 → 변경한 내용을 저장할 것인지 묻는 메시지 상자가 나타나면 [예] 단추를 클릭한다.

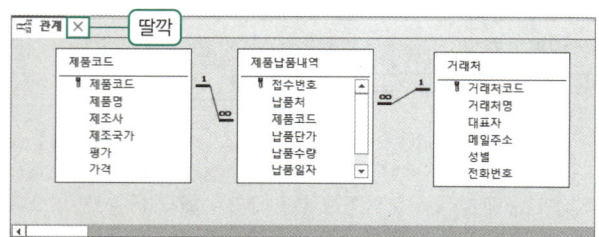

3 〈담당지역연결〉 테이블 연결하기(외부 데이터)

① [외부 데이터] 탭-[가져오기 및 연결] 그룹-[새 데이터 원본]-[파일에서]-[텍스트 파일(T)]을 클릭한다.
② [외부 데이터 가져오기-텍스트 파일] 대화상자가 나타나면 [찾아보기] 단추를 클릭한다.
③ [파일 열기] 대화상자가 나타나면 'C:\에듀윌_2026컴활1급실기\기출변형문제\데이터베이스실무\실습\3회' 경로에서 '담당지역.txt' 파일을 선택 → [열기] 단추를 클릭한다.
④ 외부 데이터 가져오기-텍스트 파일] 대화상자로 되돌아오면 '연결 테이블을 만들어 데이터 원본에 연결'을 선택 → [확인] 단추를 클릭한다.
⑤ [텍스트 연결 마법사] 1단계 대화상자가 나타나면 '구분'으로 선택되었는지 확인 → [다음] 단추를 클릭한다.

⑥ [텍스트 연결 마법사] 2단계 대화상자가 나타나면 '필드를 나눌 구분 기호 선택'에서 '세미콜론'을 선택 → '첫 행에 필드 이름 포함'에 체크 → [다음] 단추를 클릭한다.

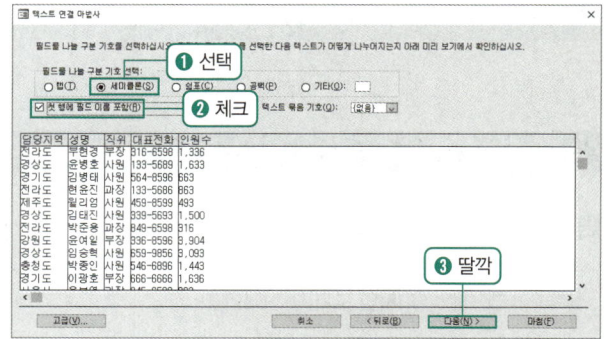

⑦ [텍스트 연결 마법사] 3단계 대화상자가 나타나면 지정할 정보가 없으므로 [다음] 단추를 클릭한다.
⑧ [텍스트 연결 마법사] 4단계 대화상자가 나타나면 '연결 테이블 이름'에 담당지역연결 입력 → [마침] 단추를 클릭한다.

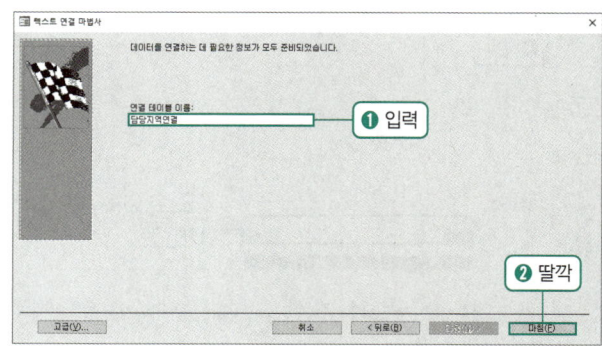

⑨ 파일에 연결했다는 메시지 상자가 나타나면 [확인] 단추를 클릭한다.
⑩ 탐색 창에서 〈담당지역연결〉 테이블을 더블클릭 → 결과를 확인 → [닫기] 단추(X)를 클릭한다.

문제 ❷ 입력 및 수정 기능 구현 (20점)

1 〈제품내역현황〉 폼의 속성 설정하기

① 탐색 창의 〈제품내역현황〉 폼에서 마우스 오른쪽 단추를 클릭하고 바로 가기 메뉴에서 [디자인 보기]를 선택한다.
② [양식 디자인] 탭-[도구] 그룹-[속성 시트]를 클릭한다.
③ '폼'의 [속성 시트] 창이 나타나면 [형식] 탭에서 '기본 보기' 속성을 '단일 폼'으로 지정한다.

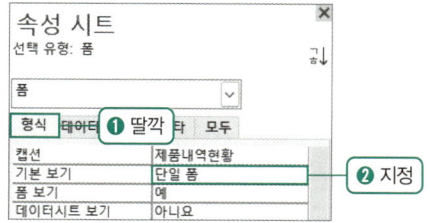

④ [속성 시트] 창에서 'txt제품명'을 선택 → [데이터] 탭에서 '컨트롤 원본' 속성을 '제품명'으로 지정한다.

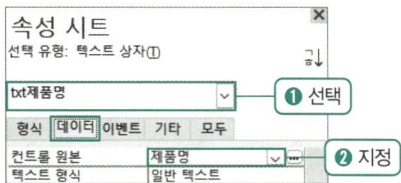

⑤ [속성 시트] 창에서 'txt납품단가'를 선택 → [데이터] 탭에서 '컨트롤 원본' 속성을 '납품단가'로 지정한다.

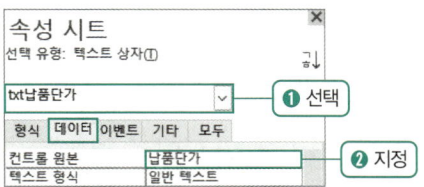

⑥ [속성 시트] 창에서 'txt평균납품금액'을 선택 → [데이터] 탭에서 '컨트롤 원본' 속성에 =DAvg("납품금액","납품내역현황","제품코드 ='K1'")를 입력한다.

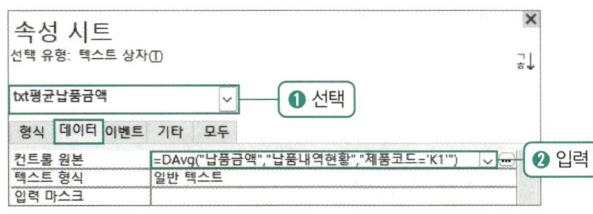

=DAvg("납품금액","납품내역현황","제품코드='K1'")

〈납품내역현황〉 쿼리에서 '제품코드'가 'K1'에 해당하는 '납품금액' 필드의 평균을 반환한다.

2 〈제품내역현황〉 폼의 컨트롤 설정하기

① 〈제품내역현황〉 폼의 디자인 보기 화면에서 '폼 머리글' 영역의 'main제품코드' 컨트롤을 선택 → 마우스 오른쪽 단추를 클릭하고 바로 가기 메뉴에서 [변경]-[콤보 상자]를 선택한다.

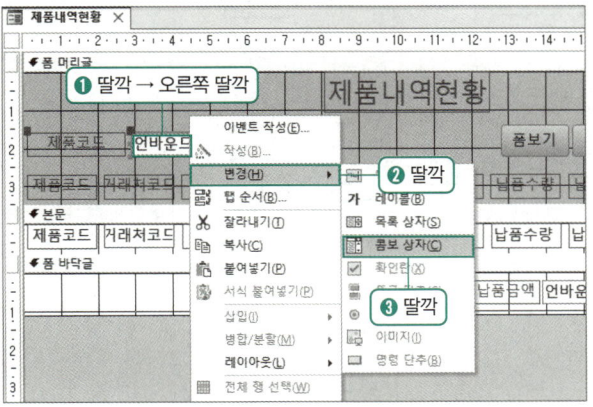

② 'main제품코드' 컨트롤의 [속성 시트] 창의 [데이터] 탭에서 '행 원본 유형' 속성이 '테이블/쿼리'로 지정되었는지 확인 → '행 원본' 속성에 커서를 올려놓고 작성기 단추(…)를 클릭한다.

③ [테이블 추가] 창이 나타나면 [테이블] 탭에서 〈제품코드〉 테이블을 더블클릭 → [닫기] 단추를 클릭한다.

④ [쿼리 작성기] 창의 〈제품코드〉 테이블에서 '제품코드'와 '제품명' 필드를 더블클릭 → [닫기] 단추(X)를 클릭한다.

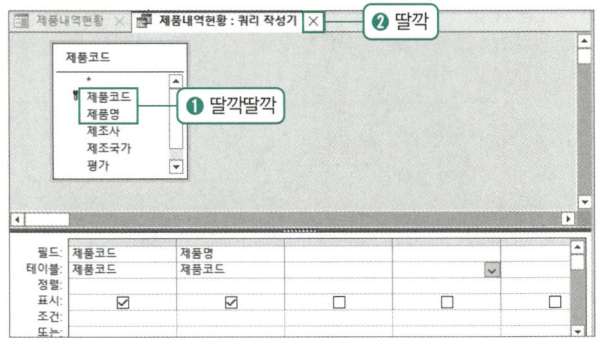

⑤ SQL 문의 변경 내용을 저장하고 속성을 업데이트할 것인지 묻는 메시지 상자가 나타나면 [예] 단추를 클릭한다.

⑥ [속성 시트] 창의 [데이터] 탭에서 '바운드 열' 속성은 '1'로, '목록 값만 허용' 속성은 '예'로 지정한다.

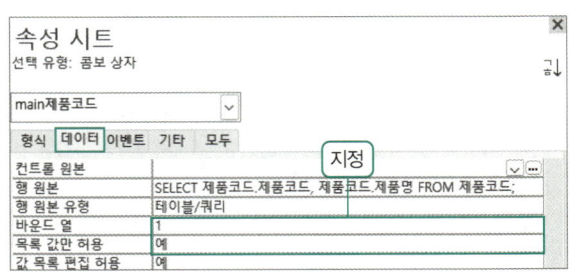

⑦ [속성 시트] 창의 [형식] 탭에서 '열 개수' 속성은 '2'로 지정한다.

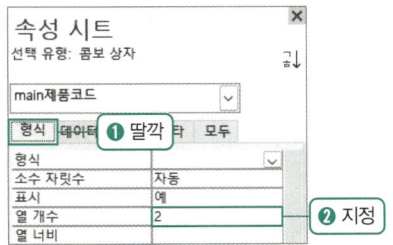

⑧ 〈제품내역현황〉 폼에서 [닫기] 단추(X)를 클릭 → 변경한 내용을 저장할 것인지 묻는 메시지 상자가 나타나면 [예] 단추를 클릭한다.

3 〈납품내역현황〉 폼의 이벤트 프로시저 작성하기

① 탐색 창의 〈납품내역현황〉 폼에서 마우스 오른쪽 단추를 클릭하고 바로 가기 메뉴에서 [디자인 보기]를 선택한다.
② [속성 시트] 창에서 'cmd닫기'를 선택 → [이벤트] 탭에서 'On Click' 이벤트의 작성기 단추(…)를 클릭한다.

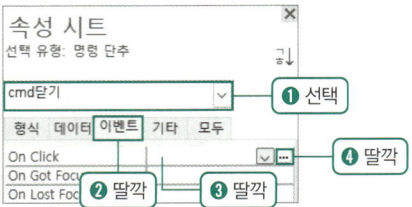

③ [작성기 선택] 대화상자가 나타나면 '코드 작성기'를 선택 → [확인] 단추를 클릭한다.
④ [Visual Basic Editor] 창이 나타나면 [코드] 창의 'cmd닫기_Click( )' 프로시저에 다음과 같이 코드를 입력 → [보기 Microsoft Access] 단추(❚)를 클릭한다.

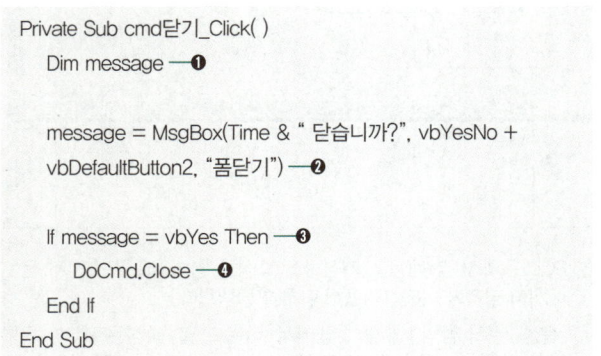

❶ 메시지 상자의 결과를 저장할 변수인 message를 생성한다.
❷ 메시지 상자에 현재 시간(Time)과 ' 닫습니까?'를 연결한 메시지 내용, [예]/[아니요] 단추(vbYesNo)에서 [아니요] 단추를 기본 선택(vbDefaultButton2), 제목 표시줄에 '폼닫기'라는 내용을 표시하고, [예]/[아니요] 단추에서 클릭한 결과를 변수 message에 저장한다.
❸ [예] 단추를 클릭했을 때 ❹를 실행한다.
❹ 현재 폼을 닫는다.

⑤ [양식 디자인] 탭–[보기] 그룹–[보기]–[폼 보기]를 선택한다.
⑥ 〈납품내역현황〉 폼에서 '닫기' 단추를 클릭한다.
⑦ 메시지 상자가 나타나면 결과를 확인 → [예] 단추를 클릭 → 변경한 내용을 저장할 것인지 묻는 메시지 상자가 나타나면 [예] 단추를 클릭한다.

문제 ❸ 조회 및 출력 기능 구현 (20점)

1 〈제품별납품현황〉 보고서 완성하기

① 탐색 창의 〈제품별납품현황〉 보고서에서 마우스 오른쪽 단추를 클릭하고 바로 가기 메뉴에서 [디자인 보기]를 선택한다.
② '보고서'의 [속성 시트] 창에서 'txt납품일자'를 선택 → [형식] 탭에서 '중복 내용 숨기기' 속성을 '예'로 지정한다.

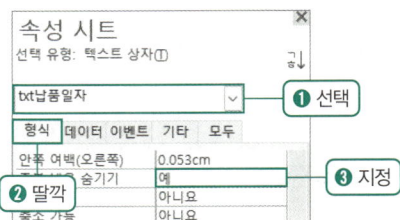

③ '제품명 머리글' 영역을 클릭 → [속성 시트] 창의 [형식] 탭에서 '페이지 바꿈' 속성을 '없음'으로 지정한다.

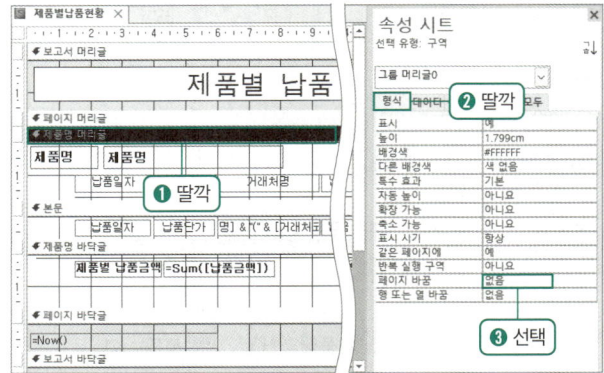

④ [속성 시트] 창에서 'txt이익'을 선택 → [데이터] 탭에서 '컨트롤 원본' 속성에 =Sum([이익]) 입력 → [형식] 탭에서 '형식' 속성에 #,##0원을 입력한다.

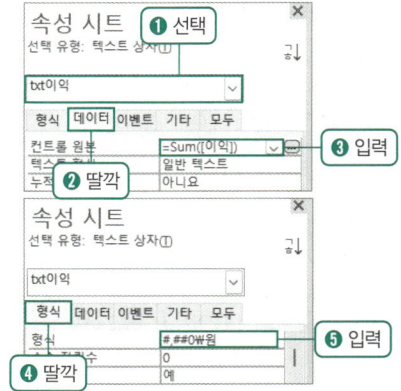

⑤ [속성 시트] 창에서 'txt날짜'를 선택 → [형식] 탭에서 '형식' 속성에 yyyy년 m월을 입력한다.

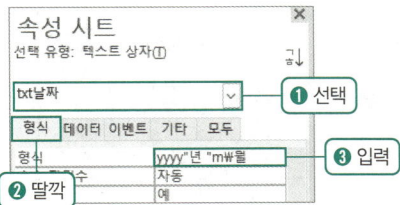

⑥ [속성 시트] 창에서 'txt페이지'를 선택 → [데이터] 탭에서 '컨트롤 원본' 속성에 =[Page] & "/" & [Pages]를 입력한다.

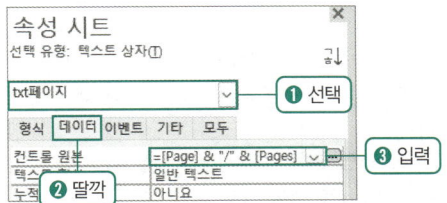

⑦ 〈제품별납품현황〉 보고서에서 [닫기] 단추(☒)를 클릭 → 변경한 내용을 저장할 것인지 묻는 메시지 상자가 나타나면 [예] 단추를 클릭한다.

2 〈납품내역현황〉 폼의 이벤트 프로시저 작성하기

① 탐색 창의 〈납품내역현황〉 폼에서 마우스 오른쪽 단추를 클릭하고 바로 가기 메뉴에서 [**디자인 보기**]를 선택한다.
② [속성 시트] 창에서 'main검색'을 선택 → [이벤트] 탭에서 'On Click' 이벤트의 작성기 단추(…)를 클릭한다.

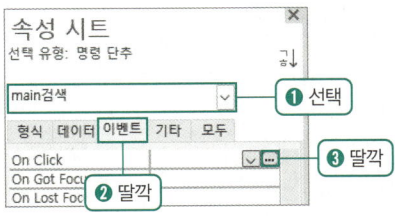

③ [작성기 선택] 대화상자가 나타나면 '코드 작성기'를 선택 → [확인] 단추를 클릭한다.
④ [Visual Basic Editor] 창이 나타나면 [코드] 창의 'main검색_Click( )' 프로시저에 다음과 같이 코드를 입력 → [닫기] 단추(☒)를 클릭한다.

```
Private Sub main검색_Click( )
    Me.Filter = "납품일자=#" & main납품일자 & "#"  ──❶
    Me.FilterOn = True  ──❷
End Sub
```

❶ '납품일자' 필드의 값이 'main납품일자' 컨트롤의 입력 값과 같은 레코드를 표시한다.
❷ 현재 폼 개체의 필터 속성을 적용한다.

⑤ [양식 디자인] 탭-[보기] 그룹-[보기]-[폼 보기]를 선택한다.

⑥ 〈납품내역현황〉 폼에서 '납품일자' 텍스트 상자에 임의의 납품일자인 24-08-22 입력→ [검색] 단추를 클릭하여 결과를 확인한다.
⑦ 〈납품내역현황〉 폼에서 [닫기] 단추(☒)를 클릭 → 변경한 내용을 저장할 것인지 묻는 메시지 상자가 나타나면 [예] 단추를 클릭한다.

문제 ❹ 처리 기능 구현 (35점)

1 〈평가상제품〉 테이블 만들기 쿼리 작성하기

① [만들기] 탭-[쿼리] 그룹-[쿼리 디자인]을 클릭한다.
② [테이블 추가] 창이 나타나면 [테이블] 탭에서 〈제품납품내역〉 테이블과 〈제품코드〉 테이블을 차례대로 더블클릭하여 [쿼리1] 창에 추가 → [닫기] 단추를 클릭한다.
③ 〈제품납품내역〉 테이블에서 '제품코드' 필드를, 〈제품코드〉 테이블에서 '제품명', '평가' 필드를 차례대로 더블클릭한다.

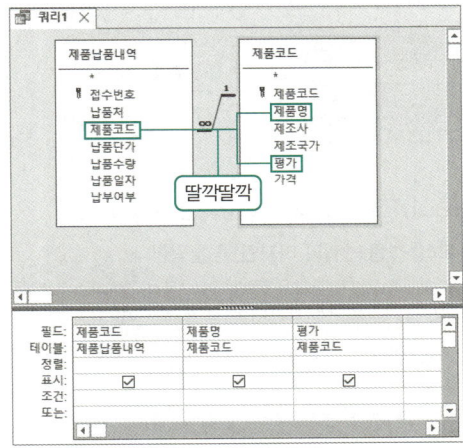

④ '평가' 필드는 '상'의 내역만 조회하기 위해 '평가' 필드의 '조건' 항목에 "상"을 입력한다.

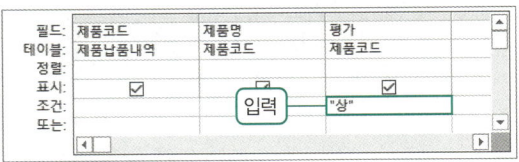

⑤ '납품금액' 필드를 추가하여 내림차순 정렬하기 위해 '평가' 필드 오른쪽의 '필드' 항목을 클릭 → 납품금액: [납품단가]*[납품수량] 입력 → '정렬' 항목을 클릭 → '내림차순'으로 지정한다.

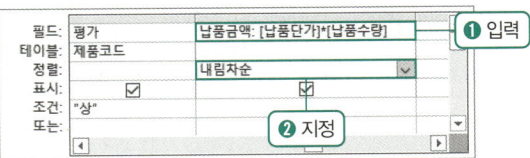

⑥ [쿼리 디자인] 탭-[쿼리 유형] 그룹-[테이블 만들기]를 클릭한다.

⑦ [테이블 만들기] 대화상자가 나타나면 '테이블 이름'에 상제품 입력
 → [확인] 단추를 클릭한다.

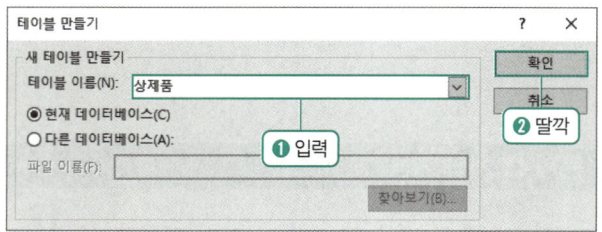

⑧ [쿼리 디자인] 탭-[결과] 그룹-[실행]을 클릭 → 행을 붙여 넣는다는 메시지 상자가 나타나면 [예] 단추를 클릭한다.
⑨ 〈쿼리1〉 창에서 [닫기] 단추(×)를 클릭 → 변경한 내용을 저장할 것인지 묻는 메시지 상자가 나타나면 [예] 단추를 클릭한다.
⑩ [다른 이름으로 저장] 대화상자가 나타나면 '쿼리 이름'에 평가상제품 입력 → [확인] 단추를 클릭한다.

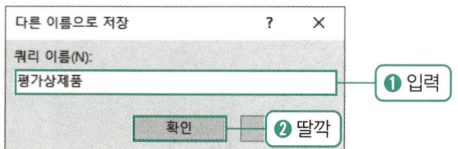

2 〈거래횟수조회〉 크로스탭 쿼리 작성하기

① [만들기] 탭-[쿼리] 그룹-[쿼리 디자인]을 클릭한다.
② [테이블 추가] 창이 나타나면 [쿼리] 탭에서 〈납품내역현황〉 쿼리를 더블클릭하여 [쿼리1] 창에 추가 → [닫기] 단추를 클릭한다.
③ 〈납품내역현황〉 쿼리에서 '제품명', '거래처명', '납품수량' 필드를 차례대로 더블클릭 → '총납품수량' 필드를 추가하기 위해 '납품수량' 필드 오른쪽의 '필드' 항목을 클릭 → 총납품수량: 납품수량을 입력한다.

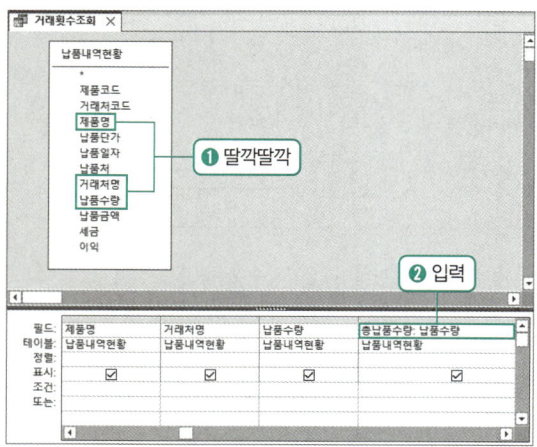

④ '거래처명' 필드의 '조건' 항목을 클릭 → Right([거래처명],2)="센터"를 입력한다.

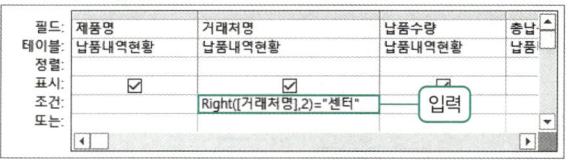

Right([거래처명],2)="센터"

'거래처명' 필드의 오른쪽에서 두 글자를 반환하여 '센터'와 같은지 비교한다.

⑤ [쿼리 디자인] 탭-[쿼리 유형] 그룹-[크로스탭]을 클릭한다.
⑥ '요약'과 '크로스탭' 항목이 추가되면 각 필드의 항목에 다음과 같이 조건을 지정한다.
 • '제품명' 필드의 '크로스탭' 항목: '열 머리글' 지정
 • '거래처명' 필드의 '크로스탭' 항목: '행 머리글' 지정
 • '납품수량' 필드의 '요약', '크로스탭' 항목: '합계', '값' 지정
 • '총납품수량: 납품수량' 필드의 '요약', '크로스탭' 항목: '합계', '행 머리글' 지정

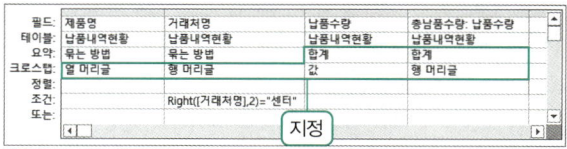

⑦ [쿼리 디자인] 탭-[결과] 그룹-[실행]을 클릭 → 결과를 확인한다.
⑧ 〈쿼리1〉 창에서 [닫기] 단추(×)를 클릭 → 변경한 내용을 저장할 것인지 묻는 메시지 상자가 나타나면 [예] 단추를 클릭한다.
⑨ [다른 이름으로 저장] 대화상자가 나타나면 '쿼리 이름'에 거래횟수조회 입력 → [확인] 단추를 클릭한다.

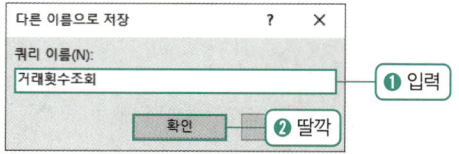

3 〈제품납품레이블관리〉 선택 쿼리 작성하기

① [만들기] 탭-[쿼리] 그룹-[쿼리 디자인]을 클릭한다.
② [테이블 추가] 창이 나타나면 [테이블] 탭에서 〈제품납품레이블〉 테이블을 더블클릭하여 [쿼리1] 창에 추가 → [닫기] 단추를 클릭한다.

③ 〈제품납품레이블〉 테이블에서 '납품처', '제품코드', '납품단가', '납품수량', '납품일자' 필드를 차례대로 더블클릭한다.

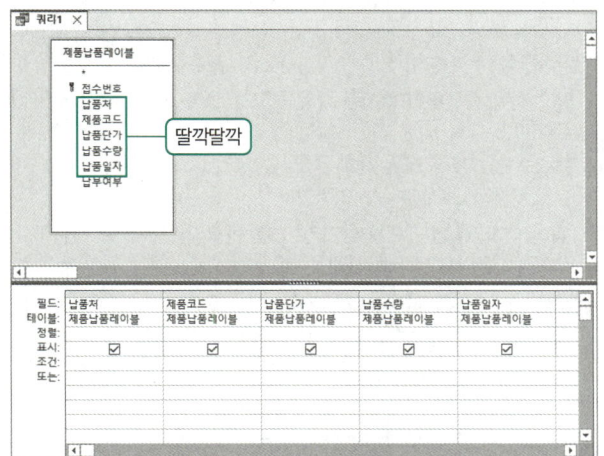

④ '결제일' 필드를 추가하기 위해 '납품일자' 필드 오른쪽의 '필드' 항목을 클릭 → 마우스 오른쪽 단추를 클릭하고 바로 가기 메뉴에서 [확대/축소]를 선택한다.

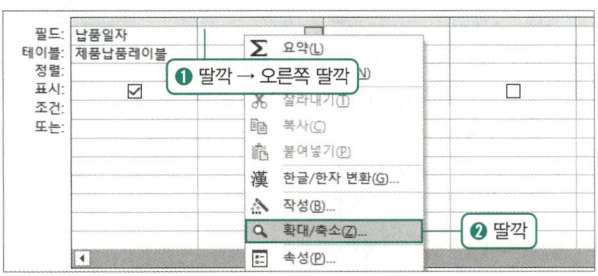

⑤ [확대/축소] 대화상자가 나타나면 결제일: IIf(Weekday([납품일자],1)=7,DateAdd("d",6,[납품일자]),DateAdd("d",5,[납품일자]))를 입력 → [확인] 단추를 클릭한다.

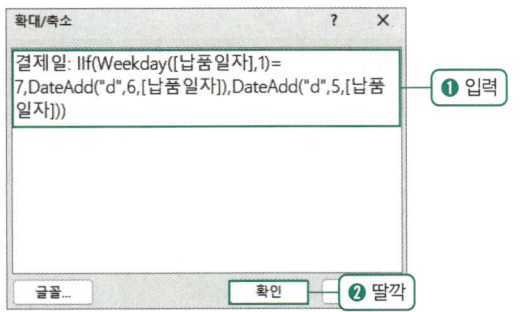

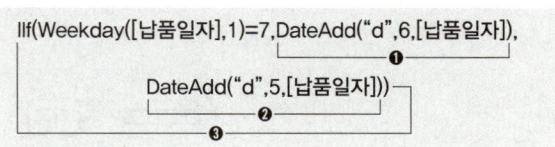

❶ DateAdd("d",6,[납품일자]): '납품일자' 필드의 날짜에서 '6'일만큼 더한 날짜를 반환한다.
❷ DateAdd("d",5,[납품일자]): '납품일자' 필드의 날짜에서 '5'일만큼 더한 날짜를 반환한다.
❸ IIf(Weekday([납품일자],1)=7,❶,❷): '납품일자' 필드에 해당하는 요일 번호(두 번째 인수를 1로 지정하면 일요일(1)~토요일(7))가 7이면 ❶의 결과를, 그렇지 않으면 ❷의 결과를 반환한다.

⑥ '금액' 필드를 추가하기 위해 '결제일' 필드 오른쪽의 '필드' 항목을 클릭 → 금액: [납품단가]*[납품수량]을 입력한다.

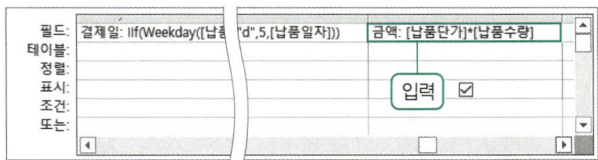

⑦ [쿼리 디자인] 탭-[결과] 그룹-[실행]을 클릭 → 결과를 확인한다.
⑧ 〈쿼리1〉 창에서 [닫기] 단추(×)를 클릭 → 변경한 내용을 저장할 것인지 묻는 메시지 상자가 나타나면 [예] 단추를 클릭한다.
⑨ [다른 이름으로 저장] 대화상자가 나타나면 '쿼리 이름'에 제품납품레이블관리 입력 → [확인] 단추를 클릭한다.

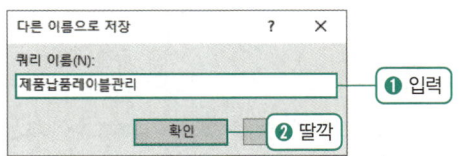

4 〈상위5위〉 선택 쿼리 작성하기

① [만들기] 탭-[쿼리] 그룹-[쿼리 디자인]을 클릭한다.
② [테이블 추가] 창이 나타나면 [테이블] 탭에서 〈제품납품내역〉 테이블을 더블클릭하여 [쿼리1] 창에 추가 → [닫기] 단추를 클릭한다.
③ 〈제품납품내역〉 테이블에서 '접수번호', '제품코드', '납품단가', '납품수량', '납품일자' 필드를 차례대로 더블클릭한다.

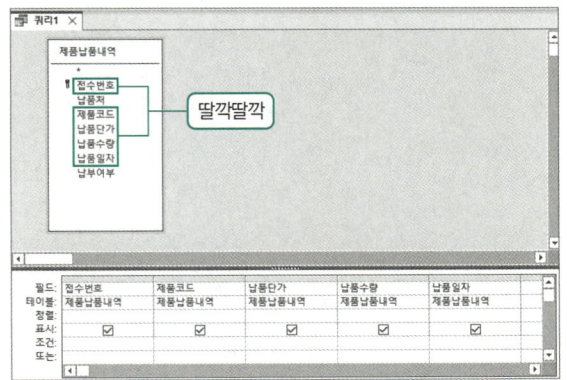

④ '납품수량' 필드를 기준으로 내림차순 정렬하기 위해 '납품수량' 필드의 '정렬' 항목을 클릭 → '내림차순'으로 지정한다.

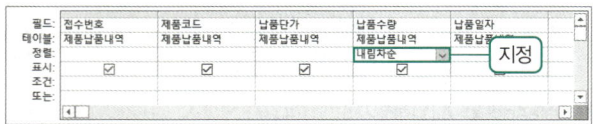

⑤ [쿼리1] 창의 빈 공간에서 마우스 오른쪽 버튼 클릭 후 '바로 가기'에서 [속성]을 클릭 → '쿼리 속성'의 [속성 시트] 창의 [일반] 탭에서 '상위 값' 속성을 '5'로 지정한다.

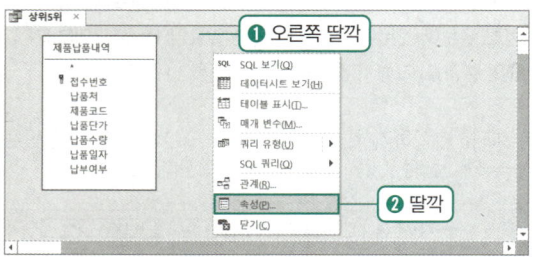

⑥ [쿼리 디자인] 탭-[결과] 그룹-[실행]을 클릭 → 결과를 확인한다.

⑦ 〈쿼리1〉 창에서 [닫기] 단추(☒)를 클릭 → 변경한 내용을 저장할 것인지 묻는 메시지 상자가 나타나면 [예] 단추를 클릭한다.

⑧ [다른 이름으로 저장] 대화상자가 나타나면 '쿼리 이름'에 상위5위 입력 → [확인] 단추를 클릭한다.

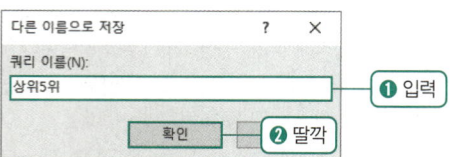

5 〈제품개수시각화〉 쿼리 작성하기

① [만들기] 탭-[쿼리] 그룹-[쿼리 디자인]을 클릭한다.

② [테이블 추가] 창이 나타나면 [쿼리] 탭에서 〈납품내역현황〉 쿼리를 더블클릭하여 [쿼리] 창에 추가 → [닫기] 단추를 클릭한다.

③ 필드 항목을 클릭하여 제품: [제품코드] & "(" & [제품명] & ")"를 입력한다.

④ '제품' 필드 항목의 오른쪽 필드를 클릭하여 제품개수: String(Count([제품코드]),"▶")를 입력한다.

⑤ [쿼리 디자인] 탭-[표시/숨기기] 그룹-[요약] 클릭 → '제품개수' 필드의 '요약'을 '식'으로 지정한다.

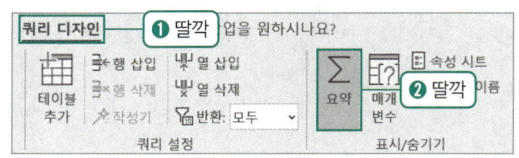

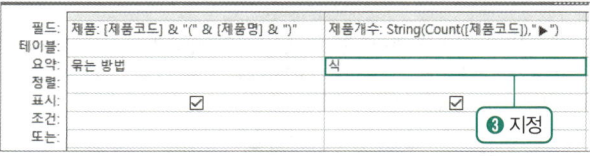

⑥ [쿼리 디자인] 탭-[결과] 그룹-[실행]을 클릭한다.

⑦ 〈쿼리1〉 창에서 [단기] 단추를 클릭 → 변경한 내용을 저장할 것인지 묻는 메시지 상자가 나타나면 [예] 단추를 클릭한다.

⑧ [다른 이름으로 저장] 대화상자가 나타나면 '쿼리 이름'에 제품개수시각화 입력 → [확인] 단추를 클릭한다.

제4회 기출변형문제

프로그램명	제한시간	합격선	외부 데이터 위치
ACCESS 2021	45분	70점	C:\에듀윌_2026컴활1급실기\기출변형문제\데이터베이스실무\실습\4회\제4회기출변형문제.accdb

문제 ❶ DB 구축 (25점)

1 착한업소현황 관리하기 위한 데이터베이스를 구축하고자 한다. 다음의 지시사항에 따라 각 테이블을 완성하시오. (각 3점)

① 〈착한업소〉 테이블에서 '시설명' 필드는 반드시 입력되도록 설정하시오.
② 〈착한업소〉 테이블에서 '업종' 필드는 중복 가능한 인덱스를 설정하고 InStr 함수를 이용하여 공백 문자가 입력되지 않도록 유효성 검사 규칙을 설정하시오.
③ 〈품목가격〉 테이블의 '가격' 필드는 천 단위 구분 기호(,)를 표시하고 값이 0이면 0으로 표시되도록 형식을 설정하시오.
④ 〈업소위치〉 테이블의 '주소' 필드의 크기를 30으로 설정하시오.
⑤ 〈업소위치〉 테이블의 '위도'와 '경도' 필드는 소수점 이하 일곱째 자리까지 표시되도록 설정하시오.

2 다음 지시사항에 따라 '도봉구착한업소.txt' 파일에 대한 연결 테이블을 작성하시오. (5점)

▶ '도봉구착한업소.txt' 파일의 첫 번째 행은 필드의 이름이다.
▶ 구분자는 '탭'으로 설정하시오.
▶ 연결 테이블의 이름은 '도봉구착한업소연결'로 하시오.

3 〈착한업소〉 테이블의 '품목' 필드는 〈품목가격〉 테이블의 '품목명' 필드를 참조하고 테이블 간의 관계는 1:M이다. 두 테이블에 다음과 같이 관계를 추가 설정하시오. (5점)

※ 액세스 파일에 이미 설정되어 있는 관계는 수정하지 마시오.

▶ 각 테이블 간에 항상 참조 무결성이 유지되도록 설정하시오.
▶ 참조 필드의 값이 변경되면 관련 필드의 값도 변경되도록 설정하시오.
▶ 다른 테이블에서 참조하고 있는 레코드는 삭제할 수 없도록 설정하시오.

문제 ❷ 입력 및 수정 기능 구현 (20점)

1 〈업소정보〉 폼을 다음의 화면과 지시사항에 따라 완성하시오. (각 3점)

① 폼이 로드될 때 '시설명' 필드를 기준으로 내림차순 정렬되어 표시되도록 설정하시오.
② 본문 영역에서 탭이 다음의 순서대로 정지하도록 관련 속성을 설정하시오.
  ▶ txt시설명, txt주소, txt전화번호, txt업종, txt품목, txt동구분
③ 폼 바닥글 영역의 'txt개수' 컨트롤에는 전체 레코드가 [표시 예]와 같이 표시되도록 컨트롤 원본 속성을 설정하시오.
  ▶ 전체 레코드를 5로 나눈 몫만큼 '▶' 기호와 건수를 표시
  [표시 예: 전체 레코드가 12 → ▶▶12, 전체 레코드가 15 → ▶▶▶15]
  ▶ String, Int, Count 함수와 & 연산자 사용

〈그림〉

시설명	주소	전화번호	업종	품목	동구분
향토이발관	도봉로164길 10(도봉동)	02-954-****	이미용업	이발	도봉동
털보식당	도당로 148번	02-3492-****	한식	삼겹살	도봉동
죽복미용실	해등로 144(창동)	02-906-****	이미용업	이발	창동
제2연출헤어모드	시루봉로 204(방학동)	02-3491-****	이미용업	커트	방학동
일심해장국	방학로 204(방학동)	02-956-****	한식	김치찌개	방학동
알뜰 정육식당	도봉로169나길 71(도봉동)	02-3491-****	한식	삼겹살	도봉동

전체 개수: ▶▶▶18

2 〈업소정보〉 폼의 본문 영역에 다음과 같이 조건부 서식을 설정하시오. (6점)

▶ '품목'이 '김'으로 시작하는 경우 본문 영역의 모든 컨트롤에 글꼴 색을 '표준 색'의 '빨강', '굵게' 서식을 설정하시오.
▶ 단, 하나의 규칙으로 설정하시오.

3 〈위치정보_품목〉 폼의 '보고서'(cmd보고서) 단추를 클릭하면 〈업소분포_품목〉 보고서를 '인쇄 미리 보기'의 형태로 여는 〈보고서출력〉 매크로를 생성하여 지정하시오. (5점)

▶ 매크로 조건: '품목' 필드의 값이 'main품목'에 해당하는 품목 정보만 표시

문제 ❸ 조회 및 출력 기능 구현 (20점)

1 다음의 지시사항 및 화면을 참조하여 〈업소분포〉 보고서를 완성하시오. (각 3점)

① 본문의 '업종' 컨트롤을 그룹 머리글로 이동시키고 글꼴 두께를 '굵게', 배경색을 '#FFC20E'으로 설정하시오.
② 같은 '업종'에서는 '시설명'을 기준으로 내림차순 정렬되어 표시되도록 정렬을 추가하시오.
③ 업종 머리글 영역별로 페이지 바꿈을 '없음'으로 설정하시오.
④ 본문 영역의 배경색을 '교차 행'으로 변경하시오.
⑤ '업종' 바닥글 영역의 'txt개수' 컨트롤에는 업종별로 전체 레코드 수가 표시되도록 컨트롤 원본 속성을 설정하시오.
  ▶ [표시 예: 3곳]
  ▶ & 연산자 사용

〈그림〉

업소 분포

업종	시설명	전화번호	품목	위도	경도
이미용업					
	향토이발관	02-954-****	이발	37.6758276	127.0453501
	축복미용실	02-906-****	이발	37.6564964	127.0403855
	제2연출헤어모드	02-3491-****	커트	37.6670603	127.0332412
	마르떼헤어	02-990-****	커트	37.6485284	127.0320831
	롯데미용실	02-907-****	커트	37.6477531	127.0332275
					5곳
중식					
	신짜장	02-3492-****	자장면	37.6646923	127.0395217
	미성각	02-996-****	자장면	37.6526978	127.0513307
	난짜장 넌짬뽕	02-956-****	자장면	37.6699677	127.0419497
					3곳
한식					
	털보식당	02-3492-****	삼겹살	37.6669146	127.0424424
	일심해장국	02-956-****	김치찌개	37.6621638	127.0294783
	알뜰 정육식당	02-3491-****	삼겹살	37.6763865	127.0437065
	시골짚	02-954-****	김치찌개	37.6694415	127.0457255
	미락칼국수	02-908-****	칼국수	37.6460693	127.0373513
	돈애우	02-3491-****	삼겹살	37.6651515	127.0359421
	도봉산콩나물국밥	02-955-****	야채비빔밥	37.6845787	127.0429489
	다미식당	02-956-****	김치찌개	37.6620617	127.0282329
	김밥타운	02-956-****	김밥	37.6657238	127.0368436
	곰갈비집	02-998-****	삼겹살	37.6377069	127.0407836
					10곳

2023년 7월 4일 화요일   1/1페이지

2 〈위치정보〉 폼의 'main업종' 컨트롤에 조회할 '업종'을 입력하고 '검색'(main검색) 단추를 클릭하면 입력한 '업종'에 해당하는 정보를 찾아 표시하는 기능이 수행되도록 이벤트 프로시저를 구현하시오. (5점)

▶ 폼 머리글의 'main업종' 컨트롤에 입력한 업종에 대한 자료만 검색되도록 구현
▶ Filter와 Filter On 속성 사용

문제 ❹ 처리 기능 구현 (35점)

1 〈착한업소〉와 〈업소위치〉 테이블을 이용하여 한식 업종의 시설 정보를 조회하는 〈한식정보〉 쿼리를 작성하시오. (7점)

▶ 시설명을 기준으로 오름차순 정렬하여 표시하시오.
▶ 쿼리 실행 결과로 표시되는 필드와 필드명은 〈그림〉과 같이 표시되도록 설정하시오.

〈그림〉

시설명	주소	전화번호	업종	품목
곰갈비집	덕릉로60길 57(창동)	02-998-****	한식	삼겹살
김밥타운	도당로15길 3(방학동)	02-956-****	한식	김밥
다미식당	방학로 214(방학동)	02-956-****	한식	김치찌개
도봉산콩나물국밥	도봉로181길 53(도봉동)	02-955-****	한식	야채비빔밥
돈애우	도당로 81(방학동)	02-3491-****	한식	삼겹살
미락칼국수	도봉로110길 68(창동)	02-908-****	한식	칼국수
시골짚	도봉로152길 35(도봉동)	02-954-****	한식	김치찌개
알뜰 정육식당	도봉로169나길 71(도봉동)	02-3491-****	한식	삼겹살
일심해장국	방학로 204(방학동)	02-956-****	한식	김치찌개
털보식당	도당로 148번	02-3492-****	한식	삼겹살

2 동구분별, 업종별로 시설의 개수를 조회하는 〈시설개수〉 크로스탭 쿼리를 작성하시오. (7점)

▶ 〈착한업소〉, 〈업소위치〉 테이블을 이용하시오.
▶ 장소개수는 '주소' 필드를 이용하시오.
▶ 쿼리 실행 결과로 표시되는 필드와 필드명, 필드의 형식은 〈그림〉과 같이 표시되도록 설정하시오.

〈그림〉

동구분	장소개수	이미용업	중식	한식
도봉동	6곳	1곳	1곳	4곳
방학동	6곳	1곳	1곳	4곳
쌍문동	2곳	2곳		
창동	4곳	1곳	1곳	2곳

3 〈착한업소〉, 〈업소위치〉 테이블을 이용하여 시설명의 일부를 매개 변수로 입력받고, 해당 시설명의 시설 정보를 조회하는 〈시설정보〉 매개 변수 쿼리를 작성하시오. (7점)

▶ 배달여부는 업종이 이미용업이면 '배달불가'를, 그 외에는 '배달가능'을 표시하시오. (IIF 함수 사용)
▶ 쿼리 실행 결과로 표시되는 필드와 필드명은 〈그림〉과 같이 표시되도록 설정하시오.

〈그림〉

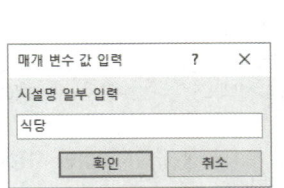

4 〈품목가격_사본〉 테이블에는 있지만 〈품목가격_원본〉 테이블에는 없는 품목명의 정보를 조회하는 〈불일치품목〉 쿼리를 작성하시오. (7점)

▶ NOT IN 예약어를 사용하여 SQL 명령으로 작성하시오.
▶ 쿼리 실행 결과로 표시되는 필드와 필드명은 〈그림〉과 같이 표시되도록 설정하시오.

〈그림〉

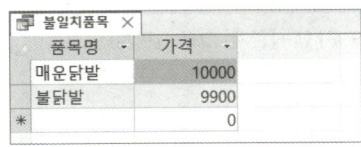

5 〈업소주소〉 쿼리를 이용하여 다음 조건에 만족하는 내용을 조회하여 새 테이블로 생성하는 〈업소주소생성〉 쿼리를 작성하고 실행하시오. (7점)

▶ '위치' 필드는 '동구분' 필드에서 '동' 문자를 제외하여 표시하시오. (REPLACE 함수 사용)
▶ '업종' 필드의 끝자리가 '식'인 '내용만 조회하시오. (RIGHT 함수 사용)
▶ 쿼리 실행 후 생성되는 테이블의 이름은 〈업소주소관리〉로 설정하시오.
▶ 쿼리 실행 결과로 생성되는 테이블의 필드는 〈그림〉과 같이 표시되도록 설정하시오.

〈그림〉

시설명	위치	품목
곰갈비집	창	삼겹살
미성각	창	자장면
털보식당	도봉	삼겹살
난짜장 넌짬뽕	도봉	자장면
김밥타운	방학	김밥
다미식당	방학	김치찌개
도봉산콩나물국밥	도봉	야채비빔밥
돈애우	방학	삼겹살
미락칼국수	창	칼국수
시골짚	도봉	김치찌개

〈업소주소생성〉 쿼리를 실행 한 후의 〈업소주소관리〉 테이블

< 제4회 기출변형문제 >

해설 확인하기

➡ 정답 확인하기: EXIT 사이트 → 자료실 → 컴퓨터활용능력 1급
→ 실기 기본서 → 정답화면 바로보기

문제 ❶ DB 구축 (25점)

1 〈착한업소〉, 〈품목가격〉, 〈업소위치〉 테이블 완성하기

① 탐색 창의 〈착한업소〉 테이블에서 마우스 오른쪽 단추를 클릭하고 바로 가기 메뉴에서 [디자인 보기]를 선택한다.

② '시설명' 필드를 선택 → '필드 속성'에서 [일반] 탭의 '필수' 속성을 '예'로 지정한다.

③ '업종' 필드를 선택 → '필드 속성'에서 [일반] 탭의 '인덱스' 속성을 '예(중복 가능)'으로 지정하고 '유효성 검사 규칙' 속성에 InStr([업종]," ")=0을 입력한다.

> InStr([업종]," ")=0

'업종' 필드에서 공백의 위치를 반환하여 '0'과 같은지 비교한다. 즉, 공백의 위치가 0이라는 것은 공백이 없다는 의미이다.

④ 탐색 창의 〈품목가격〉 테이블에서 마우스 오른쪽 단추를 클릭하고 바로 가기 메뉴에서 [디자인 보기]를 선택한다.

⑤ '가격' 필드를 선택 → '필드 속성'에서 [일반] 탭의 '형식' 속성에 #,##0을 입력한다.

⑥ 탐색 창의 〈업소위치〉 테이블에서 마우스 오른쪽 단추를 클릭하고 바로 가기 메뉴에서 [디자인 보기]를 선택한다.

⑦ '주소' 필드를 선택 → '필드 속성'에서 [일반] 탭의 '필드 크기' 속성에 30을 입력한다.

⑧ '위도' 필드를 선택 → '필드 속성'에서 [일반] 탭의 '소수 자릿수' 속성을 '7'로 지정 → '경도' 필드를 선택 → '필드 속성'에서 [일반] 탭의 '소수 자릿수' 속성을 '7'로 지정한다.

⑨ [테이블] 탭에서 마우스 오른쪽 단추를 클릭하고 바로 가기 메뉴에서 [모두 닫기]를 선택 → 변경한 내용을 저장할 것인지 묻는 메시지, 데이터 통합 규칙이 바뀌었다는 메시지, 데이터의 일부가 손실될 수 있다는 메시지 상자가 나타나면 [예] 단추를 클릭한다.

2 〈도봉구착한업소연결〉 테이블 연결하기(외부 데이터)

① [외부 데이터] 탭-[가져오기 및 연결] 그룹-[새 데이터 원본]-[파일에서]-[텍스트 파일]을 클릭한다.

② [외부 데이터 가져오기-텍스트 파일] 대화상자가 나타나면 [찾아보기] 단추를 클릭한다.

③ [파일 열기] 대화상자가 나타나면 'C:\에듀윌_2026컴활1급실기\기출변형문제\데이터베이스실무\실습\4회' 경로에서 '도봉구착한업소.txt' 파일을 선택 → [열기] 단추를 클릭한다.

④ [외부 데이터 가져오기-텍스트 파일] 대화상자로 되돌아오면 '연결 테이블을 만들어 데이터 원본에 연결'을 선택 → [확인] 단추를 클릭한다.

⑤ [텍스트 연결 마법사] 1단계 대화상자가 나타나면 '구분'으로 선택되었는지 확인 → [다음] 단추를 클릭한다.

⑥ [텍스트 연결 마법사] 2단계 대화상자가 나타나면 '필드를 나눌 구분 기호 선택'에서 '탭'으로 선택되었는지 확인 → '첫 행에 필드 이름 포함'에 체크 → [다음] 단추를 클릭한다.

⑦ [텍스트 연결 마법사] 3단계 대화상자가 나타나면 지정할 정보가 없으므로 [다음] 단추를 클릭한다.

⑧ [텍스트 연결 마법사] 4단계 대화상자가 나타나면 '연결 테이블 이름'에 도봉구착한업소연결을 입력 → [마침] 단추를 클릭한다.

⑨ 파일에 연결했다는 메시지 상자가 나타나면 [확인] 단추를 클릭한다.

⑩ 탐색 창에서 〈도봉구착한업소연결〉 테이블을 더블클릭 → '시설명', '품목', '주소' 필드의 너비를 조정하여 결과를 확인 → [닫기] 단추(×)를 클릭한다.

3 테이블 간의 관계 설정하기

① [데이터베이스 도구] 탭-[관계] 그룹-[관계]를 클릭한다.

② [관계] 창에서 마우스 오른쪽 단추를 클릭하고 바로 가기 메뉴에서 [테이블 표시]를 선택한다.

③ [테이블 추가] 창이 나타나면 [테이블] 탭에서 〈품목가격〉 테이블을 더블클릭하여 [관계] 창에 추가 → [닫기] 단추를 클릭한다.

④ 〈품목가격〉 테이블의 '품목명' 필드를 〈착한업소〉 테이블의 '품목' 필드로 드래그한다.

⑤ [관계 편집] 대화상자가 나타나면 '항상 참조 무결성 유지'와 '관련 필드 모두 업데이트'에 체크 → [만들기] 단추를 클릭한다.

⑥ 관계가 설정되었으면 [관계] 창의 [닫기] 단추(×)를 클릭 → 변경한 내용을 저장할 것인지 묻는 메시지 상자가 나타나면 [예] 단추를 클릭한다.

문제 ❷ 입력 및 수정 기능 구현 (20점)

1 〈업소정보〉 폼의 속성 설정하기

① 탐색 창의 〈업소정보〉 폼에서 마우스 오른쪽 단추를 클릭하고 바로 가기 메뉴에서 [디자인 보기]를 선택한다.

② [양식 디자인] 탭-[도구] 그룹-[속성 시트]를 클릭한다.

③ '폼'의 [속성 시트] 창이 나타나면 [데이터] 탭에서 '정렬 기준' 속성에 시설명 DESC를 입력한다.

④ [양식 디자인] 탭-[도구] 그룹-[탭 순서]를 클릭한다.

⑤ [탭 순서] 대화상자가 나타나면 '본문' 영역에서 'txt시설명', 'txt주소', 'txt전화번호', 'txt업종', 'txt품목', 'txt동구분' 순으로 지정 → [확인] 단추를 클릭한다.

⑥ [속성 시트] 창에서 'txt개수'를 지정 → [데이터] 탭에서 '컨트롤 원본' 속성에 =String(Int(Count(*)/5),"▶") & Count(*)을 입력한다.

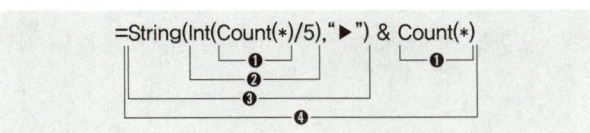

❶ Count(*): Null 값을 포함하여 전체 레코드 개수를 반환한다.
❷ Int(❶/5): ❶(전체 레코드 개수)을 5로 나눈 값보다 크지 않은 가장 가까운 정수를 반환한다.
❸ String(❷,"▶"): '▶'을 ❷(전체 레코드 개수를 5로 나눈 값의 몫)만큼 반복하여 반환한다.
❹ ❸ & ❶: 문자열 결합연산자(&)에 의해 ❸('▶' 반복)과 ❶(전체 레코드 건수)을 연결하여 표시한다.

2 〈업소정보〉 폼의 조건부 서식 설정하기

① 〈업소정보〉 폼의 디자인 보기 화면에서 본문 영역의 세로 눈금자를 클릭 → 본문의 모든 컨트롤이 선택되면 [서식] 탭-[컨트롤 서식] 그룹-[조건부 서식]을 클릭한다.
② [조건부 서식 규칙 관리자] 대화상자가 나타나면 [새 규칙] 단추를 클릭한다.
③ [새 서식 규칙] 대화상자가 나타나면 '다음과 같은 셀만 서식 설정'에서 '식이'를 선택하고 [품목] Like "김*"를 입력 → '굵게'와 글꼴 색을 '표준 색'의 '빨강'으로 지정 → '미리 보기'에서 지정된 서식을 확인 → [확인] 단추를 클릭한다.
④ [조건부 서식 규칙 관리자] 대화상자로 되돌아오면 추가된 규칙을 확인 → [확인] 단추를 클릭한다.
⑤ 탐색 창에서 〈업소정보〉 폼을 더블클릭 → 결과를 확인 → [닫기] 단추(x)를 클릭 → 변경한 내용을 저장할 것인지 묻는 메시지 상자가 나타나면 [예] 단추를 클릭한다.

3 〈보고서출력〉 매크로 생성하기

① [만들기] 탭-[매크로 및 코드] 그룹-[매크로]를 클릭한다.
② [매크로1] 창이 나타나면 'OpenReport' 함수를 선택한다.
③ '보고서 이름'은 '업소분포_품목'으로, '보기 형식'은 '인쇄 미리 보기'로 지정 → 'Where 조건문'의 작성기 단추(▣)를 클릭한다.
④ [식 작성기] 대화상자가 나타나면 [품목]=을 입력 → '식 요소'의 '제12회기출변형문제.accdb-Forms-모든 폼'에서 '위치정보_품목'을 선택 → '식 범주'에서 'main품목'을 더블클릭 → [확인] 단추를 클릭한다.
⑤ [매크로1] 창에서 'Where 조건문'에 지정된 식을 확인하고 [닫기] 단추(x)를 클릭 → 변경한 내용을 저장할 것인지 묻는 메시지 상자가 나타나면 [예] 단추를 클릭한다.
⑥ [다른 이름으로 저장] 대화상자가 나타나면 '매크로 이름'에 보고서출력을 입력 → [확인] 단추를 클릭한다.
⑦ 탐색 창의 〈위치정보_품목〉 폼에서 마우스 오른쪽 단추를 클릭하고 바로 가기 메뉴에서 [디자인 보기]를 선택한다.
⑧ [속성 시트] 창에서 'cmd보고서'를 지정 → [이벤트] 탭에서 'On Click' 이벤트를 '보고서출력'으로 지정한다.

⑨ [양식 디자인] 탭-[보기] 그룹-[폼 보기]를 클릭한다.
⑩ 〈위치정보_품목〉 폼에서 '보고서' 단추를 클릭 → 결과를 확인 → 〈업소분포_품목〉 보고서 탭에서 마우스 오른쪽 단추를 클릭하고 바로 가기 메뉴에서 [모두 닫기]를 선택 → 변경한 내용을 저장할 것인지 묻는 메시지 상자가 나타나면 [예] 단추를 클릭한다.

문제 ❸ 조회 및 출력 기능 구현 (20점)

1 〈업소분포〉 보고서 완성하기

① 탐색 창의 〈업소분포〉 보고서에서 마우스 오른쪽 단추를 클릭하고 바로 가기 메뉴에서 [디자인 보기]를 선택한다.
② '본문' 영역의 '업종' 컨트롤을 '업종 머리글' 영역으로 적당한 위치에 드래그하여 이동 → [속성 시트] 창의 [형식] 탭에서 '배경색' 속성에 #FFC20E를 입력하고 '글꼴 두께' 속성을 '굵게'로 지정한다.
③ [보고서 디자인] 탭-[그룹화 및 요약] 그룹-[그룹화 및 정렬]을 클릭한다.
④ [그룹, 정렬 및 요약] 창이 나타나면 '그룹화 기준'은 '업종' 필드로 지정되었는지 확인 → [정렬 추가] 단추를 클릭 → '정렬 기준'은 '시설명' 필드를, '정렬 순서'는 '내림차순'으로 지정한다.
⑤ '업종 머리글' 영역을 클릭 → [속성 시트] 창의 [형식] 탭에서 '페이지 바꿈' 속성을 '없음'으로 지정한다.
⑥ [속성 시트] 창에서 '본문'을 지정 → [형식] 탭에서 '배경색' 속성을 '교차 행'으로 지정한다.
⑦ [속성 시트] 창에서 'txt개수'를 지정 → [데이터] 탭에서 '컨트롤 원본' 속성에 =Count(*) & "곳"을 입력한다.
⑧ 〈업소분포〉 보고서에서 [닫기] 단추(x)를 클릭 → 변경한 내용을 저장할 것인지 묻는 메시지 상자가 나타나면 [예] 단추를 클릭한다.

2 〈위치정보〉 폼의 이벤트 프로시저 작성하기

① 탐색 창의 〈위치정보〉 폼에서 마우스 오른쪽 단추를 클릭하고 바로 가기 메뉴에서 [디자인 보기]를 선택한다.
② [속성 시트] 창에서 'main검색'을 지정 → [이벤트] 탭에서 'On Click' 이벤트의 작성기 단추(…)를 클릭한다.
③ [작성기 선택] 대화상자가 나타나면 '코드 작성기'를 선택 → [확인] 단추를 클릭한다.
④ [Visual Basic Editor] 창이 나타나면 [코드] 창의 'main검색_Click( )' 프로시저에 다음과 같이 코드를 입력 → [닫기] 단추(X)를 클릭한다.

```
Private Sub main검색_Click( )
    Me.Filter = "업종 = '" & main업종 & "'"  ❶
    Me.FilterOn = True  ❷
End Sub
```

❶ '업종' 필드의 값이 'main업종' 컨트롤의 입력 값과 같은 레코드를 표시한다.
❷ 현재 폼 개체의 필터 속성을 적용한다.

⑤ [양식 디자인] 탭-[보기] 그룹-[보기]-[폼 보기]를 선택한다.
⑥ 〈위치정보〉 폼에서 [닫기] 단추(×)를 클릭 → 변경한 내용을 저장할 것인지 묻는 메시지 상자가 나타나면 [예] 단추를 클릭한다.

문제 ❹ 처리 기능 구현 (35점)

1 〈한식정보〉 선택 쿼리 작성하기

① [만들기] 탭-[쿼리] 그룹-[쿼리 디자인]을 클릭한다.
② [테이블 추가] 창이 나타나면 [테이블] 탭에서 〈착한업소〉 테이블과 〈업소위치〉 테이블을 차례대로 더블클릭하여 [쿼리1] 창에 추가 → [닫기] 단추를 클릭한다.
③ 〈착한업소〉 테이블에서는 '시설명' 필드를 더블클릭 → 〈업소위치〉 테이블에서는 '주소'와 '전화번호' 필드를 더블클릭 → 다시 〈착한업소〉 테이블에서 '업종'과 '품목' 필드를 더블클릭한다.
④ '업종' 필드는 '한식'의 내역만 조회하기 위해 '업종' 필드의 '조건' 항목을 클릭 → 한식을 입력한다.
⑤ '시설명' 필드를 기준으로 오름차순 정렬하기 위해 '시설명' 필드의 '정렬' 항목을 클릭 → '오름차순'으로 지정한다.
⑥ [쿼리 디자인] 탭-[결과] 그룹-[실행]을 클릭 → 결과를 확인한다.
⑦ 〈쿼리1〉 창에서 [닫기] 단추(×)를 클릭 → 변경한 내용을 저장할 것인지 묻는 메시지 상자가 나타나면 [예] 단추를 클릭한다.
⑧ [다른 이름으로 저장] 대화상자가 나타나면 '쿼리 이름'에 한식정보를 입력 → [확인] 단추를 클릭한다.

2 〈시설개수〉 크로스탭 쿼리 작성하기

① [만들기] 탭-[쿼리] 그룹-[쿼리 디자인]을 클릭한다.
② [테이블 추가] 대화상자가 나타나면 [테이블] 탭에서 〈착한업소〉 테이블과 〈업소위치〉 테이블을 차례대로 더블클릭하여 [쿼리1] 창에 추가 → [닫기] 단추를 클릭한다.
③ 〈착한업소〉 테이블에서는 '동구분'과 '업종' 필드를 더블클릭 → 〈업소위치〉 테이블에서는 '주소' 필드를 더블클릭한다.
④ '장소개수' 필드를 추가하기 위해 '주소' 필드 다음의 '필드' 항목을 클릭 → 장소개수: 주소를 입력한다.
⑤ [쿼리 디자인] 탭-[쿼리 유형] 그룹-[크로스탭]을 클릭한다.
⑥ '요약'과 '크로스탭' 항목이 추가되면 각 필드의 항목에 다음과 같이 조건을 지정한다.
- '동구분' 필드의 '크로스탭' 항목: '행 머리글' 지정
- '업종' 필드의 '크로스탭' 항목: '열 머리글' 지정
- '주소' 필드의 '요약', '크로스탭' 항목: '개수', '값' 지정
- '장소개수: 주소' 필드의 '요약', '크로스탭' 항목: '개수', '행 머리글' 지정
⑦ '주소'와 '장소개수' 필드의 표시 형식을 지정하기 위해 '주소' 필드의 '필드' 항목을 클릭 → '속성 시트' 창의 [일반] 탭에서 '형식' 속성에 0곳을 입력 → '장소개수' 필드의 '필드' 항목을 클릭 → [속성 시트] 창의 [일반] 탭에서 '형식' 속성에 0곳을 입력한다.

⑧ [쿼리 디자인] 탭-[결과] 그룹-[실행]을 클릭 → 결과를 확인한다.
⑨ 〈쿼리1〉 창에서 [닫기] 단추(×)를 클릭 → 변경한 내용을 저장할 것인지 묻는 메시지 상자가 나타나면 [예] 단추를 클릭한다.
⑩ [다른 이름으로 저장] 대화상자가 나타나면 '쿼리 이름'에 시설개수를 입력 → [확인] 단추를 클릭한다.

3 〈시설정보〉 매개 변수 쿼리 작성하기

① [만들기] 탭-[쿼리] 그룹-[쿼리 디자인]을 클릭한다.
② [테이블 추가] 창이 나타나면 [테이블] 탭에서 〈착한업소〉 테이블과 〈업소위치〉 테이블을 차례대로 더블클릭하여 [쿼리1] 창에 추가 → [닫기] 단추를 클릭한다.
③ 〈착한업소〉 테이블에서는 '시설명' 필드를 더블클릭 → 〈업소위치〉 테이블에서는 '주소'와 '전화번호' 필드를 더블클릭 → 다시 〈착한업소〉 테이블에서 '업종' 필드를 더블클릭한다.
④ '배달여부' 필드를 추가하기 위해 '업종' 필드 다음의 '필드' 항목을 클릭 → 배달여부: IIf([업종]="이미용업","배달불가","배달가능")을 입력한다.
⑤ '시설명' 필드의 '조건' 항목을 클릭 → Like "*" & [시설명 일부 입력] & "*"을 입력한다.
⑥ [쿼리 디자인] 탭-[결과] 그룹-[실행]을 클릭한다.
⑦ [매개 변수 값 입력] 대화상자가 나타나면 식당을 입력 → [확인] 단추를 클릭 → 결과를 확인한다.
⑧ 〈쿼리1〉 창에서 [닫기] 단추(×)를 클릭 → 변경한 내용을 저장할 것인지 묻는 메시지 상자가 나타나면 [예] 단추를 클릭한다.
⑨ [다른 이름으로 저장] 대화상자가 나타나면 '쿼리 이름'에 시설정보를 입력 → [확인] 단추를 클릭한다.

4 〈불일치품목〉 불일치 검색 쿼리 작성하기

① [만들기] 탭-[쿼리] 그룹-[쿼리 디자인]을 클릭한다.
② [테이블 표시] 대화상자가 나타나면 [테이블] 탭에서 〈품목가격_사본〉 테이블을 더블클릭하여 [쿼리1] 창에 추가 → [닫기] 단추를 클릭한다.
③ 〈품목가격_사본〉 테이블의 '품목명'과 '가격' 필드를 더블클릭한다.
④ '품목명' 필드의 '조건' 항목을 클릭 → Not In (SELECT 품목명 FROM 품목가격_원본)을 입력한다.

> **Not In (SELECT 품목명 FROM 품목가격_원본)**
> 〈품목가격_원본〉 테이블에서 '품목명'을 검색하고 Not In은 해당 값을 제외하므로 검색한 값을 제외하고 표시한다.

⑤ [쿼리 디자인] 탭-[결과] 그룹-[실행]을 클릭한다.
⑥ 〈쿼리1〉 창에서 [닫기] 단추(×)를 클릭 → 변경한 내용을 저장할 것인지 묻는 메시지 상자가 나타나면 [예] 단추를 클릭한다.
⑦ [다른 이름으로 저장] 대화상자가 나타나면 '쿼리 이름'에 불일치품목을 입력 → [확인] 단추를 클릭한다.

5 〈업소주소생성〉 쿼리 작성하기

① [만들기] 탭-[쿼리] 그룹-[쿼리 디자인]을 클릭한다.
② [테이블 추가] 창이 나타나면 [쿼리] 탭에서 〈업소주소〉 쿼리를 더블클릭하여 [쿼리1] 창에 추가 → [닫기]를 클릭한다.
③ '시설명', '동구분', '품목', '업종', '주문일자' 필드를 차례대로 더블클릭한다.
④ '동구분' 필드의 내용을 위치: Replace([동구분],"동","")로 수정한다.
⑤ '업종' 필드의 내용을 Right([업종],1)로 수정 → 조건에 "식"을 입력 → 체크 표시를 해제한다.
⑥ [쿼리 디자인] 탭-[쿼리 유형] 그룹-[테이블 만들기]를 클릭한다.
⑦ [테이블 만들기] 대화상자가 나타나면 '테이블 이름'에 업소주소관리를 입력 → [확인] 단추를 클릭한다.
⑧ [쿼리 디자인] 탭-[결과] 그룹-[실행]을 클릭한다.
⑨ 행을 붙여넣는다는 메시지 상자가 나타나면 [예] 단추를 클릭한다.
⑩ 〈쿼리1〉 창에서 [닫기] 단추를 클릭 → 변경한 내용을 저장할 것인지 묻는 메시지 상자가 나타나면 [예] 단추를 클릭한다.
⑪ [다른 이름으로 저장] 대화상자가 나타나면 '쿼리 이름'에 업소주소생성을 입력 → [확인] 단추를 클릭한다.

제5회 기출변형문제

난도

프로그램명	제한시간	합격선	외부 데이터 위치
ACCESS 2021	45분	70점	C:\에듀윌_2026컴활1급실기\기출변형문제\데이터베이스실무\실습\5회\제5회기출변형문제.accdb

문제 ① DB 구축 (25점)

1 고속도로 서울요금소의 통행 차량을 관리하기 위해 다음과 같이 데이터베이스를 구축하였다. 다음 지시사항에 따라 〈통행목록〉 테이블을 완성하시오. (각 3점)

① 첫 번째 필드로 '통행번호' 필드를 추가하고 데이터 형식을 '일련 번호'로 지정한 후 기본 키로 설정하시오.
② '차량번호' 필드는 다음과 같은 형태로 입력되도록 입력 마스크를 설정하시오.
  ▶ '02마1234'와 같이 일곱 자리의 데이터가 입력되는데, 반드시 앞의 두 자리는 숫자로, 세 번째 자리는 한글로, 뒤의 네 자리는 숫자로 입력되어야 함
  ▶ 한글 입력은 영어와 한글만 입력할 수 있도록 설정할 것
  ▶ 숫자 입력은 0~9까지의 숫자만 입력할 수 있도록 설정할 것
③ '진입시간' 필드는 새 레코드가 추가되는 경우 기본적으로 시스템의 오늘 날짜와 시간이 입력되도록 설정하시오.
④ '경차유무' 필드는 데이터 형식을 '예/아니요'로 설정하시오.
⑤ '할인구분' 필드는 '경차할인', '출퇴근할인', '화물차심야할인'만 입력되도록 유효성 검사 규칙을 설정하시오.

2 〈통행목록〉 테이블의 '입구ID' 필드에 조회 속성을 설정하시오. (5점)
  ▶ 〈지역정보〉 테이블의 '지역코드', '지역명' 필드의 값이 콤보 상자 형태로 표시되도록 설정하시오.
  ▶ 필드에는 '지역코드'가 저장되도록 설정하시오.
  ▶ 열 너비는 각각 '2cm'로, 목록 너비는 '4cm'로 설정하시오.
  〈그림〉

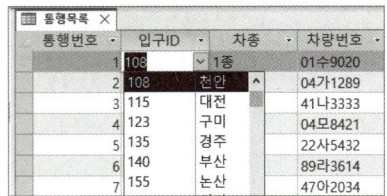

3 〈통행목록〉 테이블의 '입구ID' 필드는 〈지역정보〉 테이블의 '지역코드' 필드를 참조하고 각 테이블 간의 관계는 M:1이다. 두 테이블에 대해 다음과 같이 관계를 설정하시오. (5점)
  ▶ 각 테이블 간에 항상 참조 무결성을 유지하도록 설정하시오.
  ▶ 참조 필드의 값이 변경되면 관련 필드의 값도 변경되도록 설정하시오.
  ▶ 다른 테이블에서 참조하고 있는 레코드는 삭제할 수 없도록 설정하시오.

문제 ❷ 입력 및 수정 기능 구현 (20점)

1 〈영업소이용관리〉 폼을 다음의 화면과 지시사항에 따라 완성하시오. (각 3점)

① 폼 머리글 영역에 '서울요금소의 입구영업소관리'라는 제목을 표시하는 레이블 컨트롤을 생성하시오.
  ▶ 이름: 'lab제목'
  ▶ 글꼴 크기는 '20', 문자 색은 '어두운 텍스트'로 설정

② 기본 폼과 하위 폼의 레코드 원본 및 관계를 참조하여 적절한 필드를 기준으로 두 폼을 연결하시오.

③ 하위 폼 본문의 'txt납입액' 컨트롤에 탭을 전환할 경우 포커스가 이동하지 않도록 설정하시오.

〈그림〉

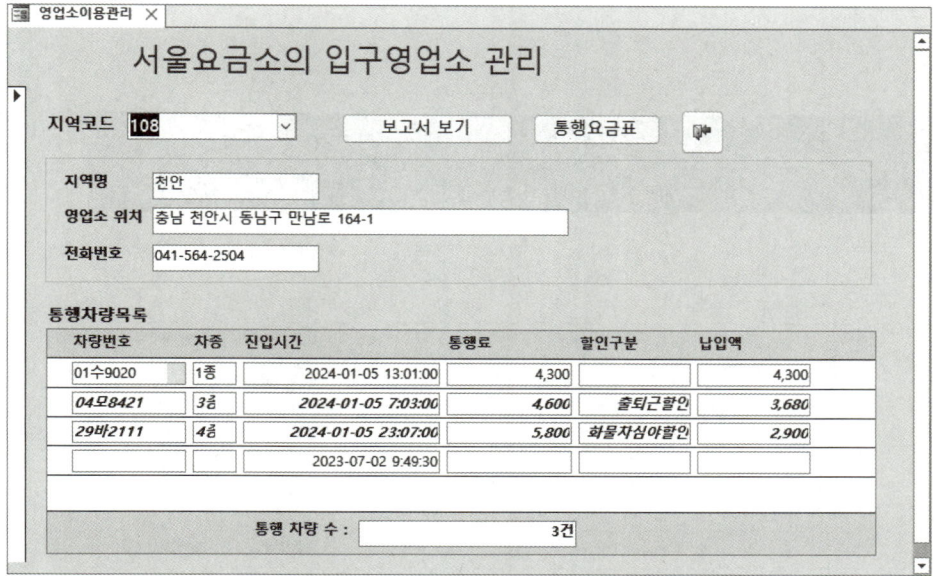

2 〈영업소이용관리〉 폼의 'cmb지역조회' 컨트롤에서 지역코드를 선택(Change)하면 다음과 같은 조회 기능을 수행하는 이벤트 프로시저를 작성하시오. (6점)

▶ '지역코드'가 'cmb지역조회'에서 선택한 지역과 같은 레코드만 표시하도록 설정하시오.
▶ 폼의 FILTER와 FILTERON 속성 사용

3 〈통행차량보기〉 폼에 대하여 다음과 같이 조건부 서식을 설정하시오. (5점)

▶ '할인구분'(txt할인구분)의 값이 NULL이 아닌 경우 본문 영역의 모든 텍스트 상자 컨트롤에 '굵게', '기울임꼴' 서식이 적용되도록 설정하시오.
▶ 단, 규칙은 식으로 작성하시오.
▶ '문제 ❷ 입력 및 수정 기능 구현' **1** 의 〈그림〉 참조

문제 ❸ 조회 및 출력 기능 구현 (20점)

1 다음의 지시사항 및 화면을 참조하여 〈출발지별통행내역〉 보고서를 완성하시오. (각 3점)

① 입구ID 머리글 영역의 'txt입구ID' 컨트롤에는 '입구ID'와 '지역명'을 함께 표시하시오.
  ▶ [표시 예: 입구ID가 '115'이고, 지역명이 '대전'인 경우 115-대전]
② 본문 영역의 'txt순번' 컨트롤에는 그룹별로 일련번호가 표시되도록 설정하시오.
③ 본문 영역의 'txt차종' 컨트롤에는 '차종' 필드의 값이 이전 레코드와 같은 경우에는 표시되지 않도록 설정하시오.
④ 입구ID 바닥글 영역의 'txt총납입액' 컨트롤에는 납입액의 합계가 표시되도록 설정하시오.
⑤ 페이지 바닥글의 'txt페이지' 컨트롤에는 〈그림〉과 같이 페이지 번호가 표시되도록 설정하시오.
  ▶ [표시 예: 1-4페이지]

〈그림〉

입구ID	순번	진입시간	차량번호	차종	통행료	할인구분	납입액
108-천안							
	1	2024-01-05 7:03:00	04모8421	3종	4,600	출퇴근할인	3,680
	2	2024-01-05 13:01:00	01수9020	1종	4,300		4,300
	3	2024-01-05 23:07:00	29바2111	4종	5,800	화물차심야할인	2,900
						총 납입액 :	₩10,880
115-대전							
	1	2024-01-05 8:10:00	54부7841	1종	7,700	출퇴근할인	6,160
	2	2024-01-05 10:10:00	04가1289		7,700	경차할인	3,850
	3	2024-01-05 11:50:00	89라3614		7,700		7,700
	4	2024-01-06 20:05:00	58조5892		7,700		7,700
	5	2024-01-06 22:41:00	25다5781	2종	7,900		7,900
						총 납입액 :	₩33,310

1-4페이지

2 〈영업소이용관리〉 폼의 '보고서 보기'(cmd보고서) 단추를 클릭하면 〈출발지별통행내역〉 보고서를 '인쇄 미리 보기' 형태로 여는 〈보고서미리보기〉 매크로를 생성하여 지정하시오. (5점)

  ▶ 입구ID가 'cmb지역조회' 컨트롤에 입력된 지역코드와 같은 레코드만 대상으로 설정하시오.

문제 ❹ 처리 기능 구현 (35점)

1 영업소 주소의 일부를 매개 변수로 입력받아 해당하는 주소의 통행요금 정보를 표시하는 〈통행요금조회〉 쿼리를 작성하시오. (7점)

▶ 〈통행요금〉, 〈지역정보〉 테이블을 이용하며 두 테이블의 조인된 필드('출발지코드'와 '지역코드')가 일치하는 행만 포함되도록 설정하시오.
▶ '출퇴근할인요금'은 '요금'에 20% 할인율을 적용한 금액으로 나타내시오.
▶ 쿼리 실행 결과로 표시되는 필드와 필드명, 필드의 형식은 〈그림〉과 같이 표시되도록 설정하시오.

〈그림〉

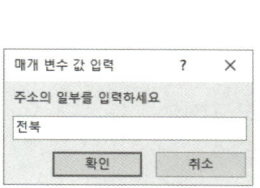

영업소주소	차종	요금	출퇴근할인
전북 전주시 덕진구 동부대로 1723	1종	10,900	₩8,720
전북 전주시 덕진구 동부대로 1723	2종	11,000	₩8,800
전북 전주시 덕진구 동부대로 1723	3종	11,500	₩9,200
전북 전주시 덕진구 동부대로 1723	4종	15,000	₩12,000
전북 전주시 덕진구 동부대로 1723	4종	17,600	₩14,080
전북 전주시 덕진구 동부대로 1723	2종	5,450	₩4,360

2 〈지역정보〉, 〈통행목록〉 테이블을 이용하여 지역별 '통행료'의 합계를 조회하는 〈지역별합계〉 쿼리를 작성하시오. (7점)

▶ '지역명' 필드를 기준으로 내림차순 정렬되어 표시되도록 설정하시오.
▶ 쿼리 실행 결과로 표시되는 필드와 필드명은 〈그림〉과 같이 표시되도록 설정하시오.

〈그림〉

지역명	영업소주소	전화번호	통행료합계
횡성	강원 횡성군 횡성읍 중앙고속도로 51	033-434-7292	6200
천안	충남 천안시 동남구 만남로 164-1	041-564-2504	14700
전주	전북 전주시 덕진구 동부대로 1723	063-212-9772	62500
울산	울산 울주군 범서읍 백천2길 43	052-254-8800	76800
부산	부산광역시 금정구 고분로 148	051-973-1700	119000
대전	대전광역시 대덕구 동서대로 1855	042-636-2504	38700
대구	대구 달서구 중부내륙지선고속도로 23	053-591-2504	27300
구미	경북 구미시 경부고속도로 172	054-462-8800	14900
광주	전남 장성군 남면 호남고속도로 90	061-392-9772	34400
강릉	강원 강릉시 성산면 소목길 123-7	033-643-2727	24300

3 〈통행요금〉 테이블을 이용하여 차종별 최대 요금을 조회하는 〈차종별최대요금〉 쿼리를 작성하시오. (4점)

▶ '자동차수'는 '요금코드'의 개수, '최대요금'은 '요금'의 최대값으로 표시하시오.
▶ 쿼리 실행 결과로 표시되는 필드와 필드명은 〈그림〉과 같이 표시되도록 설정하시오.

〈그림〉

차종	자동차수	최대요금
1종	12	18800
2종	13	19100
3종	11	19900
4종	11	26300
5종	8	31000
6종	11	16400

4 차종별, 경차 유무로 차량 수를 조회하는 〈차종별통행차량〉 크로스탭 쿼리를 작성하시오. (7점)

- ▶ 〈통행목록〉 테이블을 이용하시오.
- ▶ 차량수는 '차량번호' 필드를 이용하시오.
- ▶ 경차유무는 체크가 해제되어 있으면(False=0) '일반'으로, 체크되어 있으면 '경차'로 표시하시오. (IIF 함수 사용)
- ▶ 쿼리 실행 결과로 표시되는 필드와 필드명은 〈그림〉과 같이 표시되도록 설정하시오.

〈그림〉

차종	차량수	경차	일반
1종	12	3	9
2종	7		7
3종	3		3
4종	5		5
5종	3		3

5 〈지역정보〉, 〈통행목록〉 테이블을 이용하여 〈주말차량생성〉 쿼리를 작성하시오. (7점)

- ▶ 진입시간이 주말인 경우만 조회 대상으로 설정하시오. (Weekday 함수 사용)
- ▶ 시간은 진입시간을 이용하여 hh:mm:ss 형식으로 표시하시오. (Format 사용)
- ▶ 쿼리 실행 후 생성되는 테이블의 이름은 〈주말차량관리〉로 설정하시오.
- ▶ 쿼리 실행 결과로 표시되는 필드와 필드명은 〈그림〉과 같이 표시되도록 설정하시오.

〈그림〉

차량번호	지역명	시간
47아2034	부산	00:05:00
54두2398	전주	13:52:00
90바6565	부산	20:00:00
58조5892	대전	20:05:00
26고6942	전주	13:12:00
75로8184	울산	09:20:00
21서4953	대구	15:20:00
11영7878	구미	06:08:00
25다5781	대전	22:41:00
94머1384	광주	10:40:00
32구7511	전주	18:30:00
55거6303	강릉	20:13:00
31사9999	전주	03:08:00
01부9594	부산	19:55:00
90노6809	울산	09:23:00

해설 확인하기

▶ 정답 확인하기: EXIT 사이트 → 자료실 → 컴퓨터활용능력 1급
→ 실기 기본서 → 정답화면 바로보기

문제 ❶ DB 구축 (25점)

1 〈통행목록〉 테이블 완성하기

① 탐색 창의 〈통행목록〉 테이블에서 마우스 오른쪽 단추를 클릭하고 바로 가기 메뉴에서 [디자인 보기]를 선택한다.

② '입구ID' 필드의 행 선택기에서 마우스 오른쪽 단추를 클릭하고 바로 가기 메뉴에서 [행 삽입]을 선택한다.

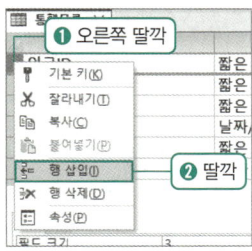

③ '입구ID' 필드 위에 빈 행이 삽입되면 '필드 이름'에 통행번호 입력 → '데이터 형식'을 '일련 번호'로 지정 → [테이블 디자인] 탭-[도구] 그룹-[기본 키]를 클릭한다.

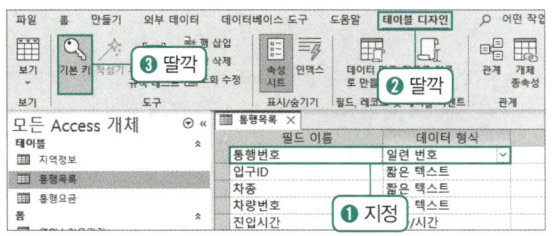

④ '차량번호' 필드를 선택 → '필드 속성'에서 [일반] 탭의 '입력 마스크' 속성에 00L0000을 입력한다.

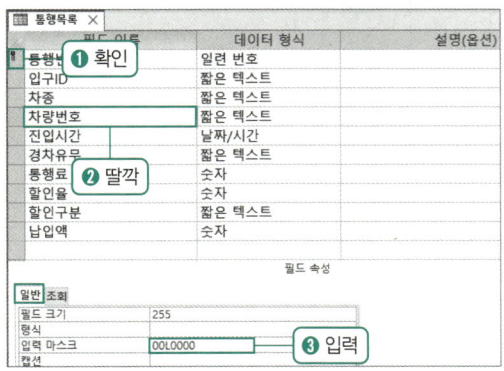

⑤ '진입시간' 필드를 선택 → '필드 속성'에서 [일반] 탭의 '기본값' 속성에 Now()를 입력한다.

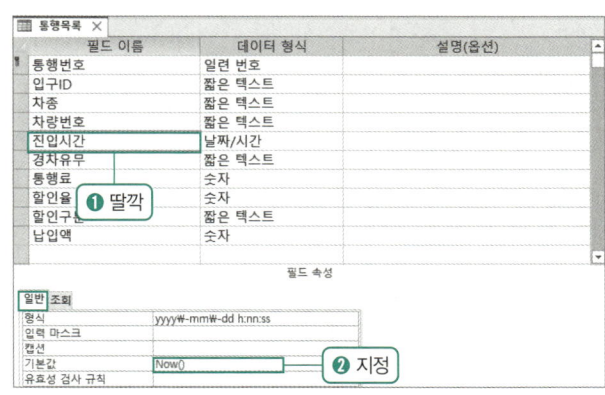

⑥ '경차유무' 필드의 '데이터 형식'을 선택 → 'Yes/No'로 지정한다.

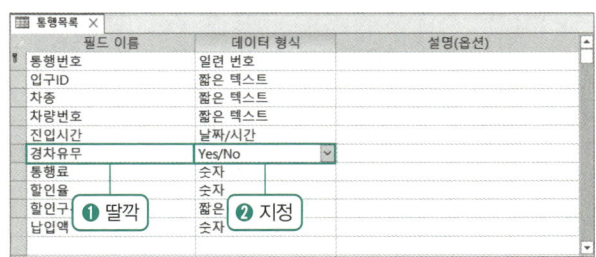

⑦ '할인구분' 필드를 선택 → '필드 속성'에서 [일반] 탭의 '유효성 검사 규칙' 속성에 In ("경차할인","출퇴근할인","화물차심야할인")을 입력한다.

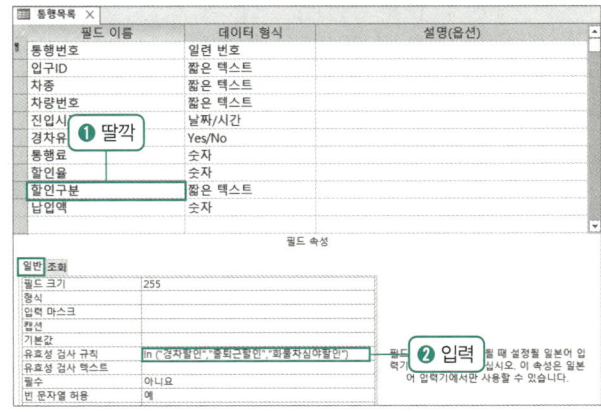

⑧ 〈통행목록〉 테이블에서 [닫기] 단추(X)를 클릭 → 변경한 내용을 저장할 것인지 묻는 메시지, 데이터의 일부가 손실될 수 있다는 메시지, 데이터 통합 규칙이 바뀌었다는 메시지, 기존 데이터가 새 설정에 맞지 않다는 메시지 상자가 나타나면 [예] 단추를 클릭한다.

2 '입구ID' 필드에 조회 속성 설정하기

① 탐색 창의 〈통행목록〉 테이블에서 마우스 오른쪽 단추를 클릭하고 바로 가기 메뉴에서 [디자인 보기]를 선택한다.
② '입구ID' 필드를 선택 → '필드 속성'에서 [조회] 탭의 '컨트롤 표시' 속성을 '콤보 상자'로, '행 원본 유형' 속성을 '테이블/쿼리'로 지정 → '행 원본' 속성에 커서를 올려놓고 작성기 단추(...)를 클릭한다.

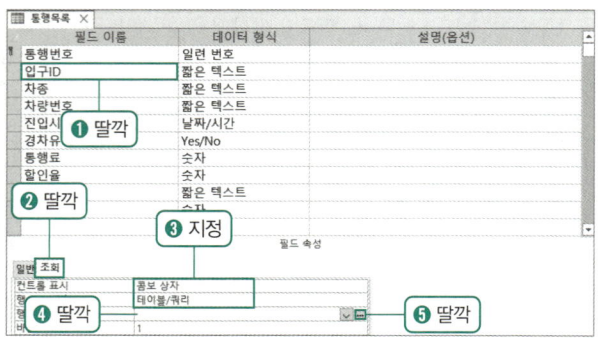

③ [테이블 추가] 창이 나타나면 [테이블] 탭에서 〈지역정보〉 테이블을 더블클릭하여 [쿼리 작성기] 창에 추가 → [닫기] 단추를 클릭한다.
④ [쿼리 작성기] 창의 〈지역정보〉 테이블에서 '지역코드' 필드와 '지역명' 필드를 차례대로 더블클릭 → [닫기] 단추(X)를 클릭한다.

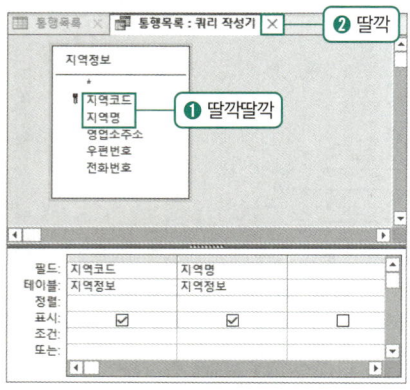

⑤ SQL 문의 변경 내용을 저장하고 속성을 업데이트할 것인지 묻는 메시지 상자가 나타나면 [예] 단추를 클릭한다.
⑥ '입구ID' 필드의 '필드 속성'에서 [조회] 탭의 '바운드 열' 속성은 '1'로, '열 개수' 속성은 '2'로, '열 너비' 속성은 '2cm;2cm'로, '목록 너비' 속성은 '4cm'로 지정한다.

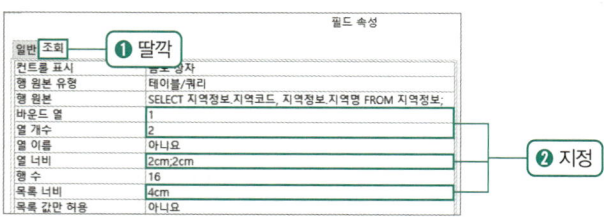

⑦ 〈통행목록〉 테이블에서 [닫기] 단추(X)를 클릭 → 변경한 내용을 저장할 것인지 묻는 메시지 상자가 나타나면 [예] 단추를 클릭한다.

3 테이블 간의 관계 설정하기

① [데이터베이스 도구] 탭-[관계] 그룹-[관계]를 클릭한다.
② [관계] 창의 빈 영역에서 마우스 오른쪽 단추를 클릭하고 바로 가기 메뉴에서 [테이블 표시]를 선택한다.

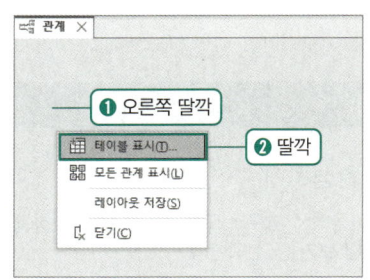

③ [테이블 추가] 창이 나타나면 [테이블] 탭에서 〈지역정보〉, 〈통행목록〉 테이블을 더블클릭하여 [관계] 창에 추가 → [닫기] 단추를 클릭한다.
④ 〈지역정보〉 테이블의 '지역코드' 필드를 〈통행목록〉 테이블의 '입구ID' 필드로 드래그한다.

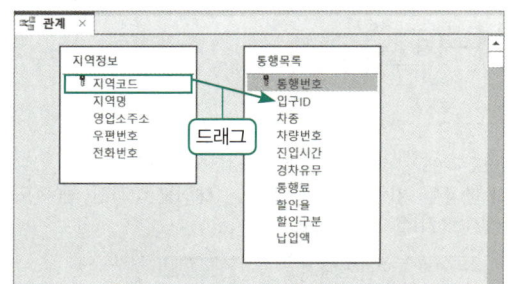

⑤ [관계 편집] 대화상자가 나타나면 '항상 참조 무결성 유지'와 '관련 필드 모두 업데이트'에 체크 → [만들기] 단추를 클릭한다.

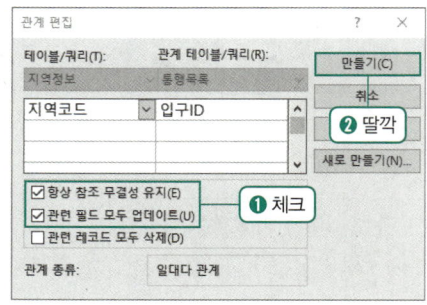

⑥ 관계가 설정되었으면 [관계] 창의 [닫기] 단추(X)를 클릭 → 변경한 내용을 저장할 것인지 묻는 메시지 상자가 나타나면 [예] 단추를 클릭한다.

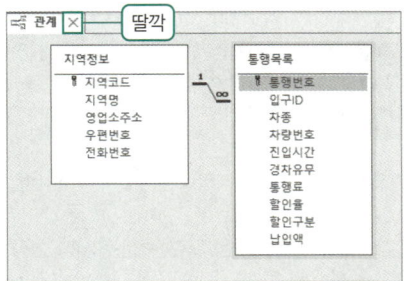

문제 ❷ 입력 및 수정 기능 구현 (20점)

1 〈영업소이용관리〉 폼의 속성 설정하기

① 탐색 창의 〈영업소이용관리〉 폼에서 마우스 오른쪽 단추를 클릭하고 바로 가기 메뉴에서 [디자인 보기]를 선택한다.

② [양식 디자인] 탭-[컨트롤] 그룹-[레이블](가가)을 클릭 → '폼 머리글' 영역에 적당한 크기로 드래그하여 레이블을 삽입한다.

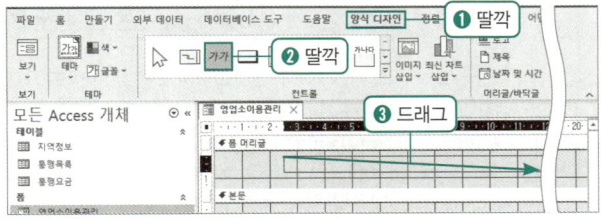

③ 레이블에 커서를 올려놓은 상태에서 서울요금소의 입구영업소 관리 입력 → [양식 디자인] 탭-[도구] 그룹-[속성 시트]를 클릭한다.

④ '레이블'의 [속성 시트] 창이 나타나면 [기타] 탭에서 '이름' 속성에 lab제목을 입력 → [형식] 탭에서 '글꼴 크기' 속성은 '20', '문자색' 속성은 '어두운 텍스트'로 지정한다.

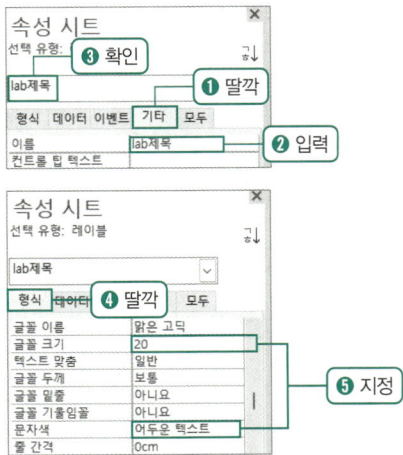

⑤ [데이터베이스 도구] 탭-[관계] 그룹-[관계]를 클릭 → '기본 폼'의 레코드 원본인 〈지역정보〉 테이블의 '지역코드' 필드와 '하위 폼'의 레코드 원본인 〈통행목록〉 테이블의 '입구ID' 필드의 관계를 확인 → [관계] 창의 [닫기] 단추(X)를 클릭한다.

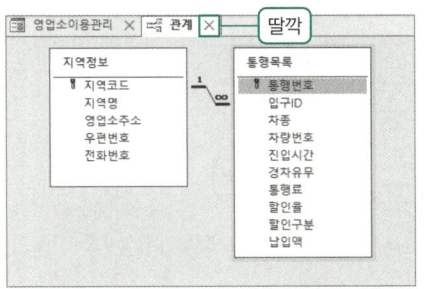

⑥ '하위 폼'을 클릭 → '통행차량목록'의 [속성 시트] 창의 [데이터] 탭에서 '기본 필드 연결' 속성에 커서를 올려놓고 작성기 단추(...)를 클릭한다.

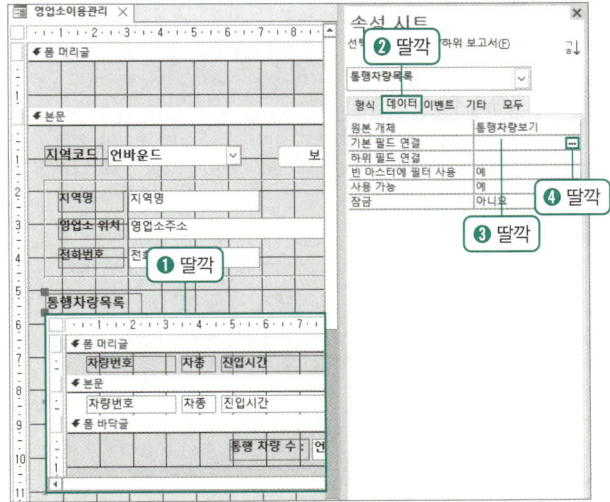

⑦ [하위 폼 필드 연결기] 대화상자가 나타나면 '기본 필드'에는 '지역코드', '하위 필드'에는 '입구ID'로 지정되었는지 확인 → [확인] 단추를 클릭한다.

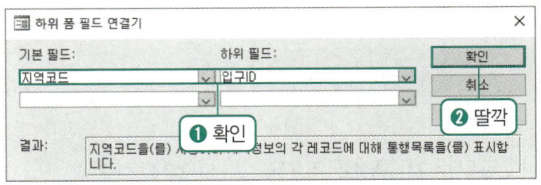

⑧ 하위 폼을 클릭한 후 [속성 시트] 창에서 'txt납입액'을 선택 → [기타] 탭에서 '탭 정지' 속성을 '아니요'로 지정한다.

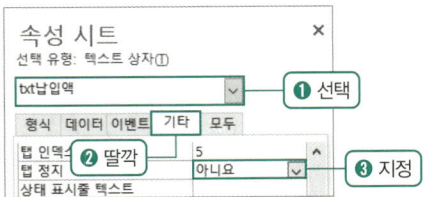

2 〈영업소이용관리〉 폼의 이벤트 프로시저 작성하기

① 메인 폼의 [속성 시트] 창에서 'cmb지역조회'를 지정 → [이벤트] 탭에서 'On Change' 이벤트의 작성기 단추(…)를 클릭한다.

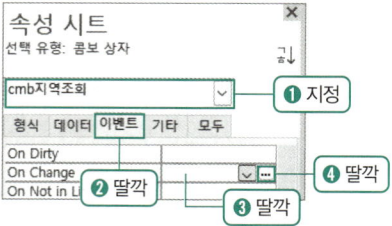

② [작성기 선택] 대화상자가 나타나면 '코드 작성기'를 선택 → [확인] 단추를 클릭한다.

③ [Visual Basic Editor] 창이 나타나면 [코드] 창의 'cmb지역조회_Change( )' 프로시저에 다음과 같이 코드를 입력 → [닫기] 단추(X)를 클릭한다.

```
Private Sub cmb지역조회_Change( )
    Me.Filter = "지역코드='" & cmb지역조회 & "'"   ―❶
    Me.FilterOn = True   ―❷
End Sub
```

❶ '지역코드' 필드의 값이 'cmb지역조회' 콤보 상자의 선택 값과 같은 레코드를 표시한다.
❷ 현재 폼 개체의 필터 속성을 적용한다.

④ [양식 디자인] 탭-[보기] 그룹-[보기]-[폼 보기]를 선택한다.
⑤ 〈영업소이용관리〉 폼의 '지역코드' 목록 상자에서 임의의 지역코드를 선택 → 결과를 확인한다.
⑥ 〈영업소이용관리〉 폼에서 [닫기] 단추(X)를 클릭 → [저장] 대화상자가 나타나면 [예] 단추를 클릭한다.

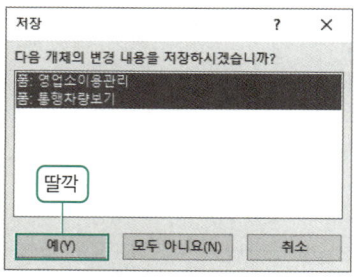

3 〈통행차량보기〉 폼의 조건부 서식 설정하기

① 탐색 창의 〈통행차량보기〉 폼에서 마우스 오른쪽 단추를 클릭하고 바로 가기 메뉴에서 [디자인 보기]를 선택한다.
② 본문 영역의 세로 눈금자를 클릭 → 본문의 모든 컨트롤이 선택되면 [서식] 탭-[컨트롤 서식] 그룹-[조건부 서식]을 클릭한다.

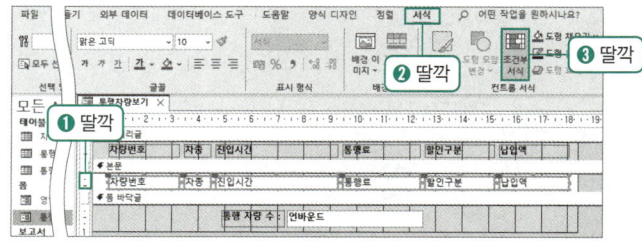

③ [조건부 서식 규칙 관리자] 대화상자가 나타나면 [새 규칙] 단추를 클릭한다.
④ [새 서식 규칙] 대화상자가 나타나면 '다음과 같은 셀만 서식 설정'에서 '식이'를 선택하고 [txt할인구분] is not Null 입력 → '굵게'와 '기울임꼴'을 지정→ '미리 보기'에서 지정된 서식을 확인 → [확인] 단추를 클릭한다.

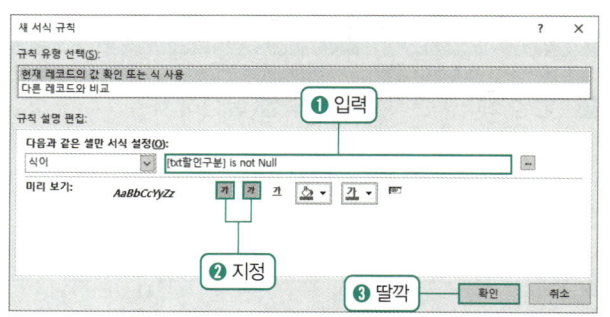

⑤ [조건부 서식 규칙 관리자] 대화상자로 되돌아오면 추가된 규칙을 확인 → [확인] 단추를 클릭한다.
⑥ 탐색 창에서 〈통행차량보기〉 폼을 더블클릭 → 결과를 확인 → [닫기] 단추(X)를 클릭 → 변경한 내용을 저장할 것인지 묻는 메시지 상자가 나타나면 [예] 단추를 클릭한다.

문제 ❸ 조회 및 출력 기능 구현 (20점)

1 〈출발지별통행내역〉 보고서 완성하기

① 탐색 창의 〈출발지별통행내역〉 보고서에서 마우스 오른쪽 단추를 클릭하고 바로 가기 메뉴에서 [디자인 보기]를 선택한다.
② '보고서'의 [속성 시트] 창에서 'txt입구ID'를 선택 → [데이터] 탭에서 '컨트롤 원본' 속성에 =[입구ID] & " - " & [지역명]을 입력한다.

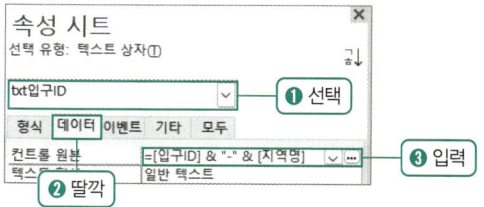

③ [속성 시트] 창에서 'txt순번' 선택 → [데이터] 탭에서 '컨트롤 원본' 속성에 =1을 입력하고 '누적 합계' 속성을 '그룹'으로 지정한다.

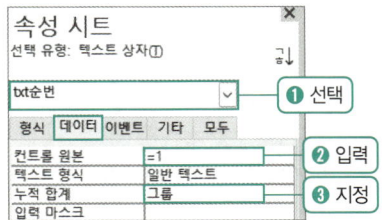

④ [속성 시트] 창에서 'txt차종' 선택 → [형식] 탭에서 '중복 내용 숨기기' 속성을 '예'로 지정한다.

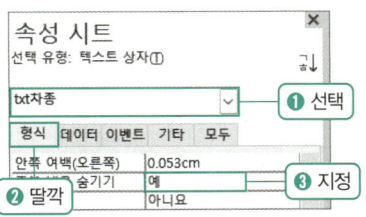

⑤ [속성 시트] 창에서 'txt총납입액' 선택 → [데이터] 탭에서 '컨트롤 원본' 속성에 =Sum([납입액])을 입력한다.

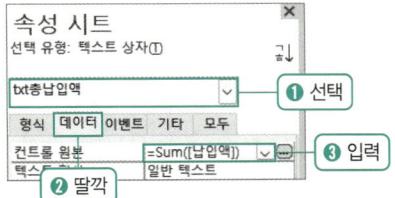

⑥ [속성 시트] 창에서 'txt페이지' 선택 → [데이터] 탭에서 '컨트롤 원본' 속성에 =[Page] & "-" & [Pages] & "페이지"를 입력한다.

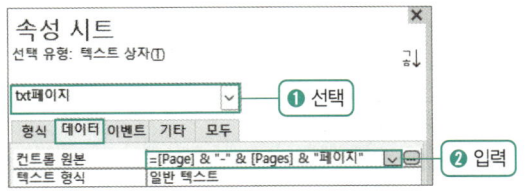

⑦ 〈출발지별통행내역〉 보고서에서 [닫기] 단추(ⓧ)를 클릭 → 변경한 내용을 저장할 것인지 묻는 메시지 상자가 나타나면 [예] 단추를 클릭한다.

2 〈보고서미리보기〉 매크로 생성하기

① [만들기] 탭-[매크로 및 코드] 그룹-[매크로]를 클릭한다.
② [매크로1] 창이 나타나면 'OpenReport' 함수를 선택한다.
③ '보고서 이름'은 '출발지별통행내역'으로, '보기 형식'은 '인쇄 미리 보기'로 지정 → 'Where 조건문'의 작성기 단추(ⓐ)를 클릭한다.

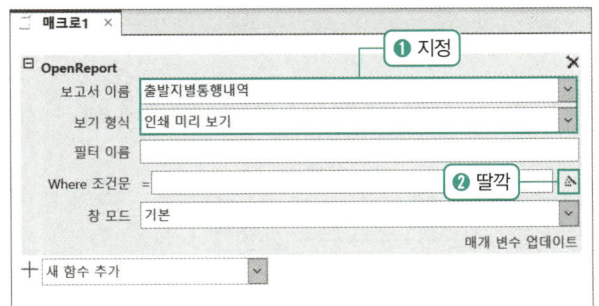

④ [식 작성기] 대화상자가 나타나면 [입구ID]= 입력 → '식 요소'의 '제5회기출예제.accdb-Forms-모든 폼'에서 '영업소이용관리'를 선택 → '식 범주'에서 'cmb지역조회'를 더블클릭 → [확인] 단추를 클릭한다.

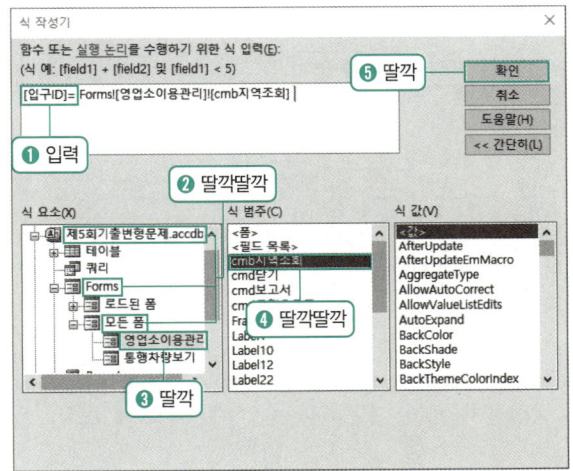

[입구ID]= Forms![영업소이용관리]![cmb지역조회]

'입구ID' 필드의 값과 〈영업소이용관리〉 폼의 'cmb지역조회' 콤보 상자에서 선택한 값이 같은 레코드만 표시한다.

⑤ [매크로1] 창에서 'Where 조건문'에 지정된 식을 확인하고 [닫기] 단추(ⓧ)를 클릭 → 변경한 내용을 저장할 것인지 묻는 메시지 상자가 나타나면 [예] 단추를 클릭한다.
⑥ [다른 이름으로 저장] 대화상자가 나타나면 '매크로 이름'에 보고서미리보기 입력 → [확인] 단추를 클릭한다.

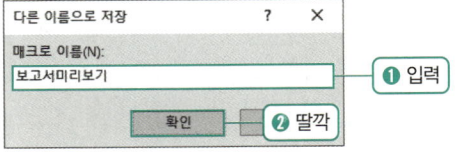

⑦ 탐색 창의 〈영업소이용관리〉 폼에서 마우스 오른쪽 단추를 클릭하고 바로 가기 메뉴에서 [디자인 보기]를 선택한다.

⑧ [속성 시트] 창에서 'cmd보고서'를 지정 → [이벤트] 탭에서 'On Click' 이벤트를 '보고서미리보기'로 지정한다.

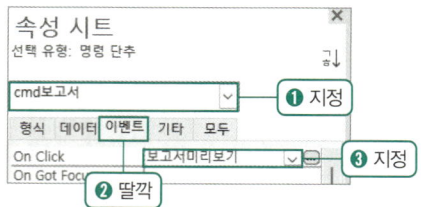

⑨ [양식 디자인] 탭-[보기] 그룹-[보기]-[폼 보기]를 클릭한다.

⑩ 〈영업소이용관리〉 폼에서 임의의 '지역코드'를 선택하고 '보고서 보기' 단추를 클릭 → 결과를 확인한다.

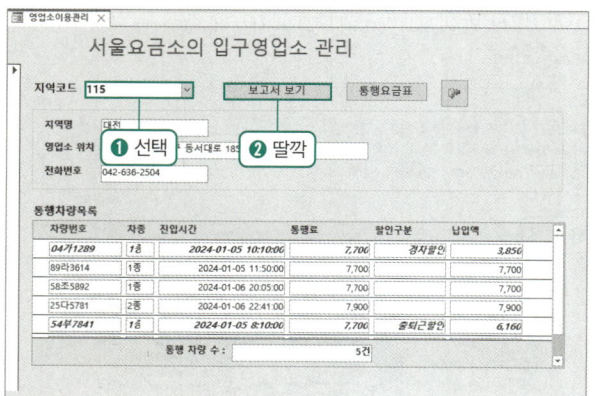

⑪ 〈출발지별통행내역〉 보고서 탭에서 마우스 오른쪽 단추를 클릭하고 바로 가기 메뉴에서 [모두 닫기]를 선택 → 변경한 내용을 저장할 것인지 묻는 메시지 상자가 나타나면 [예] 단추를 클릭한다.

문제 ❹ 처리 기능 구현 (35점)

1 〈통행요금조회〉 매개 변수 쿼리 작성하기

① [만들기] 탭-[쿼리] 그룹-[쿼리 디자인]을 클릭한다.

② [테이블 추가] 창이 나타나면 [테이블] 탭에서 〈통행요금〉 테이블과 〈지역정보〉 테이블을 차례대로 더블클릭하여 [쿼리1] 창에 추가 → [닫기] 단추를 클릭한다.

③ 〈통행요금〉 테이블의 '출발지코드' 필드를 〈지역정보〉 테이블의 '지역코드' 필드로 드래그 → 조인 선을 더블클릭한다.

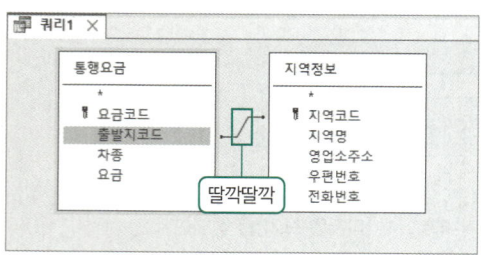

④ [조인 속성] 대화상자가 나타나면 '1: 두 테이블의 조인된 필드가 일치하는 행만 포함'을 선택 → [확인] 단추를 클릭한다.

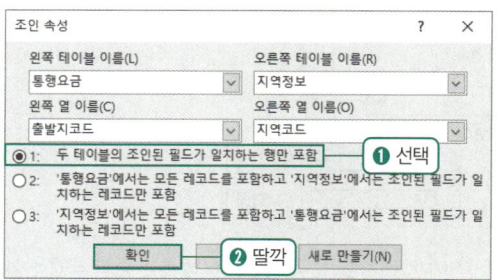

⑤ 〈지역정보〉 테이블에서는 '영업소주소' 필드를, 〈통행요금〉 테이블에서는 '차종', '요금' 필드를 차례대로 더블클릭 → '출퇴근할인요금' 필드를 추가하기 위해 '요금' 필드 오른쪽의 '필드' 항목을 클릭 → 출퇴근할인요금: [요금]-([요금]*0.2)를 입력한다.

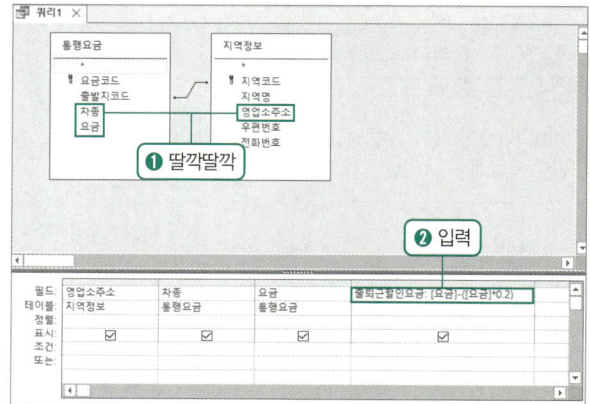

⑥ '출퇴근할인요금' 필드를 '통화' 형식으로 지정하기 위해 '출퇴근할인요금' 필드에서 마우스 오른쪽 단추 클릭 → 바로 가기 메뉴에서 [속성] 클릭 → [속성 시트] 창의 [일반] 탭에서 '형식' 속성을 '통화'로 지정한다.

⑦ '영업소주소' 필드의 '조건' 항목을 클릭 → Like "*" & [주소의 일부를 입력하세요] & "*"을 입력한다.

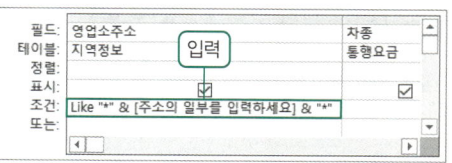

⑧ [쿼리 디자인] 탭-[결과] 그룹-[실행]을 클릭한다.

⑨ [매개 변수 값 입력] 대화상자가 나타나면 전북 입력 → [확인] 단추를 클릭 → 결과를 확인한다.

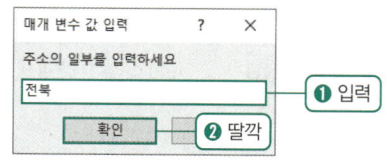

⑩ 〈쿼리1〉 창에서 [닫기] 단추(×)를 클릭 → 변경한 내용을 저장할 것인지 묻는 메시지 상자가 나타나면 [예] 단추를 클릭한다.

⑪ [다른 이름으로 저장] 대화상자가 나타나면 '쿼리 이름'에 통행요금조회 입력 → [확인] 단추를 클릭한다.

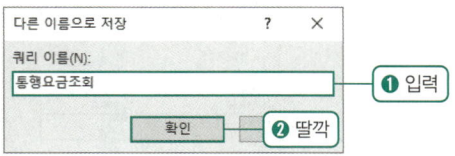

2 〈지역별합계〉 요약 쿼리 작성하기

① [만들기] 탭-[쿼리] 그룹-[쿼리 디자인]을 클릭한다.
② [테이블 추가] 창이 나타나면 [테이블] 탭에서 〈지역정보〉 테이블과 〈통행목록〉 테이블을 차례대로 더블클릭하여 [쿼리1] 창에 추가 → [닫기] 단추를 클릭한다.
③ 〈지역정보〉 테이블에서 '지역명', '영업소주소', '전화번호' 필드를 차례대로 더블클릭 → '통행료합계' 필드를 추가하기 위해 '전화번호' 필드 오른쪽의 '필드' 항목을 클릭 → 통행료합계: 통행료를 입력한다.

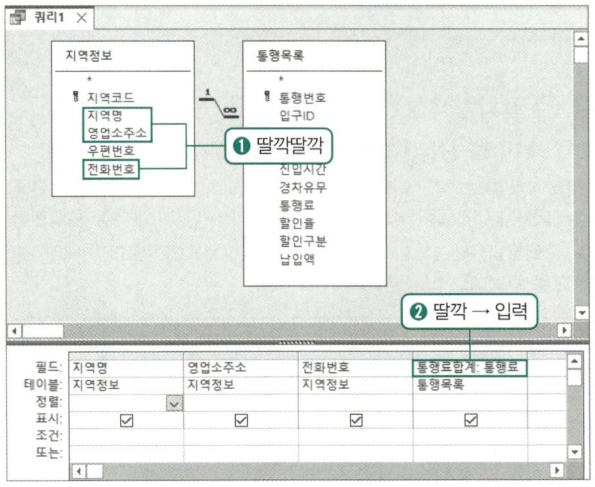

④ '지역명' 필드를 기준으로 내림차순 정렬하기 위해 '지역명' 필드의 '정렬' 항목을 클릭 → '내림차순'으로 지정한다.

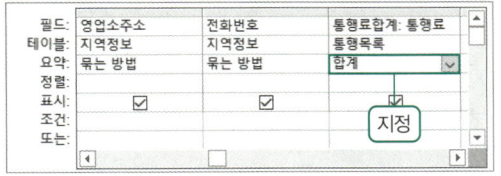

⑤ [쿼리 디자인] 탭-[표시/숨기기] 그룹-[요약]을 클릭한다.
⑥ '요약' 항목이 추가되면 '통행료합계' 필드의 '요약' 항목을 클릭 → '합계'로 지정한다.

⑦ [쿼리 디자인] 탭-[결과] 그룹-[실행]을 클릭 → 결과를 확인한다.
⑧ 〈쿼리1〉 창에서 [닫기] 단추(×)를 클릭 → 변경한 내용을 저장할 것인지 묻는 메시지 상자가 나타나면 [예] 단추를 클릭한다.
⑨ [다른 이름으로 저장] 대화상자가 나타나면 '쿼리 이름'에 지역별합계 입력 → [확인] 단추를 클릭한다.

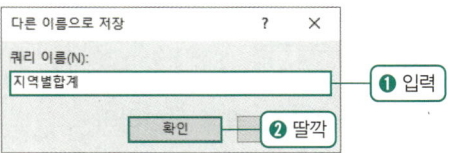

3 〈차종별최대요금〉 요약 쿼리 작성하기

① [만들기] 탭-[쿼리] 그룹-[쿼리 디자인]을 클릭한다.
② [테이블 추가] 창이 나타나면 [테이블] 탭에서 〈통행요금〉 테이블을 더블클릭하여 [쿼리1] 창에 추가 → [닫기] 단추를 클릭한다.
③ 〈통행요금〉 테이블에서 '차종' 필드를 더블클릭 → '자동차수' 필드와 '최대요금' 필드를 추가하기 위해 '차종' 필드 다음의 '필드' 항목을 클릭 → 자동차수: 요금코드 입력 → 다음의 '필드' 항목을 클릭 → 최대요금: 요금을 입력한다.

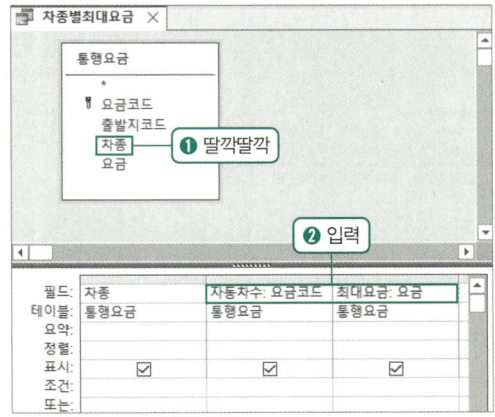

④ [쿼리 디자인] 탭-[표시/숨기기] 그룹-[요약]을 클릭한다.
⑤ '요약' 항목이 추가되면 각 필드의 항목에 다음과 같이 조건을 지정한다.
  • **자동차수: 요금코드** 필드의 '요약' 항목: '개수' 지정
  • **최대요금: 요금** 필드의 '요약' 항목: '최대값' 지정

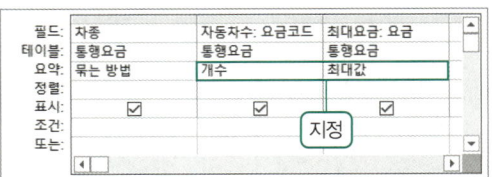

⑥ [쿼리 디자인] 탭-[결과] 그룹-[실행]을 클릭 → 결과를 확인한다.
⑦ 〈쿼리1〉 창에서 [닫기] 단추(×)를 클릭 → 변경한 내용을 저장할 것인지 묻는 메시지 상자가 나타나면 [예] 단추를 클릭한다.

⑧ [다른 이름으로 저장] 대화상자가 나타나면 '쿼리 이름'에 차종별최대요금 입력 → [확인] 단추를 클릭한다.

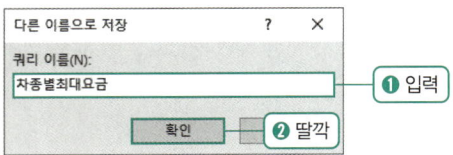

4 〈차종별통행차량〉 크로스탭 쿼리 작성하기

① [만들기] 탭-[쿼리] 그룹-[쿼리 디자인]을 클릭한다.
② [테이블 추가] 창이 나타나면 [테이블] 탭에서 〈통행목록〉 테이블을 더블클릭하여 [쿼리1] 창에 추가 → [닫기] 단추를 클릭한다.
③ 〈통행목록〉 테이블에서 '차종' 필드를 더블클릭한다.

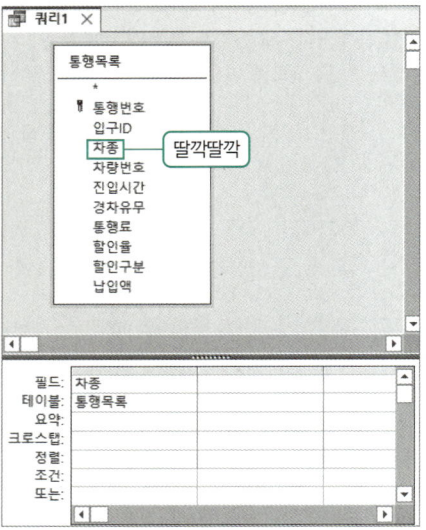

④ 경차 유무를 체크하고 '차량번호의 개수' 필드와 '차량수' 필드를 추가하기 위해 '차종' 필드 오른쪽의 '필드' 항목을 클릭 → IIf([경차유무]=0,"일반","경차") 입력 → 오른쪽의 '필드' 항목을 클릭 → 차량번호의 개수: 차량번호 입력 → 오른쪽의 '필드' 항목을 클릭 → 차량수: 차량번호를 입력한다.

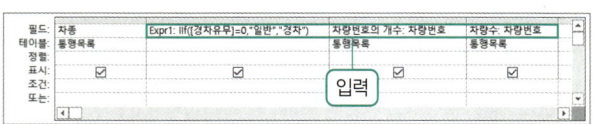

IIf([경차유무]=0,"일반","경차")
'경차유무'의 값이 0(체크 해제)이면 '일반'을, 그렇지 않으면 '경차'를 반환한다.

⑤ [쿼리 디자인] 탭-[쿼리 유형] 그룹-[크로스탭]을 클릭한다.
⑥ '요약'과 '크로스탭' 항목이 추가되면 각 필드의 항목에 다음과 같이 조건을 지정한다.
- '차종' 필드의 '크로스탭' 항목: '행 머리글' 지정
- 함수식 필드의 '크로스탭' 항목: '열 머리글' 지정

- '차량번호의 개수: 차량번호' 필드의 '요약', '크로스탭' 항목: '개수', '값' 지정
- '차량수: 차량번호' 필드의 '요약', '크로스탭' 항목: '개수', '행 머리글' 지정

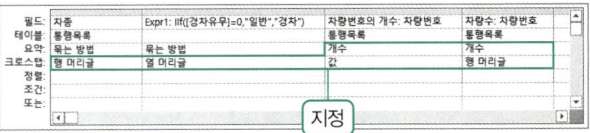

⑦ [쿼리 디자인] 탭-[결과] 그룹-[실행]을 클릭 → 결과를 확인한다.
⑧ 〈쿼리1〉 창에서 [닫기] 단추(×)를 클릭 → 변경한 내용을 저장할 것인지 묻는 메시지 상자가 나타나면 [예] 단추를 클릭한다.
⑨ [다른 이름으로 저장] 대화상자가 나타나면 '쿼리 이름'에 차종별통행차량 입력 → [확인] 단추를 클릭한다.

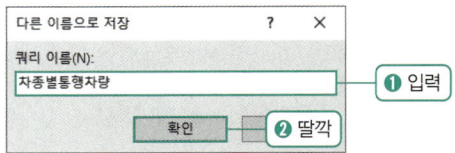

5 〈주말차량생성〉 쿼리 작성하기

① [만들기] 탭-[쿼리] 그룹-[쿼리 디자인]을 클릭한다.
② [테이블 추가] 창이 나타나면 [테이블] 탭에서 〈지역정보〉, 〈통행목록〉 테이블을 더블클릭하여 [쿼리1] 창에 추가 → [닫기] 단추를 클릭한다.
③ 〈통행목록〉 테이블의 '차량번호', 〈지역정보〉 테이블의 '지역명' 필드를 차례대로 더블클릭한다.

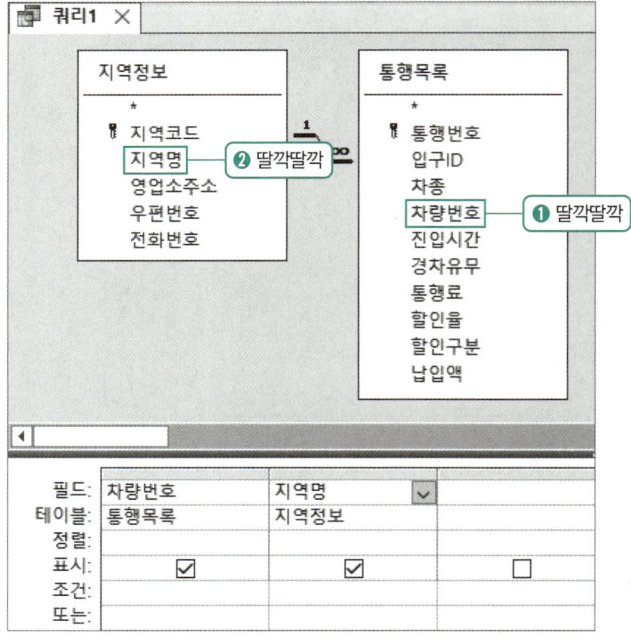

④ '시간' 필드를 삽입하기 위해 '지역명' 필드의 오른쪽 필드에 시간: Format ([진입시간],"hh:nn:ss")를 입력한다.

⑤ '시간' 필드의 오른쪽 필드에 Weekday([진입시간],2)를 입력하고 조건에 6 Or 7을 입력 → 표시에 체크를 해제한다.

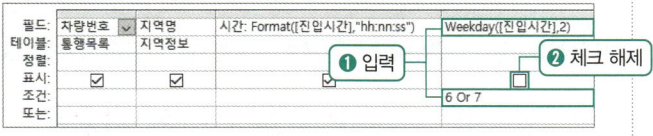

Weekday([진입시간],2)

옵션이 2인 경우 월요일을 1, … 토요일은 6, 일요일은 7로 표시한다.

⑥ [쿼리 디자인] 탭-[쿼리 유형] 그룹-[테이블 만들기]를 클릭한다.
⑦ [테이블 만들기] 대화상자가 나타나면 '테이블 이름'을 주말차량관리 입력 → [확인] 단추를 클릭한다.

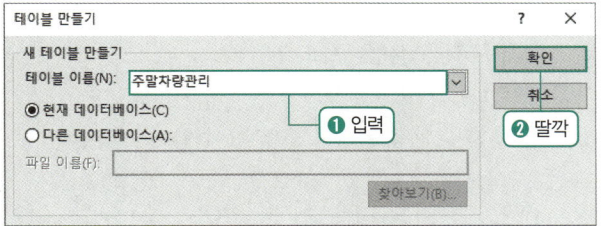

⑧ [쿼리 디자인] 탭-[결과] 그룹-[실행]을 클릭한다.
⑨ 행을 붙여넣는다는 메시지 상자가 나타나면 [예] 단추를 클릭한다.
⑩ 〈쿼리1〉 창에서 [닫기] 단추를 클릭 → 변경한 내용을 저장할 것인지 묻는 메시지 상자가 나타나면 [예] 단추를 클릭한다.
⑪ [다른 이름으로 저장] 대화상자가 나타나면 '쿼리 이름'에 주말차량생성 입력 → [확인] 단추를 클릭한다.

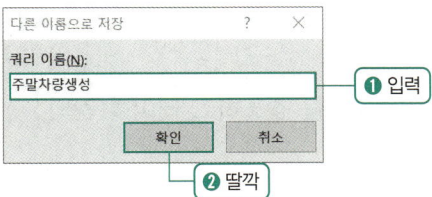

제6회 기출변형문제

프로그램명	제한시간	합격선	외부 데이터 위치
ACCESS 2021	45분	70점	C:\에듀윌_2026컴활1급실기\기출변형문제\데이터베이스실무\실습\6회\제6회기출변형문제.accdb

문제 ❶ DB 구축 (25점)

1 경기도 명소를 관리하기 위한 데이터베이스를 구축하고자 한다. 다음의 지시사항에 따라 〈경기도명소〉 테이블을 완성하시오. (각 3점)

① '전화번호' 필드에는 '-' 기호가 반드시 포함되도록 유효성 검사 규칙을 설정하시오.
② '등록번호' 필드의 필드 크기를 20으로 설정하시오.
③ '주차' 필드는 '무료', '유료', '불가'만 입력되도록 유효성 검사 규칙을 설정하고 이 외의 값이 입력될 경우에는 '무료, 유료, 불가만 입력 가능'이라는 메시지가 표시되도록 설정하시오.
④ '우편번호' 필드에는 5자리 데이터가 입력되도록 유효성 검사 규칙을 설정하시오.
⑤ '명소명' 필드의 캡션을 '가볼만한곳'으로 설정하시오.

2 〈담당〉 테이블의 '소속' 필드에 조회 속성을 설정하시오. (5점)

▶ 〈소속팀〉 테이블의 '팀코드', '팀명' 필드의 값이 콤보 상자 형태로 표시되도록 설정하시오.
▶ 필드에는 '팀코드'가 저장되도록 설정하시오.
▶ 열 너비는 각각 '1.5cm;3cm'로, 목록 너비는 '4.5cm'로 설정하시오.

3 〈경기도명소〉 테이블의 '우편번호' 필드는 〈거주지〉 테이블의 '우편번호' 필드를 참조하고 테이블 간의 관계는 1:M이다. 두 테이블에 다음과 같이 관계를 추가 설정하시오. (5점)

※ 액세스 파일에 이미 설정되어 있는 관계는 수정하지 마시오.

▶ 각 테이블 간에 항상 참조 무결성이 유지되도록 설정하시오.
▶ 참조 필드의 값이 변경되면 관련 필드의 값도 변경되도록 설정하시오.
▶ 〈경기도명소〉 테이블에서 참조하고 있는 〈거주지〉 테이블의 레코드를 삭제할 수 있도록 설정하시오.

문제 ❷ 입력 및 수정 기능 구현 (20점)

1 〈관광명소〉 폼을 다음의 화면과 지시사항에 따라 완성하시오. (각 3점)

① 폼 머리글 영역에 '경기도 관광명소'라는 제목을 표시하는 레이블 컨트롤을 생성하시오.
  ▶ 이름: lbl제목
  ▶ 글꼴 크기는 '20', 문자 색은 '어두운 텍스트'로 설정

② 폼 머리글의 특정 컨트롤(main주소코드, main시군명, main명소, main담당, main세부주소)에 마우스 포인터가 위치하면 해당 컨트롤의 배경색을 '밤색'으로 채우는 조건부 서식을 지정하시오.

③ 하위 폼 바닥글의 'txt명소' 컨트롤에는 전체 명소 개수가 표시되도록 설정하고 해당 컨트롤에 마우스 포인터가 위치하면 '관광명소'가 표시되도록 컨트롤 팁의 텍스트를 설정하시오.
  ▶ [표시 예: 9곳]

〈그림〉

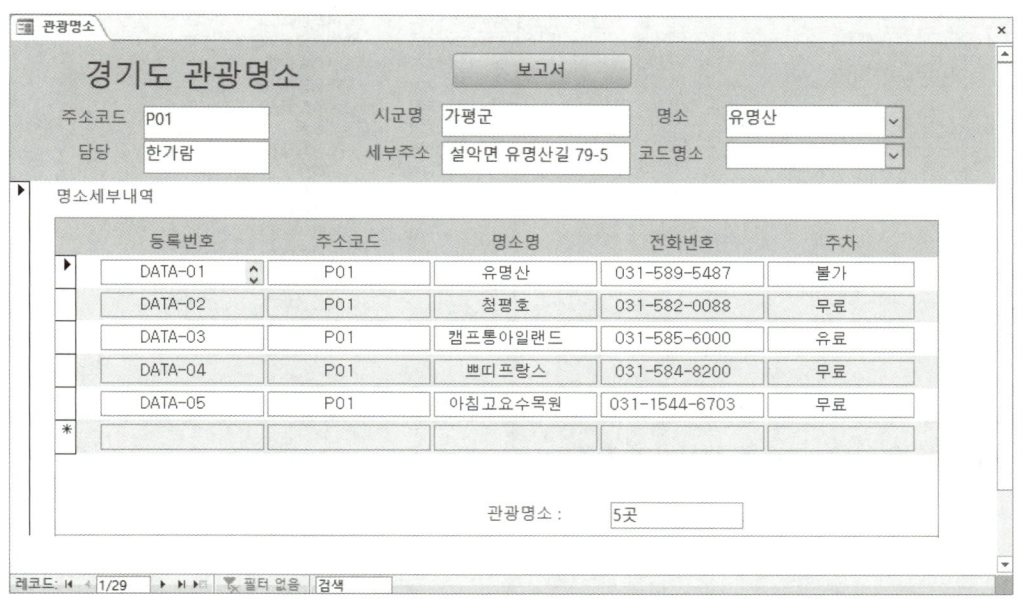

2 〈관광명소〉 폼의 'main코드명소' 컨트롤을 다음과 같이 설정하시오. (6점)

▶ 'main코드명소' 컨트롤을 콤보 상자로 변경하시오.
▶ '행 원본 유형'을 '테이블/쿼리'로 지정하고 〈명소세부내역〉 쿼리의 '주소코드'와 '명소'를 이용하여 행 원본을 설정하시오.
▶ 필드에는 '주소코드'가 저장되도록 하고, 열 너비는 각각 '2cm;4cm'로, 목록 너비는 '6cm'로 설정하시오.
▶ 〈그림〉과 같이 설정하고 목록 이외의 값은 입력되지 않도록 설정하시오.

〈그림〉

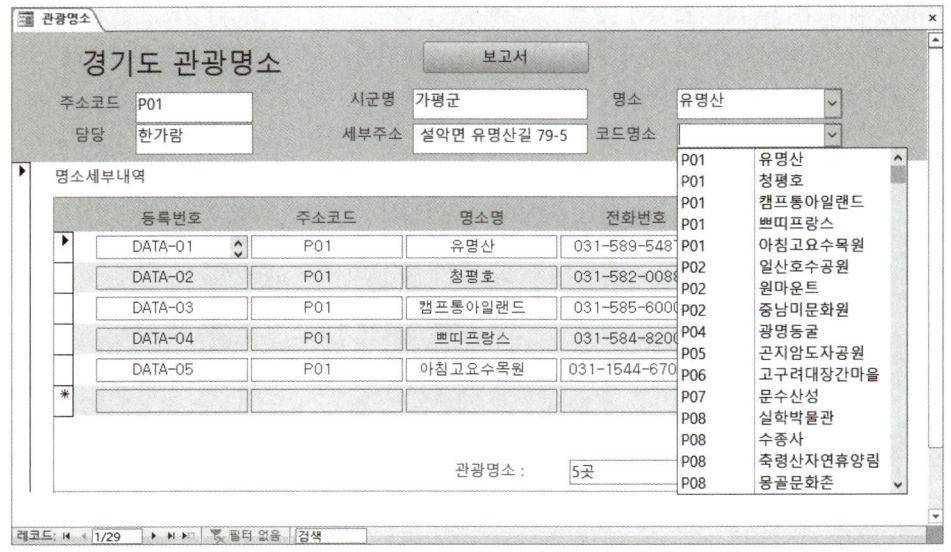

3 〈관광명소〉 폼의 '보고서'(main보고서) 단추를 클릭하면 〈명소위치〉 보고서를 '인쇄 미리 보기'의 형태로 여는 〈미리보기열기〉 매크로를 생성하여 지정하시오. (5점)

▶ 매크로 조건: '명소' 필드의 값이 'main명소'에 해당하는 명소 정보만 표시

문제 ❸ 조회 및 출력 기능 구현 (20점)

1 다음의 지시사항 및 화면을 참조하여 〈명소위치〉 보고서를 완성하시오. (각 3점)

① 본문 영역의 'txt주차' 컨트롤에는 '주차' 필드를 바운드시키시오.
② 같은 '시군명'에서는 '명소' 필드를 기준으로 내림차순으로 정렬되어 표시되도록 정렬을 추가하시오.
③ '시군명' 머리글의 'txt시군명' 컨트롤의 빈 공간에 '▶' 기호가 반복하여 표시되도록 '형식' 속성을 설정하시오.
④ '시군명' 바닥글의 'txt평가' 컨트롤에는 'txt개수'가 5 이상이면 '축제가득', 3 이상이면 '멋진곳', 3 미만이면 '조용한휴식'이 표시되도록 컨트롤 원본 속성을 설정하시오.
  ▶ Switch 함수 사용
⑤ 보고서 머리글의 'txt날짜' 컨트롤에는 현재 날짜와 시간이 [표시 예]와 같이 표시되도록 설정하시오.
  ▶ [표시 예: 2024년 1월 3일 19:02:33 → 2024-01-03 (수) 05:08:15 오후]
  ▶ Format, Now 함수 사용

〈그림〉

시군명	명소	전화번호	세부주소	주차
\multicolumn{5}{l}{**명소위치** 2023-07-05 (수) 10:31:55 오전}				
가평군▶▶▶▶				
	캠프통아일랜드	031-585-6000	청평면 호반로 1063	유료
	청평호	031-582-0088	설악면 회곡리 454-3	무료
	유명산	031-589-5487	설악면 유명산길 79-53	불가
	아침고요수목원	031-1544-6703	상면 수목원로 432	무료
	쁘띠프랑스	031-584-8200	청평면 호반로 1063	무료
		명소개수 : 5	평가 : 축제가득	
고양시▶▶▶▶				
	중남미문화원	031-962-7171	덕양구 대양로285번길 33-15	무료
	일산호수공원	031-909-9000	일산동구 호수로 595	유료
	원마운트	031-1566-2232	일산서구 한류월드로 300	유료
		명소개수 : 3	평가 : 멋진곳	
광명시▶▶▶▶				
	광명동굴	031-1688-3399	가학로85번길 142	유료
		명소개수 : 1	평가 : 조용한휴식	
광주시▶▶▶▶				
	곤지암도자공원	031-799-1500	곤지암읍 경충대로 727	무료
		명소개수 : 1	평가 : 조용한휴식	
구리시▶▶▶▶				
	고구려대장간마을	031-557-1010	우미내길 41	무료
		명소개수 : 1	평가 : 조용한휴식	
김포시▶▶▶▶				
	문수산성	031-920-2965	월곶면 문수산로 102-38	불가
		명소개수 : 1	평가 : 조용한휴식	
남양주시▶▶▶				
	축령산자연휴양림	031-592-0681	수동면 축령산로 299	유료
	실학박물관	031-579-6000	조안면 다산로 747번길 16	무료
	수종사	031-576-8411	조안면 북한강로 433번길 186	무료
	몽골문화촌	031-559-8018	수동면 비룡로 1635	유료
		명소개수 : 4	평가 : 멋진곳	
동두천시▶▶▶				
	소요산	031-860-2065	평화로 2910번길 145	유료

1/2페이지

2 〈명소조회〉 폼에서 '조회'(cmd조회) 단추를 클릭하면 다음과 같은 기능을 수행하는 이벤트 프로시저를 구현하시오. (5점)

▶ '명소' 필드의 값이 'txt명소' 컨트롤에 입력한 값과 같은 레코드를 조회하시오.
▶ 현재 폼의 RecordSource 속성을 이용하여 이벤트 프로시저를 작성하시오.

문제 ❹ 처리 기능 구현 (35점)

1 〈중복〉 테이블에서 장소코드가 중복 등록된 데이터를 조회하는 〈중복장소〉 쿼리를 작성하시오. (7점)

▶ 쿼리 실행 결과로 표시되는 필드와 필드명은 〈그림〉과 같이 표시되도록 설정하시오.

〈그림〉

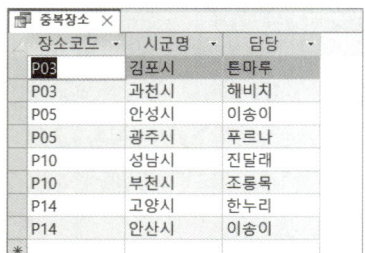

2 담당별, 주차별 명소의 개수를 조회하는 〈담당명소수〉 크로스탭 쿼리를 작성하시오. (7점)

▶ 〈명소세부내역〉 쿼리를 이용하시오.
▶ '총명소수'는 '명소' 필드를 이용하시오.
▶ 쿼리 실행 결과로 표시되는 필드와 필드명은 〈그림〉과 같이 표시되도록 설정하시오.

〈그림〉

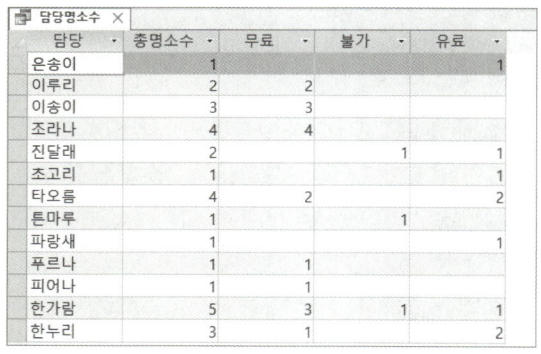

3 〈명소세부내역〉 쿼리를 이용하여 주차를 매개 변수로 입력받고, 해당 주차의 명소 정보를 조회하는 〈주차여부조회〉 매개 변수 쿼리를 작성하시오. (7점)

▶ 〈거주지〉, 〈경기도명소〉, 〈담당〉 테이블을 이용하시오.
▶ 쿼리 실행 결과로 표시되는 필드와 필드명은 〈그림〉과 같이 표시되도록 설정하시오.

〈그림〉

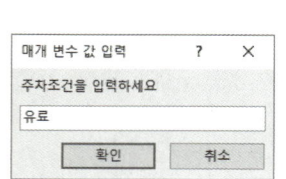

4 〈경기도명소〉, 〈담당〉 테이블을 이용하여 명소의 위도와 경도를 조회하는 〈명소위도경도〉 쿼리를 작성하시오. (7점)

▶ 등록코드는 '등록번호'의 왼쪽 한 글자와 오른쪽 두 글자, '_' 기호, 장소코드를 연결하여 표시하시오. (LEFT, RIGHT 함수 사용)
[표시 예: 등록번호가 'DATA-01', 장소코드가 'P01'인 경우 → D01_P01]
▶ 명소에 '산'이 포함되는 내용만 조회하시오.
▶ 쿼리 실행 결과로 표시되는 필드와 필드명은 〈그림〉과 같이 표시되도록 설정하시오.

〈그림〉

등록코드	명소	위도	경도
D01_P01	유명산	37.593	127.491
D06_P02	일산호수공원	37.653	126.768
D13_P07	문수산성	37.737	126.531
D16_P08	축령산자연휴양림	37.754	127.313
D18_P09	소요산	37.946	127.069
D25_P14	안산갈대습지공원	37.273	126.839

5 〈담당〉, 〈경기도명소〉 테이블을 이용하여 다음 조건에 만족하는 내용을 조회하여 새 테이블로 생성하는 〈무료주차생성〉 쿼리를 작성하고 실행하시오. (7점)

▶ [시군명]별로 [주차]가 "무료"인 명소의 개수를 표시하시오.
▶ [주차] 오름차순으로 설정하시오.
▶ 쿼리 실행 후 생성되는 테이블의 이름은 〈무료주차관리〉로 설정하시오.
▶ 쿼리 실행 결과로 생성되는 테이블의 필드는 〈그림〉을 참고하여 수험자가 판단하여 설정하시오.

〈그림〉

시군명	무료주차명소
가평군	3
고양시	1
광주시	1
구리시	1
남양주시	2
시흥시	2
안산시	3
안성시	4

〈무료주차생성〉 쿼리를 실행 한 후의 〈무료주차관리〉 테이블

제6회 기출변형문제

해설 확인하기

▶ 정답 확인하기: EXIT 사이트 → 자료실 → 컴퓨터활용능력 1급
→ 실기 기본서 → 정답화면 바로보기

문제 ❶ DB 구축 (25점)

1 〈경기도명소〉 테이블 완성하기

① 탐색 창의 〈경기도명소〉 테이블에서 마우스 오른쪽 단추를 클릭하고 바로 가기 메뉴에서 [디자인 보기]를 선택한다.
② '전화번호' 필드를 선택 → '필드 속성'에서 [일반] 탭의 '유효성 검사 규칙' 속성에 Like "*-*"를 입력한다.
③ '등록번호' 필드를 선택 → '필드 속성'에서 [일반] 탭의 '필드 크기' 속성을 '20'으로 지정한다.
④ '주차' 필드를 선택 → '필드 속성'에서 [일반] 탭의 '유효성 검사 규칙' 속성에 In ("무료","유료","불가")를, '유효성 검사 텍스트' 속성에 무료, 유료, 불가만 입력 가능을 입력한다.
⑤ '우편번호' 필드를 선택 → '필드 속성'에서 [일반] 탭의 '유효성 검사 규칙' 속성에 Len([우편번호])=5를 입력한다.
⑥ '명소명' 필드를 선택 → '필드 속성'에서 [일반] 탭의 '캡션' 속성에 가볼만한곳을 입력한다.
⑦ 〈경기도명소〉 테이블에서 [닫기] 단추(×) 클릭 → 변경한 내용을 저장할 것인지 묻는 메시지 상자가 나타나면 [예] 단추를 클릭한다.

2 '소속' 필드에 조회 속성 설정하기

① 탐색 창의 〈담당〉 테이블에서 마우스 오른쪽 단추를 클릭하고 바로 가기 메뉴에서 [디자인 보기]를 선택한다.
② '소속' 필드를 선택 → '필드 속성'에서 [조회] 탭의 '컨트롤 표시' 속성을 '콤보 상자'로, '행 원본 유형' 속성을 '테이블/쿼리'로 지정 → '행 원본' 속성에 커서를 올려놓고 작성기 단추(...)를 클릭한다.
③ [테이블 추가] 창이 나타나면 [테이블] 탭에서 〈소속팀〉 테이블을 더블클릭하여 [쿼리 작성기] 창에 추가 → [닫기] 단추를 클릭한다.
④ [쿼리 작성기] 창의 〈소속팀〉 테이블에서 '팀코드' 필드와 '팀명' 필드를 차례대로 더블클릭 → [닫기] 단추(×)를 클릭한다.
⑤ SQL 문의 변경 내용을 저장하고 속성을 업데이트할 것인지 묻는 메시지 상자가 나타나면 [예] 단추를 클릭한다.
⑥ '소속' 필드의 '필드 속성'에서 [조회] 탭의 '바운드 열' 속성은 '1'로, '열 개수' 속성은 '2'로, '열 너비' 속성은 '1.5cm;3cm'로, '목록 너비' 속성은 '4.5cm'로 지정한다.
⑦ 〈담당〉 테이블에서 [닫기] 단추(×)를 클릭 → 변경한 내용을 저장할 것인지 묻는 메시지 상자가 나타나면 [예] 단추를 클릭한다.

3 테이블 간의 관계 설정하기

① [데이터베이스 도구] 탭-[관계] 그룹-[관계]를 클릭한다.
② [관계] 창에서 마우스 오른쪽 단추를 클릭하고 바로 가기 메뉴에서 [테이블 표시]를 선택한다.
③ [테이블 추가] 창이 나타나면 [테이블] 탭에서 〈거주지〉 테이블을 더블클릭하여 [관계] 창에 추가 → [닫기] 단추를 클릭한다.
④ 〈거주지〉 테이블의 '우편번호' 필드를 〈경기도명소〉 테이블의 '우편번호' 필드로 드래그한다.
⑤ [관계 편집] 대화상자가 나타나면 '항상 참조 무결성 유지', '관련 필드 모두 업데이트', '관련 레코드 모두 삭제'에 모두 체크 → [만들기] 단추를 클릭한다.
⑥ 관계가 설정되었으면 [관계] 창의 [닫기] 단추(×)를 클릭 → 변경한 내용을 저장할 것인지 묻는 메시지 상자가 나타나면 [예] 단추를 클릭한다.

문제 ❷ 입력 및 수정 기능 구현 (25점)

1 〈관광명소〉 폼의 속성 설정하기

① 탐색 창의 〈관광명소〉 폼에서 마우스 오른쪽 단추를 클릭하고 바로 가기 메뉴에서 [디자인 보기]를 선택한다.
② [양식 디자인] 탭-[컨트롤] 그룹-[레이블](가가)을 클릭 → '폼 머리글' 영역에 적당한 크기로 드래그하여 레이블을 삽입한다.
③ 레이블에 커서를 올려놓은 상태에서 경기도 관광명소를 입력 → [양식 디자인] 탭-[도구] 그룹-[속성 시트]를 클릭한다.
④ '레이블'의 [속성 시트] 창이 나타나면 [기타] 탭에서 '이름' 속성에 lbl제목을 입력 → [형식] 탭에서 '글꼴 크기' 속성은 '20', '문자색' 속성은 '어두운 텍스트'로 지정한다.
⑤ Shift를 누른 상태에서 폼 머리글 영역의 'main주소코드', 'main시군명', 'main명소', 'main담당', 'main세부주소' 컨트롤을 차례대로 클릭하여 선택 → [서식] 탭-[컨트롤 서식] 그룹-[조건부 서식]을 클릭한다.
⑥ [조건부 서식 규칙 관리자] 대화상자가 나타나면 [새 규칙] 단추를 클릭한다.
⑦ [새 서식 규칙] 대화상자가 나타나면 '다음과 같은 셀만 서식 설정'에서 '필드에 포커스가 있음'을 선택 → 배경색을 '표준 색'의 '밤색'으로 지정 → '미리 보기'에서 지정된 서식을 확인 → [확인] 단추를 클릭한다.
⑧ [조건부 서식 규칙 관리자] 대화상자로 되돌아오면 추가된 규칙을 확인 → [확인] 단추를 클릭한다.
⑨ '하위 폼 바닥글'의 'txt명소' 컨트롤을 클릭 → 'txt명소' 컨트롤의 [속성 시트] 창의 [데이터] 탭에서 '컨트롤 원본' 속성에 =Count(*) & "곳"을 입력 → [기타] 탭에서 '컨트롤 팁 텍스트' 속성에 관광명소를 입력한다.

2 〈관광명소〉 폼의 컨트롤 설정하기

① 〈관광명소〉 폼의 디자인 보기 화면에서 '폼 머리글' 영역의 'main코드명소' 컨트롤을 선택 → 마우스 오른쪽 단추를 클릭하고 바로 가기 메뉴에서 [변경]-[콤보 상자]를 선택한다.

② 'main코드명소' 컨트롤의 [속성 시트] 창의 [데이터] 탭에서 '행 원본 유형' 속성이 '테이블/쿼리'로 지정되었는지 확인 → '행 원본' 속성에 커서를 올려놓고 작성기 단추(...)를 클릭한다.

③ [테이블 추가] 창이 나타나면 [쿼리] 탭에서 〈명소세부내역〉 쿼리를 더블클릭 → [닫기] 단추를 클릭한다.

④ [쿼리 작성기] 창의 〈명소세부내역〉 쿼리에서 '주소코드'와 '명소' 필드를 더블클릭 → [닫기] 단추(×)를 클릭한다.

⑤ SQL 문의 변경 내용을 저장하고 속성을 업데이트할 것인지 묻는 메시지 상자가 나타나면 [예] 단추를 클릭한다.

⑥ [속성 시트] 창의 [데이터] 탭에서 '바운드 열' 속성은 '1'로, '목록 값만 허용' 속성은 '예'로 지정한다.

⑦ [속성 시트] 창의 [형식] 탭에서 '열 개수' 속성은 '2'로, '열 너비' 속성은 '2cm;4cm'로, '목록 너비'는 '6cm'로 지정한다.

⑧ 〈관광명소〉 폼에서 [닫기] 단추(×)를 클릭 → [저장] 대화상자가 나타나면 [예] 단추를 클릭한다.

3 〈미리보기열기〉 매크로 생성하기

① [만들기] 탭-[매크로 및 코드] 그룹-[매크로]를 클릭한다.

② [매크로1] 창이 나타나면 'OpenReport' 함수를 선택한다.

③ '보고서 이름'은 '명소위치'으로, '보기 형식'은 '인쇄 미리 보기'로 지정 → 'Where 조건문'의 작성기 단추(🖉)를 클릭한다.

④ [식 작성기] 대화상자가 나타나면 [명소]=을 입력 → '식 요소'의 '제14회기출변형문제.accdb-Forms-모든 폼'에서 '관광명소'를 선택 → '식 범주'에서 'main명소'를 더블클릭 → [확인] 단추를 클릭한다.

⑤ [매크로1] 창에서 'Where 조건문'에 지정된 식을 확인하고 [닫기] 단추(×)를 클릭 → 변경한 내용을 저장할 것인지 묻는 메시지 상자가 나타나면 [예] 단추를 클릭한다.

⑥ [다른 이름으로 저장] 대화상자가 나타나면 '매크로 이름'에 미리보기열기를 입력 → [확인] 단추를 클릭한다.

⑦ 탐색 창의 〈관광명소〉 폼에서 마우스 오른쪽 단추를 클릭하고 바로 가기 메뉴에서 [디자인 보기]를 선택한다.

⑧ [속성 시트] 창에서 'main보고서'를 지정 → [이벤트] 탭에서 'On Click' 이벤트를 '미리보기열기'로 지정한다.

⑨ [양식 디자인] 탭-[보기] 그룹-[폼 보기]를 클릭한다.

⑩ 〈관광명소〉 폼에서 '보고서' 단추를 클릭 → 결과를 확인 → 〈명소위치〉 보고서 탭에서 마우스 오른쪽 단추를 클릭하고 바로 가기 메뉴에서 [모두 닫기]를 선택 → [저장] 대화상자가 나타나면 [예] 단추를 클릭한다.

문제 ❸ 조회 및 출력 기능 구현 (20점)

1 〈명소위치〉 보고서 완성하기

① 탐색 창의 〈명소위치〉 보고서에서 마우스 오른쪽 단추를 클릭하고 바로 가기 메뉴에서 [디자인 보기]를 선택한다.

② [속성 시트] 창에서 'txt주차'를 지정 → [데이터] 탭에서 '컨트롤 원본' 속성을 '주차'로 지정한다.

③ [보고서 디자인] 탭-[그룹화 및 요약] 그룹-[그룹화 및 정렬]을 클릭한다.

④ [그룹, 정렬 및 요약] 창이 나타나면 '그룹화 기준'은 '시군명' 필드로 지정되었는지 확인 → [정렬 추가] 단추를 클릭 → '정렬 기준'은 '명소' 필드를, '정렬 순서'는 '내림차순'으로 지정한다.

⑤ [속성 시트] 창에서 'txt시군명'을 지정 → [형식] 탭에서 '형식' 속성에 @*▶를 입력한다.

⑥ [속성 시트] 창에서 'txt평가'를 지정 → [데이터] 탭에서 '컨트롤 원본' 속성에 =Switch([txt개수]>=5,"축제가득",[txt개수]>=3,"멋진 곳",[txt개수]<3,"조용한휴식")을 입력한다.

⑦ [속성 시트] 창에서 'txt날짜'를 지정 → [데이터] 탭에서 '컨트롤 원본' 속성에 =Format(Now(),"yyyy-mm-dd (aaa) hh:nn:ss ampm")을 입력한다.

⑧ 〈명소위치〉 보고서에서 [닫기] 단추(×)를 클릭 → 변경한 내용을 저장할 것인지 묻는 메시지 상자가 나타나면 [예] 단추를 클릭한다.

2 〈명소조회〉 폼의 이벤트 프로시저 작성하기

① 탐색 창의 〈명소조회〉 폼에서 마우스 오른쪽 단추를 클릭하고 바로 가기 메뉴에서 [디자인 보기]를 선택한다.

② [속성 시트] 창에서 'cmd조회'를 지정 → [이벤트] 탭에서 'On Click' 이벤트의 작성기 단추(...)를 클릭한다.

③ [작성기 선택] 대화상자가 나타나면 '코드 작성기'를 선택 → [확인] 단추를 클릭한다.

④ [Visual Basic Editor] 창이 나타나면 [코드] 창의 'cmd조회_Click( )' 프로시저에 다음과 같이 코드를 입력 → [닫기] 단추(×)를 클릭한다.

```
Private Sub cmd조회_Click( )
    Me.RecordSource = "SELECT * FROM 명소정보 WHERE 명소
    = '" & txt명소 & "'"   ❶
End Sub
```

❶ 〈명소정보〉 테이블에서 '명소' 필드의 값이 'txt명소' 컨트롤에 입력한 값과 같은 레코드를 레코드 원본으로 지정한다.

⑤ 〈명소조회〉 폼을 더블클릭한다.

⑥ 〈명소조회〉 폼에서 '명소' 텍스트 상자에 임의의 명소를 입력 → '조회' 단추를 클릭하여 결과를 확인한다.

⑦ 〈명소조회〉 폼에서 [닫기] 단추(×)를 클릭 → 변경한 내용을 저장할 것인지 묻는 메시지 상자가 나타나면 [예] 단추를 클릭한다.

문제 ❹ 처리 기능 구현 (35점)

1 〈중복장소〉 중복 데이터 검색 쿼리 작성하기

① [만들기] 탭-[쿼리] 그룹-[쿼리 마법사]를 클릭한다.

② [새 쿼리] 대화상자가 나타나면 '중복 데이터 검색 쿼리 마법사'를 선택 → [확인] 단추를 클릭한다.

③ [중복 데이터 검색 쿼리 마법사] 1단계 대화상자가 나타나면 '테이블: 중복'을 선택 → [다음] 단추를 클릭한다.
④ [중복 데이터 검색 쿼리 마법사] 2단계 대화상자가 나타나면 '사용 가능한 필드'에서 '장소코드' 필드를 더블클릭하여 '중복된 필드'로 이동 → [다음] 단추를 클릭한다.
⑤ [중복 데이터 검색 쿼리 마법사] 3단계 대화상자가 나타나면 '사용 가능한 필드'에서 '시군명', '담당' 필드를 각각 더블클릭하여 '추가 쿼리 필드'로 이동 → [다음] 단추를 클릭한다.
⑥ [중복 데이터 검색 쿼리 마법사] 4단계 대화상자가 나타나면 '쿼리 이름'에 중복장소를 입력 → '결과 보기'가 선택되었는지 확인 → [마침] 단추를 클릭한다.
⑦ 결과를 확인 → 〈중복장소〉 쿼리 창에서 [닫기] 단추(×)를 클릭한다.

2 〈담당명소수〉 크로스탭 쿼리 작성하기

① [만들기] 탭-[쿼리] 그룹-[쿼리 디자인]을 클릭한다.
② [테이블 추가] 창이 나타나면 [쿼리] 탭에서 〈명소세부내역〉 쿼리를 더블클릭하여 [쿼리1] 창에 추가 → [닫기] 단추를 클릭한다.
③ 〈명소세부내역〉 쿼리에서 '담당', '주차', '명소' 필드를 차례대로 더블클릭 → '총명소수' 필드를 추가하기 위해 '명소' 필드 다음의 '필드' 항목을 클릭 → 총명소수: 명소를 입력한다.
④ [쿼리 도구]의 [디자인] 탭-[쿼리 유형] 그룹-[크로스탭]을 클릭한다.
⑤ '요약'과 '크로스탭' 항목이 추가되면 각 필드의 항목에 다음과 같이 조건을 지정한다.
  • '담당' 필드의 '크로스탭' 항목: '행 머리글' 지정
  • '주차' 필드의 '크로스탭' 항목: '열 머리글' 지정
  • '명소' 필드의 '요약', '크로스탭' 항목: '개수', '값' 지정
  • '총명소수: 명소' 필드의 '요약', '크로스탭' 항목: '개수', '행 머리글' 지정
⑥ [쿼리 디자인] 탭-[결과] 그룹-[실행]을 클릭 → 결과를 확인한다.
⑦ 〈쿼리1〉 창에서 [닫기] 단추(×)를 클릭 → 변경한 내용을 저장할 것인지 묻는 메시지 상자가 나타나면 [예] 단추를 클릭한다.
⑧ [다른 이름으로 저장] 대화상자가 나타나면 '쿼리 이름'에 담당명소수를 입력 → [확인] 단추를 클릭한다.

3 〈주차여부조회〉 매개 변수 쿼리 작성하기

① [만들기] 탭-[쿼리] 그룹-[쿼리 디자인]을 클릭한다.
② [테이블 추가] 창이 나타나면 [테이블] 탭에서 〈거주지〉, 〈경기도명소〉, 〈담당〉 테이블을 차례대로 더블클릭하여 [쿼리1] 창에 추가 → [닫기] 단추를 클릭한다.
③ 〈경기도명소〉 테이블에서는 '주차', '명소', '전화번호' 필드를 차례대로 더블클릭 → 〈담당〉 테이블에서는 '시군명' 필드를 더블클릭 → 〈거주지〉 테이블에서는 '세부주소' 필드를 더블클릭한다.
④ '주차' 필드를 매개 변수로 입력받되 필드는 표시하지 않기 위해 '주차' 필드의 '조건' 항목을 클릭 → 주차조건을 입력하세요를 입력 → '표시' 항목을 체크 해제한다.
⑤ [쿼리 디자인] 탭-[결과] 그룹-[실행]을 클릭한다.
⑥ [매개 변수 값 입력] 대화상자가 나타나면 유료를 입력 → [확인] 단추를 클릭 → 결과를 확인한다.

⑦ 〈쿼리1〉 창에서 [닫기] 단추(×)를 클릭 → 변경한 내용을 저장할 것인지 묻는 메시지 상자가 나타나면 [예] 단추를 클릭한다.
⑧ [다른 이름으로 저장] 대화상자가 나타나면 '쿼리 이름'에 주차여부조회를 입력 → [확인] 단추를 클릭한다.

4 〈명소위도경도〉 선택 쿼리 작성하기

① [만들기] 탭-[쿼리] 그룹-[쿼리 디자인]을 클릭한다.
② [테이블 추가] 창이 나타나면 [테이블] 탭에서 〈경기도명소〉 테이블과 〈담당〉 테이블을 차례대로 더블클릭하여 [쿼리1] 창에 추가 → [닫기] 단추를 클릭한다.
③ '등록코드' 필드를 추가하기 위해 첫 번째 '필드' 항목을 클릭 → 마우스 오른쪽 단추를 클릭하고 바로 가기 메뉴에서 [확대/축소]를 선택한다.
④ [확대/축소] 대화상자가 나타나면 등록코드: Left([등록번호],1) & Right([등록번호],2) & "_" & [장소코드]를 → [확인] 단추를 클릭한다.
⑤ 〈경기도명소〉 테이블에서 '명소', '위도', '경도' 필드를 차례대로 더블클릭한다.
⑥ '명소' 필드는 '산'이 포함된 내역만 조회하기 위해 '명소' 필드의 조건 항목을 클릭 → Like "*산*"을 입력한다.
⑦ [쿼리 디자인] 탭-[결과] 그룹-[실행]을 클릭 → 결과를 확인한다.
⑧ 〈쿼리1〉 창에서 [닫기] 단추(×)를 클릭 → 변경한 내용을 저장할 것인지 묻는 메시지 상자가 나타나면 [예] 단추를 클릭한다.
⑨ [다른 이름으로 저장] 대화상자가 나타나면 '쿼리 이름'에 명소위도경도를 입력 → [확인] 단추를 클릭한다.

5 〈무료주차생성〉 쿼리 작성하기

① [만들기] 탭-[쿼리] 그룹-[쿼리 디자인]을 클릭한다.
② [테이블 추가] 창이 나타나면 [테이블] 탭에서 〈담당〉 테이블, 〈경기도명소〉 테이블을 더블클릭하여 [쿼리1] 창에 추가 → [닫기] 단추를 클릭한다.
③ '시군명', '시군명', '주차' 필드를 차례대로 더블클릭한다.
④ [쿼리 디자인] 탭-[표시/숨기기] 그룹-[요약]을 클릭한다.
⑤ 두 번째 '시군명' 필드의 내용을 무료주차명소: 시군명으로 수정하고 요약을 개수로 수정한다.
⑥ 주차 필드의 정렬을 오름차순으로 수정하고, 조건에 무료를 입력한다.
⑦ [쿼리 디자인] 탭-[쿼리 유형] 그룹-[테이블 만들기]를 클릭한다.
⑧ [테이블 만들기] 대화상자가 나타나면 '테이블 이름'을 무료주차관리를 입력 → [확인] 단추를 클릭한다.
⑨ [쿼리 디자인] 탭-[결과] 그룹-[실행]을 클릭한다.
⑩ 행을 붙여넣는다는 메시지 상자가 나타나면 [예] 단추를 클릭한다.
⑪ 〈쿼리1〉 창에서 [닫기] 단추를 클릭 → 변경한 내용을 저장할 것인지 묻는 메시지 상자가 나타나면 [예] 단추를 클릭한다.
⑫ [다른 이름으로 저장] 대화상자가 나타나면 '쿼리 이름'에 무료주차생성을 입력 → [확인] 단추를 클릭한다.

제7회 기출변형문제

프로그램명	제한시간	합격선	외부 데이터 위치
ACCESS 2021	45분	70점	C:\에듀윌_2026컴활1급실기\기출변형문제\데이터베이스실무\실습\7회\제7회기출변형문제.accdb

문제 ❶ DB 구축 (25점)

1 분양 정보 내역을 관리하기 위한 데이터베이스를 구축하려고 한다. 다음의 지시사항에 따라 각 테이블을 완성하시오. (각 3점)

① 〈입주자정보〉 테이블의 '부서코드'와 '지점코드' 필드는 기본적으로 영숫자 반자로 입력되도록 설정하시오.
② 〈입주자정보〉 테이블의 '이름' 필드는 값이 반드시 입력되도록 설정하시오.
③ 〈입주자정보〉 테이블의 '경력' 필드는 1 이상의 값이 입력되도록 유효성 검사 규칙을 설정하고, 1 미만의 값이 입력될 경우에는 '1 이상의 값을 입력'이라는 메시지가 표시되도록 설정하시오.
④ 〈분양자료〉 테이블의 '지역' 필드는 10자 이하의 데이터가 입력되도록 데이터 형식을 설정하시오.
⑤ 〈분양자료〉 테이블의 '평형' 필드는 기본값으로 'A'가 입력되도록 설정하시오.

2 '외부 데이터 가져오기' 기능을 이용하여 '입주담당자.txt' 파일의 내용을 가져와서 〈입주담당자추가〉 테이블을 생성하시오. (5점)

▶ '입주담당자.txt' 파일의 첫 번째 행은 필드의 이름임
▶ 구분자는 탭으로 설정할 것
▶ '순번' 필드를 기본 키로 설정할 것

3 〈담당부서〉 테이블의 '부서코드' 필드는 〈입주자정보〉 테이블의 '부서코드' 필드를 참조하고 테이블 간의 관계는 1:M이다. 두 테이블에 대해 다음과 같이 관계를 추가 설정하시오. (5점)

▶ 각 테이블 간에 항상 참조 무결성이 유지되도록 설정하시오.
▶ 참조 필드의 값이 변경되면 관련 필드의 값도 변경되도록 설정하시오.
▶ 〈입주자정보〉 테이블에서 참조하고 있는 담당 부서의 테이블의 레코드를 삭제할 수 있도록 설정하시오.

문제 ❷ 입력 및 수정 기능 구현 (20점)

1 〈분양현황 정보〉 폼을 다음의 화면과 지시사항에 따라 완성하시오. (각 3점)

① 폼 머리글의 'lbl분양현황' 컨트롤을 클릭하면 '컴활.html' 문서가 열리도록 하이퍼링크를 설정하시오.
  ▶ 해당 주소에 마우스 포인터가 위치하면 '새문서가 열립니다'가 표시되도록 컨트롤 팁의 텍스트를 설정하시오.
② 폼 바닥글의 'txt총가구수' 컨트롤에는 '가구수'의 합계가 표시되도록 컨트롤 원본 속성을 설정하시오.
  ▶ [표시 예: 15 → 총 가구수: 15]
③ 폼 머리글의 'txt_delab' 컨트롤이 폼 보기 상태에서 화면에 표시되지 않도록 속성을 설정하시오.

〈그림〉

2 〈담당부서 현황〉 폼의 본문 영역에 〈분양자료 내역〉 폼을 하위 폼으로 추가하시오. (6점)

▶ 하위 폼/보고서 컨트롤의 이름은 '분양자료'로 설정하시오.
▶ 하위 폼과 '부서코드' 필드를 기준으로 연결하시오.

〈그림〉

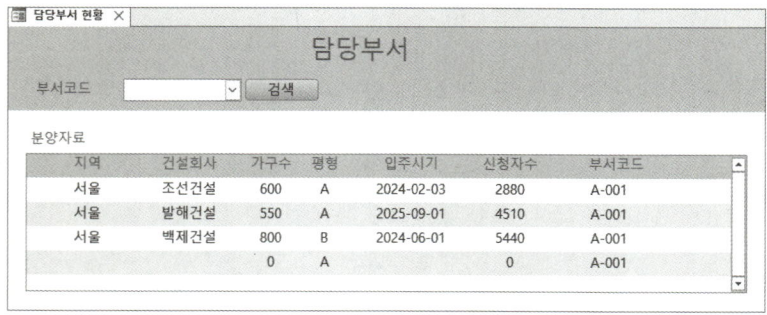

3 〈건설회사〉 폼이 로드(On Load)될 때 '입주시기' 필드를 기준으로 오름차순으로 정렬하는 이벤트 프로시저를 작성하시오. (5점)

▶ ORDERBY, ORDERBYON 속성 사용

문제 ❸ 조회 및 출력 기능 구현 (20점)

1 다음의 지시사항 및 화면을 참조하여 〈아파트 분양 신청 현황〉 보고서를 완성하시오. (각 3점)

① 본문 영역의 txt지역, txt건설회사, txt가구수, txt평수, txt분양가, txt경쟁률, txt입주시기 컨트롤에 지역, 건설회사, 가구수, 평수, 분양가, 경쟁률, 입주시기 필드를 바운드하시오.
② 같은 '지역'에서는 '건설회사'를 기준으로 내림차순, '가구수'를 기준으로 오름차순 정렬하시오.
③ 보고서 머리글 영역의 'txt날짜' 컨트롤에는 [표시 예]와 같이 표시되도록 '형식' 속성을 설정하시오.
  ▶ [표시 예: 2024-01-03 → 2024년 01월 03일 월요일]
④ 보고서 바닥글 영역의 'txt평균경쟁률' 컨트롤에 '경쟁률'의 평균이 표시되도록 컨트롤 원본 속성을 설정하시오.
  ▶ '경쟁률'의 평균은 소수점 이하 둘째 자리까지 표시
⑤ 본문 영역의 배경색을 'Access 테마 6'으로 변경하시오.

〈그림〉

2 〈담당부서 현황〉 폼의 '검색'(cmd검색) 단추를 클릭하면 다음과 같은 조회 기능을 수행하는 이벤트 프로시저를 작성하시오. (5점)

▶ 'cmb부서코드' 컨트롤에서 선택한 부서 코드로 조회되도록 설정
▶ Docmd 개체의 ApplyFilter 메서드를 이용

문제 ④ 처리 기능 구현 (35점)

1 〈담당부서〉와 〈분양자료〉 테이블을 이용하여 '지역'이 '수도권'이 아니고 '신청자수'가 5000 이상인 '가구를 조회하는 〈인기가구수〉 쿼리를 작성하시오. (7점)

▶ '부서코드'를 기준으로 오름차순 정렬하시오.
▶ 쿼리 실행 결과로 표시되는 필드와 필드명은 〈그림〉과 같이 표시되도록 설정하시오.

〈그림〉

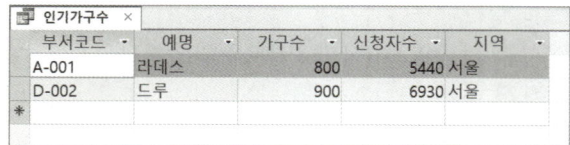

2 지역별, 건설회사별로 분양 신청자 인원을 조회하는 〈분양신청자수〉 크로스탭 쿼리를 작성하시오. (7점)

▶ 〈분양자료〉 테이블을 이용하시오.
▶ 분양 신청자 인원은 '신청자수' 필드를 이용하시오.
▶ 쿼리 실행 결과로 표시되는 필드와 필드명은 〈그림〉과 같이 표시되도록 설정하시오.

〈그림〉

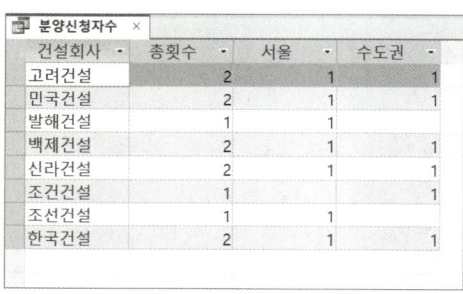

3 〈분양현황〉 쿼리를 이용하여 요일별 입주 아파트를 검색하는 〈요일순입주〉 쿼리를 작성하시오. (7점)

▶ 요일별 가구수의 합계와 분양가의 평균을 구하시오.
▶ 입주시기에서 입주요일은 월요일에서 일요일의 순서로 정렬되도록 작성하시오. (Weekday, Choose 함수 사용)
▶ 쿼리 실행 결과로 표시되는 필드와 필드명은 〈그림〉과 같이 표시되도록 설정하시오.

〈그림〉

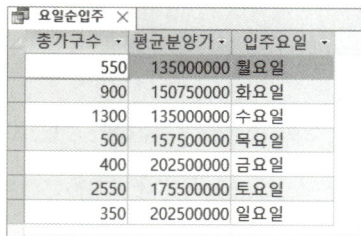

4 〈분양현황〉 쿼리를 이용하여 건설회사의 일부를 매개 변수로 입력받아 해당 건설회사의 분양 현황을 조회하는 〈분양현황조회〉 매개변수 쿼리를 작성하시오. (7점)

▶ 매개 변수 메시지는 '건설회사의 일부를 입력'으로 설정하시오.
▶ 계약금은 '분양가*10%'로 설정하시오.
▶ 쿼리 실행 결과로 표시되는 필드와 필드명은 〈그림〉과 같이 표시되도록 설정하시오.

〈그림〉

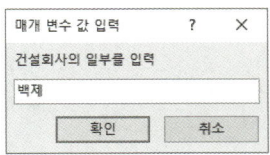

5 〈입주자정보〉 테이블을 이용하여 〈경력조회생성〉 쿼리를 작성하고 실행하시오. (7점)

▶ 경력이 전체 경력의 평균보다 큰 레코드를 조회 대상으로 설정하시오. (Avg 함수 사용, 하위 쿼리 이용)
▶ 쿼리 실행 후 생성되는 테이블의 이름은 〈경력조회관리〉로 설정하시오.
▶ 쿼리 실행 결과로 생성되는 테이블의 필드와 필드명은 〈그림〉과 같이 표시되도록 설정하시오.

〈그림〉

해설 확인하기

정답 확인하기: EXIT 사이트 → 자료실 → 컴퓨터활용능력 1급
→ 실기 기본서 → 정답화면 바로보기

문제 ❶ DB 구축 (25점)

1 〈입주자정보〉, 〈분양자료〉 테이블 완성하기

① 탐색 창의 〈입주자정보〉 테이블에서 마우스 오른쪽 단추를 클릭하고 바로 가기 메뉴에서 **[디자인 보기]**를 선택한다.

② '부서코드' 필드를 선택 → '필드 속성'에서 [일반] 탭의 'IME 모드' 속성에는 '영숫자 반자'를 지정 → 이와 같은 방법으로 '지점코드' 필드의 'IME 모드' 속성을 '영숫자 반자'로 지정한다.

③ '이름' 필드를 선택 → '필드 속성'에서 [일반] 탭의 '필수' 속성을 '예'로 지정한다.

④ '경력' 필드를 선택 → '필드 속성'에서 [일반] 탭의 '유효성 검사 규칙' 속성에 >=1을, '유효성 검사 텍스트' 속성에 1 이상의 값을 입력을 입력한다.

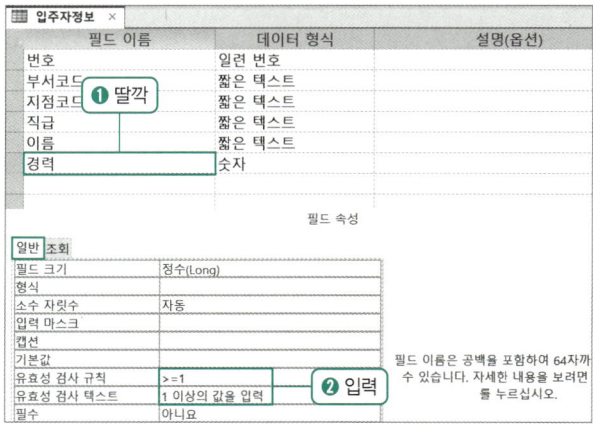

⑤ 탐색 창의 〈분양자료〉 테이블에서 마우스 오른쪽 단추를 클릭하고 바로 가기 메뉴에서 **[디자인 보기]**를 선택한다.

⑥ '지역' 필드의 '데이터 형식'을 선택 → '짧은 텍스트'로 지정 → '필드 속성'에서 [일반] 탭의 '필드 크기' 속성에 10을 입력한다.

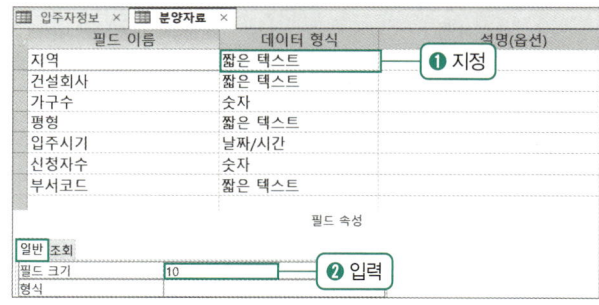

⑦ '평형' 필드를 선택 → '필드 속성'에서 [일반] 탭의 '기본값' 속성에 "A"를 입력한다.

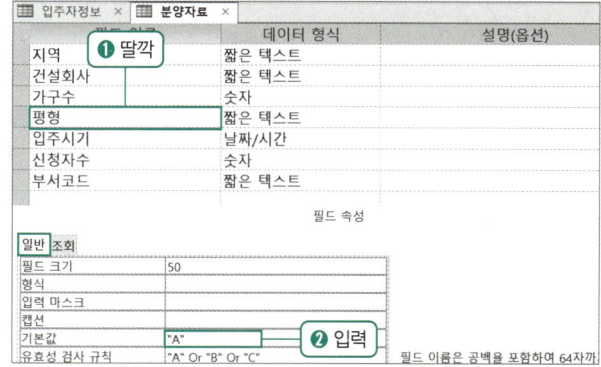

⑧ [테이블] 탭에서 마우스 오른쪽 단추를 클릭하고 바로 가기 메뉴에서 [모두 닫기] 선택 → 변경한 내용을 저장할 것인지 묻는 메시지, 데이터 통합 규칙이 바뀌었다는 메시지, 데이터의 일부가 손실될 수 있다는 메시지 상자가 나타나면 [예] 단추를 클릭한다.

2 〈입주담당자추가〉 테이블 생성하기(외부 데이터)

① [외부 데이터] 탭-[가져오기 및 연결] 그룹-[새 데이터 원본]-[파일에서]-[텍스트 파일(T)]을 클릭한다.

② [외부 데이터 가져오기-텍스트 파일] 대화상자가 나타나면 [찾아보기] 단추를 클릭한다.

③ [파일 열기] 대화상자가 나타나면 'C:\에듀윌_2026컴활1급실기\기출변형문제\데이터베이스실무\실습\7회' 경로에서 '입주담당자.txt' 파일을 선택 → [열기] 단추를 클릭한다.

④ [외부 데이터 가져오기-텍스트 파일] 대화상자로 되돌아오면 '현재 데이터베이스의 새 테이블로 원본 데이터 가져오기'로 지정되었는지 확인 → [확인] 단추를 클릭한다.

⑤ [텍스트 가져오기 마법사] 1단계 대화상자가 나타나면 '구분'으로 선택되었는지 확인 → [다음] 단추를 클릭한다.

⑥ [텍스트 가져오기 마법사] 2단계 대화상자가 나타나면 '필드를 나눌 구분 기호 선택'에서 '탭'을 선택 → '첫 행에 필드 이름 포함'에 체크 → [다음] 단추를 클릭한다.

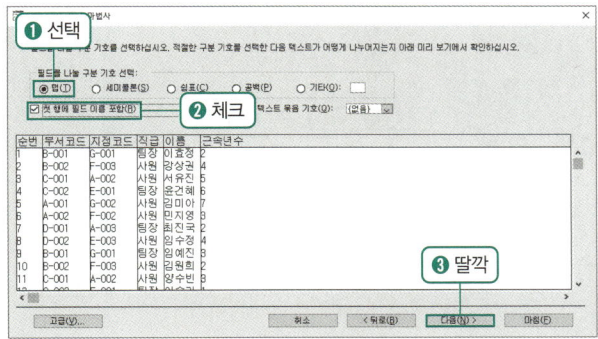

⑦ [텍스트 가져오기 마법사] 3단계 대화상자가 나타나면 [다음] 단추를 클릭한다.

⑧ [텍스트 가져오기 마법사] 4단계 대화상자가 나타나면 '기본 키 선택'과 '순번' 필드를 선택 → [다음] 단추를 클릭한다.

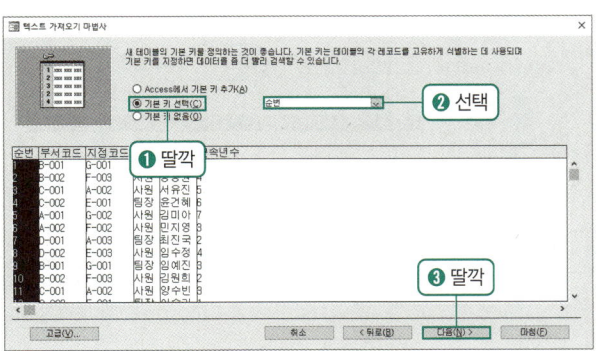

⑨ [텍스트 가져오기 마법사] 5단계 대화상자가 나타나면 '테이블로 가져오기'에 입주담당자추가 입력 → [마침] 단추를 클릭한다.

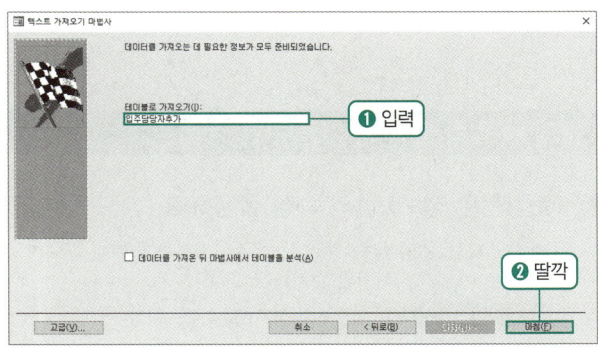

⑩ [외부 데이터 가져오기-텍스트 파일] 대화상자가 나타나면 '가져오기 단계 저장'의 체크가 해제되었는지 확인 → [닫기] 단추를 클릭한다.

⑪ 탐색 창에서 〈입주담당자추가〉 테이블을 더블클릭 → 결과를 확인 → [닫기] 단추([×])를 클릭한다.

3 테이블 간의 관계 설정하기

① [데이터베이스 도구] 탭-[관계] 그룹-[관계]를 클릭한다.

② [테이블 추가] 창이 나타나면 [테이블] 탭에서 〈담당부서〉 테이블과 〈입주자정보〉 테이블을 차례대로 더블클릭하여 [관계] 창에 추가 → [닫기] 단추를 클릭한다.

③ 〈담당부서〉 테이블의 '부서코드' 필드를 〈입주자정보〉 테이블의 '부서코드' 필드로 드래그한다.

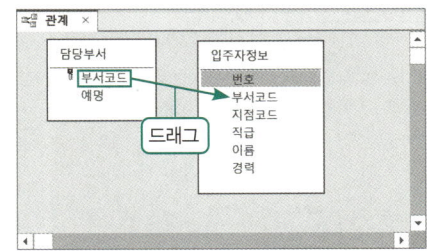

④ [관계 편집] 대화상자가 나타나면 '항상 참조 무결성 유지', '관련 필드 모두 업데이트', '관련 레코드 모두 삭제'에 모두 체크 → [만들기] 단추를 클릭한다.

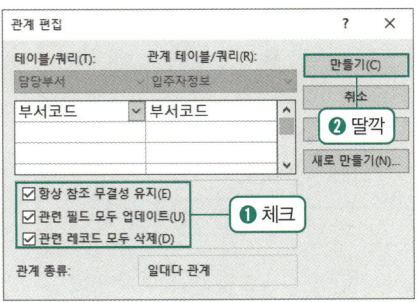

⑤ 관계가 설정되었으면 [관계] 창의 [닫기] 단추(⨯)를 클릭 → 변경한 내용을 저장할 것인지 묻는 메시지 상자가 나타나면 [예] 단추를 클릭한다.

문제 ❷ 입력 및 수정 기능 구현 (20점)

1 〈분양현황 정보〉 폼의 속성 설정하기

① 탐색 창의 〈분양현황 정보〉 폼에서 마우스 오른쪽 단추를 클릭하고 바로 가기 메뉴에서 [디자인 보기]를 선택한다.

② [양식 디자인] 탭-[도구] 그룹-[속성 시트]를 클릭한다.

③ [속성 시트] 창에서 'lbl분양현황'을 선택 → [형식] 탭에서 '하이퍼링크 주소' 속성에 컴활.html 입력 → [기타] 탭에서 '컨트롤 팁 텍스트' 속성에 새문서가 열립니다를 입력한다.

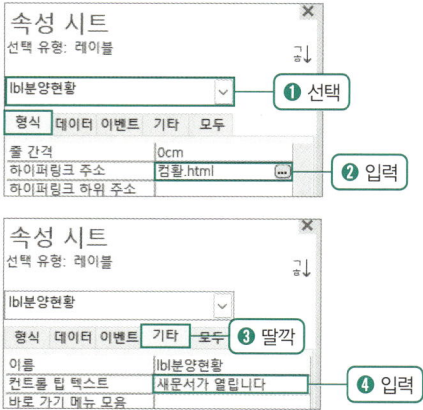

④ [속성 시트] 창에서 'txt총가구수'를 선택 → [데이터] 탭에서 '컨트롤 원본' 속성에 ="총 가구수: " & Sum([가구수])를 입력한다.

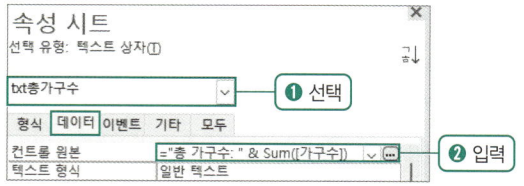

⑤ [속성 시트] 창에서 'txt_delab'을 선택 → [형식] 탭에서 '표시' 속성을 '아니요'로 지정한다.

⑥ 〈분양현황 정보〉 폼에서 [닫기] 단추(⨯)를 클릭 → 변경한 내용을 저장할 것인지 묻는 메시지 상자가 나타나면 [예] 단추를 클릭한다.

2 〈담당부서 현황〉 폼에 〈분양자료 내역〉 하위 폼으로 추가하기

① 탐색 창의 〈담당부서 현황〉 폼에서 마우스 오른쪽 단추를 클릭하고 바로 가기 메뉴에서 [디자인 보기]를 선택한다.

② [양식 디자인] 탭-[컨트롤] 그룹-[하위 폼/하위 보고서](▦)를 클릭 → '본문' 영역에 적당한 크기로 드래그하여 하위 폼을 삽입한다.

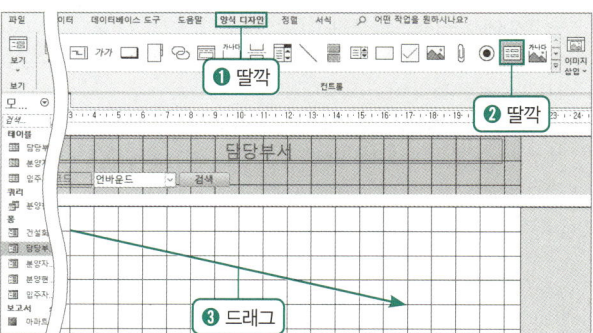

③ [하위 폼 마법사] 1단계 대화상자가 나타나면 '기존 폼 사용'의 '분양자료 내역'을 선택 → [다음] 단추를 클릭한다.

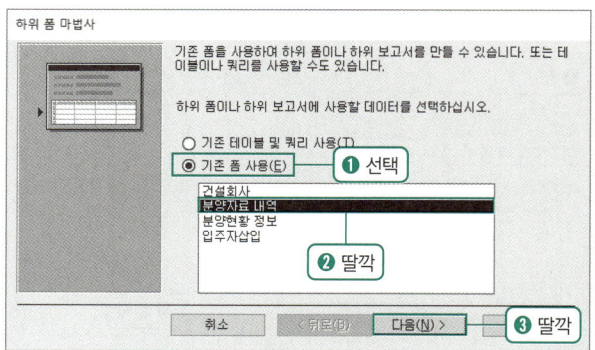

④ [하위 폼 마법사] 2단계 대화상자가 나타나면 '목록에서 선택'의 '부서코드'를 사용하는 첫 번째 목록을 선택 → [다음] 단추를 클릭한다.

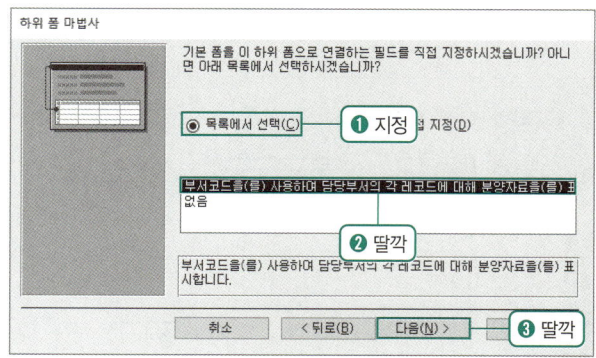

⑤ [하위 폼 마법사] 3단계 대화상자가 나타나면 하위 폼 이름에 분양자료 입력 → [마침] 단추를 클릭한다.

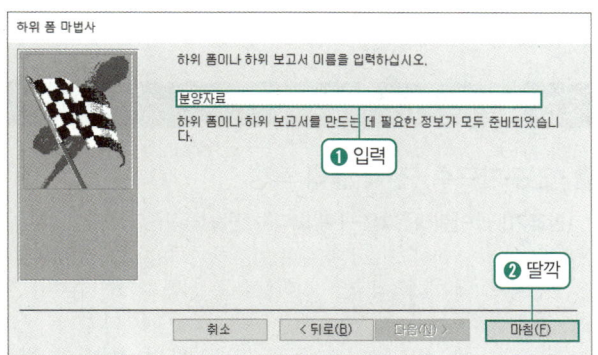

⑥ 〈담당부서 현황〉 폼에서 〈분양자료〉 하위 폼을 드래그하여 적당한 위치로 조정 → '분양자료 레이블'의 왼쪽 상단 모서리를 드래그하여 적당한 위치로 조정 → [닫기] 단추(×)를 클릭 → 변경한 내용을 저장할 것인지 묻는 메시지 상자가 나타나면 [예] 단추를 클릭한다.

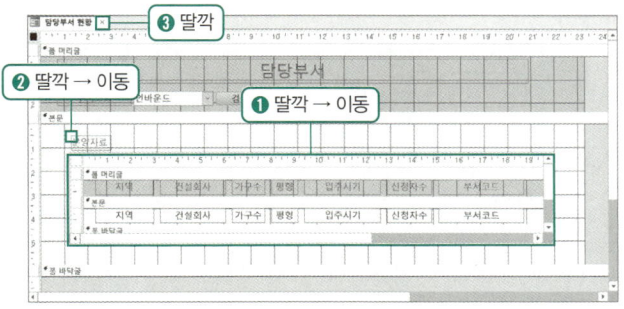

3 〈건설회사〉 폼의 이벤트 프로시저 작성하기

① 탐색 창의 〈건설회사〉 폼에서 마우스 오른쪽 단추를 클릭하고 바로 가기 메뉴에서 [디자인 보기]를 선택한다.
② '폼'의 [속성 시트] 창의 [이벤트] 탭에서 'On Load' 이벤트의 작성기 단추(…)를 클릭한다.

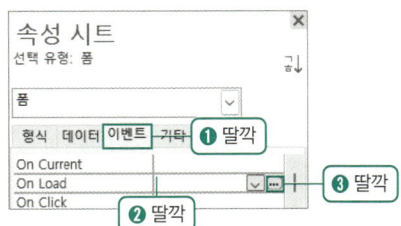

③ [작성기 선택] 대화상자가 나타나면 '코드 작성기'를 선택 → [확인] 단추를 클릭한다.
④ [Visual Basic Editor] 창이 나타나면 [코드] 창의 'Form_Load( )' 프로시저에 다음과 같이 코드를 입력 → [보기 Microsoft Access] 단추(📄)를 클릭한다.

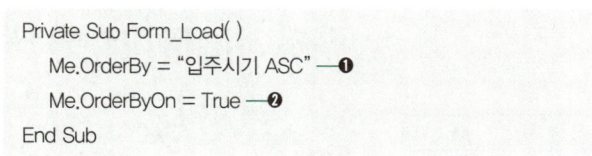

❶ '입주시기' 필드를 기준으로 오름차순(ASC) 정렬한다.
❷ 정렬을 적용한다.

⑤ [양식 디자인] 탭-[보기] 그룹-[보기]-[폼 보기]를 선택한다.
⑥ 〈건설회사〉 폼에서 [닫기] 단추(×)를 클릭 → 변경한 내용을 저장할 것인지 묻는 메시지 상자가 나타나면 [예] 단추를 클릭한다.

문제 ❸ 조회 및 출력 기능 구현 (20점)

1 〈아파트 분양 신청 현황〉 보고서 완성하기

① 탐색 창의 〈아파트 분양 신청 현황〉 보고서에서 마우스 오른쪽 단추를 클릭하고 바로 가기 메뉴에서 [디자인 보기]를 선택한다.
② '보고서'의 [속성 시트] 창에서 'txt지역'을 선택 → [데이터] 탭에서 '컨트롤 원본' 속성을 '지역'으로 지정 → 이와 같은 방법으로 'txt건설회사', 'txt가구수', 'txt평수', 'txt분양가', 'txt경쟁률', 'txt입주시기' 컨트롤의 '컨트롤 원본' 속성을 각각 '건설회사', '가구수', '평수', '분양가', '경쟁률', '입주시기'로 지정한다.

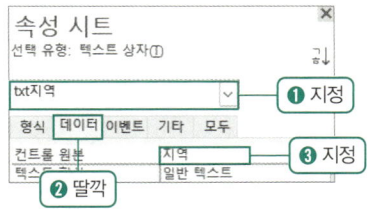

③ [보고서 디자인] 탭-[그룹화 및 요약] 그룹-[그룹화 및 정렬]을 클릭한다.
④ [그룹, 정렬 및 요약] 창이 나타나면 [정렬 추가] 단추를 클릭 → '정렬 기준'은 '건설회사' 필드를, '정렬 순서'는 '내림차순'으로 지정 → [정렬 추가] 단추를 클릭 → '정렬 기준'은 '가구수' 필드를, '정렬 순서'는 '오름차순'으로 지정한다.

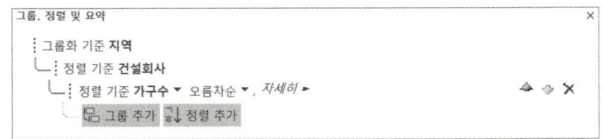

⑤ [속성 시트] 창에서 'txt날짜'를 선택 → [형식] 탭에서 '형식' 속성에 yyyy년 mm월 dd일 aaaa를 입력한다.

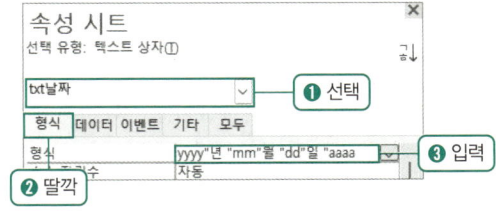

⑥ [속성 시트] 창에서 'txt평균경쟁률'을 선택 → [데이터] 탭에서 '컨트롤 원본' 속성에 =Avg([경쟁률]) 입력 → [형식] 탭에서 '소수 자릿수' 속성을 '2'로 지정한다.

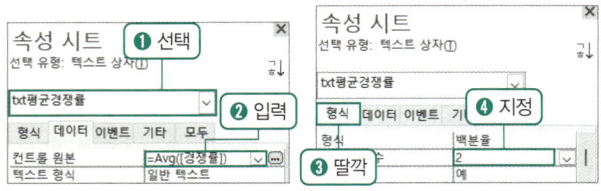

⑦ [속성 시트] 창에서 '본문'을 선택 → [형식] 탭에서 '배경색' 속성을 'Access 테마 6'으로 지정한다.

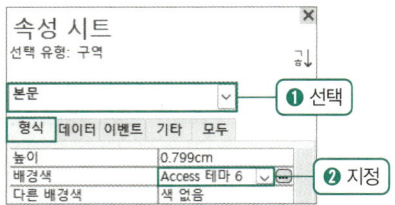

⑧ 〈아파트 분양 신청 현황〉 보고서에서 [닫기] 단추(☒)를 클릭 → 변경한 내용을 저장할 것인지 묻는 메시지 상자가 나타나면 [예] 단추를 클릭한다.

2 〈담당부서 현황〉 폼의 이벤트 프로시저 작성하기

① 탐색 창의 〈담당부서 현황〉 폼에서 마우스 오른쪽 단추를 클릭하고 바로 가기 메뉴에서 [디자인 보기]를 선택한다.
② [속성 시트] 창에서 'cmd검색'을 선택 → [이벤트] 탭에서 'On Click' 이벤트의 작성기 단추(…)를 클릭한다.

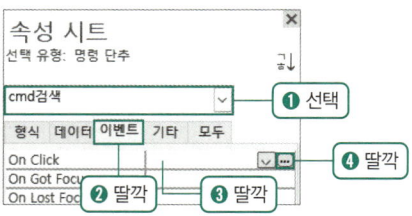

③ [작성기 선택] 대화상자가 나타나면 '코드 작성기'를 선택 → [확인] 단추를 클릭한다.
④ [Visual Basic Editor] 창이 나타나면 [코드] 창의 'cmd검색_Click( )' 프로시저에 다음과 같이 코드를 입력 → [닫기] 단추(☒)를 클릭한다.

```
Private Sub cmd검색_Click( )
    DoCmd.ApplyFilter , "부서코드=" & cmb부서코드 & "'"  ❶
End Sub
```

❶ '부서코드' 필드의 값이 'cmb부서코드' 콤보 상자의 선택 값과 같은 레코드를 표시한다.

⑤ [양식 디자인] 탭-[보기] 그룹-[보기]-[폼 보기]를 선택한다.
⑥ 〈담당부서 현황〉 폼에서 '부서코드' 콤보 상자에서 임의의 부서코드를 선택 → '검색' 단추를 클릭하여 결과를 확인한다.

⑦ 〈담당부서 현황〉 폼에서 [닫기] 단추(☒)를 클릭 → 변경한 내용을 저장할 것인지 묻는 메시지 상자가 나타나면 [예] 단추를 클릭한다.

문제 ❹ 처리 기능 구현 (35점)

1 〈인기가구수〉 선택 쿼리 작성

① [만들기] 탭-[쿼리] 그룹-[쿼리 디자인]을 클릭한다.
② [테이블 추가] 창이 나타나면 [테이블] 탭에서 〈담당부서〉 테이블과 〈분양자료〉 테이블을 더블클릭하여 [쿼리1] 창에 추가 → [닫기] 단추를 클릭한다.
③ 〈담당부서〉 테이블에서는 '부서코드', '예명' 필드를 차례대로 더블클릭 → 〈분양자료〉 테이블에서는 '가구수', '신청자수', '지역' 필드를 차례대로 더블클릭한다.

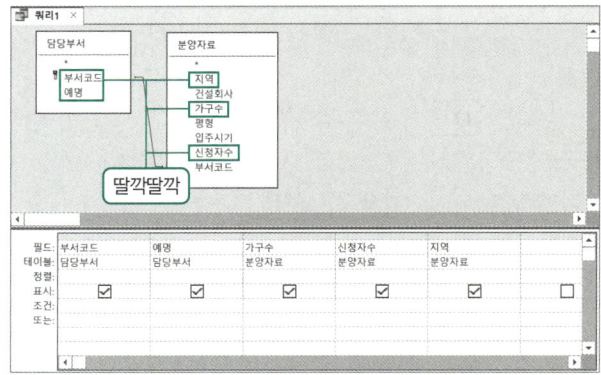

④ '부서코드' 필드를 기준으로 오름차순 정렬하기 위해 '부서코드' 필드의 '정렬' 항목을 클릭 → '오름차순'으로 지정 → '신청자수' 필드의 '조건' 항목을 클릭 → >=5000 입력 → '지역' 필드의 '조건' 항목을 클릭 → <>"수도권"을 입력한다.

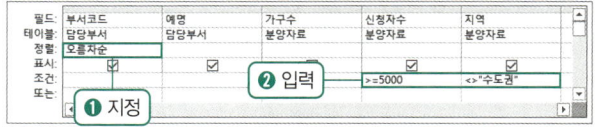

⑤ [쿼리 디자인] 탭-[결과] 그룹-[실행]을 클릭 → 결과를 확인한다.
⑥ 〈쿼리1〉 창에서 [닫기] 단추(☒)를 클릭 → 변경한 내용을 저장할 것인지 묻는 메시지 상자가 나타나면 [예] 단추를 클릭한다.
⑦ [다른 이름으로 저장] 대화상자가 나타나면 '쿼리 이름'에 인기가구수 입력 → [확인] 단추를 클릭한다.

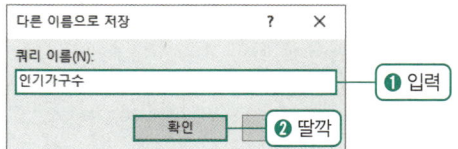

2 〈분양신청자수〉 크로스탭 쿼리 작성하기

① [만들기] 탭–[쿼리] 그룹–[쿼리 디자인]을 클릭한다.
② [테이블 추가] 창이 나타나면 [테이블] 탭에서 〈분양자료〉 테이블을 더블클릭하여 [쿼리1] 창에 추가 → [닫기] 단추를 클릭한다.
③ 〈분양자료〉 테이블에서 '지역', '건설회사', '신청자수' 필드를 차례대로 더블클릭 → 총횟수 필드를 추가하기 위해 '신청자수' 필드 다음의 '필드' 항목을 클릭 → 총횟수: 신청자수를 입력한다.

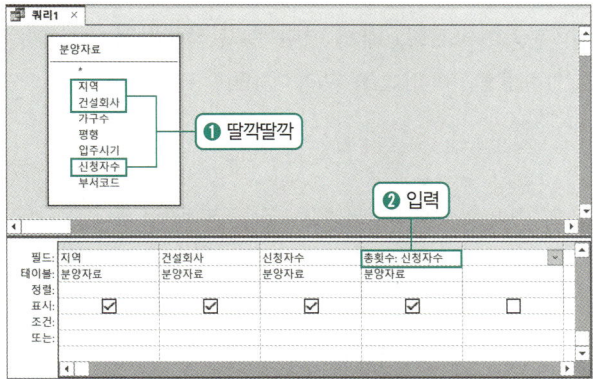

④ [쿼리 디자인] 탭–[쿼리 유형] 그룹–[크로스탭]을 클릭한다.
⑤ '요약'과 '크로스탭' 항목이 추가되면 각 필드의 항목에 다음과 같이 조건을 지정한다.
- '지역' 필드의 '크로스탭' 항목: '열 머리글' 지정
- '건설회사' 필드의 '크로스탭' 항목: '행 머리글' 지정
- '신청자수' 필드의 '요약', '크로스탭' 항목: '개수', '값' 지정
- '총횟수: 신청자수' 필드의 '요약', '크로스탭' 항목: '개수', '행 머리글' 지정

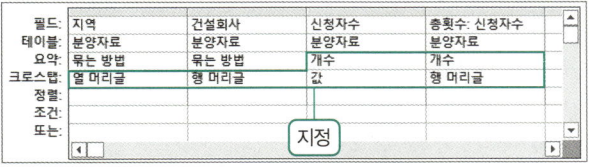

⑥ [쿼리 디자인] 탭–[결과] 그룹–[실행]을 클릭 → 결과를 확인한다.
⑦ 〈쿼리1〉 창에서 [닫기] 단추(ⓧ)를 클릭 → 변경한 내용을 저장할 것인지 묻는 메시지 상자가 나타나면 [예] 단추를 클릭한다.
⑧ [다른 이름으로 저장] 대화상자가 나타나면 '쿼리 이름'에 분양신청자수 입력 → [확인] 단추를 클릭한다.

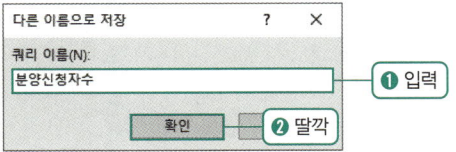

3 〈요일순입주〉 요약 쿼리 작성하기

① [만들기] 탭–[쿼리] 그룹–[쿼리 디자인]을 클릭한다.
② [테이블 추가] 창이 나타나면 [쿼리] 탭에서 〈분양현황〉 쿼리를 더블클릭하여 [쿼리1] 창에 추가 → [닫기] 단추를 클릭한다.

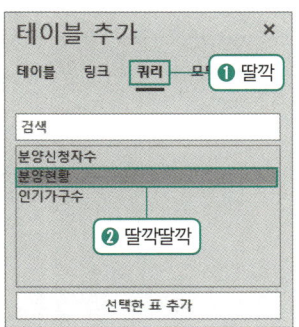

③ '총가구수' 필드와 '평균분양가' 필드를 추가하기 위해 첫 번째 '필드' 항목을 클릭 → 총가구수: 가구수 입력 → 두 번째 '필드' 항목을 클릭 → 평균분양가: 분양가를 입력한다.

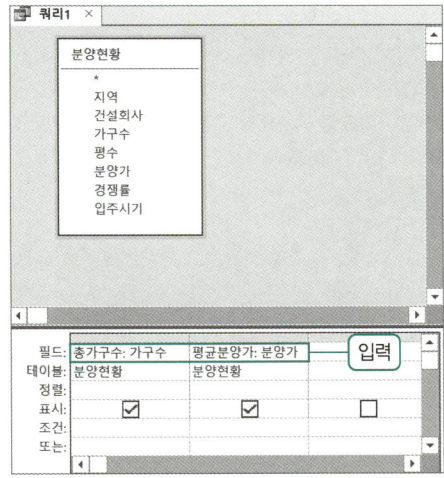

④ '입주요일' 필드를 추가하기 위해 '평균분양가' 필드 다음의 '필드' 항목을 클릭 → 마우스 오른쪽 단추를 클릭하고 바로 가기 메뉴에서 [확대/축소]를 선택한다.

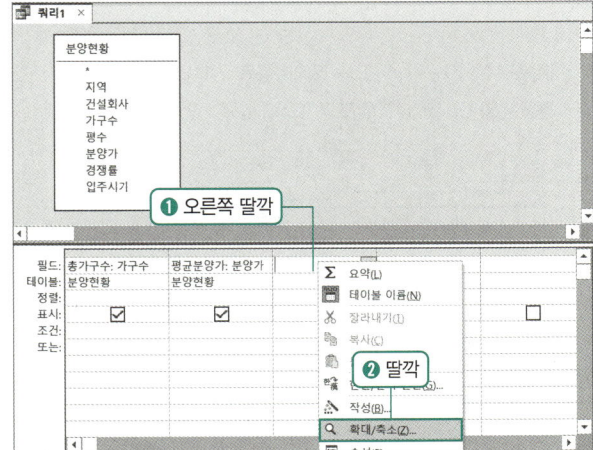

⑤ [확대/축소] 대화상자가 나타나면 입주요일: Choose(Weekday([입주시기],2),"월요일","화요일","수요일","목요일","금요일","토요일","일요일") 입력 → [확인] 단추를 클릭한다.

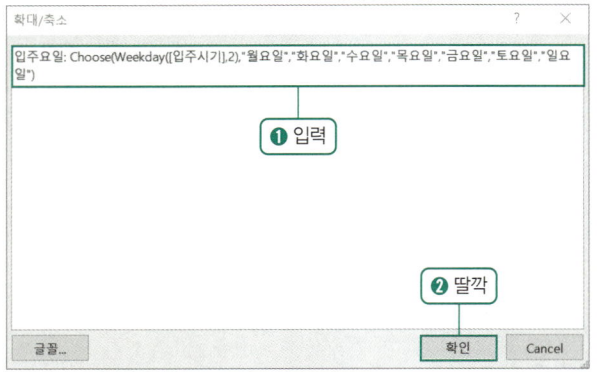

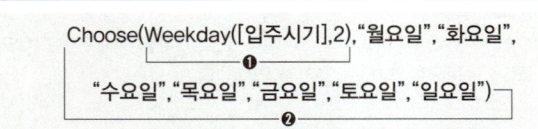

❶ Weekday([입주시기],2): '입주시기' 필드에 해당하는 요일 번호(두 번째 인수를 2로 지정하면 월요일(1)~일요일(7))를 반환한다.
❷ Choose(❶,"월요일","화요일","수요일","목요일","금요일","토요일","일요일"): ❶이 '1'이면 '월요일', '2'이면 '화요일', '3'이면 '수요일', … 순으로 반환한다.

⑥ '입주요일' 필드를 요일 번호 순으로 정렬하되 필드는 표시하지 않기 위해 '입주요일' 필드 다음의 '필드' 항목을 클릭 → Weekday([입주시기],2) 입력 → '정렬' 항목을 '오름차순'으로 지정 → '표시' 항목을 체크 해제한다.

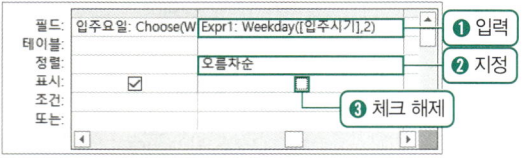

⑦ [쿼리 디자인] 탭-[표시/숨기기] 그룹-[요약]을 클릭한다.
⑧ '요약' 항목이 추가되면 각 필드의 항목에 다음과 같이 조건을 지정한다.
   • '총가구수: 가구수' 필드의 '요약' 항목: '합계' 지정
   • '평균분양가: 분양가' 필드의 '요약' 항목: '평균' 지정

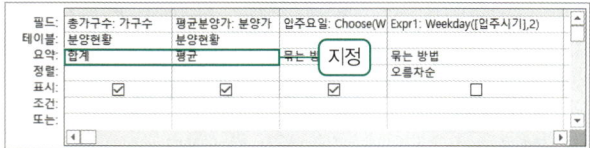

⑨ [쿼리 디자인] 탭-[결과] 그룹-[실행]을 클릭 → 결과를 확인한다.
⑩ 〈쿼리1〉 창에서 [닫기] 단추(X)를 클릭 → 변경한 내용을 저장할 것인지 묻는 메시지 상자가 나타나면 [예] 단추를 클릭한다.

⑪ [다른 이름으로 저장] 대화상자가 나타나면 '쿼리 이름'에 요일순입주 입력 → [확인] 단추를 클릭한다.

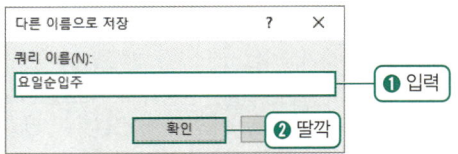

4 〈분양현황조회〉 매개 변수 쿼리 작성하기

① [만들기] 탭-[쿼리] 그룹-[쿼리 디자인]을 클릭한다.
② [테이블 추가] 창이 나타나면 [쿼리] 탭에서 〈분양현황〉 쿼리를 더블클릭하여 [쿼리1] 창에 추가 → [닫기] 단추를 클릭한다.
③ 〈분양현황〉 쿼리의 '지역' 필드 선택 → Shift를 누른 상태에서 '입주시기' 필드를 선택한 후 첫 번째로 드래그한다.

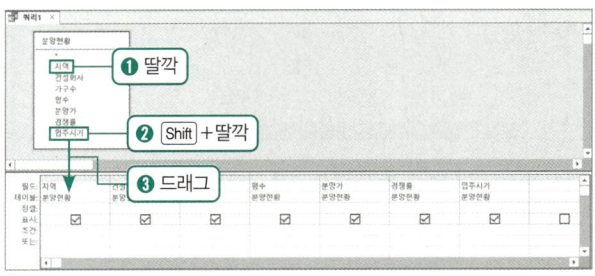

④ '계약금' 필드를 추가하기 위해 '입주시기' 필드의 오른쪽 '필드' 항목을 클릭 → 계약금: [분양가]*0.1을 입력한다.

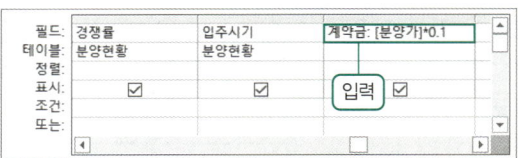

⑤ '건설회사' 필드의 '조건' 항목을 클릭 → Like "*" & [건설회사의 일부를 입력] & "*"을 입력한다.

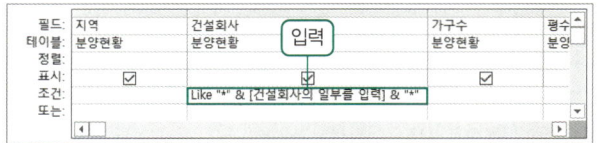

⑥ [쿼리 디자인] 탭-[결과] 그룹-[실행]을 클릭한다.
⑦ [매개 변수 값 입력] 대화상자가 나타나면 백제 입력 → [확인] 단추를 클릭 → 결과를 확인한다.

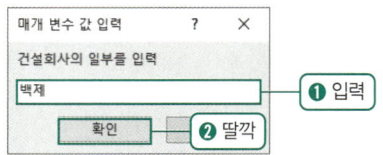

⑧ 〈쿼리1〉 창에서 [닫기] 단추(X)를 클릭 → 변경한 내용을 저장할 것인지 묻는 메시지 상자가 나타나면 [예] 단추를 클릭한다.

⑨ [다른 이름으로 저장] 대화상자가 나타나면 '쿼리 이름'에 분양현황조회 입력 → [확인] 단추를 클릭한다.

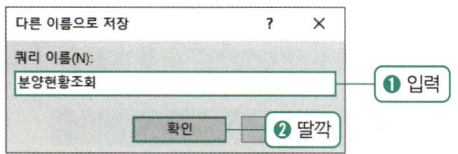

5 〈경력조회생성〉 쿼리 작성하기

① [만들기] 탭-[쿼리] 그룹-[쿼리 디자인]을 클릭한다.
② [테이블 추가] 창이 나타나면 [테이블] 탭에서 〈입주자정보〉 테이블을 더블클릭하여 [쿼리1] 창에 추가 → [닫기] 단추를 클릭한다.
③ '이름', '경력', '직급' 필드를 차례대로 더블클릭한다.

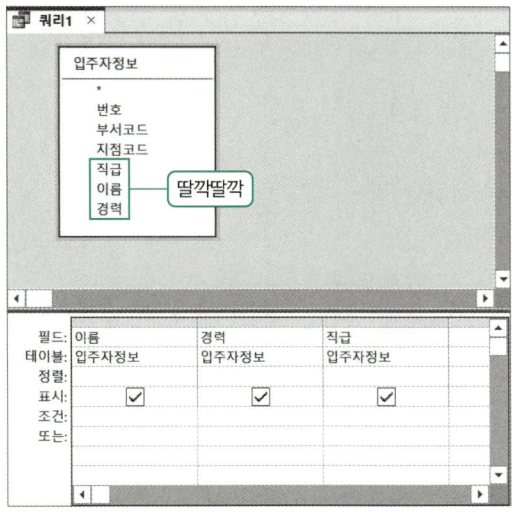

④ '경력' 필드의 조건에 >(select Avg([경력]) from 입주자정보)를 입력한다.

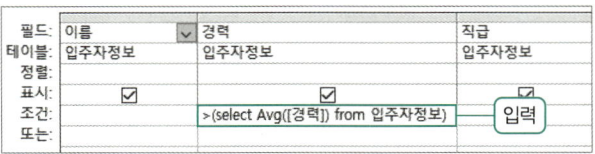

⑤ [쿼리 디자인] 탭-[쿼리 유형] 그룹-[테이블 만들기]를 클릭한다.
⑥ [테이블 만들기] 창이 나타나면 '테이블 이름'에 경력조회관리 입력 → [확인] 단추를 클릭한다.

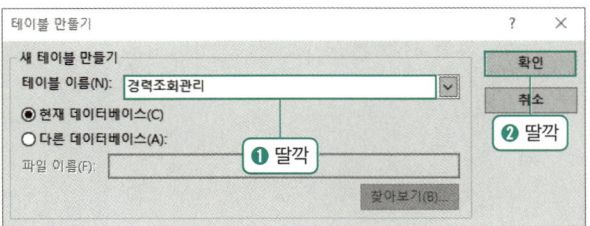

⑦ [쿼리 디자인] 탭-[결과] 그룹-[실행]을 클릭한다.

⑧ 행을 붙여넣는다는 메시지 상자가 나타나면 [예] 단추를 클릭한다.
⑨ 〈쿼리1〉 창에서 [닫기] 단추를 클릭 → 변경한 내용을 저장할 것인지 묻는 메시지 상자가 나타나면 [예] 단추를 클릭한다.
⑩ [다른 이름으로 저장] 대화상자가 나타나면 '쿼리 이름'에 경력조회생성을 입력 → [확인] 단추를 클릭한다.

제8회 기출변형문제

프로그램명	제한시간	합격선	외부 데이터 위치
ACCESS 2021	45분	70점	C:\에듀윌_2026컴활1급실기\기출변형문제\데이터베이스실무\실습\8회\제8회기출변형문제.accdb

문제 ❶ DB 구축 (25점)

1 사원 관리를 위해 다음과 같이 데이터베이스를 구축하였다. 다음의 지시사항에 따라 테이블을 완성하시오. (각 3점)

① 〈사원카드〉 테이블에서 '사원번호' 필드를 기본 키로 설정하시오.
② 〈사원카드〉 테이블에서 '사원번호' 필드는 'A1234'와 같은 형식으로 표시되도록 입력 마스크를 설정하시오.
  ▶ 영문 대문자 한 자리, 숫자 네 자리 형태로 입력되도록 설정하시오.
  ▶ 숫자는 필수 요소로, 0~9까지의 숫자만 입력할 수 있도록 설정하시오.
③ 〈사원카드〉 테이블에서 '카드발급' 필드는 반드시 입력되도록 설정하시오.
④ 〈사원카드〉 테이블에서 '근속연수' 필드는 '근무연수' 필드 레이블로 나타나도록 설정하시오.
⑤ 〈사원정보〉 테이블에서 '부서' 필드는 최대 5글자까지만 입력되도록 유효성 검사 규칙을 설정하시오.
  ▶ 5글자가 넘는 문자열을 저장할 경우 '최대 5글자까지 입력 가능'의 메시지가 나타나도록 설정하시오.

2 〈사원카드〉 테이블의 '출퇴근' 필드에 조회 속성을 설정하시오. (5점)
  ▶ 〈출근부〉 테이블의 '구분' 필드와 '내용' 필드 값이 콤보 상자의 형태로 나타나도록 설정하시오.
  ▶ 필드에는 '구분'이 저장되도록 설정하시오.
  ▶ 열 너비는 각각 '2cm'로, 목록 너비는 '4cm'로 지정하시오.

3 〈사원정보〉 테이블의 '사원번호' 필드는 〈사원카드〉 테이블의 '사원번호' 필드를 참조한다. 각 테이블의 관계는 M:1이다. 두 테이블에 대해 다음과 같이 관계를 설정하시오. (5점)
  ▶ 두 테이블의 관계를 설정하면 〈그림〉과 같이 '참조 무결성'이 위배된다는 오류 메시지가 나타난다. 두 테이블의 관계에서 참조 무결성이 위배되는 요소를 제거하는 〈관계오류〉 쿼리를 작성하여 처리한 후 관계를 설정하시오.
  ▶ 두 테이블 간에 항상 참조 무결성이 유지되도록 설정하시오.
  ▶ 〈사원정보〉 테이블에서 참조하고 있는 〈사원카드〉 테이블의 레코드를 삭제할 수 없도록 설정하시오.
  〈그림〉

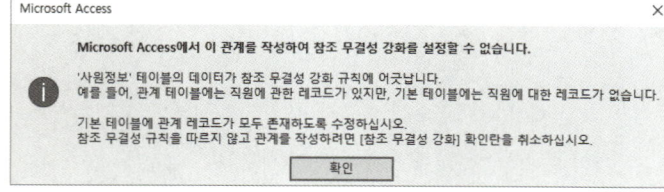

문제 ❷ 입력 및 수정 기능 구현 (20점)

1 〈사원관리현황〉 폼을 다음의 화면과 지시사항에 따라 완성하시오. (각 3점)

① 〈사원관리현황〉 폼의 본문 영역에 〈사원증관리〉 폼을 하위 폼으로 작성하고 다음 사항을 설정하시오.
  ▶ 사원번호를 기준으로 연결하시오.
  ▶ 하위폼의 이름은 '사원증관리'로 설정하시오.
  ▶ 〈그림〉과 같이 나타나도록 컨트롤을 위치하시오.
② 폼 머리글 영역의 'cmb사원번호' 컨트롤을 콤보 상자로 변경하시오.
  ▶ 행 원본을 사원정보 테이블의 사원번호로 설정하시오.
③ 하위 폼 본문의 'txt용무' 컨트롤에 '근무코드'의 첫 글자가 1이면 '근무', 그렇지 않으면 공백을, 두 번째 글자가 1이면 '내근'을, 그렇지 않으면 공백을, 세 번째 글자가 1이면 '회의', 그렇지 않으면 공백으로 연결하여 표시되도록 컨트롤 원본 속성을 설정하시오. (IIF, MID 함수 사용)
  ▶ [표시 예: 111 → 근무/내근/회의, 101 → 근무/회의]

〈그림〉

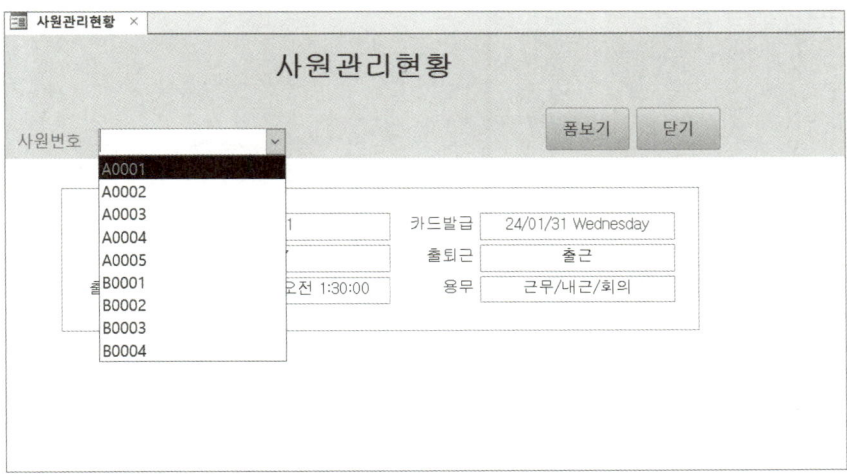

2 〈사원세부정보〉 폼의 본문 영역에 다음과 같이 조건부 서식을 설정하시오. (6점)

▶ '성명'이 '준'으로 끝나는 레코드의 모든 컨트롤의 글꼴 색을 '표준 색'의 '파랑'으로 설정하시오.
 (RIGHT 함수 사용)
▶ 단, 하나의 규칙으로 설정하시오.

〈그림〉

사원번호	성명	직급	근속연수	부서
A0001	이찬웅	사장	17	마케팅
A0002	최영실	과장	15	사업추진
A0003	문형찬	부장	15	홍보
A0004	박재은	대리	10	마케팅
A0005	송형준	차장	8	사업추진
B0001	정수현	사원	4	사업추진
B0002	하민기	과장	3	홍보
B0003	가형준	대리	2	마케팅
B0004	나지영	사원	1	사업추진

3 〈사원관리현황〉 폼의 '닫기(cmd닫기)' 단추를 클릭하면 액세스 폼을 닫는 이벤트 프로시저를 작성하시오. (5점)

▶ 저장 여부를 확인 후 액세스 폼을 닫을 것
▶ DoCmd 개체 사용

문제 ❸ 조회 및 출력 기능 구현 (20점)

1 다음의 지시사항 및 화면을 참조하여 〈사원관리통계〉 보고서를 완성하시오. (각 3점)

① 보고서 머리글 영역의 실선 사이에 레이블 컨트롤을 만들고 '사원 관리 통계'로 제목을 표시하시오.
  ▶ 컨트롤명: Label_제목
  ▶ 글꼴 크기: 20, 글꼴 두께: 굵게, 문자색: 파랑, 강조1
② 본문 영역의 모든 컨트롤이 위쪽으로 동일한 높이에 위치하도록 설정하시오.
③ 본문 영역의 '카드갱신' 컨트롤은 '근속연수'가 10 이상이면 5년을, 2 이상이면 2년을, 그 외에는 6개월을 카드발급에 더하여 표시되도록 컨트롤 원본 속성을 설정하시오. (IIF, DATEADD 함수 사용)
④ 페이지 바닥글 'txt페이지' 컨트롤에 페이지를 다음과 같은 형태로 표시되도록 컨트롤 원본 속성을 설정하시오.
  ▶ 전체 페이지 수가 5이고 현재 페이지가 1이면 '1/5페이지'와 같이 표시할 것
⑤ 보고서 바닥글의 'txt총인원' 컨트롤은 '사원번호'의 총 개수가 표시되도록 컨트롤 원본 속성을 설정하시오.
  ▶ COUNT 함수 사용

〈그림〉

사원 관리 통계

부서	직급	사원번호	성명	카드발급	카드갱신	근속연수	주말근무
마케팅							
	대리	B0003	가형준	2024-04-10	2026-04-10	2	0
	대리	A0004	박재은	2024-02-10	2029-02-10	10	0
	사장	A0001	이찬웅	2024-01-31	2029-01-31	17	1
사업추진							
	사원	B0004	나지영	2024-03-20	2024-09-20	1	1
	사원	B0001	정수현	2024-04-10	2026-04-10	4	2
	차장	A0005	송형준	2024-06-01	2026-06-01	8	1
	과장	A0002	최영실	2024-04-15	2029-04-15	15	2
홍보							
	과장	B0002	하민기	2024-05-01	2026-05-01	3	1
	부장	A0003	문형찬	2024-04-20	2029-04-20	15	0

총 인원   9

1/1페이지

2 〈사원관리현황〉 폼의 '폼보기'(cmd폼보기) 단추를 더블클릭하면 〈사원세부정보〉 폼을 '폼 보기' 형식으로 여는 〈폼작업〉 매크로를 생성하여 지정하시오. (5점)
  ▶ '사원번호' 필드의 값이 'cmb사원번호'에 해당하는 사원의 정보만 표시

문제 ❹ 처리 기능 구현 (35점)

1 〈사원카드〉 테이블을 이용하여 다음과 같은 기능을 수행하는 〈사원증관리〉 쿼리를 작성하시오. (7점)

- ▶ '근무지' 필드는 '사원번호' 필드의 마지막 글자가 '1' 또는 '2'이면 '본점'으로, '3' 또는 '4'이면 '지점'으로, '5'이면 '해외'로 표시되도록 설정하시오. (CHOOSE, RIGHT, VAL 함수 사용)
- ▶ '출퇴근'이 '외근'인 경우만 조회하고 '사원번호' 필드를 기준으로 오름차순 정렬하여 표시하시오.
- ▶ 쿼리 실행 결과로 표시되는 필드와 필드명은 〈그림〉과 같이 표시되도록 설정하시오.

〈그림〉

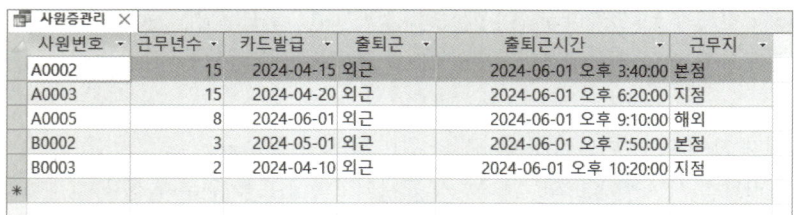

2 〈근무현황〉 테이블과 〈출근부〉 테이블을 이용하여 구분별로 사원수를 조회하는 〈사원구분현황〉 쿼리를 작성하시오. (7점)

- ▶ '사원수'는 '사원번호' 필드를 이용하시오.
- ▶ 해당하는 사원이 없는 구분까지 표시하되, '사원수'가 많은 순으로 정렬하여 표시하시오.
- ▶ 쿼리 실행 결과로 표시되는 필드와 필드명은 〈그림〉과 같이 표시되도록 설정하시오.
- ▶ 사원번호는 〈근무현황〉 테이블, 구분은 〈출근부〉 테이블을 이용하시오.

〈그림〉

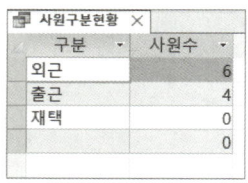

3 〈사원카드〉 테이블을 이용하여 출근한 직원을 조회하는 〈B출근직원〉 쿼리를 작성하시오. (7점)

- ▶ 사원번호가 'B'로 시작하면서 출퇴근이 '출근'인 직원의 정보만 검색하시오.
- ▶ 쿼리 실행 결과로 표시되는 필드와 필드명은 〈그림〉과 같이 표시되도록 설정하시오.

〈그림〉

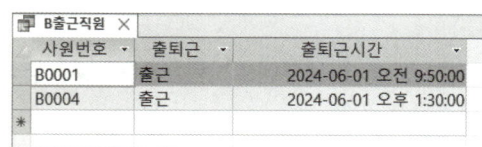

4 〈사원세부정보〉 쿼리를 이용하여 '카드발급'의 월을 매개 변수로 입력받아 카드발급월별 사원 정보를 조회하는 〈월별발급사원〉 쿼리를 작성하시오. (7점)

- 부서에서 '홍보'를 '영업'으로 변경하여 표시하시오. (REPLACE함수 사용)
- 쿼리 실행 결과로 표시되는 필드와 필드명은 〈그림〉과 같이 표시되도록 설정하시오.

〈그림〉

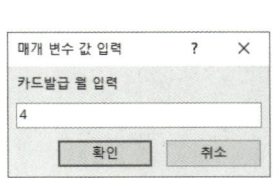
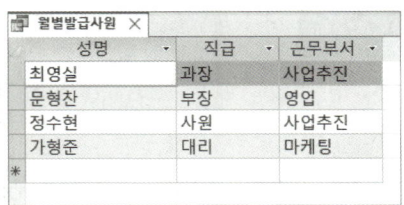

5 〈사원정보〉, 〈사원카드〉 테이블을 이용하여 〈카드색상생성〉 쿼리를 작성하고 실행하시오. (7점)

- 카드확인는 카드발급일로부터 15일 후로 계산하시오. (DATEADD 사용)
- 부서가 '사업추진'이면 'Gold', '마케팅'이면 'Silver', '홍보'면 'Orange'를 표시하시오. (SWITCH 사용)
- 쿼리 실행 후 생성되는 테이블의 이름은 〈카드색상관리〉로 설정하시오.
- 쿼리 실행 결과로 표시되는 필드와 필드명은 〈그림〉과 같이 표시되도록 설정하시오.

〈그림〉

성명	사원번호	카드발급	카드확인	카드색상
이찬웅	A0001	2024-01-31	2024-02-15	Silver
최영실	A0002	2024-04-15	2024-04-30	Gold
문형찬	A0003	2024-04-20	2024-05-05	Orange
박재은	A0004	2024-02-10	2024-02-25	Silver
송형준	A0005	2024-06-01	2024-06-16	Gold
정수현	B0001	2024-04-10	2024-04-25	Gold
하민기	B0002	2024-05-01	2024-05-16	Orange
가형준	B0003	2024-04-10	2024-04-25	Silver
나지영	B0004	2024-03-20	2024-04-04	Gold

해설 확인하기

▶ 정답 확인하기: EXIT 사이트 → 자료실 → 컴퓨터활용능력 1급
→ 실기 기본서 → 정답화면 바로보기

문제 ① DB 구축 (30점)

1 〈사원카드〉, 〈사원정보〉 테이블 완성하기

① 탐색 창의 〈사원카드〉 테이블에서 마우스 오른쪽 단추를 클릭하고 바로 가기 메뉴에서 [디자인 보기]를 선택한다.
② '사원번호' 필드를 선택 → [테이블 디자인] 탭-[도구] 그룹-[기본 키]를 클릭한다.
③ '사원번호' 필드를 선택한 상태에서 '필드 속성'의 [일반] 탭에서 '입력 마스크' 속성에 >L0000을 입력한다.
④ '카드발급' 필드를 선택 → '필드 속성'에서 [일반] 탭의 '필수' 속성을 '예'로 지정한다.
⑤ '근속연수' 필드를 선택 → '필드 속성'에서 [일반] 탭의 '캡션' 속성에 근무연수를 입력한다.
⑥ 탐색 창의 〈사원정보〉 테이블에서 마우스 오른쪽 단추를 클릭하고 바로 가기 메뉴에서 [디자인 보기]를 선택한다.
⑦ '부서' 필드를 선택 → '필드 속성'에서 [일반] 탭의 '유효성 검사 규칙' 속성에 Len([부서])<=5를, '유효성 검사 텍스트' 속성에 최대 5글자까지 입력 가능을 입력한다.

> **Len([부서])<=5**
> '부서' 필드의 문자열 길이를 숫자로 반환하여 5 이하인지 비교한다. 즉, 문자열이 다섯 글자 이내인지 확인한다.

⑧ [테이블] 탭에서 마우스 오른쪽 단추를 클릭하고 바로 가기 메뉴에서 [모두 닫기]를 선택 → 변경한 내용을 저장할 것인지 묻는 메시지 상자와 데이터 통합 규칙이 바뀌었다는 메시지 상자가 나타나면 [예] 단추를 클릭한다.

2 '출퇴근' 필드에 조회 속성 설정하기

① 탐색 창의 〈사원카드〉 테이블에서 마우스 오른쪽 단추를 클릭하고 바로 가기 메뉴에서 [디자인 보기]를 선택한다.
② '출퇴근' 필드를 선택 → '필드 속성'에서 [조회] 탭의 '컨트롤 표시' 속성은 '콤보 상자'로, '행 원본 유형'은 '테이블/쿼리'로 지정 → '행 원본' 속성의 작성기 단추(…)를 클릭한다.
③ [테이블 추가] 대화상자가 나타나면 [테이블] 탭에서 〈출근부〉 테이블을 더블클릭하여 [쿼리 작성기] 창에 추가 → [닫기] 단추(☒)를 클릭한다.
④ 〈출근부〉 테이블에서 '구분', '내용' 필드를 차례대로 더블클릭 → [쿼리 작성기] 창에서 [닫기] 단추(☒)를 클릭한다.

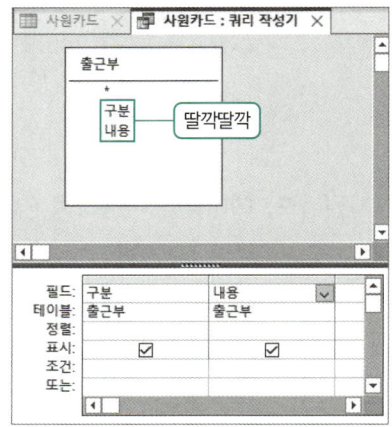

⑤ SQL 문의 변경 내용을 저장하고 속성을 업데이트할 것인지 묻는 메시지 상자가 나타나면 [예] 단추를 클릭한다.
⑥ '출퇴근' 필드를 선택한 상태에서 '필드 속성'의 [조회] 탭에서 '바운드 열', '열 개수', '열 너비', '목록 너비' 속성을 다음과 같이 지정한다.

- **'바운드 열' 속성**: 1 입력
- **'열 개수' 속성**: 2 입력
- **'열 너비' 속성**: 2cm;2cm 입력
- **'목록 너비' 속성**: 4cm 입력

⑦ 〈사원카드〉 테이블에서 [닫기] 단추(☒)를 클릭 → 변경한 내용을 저장할 것인지 묻는 메시지 상자가 나타나면 [예] 단추를 클릭한다.

3 테이블 간의 관계 설정하기

① [만들기] 탭-[쿼리] 그룹-[쿼리 디자인]을 클릭한다.
② [테이블 추가] 창이 나타나면 [테이블] 탭에서 〈사원정보〉 테이블을 더블클릭하여 [쿼리1] 창에 추가 → [닫기] 단추를 클릭한다.
③ 〈사원정보〉 테이블에서 '사원번호' 필드를 더블클릭 → [쿼리 디자인]-[쿼리 유형] 그룹-[삭제]를 클릭한다.
④ '삭제' 항목이 나타나면 '사원번호' 필드의 '조건' 항목을 클릭 → Not In (SELECT 사원번호 FROM 사원카드)를 입력한다.

> **Not In (SELECT 사원번호 FROM 사원카드)**
> 〈사원카드〉 테이블에서 '사원번호'를 검색하고 Not In은 해당 값을 제외하므로 검색한 값을 제외하고 표시한다.

⑤ [쿼리 디자인] 탭-[결과] 그룹-[실행] 클릭 → 행을 삭제한다는 메시지 상자가 나타나면 [예] 단추를 클릭한다.

⑥ [쿼리1] 창에서 [닫기] 단추(☒)를 클릭 → 변경한 내용을 저장할 것인지 묻는 메시지 상자가 나타나면 [예] 단추를 클릭한다.

⑦ [다른 이름으로 저장] 대화상자가 나타나면 '쿼리 이름'에 관계오류 입력 → [확인] 단추를 클릭한다.

⑧ **[데이터베이스 도구] 탭-[관계] 그룹-[관계]**를 클릭하고, **[관계 디자인] 탭-[관계] 그룹-[테이블 추가]**를 클릭한다.

⑨ [테이블 추가] 창이 나타나면 [테이블] 탭에서 〈사원카드〉 테이블과 〈사원정보〉 테이블을 차례대로 더블클릭하여 [관계] 창에 추가 → [닫기] 단추를 클릭한다.

⑩ 〈사원카드〉 테이블의 '사원번호' 필드를 〈사원정보〉 테이블의 '사원번호' 필드로 드래그한다.

⑪ [관계 편집] 대화상자가 나타나면 '항상 참조 무결성 유지'만 체크 → [만들기] 단추를 클릭한다.

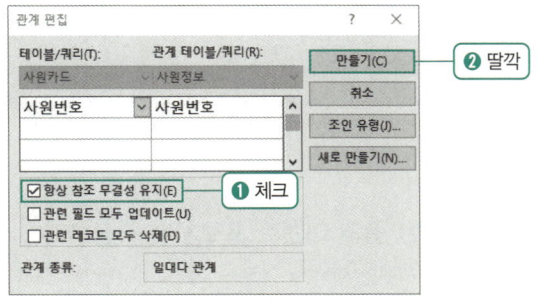

⑫ 관계가 설정되었으면 [관계] 창의 [닫기] 단추(☒)를 클릭 → 변경한 내용을 저장할 것인지 묻는 메시지 상자가 나타나면 [예] 단추를 클릭한다.

문제 ❷ 입력 및 수정 기능 구현 (20점)

1 〈사원관리현황〉 폼의 속성 설정하기

① 탐색 창의 〈사원관리현황〉 폼에서 마우스 오른쪽 단추를 클릭하고 바로 가기 메뉴에서 **[디자인 보기]**를 선택한다.

② **[양식 디자인] 탭-[컨트롤] 그룹-[하위 폼/하위 보고서](▦)**를 클릭 → '본문' 영역에 적당한 크기로 드래그하여 하위 폼을 삽입한다.

③ [하위 폼 마법사] 1단계 대화상자가 나타나면 '기존 폼 사용'의 '사원증관리'를 선택 → [다음] 단추를 클릭한다.

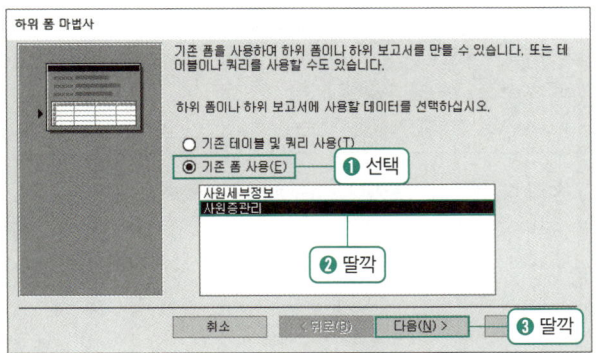

④ [하위 폼 마법사] 2단계 대화상자가 나타나면 '목록에서 선택'의 '사원번호'를 사용하는 첫 번째 목록을 선택 → [다음] 단추를 클릭한다.

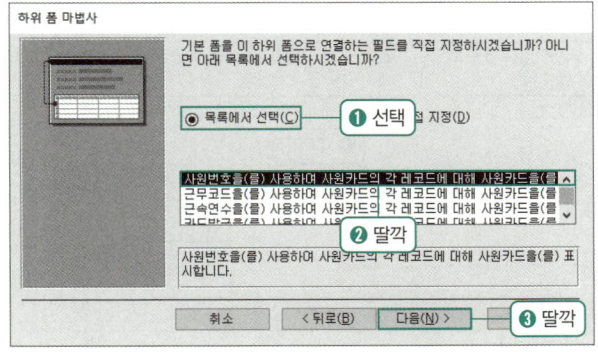

⑤ [하위 폼 마법사] 3단계 대화상자가 나타나면 하위 폼 이름에 '사원증관리'로 지정되었는지 확인 → [마침] 단추를 클릭한다.

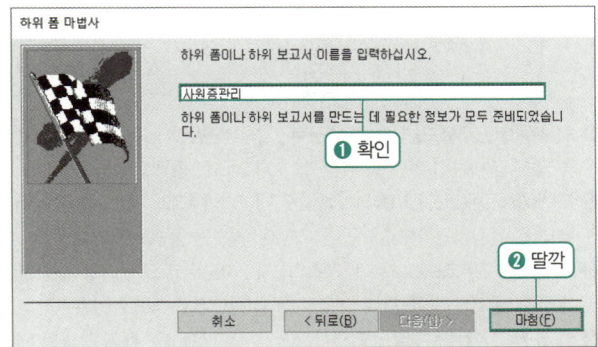

⑥ 〈사원관리현황〉 폼에서 〈사원증관리〉 하위 폼을 드래그하여 적당한 위치로 조정하고 오른쪽 하단 모서리를 드래그하여 적당한 크기로 조정 → '사원증관리 레이블'을 클릭한 후 Delete 를 눌러 삭제한다.

⑦ 〈사원관리현황〉 폼의 디자인 보기 화면에서 '폼 머리글' 영역의 'cmb사원번호' 컨트롤을 선택 → 마우스 오른쪽 단추를 클릭하고 바로 가기 메뉴에서 **[변경]-[콤보 상자]**를 선택한다.

⑧ **[양식 디자인] 탭-[도구] 그룹-[속성 시트]**를 클릭한다.

⑨ 'cmb사원번호'의 [속성 시트] 창이 나타나면 [데이터] 탭에서 '행 원본' 속성의 작성기 단추(⋯)를 클릭한다.

⑩ [테이블 추가] 창이 나타나면 [테이블] 탭에서 〈사원정보〉 테이블을 더블클릭하여 [쿼리 작성기] 창에 추가 → [닫기] 단추를 클릭한다.

⑪ 〈사원정보〉 테이블에서 '사원번호' 필드를 더블클릭 → [쿼리 작성기] 창에서 [닫기] 단추(☒)를 클릭한다.

⑫ SQL 문의 변경 내용을 저장하고 속성을 업데이트할 것인지 묻는 메시지 상자가 나타나면 [예] 단추를 클릭한다.

⑬ '하위 폼 본문' 영역에서 'txt용무' 컨트롤을 클릭 → [데이터] 탭의 '컨트롤 원본' 속성에서 마우스 오른쪽 단추를 클릭하고 바로 가기 메뉴에서 [확대/축소]를 선택한다.

⑭ [확대/축소] 대화상자가 나타나면 =IIf(Mid([txt근무코드],1,1)="1", "근무","") & IIf(Mid([txt근무코드],2,1)="1","/내근","") & IIf(Mid([txt근무코드],3,1)="1","/회의","") 입력 → [확인] 단추를 클릭한다.

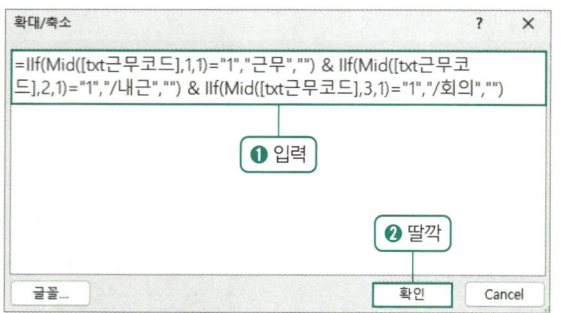

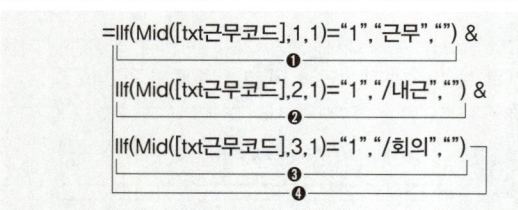

❶ IIf(Mid([txt근무코드],1,1)="1","근무",""): 'txt근무코드' 필드의 첫 번째부터 한 글자가 '1'이면 '근무'를, 그렇지 않으면 공백으로 반환한다.
❷ IIf(Mid([txt근무코드],2,1)="1","/내근",""): 'txt근무코드' 필드의 두 번째부터 한 글자가 '1'이면 '/내근'을, 그렇지 않으면 공백으로 반환한다.
❸ IIf(Mid([txt근무코드],3,1)="1","/회의",""): 'txt근무코드' 필드의 세 번째부터 한 글자가 '1'이면 '/회의'를, 그렇지 않으면 공백으로 반환한다.
❹ ❶ & ❷ & ❸: 문자열 결합연산자(&)에 의해 ❶, ❷, ❸의 결과를 연결하여 표시한다.

⑮ 〈사원관리현황〉 폼에서 [닫기] 단추(☒)를 클릭 → [저장] 대화상자가 나타나면 [예] 단추를 클릭한다.

2 〈사원세부정보〉 폼의 조건부 서식 설정하기

① 탐색 창의 〈사원세부정보〉 폼에서 마우스 오른쪽 단추를 클릭하고 바로 가기 메뉴에서 [디자인 보기]를 선택한다.
② 본문 영역의 세로 눈금자를 클릭 → 본문의 모든 컨트롤이 선택되면 [서식] 탭-[컨트롤 서식] 그룹-[조건부 서식]을 클릭한다.
③ [조건부 서식 규칙 관리자] 대화상자가 나타나면 [새 규칙] 단추를 클릭한다.

④ [새 서식 규칙] 대화상자가 나타나면 '다음과 같은 셀만 서식 설정'에서 '식이'를 선택하고 Right([성명],1)="준"을 입력 → '글꼴 색'을 '표준 색'의 '파랑'으로 지정 → '미리 보기'에서 지정된 서식을 확인 → [확인] 단추를 클릭한다.

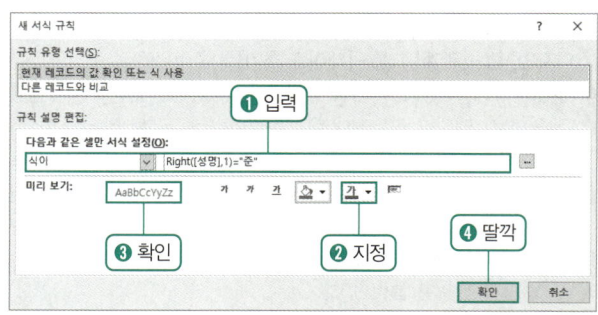

⑤ [조건부 서식 규칙 관리자] 대화상자로 되돌아오면 추가된 규칙을 확인 → [확인] 단추를 클릭한다.
⑥ 탐색 창에서 〈사원세부정보〉 폼을 더블클릭 → 결과를 확인 → [닫기] 단추(☒)를 클릭 → 변경한 내용을 저장할 것인지 묻는 메시지 상자가 나타나면 [예] 단추를 클릭한다.

3 〈사원관리현황〉 폼의 이벤트 프로시저 작성하기

① 탐색 창의 〈사원관리현황〉 폼에서 마우스 오른쪽 단추를 클릭하고 바로 가기 메뉴에서 [디자인 보기]를 선택한다.
② [속성 시트] 창에서 'cmd닫기'를 지정 → [이벤트] 탭에서 'On Click' 이벤트의 작성기 단추(⋯)를 클릭한다.
③ [작성기 선택] 대화상자가 나타나면 '코드 작성기'를 선택 → [확인] 단추를 클릭한다.
④ [Visual Basic Editor] 창이 나타나면 [코드] 창의 'cmd닫기_Click( )' 프로시저에 다음과 같이 코드를 입력 → [닫기] 단추(☒)를 클릭한다.

```
Private Sub cmd닫기_Click( )
    DoCmd.Close acForm, "사원관리현황", acSavePrompt ─❶
End Sub
```

❶ 〈사원관리현황〉 폼을 닫을 때(acForm) 저장 여부를 사용자에게 확인(acSavePrompt)한다.

> **단기 합격 비법**
> • acSavePrompt: 폼에 변경 사항이 있을 경우 개체의 저장 여부를 사용자에게 확인한다.
> • acSaveYes: 개체를 저장한다.
> • acSaveNo: 개체를 저장하지 않는다.

⑤ [양식 디자인] 탭-[보기] 그룹-[보기]-[폼 보기]를 선택한다.
⑥ 〈사원관리현황〉 폼에서 '닫기' 단추를 클릭 → 변경한 내용을 저장할 것인지 묻는 메시지 상자가 나타나면 [예] 단추를 클릭한다.

문제 ❸ 조회 및 출력 기능 구현 (20점)

1 〈사원관리통계〉 보고서 완성하기

① 탐색 창의 〈사원관리통계〉 보고서에서 마우스 오른쪽 단추를 클릭하고 바로 가기 메뉴에서 [디자인 보기]를 선택한다.

② [보고서 디자인] 탭-[컨트롤] 그룹-[레이블][가가]을 클릭 → '보고서 머리글' 영역의 실선 사이에 적당한 크기로 드래그하여 레이블을 삽입한다.

③ 레이블에 커서를 올려놓은 상태에서 사원 관리 통계 입력 → '레이블'의 [속성 시트] 창의 [기타] 탭에서 '이름' 속성에 Label_제목 입력 → [형식] 탭에서 '글꼴 크기' 속성은 '20', '글꼴 두께' 속성은 '굵게'로 지정하고 '문자색' 속성의 작성기 단추(...)를 클릭 → '테마색'의 '파랑, 강조1'을 선택한다.

④ 본문 영역을 클릭하여 모든 컨트롤을 선택 → [정렬] 탭-[크기 및 순서 조정] 그룹-[맞춤]-[왼쪽]을 선택한다.

⑤ [속성 시트] 창에서 '카드갱신'을 지정 → [데이터] 탭의 '컨트롤 원본' 속성에서 마우스 오른쪽 단추를 클릭하고 바로 가기 메뉴에서 [확대/축소]를 선택한다.

⑥ [확대/축소] 대화상자가 나타나면 =IIf([근속연수]>=10,DateAdd("yyyy",5,[카드발급]),IIf([근속연수]>=2,DateAdd("yyyy",2,[카드발급]),DateAdd("m",6,[카드발급]))) 입력 → [확인] 단추를 클릭한다.

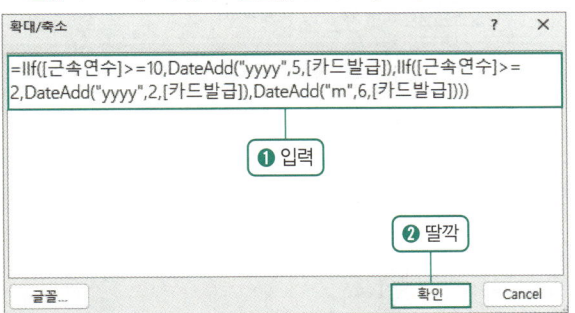

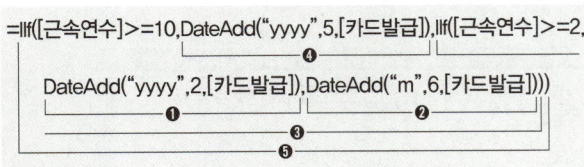

❶ DateAdd("yyyy",2,[카드발급]): '카드발급' 필드의 날짜에서 '2'년만큼 더한 날짜를 반환한다.

❷ DateAdd("m",6,[카드발급]): '카드발급' 필드의 날짜에서 '6'개월만큼 더한 날짜를 반환한다.

❸ IIf([근속연수]>=2,❶,❷): '근속연수' 필드의 값이 2 이상이면 ❶의 결과를, 그렇지 않으면 ❷의 결과를 반환한다.

❹ DateAdd("yyyy",5,[카드발급]): '카드발급' 필드의 날짜에서 '5'년만큼 더한 날짜를 반환한다.

❺ IIf([근속연수]>=10,❹,❸): '근속연수' 필드의 값이 10 이상이면 ❹의 결과를, 그렇지 않으면 ❸의 결과를 반환한다.

⑦ [속성 시트] 창에서 'txt페이지'를 선택 → [데이터] 탭에서 '컨트롤 원본' 속성에 =[Page] & "/" & [Pages] & "페이지"를 입력한다.

⑧ [속성 시트] 창에서 'txt총인원'을 선택 → [데이터] 탭에서 '컨트롤 원본' 속성에 =Count([사원번호])를 입력한다.

⑨ 〈사원관리통계〉 보고서에서 [닫기] 단추(X)를 클릭 → 변경한 내용을 저장할 것인지 묻는 메시지 상자가 나타나면 [예] 단추를 클릭한다.

2 〈폼작업〉 매크로 생성하기

① [만들기] 탭-[매크로 및 코드] 그룹-[매크로]를 클릭한다.

② [매크로1] 창이 나타나면 'OpenForm' 함수를 선택한다.

③ '폼 이름'은 '사원세부정보'로, '보기 형식'은 '폼'으로 지정 → 'Where 조건문'의 작성기 단추(🔨)를 클릭한다.

④ [식 작성기] 대화상자가 나타나면 [사원번호]= 입력 → '식 요소'의 '제8회기출예제.accdb-Forms-모든 폼'에서 '사원관리현황'을 선택 → '식 범주'에서 'cmb사원번호'를 더블클릭 → [확인] 단추를 클릭한다.

[사원번호]= Forms![사원관리현황]![cmb사원번호]

'사원번호' 필드의 값이 〈사원관리현황〉 폼의 'cmb사원번호' 콤보 상자의 선택 값과 같은 레코드만 표시한다.

⑤ [매크로1] 창에서 'Where 조건문'에 지정된 식을 확인하고 [닫기] 단추(X)를 클릭 → 변경한 내용을 저장할 것인지 묻는 메시지 상자가 나타나면 [예] 단추를 클릭한다.

⑥ [다른 이름으로 저장] 대화상자가 나타나면 '매크로 이름'에 폼작업을 입력 → [확인] 단추를 클릭한다.

⑦ 탐색 창의 〈사원관리현황〉 폼에서 마우스 오른쪽 단추를 클릭하고 바로 가기 메뉴에서 [디자인 보기]를 선택한다.

⑧ [속성 시트] 창에서 'cmd폼보기'를 지정 → [이벤트] 탭에서 'On Dbl Click' 이벤트를 '폼작업'으로 지정한다.

⑨ [양식 디자인] 탭-[보기] 그룹-[보기]-[폼 보기]를 클릭한다.

⑩ 〈사원관리현황〉 폼의 '사원번호' 콤보 상자에서 임의의 사원번호를 선택한 후 '폼보기' 단추를 더블클릭 → 결과를 확인 → 〈사원세부정보〉 폼 탭에서 마우스 오른쪽 단추를 클릭하고 바로 가기 메뉴에서 [모두 닫기]를 선택 → 변경한 내용을 저장할 것인지 묻는 메시지 상자가 나타나면 [예] 단추를 클릭한다.

문제 ❹ 처리 기능 구현 (35점)

1 〈사원증관리〉 선택 쿼리 작성하기

① [만들기] 탭-[쿼리] 그룹-[쿼리 디자인]을 클릭한다.

② [테이블 추가] 창이 나타나면 [테이블] 탭에서 〈사원카드〉 테이블을 더블클릭하여 [쿼리1] 창에 추가 → [닫기] 단추를 클릭한다.

③ 〈사원카드〉 테이블에서 '사원번호', '근속연수', '카드발급', '출퇴근', '출퇴근시간' 필드를 차례대로 더블클릭한다.

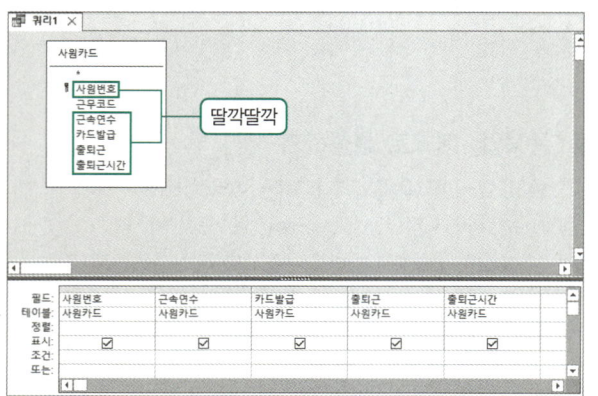

④ '근무지' 필드를 추가하기 위해 '출퇴근시간' 필드 다음의 '필드' 항목을 클릭 → 근무지: Choose(Val(Right([사원번호],1)),"본점","본점","지점","지점","해외")를 입력한다.

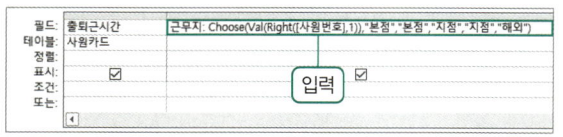

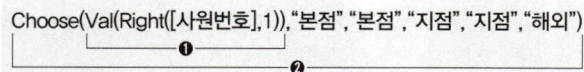

❶ Val(Right([사원번호],1)): '사원번호' 필드의 오른쪽에서 한 글자를 추출하여 숫자로 변환하여 반환한다.

❷ Choose(❶,"본점","본점","지점","지점","해외"): ❶이 '1'이면 '본점', '2'이면 '본점', '3'이면 '지점', '4'이면 '지점', '5'이면 '해외'로 반환한다.

⑤ '출퇴근' 필드는 '외근'인 내역만 조회하기 위해 '출퇴근' 필드의 '조건' 항목을 클릭 → "외근"을 입력한다.

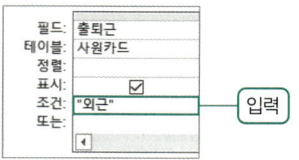

⑥ '사원번호' 필드를 기준으로 오름차순 정렬하기 위해 '사원번호' 필드의 '정렬' 항목을 클릭 → '오름차순'으로 지정한다.

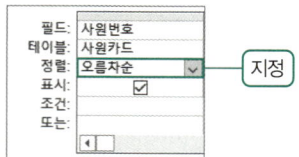

⑦ [쿼리 디자인] 탭-[결과] 그룹-[실행]을 클릭 → 결과를 확인한다.
⑧ [쿼리1] 창에서 [닫기] 단추(☒)를 클릭 → 변경한 내용을 저장할 것인지 묻는 메시지 상자가 나타나면 [예] 단추를 클릭한다.

⑨ [다른 이름으로 저장] 대화상자가 나타나면 '쿼리 이름'에 사원증관리 입력 → [확인] 단추를 클릭한다.

2 〈사원구분현황〉 요약 쿼리 작성하기

① [만들기] 탭-[쿼리] 그룹-[쿼리 디자인]을 클릭한다.
② [테이블 추가] 창이 나타나면 [테이블] 탭에서 〈근무현황〉 테이블과 〈출근부〉 테이블을 차례대로 더블클릭하여 [쿼리1] 창에 추가 → [닫기] 단추를 클릭한다.
③ 〈근무현황〉 테이블의 '구분' 필드를 〈출근부〉 테이블의 '구분' 필드로 드래그 → 조인 선을 더블클릭한다.
④ [조인 속성] 대화상자가 나타나면 '3: '출근부'에서는 모든 레코드를 포함하고 '근무현황'에서는 조인된 필드가 일치하는 레코드만 포함'을 선택 → [확인] 단추를 클릭한다.

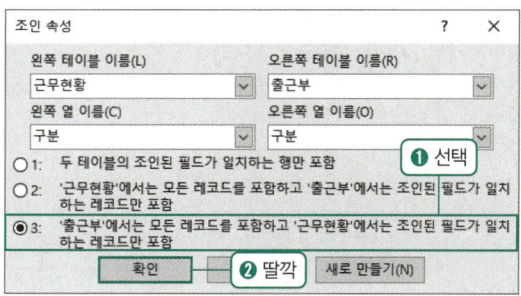

⑤ 〈출근부〉 테이블에서 '구분' 필드를 더블클릭 → '사원수' 필드를 추가하기 위해 '구분' 필드 다음의 '필드' 항목을 클릭 → 사원수: 사원번호를 입력한다.

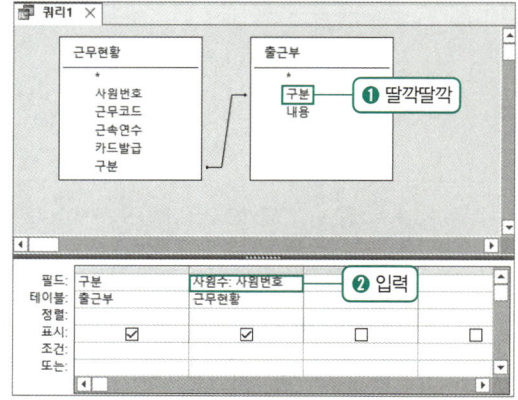

⑥ [쿼리 디자인] 탭-[표시/숨기기] 그룹-[요약]을 클릭한다.
⑦ '요약' 항목이 추가되면 '구분'별 사원수와 '사원수' 필드를 기준으로 내림차순 정렬하기 위해 '사원수' 필드의 '요약' 항목을 클릭 → '개수'로 지정 → '정렬' 항목을 클릭 → '내림차순'으로 지정한다.

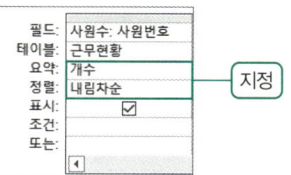

⑧ [쿼리 디자인] 탭-[결과] 그룹-[실행]을 클릭 → 결과를 확인한다.

⑨ [쿼리1] 창에서 [닫기] 단추(☒)를 클릭 → 변경한 내용을 저장할 것인지 묻는 메시지 상자가 나타나면 [예] 단추를 클릭한다.
⑩ [다른 이름으로 저장] 대화상자가 나타나면 '쿼리 이름'에 사원구분현황을 입력 → [확인] 단추를 클릭한다.

3 〈B출근직원〉 선택 쿼리 작성하기

① [만들기] 탭-[쿼리] 그룹-[쿼리 디자인]을 클릭한다.
② [테이블 추가] 창이 나타나면 [테이블] 탭에서 〈사원카드〉 테이블을 더블클릭하여 [쿼리1] 창에 추가 → [닫기] 단추를 클릭한다.
③ 〈사원카드〉 테이블에서 '사원번호', '출퇴근', '출퇴근시간' 필드를 차례대로 더블클릭한다.

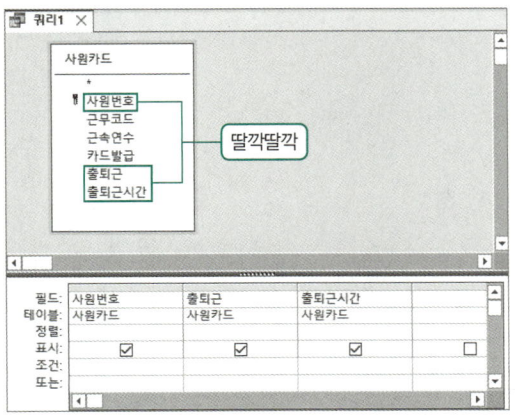

④ '사원번호' 필드는 'B'로 시작하면서 '출퇴근' 필드는 '출근'인 내역만 조회하기 위해 '사원번호' 필드의 '조건' 항목을 클릭 → Like "B*" 입력 → '출퇴근' 필드의 '조건' 항목을 클릭 → "출근"을 입력한다.

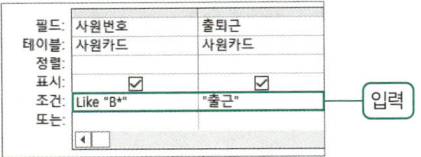

⑤ [쿼리 디자인] 탭-[결과] 그룹-[실행]을 클릭 → 결과를 확인한다.
⑥ [쿼리1] 창에서 [닫기] 단추(☒)를 클릭 → 변경한 내용을 저장할 것인지 묻는 메시지 상자가 나타나면 [예] 단추를 클릭한다.
⑦ [다른 이름으로 저장] 대화상자가 나타나면 '쿼리 이름'에 B출근직원을 입력 → [확인] 단추를 클릭한다.

4 〈월별발급사원〉 매개 변수 쿼리 작성하기

① [만들기] 탭-[쿼리] 그룹-[쿼리 디자인]을 클릭한다.
② [테이블 추가] 대화상자가 나타나면 [쿼리] 탭에서 〈사원세부정보〉 쿼리를 더블클릭하여 [쿼리1] 창에 추가 → [닫기] 단추를 클릭한다.
③ 〈사원세부정보〉 쿼리에서 '성명', '직급' 필드를 차례대로 더블클릭한다.

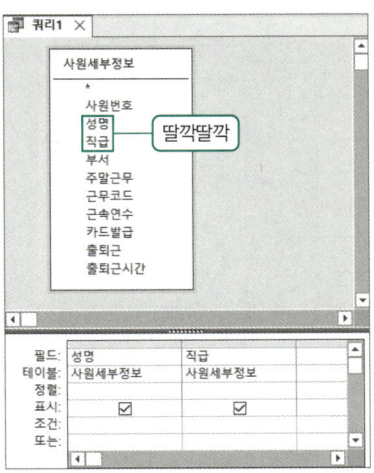

④ '근무부서' 필드를 추가하면서 '홍보' 부서를 '영업' 부서로 변경하기 위해 '직급' 필드 다음의 '필드' 항목을 클릭 → 근무부서: Replace([부서],"홍보","영업")을 입력한다.

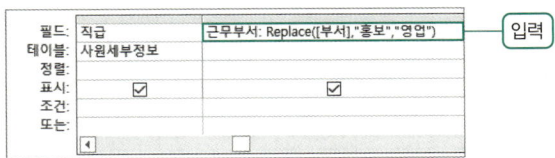

⑤ '카드발급' 필드의 '월'을 매개 변수로 입력받되 필드는 표시하지 않기 위해 '근무부서' 필드 다음의 '필드' 항목을 클릭 → Month([카드발급]) 입력 → '조건' 항목을 클릭 → [카드발급 월 입력] 입력 → 표시 항목을 체크 해제한다.

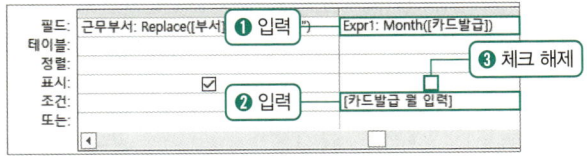

⑥ [쿼리 디자인] 탭-[결과] 그룹-[실행]을 클릭한다.
⑦ [매개 변수 값 입력] 대화상자가 나타나면 4 입력 → [확인] 단추를 클릭 → 결과를 확인한다.
⑧ 〈쿼리1〉 창에서 [닫기] 단추(☒)를 클릭 → 변경한 내용을 저장할 것인지 묻는 메시지 상자가 나타나면 [예] 단추를 클릭한다.
⑨ [다른 이름으로 저장] 대화상자가 나타나면 '쿼리 이름'에 월별발급사원 입력 → [확인] 단추를 클릭한다.

5 〈카드색상생성〉 쿼리 작성하기

① [만들기] 탭-[쿼리] 그룹-[쿼리 디자인]을 클릭한다.
② [테이블 추가] 창이 나타나면 [테이블] 탭에서 〈사원정보〉 테이블, 〈사원카드〉 테이블을 더블클릭하여 [쿼리1] 창에 추가 → [닫기]를 클릭한다.
③ 〈사원정보〉 테이블의 '성명', 〈사원카드〉 테이블의 '사원번호', '카드발급' 필드를 차례대로 더블클릭한다.

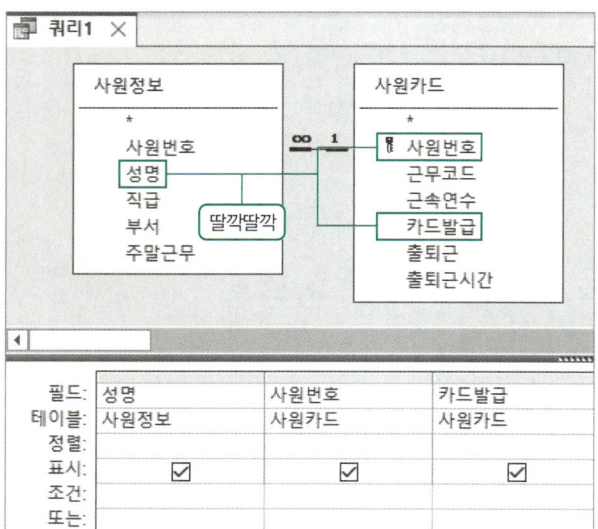

④ '카드발급' 필드의 오른쪽 필드에 카드확인: DateAdd("d", 15,[카드발급])을 입력 → 그 오른쪽의 새로운 필드 항목에 카드색상: Switch([부서]="사업추진","Gold",[부서]="마케팅","Silver",[부서]="홍보","Orange")를 입력한다.

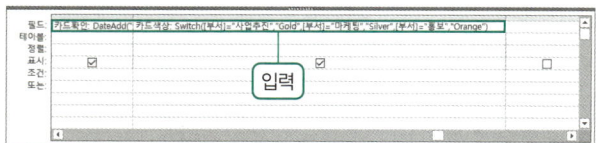

⑤ [쿼리 디자인] 탭-[쿼리 유형] 그룹-[테이블 만들기]를 클릭한다.
⑥ [테이블 만들기] 창이 나타나면 '테이블 이름'에 카드색상관리 입력 → [확인] 단추를 클릭한다.

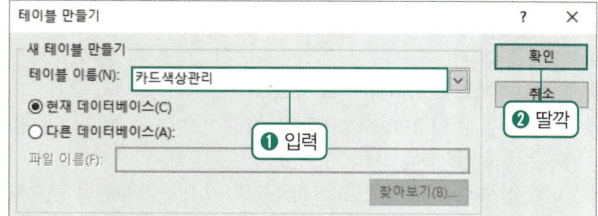

⑦ [쿼리 디자인] 탭-[결과] 그룹-[실행]을 클릭한다.
⑧ 행을 붙여넣는다는 메시지 상자가 나타나면 [예] 단추를 클릭한다.
⑨ 〈쿼리1〉 창에서 [닫기] 단추 클릭 → 변경한 내용을 저장할 것인지 묻는 메시지 상자가 나타나면 [예] 단추를 클릭한다.
⑩ [다른 이름으로 저장] 대화상자가 나타나면 '쿼리 이름'에 카드색상생성 입력 → [확인] 단추를 클릭한다.

제9회 기출변형문제

프로그램명	제한시간	합격선	외부 데이터 위치
ACCESS 2021	45분	70점	C:\에듀윌_2026컴활1급실기\기출변형문제\데이터베이스실무\실습\9회\제9회기출변형문제.accdb

문제 ❶ DB 구축 (25점)

1 폐교재산현황를 관리하기 위한 데이터베이스를 구축하고자 한다. 다음의 지시사항에 따라 테이블을 완성하시오. (각 3점)

① 〈폐교현황〉 테이블의 '폐교코드' 필드는 'LR-001'와 같은 형태로 영문 대문자 두 개와 '-' 기호 한 개, 숫자 세 개가 반드시 포함되어 입력되도록 입력 마스크를 설정하시오.
  ▶ 문자 입력은 영어와 한글만 입력할 수 있도록 설정할 것
  ▶ 숫자 입력은 0~9까지의 숫자만 입력할 수 있도록 설정할 것
  ▶ '-' 문자도 테이블에 저장되도록 설정할 것

② 〈폐교현황〉 테이블의 '현황' 필드를 마지막 부분에 새롭게 추가하고 사진 또는 설명 등 모든 파일 형식의 데이터 형식을 첨부할 수 있도록 적절한 데이터 형식을 설정하시오.

③ 〈폐교현황〉 테이블의 '소재지' 필드는 필드 이름을 변경하지 않고, '주소' 필드의 레이블로 나타나도록 설정하시오.

④ 〈폐교현황〉 테이블의 '대여용도' 필드는 공백 문자가 입력되지 않도록 유효성 검사 규칙을 설정하시오.
  ▶ INSTR 함수 사용
  ▶ 잘못된 데이터가 입력된 경우 '공백 제외' 메시지가 표시되도록 설정하시오.

⑤ 〈폐교담당〉 테이블의 '이메일' 필드는 '@' 문자가 반드시 포함되도록 유효성 검사 규칙을 설정하시오.
  ▶ 잘못된 데이터가 입력된 경우 '잘못된 형식입니다' 메시지가 표시되도록 설정하시오.

2 〈대여내역〉 테이블의 '대여코드' 필드는 〈대여비용〉 테이블의 '대여료코드' 필드를 참조하고, 〈대여내역〉 테이블의 '관리코드' 필드는 〈폐교담당〉 테이블의 '담당코드' 필드를 참조하는데 두 테이블 간의 관계는 M:1이다. 두 테이블에 다음과 같이 관계를 추가 설정하시오. (5점)

※ 액세스 파일에 이미 설정되어 있는 관계는 수정하지 마시오.

▶ 각 테이블 간에 항상 참조 무결성이 유지되도록 설정하시오.
▶ 〈대여비용〉 테이블의 '대여료코드' 필드의 값이 변경되면 이를 참조하는 〈대여내역〉 테이블의 '대여코드' 필드 값도 변경되도록 설정하시오.
▶ 〈대여내역〉 테이블에서 참조하고 있는 〈대여비용〉 테이블과 〈폐교담당〉테이블의 레코드는 삭제할 수 없도록 설정하시오.

3 〈폐교현황〉테이블의 '담당자정보' 필드에 조회 속성을 설정하시오. (5점)

- ▶ 〈폐교담당〉 테이블의 '담당코드', '담당자', '연락처' 필드의 값이 콤보 상자 형태로 표시되도록 설정하시오.
- ▶ '담당코드'는 표시되지 않고, 필드에는 '이름'이 저장되도록 설정하시오.
- ▶ 열 너비는 '담당자'는 '1.5cm', '연락처'는 '4cm'로 설정하시오.
- ▶ 열의 이름을 표시하시오.

문제 ❷ 입력 및 수정 기능 구현 (20점)

1 다음의 지시사항 및 화면을 참고하여 〈폐교체계〉 폼을 완성하시오. (각 3점)

① 본문 영역의 'txt폐교연월일' 컨트롤에는 '년도'와 '월' 부분만 표시되고, 일은 '●●' 문자로 표시되도록 형식 속성을 설정하시오.
  - ▶ [표시 예: 2025-4-1 → 2025-04-●●]

② 'txt총대여료'는 다음 〈그림〉과 같이 계산하여 표시되도록 컨트롤 원본 속성을 설정하시오.
  - ▶ 총대여료=대여료×대여기간'
  - ▶ '대여기간'이 '5' 이상이면 '대여료'는 '10%' 할인, '4' 이상이면 '5%' 할인, '3' 이상이면 '1%'로 계산하시오.
  - ▶ IIF 함수 사용

③ 폼 바닥글의 'txt학교수' 컨트롤에는 레코드의 개수가 다음과 같이 표시되도록 컨트롤 원본 속성을 설정하시오.
  - ▶ 레코드 개수/5를 한 값에 따라 "●"를 표시하고 괄호 안에 실제 값을 표시하시오.
    [표시 예: 10 → ●●(10개 학교)]
  - ▶ STRING, INT, COUNT 함수 사용

2 〈폐교체계〉 폼 바닥글에 있는 'txt대여기간평균' 컨트롤에 '대여용도'의 '대여기간' 평균을 표시하도록 컨트롤 원본 속성을 설정하시오. (6점)

▶ '폐교관리' 쿼리와 DAVG 함수 사용
▶ '대여기간'의 평균은 소수점 이하 첫째 자리까지 표시
▶ [표시 예: '대여용도'가 '게스트하우스'이고 '대여시간'의 평균이 2인 경우 → 2.0(게스트하우스)]
▶ Davg, Format 사용

〈그림〉

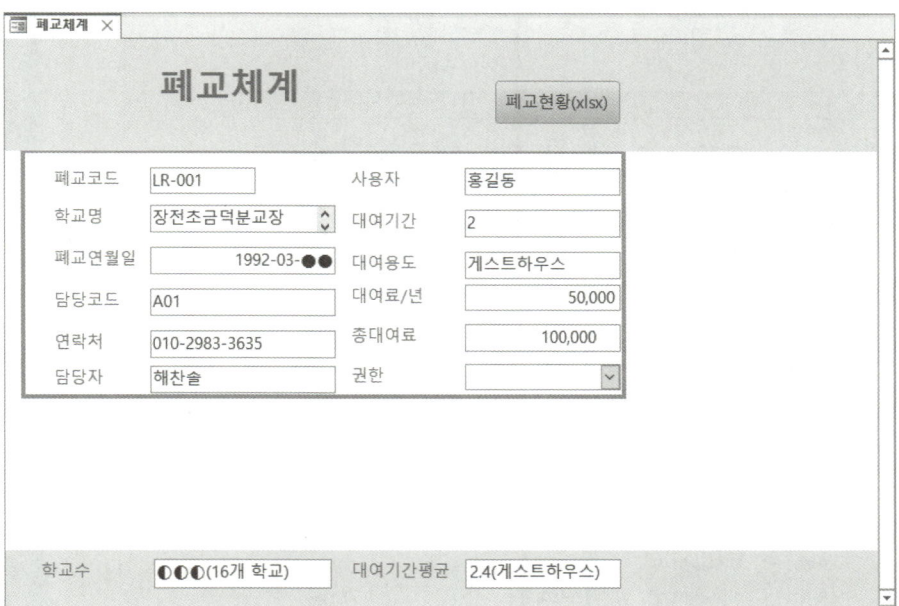

3 〈폐교체계〉 폼의 'cmd폐교현황' 단추를 클릭하면 〈폐교현황〉 테이블을 엑셀 파일(*.xlsx)로 변환하는 〈폐교현황엑셀〉 매크로를 생성하시오. (5점)

▶ 변환하는 파일 이름은 '폐교현황변환'으로 설정하시오.

문제 ❸ 조회 및 출력 기능 구현 (20점)

1 다음의 지시사항 및 화면을 참조하여 〈폐교대여〉 보고서를 완성하시오. (각 3점)

① 'txt상태' 머리글 영역에는 〈폐교체계〉 폼의 'lst권한' 목록에서 선택한 내용이 표시되도록 컨트롤 원본 속성을 설정하시오.
  ▶ 〈폐교체계〉 폼이 열려있고 'lst권한' 목록에서 권한이 선택되어 있다고 가정한다.
② 상태 바닥글에 〈그림〉과 같이 그룹별 개수가 표시되는 텍스트 상자와 선 컨트롤을 생성하시오.
  ▶ 텍스트 상자 이름은 'txt개수', 글꼴 두께는 '굵게', 테두리 스타일은 '투명'
  ▶ 선은 파선으로 표시하고 선의 이름은 'line선', 너비는 '5'cm, 위치는 위쪽 '0.8'cm, 왼쪽 '14'cm로 설정하시오.

③ 상태 머리글의 '상태'(txt상태기호) 컨트롤의 빈 공간에 '▷'이 반복하여 표시되도록 '형식' 속성을 설정하시오.
④ 보고서 바닥글의 'max대여기간'에는 상태가 '활성'인 데이터 중에서 '대여기간'이 가장 큰 값이 표시되도록 컨트롤 원본 속성을 설정하시오.
   ▶ DMAX 함수 사용
⑤ 본문의 'txt폐교일' 컨트롤은 Format 함수를 이용하여 다음 〈그림〉과 같이 표시되도록 컨트롤 원본 속성을 설정하시오.
   ▶ [표시 예: Sep-01-Sat]
   ▶ Format 함수 사용

〈그림〉

상태	폐교코드	폐교연월일	대여용도	대여기간	담당코드
보고서작성중▷▷▷▷					
	LR-001	Mar-01-일	게스트하우스	2	A01
	LR-002	Mar-25-목	문화예술카페	3	A02
	LR-004	Mar-01-수	게스트하우스	3	A04
				개수	3
비활성▷▷▷▷▷▷					
	LR-007	Mar-01-수	아트갤러리	3	A07
				개수	1
종료▷▷▷▷▷▷▷					
	LR-001	Mar-01-일	게스트하우스	4	A01
	LR-001	Mar-01-일	게스트하우스	1	A01
	LR-002	Mar-25-목	문화예술카페	1	A02
	LR-003	Mar-01-월	복합문화체험	2	A03
	LR-004	Mar-01-수	게스트하우스	3	A04
				개수	5
협의중▷▷▷▷▷▷					
	LR-002	Mar-25-목	문화예술카페	3	A02
	LR-005	Mar-01-수	문화창작공간	3	A05
				개수	2
활성▷▷▷▷▷▷					
	LR-001	Mar-01-일	게스트하우스	2	A01
	LR-003	Mar-01-월	복합문화체험	4	A03
	LR-004	Mar-01-수	게스트하우스	2	A04
	LR-006	Mar-01-금	아트갤러리	4	A06
	LR-008	Mar-01-수	복합문화체험	2	A01
				개수	5
				최대 대여기간	4

상태: 관리자

▲ 〈폐교체계〉 폼이 열려있고 'lst권한' 목록에서 '관리자'를 선택한 후의 보고서 결과 화면

2 〈폐교체계2〉 폼의 '삭제'(cmd삭제) 단추를 클릭했을 때 다음과 같은 작업이 수행되는 이벤트 프로시저를 구현하시오. (5점)

- 〈폐교현황2〉 테이블에서 '폐교코드' 필드의 값이 'txt폐교코드' 컨트롤에서 선택한 값과 일치하는 레코드를 삭제하시오.
- 삭제 작업이 완료된 후 현재 'txt폐교코드' 컨트롤에 선택된 값을 지우시오.
- 'txt폐교코드'의 행 원본을 참조하여 'txt폐교코드'에 표시되는 데이터를 오름차순으로 업데이트하시오.
- Docmd 사용

문제 ❹ 처리 기능 구현 (35점)

1 〈폐교현황〉 테이블을 이용하여 요일을 표시하는 〈평일폐교〉 쿼리를 작성하시오. (7점)

- '평일번호' 필드는 '폐교연월일'이 '평일'인 조건을 표시하시오. (WEEKDAY, Between 함수 사용)
- '폐교요일' 필드는 '평일번호' 필드를 이용하여 요일을 표시하시오. (SWITCH 함수 사용)
- 쿼리 실행 결과로 표시되는 필드와 필드명은 〈그림〉과 같이 표시되도록 설정하시오.

〈그림〉

학교명	주소	평일번호	폐교요일
어도초어음분교장	애월읍 어음리 2922	4	목
명월초등학교	한림읍 명월리 1734	1	월
조수초등학교	한경면 조수리 315	3	수
고산초산양분교장	한경면 청수리 3338	3	수
판포초등학교	한경면 판포리 2846-1	5	금
연평초등학교	우도면 연평리 1457	3	수
연평초등학교	우도면 연평리 1407	3	수
안덕초대평분교장	안덕면 창천리 850	5	금
무릉초무릉동분교장	대정읍 무릉리 581-1	2	화
보성초구억분교장	대정읍 구억리 889-1	3	수
풍천초신풍분교장	성산읍 신풍리 500	5	금
화산초등학교	표선면 세화리 1811-1	4	목

2 〈폐교관리〉 쿼리를 이용하여 '대여용도'의 첫 두 글자의 정보를 매개 변수로 입력받고, 해당 학교를 조회하여 새 테이블로 생성하는 〈대여생성〉 쿼리를 작성하고 실행하시오. (7점)

- ▶ '대여용도'의 첫 두글자의 정보를 매개 변수로 입력받고, 해당 학교를 조회하여 '대여용도' 새 테이블로 생성하시오. (Left 함수 사용)
- ▶ '학교명'을 오름차순으로 정렬하여 표시하시오.
- ▶ 비고란에는 대여기간이 3이상이면 '장기임대' 그 외에는 빈칸으로 표시하시오. (IIF함수 이용)
- ▶ 쿼리 실행 결과로 표시되는 필드와 필드명은 〈그림〉과 같이 표시되도록 설정하시오.

〈그림〉

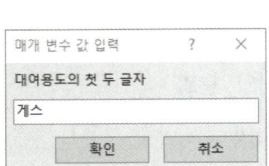
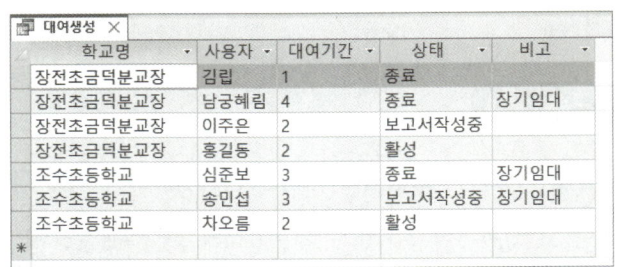

3 〈폐교현황〉 테이블을 이용하여 '여유공간'이 10000 이상이면 "대", 5000이상이면 "중", 그 외에는 "소"로 표시하는 〈폐교여유〉 쿼리를 작성한 후 실행하시오. (4점)

- ▶ SWITCH 함수를 사용함
- ▶ 여유공간=토지면적−건물면적
- ▶ '학교명'은 앞의 두 글자만 표시하고 나머지 글자 개수만큼 *을 표시하시오. (LEFT, STRING 함수 사용)
  [표시 예: 장전초금덕분교장 → 장전******]
- ▶ 쿼리 실행 결과로 표시되는 필드와 필드명은 〈그림〉과 같이 표시되도록 설정하시오.

〈그림〉

4 '담당자'와 '상태'별로 '대여코드'의 개수를 조회하는 〈담당분석〉 크로스탭 쿼리를 작성하시오. (7점)

▶ 〈대여내역〉, 〈폐교담당〉 테이블을 이용하시오.
▶ 값은 '대여코드' 필드를 사용하시오.
▶ 대여기간이 2~5사이인 것만 조회 대상으로 하시오. (Between 연산자 사용)
▶ 쿼리 실행 결과로 표시되는 필드와 필드명은 〈그림〉과 같이 표시되도록 설정하시오.

〈그림〉

담당자	상태의개수	보고서작성	비활성	종료	협의중	활성
알찬해	1		1			
차오름	1					1
큰라라	1				1	
푸른들	3	1		1		1
하련솔	2			1		1
한길찬	2	1			1	
해찬솔	4	1		1		2

5 〈폐교담당〉 테이블에는 존재하지만 〈대여내역〉 테이블에는 존재하지 않는 '담당자'의 정보를 조회하는 〈미담당자〉 쿼리를 작성하시오. (7점)

▶ NOT IN 예약어를 사용하여 SQL 명령으로 작성하시오.
▶ 〈대여내역〉 테이블의 '관리코드' 필드는 〈폐교담당〉 테이블의 '담당코드' 필드를 참조하는 외래키이다.
▶ 쿼리 실행 결과로 표시되는 필드와 필드명은 〈그림〉과 같이 표시되도록 설정하시오.

〈그림〉

담당코드	담당자	연락처	이메일
A08	은소라	010-7476-0107	khw@dim.com
A09	슬아라	010-7845-9632	kmc@sangong.com
A10	봄시내	010-6585-2145	jcs@do.co.kr

해설 확인하기

▶ 정답 확인하기: EXIT 사이트 → 자료실 → 컴퓨터활용능력 1급
→ 실기 기본서 → 정답화면 바로보기

문제 ❶ DB 구축 (25점)

1 〈폐교현황〉, 〈폐교담당〉 테이블 완성하기

① 탐색 창의 〈폐교현황〉 테이블에서 마우스 오른쪽 단추를 클릭하고 바로 가기 메뉴에서 [디자인 보기]를 선택한다.
② '폐교코드' 필드를 선택 → '필드 속성'에서 [일반] 탭의 '입력 마스크' 속성에 >LL-000;0을 입력한다.
③ 필드 이름의 마지막 부분에 클릭하여 '필드 이름'에 '현황', '데이터 형식'에 '첨부 파일'을 지정한다.

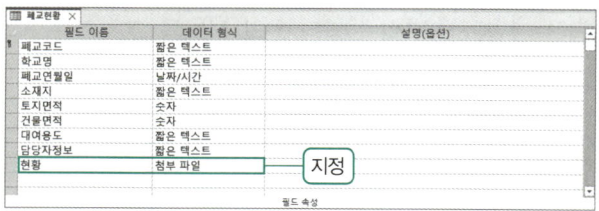

④ '소재지' 필드를 선택 → '필드 속성'에서 [일반] 탭의 '캡션'에 주소를 입력한다.
⑤ '대여용도' 필드를 선택 → '필드 속성'에서 [일반] 탭의 '유효성 검사 규칙'에 Instr([대여용도],"")=0을 입력 → '유효성 검사 텍스트'에 공백 제외를 입력한다.
⑥ 탐색 창의 〈폐교담당〉 테이블에서 마우스 오른쪽 단추를 클릭하고 바로 가기 메뉴에서 [디자인 보기]를 선택한다.
⑦ '이메일' 필드를 선택 → '필드 속성'에서 [일반] 탭의 '유효성 검사 규칙'에 Like "*@*"를 입력하고, 유효성 검사 텍스트에 잘못된 형식입니다를 입력한다.
⑧ [테이블] 탭에서 마우스 오른쪽 단추를 클릭하고 바로 가기 메뉴에서 [모두 닫기]를 선택 → 변경한 내용을 저장할 것인지 묻는 메시지 상자와 데이터 통합 규칙이 바뀌었다는 메시지 상자가 나타나면 [예] 단추를 클릭한다.

2 테이블 간의 관계 설정하기

① [데이터베이스 도구] 탭-[관계] 그룹-[관계]를 클릭한다.
② [관계] 창에서 마우스 오른쪽 단추를 클릭하고 바로 가기 메뉴에서 [테이블 표시]를 선택한다.
③ [테이블 추가] 창이 나타나면 [테이블] 탭에서 〈대여내역〉, 〈대여비용〉, 〈폐교담당〉 테이블을 차례대로 더블클릭하여 [관계] 창에 추가 → [닫기] 단추를 클릭한다.
④ 〈대여내역〉 테이블의 '대여코드' 필드를 〈대여비용〉 테이블의 '대여료코드' 필드로 드래그한다.
⑤ [관계 편집] 대화상자가 나타나면 '항상 참조 무결성 유지', '관련 필드 모두 업데이트'에 체크 → [만들기] 단추를 클릭한다.

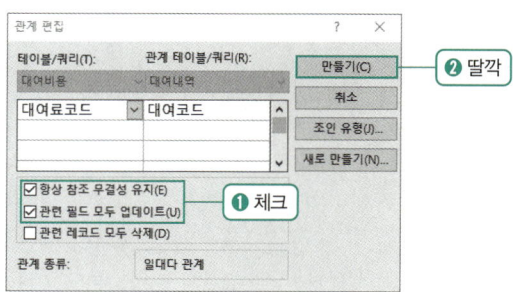

⑥ 〈대여내역〉 테이블의 '관리코드' 필드를 〈폐교담당〉 테이블의 '담당코드' 필드로 드래그한다.
⑦ [관계 편집] 대화상자가 나타나면 '항상 참조 무결성 유지'에 체크 → [만들기] 단추를 클릭한다.

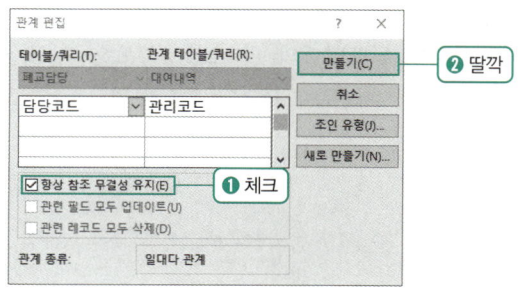

⑧ 관계가 설정되었으면 [관계] 창의 [닫기] 단추(X)를 클릭 → 변경한 내용을 저장할 것인지 묻는 메시지 상자가 나타나면 [예] 단추를 클릭한다.

3 '담당자정보' 필드에 조회 속성 설정하기

① 탐색 창의 〈폐교현황〉 테이블에서 마우스 오른쪽 단추를 클릭하고 바로 가기 메뉴에서 [디자인 보기]를 선택한다.
② '담당자정보' 필드를 선택 → '필드 속성'에서 [조회] 탭의 '컨트롤 표시' 속성을 '콤보 상자'로, '행 원본 유형' 속성을 '테이블/쿼리'로 지정 → '행 원본' 속성에 커서를 올려놓고 작성기 단추(…)를 클릭한다.
③ [테이블 표시] 대화상자가 나타나면 [테이블] 탭에서 〈폐교담당〉 테이블을 더블클릭하여 [쿼리 작성기] 창에 추가 → [닫기] 단추()를 클릭한다.
④ [쿼리 작성기] 창의 〈폐교담당〉 테이블에서 '담당코드', '담당자', '연락처' 필드를 차례대로 더블클릭 → [닫기] 단추(X)를 클릭한다.

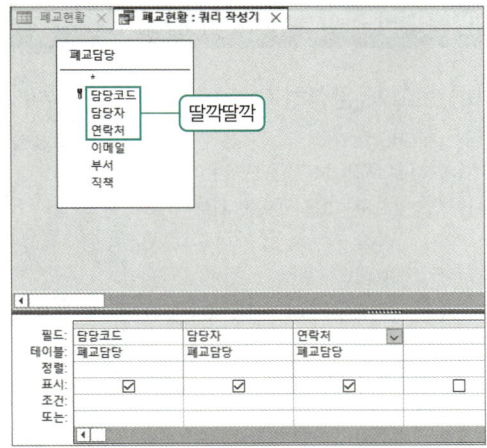

⑤ SQL 문의 변경 내용을 저장하고 속성을 업데이트할 것인지 묻는 메시지 상자가 나타나면 [예] 단추를 클릭한다.

⑥ '담당자정보' 필드의 '필드 속성'에서 [조회] 탭의 '바운드 열' 속성은 2로, '열 개수' 속성은 3으로, '열 너비' 속성은 0cm;1.5cm;4cm, 열 이름은 '예'로 지정한다.

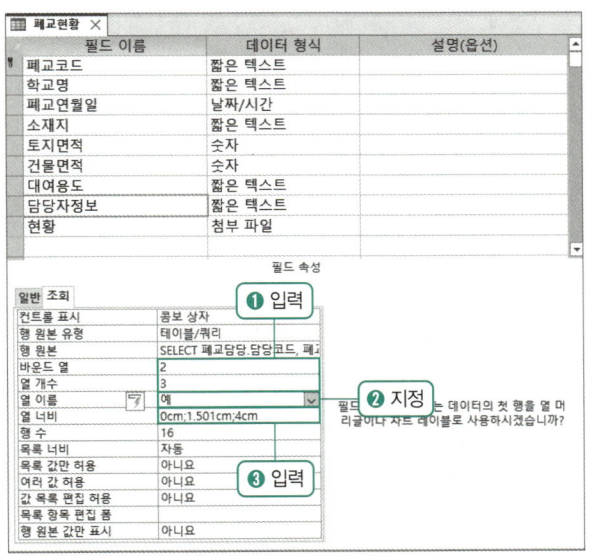

⑦ [테이블] 탭에서 마우스 오른쪽 단추를 클릭하고 바로 가기 메뉴에서 [닫기] 단추(×)를 선택 → 변경한 내용을 저장할 것인지 묻는 메시지 상자가 나타나면 [예] 단추를 클릭한다.

문제 ② 입력 및 수정 기능 구현 (20점)

1 〈폐교체계〉 폼의 속성 설정하기

① 탐색 창의 〈폐교체계〉 폼에서 마우스 오른쪽 단추를 클릭하고 바로 가기 메뉴에서 [디자인 보기]를 선택한다.

② [양식 디자인] 탭-[도구] 그룹-[속성 시트]를 클릭한다.

③ [속성 시트] 창에서 'txt폐교연월일'을 선택 → [형식] 탭에서 '형식' 속성에 yyyy-mm-●●를 입력한다.

④ [속성 시트] 창에서 'txt총대여료'을 선택 → [데이터] 탭에서 '컨트롤 원본'에 =IIf([대여기간]>=5,[대여료]*(1-0.1)*[대여기간],IIf([대여기간]>=4,[대여료]*(1-0.05)*[대여기간],IIf([대여기간]>=3,[대여료]*(1-0.01)*[대여기간],[대여료]*[대여기간])))을 입력한다.

=IIf([대여기간]>=5,[대여료]*(1-0.1)*[대여기간],IIf([대여기간]>=4,[대여료]*(1-0.05)*[대여기간],IIf([대여기간]>=3,[대여료]*(1-0.01)*[대여기간],[대여료]*[대여기간])))

'대여기간' 필드의 값이 5 이상이면 '대여료'*0.9*'대여기간'을, 4 이상이면 '대여료'*0.95*'대여기간'을, 3 이상이면 '대여료'*0.99*'대여기간'을, 그 외에는 '대여료*대여기간'을 반환한다.

⑤ [속성 시트] 창에서 'txt학교수'를 선택 → [데이터] 탭에서 '컨트롤 원본'에 =String(Int(Count(*)/5),"◑") & "(" & Count(*) & "개 학교)"를 입력한다.

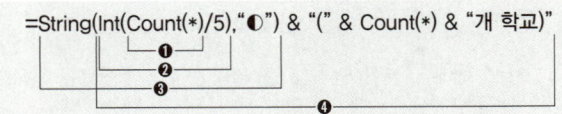

❶ Count(*): Null 값을 포함하여 전체 레코드 개수를 반환한다.
❷ Int(❶/5): ❶/5의 값 중 정수 부분만 반환한다.
❸ String(❷,"◑"): ◑를 ❷만큼 반복해서 반환한다.
❹ ❷ & "(" & ❶ & "개 학교)": 문자열 결합연산자(&)에 의해 ❶과 '(', ❶, '개 학교'를 연결해서 표시한다.

2 〈폐교체계〉 폼에 컨트롤 설정하기

〈폐교체계〉 폼의 [디자인 보기] 화면에서 'txt대여기간평균' 컨트롤을 선택 → [속성 시트] 창의 [데이터] 탭에서 '컨트롤 원본'에 =Format(DAvg("대여기간","폐교관리","대여용도=txt대여용도"),"0.0") & "(" & [txt대여용도] & ")"를 입력한다.

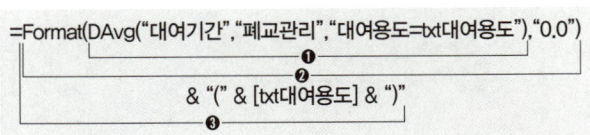

❶ DAvg("대여기간","폐교관리","대여용도=txt대여용도"): 〈폐교관리〉 쿼리에서 '대여용도'가 'txt대여용도'에 해당하는 '대여기간' 필드의 평균을 반환한다.
❷ Format(❶,"0.0"): ❶의 내용은 0.0의 형식으로 반환한다.
❸ ❷ & "(" & [txt대여용도] & ")": 문자열 결합연산자(&)에 의해 ❷와 '(', 'txt대여용도', ')'를 연결해서 표시한다.

3 〈폐교현황엑셀〉 매크로 생성하기

① [만들기] 탭-[매크로 및 코드] 그룹-[매크로]를 클릭한다.
② [매크로1] 창이 나타나면 'ExportWithFormatting' 함수를 선택한다.
③ '개체 유형'은 '테이블'로, '개체 이름'은 '폐교현황'으로, '출력 형식'은 'Excel 통합 문서(*.xlsx)'를 지정 → '출력 파일'에는 폐교현황변환.xlsx을 입력한다.

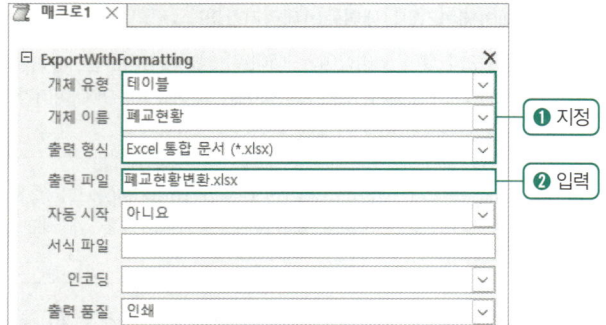

④ [매크로1] 탭에서 [닫기] 단추(×)를 클릭 → 변경한 내용을 저장할 것인지 묻는 메시지 상자가 나타나면 [예] 단추를 클릭한다.
⑤ [다른 이름으로 저장] 대화상자가 나타나면 '매크로 이름'에 폐교현황엑셀을 입력 → [확인] 단추를 클릭한다.
⑥ [속성 시트] 창에서 'cmd폐교현황'을 지정 → [이벤트] 탭에서 'On Click' 이벤트를 '폐교현황엑셀'로 지정한다.
⑦ [양식 디자인] 탭-[보기] 그룹-[보기]-[폼 보기]를 클릭한다.
⑧ 'cmd폐교현황' 단추를 클릭 → [문서] 폴더에서 "폐교현황변환.xlsx" 파일을 클릭하여 결과를 확인한다.

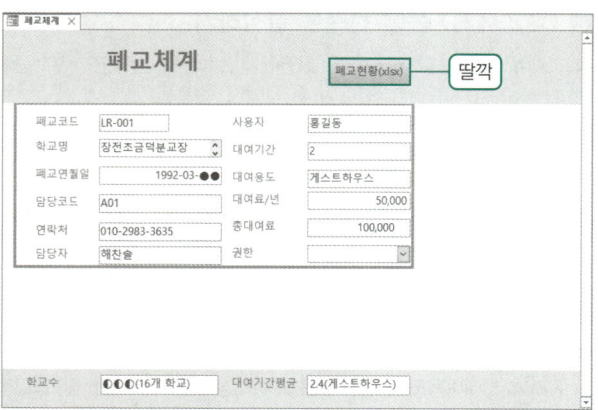

⑨ 〈폐교체계〉 폼의 탭에서 마우스 오른쪽 단추를 클릭하고 바로 가기 메뉴에서 [닫기]를 선택 → 변경한 내용을 저장할 것인지 묻는 메시지 상자가 나타나면 [예] 단추를 클릭한다.

문제 ❸ 조회 및 출력 기능 구현 (20점)

1 〈폐교대여〉 보고서 완성하기

① 탐색 창의 〈폐교대여〉 보고서에서 마우스 오른쪽 단추를 클릭하고 바로 가기 메뉴에서 [디자인 보기]를 선택한다.
② [보고서 디자인] 탭-[도구] 그룹-[속성 시트]를 클릭한다.
③ [속성 시트] 창에서 'txt상태머리글'을 선택 → [데이터] 탭에서 '컨트롤 원본'에 =[Forms]![폐교체계]![lst권한]을 입력한다.
④ [보고서 디자인] 탭-[컨트롤] 그룹-[텍스트 상자](🔲)를 클릭 → '상태 바닥글' 영역에 적당한 크기로 드래그하여 텍스트 상자 삽입 → '레이블 박스'에 개수를 입력한다.
⑤ 텍스트 박스를 클릭한 후 [속성 시트] 창의 [기타] 탭에서 '이름' 속성에 txt개수 입력 → [형식] 탭에서 '글꼴 두께' 속성에 '굵게', '테두리 스타일'은 '투명', '텍스트 맞춤'은 '가운데'를 지정 → [데이터] 탭에서 '컨트롤 원본' 속성에 =Count(*)를 입력한다.
⑥ [보고서 디자인] 탭-[컨트롤] 그룹-[선](◻)을 클릭 → '상태 바닥글' 영역의 텍스트 박스 아래에 드래그하여 위치를 조절한다.
⑦ 선을 클릭한 후 [속성 시트] 창에서 [기타] 탭의 '이름'에 Line선을 입력 → [형식] 탭의 '너비'에 5cm, '위쪽'에 0.8cm, '왼쪽'에 14cm를 입력한다.
⑧ [속성 시트] 창에서 'txt상태기호'를 선택 → [형식] 탭에서 '형식'에 @*▷를 입력한다.
⑨ [속성 시트] 창에서 'max대여기간'을 선택 → [데이터] 탭에서 '컨트롤 원본'에 =DMax("대여기간","폐교관리","상태='활성'")을 입력한다.

DMax("대여기간","폐교관리","상태='활성'")

'폐교관리' 쿼리에서 '상태=활성'인 값의 최대 '대여기간'을 반환한다.

---

⑩ [속성 시트] 창에서 'txt폐교일'을 선택 → [데이터] 탭의 '컨트롤 원본'에 =Format([폐교연월일],"mmm-dd-aaa")을 입력한다.
⑪ 〈폐교대여〉 보고서 탭에서 [닫기] 단추를 선택 → 변경한 내용을 저장할 것인지 묻는 메시지 상자가 나타나면 [예] 단추를 클릭한다. (〈폐교체계〉 폼을 연 다음 'lst권한' 목록에서 '관리자'를 선택한 후 보고서의 내용을 확인해야 한다.)

2 〈폐교체계2〉 폼의 이벤트 프로시저 작성하기

① 탐색 창의 〈폐교체계2〉 폼에서 마우스 오른쪽 단추를 클릭하고 바로 가기 메뉴에서 [디자인 보기]를 선택한다.
② [속성 시트] 창에서 'cmd삭제'를 선택 → [이벤트] 탭에서 'On Click' 이벤트의 작성기 단추(…)를 클릭한다.
③ [작성기 선택] 대화상자가 나타나면 '코드 작성기'를 선택 → [확인] 단추를 클릭한다.
④ [Visual Basic Editor] 창이 나타나면 [코드] 창의 'cmd삭제_Click( )' 프로시저에 다음과 같이 코드를 입력 → [닫기] 단추(×)를 클릭한다.

```
Private Sub cmd삭제_Click()
    DoCmd.RunSQL "delete from 폐교현황2 where 폐교코드='" &
    txt폐교코드 & "'"  ―❶
    txt폐교코드 = " "  ―❷
    txt폐교코드.RowSource = "SELECT 폐교코드 FROM 폐교현황
    2 ORDER BY 폐교코드"  ―❸
End Sub
```

❶ 'txt폐교코드'에 입력된 내용을 '폐교현황2' 테이블에서 삭제한다.
❷ 필드 값을 공백으로 설정한다.
❸ 행 원본을 갱신하여 최신 데이터를 표시한다.

⑤ 〈폐교체계2〉 폼에서 [닫기] 단추(⨯)를 클릭 → 변경한 내용을 저장할 것인지를 묻는 메시지 상자가 나타나면 [예] 단추를 클릭한다.

문제 ❹ 처리 기능 구현 (35점)

1 〈평일폐교〉 쿼리 작성하기

① [만들기] 탭-[쿼리] 그룹-[쿼리 디자인]을 클릭한다.
② [테이블 추가] 창이 나타나면 [테이블] 탭에서 〈폐교현황〉 테이블을 더블클릭하여 [쿼리1] 창에 추가 → [닫기] 단추(⨯)를 클릭한다.
③ 〈폐교현황〉 테이블에서 '학교명', '소재지' 필드를 차례대로 더블클릭한다.
④ '평일번호' 필드를 표시하기 위해 '소재지' 필드의 오른쪽 필드에 평일번호: weekday([폐교연월일],2)을 입력 → 조건에 Between 1 And 5를 입력한다.

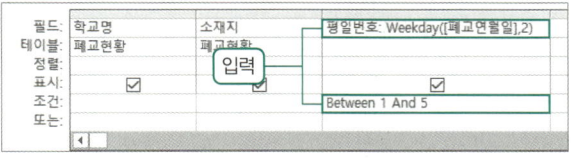

Weekday([폐교연월일],2)

'폐교연월일'의 요일 번호가 '월요일'은 '1', '화요일'은 '2', '수요일'은 '3', '목요일'은 '4', '금요일'은 '5', '토요일'은 '6', '일요일'은 '7'로 반환된다.

⑤ '폐교요일'을 표시하기 위하여 '평일번호' 필드의 오른쪽 필드에 폐교요일: Switch([평일번호]=1,"월",[평일번호]=2,"화",[평일번호]=3,"수",[평일번호]=4,"목",[평일번호]=5,"금",[평일번호]=6,"토",[평일번호]=7,"일")을 입력한다.

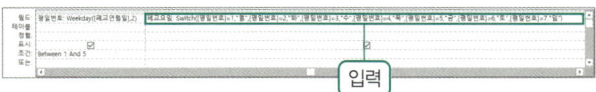

Switch([평일번호]=1,"월",[평일번호]=2,"화",[평일번호]=3,"수",
[평일번호]=4,"목",[평일번호]=5,"금",[평일번호]=6,"토",
[평일번호]=7,"일")

'평일번호'가 '1'이면 '월', '2'이면 '화', '3'이면 '수', '4'이면 '목', '5'이면 '금', '6'이면 '토', '7'이면 '일'을 반환한다.

⑥ [쿼리 디자인] 탭-[결과] 그룹-[실행]을 클릭 → 결과 창을 확인한다.
⑦ 〈쿼리1〉 창에서 [닫기] 단추(⨯)를 클릭 → 변경한 내용을 저장할 것인지 묻는 메시지 상자가 나타나면 [예] 단추를 클릭한다.
⑧ [다른 이름으로 저장] 대화상자가 나타나면 '쿼리 이름'에 평일폐교를 입력 → [확인] 단추를 클릭한다.

2 〈대여생성〉 매개 변수 쿼리 작성하기

① [만들기] 탭-[쿼리] 그룹-[쿼리 디자인]을 클릭한다.
② [테이블 추가] 대화상자가 나타나면 [쿼리] 탭에서 〈폐교관리〉 쿼리를 더블클릭하여 [쿼리1] 창에 추가 → [닫기] 단추를 클릭한다.
③ 〈폐교관리〉 쿼리에서 '학교명', '사용자', '대여기간', '상태', '대여용도' 필드를 차례대로 더블클릭한다.
④ '학교명' 필드를 기준으로 오름차순 정렬하기 위해 '학교명' 필드의 '정렬' 항목을 클릭 → '오름차순'으로 지정한다.
⑤ '대여용도'의 첫 두 글자의 정보를 매개 변수로 입력받기 위해 필드명을 Left([대여용도],2)로 수정 → '조건'에 [대여용도의 첫 두 글자]를 입력 → 표시의 체크를 해제한다.

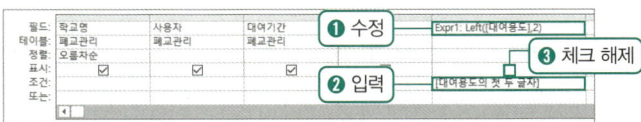

⑥ '비고' 필드를 나타내기 위해 '대여용도' 필드의 오른쪽 필드에 비고: IIf([대여기간]>="3","장기임대","")를 입력한다.

IIf([대여기간]>="3","장기임대","")

'대여기간'이 3 이상이면 '장기임대'를, 그렇지 않은 경우는 공란을 반환한다.

⑦ [쿼리 디자인] 탭-[결과] 그룹-[실행]을 클릭 → [매개 변수 값 입력] 창이 나타나면 게스를 입력한 후 [확인] 단추를 클릭하여 결과를 확인한다.
⑧ 〈쿼리1〉 창에서 [닫기] 단추(⨯)를 클릭 → 변경한 내용을 저장할 것인지 묻는 메시지 상자가 나타나면 [예] 단추를 클릭한다.
⑨ [다른 이름으로 저장] 대화상자가 나타나면 '쿼리 이름'에 대여생성을 입력 → [확인] 단추를 클릭한다.

3 〈폐교여유〉 쿼리 작성하기

① [만들기] 탭-[쿼리] 그룹-[쿼리 디자인]을 클릭한다.
② [테이블 추가] 창이 나타나면 [테이블] 탭에서 〈폐교현황〉 테이블을 더블클릭하여 [쿼리1] 창에 추가 → [닫기] 단추(×)를 클릭한다.
③ 〈폐교현황〉 테이블에서 '학교명', '소재지' 필드를 차례대로 더블클릭한다.
④ '학교명'의 표현을 변경하기 위해 '학교명' 필드에 학교이름: Left([학교명],2) & String(Len([학교명])-2,"*")을 입력 → '소재지' 필드를 클릭하고, 주소: 소재지를 입력한다.

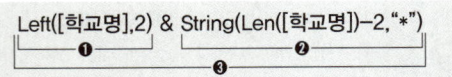

❶ Left([학교명],2): '학교명' 필드에서 왼쪽부터 두 글자를 반환한다.
❷ String(❶,"*"): ❶의 길이-2개만큼 '*'를 표시한다.
❸ ❶ & ❷: 결합연산자 &로 ❶과 ❷의 내용을 연결해서 반환한다.

⑤ '여유공간' 필드를 표시하기 위하여 '주소: 소재지' 필드의 오른쪽 필드에 여유공간: Switch(([토지면적]-[건물면적])>=10000, "대",([토지면적]-[건물면적])>=5000,"중",([토지면적]-[건물면적])<5000,"소")를 입력한다.

Switch(([토지면적]-[건물면적])>=10000,"대",([토지면적]-[건물면적])>=5000,"중",([토지면적]-[건물면적])<5000,"소")

'토지면적-건물면적'이 '10000' 이상이면 '대', '5000' 이상이면 '중', '5000' 미만이면 '소'를 반환한다.

⑥ [쿼리 디자인] 탭-[결과] 그룹-[실행]을 클릭 → 결과를 확인한다.
⑦ 〈쿼리1〉 창에서 [닫기] 단추(×)를 클릭 → 변경한 내용을 저장할 것인지 묻는 메시지 상자가 나타나면 [예] 단추를 클릭한다.
⑧ [다른 이름으로 저장] 대화상자가 나타나면 '쿼리 이름'에 폐교여유를 입력 → [확인] 단추를 클릭한다.

4 〈담당분석〉 크로스탭 쿼리 작성하기

① [만들기] 탭-[쿼리] 그룹-[쿼리 디자인]을 클릭한다.
② [테이블 추가] 창이 나타나면 [테이블] 탭에서 〈대여내역〉 테이블과 〈폐교담당〉 테이블을 차례대로 더블클릭하여 [쿼리1] 창에 추가 → [닫기] 단추를 클릭한다.
③ 〈폐교담당〉 테이블에서 '담당자' 필드를 더블클릭, 〈대여내역〉 테이블에서 '상태', '대여코드', '대여기간', '상태' 필드를 더블클릭한다.
④ [쿼리 디자인] 탭-[쿼리 유형] 그룹-[크로스탭]을 클릭한다.
⑤ '요약'과 '크로스탭' 항목이 추가되면 각 필드의 항목에 다음과 같이 조건을 지정한다.

- '담당자' 필드의 '크로스탭' 항목: '행 머리글' 지정
- '상태' 필드의 '크로스탭' 항목: '열 머리글' 지정
- '대여코드' 필드의 '요약', '크로스탭' 항목: '개수', '값' 지정
- '대여기간' 필드의 '요약', '조건' 항목: '조건 지정', Between "2" And "5" 입력
- '상태' 필드의 '요약', '크로스탭' 항목: '개수', '행 머리글' 지정

⑥ [쿼리 디자인] 탭-[결과] 그룹-[실행]을 클릭 → 결과를 확인한다.
⑦ 〈쿼리1〉 창에서 [닫기] 단추(×)를 클릭 → 변경한 내용을 저장할 것인지 묻는 메시지 상자가 나타나면 [예] 단추를 클릭한다.
⑧ [다른 이름으로 저장] 대화상자가 나타나면 '쿼리 이름'에 담당분석을 입력 → [확인] 단추를 클릭한다.

5 〈미담당자〉 쿼리 작성하기

① [만들기] 탭-[쿼리] 그룹-[쿼리 디자인]을 클릭한다.
② [테이블 추가] 창이 나타나면 [테이블] 탭에서 〈폐교담당〉 테이블을 더블클릭하여 [쿼리1] 창에 추가 → [닫기] 단추를 클릭한다.
③ 〈폐교담당〉 테이블에서 '담당코드', '담당자', '연락처', '이메일' 필드를 차례대로 더블클릭한다.
④ '담당코드' 필드의 '조건'에 Not In (Select 관리코드 From 대여내역)을 입력한다.

Not In (Select 관리코드 From 대여내역)

❶ SELECT 관리코드 FROM 대여내역: '대여내역' 테이블에서 '관리코드' 필드의 내용을 조회한다.
❷ Not In(❶): ❶이 목록에 포함되지 않을 경우 TRUE를 반환한다.

⑤ [쿼리 디자인] 탭-[결과] 그룹-[실행]을 클릭 → 결과를 확인한다.
⑥ 〈쿼리1〉 창에서 [닫기] 단추(×)를 클릭 → 변경한 내용을 저장할 것인지 묻는 메시지 상자가 나타나면 [예] 단추를 클릭한다.
⑦ [다른 이름으로 저장] 대화상자가 나타나면 '쿼리 이름'에 미담당자를 입력 → [확인] 단추를 클릭한다.

제10회 기출변형문제

프로그램명	제한시간	합격선	외부 데이터 위치
ACCESS 2021	45분	70점	C:\에듀윌_2026컴활1급실기\기출변형문제\데이터베이스실무\실습\10회\제10회기출변형문제.accdb

문제 ❶ DB 구축 (25점)

1 각 학교의 참여교육 현황을 관리하기 위한 데이터베이스를 구축하고자 한다. 다음의 지시사항에 따라 〈참여현황〉 테이블을 완성하시오. (각 3점)

① 〈참여현황〉 테이블의 '교실번호' 필드는 '123-1234' 형식으로 입력되도록 입력 마스크를 설정하시오.
  ▶ 숫자 입력은 0~9까지의 숫자나 공백을 입력할 수 있도록 설정할 것
  ▶ 덧셈, 뺄셈 기호는 사용할 수 없도록 설정할 것
  ▶ '-' 문자도 테이블에 저장되도록 설정할 것
  ▶ 데이터가 입력될 자리에 '*'이 표시되도록 설정할 것
② 〈참여현황〉 테이블의 '연락처' 필드에서 '-'의 위치가 4번째에 처음으로 나타나도록 유효성 검사 규칙을 설정하시오.
  ▶ INSTR 함수 사용
③ 〈참여현황〉 테이블의 '설립구분' 필드에는 '공립', '사립' 데이터만 입력할 수 있도록 유효성 검사 규칙을 설정하고, 이외의 값이 입력되면 '공립과 사립 중 입력하세요'라는 메시지가 표시되도록 설정하시오.
④ '학교코드' 필드를 기본 키로 설정하고, 기본적으로 '영숫자 반자'로 입력되도록 설정하시오.
⑤ '합계' 필드에는 '참여교원+참여학부모+참여학생' 값이 입력되도록 유효성 검사를 설정하시오.

2 〈참여정도〉 테이블의 '참여코드' 필드는 〈학교정보〉 테이블의 '학교코드' 필드를 1:1 관계로 참조하고, 〈참여정도〉 테이블 '관리자코드' 필드는 〈관리정보〉 테이블의 '관리코드' 필드를 M:1 관계로 참조한다. 두 테이블에 대해 다음과 같이 관계를 설정하시오. (5점)

※ 액세스 파일에 이미 설정되어 있는 관계는 수정하지 마시오.

  ▶ 테이블 간에 항상 참조 무결성이 유지되도록 설정하시오.
  ▶ 〈학교정보〉 테이블의 '학교코드' 필드 값이 변경되면 이를 참조하는 〈참여정도〉 테이블의 '참여코드' 필드 값도 따라 변경되고, 〈학교정보〉 테이블의 '학교코드' 필드 값이 삭제되면 〈참여정도〉 테이블의 '참여코드' 필드 값도 삭제되도록 설정하시오.
  ▶ 〈관리정보〉 테이블의 '관리코드' 필드 값이 변경되면 이를 참조하는 〈참여정도〉 테이블의 '관리자코드' 필드 값도 따라 변경되도록 설정하시오.

3 〈참여현황〉 테이블을 다음의 지시사항에 따라 내보내기 하시오. (5점)
- '내보내기' 할 파일의 형식은 'Text Files(*.txt;*.csv;*.tab;*.asc)'로 설정하시오.
- '내보내기' 할 위치는 문서 폴더에 '폭력예방교육현황'으로 설정하시오.
- 필드 구분자는 쉼표(,)로 설정하시오.

문제 ❷ 입력 및 수정 기능 구현 (20점)

1 다음의 지시사항 및 〈그림〉을 참고하여 〈교육운영〉 폼을 완성하시오. (각 3점)

① 본문 영역의 'txt교장이름' 컨트롤에 성명의 마지막 두 글자가 '◆◆'로 표시되도록 속성을 설정하시오.
- [표시 예: 남궁혜림 → 남궁◆◆, 홍길동 → 홍◆◆]
- LEFT, LEN 함수 사용

〈그림〉

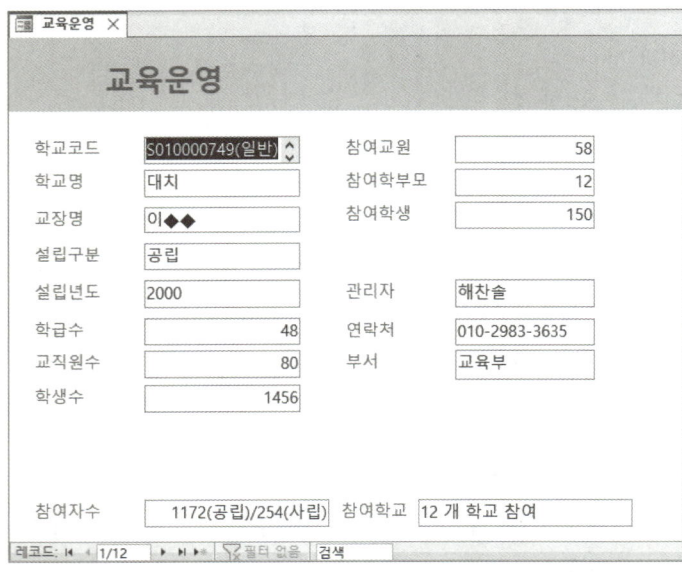

② 〈교육운영〉 폼 바닥글 영역의 'txt참여학교' 컨트롤에 '학교'의 개수가 다음 [표시 예]와 같이 표시하도록 컨트롤 원본 속성을 설정하시오.
- [표시 예: 2 → 02 개 학교 참여]
- Format, Count 사용

③ 〈교육운영〉 폼 본문 영역의 'txt학교코드' 컨트롤에는 '학교코드'가 'L'로 시작하면 학교코드 뒤에 '예술'이라고 표시하고, 그 외에는 '일반'이 표시되도록 컨트롤 원본 속성을 설정하시오.
- [표시 예: S010000749 → S010000749(일반)]
- IIF, LEFT 함수, & 연산자 사용

2 〈교육운영〉 폼 바닥글 영역의 'txt참여자수'에는 '참여학생'의 합계가 '설립구분'의 내용에 따라 다음과 같이 표시되도록 설정하시오. (6점)
- ▶ [표시 예: 공립이 120, 사립 130인 경우 → 120(공립)/130(사립)]
- ▶ DSUM 함수, & 연산자 사용

3 〈교육운영〉 폼의 'txt관리자' 컨트롤을 더블클릭하면 〈관리운영정보〉 폼을 폼보기 형식과 편집 데이터 모드로 여는 〈관리운영〉 매크로를 생성하시오. (5점)
- ▶ 매크로 조건: 관리자 필드의 값이 폼 본문의 'txt관리자'에 해당하는 관리자의 정보만 표시

문제 ❸ 조회 및 출력 기능 구현 (20점)

1 다음의 지시사항 및 화면을 참조하여 〈교육분석〉 보고서를 완성하시오. (각 3점)

① 페이지 바닥글의 'txt페이지' 컨트롤에는 홀수 페이지만 다음의 형태로 표시되도록 설정하시오.
- ▶ [표시 예: 현재 페이지가 1이고 전체 페이지가 5인 경우 → ◀ 1/5 ▶]
- ▶ IIF, MOD 함수 사용

② 보고서 본문의 '연락처' 컨트롤에 연결된 연락처가 '*' 형태로 표시되도록 입력 마스크를 설정하시오.

③ 보고서 본문의 'txt순번' 컨트롤은 그룹 내에서의 일련 번호를 표시하도록 관련 속성을 설정하시오.

④ 본문의 'txt평가'에는 '참여교원+참여학부모+참여학생'의 값이 '200 이상'이면 '상', '150 이상'이면 '중', 그 외에는 공백을 표시하시오.
- ▶ SWITCH 함수 사용

⑤ '설립구분' 머리글의 'txt설립구분' 컨트롤에는 다음과 같은 형식으로 표시하도록 설정하시오.
- ▶ [표시 예: '설립구분'이 '공립'이고 그룹의 데이터가 '9개'인 경우 → 공립: 9개]
- ▶ COUNT 함수 사용

〈그림〉

설립구분	순번	학교코드	평가	참여교원	참여학부모	참여학생	관리자	연락처
공립 : 9개								
	1	L010000900	하	0	11	122	해찬솔	**********
	2	L010000898	상	64	12	127	한길찬	**********
	3	S010000757	중	21	12	120	하련솔	**********
	4	S010000756	중	53	11	120	하련솔	**********
	5	S010000753	상	67	12	176	한길찬	**********
	6	S010000752	중	52	11	122	해찬솔	**********
	7	S010000751	중	50	11	125	하련솔	**********
	8	S010000750	중	45	11	110	한길찬	**********
	9	S010000749	상	58	12	150	해찬솔	**********
합계				410	103	1,172		
사립 : 3개								
	1	L010000899	중	37	11	122	하련솔	**********
	2	L010000897	중	52	11	132	해찬솔	**********
	3	S010000755	하	0	0	0	하련솔	**********
합계				89	22	254		
총 합계				499	125	1,426		

◀1/1▶

2 〈관리운영정보〉 폼의 'txt검색' 컨트롤에 '직책(예. 팀장)'을 입력하고 'cmd검색' 단추를 클릭하면 입력된 '직책'에 해당하는 레코드를 찾아 보여주는 기능을 수행하도록 이벤트 프로시저를 구현하시오. (5점)

▶ 조건에 맞는 레코드가 여러 개인 경우 첫 번째로 일치하는 레코드를 찾을 수 있도록 설정하시오.
▶ 현재 폼의 Recoedsetclone 속성과 Bookmark 속성, Findfirst 메서드 사용

문제 ❹ 처리 기능 구현 (35점)

1 〈관리정보〉 테이블을 이용하여 '관리코드'의 마지막 두 글자를 매개변수로 입력받고, 담당 관리자를 조회하는 〈관리생성〉 쿼리를 작성하고 실행하시오. (7점)

▶ '부서'는 기획부가 아닌 데이터만 대상으로 하시오.
▶ 쿼리 실행 결과로 표시되는 필드와 필드명은 〈그림〉과 같이 표시되도록 설정하시오.

〈그림〉

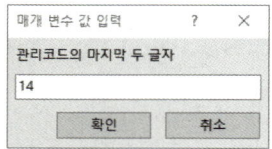

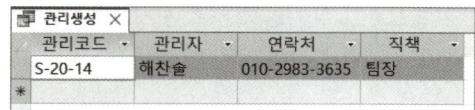

▲ 관리코드에 14를 입력한 예시

2 〈학교정보〉와 〈참여정도〉 테이블을 이용하여 '참여학생'이 전체 참여학생 평균보다 큰 학교를 조회하는 〈평균이상참여〉 쿼리를 작성하시오. (7점)

▶ SELECT문 사용
▶ 쿼리 실행 결과로 표시되는 필드와 필드명은 〈그림〉과 같이 표시되도록 설정하시오.

〈그림〉

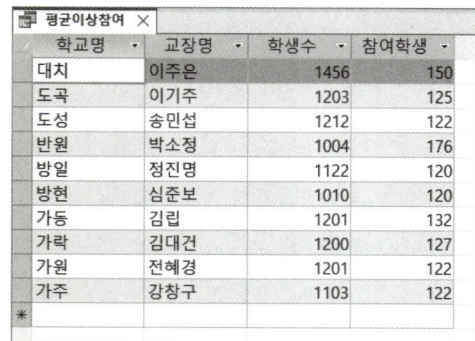

3 ⟨교육관리⟩ 쿼리를 이용하여 '참여학생' 필드 값이 첫 번째 매개 변수 값 이상이고, 두 번째 매개 변수 값 이하에 해당하는 값을 조회하는 ⟨기초교육⟩ 쿼리를 작성하시오. (7점)

- '비고'는 '학교코드'의 오른쪽에서 세 번째 글자가 '7'이면 '기초교육'이라고 표시하고 그 외에는 공백으로 표시하시오. (단, '학교코드'는 10자리의 문자로 이루어져 있다고 가정한다)
- IIF, MID, AND 함수 사용
- 쿼리 실행 결과로 표시되는 필드와 필드명은 ⟨그림⟩과 같이 표시되도록 설정하시오.

⟨그림⟩

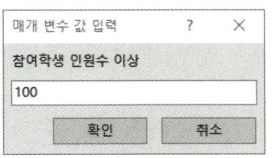
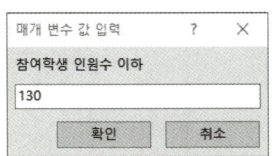

학교코드	학교명	설립년도	참여학생	비고
S010000750	대현	2001	110	기초교육
S010000751	도곡	2002	125	기초교육
S010000752	도성	2000	122	기초교육
S010000756	방일	2002	120	기초교육
S010000757	방현	2001	120	기초교육
L010000898	가락	2002	127	
L010000899	가원	2001	122	
L010000900	가주	2001	122	

▲ '참여학생 인원수 이상'에 100, '참여학생 인원수 이하'에 130을 입력한 예시

4 '지역별', '설립구분별'로 '참여코드'의 개수를 조회하는 ⟨지역분석⟩ 크로스탭 쿼리를 작성하시오. (7점)

- ⟨학교정보⟩, ⟨참여정도⟩ 테이블을 사용하시오.
- '참여코드' 필드의 값을 사용하시오.
- 빈 셀에는 '◎'를 표시하시오. (IIF, ISNULL, COUNT 함수 사용)
- 쿼리 실행 결과로 표시되는 필드와 필드명은 ⟨그림⟩과 같이 표시되도록 설정하시오.

⟨그림⟩

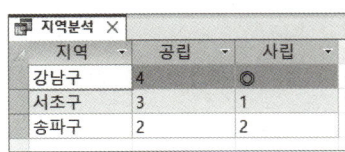

지역	공립	사립
강남구	4	◎
서초구	3	1
송파구	2	2

5 〈관리정보〉, 〈참여정도〉 테이블을 이용하여 관리하는 '학교수'가 3 이상인 레코드를 조회하고 〈관리정보〉 테이블의 '비고' 필드의 값을 '주요관리자'로 변경하는 〈주요관리자관리〉 업데이트 쿼리를 작성하고 실행하시오. (7점)

- ▶ '학교수' 계산은 '참여코드의 수'로 하시오.
- ▶ In 연산자와 하위 쿼리 사용
- ▶ 쿼리 실행 결과로 표시되는 필드와 필드명은 〈그림〉과 같이 표시되도록 설정하시오.

〈그림〉

관리코드	관리자	연락처	부서	직책	비고
S-07-69	술아라	010-7845-9632	기획부	팀장	
S-20-14	해찬솔	010-2983-3635	교육부	팀장	주요관리자
S-20-53	큰라라	010-8965-6542	인사부	주임	
S-23-37	늘솔길	010-9547-7411	교육부	주임	
S-25-61	푸른들	010-7766-3252	교육부	과장	
S-26-80	꽃내음	010-1111-1111	교육부	주임	
S-34-15	봄시내	010-6585-2145	교육부	주임	
S-37-29	한길찬	010-9645-3658	인사부	과장	주요관리자
S-45-19	온소라	010-7476-0107	인사부	주임	
S-50-14	큰마루	010-2222-2222	기획부	팀장	
S-56-35	들찬길	010-1477-7414	교육부	주임	
S-60-36	강하늘	010-3333-3333	기획부	주임	
S-73-72	차오름	010-4741-1245	기획부	팀장	
S-81-88	하련솔	010-2589-3695	기획부	주임	주요관리자
S-94-36	알찬해	010-7411-8411	교육부	과장	

해설 확인하기

> 정답 확인하기: EXIT 사이트 → 자료실 → 컴퓨터활용능력 1급
> → 실기 기본서 → 정답화면 바로보기

문제 ❶ DB 구축 (25점)

1 〈참여현황〉 테이블 완성하기

① 탐색 창의 〈참여현황〉 테이블에서 마우스 오른쪽 단추를 클릭하고 바로 가기 메뉴에서 [디자인 보기]를 선택한다.
② '교실번호' 필드를 선택 → '필드 속성'에서 [일반] 탭의 '입력 마스크' 속성에 999-9999;0;*을 입력한다.
③ '연락처' 필드를 선택 → '필드 속성'에서 [일반] 탭의 '유효성 검사 규칙'에 InStr([연락처],'-')=4를 입력한다.
④ '설립구분' 필드를 선택 → '필드 속성'에서 [일반] 탭의 '유효성 검사 규칙'에 "공립" Or "사립"을 입력 → '유효성 검사 텍스트'에 공립과 사립 중 입력하세요를 입력한다.
⑤ '학교코드' 필드를 선택 → [테이블 디자인] 탭-[도구] 그룹-[기본 키]를 클릭한다.
⑥ '필드 속성'에서 [일반] 탭의 'IME 모드'를 '영숫자 반자'로 설정한다.
⑥ '합계' 필드를 선택 → [테이블 디자인] 탭-[표시/숨기기] 그룹-[속성 시트]를 클릭한다.
⑦ [속성 시트] 창의 [일반] 탭에서 '유효성 검사 규칙'에 [합계]=[참여교원]+[참여학부모]+[참여학생]을 입력한다.

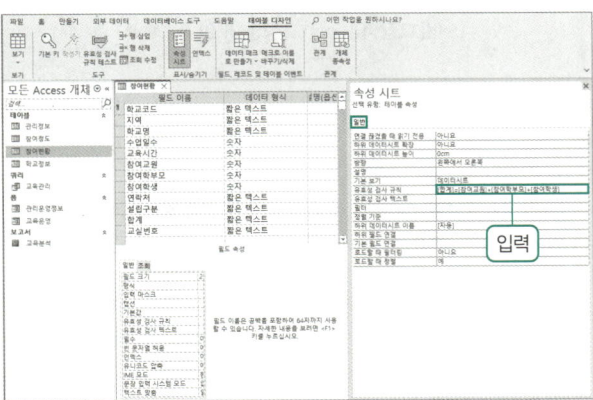

⑧ [테이블] 탭에서 마우스 오른쪽 단추를 클릭하고 바로 가기 메뉴에서 [닫기] 단추(⨯)를 선택 → 변경한 내용을 저장할 것인지 묻는 메시지 상자와 데이터 통합 규칙이 바뀌었다는 메시지 상자가 나타나면 [예] 단추를 클릭한다.

2 테이블 간의 관계 설정하기

① [데이터베이스 도구] 탭-[관계] 그룹-[관계]를 클릭한다.
② [관계] 창에서 마우스 오른쪽 단추를 클릭하고 바로 가기 메뉴에서 [테이블 표시]를 선택한다.
③ [테이블 추가] 창이 나타나면 [테이블] 탭에서 〈관리정보〉, 〈참여정도〉, 〈학교정보〉 테이블을 더블클릭하여 [관계] 창에 추가 → [닫기] 단추를 클릭한다.
④ 〈참여정도〉 테이블의 '참여코드' 필드를 〈학교정보〉 테이블의 '학교코드' 필드로 드래그한다.
⑤ [관계 편집] 대화상자가 나타나면 '항상 참조 무결성 유지'와 '관련 필드 모두 업데이트', '관련 레코드 모두 삭제'에 체크 → [만들기] 단추를 클릭한다.

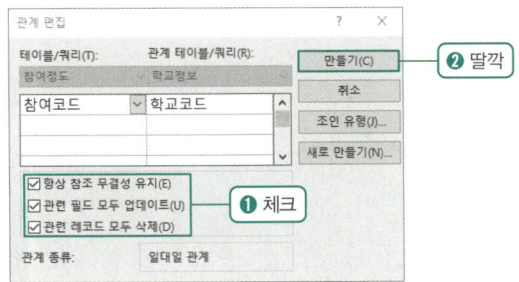

⑥ 〈참여정도〉 테이블의 '관리자코드' 필드를 〈관리정보〉 테이블의 '관리코드' 필드로 드래그한다.
⑦ [관계 편집] 대화상자가 나타나면 '항상 참조 무결성 유지', '관련 필드 모두 업데이트'에 체크 → [만들기] 단추를 클릭한다.

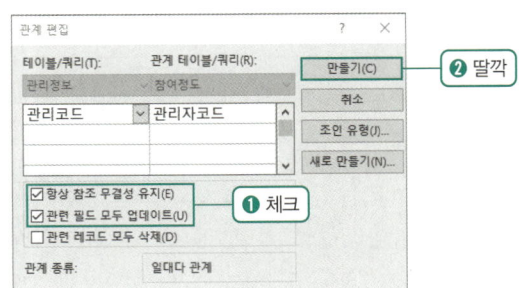

⑧ 관계가 설정되었으면 [관계] 창의 [닫기] 단추(⨯)를 클릭 → 변경한 내용을 저장할 것인지 묻는 메시지 상자가 나타나면 [예] 단추를 클릭한다.

3 〈폭력예방교육현황〉 파일 내보내기

① '탐색' 창에서 〈참여현황〉 테이블을 클릭한 후 **[외부 데이터] 탭-[내보내기] 그룹-[텍스트 파일]**을 클릭한다.
② '내보내기 - 텍스트 파일' 대화상자에서 '찾아보기' 단추를 클릭한다.
③ '파일 저장' 대화상자에서 '문서' 폴더를 지정하고 파일 이름에 폭력예방교육현황을 입력 → [저장] 단추를 클릭한 다음 '내보내기-텍스트 파일' 대화상자로 돌아오면 [확인] 단추를 클릭한다.

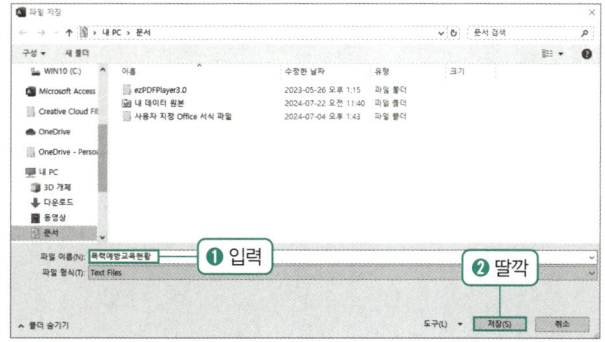

④ '텍스트 내보내기 마법사' 대화상자의 첫 번째 화면에서 '구분'에 체크 → [다음] 단추를 클릭한다.

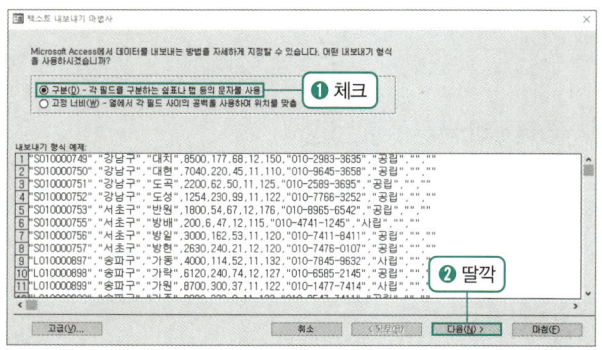

⑤ '텍스트 내보내기 마법사' 대화상자의 두 번째 화면에서 '필드를 나눌 구분 기호 선택'에서 '쉼표'를 선택 → [다음] 단추를 클릭한다.

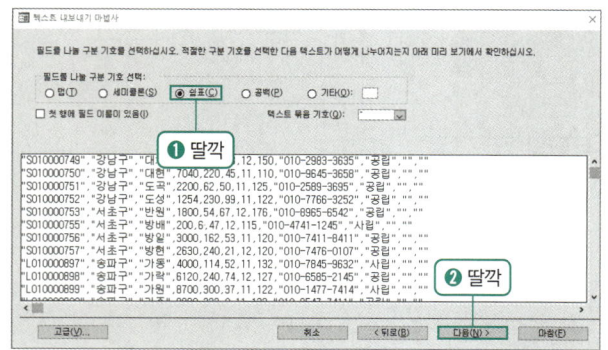

⑥ '텍스트 내보내기 마법사' 대화상자의 세 번째 화면에서 [마침] 단추를 클릭한다.

⑦ '내보내기-텍스트 파일' 대화상자가 나타나면 '내보내기 단계 저장'에 체크 해제 → [닫기]단추를 클릭한다.

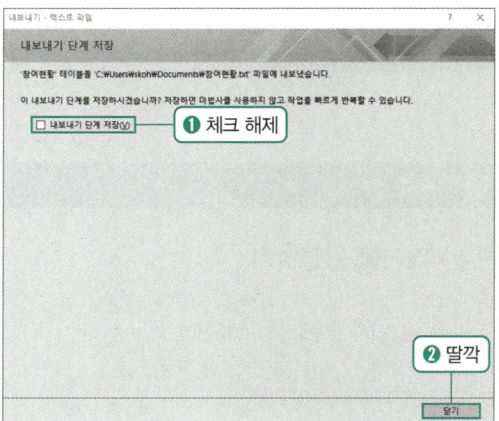

문제 ❷ 입력 및 수정 기능 구현 (20점)

1 〈교육운영〉 폼의 속성 설정하기

① 탐색 창의 〈교육운영〉 폼에서 마우스 오른쪽 단추를 클릭하고 바로 가기 메뉴에서 **[디자인 보기]**를 선택한다.
② **[양식 디자인] 탭의-[도구] 그룹-[속성 시트]**를 클릭한다.
③ [속성 시트] 창에서 'txt교장이름'을 선택 → [데이터] 탭에서 '컨트롤 원본' 속성에 =Left([교장명],Len([교장명])-2) & "◆◆"를 입력한다.

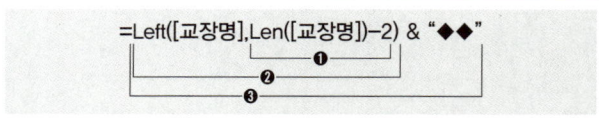

❶ Len([교장명])-2: '교장명' 필드 값의 문자열 길이에서 -2를 한 값을 반환한다.
❷ Left([교장명],❶): '교장명' 필드 값의 왼쪽부터 ❶만큼 반환한다.
❸ ❷ & "◆◆": 결합연산자 &에 의해 ❷와 "◆◆"를 연결해서 나타낸다.

④ [속성 시트] 창에서 'txt참여학교'를 선택 → [데이터] 탭에서 '컨트롤 원본' 속성에 =Format(Count(*),"00 개 학교 참여")를 입력한다.
⑤ [속성 시트] 창에서 'txt학교코드'를 선택 → [데이터] 탭에서 '컨트롤 원본' 속성에 =IIf(Left([학교코드],1)="L",[학교코드] & "(예술)",[학교코드] & "(일반)")을 입력한다.

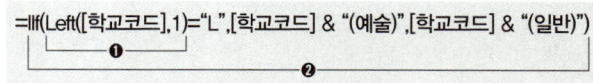

❶ Left([학교코드],1): 학교코드의 왼쪽에서 한 자리를 반환한다.
❷ IIf(❶="L",[학교코드] & "(예술)",[학교코드] & "(일반)"): ❶의 값이 'L'이면 '학교코드'와 '(예술)'을 반환하고, 아니면 '학교코드'와 (일반)을 반환한다.

2 〈교육운영〉 폼의 속성 설정하기

〈교육운영〉 폼의 [속성 시트] 창에서 'txt참여자수' 컨트롤을 선택 → [데이터] 탭에서 '컨트롤 원본' 속성에 =DSum("참여학생","교육관리","설립구분='공립'") & "(공립)/" & DSum("참여학생","교육관리","설립구분='사립'") & "(사립)"을 입력한다.

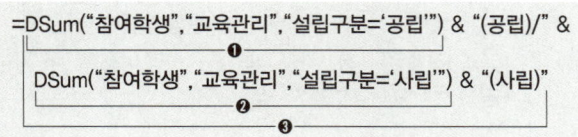

- ❶ DSum("참여학생","교육관리","설립구분='공립'") : '교육관리' 쿼리에서 '설립구분=공립'인 참여학생의 합계를 반환한다.
- ❷ DSum("참여학생","교육관리","설립구분='사립'") : '교육관리' 쿼리에서 '설립구분=사립'인 참여학생의 합계를 반환한다.
- ❸ ❶ & "(공립)/" & ❷ & "(사립)" : 결합연산자 &에 의해 ❶, (공립)/, ❷, "(사립)"을 연결해서 나타낸다.

3 〈관리운영〉 매크로 지정하기

① [만들기] 탭-[매크로 및 코드] 그룹-[매크로]를 클릭한다.
② [매크로1] 창이 나타나면 함수는 'OpenForm'을 지정 → 폼 이름은 관리운영정보, Where 조건문은 [관리자]=[Forms]![교육운영]![txt관리자]를 입력 → 데이터 모드는 '편집'을 지정한다.

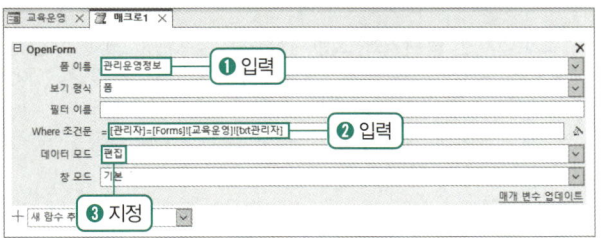

③ [매크로1] 창에서 [닫기] 단추(×)를 클릭 → 변경한 내용을 저장할 것인지 묻는 메시지 상자가 나타나면 [예] 단추를 클릭한다.
④ [다른 이름으로 저장] 대화상자가 나타나면 '매크로 이름'에 관리운영 입력 → [확인] 단추를 클릭한다.
⑤ [속성 시트] 창에서 'txt관리자'를 지정 → [이벤트] 탭에서 'On Dbl Click'의 목록에서 '관리운영'을 지정한다.
⑥ [양식 디자인] 탭-[보기] 그룹-[보기]-[폼 보기]를 클릭한다.
⑦ 'txt관리자'를 더블클릭하여 결과를 확인 → 〈교육운영〉 폼의 탭에서 마우스 오른쪽 단추를 클릭하고 바로 가기 메뉴에서 [모두 닫기]를 선택 → 변경한 내용을 저장할 것인지 묻는 메시지 상자가 나타나면 [예] 단추를 클릭한다.

문제 ❸ 조회 및 출력 기능 구현 (20점)

1 〈교육분석〉 보고서 완성하기

① 탐색 창의 〈교육분석〉 보고서에서 마우스 오른쪽 단추를 클릭하고 바로 가기 메뉴에서 [디자인 보기]를 선택한다.
② [속성 시트] 창에서 'txt페이지'를 선택 → [데이터] 탭의 '컨트롤 원본'에 =IIf([Page] Mod 2=1, "◀" & [Page] & "/" & [Pages]&"▶")를 입력한다.
③ [속성 시트] 창에서 '연락처'를 선택 → [데이터] 탭의 '입력 마스크'에서 단추(…)를 클릭한다.
④ [입력 마스크 마법사] 대화상자가 나타나면 암호를 선택한 후 [다음] 단추 클릭 → 다음 화면으로 넘어가면 [마침] 단추를 클릭한다.

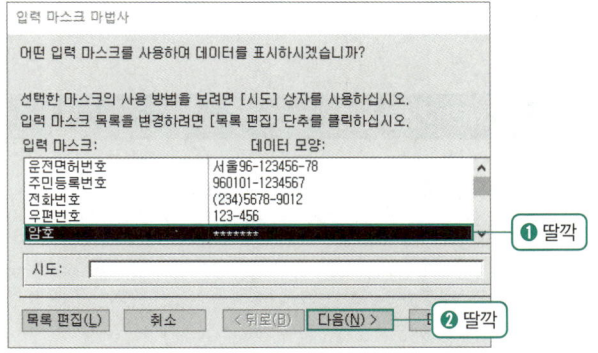

⑤ [속성 시트] 창에서 'txt순번'을 선택 → [데이터] 탭의 '컨트롤 원본'에 =1 입력 → '누적 합계'에는 '그룹'을 지정한다.
⑥ [속성 시트] 창에서 'txt평가'를 선택 → [데이터] 탭의 '컨트롤 원본'에 =Switch([참여교원]+[참여학부모]+[참여학생]>=200,"상",[참여교원]+[참여학부모]+[참여학생]>=150,"중",[참여교원]+[참여학부모]+[참여학생]<150,"하")를 입력한다.

=Switch([참여교원]+[참여학부모]+[참여학생]>=200,"상",[참여교원]+[참여학부모]+[참여학생]>=150,"중",[참여교원]+[참여학부모]+[참여학생]<150,"하")

'참여교원+참여학부모+참여학생'이 '200 이상'이면 '상', '150 이상'이면 '중', '150 미만'이면 '하'를 반환한다.

⑦ [속성 시트] 창에서 'txt설립구분'을 선택 → [데이터] 탭의 '컨트롤 원본'에 =[설립구분] & " : " & Count(*) & "개"를 입력한다.
⑧ 〈교육분석〉 보고서 탭에서 [닫기] 단추를 선택 → 변경한 내용을 저장할 것인지 묻는 메시지 상자가 나타나면 [예] 단추를 클릭한다.

2 〈관리운영정보〉 폼의 이벤트 프로시저 작성하기

① 탐색 창의 〈관리운영정보〉 폼에서 마우스 오른쪽 단추를 클릭하고 바로 가기 메뉴에서 [디자인 보기]를 선택한다.
② [속성 시트] 창에서 'cmd검색'을 선택 → [이벤트] 탭에서 'On Click' 이벤트의 작성기 단추(…)를 클릭한다.
③ [작성기 선택] 대화상자가 나타나면 '코드 작성기'를 선택 → [확인] 단추를 클릭한다.

④ [Visual Basic Editor] 창이 나타나면 [코드] 창의 'cmd검색_Click( )' 프로시저에 다음과 같이 코드를 입력 → [닫기] 단추(☒)를 클릭한다.

```
Private Sub cmd검색_Click( )
    Me.RecordsetClone.FindFirst "직책='" & txt검색 & "'" ―❶
    Me.Bookmark = Me.RecordsetClone.Bookmark ―❷
End Sub
```

❶ '직책' 필드의 값이 'txt검색' 컨트롤의 입력 값과 같은 첫 번째 레코드를 찾아 책갈피를 꽂아두고 실제 화면에는 나타내지 않는다.
❷ 찾은 레코드를 화면에 보여준다

⑤ 〈관리운영정보〉 폼의 탭에서 [닫기] 단추를 클릭 → 변경한 내용을 저장할 것인지 묻는 메시지 상자가 나타나면 [예] 단추를 클릭한다.

문제 ❹ 처리 기능 구현 (35점)

1 〈관리생성〉 매개 변수 쿼리 작성하기

① [만들기] 탭-[쿼리] 그룹-[쿼리 디자인]을 클릭한다.
② [테이블 추가] 대화상자가 나타나면 [테이블] 탭에서 〈관리정보〉 테이블을 더블클릭하여 [쿼리1] 창에 추가 → [닫기] 단추(☒)를 클릭한다.
③ 〈관리정보〉 테이블에서 '관리코드', '관리자', '연락처', '직책', '부서' 필드를 차례대로 더블클릭한다.
④ '부서' 필드의 '조건'에 <>기획부를 입력하고 표시 체크를 해제 → '부서' 필드의 오른쪽 필드에 Right([관리코드],2)를 입력 → '조건'에 [관리코드의 마지막 두 글자]를 입력 → 체크 표시를 해제한다.

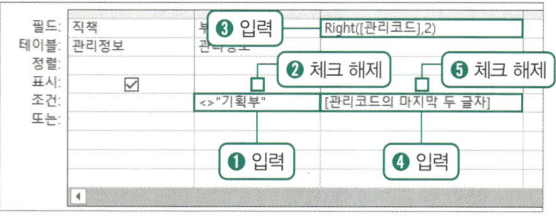

⑤ [쿼리 디자인] 탭-[결과] 그룹-[실행]을 클릭 → [매개 변수 입력] 대화상자가 나타나면 14를 입력 → [확인] 단추를 클릭하고 결과를 확인한다.
⑥ 〈쿼리1〉 창에서 [닫기] 단추(☒)를 클릭 → 변경한 내용을 저장할 것인지 묻는 메시지 상자가 나타나면 [예] 단추를 클릭한다.
⑦ [다른 이름으로 저장] 대화상자가 나타나면 '쿼리 이름'에 관리생성을 입력 → [확인] 단추를 클릭한다.

2 〈평균이상참여〉 쿼리 작성하기

① [만들기] 탭-[쿼리] 그룹-[쿼리 디자인]을 클릭한다.
② [테이블 추가] 창이 나타나면 [테이블] 탭에서 〈학교정보〉, 〈참여정도〉 테이블을 더블클릭하여 [쿼리1] 창에 추가 → [닫기] 단추를 클릭한다.
③ 〈학교정보〉 테이블에서 '학교명', '교장명', '학생수' 필드, 〈참여정도〉 테이블에서 '참여학생' 필드를 더블클릭한다.
④ '참여학생' 필드의 '조건'에 >(Select Avg([참여학생]) From 참여정도)를 입력한다.
⑤ [쿼리 디자인] 탭-[결과] 그룹-[실행]을 클릭 → 결과를 확인한다.
⑥ 〈쿼리1〉 창에서 [닫기] 단추(☒)를 클릭 → 변경한 내용을 저장할 것인지 묻는 메시지 상자가 나타나면 [예] 단추를 클릭한다.
⑦ [다른 이름으로 저장] 대화상자가 나타나면 '쿼리 이름'에 평균이상참여를 입력 → [확인] 단추를 클릭한다.

3 〈기초교육〉 매개 변수 쿼리 작성하기

① [만들기] 탭-[쿼리] 그룹-[쿼리 디자인]을 클릭한다.
② [테이블 추가] 대화상자가 나타나면 [쿼리] 탭에서 〈교육관리〉 쿼리를 더블클릭하여 [쿼리1] 창에 추가 → [닫기] 단추를 클릭한다.
③ 〈교육관리〉 테이블에서 '학교코드', '학교명', '설립년도', '참여학생' 필드를 더블클릭한다.
④ '참여학생' 필드의 '조건'에 >=[참여학생 인원수 이상] And <=[참여학생 인원수 이하] 입력 → '참여학생' 필드의 오른쪽 필드에 비고: IIf(Mid([학교코드],8,1)="7","기초교육","")를 입력한다.

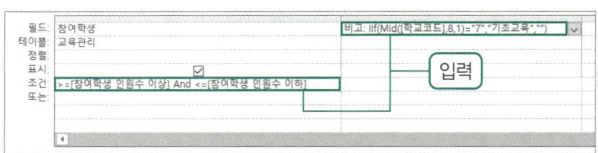

⑤ [쿼리 디자인] 탭-[결과] 그룹-[실행]을 클릭 → [매개 변수 값 입력] 창이 나오면 '참여학생 인원수 이상'에는 100, '참여학생 인원수 이하'에 130을 입력 → [확인] 단추를 클릭하고 결과를 확인한다.
⑥ 〈쿼리1〉 창에서 [닫기] 단추(☒)를 클릭 → 변경한 내용을 저장할 것인지 묻는 메시지 상자가 나타나면 [예] 단추를 클릭한다.
⑦ [다른 이름으로 저장] 대화상자가 나타나면 '쿼리 이름'에 기초교육을 입력 → [확인] 단추를 클릭한다.

4 〈지역분석〉 크로스탭 쿼리 작성하기

① [만들기] 탭-[쿼리] 그룹-[쿼리 디자인]을 클릭한다.
② [테이블 추가] 대화상자가 나타나면 [테이블] 탭에서 〈학교정보〉 테이블과 〈참여정도〉 테이블을 차례대로 더블클릭하여 [쿼리1] 창에 추가 → [닫기] 단추(☒)를 클릭한다.
③ 〈학교정보〉 테이블에서 '지역', '설립구분' 필드를, 〈참여정도〉 테이블에서 '참여코드' 필드를 더블클릭한다.
④ '참여코드'의 필드명을 IIf(IsNull(Count([참여코드])),"◎",Count([참여코드]))으로 수정한다.
⑤ [쿼리 디자인] 탭-[쿼리 유형] 그룹-[크로스탭]을 클릭한다.
⑥ '요약'과 '크로스탭' 항목이 추가되면 각 필드의 항목에 다음과 같이 조건을 지정한다.
  - '지역' 필드의 '크로스탭' 항목: '행 머리글' 지정
  - '설립구분' 필드의 '크로스탭' 항목: '열 머리글' 지정
  - '참여코드' 필드의 '요약', '크로스탭' 항목: 각각 '식', '값' 지정

⑦ **[쿼리 디자인] 탭-[결과] 그룹-[실행]**을 클릭 → 결과를 확인한다.
⑧ 〈쿼리1〉 창에서 [닫기] 단추(⊠)를 클릭 → 변경한 내용을 저장할 것인지 묻는 메시지 상자가 나타나면 [예] 단추를 클릭한다.
⑨ [다른 이름으로 저장] 대화상자가 나타나면 '쿼리 이름'에 지역분석을 입력 → [확인] 단추를 클릭한다.

5 〈주요관리자관리〉 업데이트 쿼리 작성하기

① **[만들기] 탭-[쿼리] 그룹-[쿼리 디자인]**을 클릭한다.
② [테이블 추가] 대화상자가 나타나면 [테이블] 탭에서 〈관리정보〉, 〈참여정도〉 테이블을 더블클릭하여 [쿼리1] 창에 추가 → [닫기] 단추를 클릭한다.
③ 〈관리정보〉 테이블에서 '비고' 필드를, 〈참여정도〉 테이블에서 '관리자코드' 필드를 더블클릭한다.
④ **[쿼리 디자인] 탭-[쿼리 유형] 그룹-[업데이트]**를 클릭한다.
⑤ '비고' 필드의 '업데이트'에 "주요관리자"를 입력한다.
⑥ '관리자코드' 필드의 '조건'에 In (Select 관리자코드 From 참여정도 Group by 관리자코드 Having Count([참여코드])>=3)을 입력한다.

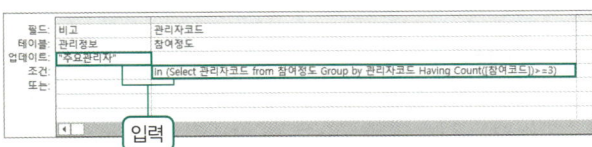

⑦ **[쿼리 디자인] 탭-[결과] 그룹-[실행]**을 클릭 → 새로 고친다는 메시지가 나오면 [예]를 클릭한다.
⑧ 〈쿼리1〉 창에서 [닫기] 단추(⊠)를 클릭 → 변경한 내용을 저장할 것인지 묻는 메시지 상자가 나타나면 [예] 단추를 클릭한다.
⑨ [다른 이름으로 저장] 대화상자가 나타나면 '쿼리 이름'에 주요관리자관리를 입력 → [확인] 단추를 클릭한다.

에듀윌이
너를
지지할게

ENERGY

삶의 순간순간이
아름다운 마무리이며
새로운 시작이어야 한다.

– 법정 스님

여러분의 작은 소리
에듀윌은 크게 듣겠습니다.

본 교재에 대한 여러분의 목소리를 들려주세요.
공부하시면서 어려웠던 점, 궁금한 점,
칭찬하고 싶은 점, 개선할 점, 어떤 것이라도 좋습니다.

에듀윌은 여러분께서 나누어 주신 의견을
통해 끊임없이 발전하고 있습니다.

EXIT 합격 서비스 exit.eduwill.net
- 부가학습자료 및 정오표: EXIT 합격 서비스 → 자료실/정오표 게시판
- 교재 문의: EXIT 합격 서비스 → 실시간 질문답변 게시판(내용)/
  Q&A 게시판(내용 외)

에듀윌 컴퓨터활용능력 1급 실기 기본서

발 행 일	2025년 8월 8일 초판
편 저 자	문혜영
펴 낸 이	양형남
펴 낸 곳	(주)에듀윌
I S B N	979-11-360-3824-1
등록번호	제25100-2002-000052호
주 소	08378 서울특별시 구로구 디지털로34길 55
	코오롱싸이언스밸리 2차 3층

* 이 책의 무단 인용 · 전재 · 복제를 금합니다.

www.eduwill.net
대표전화 1600-6700

2026

에듀윌 컴퓨터활용능력
1급 실기 기본서

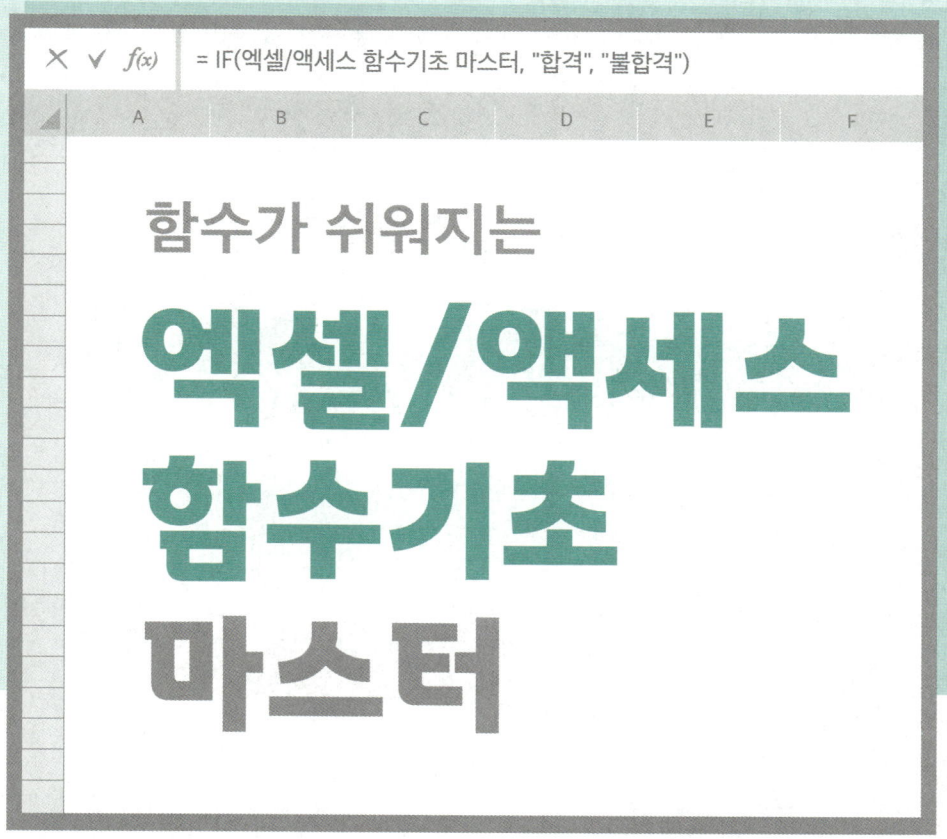

함수가 쉬워지는
엑셀/액세스 함수기초 마스터

= IF(엑셀/액세스 함수기초 마스터, "합격", "불합격")

엑셀 함수의 기본기를 다지자!

엑셀 함수기초 마스터

1. 수학/삼각 함수
2. 통계 함수
3. 논리 함수
4. 문자열 함수
5. 날짜/시간 함수
6. 데이터베이스 함수
7. 찾기/참조 함수
8. 정보 함수
9. 재무 함수

엑셀 함수기초 마스터 | 1. 수학/삼각 함수

연계 학습 ➡ 출제유형 연습(1권) p.80

절대값, 반올림, 나머지, 난수 등 수치 자료를 처리하는 함수

📥 실습파일 01_수학삼각함수.xlsx   📥 정답파일 01_수학삼각함수(정답).xlsx

❶ ABS

정의	'숫자'의 절대값을 반환	함수식	=ABS(숫자)
연습 문제	Q. ABS 함수를 사용하여 -35의 절대값을 구하시오. A. |	A	B
---	---	---
3	함수식	함수결과
4	=ABS(-35)	35	→ -35의 절대값(35)을 반환		

❷ INT

정의	'숫자'보다 크지 않은 가장 가까운 정수를 반환	함수식	=INT(숫자)
연습 문제	Q. INT 함수를 사용하여 -3.8보다 크지 않은 가장 가까운 정수를 구하시오. A. |	A	B
---	---	---
3	함수식	함수결과
5	=INT(-3.8)	-4	→ -3.8보다 크지 않은 가장 가까운 정수(-4)를 반환		

❸ MOD

정의	'수1'을 '수2'로 나눈 나머지를 반환	함수식	=MOD(수1,수2)
연습 문제	Q. MOD 함수를 사용하여 20을 3으로 나눈 나머지를 구하시오. A. |	A	B
---	---	---
3	함수식	함수결과
6	=MOD(20,3)	2	→ 20을 3으로 나눈 나머지(2)를 반환		

❹ POWER

정의	'수1'을 '수2'만큼 거듭제곱한 값을 반환	함수식	=POWER(수1,수2)
연습 문제	Q. POWER 함수를 사용하여 2의 4제곱을 구하시오. A. |	A	B
---	---	---
3	함수식	함수결과
7	=POWER(2,4)	16	→ 2를 4번 곱한 수(16)를 반환		

❺ RAND

정의	0과 1 사이의 난수를 반환	함수식	=RAND( )
연습 문제	Q. RAND 함수를 사용하여 0과 1 사이의 임의의 수를 구하시오. A. |	A	B
---	---	---
3	함수식	함수결과
8	=RAND()	0.918017768	→ 0과 1 사이의 임의의 수(난수)를 반환. 반환되는 값은 고정값이 아니라 계산 시마다 새로운 숫자로 반환됨		

❻ RANDBETWEEN

정의	지정한 두 수 사이의 임의의 수를 반환	함수식	=RANDBETWEEN(수1,수2)
연습문제	Q. RANDBETWEEN 함수를 사용하여 10과 40 사이의 임의의 정수를 구하시오. A. |	A	B
---	---	---
3	함수식	함수결과
9	=RANDBETWEEN(10, 40)	16		→	10과 40 사이의 임의의 정수(난수)를 반환. 반환되는 값은 고정값이 아니라 계산 시마다 새로운 숫자로 반환됨

❼ TRUNC

정의	'숫자'에서 지정한 '자릿수' 이하의 숫자를 버리고 반환	함수식	=TRUNC(숫자,자릿수)
연습문제	Q. TRUNC 함수를 사용하여 −4.6에서 일의 자리 이하의 숫자를 버린 값을 구하시오. A. |	A	B
---	---	---
3	함수식	함수결과
10	=TRUNC(-4.6)	-4		→	자릿수를 지정하지 않으면 0으로 처리하므로, −4.6에서 일의 자리 이하의 숫자를 버린 값(−4)을 반환

❽ EXP

정의	e를 '숫자'만큼 거듭제곱한 값을 반환	함수식	=EXP(숫자)
연습문제	Q. EXP 함수를 사용하여 e^4을 구하시오. A. |	A	B
---	---	---
3	함수식	함수결과
11	=EXP(4)	54.59815003		→	e를 4만큼 거듭제곱한 값(54.59…)을 반환

❾ FACT

정의	'숫자'의 계승값을 반환(1×2×3×…×숫자)	함수식	=FACT(숫자)
연습문제	Q. FACT 함수를 사용하여 4의 계승값을 구하시오. A. |	A	B
---	---	---
3	함수식	함수결과
12	=FACT(4)	24		→	4의 계승값(1×2×3×4=24)을 반환

❿ PI

정의	원주율 값을 반환	함수식	=PI( )
연습문제	Q. PI 함수를 사용하여 원주율을 구하시오. A. |	A	B
---	---	---
3	함수식	함수결과
13	=PI()	3.141592654		→	원주율(3.14…)을 반환

⑪ PRODUCT

정의	인수를 모두 곱한 결괏값을 반환	함수식	=PRODUCT(수1,수2,…)
연습문제	Q. PRODUCT 함수를 사용하여 2, 5, 10을 곱한 값을 구하시오. A. |	A	B
---	---	---
3	함수식	함수결과
14	=PRODUCT(2,5,10)	100 | → 2, 5, 10을 곱한 값(100)을 반환		

⑫ QUOTIENT

정의	'수1'을 '수2'로 나눈 몫을 반환	함수식	=QUOTIENT(수1,수2)
연습문제	Q. QUOTIENT 함수를 사용하여 10을 3으로 나눈 몫을 구하시오. A. |	A	B
---	---	---
3	함수식	함수결과
15	=QUOTIENT(10,3)	3 | → 10을 3으로 나눈 몫(3)을 반환		

⑬ SIGN

정의	'숫자'의 부호를 반환 • 양수: 1 • 음수: −1 • 0: 0	함수식	=SIGN(숫자)
연습문제	Q. SIGN 함수를 사용하여 10, −10, 0의 부호를 구하시오. A. |	A	B
---	---	---
3	함수식	함수결과
16	=SIGN(10)	1
17	=SIGN(-10)	-1
18	=SIGN(0)	0 | → 10(양수)의 부호(1), −10(음수)의 부호(−1), 0의 부호(0)를 반환		

⑭ SQRT

정의	'숫자'의 양의 제곱근을 반환	함수식	=SQRT(숫자)
연습문제	Q. SQRT 함수를 사용하여 16의 양의 제곱근을 구하시오. A. |	A	B
---	---	---
3	함수식	함수결과
19	=SQRT(16)	4 | → 16의 양의 제곱근(4)을 반환		

⑮ ROUND

정의	'숫자'를 지정한 '자릿수'로 반올림하여 반환	함수식	=ROUND(숫자,자릿수)
연습문제	Q. ROUND 함수를 사용해 [E2] 셀의 값을 반올림하여 각각 소수 둘째 자리, 일의 자리, 백의 자리까지 표시하시오. A. |	D	E
---	---	---
3	함수식	함수결과
4	=ROUND(E2,2)	4567.46
5	=ROUND(E2,0)	4567
6	=ROUND(E2,-2)	4600 | → [E2] 셀의 값(4567.4567)을 반올림하여 각각 소수 둘째 자리까지 나타낸 값(4567.46), 일의 자리까지 나타낸 값(4567), 백의 자리까지 나타낸 값(4600)을 반환		

⓰ ROUNDUP

정의	'숫자'를 지정한 '자릿수'로 올림하여 반환	함수식	=ROUNDUP(숫자,자릿수)

연습문제

Q. ROUNDUP 함수를 사용해 [E2] 셀의 값을 올림하여 각각 소수 둘째 자리, 일의 자리, 백의 자리까지 표시하시오.

A.

	D	E
3	함수식	함수결과
7	=ROUNDUP(E2,2)	4567.46
8	=ROUNDUP(E2,0)	4568
9	=ROUNDUP(E2,-2)	4600

→ [E2] 셀의 값(4567.4567)을 올림하여 각각 소수 둘째 자리까지 나타낸 값(4567.46), 일의 자리까지 나타낸 값(4568), 백의 자리까지 나타낸 값(4600)을 반환

⓱ ROUNDDOWN

정의	'숫자'를 지정한 '자릿수'로 내림하여 반환	함수식	=ROUNDDOWN(숫자,자릿수)

연습문제

Q. ROUNDDOWN 함수를 사용해 [E2] 셀의 값을 내림하여 각각 소수 둘째 자리, 일의 자리, 백의 자리까지 표시하시오.

A.

	D	E
3	함수식	함수결과
10	=ROUNDDOWN(E2,2)	4567.45
11	=ROUNDDOWN(E2,0)	4567
12	=ROUNDDOWN(E2,-2)	4500

→ [E2] 셀의 값(4567.4567)을 내림하여 각각 소수 둘째 자리까지 나타낸 값(4567.45), 일의 자리까지 나타낸 값(4567), 백의 자리까지 나타낸 값(4500)을 반환

⓲ SUM

정의	'수'의 합계를 반환	함수식	=SUM(수1,수2,…)

연습문제

Q. SUM 함수를 사용하여 수강인원[I4:I9]의 총합을 구하시오.

A.

	G	H	I
11	함수식		함수결과
12	=SUM(I4:I9)		150

→ [I4:I9] 영역(수강인원)의 합계(150)를 반환

⓳ SUMIF

정의	'범위'에서 '조건'을 만족하는 경우 '합계 범위'에서 합계를 반환	함수식	=SUMIF(범위,조건,합계 범위)

연습문제

Q. SUMIF 함수를 사용하여 학과[G4:G9]가 '전산과'인 수강인원[I4:I9]의 합계를 구하시오.

A.

	G	H	I
11	함수식		함수결과
13	=SUMIF(G4:G9,"전산과",I4:I9)		75

→ [G4:G9] 영역(학과)에서 '전산과'에 해당하는 [I4:I9] 영역(수강인원)의 합계(75)를 반환

⑳ SUMIFS

정의	'범위1'에서 '조건1'을 만족하고 '범위2'에서 '조건2'를 만족하면 '합계 범위'에서 합계를 반환	함수식	=SUMIFS(합계 범위,범위1,조건1,범위2,조건2,…)
연습문제	Q. SUMIFS 함수를 사용하여 학과[G4:G9]가 '전산과', 수강과목[H4:H9]이 '엑셀'인 학생들의 수강인원[I4:I9]의 합계를 구하시오. A. ┌─────────────────────────────┐ │ G │ H │ I │ │ 11 │ 함수식 │ 함수결과 │ │ 14 │=SUMIFS(I4:I9,G4:G9,"전산과",H4:H9,"엑셀") │ 30 │ └─────────────────────────────┘		▶ [G4:G9] 영역(학과)이 '전산과'이고 [H4:H9] 영역(수강과목)이 '엑셀'인 [I4:I9] 영역(수강인원)의 합계(30)를 반환

㉑ MDETERM

정의	'배열'의 행렬식을 계산하여 반환	함수식	=MDETERM(배열)
연습문제	Q. MDETERM 함수를 사용하여 배열1[K4:M6]의 행렬식을 계산하시오. A. │ K │ L │ │ 8 │ 함수식 │ 함수결과 │ │ 9 │=MDETERM(K4:M6) │ 8 │		▶ [K4:M6] 영역(배열1)의 행렬식을 계산한 값(8)을 반환

㉒ MINVERSE

정의	'배열'의 역행렬을 계산하여 반환	함수식	=MINVERSE(배열)
연습문제	Q. MINVERSE 함수를 사용하여 배열1[K4:M6]의 역행렬을 계산하시오. A. │ K │ L │ M │ N │ │ 8 │ 함수식 │ 함수결과 │ │ │ │ 10 │=MINVERSE(K4:M6) │ -0.625 │ 0.5 │ -0.125 │ │ 11 │ │ 1 │ -1 │ 1 │ │ 12 │ │ -0.125 │ 0.5 │ -0.625 │		▶ [K4:M6] 영역(배열1)의 역행렬을 계산한 값(-0.625)을 반환

㉓ MMULT

정의	'배열1'과 '배열2'의 행렬 곱을 계산하여 반환	함수식	=MMULT(배열1,배열2)
연습문제	Q. MMULT 함수를 사용하여 배열2[K15:M16]와 배열3[O15:P17]의 곱을 계산하시오. A. │ K │ L │ M │ │ 18 │ 함수식 │ 함수결과 │ │ │ 19 │=MMULT(K15:M16,O15:P17) │ 12 │ 12 │ │ 20 │ │ 19 │ 22 │		▶ [K15:M16] 영역(배열2)과 [O15:P17] 영역(배열3)의 곱(12)을 반환

㉔ SUMPRODUCT

정의	'배열1'과 '배열2'에서 대응하는 요소끼리 곱하고 그 곱의 합계를 반환	함수식	=SUMPRODUCT(배열1,배열2,…)
연습문제	Q. SUMPRODUCT 함수를 사용하여 배열2[K15:M16]에서 1열[K15:M15]과 2열[K16:M16]의 대응하는 요소끼리 곱의 합계를 계산하시오. A. │ K │ L │ │ 18 │ 함수식 │ 함수결과 │ │ 21 │=SUMPRODUCT(K15:M15,K16:M16) │ 22 │		▶ [K15:M16] 영역(배열2)에서 [K15:M15] 영역(1열)과 [K16:M16] 영역(2열)의 대응하는 요소끼리 곱(1×4, 2×3, 3×4)의 합계(22)를 반환

엑셀 함수기초 마스터   2. 통계 함수

연계 학습 ▶ 출제유형 연습(1권) p.91

조건에 맞는 데이터를 추출하거나 평균, 개수, 최대값, 최소값 등을 구하는 함수

📥 **실습파일** 02_통계함수.xlsx   📥 **정답파일** 02_통계함수(정답).xlsx

❶ AVERAGE

정의	숫자의 평균을 반환	함수식	=AVERAGE(수1,수2,…)
연습문제	Q. AVERAGE 함수를 사용하여 점수[H4:H12]의 평균을 구하시오. A. |	A	B
---	---	---
3	함수식	함수결과
4	=AVERAGE(H4:H12)	82.22222222			▶ [H4:H12] 영역(점수)의 평균(82.22…)을 반환

❷ AVERAGEA

정의	텍스트와 논리값을 포함한 모든 인수의 평균을 반환	함수식	=AVERAGEA(인수1,인수2,…)
연습문제	Q. AVERAGEA 함수를 사용하여 [E4:H12] 영역에서 모든 인수의 평균을 구하시오. A. |	A	B
---	---	---
3	함수식	함수결과
5	=AVERAGEA(E4:H12)	20.55555556			▶ [E4:H12] 영역(성명, 성별, 수강과목, 점수)에서 텍스트와 논리값을 포함한 모든 인수의 평균(20.55…)을 반환

❸ AVERAGEIF

정의	'범위'에서 '조건'을 만족하는 경우 '평균 범위'에서 평균을 반환	함수식	=AVERAGEIF(범위,조건,평균 범위)
연습문제	Q. AVERAGEIF 함수를 사용하여 성별[F4:F12]이 '남'인 사람들의 점수[H4:H12]의 평균을 구하시오. A. |	A	B
---	---	---
3	함수식	함수결과
6	=AVERAGEIF(F4:F12,"남",H4:H12)	85.83333333			▶ [F4:F12] 영역(성별)에서 '남'에 해당하는 [H4:H12] 영역(점수)의 평균(85.83…)을 반환

❹ AVERAGEIFS

정의	'범위1'에서 '조건1'을 만족하고 '범위2'에서 '조건2'를 만족하는 '평균 범위'에서 평균을 반환	함수식	=AVERAGEIFS(평균 범위,범위1,조건1,범위2,조건2,…)
연습문제	Q. AVERAGEIFS 함수를 사용하여 성별[F4:F12]이 '남'이고 수강과목[G4:G12]이 '엑셀'에 해당하는 학생들의 점수[H4:H12]의 평균을 구하시오. A. |	A	B
---	---	---
3	함수식	함수결과
7	=AVERAGEIFS(H4:H12,F4:F12,"남",G4:G12,"엑셀")	88.33333333			▶ [F4:F12] 영역(성별)이 '남'이고 [G4:G12] 영역(수강과목)이 '엑셀'에 해당하는 [H4:H12] 영역(점수)의 평균(88.33…)을 반환

❺ COUNT

정의	인수 중에서 숫자의 개수를 반환	함수식	=COUNT(인수1,인수2,…)
연습문제	Q. COUNT 함수를 사용하여 [H4:H12] 영역의 인수 중 숫자의 개수를 구하시오. A. │　　A　　│　　B　　│ 3 │ 함수식 │ 함수결과 │ 8 │ =COUNT(H4:H12) │ 9 │		→ [H4:H12] 영역(점수)에서 숫자가 입력된 셀의 개수(9)를 반환

❻ COUNTA

정의	공백이 아닌 인수의 개수를 반환	함수식	=COUNTA(인수1,인수2,…)
연습문제	Q. COUNTA 함수를 사용하여 [D4:D12] 영역에서 공백이 아닌 셀의 개수를 구하시오. A. │　　A　　│　　B　　│ 3 │ 함수식 │ 함수결과 │ 9 │ =COUNTA(D4:D12) │ 6 │		→ [D4:D12] 영역(학과)에서 공백이 아닌 셀의 개수(6)를 반환

❼ COUNTBLANK

정의	'범위'에서 공백 셀의 개수를 반환	함수식	=COUNTBLANK(범위)
연습문제	Q. COUNTBLANK 함수를 사용하여 [D4:D12] 영역에서 공백 셀의 개수를 구하시오. A. │　　A　　│　　B　　│ 3 │ 함수식 │ 함수결과 │ 10 │ =COUNTBLANK(D4:D12) │ 3 │		→ [D4:D12] 영역(학과)에서 공백 셀의 개수(3)를 반환

❽ COUNTIF

정의	'범위'에서 '조건'을 만족하는 셀의 개수를 반환	함수식	=COUNTIF(범위,조건)
연습문제	Q. COUNTIF 함수를 사용하여 점수[H4:H12]가 '80 이상'인 사람의 수를 구하시오. A. │　　A　　│　　B　　│ 3 │ 함수식 │ 함수결과 │ 11 │ =COUNTIF(H4:H12,">=80") │ 6 │		→ [H4:H12] 영역(점수)에서 점수가 '80 이상'인 셀의 수(6)를 반환

❾ COUNTIFS

정의	'범위1'에서 '조건1'을, '범위2'에서 '조건2'를 만족하는 경우의 개수를 반환	함수식	=COUNTIFS(범위1,조건1,범위2,조건2,…)
연습문제	Q. COUNTIFS 함수를 사용하여 성별[F4:F12]이 '남', 점수[H4:H12]가 '80 이상'인 사람의 수를 구하시오. A. │　　A　　│　　B　　│ 3 │ 함수식 │ 함수결과 │ 12 │ =COUNTIFS(F4:F12,"남",H4:H12,">=80") │ 5 │		→ [F4:F12] 영역(성별)이 '남'이고 [H4:H12] 영역(점수)이 '80 이상'인 경우의 개수(5)를 반환

❿ LARGE

| 정의 | '범위'에서 K번째로 큰 값을 반환 | | 함수식 | =LARGE(범위,K) |

| 연습문제 | Q. LARGE 함수를 사용하여 점수[H4:H12] 중 세 번째로 큰 값을 구하시오. A. |

	A	B
3	함수식	함수결과
13	=LARGE(H4:H12,3)	90

→ [H4:H12] 영역(점수)에서 세 번째로 큰 값(90)을 반환

⓫ SMALL

| 정의 | '범위'에서 K번째로 작은 값을 반환 | | 함수식 | =SMALL(범위,K) |

| 연습문제 | Q. SMALL 함수를 사용하여 점수[H4:H12] 중 세 번째로 작은 값을 구하시오. A. |

	A	B
3	함수식	함수결과
14	=SMALL(H4:H12,3)	75

→ [H4:H12] 영역(점수)에서 세 번째로 작은 값(75)을 반환

⓬ MAX

| 정의 | 인수 중에서 가장 큰 값을 반환 | | 함수식 | =MAX(수1,수2,…) |

| 연습문제 | Q. MAX 함수를 사용하여 점수[H4:H12] 중 가장 큰 값을 구하시오. A. |

	A	B
3	함수식	함수결과
15	=MAX(H4:H12)	100

→ [H4:H12] 영역(점수)에서 가장 큰 값(100)을 반환

⓭ MAXA

| 정의 | 텍스트와 논리값을 포함한 모든 인수 중에서 가장 큰 값을 반환 | | 함수식 | =MAXA(인수1,인수2,…) |

| 연습문제 | Q. MAXA 함수를 사용하여 'TRUE', '0.8', 'FALSE', '0.5' 중 가장 큰 값을 구하시오. A. |

	A	B
3	함수식	함수결과
16	=MAXA(TRUE,0.8,FALSE,0.5)	1

→ TRUE는 1, FALSE는 0이므로 '1', '0.8', '0', '0.5' 중 가장 큰 값(1)을 반환

⓮ MIN

| 정의 | 인수 중에서 가장 작은 값을 반환 | | 함수식 | =MIN(수1,수2,…) |

| 연습문제 | Q. MIN 함수를 사용하여 점수[H4:H12] 중 가장 작은 값을 구하시오. A. |

	A	B
3	함수식	함수결과
17	=MIN(H4:H12)	60

→ [H4:H12] 영역(점수)에서 가장 작은 값(60)을 반환

⓯ MINA

정의	텍스트와 논리값을 포함한 모든 인수 중에서 가장 작은 값을 반환	함수식	=MINA(인수1,인수2,…)

연습문제

Q. MINA 함수를 사용하여 TRUE, 0.8, FALSE, 0.5 중에서 가장 작은 값을 구하시오.
A.

	A	B
3	함수식	함수결과
18	=MINA(TRUE,0.8,FALSE,0.5)	0

→ TRUE는 1, FALSE는 0이므로 1, 0.8, 0, 0.5 중에서 가장 작은 값(0)을 반환

⓰ MEDIAN

정의	숫자들의 중간값을 반환	함수식	=MEDIAN(수1,수2,…)

연습문제

Q. MEDIAN 함수를 사용하여 점수[H4:H12]의 중간값을 구하시오.
A.

	A	B
3	함수식	함수결과
19	=MEDIAN(H4:H12)	85

→ [H4:H12] 영역(점수)에서 중간의 값(85)을 반환

⓱ MODE.SNGL

정의	숫자들 중 빈도가 가장 높은 값을 반환	함수식	=MODE.SNGL(수1,수2,…)

연습문제

Q. MODE.SNGL 함수를 사용하여 점수[H4:H12] 중 빈도가 가장 높은 값을 구하시오.
A.

	A	B
3	함수식	함수결과
20	=MODE.SNGL(H4:H12)	85

→ [H4:H12] 영역(점수)에서 빈도가 가장 높은 값(85)을 반환

⓲ RANK.EQ

정의	• '범위'에서 '수'의 순위를 반환 • EQ: 순위가 같으면 해당 값 집합에서 가장 높은 순위가 반환 됨 • '방법'을 생략하거나 0으로 지정하면 내림차순으로, 나머지는 오름차순으로 반환	함수식	=RANK.EQ(수,범위,방법)

연습문제

Q. RANK.EQ 함수를 사용하여 [H4:H12] 영역에서 [H10] 셀과 [H11] 셀의 순위를 구하시오.
A.

3	함수식	함수결과
21	=RANK.EQ(H10,H4:H12)	4
22	=RANK.EQ(H11,H4:H12)	4

→ [H4:H12] 영역(점수)에서 [H10] 셀과 [H11] 셀의 점수는 85점으로 공동 4위가 된다.

⓳ STDEV.S

정의	인수들의 표준 편차를 반환	함수식	=STDEV.S(수1,수2,…)

연습문제

Q. STDEV.S 함수를 사용하여 점수[H4:H12]의 표준 편차를 구하시오.
A.

	함수식	함수결과
3		
23	=STDEV.S(H4:H12)	12.52774698

→ [H4:H12] 영역(점수)의 표준 편차 (12.52…)를 반환

⑳ VAR.S

정의	인수들의 분산을 반환	함수식	=VAR.S(수1,수2,…)
연습문제	Q. VAR.S 함수를 사용하여 점수[H4:H12]의 분산을 구하시오. A.		

	A	B
3	함수식	함수결과
24	=VAR.S(H4:H12)	156.9444444

→ [H4:H12] 영역(점수)의 분산(156.94…)을 반환

㉑ GEOMEAN

정의	숫자들의 기하평균을 반환	함수식	=GEOMEAN(수1,수2,…)
연습문제	Q. GEOMEAN 함수를 사용하여 점수[H4:H12]의 기하평균을 구하시오. A.		

	A	B
3	함수식	함수결과
25	=GEOMEAN(H4:H12)	81.32890877

→ [H4:H12] 영역(점수)의 기하평균(81.32…)을 반환

㉒ HARMEAN

정의	숫자들의 조화평균을 반환	함수식	=HARMEAN(수1,수2,…)
연습문제	Q. HARMEAN 함수를 사용하여 점수[H4:H12]의 조화평균을 구하시오. A.		

	A	B
3	함수식	함수결과
26	=HARMEAN(H4:H12)	80.39119933

→ [H4:H12] 영역(점수)의 조화평균(80.39…)을 반환

㉓ PERCENTILE.INC

정의	'범위'에서 지정한 '인수' 번째의 백분위수를 반환	함수식	=PERCENTILE.INC(범위,인수)
연습문제	Q. PERCENTILE.INC 함수를 사용하여 점수[H4:H12]의 70% 위치의 값을 구하시오. A.		

	함수식	함수결과
3		
27	=PERCENTILE.INC(H4:H12,70%)	88

→ [H4:H12] 영역(점수)에서 70% 위치의 값(88)을 반환

㉔ FREQUENCY

정의	'배열2'의 범위에 대한 '배열1' 요소의 빈도수를 반환	함수식	=FREQUENCY(배열1,배열2)
연습문제	Q. FREQUENCY 함수를 사용하여 점수(이하)[D16:D20] 영역에 대한 점수[H4:H12]의 빈도수를 구하시오. A.		

	D	E	F	G	H
15	점수(이하)	함수식			함수결과
16	20				0
17	40				0
18	60	=FREQUENCY(H4:H12,D16:D20)			1
19	80				3
20	100				5

→ [D16:D20] 영역(점수(이하))에 대한 [H4:H12] 영역(점수)의 구간별 빈도수 (0,0,1,3,5)를 반환(주의사항 – [H16:H20] 영역을 먼저 지정한 후 수식을 입력하고 Ctrl+Shift+Enter를 눌러주세요.)

엑셀 함수기초 마스터   3. 논리 함수   연계 학습 ▶ 출제유형 연습(1권) p.103

NOT, AND, OR 등의 함수로 참(TRUE) 또는 거짓(FALSE)의 결과를 반환하는 함수

⬇ 실습파일 03_논리함수.xlsx   ⬇ 정답파일 03_논리함수(정답).xlsx

❶ IF

정의	'조건식'이 참이면 '값1', 거짓이면 '값2' 반환	함수식	=IF(조건식,값1,값2)
연습 문제	Q. IF 함수를 사용하여 조건식 '40>30'이 참이면 '참', 거짓이면 '거짓'으로 표시하시오. A. 　　　A　　　　　　　　　　B 3　　사용할 함수　　　　함수결과 4　=IF(40>30,"참","거짓")　　참		→ 조건식 '40>30'은 참이므로 '참'을 반환

❷ NOT

정의	'조건식'의 결과를 반대로 반환	함수식	=NOT(조건식)
연습 문제	Q. NOT 함수를 사용하여 조건식 '20>30'이 거짓인지 판별하시오. A. 　　　A　　　　　　　　　　B 3　　사용할 함수　　　　함수결과 5　=NOT(20>30)　　　　TRUE		→ 조건식 '20>30'은 거짓이므로 'TRUE'를 반환

❸ AND

정의	'모든 조건'이 참이면 'TRUE', 나머지는 'FALSE' 반환	함수식	=AND(조건1,조건2,…)
연습 문제	Q. AND 함수를 사용하여 조건식 '20>10'과 '30<20'이 모두 참인지 판별하시오. A. 　　　A　　　　　　　　　　B 3　　사용할 함수　　　　함수결과 6　=AND(20>10,30<20)　FALSE		→ 조건식 '30<20'이 거짓이므로 'FALSE'를 반환

❹ OR

정의	'조건 중 하나'라도 참이면 'TRUE', 나머지는 'FALSE' 반환	함수식	=OR(조건1,조건2,…)
연습 문제	Q. OR 함수를 사용하여 조건식 '20>18'과 '30<20' 중 참인 것이 있는지 판별하시오. A. 　　　A　　　　　　　　　　B 3　　사용할 함수　　　　함수결과 7　=OR(20>10,30<20)　　TRUE		→ 조건식 '20>10'이 참이므로 'TRUE'를 반환

❺ IFERROR

정의	'식 또는 값'이 오류이면 '반환값' 반환	함수식	=IFERROR(식 또는 값,반환값)
연습문제	Q. IFERROR 함수를 사용하여 식 '20/0'이 오류이면 '오류 발생'으로 표시하시오. A. |	A	B
---	---	---
3	사용할 함수	함수결과
8	=IFERROR(20/0,"오류 발생")	오류 발생			→ 조건식 '20/0'은 오류이므로 '오류 발생'을 반환

❻ TRUE

정의	'TRUE' 반환	함수식	=TRUE( )
연습문제	Q. TRUE 함수를 사용한 결괏값을 구하시오. A. |	A	B
---	---	---
3	사용할 함수	함수결과
9	=TRUE()	TRUE			→ TRUE 함수는 항상 'TRUE'를 반환

❼ FALSE

정의	'FALSE' 반환	함수식	=FALSE( )
연습문제	Q. FALSE 함수를 사용한 결괏값을 구하시오. A. |	A	B
---	---	---
3	사용할 함수	함수결과
10	=FALSE()	FALSE			→ FALSE 함수는 항상 'FALSE'를 반환

❽ 중첩 IF

정의	• 조건이 2개 이상일 때, 2개 이상의 IF 함수를 사용하여 경우에 따라 값을 반환 – '조건식1'이 참이면 '값1'을 반환 – '조건식1'이 거짓이고 '조건식2'가 참이면 '값2'를 반환 – '조건식1'과 '조건식2'가 모두 거짓이면 '값3'을 반환	함수식	=IF(조건식1,값1,IF(조건식2,값2,값3))
연습문제	Q. 중첩 IF 함수를 사용하여 [F6] 셀의 값이 [E6] 셀의 값보다 크면 '상승'을, 작으면 '하락'을, 같으면 '유지'로 표시하시오. A. |	A	B
---	---	---
3	사용할 함수	함수결과
11	=IF(F6>E6,"상승",IF(F6<E6,"하락","유지"))	상승			→ [F6] 셀의 값(2500)이 [E6] 셀의 값(2000)보다 크기 때문에 첫 번째 조건이 참이 되어 '상승'을 반환

엑셀 함수기초 마스터 | 4. 문자열 함수

연계 학습 ▶ 출제유형 연습(1권) p.114

문자열을 다루는데 유용한 함수

📥 실습파일 04_문자열함수.xlsx   📥 정답파일 04_문자열함수(정답).xlsx

❶ LEFT

정의	'문자열'의 왼쪽에서 지정한 '개수'만큼 문자를 추출하여 반환	함수식	=LEFT(문자열,개수)
연습문제	Q. LEFT 함수를 사용하여 문자열 '아름다운 대한민국'에서 왼쪽 2개의 문자를 표시하시오. A. ｜　　　A　　　｜　　B　　｜ ｜3｜ 함수식 ｜ 함수결과 ｜ ｜4｜=LEFT("아름다운 대한민국",2)｜아름｜		→ 문자열(아름다운 대한민국)의 왼쪽에서 두 글자(아름)를 추출하여 반환

❷ RIGHT

정의	'문자열'의 오른쪽에서 지정한 '개수'만큼 문자를 추출하여 반환	함수식	=RIGHT(문자열,개수)
연습문제	Q. RIGHT 함수를 사용하여 문자열 '아름다운 대한민국'에서 오른쪽 4개의 문자를 표시하시오. A. ｜　　　A　　　｜　　B　　｜ ｜3｜ 함수식 ｜ 함수결과 ｜ ｜5｜=RIGHT("아름다운 대한민국",4)｜대한민국｜		→ 문자열(아름다운 대한민국)의 오른쪽에서 네 글자(대한민국)를 추출하여 반환

❸ MID

정의	'문자열'의 지정한 '시작 위치'에서 '개수'만큼 문자를 추출하여 반환	함수식	=MID(문자열,시작 위치,개수)
연습문제	Q. MID 함수를 사용하여 문자열 '아름다운 대한민국'에서 여섯 번째부터 2개의 문자를 표시하시오. A. ｜　　　A　　　｜　　B　　｜ ｜3｜ 함수식 ｜ 함수결과 ｜ ｜6｜=MID("아름다운 대한민국",6,2)｜대한｜		→ 문자열(아름다운 대한민국)의 여섯 번째부터 두 글자(대한)를 추출하여 반환

❹ LOWER

정의	'문자열'을 모두 영문자의 소문자로 반환	함수식	=LOWER(문자열)
연습문제	Q. LOWER 함수를 사용하여 문자열 'INFORMATION'을 모두 영문자의 소문자로 표시하시오. A. ｜　　　A　　　｜　　B　　｜ ｜3｜ 함수식 ｜ 함수결과 ｜ ｜7｜=LOWER("INFORMATION")｜information｜		→ 문자열(INFORMATION)을 모두 영문자의 소문자로 반환

❺ UPPER

정의	'문자열'을 모두 영문자의 대문자로 반환	함수식	=UPPER(문자열)
연습문제	Q. UPPER 함수를 사용하여 문자열 'information'을 모두 영문자의 대문자로 표시하시오. A. |	A	B
---	---	---
3	함수식	함수결과
8	=UPPER("information")	INFORMATION			→ 문자열(information)을 모두 영문자의 대문자로 반환

❻ PROPER

정의	단어의 첫 글자만 영문자의 대문자로, 나머지는 영문자의 소문자로 반환	함수식	=PROPER(문자열)
연습문제	Q. PROPER 함수를 사용하여 문자열 'information'의 첫 글자만 대문자로 표시하시오. A. |	A	B
---	---	---
3	함수식	함수결과
9	=PROPER("information")	Information			→ 문자열(information)의 첫 글자만 영문자의 대문자로, 나머지는 영문자의 소문자로 반환

❼ LEN

정의	'문자열'의 길이를 숫자로 반환	함수식	=LEN(문자열)
연습문제	Q. LEN 함수를 사용하여 문자열 'information'의 길이를 숫자로 표시하시오. A. |	A	B
---	---	---
3	함수식	함수결과
10	=LEN("information")	11			→ 문자열(information)의 길이(11)를 반환

❽ TRIM

정의	단어 사이의 한 칸의 공백을 제외하고 나머지 공백을 모두 삭제하여 반환	함수식	=TRIM(문자열)
연습문제	Q. TRIM 함수를 사용하여 문자열 ' apple 5 '에서 단어 사이에 공백을 한 칸만 남기고 공백을 모두 삭제하여 표시하시오. A. |	A	B
---	---	---
3	함수식	함수결과
11	=TRIM(" apple 5 ")	apple 5			→ 문자열(apple 5)에서 단어 사이의 한 칸의 공백을 제외하고 나머지 공백을 모두 삭제(apple 5)하여 반환

❾ FIND

정의	• '문자열2'의 '시작 위치'부터 '문자열1'을 찾아 시작 위치 반환 • 영문자의 대·소문자를 구분하고 와일드카드 문자는 사용할 수 없음 • FIND 함수는 각 문자를 한 글자로 계산	함수식	=FIND(문자열1,문자열2,시작 위치)
연습 문제	Q. FIND 함수를 사용하여 문자열 'okOK 좋아요'에서 문자열 'k' 또는 'K'의 위치를 구하시오. A. | 3	함수식	함수결과
---	---	---
12	=FIND("k","okOK 좋아요")	2
13	=FIND("K","okOK 좋아요")	4			→ FIND 함수는 영문자의 대·소문자를 구분함. 문자열에서 'k'의 위치를 찾아 FIND 함수는 각 문자를 한 글자로 계산한 결과(2)를 반환, 문자열에서 'K'의 위치를 찾아 FIND 함수는 각 문자를 한 글자로 계산한 결과(4)를 반환

❿ SEARCH

정의	• '문자열2'의 '시작 위치'부터 '문자열1'을 찾아 시작 위치 반환 • 영문자의 대·소문자를 구분하지 않고 와일드카드 문자는 사용할 수 있음 • SEARCH 함수는 각 문자를 한 글자로 계산	함수식	=SEARCH(문자열1,문자열2,시작 위치)
연습 문제	Q. SEARCH 함수를 사용하여 문자열 '아침 GOOD morning'에서 문자열 'o' 또는 'O'의 시작 위치를 구하시오. A. | 3	함수식	함수결과
---	---	---
14	=SEARCH("o","아침 GOOD morning")	5
15	=SEARCH("O","아침 GOOD morning")	5			→ SEARCH 함수는 영문자의 대·소문자를 구분하지 않음. 문자열에서 'O' 또는 'o'의 위치를 찾아 SEARCH 함수는 각 문자를 한 글자로 계산한 결과(5)를 반환

⑪ CONCAT

정의	'문자열1'과 '문자열2'를 연결하여 반환	함수식	=CONCAT(문자열1,문자열2,…)
연습문제	Q. CONCAT 함수를 사용하여 문자열 '컴활'과 문자열 '실기'를 연결하여 표시하시오. A. |	A	B
---	---	---
3	함수식	함수결과
16	=CONCAT("컴활","실기")	컴활실기			→ 문자열(컴활)과 문자열(실기)을 연결(컴활실기)하여 반환

⑫ REPLACE

정의	'문자열1'의 '시작 위치'에서 '개수'만큼 '문자열2'로 교체하여 반환	함수식	=REPLACE(문자열1,시작 위치,개수,문자열2)
연습문제	Q. REPLACE 함수를 사용하여 문자열 '웃으면 보기와요'의 다섯 번째부터 두 글자를 문자열 '복이'로 교체하여 표시하시오. A. |	A	B
---	---	---
3	함수식	함수결과
17	=REPLACE("웃으면 보기와요",5,2,"복이")	웃으면 복이와요			→ 문자열(웃으면 보기와요)의 다섯 번째부터 두 글자(보기)를 문자열(복이)로 교체(웃으면 복이와요)하여 반환

⑬ SUBSTITUTE

정의	'문자열'에서 '인수1'을 '인수2'로 교체하여 반환	함수식	=SUBSTITUTE(문자열,인수1,인수2,변환할 문자 위치)
연습문제	Q. SUBTITUTE 함수를 사용하여 문자열 '컴활필기'에서 '필기' 부분을 문자열 '실기'로 교체하여 표시하시오. A. |	A	B
---	---	---
3	함수식	함수결과
18	=SUBSTITUTE("컴활필기","필기","실기")	컴활실기			→ 문자열(컴활필기)에서 '필기' 부분을 문자열(실기)로 교체(컴활실기)하여 반환

⑭ TEXT

정의	'인수'를 지정한 '형식'의 문자열로 변경하여 반환	함수식	=TEXT(인수,형식)
연습문제	Q. TEXT 함수를 사용하여 숫자 '3'을 '003' 형식의 문자열로 변경하여 표시하시오. A. |	A	B
---	---	---
3	함수식	함수결과
19	=TEXT(3,"000")	003			→ 숫자(3)에서 유효하지 않은 자릿수를 0으로 표시하고, 세 자릿수로 표시하여 '000' 형식의 문자열로 변경(003)하여 반환

⓯ FIXED

정의	'숫자'를 나타낼 소수점 '자릿수'나 쉼표의 표시 여부에 맞게 반환	함수식	=FIXED(인수,자릿수,논리값)

연습문제	Q. FIXED 함수를 사용하여 숫자(12345.567)를 소숫점 자릿수(소수 둘째자리, 정수, 십의 자리)와 천 단위 구분 표시 여부를 지정하여 각각 표시하시오.

A.

	A	B
3	함수식	함수결과
20	=FIXED(12345.567,2,TRUE)	12345.57
21	=FIXED(12345.567,0,TRUE)	12346
22	=FIXED(12345.567,-1,TRUE)	12350
23	=FIXED(12345.567,2,FALSE)	12,345.57
24	=FIXED(12345.567,0,FALSE)	12,346
25	=FIXED(12345.567,-1,FALSE)	12,350

→ 숫자(12345.567)를 천의 자리 구분 기호(,)를 생략(TRUE)하고 반올림하여 소수 둘째 자리까지 나타낸 값(12345.57), 정수로 나타낸 값(12346), 십의 자리까지 나타낸 값(12350)을 반환. 숫자(12345.567)를 천의 자리 구분 기호(,)를 표시(FALSE 또는 생략)하고 반올림하여 소수 둘째 자리까지 나타낸 값(12,345.57), 정수로 나타낸 값(12,346), 십의 자리까지 나타낸 값(12,350)을 반환

⓰ VALUE

정의	숫자 형태의 '문자열'을 숫자로 변경하여 반환	함수식	=VALUE(문자열)

연습문제	Q. VALUE 함수를 사용하여 문자열 '250%'를 숫자로 변경하여 표시하시오.

A.

	A	B
3	함수식	함수결과
26	=VALUE("250%")	2.5

→ 문자열(250%)을 숫자로 변경(2.5)하여 반환

⓱ EXACT

정의	두 개의 텍스트를 비교하여 같으면 'TRUE', 다르면 'FALSE' 반환	함수식	=EXACT(문자열1,문자열2)

연습문제	Q. EXACT 함수를 문자열 '컴활1급필기'와 문자열 '컴활1급실기'를 비교하여 결과를 표시하시오.

A.

	A	B
3	함수식	함수결과
27	=EXACT("컴활1급필기","컴활1급실기")	FALSE

→ 문자열(컴활1급필기)와 문자열(컴활1급실기)를 비교하여 결과(FALSE)를 반환

⓲ REPT

정의	'문자열'을 '개수'만큼 반복하여 반환	함수식	=REPT(문자열,개수)

연습문제	Q. REPT 함수를 사용하여 문자열 '컴활'을 세 번 반복하여 표시하시오.

A.

	A	B
3	함수식	함수결과
28	=REPT("컴활",3)	컴활컴활컴활

→ 문자열(컴활)을 세(3) 번 반복(컴활컴활컴활)하여 반환

엑셀 함수기초 마스터 — 5. 날짜/시간 함수

연계 학습 📄 출제유형 연습(1권) p.126

날짜와 시간에 관련된 작업을 수행하는 함수

📥 실습파일 05_날짜시간함수.xlsx   📥 정답파일 05_날짜시간함수(정답).xlsx

❶ NOW

정의	현재 날짜와 시간 반환	함수식	=NOW( )

연습문제	Q. NOW 함수를 사용하여 현재 날짜와 시간을 구하시오.

	A	B
3	함수식	함수결과
4	=NOW()	2023-04-09 17:59

→ 현재 날짜와 시간을 반환

❷ TODAY

정의	현재 날짜 반환	함수식	=TODAY( )

연습문제	Q. TODAY 함수를 사용하여 현재 날짜를 구하시오.

	A	B
3	함수식	함수결과
5	=TODAY()	2023-04-09

→ 현재 날짜를 반환

❸ DATE

정의	'연', '월', '일'에 대한 날짜 데이터 반환	함수식	=DATE(연,월,일)

연습문제	Q. DATE 함수를 사용하여 2023년 8월 8일에 대한 날짜 데이터를 구하시오.

	A	B
3	함수식	함수결과
6	=DATE(2023,8,8)	2023-08-08

→ 2023년 8월 8일에 대한 날짜 데이터를 반환

❹ YEAR / MONTH / DAY

정의	'날짜'의 연, 월, 일 반환	함수식	=YEAR(날짜) =MONTH(날짜) =DAY(날짜)

연습문제	Q. YEAR / MONTH / DAY 함수를 사용하여 [E4] 셀의 연도, 월, 일을 구하시오.

	A	B
3	함수식	함수결과
7	=YEAR(E4)	2023
8	=MONTH(E4)	8
9	=DAY(E4)	5

→ [E4] 셀의 '2023-08-05'에서 연(2023), 월(8), 일(5)을 각각 반환

❺ TIME

정의	'시', '분', '초'에 대한 시간 데이터 반환	함수식	=TIME(시,분,초)
연습 문제	Q. TIME 함수를 사용하여 20시 25분 30초에 대한 시간을 구하시오. A. 	A	B	 	3	함수식	함수결과	 	10	=TIME(20,25,30)	8:25 PM	→ 20시 25분 30초에 대한 시간 데이터를 반환		

❻ HOUR / MINUTE / SECOND

정의	'시간'의 시, 분, 초 반환	함수식	=HOUR(시간) =MINUTE(시간) =SECOND(시간)
연습 문제	Q. HOUR / MINUTE / SECOND 함수를 사용하여 [E6] 셀의 시, 분, 초를 구하시오. A. 	A	B
3	함수식	함수결과
11	=HOUR(E6)	20
12	=MINUTE(E6)	25
13	=SECOND(E6)	30	→ [E6] 셀의 '20:25:30'에서 시(20), 분(25), 초(30)를 각각 반환		

❼ WEEKDAY

정의	• '날짜'에 해당하는 요일 번호 반환 • 반환값 - 1 또는 생략: 일요일이 1 ~ 토요일이 7 - 2: 월요일이 1 ~ 일요일이 7 - 3: 월요일이 0 ~ 일요일이 6	함수식	=WEEKDAY(날짜,반환값)
연습 문제	Q. WEEKDAY 함수를 사용하여 [E4] 셀의 날짜에 해당하는 요일 번호(일요일이 1)를 구하시오. A. 	A	B
3	함수식	함수결과
14	=WEEKDAY(E4)	7	→ [E4] 셀에 입력된 날짜 '2023-08-05'의 요일 번호(7)를 반환		

❽ DAYS

정의	'시작 날짜'부터 '종료 날짜' 사이의 일 수를 계산하여 반환	함수식	=DAYS(종료 날짜,시작 날짜)
연습 문제	Q. DAYS 함수를 사용하여 [E4] 셀에서 [G4] 셀 사이의 일의 수를 구하시오. A. 	A	B
3	함수식	함수결과
15	=DAYS(G4,E4)	30	→ [E4] 셀의 '2023-08-05'부터 [G4] 셀의 '2023-09-04' 사이의 일 수(30)를 반환		

❾ EDATE

정의	'시작 날짜'를 기준으로 '개월 수' 이전이나 이후 날짜를 반환	함수식	=EDATE(시작 날짜,개월 수)
연습 문제	Q. EDATE 함수를 사용하여 [E4] 셀을 기준으로 2개월 후의 날짜를 구하시오. A. 	A	B	 	3	함수식	함수결과	 	16	=EDATE(E4,2)	2023-10-05			→ [E4] 셀의 '2023-08-05'을 기준으로 2개월 후의 날짜(2023-10-05)를 반환

❿ EOMONTH

정의	'시작 날짜'를 기준으로 '개월 수' 이전이나 이후 달의 마지막 날짜를 반환	함수식	=EOMONTH(시작 날짜,개월 수)
연습 문제	Q. EOMONTH 함수를 사용하여 [E4] 셀을 기준으로 2개월 후 달의 마지막 날짜를 구하시오. A. 3 함수식 / 함수결과 17 =EOMONTH(E4,2) / 2023-10-31			→ [E4] 셀의 '2023-08-05'을 기준으로 2개월 후 달의 마지막 날짜(2023-10-31)를 반환

⓫ WORKDAY

정의	'시작 날짜'에서 토요일, 일요일, 지정한 '휴일'을 제외하고 지정한 '날짜 수'만큼 경과한 날짜를 반환	함수식	=WORKDAY(시작 날짜,날짜 수,휴일)
연습 문제	Q. WORKDAY 함수를 사용하여 [E4] 셀을 기준으로 [F4] 셀을 제외한 15일 후의 날짜를 구하시오. A. 3 함수식 / 함수결과 18 =WORKDAY(E4,15,F4) / 2023-08-28			→ [E4] 셀의 '2023-08-05'에서 토요일, 일요일, [F4] 셀의 '2023-08-15'를 제외하고 15일이 경과한 날짜(2023-08-28)를 반환

⓬ DATEVALUE

정의	'날짜'의 일련번호 반환	함수식	=DATEVALUE(날짜)
연습 문제	Q. DATEVALUE 함수를 사용하여 날짜 '2023-8-15'의 일련번호를 구하시오. A. 3 함수식 / 함수결과 19 =DATEVALUE("2023-8-15") / 45153			→ '2023-8-15'의 일련번호(45153)를 반환(1900년 1월 1일을 1로 시작하여 구함)

⓭ NETWORKDAYS

정의	토요일, 일요일, 지정한 '휴일'을 제외하고 '시작 날짜'와 '끝 날짜' 사이의 작업일 수를 계산하여 반환	함수식	=NETWORKDAYS(시작 날짜,끝 날짜,휴일)
연습 문제	Q. NETWORKDAYS 함수를 사용하여 [E4] 셀을 기준으로 [F4] 셀을 제외하고 [G4] 셀까지의 작업일 수를 구하시오. A. 3 함수식 / 함수결과 20 =NETWORKDAYS(E4,G4,F4) / 20			→ 토요일, 일요일, [F4] 셀의 '2023-08-15'를 제외하고 [E4] 셀의 '2023-08-05'와 [G4] 셀의 '2023-09-04' 사이의 작업일 수(20)를 반환

엑셀 함수기초 마스터

⓮ WEEKNUM

정의	'날짜'가 일 년 중 몇 번째 주인지 반환	함수식	=WEEKNUM(날짜,반환 유형)
연습 문제	Q. WEEKNUM 함수를 사용하여 [E4] 셀이 일 년 중 몇 번째 주인지 구하시오. A.		

	A	B	
3	함수식	함수결과	
21	=WEEKNUM(E4)	31	→ [E4] 셀의 '2023-08-05'가 일 년 중 몇 번째 주(31)인지 반환

엑셀 함수기초 마스터 | 6. 데이터베이스 함수

연계 학습 ▶ 출제유형 연습(1권) p.136

데이터베이스를 다루는데 유용한 함수로써 데이터를 검색하고 분석하는데 사용

= 데이터베이스 함수(데이터베이스,필드,조건 범위)

- 데이터베이스: 레코드와 필드로 이루어진 관련 데이터의 목록
- 필드: 어떤 필드가 함수에 사용되는지를 지정, 필드명을 지정하거나 열 번호로 지정
- 조건 범위: 찾을 조건이 들어있는 셀 범위로, 필드명과 함께 지정

⬇ 실습파일 06_데이터베이스함수.xlsx   ⬇ 정답파일 06_데이터베이스함수(정답).xlsx

❶ DSUM

정의	조건을 만족하는 '필드'의 합계를 반환	함수식	=DSUM(데이터베이스,필드,조건 범위)
연습문제	Q. DSUM 함수를 사용하여 [D3:H12] 영역에서 성별[E4:E12]이 '여'인 사람들의 희망연봉[G4:G12]의 합계를 구하시오. A. │ A │ B │ 3 │ 함수식 │ 함수결과 │ 4 │ =DSUM(D3:H12,G3,E3:E4) │ 24000 │		▶ [D3:H12] 영역에서 조건이 [E3:E4] 영역('성별'이 '여')인 [G3] 필드(희망연봉)의 합계(24000)를 반환

❷ DAVERAGE

정의	조건을 만족하는 '필드'의 평균을 반환	함수식	=DAVERAGE(데이터베이스,필드,조건 범위)
연습문제	Q. DAVERAGE 함수를 사용하여 [D3:H12] 영역에서 장래희망[F4:F12]이 '교사'인 사람들의 희망연봉[G4:G12]의 핑크를 구하시오. A. │ A │ B │ 3 │ 함수식 │ 함수결과 │ 5 │ =DAVERAGE(D3:H12,G3,F3:F4) │ 5500 │		▶ [D3:H12] 영역에서 조건이 [F3:F4] 영역('장래희망'이 '교사')인 [G3] 필드(희망연봉)의 평균(5500)을 반환

❸ DCOUNT

정의	조건을 만족하는 '필드'에서 숫자인 셀 개수를 반환	함수식	=DCOUNT(데이터베이스,필드,조건 범위)
연습문제	Q. DCOUNT 함수를 사용하여 [D3:H12] 영역에서 장래희망[F4:F12]이 '과학자'인 사람들의 희망연봉 개수를 구하시오. A. │ A │ B │ 3 │ 함수식 │ 함수결과 │ 6 │ =DCOUNT(D3:H12,G3,D14:D15) │ 4 │		▶ [D3:H12] 영역에서 조건이 [D14:D15] 영역('장래희망'이 '과학자')인 희망연봉([G3]) 필드가 숫자인 셀의 개수(4)를 반환

❹ DCOUNTA

정의	조건을 만족하는 '필드'에서 비어있지 않은 셀 개수를 반환	함수식	=DCOUNTA(데이터베이스,필드,조건 범위)
연습 문제	Q. DCOUNTA 함수를 사용하여 [D3:H12] 영역에서 장래희망[F4:F12]이 '교사'인 사람들의 인원수를 구하시오. A. |	A	B
---	---	---
3	함수식	함수결과
7	=DCOUNTA(D3:H12,D3,F3:F4)	3			→ [D3:H12] 영역에서 조건이 [F3:F4] 영역('장래희망'이 '교사')인 성명([D3]) 필드가 비어있지 않은 셀의 개수(3)를 반환

❺ DMAX

정의	조건을 만족하는 '필드'의 최대값을 반환	함수식	=DMAX(데이터베이스,필드,조건 범위)
연습 문제	Q. DMAX 함수를 사용하여 [D3:H12] 영역에서 성별[E4:E12]이 '남'인 사람들의 희망연봉 중 최대값을 구하시오. A. |	A	B
---	---	---
3	함수식	함수결과
8	=DMAX(D3:H12,G3,E14:E15)	8500			→ [D3:H12] 영역에서 조건이 [E14:E15] 영역('성별'이 '남')인 [G3] 필드(희망연봉)의 최대값(8500)을 반환

❻ DMIN

정의	조건을 만족하는 '필드'의 최소값을 반환	함수식	=DMIN(데이터베이스,필드,조건 범위)
연습 문제	Q. DMIN 함수를 사용하여 [D3:H12] 영역에서 성별[E4:E12]이 '여'인 사람들의 희망연봉의 최소값을 구하시오. A. |	A	B
---	---	---
3	함수식	함수결과
9	=DMIN(D3:H12,G3,E3:E4)	5000			→ [D3:H12] 영역에서 조건이 [E3:E4] 영역('성별'이 '여')인 [G3] 필드(희망연봉)의 최소값(5000)을 반환

❼ DVAR

정의	조건을 만족하는 '필드'의 분산을 반환	함수식	=DVAR(데이터베이스,필드,조건 범위)
연습 문제	Q. DAVR 함수를 사용하여 [D3:H12] 영역에서 장래희망[F4:F12]이 '과학자'인 사람들의 나이의 분산을 구하시오. A. |	A	B
---	---	---
3	함수식	함수결과
10	=DVAR(D3:H12,H3,D14:D15)	0.916666667			→ [D3:H12] 영역에서 조건이 [D14:D15] 영역('장래희망'이 '과학자')인 [H3] 필드(나이)의 분산(0.916…)을 반환

❽ DSTDEV

정의	조건을 만족하는 '필드'의 표준 편차를 반환	함수식	=DSTDEV(데이터베이스,필드,조건 범위)
연습 문제	Q. DSTDEV 함수를 사용하여 [D3:H12] 영역에서 성별[E4:E12]이 '여'인 사람들의 나이의 표준 편차를 구하시오. A. |	A	B
---	---	---
3	함수식	함수결과
11	=DSTDEV(D3:H12,H3,E3:E4)	0.816496581			→ [D3:H12] 영역에서 조건이 [E3:E4] 영역('성별'이 '여')인 [H3] 필드(나이)의 표준 편차(0.816…)를 반환

❾ DGET

정의	• 조건을 만족하는 하나의 '필드'값을 반환 • 조건을 만족하는 '필드'값이 없으면 #VALUE! 오류를, 조건을 만족하는 '필드'값이 여러 개이면 #NUM! 오류를 반환	함수식	=DGET(데이터베이스,필드,조건 범위)
연습 문제	Q. DGET 함수를 사용하여 [D3:H12] 영역에서 성명[D4:D12]이 '파랑새'인 사람의 나이를 구하시오. A. 　　A　　　　　　　　　B 3　함수식　　　　　함수결과 12　=DGET(D3:H12,H3,D3:D4)　　18		→ [D3:H12] 영역에서 조건이 [D3:D4] 영역('성명'이 '파랑새')인 [H3] 필드(나이)에서 하나의 값(18)을 반환

❿ DPRODUCT

정의	조건을 만족하는 '필드'의 곱을 반환	함수식	=DPRODUCT(데이터베이스,필드,조건 범위)
연습 문제	Q. DPRODUCT 함수를 사용하여 [D3:H12] 영역에서 장래희망[F4:F12]이 '과학자'인 사람들의 나이의 곱을 구하시오. A. 　　A　　　　　　　　　B 3　함수식　　　　　함수결과 13　=DPRODUCT(D3:H12,H3,D14:D15)　　123120		→ [D3:H12] 영역에서 조건이 [D14:D15] 영역('장래희망'이 '과학자')인 [H3] 필드(나이)의 곱(123120)을 반환

엑셀 함수기초 마스터 — 7. 찾기/참조 함수

연계 학습 ▶ 출제유형 연습(1권) p.147

특정한 범위 내에서 데이터를 검색하는데 사용되는 함수

⬇ 실습파일 07_찾기참조함수.xlsx   ⬇ 정답파일 07_찾기참조함수(정답).xlsx

❶ CHOOSE

정의	'검색값'이 1이면 '값1', 2이면 '값2' 등의 순서로 값을 반환	함수식	=CHOOSE(검색값,값1,값2,…)

| 연습문제 | Q. CHOOSE 함수를 사용하여 1이면 '오렌지', 2이면 '바나나', 3이면 '키위'를 표시하되, 2를 검색한 결과를 표시하시오.
A.
｜ ｜ A ｜ B ｜
｜ 3 ｜ 함수식 ｜ 함수결과 ｜
｜ 4 ｜ =CHOOSE(2,"오렌지","바나나","키위") ｜ 바나나 ｜ | → CHOOSE 함수에 사용된 검색값은 '2'이고, 2이면 '바나나'를 반환 |

❷ HLOOKUP

| 정의 | • '범위'의 첫 번째 행에서 '값'을 찾아 지정한 행에서 대응하는 값을 반환
• 방법
　– 0 또는 FALSE: 정확히 일치
　– 1 또는 TRUE 또는 생략: 유사 일치 | 함수식 | =HLOOKUP(값,범위,행 번호,방법) |

| 연습문제 | Q. HLOOKUP 함수를 사용하여 점수, 평가[E10:G11]에서 점수가 92일 때의 평가를 표시하시오.
A.
｜ ｜ A ｜ B ｜
｜ 3 ｜ 함수식 ｜ 함수결과 ｜
｜ 5 ｜ =HLOOKUP(92,E10:G11,2,TRUE) ｜ 아주잘함 ｜ | → [E10:G11] 영역(점수, 평가)의 첫 번째 행(점수)에서 92와 유사 일치하는 값을 찾아 두 번째 행(평가)에서 대응하는 값('아주잘함')을 반환 |

❸ VLOOKUP

| 정의 | • '범위'의 첫 번째 열에서 '값'을 찾아 지정한 열에서 대응하는 값을 반환
• 방법
　– 0 또는 FALSE: 정확히 일치
　– 1 또는 TRUE 또는 생략: 유사 일치 | 함수식 | =VLOOKUP(값,범위,열 번호,방법) |

| 연습문제 | Q. VLOOKUP 함수를 사용하여 성명[D4:D8]이 '물보라'인 사람의 점수[G4:G8]를 구하시오.
A.
｜ ｜ A ｜ B ｜
｜ 3 ｜ 함수식 ｜ 함수결과 ｜
｜ 6 ｜ =VLOOKUP("물보라",D4:G8,4,FALSE) ｜ 85 ｜ | → [D4:D8] 영역의 첫 번째 열(성명)에서 '물보라'와 정확히 일치하는 값을 찾아 네 번째 열(점수)에서 대응하는 값(85)을 반환 |

❹ INDEX

정의	'범위'에서 지정한 '행'과 '열'의 교차값을 반환	함수식	=INDEX(범위,행,열)
연습 문제	Q. INDEX 함수를 사용하여 성명[D4:D8]이 '무지개'인 사람의 점수[G4:G8]를 구하시오. A. |	A	B
---	---	---
3	함수식	함수결과
7	=INDEX(D3:G8,3,4)	95			→ [D3:G8] 영역에서 세 번째 행(무지개)과 네 번째 열(점수)의 교차값(95)을 반환

❺ MATCH

정의	• '검색값'과 일치하는 '배열' 요소를 찾아 상대 위치 반환
	• 검색 유형
	  - 1: 검색값보다 작거나 같은 값 중 가장 큰 값
	    (오름차순 정렬되어 있어야 함)
	  - 0: 검색값과 같은 첫 번째 값
	  - -1: 검색값보다 크거나 같은 값 중 가장 작은 값(내림차순 정렬되어 있어야 함)
		함수식	=MATCH(검색값,배열,검색 유형)

연습 문제	Q. MATCH 함수를 사용하여 점수[G4:G8]에서 90과 정확하게 일치하는 첫 번째 값을 찾아 위치를 표시하시오. A. |	A	B
---	---	---
3	함수식	함수결과
8	=MATCH(90,G4:G8,0)	4			→ [G4:G8] 영역(점수)에서 90과 정확하게 일치하는 첫 번째 값을 찾아 상대 위치(4)를 반환

❻ COLUMN

정의	'셀이나 범위'의 열 번호 반환	함수식	=COLUMN(셀이나 범위)
연습 문제	Q. COLUMN 함수를 사용하여 [D3] 셀의 열 번호를 구하시오. A. |	A	B
---	---	---
3	함수식	함수결과
9	=COLUMN(D3)	4			→ [D3] 셀의 열 번호(4)를 반환

❼ COLUMNS

정의	'배열이나 범위'에 들어있는 열 수 반환	함수식	=COLUMNS(배열이나 범위)
연습 문제	Q. COLUMNS 함수를 사용하여 [D3:F3] 영역에 들어있는 열 수를 구하시오. A. |	A	B
---	---	---
3	함수식	함수결과
10	=COLUMNS(D3:F3)	3			→ [D3:F3] 영역에 들어있는(D열, E열, F열)의 열 수(3)를 반환

❽ ROW

정의	'셀이나 범위'의 행 번호 반환	함수식	=ROW(셀이나 범위)
연습 문제	Q. ROW 함수를 사용하여 [D3] 셀의 행 번호를 구하시오. A. <table><tr><td></td><td>A 함수식</td><td>B 함수결과</td></tr><tr><td>11</td><td>=ROW(D3)</td><td>3</td></tr></table>		→ [D3] 셀의 행 번호(3)를 반환

❾ ROWS

정의	'배열이나 범위'에 들어있는 행 수 반환	함수식	=ROWS(배열이나 범위)
연습 문제	Q. ROWS 함수를 사용하여 [D4:D8] 영역에 들어있는 행 수를 구하시오. A. <table><tr><td></td><td>A 함수식</td><td>B 함수결과</td></tr><tr><td>12</td><td>=ROWS(D4:D8)</td><td>5</td></tr></table>		→ [D4:D8] 영역에 들어있는 행(4행, 5행, 6행, 7행, 8행)의 수(5)를 반환

❿ LOOKUP

정의	'범위'에서 '값'을 찾아 '결과 범위'에서 같은 위치에 있는 값을 반환	함수식	=LOOKUP(값,범위,결과 범위)
연습 문제	Q. LOOKUP 함수를 사용하여 성명[D4:D8]이 '보아라'인 사람의 점수[G4:G8]를 구하시오. A. <table><tr><td></td><td>A 함수식</td><td>B 함수결과</td></tr><tr><td>13</td><td>=LOOKUP("보아라",D4:D8,G4:G8)</td><td>90</td></tr></table>		→ [D4:D8] 영역(성명)에서 '보아라'를 찾아 [G4:G8] 영역(점수)에서 같은 위치에 있는 값(90)을 반환

⓫ OFFSET

정의	'범위'에서 지정한 '행'과 '열'만큼 떨어진 위치의 영역을 반환	함수식	=OFFSET(범위,행,열,높이,너비)
연습 문제	Q. OFFSET 함수를 사용하여 [D6] 셀에서 1행 2열만큼 떨어진 위치의 영역 데이터를 표시하시오. A. <table><tr><td></td><td>A 함수식</td><td>B 함수결과</td></tr><tr><td>14</td><td>=OFFSET(D6,1,2)</td><td>여</td></tr></table>		→ [D6] 셀에서 1행 2열만큼 떨어진 위치인 [F7] 셀의 값(여)을 반환(높이와 너비가 생략되어 하나의 셀 값이 됨)

⓬ ADDRESS

정의	'행 번호'와 '열 번호'를 사용하여 셀 주소를 반환	함수식	=ADDRESS(행 번호,열 번호,참조 유형)
연습 문제	Q. ADDRESS 함수를 사용하여 3행 3열의 셀 주소를 표시하시오. A. <table><tr><td></td><td>A 함수식</td><td>B 함수결과</td></tr><tr><td>15</td><td>=ADDRESS(3,3,1)</td><td>$C$3</td></tr><tr><td>16</td><td>=ADDRESS(3,3,2)</td><td>C$3</td></tr><tr><td>17</td><td>=ADDRESS(3,3,3)</td><td>$C3</td></tr><tr><td>18</td><td>=ADDRESS(3,3,4)</td><td>C3</td></tr></table>		→ 3행 3열인 [C3] 셀의 주소를 각각 참조 유형에 따라 절대 참조(1)인 '$C$3', 행 고정 혼합 참조(2)인 'C$3', 열 고정 혼합 참조(3)인 '$C3', 상대 참조(4)인 'C3'으로 반환

⑬ AREAS

정의	'범위' 내에 있는 영역 수 반환	함수식	=AREAS(범위)

연습문제

Q. AREAS 함수를 사용하여 점수[E10:G10]와 평가[E11:G11]의 영역 수를 구하시오.
A.

	A	B
3	함수식	함수결과
19	=AREAS((E10:G10,E11:G11))	2

→ [E10:G10] 영역(점수)과 [E11:G11] 영역(평가)의 영역 수(2)를 반환(주의사항 – 괄호 두 개를 사용해야 함)

⑭ XLOOKUP

정의	검색값을 검색범위에서 일치하는 첫 번째 항목을 찾은 후 해당되는 반환범위의 값을 반환	함수식	=XLOOKUP(검색값,검색범위,반환범위,반환내용(선택),일치방법(선택),검색모드(선택))

연습문제

Q. XLOOKUP 함수를 사용하여 성명[D4:D8]에서 '무지개'를 검색하여 해당되는 점수[G4:G8]를 표시하시오.
A.

	A	B
3	함수식	함수결과
20	=XLOOKUP(D5,D4:D8,G4:G8)	95

→ '무지개'의 점수 (95)를 반환

⑮ INDIRECT

정의	'텍스트' 문자열로 지정된 셀 주소의 값을 반환	함수식	=INDIRECT(텍스트)

연습문제

Q. INDIRECT 함수를 사용하여 [E15] 셀 문자열에 지정된 셀 주소의 값을 표시하시오.
A.

	A	B
3	함수식	함수결과
21	=INDIRECT(E15)	다스리

→ [E15] 셀에 문자열로 지정된 셀 주소(D4)의 값(다스리)을 반환

⑯ TRANSPOSE

정의	지정한 '범위'에서 행과 열을 바꾸어 반환	함수식	=TRANSPOSE(범위)

연습문제

Q. TRANSPOSE 함수를 사용하여 [E10:G11] 영역의 데이터를 행과 열을 바꾸어 표시하시오.
A.

	A	B	C
3	함수식	함수결과	
22	=TRANSPOSE(E10:G11)	70	보통
23		80	잘함
24		90	아주잘함

→ [E10:G11] 영역(점수, 평가)의 행과 열을 바꾸어 반환

⑰ XMATCH

정의	범위에서 '검색값'과 일치하는 요소를 찾아 상대적인 위치 반환	함수식	=XMATCH(검색값,범위,일치방법(선택),검색모드(선택))

연습문제

Q. XMATCH 함수를 사용하여 성명[D4:D8]에서 '무지개'의 위치를 반환하시오.
A.

	A	B
3	함수식	함수결과
25	=XMATCH("무지개",D4:D8)	2

→ '무지개'의 위치(2)를 반환

엑셀 함수기초 마스터 8. 정보 함수

셀, 범위 또는 워크시트와 관련된 정보를 반환하는데 사용되는 함수

- 실습파일 08_정보함수.xlsx
- 정답파일 08_정보함수(정답).xlsx

❶ ISBLANK

정의	'인수'가 빈 셀이면 'TRUE', 그렇지 않으면 'FALSE'를 반환	함수식	=ISBLANK(인수)
연습문제	Q. ISBLANK 함수를 사용한 [D4] 셀의 결과를 표시하시오. A. A B 3 함수식 함수결과 4 =ISBLANK(D4) TRUE		→ [D4] 셀(공백)의 결과(TRUE)를 반환

❷ ISERROR

정의	'인수'가 오류값이면 'TRUE', 그렇지 않으면 'FALSE'를 반환	함수식	=ISERROR(인수)
연습문제	Q. ISERROR 함수를 사용한 [D5] 셀의 결과를 표시하시오. A. A B 3 함수식 함수결과 5 =ISERROR(D5) TRUE		→ [D5] 셀(오류값)의 결과(TRUE)를 반환

❸ ISERR

정의	'인수'가 오류인 경우 #N/A를 제외한 오류값이면 'TRUE', 그렇지 않으면 'FALSE'를 반환	함수식	=ISERR(인수)
연습문제	Q. ISERR 함수를 사용한 [D6] 셀의 결과를 표시하시오. A. A B 3 함수식 함수결과 6 =ISERR(D6) TRUE		→ [D6] 셀('#N/A'가 아닌 오류값)의 결과(TRUE)를 반환

❹ ISEVEN

정의	'인수'가 짝수이면 'TRUE', 그렇지 않으면 'FALSE'를 반환	함수식	=ISEVEN(인수)
연습문제	Q. ISEVEN 함수를 사용한 [D7] 셀의 결과를 표시하시오. A. A B 3 함수식 함수결과 7 =ISEVEN(D7) TRUE		→ [D7] 셀(짝수)의 결과(TRUE)를 반환

❺ ISODD

정의	'인수'가 홀수이면 'TRUE', 그렇지 않으면 'FALSE'를 반환	함수식	=ISODD(인수)

연습문제

Q. ISODD 함수를 사용한 [D8] 셀의 결과를 표시하시오.
A.

	A	B
3	함수식	함수결과
8	=ISODD(D8)	TRUE

→ [D8] 셀(홀수)의 결과(TRUE)를 반환

❻ ISLOGICAL

정의	'인수'가 논리값이면 'TRUE', 그렇지 않으면 'FALSE'를 반환	함수식	=ISLOGICAL(인수)

연습문제

Q. ISLOGICAL 함수를 사용한 [D9] 셀의 결과를 표시하시오.
A.

	A	B
3	함수식	함수결과
9	=ISLOGICAL(D9)	TRUE

→ [D9] 셀(논리값)의 결과(TRUE)를 반환

❼ ISNUMBER

정의	'인수'가 숫자이면 'TRUE', 그렇지 않으면 'FALSE'를 반환	함수식	=ISNUMBER(인수)

연습문제

Q. ISNUMBER 함수를 사용한 [D10] 셀의 결과를 표시하시오.
A.

	A	B
3	함수식	함수결과
10	=ISNUMBER(D10)	TRUE

→ [D10] 셀(숫자)의 결과(TRUE)를 반환

❽ ISTEXT

정의	'인수'가 문자열이면 'TRUE', 그렇지 않으면 'FALSE'를 반환	함수식	=ISTEXT(인수)

연습문제

Q. ISTEXT 함수를 사용한 [D11] 셀의 결과를 표시하시오.
A.

	A	B
3	함수식	함수결과
11	=ISTEXT(D11)	TRUE

→ [D11] 셀(문자열)의 결과(TRUE)를 반환

❾ ISNONTEXT

정의	'인수'가 문자열이 아니면 'TRUE', 그렇지 않으면 'FALSE'를 반환	함수식	=ISNONTEXT(인수)

연습문제

Q. ISNONTEXT 함수를 사용한 [D12] 셀의 결과를 표시하시오.
A.

	A	B
3	함수식	함수결과
12	=ISNONTEXT(D12)	TRUE

→ [D12] 셀(문자열이 아닌 숫자)의 결과(TRUE)를 반환

❿ TYPE

정의	• '인수'의 데이터 형식을 숫자로 반환
	   - 숫자 → 1
	   - 문자열 → 2
	   - 논리값 → 4
	   - 오류값 → 16
		함수식	=TYPE(인수)

연습
문제
	Q. TYPE 함수를 사용하여 [D13], [D14], [D15], [D16] 셀의 데이터 형식을 숫자로 각각 표시하시오.
	A.
	<table><tr><th></th><th>A</th><th>B</th></tr><tr><td>3</td><td>함수식</td><td>함수결과</td></tr><tr><td>13</td><td>=TYPE(D13)</td><td>1</td></tr><tr><td>14</td><td>=TYPE(D14)</td><td>2</td></tr><tr><td>15</td><td>=TYPE(D15)</td><td>4</td></tr><tr><td>16</td><td>=TYPE(D16)</td><td>16</td></tr></table> → [D13] 셀(숫자)의 데이터 형식 숫자(1)를 반환
	   [D14] 셀(문자열)의 데이터 형식 숫자(2)를 반환
	   [D15] 셀(논리값)의 데이터 형식 숫자(4)를 반환
	   [D16] 셀(오류값)의 데이터 형식 숫자(16)를 반환		

⓫ CELL

정의	셀의 서식 지정이나 위치, 내용 등에 대한 정보 반환	함수식	=CELL(정보 유형,셀)
연습 문제	Q. CELL 함수를 사용하여 [D17] 셀 위치에 정보를 표시하시오. A. <table><tr><th></th><th>A</th><th>B</th></tr><tr><td>3</td><td>함수식</td><td>함수결과</td></tr><tr><td>17</td><td>=CELL("address",D17)</td><td>$D$17</td></tr></table> → [D17] 셀의 주소("address")를 절대 참조 ($D$17)로 반환		

엑셀 함수기초 마스터 — 9. 재무 함수

매월 일정 금액을, 일정한 이율로, 일정 기간 동안 적금에 가입하거나 대출을 받았을 때 월 납입금액을 계산할 수 있는 함수

실습파일 09_재무함수.xlsx   정답파일 09_재무함수(정답).xlsx

❶ FV

정의	• '납입 횟수'동안 정기적으로 '납입금'을 납입할 때의 미래 가치를 반환
	예시 적금
	• 납입 시점
	  – 0 또는 생략: 기간 말
	  – 1: 기간 초
		함수식	=FV(이율,납입 횟수,납입금,[현재 가치],[납입 시점])

연습문제

Q. FV 함수를 사용하여 가입기간(연)[B7]동안 연이율[B6]로 납입할 때의 미래 가치(만기 금액)를 구하시오.

A.

	A	B
3	사용할 함수	=FV(B6/12,B7*12,-B8)
4	함수결과	₩7,468,806
5		
6	연이율	2.50%
7	가입기간(연)	3
8	월 불입액	200,000

→ • 이율: [B6] 셀 값(연이율)을 12로 나누어 월이율로 계산
• 납입 횟수: [B7] 셀 값(가입기간(연))에 12를 곱하여 개월 수로 계산
• 납입금: [B8] 셀 값(월 불입액)을 음수로 변환(결괏값이 양수가 되기 위해서는 인수를 음수로 변환해야 함)

❷ PV

정의	• '납입 횟수'동안 정기적으로 '납입금'을 납입할 때의 현재 가치를 반환
	예시 연금, 보험
	• 납입 시점
	  – 0 또는 생략: 기간 말
	  – 1: 기간 초
		함수식	=PV(이율,납입 횟수,납입금,[미래 가치],[납입 시점])

연습문제

Q. PV 함수를 사용하여 가입기간(연)[E7]동안 연이율[E6]로 납입할 때의 현재 가치를 구하시오.

A.

	D	E
3	사용할 함수	=PV(E6/12,E7*12,-E8)
4	함수결과	₩27,484,994
5		
6	연이율	3.50%
7	가입기간(연)	5
8	월 불입액	500,000

→ • 이율: [E6] 셀 값(연이율)을 12로 나누어 월이율로 계산
• 납입 횟수: [E7] 셀 값(가입기간(연))에 12를 곱하여 개월 수로 계산
• 납입금: [E8] 셀 값(월 불입액)을 음수로 변환(결괏값이 양수가 되기 위해서는 인수를 음수로 변환해야 함)

❸ PMT

정의	• 대출받은 '현재가치'(원금)에 대하여 정기적으로 상환할 금액을 반환
	예시 대출
	• 납입 시점
	  - 0 또는 생략: 기간 말
	  - 1: 기간 초
		함수식	=PMT(이율,납입 횟수,현재 가치,[미래 가치],[납입 시점])

연습 문제	Q. PMT 함수를 사용하여 상환기간(연)[H7]동안 연이율[H6]로 정기적으로 상환할 금액을 구하시오. A. |	G	H
---	---	---
3	사용할 함수	=PMT(H6/12,H7*12,-H8)
4	함수결과	₩817,083
5		
6	연이율	5.50%
7	상환기간(연)	15
8	대출 금액	100,000,000			• 이율: [H6] 셀 값(연이율)을 12로 나누어 월이율로 계산 • 납입 횟수: [H7] 셀 값(상환기간(연))에 12를 곱하여 개월 수로 계산 • 현재 가치: [H8] 셀 값(대출 금액)을 음수로 변환(결괏값이 양수가 되기 위해서는 인수를 음수로 변환해야 함)하여 계산

액세스 함수의 기본기를 다지자!

액세스 함수기초 마스터

1. 날짜/시간 함수
2. 텍스트 처리 함수
3. 선택 함수
4. 자료 형식 변환 함수
5. SQL 집계 함수
6. 도메인 집계 함수
7. 수학 함수

액세스 함수기초 마스터 1. 날짜/시간 함수

〈1_날짜시간함수〉 폼에서 다음의 지시사항에 따라 각 컨트롤의 원본 서식을 지정하시오.

📥 실습파일 액세스부록함수.accdb   📥 정답파일 액세스부록함수(정답).accdb

❶ Date

정의	현재 날짜 반환	함수식	=Date( )
연습문제	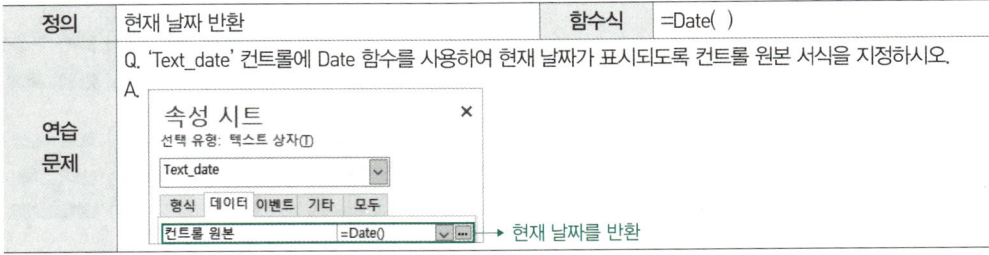 Q. 'Text_date' 컨트롤에 Date 함수를 사용하여 현재 날짜가 표시되도록 컨트롤 원본 서식을 지정하시오. A.		

❷ Now

정의	현재 날짜와 시간 반환	함수식	=Now( )
연습문제	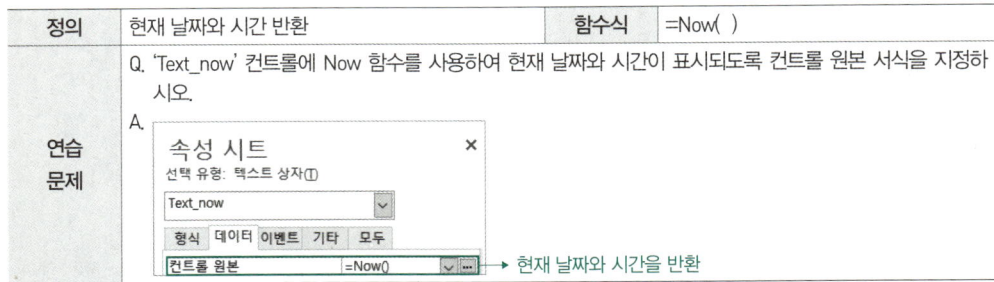 Q. 'Text_now' 컨트롤에 Now 함수를 사용하여 현재 날짜와 시간이 표시되도록 컨트롤 원본 서식을 지정하시오. A.		

❸ Time

정의	현재 시간 반환	함수식	=Time( )
연습문제	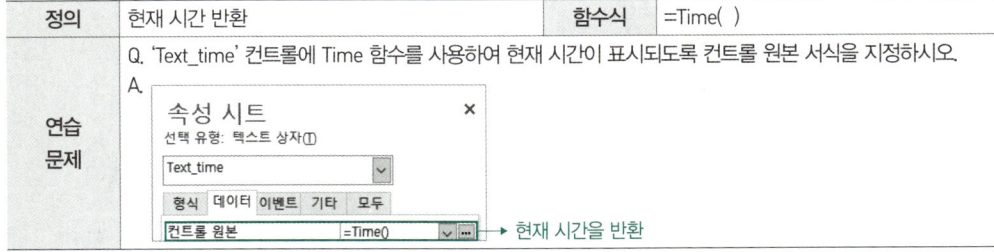 Q. 'Text_time' 컨트롤에 Time 함수를 사용하여 현재 시간이 표시되도록 컨트롤 원본 서식을 지정하시오. A.		

❹ Year

정의	'날짜'에서 연도(year)를 반환	함수식	=Year(날짜)
연습 문제	Q. 'Text_year' 컨트롤에 Year 함수를 사용하여 'Text_date' 컨트롤의 연도(year)가 표시되도록 컨트롤 원본 서식을 지정하시오. A. 속성 시트 선택 유형: 텍스트 상자(T) Text_year 형식 데이터 이벤트 기타 모두 컨트롤 원본 =Year([Text_date]) → 현재 날짜(Text_date)의 연도를 반환		

❺ Month

정의	'날짜'에서 월(month)을 반환	함수식	=Month(날짜)
연습 문제	Q. 'Text_month' 컨트롤에 Month 함수를 사용하여 'Text_date' 컨트롤의 월(month)이 표시되도록 컨트롤 원본 서식을 지정하시오. A. 속성 시트 선택 유형: 텍스트 상자(T) Text_month 형식 데이터 이벤트 기타 모두 컨트롤 원본 =Month([Text_date]) → 현재 날짜(Text_date)의 월을 반환		

❻ Day

정의	'날짜'에서 일(day)을 반환	함수식	=Day(날짜)
연습 문제	Q. 'Text_day' 컨트롤에 Day 함수를 사용하여 'Text_date' 컨트롤의 일(day)이 표시되도록 컨트롤 원본 서식을 지정하시오. A. 속성 시트 선택 유형: 텍스트 상자(T) Text_day 형식 데이터 이벤트 기타 모두 컨트롤 원본 =Day([Text_date]) → 현재 날짜(Text_date)의 일을 반환		

❼ Hour

정의	'시간'에서 시(hour)를 반환	함수식	=Hour(시간)
연습 문제	Q. 'Text_hour' 컨트롤에 Hour 함수를 사용하여 'Text_now' 컨트롤의 시(hour)가 표시되도록 컨트롤 원본 서식을 지정하시오. A. 속성 시트 선택 유형: 텍스트 상자(T) Text_hour 형식 데이터 이벤트 기타 모두 컨트롤 원본 =Hour([Text_now]) → 현재 시간(Text_now)의 시를 반환		

❽ Minute

정의	'시간'에서 분(minute)을 반환	함수식	=Minute(시간)
연습 문제	Q. 'Text_minute' 컨트롤에 Minute 함수를 사용하여 'Text_now' 컨트롤의 분(minute)이 표시되도록 컨트롤 원본 서식을 지정하시오. A. 속성 시트 — 컨트롤 원본: =Minute([Text_now]) → 현재 시간(Text_now)의 분을 반환		

❾ Second

정의	'시간'에서 초(second)를 반환	함수식	=Second(시간)
연습 문제	Q. 'Text_second' 컨트롤에 Second 함수를 사용하여 'Text_now' 컨트롤의 초(second)가 표시되도록 컨트롤 원본 서식을 지정하시오. A. 속성 시트 — 컨트롤 원본: =Second([Text_now]) → 현재 시간(Text_now)의 초를 반환		

❿ Weekday

정의	'날짜'에 해당하는 요일 번호 반환 (일요일이 1~토요일이 7)	함수식	=Weekday(날짜)
연습 문제	Q. 'Text_weekday' 컨트롤에 Weekday 함수를 사용하여 'Text_date' 컨트롤의 요일 번호가 표시되도록 컨트롤 원본 서식을 지정하시오. A. 속성 시트 — 컨트롤 원본: =Weekday([Text_date]) → 현재 날짜(Text_date)에 해당하는 요일 번호를 반환		

⓫ DateSerial

정의	'연', '월', '일'에 대한 날짜 데이터 반환	함수식	=DateSerial(연,월,일)
연습 문제	Q. 'Text_dateserial' 컨트롤에 DateSerial 함수를 사용하여 'Text_year', 'Text_month', 'Text_day' 컨트롤의 날짜 데이터가 표시되도록 컨트롤 원본 서식을 지정하시오. A. 속성 시트 — 컨트롤 원본: =DateSerial([Text_year],[Text_month],[Text_day]) → 현재 연도(Text_year), 월(Text_month), 일(Text_day)에 대한 날짜 데이터를 반환		

⓬ DateValue

정의	날짜 형태의 '문자열'을 날짜 데이터로 반환	함수식	=DateValue(문자열)
연습 문제	Q. 'Text_datevalue' 컨트롤에 DateValue 함수를 사용하여 '2022-06-30' 문자열이 날짜 데이터로 표시되도록 컨트롤 원본 서식을 지정하시오. A. 속성 시트 — 컨트롤 원본: =DateValue("2022-06-30") → '2022-06-30' 문자열을 날짜 데이터로 반환		

⓭ DateDiff

정의	'시작 날짜'부터 '종료 날짜' 사이의 기간을 지정한 '단위'로 반환	함수식	=DateDiff(단위,시작 날짜,종료 날짜)
연습 문제	Q. 'Text_datediff' 컨트롤에 DateDiff 함수를 사용하여 입사일(Text_datevalue)부터 현재까지 근무한 일수가 표시되도록 컨트롤 원본 서식을 지정하시오. A. 속성 시트 — 컨트롤 원본: =DateDiff("d",[Text_datevalue],Date()) → '2022-06-30' 날짜(Text_datevalue)부터 현재(Date)까지 근무한 일(d)수를 반환		

⓮ DateAdd

정의	'날짜'부터 '숫자'에 해당하는 '단위'만큼 경과한 날짜를 반환	함수식	=DateAdd(단위,숫자,날짜)
연습 문제	Q. 'Text_dateadd' 컨트롤에 DateAdd 함수를 사용하여 입사일(Text_datevalue)부터 5개월이 경과한 날짜가 표시되도록 컨트롤 원본 서식을 지정하시오. A. 속성 시트 — 컨트롤 원본: =DateAdd("m",5,[Text_datevalue]) → '2022-06-30' 날짜(Text_datevalue)부터 5개월(m)이 경과한 날짜를 반환		

⓯ DatePart

정의	'날짜'를 '단위' 형식으로 반환	함수식	=DatePart(단위,날짜)
연습 문제	Q. 'Text_datepart' 컨트롤에 DatePart 함수와 & 연산자를 사용하여 입사일(Text_datevalue)이 속한 분기를 '1/4분기'와 같은 형식으로 표시되도록 컨트롤 원본 서식을 지정하시오. A. 속성 시트 — 컨트롤 원본: =DatePart("q",[Text_datevalue]) & "/4분기" → '2022-06-30' 날짜(Text_datevalue)가 1년 중 속한 분기(q)를 반환하고 문자열 결합 연산자(&)로 '/분기'를 연결하여 '2/4분기' 형식으로 표시		

액세스 함수기초 마스터   2. 텍스트 처리 함수

〈2_텍스트처리함수〉 폼에서 다음의 지시사항에 따라 각 컨트롤의 원본 서식을 지정하시오.

⬇ 실습파일 액세스부록함수.accdb   ⬇ 정답파일 액세스부록함수(정답).accdb

❶ Left

정의	'문자열'의 왼쪽부터 '개수'만큼 반환	함수식	=Left(문자열,개수)
연습문제	Q. 'Text_left' 컨트롤에 Left 함수를 사용하여 'Text_교재명' 컨트롤 문자열의 왼쪽에서 3개의 글자가 표시되도록 컨트롤 원본 서식을 지정하시오. A.		

교재명(Text_교재명)의 왼쪽에서 세 글자(에듀윌)를 추출하여 반환

❷ Right

정의	'문자열'의 오른쪽부터 '개수'만큼 반환	함수식	=Right(문자열,개수)
연습문제	Q. 'Text_right' 컨트롤에 Right 함수를 사용하여 'Text_교재명' 컨트롤 문자열의 오른쪽에서 5개의 글자가 표시되도록 컨트롤 원본 서식을 지정하시오. A.		

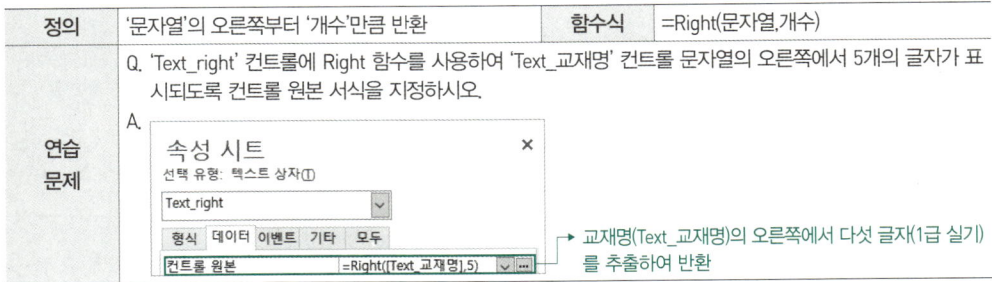

교재명(Text_교재명)의 오른쪽에서 다섯 글자(1급 실기)를 추출하여 반환

❸ Mid

정의	'문자열'의 '시작 위치'부터 '개수'만큼 반환	함수식	=Mid(문자열,시작 위치,개수)
연습문제	Q. 'Text_mid' 컨트롤에 Mid 함수를 사용하여 'Text_교재명' 컨트롤 문자열의 열 번째부터 7개의 글자가 표시되도록 컨트롤 원본 서식을 지정하시오. A.		

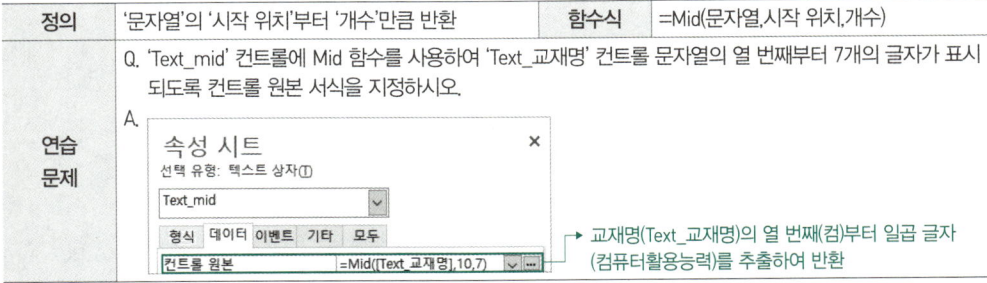

교재명(Text_교재명)의 열 번째(컴)부터 일곱 글자(컴퓨터활용능력)를 추출하여 반환

❹ Len

정의	'문자열'의 길이를 숫자로 반환	함수식	=Len(문자열)
연습 문제	Q. 'Text_len' 컨트롤에 Len 함수를 사용하여 'Text_교재명' 컨트롤 문자열의 길이가 표시되도록 컨트롤 원본 서식을 지정하시오. A. 속성 시트 / 선택 유형: 텍스트 상자 / Text_len / 컨트롤 원본 =Len([Text_교재명]) → 교재명(Text_교재명) 문자열의 길이(22)를 반환		

❺ LCase

정의	'문자열'에서 영문 대문자를 소문자로 변환하여 반환	함수식	=LCase(문자열)
연습 문제	Q. 'Text_lcase' 컨트롤에 LCase 함수를 사용하여 'Text_교재명' 컨트롤 문자열에서 영문이 모두 소문자로 표시되도록 컨트롤 원본 서식을 지정하시오. A. 속성 시트 / 선택 유형: 텍스트 상자 / Text_lcase / 컨트롤 원본 =LCase([Text_교재명]) → 교재명(Text_교재명) 문자열에서 영문 대문자를 소문자(exit)로 변환하여 반환		

❻ UCase

정의	'문자열'에서 영문 소문자를 대문자로 변환하여 반환	함수식	=UCase(문자열)
연습 문제	Q. 'Text_ucase' 컨트롤에 UCase 함수를 사용하여 'Text_교재명' 컨트롤 문자열에서 영문이 모두 대문자로 표시되도록 컨트롤 원본 서식을 지정하시오. A. 속성 시트 / 선택 유형: 텍스트 상자 / Text_ucase / 컨트롤 원본 =UCase([Text_교재명]) → 교재명(Text_교재명) 문자열에서 영문 소문자를 대문자(EXIT)로 변환하여 반환		

❼ InStr

정의	'문자열'에서 '찾는 문자'의 위치를 숫자로 반환	함수식	=InStr(문자열,찾는 문자)
연습 문제	Q. 'Text_instr' 컨트롤에 InStr 함수를 사용하여 'Text_교재명' 컨트롤 문자열에서 '1급'의 위치가 표시되도록 컨트롤 원본 서식을 지정하시오. A. 속성 시트 / 선택 유형: 텍스트 상자 / Text_instr / 컨트롤 원본 =InStr([Text_교재명],"1급") → 교재명(Text_교재명) 문자열에서 '1급'의 위치(18)를 반환		

❽ Replace

정의	'문자열'에서 '찾는 문자'를 찾아 '바꿀 문자'로 변경하여 반환	함수식	=Replace(문자열,찾는 문자,바꿀 문자)
연습문제	Q. 'Text_repalce' 컨트롤에 Replace 함수를 사용하여 'Text_교재명' 컨트롤 문자열의 'Exit'가 '엑시트'로 변경되어 표시되도록 컨트롤 원본 서식을 지정하시오. A. → 교재명(Text_교재명) 문자열에서 'Exit'를 '엑시트'로 변경하여 반환		

❾ Trim

정의	문자열의 양쪽 공백을 제거하여 반환	함수식	=Trim(문자열)
연습문제	Q. 'Text_trim' 컨트롤에 Trim 함수를 사용하여 'Text_주소' 컨트롤 문자열의 양쪽 공백을 제거하여 표시되도록 컨트롤 원본 서식을 지정하시오. A. → 온라인주소(Text_주소) 문자열의 양쪽 공백을 제거하여 반환		

❿ LTrim

정의	문자열의 왼쪽 공백을 제거하여 반환	함수식	=LTrim(문자열)
연습문제	Q. 'Text_ltrim' 컨트롤에 LTrim 함수를 사용하여 'Text_주소' 컨트롤 문자열의 왼쪽 공백을 제거하여 표시되도록 컨트롤 원본 서식을 지정하시오. A. → 온라인주소(Text_주소) 문자열의 왼쪽 공백을 제거하여 반환		

⓫ RTrim

정의	문자열의 오른쪽 공백을 제거하여 반환	함수식	=RTrim(문자열)
연습문제	Q. 'Text_rtrim' 컨트롤에 RTrim 함수를 사용하여 'Text_주소' 컨트롤 문자열의 오른쪽 공백을 제거하여 표시되도록 컨트롤 원본 서식을 지정하시오. A. → 온라인주소(Text_주소) 문자열의 오른쪽 공백을 제거하여 반환		

⓬ StrComp

정의	문자열1과 문자열2가 같은지 비교하여 같으면 0을 반환하고, 다르면 -1 또는 1 반환	함수식	=StrComp(문자열1,문자열2)
연습 문제	Q. 'Text_strcomp' 컨트롤에 StrComp 함수를 사용하여 '에듀윌'과 'Text_left' 컨트롤 문자열이 같은지 비교한 결과가 표시되도록 컨트롤 원본 서식을 지정하시오. A. 속성 시트 선택 유형: 텍스트 상자 ① Text_strcomp 형식 데이터 이벤트 기타 모두 컨트롤 원본 =StrComp("에듀윌",[Text_left]) → '에듀윌' 문자열과 'Text_left' 컨트롤 문자열(에듀윌)을 비교하여 같으므로 0을 반환		

액세스 함수기초 마스터   3. 선택 함수

〈3_선택함수〉 폼에서 다음의 지시사항에 따라 각 컨트롤의 원본 서식을 지정하시오.

📥 실습파일 액세스부록함수.accdb   📥 정답파일 액세스부록함수(정답).accdb

❶ IIF

정의	조건이 True이면 참인 경우를 반환하고 False이면 거짓인 경우를 반환	함수식	=IIf(조건,참인 경우,거짓인 경우)
연습 문제	Q. 'Text_합격유무' 컨트롤에 IIF 함수를 사용하여 'Text_평균' 컨트롤이 60 이상이면 '합격'을, 그렇지 않으면 '불합격'이 표시되도록 컨트롤 원본 서식을 지정하시오. A. 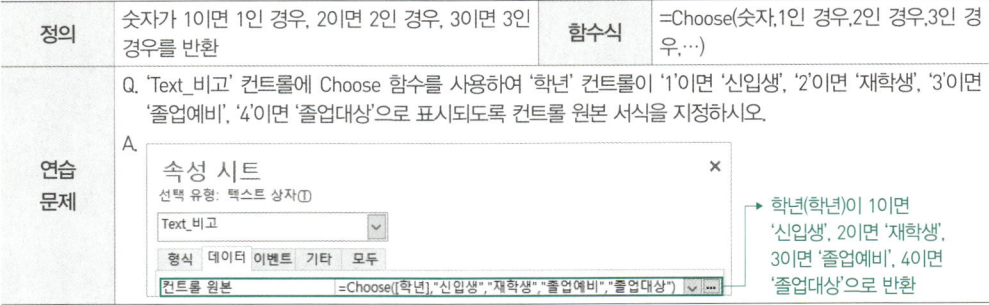 ▶ 평균(Text_평균)이 60 이상이면 '합격'을, 그렇지 않으면 '불합격'으로 반환		

❷ Choose

정의	숫자가 1이면 1인 경우, 2이면 2인 경우, 3이면 3인 경우를 반환	함수식	=Choose(숫자,1인 경우,2인 경우,3인 경우,…)
연습 문제	Q. 'Text_비고' 컨트롤에 Choose 함수를 사용하여 '학년' 컨트롤이 '1'이면 '신입생', '2'이면 '재학생', '3'이면 '졸업예비', '4'이면 '졸업대상'으로 표시되도록 컨트롤 원본 서식을 지정하시오. A. 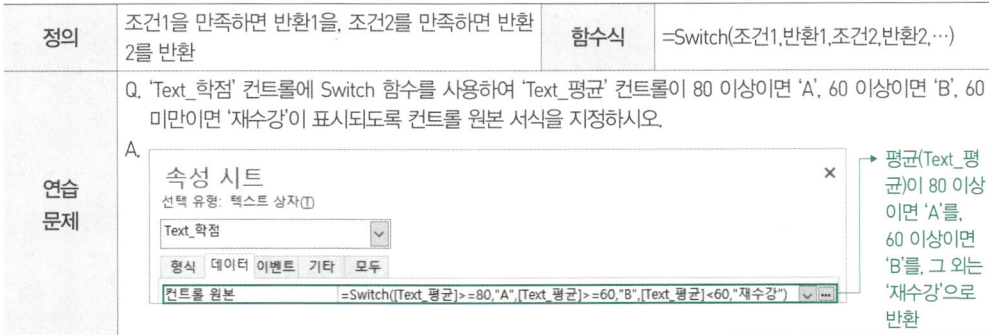 ▶ 학년(학년)이 1이면 '신입생', 2이면 '재학생', 3이면 '졸업예비', 4이면 '졸업대상'으로 반환		

❸ Switch

정의	조건1을 만족하면 반환1을, 조건2를 만족하면 반환2를 반환	함수식	=Switch(조건1,반환1,조건2,반환2,…)
연습 문제	Q. 'Text_학점' 컨트롤에 Switch 함수를 사용하여 'Text_평균' 컨트롤이 80 이상이면 'A', 60 이상이면 'B', 60 미만이면 '재수강'이 표시되도록 컨트롤 원본 서식을 지정하시오. A. *속성 시트 / 선택 유형: 텍스트 상자 / Text_학점 / 컨트롤 원본 =Switch([Text_평균]>=80,"A",[Text_평균]>=60,"B",[Text_평균]<60,"재수강")* ▶ 평균(Text_평균)이 80 이상이면 'A'를, 60 이상이면 'B'를, 그 외는 '재수강'으로 반환		

액세스 함수기초 마스터   4. 자료 형식 변환 함수

〈4_자료형식변환함수〉 폼에서 다음의 지시사항에 따라 각 컨트롤의 원본 서식을 지정하시오.

실습파일 액세스부록함수.accdb   정답파일 액세스부록함수(정답).accdb

❶ CDate

정의	'날짜' 형식의 '문자열'을 날짜로 변환하여 반환	함수식	=CDate(문자열 날짜)
연습문제	Q. 'Text_cdate' 컨트롤에 CDate 함수를 사용하여 '2022-06-30' 문자열이 날짜로 표시되도록 컨트롤 원본 서식을 지정하시오. A. 속성 시트 — 선택 유형: 텍스트 상자 Text_cdate 컨트롤 원본 =CDate("2022-06-30") → '2022-06-30' 문자열을 날짜로 반환		

❷ CInt

정의	'인수'를 2Byte 정수로 변환하여 반환	함수식	=CInt(인수)
연습문제	Q. 'Text_cint' 컨트롤에 CInt 함수를 사용하여 'Text_A' 컨트롤의 숫자가 2Byte 정수로 표시되도록 컨트롤 원본 서식을 지정하시오. A. 속성 시트 — 선택 유형: 텍스트 상자 Text_cint 컨트롤 원본 =CInt([Text_A]) → A(Text_A)의 숫자를 2Byte 정수로 변환(100)하여 반환		

❸ CLng

정의	'인수'를 4Byte 정수로 변환하여 반환	함수식	=CLng(인수)
연습문제	Q. 'Text_clng' 컨트롤에 CLng 함수를 사용하여 'Text_B' 컨트롤의 숫자가 4Byte 정수로 표시되도록 컨트롤 원본 서식을 지정하시오. A. 속성 시트 — 선택 유형: 텍스트 상자 Text_clng 컨트롤 원본 =CLng([Text_B]) → B(Text_B)의 숫자를 4Byte 정수로 변환(200)하여 반환		

❹ CStr

정의	'인수'를 문자열로 변환하여 반환	함수식	=CStr(인수)

연습문제

Q. 'Text_cstr' 컨트롤에 CStr 함수와 & 연산자를 사용하여 'Text_cint'와 'Text_clng' 컨트롤의 값을 문자열로 변환한 후 '100200'과 같은 형식으로 표시되도록 컨트롤 원본 서식을 지정하시오.

A.

속성 시트
선택 유형: 텍스트 상자(T)
Text_cstr
형식 | 데이터 | 이벤트 | 기타 | 모두
컨트롤 원본   =CStr([Text_cint]) & CStr([Text_clng])

→ A를 2byte 정수로 변환한 숫자(Text_cint)와 B를 4byte 정수로 변환한 숫자(Text_clng)를 각각 문자열로 변환하여 반환하고 문자열 결합 연산자(&)로 연결하여 '100200' 형식으로 표시

❺ Val

정의	'인수'를 숫자로 변환하여 반환	함수식	=Val(인수)

연습문제

Q. 'Text_val' 컨트롤에 Val 함수를 사용하여 'Text_cstr' 컨트롤의 문자열을 숫자로 변환한 후 10을 더한 숫자가 표시되도록 컨트롤 원본 서식을 지정하시오.

A.

속성 시트
선택 유형: 텍스트 상자(T)
Text_val
형식 | 데이터 | 이벤트 | 기타 | 모두
컨트롤 원본   =Val([Text_cstr])+10

→ 문자열 '100200'(Text_cstr)을 숫자로 변환하여 10을 더한 값을 반환

❻ Str

정의	'인수'를 문자열로 변환하여 반환	함수식	=Str(인수)

연습문제

Q. 'Text_str' 컨트롤에 Str 함수와 & 연산자를 사용하여 'Text_val' 컨트롤의 숫자를 문자열로 변환한 후 '100200개'와 같은 형식으로 표시되도록 컨트롤 원본 서식을 지정하시오.

A.

속성 시트
선택 유형: 텍스트 상자(T)
Text_str
형식 | 데이터 | 이벤트 | 기타 | 모두
컨트롤 원본   =Str([Text_val]) & "개"

→ 문자열 '100200'을 숫자로 변환하여 10을 더한 값(Text_val)을 문자열로 반환하고 문자열 결합 연산자(&)로 '개'를 연결하여 '100210개' 형식으로 표시

액세스 함수기초 마스터 | 5. SQL 집계 함수

〈5_SQL집계함수〉 폼에서 다음의 지시사항에 따라 각 컨트롤의 원본 서식을 지정하시오.

📥 실습파일 액세스부록함수.accdb   📥 정답파일 액세스부록함수(정답).accdb

❶ Sum

정의	'필드'의 합계를 반환	함수식	=Sum(필드명)
연습문제	Q. 'Text_sum' 컨트롤에 Sum 함수를 사용하여 '연봉' 필드의 합계가 표시되도록 컨트롤 원본 서식을 지정하시오. A. 컨트롤 원본 =Sum([연봉]) → '연봉' 필드의 합계(46600)를 반환		

❷ Avg

정의	'필드'의 평균을 반환	함수식	=Avg(필드명)
연습문제	Q. 'Text_avg' 컨트롤에 Avg 함수를 사용하여 '연봉' 필드의 평균이 표시되도록 컨트롤 원본 서식을 지정하시오. A. 컨트롤 원본 =Avg([연봉]) → '연봉' 필드의 평균(4236)을 반환		

❸ Count

정의	'필드'의 개수를 반환	함수식	=Count(필드명)
연습문제	Q. 'Text_count' 컨트롤에 Count 함수와 & 연산자를 사용하여 전체 레코드 개수가 '9명'과 같은 형식으로 표시되도록 컨트롤 원본 서식을 지정하시오. A. 컨트롤 원본 =Count(*) & "명" → 전체 레코드(*) 개수를 반환하고 문자열 결합 연산자(&)로 '명'을 연결하여 '11명' 형식으로 표시		

❹ Max

정의	'필드' 중 최대값을 반환	함수식	=Max(필드명)
연습 문제	Q. 'Text_max' 컨트롤에 Max 함수를 사용하여 '나이' 필드의 최대값이 표시되도록 컨트롤 원본 서식을 지정하시오. A. 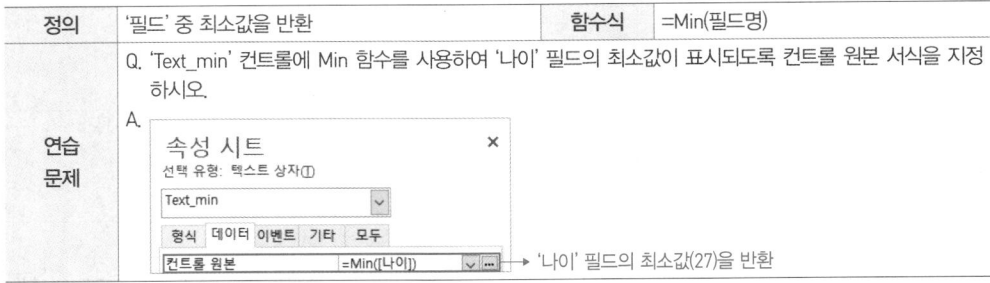 → '나이' 필드의 최대값(55)을 반환		

❺ Min

정의	'필드' 중 최소값을 반환	함수식	=Min(필드명)
연습 문제	Q. 'Text_min' 컨트롤에 Min 함수를 사용하여 '나이' 필드의 최소값이 표시되도록 컨트롤 원본 서식을 지정하시오. A. → '나이' 필드의 최소값(27)을 반환		

액세스 함수기초 마스터   6. 도메인 집계 함수

〈6_도메인집계함수〉 폼에서 다음의 지시사항에 따라 각 컨트롤의 원본 서식을 지정하시오.

⬇ **실습파일** 액세스부록함수.accdb   ⬇ **정답파일** 액세스부록함수(정답).accdb

❶ DSum

정의	'도메인'에서 '조건'에 해당하는 '필드'의 합계를 반환	함수식	=DSum("필드명","도메인","조건")

연습문제
Q. 'Text_dsum' 컨트롤에 DSum 함수를 사용하여 〈직원목록〉 테이블의 '부서' 필드와 'Combo_부서명' 콤보 상자에서 선택한 부서가 같은 직원의 '연봉' 합계가 표시되도록 컨트롤 원본 서식을 지정하시오.
A.

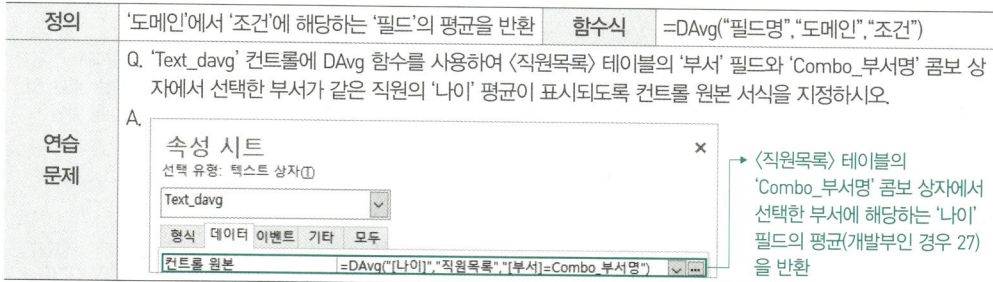

→ 〈직원목록〉 테이블의 'Combo_부서명' 콤보 상자에서 선택한 부서에 해당하는 '연봉' 필드의 합계(개발부인 경우 6700)를 반환

❷ DAvg

정의	'도메인'에서 '조건'에 해당하는 '필드'의 평균을 반환	함수식	=DAvg("필드명","도메인","조건")

연습문제
Q. 'Text_davg' 컨트롤에 DAvg 함수를 사용하여 〈직원목록〉 테이블의 '부서' 필드와 'Combo_부서명' 콤보 상자에서 선택한 부서가 같은 직원의 '나이' 평균이 표시되도록 컨트롤 원본 서식을 지정하시오.
A.

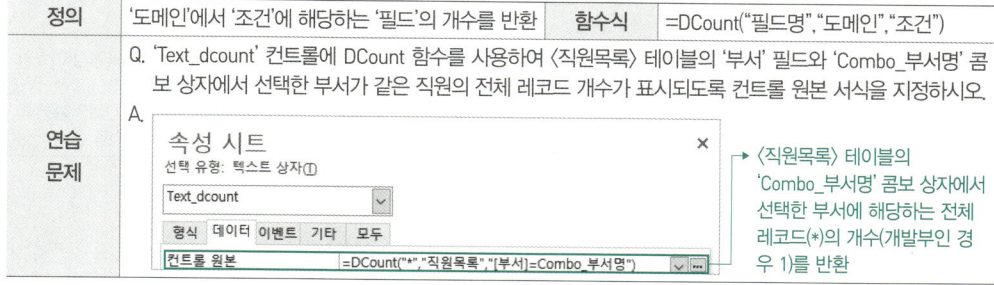

→ 〈직원목록〉 테이블의 'Combo_부서명' 콤보 상자에서 선택한 부서에 해당하는 '나이' 필드의 평균(개발부인 경우 27)을 반환

❸ DCount

정의	'도메인'에서 '조건'에 해당하는 '필드'의 개수를 반환	함수식	=DCount("필드명","도메인","조건")

연습문제
Q. 'Text_dcount' 컨트롤에 DCount 함수를 사용하여 〈직원목록〉 테이블의 '부서' 필드와 'Combo_부서명' 콤보 상자에서 선택한 부서가 같은 직원의 전체 레코드 개수가 표시되도록 컨트롤 원본 서식을 지정하시오.
A.

속성 시트
선택 유형: 텍스트 상자 ①
Text_dcount
형식 데이터 이벤트 기타 모두
컨트롤 원본   =DCount("*","직원목록","[부서]=Combo_부서명")

→ 〈직원목록〉 테이블의 'Combo_부서명' 콤보 상자에서 선택한 부서에 해당하는 전체 레코드(*)의 개수(개발부인 경우 1)를 반환

❹ DMax

정의	'도메인'에서 '조건'에 해당하는 '필드'의 최대값을 반환	함수식	=DMax("필드명","도메인","조건")
연습 문제	Q. 'Text_dmax' 컨트롤에 DMax 함수를 사용하여 〈직원목록〉 테이블의 '부서' 필드가 '총무부'인 직원의 최대 '연봉'이 표시되도록 컨트롤 원본 서식을 지정하시오. A. 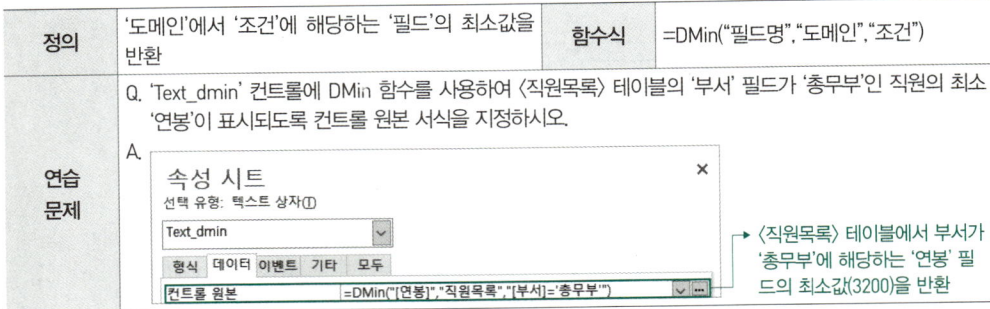		

→ 〈직원목록〉 테이블에서 부서가 '총무부'에 해당하는 '연봉' 필드의 최대값(5100)을 반환

❺ DMin

정의	'도메인'에서 '조건'에 해당하는 '필드'의 최소값을 반환	함수식	=DMin("필드명","도메인","조건")
연습 문제	Q. 'Text_dmin' 컨트롤에 DMin 함수를 사용하여 〈직원목록〉 테이블의 '부서' 필드가 '총무부'인 직원의 최소 '연봉'이 표시되도록 컨트롤 원본 서식을 지정하시오. A. 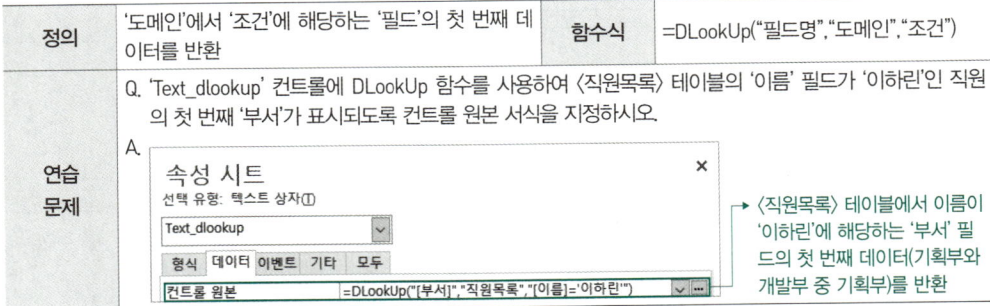		

→ 〈직원목록〉 테이블에서 부서가 '총무부'에 해당하는 '연봉' 필드의 최소값(3200)을 반환

❻ DLookUp

정의	'도메인'에서 '조건'에 해당하는 '필드'의 첫 번째 데이터를 반환	함수식	=DLookUp("필드명","도메인","조건")
연습 문제	Q. 'Text_dlookup' 컨트롤에 DLookUp 함수를 사용하여 〈직원목록〉 테이블의 '이름' 필드가 '이하린'인 직원의 첫 번째 '부서'가 표시되도록 컨트롤 원본 서식을 지정하시오. A.		

→ 〈직원목록〉 테이블에서 이름이 '이하린'에 해당하는 '부서' 필드의 첫 번째 데이터(기획부와 개발부 중 기획부)를 반환

액세스 함수기초 마스터 | 7. 수학 함수

〈7_수학함수〉 폼에서 다음의 지시사항에 따라 각 컨트롤의 원본 서식을 지정하시오.

- 실습파일 액세스부록함수.accdb
- 정답파일 액세스부록함수(정답).accdb

❶ Rnd

정의	0과 1 사이의 난수를 반환(새로고침할 때마다 새로운 숫자를 반환)	함수식	=Rnd( )

연습문제	Q. 'Text_rnd' 컨트롤에 Rnd 함수를 사용하여 0과 1 사이의 난수에 10,000을 곱한 값이 표시되도록 컨트롤 원본 서식을 지정하시오. A. 속성 시트 선택 유형: 텍스트 상자(T) Text_rnd 형식 데이터 이벤트 기타 모두 컨트롤 원본 =Rnd()*10000 → 0과 1 사이의 난수(새로고침할 때마다 새로운 숫자를 반환)에 10,000을 곱한 값을 반환

❷ Round

정의	'숫자'를 지정한 '자릿수'로 반올림하여 반환	함수식	=Round(숫자,자릿수)

연습문제	Q. 'Text_round' 컨트롤에 Round 함수를 사용하여 'Text_rnd' 컨트롤의 숫자를 소수점 이하 셋째 자리에서 반올림하여 소수점 둘째 자리까지 표시되도록 컨트롤 원본 서식을 지정하시오. A. 속성 시트 선택 유형: 텍스트 상자(T) Text_round 형식 데이터 이벤트 기타 모두 컨트롤 원본 =Round([Text_rnd],2) → 0과 1 사이의 난수에 10,000을 곱한 값(Text_rnd)을 소수 둘째 자리까지 나타낸 값을 반환

❸ Abs

정의	'숫자'의 절대값을 반환	함수식	=Abs(숫자)

연습문제	Q. 'Text_abs' 컨트롤에 Abs 함수를 사용하여 −5의 절대값이 표시되도록 컨트롤 원본 서식을 지정하시오. A. 속성 시트 선택 유형: 텍스트 상자(T) Text_abs 형식 데이터 이벤트 기타 모두 컨트롤 원본 =Abs(-5) → −5의 절대값(5)을 반환

❹ Int

정의	'숫자'보다 크지 않은 가장 가까운 정수를 반환	함수식	=Int(숫자)
연습 문제	Q. 'Text_int' 컨트롤에 Int 함수를 사용하여 10을 3으로 나눈 몫이 표시되도록 컨트롤 원본 서식을 지정하시오. A. 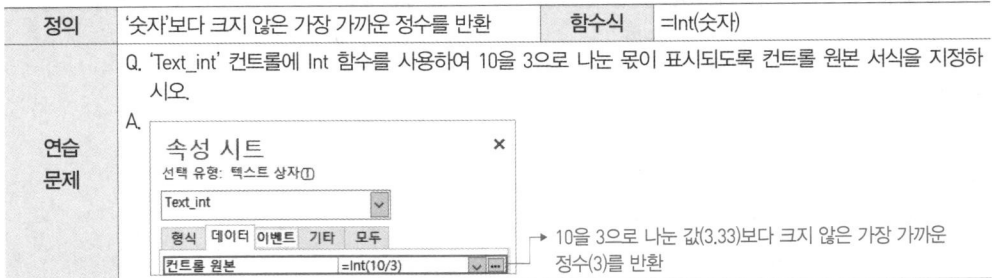 → 10을 3으로 나눈 값(3.33)보다 크지 않은 가장 가까운 정수(3)를 반환		

업계 최초 대통령상 3관왕, 정부기관상 19관왕 달성!

2010 대통령상   2019 대통령상   2019 대통령상

대한민국 브랜드대상 국무총리상 / 국무총리상 / 문화체육관광부 장관상 / 농림축산식품부 장관상 / 과학기술정보통신부 장관상 / 여성가족부장관상

서울특별시장상 / 과학기술부장관상 / 정보통신부장관상 / 산업자원부장관상 / 고용노동부장관상 / 미래창조과학부장관상 / 법무부장관상

- **2004**
  서울특별시장상 우수벤처기업 대상

- **2006**
  부총리 겸 과학기술부장관 표창 국가 과학 기술 발전 유공

- **2007**
  정보통신부장관상 디지털콘텐츠 대상
  산업자원부장관 표창 대한민국 e비즈니스대상

- **2010**
  대통령 표창 대한민국 IT 이노베이션 대상

- **2013**
  고용노동부장관 표창 일자리 창출 공로

- **2014**
  미래창조과학부장관 표창 ICT Innovation 대상

- **2015**
  법무부장관 표창 사회공헌 유공

- **2017**
  여성가족부장관상 사회공헌 유공
  2016 합격자 수 최고 기록 KRI 한국기록원 공식 인증

- **2018**
  2017 합격자 수 최고 기록 KRI 한국기록원 공식 인증

- **2019**
  대통령 표창 범죄예방대상
  대통령 표창 일자리 창출 유공
  과학기술정보통신부장관상 대한민국 ICT 대상

- **2020**
  국무총리상 대한민국 브랜드대상
  2019 합격자 수 최고 기록 KRI 한국기록원 공식 인증

- **2021**
  고용노동부장관상 일·생활 균형 우수 기업 공모전 대상
  문화체육관광부장관 표창 근로자휴가지원사업 우수 참여 기업
  농림축산식품부장관상 대한민국 사회공헌 대상
  문화체육관광부장관 표창 여가친화기업 인증 우수 기업

- **2022**
  국무총리 표창 일자리 창출 유공
  농림축산식품부장관상 대한민국 ESG 대상

2023 대한민국 브랜드만족도 IT자격증 교육 1위
(한경비즈니스)

2026 에듀윌 컴퓨터활용능력 1급 실기 기본서

Eduwill X IT자격증
EXIT 무료 합격 서비스!

 EXIT 바로가기

1 핵심만 모은 무료특강
　이용경로 　에듀윌 EXIT 합격 서비스(exit.eduwill.net) ▶ 로그인 ▶ 무료강의 ▶ 컴퓨터활용능력 1급 ▶ 실기 기본서

2 저자에게 바로 묻는 실시간 질문답변 서비스
　이용경로 　에듀윌 EXIT 합격 서비스(exit.eduwill.net) ▶ 로그인 ▶ 실시간 질문답변 ▶ 컴퓨터활용능력 1급 ▶ 실기 기본서(교재 구매 인증 필요)

3 더 공부하고 싶다면? PDF 학습자료
　이용경로 　에듀윌 EXIT 합격 서비스(exit.eduwill.net) ▶ 로그인 ▶ 자료실 ▶ 컴퓨터활용능력 1급 ▶ 실기 기본서

4 내가 만든 파일로 학습하는 자동 채점 프로그램
　이용경로 　에듀윌 EXIT 합격 서비스(exit.eduwill.net) ▶ 로그인 ▶ 자료실 ▶ 컴퓨터활용능력 1급 ▶ 실기 기본서

고객의 꿈, 직원의 꿈, 지역사회의 꿈을 실현한다

EXIT 합격 서비스
exit.eduwill.net

- 부가학습자료 및 정오표: EXIT 합격 서비스 > 자료실/정오표 게시판
- 교재문의: EXIT 합격 서비스 > 실시간 질문답변 게시판(내용)/
  Q&A 게시판(내용 외)